# 千字文字课 ①

主　编　顾作义
副主编　吴小星　阮清钰

南方出版传媒　广东人民出版社
·广州·

图书在版编目（CIP）数据

千字文字课/顾作义主编.—广州：广东人民出版社，2021.5
ISBN 978-7-218-14413-9

Ⅰ.①千… Ⅱ.①顾… Ⅲ.①古汉语—启蒙读物 ②《千字文》—注释 Ⅳ.①H194.1

中国版本图书馆CIP数据核字（2020）第140203号

QIANZIWEN ZIKE
千字文字课
顾作义 主编　　　　　　　　版权所有　翻印必究

出 版 人：肖风华

责任编辑：王俊辉
特约编辑：叶益彪
责任技编：吴彦斌
装帧设计：赵焜森　张雪烽　苏　钺

出版发行：广东人民出版社
地　　址：广州市海珠区新港西路204号2号楼（邮政编码：510300）
电　　话：（020）85716809（总编室）
传　　真：（020）85716872
网　　址：http://www.gdpph.com
印　　刷：广州市人杰彩印厂
开　　本：787mm×1092mm　1/16
印　　张：97.5　字　数：1500千
版　　次：2021年5月第1版
印　　次：2021年5月第1次印刷
定　　价：499.00元（全五册）

如发现印装质量问题，影响阅读，请与出版社（020-85716849）联系调换。

千字文字课

# 序

相传北宋文学家苏东坡幼时聪颖异常,有"神童"的美誉。他为此很自傲,飘飘然地写了一副对联来自我标榜:"识遍天下字,读尽人间书"。后来有个老翁拿了一本书上门求教,小苏轼发现书上的字竟然都不认识,很是惶愧,便将那副对联改为"发愤识遍天下字,立志读尽人间书",从此虚心向学,终成一代大文豪。

识字是读书、学习的基础。但识字并不是认字那么简单。汉字是形音义的统一体,其字形、字音、字义之间是相互关联、有机结合的。认字只是简单地认得字形、记住字音,识字则要吃透其字义字理,乃至相关的文化常识等。据不完全统计,中国的汉字大约有十万之巨,如果真要想"识遍",难于上青天。所幸现在的常用汉字其实也就三五千字,如果能真正娴熟地驾驭一千个汉字,供其笔下驰骋,也已经应付裕如了。

《千字文》,顾名思义,就是一千字,其特出之处就在于这篇"文"中没有一字重复。它作为儿童识字课本已经有一千多年的历史了,是我国传统蒙学经典之一,与《三字经》《百家姓》《千家诗》并称为"三百千千"。

据说南朝梁大同元年(公元535年),梁武帝萧衍极为重视皇家子嗣的启蒙教育,命人从王羲之书法作品中挑选了一千个不重复的字,以供他们临习。但是这一千个字零散而不成系统,非常不好记忆。梁武帝便召来才思敏捷的散骑侍郎周兴嗣,嘱他"卿有才思,为我韵之"。周兴嗣用了一晚上把这一千个汉字以四字韵语的形式连缀成篇,这就是"天下第一字书"《千字文》的由来。它不仅流传至今,还传布到海外,被日本、朝鲜等国家作为启蒙教材使用,如今更被译成英文版、法文版、拉丁文版、意大利文版等。

《千字文》是四言长诗,全篇250句,用了8个韵,条理清晰,对仗工整,音韵优美,内涵丰富,很适于记诵。但为什么称为"文",而不是"诗"?那是因为在其时"文"指的是押韵的文字,不同于现在所谓的"文章",而在当时不押韵、不对仗的文字,被称为"笔"。它用一千个不同的汉字,简洁而生动地勾勒出中国传统文化史的轮廓,涵盖了天文、地理、自然、历史、人物掌故、典章制度、道德伦理等诸多方面,可以说是一部袖珍百科全书。

但时至今日,原本作为儿童启蒙读物的《千字文》,在现代人读来,也显得有些艰深了,其中有些字词已不常见常用,更不用说其背后蕴藏的典故、哲理等。所以有人放言:"除中文本科生或专业研究古文的人外,还真鲜有人能读懂《千字文》!"

《千字文字课》的编撰正是基于这样的文化断层"尴尬",期以这个文化旧瓶,装入时代的新酒。"字课"分为5册,以传统的《千字文》文本为基础,每册收录200字,每个汉字都立纲、建档,并进行现代性讲解、演绎,一字一课，一课多识，希望读者能够读一字，有十得，读千字文，如读万卷书。

首先，它是一本非常适合于亲子共阅的开蒙读物。对于学龄前的孩子而言，父母可以通过本书给孩子念诵讲解，每天一字，让孩子从中认字、识字、习字，知道其读音、字形，更了解字理、字义及其应用。在本书中，我们对每个汉字"单独建档"，设立了"书法墙""解字堂""名言馆"等栏目。"书法墙"重在展示字形演变，列出了甲骨文、金文、小篆、隶书、楷书、草书、行书等不同写法，让读者更多了解字形的演变；"解字堂"则重在字义演变，通过两三百字对单字的原义、引申义及其文化内涵、组词应用等进行讲解；"名言馆"则是该汉字的经典运用，重点选录为人所熟知的诗词、名言等，可适用于时兴的"飞花令"。

其次，它是一本有助于青少年增长见识的百科全书。《千字文》本身包含丰富的文学典故、文化常识。本书在对每个汉字"单独建档"之后，又合四字为一对页，进行"集中归档"，设立"四字通解"，对其句意进行贯通讲解，使其统分结合，纲举目张。同时又设立了"故事厅""知识角""成语窗""猜谜语"等栏目："故事厅"重点搜罗与该字相关的趣味典故、故事，让读者通过故事加深对字句的了解；"猜谜语"则通过一些字词的谜语，以趣味的形式引起读者思考，使读者得

到启迪;"知识角"则增加更多相关常识或科普知识等;"成语窗"列举关于该句汉字的相关成语,并进行简单释义。青少年学生可以通过阅读,对相关历史典故、文学常识、科普知识、成语故事等融会贯通,活学活用。

再次,它是一本有益于立德树人的传统德育读本。本书的解读融入了关于孝悌、改过、言语、交友、慕才、念贤、性情等道德修养的故事和箴言。同时,它也是一本可以了解书体演变进而识得规范汉字书写的入门书籍。从古至今,众多书家如智永、欧阳询、怀素、赵孟頫、于右任、启功等都曾留下《千字文》的经典帖本,大家在读本书之余可以加以临习,进一步领略汉字书法之美。

为了增加全书内容的生动性,我们还插入了部分图片,使其更为形象活泼,以增加读者对该字或典故的了解。总之,希望读者能够通过本书的阅读使用,达到识字、解意、明理、知典的效果,最终通晓汉字之真义,领略文化之大美。这就是编者的心愿所在。

由于编者学识水平有限,加之汉字文化博大精深,全书虽经多次校勘,舛误仍然在所难免,敬祈读者方家指正。

是为序。

## 千字文字课 目录

| | |
|---|---|
| 天地玄黄 | 002 |
| 宇宙洪荒 | 008 |
| 日月盈昃 | 014 |
| 辰宿列张 | 020 |
| 寒来暑往 | 026 |
| 秋收冬藏 | 032 |
| 闰余成岁 | 038 |
| 律吕调阳 | 044 |
| 云腾致雨 | 050 |
| 露结为霜 | 056 |
| 金生丽水 | 062 |
| 玉出昆冈 | 068 |
| 剑号巨阙 | 074 |
| 珠称夜光 | 080 |
| 果珍李柰 | 086 |
| 菜重芥姜 | 092 |
| 海咸河淡 | 098 |
| 鳞潜羽翔 | 104 |
| 龙师火帝 | 110 |
| 鸟官人皇 | 116 |
| 始制文字 | 122 |
| 乃服衣裳 | 128 |
| 推位让国 | 134 |

| | |
|---|---|
| 有虞陶唐 | 140 |
| 吊民伐罪 | 146 |
| 周发殷汤 | 152 |
| 坐朝问道 | 158 |
| 垂拱平章 | 164 |
| 爱育黎首 | 170 |
| 臣伏戎羌 | 176 |
| 遐迩一体 | 182 |
| 率宾归王 | 188 |
| 鸣凤在树 | 194 |
| 白驹食场 | 200 |
| 化被草木 | 206 |
| 赖及万方 | 212 |
| 盖此身发 | 218 |
| 四大五常 | 224 |
| 恭惟鞠养 | 230 |
| 岂敢毁伤 | 236 |
| 女慕贞洁 | 242 |
| 男效才良 | 248 |
| 知过必改 | 254 |
| 得能莫忘 | 260 |
| 罔谈彼短 | 266 |
| 靡恃己长 | 272 |
| 信使可覆 | 278 |
| 器欲难量 | 284 |
| 墨悲丝染 | 290 |
| 诗赞羔羊 | 296 |

千字文字课

## 天地玄黄

tiān

| 甲骨文 | 金文 | 篆文 | 隶书 | 楷书 | 行书 | 草书 | 标准今宋 |
|---|---|---|---|---|---|---|---|
| 𠀬 | 天 | 天 | 天 | 天 | 天 | 天 | 天 |

### 解字堂

"天"是象形字。甲骨文里面的"天"像正面站立的人，上部（头）突显。金文"天"的形体大致与甲骨文的相同，但更为形象。小篆的线条则更为细化。隶变后楷书写作"天"。东汉许慎《说文解字》："天，颠也。至高无上，从一、大。"也就是说，"天"字在古代表示最高而无以上加的部位，所以中国古代的君王都自称"天子"，表明自己拥有至高无上的皇权。

"天"的本义为人的头顶；两眉之间称作"天庭"，如天庭饱满。人的身体至高无上的部位为头，即是所谓的"天"，而自然界至高无上的部分也称作"天"，那就是天空，如"接天莲叶无穷碧，映日荷花别样红"。"天"也引申为天帝、上天，古时候以上天为万物的主宰，如《书》："有夏多罪，天命殛之。"其意思是说，夏朝的统治者太无道了，上天要毁灭他。也引申为头等大事，如《史记》："王者以民人为天，而民人以食为天。"同时，"天"也常常表示一种气象状态，如杜甫《兵车行》："天阴雨湿声啾啾。"作为形容词，"天"表示天生的、天然的，如天理。

天，在中国文化中是个内涵极为丰富复杂的字，狭义仅指与地相对的天，广义指道、太一、大自然、天然宇宙。天有神格化、人格化的概念，指最高之神，称为皇天、天皇大帝等，即道教和民间信仰中的玉皇大帝；又称苍天、上天等，如苍天在上、上天有眼。

### 名言馆

天时不如地利，地利不如人和。
　　·《孟子·公孙丑下》

君不见黄河之水天上来，奔流到海不复回。
　　·（唐）李白《将进酒》

在天愿作比翼鸟，在地愿为连理枝。
　　·（唐）白居易《长恨歌》

流水落花春去也，天上人间。
　　·（南唐）李煜《浪淘沙》

天地玄黄

dì

# 地

| 甲骨文 | 金文 | 篆文 | 隶书 | 楷书 | 行书 | 草书 | 标准宋体 |
|---|---|---|---|---|---|---|---|
|  | 墬 | 地 | 地 | 地 | 地 | 纪 | 地 |

## 名言馆

天地合气，万物自生。
· （汉）王充《论衡·自然》

人生天地间，忽如远行客。
《古诗十九首·青青陵上柏》

天长地久有时尽，此恨绵绵无绝期。
· （唐）白居易《长恨歌》

英雄无用武之地。
· （宋）司马光《资治通鉴》

## 解字堂

"地"是会意兼形声字。金文中的"地"与"隧"同源，会一豕（猪）从高崖坠落到地面之意。小篆改为从土，也声。隶变之后楷书写作"地"。《说文解字》："地，元气初分，轻清阳为天，重浊阴为地。万物所陈列也。从土。""从土"表明义出于"土"，意指大地用以吐生万物的介质。中国古代常常将天地人并在一起讲，称为"三才"。根据《易·系辞下》："有天道焉，有人道焉，有地道焉，兼三才而两之。"

"地"的本义为大地，与"天"相对，所谓"地生养万物"。作为引申义，"地"表示地面陆地，如《木兰辞》："双兔傍地走，安能辨我是雄雌。"表示田地、土地，如柳宗元《捕蛇者说》："殚其地之出。"表示领土、属地、地区，如《战国策》："而安陵以五十里之地存者。"表示地方、场所，如崔颢《黄鹤楼》："此地空余黄鹤楼。"也表示地位，如地望（地位和户望）。又引申为表示心意活动的领域，如心地。

从更广泛的意义上讲，"地"不仅仅是指土地、大地。《周易》最早最明确最系统最深刻地提出了"天地人三才之道"的伟大学说。这个学说早就深入中华民族之心，贯穿于中华民族的人伦日用之中，牢固地培育了中华民族乐于与天地合一、与自然和谐的精神，对天地与自然持有极其虔诚的敬爱之心。

天地玄黄

xuán

| 甲骨文 | 金文 | 篆文 | 隶书 | 楷书 | 行书 | 草书 | 标准宋体 |
|---|---|---|---|---|---|---|---|
| 𢆶 | 𢆶 | 玄 | 玄 | 玄 | 玄 | 玄 | 玄 |

### 解字堂

"玄"是象形字。甲骨文里面的"玄"像两根拧在一起的绳索，构成了两个环形。金文"玄"的形体大致与甲骨文中的相同，只是线条较粗。小篆线条则更为细化，下端像单绞的丝，上端是丝绞上的系带，表示作染丝用的丝结。隶变后楷书写作"玄"。《说文解字》："玄，幽远也。黑而有赤色者为玄，象幽而入覆之也。"也就是说，"玄"指隐蔽而深远。黑而带有赤色，也叫玄，像幽暗而有物体覆盖着的形状。

"玄"的本义为赤黑色，黑中带着红，如《诗》："八月载绩，载玄载黄。"同时，也泛指黑色，如《韩非子》："一奏而有玄云从西北方起。"引申为黑暗，如刘桢《公宴》："遗思在玄夜，相与复翱翔。"

作为名词，"玄"引申为天空，如《广雅》："玄，天也。"也表示道教，如玄门（道教）、玄功（道家修道的功夫）。同时还是农历九月的别称，如《国语》："至于玄月，王召范蠡而问焉。"也表示北方，如玄方（北方）、玄郊（北郊）。

作为形容词，"玄"引申为厚、深，如玄冰（厚冰）、玄包（深藏）。又引申为神妙难捉摸、深奥，如沈约《齐故安陆昭王碑文》："学遍书部，特善玄言。"又引申为寂静，如《淮南子》："天道玄默，无容无则。"

"玄"在中国文化当中是个非常关键的词。其中"玄学"更是为后世熟知。玄学是中国魏晋时期出现的一种崇尚老庄的思潮，是道家之学一种新的表现方式，故又有新道家之称。

### 名言馆

玄之又玄，众妙之门。
·《老子》

广开兮天门，纷吾乘兮玄云。
·《楚辞·九歌·大司命》

异物名实玄纽。
·《荀子·正名》

地以不形为玄，人以心腹为玄。
·（汉）扬雄《太玄》

天地玄黄

huáng

黄

| 甲骨文 | 金文 | 篆文 | 隶书 | 楷书 | 行书 | 草书 | 标准宋体 |
|---|---|---|---|---|---|---|---|
| 黄 | 黄 | 黄 | 黄 | 黄 | 黄 | 黄 | 黄 |

## 名言馆

薄言驷者，有骍有皇，有骊有黄，以车彭彭。
· 《诗·鲁颂·驷之什》

---

黄为土色，位在中央。
· （汉）王充《论衡·验符》

---

昔人已乘黄鹤去，此地空余黄鹤楼。
· （唐）崔颢《黄鹤楼》

---

千里黄云白日曛，北风吹雁雪纷纷。
· （唐）高适《别董大二首》其一

## 解字堂

"黄"是象形字。甲骨文中的"黄"字形像佩璜的形状：上面是系带，中间为双璜并联状，下面是垂穗。金文"黄"像"蝗虫"形，经过隶变之后，楷书写作"黄"。《说文解字》："黄，地之色也。从田，从芡，芡亦声。芡，古文光。凡黄之属皆从黄。'黄是土地的颜色，由"田"和"芡"会意，"芡"也表示声。而"芡"在古代有"光"的意思。

"黄"的本义是佩璜，佩璜是古代中国人佩戴在衣物上作装饰用的半璧形玉。古诗中有载"鹓雏翔衣带，鹅肪载佩璜"。据考古学研究，佩璜的制作历史有7000年，可以追溯到河姆渡时期。长江下游可能是璜起源的一个重要地区。璜仍然保留着它作为个人饰件的象征性。为了显示身份的高贵，有些玉璜的质地和加工非常精美。

作为名词，"黄"的引申义为黄颜色，比如天地玄黄、黄袍。"黄"在中国传统文化当中并非是一种颜色那么简单。中华民族对黄色的崇拜，是与太阳崇拜、土地崇拜联系在一起的。所谓"黄道"，是古人想象中的太阳绕地运行的轨道。可见"黄"字与太阳也有密切的联系。另外，黄色在中国传统文化里居五色之中，是帝王之色。黄色象征着中央政权，有国土之义。作为动词，"黄"的引申意为垮掉、不了事，比如"薛蟠听了这话，又怕闹黄了宝蟾之事，忙又赶来骂秋菱"（清曹雪芹《红楼梦》）。

## 温故知新

 **四字通解**

天地玄黄，意思是苍天是黑色的，大地是黄色的。看似简单，实则包含深奥的哲理。这一句出自《易经》。原文为"天玄而地黄"，这里为了与下句"宇宙洪荒"对仗改作"天地玄黄"。天与地在古文中有丰富的内涵。天地诞生之前，是混沌状态，直到轻清者上升为天，重浊者下降为地。这里形象而具体地说明了物质（物理）世界的天地形成。《易经》中还有天道、地道的说法。玄，在颜色上指的是近乎黑色的一种深蓝色；从意义上来说，指的是高远、高深莫测。我们用肉眼看见的天是蓝色的，但宇航员到了太空中一看，是黑漆漆的一片，只有恒星放射出点点微光。这可见古人的高深智慧。另外，天道高远，玄之又玄，深不可测，所以也叫"天玄"。"地黄"也有两重含义，一重是大地是黄色的，另一重则是赞叹温暖的大地有滋养和哺育的作用。人们把大地尊称为"母亲"，认为大地的胸怀最广阔，所谓"地势坤，君子以厚德载物"。

### 猜谜语

人工合成。
（打一字）

土也好，猜不着，跺跺脚。
（打一字）

断弦不成弓。
（打一字）

 **故事厅**

### 女娲补天

远古时代，支撑上天的四根擎天大柱倾倒，随之而来的是九州大地裂毁，大地无法承载万物，并且大火蔓延不熄，洪水泛滥不止，凶猛的野兽捕食人类，百姓处于水深火热当中。正在这个时候，人类的女神女娲决定冶炼五色石来修补苍天的漏洞，她砍断海中巨鳌的脚来做撑起四方的天柱，同时杀死黑龙来拯救冀州，积聚芦灰堵塞住了洪水。最终天空被修补了，天地四方的柱子得以重建，洪水退去，中原大地上恢复了平静；凶猛的鸟兽都死了，善良的百姓存活下来。女娲背靠大地，怀抱青天，让春天温暖，夏天炽热，秋天肃杀，冬天寒冷。从此以后，大地四季有序轮换，万物祥和安宁。

### 黄粱一梦

唐朝开元年间，有个姓卢的书生，进京赶考，结果功名不就，垂头丧气。他途经邯郸，在客店里遇见了练就法术的道士吕翁。书生向道士倾诉自己命途坎坷，心中苦闷。道士听完之后，拿出一个瓷枕头让书生枕着睡觉。书生很快入睡并开始做梦。他在梦中不仅娶了美丽温柔、出身清河的妻子崔氏，还中了进士，一路官运亨通，最后还被封为燕国公。他儿孙满堂，享尽荣华富贵，八十岁时生病久治不愈，终于死亡。正当要断气的时候，书生一惊而醒，坐起一看，一切如故，道士仍坐在旁边，店主人蒸的黄粱饭还没熟。书生由此大彻大悟，明白荣华富贵如梦一场，短促而虚幻。

## 知识角

### 中国人的土地情结

在中国传统文化当中，地不仅仅是黄土地那么简单。中国人有一种独特的"土地情节"，它与中国的历史、文化、政治、经济息息相关。比如游子对故乡的眷恋，就与土地息息相关。传说，游子在外遇水土不服，用故乡的土冲碗水喝，即可治愈。此传说虽不足信，但许多游子为了缓解思乡之苦，常常带上一抔黄土，用土来寄托心中的思乡之情。还有安土重迁，即安于本乡本土，不愿轻易迁移。这些都可见土地在人们心中非比寻常的地位。

### 炎黄子孙的来历

"炎黄"是传说中上古中国的两个部落领袖。炎是炎帝，黄是黄帝。炎黄被认为是华夏文明始祖，而汉族（汉朝前为华夏族）则称为炎黄子孙。后来炎黄两族在阪泉发生了三次大冲突，黄帝族获胜，紧接着打败了蚩尤族，正式定居中原地区。现在炎黄子孙成了中国人的代称。

## 成语窗

### 天末凉风
天末：天的尽头。凉风：特指初秋的西南风。原指杜甫因秋风起而想到流放在天末的挚友李白。后常比喻触景生情。

### 以管窥天
管：竹管。窥：从小孔或缝隙里看。通过竹管子的孔看天。比喻见闻狭隘或看事片面。

### 怆地呼天
怆：悲伤，凄楚。悲痛地呼天喊地。形容极其悲痛绝望的神态。

### 天崩地坼
崩：倒塌。坼：裂开。像天塌下、地裂开那样。比喻重大的事变。也形容巨大的声响。

### 天覆地载
覆：盖。载：承受。像天覆盖万物，地承受一切一样。比喻范围极广大。也比喻恩泽深厚。

### 故弄玄虚
故：故意。弄：玩弄。玄虚：用来掩盖真相，使人迷惑的欺骗手段。故意玩弄花招，迷惑人，欺骗人。

### 钩玄提要
钩：探索。玄：精微之处。提：举出。要：纲要。探取精微，摘出纲要。

### 龙血玄黄
比喻战争激烈，血流成河。

### 螳螂捕蝉，黄雀在后
螳螂正要捉蝉，不知黄雀在它后面正要吃它。比喻目光短浅，只想到算计别人，没想到别人在算计他。

## 宇宙洪荒

### 宇 yǔ

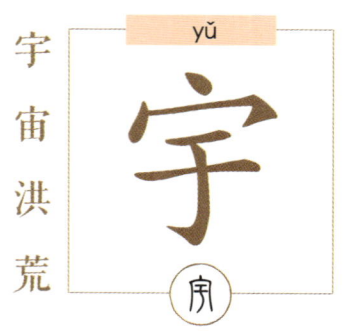

| 甲骨文 | 金文 | 篆文 | 隶书 | 楷书 | 行书 | 草书 | 标准宋体 |
|---|---|---|---|---|---|---|---|
| 宇 | 宇 | 宇 | 宇 | 宇 | 宇 | 宇 | 宇 |

### 解字堂

"宇"是形声字。金文"宇"从宀（房屋，代檐角），于声。隶变之后楷书写作"宇"。《说文解字》："宇，屋边也。从宀，于声。《易》曰：'上栋下宇。'"由此可以看出，宇乃是屋子的边檐，即屋子下面的屋檐。

"宇"的本义为屋檐，如《易经》："后世圣人易之以宫室，上栋下宇，以待风雨。""宇"的引申义泛指房屋，如苏轼的《水调歌头》："又恐琼楼玉宇，高处不胜寒。"由此又引申为更大的意义：天下、世界。如贾谊《过秦论》："有席卷天下，包举宇内，囊括四海之意。"

在空间的层面，"宇"引申指上下四方的整体空间。这个概念跟"宙"相对，泛指无限的空间，如王羲之的《兰亭集序》："仰观宇宙之大，俯察品类之盛。""宇"的这个引申义在中国古代非常重要。正是这种独特的空间意识，让中国人在发现天体空间的过程有了自己不断趋于成熟的认识与判断。起初，远古中国人信奉的是盖天说。所谓的"天员（圆）如张盖，地方如棋局"，就是盖天说的基本原理，其理论到春秋时已形成系统。后来又出现了浑天说和宣夜说。宣夜说认为天地没有一定的形质，日、月和金、木、水、火、土五大行星等都飘浮在气体中。至于浑天说，是战国时的慎到提出的一个天是球形的理解，认为天球沿着倾斜的极轴在不停旋转。也就是说，早在战国时代，我国已经有了初步的天球概念。

### 名言馆

或多难以固其国，启其疆土；或无难以丧其国，失其守宇。
· 《左传·昭公四年》

---

不谋削人之野，不谋劫人之宇。
· 《马王堆汉墓帛书》

---

神功不测兮运阴阳，包藏万宇兮孕八荒。
· （唐）武则天《唐大飨拜洛乐章》

谜语答案　天　地　玄

宇宙洪荒

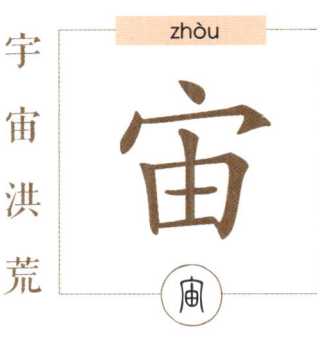

宇宙洪荒 宙 zhòu

| 甲骨文 | 金文 | 篆文 | 隶书 | 楷书 | 行书 | 草书 | 标准宋体 |

### 名言馆

天地，万物之橐也；宙合，有橐天地。
·《管子·宙合》

往古来今谓之宙，四方上下谓之宇。
·《淮南子·齐俗》

高价倾宇宙，余辉照江湖。
·（唐）李白《赠僧朝美》

诸葛大名垂宇宙，宗臣遗像肃清高。
·（唐）杜甫《咏怀古迹五首》其五

### 解字堂

"宙"是形声字。甲骨文、小篆从宀，由声。隶变之后楷书写作"宙"。《说文解字》："宙，舟舆所极，覆也。从宀，由声。"按其说，宙是舟车所能到达的地方，或房子上覆盖的栋梁。

"宙"的本义为房屋的栋梁，后来引申为车和舟所能到达的极远的地方，如《庄子》："有实而无乎处者宇也，有长而无本剽者宙也。"进而引申为天空，如王勃《七夕赋》："霜凝碧宙，水莹丹霄。"最终宙引申出和"宇"并用的更为广阔的概念：古往今来的时间。如《淮南子》："往古来今谓之宙，四方上下谓之宇。"

无论是"宇"还是"宙"，都与屋宇有关。古人"从呈宇得到空间观念"。但古人有关空间屋宇的理解，影响到了时间观念，也影响到了整个的宇宙观念，如"山中方一日，世上已千年"。从这一角度看，整个宇宙就像一个"大房子"，"上下四方"即类似于可以寓居其中的"室之空间"，它意味着"无"和"虚空"。对于无尽空间，古人则常用"太虚""太空"来称呼可寓居的"虚空"，在某种意义上，这也正是中国古代宇宙概念的初始内涵。这一初始内涵为何发源于"房屋"呢？因为屋子是固定的限定性时空，与农耕社会生活方式的稳定性有一定关联。农耕生活需要稳定的时空，才能有好的收成。《周易》和五行"四时配四方"的结构模式，以及导源于商代"四方说"的五行观念，把原初的时空渗透观念逐步积淀下来，成为中国人根深蒂固的思维特征。

宇宙洪荒

## 洪 hóng

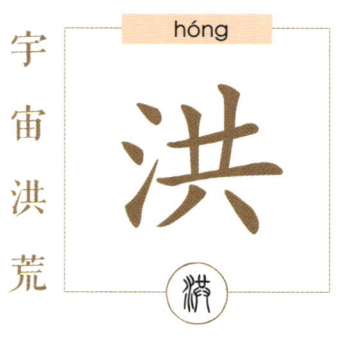

| 甲骨文 | 金文 | 篆文 | 隶书 | 楷书 | 行书 | 草书 | 标准宋体 |
|---|---|---|---|---|---|---|---|
|  |  | 洪 | 洪 | 洪 | 洪 | 洪 | 洪 |

### 解字堂

"洪"是会意兼形声字。小篆从水，从共，表示会聚的大水，共兼表声。隶变之后楷书写作"洪"。《说文解字》："洪，洚水也。从水，共声。""洚水"在此意指洪水，如《孟子》："《书》曰：'洚水警余。'洚水者，洪水也。"

"洪"的本义是大水。引申为河流分道之处，或河道陡窄流急之处，如王安石《东江》："东江木落水分洪，伐尽黄芦洲渚空。"又引申为大，如苏轼《石钟山记》："声如洪钟。"另外，洪是中国的一个姓氏。

洪水在神话当中有着重要的地位，以此为基础在世界范围内产生了各式各样的洪水神话。所谓洪水神话是以洪水为主题或背景的神话。可见惨烈的洪水灾害，在人类心灵中留下不可磨灭的印记，成为一种集体表象，伴随着神话一代一代地流传下来，提醒人们对自然灾害应保持戒惧的态度。《山海经》就记载了鲧禹治水的传说。相传三皇五帝时期，黄河泛滥，鲧、禹父子二人先后授命于尧、舜二帝，任崇伯和夏伯，负责治水。鲧盗取了天帝的"息壤"来堵塞洪水，冒犯天帝被杀。禹采用疏导法来治水，平定水患。大禹治水，是我国上古时代一件了不起的工程，曾经造福人类，成为我国古代人民力量和智慧的象征。

### 名言馆

秋风萧瑟，洪波涌起。
· （汉）曹操《观沧海》

炎光延万里，洪川荡湍濑。
· （三国）阮籍《咏怀八十二首》其四十八

万丈洪泉落，迢迢半紫氛。
· （唐）张九龄《湖口望庐山瀑布泉》

小样洪河分九曲，飞泉环绕鄰鄰。
· （宋）葛胜仲《临江仙·与叶少蕴梦得上巳游法华山九曲池流杯》

千里金城回不尽，万里洪涛喷薄。
· （清）郑燮《念奴娇·石头城》

宇宙洪荒

huāng

荒

宇宙洪荒

| 甲骨文 | 金文 | 篆文 | 隶书 | 楷书 | 行书 | 草书 | 标准宋体 |
|---|---|---|---|---|---|---|---|
|  |  | 荒 | 荒 | 荒 | 荒 | 荒 | 荒 |

### 名言馆

山随平野尽，江入大荒流。
·（唐）李白《渡荆门送别》

远芳侵古道，晴翠接荒城。
·（唐）白居易《赋得古原草送别》

观花匪禁，吞吐大荒。
·（唐）司空图《二十四诗品·豪放》

莫话扬鞭回别首，渭城荒远无交旧。
·（宋）周邦彦《蝶恋花·柳》其二

### 解字堂

"荒"是会意兼形声字。小篆从艸（艹），从巟（水广），会草长满田地之意，巟兼表声。隶变之后楷书写作"荒"。《说文解字》："荒，芜也。从艸，巟声。一曰：草淹地也。"

作为名词，"荒"的本义是荒芜，如《礼记》："地广大荒而不治。"引申为没有开垦或耕作过的土地，如陶渊明《归去来兮辞》："三径就荒，松菊犹存。"因与耕作有关，又引申为年成不好。因为田地荒芜是不正常不合理的，所以也有不合情理、不正确的意思，如荒谬、荒诞。因为荒芜导致粮食匮乏，进而引申为物资的严重缺乏，如粮荒、油荒、水荒。远离城镇中心的地方一般比较荒芜，所以古人又将边远的地区称作"荒"，如蛮荒之地。也引申为人烟稀少或者没有人烟，如荒郊野外。作为动词，"荒"又引申为荒废，如荒疏、荒顿等。引申为扩大，如荒度（大力治理或宽大为怀）。再引申为迷乱，如荒淫无道。

荒还涉及一种精神，那就是北大荒精神。20世纪50年代中期，奉党中央、毛主席之命，王震将军先是率领铁道兵，后又指挥十万转业官兵挺进荒原，展开了大规模的开发建设，奠定了垦区的基础。这些人头顶蓝天，脚踏荒原，人拉肩扛，搭马架子，打地铺，战胜重重困难，在茫茫沼泽荒原上建起了一大批机械化国营农场群。垦区人民在创造物质财富的同时，还创造了宝贵的精神财富，即"艰苦奋斗，勇于开拓，顾全大局，无私奉献"的北大荒精神。

## 温故知新

###  四字通解

宇宙洪荒，意思是茫茫宇宙辽阔无边。此四字出自《淮南子》与《太玄经》。《淮南子》里说，上下四方叫做宇，古往今来叫做宙；《太玄经》则有"洪荒之世"一说；二者合起来就是"宇宙洪荒"。现代物理学认为宇宙起源于大爆炸。宇宙未生之前，也就是大爆炸以前的那个超密度无限塌缩的粒子，在中国古代文化中叫太极。150亿年以前，这个超密度的粒子瞬间发生大爆炸，形成了现在的物质宇宙。其中有形的物质凝集成星体，就是地；无形的空间扩展开来形成了太空，就是天。上下四方叫作宇，又叫六合，所以宇是空间的概念。古往今来叫作宙，是历史的承续，是时间的概念。因此这里的宇宙代表了现代科学中"时空"的观念。洪字的本义就是大水，指地球上的早期洪水说的。大禹治水定九州，这是人类史上早期出现的改造自然的成功范例。荒的本义是指草木的蒙昧状态，象征天地万物混沌未经开垦，一如农田荒芜，暗含了盘古开天辟地的典故。

### 猜谜语

一丁上面挂一帽。
（打一字）

宝玉出走的由来。
（打一字）

慌张之时不上心。
（打一字）

###  故事厅

**气宇轩昂**

东汉末年，刘备兵败当阳，准备往夏口（今湖北武昌）方向逃离。夏口当时是孙权管辖的地方。刘备派出了诸葛亮去见孙权，希望通过说服孙权共同抵抗曹操。孙权只听过诸葛亮火烧博望坡又火烧新野，布置得十分出色，但从未见过诸葛亮本人。孙权听完鲁肃上报诸葛亮要来，不冷不热地表示，先让诸葛亮见识一下东吴的才俊！于是，孙权事先知会了东吴的谋士们在外厅等候。诸葛亮泰然自若地跟着鲁肃进去了，一一做过介绍后，坐了下来。东吴的一班谋士开始仔细打量诸葛亮。孙权的忠臣张昭一眼就看见诸葛亮丰神秀逸，气宇轩昂。（明罗贯中《三国演义》："张昭等见孔明丰神飘洒，器宇轩昂，料到此人必来游说"）诸葛亮此行果然不负重托，他舌战群儒，东吴的臣子一一败下阵去，最终促成了孙权与刘备的联合。

**付诸洪乔**

晋代殷羡，字洪乔。在他离开南京去当豫章太守的时候，很多人都托他带信，他把信一一收下。他很好奇，来到石头渚（江西赣水西口）时便拆开了这些信，并发现信中所写的内容大都是拉关系之类的内容，心生反感。于是，殷羡将信都抛进了水里并自言自语道：你们这些信哪，能浮着就自己漂过去吧，浮不起来的就沉下去，反正我殷洪乔是不做邮递员的。其意在指明，那些官员中庸碌无为的人自然会被淘汰，而那些确有才华的人自然会脱颖而出。

此事传开之后，世人便将托人捎信捎不到的情况，叫作"付诸洪乔"，又名"误付洪乔""洪乔莫误"等等，表达了一种所托非人的意思。

##  知识角

### 宇宙的起源

宇宙是什么样的？宇宙从哪里来？这些都是自有人类以来的永恒疑问。从西方的海龟驮大陆，到中国的天方地圆，诞生了远古的神话和宗教。

关于宇宙的起源，现在多数人认同宇宙大爆炸的猜想——宇宙起始于一个非常小的点（奇点），并在一次惊天动地的大爆炸中诞生，之后一直膨胀至今。按照爱因斯坦的相对论，时间和空间是合为一体的四维时空，则大爆炸的奇点既是空间的起始点，又是时间的起始点。宇宙包含一切，没有宇宙之前，也没有宇宙之外。从星系退行的速度和星系间的距离可以反推宇宙的年龄，现在的看法，宇宙年龄大概为140亿年。

宇宙的年龄实在太久远，范围实在太辽阔了。因而我们可以简单理解为，宇宙既没有边际，也没有尽头，同时也没有开始和终结。宇宙是天地万物的总称。

### 什么是洪峰

当江河流域上游发生暴雨或融雪时，流域各处所形成的地面径流，最终汇入江河。当径流汇入时，河水流量剧烈增加，水位相应上涨，等到大部分高强度的地表径流汇入时，河水流量增至最大值，称为洪峰流量；其相应的最高水位，称为洪峰水位。由于洪水的整个过程两头低、中间高，形似山峰，故称洪峰。

##  成语窗

**声振寰宇**
寰宇：天下。形容声威极盛。

**玉宇琼楼**
指神话中仙人居住的宫殿。或形容覆雪的楼宇。

**气吞宇宙**
犹气吞山河。形容气魄很大。

**声如洪钟**
形容说话或歌唱的声音洪亮，如同敲击大钟似的。

**洪炉点雪**
大火炉里放一点雪，马上就会融化。比喻对问题领会极快。

**洪水猛兽**
猛兽：残食人畜的野兽。比喻极大的祸害。

**兵荒马乱**
形容战争期间社会混乱不安的景象。

**荒无人烟**
形容地方偏僻荒凉，见不到人家。

日月盈昃

## 日 rì

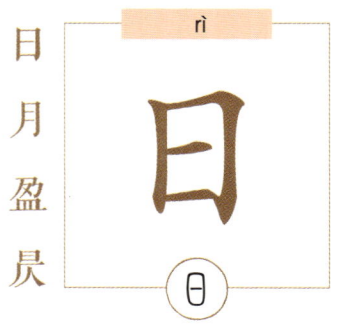

| 甲骨文 | 金文 | 篆文 | 隶书 | 楷书 | 行书 | 草书 | 标准宋体 |
|---|---|---|---|---|---|---|---|
| ⊖ | ⊖ | ⊖ | 日 | 日 | 日 | 日 | 日 |

### 解字堂

"日"是象形字。甲骨文、金文中的"日"字都是一个圆圈中间有一个小黑点。后来为了便于书写,"日"的轮廓被改作方形,中间的点也变成了一横。《说文解字》:"日,实也。太阳之精不亏。从口、一。象形。凡日之属皆从日。"也就是说,"日"表示光明的盛实,太阳的精华不会亏损。

"日"的本义是太阳,如《诗经》:"其雨其雨,杲杲出日。"引申为白天、白昼,如"日以继夜"。进而引申为时间的单位,人们把一昼夜称为"一日"。又指时节、为特殊目的而约定俗成的日子,如社日、结婚纪念日等等。作为副词,表示每日、每天,如日亲日近,如《论语》:"吾日三省吾身。"同时,"日"也泛指光阴、日子,如《诗经》:"一日不见,如三秋兮。"

日象征着太阳。在中国远古时期,对太阳神的崇拜深深地影响了中国文化。中国神话中,最早的太阳神是羲和。《山海经》郭璞注曰:"羲和盖天地始生,主日月者也。""主"就是掌管的意思。历代还有很多关于太阳神的诗词之作。如陶渊明《读山海经》曰:"夸父诞宏志,乃与日竞走。俱至虞渊下,似若无胜负。神力既殊妙,倾河焉足有?余迹寄邓林,功竟在身后。"这首诗歌表现了夸父那种宁死不屈的英雄气概和坚持不懈的毅力。中国的太阳神话具有丰富的文化内涵,即对光明、温暖、力量、勇敢的崇拜与赞美。这种文化精神源于上古人民塑造神话传说的直接意图。

### 名言馆

白日依山尽,黄河入海流。
· (唐)王之涣《登鹳雀楼》

迟日江山丽,春风花草香。
· (唐)杜甫《绝句二首》其一

东边日出西边雨,道是无晴却有晴。
· (唐)刘禹锡《竹枝词二首》其一

千门万户曈曈日,总把新桃换旧符。
· (宋)王安石《元日》

谜语答案 宇 宙 荒

日月盈昃

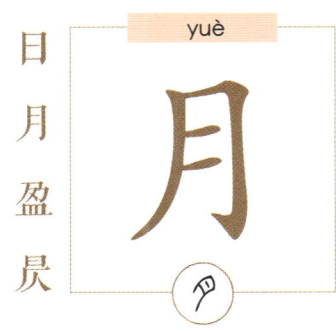

| 甲骨文 | 金文 | 篆文 | 隶书 | 楷书 | 行书 | 草书 | 标准宋体 |
|---|---|---|---|---|---|---|---|
| ☽ | ☽ | ⺼ | ⺼ | 月 | 月 | 月 | 月 |

## 名言馆

月出惊山鸟，时鸣春涧中。
·（唐）王维《鸟鸣涧》

野旷天低树，江清月近人。
·（唐）孟浩然《宿建德江》

明月出天山，苍茫云海间。
·（唐）李白《关山月》

可怜九月初三夜，露似真珠月似弓。
·（唐）白居易《暮江吟》

## 解字堂

"月"是象形字。甲骨文、金文中的"月"字都是一轮缺月的形状。小篆的形体变得不太像月亮的形状。隶变之后楷书写作"月"。《说文解字》："月，阙也。太阴之精。象形。凡月之属皆从月。"也就是说，月表示缺，太阴的精华。

"月"的本义是月亮，如李白有名的《静夜思》："床前明月光，疑是地上霜。"引申为农历依月相变化的周期、月份，如《庄子》："族庖月更刀。"作为副词，则表示每月、每天，如月表、月俸等。古人以月为群阴之本，故也用以形容女子及女子有关的事物。如月韵、月貌花容，均形容女子容貌姣美。

月亮在中国传统文化中有着极为丰富的象征意义。它是美的象征，安宁而静谧；又寄托了恋人、亲人间的相思，表达了对故乡的怀念。明夜高悬，也引发了人们的哲理思考。遥望夜空，古人写下了："月出皎兮，佼人僚兮"（《诗经》）、"人生代代无穷已，江月年年望相似"（张若虚《春江花月夜》）、"海上生明月，天涯共此时"（张九龄《望月怀远》）、"举头望明月，低头思故乡"（李白《静夜思》）等等脍炙人口的诗句。可以说"农耕—故乡—月亮"乃是这些诗句情感来源的文化核心。如果说农耕是中国人的生存方式，故乡是中国人的生存环境，月亮则是这种生活精神的代表。三者是紧密相联的。农耕生活让人与土地牢牢地拴在一起，彼此不可分离。这一点可以看出历代中国人的浓郁的故乡情结。

日月盈昃

yíng

# 盈

| 甲骨文 | 金文 | 篆文 | 隶书 | 楷书 | 行书 | 草书 | 标准宋体 |
|---|---|---|---|---|---|---|---|
| | | | | | | | 盈 |

## 解字堂

"盈"是会意字。甲骨文中"盈"字像一个人站在盆中洗浴，盆中充满水的样子。小篆改成从皿，从夃，会器皿充满水之意。隶变之后楷书写作"盈"。《说文解字》："盈，满器也。从皿、夃。"

"盈"的本义为器皿盛满水。泛指充满，如《左传·庄公十年》："一鼓作气，再而衰，三而竭，彼竭我盈，故克之。"因为跟充满有关，"盈"又引申为自满、满足、溢出，如南朝梁任昉《〈王文宪集〉序》："穷涯而反，盈量知归。"又引申为超过，如南朝宋鲍照《苦热行》："如丹蛇逾百尺，玄蜂盈十围。"

作为形容词，"盈"又指丰满而匀称好看（尤其指女性），如宋玉《洛神赋》："貌丰盈以壮姝兮。"意思是说，她体态丰满而庄重。又引申指圆满、无残缺、丰足、有余，如《礼记·礼运》"如三月而盈"，又如盈裕（充裕）、盈禄（丰厚的俸禄），又如《九章算术·盈》："今有共买物，人出八，盈三；人出七，不足四。"

盈意味着满，在中国古代文化当中，满是需要警惕的事情。古语有云："满招损，谦受益。"而《清史稿·柴潮生传》中说："君咨臣儆，治世之休风，益谦亏盈，检身之至理。"中国人重视中庸之道，也就是说为人处世既不能不足也不能过头。中庸之道的理论基础是天人合一。天人合一的真实含义是合一于至诚、至善，达到"致中和，天地位焉，万物育焉"，"唯天下至诚，为能尽其性。能尽其性则能尽人之性；能尽人之性，则能尽物之性；能尽物之性，则可以赞天地之化育；可以赞天地之化育，则可以与天地参矣"的境界。

## 名言馆

曲则全，枉则直，洼则盈，敝则新，少则多，多则惑。

·《老子》

---

大盈若冲，其用不穷。

·《老子》

---

不务天时则财不生，不务地利则仓廪不盈。

·《管子·牧民》

日月盈昃

zè
昃

| 甲骨文 | 金文 | 篆文 | 隶书 | 楷书 | 行书 | 草书 | 标准宋体 |
|---|---|---|---|---|---|---|---|
| | | | | | | | 昃 |

## 名言馆

日中则昃，月满则食。
　　　　　　·《易·丰》

明晨秉机杼，日昃不成文。
　·（三国）曹植《杂诗七首》其三

圆光过满缺，太阳移中昃。
　·（唐）李白《君子有所思行》

共被年丰赐，谁知日昃心。
　·（宋）毛滂《春词》其十一

## 解字堂

"昃"是会意字。甲骨文从日，从人，表示太阳西斜。金文更加形象地表现了"日"在"人"的右侧。小篆外部又增加了"厂"。隶变之后楷书写作"昃"。《说文解字·日部》："昃，日在西方时。侧也。从日，仄声。《易》曰：'日昃之离。'"

"昃"的本义为太阳西斜，如《易·丰》："日中则昃，月盈则食。"又如《易·离》："日昃之离，何可久也。"引申为倾斜，如清代诗人方朝诗曰："仰观参星横，俯怯崖石昃。"

昃与斜阳相关。斜阳意象无数次被引入中国古典文学当中，承载着诗人丰富的情感体验。以宋词为例，无论是婉约派还是豪放派词人，都常常引用斜阳意象。如晏殊的《清平乐》有"斜阳独倚西楼，遥山恰对帘钩"，秦观的《水龙吟》有"斜阳院落，红成阵、飞鸳鹭"，范仲淹的《苏幕遮·怀旧》有"芳草无情，更在斜阳外"，辛弃疾在《鹧鸪天》也吟一句"冲急雨，趁斜阳"。诗人就如同金文中的"昃"表示的那样，一个人站在一侧，看着太阳慢慢西斜落山。此刻，斜阳构成了迷离朦胧的时空，诗人便在这个时空当口，体验生命的滋味。他们或陷入黯然神伤的情思或享受静谧温馨，给后世留下了心物相契、意象交融的广阔空间。

## 温故知新

###  四字通解

日月盈昃，意思是日月在天空中运行往复，太阳有正有斜，月亮有圆有缺。出自《易经》"日中则昃，月盈则食"。中国人将日叫作太阳，把月叫作太阴，再把金木水火土五个行星加上，叫作七曜，或七政。"盈"指盈满，这是针对月亮来说的，阴历的每个月十五，月亮会又大又圆，这时的满月就叫盈；"昃"意思是倾斜，是针对太阳说的，太阳每天都从东边升起再到西边降落，正午的时候位置最高，一旦过了中午，就开始西斜，这就叫昃。根据月亮的盈亏变化来记载时间的长短，就是中国最早使用的太阴历，简称阴历。太阳和月亮是我们最容易观察到的，同时也是与地球关系最密切的两个星体。中国古人做好事喜欢挑个黄道吉日，这个黄道就是指太阳围绕地球由东到西再回到东方运转一圈所形成的轨迹。古人认为天圆地方，地球是宇宙的中心，按现在的说法，其实就是在地球上观察太阳运动所形成的运动轨道为黄道。黄道吉日则是根据日月五星运行推算出来的良辰吉日。

### 猜谜语

春景晴明四处同。
（打一字）

明天日全食。
（打一字）

###  故事厅

#### 夸父逐日

《山海经》中流传着这样一个神话：远古时代，有一个叫夸父的巨人，他跟太阳赛跑。他一路追着太阳跑，快要到太阳落下去的地方时，他感到了极度的口渴，想要喝水。于是他跑到黄河、渭水边上，把黄河、渭水的水喝干了，还不能解渴。他又跑往北方的大泽湖，还没赶到大泽湖，就半路渴死了。他遗弃的手杖，化成了一片叫"邓林"的树林。

#### 彼竭我盈

鲁庄公十年的春天，齐国军队攻打鲁国，鲁庄公决定迎战。曹刿和鲁庄公同坐一辆战车迎战齐国。鲁国在长勺和齐军作战。鲁庄公将要下令击鼓进军。曹刿说："现在不行。"等到齐军三次击鼓之后。曹刿说："可以击鼓进军了。"结果齐军大败。鲁庄公问他取胜的原因。曹刿回答说："作战，靠的是士气。第一次击鼓能够振作士兵们的士气。第二次击鼓士兵们的士气就开始低落了，第三次击鼓士兵们的士气就耗尽了。他们的士气已经消失而我军的士气正旺盛，因此能战胜他们"。

 **知识角**

### 什么是日食

日食，又作日蚀，是月球运动到太阳和地球中间，如果三者正好处在一条直线时，月球就会挡住太阳射向地球的光，月球身后的黑影正好落到地球上，这时发生日食现象。日食分为日全食、日偏食、日环食和全环食。在民间传说中，称此现象为天狗食日。日食只在朔，即月球与太阳呈现合的状态时发生。观测日食时不能直视太阳，否则会造成失明。

### 什么是月食

月食是一种特殊的天文现象，指当月球运行至地球的阴影部分时，在月球和地球之间的地区会因为太阳光被地球所遮蔽，就看到月球缺了一块。此时的太阳、地球、月球恰好或几乎在同一条直线上。月食可以分为月偏食、月全食和半影月食三种。月食只可能发生在农历十五前后。地球在背着太阳的方向会出现一条阴影，称为地影。地影分为本影和半影两部分。本影是指没有受到太阳光直射的地方，而半影则只受到部分太阳直射的光线。月球在环绕地球运行过程中有时会进入地影，这就产生月食现象。当月球整个都进入本影时，就会发生月全食；但如果只是一部分进入本影时，则只会发生月偏食。月全食和月偏食都是本影月食。

 **成语窗**

### 日薄虞渊
比喻人已经衰老或事物衰败腐朽，临近死亡。虞渊，神话传说中日入之处。

### 路遥知马力，日久见人心
路途遥远才能知道马的力气大小，日子长了才能看出人心的好坏。

### 道远日暮
比喻还有很多事要做，可时间不多了。

### 悬若日月
宛如太阳和月亮一样高高地挂在天空上。形容作品具有永恒的生命力。

### 岁月蹉跎
指无所作为地把时间荒废掉了。

### 水月镜花
水中月，镜中花。比喻虚幻景象。

### 盈科后进
泉水遇到坑洼，要充满之后才继续向前流。比喻学习应步步落实，不能只图虚名。

### 充栋盈车
堆满屋子，装满车。形容书籍很多。

### 日中必昃
比喻事物发展到一定程度，就会向相反的方向转化。

### 日昃忘食
太阳已偏西还顾不上吃饭。形容专心致志，勤勉不懈。

## 辰宿列张

chén

| 甲骨文 | 金文 | 篆文 | 隶书 | 楷书 | 行书 | 草书 | 标准宋体 |
|---|---|---|---|---|---|---|---|
| 丙 | 丙 | 辰 | 辰 | 辰 | 辰 | 辰 | 辰 |

### 解字堂

"辰"为象形字。甲骨文像蚌壳之形。金文更加形象。小篆的写法与甲骨文的形体相似。隶变之后楷书写作"辰"。《说文解字》："辰，震也。三月，阳气动，雷电振，民农时也。物皆生，从乙、匕，象芒达；厂，声也。辰，房星，天时也。从二；二，古文'上'字。凡辰之属皆从辰。"意思是，辰代表三月，这时阳气发动，雷电震动，万物都在生长，是农耕时节。辰由乙、匕会意，表示草木由弯曲艰难生长变为径直通达。"厂"表示读音。"辰"也代表房星，房星出现标志着适合耕种的时节到了。所以辰从二，而二是古文中的"上"字。

"辰"的本义为贝壳。后被假借为地支的第五位——子、丑、寅、卯、辰，用以纪月，即农历三月，如《史记》："辰者，言万物之蜄也。"也用来纪时，相当于现代的上午七点到九点。时间往往跟星宿的运行有关，所以"辰"又被当作"星"来讲。古代用日月星辰的运行来判断时间并制定相关的历法，所以"辰"又引申为时光、日子，如良辰美景。

古代汉族劳动人民把一昼夜划分成十二个时段，每一个时段叫一个时辰。十二时辰是古代汉族劳动人民根据一日间太阳出没的自然规律、天色的变化以及自己日常的生产活动和生活习惯而归纳总结出来的。它融入到人们的日常生活，具有革命性的意义。

### 名言馆

当筵莫放酒杯迟，乐事良辰难入手。
　　·（宋）欧阳修《玉楼春》

缥缈危楼紫翠间，良辰乐事古难全。
　　·（宋）苏轼《浣溪沙·菊节别元素》

良辰易去如弹指，金盏十分须尽意。
　　·（宋）晏几道《玉楼春》

良辰美景奈何天，赏心乐事谁家院。
　　·（明）汤显祖《牡丹亭·惊梦》

谜语答案　日　月

# 宿 xiù

辰宿列张

| 甲骨文 | 金文 | 篆文 | 隶书 | 楷书 | 行书 | 草书 | 标准宋体 |
|---|---|---|---|---|---|---|---|
| | | | | 宿 | 宿 | 宿 | 宿 |

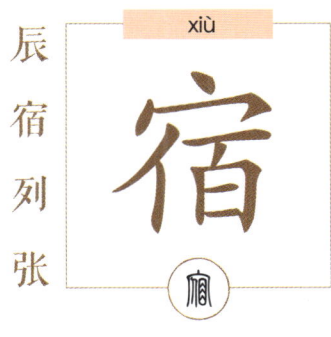

## 解字堂

"宿"是象形字。甲骨文中的"宿（读sù）"，字形像是一个人外加一张席子，表示人睡在席子上。有的甲骨文是宀（房屋）外加一张席子，强调在家睡觉。金文承续甲骨文字形。篆文误将金文的卧席"⊖"写成形象不明的"百"。隶变之后楷书写作"宿"。《说文解字》："宿，止也。从宀，佰（古文写法的"夙"字）声。"由于"宿"与"夙"音相同、义相近，古籍中常将"夙敌""夙根""夙愿"等词语写成"宿敌""宿根""宿愿"等。

而当宿读"xiù"时，表示星座的古名：星宿。旧有二十八宿之说：坐落在黄道的星宿，按照中国古代的分法，共有二十八个。如《列子》："天果积气，日月星宿不当坠邪？"

在古代中国，流行着占星学，跟星宿密切相关。中国占星学是指中国本土的传统占星学说，基于传统的天文学、历法及哲学知识。当中按其使用的星宿，可分为使用七曜或二十八宿的实星派，又或如紫微斗数般采用虚星的虚星派。在很长的一段时间里，占卜术一直被官方所垄断，而汉代天人感应学说兴起让统治者更加深信皇朝命运与星象之间的密切联系，对其控制得更加严格。

## 名言馆

角宿未旦，曜灵安藏？
　　·《楚辞·天问》

二八侍宿，射递代些。
　　·《楚辞·招魂》

昴宿光芒，德星家世，当时飞舞华旗。
　　·（宋）洪适《满庭芳·代上陈帅生日》

辰宿列张

liè

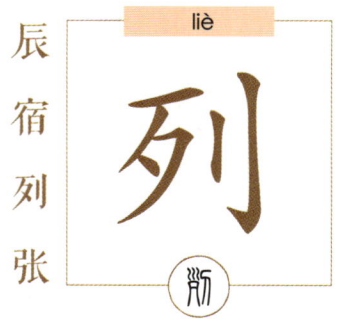

| 甲骨文 | 金文 | 篆文 | 隶书 | 楷书 | 行书 | 草书 | 标准宋体 |
|---|---|---|---|---|---|---|---|
| 𣂑 | 𣂑 | 𣂑 | 列 | 列 | 列 | 列 | 列 |

## 解字堂

"列"为象形字，与"歹"同字。甲骨文中"列"的上部像一道骨头上的裂缝，下部像一块中空的枯骨。小篆中枯骨有所变化，增加了"刀"，表示用刀裂。隶变之后楷书写作"列"。《说文解字》："列，分解也。从刀，歺声。"

"列"的本义为分解、割裂，如《荀子》："古者列地建国。"这里的"列地"指的就是割地。后来，这一意思，"列"下加一"衣"字，写作"裂"来表示。引申为行列、位次，如"阵列"。因为排列整齐的东西看得比较清楚，尽收眼底，所以也引申为众、各，如"列祖列宗"。也引申为表示被排列出来，意味其中的个体参与了整体的排列，因此"列"又引申为参加，如"列席"。另外，也表示职务，如《国语》："翟无列（位次）于王室。"

作为动词，"列"可表示罗列、收列、列入、陈列、摆开、布置、安排、开裂，如晁错《论贵粟疏》："小者坐列（摆开）贩卖。"又如王充《论衡》："如谥，臣子所谏列（布置）也，谏生时所行，为之谥。"作为量词时，"列"表示成行成列的东西，如一列火车。作为副词，"列"表示依次，如刘桢《感遇》："华月照方池，列坐金殿侧。"

在古代中国，臣子被封为诸侯时，常用"列土分茅"表示。原因是古代天子分封诸侯时，用白茅裹着社坛上的泥土授予被封者，象征土地和权力。元郑光祖《三战吕布》第一折："军前累立功劳大，列土分茅受大封。"

## 名言馆

是以差论爪牙之士，比列其舟车之卒。

·《墨子·天志下》

椒专佞以慢慆兮，樧又欲充夫佩帏。

·《楚辞·离骚》

故仁人之兵，聚则成卒，散则成列。

·《荀子·议兵》

虎鼓瑟兮鸾回车，仙之人兮列如麻。

·（唐）李白《梦游天姥吟留别》

辰宿列张

| 甲骨文 | 金文 | 篆文 | 隶书 | 楷书 | 行书 | 草书 | 标准宋体 |
|---|---|---|---|---|---|---|---|
| 張 | 鴉 | 張 | 張 | 張 | 張 | 犹 | 张 |

## 名言馆

天之道，其犹张弓与？
　　　　　　　　·《老子》

是故质的张而弓矢至焉。
　　　　　　·《荀子·劝学》

虚张异类，托有于无。
　　·（唐）皇甫谧《三都赋序》

## 解字堂

"張"为象形字。金文中像一个人张弓欲射。小篆的写法从金文中而来。隶变之后楷书写作"張"。简化后写作"张"。《说文解字》："张，施弓弦也。从弓，长声。"

"张"的本义为射箭的工具。引申为开弓、拉弓，如《诗经》："既张我弓，既挟我矢。"又如《墨子》："良弓难张，然可以及高入深。"又指拉弦，如张籍《宫词》："黄金捍拨紫檀槽，弦索新张调更高。"由此引申为张开、张挂、布置，如《史记》："张缇绛帷，女居其中。"又如《战国策》："张乐设饮，郊迎三十里。"

张，也可作为量词，表示一种或一类中的一件，如"一张床"。同时张还是中国的一个姓氏；还是二十八宿之一，即南方朱雀七宿的第五宿，有星六颗。

古人云：文武之道，一张一弛。其本义是指周文王和周武王治理国家的办法是宽和严相结合。显然，此处"张"与"弛"相对，意味着严格。但是严格并非指酷刑，而是张而有度，不时要以"弛"来修正，两者并行，才能治理好国家。治国如此，为人处世也同样如此，过于严肃就显得呆板，过于放松就容易得意忘形。

## 温故知新

###  四字通解

辰宿列张,意思是星辰各按自己的位置,陈列散布在辽阔的空中。

这一句话出自《淮南子》。《淮南子》有"天设日月,列星辰,调阴阳,张四时"的记述。广义的"辰"是星体的总称,俗称星辰;狭义的"辰"是北辰,指北斗七星而言。北斗七星在现代天文学中属于大熊星座,可以用来辨方向、定季节。广义的"宿"指的是星宿。星和宿的区别,单颗的称星,一颗以上的一团星、一组星,称为宿。聪明的古人把天球分成三大圈,又叫三垣:太微垣、紫微垣、天市垣,垣是院墙,意思是将星域分成三进的大院套。然后再按东西南北,像切西瓜一样把星域分成四方(东方青龙、西方白虎、南方朱雀、北方玄武)每一方选择七组恒星,所谓恒星是不动的星,像太阳一样永远不变,以便于观察和比较。每一方有七组星宿,四方加起来共二十八组,就是二十八宿。我们平时经常说一个吉祥的词汇——七星高照,这个七星就是"金木水火土"五个行星加上太阳和月亮。

### 猜谜语

烈火烧尽。
（打一字）

一间房子里住着一百个人。
（打一字）

躬身自省长此生。
（打一字）

###  故事厅

#### 月晕左角

北魏道武帝天兴五年（402年），北魏与后秦在柴壁（在今天山西侯马市北边约30千米处）交战。北魏军队显露大胜迹象时，朝臣劝道武帝应该乘胜追击，发兵蒲阪（位于黄河东岸，与柴壁的直线距离为150千米）。就在这个时候，太史令晁崇却上奏说出现了"月晕左角（角宿左星旁发生月晕"的天象），并占卜得到的结果为"角虫将死"，意指带角的动物将暴死，不利于进军。稍后，果然发生了牛群大面积病死的状况。北魏军队粮草辎重的补给出现了困难，北魏皇帝拓跋珪最终决定撤军。虽然牛群死亡可能是人为下毒所致，但在当时晁崇的说辞确实引起了不小的轰动。

#### 一张一弛

商朝末年，纣王无道。"周族"首领姬昌任用"太颠""散宜生"等能人，施行裕民政策，国力日盛，却为纣所忌，被囚于羑里，后来他用计获释。他回去之后修建都城丰邑，并扩充势力到长江、汉水、汝水等流域，为灭商准备。姬昌临死时嘱其次子姬发早图灭商。姬发继位后，秉承父志。受命十二年（约前1046年）后，姬发见时机已到，发兵行都朝歌，讨伐纣王。两军战于牧野，商军大败，昏庸的纣自焚于"鹿台"，商亡。周王朝建立，定都镐京（今陕西西安西南）。姬发追封父亲姬昌为文王，自己则被谥为"武王"。"文"是指皇帝特点在于擅长治理天下。"武"指皇帝能征善战，多次打败外敌，或增大疆土或抵御外族。后世总结文王、武王治理天下的办法为"一张一弛"，即宽严相结合。

 ## 知识角

### 星象学家袁天罡

袁天罡是唐初天文学家、星象学家，益州成都（今四川成都）人。在民间传说中，袁天罡的神奇故事很多，流传最广泛的传说就是唐太宗李世民曾让李淳风与袁天罡两人为他去踏勘选择陵园龙穴。先是李淳风跑了九九八十一天，找到九嵕山龙穴吉壤，埋下一个铜钱；又让袁出去寻找，用了七七四十九天也找到了这个地方，便从头上拔一根银钗插下去。唐太宗让人验证二人所选龙穴吉壤是否一致，结果挖开一看，袁天罡的银钗正好插在铜钱的方孔中。在民间，袁天罡被认为乃是天罡星与智慧之星下凡。

### 张姓的由来

张姓的来源，可以推溯到远古传说时代。相传张姓出自上古黄帝之孙挥，属于以职官称谓为氏。据《新唐书》所载："黄帝子少昊青阳氏第五子挥为弓正，始制弓矢，子孙赐姓张氏。"又据《元和姓纂》所载："黄帝第五子青阳生挥，为弓正，观弧星，始制弓矢，主祀弧星，因姓张氏。"由以上这两条史料的记载可看出，曾经是重要武器弓的发明者挥公，其后人以张为姓氏。这一支由黄帝直接传下来的张姓以青阳为发源地，亦即清阳，清阳以在清河以北而得名（今河北清河县东），是为清河张氏。民间至今有"天下张氏出清河"之说。

 ## 成语窗

### 良辰吉日
良：好。辰：时日。吉：吉利。美好的时辰，吉利的日子。后常用以称宜于成亲的日子。

### 参辰日月
参、辰，二星名。参与辰，日与月相对立，故用以比喻互不相关或势不两立。

### 陈力就列
陈力：贡献才力。就：担任。列：官职、职位。能贡献才力，担任相应的官职。

### 列风淫雨
列：烈。淫：过量。本指狂风暴雨。后比喻错别字连篇。

### 列功覆过
罗列功绩，掩盖过错。

### 火伞高张
火伞：比喻夏天太阳猛烈。张：展开。形容夏天烈日当空，十分炎热。

### 解弦更张
更：改换。张：给乐器上弦。改换、调整乐器上的弦，使声音和谐。比喻改革制度或变更计划、方法。

### 张良借箸
张良：西汉时刘邦的谋臣。箸：筷子。张良借刘邦的筷子为他筹划指点。比喻出谋划策。

### 剑拔弩张
比喻形势紧张，一触即发。

寒来暑往

hán

| 甲骨文 | 金文 | 篆文 | 隶书 | 楷书 | 行书 | 草书 | 标准宋体 |
|---|---|---|---|---|---|---|---|
| 𠆢 | 寒 | 寒 | 寒 | 寒 | 寒 | 寒 | 寒 |

## 解字堂

"寒"是会意字。金文形体从宀，从人、茻（众草）、冫（冰），指天寒地冻。小篆与金文写法没有太大的区别。隶变之后楷书写作"寒"。《说文解字》："寒，冻也。从人在宀下，以茻荐覆之，下有仌。"

"寒"的本义指寒冷，如《易》："乾为寒。"引申为战栗、恐惧，如《战国策》："若是王以十万戍郑，梁氏寒心。"又引申为贫穷，古时候也将家境贫困或门第卑微的读书人称作"寒门"，如寒门薄宦（穷家小吏）。由此又引申为地位低下、身份卑微，如司马光《训俭示康》："吾本寒家。"

在科举制度设立之前，寒门子弟的命运是比较凄惨的。古代科举制度最早起源于隋朝。隋文帝后，废除了魏文帝时期设立的"九品中正制"，彻底结束了"上品无寒门，下品无士族"的局面，采用分科考试的方式选拔官员，他令"诸州岁贡三人"参加考试，合格者可以做官。隋文帝开创的科举制度，给寒门子弟开了一条"学而优则仕"的阳关大道，为后世所效仿，影响非常深远。科举制度打破了隋朝以前世家大族特权垄断的局面，提高官员素质与行政效率，保证了政府行政人员的来源，扩大了统治基础，促进了社会稳定，有利于社会公平公正，有利于重学风气的形成。

## 名言馆

岁寒，然后知松柏之后凋也。
· 《论语·子罕》

饥渴寒暑，是事之变。
· 《庄子·德充符》

风萧萧兮易水寒，壮士一去兮不复还。
· （战国）荆轲《荆轲歌》

可怜身上衣正单，心忧炭贱愿天寒。
· （唐）白居易《卖炭翁》

谜语答案 列 宿 张

寒来暑往

lái

来

| 甲骨文 | 金文 | 篆文 | 隶书 | 楷书 | 行书 | 草书 | 标准宋体 |
|---|---|---|---|---|---|---|---|
| 𣏟 | 𣏟 | 来 | 来 | 来 | 来 | 来 | 来 |

## 名言馆

有朋自远方来，不亦乐乎？
·《论语·学而》

故远人不服，则修文德以来之。
·《论语·季氏》

去时里正与裹头，归来头白还戍边。
·（唐）杜甫《兵车行》

翩翩两骑来是谁，黄衣使者白衫儿。
·（唐）白居易《卖炭翁》

## 解字堂

"來"是象形字。甲骨文中的"來"像一棵成熟的麦子。金文、小篆则变得更加线条化。隶变之后楷书写作"來"。汉字简化后写作"来"。《说文解字》："来，周所受瑞麦来、麰。一来二缝，象麦芒束之形。天所来也，故为行来之来……凡来之属皆从来。'其意思是，"来"是周地所接受的优良麦子——来和麰；一根麦秆两颗麦穗，像麦芒麦刺的形状；"来"是上天赐来的，所以引申为"往来"的"来"字。

可见，"来"的本义是小麦，如《诗》："贻我来牟。"（《说文解字》引作"诒我来麰"，"贻"是"诒"的正字，"牟"则是"麰"的通假字）后又引申为未来，如陶渊明《归去来兮辞》："悟已往之不谏，知来者之可追。'

作为动词，"来"最初的意义是，由彼至此、由远到近，跟"去"和"往"相对，如"笑问客从何处来"。又引申为返回、归来。也表示动作的趋向。

从"来"的本义可以看出，古时候的先民对上天赐予粮食的重视，以及心存感恩的心情。现代人常常讲"来之不易"，在某种程度上呼应了古人的情感。上天的赐予，当然是来之不易，所以要心怀感恩，心存敬畏。我们需要珍惜每一颗粮食，因为每一次用餐都是上天的恩赐。

寒来暑往

shǔ

| 甲骨文 | 金文 | 篆文 | 隶书 | 楷书 | 行书 | 草书 | 标准宋体 |
|---|---|---|---|---|---|---|---|
|  |  | 暑 | 暑 | 暑 | 暑 | 暑 | 暑 |

## 解字堂

"暑"是形声兼会意字。小篆从日，者声。者，烧煮兼表热之意。隶变之后楷书写作"暑"。《说文解字》："暑，热也。从日，者声。"

"暑"的本义是炎热，如酷暑难当，又如《素问》："寒暑燥湿风火。"由此引申指炎热的季节——夏季，如《列子》："寒暑易节，始一返焉。"同时"暑"也表示炎热的日子，如《韩非子·显学》："寒暑不兼时而至。"

另外"暑"也表示节气，如大暑（每年的7月23日或24日、小暑（每年的7月7日或8日）。也用作中医学名词，是一种致病的因素，为六淫（风、寒、暑、湿、燥、火）之一。

实际上，作为中医学中的"六淫"之一，暑乃是一种自然之气，指自然界气候的一种变化。正常的暑气不易于致病，当气候变化异常，暑气发生太过或不及，人体正气不足，抵抗力下降时，才能侵犯人体发生疾病。暑为夏季主气，乃火热所化。暑邪致病有明显的季节性，主要发生于夏至以后、立秋之前。中医讲求调理与平衡，其中蕴含着中国哲学讲求的天道阴阳，天人合一的深刻道理由此可见一斑。

## 名言馆

四月维夏，六月徂暑。
·《诗·小雅·四月》

---

冬日则寒冻，夏日则暑伤。
·《淮南子·人间》

---

轻霜露而狎风雨，是故寒暑不能为之毒。
·（宋）苏轼《教战守》

---

燎沉香，消溽暑。
·（宋）周邦彦《苏幕遮》

寒来暑往

wǎng

往

| 甲骨文 | 金文 | 篆文 | 隶书 | 楷书 | 行书 | 草书 | 标准宋体 |
|---|---|---|---|---|---|---|---|
| | | | 往 | 往 | 往 | 往 | 往 |

## 名言馆

无以蓄之，则往而不可止也。
　　　　　　·《管子·权修》

忽反顾以游目兮，将往观乎四荒。
　　　　　　·《楚辞·离骚》

不嫁义郎体，其往欲何云？
　　　·汉乐府《古诗为焦仲卿妻作》

## 解字堂

"往"是形声兼会意字。甲骨文从之（前往），王声。金文另加义符"彳"，从彳从㞷会意，㞷兼表声。小篆整齐化。隶变之后楷书写作"往"。《说文解字》："往，之也。从彳，㞷声。"

可见，"往"的本义是去、到……去，如《庄子·逍遥游》："往而不返。"引申为归向，如《老子》："执大象，天下往。"又引申为给予，如秦嘉《留郡赠妇诗三首》："愧彼赠我厚，惭此往物轻。"

同时"往"也引申为过去、往日，如成语"既往不咎"，意思就是往日的事情就不要再追究了。古代也有"去"字，但是和"往"表示的意思不同：古代的"去"表示离开，"往"则和现代的"去"意思相当。

古代圣明的君主或饱学之士讲求"知往鉴今"，即以史为鉴。这样处事才能合乎历史规律，天下方能大治。以史为鉴，意思就是拿历史作为借鉴就可以知道国运的兴衰。以史为鉴，通常都是从正面积极地告诫人们吸取历史的经验教训，以便更好地把握自己，大到治理国家，小到平时的日常琐事、人际关系等等。创造"贞观之治"的一代明君唐太宗说过："以铜为镜，可以正衣冠；以古为镜，可以知兴替；以人为镜，可以明得失。"中华民族历来重视历史，五千年的文明得以世代延续，这和我们这个民族始终注重治史有着直接关系。

## 温故知新

 四字通解

　　寒来暑往，意思是炎热的酷暑过去，严寒的冬天来临如此冬夏相替四时变化。"寒来暑往"出自《易经》。《易·系辞》里说："寒往则暑来，暑往则寒来，寒暑相推，而岁成焉。"《易》里非常重视中正的概念，在《易》的卦象中，处于上卦和下卦中间的卦象，叫作中爻，一般被认为吉，因此人们认为，只要持守中正，就可以得到好的结果。这种观念，就是《中庸》思想的来源。中国古人信奉"阴阳相生"，寒来暑往，寒是阴，暑是阳，孤阴不久，独阳不长，要阴阳调和才是最好，所以暑来了要消暑，寒来了要驱寒。驱寒避暑，阴阳互换，正好是"一阴一阳谓之道"的道理。

 故事厅

### 唇亡齿寒

　　晋献公准备攻打虢国前，派出使者向虞国借路。宫之奇听说此事之后，极力劝阻，宫之奇对虞国国君说："虢国是虞国的屏障，如果虢国灭亡，那虞国一定也不保。俗话说：'面颊和牙床骨是相互依存的，嘴唇丢了牙齿就受凉。'虞、虢两国的关系正是如此。"但是虞公不听劝，答应了晋国使者。宫之奇眼见自己无计可施，便带领他的家族出走，他临走时说："虞国过不了年终大祭了。"果然不出所料，这年冬天，晋国灭掉虢国后，军队返回驻扎在虞国的境内，晋国军队就乘其不备进攻虞国，并活捉了虞公。

### 紫气东来

　　公元前516年天下大乱，各诸侯国热衷于权力争夺，战争频繁，民不聊生。而与此同时，周王室出现了内乱。老子心灰意冷，决定辞官西行。当老子在经过函谷关的时候，守关的关令尹喜看见一团紫气从东方飘来。尹喜是个善于观察天象的人，他认为必有圣人来到，于是赶忙迎接。只见一位老人骑着青牛徐徐走来，这就是老子。尹喜款待老子数日之后，请老子著书，老子不好推辞，于是留下了著名的五千言。世人称之为《道德经》，又称《老子》或《老子五千文》。

### 猜谜语

赛下贝走，来了两点。
（打一字）

两个人撞在一起，六神无主。
（打一字）

田菜边上要除草。
（打一字）

##  知识角

### 数九寒天

寒冷的冬天，中国有一种传统习俗——数九。"数九"从每年冬至当天开始计算，每九天为一个单位。有一首"九九歌"，巧妙地利用自然界的物候现象，生动反映"九九"中的天气变化规律。就我国多数地区而言，从一九到二九，天气并非最冷，而只是"一九二九，伸不出手"。三九和四九大部分时间属于小寒节气，是一年中最寒冷的时候，所以说"三九四九，冻死母狗"。五九以后，大地渐渐回春，天气由冷渐暖，故"五九六九，河边看柳；七九八九，单衣行走"。到了九九，已是"惊蛰"节气，所以"九九闻雷，响声持久"。

### 暑假的由来

云梦山，又名青岩山，层峦叠嶂，气象万千，飞瀑流泉，鬼斧神工，素有"云梦仙境"之称。历代志书及碑刻都记载这里是鬼谷子王禅隐居处。他隐居云梦山并在此教徒授艺，传说孙膑、庞涓、苏秦、张仪、毛遂、尉缭、茅蒙、徐福等名家皆出其门下。

山上有个景点名为鬼谷洞。相传鬼谷洞就是当年王禅讲课的课堂，鬼谷洞内有一口山泉井，每到暑期，山泉就会喷涌而出，充满整个洞穴，从而无法上课，鬼谷子只好放假。"放暑假"也就从此开始，沿袭至今。

##  成语窗

**林寒涧肃**
寒：寒冷；肃：肃杀。形容秋冬时林木萧疏，溪涧浅落的景象。

**兵来将挡，水来土掩**
比喻不管对方使用什么手段，总有相应的对付方法。

**时无再来**
时机错过，不会再来。激励人要抓紧时机。

**泰来否极**
否：卦不顺利；泰：卦顺利；极：尽头。逆境达到极点，就会向顺境转化。

**鉴往知来**
鉴：审察或引为教训；往：过去；来：未来。根据以往的情形便知道以后怎样发生变化。

**暑雨祁寒**
夏大雨，冬大寒。后以之为怨嗟生计艰难之典。

**寒耕暑耘**
冬耕地，夏锄草。泛指做各种农活。

**无往不复**
指未有往而不返的。指事物的运动是循环反复的。

**一往而深**
指对人或对事物倾注了很深的感情，向往而不能克制。

秋收冬藏

qiū

| 甲骨文 | 金文 | 篆文 | 隶书 | 楷书 | 行书 | 草书 | 标准宋体 |
|---|---|---|---|---|---|---|---|
| | | | 秋 | 秋 | 秋 | 秋 | 秋 |

## 解字堂

"秋"是象形字。甲骨文像一只蟋蟀的形状。籀文将蟋蟀形讹为龟形，并另加义符"禾"，表示庄稼成熟。隶变之后楷书写作"秋"。《说文解字》："秋，禾谷熟也。从禾，𤈦省声。"

可见，"秋"意味着谷物成熟。它本义是收成、收获，如范成大《颜桥道中》："处处田畴尽有秋。"也表示秋季，如《诗》："秋以为期。"又引申为"年"，如《史记》："上与梁王燕饮，尝从容言曰：'千秋万岁后传于王。'"或特指某一时期、某一时刻，如诸葛亮《出师表》："此诚危急存亡之秋也。"

因为秋天万物肃杀，所以"秋"又引申为悲愁，如《礼记》："秋之为言愁也。"也常常用来指容颜的衰老，如李白《春日独酌》："但恐光景晚，宿昔成秋颜。"

宋玉《九辩》："悲哉秋之为气也，萧瑟兮草木摇落而变衰。"这一句可谓开了中国文人墨客"悲秋"的先声。自古以来，"伤春悲秋"是中国古代文人常有的情结，并大量入诗入词入文，所谓"自古逢秋悲寂寥"，如杜甫的《登高》："万里悲秋常作客，百年多病独登台。"秋天是收获的季节，同样也是萧杀的季节，特别是将近冬天，看到那凋零的景象，古代的文人墨客一方面感叹岁月不饶人，另一方面也为自己的命运慨叹，于是产生悲秋的情绪。

## 名言馆

秋者，少阴之选也。
·（汉）董仲舒《春秋繁露·官制象天》

---

春容舍我去，秋发已衰改。
·（唐）李白《古风五十九首》其十一

---

发迹入四明，梯空上秋旻。
·（唐）韩愈《送惠师》

---

浔阳江头夜送客，枫叶荻花秋瑟瑟。
·（唐）白居易《琵琶行》

谜语答案　寒　往　来

秋收冬藏

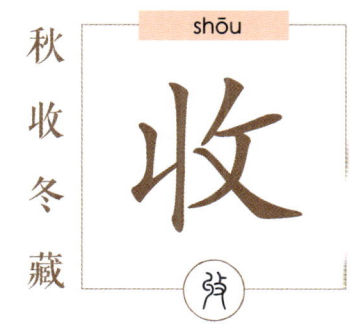

| 甲骨文 | 金文 | 篆文 | 隶书 | 楷书 | 行书 | 草书 | 标准宋本 |
|---|---|---|---|---|---|---|---|
|  |  | 𦥑 | 收 | 收 | 收 | 收 | 收 |

## 名言馆

肆束及带，勤者有事则收之，走则拥之。
· 《礼记·玉藻》

收天下之兵，聚之咸阳。
· （汉）贾谊《过秦论》

夫春生夏长，秋收冬藏，此天道之大经也。
· 《史记·太史公自序》

曲终收拨当心画，四弦一声如裂帛。
· （唐）白居易《琵琶行》

## 解字堂

"收"是会意兼形声字。小篆从攴，从丩，会拘捕犯人之意。丩兼表声。隶变之后楷书写作"收"。《说文解字·攴部》："收，捕也。从攴，丩声。"

"收"本义是逮捕、拘押，如《后汉书·张衡传》："一时收禽，上下肃然，称为政理。"引申为收取、收拾，如杜甫《兵车行》："古来白骨无人收。"也引申为收容、接受，如李白《赠崔郎中宗之》："仲尼七十说，历聘莫见收。"又引申为收割、收获、征收，如李绅《悯农》："春种一粒粟，秋收万颗子。"如曹操《抑兼并令》："其收田租亩四升。"同时也表示收回、收复，如杜甫《闻官军收河南河北》："剑外忽传收蓟北，初闻涕泪满衣裳。"

另外，"收"也作名词用，表示收成，如晁错《论贵粟疏》："其能耕者不过百亩，百亩之收不过百担。"也表示收藏品，如杜牧《阿房宫赋》："燕、赵之收藏。"

秋收冬藏

| 甲骨文 | 金文 | 篆文 | 隶书 | 楷书 | 行书 | 草书 | 标准宋体 |
|---|---|---|---|---|---|---|---|
| ∩ | ∩ | 㞡 | 冬 | 冬 | 冬 | 冬 | 冬 |

## 解字堂

"冬"是象形字。甲骨文像在记事的绳子的两端打结，表示记录终结。有的甲骨文将实心的绳结写成空心的小圈，突出"终结"形象。金文将两端的绳结移到中间。当其"终结"本义消失后，有的金文写成会义字：𠂤 = ∩（终结）+ 日（日，时间），表示一个纪时周期的结束，即年终的季节。隶变之后楷书写作"冬"。《说文解字》："冬，四时尽也。从仌，从夂。"

"冬"的本义为结束一个纪事、纪时周期。后来，这一本义由"终"代替，如《马王堆汉墓帛书》："浩浩作事，毋从我冬始。"也表示一年中最后的季节，如《后汉书》："冬者，五谷成熟，物备礼成。"在古代，冬天有个节日非常隆重，即冬至。相传，冬至过节源于汉代，盛于唐宋，一直延续到今天。唐、宋时期，冬至是祭天祭祖的日子，皇帝在这天要到郊外举行祭天大典，百姓在这一天要向父母尊长拜问，现在仍有一些地方在冬至这天过节庆贺。另外据传，冬至在历史上是周代的新年元旦，曾经是个很热闹的日子。在今天江南一带仍有吃了冬至夜饭长一岁的说法，俗称"添岁"。

## 名言馆

我有旨蓄，亦以御冬。
·《诗·邶风·谷风》

且如今年冬，未休关西卒。
·（唐）杜甫《兵车行》

躲进小楼成一统，管他冬夏与春秋。
·鲁迅《自嘲》

# cáng 藏

| 甲骨文 | 金文 | 篆文 | 隶书 | 楷书 | 行书 | 草书 | 标准宋体 |
|---|---|---|---|---|---|---|---|
|  | 藏 | 藏 | 藏 | 藏 | 藏 | 藏 | 藏 |

## 名言馆

慢藏诲盗，冶容诲淫。
　　　　　　·《易·系辞上》

农夫春耕夏耘，秋敛冬藏，息于聆缶之乐。
　　　　　　·《墨子·三辩》

见瓶水之冰，而知天下之寒，鱼鳖之藏也。
　　　　　　·《吕氏春秋·察今》

斜月沉沉藏海雾，碣石潇湘无限路。
　　　　　　·（唐）张若虚《春江花月夜》

## 解字堂

　　"藏"是会意兼形声字。小篆从艸（艹），从臧（隐匿，会藏匿之意），臧兼表声。隶变之后楷书写作"藏"。《说文解字·艸部》："藏，匿也。"当"臧"的"躲避"本义消失后，人们便另造了"藏"代替。

　　"藏"的本义是隐匿，读作cáng，如《论语·述而》："用之则行，舍之则藏。"后引申为储藏、收存，如秋收冬藏。又引申为怀有，如《易·系辞下》："君子藏器于身，待时而动。"

　　"藏"在中国书法中有着重要的地位。中国书法中讲求"藏锋"，即在落笔和出笔时，将笔锋收纳在笔迹的中间，而不是外露在笔画的边缘。唐代书法家张怀瑾说："夫书，第一用笔，第二识势，第三裹束，三者兼备，然后为书。"他所说第一用笔指的即是"藏锋"或"露锋"。"藏锋以包其气"，藏锋起笔能使笔画深厚圆润；"露锋以纵其神"，露锋能使笔画俊秀生动。古人说"不欲多露锋芒，则意不持重；不欲深藏圭角，则体不精神。"

　　而"藏锋"，不仅是收敛锋芒，也必定饱含犀利的锐气，在不疾不徐中，"出力千钧，一击即中"。说到此处，藏锋更是一种传统的处世哲学和雍容的做事之道。

## 温故知新

 **四字通解**

秋收冬藏，意思是春天萌生，夏天滋长，秋天收获，冬天储藏。指农业生产的一般过程，也比喻事物的发生、发展过程。这四个字出自《荀子》："春耕夏耘，秋收冬藏，四者不失时。"

地里的庄稼，总是春生夏长，秋收冬藏。这是字面的意思。但它其实暗含了更深一层意思，就是生生不息。《易经》里认为，宇宙万物不是静止存在的，而是处于不断创生的过程中。所谓"生生谓之易"。可以说，寒来暑往，秋收冬藏，蕴藏了古人朴素的世界观和人生观。中国古代是农耕文明，种地是存在的第一大事。在中国的文化里，有春生、夏长、秋收、冬藏的概念。中医养生讲究四时阴阳，春生、夏长、秋收、冬藏，这是自然界的规律。人应该顺应大自然的规律，比如，春天的时候，要有一种生发之气，被发缓形，夜卧早起。冬天不能太张扬、太发散，万物处于秘藏。这也体现了与大自然和谐相处的思想。

### 猜谜语

火烧禾秆草。
（打一字）

夕阳底下一对瓜。
（打一字）

臧克家不除草。
（打一字）

 **故事厅**

### 失之东隅，收之桑榆

汉光武帝刘秀建立东汉政权之初，派大将冯异率军西进，在华阴（现在陕西华阴）东南阻击赤眉军。冯异跟赤眉军相持了60多天后被赤眉军打得落花流水。最后冯异抛弃了战马，只带着几个人爬上回溪阪，逃回营寨。但是没过多久，赤眉军在崤底（现在河南洛宁）西北被冯异打败，遭到重大损失。剩下的赤眉军折向东南，不料在宜阳又陷入刘秀重兵的包围。赤眉军经过艰苦的战斗，始终不能突围，投降了刘秀。随后，刘秀下了一道诏书，名叫《劳冯异诏》。其中有几句意思说，开始在回溪遭受挫折，最后在渑池一带获胜。这就是所谓在日出的东方吃了败仗，在日落的西边却得到了胜利。后来，人们引用"失之东隅，收之桑榆"这个成语，来比喻在这里失败了，在那边却得到了胜利。

### 冬寒抱冰，夏热握火

越王勾践被吴王夫差打败之后，忍辱负重，时刻不忘亡国的仇恨，准备复国。他身着粗布，顿顿粝食，跟百姓一起耕田播种。勾践夫人带领妇女养蚕织布，发展生产。勾践夫妻与百姓同甘共苦，激励了全国上下齐心努力，奋发图强，早日灭吴雪耻。勾践又采用大臣建议，贿赂吴王，麻痹对方；收购吴国粮食，使之粮库空虚；赠送木料，耗费吴国人力物力兴建宫殿；散布谣言，离间吴国君臣，施用美人计，消磨夫差精力，使其不问政事，杀害伍子胥。同时，为了磨砺自己的意志，鞭策自己，勾践时常"冬天寒冷却要抱冰，夏天炎热却要握火"（赵晔《吴越春秋》："冬常抱冰，夏还握火。"）。最终，越王如愿以偿消灭了吴王，成为春秋时期最后的一位霸主。

 **知识角**

### 秋老虎

汉族民间根据历年的经验，总结出了二十四个秋老虎的说法，广为流传。其意思是说，每年的立秋当天如果没有下雨，那么立秋之后的二十四天就会很热，人们遂把这二十四天叫二十四个秋老虎；如果立秋当天下雨了，哪怕是小雨，则称为"顺秋"，汉族民间有俗语"一场秋雨一场寒"，意思就是说顺秋以后天气就会变得越来越凉爽宜人。"秋老虎"天气虽然气温较高，但总的来说空气干燥，阳光充足，早晚不是很热，不至于热得喘不过气来。

### 冬虫夏草

冬虫夏草，是由肉座菌目蛇形虫草科蛇形虫草属的冬虫夏草菌寄生于高山草甸土中的蝙蝠蛾幼虫中，使幼虫身躯僵化，并在适宜条件下，夏季由僵虫头端抽生出长棒状的子座而形成。虫草的生长过程让人觉得神秘莫测。其实，虫草是一种昆虫与真菌的结合体，虫草虫是虫草蝙蝠蛾的幼虫，菌是虫草真菌。每当盛夏海拔3800米以上的雪山草甸上冰雪消融，体小身花的蝙蝠蛾便将千千万万个虫卵留在花叶上。继而蛾卵变成小虫，钻进土壤里，吸收植物根茎的营养，逐渐养得洁白肥胖。这时，球形的子囊孢子遇到虫草蝙蝠蛾幼虫，便钻进虫体内部，吸收其营养，萌发菌丝。当虫草蝙蝠蛾的幼虫食到有虫草真菌的叶子时也会成为虫草。受真菌感染的幼虫，逐渐蠕动到距地表2—3厘米的地方，头上尾下而死。这就是"冬虫"。幼虫虽死，体内的真菌却日渐生长，直至充满整个虫体。来年春末夏初，虫子的头部长出一根紫红色的小草，高2—5厘米，顶端有菠萝状的囊壳，这就是"夏草"。

 **成语窗**

### 春华秋实
春天开花，秋天结果。比喻人的文采和德行。现也比喻学习有成果。

### 秋月寒江
比喻有德之人心底清纯明净。

### 秋毫之末
比喻极微小的东西或极细微的地方。

### 老气横秋
形容老练而自负的神态。现形容自高自大，摆老资格。也形容缺乏朝气。

### 琨玉秋霜
比喻坚贞劲烈的品质。

### 覆水难收
倒在地上的水难以收回。比喻事情已成定局，无法挽回。

### 兼收并蓄
把不同内容、不同性质的东西收下来，保存起来。

### 坐收渔利
比喻利用别人之间的矛盾，轻易地从中取利。

### 肥冬瘦年
南宋吴地风俗多重冬至而略岁节，冬至时家家互送节物，有"肥冬瘦年"之谚。

### 露尾藏头
藏起了头，露出了尾。形容说话躲躲闪闪，不把真实情况全部讲出来。

## 闰余成岁

rùn

| 甲骨文 | 金文 | 篆文 | 隶书 | 楷书 | 行书 | 草书 | 标准宋体 |
|---|---|---|---|---|---|---|---|
|  |  | 閏 | 閏 | 閏 | 閏 | 王 | 闰 |

### 解字堂

"閏"是会意字。小篆从王，从门。隶变之后楷书写作"閏"。简化之后写作"闰"。《说文解字》："閏，余分之月，五岁再闰。告朔之礼，天子居宗庙，闰月居门中。从王在门中。《周礼》曰：'闰月王居门中，终月也。'"意谓"闰"指闰月，由剩余未分的时日组成月份，五年闰两次，天子闰月居处在正室门中；由"王"字在"门"字之中会意。

可见"闰"的本义为历法术语，指历法纪年和地球环绕太阳一周运行时间的差数，多余的叫"闰"，如《周礼》："闰月诏王居门终月。"引申为指副、偏，与"正"相对，如《宋史》："区别正闰。"又引申为多余的事，如陈师道《寄答王直方》："人生如此耳，文字已其闰。"

中国农历作为阴阳历的一种，每月的天数依照月亏而定，一年的时间以12个月为基准，平年比一回归年少约11天。为了合上地球围绕太阳运行周期即回归年，每隔2到4年，增加一个月，增加的这个月为闰月。闰月加到哪个月，以农历历法规则推断，主要依照与农历的二十四节气相符合来确定。在加有闰月的那一年有13个月，历年长度为384或385日，这一年也称为闰年。

### 名言馆

以闰月定四时成岁。
· 《书·尧典》

衲僧腰间古历日，定是三年逢一闰。
· （宋）释法薰《偈颂一百三十三首》其一〇三

江云垂野雪如筵，闰岁春来特地迟。
· （宋）陆游《春雪》

已分忍饥度残岁，更堪岁里闰添长！
· （宋）杨万里《悯农》

谜语答案　秋　冬　藏

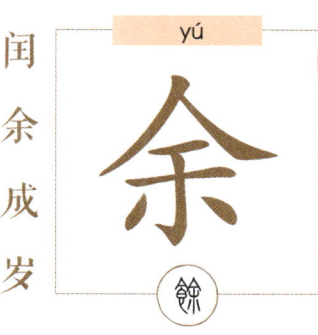

| 甲骨文 | 金文 | 篆文 | 隶书 | 楷书 | 行书 | 草书 | 标准宋体 |
|---|---|---|---|---|---|---|---|
|  |  | 𩙿 | 餘 | 餘 | 餘 | 馀 | 余 |

## 名言馆

行有余力，则以学文。
　　　　·《论语·学而》

一弹再三叹，慷慨有余哀。
　　　　·《古诗十九首·西北有高楼》

肯与邻翁相对饮，隔篱呼取尽余杯。
　　　　·（唐）杜甫《客至》

唱彻《阳关》泪未干，功名余事且加餐。
　　　　·（宋）辛弃疾《鹧鸪天》

## 解字堂

　　"闰余成岁"的"余"字，古人《千字文》写作"餘"，汉字简化时，与第一人称"余"合并，写作"余"。《说文解字》："餘，饶也。从食，余声。"也就是说，余是饱足的意思。

　　后来，"余"引申为剩下，如崔颢《黄鹤楼》："昔人已乘黄鹤去，此地空余黄鹤楼。"又引申为剩下的、多余的，如《诗》："今也每食无余。"同时也引申为残留的、遗留的，如杜甫《登兖州城楼》："孤嶂秦碑在，荒城鲁殿余。"又引申为其余、其他、以外，如《史记》："得十九人，余无可取者，无以满二十人。"

　　作为名词，"余"有"闲暇"的意思，如《庄子·天道》："无为也，则用天下而有余。"

闰余成岁

| 甲骨文 | 金文 | 篆文 | 隶书 | 楷书 | 行书 | 草书 | 标准宋体 |
|---|---|---|---|---|---|---|---|
| | | | | 成 | 成 | | 成 |

## 解字堂

"成"是会意字。甲骨文中的"成"左下角像一块木状物，右边是一把长柄板斧，用以斧劈物会斩物为誓以定盟约之意。金文大体与甲骨文相同。小篆讹变成从戊、丁声的形声字。隶变之后楷书写作"成"。《说文解字》："成，就也。从戊，丁声。"

"成"的本义是成盟、和解，如《左传》："秦晋为成。"引申为成功、完成，如《三国志》："成败之机，在于今日。"又引申为变成、变为，如《礼记》："玉不琢，不成器。"还引申为成全、促成，如"君子成人之美"。又引申为成果、成就，如一事无成。又引申为旧有的、已定的、现成的，如墨守成规。

同时，"成"还表示达到一个完整的数量单位，如"成天""成年累月"。人们也习惯将"十分之一"叫作"成"，如"一成""三成"。

在古代，功成名就的诱惑是很大的，尤其是对于陪着皇帝打天下的臣子。老子在《道德经》中指明，功成身退乃是天道。而能够在建立功勋之后又隐退江湖的，千百年来却没有几人。春秋时期的范蠡是这其中的少数人之一。范蠡在越王勾践穷途末路之际与他共患难，终于帮助越王勾践成就其霸王梦想。但范蠡并未沾沾自喜，他清楚"飞鸟尽，良弓藏；狡兔死，走狗烹"的道理。事实证明，他的选择是明智的。不久之后，不听从他的劝告继续留下为臣的文种，便被勾践所不容，受赐剑自刎而死。

## 名言馆

碧玉妆成一树高，万条垂下绿丝绦。

· （唐）贺知章《咏柳》

君不见高堂明镜悲白发，朝如青丝暮成雪。

· （唐）李白《将进酒》

转轴拨弦三两声，未成曲调先有情。

· （唐）白居易《琵琶行》

夕殿萤飞思悄然，孤灯挑尽未成眠。

· （唐）白居易《长恨歌》

闰余成岁

| 甲骨文 | 金文 | 篆文 | 隶书 | 楷书 | 行书 | 草书 | 标准宋体 |
|---|---|---|---|---|---|---|---|
|  |  |  |  |  |  |  | 岁 |

## 名言馆

日月逝矣，岁不我与。
·《论语·阳货》

离离原上草，一岁一枯荣。
·（唐）白居易《赋得古原草送别》

爆竹声中一岁除，春风送暖入屠苏。
·（宋）王安石《元日》

非是经年别，一岁两中秋。
·（宋）张元干《水调歌头》

## 解字堂

"歲"是象形字。甲骨文中的"歲"像斧刃朝左的长柄斧钺之形，上面的两点表示斧面上的铸刻之纹。金文和小篆均变得较为复杂。隶变之后楷书写作"歲"。汉字简化之后写作"岁"。《说文解字》："岁，木星也。越历二十八宿，宣遍阴阳，十二月一次。从步，戌声。律历书名五星为五步。"这是说，岁是木星的别名，它经过二十八星宿，走遍阴阳十二辰，十二个月轮回一次；该字形采用"步"作偏旁，"戌"作声旁；古代律历典籍把代表五行的五星称为五步。中国远古先祖就已经认识到木星约十二年绕行太空一圈，每年行经中原上空一次，因此以木星行经的星次来纪年，即"岁星纪年法"。故古人又将木星称为"岁星"。

"岁"的本义是远古年终祭祀时对逃犯斫足的酷刑。但是这个意思已经消失，它最常用的意义等同于"年"。也引申为年龄或指岁月，如孟浩然《除夜》："那堪正漂泊，来日岁华新。"还可以表示季节气候，如"岁寒然后知松柏之后凋也。"也引申为年景。汉族传统寓意图中有个非常出名的图案：岁寒三友，即松、竹、梅。松、竹经冬不凋，梅则迎寒开花，它们傲骨迎风，挺霜而立，因此被称作"岁寒三友"。其中"岁寒"常常比喻"浊世"，而松象征常青不老、竹象征君子之道、梅象征冰清玉洁，这三者为浊世之中的清高之物。

## 温故知新

###  四字通解

闰余成岁，意思是积累数年的闰余并成一个月，放在闰年里，讲的是我国古代历法。地球绕太阳一周需时约三百六十五又四分之一天，是实际上的一年，而阴历十二个月只有三百五十四天，实际上差十多天。所以每过数年就要多加一个月（闰），以补足前几年欠缺之数。

"闰余成岁"语出《尚书·尧典》："以闰月定四时成岁。"中国的天文历法，历来是太阴和太阳合参，以太阴记月，太阳记年。在天文学中，阴阳历是指兼顾太阳、月亮和地球关系的一种历法。阴阳历以月亮绕地球一周为1个月，但设置闰月，使得一年的平均天数与回归年的天数相符，因此这种历法与月相相符，也与地球绕太阳周期运动相符。月相盈亏周期即朔望月长度为29.5306日，阴阳历规定，大月30天，小月29天。这样，一年加起来是354天，按照太阳历算是365天，中间差了11天，这就叫闰余。只能每三年，加多一个月出来，多出的这个月叫闰月，加闰月那年就叫闰年。后来古人发现十九年闰七次最合适。

### 猜谜语

涂来涂去没有水。
（打一字）

城墙头上没有土。
（打一字）

###  故事厅

#### 余音绕梁

传说战国时期，女歌者韩娥来到齐国。她因为缺少粮食，一路忍受着饥饿。等她到了齐国的临淄城时，她决定在西南门卖唱求食。她一开口演唱，那美妙而婉转的歌声深深地打动了围观百姓的内心，给各位听众留下了深刻的印象。三天以后，人们还听到她的歌声的余音在房梁间缭绕，人们都说韩娥之歌"余音绕梁，三日不绝"。随后，韩娥投宿一家旅店，因为没有钱而遭到了旅店主人的侮辱，韩娥痛哭而离开。她痛哭的声音十分悲凉，凡是听到她歌声的人都觉得沉浸在哀怨里。一时间，"老幼悲愁，垂泪相对，三日不食"，旅店主人只好又把她请回来唱一首欢乐愉快的歌曲。韩娥一开口气氛顿时欢悦起来，围观者把此前的悲愁全忘了。

#### 铁杵磨成针

相传，唐代大诗人李白小时候非常贪玩，不爱学习。有一天，李白逃学跑出去玩。忽然他看见一位白发苍苍的老婆婆蹲在一旁磨一根铁杵。细问之下，李白才发现，老婆婆是想把手中的铁杵磨成针。李白觉得很不可思议，但是那个老婆婆告诉他，铁杵虽粗，但也经不住天天磨，滴水能穿石，终有一天会变成绣花针的。

李白听了老人的话倍感惭愧，想到自己学习没有恒心，总是三心两意，于是他即刻转身回学堂念书。从此以后，李白刻苦读书，历代诗词歌赋、诸子百家，他见到就读，终于成为中国文学史上伟大的浪漫主义诗人。

##  知识角

### 年年岁岁花相似

《全唐诗》中同时收录了两首几乎相同的诗，一首是宋之问的《有所思》，另一首是刘希夷的《代悲白头翁》。相传宋之问还是刘希夷的舅舅。因为两首作品中都有佳句："年年岁岁花相似，岁岁年年人不同"，富于诗的意境，并蕴藏哲理性，历来被世人广为传诵，脍炙人口。

### 压岁钱的来历

相传，古时候有一种小妖叫"祟"，喜欢在大年三十晚上出来摸小孩子的头。孩子被摸之后会头疼发热，然后变成傻子。因此，为了防止小孩子变成傻子，大人都在这天亮着灯坐着不睡，叫作"守祟"。有一对夫妻俩老年得子，对孩子十分宠爱。某年年三十，他们怕"祟"来害孩子，就拿出八枚铜钱同孩子玩。孩子玩累了睡着了，他们就把八枚铜钱用红纸包着放在孩子的枕头下边。半夜里"祟"果然来了，刚伸手去摸孩子的头，忽然之间，枕头边就迸发道道闪光，吓得"祟"逃跑了。第二天早上，夫妻俩把用红纸包八枚铜钱吓退"祟"的事告诉了大家，以后大家学着做，孩子就太平无事了。原来那八枚铜钱是八仙变的，暗中来保护孩子。因为"祟"与"岁"谐音，之后逐渐演变为"压岁钱"。

##  成语窗

### 积善余庆
积：积累。善：善事。余庆：指先代的遗泽。积德行善之家，恩泽及于子孙。

### 一览无余
览：看。余：剩余。一眼看去，所有的景物全看见了。形容建筑物的结构没有曲折变化，或诗文内容平淡。

### 操翰成章
翰：鸟毛，借指毛笔。拿起笔来就写成文章。形容文思敏捷，有文才。

### 积土成山
累土可以堆成山。比喻积少成多。

### 一挥而成
挥：挥笔。成：成功。一动笔就写成了。形容写字、写文章、画画快。

### 成城断金
成城，团结得像城堡一样坚固。断金，力量大得能折断金属。指万众一心，力量无比强大。

### 岁寒知松柏
寒冬腊月，方知松柏常青。比喻只有经过严峻的考验，才能看出一个人的品质。

### 寸阴若岁
岁：年。一刹那像过一年。形容非常殷切地期待和盼望。

## 律吕调阳

| 甲骨文 | 金文 | 篆文 | 隶书 | 楷书 | 行书 | 草书 | 标准宋体 |
|---|---|---|---|---|---|---|---|
| 律 | 律 | 律 | 律 | 律 | 律 | 律 | 律 |

### 解字堂

"律"是会意字。甲骨文用来表示撑船的时候，持篙一举一送，反复均匀而有规律的动作。隶变之后楷书写作"律"。《说文解字》："律，均布也。从彳，聿声。"

"律"的本义是持篙有规律地撑船。引申为规律、法则，如《汉书·高帝纪》："天下既定，令萧何次律令。"也可以指法令、法律，如清规戒律、论律当斩。由此也引申为用来校正乐音标准的管状仪器，称作律管，如蔡邕《月令章句》："截竹为管谓之律。"因为古人按乐音的高低分为六律和六吕，合称十二律，所以"律"也表示音律、乐律，如《礼记》："五声六律十二管。"又特指律诗或古代爵位的等第，如律切（切合格律）、律手（掌握格律的能手），又如《礼记》："有功德于民者加地进律。"同时也引申为季节和气候，如陆游《春望》："天地回春律，山川扫积阴。"

作为动词，"律"引申为约束，如李商隐《娇儿诗》："抱持多反侧，威怒不可律。"也引申为遵循，如《荀子》："劳知而不律先王。"同时也表示击打，如枚乘《七发》："暗漠感突，上击下律。"作为形容词，"律"引申为高，如《诗》："南山律律。"古人用管、钟、弦定音，所以有管律、钟律、弦律之说。据说古人用十二个长度不同的律管，吹出十二个高度不同的标准音，以确定乐音的高低，因此，这十二个标准音也就叫作"十二律"。

### 名言馆

兵大律在谨，论敌察众，则胜负可先知也。

·《商君书·战法》

---

应律兮合节，灵之来兮蔽日。

·《楚辞·九歌·东君》

---

律应黄钟寒气苦，冰生玉水云如絮。

·（宋）欧阳修《渔家傲》

谜语答案　余　成

# 律吕调阳

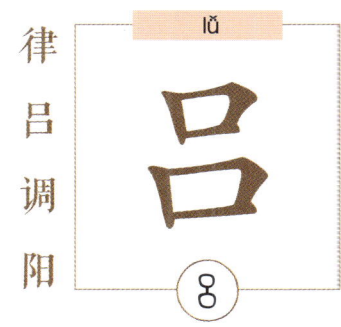

lǚ

| 甲骨文 | 金文 | 篆文 | 隶书 | 楷书 | 行书 | 草书 | 标准宋体 |
|---|---|---|---|---|---|---|---|
| 吕 | 吕 | 吕 | 吕 | 吕 | 吕 | 吕 | 吕 |

## 解字堂

"吕"是象形字。甲骨文是两个方"口"像是人或动物的脊骨连成一串。金文则变成了长圆形。隶变之后楷书写作"吕"。《说文解字》:"吕,脊骨也。象形。昔太岳为禹心吕之臣,故封吕侯。凡吕之属皆从吕。"这是说,古时候太岳官就像是大禹的心脏和脊骨一样的臣子,所以被封为吕侯。

"吕"的本义是脊梁骨,如《国语》:"氏彐有吕。""吕"也被假借为古代十二律中的阴律,有六种,总成为六吕。后也泛指乐律和音律,如翁洮《和方干题李频庄》:"犹凭律吕传心曲,岂虑星霜到鬓根。"

"吕"也作为"旅"的通假字,表示客舍,如秦墓竹简《为吏之道》:"自今以来,叚门逆吕,赘婿后父,勿令为户,勿鼠田宇。"也为古国名,故地在今河南省南阳西,周时赐姓姜,春秋初年为楚所灭。同时是中国的一个姓氏,比如我们熟知的吕洞宾即姓吕,他的故事常常出现在民间传说当中,民间还有句歇后语:狗咬吕洞宾——不识好人心。

## 名言馆

吕望之鼓刀兮,遭周文而得举。
·《楚辞·离骚》

吴歈蔡讴,奏大吕些。
·《楚辞·招魂》

君记取、不为吕党,亦非秦客。
·(宋)刘克庄《满江红》

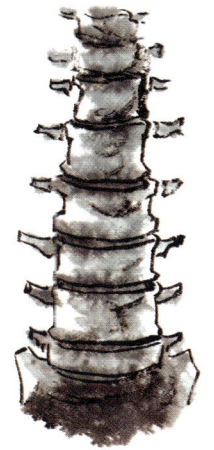

律吕调阳

| 甲骨文 | 金文 | 篆文 | 隶书 | 楷书 | 行书 | 草书 | 标准宋体 |
|---|---|---|---|---|---|---|---|
|  |  | 調 | 調 | 調 | 調 | 調 | 调 |

### 解字堂

"調"是形声字。小篆从言，周声。隶变之后楷书写作"調"。汉字简化之后写作"调"。《说文解字》："调，和也。从言，周声。"

"调"的本义是配合和谐，读作"tiáo"，如《贾子道术》："合得周密谓之调。"引申为调节，如《礼记·月令》："调竽笙篪簧。"也引申为驯服、训练，如《盐铁论》："无鞭策，虽造父不能调驷马。"也表示调治、调养，如刘禹锡《昼居池上亭独吟》："法酒调神气，清琴入性灵。"又引申为嘲笑、调戏，如《世说新语》："康僧渊目深而鼻高，王丞相每调之。"也可表示演奏，如董解元《西厢记诸宫调》："何处调琴，惺惺地把醉魂呼醒？"也可以指掷、丢，如元杨景贤《西游记》："我看了，班（搬）起一块大石，调打下去。"还可以表示烹调、调味，如《吕氏春秋》："一鼎之调。"

中医讲求阴阳调和，注意让人体内的各个器官和谐。人体十二经络有一个十分有意义的搭配，就是每一条阳经都有一条阴经与之相表里，从而形成了阴与阳的协调。《素问》中说："阴在内，阳之守也；阳在外，阴之使也。"仔细玩味，不难发现这两句话意义深远：阴在人体内，它守候着阳；阳在人体表面，它如同阴派出去的士兵。

### 名言馆

决拾既佽，弓矢既调。

·《诗·小雅·车攻》

---

调悦者，情之道也。

·《大戴礼记·子张问入官》

---

若水旱不调，宁燥不湿。

·（北魏）贾思勰《齐民要术·耕田》

律吕调阳

yáng

阳

| 甲骨文 | 金文 | 篆文 | 隶书 | 楷书 | 行书 | 草书 | 标准宋本 |
|---|---|---|---|---|---|---|---|
|  |  |  |  |  |  |  | 阳 |

## 名言馆

万物负阴而抱阳，冲气以为和。
　　　　　　　　　·《老子》

太阳藏独至，厥喘虚气逆，是阴不足，阳有余也。
·《黄帝内经·素问·经脉别论》

今年阳初花满林，明年冬末雪盈岑。
　　·（南朝）鲍照《拟行路难十八首》其十二

叶上初阳干宿雨，水面清圆，一一风荷举。
　　　　·（宋）周邦彦《苏幕遮》

斜阳草树，寻常巷陌，人道寄奴曾住。
　　·（宋）辛弃疾《永遇乐·京口北固亭怀古》

## 解字堂

"陽"是会意字。甲骨文像太阳升到了祭神的石桌上方。金文加了"彡"表示阳光。隶变之后楷书写作"陽"。汉字简化之后写作"阳"。《说文解字》："阳，高明也。从阜，昜声。"

"阳"的本义是山的南面或水的北面，如"山南为阳，水北为阳"。引申为太阳，如"湛湛露斯，匪阳不晞"。也引申为物体的正面、前面或者外面。还引申为男性生殖器。也表示天或晴天。又同时与阴间相对，表示阳间。古时还指中午。

作为形容词，"阳"引申为凸出，如阳文（镂刻在器物上凸起的文字）。也表示带正电的，如阳电、阳极。又引申为颜色明亮，如"神光离合，乍阴乍阳"。由此引申出鲜明之意，如《吕氏春秋》：'得时之麻，必芒以长，疏节而色阳。"又引申为温暖，如《诗·七月》："春日载阳，有鸣仓庚。"也引申为干旱，如《汉书》："太白司艾，西岳国师典致时阳，白炜象平，考量以铨。"

作为动词，"阳"引申为外露、显露，如《庄子》："无入而藏，无出而阳。"又引申为假装，如《大戴礼记》："而箕子被发阳狂。"引申为复苏、生长，如陶渊明《杂诗》："日月还复周，我去不再阳。"

047

## 温故知新

### 四字通解

律吕调阳，意思是用六律六吕来调节阴阳。律吕是用来协调阴阳、校定音律的一种设备，现代音乐上叫定音管。

中国古代在音乐上有五音，即宫、商、角、徵、羽；这是五个全音，再加上变宫和变徵两个半音，即4和7，一共七个音。这七音是一个八度的自然音阶，但没有音高，也就是没有定调。怎么办？就要用律吕来给它定调，律吕就是定调用的律管和吕管。利用律管和吕管的物理特性在特定节气和时间发出"嗡"的声音。这种声音就叫黄钟，这个时间就是子时，节气就是冬至。用这种声音可以定调相当于现代音乐的C调；同时可以定时间，来调物候的变化，所以叫作"律吕调阳"。十二根管分成六阴、六阳两组。六根单数的属阳，叫六律；六根偶数的属阴，叫六吕。六律第一个是黄钟，六吕的第一个叫大吕，所以音乐里有黄钟、大吕之说。

### 故事厅

#### 三英战吕布

"三英战吕布"是小说《三国演义》中的一个精彩片段。话说曹操联合十八路诸侯讨伐董卓，董卓的上将吕布一连打败诸侯军众将之后，诸侯军中一将飞出，圆睁环眼，怒声如雷，手持丈八蛇矛，此人正是张飞。吕张二人大战五十余合，不分胜负。关云长见此，瞪起丹凤眼，手提八十二斤青龙偃月刀，催马上前，夹击吕布。刹那间，刀若闪电，矛似流星。三人酣战三十回合，难分胜负。正当此时，刘备手持雌雄双剑，冲上前去助战。刘关张兄弟三人合力攻杀，想将吕布斩于军前。最终吕布招架不住，退了回去。

#### 鲁阳挥戈

相传，鲁阳公与韩国结仇，双方交战，正在战斗打得难分难解的时候，太阳要落山了，鲁阳公挥戈大喝，意在阻止日落西沉，没想到太阳竟为之返回三舍。这样的传说看起来很荒谬。但其实上它是想说，那些将生死视为同一的人，是无法将他胁迫欺凌的，而这样威武勇猛的人必定可以称雄三军。

### 猜谜语

两口子相遇。
（打一字）。

周围都在说话。
（打一字）。

半景东邻照数家。
（打一字）。

 **知识角**

### 调而应之

庄子在《知北游》中讲"调而应之，德也"。其中提到，中原一带有人居住着，不偏于阴也不偏于阳，处在大地的中间，只不过姑且具备了人的形体罢了，而人终将返归他的本原。从道的观点来看，人的诞生，乃是气的聚合，虽然有长寿与短命，但相差并不大。说起来只不过是俄顷之间，又哪里用得着区分唐尧和夏桀的是非呢！果树和瓜类各不相同却有共同的生长规律，人们的次第关系即使难以划分，也还可以用年龄大小相互为序。圣人遇上这些事从不违拗，即使亲身过往也不会滞留。调和而顺应，这就是德。也就是天道无为，一切顺其自然，因为一切都有其自身的规律，可以加以利用和遵循。

### 阳关三叠

《阳关三叠》为中国十大古琴曲之一。也是中国古代汉民族音乐作品中的精品，千百年来被人们广为传唱。这首乐曲产生于唐代，是根据著名诗人、音乐家王维的名篇《送元二使安西》谱写而成的。因为诗中有"渭城""阳关"等地名，所以，又名《渭城曲》《阳关曲》。大约到了宋代，《阳关三叠》的曲谱便已失传了。如今所见的古曲《阳关三叠》则是由琴歌改编而成。

 **成语窗**

### 玉律金科
律：规章，法则。科：旧指法律条文。原形容法令条文的尽善尽美。现比喻必须遵守、不能变更的信条。

### 东风入律
指春风和畅，律吕调协。常用以称颂盛世。

### 黄钟大吕
黄钟：我国古代音韵十二律中六种阳律的第一律。大吕：六种阴律的第四律。形容音乐或言辞庄严、正大、高妙。

### 九鼎大吕
比喻说的话力量大，分量重。

### 狗咬吕洞宾
吕洞宾，传说中的八仙之一。狗见了吕洞宾这种做善事的好人也咬，用来骂人不识好歹。

### 吕武操莽
吕雉、武则天、曹操、王莽的合称。旧时都被认为是以阴谋手段篡夺君位的野心家。因而指窃取政权的国贼。

### 风调雨顺
调：调和。顺：和协。风雨及时、适宜。形容风雨适合农时。

### 调嘴学舌
调嘴：耍嘴皮。指背地里说人闲话，搬弄是非。

### 三阳开泰
《周易》卜卦，冬去春来，阴消阳长，有吉亨之象。常用以称颂岁首或寓意吉祥。

云腾致雨

yún

| 甲骨文 | 金文 | 篆文 | 隶书 | 楷书 | 行书 | 草书 | 标准宋体 |
|---|---|---|---|---|---|---|---|
| 𠕁 | 云 | 雲 | 雲 | 雲 | 雲 | 云 | 云 |

## 解字堂

"云腾致雨"的"云"字，古人《千字文》写作"雲"，汉字简化时，与语气词"云"合并，写作"云"。其实云为雲之初文，加雨为形符，乃后起字。古文假借"云"作语气词。"云"是象形字。甲骨文中的"云"像天空中舒卷的云层。金文与甲骨文一样。小篆的形体进而繁化了。隶变之后楷书写作"雲"。《说文解字》："雲，山川气也。从雨，云象雲回转形。凡云之属皆从雲。"

"云"的本义是云气、云雾，如"地气上为云"。引申为轻柔舒卷如云之物，如云衫玉带、云髻（女子的发髻）。同时也借指高空，如《楚辞》："灵皇皇兮既降，猋远举兮云中。"

作为形容词，"云"比喻盛多和高，如云天。又比喻疏远，如云孙（从本身算起的第九代孙）。或比喻漂泊不定，如云客（云游江湖的术士）。

古诗词中有一个有名的"浮云"意象，可表现不同的深层意蕴。浮云是闲适的象征，如唐鲍溶《怀尹真人》："万里叠嶂翠，一心浮云闲。"浮云聚散无常，常被喻为人生虚空。当其与表示功名利禄的事物相连时，常隐喻抒情主体鄙视功名利禄、超俗傲岸的精神气度。再者，当浮云与游子相前后时，常体现出浓烈的思乡怀友主题。诗人常以浮云的飘浮不定来状写远游人的情绪，如李白《送友人》："浮云游子意，落日故人情。"浮云还可比喻一切阻碍历史前进的势力、朝廷小人，如"浮云翳日光"。

## 名言馆

虽则如云，匪我所思。
·《诗·郑风·出其东门》

天下云集响应，赢粮而景从。
·（汉）贾谊《过秦论》

云想衣裳花想容，春风拂槛露华浓。
·（唐）李白《清平调》

云归而岩穴暝。
·（宋）欧阳修《醉翁亭记》

谜语答案 吕调阳

云腾致雨

téng
腾

| 甲骨文 | 金文 | 篆文 | 隶书 | 楷书 | 行书 | 草书 | 标准宋体 |
|---|---|---|---|---|---|---|---|
|  |  | 騰 | 騰 | 騰 | 腾 | 腾 | 腾 |

## 名言馆

天气下降，地气上腾。
　　　　　·《礼记·月令》

秋浦多白猿，超腾若飞雪。
　·（唐）李白《秋浦歌十七首》其五

金绳铁索锁纽壮，古鼎跃水龙腾梭。
　　　　·（唐）韩愈《石鼓歌》

巨辟十三华藏界，藏身无迹海腾波。
　·（宋）释绍昙《偈颂一百一十七首》其九

## 解字堂

"腾"是形声字。小篆从马，表示与奔马有关，朕声。隶变楷书之后写作"騰"。汉字简化之后写作"腾"。《说文解字》："腾，传也。从马，朕声。一曰：腾，犗马也。"

"腾"的本义是传递邮驿，如《后汉书》："因数腾书陇、蜀，告示祸福。"引申为奔跑、跳跃、翻腾，如"士饱而歌，马腾于槽"，又如《诗》："百川沸腾。"也表示使房屋空出，如"不如就把书院腾了出来"。引申为乘、驾，如《楚辞》："腾驴赢以驰逐。"还引申为凌驾，如《管子》："巧官以谄上，谓之腾。"另外，"腾"还可作为副词，引申为突、忽，表示动作状态，如腾地（猛然、一下子）。

图腾与中国远古时期的先民的信仰密切相关。在远古的氏族部落时期，图腾崇拜的现象较为普遍。"图腾"一词是18世纪末叶，由朗格（J. Long）在《一个印第安译员的航海旅行》一书中首先创造。"图腾"（totem）来源于北美奥吉布韦（Ojibway）印第安人的方言Ototeman，意为"他的亲族"或"他的氏族"，澳洲则有"科旁"（Kobong）一词与图腾同义。图腾相当于是整个部族的标记，许多氏族往往以它命名。图腾崇拜，是发生在氏族公社时期的一种宗教信仰的现象。一般表现为对某种动物的崇拜，其也是祖先崇拜的一部分，图腾主要出现在旗帜、族徽、柱子、衣饰、身体等地方。而目前对于图腾崇拜的研究也是对于原始社会研究的重要组成部分，故图腾崇拜现象蕴含着重要的历史人文意义。

云腾致雨

| 甲骨文 | 金文 | 篆文 | 隶书 | 楷书 | 行书 | 草书 | 标准宋体 |
|---|---|---|---|---|---|---|---|
| | | | 致 | 致 | 致 | 致 | 致 |

### 解字堂

"致"是会意字。甲骨文从人，从至，会人送达之意。金文和小篆字形变化不大，只是更加线条化和整齐化了。隶变之后楷书写作"致"。《说文解字》："致，送诣也。从夂，从至。"

"致"的本义是送达、送到，如《诗》："远莫致之。"引申为招引、招致，如贾谊《过秦论》："致天下之士。"又引申为造成、导致，如袁枚《祭妹文》："致孤危托落。"又引申为求取、获得，如袁枚《黄生借书说》："余幼好书，家贫难致。"又引申为表达，如《资治通鉴》："致殷勤之意。"又引申为奉献、献纳，如《论语》："事父母能竭其力，事君能致其身。"也引申为转告、回报，如《史记》："荆轲遂见太子，言田光已死，致光之言。"也引申为施加、施行，如《易》："君子以折狱致刑。"又引申为归还、交还，如《三国演义》："惟臣寻事，自致房陵、上庸，而复乞身自放于外。"又引申为达到、实现，如"学以致用"。另外，"致"还通"至"，表示到达或极、尽，如《荀子》："致忠信。"

作为名词，"致"引申为情趣、兴致，如李渔《闲情偶寄》："无穷逸致。"又引申为书卷、契据，如《礼记》："献田宅者操书致。"

作为副词，"致"表示结构上细密，如《礼记》："作为淫巧，以荡上心，必功致为上。"又引申为周密，如《汉书》："按其狱，皆文致不可得反。"

### 名言馆

君子以致命遂志。

·《易·困》

玄鸟致贻，女何喜？

·《楚辞·天问》

馨香盈怀袖，路远莫致之。

·《古诗十九首·庭中有奇树》

皋夔事业今何有，且与心君致太平。

·（宋）陆游《杂兴四首》其一

云腾致雨

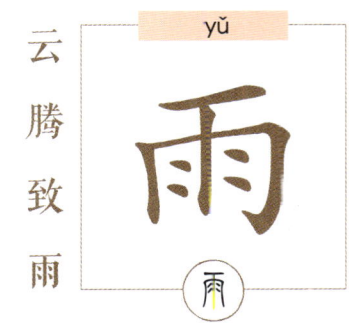

| 甲骨文 | 金文 | 篆文 | 隶书 | 楷书 | 行书 | 草书 | 标准写体 |
|---|---|---|---|---|---|---|---|
| 𠕒 | 𠕒 | 雨 | 雨 | 雨 | 雨 | 雨 | 雨 |

## 名言馆

积土成山，风雨兴焉。
·《荀子·劝学》

玉容寂寞泪阑干，梨花一枝春带雨。
·（唐）白居易《长恨歌》

清明时节雨纷纷，路上行人欲断魂。
·（唐）杜牧《清明》

怒发冲冠，凭栏处、潇潇雨歇。
·（宋）岳飞《满江红》

## 解字堂

"雨"是象形字。甲骨文中的"雨"上面一横代表天，下垂的六条短线条表示下落的雨滴。金文的线条有断有续。隶变之后楷书写作"雨"。《说文解字》："雨，水从云下也。一象天，冂象云，水霝其间也。凡雨之属皆从雨。"意思是，雨表示水从云中降下，"一"像天，"冂"像云，像水从天空云彩间滴落下来。大凡雨的部属都从雨。

"雨"的本义为雨水，如《管子》："雨，濡物者也。"可引申为下雨。因为雨水滋润万物，所以也引申为恩惠、恩泽，如李白《书情题蔡舍人雄》："愧无横草功，虚负雨露恩。"也引申为朋友，如杜甫《秋述》："常时车马之客，旧，雨来，今，雨不来。"谓过去宾客遇雨也来，而今遇雨却不来了。后因以"雨"喻友人。又比喻教导之言、教泽，如梁简文帝《上大法颂表》："泽雨无偏，心田受润。"引申为密集，如雨矢（像雨一样落下的箭矢）。

农业对于水的依赖，让古代先民对雨水怀有与众不同的情结，并产生了许多对于雨水崇拜的活动，甚至不少带有浓厚的神秘色彩。远古时代的生产力很低，同时先民们由于经验有限，在自然界面前往往表现得软弱无力。但是，这种状况并不影响他们有为发展生产、争取美好生存条件的愿望。这个时候，他们只好借助于他们认为可以跟自然界对话的巫术。在我国，早在殷商年代，祈雨活动就已风行。在"万物有灵"和"神"的观念下，中国古代雨水崇拜的对象较早转移到了对雨神的崇拜上。祈雨时所崇拜祭祀之神还有天神、龙神、风神、云神、雷神等等。能"呼风唤雨"被认为是一种强大的法术。

## 温故知新

### 四字通解

云腾致雨，意思是云气上升遇冷就形成了雨，说的是云雨自然现象的形成。云，指大气中的水蒸气凝聚成小水滴或水粒，或与雨共存时肉眼可见的集合体。古人认为云是从山石中产生的，所以古人经常把山石称为"云根"。后来"云根"也用来指寺院或云游僧人休息的地方。腾，在这里指升入空中。《礼记·月令》中说："天气下降，地气上腾。"古人认为，"地气上升为云，天气下降为雨"。霜和露是同质的东西，只是露是液体的，霜是固体的。我们的地球，白天太阳出来以后吸热，晚上日落以后再散热。地气是热的，它往上散的时候，由于地表温度逐渐降低，水蒸气遇冷变成露水。夜晚气温进一步降低，它就结成霜了，特别是到了白露、霜降节气的时候，完全变为白霜。

### 故事厅

**云雨巫山**

原指古代汉族神话传说中巫山神女兴云降雨的事。后人误解其义，因而用以称男女欢合。相传，楚襄王和宋玉一起游览云梦之台的时候，宋玉说："以前先王（指楚怀王）曾经游览此地，玩累便睡着了。先王梦见一位美丽动人的女子，她说是巫山之女，愿意献出自己的枕头席子给先王休息。先王自此爱上了这位女子。巫山女告诉先王，再想找自己的话，就住在巫山，她早晨是'朝云'，晚上是'行雨'。"

**季鹰高致**

张季鹰调任齐王的东曹属官。在首都洛阳，他看见秋风起，便想吃老家吴中的菰菜羹和鲈鱼脍，说道："人生可贵的是能够顺心罢了，怎么能远离家乡到几千里外做官，来追求名声和爵位呢？"于是坐上车就南归了，不久齐王败死，当时人们都认为他能见微知著。

### 猜谜语

藤下饮马。
（打一字）

枚枝尽掩屋檐下。
（打一字）

两人同离去，直到四点归。
（打一字）

 ## 知识角

### 格物致知

"格物致知"是中国古代儒家思想中的一个重要概念,乃儒家专门研究物理的学科,已失佚,源于《礼记·大学》八目——格物、致知、诚意、正心、修身、齐家、治国、平天下——所论述的"欲诚其意者,先致其知;致知在格物。物格而后知至,知至而后意诚"一段。但《大学》文中只有此段提及"格物致知",却未在其后作出任何解释,也未有任何先秦古籍使用过"格物"与"致知"这两个词汇而可供参照意涵,遂使"格物致知"的真正意义成为儒学思想的难解之谜。"格物致知"包含"实事求是"精神,但是,其内涵远比"实事求是"丰富。现今流行观点和朱熹观点的差异,乃是在关于"致知"的解释。朱熹所谓的"知"是知性(包含了智慧与知识),而现代流行观点的"知"只是指知识,这种观念变异可能是由于现今社会流行唯物论观点所产生的影响。

### 雨人

"雨人"是一个具有特别意义的专有名词——指那种具有某种特殊才能,但日常生活不能自理的人,俗称"白痴天才"。由于一种至今不明原因的脑部发育异常,使他们丧失了理解他人并与他人建立人际关系的能力,他们在语言发育上也大都存在障碍,他们的智能发育存在奇特的缺陷,可能只懂得"现在"的时刻,由于缺乏主观之个人历史,不能从过往的经验中学习。他们经常对将来有所恐惧和忧虑。但是他们当中有的具备超出常人的记忆、数学运算、音乐、绘画等方面的能力。

 ## 成语窗

### 风轻云淡
微风轻拂,浮云淡薄。形容天气晴好。

### 风虎云龙
虎啸生风,龙起生云。指同类事物相互感应。

### 河清云庆
黄河水清,云呈五彩。古人以为太平祥瑞的象征。

### 飞黄腾达
飞黄:传说中神马名。腾达:上升,引申为发迹,宦途得意。形容骏马奔腾飞驰。比喻骤然得志,官职升得很快。

### 腾蛟起凤
宛如蛟龙腾跃、凤凰起舞。形容人很有文采。

### 豪情逸致
豪情:指兴奋豪放的感情。逸致:悠闲脱俗的情趣。兴奋豪放的情感和洒脱的情趣。

### 兴云致雨
兴云:布下云彩。致雨:使下雨。神话传说中神龙有布云作雨的能力。借喻乐曲诗文,声势雄壮,不同凡响。

### 栉风沐雨
风梳发,雨洗头。形容人经常在外面不避风雨地辛苦奔波。

## 露结为霜

| 甲骨文 | 金文 | 篆文 | 隶书 | 楷书 | 行书 | 草书 | 标准宋体 |
|---|---|---|---|---|---|---|---|
|  | 霯 | 露 | 露 | 露 | 露 | 茲 | 露 |

### 解字堂

"露"是形声字。"路"既是声旁也是形旁，表示行径、途径。金文"露"会路径之雨。古人认为露水是"天水"经过地面：夜间从天上来到地上，早上又从地上回到天上。隶变之后楷书写作"露"。《说文解字》："露，润泽也。从雨，路声。"

"露"的本义是露水，所谓"阳气胜则散为雨露"。引申为水汽，如苏轼《赤壁赋》："白露横江。"也引申为糖浆、糖汁，如果子露、玫瑰露。也引申为滋润、恩泽，如露雨（比喻恩泽）。

作为动词，"露"引申为显露、显现在外，如《长杨赋》："今乐远出以露威灵。"也可表示为滋润，如《诗》："英英白云，露彼菅茅。"又引申为庇护，如《国语》："智子之道善矣，是先生覆露子也。"

值得注意的是，"朝露"作为一个诗歌意象，在中国古诗词当中有着丰富的意蕴和内涵。以魏晋南北朝诗歌为例，据不完全统计，当中至少有30处提到"朝露"意象。频繁的战争，使很多人丧生。在文人诗中，"朝露"成为战乱带来的饥荒、瘟疫以及人口大规模迁徙而有人生短暂无序、飘渺不定之感的代名词。人生"譬如朝露"，无常无序，时光易逝，世道不济，功名利禄不可得，忧思之情难排解，于是"感朝露，悲人生"。结局或如陶渊明离开仕途，隐居于田园；或如阮籍饮酒忘事，作精神远足；或奋起直追，建功立业；亦或平平淡淡，就此一生。

### 名言馆

人生如朝露，何久自苦如此。
· 《汉书·李广苏建传》

青青园中葵，朝露待日晞。
· 汉乐府《长歌行》

可怜九月初三夜，露似真珠月似弓。
·（唐）白居易《暮江吟》

湖上西风急暮蝉，夜来清露湿红莲。
·（宋）晏殊《浣溪沙》

谜语答案　腾　致　雨

露结为霜

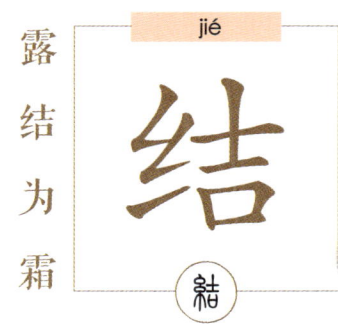

| 甲骨文 | 金文 | 篆文 | 隶书 | 楷书 | 行书 | 草书 | 标准宋体 |
|---|---|---|---|---|---|---|---|
| | | 結 | 結 | 結 | 結 | 结 | 结 |

## 名言馆

结庐在人境，而无车马喧。
·（晋）陶潜《饮酒二十首》其五

芭蕉不展丁香结，同向春风各自愁。
·（唐）李商隐《代赠二首》其一

绕砌蛩声芳草歇，愁肠学尽丁香结。
·（南唐）冯延巳《鹊踏枝》

共结因缘久远无。
·（宋）晏几道《南乡子》

## 解字堂

"结"是形声字。小篆从糸，吉声。隶变之后楷书写作"結"。汉字简化之后写作"结"。《说文解字》："结，缔也。从糸，吉声。"

"结"的本义是用长条物绾系或编织，读作"jié"，如"临渊羡鱼，不如退而结网"。引申为用绳、线、皮条等绾成的疙瘩，如蝴蝶结、装饰结。因为结是绾的结果，故引申为终局，如归根结底、结论。也引申为关键，如《管子》："诚信者，天下之结也。"由系结引申指组织、连在一起彼此产生某种关系，如结婚、结拜。进而引申指凝聚、聚合，如凝结、结冰。

作为形容词，"结"比喻心情烦闷、心里有结，如司马迁《报任安书》："意有所郁结。"也引申为牢固，如陈寿《三国志》："今疾已结，促去可得与家相见，五日卒。"

说到"结"，人们很容易想到中国结。中国结源于旧石器时代的缝衣打结，在汉朝的仪礼记事中发展，最终演变成今日的装饰性艺术品。中国结不仅造型优美、色彩多样，且都表示热烈浓郁的美好祝福，是赞颂以及传达衷心至诚的祈求和心愿的佳作。中国结从头到尾都是用一根丝线编结而成，每一个基本结又根据其形、意命名。把不同的结饰互相结合在一起，或用其他具有吉祥图案的饰物搭配组合，就形成了造型独特、绚丽多彩、寓意深刻、内涵丰富的中国传统吉祥装饰物品。中国结所包含的情致与智慧折射出中华古老文明的靓丽侧面。

露结为霜

wéi

| 甲骨文 | 金文 | 篆文 | 隶书 | 楷书 | 行书 | 草书 | 标准宋体 |
|---|---|---|---|---|---|---|---|
| | | | | 為 | 爲 | | 为 |

## 解字堂

"爲"是会意字。甲骨文中的"爲"上部为手,其下是仰着头、尾朝下的一头大象,会手牵着大象去劳动之意。隶变之后楷书写作"爲"。汉字简化之后写作"为"。《说文解字》:"为,母猴也。其为禽好爪。爪,母猴象也。下腹为母猴形。王育曰:'爪,象形也。'"

"为"的本义是母猴。引申为作为、做、干,如《诗》:"我生之初,尚无为。"引申为制作、创作,如《墨子》:"其为衣裘何?以为冬以圉寒,夏以圉暑。"又引申为治理,如《世说新语》:"诸葛瑾为豫州。"也引申为变成、成为,如《淮南子》:"何遽不为福。"也引申为学习、研究,如《韩非子》:"群臣为学,门子好辩,商贾外积,小民右仗者,可亡也。"又引申为种植、营作,如《战国策》:"东周欲为稻,西周不下水,东周患之。"又引申为以为、认为,如《大唐三藏取经诗话》:"将为无人会使此法。"另外,"为"也表示是,如《列子》:"不为远者小。"

## 名言馆

井渫不食,为我心恻。

· 《易·井》

君子有勇而无义为乱,小人有勇而无义为盗。

· 《论语·阳货》

变化则为生,为生则乱矣。

· 《管子·心术上》

为善者,非善也,故善无以为也。

· 《管子·枢言》

露结为霜

## shuāng
## 霜

| 甲骨文 | 金文 | 篆文 | 隶书 | 楷书 | 行书 | 草书 | 标准宋体 |
|---|---|---|---|---|---|---|---|
| | 霜 | 霜 | 霜 | 霜 | 霜 | 霜 | 霜 |

### 解字堂

"霜"是形声字。小篆从雨，相声。隶变之后楷书写作"霜"。《说文解字》："霜，丧也。成物者。从雨，相声。"霜，是使万物丧失的东西。

"霜"的本义是在气温降到摄氏零度以下时，近地面空气中水汽的白色结晶，如《易》："履霜坚冰至。"引申为年岁，如贾岛《渡桑乾》："客舍并州已十霜，归心日夜忆咸阳。"又引申为如霜的粉末，如苏轼《送金山乡僧归蜀》："冰盘荐琥珀，何似糖霜美？"

作为形容词，"霜"引申为白色的，如李白《古风》之四："徒霜镜中发，羞彼鹤上人。"又引申为高洁，如陆机《文赋》："心懔懔以怀霜，志眇眇而临云。"又引申为冷酷、严峻，如《南史》："三思远恒如怀冰，暑月亦有霜气。"也引申为锋利，如左思《吴都赋》："刚镞润，霜刃染。"

自从宋玉发出"悲哉秋之为气也，萧瑟兮草木摇落而变衰"的悲秋感叹之后，悲秋就成了中国古代文学的一大主题。而与此同时，跟秋天相关的意象也大量出现在作品当中，"霜"便是其中之一。《礼记》："季秋之月……霜始降。"公历10月23日或24日是二十四节气之一的"霜降"。以秋日为背景的诗歌，常常要写到霜，如庾信《和裴仪同秋日》："霜天林木燥，秋气风云高。"又如李白《长歌行》："秋霜不惜人，倏忽侵蒲柳。"这类文学作品当中的"霜"不仅指自然界中的霜，还暗指作者内心的惆怅失落。

### 名言馆

空里流霜不觉飞，汀上白沙看不见。
· (唐) 张若虚《春江花月夜》

月落乌啼霜满天，江枫渔火对愁眠。
· (唐) 张继《枫桥夜泊》

艰难苦恨繁霜鬓，潦倒新停浊酒杯。
· (唐) 杜甫《登高》

## 温故知新

###  四字通解

露结为霜,意思是露水碰上寒夜,很快凝结为霜。这四个字与云腾致雨一起说明了云雨霜露自然现象形成的原因。现代科技证明,我们的地球,白天太阳出来以后吸热,晚上日落以后再散热。地气是热的,它往上散的时候,由于地表温度逐渐降低,水蒸气遇冷变成露水。夜晚气温进一步降低,它就结成霜了,特别是到了白露、霜降节气的时候,完全变为白霜。

"露结为霜"这一句话出自《易经》。《易经·坤卦》里有"履霜坚冰至,阴始凝也"的话。踩到霜了,你就要想到冻冰的时候快来了,此时阴气开始凝结了。这是告诉我们,看到一件事情的因,就要想到它应有的结果。《诗经》有"蒹葭苍苍,白露为霜",还有一句"蒹葭萋萋,白露未晞",晞,指被太阳晒干。也就是说,"露"的结果有两种:结冻成霜,或晒成水汽。这几个字不仅是描绘简单的物态变化,而且形象地写出了从草木上缀满露珠的初秋到覆盖白霜的深秋的季节变化,更揭示了有因有果的深层哲理。

###  故事厅

**锋芒毕露**

诸葛恪是诸葛亮的兄长诸葛瑾的儿子,小的时候就展现出了才思敏捷、天赋过人的特质,并且大家都认为他的才能超过了其父诸葛瑾。但是诸葛瑾却并没有为有这样的儿子而感到高兴,认为他爱逞强显能,锋芒太露,反而觉得诸葛恪会给家族带来不幸。他认为诸葛恪的性格急躁、刚愎自用,而且太喜欢表现自己。果然如其所料,诸葛恪掌权后独断专行,引起众怒,最终被吴主孙亮与大臣孙峻设计杀死,自己的家族也被夷灭。

**六月飞霜**

战国时期,燕昭王请齐国的邹衍等贤人来帮助治理国家,燕国的部分人对邹衍不满,在燕王面前进谗言,让邹衍蒙冤入狱,当时正值盛夏六月,天降大风雪。燕王意识到邹衍的冤屈,就释放了他。类似的还有关汉卿作品《窦娥冤》中的情节:窦娥被无赖诬陷,又被楚州知府桃杌错判斩刑。窦娥眼看没有申冤的地方,她满腔悲愤地咒骂天地。窦娥被杀之后,一霎时天昏地暗,大雪纷飞。

### 猜谜语

十载同心终聚首。
（打一字）

上下一齐出点力。
（打一字）

雨打枝头泪水流。
（打一字）

 ## 知识角

### 露水的形成

露水四季皆有，秋天特别多。晴朗无云的夜间，地面热量散失很快，地面气温迅速下降。温度降低，空气含水汽的能力减小，大气低层的水汽就附在草上、树叶上等，并凝成细小的水珠，即露水。露水需在大气较稳定，风小，天空晴朗少云，地面热量散失快的天气条件下才能形成。如果夜间天空有云，地面就像盖上一条棉被，热量碰到云层后，一部分折回大地，另一部分则被云层吸收，被云层吸收的这部分热量，以后又会慢慢地放射到地面，使地面的气温不容易下降，露水就难出现；如果夜间风较大，风使上下空气交流，增加近地面空气的温度，又使水汽扩散，露水也很难形成。

### 同心结的来历

同心结是"牵巾"时的主要道具。"牵巾"是以同心结相牵。首先是负责婚礼的礼官请出男女新人到堂中参拜，新郎披红挂绿，手持槐木所制的木笏，牵着同心结倒着走，另一端新娘面向男方而行。到中堂时，由男方的女亲用枰或机杼挑开盖头，新娘方才露出花容。一拜天地，二拜高堂，三夫妻对拜之后，还要拜家神、家庙，行礼参见诸位亲戚。

 ## 成语窗

### 不露锋芒
锋芒：比喻锐气或才干。不显露出锐气或才干。多指有意地将自己的才能、抱负等加以掩饰。

### 结绳而治
原指上古没有文字，用结绳记事的方法治理天下。后也指社会清平，不用法律治国的空想。

### 鹑衣百结
鹑：鹌鹑鸟。结：悬挂连缀。鹌鹑的尾巴短而秃，像打满补丁一样。形容衣服非常破烂。

### 走为上着
指遇到强敌或陷于困境时，以离开回避为最好的策略。

### 为善最乐
做善事是最快乐的事。常为劝人多行善事的格言。

### 以古为镜
借历史上的成败得失作为鉴戒。

### 风刀霜剑
寒风像刀，严霜像剑。形容气候寒冷，刺人肌肤。也比喻恶劣的环境。

### 傲霜斗雪
傲视寒霜，抗击白雪。形容不畏严寒。比喻人身处逆境而不屈服。

金生丽水

| 甲骨文 | 金文 | 篆文 | 隶书 | 楷书 | 行书 | 草书 | 标准宋体 |
|---|---|---|---|---|---|---|---|
|  | 金 | 金 | 金 | 金 | 金 | 全 | 金 |

## 解字堂

"金是会意字。从 （"吕"字初文，表示青铜原料——金饼），从土（或从王，斧钺的象形字），从▲（或今）声，用为青铜原料之意。西周晚期至春秋战国金文中从三点、四点，再后来写在金文形体之中。隶化之后楷书写作"金"。《说文解字》："金，五色金也。黄为之长。久薶不生衣，百炼不轻，从革不违，西方之行，生于土，从土。左右注象金在土中形。今声。凡金之属皆从金。"

在现代自然科学上，金是指一种化学元素，符号Au，原子序数79，黄赤色，质软，比如我们常说的黄金、金子。后来引申为金一类的金属统称，指具有光泽、延展性，容易传热和导电的固体的通称（汞除外），如金属、五金（旧指金银铜铁锡）、合金等。由金的物质和价值属性，引申比喻尊贵、贵重、难得、持久、坚固、有光泽的事物，如金兰、金刚、金城汤池等。一些动、植物因颜色似金而得名，如金鱼、金乌（太阳）、金丝猴等。在生活中，比起金的昂贵价值，我们认为具有金子一般的心更为难得。

## 名言馆

故木受绳则直，金就砺则利。
·《荀子·劝学》

西南之美者，有华山之金石焉。
·《尔雅》

精诚所加，金石为亏。
·（汉）王充《论衡·感虚》

谜语答案  结为霜

金生丽水

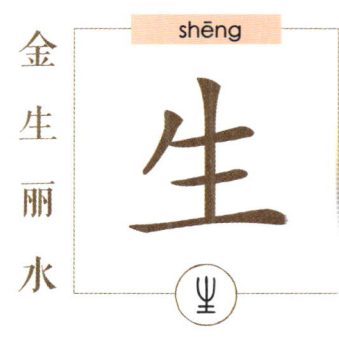

金生丽水

shēng

生

| 甲骨文 | 金文 | 篆文 | 隶书 | 楷书 | 行书 | 草书 | 标准宋体 |
|---|---|---|---|---|---|---|---|
| ⅄ | 主 | 뽀 | 生 | 生 | 生 | 生 | 生 |

### 名言馆

天地之大德曰生。

·《易·系辞下》

---

爱之欲其生,恶之欲其死;既欲其生,又欲其死,是惑也。

·《论语·颜渊》

---

生于忧患,死于安乐。

·《孟子·告子下》

---

别有幽愁暗恨生,此时无声胜有声。

·(唐)白居易《琵琶行》

### 解字堂

"生"是会意字。在甲骨文的字形里,"生"上面是初生的草木,下面是地面或土壤。《说文解字》:"生,进也。象艸木生出土上。凡生之属皆从生。"就是说,"生"为进之意,像草木生出土地之上,即下面的部分象征土,上面的部分象征出。它的本义就是草木从土里长出来,如我们常说的生长、生化、生出等。

《易传》称"天地之大德曰生"。生为何是大德呢?"日新之谓盛德,生生之谓易。"生生,即生而又生,生而不息,绵延不绝。它推动万物生生不穷,苟日新,日日新,又日新,新事物层出不穷,万物森罗,如此宏大,所以"生"就是最大的德行。我们可以联想到,"离离原上草,一岁一枯荣。野火烧不尽,春风吹又生"。"生"在字源上就采用了具有无穷无尽生命力的小草的象征,意蕴着小草挣破束缚,从大地的黑暗中勇敢破土而出,终于阳光明媚,奋力生长。

"生"是一个很重要的字。我们常常说,"阴阳相生""生生不息"。不管是人类还是其他动物、植物,万物的起源都是"生"。在原始社会,生育力就是生产力。我国古代强调阴、阳二说,阴是女,阳是男,男女结合,为的就是繁育后代。甚至可以说,阴阳学说是由上古生育文化演化而来的。

063

金生丽水

| 甲骨文 | 金文 | 篆文 | 隶书 | 楷书 | 行书 | 草书 | 标准宋体 |
|---|---|---|---|---|---|---|---|
| 𢄉 | 𢄉 | 麗 | 麗 | 麗 | 麗 | 麗 | 丽 |

## 解字堂

"麗"是形声字，从鹿，丽声。其字本作"丽"，后加"鹿"，成为形声字，鹿形丽声。鹿成对，并驾。《说文解字》："丽，旅行也。鹿之性见食急则必旅行。从鹿，丽声。《礼》：'丽皮纳聘。'盖鹿皮也。"

"丽"的本义是成群、结伴。比如《小尔雅·广言》就有"丽，两也"之解说。《汉书》颜师古注："丽，并驾也。"随着汉文字的发展，作为成对的"丽"后来用"俪"表示，而"丽"更多的是保留美丽、漂亮的意思。比如杜甫《丽人行》："长安水边多丽人。"表示美丽的词还有壮丽、秀丽、丽象、丽姝等。"丽"还可作为依附、附着的意义，如《易》"日月丽乎天，百谷草木丽乎土"，又如丽霄（附着在天空）等。还可以表示射中，如射麋丽龟。也可以表示数、数目，如"商之孙子，其丽不亿（不止十万）"。当然，这些在当代语境中都很少使用了，现在最常用的还是美丽、漂亮的意思。

在现实中，我们看到"丽"，就联想到漂亮的衣服、美好的容貌等，于是，"丽"逐渐成为美女、美好的品质的代名词。

## 名言馆

恶丽靡而不近，斥芬芳而不御。

· 《汉书·扬雄传下》

丽词雅义，符采相胜。

· （南朝）刘勰《文心雕龙·诠赋》

三月三日天气新，长安水边多丽人。

· （唐）杜甫《丽人行》

天生丽质难自弃，一朝选在君王侧。

· （唐）白居易《长恨歌》

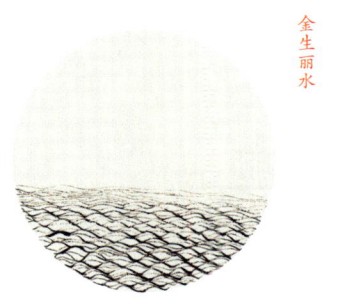

金生丽水

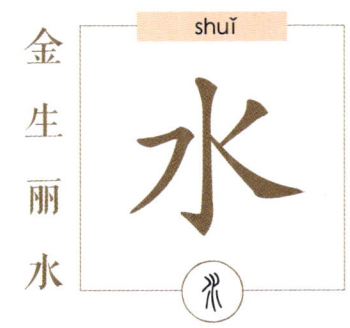

shuǐ

金生丽水

水

| 甲骨文 | 金文 | 篆文 | 隶书 | 楷书 | 行书 | 草书 | 标准宋体 |
|---|---|---|---|---|---|---|---|
| 氵 | 氵 | 氺 | 水 | 水 | 水 | 水 | 水 |

## 名言馆

冰，水为之，而寒于水。
　　　　　　·《荀子·劝学》

水曰清涤。
　　　　　　·《礼记·曲礼》

君不见黄河之水天上来，奔流到海不复回。
　　　　　　·（唐）李白《将进酒》

去来江口守空船，绕船月明江水寒。
　　　　　　·（唐）白居易《琵琶行》

流水落花春去也，天上人间。
　　　　　　·（南唐）李煜《浪淘沙》

## 解字堂

"水"是象形字。甲骨文字形中间像水脉，两旁似流水。"水"是汉字的一个部首。从水的字，或表示江河或水利名称，或表示水的流动，或表示水的性质状态。在甲骨文中，动态的流水一般写作纵向的𡿨或𡿩，静止或漫流的水通常写作横向的〰。在造字时代，水流的源头叫"泉"，石壁上飞溅的山泉叫"水"，由山泉汇成的水叫"涧"，山涧在地面汇成的清流叫"溪"，众多小溪汇成的水流叫"川"，众多川流汇成的大川叫"河"，最大的河叫"江"。

"水"的本义是以雨的形式从云端降下的液体，无色无味且透明，落地形成河流、湖泊和海洋。如我们所知的雨水、溪水、泉水等，又如水稻、水滴石穿等。引申为河流，如汉水、湘水。引申为江河湖海的通称，如水库、水利、水可载舟、依山傍水等。

地球是太阳系八大行星之中唯一被液态水所覆盖的星球。地球表面有71%被水资源覆盖，从空中来看，地球就是个蓝色的星球。水侵蚀岩石土壤，搬运泥沙，冲淤河道，营造平原，改变地表形态。水也是地球上最常见的物质之一，是包括人类在内所有生命生存的重要资源，也是生物体最重要的组成部分。

水资源是发展国民经济不可缺少的重要自然资源。当前，在世界许多地方，对水的需求已经超过水资源所能负荷的程度，同时有许多地区也面临水资源利用之不平衡、水源受到污染等问题，所以我们要珍惜水资源。

## 温故知新

### 四字通解

金生丽水，意思是金子产地在丽水，就是云南的丽江。当地的土人都在江边筛沙沥金，丽江因为出金沙，所以自古就被称为金沙江。诗人阵志岁《金沙江口号》写道："江人竞说淘工苦，万粒黄沙一粒金。不识官家金铸槛，几多黔首失光阴。"在古代，金被认为是很贵重的金属，如我们常说的金银珠宝，金就排在首位。又比如形容家里富有，叫家有万金；说言而有信，叫一诺千金；比喻坚贞不渝的友情，叫金石之交；说榜上有名叫金榜题名；形容险固的城池，叫固若金汤。金生丽水，主要表达的是一种古人对地理的认识，也可以理解为五行之说。一般情况下，金矿都在河流附近，而按照阴阳五行之说，世界是由金、木、水、火、土五大能量元素构成的，各能量元素之间有相生相克的关系，金克木而生水。在古代，除了丽江之外，其他能出产金子的江河，往往也叫作丽水。

### 故事厅

#### 点石成金

相传晋朝有个人，名为许逊，道术高深。他在旌阳县做县令时，有一年年景很不好，农民生活艰难，缴不起赋税。许逊便叫大家把石头挑来，然后施展法术，用手指一点，使石头都变成了金子。他用这些金子补足了百姓们拖欠的赋税。成语"点石成金"据此而来。现在多比喻修改文章的技术好，能化腐朽为神奇。如宋朝的胡仔评论孟浩然的诗时说："诗句以一字为工，自然颖异不凡，如灵丹一粒，点石成金也。"

#### 李白妙笔生花

李白是我国古代著名的诗人，后人称其为"诗仙"。传说李白一天在睡意朦胧中，一边吟诗，一边随风飘到了一座海上的仙山。只见四周云海苍茫，花木葱茏。忽然一支巨大的毛笔耸出云海，伴随悦耳仙乐，并有五色光芒，在笔尖开放出一朵鲜艳的红花。李白眼看那支生花的妙笔越来越近，便伸手去取，当快要摸到笔杆时，不觉惊醒，原来是黄粱一梦。梦醒之后，他决心遍访名山大川，寻找梦中仙境。据传说，自从李白见到"梦笔生花"后，名诗佳句便源源而出，一发而不可收。

### 猜谜语

疑是玉人来。
（打一字）

鹃鸟飞去无踪迹。
（打一字）

 ## 知识角

### 什么是千足金

黄金制品的纯度叫作"成"或"成色"。公元前200多年，希腊数学家阿基米德（Archimedes）曾为判断一顶皇冠是否纯金做成而发愁。他在浴盆里洗澡的时候发现了被后人称为"阿基米德比重"的定律：浸入液体的物体受到向上的浮力；浮力的大小等于它排开液体的重量。从而圆满地证实了国王定做的皇冠是否纯金做成的。

含金量千分数不小于999的称为千足金，是首饰成色命名中最高值。印记为千足金、999金、gold999或g999。购买黄金首饰，首先要认清黄金首饰的质量检验标识。

### 五行相生

五行相生：金生水，水生木，木生火，火生土，土生金。金生水，因为高温能使金属融化成水；水生木，因为水灌溉树木，树木便能欣欣向荣；木生火，因为火以木料作燃料的材料，木烧尽，则火会自动熄灭；火生土，因为火燃烧物体后，物体化为灰烬，而灰烬便是土；土生金，因为金蕴藏于泥土石块之中，经冶炼后提取出金属。

 ## 成语窗

**金蝉脱壳**
比喻巧妙地脱身逃遁，使对方不能及时发觉。

**金戈铁马**
金属制的戈，配有铁甲的战马。形容战士的雄姿。

**金科玉律**
不可改变的神圣法令、条款。

**金无足赤**
足赤：成色十足的金子。比喻人也不能十全十美。

**生死攸关**
攸：所。关系到人的生存和死亡。

**风暖日丽**
轻风柔和，阳光灿烂。形容天气晴朗暖和。

**堂皇富丽**
堂皇：盛大，雄伟。富丽：华丽。形容房屋宏伟豪华。

**水到渠成**
比喻条件成熟，事情就会顺利完成。

**水乳交融**
像水和乳汁那样融合在一起，比喻关系非常融洽或结合得很紧密。

**水落石出**
比喻事情的真相彻底显露。

玉出昆冈

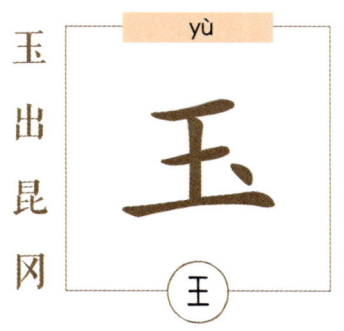

| 甲骨文 | 金文 | 篆文 | 隶书 | 楷书 | 行书 | 草书 | 标准宋体 |
|---|---|---|---|---|---|---|---|
| 丰 | 王 | 王 | 玉 | 玉 | 玉 | 乙 | 玉 |

### 解字堂

"玉"，甲骨文为 丰，像一根丝绳串着四片宝石的薄片，丝绳上端为绳结↓。造字的本义是用丝绳串起来的珍玩宝石。它是石头的一种，质细而坚硬，有光泽，略透明，可雕琢成工艺品。如我们常说的玉帛、玉石、玉环、玉雕、玉佩，等皆属此类。

《说文解字》："玉，石之美。有五德：润泽以温，仁之方也；鳃理自外，可以知中，义之方也；其声舒扬，專以远闻，智之方也；不挠而折，勇之方也；锐廉而不技，絜之方也。象三玉之连。丨，其贯也。凡玉之属皆从玉。"玉，是最美的石头。由玉的各种特性引申为形容词性，形容宝石般的，至纯至美的，如玉手、玉颜、玉照、玉洁冰清等。当作为副词时，表示纯洁地，美丽地，如玉成、玉碎、亭亭玉立等。

一提到玉，我们除了想到温润晶莹的玉石外，大部分人可能都会想到君子，玉和君子之道是从我国古代就传承下来的古老文化瑰宝。儒家有"君子比德于玉""君子无故玉不去身"之说，将玉与君子联系在一起，规范着古代政治家和文人士大夫的思想修养。在孔子那样的思想境界中，君子是人格审美之典范，他把世间最美的人格——君子的人格比拟为美玉。

"谦谦君子，温润如玉。"玉不同于其他的物质，本是顽石，几番雕琢终成器，绽出让世人瞩目的光华。玉的光华，内敛于自身，时日越久，越能回味无穷。这样的性格，很像韬光养晦的君子高人，用美玉来比喻君子，实在无比贴切。

### 名言馆

集大成也者，金声而玉振之也。
·《孟子·万章下》

夫昔者，君子比德于玉。
·《礼记·聘义》

洛阳亲友如相问，一片冰心在玉壶。
·（唐）王昌龄《芙蓉楼送辛渐二首》其一

沧海月明珠有泪，蓝田日暖玉生烟。
·（唐）李商隐《锦瑟》

谜语答案　生丽

玉出昆冈

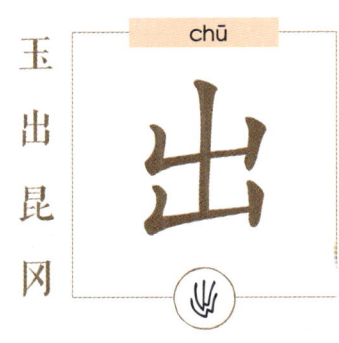

| 甲骨文 | 金文 | 篆文 | 隶书 | 楷书 | 行书 | 草书 | 标准宋体 |
|---|---|---|---|---|---|---|---|
| | | | 出 | 出 | 出 | 出 | 出 |

## 名言馆

万物出乎震。
　　　　　　·《易·说卦》

句者毕出，萌者尽达。
　　　　　　·《礼记·月令》

月出惊山鸟，时鸣春涧中。
　　　　　　·（唐）王维《鸟鸣涧》

风霜高洁，水落而石出。
　　　　　　·（宋）欧阳修《醉翁亭记》

## 解字堂

"出"，甲骨文=彳（彳，行军）+止（止，脚）+凵（凵，城邑），表示离邑行军。造字的本义是离开城邑，行军远征。在甲骨文中，"出"与"各"是反义词，脚趾"止"背向城邑"凵"为"出"，表示离乡征战；脚趾"夂"朝向城邑"凵"为"各"，表示异族入侵。《说文解字》："出，进也。象草木益滋，上出达也。凡出之属皆从出。"认为出是长进的意思，就像草木渐渐滋生，向上生长出来。

"出"最初表示离开城邑，行军远征，如出兵、出马、出师、出动、出征等。引申为离开居所远行，如出差、出勤、出发、出游、出访、出诊、出嫁等。也可以表示显现、发生，如出版、出场、出席、出处、出现等。进而扩大引申为提供、释放之意，如出价、出资、出让、出租等。还有超界、脱离之意，如出格、出界、出众等。

出有超越、脱离之意。苏轼的《题西林壁》"不识庐山真面目，只缘身在此山中"两句对"出"的必要作了最好的阐释。在做事为人时，跳出主观的圈子，从旁观者的角度审视自己是很重要的，这样才能使我们少犯错误。我们经常说出路出路，走出去才有路，也正是如此。

## 玉出昆冈

kūn

| 甲骨文 | 金文 | 篆文 | 隶书 | 楷书 | 行书 | 草书 | 标准宋体 |
|---|---|---|---|---|---|---|---|
|  |  | 崑 | 昆 | 崑 | 崑 | 崑 | 昆 |

### 解字堂

"玉出昆冈"的"昆",古人《千字文》写作"崑"或"崐"。汉字简化后,"崑"与"昆"合并,写作"昆"。"崑",篆文=屮(山)+昆(昆,众多),造字本义就是众多高峰组成的巨大山系。

我们熟知的昆仑山,又称为昆仑虚、中国第一神山或玉山。昆仑山由于其高耸挺拔,成为古代中国和西部之间的天然屏障,被古代中国人认为是世界的边缘,加上昆仑山的终年积雪令中国古代以白色象征西方。传说昆仑山高一万一千一百一十四步二尺六寸。其下有不能浮起羽毛的弱水,外围还有生长着燃烧不灭的神树的炎火山。昆仑山顶是黄帝的帝之下都,有开明兽守门。古代神话认为昆仑山中居住着一位神仙"西王母",人头豹身,由两只青鸟侍奉。她是道教正神,与东王公分掌男女修仙登引之事。因此,昆仑山成为我国传统文化中的神圣之地。

### 名言馆

火炎昆冈,玉石俱焚。

·《书·胤征》

---

遭吾道夫昆仑兮,路修远以周流。

·《楚辞·离骚》

---

蛮夷长老怨苦寒,昆仑天关冻应折。

·(唐)杜甫《后苦寒行二首》其一

玉出昆冈

gāng

冈

| 甲骨文 | 金文 | 篆文 | 隶书 | 楷书 | 行书 | 草书 | 标准宋体 |
|---|---|---|---|---|---|---|---|
|  |  | 岡 | 岡 | 岡 | 冈 | 冈 | 冈 |

## 名言馆

陟彼高冈，我马玄黄。
·《诗·周南·卷耳》

陟玉峦兮逍遥，览高冈兮峣峣。
·（汉）王逸《九思·守志》

振衣千仞冈，濯足万里流。
·（晋）左思《咏史诗八首》其五

## 解字堂

"冈"是形声会意字。篆文形状像山峰并立，表示山脊。隶化之后楷书写作"岡"。简化之后写作"冈"。通常称较低而平的山脊为"冈"，如山冈、景阳冈；也泛指小山，如冈陵（小山和丘陵）、冈峦起伏（连绵起伏的小山），又如井冈山，因冈上大井小井而得名。我国东汉末年出现了一部专门探求事物名源的佳作——《释名》。其中曰："山脊曰冈。冈，亢也，在上之言也。"而《说文解字》则曰："冈，山脊也。"

说起"冈"，有必要再说说"岗"。实际上，两者还是稍有区别。"冈"的意义相当于山脊、山梁。岗的意义介于岭与坡之间。后引申守卫的地方，如门岗。由岗位再引申为职位，如定岗定编，站好最后一班岗。古"岗"与"冈"二字通用，特别是用作地名的时候。如井岗山，也写作井冈山。他们主要的区别不在意义，而在语音。"冈"为平声，"岗"为上声。

"冈"是山脊，不一定是小山。如《诗经》有"如山如阜，如冈如陵"，山、阜、陵都是"冈"的同义词。而"岗"是后造字。《集韵·唐韵》曰："冈，俗作岗。"就是说，"岗"是"冈"的俗字，音、义皆同。随着汉字的发展演变，冈和岗成了两个音义皆不相同的字。

## 温故知新

 四字通解

玉出昆冈，意思是美玉出自昆仑山。昆仑山，在中国的西北边陲，今新疆、青海一带，是中国的第一大山。昆仑山以出产美玉而闻名，是古代中国采玉的主要矿脉，同时它又是传说中神仙所居之地，西王母的洞府据传就在西昆仑之上。

玉是很珍贵的物产，也是美好之物的代名词。相传，玉是山石千百年来受了日月精华变化而成的，所以有"观祥云知山有美玉"的说法。好的玉石叫暖玉，拿在手里感觉很温暖，不像普通的石头，冰凉邦硬。古人非常珍视玉，玉甚至成为一个人身份、地位和风度的象征。而把玉本身具有的一些自然特性比附于人的道德品质，作为所谓"君子"应具有的德行而加以崇尚歌颂，更是中国人的伟大创造。"言念君子，温其如玉。"玉与君子结缘，物质、社会、精神三合一的独特玉意识是我们华夏民族的思想建树，成为中国玉文化的丰富思想和精神内涵。

 故事厅

### 昆山片玉

《晋书·郤诜传》：郤诜累迁雍州刺史。武帝于东堂会送，问诜曰："卿自以为何如？"诜对曰："臣举贤良对策，为天下第一，犹桂林之一枝，昆山之片玉。"大意是说，晋武帝泰始年间，吏部尚书崔洪举荐郤诜当左丞相。后来郤诜当雍州刺史，晋武帝问他的自我评价，他说："我就像月宫里的一段桂枝，昆仑山上的一块宝玉。"用广寒宫中一枝桂、昆仑山上一片玉来形容特别出众的人才。后因以"昆山片玉"喻珍贵稀有之物或赞美人才难得而可贵。

### 出山小草

谢安起初有隐居山林的意愿，后来官府征召的命令多次下达，势不得已，这才就任桓温属下的司马。在这时，有人送给桓温草药，其中有志远。桓温拿来问谢安："这种药又叫小草，怎么一种东西却有两样名称呢？"谢安没有立即回答，当时郝隆在座，随声回答说："这很容易解释，不出就是志远，出来就是小草。"谢安深感惭愧。桓温看着谢安笑着说："郝参军这个失言却不算坏，话也说得极有意趣。"

### 猜谜语

宝去一宝还剩宝。
（打一字）

山上还有山。
（打一字）

由此一直去，一直去。
（打一字）

 **知识角**

 **成语窗**

### 中国四大名玉

中国四大名玉，是指新疆的"和田玉"、河南南阳的"独山玉"、辽宁岫岩的"岫玉"、湖北郧县等地产出的"绿松石"。和田玉玉质为半透明，抛光后呈脂状光泽，硬度为5.5度至6.5度。绿松石又被称为"松石"，是一种具有独特蔚蓝色的玉料。独山玉又称"南阳玉"或"南阳翡翠、独玉"，产于南阳市城区北边的独山。也有简称为"独玉"的。岫玉产于中国辽宁省岫县。

### 出恭的由来

"出恭"一词本无方便之意。从元代起，科举考场中设有"出恭""入敬"牌，以防士子擅离座位，士子入厕须先领此牌。因此俗称入厕为出恭，并谓大便为出大恭，小便为出小恭。据说明代科考时，皇恩浩荡，准许考生如厕，只是届时须领取一块牌子，上写"出恭入敬"，凭牌进出厕所和考场，好比衙门里要打出"威武""肃静"的招牌，以示庄严。虽说内急之时，尚须作恭敬如仪状，终究是件费力而滑稽的事，但堂堂科考而能顾及内急之需这等细节，真可算得是推己及人、深体"下"情的大大仁政，士子们于感戴之余，便将如厕称为"领出恭牌"，简称"出恭"。

**玉洁冰清**
像玉和冰一样纯洁清白。比喻品格高尚纯洁。

**玉石俱焚**
美玉和石头一齐烧毁了。比喻好和坏的同归于尽。

**玉堂金马**
指翰林出身；亦指出身高贵，文武双全。

**出类拔萃**
品行、才干大大高出同类而拔尖。

**出口成章**
说话像做文章那样有板有眼。形容口才好，水平高或文思敏捷。

**出奇制胜**
用奇兵奇计战胜敌人。比喻用出人意料的办法取胜。

**出神入化**
形容技艺高超达到了绝妙的境界。

**昆冈之火**
昆仑山失火，将玉和石头一起烧掉。比喻不分好坏，同归于尽。

## 剑号巨阙

jiàn

| 甲骨文 | 金文 | 篆文 | 隶书 | 楷书 | 行书 | 草书 | 标准宋体 |
|---|---|---|---|---|---|---|---|
|  |  | 劍 | 劍 | 劍 | 剑 | 剑 | 剑 |

### 解字堂

"劍"是形声字。篆文字形从刃,佥声。隶变之后楷书写作"劍"。简化后写作"剑"。《说文解字》:"剑,人所带兵也。从刃,佥声。"意为,剑是人们身上携带的兵器。故段玉裁引《周礼·冬官》注曰:"此今之匕首也,人各以其形貌大小带之。"

剑的本义是古代的一种兵器,属于"短兵",长刃两面,中间有脊,短柄,一般由金属制成。我们日常说的宝剑、长剑、剑术等,其中的剑皆为此意。

剑还可以引申为动词,意为以剑杀人,如班固《汉书·李广苏建传》:"剑斩虞常。"又如潘岳《马汧督诔序》:"有司马叔持者,白日于都市手剑父仇。"还可以作为挟在胁下之意,如欧阳修《泷冈阡表》:"回顾乳者剑汝而立于旁。"不过在日常生活中,我们用的还多是剑的本义,即作为兵器。

剑,早期是匕首式短剑,其与刀的区别只在于单刃和双刃。剑又称"轻吕""径路"。春秋末年,开始流行长剑。质地精良的宝剑却反而出自南方,主要是吴、越、楚。长剑出,短剑也不废。剑的整个历史是源远流长的。长剑便于战斗,短剑利于护身,还可以用于刺杀,荆轲刺秦王就是一个典型的例子。

### 名言馆

剑寒花不落,弓晓月逾明。
· (唐) 虞世南《从军行二首》其一

---

十年磨一剑,霜刃未曾试。
· (唐) 贾岛《剑客》

---

醉里挑灯看剑,梦回吹角连营。
· (宋) 辛弃疾《破阵子·为陈同甫赋壮词以寄之》

谜语答案 玉 出 昆

剑号巨阙

hào
号

| 甲骨文 | 金文 | 篆文 | 隶书 | 楷书 | 行书 | 草书 | 标准宋体 |
|---|---|---|---|---|---|---|---|
|  |  | 號 | 號 | 號 | 號 | 号 | 号 |

## 名言馆

老聃死，秦失吊之，三号而出。
·《庄子·养生主》

冬暖而儿号寒，年丰而妻啼饥。
·（唐）韩愈《进学解》

号呼而转徙，饥渴而顿踣。
·（唐）柳宗元《捕蛇者说》

## 解字堂

"剑号巨阙"的"号"，古人《千字文》写作"號"。简化时，与"号"合并，写作"号"。《说文解字》区别"号""號"，其实两字同音，意义都与大声呼号有关，实同一词，只是造字取象不同罢了。篆文号=𠙵（口，吹）+丂（㝔，像竽，乐器），造字本义为古人用管、角发出警讯或集结指令。合并字"號"，篆文號=号（号角）+虎（虎），造字本义为虎发出号角般威震山谷的咆哮。在古籍中，用作对音声的描绘的词很丰富。如动物高声呼叫为"号"，呼天抢地为"哭"，声泪俱下为"涕"，无声落泪为"泣"。

"号"本义为大声喊叫，如阴风怒号、哭号等。用作本义时读音为háo。"号"也可以作为动词，表示命令、发令，如号令。或者表示宣称，如号召、称号。也用作名词，表示标识，如号记、记号。用作名词或动词时读音为hào。

有一个关于"号"的词特别有意思，那就是"号令天下"，在中国的传统武侠类著作中，经常出现武林争霸，为了某种号令天下的武器或者位置而争得头破血流之事。事实上，并没有什么能够号令天下，真正让天下所服的只有真善美。

剑号巨阙

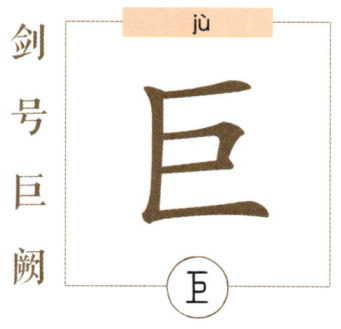

jù

| 甲骨文 | 金文 | 篆文 | 隶书 | 楷书 | 行书 | 草书 | 标准宋体 |
|---|---|---|---|---|---|---|---|
| 𠂇 | 巨 | 巨 | 巨 | 巨 | 乏 | 巨 |  |

### 解字堂

"巨"金文 𠂇 = 工（工，器具）+ ヨ（又，用手抓）+ 大（大，人，工匠），表示工匠手持器具。造字本义是工匠用来画直线直角的大工尺。本义后来由"矩"代替。《说文解字》："巨，规巨也。从工，象手持之。榘，巨或从木、矢。矢者，其中正也。"意思是说，巨指常与规并用的矩，字形采用"工"作偏旁，⊐像手持矩的样子。"榘"，是"巨"的异体字，巨有时采用"木、矢"会意而写作"榘"，其中矢，表示中正。后来"巨"变为形容词，表示大的、很大的，如巨大、巨人等。其中巨人的意义丰富，不仅可以表示身材异常高的人，童话里还指比一般人高大、有神力的人，还可以比喻有巨大影响和贡献的人。与"巨"搭配的词组多数引申为具有影响力的，如巨匠（泛称在科学或文艺上有极大成就的人）。巨子是中国战国时墨家学派领袖的尊称，也表示在某方面卓有成就、有声望的人。

### 名言馆

政无巨细，皆断于相。
· 《史记·田儋列传》

巨海纳百川，麟阁多才贤。
· （唐）李白《金门答苏秀才》

西山木石尽，巨鳌何时平。
· （唐）岑参《精卫》

巨鼻宜山褐，庞眉入苦吟。
· （唐）李贺《巴童答》

剑号巨阙

| 甲骨文 | 金文 | 篆文 | 隶书 | 楷书 | 行书 | 草书 | 标准宋体 |
|---|---|---|---|---|---|---|---|
|  |  | 闕 | 闕 | 闕 | 闕 | 玩 | 阙 |

## 名言馆

城阙辅三秦，风烟望五津。
· （唐）王勃《送杜少府之任蜀州》

九重城阙烟尘生，千乘万骑西南行。
· （唐）白居易《长恨歌》

不知天上宫阙，今夕是何年。
· （宋）苏轼《水调歌头》

待从头、收拾旧山河，朝天阙。
· （宋）岳飞《满江红》

## 解字堂

"阙"是形声字。"门"表意，表示和门或者和建筑有关系；"欮"表音，有闭气的意思，表示城阙高崇，令人屏气仰视。它的本意是指古代宫门外两边的楼台。《说文解字》："阙，门观也。从门，欮声。"由此可知，"阙"的本义是门观，即宫门左右楼观，中间阙然为道。清代段玉裁在《说文解字注》中解释说："观谓之阙，此观上必加门者。观有不在门上者也。凡观与台在于平地，则四方而高者曰台，不必四方者曰观。其在门上者，则中央阙然，左右为观，曰两观。《周礼》之象魏、《春秋》经之两观、《左传·僖五年》之观台也。若中央不阙，则跨门为台，《礼器》谓之台门，《左传》谓之门台是也。此云'阙，门观也'者，谓门有两观者称阙。" "阙"古代用作"缺"的通假字，表示空缺，如尚付阙如，或者表示对有怀疑的事情暂时不下断语，留待查考，如阙疑。阙也可以表示过错，如阙失。另外还可以用作姓氏，这个姓氏主要分布在湖南、浙江、江苏、福建、安徽等地，在中国古代文献中此字用于姓氏和外族人名译音的情况多有记载。

"阙"，是关于道的一个门类示意物，它经常建设在道路之上用来表示由此开始，行者将进入一个规定了的区域，在今天的很多地方，我们还可以看到阙的实物形态，比如一些村子的"门楼""牌坊"等等，表示某种地理的、经济的、政治性的……规范性的最外最远的标示物。

## 温故知新

###  四字通解

剑号巨阙,意思是最有名的宝剑叫"巨阙"。剑是百器之王,宝剑里面最有名的是巨阙剑。巨阙剑与干将、莫邪、辟闾并称四大剑,钝而厚重。相传战国时期,越国有一位著名的铸剑大师叫欧冶子,他是我国古代铸剑的鼻祖。平生铸了五把有名的宝剑,其中三把是长剑,分别是巨阙剑、纯钩剑、湛卢剑。其余两把是短剑,即莫(胜)邪剑和鱼藏(肠)剑,三长两短五把剑全都锋利无比。后来"三长两短"则成了意外灾祸的代名词。传说巨阙剑初成时,越王勾践坐于露坛上,忽见宫中有一马车失控,横冲直奔,惊吓了宫中饲养的白鹿。于是越王勾践拔出欧冶子刚铸成的巨阙剑,指向暴走中的马车,欲命勇士上前制止。但在这拔剑一指时,手中的剑气即将马车砍为两节。随后越王勾践又命人取来一口大铜锅,用此剑一刺,便将铜锅刺出了一大个缺口来,毫不费力,就如切米糕般轻易。巨阙也因此而得名。

###  故事厅

#### 刻舟求剑

刻舟求剑,比喻办事刻板,拘泥而不知变通。《吕氏春秋·察今》记述着这样一则寓言:有个楚国人坐船渡河,不慎把剑掉入河中,他在船上用刀刻下记号,说:"这是我的剑掉下去的地方。"当船停下时,他沿着记号跳入河中找剑,遍寻不获。船已经前进了,但是剑不会随船前进,像这样找剑,不是很糊涂吗?刻舟求剑是一个由寓言故事演化而成的成语,一般比喻死守教条、拘泥成法、固执不知变通。以静止的眼光来看待变化发展的事物,必将导致错误的判断。文中的楚人正是犯了这样的错误。这个故事告诉我们:世界上的事物,总是在不断地发生变化,不能凭主观做事情。人不能死守教条。情况变了,解决问题的方法、手段也要随之变化,否则就会失败。

#### 号令如山

《宋史·岳飞传》描述:"岳节使号令如山,若与之敌,万无生理,不如往降。"传闻南宋时期,岳飞勤学苦练,武艺方面可以左右开弓,百发百中,作战布阵十分有智谋,他统率的军队更是号令如山,纪律严明,被百姓称为"冻死不拆屋,饿死不掳掠",敌军听到"岳家军"三字闻风丧胆。他抗金有功,但却遭到秦桧父子的陷害。

### 猜谜语

春水一到渠便成。
(打一字)

里应外合,单刀直入。
(打一字)

 **知识角**

### 公孙大娘舞剑

公孙大娘是我国历史上著名的舞者。她以善舞剑器而闻名于世,舞姿惊动天下。她在民间献艺,观者如山,应邀到宫廷表演,无人能比。

因为她舞剑的高超技艺,让我国的传统书画和诗文均有得意。如书法草圣张旭从公孙大娘舞剑获得启发,成就绝妙丹青;画圣吴道子也曾通过观赏公孙大娘舞剑,体会用笔之道。诗圣杜甫写就一首慷慨悲凉的《观公孙大娘弟子舞剑器行》:"昔有佳人公孙氏,一舞剑器动四方。观者如山色沮丧,天地为之久低昂。霍如羿射九日落,矫如群帝骖龙翔。来如雷霆收震怒,罢如江海凝清光。绛唇珠袖两寂寞,晚有弟子传芬芳。临颍美人在白帝,妙舞此曲神扬扬……"足见公孙大娘舞剑的魅力。

### 古洛阳城阙

古洛阳城的城阙非常有名。有诗云:"洛阳城阙何时见,西北浮云朝暝深。"洛阳城始建于隋炀帝大业元年(605),是隋、唐、五代和北宋时期都城的核心区域所在,前后沿用530年之久。古洛阳城分为外郭城、皇城、宫城、含嘉仓城、圆璧城、曜仪城、东城和上阳宫,外郭城周长27516米,共开八门。按"天人合一"理念设计,皇城从东南西三面围宫城,南北轴线高大建筑均冠一"天"字,整个轴线可谓一字天。殿宇的立体轮廓和风貌气势显得更加辉煌壮丽。隋唐洛阳城中轴建筑群中的"七天建筑",是中国古代最华丽的中轴建筑群。

 **成语窗**

**剑拔弩张**
表现出彼此的敌意或敌对的行动,准备交手。后亦喻书法雄健。

**唇枪舌剑**
形容言辞锋利,争辩激烈。

**口蜜腹剑**
口中说话极亲切,心计多端图谋害人。

**刻舟求剑**
比喻看问题做事情死板不灵活,不知情随势变。

**号令如山**
发出军令就坚决执行,不可更改。形容军纪严明。

**老奸巨猾**
猾:狡诈。指非常阴险狡诈的人。

**惊涛巨浪**
汹涌吓人的浪涛。比喻险恶的环境或尖锐激烈的斗争。

**鸿篇巨著**
指规模宏大的著作;杰作,敬称他人的作品。

**巨细无遗**
大小都没有遗漏。

珠称夜光

## 珠 zhū

| 甲骨文 | 金文 | 篆文 | 隶书 | 楷书 | 行书 | 草书 | 标准宋体 |
|---|---|---|---|---|---|---|---|
| | | 瑞 | 珠 | 珠 | 珠 | 珠 | 珠 |

### 解字堂

"珠"是形声字，从玉，朱声。本义是珍珠。蛤蚌因沙粒窜入壳内受到刺激而分泌物质，分泌物逐层包起来形成圆粒，圆粒呈乳白色或略带黄色，有光泽，可做装饰品，亦可入药，是为"珍珠"（亦作"真珠"，简称"珠"）。正如《说文解字》说："珠，蚌之阴精"，珠是蚌的精华凝聚而成的。如我们经常说的金银珠宝、珠蚌、夜明珠等。"珠"也可以作为形容词，形容事物的华美、光泽，如珠玑、珠联璧合、珠泽。由珍珠的形状，引申为名词，表示像珠子一样的球形或椭球形体的东西，如汗珠、泪珠、露珠等。

说起珍珠，我们很容易联想到珍珠的光滑圆润和柔美光泽。事实上，珍珠也是极佳的饰品之一。根据地质学和考古学的研究证明，在两亿年前，地球上就已经有了珍珠。中国是世界上名副其实的珍珠古国，有关珍珠的记载可以追溯至公元前2200年。据《尚书·禹贡》载："淮夷宾珠"，说明中国采珠历史早在4000年前的夏禹时代就已开始了，淮河所产淡水珍珠，当时被定为贡品。在《周易》《诗经》等古籍中均有关于珍珠的记载。有史以来，珍珠一直象征着富有、美满、幸福和高贵。封建社会权贵用珍珠代表地位、权力、金钱和尊贵的身份，平民以珍珠象征幸福、平安和吉祥。在现在，珍珠仍然给人尊贵、优雅、幸福的感觉。

朝珠

### 名言馆

夫千金之珠，必在九重之渊。
·《庄子·列御寇》

散入珠帘湿罗幕，狐裘不暖锦衾薄。
·（唐）岑参《白雪歌送武判官归京》

嘈嘈切切错杂弹，大珠小珠落玉盘。
·（唐）白居易《琵琶行》

黑云翻墨未遮山，白雨跳珠乱入船。
·（宋）苏轼《六月二十七日望湖楼醉书》

谜语答案　巨 剑

珠称夜光

| 甲骨文 | 金文 | 篆文 | 隶书 | 楷书 | 行书 | 草书 | 标准宋体 |
|---|---|---|---|---|---|---|---|
|  | 爯 | 稱 | 称 | 称 | 称 | 称 | 称 |

## 名言馆

举能其官，惟尔之能；称匪其人，惟尔不任。
　　　　　　　·《书·周官》

称晋之德，诸侯皆叛，国可以少安。
　　　　　　　·《国语·晋语》

高筑墙，广积粮，缓称王。
　　　　　　　·《明史·朱升列传》

## 解字堂

"爯"是"偁"的本字；"稱"是"偁"的异体字。偁，甲骨文 = 冂（"人"和"又"的混合，提、持）+ 丹（爯，用鱼笼反复捕鱼），造字本义就是用鱼笼反复捕鱼，顺心如意。在造字时代的中国古人眼里，投笼水中，不劳不守，只需临岸收笼，便可天天有鱼，此举既和平便利，又美食维生，可谓顺心如意之至，遂以"爯"或"偁"表示"顺心如意"。后来"爯"或"偁"均作"稱"简化后写作"称"，也有表示合适、顺心之意，如称心、称职、对称等。值得注意的是，在表示合适顺心之意时，"称"读chèn。表示其他意义，如表示秤砣或者称量时，或者表示称作、赞扬时，均读chēng。

《说文解字》："称，铨也。从禾，爯声。春分而禾生；日夏至晷景可度，禾有秒；秋分而秒定。律数：十二秒而当一分，十分而寸。其以为重：十二粟为一分，十二分为一铢。故诸程品皆从禾。"意思是说，称指秤砣，字形采用"禾"作偏旁，"爯"作声旁。春分时节禾苗生长；时至夏至，晷景可以测度；禾叶有秒芒，秋分时节而秒叶定型。计算法则规定：十二秒当作一分，十分当作一寸。计算重量的方法则是：十二粟子为一分，十二分为一铢。所以各种计量等级概念都采用"禾"作偏旁。我们当今肉菜水果市场用的称便是来源于此。

珠称夜光

| 甲骨文 | 金文 | 篆文 | 隶书 | 楷书 | 行书 | 草书 | 标准宋体 |
|---|---|---|---|---|---|---|---|
| | | | | 夜 | 夜 | 夜 | 夜 |

## 解字堂

"亦"是"夜"和"腋"的本字。亦，甲骨文 在一个人 的两臂下方各加一点指事符号 ，表示人的两腋。当"亦"的"两腋"本义消失后，金文 再加 （肉）另造"夜"代替，强调肉体部位，造字本义是指人体的两腋部位。此义后由"腋"代替。后引申为形容词，意为乌黑的、黑暗的、暮色深的，这个意思只见于古文与方言，如夜了。引申为名词，意为天黑到天亮之间的时段，这是如今最常用的义项，如夜晚、夜空、夜校、夜明珠等。还可以作为量词，修饰、限制晚上的数量，如一夜没睡。

古人称太阳运行期间为"昼"，月亮运行期间"夜"。《说文解字》："夜，舍也。天下休舍也。从夕，亦省声。"也就是说，夜指入舍休息，是天下万众入舍睡觉的时间。在现代社会，人们在晚上经常上网或者看电视了解外界信息和娱乐消遣。那么对于古人来说，他们那个时候没有电是怎样度过夜晚的呢？相比较起来，古人的夜晚更多地是休闲娱乐。漫漫长夜，催生了无数充满生活情致的诗歌，如"绿蚁新醅酒，红泥小火炉，晚来天欲雪，能饮一杯无"。我们从古诗中看到古人下棋、会友、饮酒、作诗、赏月和打猎等等。

## 名言馆

夙兴夜寐，靡有朝矣。

·《诗·卫风·氓》

---

海日生残夜，江春入旧年。

·（唐）王湾《次北固山下》

---

露从今夜白，月是故乡明。

·（唐）杜甫《月夜忆舍弟》

珠称夜光

guāng

光

| 甲骨文 | 金文 | 篆文 | 隶书 | 楷书 | 行书 | 草书 | 标准字体 |
|---|---|---|---|---|---|---|---|
| ᐱ | ᐱ | 苃 | 光 | 光 | 光 | 光 | 光 |

## 名言馆

暾将憺兮寿宫，与日月兮齐光。
  ·《楚辞·九歌·云中君》

鸿雁长飞光不度，鱼龙潜跃水成文。
  ·（唐）张若虚《春江花月夜》

上下天光，一碧万顷。
  ·（宋）范仲淹《岳阳楼记》

水光潋滟晴方好，山色空濛雨亦奇。
  ·（宋）苏轼《饮湖上初晴后雨二首》其二

## 解字堂

"光"，甲骨文ᐱ=ᙁ（火炬）+ᒉ（人），像蹲跪着的人ᒉ擎着火炬ᙁ，高过头顶，造字本义是古代提供照明的、由奴隶手举的火把。《说文解字》："光，明也。从火在人上，光明意也。"这是说，光指明亮，字形采用"火"作偏旁，像火把在人的上方，喻光明之义。

"光"的本义是能使空间明亮的能量，如光谱、光线、光彩等。光是人类眼睛可以看见的一种电磁波，也称可见光谱。在科学上的定义，光是指所有的电磁波谱。光是由光子为基本粒子组成，具有粒子性与波动性，即波粒二象性。光可以在真空、空气、水等透明的物质中传播。对于可见光的范围没有一个明确的界限，一般人的眼睛所能接受的光的波长为380—760纳米。人们看到的光来自于太阳或借助于产生光的设备，包括白炽灯泡、荧光灯管、激光器、萤火虫等。

引申为形容词，表示明亮的，如光滑、光亮、光明；或者表示一无所有的、穷尽的，如吃光、精光、忘光等。引申为副词，表示只、仅仅，如光说不做、光他一个人等。由光的明亮的特质引申为荣誉、引人注目的好处，如光荣、沾光、争光等。引申为副词，表示明亮地、辉煌地、气派地，如光顾、光临等。

因为有光，所以才有世界上的五彩绚烂，没有光，世界将一片黑暗。很多东西都可以发光。发射（可见）光的物体叫作（可见）光源。光源分自然光、人造光。自然光如闪电、阳光、萤火；人造光如电灯、烛光、焰火。

## 温故知新

### 四字通解

珠称夜光，意思是珍珠里面最著名的是夜光珠。这句话包含了珠宝文化。所谓金银珠宝，自古以来，珍珠以其华丽的外表、典雅的仪态、高贵的身份、纯洁的品性，虏获了人类的爱美之心。

中国的珍珠史始于4000年前的大禹时代。传说大禹定"南海鱼革、珠玑大贝"为贡品。当时的南海应该在今天的江南地区，珠玑与诸暨谐音，今天的珍珠之乡诸暨，或许就是文字记载中最早的产珠区。至于夜明珠，我国最早的记录是上古时代神农氏所有的"石磷之玉"，号称"夜明"。《淮南子》上还有"蛤蟹珠龟，与月盛衰"的故事。"蛤蚌育珠"，要在月圆之夜，皓月高悬，海面上风平浪静。这时，蛤蚌的贝壳打开了，对着月亮，开合收放，吸收月华之光，珍珠由此慢慢地越养越大。因此，珍珠是非常寒凉的中药，因为它吸收的是月亮的精华。

### 故事厅

#### 买椟还珠

买椟还珠的故事出自《韩非子》："楚人有卖其珠于郑者，为木兰之柜，熏以桂椒，缀以珠玉，饰以玫瑰，辑以羽翠。郑人买其椟而还其珠。此可谓善卖椟矣，未可谓善鬻珠也。"

大意是，楚国有个商人，在郑国卖珠宝。他用名贵的木兰雕了一只装珠的匣子，将盒子用桂椒调制的香料熏过，又装饰上美玉、翡翠。有个郑国人把匣子买了去，却把匣子里面的珠子还给了他，这可以说，这个珠宝商人很善于卖盒子，而不善于卖珠宝吧！也可以说郑人只重外表而不顾实质，使他做出了舍本求末的不当取舍；而楚人的"过分包装"也十分可笑。带给我们的启示是不能只看重外表的、次要的属性，而忽视了本质性的属性。同时，我们也可以从另外一个角度认为，不同的人价值观是不同的。在某些人的心中，"椟"比"珠"有更大的价值。

#### 凿壁偷光

凿壁偷光的成语故事出自西汉匡衡幼时凿穿墙壁引邻舍之烛光读书，终成一代名相的故事。现用来形容家贫而读书刻苦。据说匡衡小时勤奋好学，但家中贫穷没有蜡烛。邻家有蜡烛，但光亮照不到他家，匡衡就在墙壁上凿了洞引来邻家的光亮，让光亮照在书上读书。后来匡衡成了大学问家。从凿壁借光的事例可看出，外因（环境和条件）并不是决定性的因素，外因只是影响事物变化的条件，它必须通过内因才能起作用。

### 猜谜语

上元花灯约人赏。
（打一字）

一点寒鸦奔夕照，云端斜雁扣孤星。
（打一字）

珠称夜光

## 知识角

### 夜明珠

夜明珠是一种稀有的宝物，古称"随珠""悬珠""垂棘""明月珠"等。通常情况下所说的夜明珠是指荧光石、夜光石。它是大地里的一些发光物质由最初的岩浆喷发，到后来的地质运动，集聚于矿石中而成，含有这些发光稀有元素的石头，经过加工，就是人们所说的夜明珠，常有黄绿、浅蓝、橙红等颜色，把荧光石放到白色荧光灯下照一照，它就会发出美丽的荧光，这种发光性昼弱夜强。

2010年11月21日一颗重达6吨，直径1.6米，价值22亿元人民币的夜明珠在海南侨乡文昌市宝玉宫展出。据业内人士介绍，此夜明珠乃今世界最大的一颗，亦是首次公开展出与世人见面。这颗夜明珠，来自中国内蒙古，材质以萤石矿物为主，发现时是不规则形状，用3年时间加工而成现形，在关闭光源的黑暗环境中能发出晶莹透亮的光芒。

### 阳光

阳光是太阳上的核反应"燃烧"发出的光，经很长的距离射向地球，再经大气层过滤后到地面，它的可见光谱段能量分布均匀，所以是白光。

将太阳光通过三棱镜，分解成红橙黄绿青蓝紫7种颜色（或说是红橙黄绿蓝靛紫），说明自然界的颜色并不完全是由红绿蓝3种颜色构成。但是对于普通人来说，三基色就能表现出所有的颜色。所谓的三基色，即红绿蓝，是可以混合让人感觉到自然界所有的颜色。真正的太阳光也不是7种颜色，而是从红外到紫外之间的所有连续波长的光波组成，如果非得说有多少种颜色，那就是无穷多种。

## 成语窗

**珠联璧合**
珍珠串在一起、美玉合在一块儿。比喻优秀的人物或美好的事物汇集在一起。

**珠圆玉润**
如珠之圆，如玉之润。形容文字圆熟或歌喉美妙动听。

**字字珠玑**
比喻说话、文章的词句十分优美。有时也延伸指说话或写文章言简意深，凝炼有力。

**夜以继日**
形容连续辛勤劳动。

**夜长梦多**
喻指时间拖得太久，事情有可能发生不利的变化。

**夜不闭户**
晚上不用关闭门户。形容社会安定，治安良好。

**夙夜在公**
从早到晚，勤于公务。

**光阴似箭**
指时光如同箭飞行那样快速消逝。比喻光阴极易逝去。

**光天化日**
光明而秩序井然有条的平安时代。

**光风霁月**
指雨过天晴时风清月明的景色。比喻为政清廉和人品清朗、坦荡。

果珍李柰

guǒ

| 甲骨文 | 金文 | 篆文 | 隶书 | 楷书 | 行书 | 草书 | 标准宋体 |
|---|---|---|---|---|---|---|---|
| 🌳 | 🌳 | 果 | 果 | 果 | 果 | 果 | 果 |

## 解字堂

"果",甲骨文像树上结满球状的籽实,造字本义是草木结出的球状籽实。甲骨文的果结得多,而金文中的果则结得大。金文将甲骨文的三颗籽实省略成一颗,并画出籽粒。篆文将金文的籽实形状简化成田。《说文解字》:"果,木实也。从木,象果形在木之上。"即果是树结的籽实。字形采用"木"作偏旁,像果子长在树上。

果的本义是名词,指草木结出的球状籽实,如果汁、果皮、果树、水果等。引申代指事物发展的结局,如果然、成果、效果等。扩大引申为形容词,指善于决断的、结局的,如果断、果敢等。

看到"果",我们很容易想到硕果累累的丰收景象,想到春华秋实的美好结局。确实,"果"给人一种安定、成熟的联想,给人利益、成效、结局的期待。

在远古时代,原始人类最初的食物就是一些植物和植物的果实。在现代,人类的远亲——大猩猩、猴子等灵长目类动物也仍然以植物果实为主要食物。硕果在人们的生活中也占据重要位置。作为植物果实,它们不但含有丰富的营养且能够帮助消化。为我们提供丰富的膳食纤维,还有维生素及其他营养。很多水果还有降血压、减缓衰老、减肥瘦身、保养皮肤、明目、抗癌、降低胆固醇等保健作用。

## 名言馆

仲冬山果熟,正月野花开。
· (唐)杜审言《旅寓安南》

落日游南湖,果掷颜如玉。
· (唐)宋之问《春湖古意》

雨中山果落,灯下草虫鸣。
· (唐)王维《秋夜独坐》

谜语答案　光　夜

果珍李柰

| 甲骨文 | 金文 | 篆文 | 隶书 | 楷书 | 行书 | 草书 | 标准宋本 |
|---|---|---|---|---|---|---|---|
|  |  | 瑱 | 珍 | 珍 | 珍 | 珍 | 珍 |

## 名言馆

金樽清酒斗十千，玉盘珍羞直万钱。
- （唐）李白《行路难三首》其一

好住好住王司户，珍重珍重李参军。
- （唐）戎昱《送李参军》

山中只是惜珍禽，语不分明识尔心。
- （唐）司空图《喜山鹊初归三首》其二

## 解字堂

"珍"的右半边为"㐱"，它既是声旁也是形旁，㐱=⺈（人）+彡（彡，须发），表示须发很长的老人。珍，篆文瑱=王（王，玉）+㐱（㐱，须发飘逸的长者），表示长者留传的宝玉。隶化之后楷书写作"珎"。简化时，与"珒"合并，写作"珍"。

《说文解字》："珍，宝也。从玉，㐱声。"珍的造字本义是指祖祖辈辈传下来的玉石等宝贝。通过词性引申，"珍"可以作为形容词，表示宝贵的、珍贵的，如珍本、山珍等。"珍"还可以作为副词，表示特别爱惜地、特别爱护地，如珍藏、珍惜等。同时，"珍"还可以表示精美的食物，如珍馐美馔。此外，"珍"还是一个姓氏。

常见与"珍"有关的词语有珍异、珍重、珍玩、珍闻等。珍珠，指某些软体动物（如蚌等）的贝壳内产生的圆形颗粒，多数呈现为乳白色或略带黄色，有光泽，这是由于此类动物内分泌作用而生成的含碳酸钙的矿物珠粒，珍珠是由大量微小的文石晶体集合而成的。根据地质学和考古学的研究证明，在两亿年前，地球上就已经有了珍珠。珍珠具有十分重要的装饰作用。珍珠象征着健康、纯洁和幸福，自古以来受到人们的喜爱。

果珍李柰

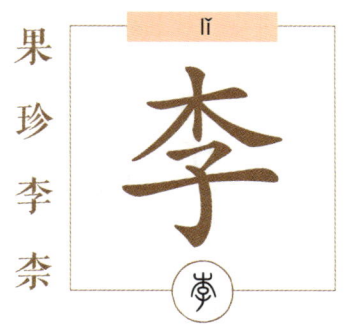

| 甲骨文 | 金文 | 篆文 | 隶书 | 楷书 | 行书 | 草书 | 标准宋体 |
|---|---|---|---|---|---|---|---|
| 李 | 李 | 李 | 李 | 李 | 李 | 李 | 李 |

## 解字堂

"李"，甲骨文 李 = 木（木，树）+ 子（子，后代），表示树木所结的果实。李的本义是一种春天开白花的落叶乔木在夏季结的果子，如李干、李子、瓜田李下等。引申代指春天开白花、夏季结果的落叶乔木李树，如李花、李园、李代桃僵等。

李子在熟时颜色是黄色或紫红色。《素问》称，李味属肝，味甘、酸，性凉，能清肝热，生津液。唐代名医孙思邈评价李子时曾说："肝病宜食之。"李子的悦面美容之功十分奇效，经常食用鲜李子，能使颜面光洁如玉，实为现代美容美颜不可多得的天然精华。李子酒就有"驻色酒"之称。但是李子也不可吃得太多。俗话说："桃养人，杏伤人，李子树下抬死人。"因为李子吃多了会使人生痰、助湿，故脾胃虚弱者少吃。

李还是一个姓氏。李姓是世界上人口最多的姓氏之一，在百家姓中排第四位。为区别其他同音姓，常说"十八子李"或"木子李"。在朝鲜和越南，李姓也是常见姓氏，在朝鲜李姓为第二大姓。据统计，李姓人口总数约为1亿，其中河南省是中国李姓的第一大省。古陇西，既今甘肃临洮，为李氏重要发源地。唐朝（618—907年），是世界公认的中国最强盛的时代之一，即由李姓创建的。唐朝皇族李氏自称出自汉族的赵郡名望，同时李氏家族也是陇西军事贵族。陇西李氏从秦代开始就是中国著名的武将军人世家。这个家族涌现过西汉飞将军李广等著名将军。

## 名言馆

山中兰叶径，城外李桃园。
· （唐）王勃《春庄》

李白曾歌蜀道难，长闻白日上青天。
· （唐）韦庄《焦崖阁》

桃李春风一杯酒，江湖夜雨十年灯。
· （宋）黄庭坚《寄黄几复》

果珍李柰

| 甲骨文 | 金文 | 篆文 | 隶书 | 楷书 | 行书 | 草书 | 标准宋体 |
|---|---|---|---|---|---|---|---|
|  |  | 柰 |  | 柰 | 柰 | 柰 | 柰 |

## 名言馆

小子幽园至，轻笼熟柰香。
·（唐）杜甫《竖子至》

素柰花开西子面，绿榆枝散沈郎钱。
·（唐）王建《故梁国公主池亭》

腊前千朵亚芳丛，细腻偏胜素柰功。
·（唐）皮日休《扬州看辛夷花》

## 解字堂

《说文解字》："柰，果也。从木，示声。"段玉裁注曰："假借为柰何字，见《尚书》《左传》，俗作奈，非。"

"柰"作为名词，是一种木名，与林檎同类，《广韵》有"柰，果木名"，常见词语如柰园等。柰还有茉莉花的意思，徐珂《清稗类钞·植物类》："茉莉为常绿灌木……北土曰柰。""柰"又通"奈"，表示奈何、如何，《荀子·强国》有："然则柰何？"《史记·项羽本纪》有："骓不逝兮可柰何，虞兮虞兮柰若何！"。

常见的词语有柰子，指苹果的一种；柰苑，指释迦牟尼说法圣地之一，也即毗耶离庵罗树园；后也以柰苑称佛寺，《大唐大慈恩寺三藏法师传序》有："轻万死以涉葱河，重一言而之柰苑。"又有山柰，多年生草本，根状茎块状，单生或丛生，淡绿色，芳香；根从根状茎上生出，较为粗壮；别名沙姜、山辣。姜科植物山柰的干燥根茎，采挖于冬季，洗净、除去须根，切片晒干即可。根茎入药，温中化湿，主治急性胃肠炎、消化不良、胃寒疼痛、风湿关节痛、跌打损伤等。

## 温故知新

###  四字通解

果珍李柰，意思是水果中较珍贵的是李子和柰子。《易·说卦》曰："乾为天……为木果。"木果的取象为乾卦，取其圆。后"果"引申为果断、果敢，均从乾卦出。珍，《说文解字》中说："珍，宝也。"《玉篇》中说："珍，贵也，美也，重也。"解释为珍贵。李，《诗经·小雅》中说："投我以桃，报之以李。""李"是樱桃属核果果树，味甘酸，性凉，具有清热生津、泻肝涤热、活血解毒、利水消肿的功效。饭后食李，能增加胃酸，帮助消化；在暑热时食李，有生津止渴、去暑解热的功效。柰，又叫作"花红""沙果"，对环境要求较低，多生长于我国北方。据记载，沙果中的有机酸、维生素含量非常丰富，具有良好的涩精、上泻痢的作用，是泄泻下痢、遗精滑泄者的食疗良品。沙果的叶鲜用或晒干用，皆具有泻火明目、杀虫解毒的作用。可治疗眼目青盲、翳膜遮眼及小儿疥疮。所以，古人以"李""柰"为贵。

### 猜谜语

别后相思缘待续。
（打一字）

南望斜川寄琴心。
（打一字）

儿童急走追黄蝶。
（打一字）

###  故事厅

#### 掷果潘安

晋朝时期，有个美男子任河阳县令，名为潘岳（人称潘安），长得很美，而且文才出众，辞藻艳丽。他有时乘坐华丽的车子到郊外去打猎。妇女遇到他，都手拉手围成圆圈环绕，把果子投给他，就连老太婆也争着往他车上投掷果品以表达爱慕之情，每次回来都是满载而归。后来，人们就以"掷果潘安"来比喻为女子所爱慕的美男子。

#### 瓜田李下

"瓜田李下"由《君子行》"瓜田不纳履，李下不整冠"引申而来。指经过瓜田，不要弯下身来提鞋，免得人家怀疑摘瓜；走过李树，不要举手整理帽子，免得人家怀疑摘李子。比喻容易引起嫌疑的地方，或容易让人误会，又有理难辩的场合。

唐文宗时，大书法家柳公权忠良耿直，能言善谏，官职担任工部侍郎。有个叫郭宁的官员把两个女儿送进宫中，皇帝就派郭宁到邮宁做官，人们对这件事议论纷纷。皇帝问柳公权："郭宁是太皇太后的继父，当官以来没有什么过失，现在让他当邮宁的地方官，有什么不妥吗？"柳公权说："按郭宁的贡献来说，到邮宁去当主官，原本毫无争议，可人们都以为郭宁是进献两个女儿入官，才得到这个官职的。"唐文宗说："郭宁的女儿是进宫陪太后的，并不是献给朕的。"柳公权说："瓜田李下的嫌疑，哪能分辨得清呢？"

 **知识角**

### 花果山

《西游记》里面有座山叫作花果山。现实中有人认为花果山位于连云港市云台山中麓，唐宋时称苍梧山，李白"明月不归沉碧海，白云愁色满苍梧"写的便是此处。花果山上有个水帘洞，吴承恩就是受了这个启发，在《西游记》中给孙悟空提供了一个神话色彩浓郁的出处。水帘洞是一个天然裂隙洞穴，目前有人工隧道直通下层平台。水帘洞右边石壁陡峭，原有龙神祠一座，是唐玄宗派内侍张奉国和道士孙智凉投"金龙玉简"的处所。洞门前有许多珍贵的题刻，如"印心石屋"是清代道光皇帝手书，"灵泉"二字是嘉庆知州师亮采的手笔，也是民间传说通往东海龙宫的海眼所在。

### 桃李不言，下自成蹊

西汉时有一位勇猛善战的将军，名叫李广，一生跟匈奴打过70多次仗，战功卓著，深受官兵和百姓的爱戴。他不仅待人和气，还能和士兵同甘共苦。每次朝廷的赏赐，他都分给官兵们；行军打仗遇到粮食供应不上时，自己也同士兵们一样忍饥挨饿；打起仗来身先士卒，只要他一声令下，士兵个个奋勇杀敌，不怕牺牲。

后来，当李广去世的噩耗传到军营时，全军将士无不痛哭流涕，连许多与大将军平时并不熟悉的百姓也纷纷悼念他。史学家司马迁为李广立传时称道："桃李不言，下自成蹊。"意思是，桃李有着芬芳的花朵，甜美的果实，虽然不会说话，但仍会吸引人们到树下赏花尝果，以至踩出一条小路。李广将军就是以他高尚的品质赢得了人们的崇敬。

 **成语窗**

**果不其然**
指事实跟预料的一样。多用来强调不出所料。

**食不果腹**
吃不饱肚子。形容生活贫困。

**山珍海味**
指山野和海里出产的各种珍贵食品。泛指丰富的菜肴。

**如数家珍**
好像在数自己家里的珍宝一样。形容对列举的事物或叙述的故事十分熟悉。

**敝帚自珍**
把自己家里的破扫帚看成价值千金的宝贝，很爱惜。比喻东西不好，自己却很珍惜。

**李代桃僵**
原比喻兄弟友爱相助，后转用为互相顶替或代人受过。

**瓜田李下**
意指正人君子要主动远离一些有争议的人和事，避免引起不必要的嫌疑。

**张王赵李**
泛指一些人，也指寻常之辈。

## 菜重芥姜

cài

| 甲骨文 | 金文 | 篆文 | 隶书 | 楷书 | 行书 | 草书 | 标准宋体 |
|---|---|---|---|---|---|---|---|
|  | 𡵂 | 菜 | 菜 | 菜 | 菜 | 苂 | 菜 |

### 解字堂

"菜"是形声兼会意字。篆文𦰩=𠂆（采，摘）+艸（艸，植物），本义指古人采摘来当作食物的植物。篆文𦰩基本承续金文字形，将金文的𠂆写成艸。隶化之后楷书写作"菜"。

《说文解字》说："菜，艸之可食者。从艸，采声。"除上述意思外，菜又引申为烹调好的蔬菜、肉类、鱼类等食品的统称，如中国菜、川菜等。同时，菜还特指油菜，如菜油、菜籽。油菜是一种一年生的草本植物，它叶子互生、开黄色小花、种子可以用来榨油，是我国重要的油料作物之一。此外，菜又有水平低、能力差的意思，如我们常说的菜鸟等。

提到菜，我们想到的是各式美味可口的佳肴。在我国各地区，菜肴烹调的理论、方式、风味等均不同。经长期演变而具有鲜明地方风味特色，社会公认的中国菜肴流派主要有：鲁菜、徽菜、川菜、苏菜、粤菜、浙菜、闽菜、湘菜等八大菜系。各色菜系均有极具自身特色的名菜，如鲁菜中的糖醋鲤鱼、九转大肠、德州扒鸡，川菜中的鱼香肉丝、夫妻肺片、麻婆豆腐等。我国是一个历史悠久的文明古国，早在春秋战国时期，饮食文化中南北菜肴的风味就表现出明显差异。到唐宋时，南食、北食各自形成体系。发展到清代，鲁菜、淮扬菜、粤菜、川菜已成为极具影响的地方菜。清末，浙菜、闽菜、湘菜、徽菜分化形成，共同构成汉民族饮食的"八大菜系"。此外，我国还有一些较有特色的菜系，如东北菜、赣菜、京菜、冀菜、豫菜、客家菜。

### 名言馆

故禹十年水，汤七年旱，而天下无菜色者。
·《荀子·富国》

孙叔敖相楚，栈车牝马，粝饭菜羹。
·《韩非子·外储说左下》

蝴蝶双双入菜花，日长无客到田家。
·（宋）范成大《四时田园杂兴六十首》其十五

儿童急走追黄蝶，飞入菜花无处寻。
·（宋）杨万里《宿新市徐公店二首》其一

城中桃李愁风雨，春在溪头荠菜花。
·（宋）辛弃疾《鹧鸪天》

谜语答案　果珍李

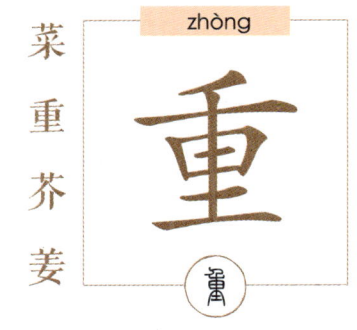

| 甲骨文 | 金文 | 篆文 | 隶书 | 楷书 | 行书 | 草书 | 标准宋体 |
|---|---|---|---|---|---|---|---|
|  | 𠂤 | 𤴓 | 重 | 重 | 重 | 重 | 重 |

## 名言馆

是以厚赏不行，重罚不用，而民自治。

· 《韩非子·五蠹》

千钧之重，人不轻举。

· （汉）桓宽《盐铁论·刑德》

晓看红湿处，花重锦官城。

· （唐）杜甫《春夜喜雨》

政通人和，百废具兴，乃重修岳阳楼。

· （宋）范仲淹《岳阳楼记》

今王公贵人，处于重屋之下。

· （宋）苏轼《教战守》

## 解字堂

"重"是会意字。金文𠂤=𠂉（人）+東（东，行囊），像是一个人背负了一个沉重的包袱站在那儿。造字本义即是指肩扛的沉甸甸的行囊。有的金文重加"土"土，则表示背土筐。篆文𤴓基本承续金文字形，但变得更为复杂了。隶书重变形较大，"人"形、"东"形均已消失。楷书写作"重"。

《说文解字》说："重，厚也。从壬，东声。凡重之属皆从重。"重的本义是指东西比较沉、分量比较大、程度比较深，读作zhòng。通过引申可以表示重要、紧要、重视等意，如重任、稳重、看重等。同时，"重"又读作chóng，表示重复、又一次出现，如重叠、重婚；又可做量词，如云山万重、重重包围等。

尊师重道、尊老爱幼，都是我们耳熟能详的词语。尊重他人是一种高尚的美德，是个人内在修养的外在表现。人的内心都渴望得到他人的尊重，但只有尊重他人才能赢得他人的尊重。笛卡尔说："尊重别人才能让人尊敬。"尊重同样是我国优良的传统美德，需要我们在日常的为人处事中努力践行。

菜重芥姜

jiè

| 甲骨文 | 金文 | 篆文 | 隶书 | 楷书 | 行书 | 草书 | 标准宋体 |
|---|---|---|---|---|---|---|---|
|  |  | 芥 | 芥 | 芥 | 芥 | 芥 | 芥 |

## 解字堂

"芥"是形声字。本义是指芥菜，它是一种一年生或两年生的草本植物，种子呈现为黄色，味道辛辣，磨成粉末之后可以作为调味品。又有芥蓝，根茎较为粗壮，直立生长，开有白色或黄色的花瓣，它的嫩花茎可以作为蔬菜，是我国常见的食物。

《说文解字》说："芥，菜也。从艸，介声。"常见的词语有芥蒂、芥黄、芥蓝、芥末等。芥蒂是指细小的梗塞物，可比喻为淤积在心中的怨恨和不快。佛家所谓"芥纳须弥"，芥与须弥对立，比喻较小的事物。因此，"芥"常常用来比喻轻微纤细的事物，如草芥、芥视、芥舟等。

提到"芥"，我们首先想到的往往是芥末，它又被称为芥子末、芥辣粉等，对口舌有较强的刺激性，在润湿之后会有香气出现，是制作泡菜、沙拉时重要的调味品之一，同时，它还可以作为生鱼片的美味调料。芥末具有较好的营养功效，有预防高血脂、高血压、心脏病等疾病的作用。芥末白菜墩、芥末酱蛋、芥末鸭掌、芥末菠菜等等，都是令人喜爱的家常菜。

## 名言馆

脍，春用葱，秋用芥。
・《礼记·内则》

芥，苦味也。
・（汉）董仲舒《春秋繁露·天地之行》

恨无乖崖老，一洗芥蒂胸。
・（宋）苏轼《送路都曹》

菜重芥姜

| 甲骨文 | 金文 | 篆文 | 隶书 | 楷书 | 行书 | 草书 | 标准今宋 |
|---|---|---|---|---|---|---|---|
|  |  | 薑 | 薑 | 薑 | 薑 | 薑 | 姜 |

## 名言馆

不撤姜食，不多食。
　　　　·《论语·乡党》

楠梓姜桂。
　　　　·《史记·货殖列传》

越桂留烹张翰鲙，蜀姜供煮陆机莼。
　　　　·（唐）李商隐《赠郑谠处士》

蛮姜豆蔻相思味。算却在，春风舌底。
　　　　·（宋）吴文英《杏花天·咏汤》

## 解字堂

薑，为䕬的异体字，省去"弓"，䕬即艹（艹，植物）+疆（"疆"，边境），其造字本义表示来自他国的作物。《说文解字》：薑，御湿之菜也。从艹，彊声。现《汉字简化方案》合并为同音的"姜"字。

"姜"是指多年生草本植物，它的叶子呈现披针形，根茎为黄褐色，有刺激性香味，可供药用，或作为常用的烹调配料。又有姜黄，是一种多年生的草本植物，叶片比较大，根状茎呈现卵圆形，有深黄色和花黄色；它的根状茎可以入药，也可以做黄色燃料。此外，经过引申，"姜"又可以作为形容词，表示像姜一样黄，如"姜黄的""他的脸色姜，气息微弱"等。"姜"又因为它的味道越老越辣，所以常常用来比喻人到老年而性格愈发刚强，办事老练，不好对付。所谓"姜还是老的辣"，与"老骥伏枥，志在千里""老将出马，一个顶俩"有异曲同工之妙，都是我们常见的说法。

## 温故知新

 **四字通解**

菜重芥姜，意思是蔬菜中最重要的是芥菜和生姜。芥菜和姜都有味辛性温、开窍解毒、驱除寒气的特性。芥菜具有热性，《神农本草经》即说："芥味辛，除肾邪，利九窍，明耳目。"但凡事均有正反两面，芥菜也是这样，《本草纲目》有"久食则积温成热。辛散大盛，耗人真元，肝木受病"之语。姜是多年生草本植物，须根不发达，但根茎肥大，呈不规则块状，有灰白色或者黄色，可以作为蔬菜、调料，也可以入药。在古代，姜更是不可一日或缺，无论是外感风寒、饮食失调，还是醉酒呕逆，甚至昏厥，都可以用热姜汤进行治疗。《神农本草经》说"姜味辛，通神明，去臭气"，《吕氏春秋》说"阳朴之姜，招摇之桂"，可见古人的重视。芥和姜是蔬菜中用来调味的重要佐料，所以《千字文》有"菜重芥姜"之说。

### 猜谜语

草木含露在初秋。
（打一字）

千里相逢。
（打一字）

残英落阶前。
（打一字）

 **故事厅**

### 闭门种菜

早年刘备归附曹操。曹操屡次派亲信暗中观察诸将，发现有以酒食结欢宾客的人，就借事杀害他。刘备有次闭着门，带人在种大头菜，曹操派人从门缝中偷看。偷看的人去后，刘备对张飞、关羽说："吾岂种菜者乎？曹公必有疑意，不可复留。"这天夜里，刘备即打开后栅与张飞等轻装骑马而去。

### 刘韬治病

唐朝时期，在长安香积寺有个和尚叫行端，夜间上山砍柴，回来后就成了哑巴，大家相互议论但均不解其故。

香积寺方丈带众僧做了八十一天道场，让佛祖为行端驱魔，依旧无济于事。有个略懂医术的僧人德始，提议让行端前去求医，到长安找一位叫刘韬的医生。

德始陪行端来长安拜见了刘韬，讲述了事情经过。刘韬说："师傅先回，待我明日上山一观再行治疗。"次日刘韬上山仔细观察后，来到香积寺，从药袋里取出一块生姜，对方丈说："方丈放心，请行端将此药煎服，很快就会痊愈。"

行端连服三日后，咽喉轻松爽利，竟能开口说话了，众僧惊讶不止。方丈询问病因，刘韬说："此乃误食山中半夏所致，用生姜一解，药到病除。"

 ## 知识角

### 中国八大菜系

我国的餐饮文化历史悠久，菜肴烹饪中有许多流派。鲁、川、苏、粤四大菜系形成历史较早，后来，浙、闽、湘、徽等地方菜也逐渐出名，于是形成了中国的"八大菜系"，即苏菜、闽菜、川菜、鲁菜、粤菜、湘菜、浙菜、徽菜。各大菜系的主要口味均有所不同。鲁菜以咸、鲜为主，川菜以麻辣为主，苏菜以甜为主，粤菜以原汁原味和清淡为主，闽菜以香辣和咸甜为主，徽菜以重油味、重盐味为主，湘菜重油、重盐、重辣，浙菜酱香味浓。

### 芥末

芥菜类蔬菜包括十字花科中芸苔属、白芥属中的若干种蔬菜，其成熟的种子经研磨可制成一种辣味调料，称为芥末，又称芥子末、芥辣粉。

这就是中国的黄芥末酱，它的历史很悠久，从周代起就已在宫廷被食用。有人把它与日本的芥末混为一谈。日本人食用的是山葵根在鲨鱼皮制成的砂皮上磨出来的酱。由于山葵根的价格昂贵，而且山葵酱保存困难，故大部分日本料理店会用黄芥末酱来代替。

 ## 成语窗

**剩菜残羹**
吃剩的食物。比喻弃余无用之物。

**鸠形菜色**
形容面黄肌瘦的样子。

**破镜重圆**
比喻夫妻失散或决裂后重新团聚与和好。

**重岩叠嶂**
形容山岭重重叠叠，连绵不断。

**芥纳须弥**
佛教说法，形容小小的芥子可包容须弥大山或整个世界。

**心存芥蒂**
指心里对人对事有怨恨或不愉快的情绪。

**咬姜呷醋**
形容生活清苦。

**情重姜肱**
比喻兄弟友爱。

海咸河淡

hǎi

| 甲骨文 | 金文 | 篆文 | 隶书 | 楷书 | 行书 | 草书 | 标准宋体 |
|---|---|---|---|---|---|---|---|
|  | 𣳫 | 𣴴 | 海 | 海 | 海 | 海 | 海 |

## 解字堂

"海",金文 𣳫 = 氵(水)+ 每(每,母),表示海是万川之母。"海"的造字本义是：水之母，也就是河流的发源地，即陆地上的大湖或大山。篆文的 𣴴 承续了金文字形。而隶书的 海 则将篆文的"水" 氵 改写成了"三点水"氵，将篆文的 每 改写成了 每，也就成了我们现在见到的样子。

《说文解字》说："海,天池也。以纳百川者。从水,每声。""海"作为名词,表示覆盖地球表面大部分面积的盐水质的水体,从而组成了大量的词汇,如海岸、海拔、海狗、海防、五湖四海、海枯石烂等等。"海"又因其大而引申为极大的、极多的,即段玉裁注所谓"凡地大物博者皆得谓之海",如海报、海量、海碗、夸海口等。"海"作为名词还可以指大面积的成片事物,如火海、书海、人山人海。作为副词还指毫无节制地,如海吃海喝等。

我国是一个沿海国家,有300万平方千米的海洋国土面积,具有十分丰富的海洋资源。海洋资源中主要包括水资源、油气资源、金属矿物质资源、海洋生物资源等,对海洋资源进行合理的开发利用是实现沿海地区水资源可持续利用的重要发展方向,也是推动我国经济发展的一大重要保障。目前,人类面临着人口、粮食、环境、资源等多项严峻问题,人类赖以生存的陆地空间已经不堪重负。不过,地球上80%的生物资源分布在海洋里,海洋给人类提供食物的能力是陆地的1000倍以上。在海洋生态环境不遭破坏的前提下,海洋每年可以向人类提供30亿吨水资源,由此可见海洋资源的强大作用和在人类发展历程中的重要地位。

## 名言馆

海内存知己,天涯若比邻。
· (唐)王勃《杜少府之任蜀州》

海客谈瀛洲,烟涛微茫信难求。
· (唐)李白《梦游天姥吟留别》

春生何处暗周游,海角天涯遍始休。
· (唐)白居易《浔阳春三首·春生》

别泪没些些,海誓山盟总是赊。
· (宋)辛弃疾《南乡子·赠妓》

谜语答案 菜 重 芥

## 海咸河淡

xián

咸

| 甲骨文 | 金文 | 篆文 | 隶书 | 楷书 | 行书 | 草书 | 标准宋体 |
|---|---|---|---|---|---|---|---|
|  | 鹹 | 鹹 | 鹹 | 鹹 | 咸 | 咸 | 咸 |

### 名言馆

庶绩咸熙。
·《书·尧典》

敦商之旅，克咸厥功。
·《诗·鲁颂·閟宫》

周邦咸喜。
·《诗·大雅·崧高》

京城学者咸怪其无征。
·《后汉书·张衡传》

村中闻有此人，咸来问讯。
·（晋）陶渊明《桃花源记》

### 解字堂

鹹，金文为上下结构，咸上，卤下，"咸"本义是"全都"，"卤"本义是盐，表示全是盐。其造字本义即是菜里尽是盐，形容盐味重。篆文鹹调整为左右结构。现《汉字简化方案》合并为同音的"咸"字。原本"咸"字的全、都、皆的本义主要用于古文或成语中，如如咸受其益、老少咸宜等。

咸味是中性盐所表现出来的味道，也是食物中不可或缺的、最基本的味道之一。在我国华北地区的饮食中，咸味得到了更为重要的强调。同时，"咸"也是传统中医学中的五味之一，中医认为五味具有不同的治疗作用，并采用了"五味配五脏"的理论，所以有"咸入肾"之说。这也反映出我国传统医学、传统文化的博大精深。

海咸河淡

hé

河

| 甲骨文 | 金文 | 篆文 | 隶书 | 楷书 | 行书 | 草书 | 标准宋体 |
|---|---|---|---|---|---|---|---|
| | | | 河 | 河 | 河 | | 河 |

## 解字堂

"河",甲骨文 =（水,川流）+（可,即"呵",吆喝、呼唤）,表示隔水吆喝,唤船摆渡。有的甲骨文将写成。河的造字本义是非舟船无以越渡的大川,即北方第一大川黄河,黄河是发源于青海、流入渤海的中国第二大川流。金文将甲骨文的"可"写成"何",强调吆喝、叫唤。有的金文、篆文则承续甲骨文字形。隶化之后楷书写作"河"。

《说文解字》说:"河,水。出焞煌塞外昆仑山,发原注海。从水,可声。"古人称登山而呼为"阿",临川唤船为"河"。在造字时代,水流的源头叫"泉",石壁上飞溅的山泉叫"水",由山泉汇成的水叫"涧",山涧在地面汇成的清流叫"溪",众多小溪汇成的水流叫"川",众多川流汇成的大川叫"河",最大的河叫"江"。除特指黄河外,河逐渐引申为天然的或人工的大水道,泛指所有的水流,如江河、河流、运河、护城河等。随着时代发展,它又可以指代银河,如河外星系等。

黄河被称为母亲河,是世界第五长河、中国第二长河,是中华文明的主要发祥地。黄河发源于青藏高原,流经青海、四川、甘肃、山西、陕西、河南、山东、宁夏、内蒙古等9个省、自治区,最终流入渤海。黄河是世界上含沙量最多的河流,并由此形成冲积平原,有利于植被种植。标志着中国古代文明的科学技术、发明创造、城市建设、文学艺术等也大量的产生在这里,黄河孕育了中华文明,哺育了中华儿女,是中华民族的摇篮。

## 名言馆

吾惊怖其言,犹河汉而无极也。

·《庄子·逍遥游》

---

河伯欣然自喜,以天下之美为尽在己。

·《庄子·秋水》

---

河润九里,泽及三族。

·《庄子·列御寇》

---

青青河畔草,郁郁园中柳。

·《古诗十九首·青青河畔草》

---

国破山河在,城春草木深。

·(唐)杜甫《春望》

| 甲骨文 | 金文 | 篆文 | 隶书 | 楷书 | 行书 | 草书 | 标准宋体 |
|---|---|---|---|---|---|---|---|
|  |  | 淡 | 淡 | 淡 | 淡 | 淡 | 淡 |

## 名言馆

淡也者，五味之中也。
　　　　　·《管子·水地》

---

且君子之交淡若水，小人之交甘若醴；君子淡以亲，小人甘以绝。
　　　　　·《庄子·山水》

---

非淡泊无以明志，非宁静无以致远。
　·（三国蜀）诸葛亮《诫子书》

---

欲把西湖比西子，淡妆浓抹总相宜。
　·（宋）苏轼《饮湖上初晴后雨二首》其二

## 解字堂

　　"淡"，篆文 淡 = 氵（水，清汤）+ 炎（炎，即"啖"，进食，体味），表示清汤寡水，尝不出味道。"淡"的造字本义是指清汤寡水，没有滋味。隶化之后楷书写作"淡"。

　　《说文解字》说："淡，薄味也。从水，炎声。""淡"除了与浓相对，表示没有味道、不浓、不咸的造字本义外，还可以表示颜色较浅的，如淡绿色、淡紫色、轻描淡写等。通过引申，又可以表示液体或气体中所含某种成分较少的，如淡墨、天高云淡等。作为形容词，"淡"还表示不关心的、营业不旺盛的、没有意味的、无关紧要的，如淡然处之、淡季、扯淡。此外，"淡"还是一个姓氏。

　　在我国传统文化之中，淡泊是一种非常崇高的境界，做人要有淡泊名利之心才能成就大器。古人认为，没有包括宇宙的胸襟和洞穿世俗的眼力，是无法有较大成就的。佛家、道家甚至儒家都有类似的表述。诸葛亮就曾说过"君子之行，静以修身，俭以养德，非淡泊无以明志，非宁静无以致远"的话。

## 温故知新

 **四字通解**

海咸河淡，意思是海水是咸的，河水是淡的。这句说的是地理知识。在我国古代，人们对地理的认识是和天文历法同步的，所谓地理，就是地之纹理，包括山陵川泽的分布与地势走向等。据《尚书·尧典》记载，远在帝尧时代就产生了专门负责观察天象和时令的职官，《禹贡》更是初步划分出了"九州"。又有奇书《山海经》记录了"四海"的由来，并形成了完整、独特的世界观。集我国古代地理知识大成的是《水经注》，它以"因水以证地，而即地以存古"的理念记载了一千余条河流，并对流经地的地理现状和历史事迹等做了详细记录。其中还有大量的自然风光描写，文笔生动逼真、历历在目。"海咸河淡"的总结其实是源于古人的生活经验，我国古代人民对自然界的认识往往源于实际的生产活动之中，经过不断的沉淀和积累，将掌握的自然知识应用于社会与国家建设，也就形成了我国独特的地理文化。

### 猜谜语

北斗错落雁两行。
（打一字）

游子方离母牵挂。
（打一字）

男女相会在江边。
（打一字）

 **故事厅**

### 精卫填海

远古时期，有个小仙女叫女娃。她很小的时候，就想到东海去看看。可是她的父亲炎帝很忙，总是没有时间陪她。

有一天，她悄悄离开家，独自驾着小船向东海划去。距离陆地越远，海上波涛越大，狂风伴着暴雨向女娃袭来，把她吞没了。

后来，海上飞来一只小鸟，不断发出"精卫""精卫"的叫声，好像在呼喊又像是哭泣。小鸟从树林里叼了一根树枝投向大海。然后又飞回树林，叼来树枝，投进大海……

这只小鸟就是女娃变的，她不想让别的小朋友被大海吞没，就下决心把它填平。大海嘲笑她："一只小鸟，休想把我填平！"她坚决地说："就算一万年，也总有填平的一天！"

这样日复一日、年复一年，小鸟从来不知疲倦。人们给她起了一个好听的名字，叫作"精卫鸟"。

### 大禹治水

在帝尧时期，黄河经常泛滥。为制止洪水肆虐，尧帝曾派遣鲧来负责这项工作。鲧采用了堤工障水，作三仞之城，就是用简单的堤把居住区围护起来以防止洪水，九年都没有成功，最后被放逐羽山而死。舜帝继位以后，任用鲧的儿子禹来治水。禹总结父亲的治水经验，将"围堵障"改为"疏顺导"，利用水自高向低流的自然特性，把堵塞的川流疏通，从而平息水患，使百姓得以安居乐业。后来，禹因此而成为夏朝的第一代君王。

 ## 知识角

### 中国四大海域

我国位于亚洲大陆的东部，面向太平洋。毗邻我国大陆边缘的渤海、黄海、东海、南海互相连成一片，跨越了温带、亚热带和热带，自北向南呈弧状分布，是北太平洋西部的边缘海。这片海域因紧邻中国大陆，又有"中国近海"之称。其中，渤海与黄海以辽东半岛南端的老铁山角与山东半岛北岸蓬莱角的连线为分界线，黄海与东海以长江口北岸的启东角与韩国济州岛西南角的连线为分界线，东海与南海以广东南澳岛与台湾岛南端的鹅銮鼻连线为分界线。

### 中国十大河流

中国是世界上河流最多的国家之一，具有许多源远流长的大江大河，其中流域面积超过1000平方千米的河流就有1500多条。以长度而论，中国十大河流分别是：长江、黄河、黑龙江、珠江、雅鲁藏布江、澜沧江、塔里木河、怒江、松花江、雅砻江。长江和黄河更是分列世界第三和第五大长河。这些河流不仅是中国地理环境的重要组成部分，还蕴藏着丰富的自然资源。

 ## 成语窗

**海市蜃楼**
比喻虚幻的事物。也用来形容心中想到但不切实际的幻想。

**海枯石烂**
海水干涸，石头腐烂。形容历史久远，万物已变。用于盟誓，反衬意志坚定，永远不变。

**沧海桑田**
意思是大海变成农田，农田变成大海。比喻世事变化很大。

**口若悬河**
讲起话来滔滔不绝，像瀑布不停地奔流倾泻。形容能言善辩，说起话来没完没了。

**跳进黄河也洗不清**
比喻很难摆脱关系，避免不了嫌疑。

**淡泊明志**
指不追求名利才能使志趣高洁。

**淡妆浓抹**
指淡雅和浓艳两种不同的妆饰打扮。

鳞潜羽翔

| 甲骨文 | 金文 | 篆文 | 隶书 | 楷书 | 行书 | 草书 | 标准宋体 |
|---|---|---|---|---|---|---|---|
|  |  | 鱗 | 鱗 | 鱗 | 鳞 | 鳞 | 鳞 |

## 解字堂

"粦",既是声旁也是形旁,表示闪烁的磷光。"鳞",篆文鱗=鱼(鱼)+粦(粦,闪烁的磷光),造字的本义是密集覆盖在鱼类身上的光滑闪亮的薄片状护甲。隶书的鱗将篆文字形中鱼尾形状的火写成"四点底"灬。隶化后楷书写作"鱗"。简化后写作"鳞"。

《说文解字》说:"鳞,鱼甲也。从鱼,粦声。"在现代汉语中,"鳞"主要表示鱼类、爬行动物以及少数哺乳动物身体表面由角质和骨质构成的鳞片组织。除此之外,"鳞"还可以作为形容词,用来形容形状像鱼鳞一样的事物,如鳞波、鳞茎、遍体鳞伤等,表示密集的、闪亮的。此外,"鳞"还是姓氏。

本来,鳞片是动物自我保护的器官,却成为了它们丧生的原因,如穿山甲鳞片。由于所谓的功效,穿山甲遭到了大量捕杀,以致野外数量稀少。目前,穿山甲已列入极危物种红色名录,属于我国国家二级保护动物,禁止捕杀和食用。

## 名言馆

鳞虫三百有六十,而龙为之长。
·《孔子家语·执辔》

京城十二衢,飞甍各鳞次。
·(南朝)鲍照《咏史》

诸侯拜马首,猛士骑鲸鳞。
·(唐)李白《赠张相镐二首》其一

青冥却垂翅,蹭蹬无纵鳞。
·(唐)杜甫《奉赠韦左丞二十二韵》

谜语答案　淡　海河

| 甲骨文 | 金文 | 篆文 | 隶书 | 楷书 | 行书 | 草书 | 标准宋体 |
|---|---|---|---|---|---|---|---|
|  | 潜 | 潜 | 潜 | 潜 | 潜 | 潜 | 潜 |

## 名言馆

游鱼潜绿水，翔鸟薄飞天。
・（三国）曹植《情诗》

随风潜入夜，润物细无声。
・（唐）杜甫《春夜喜雨》

日星隐耀，山岳潜形。
・（宋）范仲淹《岳阳楼记》

## 解字堂

"潜"，金文 潜 = 氵（水）+ 欠（欠，吹气，吸气）+ 曰（曰，吐气），造字的本义是吸足气没入水下，靠憋气和缓缓吐气维持呼吸平衡。篆文的 潜 增加了一个"欠"，并将金文的"欠" 写成" "。隶化之后楷书写作"潜"。

《说文解字》说："潜，涉水也。一曰藏也。一曰汉水为潜。从水，朁声。""潜"字本义是指在水下憋气游泳，如潜水、潜行等。同时，"潜"又可以引申为深藏、隐藏，如潜伏、潜藏等。作为副词，'潜'又表示秘密地、悄悄地，如潜逃、潜移默化等。另外，"潜"还是姓氏。

潜水原是指为进行水下修理、打捞和工程等而进入水面以下的活动，现逐渐发展成为一种以水下活动为主要内容，从而达到锻炼身体和休闲娱乐目的的运动项目。同时，随着网络交流平台（如QQ、微信、各种论坛等）的不断升级，潜水又有了新的含义，它往往指在别人不知情的情况下，隐秘地观看或留言而不主动表露自己身份的个体行为，并逐渐延伸至网络世界的各个角落，成为时下流行语之一。

鳞潜羽翔

## yǔ 羽

| 甲骨文 | 金文 | 篆文 | 隶书 | 楷书 | 行书 | 草书 | 标准宋体 |
|---|---|---|---|---|---|---|---|
| 𦑗 | 羽 | 羽 | 羽 | 羽 | 羽 | 羽 | 羽 |

### 解字堂

"羽",甲骨文的像鸟类体表轻韧防水、护身保温的器官,画出了羽轴和羽枝形状。有的甲骨文像鸟的正羽,用羽枝形状代替羽毛形状,将羽枝高度简化为,并在羽轴下端画出植入鸟类皮肤的羽根;重复结构表示鸟类身上有大量这种器官。还有的甲骨文省去羽根形状。造字的本义是指鸟的翎毛,指覆盖体表的器官,它具有轻韧防水,有护身保温作用。楚简、篆文都基本上承续了甲骨文字形。隶化之后楷书写作"羽"。

《说文解字》说:"羽,鸟长毛也。象形。凡羽之属皆从羽。""羽"的本义,可以组词为羽毛、羽扇、羽绒等。作为名词之时,"羽"还可以指翅膀之意,如羽翼、振羽等。"羽"还可以作为量词使用,常常用来修饰鸟的数量,如一羽信鸽。此外,"羽"是中国古代五音之一,是姓氏的一种。

"羽"字往往与我国道教文化有着千丝万缕的联系。除昆虫由蛹蜕变为成虫称为"羽化"外,古人认为修道士修炼到极致,可以跳出生死轮回,所谓"跳出三界外,不在五行中",从而被称为"羽化",其实这只是道教徒称人死的一种委婉说法。道家的生命理念认为,人可以通过外界工具或者凭借自身修炼从低纬度空间文明飞升到高纬度的空间文明。目前,羽化飞升的说法更多地见于各类仙侠类网络小说及网络游戏,是此类小说及游戏中修真者成仙的常见方式,它的普及在一定程度上激发了年轻人对道教典籍的兴趣。

### 名言馆

燕燕于飞,差池其羽。
·《诗·邶风·燕燕》

渔阳鼙鼓动地来,惊破霓裳羽衣曲。
·(唐)白居易《长恨歌》

夜卷牙旗千帐雪,朝飞羽骑一河冰。
·(唐)李商隐《赠别前蔚州契苾使君》

飘飘乎如遗世独立,羽化而登仙。
·(宋)苏轼《前赤壁赋》

## xiáng 翔

鳞潜羽翔

| 甲骨文 | 金文 | 篆文 | 隶书 | 楷书 | 行书 | 草书 | 标准宋体 |
|---|---|---|---|---|---|---|---|
|  |  | 翔 | 翔 | 翔 | 翔 | 翔 | 翔 |

### 名言馆

鸢鸟丑，其飞也翔。
— 《尔雅》

㸌如羿射九日落，矫如群帝骖龙翔。
— （唐）杜甫《观公孙大娘弟子舞剑器行》

沙鸥翔集，锦鳞游泳。
— （宋）范仲淹《岳阳楼记》

### 解字堂

"翔"，篆文 翔 = 羊（羊，吉祥）+ 羽（羽，借代翅膀），造字本义是鸟儿翅膀展开不动，在空中安静地盘旋。"羊"在汉字中通常有"祥"的意思，水面浩瀚而安祥为"洋"，大鸟展翅在蓝天安祥滑行为"翔"。"飞"是对鸟儿振翅翱翔的泛称，"翱""翔""翻""翩"则是对"飞"的不同姿态的具体描述。

《说文解字》说："翔，回飞也。从羽，羊声。""翔"的造字本义指盘旋地飞，常见的词语有翱翔、飞翔、滑翔等。后来引申为行布，如翔布；引申为栖止，如翔必择林。此外，"翔"通"祥"，表示详尽，如翔实；表示吉利，如翔风。

飞翔一直是古人梦寐以求而不可得的事情，因此，我国古典诗词中有不少使用"翔"字的作品，如"柴门何萧条，狐兔翔我宇""剪翎送笼中，使看百鸟翔"等，表现出古人对飞翔的关注。

## 温故知新

 **四字通解**

鳞潜羽翔，意思是鱼儿在水中潜游，鸟儿在空中飞翔，形容万物各得其所，自由自在，各适其性。范仲淹的《岳阳楼记》中有一句"沙鸥翔集，锦鳞游泳"和这句话的意思比较类似。但这句话讲的应该更宽泛一些，原文的意思不仅包括鱼儿和鸟儿，还包括各种动物。与上文"果珍李柰，菜重芥姜"相比较，前者讲水果蔬菜等植物，这句讲的则是动物界。古时候的动植物数量都比现在多，所以古人普遍缺少保护野生动植物和生态环境的主观意识，但古人其实已经认识到世间万物都与人类生存息息相关，并在一些文学作品中加以描写、歌颂了。如苏轼的《和子由渑池怀旧》《水调歌头·黄州快哉亭赠张偓佺》《江城子·别徐州》等作品中均有对"鸿"的提及，特别是《卜算子·黄州定慧院寓居作》中对"孤鸿影"的描写充满了神秘感。

### 猜谜语

月影西沉听雨声。
（打一字）

一人春游溪边行。
（打一字）

雏燕新生未解飞。
（打一字）

 **故事厅**

#### 竺道潜不言

有位北方来的和尚喜欢谈论玄理，和支遁在瓦官寺相遇，讲解《小品经》。当时竺道潜、孙绰都去听讲。这位和尚的话中，常设下疑难问题。支遁辩论对答清晰，言辞语气都很爽利。这位和尚每次总是受挫屈服。孙绰问竺道潜："上人应当是逆风而进的人，刚才为什么一言不发？"竺道潜笑而不答。支遁说："白檀木并非不香，但是逆风怎能闻到它的香气呢？"竺道潜听到这样的话，泰然自若，毫不在意。

#### 万户飞翔的故事

在我国古代，第一个想利用火箭飞天的人是明朝的万户。在14世纪后期，明朝的士大夫万户把47个自己制作的火箭绑在椅子上，自己坐上去，双手举着一只大风筝。希望利用火箭的推力飞上天空，再利用风筝平稳着陆。但不幸火箭爆炸了，万户献出了生命。但是，这么说来，最早的载人航天应就是600年前的万户飞翔的故事。有学者认为，万户是"世界上第一个想利用火箭飞行的人"。

今天看来，万户的想法十分可笑，但在那个时代却是富有创造力的，他不仅考虑到了上升的工具，同时也考虑到了安全降落的工具，这些都是前无古人的，他的勇敢的精神值得我们肯定和敬仰。为了纪念他的壮举。月球上有一座环形山就以"万户"二字命名。

 **知识角**

### 潜夫论

《潜夫论》凡十卷，三十六篇。作者王符，字节信，因耿介超俗，不得升进，乃隐居著书，"以讽当时失得，不欲彰显其名"，故书名叫《潜夫论》。

本书主要讨论治国安民之道，对东汉末年社会现实予以揭露和批判。在经济上主张重本抑末，薄葬节俭，爱惜民力，重视边区建设。建议明君任贤使能，忠信纳谏，采取考功、明选等办法，改革吏治。其中政论重视民生，强调"国以民为基，贵以贱为本"。这是对先秦"民本"思想的继承和发扬。其《本训篇》论述了宇宙形成问题，认为元气是宇宙之本源，具有唯物论的思想倾向。

### 《霓裳羽衣曲》

《霓裳羽衣曲》是唐代著名法曲，简称《霓裳》。其作者，一说为玄宗所作，一说为西凉节度使杨敬述所献。原名《婆罗门曲》，后改名为《霓裳羽衣》。此曲在册立女道士杨玉环为贵妃时演奏。乐、舞、服饰、道具都反应羽化的仙女在虚幻的仙境飘然曼舞。现存者为宋姜夔搜求的片段，收在《白石道人歌曲》中。全曲36编（段），曲散序6编、中序18编、曲破12编三部分组成。散序是自由节奏的散板，有磬、箫、筝、笛等乐器独奏或轮奏，不舞不歌；中序又名头歌或拍序，且歌且舞，也有器乐伴奏，所谓"中序擘騞初入拍，秋竹竿裂春冰拆"；曲破又名舞遍，以舞为主，只有伴奏而无唱歌，开始曲调抒情，很快转入"繁音急节十二遍，跳珠撼玉何铿铮"，进入全曲高潮，结尾时，再次转慢，拖一长音作结。

 **成语窗**

**遍体鳞伤**
形容某人伤势极重，浑身的伤像鱼鳞一样密。

**鳞次栉比**
像鱼鳞和梳子齿那样有次序地排列着。多用来形容房屋或船只等排列得很密很整齐。

**潜移默化**
指人的思想或性格不知不觉受到感染、影响而发生变化。

**龙潜凤采**
比喻英俊之士的才能未能充分展现。

**吉光片羽**
吉光片羽是古代汉族传说中神兽的一小块毛。比喻残存的珍贵文物。也作"吉光片裘"。

**铩羽而归**
被摧落羽毛后逃回。最早指战场失败，后形容事情不成功。

**沙鸥翔集**
水鸟时而飞翔，时而聚集。

**凤翥龙翔**
也即龙飞凤舞，形容气势非凡。

龙师火帝

lóng

龙

| 甲骨文 | 金文 | 篆文 | 隶书 | 楷书 | 行书 | 草书 | 标准宋体 |
|---|---|---|---|---|---|---|---|
| | | | | 龍 | 龍 | | 龙 |

### 解字堂

"龍"，甲骨文在大口曲身的动物头上加"辛"，表示"龙"头上长着锋利的角，整个字形像长角的爬行巨兽。金文则承续了甲骨文的字形。篆文将金文的写成"辛"，并在兽身上加了"匕"和"彡"，表示"龙"足有利爪、背上长鳍。隶书误将篆文的"辛"写成"立"。

《说文解字》说："龙，鳞虫之长。能幽，能明，能细，能巨，能短，能长；春分而登天，秋分而潜渊。从肉，飞之形，童省声。凡龙之属皆从龙。""龙"的造字本义是指一种头上长角、大口利齿的巨型爬行动物，它能走能飞，能游泳，能兴云能降雨。后又延伸为像龙的或有龙图案的事物，如龙舟、龙灯、龙旗等。"龙"在生物学上还指代某些爬行动物，如恐龙、翼龙等。

当"龙"这种动物成了中国先民的图腾之后，逐渐被人为地赋予了海陆空的全面优势：狮头、虎舌、鹿角、蛇身、鹰爪、鱼鳞鱼鳍，简直威武完美、无可匹敌。古人将巨蟒视作"龙"，因此王孙贵族在家豢养巨蟒以祈吉祥幸福。封建时期，"龙"更成为帝王的象征，同时也可以用来指代帝王使用过的各种东西，如龙廷、龙袍、龙床等。"龙"是汉民族最古老的氏族图腾之一，在我国传统文化之中有着不可替代的地位，直到今天，我们依旧称自己为"龙的传人"。

### 名言馆

麟、凤、龟、龙，谓之四灵。

·《礼记·礼运》

---

当此之时，亮之素志，进欲龙骧虎视，苞括四海；退欲跨陵边疆，震荡宇内。

·《三国志·蜀书·诸葛亮传》

---

龙蟠凤逸之士，皆欲收名定价于君侯。

·（唐）李白《与韩荆州书》

---

谜语答案 羽 潜 翔

龙师火帝

shī
师

| 甲骨文 | 金文 | 篆文 | 隶书 | 楷书 | 行书 | 草书 | 标准宋体 |
|---|---|---|---|---|---|---|---|
| | | 師 | 師 | 師 | 師 | 师 | 师 |

## 名言馆

十年春，齐师伐我。
　　　　·《左传·庄公十年》

千乘之国，摄乎大国之间，加之以师旅，因之以饥馑；由也为之，比及三年，可使有勇，且知方也。
　　　　·《论语·先进》

古之学者必有师。师者，所以传道、受业、解惑也。
　　　　·（唐）韩愈《师说》

而渔工、水师虽知而不能言。
　　　　·（宋）苏轼《石钟山记》

## 解字堂

"師"，甲骨文像古代兵符，是圆块中的一部分。朝廷将刻有虎、狮等图案的圆形玉块，切割成裂纹不规则的两块或几块，部分留在朝庭，部分放在地方或军队，朝廷和军队均以所持兵符能否吻合来检验兵权和调动权的真伪。这种有图案的残块是最早的"兵符"。有的甲骨文将圆块中残块形状写成，并加。有的甲骨文将写成。金文将甲骨文的简化成。篆文將金文的写成。简化后写作"师"。

《说文解字》说："师，二千五百人为师。从帀，从𠂤。""师"的造字本义是指古代检验军权的兵符，该义现已消失。一方面，"师"借代引申为军队，如雄师，进而引申为军队的编制单位，如师长、骑兵师等。另一方面，"师"还引申为有作战指挥权的人，如军师，进而指代某个领域内的高人，如师傅、大师、工程师等。作为动词，"师"还有学习、效仿的意思，如师法、师从等。此外，"师"还是姓氏。

尊师重道是中华民族的传统美德，所谓"一日为师，终身为父"。作为传道、授业、解惑的老师，自古便得到了人们的尊敬，《后汉书·孔僖传》即曰："臣闻明王圣主，莫不尊师贵道。"乃至每家的祖先堂上都供有"天地君亲师"的香位牌。古往今来，尊师重道的传统代代相传，它从一个侧面体现出中华民族的聪明智慧。

龙师火帝

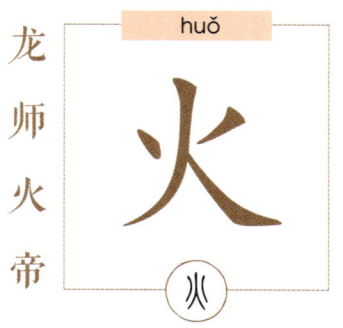

huǒ

| 甲骨文 | 金文 | 篆文 | 隶书 | 楷书 | 行书 | 草书 | 标准宋体 |
|---|---|---|---|---|---|---|---|
| 火 | 火 | 火 | 火 | 火 | 火 | 火 | 火 |

### 解字堂

"火"，甲骨文字形 、 与 （山）相似，像地面上的腾腾热焰。有的甲骨文 简化了两侧的焰苗，并将主焰 写成"人"形 ，字形与篆文的"山" 相似。金文 在甲骨文字形 的基础上省去表示地面的横线 ，将连在一起的三股焰苗 分离，两侧的焰苗 、 简化成撇 和捺 ，至此，"火"字与"山"字明显区别开来。篆文的 承续了金文字形，在上下结构的汉字中作偏旁时，"火"被写成"四点底" 。

《说文解字》说："火，燬也。南方之行，炎而上。象形。凡火之属皆从火。""火"的造字本义是指物体燃烧时产生的光焰。通过借代引申，"火"可以指产生光焰的爆炸或射击，如火药、军火。通过词性引申为热烈的，如红火、火爆等。通过比喻引申为怒气，如火气、恼火。又可以指中医学上的热气，如清火、上火等。

中国传统的五行学说最早出现在道家学说之中，用来描述事物的运动形成及其转化关系。它将宇宙万物划分成金、木、水、火、土五种物质，与我国古代的天文历法、中医术数乃至古人的世界观、历史观都有着千丝万缕的联系。"火"作为五行之一，对人们的生活产生了不可低估的影响。

### 名言馆

七月流火，九月授衣。
· 《诗·豳风·七月》

凡火，人火曰火，天火曰灾。
· 《左传·宣公十六年》

野径云俱黑，江船火独明。
· （唐）杜甫《春夜喜雨》

其法用胶泥刻字，薄如钱唇，每字为一印，火烧令坚。
· （宋）沈括《梦溪笔谈》

## 龙师火帝

### 帝 dì

| 甲骨文 | 金文 | 篆文 | 隶书 | 楷书 | 行书 | 草书 | 标准宋体 |
|---|---|---|---|---|---|---|---|
| 朿 | 朿 | 帝 | 帝 | 帝 | 帝 | 帝 | 帝 |

### 名言馆

操蛇之神闻之，惧其不已也，告之于帝。
　　　　　　　　　　·《列子·汤问》

安帝雅闻衡善术学，公车特征拜郎中，再迁为太史令。
　　　　　　　　　　·《后汉书·张衡传》

帝，上帝，天之神也。
　　　　　　　　　　·《字汇》

户部司务何以尚者，揣帝无杀瑞意，疏请释之。
　　　　　　　　　　·《明史·海瑞传》

### 解字堂

"帝"是指事字。甲骨文是在木上端加一横指事符号，表示装在木柄顶端的锋刃；在木中间加一个圈，表示捆扎、固定木制武器的锋刃。有的甲骨文淡化木形，同时把顶端的一横指事符号写成锋刃形，把一圈指事符号简化成横写的"工"，表示固定。有的甲骨文加双手，表示手持"帝"的武器。金文承续了甲骨文字形。篆文又承续金文字形。隶化后楷书写作"帝"。

《说文解字》说："帝，谛也。王天下之号也。从上，朿声。帝，古文帝。古文诸上字皆从一，篆文皆从二。二，古文上字。辛、示、辰、龍、童、音、章皆从古文上。""帝"的造字本义是指带利刃的木柄武器，现在本义已经消失。通过借代引申，"帝"主要指所向无敌的人、最高统治者。如表示宗教或神话中的宇宙创造者，有上帝、玉皇大帝；表示国家的君主，有皇帝、帝王；表示帝国主义，有反帝斗争等。同时，"帝"还是一个姓氏。

封建制度是指封建土地地主所有制（私有制）上形成的上层建筑。而封建帝制主要是指以一人担任终身职世袭的国家元首的政体形式，小至有名无实，大至绝对专制，一切权力都归于皇帝一人。20世纪初，辛亥革命推翻了在我国延续了两千多年的封建帝制，大力推动了历史的发展。今天，我们应该继承并发扬辛亥先烈的革命精神，为社会主义现代化贡献力量。

## 温故知新

###  四字通解

龙师火帝，"龙师"是指伏羲氏，伏羲氏姓风，号太昊，他在位之时，黄河里出现了一只马首龙身的怪兽，伏羲氏见到了龙马，便用龙来给百官命名，如青龙官、赤龙官、黄龙官等，因此伏羲氏又被称为龙师。"火帝"有两种说法，一是指发明了钻木取火的燧人氏，一是指神农氏。据文意，此处当指神农氏，神农氏姓姜，号炎帝，自称是太阳神、火德王，亦称"火帝"。神农氏选五谷、尝百草，教民稼穑，既是农业的始祖又是医药之王，药王庙供奉的药王就是神农氏。因此，所谓"龙师火帝"就是指的三皇时代，这个时期是"以石为兵"的旧石器时代，也是中华文明的萌芽发展期。漫长的三皇时代完成了从母系氏族社会到父系氏族社会的转变，不过此时的女子仍有较高的社会地位，嫘祖等女子人物在文明发展中也有着重大的贡献。三皇时代在位的部落首领主要有：天皇氏、地皇氏、人皇氏、燧人氏、华胥氏、伏羲氏、女娲氏、有巢氏、少典、神农氏等。

### 猜谜语

尤带佩剑见君子。
（打一字）

先生一出统千军。
（打一字）

人前人后露一点。
（打一字）

###  故事厅

#### 叶公好龙

春秋时期，楚国有一位叶公，他经常对别人说："我特别喜欢龙，龙多么神气、多么吉祥啊！"当他家装修房子时，就要求工匠帮他在房梁、柱子、门窗、墙壁等处都刻上龙，就像龙宫一样。

叶公喜欢龙的消息传到了天宫中真龙的耳朵里，真龙想："没想到人间还有一个这样喜欢我的人呢！我得下去看看。"有一天，龙从天上降下来，来到叶公的家里。它把大大的头伸进叶公家的窗户，长长的尾巴拖在地上。叶公走出卧室来一看，这可不得了，一只真龙正瞪着自己，叶公顿时脸色苍白，浑身发抖，大叫一声逃走了。

后来，人们用"叶公好龙"比喻表面上喜欢某种事物，其实并非真心喜欢的人或事。

#### 燧人氏钻木取火

在很久以前，有一个国家叫作燧明国，那里的人从来不知道什么叫春夏秋冬，也不知道什么叫白日昼夜。在燧明国里有一棵叫作燧木的火树，屈盘起来，占地面积有一万顷地那么大。后来，有一位圣人，漫游到了日月所照以外的远方，来到此国，在这棵大树下休息。忽然间，他看见许多像鸮样的鸟，在大树的枝叶间用嘴啄木，每啄一下，就有灿然的火光发出。于是，这个圣人感悟到了"钻木生火"的道理，就试着用小树枝来钻木，经过不懈的努力，他果然钻出了火来。于是，后人把他称为燧人。

## 知识角

### 龙生九子

传说中，龙生九子不成龙，但却各有所长。根据《中国吉祥图说》，龙生九子分别为：老大囚牛，喜音乐，蹲立于琴头；老二睚眦，嗜杀喜斗，刻镂于刀环、剑柄吞口；老三嘲风，形似兽，平生好险又好望，殿台角上的走兽是它的遗像；四子蒲牢，受到攻击就会大声吼叫，所以充作洪钟提梁的兽钮，助其鸣声远扬；五子狻猊，形如狮，喜烟好坐，所以一般出现在香炉上，随之吞烟吐雾；六子霸下，似龟有齿，喜欢负重，是碑下龟；七子狴犴，形似虎，性好讼，狱门或官衙正堂两侧有其像；八子赑屃，身似龙，雅好斯文，常盘绕在石碑头顶；老九螭吻，口润嗓粗而好吞，遂成殿脊两端的吞脊兽，取其灭火消灾。

### 火神祝融

祝融是我国原始社会末期最著名的氏族领袖之一。他名为重黎，是黄帝后裔高阳氏的玄孙。帝喾高辛氏时，曾任火正（官名），受封于有熊氏故墟，死后葬于衡阳市南岳区祝融峰。他以火施教，为民造福，被后世尊为火神。

相传，祝融还是一个音乐家，他经常在高山上奏起悠扬动听、感人肺腑的乐曲，使黎民百姓精神振奋，情绪高昂，对生活充满热爱。祝融死后，他的后裔分为了八姓，即：己、董、彭、秃、妘、曹、斟、芈。另外，还有关于祝融与火攻战法、祝融与共工之战的传说。

## 成语窗

### 车水马龙
车像流水，马像游龙。形容来往车马很多，连续不断的热闹情景。

### 叶公好龙
比喻自称爱好某种事物，实际上并不是真正爱好，甚至是惧怕、反感。

### 兴师问罪
发动军队声讨对方罪过。也指大闹意见，集合一伙人上门去责问。

### 前事不忘，后事之师
提醒人们记住过去的教训，作为后来的借鉴。

### 隔岸观火
站在对岸看火。比喻对别人的危难不加帮助，而采取观望的态度。有时也表示不是身临其境，对情况了解不深。

### 薪尽火传
柴虽烧尽，火种仍留传。比喻师父传业于弟子，代代相传。

### 望帝啼鹃
相传战国时蜀王杜宇称帝，号望帝，治水有功，后禅位臣子，退隐西山，死后化为杜鹃鸟，啼声凄切。后常指悲哀凄惨的啼哭。

鸟官人皇

niǎo

| 甲骨文 | 金文 | 篆文 | 隶书 | 楷书 | 行书 | 草书 | 标准宋体 |
|---|---|---|---|---|---|---|---|
| 𠃉 | 𠃉 | 𠃉 | 鳥 | 鳥 | 鸟 | 𠃉 | 鸟 |

## 解字堂

"鳥"，甲骨文𠃉、𠃉像长尾飞禽，描画了飞禽的喙、羽、爪。有的甲骨文𠃉还刻画出鸟的全身羽毛和羽冠𠃉。金文𠃉和篆文𠃉则淡化了鸟喙形象，并将飞禽的爪形简化成"匕"。隶书𠃉的变形较大，将篆文𠃉的尾羽与鸟爪合写成"四点底"灬，至此，羽、爪尽失。简化后写作"鸟"。

《说文解字》说："鸟，长尾禽总名也。象形。鸟之足似匕，从匕。凡鸟之属皆从鸟。""鸟"的造字本义是指长尾飞禽，如鸟巢、鸟窝、鸟粪等。通过比喻延伸，"鸟"还具有人、畜的雄性生殖器的意思，这是一种粗话，如《水浒传》："你等都是甚么鸟人。"此时读作diǎo。

我国的鸟类资源十分丰富，主要有以下七大分布区。第一是东北区，这里是许多候鸟的栖息地，以松鸡为主。第二是华北区，主要有褐马鸡、石鸡、长尾雉等。第三是蒙新区，主要有沙百灵、大鸨等。第四是西南区，主要以画眉亚科和雉科在种类和数量上占优势。第五是华中区，这里既有产于北方的鸟类也有产于南方的鸟类，以金鸡、白颈长尾雉为特色。第六是青藏区，主产雪鸡、藏雀等。第七为华南区，这里鸟类最为丰富，除与华中区共有的鸟类之外，还有较多的热带种类和台湾特有种类等。

## 名言馆

我则鸣鸟不闻，矧曰其有能格。

·《书·君奭》

有鸟高飞，亦傅于天。

·《诗·小雅·菀柳》

千山鸟飞绝，万径人踪灭。

·（唐）柳宗元《江雪》

是以区区之禄山一出而乘之，四方之民，兽奔鸟窜，乞为囚虏之不暇。

·（宋）苏轼《教战守》

谜语答案　龙　师　火

| 甲骨文 | 金文 | 篆文 | 隶书 | 楷书 | 行书 | 草书 | 标准宋体 |
|---|---|---|---|---|---|---|---|
| 𠂤 | 𠂤 | 官 | 官 | 官 | 官 | 官 | 官 |

## 名言馆

当今吾不能与晋争，晋君类能而使之，举不失选，官不易方。

·《左传·襄公九年》

臣以神遇而不以目视，官知止而神欲行。

·《庄子·养生主》

衡不慕当世，所居之官辄积年不徙。

·《后汉书·张衡传》

## 解字堂

"官"，甲骨文 𠂤 = 冂（宀，房屋）+ 𠂤（兵符、权印），表示放兵符的房屋。金文 𠂤、篆文 官 都承续了甲骨文的字形。隶化后楷书写作"官"。

《说文解字》说："官，吏事君也。从宀，从𠂤。𠂤犹众也。此与师同意。" "官"的造字本义是指藏有朝廷所授权印的军政要地、政府，如官府、官署。通过借代引申为拥有权力的政府要员和领导者，如官吏、文官等。再经过比喻引申为主宰生理组织的身体关键部位，如官能、器官等。"官"还表示公共的、公用的，如官道、官话等。此外，"官"还是姓氏。

中国文化博大精深，官吏制度也尤为发达，由此产生了多种不同的官吏选拔制度。先秦时期主要以世卿世禄制为主，具体呈现为宗法制和嫡长子继承制等。两汉时期主要以察举制和征辟制为主，主要科目又可以分为孝廉、秀才、明经、贤良方正等。魏晋时期主要以九品中正制为主，将家世、道德、才能作为考量的主要标准。隋唐之后开始了在我国延续1000多年的科举制度，具体考试内容及程式历代各有不同，为封建政府选拔人才的同时也禁锢了文人思想，利弊参半。

鸟官人皇

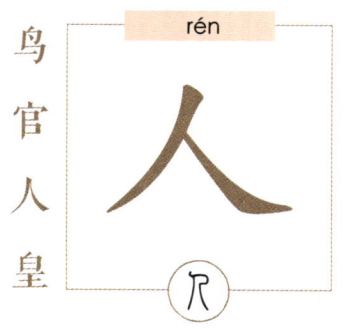

rén

人

| 甲骨文 | 金文 | 篆文 | 隶书 | 楷书 | 行书 | 草书 | 标准宋体 |
|---|---|---|---|---|---|---|---|
| ϟ | ϡ | ή | 人 | 人 | 人 | 人 | 人 |

## 解字堂

"人",甲骨文ϟ像是垂臂直立的动物。金文ϡ基本承续甲骨文的字形。篆文突出了弯腰垂臂的劳作形象,是双手采摘或在地里忙活的劳动者。隶书人变形较大,弯腰垂臂的形象完全消失。

《说文解字》说:"人,天地之性最贵者也。此籀文。象臂胫之形。凡人之属皆从人。""人"的造字本义是指躬身垂臂的劳作者,是唯一会创造文明符号并自觉进化的动物。"人"还可以指人的品质、性格和荣誉,如丢人、人很老实等。还可以指人的身体或意识,如人在心不在、人不舒服等。另外,"人"还是一个姓氏。

人是哺乳动物的一种,是一种具有道德属性,能够使用语言、具有复杂的社会组织与科技发展的生物,他们能够建立团体与机构来达到互相支持与协助的目的。《礼运》说:"人者,其天地之德、阴阳之交、鬼神之会、五行之秀气也。""人"字有一撇一捺,一撇是长处,一捺是短处。它告诉我们,金无足赤,人无完人,做人既不能骄傲自大,也不必妄自菲薄,人应该凭借自身的长处和短处组成一个自我平衡体,在人生旅程中不断地取长补短,充实自我、完善自我。

## 名言馆

天时不如地利,地利不如人和。
·《孟子·公孙丑下》

劳心者治人,劳力者治于人。
·《孟子·滕文公上》

如今人方为刀俎,我为鱼肉。
·《史记·项羽本纪》

故为之说,以俟夫观人风者得焉。
·(唐)柳宗元《捕蛇者说》

鸟官人皇

| 甲骨文 | 金文 | 篆文 | 隶书 | 楷书 | 行书 | 草书 | 标准宋体 |
|---|---|---|---|---|---|---|---|
|  | 皇 | 皇 | 皇 | 皇 | 皇 | 皇 | 皇 |

## 名言馆

君履后土而戴皇天，皇天后土实闻君之言，群臣敢在下风。
　　　　·《左传·僖公十五年》

皇，美也。
　　　　　　　　·《广雅》

当今皇帝盛明，天下安乐。
　　　　·（南朝）丘迟《与陈伯之书》

## 解字堂

"皇"，金文皇＝（发光的帽子）＋王（王，最高统帅），曰是の的变形，是"冒"的省略，表示金属护盔；在护盔上加三点，表示发光的帽子也就是王冠，代表最高统帅。有的金文误将闪光的王冠写成"白"。篆文误将金文的"白"写成"自"。隶书又将篆文的"自"写成"白"。当"皇"的本义"闪光"消失后，再加"火"另造"煌"代替。

《说文解字》说："皇，大也。从自。自，始也。始皇者，三皇，大君也。自，读若鼻，今俗以始生子为鼻子。'"皇"的造字本义是指头戴金制闪光冠冕的帝王，如皇上、皇后等。作为形容词，"皇"还表示灿烂辉煌的，如富丽堂皇、皇皇巨著、冠冕堂皇等。

"皇"字最早见于秦始皇会稽刻石。据郭沫若考证，"皇"和"帝"两个字的本义，都代表太阳出土放光。这一点从甲骨文的字形之中也可以看得出来。"皇，大也"，是指三皇的统治范围很大，因此又有"大九州"的说法。《周礼》疏："自神农已上有大九州，柱州、迎州、神州之等。至黄帝以来，德不及远，惟于神州之内分为九州。"

## 温故知新

### 四字通解

鸟官人皇，"鸟官"是指五帝中的金天氏，他是黄帝的儿子，因为学会了太昊伏羲氏的学问，所以人称少昊氏。他的时代是太平盛世，有凤凰飞来，因此他手下的文武百官都用鸟来命名，如凤鸟官、玄鸟官、青鸟官等，所以被称为"鸟官"。"人皇"多认为是指远古时代天地人三皇中的人皇，但根据"龙师火帝，鸟官人皇"的句意，所谓人皇应在鸟官的时代之后。又有解释认为，此处的"人皇"是对"龙师""火帝""鸟官"的概括，认为他们都是人皇，与天皇、地皇并列。后世，远古三皇逐渐演化成玉皇大帝为天皇，阎罗王为地皇，人间的黄帝为人皇。其实，"三皇五帝"一词中的"三"和"五"是概数并非确数，也就是说三皇五帝并非只有三个皇和五个帝。当时的部落首领有非常多个，三皇五帝的说法只是后人追尊的结果。以五帝为例，常见的说法主要有三种，一指黄帝、颛顼、帝喾、尧、舜；二指少昊、颛顼、帝喾、尧、舜；三指太昊、炎帝、黄帝、少昊、颛顼。

### 猜谜语

白头鸳鸯失伴飞。
（打一字）

三春去日已无多。
（打一字）

### 故事厅

#### 惊弓之鸟

战国时有个叫更羸的射箭能手。一天，更羸跟魏王去打猎。一只大雁慢慢地飞过来。更羸仔细看了看对魏王说："大王，我不用箭，只拉一下弓，这大雁就能掉下来。"

"是吗？"魏王不信地问道，"你有这样的本事？"

更羸说："请让我试一下。"他没有取箭，左手拿弓，右手拉弦，只听"嘣"的一声，那只大雁想往上飞，拍了两下翅膀却径直掉了下来。

"啊！"魏王看了大吃一惊，"真有这本事！"更羸笑着说："不是我本事大，是因为我知道，它受过伤。"魏王好奇地问："你怎么知道的？"

更羸说："飞得慢，是因为它受过箭伤，伤口没有愈合，还在作痛；叫得悲惨，是因为它孤单失群，得不到帮助。一听到弦响，心里很害怕，就拼命往高处飞。这一使劲伤口裂开了就掉下来了。"

这就是"惊弓之鸟"的故事。

#### 官渡之战

官渡之战，是东汉末年"三大战役"之一，也是中国历史上著名的以弱胜强的战役之一。建安五年（200年），曹操军与袁绍军相持于官渡（今河南中牟东北），在此展开战略决战。曹操奇袭袁军在乌巢（今河南封丘西）的粮仓，继而击溃袁军主力。此战奠定了曹操统一中国北方的基础。此战曹操善择良策，攻守相济，屡出奇兵，巧施火攻，焚烧袁军粮草，对获取胜利起了重大作用，集中体现曹操卓越的用兵谋略和指挥才能。反观袁绍，内部不和，骄傲轻敌，刚愎自用，屡拒部属的正确建议，终止致粮草被烧，后路被抄，军心动摇，内部分裂，而全军溃败。

## 知识角

### 关于"鸟巢"

国家体育场,又称"鸟巢",位于北京奥林匹克公园中心区南部,是2008年北京奥运会的主体育场。鸟巢占地面积约21公顷,场内有观众席位90000余个。除了体育赛事,鸟巢还举行文艺演出、非商业性质的政府主办活动以及私营企业主办的一些大型活动等。鸟巢致力于创造属于自身的文化和人文氛围,通过吸引中国国内和国际上最顶尖的体育活动和表演艺术机构等,使国家体育场成为全国范围内最优秀的大型体育活动和表演场所,鸟巢也将成为其他国家观察中国的一个新窗口。

### 三皇五帝

三皇五帝,并不是真正的帝王,他指的是原始社会中后期出现的为人类做出卓越贡献的部落首领或部落联盟首领,后人追尊他们为"皇"或"帝"。道教甚至还把他们奉为神灵,以各种美丽的神话传说来宣扬他们的伟大业绩。

三皇,指燧人氏(天皇)、伏羲氏(人皇)、神农氏(地皇),也有人说三皇为伏羲、女娲、神农氏,还有其他的不同说法,但一般以这两种为主。五帝,指少昊、颛顼、帝喾、尧、舜,也有人说五帝是指黄帝、颛顼、帝喾、尧、舜,另有其他的不同说法,但一般以这两种说法为主。

## 成语窗

### 虫书鸟迹
指古代的鸟虫书。借指变化莫测、难以辨认的书体。

### 笨鸟先飞
飞得慢的鸟先行动。比喻做事慢、能力差的人怕落后,就比别人先走一步。多用作谦辞。

### 新官上任三把火
这里的"三把火"是比喻,讲开头前三件事,多像烧起火来那么壮观,引人注目,轰轰烈烈且有声有色。

### 人人自危
每个人都感到自身处境危险。指局势或气氛十分紧张。

### 人才辈出
人才一批接一批地出现。形容有才能的人不断地大量涌现。

### 张皇失措
形容慌慌张张,不知怎么办才好。

### 冠冕堂皇
形容表面上庄严体面或正大的样子,实际上并非如此。含贬义性,指表里不一。

始制文字

shǐ

| 甲骨文 | 金文 | 篆文 | 隶书 | 楷书 | 行书 | 草书 | 标准宋体 |
|---|---|---|---|---|---|---|---|
|  | 䣓 | 姶 | 始 | 始 | 始 | 始 | 始 |

## 解字堂

"始"，金文=司（司，掌管）+女（女），表示在母系社会时代，有神奇生育能力的妇女享有至高无上的权力。有的金文又加（厶，头朝下的胎儿或幼婴），强调生育能力。篆文承续了金文字形。隶化后楷书写作"始"。

《说文解字》说："始，女之初也。从女，台声。""始"的造字本义是指代表家族繁衍渊源的最先之母，现在本义已经消失。通过比喻引申，"始"有源本、起初的意思，如始末、自始至终。通过词性引申，"始"有启动、进入发展状态的意思，如开始、周而复始等。作为副词，"始"还有刚刚、才的意思，这种用法只见于古文之中，如"千呼万唤始出来，犹抱琵琶半遮面"。

古人称天地初开、人类诞生之际为"元"；称代表家族繁衍渊源的太母为"始"。《道德经》开篇便说："无，名天地之始；有，名万物之母。"意思是，"无"是天地的本始，"有"是万物的根源。我们要从"无"中去观察"道"的奥妙，从"有"中去认识"道"的端倪，才能更深入地认识世界的初始和本源。

## 名言馆

《易》曰："君子慎始，差若毫厘，缪以千里。"

·《礼记·经解》

---

忧懈怠则思慎始而敬终。

·（唐）魏征《谏太宗十思疏》

---

千呼万唤始出来，犹抱琵琶半遮面。

·（唐）白居易《琵琶行》

---

其始太医以王命聚之，岁赋其二。

·（唐）柳宗元《捕蛇者说》

---

至丹以荆卿为计，始速祸焉。

·（宋）苏洵《六国论》

谜语答案　鸟　人

始制文字

| 甲骨文 | 金文 | 篆文 | 隶书 | 楷书 | 行书 | 草书 | 标准宋本 |
|---|---|---|---|---|---|---|---|
|  |  |  | 制 | 制 | 制 | 制 | 制 |

## 名言馆

今京不度，非制也。
　　　　　　·《左传·隐公元年》

水因地而制流，兵因敌而制胜。
　　　　　　·《孙子兵法·虚实》

从天而颂之，孰与制天命而用之？
　　　　　　·《荀子·天论》

## 解字堂

"制"，金文=（未，枝叶繁茂、未结果的树）+（刀），表示用刀具修剪庄稼。籀文在繁茂的枝叶"未"与修剪工具"刀"之间加入"彡"（碎屑），表示用刀具剪下部分枝叶。篆文承续金文字形。隶化后楷书"制"则将篆文的"未"写成了"未"，将篆文的"刀"写成了"立刀"。汉字简化后，"制"与"製"合并，同写为"制"。"制"与"製"本同源，都有制造、制作的意思。后来，"制"多用于抽象的制作、制裁。而"製"多用于具体的制造。

《说文解字》说："制，裁也。从刀，从未。未，物成有滋味，可裁断。一曰止也。，古文制如此。""制"的造字本义是指为了让果树结出更好更多的果子，用刀具修剪果树的新梢，从而减省营养浪费，该义只见于古文。通过比喻引申，"制"有了约束、限定、规定的意思，如制约、节制、制定等。再经过词性的延伸，"制"作为名词具有制度的意思，如全日制、公有制等。另外，"制"又有裁剪布料的意思，如制衣、缝制等；进而扩大引申为创造、创作，如自制、制造等。

制度是指需要所有人共同遵守的办事规程或行动准则，也指在一定历史条件下形成的法令、礼俗等规范。与当今社会不同，我国古代的制度实际是人治和法治并行的。人治的思想主要源于儒家文化，孔子认为"为政在人"。儒家重视人治但并不否定法治的合理性，他们认为执政者"其身正，不令则行，其身不正，虽令不从"，主张君主应该以身作则，施德行仁，只有这样才可以达到"文武之政，布在方策。其人存，则其政举；其人亡，则其政息"的境界。这其实是一种将人治、法治、德治三者结合起来的策略，有较大的合理性。

## 始制文字

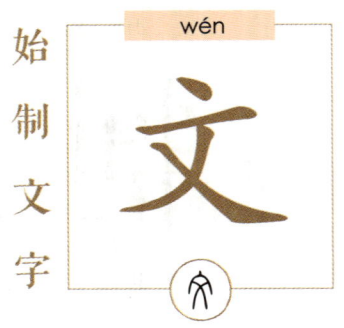

wén

| 甲骨文 | 金文 | 篆文 | 隶书 | 楷书 | 行书 | 草书 | 标准宋体 |
|---|---|---|---|---|---|---|---|
| 文 | 文 | 文 | 文 | 文 | 文 | 文 | 文 |

### 解字堂

"文"，史前陶片上的独立符号像是由众多线条、交错形成的图案，表示古人用来传达意识的图画性符号。甲骨文简化了图案的线条，仅用4段交错的线条概括出图画的本质特征。金文在甲骨文的"文"形基础上加"彡"，突出了刻纹的形象。还有的金文在刻纹上方加"心"，表示用刻纹、图案传达意识。有的金文将"心"简化成一点●。简体的金文承续了甲骨文字形。篆文则承续金文字形。隶书有所变形，错纹的形象已经消失。

《说文解字》说："文，错画也。象交文。凡文之属皆从文。""文"的造字本义是指远古时代刻画在岩壁、甲骨上的象形汉字。"文"字的含义十分众多。作为名词，它可以指字词构成的篇章，如文本、文案等；可以指抽象字符、外语字母，如德文、法文；也可以指可观察的分布状态，如水文、天文等。作为形容词，它可以指知书达理的，如斯文、温文尔雅；可以指柔和的、不猛烈的，如文火、文气；可以指有史记载的，如文明、文雅等。作为动词，有刻画、描画的意思，如文身、文过饰非。"文"还可以用作量词，如一文钱。

汉语中"文"和"书"都可以表示字体的类型，但含义有所区别。"文"是指用刀具刻出来的图画符号，有较强的形象性；"书"是指用软笔写出来的表义符号，通常较为抽象。因此，有"甲骨文""金文"之名，没有"甲骨书""金书"之称；有"隶书""楷书"之说，没有"隶文""楷文"之谓；篆体字既有用刀刻画的，也有用笔描写的，所以"篆文""篆书"并用。

### 名言馆

观乎天文以察时变，观乎人文以化成天下。

·《易·贲》

内文明而外柔顺，以蒙大难。文王以之。

·《易·明夷》

故说诗者，不以文害辞，不以辞害志。

·《孟子·万章上》

鄙没世而文采不表于后也。

·（汉）司马迁《报任安书》

属予作文以记之。

·（宋）范仲淹《岳阳楼记》

# 始制文字

| 甲骨文 | 金文 | 篆文 | 隶书 | 楷书 | 行书 | 草书 | 标准宋体 |
|---|---|---|---|---|---|---|---|
| 𡧃 | 宇 | 字 | 字 | 字 | 字 | 字 | 字 |

## 名言馆

其上有木焉，名曰黄棘，黄花而员叶，其实如兰，服之不字。
・《山海经·中山经》

陈胜者，阳城人也，字涉。
・《史记·陈涉世家》

说五字之文，至于二三万言。
・《汉书·艺文志》

象形、指事，文也；会义、谐声、转注，字也。
・《通志·六书略》

## 解字堂

"字"，金文 𡧃 = 宀（宀，"安"的省略，男子盖房娶亲）+ 子（子，后代、子嗣），表示女子出嫁后生育后代。篆文 字 承续金文字形。隶书的 字 将篆文的"子"𡤾 写成 子。

《说文解字》说："字，乳也。从子在宀下，子亦声。""字"的造字本义是指女子落户夫家，生养后代，这个意思只见于古文，现已消失。在人口、劳动力决定部族强弱的远古时代，为预防偷拐儿童、掳掠妇女，古人会在新生婴孩和新娶的女人身上做记号，叫"字"，此义项同样已经消失。后来，"字"又引申成为成年礼的一部分，古代一般男子在成年后为自己的"名"作相关的"注解"或"说明"，叫作"字"，如张飞字翼德、表字等。"字"最常见的含义就是指书写符号，如字句、字形、字典、字里行间、字正腔圆等。

在古代，父母对未成年子女的口头称呼叫作"名"，用于非正式社交场合，是为贱称；子女成年后为其设计的庄重称呼叫"字"，用于各种正式社交场合，是为尊称；"名"与"字"是同一对象的两个称呼，"字"是对"名"的解释或补充。

## 温故知新

###  四字通解

始制文字,意思是直到黄帝时期的仓颉,才发明了文字,从而使得人类有了文字记录的历史。仓颉,复姓侯刚,号史皇氏,是黄帝的六臣之一。传说中,仓颉生有"双瞳四目"。在他之前,人们结绳记事,大事打一大结,小事打一小结,相连的事打一连环结。后又发展到用刀子在木竹上刻以符号作为记事。仓颉则通过观察,看尽了天上的星宿分布、地上的山川脉络、鸟兽虫鱼的痕迹、草木器具的形状,据此创造出种种不同的符号,定下每个符号的意义。这就是仓颉造字。《淮南子·本经》中说:"昔者仓颉作书,而天雨粟,鬼夜哭。"说的是从字悟道,进而体会天地万物生成的奥妙。仓颉造字,使得人类逐步脱离了蒙昧的原始状态,进入了文明的时代,华夏民族从而开始了她辉煌的文明历程。

###  故事厅

**先发制人**

秦朝末年,为反抗秦朝,各地人民纷纷起义,陈胜和吴广的起义最为浩大。有个叫殷通的人也想趁机起义,就请来了避难的项梁和项羽共同商议。

项梁和项羽在当地广结名士,二人熟悉兵法,因此很受当地百姓的敬仰。项梁对殷通说:"现在各地义军纷纷起义,正是消灭秦国的好机会,先发动起义的人就可以得到先机,我们应该早做准备。"项梁看出殷通性格胆怯,难成大事,于是就叫项羽把他杀死,并收服了他的部下。另一方面,他又不断征集人马,壮大军队,并且打出灭秦的旗号。后来,项羽推翻秦朝,成为赫赫有名的"西楚霸王"。

**一字不改**

王勃路过钟陵,正赶上都督大人在滕王阁大摆宴席招待宾客。都督事先命他的女婿作了一篇序文来向宾客夸耀,所以当他拿出纸笔遍请宾客写序文,大家都不敢出声。到王勃那里,他竟漫不经心地接过笔来,一点儿都不推辞。都督大怒,起身入内,并暗中派遣下属窥探王勃的文章,随时汇报。汇报几次后,文章的语言越来越妙,都督兴奋地说:"这真是个天才!"连忙请他将文章全部写完,尽欢而散。

王勃做文章,并不精密思索,往往先磨墨汁数升,然后饮酒,大醉后蒙头而卧,一觉醒来拿起笔一挥而就,一字不改。当时人称王勃为"腹中写稿"。

### 猜谜语

斜雁横飞舟帆上。
（打一字）

二帝归来发已斑。
（打一字）

南宫春色映楼台。
（打一字）

始制文字

 **知识角**

### 汉字造字法

汉字属于表意文字的词素音节文字，由汉人发明并改进，是世界上最古老的四大自源文字中唯一沿用至今的文字。

汉字的造字法，从汉朝以来就有"六书"的说法，分别是象形、指事、会意、形声、假借、转注六种；严格来说，后两种属于用字的方法。象形法是指用文字的线条或笔画，把要表达事物的外形特征勾画出来。指事法是指用象征性的符号或在图形上加上指示性符号来表示意义的造字法。会意法是指把两个或两个以上的字，按意义合起来表示一个新的意义的造字法。形声法是指由形旁和声旁拼合而成的造字法。假借法是指同音替代。另外，当两个字用来表达相同的东西，词义一样时，就是转注。

### 当代中国书法流派

中国书法，是中国汉字特有的一种传统艺术，它是指文字符号的书写法则。中国的书法流派众多，历代均不乏名家，如王羲之、苏轼、赵孟頫等等。近30年来，中国书法又出现了一股复兴浪潮，主要有以下流派：传统经典派、现代派、后现代派、书法行为艺术派、书法主义流派、学院派、形式构成派、流行书风派、新古典主义派等。同时也有一些诸如女性书法、临书派、俗书派、杂耍派等奇怪现象的出现。从而形成了我国当代书法大繁荣的局面。

 **成语窗**

**始乱终弃**
多指男子对女子先玩弄后遗弃的不道德行为。

**有始有终**
有开头也有收尾。指做事能坚持到底。

**鸿篇巨制**
规模宏大的长篇或大部头的著作。

**出奇制胜**
用奇兵或奇计战胜敌人。比喻用对方意料不到的方法取得胜利。

**文过饰非**
用漂亮的言词掩饰自己的过失和错误。

**斯文扫地**
指文化或文人不受尊重或文人自甘堕落。

**一字千金**
用来称赞诗文精妙，价值极高。也指书法作品的珍贵。

**天字第一号**
比喻最高的、最大的或最强的。

乃服衣裳

nǎi

| 甲骨文 | 金文 | 篆文 | 隶书 | 楷书 | 行书 | 草书 | 标准宋体 |
|---|---|---|---|---|---|---|---|
| 𠄎 | 𠄎 | 乃 | 乃 | 乃 | 乃 | 乃 | 乃 |

## 解字堂

"乃"是象形字。甲骨文𠄎像女性胸部在侧视时突出的乳房。有的甲骨文𠄎则像女子胸膛上两个隆起的乳房。金文𠄎、篆文𠄎承续了晚期甲骨文的字形。隶书𠄎加了一撇𠄌，表示胸壁，强调双乳是从胸壁突出来的。有的隶书𠄎则失去乳房形象，突出了"人"𠄌的形象。在"乃"的本义消失之后，篆文则加上"女"字旁，另造了"奶"字来替代。

《说文解字》说："乃，曳词之难也。象气之出难。凡乃之属皆从乃。𠄎，古文乃。𠄎，籀文乃。""乃"的造字本义是指女子的双乳，只出现在古文中，现已消失，此义现由"奶"字代替。同时，"乃"可以作为代词，表示你的，如乃兄、乃翁等，这两个词也可以指称第三方的。可以作为动词，表示是、系，有下判断之意，如此乃天意、失败乃成功之母等。可以作为副词，表示竟然、才，有加强语气的效果，如乃至、乃尔、"乃不知有汉，无论魏晋"等。此外，"乃"还可以作为语气词，同样可以起到加强语气的作用，如乃武乃文等。

## 名言馆

求！无乃尔是过与？
　　　　　　·《论语·季氏》

初期会盟津，乃心在咸阳。
　　　　　·（汉）曹操《蒿里行》

今其智乃反不能及，其可怪也！
　　　　　　·（唐）韩愈《师说》

王师北定中原日，家祭无忘告乃翁。
　　　　　　·（宋）陆游《示儿》

谜语答案　制　文　始

乃服衣裳

| 甲骨文 | 金文 | 篆文 | 隶书 | 楷书 | 行书 | 草书 | 标准宋体 |
|---|---|---|---|---|---|---|---|
| 㕞 | 𣍝 | 𦒃 | 服 | 服 | 服 | 织 | 服 |

## 名言馆

甘其食，美其服，安其居，乐其俗。

· 《老子》

举直错诸枉则民服。

· 《论语·为政》

强国请服，弱国入朝。

· （汉）贾谊《过秦论》

## 解字堂

"服"，甲骨文㕞=月（凡，方形木枷）+𠂉（罪人）+又（又，抓捕），表示抓捕罪犯，并用刑枷加以控制。金文𣍝承续了甲骨文的字形。有的金文𣍝误将方形木枷月写成"舟"月。篆文𦒃基本承续了金文字形𣍝，并将金文的"人"𠂉写成卩。隶书服又将篆文的"舟"月写成"月"月，从而变成了现在的模样。

《说文解字》说："服，用也。一曰车右骖，所以舟旋。从舟，𠂉声。𦒃，古文服，从人。""服"的造字本义是指抓捕战俘或罪犯，并强制上枷。如服刑、征服等。作为动词，"服"可以表示被迫接受、认同，如屈服、服从、服输等；表示承担、担任，如服侍、服刑、服役等；表示饮用或食用药物，如服毒、服药、内服、口服等；表示披、戴、穿，如服丧、服孝、佩服等。作为名词，"服"有衣物、衣装的意思，如校服、洋服、工作服等。在古代汉语之中，"服"还有驾车、拉车的含义，如服马、驾马。我国古代一车架四马，中间的两匹又叫作"两服"，旁边的两匹则称为"两骖"，所谓"两服上襄，两骖雁行"。

乃服衣裳

yī

| 甲骨文 | 金文 | 篆文 | 隶书 | 楷书 | 行书 | 草书 | 标准宋体 |
|---|---|---|---|---|---|---|---|
| 𠔉 | 𠔉 | 𧘇 | 衣 | 衣 | 衣 | 衣 | 衣 |

## 解字堂

"衣",甲骨文𠔉=∧(入)+𠂆(像有两袖、两襟互掩的上装),表示两臂插入两袖,穿起上装。金文𠔉、篆文𧘇承续了甲骨文的字形。隶书衣将篆文字形中的"入"∧简化成一点一横。晚期隶书衣变形较大,两袖两襟的形象𠂆消失。

《说文解字》说:"衣,依也。上曰衣,下曰裳。象覆二人之形。凡衣之属皆从衣。""衣"字的造字本义是指两臂插入两袖,穿起上装,如不织而衣、衣锦还乡等。通过词性引申可以表示两袖宽松、两襟相掩的服装,如衣冠、寒衣等。又通过比喻引申可以表示包裹在物体外面的一层护膜,如笋衣、糖衣等。另外,"衣"字还是一个姓氏。

"衣"在古代主要指缝有袖筒、前开式的服装。衣襟右掩称为右衽,此为古代华夏穿衣风习。而"裳"在最初,只是将布裁成两片围在身上。到了汉代,才开始把前后两片连起来,成为筒状,这就与现在所说的"裙"区别不大了。除上衣下裳的制式外,衣裳连属制式也是中国古代较为流行的一种服制。我国古代最有代表性的服装有汉服、唐服、清代满族服装等,都具有浓厚的民族特色。

## 名言馆

岂曰无衣,与子同袍。
· 《诗·秦风·无衣》

剑外忽传收蓟北,初闻涕泪满衣裳。
· (唐)杜甫《闻官军收河南河北》

慈母手中线,游子身上衣。
· (唐)孟郊《游子吟》

乃服衣裳

| 甲骨文 | 金文 | 篆文 | 隶书 | 楷书 | 行书 | 草书 | 标准宋体 |
|---|---|---|---|---|---|---|---|
|  |  | 裳 | 裳 | 裳 | 裳 | 裳 | 裳 |

## 名言馆

绿兮衣兮，绿衣黄裳。
　　　·《诗·邶风·绿衣》

---

制芰荷以为衣兮，集芙蓉以为裳。
　　　·《楚辞·离骚》

---

脱我战时袍，着我旧时裳。
　　　·北朝乐府《木兰辞》

---

轻拢慢撚抹复挑，初为霓裳后六幺。
　　　·（唐）白居易《琵琶行》

## 解字堂

"尚"，既是声旁也是形旁，表示高级的、流行的。"裳"，篆文裳=尚（尚，高级）+衣（衣，服装），"裳"的造字本义是指古代的正式服装，是一种连体衣，似袍。

《说文解字》说："常，下裙也。从巾，尚声。裳，常或从衣。""裳"的本义只见于古文，目前已经消失。通过借代引申，"裳"字主要指衣物，如衣裳、蓝裳等。又有"裳裳"，表示鲜明美盛的样子，如《诗·裳裳者华》："裳裳者华，其叶湑兮。"

在我国古代，人们常常把连体裙称为"裳"，把长裙称为"常"。"裳"即是"裙"，《说文解字》中说，"裙"这个字从衣从君。君就是指夫君、君长。所以"裙"便是指古代男子日常穿着的下衣。这种称之为"裳"的衣服较为类似当代苏格兰男子的传统服装——苏格兰裙。其实，在我国古代的较早时期，就已经基本确定了以丝麻制的上衣下裳作为男女穿着的标准常服。

又有"霓裳"，它并不只是一个汉服的美称，只有当人的精气神和身上的汉服完全融合在一起的时候，这汉服，才有被称为霓裳的资格。一件普通的衣裳，如今已包含了我国汉族的千年礼仪、传统文化和风骨，带着绚丽的中华文明，承载了世代延承的文化精神。

## 温故知新

 **四字通解**

乃服衣裳，意思是从嫘祖、胡曹开始，人们才穿上了衣裳。嫘祖是西陵氏之女，轩辕黄帝的元妃，她发明了养蚕并以之制衣，史称嫘祖始蚕。胡曹也是黄帝的六臣之一，他来自上古胡部落，擅于制衣，是中国历史上第一个制作衣服的专家。《吕氏春秋》《淮南子》等书中均记载有"胡曹作衣"之语。其实，黄帝手下的六个大臣各有贡献，仓颉造字，伶伦造乐，隶首做算数，大挠造甲子，岐伯做医学，发明衣裳的就是胡曹。在此之前，人只是拿树叶、兽皮往下身一围就算了。胡曹发明了衣裳，上身穿的叫衣，下身穿的叫裳。

"始制文字，乃服衣裳"两句在这里其实是用仓颉造字、胡曹作衣两件事情代表了黄帝时代完成的发明创造，比如指南车、历法、舟车等科技成果，表达了对古人的智慧和人类物质文明的称赞。

 **故事厅**

### 衣锦夜行

楚霸王项羽攻占咸阳后，有人劝他定都，但因为思念家乡，项羽急欲东归，他说："富贵不归故乡，如衣绣夜行，谁知之者！"项羽认为，富贵后不回故乡，就像身穿锦绣在夜间行走，没有人能看见。后遂用"衣绣夜行、衣锦夜行、夜行披绣、锦绣夜行、夜绣行、宵锦"等表示不能向人显示荣华富贵；又用"衣锦还乡、锦衣还里、衣锦还、锦还、衣锦昼游、锦衣行昼、昼锦、昼绣"等词语指富贵后回乡，表示炫耀富贵荣华。

### 白衣卿相

宋仁宗留意儒雅，而柳永好为淫冶讴歌之曲，传播四方，初考进士落第，填《鹤冲天》词以抒不平，有"忍把浮名，换了浅斟低唱"之语，为仁宗闻知。后柳永再次应试，本已中举，临发榜前，仁宗故意将其黜落，并说道"且去浅斟低唱，何要浮名！"自此，柳永词名愈著，他也自称"奉旨填词柳三变"，或"白衣卿相"（因《鹤冲天》词中有"才子词人，自是白衣卿相"之语），从而长期地流连于坊曲之间，在花柳丛中寻找精神的寄托。

### 猜谜语

孕妇生子。
（打一字）

后脚又随前脚到。
（打一字）

出自衷心说一声。
（打一字）

 **知识角**

### 明代官服

明代官服是当时材料工技水平最高的服装,就制度而论它承袭唐宋官服制度的传统,指导思想比较保守。但制作更趋精美,整体配套也更趋和谐统一。明取法周汉唐宋,以火德王天下,尚赤色。具体而言,有皇帝冠服、皇后冠服、文武官服、命妇冠服等。基本的款式主要有交领式、盘领式、合领式、直领服装、斜领服装和束腰袍裙等。明代的巾帽则主要有方巾、网巾、纯阳巾、瓜皮帽、乌纱帽、烟墩帽、边鼓帽、瓦楞帽等等。明代的履制则主要有靴、舃、高跟鞋、福字履、雨鞋、镶边云头履、蒲鞋、尖头弓鞋等。明代官服服饰属于汉族传统服饰体系,种类繁多,式样各异,不易区分。

### 曹衣出水,吴带当风

"曹衣出水,吴带当风"主要是指古代人物画中衣服褶纹的两种不同的表现方式。前者笔法刚劲稠叠,所画人物的衣衫紧贴在身上,就像是刚从水中出来一般;后者笔法圆转飘逸,所绘人物衣带宛若迎风飘曳之状。"曹衣出水,吴带当风"中的"曹""吴"指的是曹仲达和吴道子。曹仲达以画梵像著名,画风在绘画史影响较大,有"曹家样"之誉。吴道子画有佛道、神鬼、草木、楼阁等,尤其长于壁画创作,有"画圣"之称。

 **成语窗**

**龙多乃旱**
比喻人多互相依赖,反而办不成事。

**乃文乃武**
本用以赞誉天子之德,指其文经天地,武定祸乱。后多指人既有武功又有文德。

**心服口服**
从内心到口头上都很服气,指真心信服。

**微服私行**
旧指皇帝或官吏穿上平民服装秘密到民间探访民情或疑难重案。

**白衣卿相**
意指虽是白衣之士,但享有卿相的资望。引申指尚未发迹的读书人。

**衣带渐宽**
指因相思而消瘦,衣服都显肥大了。

**水佩风裳**
以水作佩饰,以风为衣裳。本写美人的妆饰,后用以形容荷叶荷花之状貌。

**坏裳为袴**
裳,指老百姓的服装。袴,指军装。后用以指代从军。出处为陆游《叹息》诗:"卖剑买牛衰可笑,坏裳为袴老犹能。"

推位让国

tuī

| 甲骨文 | 金文 | 篆文 | 隶书 | 楷书 | 行书 | 草书 | 标准宋体 |
|---|---|---|---|---|---|---|---|
|  |  | 推 | 推 | 推 | 推 | 推 | 推 |

## 解字堂

"隹"，既是声旁也是形旁，是"锥"字的省略，代表利器。推，篆文推=扌（手，用力）+隹（"锥"的省略，利器），表示用锥器向前撞击。隶书推则将篆文的"手"简写成扌，从而失去五指的形象，成为现在的字形。

《说文解字》说："推，排也。从手，隹声。""推"的造字本义是指用锥器向前撞击，本义仅见于古文，现已消失。"推"字的引申义众多，可以表示向外用力使物体顺着用力的方向运动，如推车、推倒；也可以表示使事情向前开展，如推广、推销；表示从某一方面想到其他方面，如推算、推己及人；表示辞让、拒绝的意思，如推辞、推让、推脱；表示延迟，如推后、会议向后推了几天；表示推崇，如推重、推许。

详细来看，"推"又有推移、变化、发展的意思，如与世推移；有寻求、探索的意思，如旁推交通；有推测、推断的意思，如"推此志也"；有计算的意思，如推命、推造；有刺、杀的意思，如"曲刃钩之，直兵推之"；有玩的意思，如推牌九；有处死的意思，如"哥哥，你只好推了这牛子休"。此外，"推"还是一种烹调技法。

## 名言馆

曲刃钩之，直兵推之，婴不革矣。
·《晏子春秋·内篇杂上》

夫人性不妒忌，多所推进，故久见爱待。
·《三国志·吴书·吴主权步夫人传》

辞趣过诞，意旨迂阔，推理陈迹，恨为繁冗。
·（南朝）萧绮《拾遗记序》

谜语答案　乃　服　衣

推位让国

wèi

位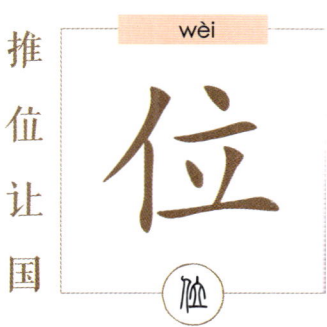

| 甲骨文 | 金文 | 篆文 | 隶书 | 楷书 | 行书 | 草书 | 标准宋体 |
|---|---|---|---|---|---|---|---|
| 🧍 | 🧍 | 位 | 位 | 位 | 位 | 位 | 位 |

## 名言馆

卑高以陈，贵贱位矣。
　　　　·《易·系辞上》

不在其位，不谋其政。
　　　　·《论语·泰伯》

位卑则足羞，官盛则近谀。
　　　　·（唐）韩愈《师说》

## 解字堂

"立"是"位"的本字。立，甲骨文🧍在"大"🧍（人）的下面加一横代表地面的指事符号▬，从而表示一个人规矩地站在地上。随着时代发展，"立"的"规规矩矩站"的本义逐渐消失后，篆文位再加"人"另造了"位"字，用以区别一般的站立状态。

《说文解字》说："位，列中庭之左右谓之位。从人、立。""位"的造字本义是指上朝时臣下们依官阶高低肃立，如"位其所位焉，正也"，常见词语有位置、位于等。通过词性引申，"位"字可以表示官阶、官职，如篡位、夺位等；可以表示坐席、所立地点，如座位、方位等。作为量词，"位"可以用于数，如个位数、百位数、三位数等；可以用于人，则含有敬意，如诸位、各位等。

随着科技发展，现在"位"更多地是作为一种计算机术语存在，它用来表示数据存储的最小单位。在二进制的系统之中，"位"又被称为比特，每一个二进制数字就是一比特，也就是一个"位"。一台计算机的处理器位数指的就是中央处理器一次性能够处理的最大位数。打个比方，32位的电脑就是指，该电脑可以在一个运算周期内处理32位的二进制数据。

## 推位让国

ràng

| 甲骨文 | 金文 | 篆文 | 隶书 | 楷书 | 行书 | 草书 | 标准宋体 |
|---|---|---|---|---|---|---|---|
| | | 讓 | 讓 | 讓 | 讓 | 让 | 让 |

### 解字堂

"襄"，既是声旁也是形旁，表示佐助。"讓"，篆文讓=讠（言，许诺）+襄（襄，佐助），表示许诺、佐助。隶化之后楷书写作"讓"。简化之后写作"让"。

《说文解字》说："让，相责让。从言，襄声。""让"的造字本义是指许诺退位，协助对方获得，如禅让、让位等。通过词义的扩大引申，"让"还有促使、允许的意思，如让爱更深、让明天更美好等。此义再经过词性的扩展，"让"作为介词，有被的意思，如花儿让雨淋了、大地让太阳照亮了等。"让"还假借了"攘"的含义，表示拒绝、批评的意思，如责让、"让不贡"等。作为动词，"让"还有不如、亚于的意思，如巾帼不让须眉、神勇不让当年等。作为介词，"让"可以与"看""说"等搭配使用，表达主观看法，如"让我看，这事儿八成是不行了"。此外，"让"还是一个姓氏。

在做介词的时候，"让"可以表示被动的意思，但与"被"字又有一定的区别。"被"字后面的施动者又是可以省略，如"他被雨淋了"能够说成"他被淋了"；"让"字后面的施动者一般情况下不能省略，如"他让狗咬了"不能够说成"他让咬了"。

### 名言馆

当仁，不让于师。
·《论语·卫灵公》

尧让天下于许由。
·《庄子·逍遥游》

大行不顾细谨，大礼不辞小让。
·《史记·项羽本纪》

推位让国

| 甲骨文 | 金文 | 篆文 | 隶书 | 楷书 | 行书 | 草书 | 标准宋体 |
|---|---|---|---|---|---|---|---|
| | | | | 國 | 國 | 国 | 国 |

## 名言馆

夫大国，难测也，惧有伏焉。
　　·《左传·庄公十年》

思国之安者，必积其德义。
　　·（唐）魏征《谏太宗十思疏》

惟有牡丹真国色，花开时节动京城。
　　·（唐）刘禹锡《赏牡丹》

登斯楼也，则有去国怀乡，忧谗畏讥，满目萧然，感极而悲者矣。
　　·（宋）范仲淹《岳阳楼记》

僵卧孤村不自哀，尚思为国戍轮台。
　　·（宋）陆游《十一月四日风雨大作二首》其二

## 解字堂

"或"是"域"和"国"的本字。"或"，甲骨文 = （戈，武力）+ （口，城邑），表示有武力护卫的城邑和疆域。当"或"的"疆域"本义消失后，金文 再加"囗" （四境）另造"國"代替，表示古代诸侯封地而建的、有武力守卫的城邦。有的金文 = （或，即"域"，领地）+ （王），强调"国"是"王的领地"。篆文 承续了金文的字形。隶化后楷书写作"國"。简化后写作"国"。

《说文解字》说："国，邦也。从囗，从或。""国"字的造字本义是指武力守卫的一方疆域，此义仅见于古文，现已消失。作为名词，"国"可以指具有独立军政体系的主权社会，如祖国、共和国、保家卫国等；可以仅仅指地域或地区，如北国、南国、雪国等。"国"还可以指在一国内最好的，如国手、国色；可以特指本国的、我国的，如国画、国药等。此外，"国"还是一个姓氏。

我国位于东亚，是一个以华夏文明为主体、中华文化为基础，以汉族为主体的统一多民族国家。在我国疆域内的各个民族被统称为中华民族。我国有着十分悠久和灿烂的历史，是世界四大文明古国之一。我国还有着丰富多彩的民俗文化，有诗词、戏曲、书法和国画等传统艺术形式，春节、元宵、清明、端午、中秋、重阳等重要的传统节日。

## 温故知新

###  四字通解

推位让国,意思是无私地把天子的权位和国家让给贤人,也就是指中国古代的禅让制度。推为辞让、谦让,让为禅让。除尧禅位给舜,舜禅位给禹之外,后代还有许许多多的禅让,但这些禅让大都是逼不得已而为之,是打着冠冕堂皇的幌子进行的改朝换代。他们只要有一线生机,就不会将皇帝的位子交给别人。我们常常说到的"禅让"有:刘婴禅让给王莽、汉献帝刘协禅让给魏文帝曹丕、魏元帝曹奂禅让给晋武帝司马炎、晋惠帝司马衷禅让给司马伦、唐高祖李渊禅让给唐太宗李世民、武则天武曌禅让给唐中宗李显、周恭帝柴宗训禅让给宋太祖赵匡胤、宋高宗赵构禅让给宋孝宗赵眘、宋孝宗赵眘禅让给宋光宗赵淳等等。这些禅位之中,又可以分为"外禅"和"内禅"两种。前者总是意味着改朝换代,后者则往往源于同姓之间的权利争夺,执政者并未改换姓氏。

### 猜谜语

已有前提谁复言。
（打一字）

日无音信言难托。
（打一字）

大方主动称巾帼。
（打一字）

###  故事厅

#### 介子推割股充饥

重耳出逃时,因被父亲献公追杀,及后来被兄弟惠公追杀,常常吃不饱。有一年重耳逃到卫国,一个叫作头须的随从偷光了他的资粮。重耳无粮,饥饿难当向田夫乞讨,反被农夫们用土块戏虐了一番。后来重耳都快饿晕过去了,为了让重耳活命,介子推把自己腿上的肉割了一块,与野菜煮成汤给重耳喝。当重耳知道是介子推腿上的肉时,大受感动,声称有朝一日做了君王,要好好报答介子推。在重耳落难之时,介子推能如此肝脑涂地,实属难能可贵。

#### 贾岛推敲

唐代诗人贾岛的诗多写闲居情景,并且很注重词句锤炼。有一天,贾岛去郊外看望老朋友李凝,见到李凝住所的幽静环境,便写了一首诗《题李凝幽居》："闲居少邻并,草径入荒园。鸟宿池边树,僧敲月下门。过桥分野色,移石动云根。暂去还来此,幽期不附言。"

在回来的路上,他骑在驴背上还在回想。特别是诗中的"敲"字,是用敲字还是用推字更贴切呢,一时拿不定主意。想着想着,他竟闯进了一队人马之中,原来是京兆尹韩愈从此路过。韩愈的随从将贾岛带来问个究竟,贾岛如实说出原委。韩愈听后,觉得这个年轻人作诗如此认真,很高兴,并建议用"敲"字会更好一些。韩愈为贾岛"一字之师"的故事,被传为美谈。

 ## 知识角

### 禅让制度

"禅让制度"是指我国原始社会部落联盟推选首领的一种制度。形式上，禅让是在位君主自愿进行的，为了让更贤能的人统治国家。禅让一般是将权力让给异姓，这称为"外禅"；若是禅让给自己的同姓族人，则称为"内禅"，并不会导致朝代更替。在部落联盟首领尧年老时，他对舜进行了长期的考察后，就把联盟的首领位置让给舜。后来舜老了，也同样以"禅让"的方式把部落联盟首领的位置让给了禹。这种推举首领的制度，便成为我国历史上十分著名的"禅让制度"。不过，上古传说中的禅让存在争议，后世的政权更替经常以"禅让"的名义来进行篡位夺权。

### 大同世界

大同世界的说法出自《礼记·礼运》，所谓"大道之行也，天下为公，选贤与能，讲信修睦"。该书认为，在大道实行的时代，天下是天下人的天下。大家一起选举有德行和有才能的人来治理天下，人们之间讲究信用，和睦相处。在这样的时代里，男子各尽自己的职责，女子各有自己的夫家。人们不愿把财物弃之于无用之地，但却不一定非要收藏在自己家里。人们担心有力使不上，但却不一定是为了自己。因此，阴谋诡计被抑制从而无法实现，劫夺偷盗、杀人越货的坏事也都不会出现。这样的时代就叫作大同世界。

 ## 成语窗

**推己及人**
用自己的心意去推想别人的心意。指设身处地替别人着想。

**半推半就**
形容心里愿意，表面上却推辞的样子。

**尸位素餐**
比喻空占着职位而不做事，白吃饭。

**虚位以待**
意思是留着位置等待，表示期待贤才。

**当仁不让**
原指以仁为任，无所谦让。后指遇到应该做的事就积极主动去做，不推让。

**温良恭俭让**
指温和、善良、恭敬、节俭、忍让这五种美德。

**卖国求荣**
指出卖国家利益谋取个人荣华富贵。

**亡国之音**
原指国家将亡，人民困苦，因此音乐也多表现为哀思的曲调。后多指颓靡淫荡的歌曲。

有虞陶唐

yǒu

| 甲骨文 | 金文 | 篆文 | 隶书 | 楷书 | 行书 | 草书 | 标准宋体 |
|---|---|---|---|---|---|---|---|
| | | | | 有 | 有 | | 有 |

### 解字堂

"有"是会意字。甲骨文、金文是以右手持肉的样子，会有了之意。小篆基本与金文相同。隶变之后楷书写作"有"。《说文解字》："有，不宜有也。《春秋传》曰：'日月有食之。'从月，又声。凡有之属皆从有。"

"有"的本义是手中有物，与"无"相对，如《谷梁传·庄公二十八年》："一有一亡曰有。"引申为存在，如《诗·小雅》："东有启明，西有长庚。"又引申为取得、占有，如《资治通鉴》："若据而有之，此帝王之资也。"也引申为等候、等待，如有程（有期限）、有朝（有朝一日）。又引申为发生、呈现、产生，如有罪（有犯法的行为）。

作为形容词，"有"用在"人""时候""地方"前面，表示一部分，如"这个措施有地方适用，有地方不适用"。也表示不定指，跟"某"的作用相近，如"有一天他来我家；有人这样说，我可没看见"。又表示过去有一段，如有一年、有一次等等。

作为副词，"有"用于某些动词前组成套语，表示客气，如有烦（烦劳）、有请、有劳等等。另外，"有"也相当于或、或许，如《孟子·告子上》："由是则生，而有不用也。"

作为缀词，"有"附着在动词、名词、形容词前，相当于词缀，无实际意义，如《荀子·议兵》："舜伐有苗……汤代有夏。"

### 名言馆

天下万物生于有，有生于无。

·《老子》

转轴拨弦三两声，未成曲调先有情。

·（唐）白居易《琵琶行》

衰兰送客咸阳道，天若有情天亦老。

·（唐）李贺《金铜仙人辞汉歌》

沧海月明珠有泪，蓝田日暖玉生烟。

·（唐）李商隐《锦瑟》

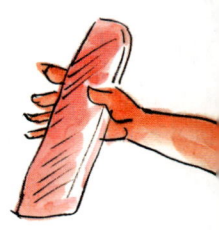

谜语答案 推 位 国

有虞陶唐

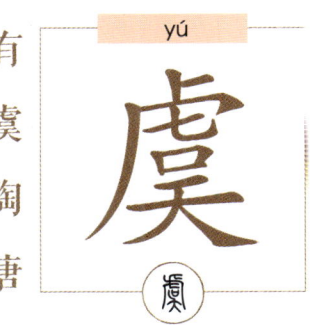

| 甲骨文 | 金文 | 篆文 | 隶书 | 楷书 | 行书 | 草书 | 标准宋体 |
|---|---|---|---|---|---|---|---|
|  |  |  |  |  |  |  | 虞 |

## 名言馆

戎狄弃甲而远遁，朝廷高枕而不虞。
· （唐）韩愈《与凤翔邢尚书书》

幽沉谢世事，俛默窥唐虞。
· （唐）柳宗元《读书》

消磨日月几緺屐，陶铸唐虞一杯酒。
· （宋）陆游《长歌行》

忠言句句唐虞际，便是人间要路津。
· （宋）辛弃疾《鹧鸪天·和张子志提举》

## 解字堂

"虞"是会意兼形声字。金文从虍，从吴，会头戴虎头面具的人边跳舞边唱歌娱乐之意，"吴"兼表声。小篆整齐变化。隶变之后楷书写作"虞"。《说文解字》："虞，驺虞也。白虎黑文，尾长于身。仁兽，食自死之肉。从虍，吴声。"这是说，虞指驺虞，此种动物似老虎，白色的底色，黑色的花纹，尾巴比身体长，是比较善良的动物，只吃自然死亡之野兽的肉。

"虞"的本义是神话传说中的兽名——驺虞，如《礼》："虞者，囿之司兽者也。"引申为古代掌管山泽鸟兽的官吏，如《国语·晋语》："询于八虞。"引申为古代祭祀的名称，葬而祭叫虞，有安神之意，如《礼记》："有司以几筵舍奠于墓左，反，日中而虞。"又引申为朝代名，指帝舜有天下之号，如黄宗羲《原君》："始于虞夏。"又引申为乐趣或快乐，如耳目之虞。

作为动词，"虞"引申为猜度、料想，如《左传·僖公四年》："君处北海，寡人处南海，唯是风马牛不相及也。不虞君之涉吾地也，何故？"又引申为忧虑、忧患，如《八洞天》："等狄爷兵来，随军而进，方保无虞。"又引申为防备、防范，如《孙子·谋攻》："以虞待不虞者。"又引申为企望、期待，如《左传》："且日虞四邑之至也。"又引申为贻误、欺诈，如《左传》："我无尔诈，尔无我虞。"又引申为惊，如《易·系辞上》："悔吝者忧虞之象也。"另外，"虞"也通"娱"，如《国语·周语》："虞于湛乐。"

有虞陶唐

| 甲骨文 | 金文 | 篆文 | 隶书 | 楷书 | 行书 | 草书 | 标准宋体 |
|---|---|---|---|---|---|---|---|
| | 陶 | 陶 | 陶 | 陶 | 陶 | 陶 | 陶 |

## 解字堂

"陶"是会意兼形声字。甲骨文从阜，从上下二人，会登上窑包之意。金文加上二"土"，强调是土堆成的窑包。小篆从阜从匋会意，"匋"兼表声。隶变之后楷书写作"陶"。《说文解字》："陶，再成丘也，在济阴。从阜，匋声。"

"陶"的本义是两重的山丘，后成为地名专称，旧址在今山东省定陶县，如《释名》："再成曰陶丘，于高山上一重作之，如陶灶也。"引申为瓦器、陶器，如《吕氏春秋·仲冬纪》："陶气必良，火齐必得。"又引申为烧制陶器的匠人，如陶匠（陶工与木匠，亦专指陶工）。

作为动词，"陶"引申为制作瓦器，如《玉篇》："匋，作瓦器也。今作陶。"又引申为陶冶、化育，如范景文《贺王甥申之首入泮宫序》："延师择友，陶成佳士。"也引申为烤灼、炎炽，如《后汉书》："日中于昆吾兮，憩炎天之所陶。"

作为形容词，"陶"引申为快乐，如谢灵运《酬从弟惠连》："共陶暮春时。"

唐三彩是中国古代陶瓷烧制工艺的珍品，是唐代低温彩釉陶器的总称，属于一种盛行于唐代的低温铅釉的彩釉陶器，以黄、白、绿为基本釉色。唐三彩的诞生已有1300多年的历史了，它吸取了国画、雕塑等传统工艺美术的特点，采用堆贴、刻画等形式的装饰图案，线条粗犷有力。唐三彩是唐代陶器中的精华，在初唐、盛唐时达到高峰。后来又产生了"辽三彩""金三彩"，但在数量、质量以及艺术性方面，都远不及唐三彩。

## 名言馆

万室之国，一人陶，则可乎？
·《孟子·告子下》

以粟易械器者，不为厉陶冶。
·《孟子·滕文公上》

何以称我情，浊酒且自陶。
·（晋）陶潜《己酉岁九月九日》

种柳已成陶令宅，散花更满维摩室。
·（宋）辛弃疾《满江红·寿赵茂嘉郎中，前章记兼济仓事》

有虞陶唐

táng

唐

| 甲骨文 | 金文 | 篆文 | 隶书 | 楷书 | 行书 | 草书 | 标准宋本 |
|---|---|---|---|---|---|---|---|
| 唐 | 唐 | 唐 | 唐 | 唐 | 唐 | 唐 | 唐 |

## 名言馆

唐之为言荡荡也。
·（汉）王充《论衡·正说》

瞿唐峡口曲江头，万里风烟接素秋。
·（唐）杜甫《秋兴八首》其六

黄唐在独，落落玄宗。
·（唐）司空图《二十四诗品》

## 解字堂

"唐"是会意字。甲骨文从口，从庚，表示说话像钟铃一样响亮，会说大话之意。金文大致相同。小篆中铃体讹化为两只手。隶变之后楷书写作"唐"。《说文解字》："唐，大言也。从口，庚声。"

"唐"的本义是说话浮夸、不着边际，即大话，如《庄子·天下篇》："荒唐之言。"引申为广大，如扬雄《甘泉赋》："平原唐其坛曼兮。"又引申为空、徒然，如唐捐（虚耗、废弃、落空）。

作为名词，"唐"表示朝代名唐朝，如范仲淹《岳阳楼记》："刻唐贤今人诗赋于其上。"也表示传说中古帝尧政权的称号，如黄宗羲《原君》："唐虞之世。"也表示朝代名后唐或南唐（均为五代十国割据政权之一）。也引申为古代庙堂前或宗庙内的大路，如《尔雅·释宫》："庙中路谓之唐。"

中国历史上的"汉唐盛世"一直为后人津津乐道，其中"唐"指的是李唐王朝。618年李渊在长安（今西安）称帝建立唐朝。627年，李世民登基并开创了"贞观之治"。唐高宗以后，690年武则天以周代唐，705年神龙革命后恢复大唐国号。唐玄宗李隆基即位后，政治清明，经济发达，军事强大，四夷宾服，万邦来朝，开创了全盛的"开元盛世"。唐朝全盛时在文化、政治、经济、外交等方面都达到了很高的成就，是中国历史上的盛世之一，也是当时世界的强国之一。唐朝的后半叶，处于中国历史的转型期，土地、盐铁、赋税制度的改革标志着社会的变化，自中期以下的繁荣，主要表现在工商业特别是商业的兴盛上。

## 温故知新

### 四字通解

有虞陶唐，说的是五帝里面的最后两位：舜帝、尧帝。他们是远古部落联盟的首领，古史传说中的圣明君主。"有虞"就是说的舜帝，他姓姚，因为目有双瞳而取名"重华"，以受尧的"禅让"而称帝于天下，其国号为"有虞"，故号为"有虞氏帝舜"，是华夏姚姓宗族的祖先，后世以舜简称之。"陶唐"指的是尧帝，是黄帝的玄孙。他姓伊祁，号放勋，因其封地在陶和唐（今山东定陶与河北唐县），所以人们尊其为唐尧，并用陶唐代指尧帝。他的后人多姓伊，其中山东陶地的一支姓陶，河北唐县的一支姓刘。尧帝和舜帝以仁义治民，在他们的治理下，民风淳朴，民族和睦。他们在位时夙兴夜寐，为民做事，年迈时则把位置和国土推让给贤能的人，于是后人用"尧舜之治"形容贤明的君王治国有方。例如《孟子》有"言必称尧舜"的说法，唐朝的韩愈在《论今年权停举选状》一文中有"今者陛下圣明在上，虽尧舜无以加之"的比况之词等。

### 猜谜语

一半是朋友。
（打一字）

堪忧江东业尽虚。
（打一字）

广集旧书得三绝。
（打一字）

### 故事厅

**尔诈我虞**

春秋时，楚国借故攻打宋国。楚军久围不下。于是在阵地筑室耕田，假装要打持久战。宋人惧，派华元出使楚军。华元夜里面见楚军主帅说，我的国君让我把宋国的困苦告诉你，我们粮草已完，现"易子而食，析骸以爨"，宁愿亡国也不从城下之盟。若你退军三十里，我便听从你的吩咐。楚国本欲退军，借机后撤了三十里。华元也就和楚国订立和约，去楚国当人质。盟约上写道："我无尔诈，尔无我虞"。

**冯唐易老**

北方的匈奴又来入侵汉朝，汉文帝下令到各地征招平匈奴的将军。这一天，汉文帝经过郎署时，遇上了冯唐，于是两人就将帅之事交谈起来，没想到，汉文帝非常赏识冯唐的才能。冯唐趁此机会向汉文帝申诉了云中太守魏尚被削职的冤案，并恳求汉文帝把魏尚官复原职，而且让魏尚率兵攻打匈奴。魏尚不负众望，击退了匈奴，冯唐也因为荐贤而升为车都尉。汉景帝即位后，由于冯唐性格耿直，不久被罢官。汉景帝去世后，汉武帝即位，匈奴又来侵犯边疆，汉武帝又广征贤良。有人推举冯唐，可是冯唐已经90多岁了，他心有余而力不足，再也不能出来任职。后来，人们就用冯唐易老来形容老来难以得志。

 ## 知识角

### 有无相生

道家哲学存在事物有中生无，无中生有的哲学思想。有可以转化成无，无也可以转化成有。"有无相生"的涵义是指矛盾双方的对立与转化，阴阳相生的关系。即事物的有无是在时间流程中相互转化的。现在存在的具体事物，过去必然曾不存在；现在不存在的事物，也必然是相对其过去曾经存在过而言。"故今有之忽无，非昔无之未有；今无之忽有，非昔有之未无者，异乎时也。"这揭示了时间与物质运动的内在联系。《老子》提出了很多富有科学因素的哲学命题，是研究中国哲学史、天文学史及其道教思想史极有价值的著作。

### 陶唐其人

陶唐也叫唐尧，是汉族传说中的上古时期部落联盟首领。因其杰出的才能和德行，被后世尊为"帝"，列入"五帝"。这位德化广大的尧深受人们的爱戴。传说他曾设官掌管天地时令，观测天象，制定历法，敬授民时，咨询四岳，用鲧治水，征伐苗民，推行公平的刑法。尧实行上述措施，使得万邦和睦共处，友好交往，共同组成了中原部落大联盟，出现了国家雏形。尧选择舜为其继任人，死后由舜继位，这就是战国时期儒家学派推崇的禅让。

 ## 成语窗

### 人无远虑，必有近忧
人没有长远的考虑，一定会出现眼前的忧患。表示看事做事应该有远大的眼光，周密的考虑。

### 靡不有初，鲜克有终
靡：无。初：开始。鲜：少。克：能。事情都有个开头，但很少能到终了。多用以告诫人们为人做事要善始善终。

### 陶情适性
陶：喜，快乐。适：舒适，畅快。使心情愉快。

### 陶犬瓦鸡
陶土做的狗，泥土塑的鸡。比喻徒具形式而无实用的东西。

### 陶熔鼓铸
比喻给人的思想、性格以有益的影响。

### 唐虞之治
唐虞：唐尧、虞舜，传说中的古代圣帝贤君。旧指上古政治清明，人民康乐的理想时代。

### 求马唐肆
唐：原指无壁之屋，引伸为空的。肆：铺子，这里指卖马的地方。到不是停马处去找马。比喻求非所求，必无所获。

## 吊民伐罪

| 甲骨文 | 金文 | 篆文 | 隶书 | 楷书 | 行书 | 草书 | 标准宋体 |
|---|---|---|---|---|---|---|---|
| 𠂆 | 𠂆 | 吊 | 吊 | 吊 | 吊 | 吊 | 吊 |

### 解字堂

"吊"是会意字。是"弔"的俗字。甲骨文字形像人手拿着带绳子的箭,会射猎之意。隶变之后楷书写作"吊"或"弔",简化之后以"吊"为正体。《说文解字·人部》:"弔,问终也。古之葬者,厚衣之以薪。从人持弓,会驱禽。"

"吊"的本义是悼念死者,如贾谊《吊屈原赋》:"敬吊先生。"引申为慰问,如《淮南子·人间训》:"人皆吊之。"又引申为凭吊、伤怀往事,如吊古。也引申为悬挂,如吊挂(一种悬挂起来供欣赏的陈列品)。又引申为求取,如吊名。也引申为提取,如冯梦龙《醒世恒言》:"即于狱中吊出秋公,立时释放。"另外,"吊"有时候还通"掉",表示落下,如《老残游记》:"鸦雀无声,比皇帝出来还要静悄得多呢,连一根针吊在地上都听得见响!"

作为形容词,"吊"引申为悲悯、哀伤,如《诗·桧风·匪风》:"中心吊兮。"也引申为良好、善,如《书·费誓》:"无敢不吊。"

中国文学作品当中,怀古咏史诗词不计其数。其创作心理大概都可以归结为借凭吊古人、古迹来表达对自己所处时世的不满。如李商隐《隋宫》:"乘兴南游不戒严,九重谁省谏书函?春风举国裁宫锦,半作障泥半作帆。"又如杜甫《蜀相》:"丞相祠堂何处寻,锦官城外柏森森。映阶碧草自春色,隔叶黄鹂空好音。三顾频烦天下计,两朝开济老臣心。出师未捷身先死,长使英雄泪满襟。"

### 名言馆

帅群不吊之人,以行乱于王室。
·《左传·昭公二十六年》

知生者吊,知死者伤。
·《礼记·曲礼》

一吊周郎羽扇,尚想曹公横槊,兴废两悠悠。
·(宋)张孝祥《水调歌头·汪德邵无尽藏》

谜语答案　有　虞唐

# 民 mín

| 甲骨文 | 金文 | 篆文 | 隶书 | 楷书 | 行书 | 草书 | 标准宋体 |
|---|---|---|---|---|---|---|---|
| 甲 | 甲 | 民 | 民 | 民 | 民 | 氏 | 民 |

## 名言馆

哀我征夫，独为匪民。
· 《诗·小雅·何草不黄》

民为贵，社稷次之，君为轻。
· 《孟子·尽心下》

食者，民之本也。
· 《淮南子·主术》

干戈日寻兮道路危，民卒流亡兮共哀悲。
· （汉）蔡琰《胡笳十八拍》

## 解字堂

"民"是会意字。金文中的"民"像以锐物刺左目之形。小篆整齐化、线条化。隶变之后楷书写作"民"。《说文解字》："民，众萌也。从古文之象。凡民之属皆从民。"

古时候，俘虏敌人则刺瞎其左眼并将其当作奴隶，所以"民"的本义是奴隶。奴与主相对，百姓与君王、官员相对，因此"民"引申指百姓。如《谷梁传·成公元年》："古者有四民，有士民，有商民，有农民，有工民。"也泛指人，如《左传·成公十三年》："民受无地之中以生。"

作为形容词，"民"引申为民间的，如刘述《上神宗论百姓侈靡乞身先俭约》："轻徭薄赋，以宽民力。"

孟子提出了"民贵君轻"的思想。他认为，从天下国家的立场来看，民是根本，民比君更加重要。这是孟子仁政学说的核心，具有民本主义色彩，对中国后世的思想家有极大的影响。"民贵君轻"作为中国古代最精彩的思想命题之一，为儒、道、墨、法等重要学派所普遍认同，其中法家的理论贡献尤为突出。慎子的"立天子以为天下"和商鞅的"为天下位天下"就是孟子"民贵君轻"的理论先导。虽然由于孟子是站在统治者阶级立场上的，他的思想也是从维护周礼出发，任其为民的思想在两千年前的春秋战国时代，已是很大的进步了。

吊民伐罪

fá

| 甲骨文 | 金文 | 篆文 | 隶书 | 楷书 | 行书 | 草书 | 标准宋体 |
|---|---|---|---|---|---|---|---|
| 𢦏 | 𢦏 | 伐 | 伐 | 伐 | 伐 | 伐 | 伐 |

## 解字堂

"伐"是会意字。甲骨文、金文中的"伐"是用戈砍击人头的形象。小篆延续金文的样子。隶变之后楷书写作"伐"。《说文解字》:"伐,击也。从人持戈。一曰:'败也。'"

"伐"的本义是击刺、砍杀,如苏辙《太白山祈雨词》:"为酒醴,伐豚羔,舞长袖。"引申为砍伐,如《诗·魏风·伐檀》:"坎坎伐檀兮。"也引申为讨伐、进攻,如《左传·庄公二十九年》:"凡师有钟鼓曰伐,无曰侵。"也引申为自吹自擂、夸耀自己,如《论语·公冶长》:"愿无伐善,无施劳。"也引申为败坏、损伤,如秦观《治势下》:"重被猛术,国本必伐。"也引申为打破、挫败,如《孙子·谋攻》:"故上兵伐谋,其次伐交,其次伐兵。"又引申为敲击,如《诗·小雅·采芑》:"征人伐鼓。"又引申为开凿,如韩愈《汴州东西水门记》:"乃伐山石,刻之日月。"也引申为批评指责,如王充《论衡·问孔》:"伐孔子之说,何逆于礼。"

作为名词,"伐"通"阀",表示功劳、功业,如《史记·项羽本纪》:"自矜功伐,奋其私智而不师古。"

古代中国,并不是所有的进攻都能叫"讨伐",只有对象为有罪之人才能叫讨伐,比如"伐无道",说的就是讨伐无道的皇帝。另外,春秋以前,双方开战也要讲求礼仪,要下战书约战,击败对手后一般会释放俘虏。到了春秋后期,这种战争礼节就渐渐消亡了,各国在战争中都是无所不用其极。

## 名言馆

不伐己功,不矜己能。
　　·《史记·淮阴侯列传》

有时不肯言,岂不在伐国。
　　·(晋)陶潜《饮酒二十首》其十八

摐金伐鼓下榆关,旌旆逶迤碣石间。
　　·(唐)高适《燕歌行》

野哭几家闻战伐,夷歌数处起渔樵。
　　·(唐)杜甫《阁夜》

吊民伐罪

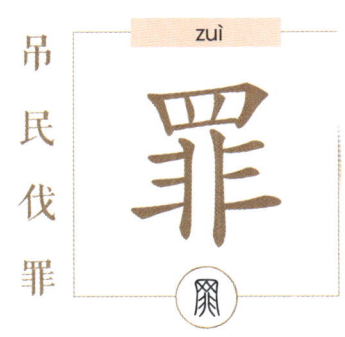

| 甲骨文 | 金文 | 篆文 | 隶书 | 楷书 | 行书 | 草书 | 标准宋体 |
|---|---|---|---|---|---|---|---|
| | 辠 | 辠 | 罪 | 罪 | 罪 | 乱 | 罪 |

## 名言馆

无功不赏，无罪不罚。
· 《荀子·王制》

此天之亡我，非战之罪也。
· 《史记·项羽本纪》

恶不忍闻，罪不容诛。
· 《汉书·王莽传下》

诗书复何罪，一朝成灰尘。
· （晋）陶潜《饮酒二十首》其二十

## 解字堂

"罪"是会意兼形声字。金文从辛（刑刀），从自（鼻子），会割鼻子的酷刑之意。小篆整齐变化。隶变之后楷书写作"辠"。汉字简化之后以"罪"为正体，"辠"只作偏旁。《说文解字》："辠，犯法也。从辛，从自。言辠人蹙鼻苦辛之忧。秦以辠似皇字，改为罪。"也就是说，秦朝的时候，认为"辠"像"皇"字，故用"罪"字代替了"辠"字《说文解字》："罪，捕鱼竹网。"即作为本字，"罪"的本义为捕鱼的竹网。

"罪"的本义是作恶或犯法的行为，如《尔雅》："辜、辟、戾，辠也。"郭璞注曰："皆刑罪。"又引申为罪人，如《书·牧誓》："乃惟四方之多罪，逋逃是崇是长。"也引申为过失、错误，如《史记》："此天之亡我，非战之罪也。"也引申为苦难、祸殃，如受罪、罪殃。又引申为刑罚，如《汉书·刑法志》："墨罪五百，劓罪五百……杀罪五百。"

作为动词，"罪"引申为归罪于。如《左传·庄公十一年》："禹、汤罪己，其兴也悖焉。"又引申为惩罚、治罪，如《韩非子·五蠹》："有过不罪，无功受赏，虽亡不变亦可乎？"

## 温故知新

 **四字通解**

吊民伐罪，意思是慰问受苦的人民，讨伐有罪者。"吊"，古人死而不葬，只是放在荒野里用柴薪盖着，但怕禽兽要来吃，连送丧的亲友都带着弓箭前来帮助驱除。本义为悼念死者，后来引申为安慰。"民"，古代指黎民百姓，与君、官对称。和民相关的还有一个字"氓"，土著者曰民，外来者曰氓。"伐"，这里引申为讨伐，《左传·庄公十年》中有"齐师伐我"一句，《左传·庄公二十九年》中有"凡师有钟鼓曰伐，无曰侵"一句，其中的"伐"均为讨伐之意。"罪"，本意为捕鱼的竹网。罪的本字是"辠"。

此句涉及一个历史人物：成汤。成汤即商汤，河南商丘人。姓子，名履，又名天乙，商部族首领主癸之子。他是商朝的建立者，原为商部族领袖。

### 猜谜语

一片降幡出石头。
（打一字）

有我的一半，也有你的一半。
（打一字）

甲乙丙丁都不对。
（打一字）

 **故事厅**

### 防民之口，甚于防川

周厉王的宠臣荣夷公对内鱼肉百姓，对外兴师动众。他的倒行逆施、横征暴敛，造成了广大人民的强烈不满，朝野上下，杀机四伏。大臣召穆公进宫劝说厉王，指出荣夷公的这种做法，让百姓忍受不了，若不制止，百姓就要暴动，到时恐怕一发不可收拾。周厉王不以为然，当即下令禁止国人批评朝政，并请专人刺探批评朝政的人。高压之下，国人真不敢在公开场合议论国事了。周厉王为此得意地向召穆公炫耀此事。召穆公叹了一口气说，这是强行封老百姓的嘴，老百姓哪里会真的没有想法。堵住人的嘴，比堵住河流还要危险啊！过了三年，国人果然暴动。

### 形影相吊

太康元年（280年），晋武帝司马炎统一中国后，为了巩固一统，把"以孝治天下"作为其伦理总纲，提倡孝父母，敬老人，抚恤孤寡。

西蜀有个故臣叫李密，朝廷几次请他出来做官，他都谢绝了。司马炎为之震怒，亲手下令，指责李密傲慢。李密写了一篇《陈情表》，呈给司马炎，表中以"以孝治天下"为主旨，说他幼时，"伶仃孤苦……茕茕孑立，形影相吊"，多亏了老祖母把他抚养长大。没有老祖母，就没有他的今天。而今，老祖母已九十六岁，又长年卧病在床，没有他祖母无法安度晚年。司马炎看后十分感动就原谅了李密。

 **知识角**

### 上兵伐谋

"上兵伐谋"源于《孙子兵法》。孙子认为，战争的原则是：使敌人举国降服是上策，用武力击破敌国就次一等；使敌人全军降服是上策，击败敌军就次一等；使敌人全旅降服是上策，击破敌旅就次一等；使敌人全卒降服是上策，击破敌卒就次一等；使敌人全伍降服是上策，击破敌伍就次一等。所以，百战百胜，算不上是最高明的；不通过交战就降服全体敌人，才是最高明的。上等的用兵之道是凭借谋略取得胜利。所以善用兵者，不通过打仗就使敌人屈服，不通过攻城就使敌城投降，摧毁敌国不需长期作战，一定要用"全胜"的策略争胜于天下，从而既不使国力兵力受挫，又获得了全面胜利的利益。

### 怀璧其罪

身藏璧玉，因此获罪。原指财能致祸。后也比喻有才能而遭受忌妒和迫害。据说虞国国君虞公听说臣子虞叔有块宝玉，很想据为己有。虞公开口问虞叔要，但是虞叔拒绝了。后来虞叔非常后悔，他想起周朝的时候有句谚语，大意是一个人本来没有罪，却因为拥有宝玉而获罪。于是找机会把宝玉献给了虞公。但是，没想到虞公得寸进尺，又来索要虞叔的宝剑，虞叔说："这实在是贪得无厌。如此贪得无厌，将会给我带来杀身之祸。"于是就发兵攻打虞公。虞公大败，出走到了共池那个地方。这句话表明耀眼财宝能招致祸事，贪图财宝一样会招来祸患。

 **成语窗**

### 吊古伤今
凭吊古迹，追忆往昔，对现今状况有所感伤。

### 民以食为天
人民以粮食为自己生活所系。指民食的重要。

### 与民更始
原指封建帝王即位改元或采取某些重大措施。后比喻改革旧状。

### 与民同乐
原指君王施行仁政，与百姓休戚与共，同享欢乐。后泛指领导与群众一起游乐，共享幸福。

### 伐功矜能
指吹嘘自己的功劳和才能。形容居高自大，恃才傲物。

### 操斧伐柯
执斧砍伐斧柄。比喻可就近取法。

### 不知者不罪
因事先不知道而有所冒犯，就不加怪罪。

### 欲加之罪，何患无辞
要想加罪于人，不愁找不到罪名。指随心所欲地诬陷人。

周发殷汤

| 甲骨文 | 金文 | 篆文 | 隶书 | 楷书 | 行书 | 草书 | 标准宋体 |
|---|---|---|---|---|---|---|---|
| 田 | 周 | 周 | 周 | 周 | 周 | 周 | 周 |

## 解字堂

"周",甲骨文字形十分像种满了庄稼的田园,表示筑埂划界,圈地而种。金文=田(圈地而种)+口(圈围),下加口,强调"圈种"的主题,指圈围庄稼的土埂田界。有的金文将田写成用,省去了田里的庄稼。篆文则将金文的"田"的形状写成了"用",从而演变为今日的"周"字。

《说文解字》说:"周,密也。从用、口。""周"字的造字本义是指用以封地的、划界而种的围墙,这种含义只见于古文,现已消失。通过借代引申,"周"字有四围、外围的意思,如周围、周遭、周长等。作为形容词,"周"字可以表示紧密的、无缺漏的,如周密、周详、周正等。作为量词,则有圈、轮的意思,如一周、转体三周等。此外,"周"还特指星期、姓氏和朝代名。

在我国,夏朝人便建立了最早的农业制度,商朝之时开始了最早的贸易交流,周朝则开始进行了最早的封建模式探索。

## 名言馆

有杕之杜,生于道周。
　　·《诗·唐风·有杕之杜》

大城不可以不完,郭周不可以外通。
　　·《管子·八观》

布履星罗,四周于天下。
　　·(唐)柳宗元《封建论》

瓦缝参差,多于周身之帛缕。
　　·(唐)杜牧《阿房宫赋》

前辟四窗,垣墙周庭,以当南日。
　　·(明)归有光《项脊轩志》

谜语答案 吊伐罪

周发殷汤

fā
发

| 甲骨文 | 金文 | 篆文 | 隶书 | 楷书 | 行书 | 草书 | 标准简体 |
|---|---|---|---|---|---|---|---|
| 𠵇 | 𤼩 | 發 | 發 | 發 | 发 | 发 | 发 |

## 名言馆

征于色，发于声，而后喻。
・《孟子・告子下》

---

二世元年七月，发闾左适戍渔阳九百人。
・《史记・陈涉世家》

---

好雨知时节，当春乃发生。
・（唐）杜甫《春夜喜雨》

---

故其为声也，凄凄切切，呼号愤发。
・（宋）欧阳修《秋声赋》

## 解字堂

"发"，《千字文》中写作"發"。"發"，甲骨文𠵇＝𭆈（两只脚）+𠂆（手持标枪），表示助跑投枪。金文𤼩加"弓"𢎨，表示用标枪、弓箭捕猎，杀敌。篆文發承续金文字形。简化后，与"髪"合并，写作"发"。

《说文解字》说："發，射發也。从弓，癹声。"发"的造字本义是射发标枪。现代汉语中的"发"字含义十分众多，可以表示送出、交付，如发货、分发等；表示派出去，如发兵。表示产生、发生，如发电、发病等；表示因得到大量财物而兴旺，如发家、暴发户等；表示食物等因发酵而膨胀，如面发了；表示放散、分开，如挥发、蒸发等；表示揭露、打开，如揭发、发掘等；表示因变化而呈现，如发臭、发黄等；表示启程、开始行动，如整装待发、先发制人等；表示引起、启发，如发人深省等。作为量词，"发"还常常用于子弹、炮弹等，如一发子弹、百发百中等。此外，"发"还是一个姓氏。

周发殷汤

| 甲骨文 | 金文 | 篆文 | 隶书 | 楷书 | 行书 | 草书 | 标准宋体 |
|---|---|---|---|---|---|---|---|
| | | | 殷 | 殷 | 殷 | | 殷 |

## 解字堂

"殷"字的右半部分"殳",既是声旁也是形旁,它是"毃"字的省略写法,表示击磬奏乐。"殷",甲骨文（殳,"毃",击磬奏乐）+（身,怀胎妇女）,表示击磬奏乐,使孕妇心情愉悦。金文基本上承续了甲骨文的字形。还有的金文加"宀",表示在室内。篆文则将金文的"身"写成。隶化后楷书将篆文的"身"写成月,从而演变成今天所见到的模样。

《说文解字》说:"殷,作乐之盛称殷。从月,从殳。""殷"字的造字本义是指王宫或贵族成员为孕妇经常演奏悠缓的音乐,用以安神保胎。"殷"字的本义只见于古文,现已消失。通过词性引申,作为形容词,"殷"字表示盛大的、众多的,如殷实、民殷国富等;可以表示极其用心而细致的,如殷勤、殷切、殷殷期望等;可以表示深的、深层次的,如殷红、朱殷等。作为动词,"殷"还有深层震动、使深感震动的意思,该义项只见于古文,同样已经在现代汉语中消失。此外,"殷"还可以特指姓氏、朝代等。作为朝代,可以代指商朝迁都于殷(今河南安阳西北的小屯村)后改用的称号,时间跨度为公元前1300年至公元前1046年。

## 名言馆

车骑雷起,殷天动地。
· 《汉书·司马相如传》

在殷忧而弗违,夫何云乎识道?
· (晋)陆机《叹逝赋》

熊咆龙吟殷岩泉,栗深林兮惊层巅。
· (唐)李白《梦游天姥吟留别》

梵放时出寺,钟残仍殷床。
· (唐)杜甫《大云寺赞公房》

## 周发殷汤

tāng

汤

| 甲骨文 | 金文 | 篆文 | 隶书 | 楷书 | 行书 | 草书 | 标准宋体 |
|---|---|---|---|---|---|---|---|
|  |  |  |  |  |  |  |  |

### 名言馆

见善如不及，见不善如探汤。
　　　　　　　　·《论语·季氏》

必将婴城固守，皆为金城汤池，不可攻也。
　　　　　　　　·《汉书·蒯通传》

三日入厨下，洗手作羹汤。
　　·（唐）王建《新嫁娘三首》其三

衔远山，吞长江，浩浩汤汤，横无际涯。
　　·（宋）范仲淹《岳阳楼记》

### 解字堂

"湯"的右半部分为"昜"，它既是声旁也是形旁，是"暘（阳）"的本字，表示日照，有天然温热的意思。"湯"，金文=（水，泉沉）+（昜，即"阳"，表示天然的温热），表示温泉。篆文承续了金文的字形。隶化后楷书写作"湯"。简化后写作"汤"。

《说文解字》说："汤，热水也，从水，昜声。""汤"的造字本义是指天然具有热度的水，也就是温泉，现代汉语中仍有这种含义，如小汤山。通过扩大引申，"汤"有热水、沸水的意思，如汤锅、扬汤止沸、赴汤蹈火等。"汤"还指食物或药物煮后所得的汁水，如米汤、面汤等。"汤"又特指汤药，如柴胡汤、煎汤服用等。

我国的汤种类繁多，可以在进餐过程的任何时间上汤。较有特色的汤有四川的酸辣汤，广东的紫菜汤、老火汤，福建的佛跳墙，洛阳的牛肉汤、不翻汤、豆腐汤，台湾的当归汤、匹神汤，等等。在国外，泰国的冬荫功汤、印度的咖喱肉汤、日本的卷纤汤、朝鲜的人参鸡汤、俄罗斯的罗宋汤等也都十分著名。

# 温故知新

##  四字通解

周发殷汤，意思是周武王姬发和商武王成汤。"周发"也即周武王，他姓姬，名发，讨伐暴君商纣，建立了周朝，是周朝的第一位君主。他的父亲叫做姬昌，是商朝的西伯侯。姬昌的封国在岐山之下，他积善行仁，政化大行，却因崇侯虎向纣王进谗言，而被囚于监狱之中。姬昌出狱之后，便开始了积累讨伐商纣的资本，使周国的武力逐步增强，为周武王姬发的伐纣打下了坚实的基础。周朝建立以后，姬昌被尊封为周文王。"殷汤"是商朝的开国君主成汤，他姓子，名履，先祖为契。传说中，商族的先祖契因协助大禹治水有功，受封于漳水沿岸的商地，所以称为商国。成汤讨伐夏朝的暴君桀，建立了商朝，是商朝的第一代君主。十代以后，商王盘庚迁都于殷城（今河南安阳），因此商朝的后半期又被称为殷商。武王伐纣和商汤灭夏，打的旗号都是"吊民伐罪"，也就是讨伐罪恶的统治者。

##  故事厅

### 庄周梦蝶

从前，庄周还是漆园吏的时候，总是喜欢在家中空想。有一天他睡觉的时候做了一个梦，梦见自己变成了一只蝴蝶。那是多么生动和逼真的一只蝴蝶呀，他感到非常的愉快和惬意，忘记了自己是谁。突然之间醒过来，在惊惶不定之间他才想起来，原来自己是庄周。然后他便想，到底是庄周梦中变成了蝴蝶呢，还是蝴蝶梦中变成了庄周呢？庄周与蝴蝶是不同的事物，二者必定是有所区别的，这就可以叫作物、我的交合与变化。后来，人们就习惯用庄周梦蝶、蝶化、庄生蝶等词语表示虚幻、不可捉摸的事情。

### 殷商迁都

商王盘庚即位之时，商朝经过了几代内乱，政治十分腐败，王室内部斗争十分激烈，再加上天灾人祸，面临着严重危机。盘庚为了挽救商朝的命运，决定放弃原来的都城，迁都到了荒芜的殷。为了动员迁都事宜，他还发表了一个重要的演讲。终于，车辚辚，马萧萧，他率领众人渡过黄河，来到河南安阳，这就被称为"盘庚迁殷"。迁都到安阳之后，他又以强硬的手段制止了贵族搬回旧都的企图。同时，他提倡节俭，改良风气，减轻剥削，终于安定了商朝的局面。此后270多年，商朝的都城一直都在这里，因此商朝也被称为"殷商"。

## 猜谜语

泼水难收。
（打一字）

前言戏之耳。
（打一字）

血染的风采。
（打一字）

 **知识角**

### 关于"庄周"

庄子,姓庄,名周,宋国人。是宋国君主宋戴公的后人。庄周是战国中期著名的思想家、哲学家和文学家,他是继老子之后,战国时期道家学派的主要代表人物之一。他的代表作为《庄子》,其中名篇有《逍遥游》《齐物论》《秋水》等。他与老子齐名,被称为"老庄"。

庄周的想象力极为丰富,语言运用灵活自如,汪洋多变,能够把一些微妙难言的哲理说得引人入胜。他的作品被人称之为"文学的哲学,哲学的文学"。据传,庄周曾隐居南华山,故唐玄宗诏封庄周为南华真人,称其著作《庄子》为《南华真经》。

### 关于"殷"姓

殷姓是当今中国姓氏排行第104位的姓氏,约占全国汉族人口的0.16%。殷姓在全国分布甚广,尤以山东、云南、四川、河北、陕西、江苏等省为多。

据《风俗通》《元和姓纂》及《通志·氏族略》等相关文献的记载,商朝君主盘庚将商朝的国都从亳(今河南商丘)迁到了殷(今河南安阳),故商朝又被称为"殷"或"殷商"。商朝灭亡之后,殷商遗民以国名为姓,称殷氏。这一支殷氏有三千多年的历史,是非常古老的姓氏之一。宋朝时,因避宋太祖父亲赵弘殷的名讳,许多殷氏族人改姓为汤氏、商氏等。

 **成语窗**

**周而复始**
转了一圈又一圈,一次又一次地循环。比喻永不停息。

**周而不比**
以公正之心对待天下众人,没有成见及私心,不徇私护短。

**后发制人**
意为等对方先动手,再抓住有利时机反击,制服对方。

**厚积薄发**
形容只有准备充分才能够办好事情。

**民殷国富**
指国家人民殷实富裕。

**殷浩书空**
指事情令人惊奇诧异。

**赴汤蹈火**
比如为办到某件事情,不避艰险,坚决做到。

**换汤不换药**
比喻名称和外形、画面虽然改变了,但实际内容还是老一套。

## 坐朝问道

zuò

| 甲骨文 | 金文 | 篆文 | 隶书 | 楷书 | 行书 | 草书 | 标准宋体 |
|---|---|---|---|---|---|---|---|
|  |  | 坐 | 坐 | 坐 | 坐 | 坐 | 坐 |

### 解字堂

"坐",篆文坐=人人(两个人相对)+土(土,土炕),表示两人在土炕上盘腿相对而坐。有的篆文坐将两人相对的形象人人写成"卯"卯("留"的略写),表示主人挽留客人。

《说文解字》说:"坐,止也。从土,从留省。土,所止也。此与留同意。坐,古文坐。""坐"字的造字本义是指主宾双方盘腿炕上,饮食交谈,用臀部支撑身体的重量,如坐镇、席地而坐等。通过扩大引申,可以表示搭乘交通工具,如坐船、乘坐等。通过缩小引申,可以表示因触犯法律蹲监狱、受刑,如坐法、连坐等。通过比喻引申,可以表示往下垂、向下压,如坐胎、坐果、后坐力等。作为连词,"坐"还可以表示因为、由于,该义项只见于古文,如"停车坐爱枫林晚"等。作为副词,"坐"还可以表示无缘无故,如"孤蓬自振,惊砂坐飞"。作为动词,"坐"可以表示形成疾病,如"自从上次受伤后,就坐下了腰疼的病根"等;可以表示为了守岁、守灵等夜里坐着不睡,如坐夜、坐门等。

在我国,座位的排次是非常重要的,座次的分布以面门居中位置为主位;主左宾右分两侧而坐;越接近首席,位次越高;同等距离,右高左低。可以简单地概括为:以远为上,面门为上,以右为上,以中为上,观景为上,靠墙为上。

### 名言馆

宣帝恶之,下广汉廷尉狱,又坐贼杀不辜,鞠狱故不以实,擅斥除骑士乏军兴数罪。
·《汉书·赵广汉传》

来归相怨怒,但坐观罗敷。
·汉乐府《陌上桑》

坐看霞色晚,疑是赤城标。
·(唐)孟浩然《舟中晚望》

停车坐爱枫林晚,霜叶红于二月花。
·(唐)杜牧《山行》

## 坐朝问道

cháo

朝

| 甲骨文 | 金文 | 篆文 | 隶书 | 楷书 | 行书 | 草书 | 标准宋体 |
|---|---|---|---|---|---|---|---|
| 𣇦 | 𣇻 | 朝 | 朝 | 朝 | 朝 | 朝 | 朝 |

### 名言馆

割地而朝者三十有六国。
- 《韩非子·五蠹》

三顾频烦天下计，两朝开济老臣心。
- （唐）杜甫《蜀相》

银烛朝天紫陌长，禁城春色晓苍苍。
- （唐）贾至《早朝大明宫呈两省僚友》

南朝四百八十寺，多少楼台烟雨中。
- （唐）杜牧《江南春绝句》

### 解字堂

"朝"字的组成部分"旦"，既是声旁也是形旁，表示日头初出的清晨。"朝"，甲骨文=𣇦（是"早"即的异体字）+）（夕，残月），表示太阳刚刚升起，月亮尚未落尽。有的甲骨文将"早"的异体字写成。金文则将甲骨文的"月"当作"水"而写成"川"。还有的金文将不明确的字形写成明确的"川"。篆文则将金文的"早"写成；同时将金文的"川"写成"舟"。隶书的朝恢复了甲骨文字形的结构，将写成朝，将写成月。

《说文解字》说："朝，旦也。从倝，舟声。""朝"的造字本义是指月落将尽、红日初升的大清早，如朝晖、朝阳、朝霞、朝三暮四等。"朝"字的含义十分多，它可以引申为天、日，如今朝、明朝等；可以引申为晨会拜见，如朝拜、朝圣等；可以引申为朝拜之地、政权中心，如朝野、朝政等；可以引申为面对着某个方向，如面朝大海；可以引申为以政权为标志划分的时代，如唐朝、宋朝、朝代等。作为介词，它还可以表示向、对，如朝前走、朝前看等。

我国古代有很多以太阳为中心造的字，除了月尽日出为"朝"外，其他如太阳西沉为"昏"，太阳落山为"暮"，月亮初升为"夕"，月高人静为"夜"，安定入宿为"冥"，晨光微露为"曙"，太阳升高为"晓"，日浴草木为"旱"，荷锄出工为"晨"。

## 坐朝问道 wèn 问

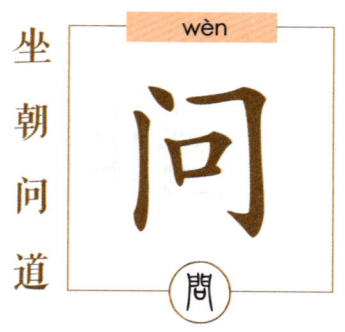

| 甲骨文 | 金文 | 篆文 | 隶书 | 楷书 | 行书 | 草书 | 标准宋体 |
|---|---|---|---|---|---|---|---|
| 𤴓 | 𤴓 | 問 | 問 | 問 | 問 | 问 | 问 |

### 解字堂

"问"的外半边为"門",它既是声旁也是形旁,可以用以借代拘禁室。"问",甲骨文𤴓=𤴓(門,借代拘禁室)+凵(口,审讯),表示拘禁并审讯。金文𤴓、篆文問都承续了甲骨文字形,之后没有太大的变化。隶化后楷书写作"問"。简化后写作"问"。

《说文解字》说:"问,讯也。从口,門声。""问"字的造字本义是拘禁并审讯,如问罪、问斩、拷问等。通过引申,"问"可以表示追究责任,如问难、问责、问心无愧等;可以表示质询、提出困惑以求解答,如问卜、问答、问鼎中原等;可以表示寒暄和表达关心,如问好、问候、问安等。"问"还可以作为介词,表示向,如我问他一个问题。此外,"问"还是一个姓氏。

我国古代的文人常常在失意之时,以"问"作为主题,创作了大量的优秀诗篇。如屈原的《天问》,通篇是屈原对世间一切事物现象的发问,从天地离分、阴阳变化等自然现象,问到神话传说以至战乱兴衰等历史故事,表现出他追求真理的探索精神。又如元好问所作《摸鱼儿·雁丘词》以"问世间情是何物"开篇,谱写了一曲凄婉缠绵,感人至深的爱情悲歌,成为文学史上的经典作品。

### 名言馆

伯牛有病,子问之。

·《论语·雍也》

齐王使使者问赵威后。

·《战国策·齐策四》

后遂无问津者。

·(晋)陶潜《桃花源记》

问女何所思,问女何所忆。

·北朝乐府《木兰辞》

儿童相见不相识,笑问客从何处来。

·(唐)贺知章《回乡偶书》

# 坐朝问道

| 甲骨文 | 金文 | 篆文 | 隶书 | 楷书 | 行书 | 草书 | 标准宋本 |
|---|---|---|---|---|---|---|---|
|  | 衜 | 道 | 道 | 道 | 道 | 专 | 道 |

## 名言馆

道之以政，齐之以刑，民免而无耻。

·《论语·为政》

得道者多助，失道者寡助。

·《孟子·公孙丑下》

会天大雨，道不通，度已失期。

·《史记·陈涉世家》

## 解字堂

"道"，金文 衜 = 彳（行，四通的大路）+ 首（首，代表观察、思考、选择）+ 止（止，行走），表示在交叉路口帮迷路者领路。有的金文用"又"（抓）代替"止"（行走），表示拉住迷路者的手引路。还有的金文则加"爪"和"又"，同时加"曰"（说明），表示领路的人边说边指，帮助迷路者弄清方向。篆文基本承续了金文的字形。隶变之后楷书写作"道"。后来，"道"的"向导"本义逐渐消失，篆文另造了"導"代替。

《说文解字》说："道，所行道也。从辵，从首。一达谓之道。""道"的造字本义是指当向导，给不知方向的人引路，该义项后来被"导"字所代替。通过词性引申，"道"可以表示讲解、说明、表达，如道别、道贺等；可以表示四通八达的大路，如道路、岔道等；可以作为量词表示条、列，如一道关卡、一道道山一道道水等。通过比喻引申和缩小引申，"道"可以表示途径、方法、规律，如茶道、花道、长生之道等；可以表示真理、正义，如传道、道理、头头是道等；可以表示无形妙门，有世界起源的含义，如道家、道教、"道生一，一生二，二生三，三生万物"等。

在我国的道家思想中，"道"代表了自然规律，是道家世界观的核心；"德"则代表顺应自然律的法则，是道家方法论的核心。

## 温故知新

###  四字通解

坐朝问道，意思是贤明的国君正襟危坐，在朝堂上与大臣们商讨治国之道。"坐朝"是秦始皇开始的规矩，在此之前称为"立朝"。君臣上朝都是站着，没座位，更没有椅子。所谓立朝，一方面表现君臣之间的关系平等，君主只是会议的召集人。另一方面是因为古代生活和政事都很简单，站着说几句话就可以解决了。从秦始皇开始，君臣都是坐着共商国事，所以称为坐朝论道；君坐臣立的规矩，由宋太祖赵匡胤开始。据传有一天赵匡胤临朝，文武群臣起立致敬，要坐下时发现椅子没了，从此以后便成了规矩。

在坐朝问道之前，还有一句叫作坐而论道，所谓"坐而论道谓之王公，作而行之谓之士大夫"。"道"是指治理国家的道理和政策，"行"是指如何具体操作好国家制定的政策。整句话的意思就是国家管理层的王公们一起通过思考和讨论来制定国家的各项政策，士大夫等行政官员需要考虑的是如何把政策执行到位。

### 猜谜语

丛中花卉下，席地相偎依。
（打一字）

左边二十日，右边三十天。
（打一字）

一定在百分之八内。
（打一字）

###  故事厅

#### 朝秦暮楚

在战国时期，秦楚两个大国之间经常打仗。处于二者之间的小国为了自身的利益和安全，有时倾向秦国，有时又倾向楚国。这个成语出自宋代晁补之《北渚亭赋》："托生理于四方，固朝秦而暮楚。"实际情况中，有一个叫"关垭"的地方是名副其实的"朝秦暮楚"之地。由于处在战争最前线的秦楚夹缝之中，战争频繁而残酷。秦人早晨占领了关垭内的楚地，到了晚上楚人又夺了回来，如此反复。生活在关垭一带的百姓，为了生存，不得不朝秦暮楚，当秦军打来的时候，就插上秦国的旗子，穿上秦人的衣服。等到楚军打来，又换上楚国的旗子，穿上楚人的衣服。

#### 东郭子问"道"

东郭子曾向庄子请教"道"在何处，庄子说："大道无处不在。"东郭子对此并不满意，希望庄子具体指出"道"的位置。庄子就说："道在蝼蛄和蚂蚁中间。"东郭子不解地问："道怎么会在如此卑微的生物中呢？"庄子接着说："道还在稻谷和稗草之间。"东郭子更加糊涂："这不更低贱吗？"庄子又说："这怎么是低贱呢？道还在大小便中呢！"东郭子不高兴了，以为庄子在戏弄他，闷闷不乐。庄子耐心地解释道："您再三问我道在于何处，这并不是道的本质。大道无所不在，世间万物都蕴含着道，没有贵贱之别。"

 **知识角**

### 中国朝代歌

炎黄虞夏商，周到战国亡，秦朝并六国，嬴政称始皇。楚汉鸿沟界，最后属刘邦，西汉孕新莽，东汉迁洛阳。末年黄巾出，三国各称王，西晋变东晋，迁都到建康。拓跋入中原，国分南北方，北朝十六国，南朝宋齐梁。南陈被隋灭，杨广输李唐，大唐曾改周，武后则天皇。残皇有五代，伶官舞后庄，华歆分十国，北宋灭南唐。金国俘二帝，南宋到苏杭，蒙主称大汗，最后被明亡。明到崇祯帝，大顺立闯王，金田太平国，时适清道光。九传至光绪，维新有康梁，换位至宣统，民国废末皇。五四风雨骤，建国存新纲，抗日反内战，五星红旗扬。

### 坐北朝南

在我国古代，房屋坐向是汉族建筑的一种说法。汉族的民居大多数都采用四合院的形式进行建造，各个房屋的坐向代表了房屋的位置好不和等级身份等。在屋子内，面向屋门，此时面向的方向就是该座房子的"向"；相反方向，也就是房屋所在位置叫"坐"。因此，坐北朝南的房子，就是指位于北侧，门朝南开的房屋。

坐北朝南的原则是古人对自然现象一种认识，南方向阳，故以此为尊。因此，宫殿都面向正南，帝王的座位都是坐北朝南，当上皇帝称"南面称尊"，打了败仗称为"北面称臣"。

 **成语窗**

### 坐享其成
意思为自己不出力而享受别人取得的成果。

### 坐以待毙
坐着等死。形容在极端困难中，不积极想办法找出路。

### 朝三暮四
原指用诈术欺骗人，后来用以比喻常常变卦，反复无常，捉摸不定。

### 朝朝暮暮
每天的早晨和黄昏，指短暂的时间。从早到晚，天天如此。

### 扪心自问
用手抚摸着胸口向自己发问，表示自我反省。

### 兴师问罪
发动军队声讨对方罪过，可以指大闹意见，集合一伙人去上门责问。

### 道德文章
从个人角度而言，指思想品德和学识学问。就历史文化的角度而言，则指一个文明的价值观、行为规范和文学艺术成就。

### 孔孟之道
借指儒家学说。

垂拱平章

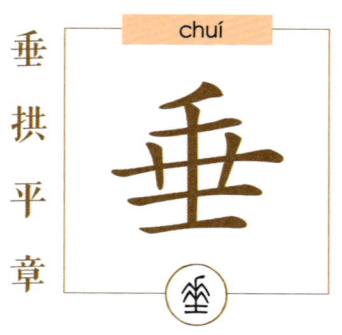

### 解字堂

"垂",甲骨文写作🌲、🌿,就像枝条坠向地面。有的甲骨文写作🌴,像树枝🌲的末端挂着果子。篆文🌱则淡化了枝条形象,将甲骨文🌲的树枝🌿写成🌿,同时将甲骨文字形🌲中的果实形象写成"土"土("土"的甲骨文为🌰),强调枝条坠向地面的含义。隶化之后楷书写作"垂"。

《说文解字》说:"垂,远边也。从土,烝声。""垂"字的造字本义是指树枝因硕果累累而坠向地面,如垂柳、垂枝等。通过递进引申、扩大引申和比喻引申,"垂"字可以表示接近,如垂成、垂死、垂垂老矣等;可以表示留下、留住,如垂范、名垂千古等;可以表示上级向下级的赐予,如垂爱、垂青、垂问等。

在我国古代的诗词之中,垂柳一直是一个情思缠绵的常见意象,名篇佳作无数,如"杨柳青青江水平,闻郎江上唱歌声""草长莺飞二月天,拂堤杨柳醉春烟"等等。

### 名言馆

红罗复斗帐,四角垂珠珰。
· 南朝乐府《长乐佳》

黄发垂髫,并怡然自乐。
· (晋)陶潜《桃花源记》

闲来垂钓碧溪上,忽复乘舟梦日边。
· (唐)李白《行路难三首》其一

处心有道,行己有方,用则施诸人,舍则传诸其徒,垂诸文而为后世法。
· (唐)韩愈《答李翊书》

谜语答案  坐 朝 道

垂拱平章

拱 gǒng

| 甲骨文 | 金文 | 篆文 | 隶书 | 楷书 | 行书 | 草书 | 标准宋体 |
|---|---|---|---|---|---|---|---|
|  |  | 𢪙 | 拱 | 拱 | 拱 | 拱 | 拱 |

## 名言馆

尔何知！中寿，尔墓之木拱矣！
· 《左传·僖公三十二年》

子曰："为政以德，譬如北辰，居其所而众星共之。
· 《论语·为政》

于是秦人拱手而取西河之外。
· （汉）贾谊《过秦论》

鸣琴垂拱，不言而化。
· （唐）魏征《谏太宗十思疏》

## 解字堂

"拱"的右半部分为共，它既是声旁也是形旁，表示奉礼供拜。"拱"，篆文𢪙 = 𠂇（手）+ 共（共，恭敬）。隶书拱将篆文的"手"𠂇简写成扌，失去五指的形象，又将篆文的双手写成六，于是成为现在所见的字形。

《说文解字》说："拱，敛手也。从手，共声。""拱"的造字本义是指两手抱拳，高过头顶，向对方表示崇敬，如拱手、拱手相让等。通过扩大引申，"拱"可以表示刨、鼓撞，如拱土、猪在地上拱等。这种用法常见于口语之中。通过比喻引申，"拱"又可以表示环抱、环绕，如拱卫、群峰拱抱等。作为动词，"拱"还有弯曲呈弧形的含义，如拱腰、拱着背等；作为名词，则可以表示弧形的支撑物，如拱桥、门拱等。

"拱"是指双手抱拳高过头顶，关于礼节的造字法还有"拜"，一腿半跪，手置膝上，另一膝与另一手掌着地。这两种礼节都显示对方的崇高，同时又都明确显示双手没有武器。日常生活中常见的拱状物有拱桥、拱门、拱棚等，我国著名的拱桥主要有赵州桥、卢沟桥、枫桥、宝带桥、虹桥、朝天门长江大桥等。

垂拱平章

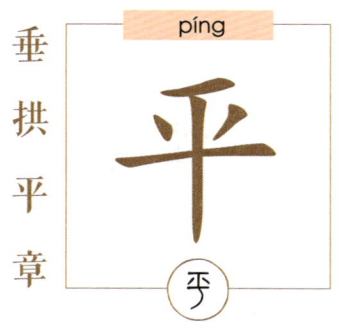

| 甲骨文 | 金文 | 篆文 | 隶书 | 楷书 | 行书 | 草书 | 标准宋体 |
|---|---|---|---|---|---|---|---|
| 丕 | 丂 | 平 | 平 | 平 | 平 | 才 | 平 |

### 解字堂

"平"的造字与"乎"有关联。"乎",甲骨文字形丫在号角丁上加三点指事符号（川代表吹奏的气流通过号角发出的声音）,表示号角吹得紧急、响亮,寓示危机来临,部落紧急"呼叫"。"平",金文丕在"乎"丂的三点之上,加一条水平直线—的指事符号,表示号音悠长、稳定,无起伏,以此代表部落安全无事。篆文丂省去中间的一点。隶书平承续金文字形丂。

《说文解字》说："平,语平舒也。从亏,从八。八,分也。""平"字的造字本义是指号音稳定悠长,没有起伏变化,表示警情安定,该义项只见于古文。作为形容词,"平"字含义众多,通过扩大引申,它可以表示安全无事的、安宁的、宁静的,如平安、太平、平心而论等；表示无意外的、常态的、一般的,如平常、平时、平庸之辈等；表示声调稳定无起伏,如平声、平仄等；表示空间表面坦直无起伏的,如平坦、水平等；可以表示简单的、一般的,如平淡、平民等。作为副词,"平"可以表示同等地,如平行线、平分秋色等；表示简单地、直接地,如平添、平步青云、平铺直叙等。作为动词,"平"可以表示平定,如平反、平息。

与"平"字一样,以号角进行造字的还有："亏",号角吹不出任何声音；"兮",号角吹得"嘘嘘"无力；"乎",号角高亢并紧急。

### 名言馆

子子孙孙无穷匮也,而山不加增,何苦而不平。
  ·《列子·汤问》

弦弦掩抑声声思,似诉平生不得志。
  ·（唐）白居易《琵琶行》

孤山寺北贾亭西,水面初平云脚低。
  ·（唐）白居易《钱塘湖春行》

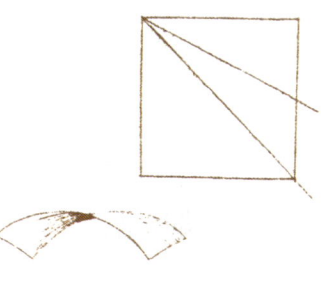

垂拱平章

zhāng
章

| 甲骨文 | 金文 | 篆文 | 隶书 | 楷书 | 行书 | 草书 | 标准宋体 |
|---|---|---|---|---|---|---|---|

## 名言馆

且夫兄弟之怨，不征於他，征于他利乃外矣。章怨外利不义，弃亲即狄不祥。
·《国语·周语中》

积句而成章，积章而成篇。
·（南朝）刘勰《文心雕龙·章句》

永州之野产异蛇，黑质而白章。
·（唐）柳宗元《捕蛇者说》

诵明月之诗，歌窈窕之章。
·（宋）苏轼《前赤壁赋》

## 解字堂

"章"，金文=干（辛，带木柄刺刀）+⊕（田，纵横刻画的圆圈标识），表示在局部的玉或石头上刻画图文。有的金文将早期金文的"辛"写成。有的金文加"十"（"又"的变形，表示抓持），强调手持刻刀刻画。篆文承续金文字形。隶书将篆文的"辛"写成"立"。当"章"的"显眼的标识"本义消失后，篆文再加"彡"另造"彰"代替。

《说文解字》说："章，乐竟为一章。从音，从十。十，数之终也。""章"的造字本义是指刻画在物品上显眼的图文徽标，如臂章、徽章等。通过扩大引申，"章"可以表示显示、突显，该义项后来用"彰"代替；可以表示纹理之意，如黑质白章等。在纹理的基础上，"章"又引申出条理、规则，如章法、简章等。通过借代引申和词性引申，"章"可以表示以图文标明身份的印子，如图章、印章等；可以表示文字和数字符号构成的作品，如文章、奏章等；作为量词，"章"还可以表示篇、节、段，如章节、篇章等。此外，"章"还是一个姓氏，章氏源于姜太公后裔，后来在江西豫章（南昌）发展成为一个大族，历史名人有章惇、章炳麟、章士钊等。

## 温故知新

###  四字通解

垂拱平章,意思是朝堂上没有什么事需要处理,大家不慌不忙,互相拱手行礼,很轻松地就把政事处理完了。"垂拱"是垂衣拱手的意思,"平章"是商量处理的意思。

"垂拱而治"是产生于传说中五帝时期的一种治道,所谓"垂衣裳",出自《易·系辞下》:"黄帝、尧、舜垂衣裳而天下治,盖取诸乾坤。"如果朝堂上出现用"垂衣裳"一词时,往往被看作是"治国有道"。"垂拱而治"的理想状态只有在社会政治高度稳定的时期才有可能发生。古代的帝王首先要打天下,要树立各种权威,要选好贤臣,要坐朝问道。想要"垂拱"就需要在政令实施之前,就把执行过程中可能会出现的一切问题考虑清楚,并将解决方案先准备好。

实际上,在历史上的夏商时期,整个社会取得了长足的进步;到了周代,整个国家的政治制度和社会组织都已经十分完备了;"垂拱平章"也就成为我国古人的一种理想政治状态。

### 猜谜语

四十上下已白头。
（打一字）

六十不够,八十有余,
不高不低,刚刚适宜。
（打一字）

###  故事厅

#### 不平则鸣

在我国唐朝时期,著名文学家韩愈的学生孟东野(郊)熟读经史,很有才能,但直到50岁才做到溧阳县尉,因而常常抱怨自己怀才不遇。韩愈十分同情他,在孟东野前去溧阳赴任之时写了《送孟东野序》用来赠别:"大凡物不得其平则鸣,草木之无声,风挠之鸣;水之无声,风荡之鸣。"大意是指但凡事物在受到不公正待遇的时候,就能做出较大声响。后来引申为受到委曲和压迫就要发出反抗的呼声。

#### 章台柳

天宝年间,韩翃与李王孙的爱姬柳氏互生情愫。李王孙宽宏大量,不但赠柳氏于韩,还出钱玉成了二人婚事。第二年,韩翃新科及第,回乡省亲,留柳氏在长安。不料安史之乱起,两京沦陷。柳氏碰上战乱,只好剪去长发,寄居法灵寺。后又被藩将劫持,沦为专房。

直到长安收复,韩翃到处密访柳氏,并写了一首《章台柳》:"章台柳,章台柳,昔日青青今在否?纵使长条似旧垂,也应攀折他人手。"柳氏读到此诗,泪如雨下,和了一首《杨柳枝》:"杨柳枝,芳菲节。所恨年年增离别。一叶随风忽报秋,纵使君来岂堪折！"

韩翃虽探得柳氏所在,但不敢轻易得罪藩将,心意彷徨而一筹莫展。后来,直到皇上下诏断柳氏归韩翃,离散多年的两人才破镜重圆。

##  知识角

### 平章

"平章"的原意是指商量处理，后来借用于官职。唐代以尚书、中书、门下三省的长官为宰相，因为宰相的官高权重，所以不常设置。常常选任其他官员加上"同中书门下平章事"之名，同参国事。唐睿宗时又有"平章军国重事"的称呼。

北宋前中期、南宋前期，任命宰相一般称为：同中书门下平章事。只有真的拜为侍中的，才不加"同平章事"。此时又有平章军国重事、同平章军国重事、同平章军国事、平章军国事等，原本是优待老臣的闲职，南宋之时发展成为权臣专权的工具。金元也有平章政事，位次丞相。元代之行中书省也设置有平章政事，实为地方高级长官。明初仍沿袭旧制，不久废除。

### 上朝礼仪

两汉时期，皇帝对丞相待之以平等的礼节。在丞相觐见皇帝之时，皇帝起立，赐丞相座。丞相生病了，皇帝需要亲自前去探望。隋唐时期的官员上朝奏事也有座位。宋代时期，官员上朝必须站着奏事。直到清朝，大臣奏事则必须得跪着。明代自朱元璋起，就明文规定，"大朝仪"须"众官皆跪"。清朝的官僚上朝时跪地时间特别长，以至于大臣们都有特别的护膝。从礼仪上的变化可以看出，自宋代以后，皇帝的权威越来越高，而文武百官的地位却不断下降。

##  成语窗

**垂涎三尺**
嘴边挂着三尺长的口水。形容羡慕到极点，极想据为己有。

**永垂不朽**
指姓名、事迹、精神等永远流传，不会磨灭。

**拱手让人**
双手合抱在胸前，以示敬意。恭顺地让给别人。形容怯弱可欺或甘心为奴仆、附庸。

**素昧平生**
彼此一向不了解，指与某人从来不认识。

**平分秋色**
比喻双方各得一半，不分高低，表示平局。

**斐然成章**
章：有条理的花纹。形容文章富有文采，很值得看。

**走马章台**
章台街为汉代长安街名，多妓馆。后因以"走马章台"指涉足娼妓间，追欢买笑。

爱育黎首

ài

| 甲骨文 | 金文 | 篆文 | 隶书 | 楷书 | 行书 | 草书 | 标准今宋 |
|---|---|---|---|---|---|---|---|
|  | 𢙴 | 𢙴 | 愛 | 愛 | 愛 | 爱 | 爱 |

### 解字堂

"爱",金文𢙴=𣎵(欠,一个人张着嘴巴,表示呵气或喃喃倾诉)+心(心,同情、疼惜),表示疼惜、倾诉。有的金文加手形,像一个喃喃倾诉的人伸出手捧着自己的心,表示将对方放在心上。篆文将金文喃喃倾诉的"欠"写成。还有的篆文将金文的手形写成倒写的"止"。隶书又误将篆文的"欠"写成罒,从此,"爱"字中的"欠"(温柔的呢喃)消失。隶变之后楷书写作"愛"。简化后写作"爱"。

《说文解字》说:"爱,行皃。从夊,㤅声。""爱"字的造字本义是指用心疼惜、呵护,并喃喃倾诉柔情,如爱公物、爱集体荣誉等。"爱"可以表示喜欢,如爱游泳、爱劳动等;可以表示对人或事物有很深的感情,如爱祖国、爱人民、爱上了一个姑娘等;可以表示容易发生某种变化,如爱哭、爱晕车、铁爱生锈等。此外,"爱"还是一个姓氏。

爱情是人与人之间一种强烈的依恋、亲近、向往,以及无私专一并且无所不尽其心的情感。它通常由情爱和性爱两个部分组成,前者是爱情的灵魂,后者是爱情的能量,前者是后者的先决条件,后者是前者的动力,只有将二者结合才能达到完美的爱情境界。

### 名言馆

爱多者则法不立,威寡者则下侵上。
· 《韩非子·内储说上》

---

结发为夫妻,恩爱两不疑。
· 汉苏武《诗四首》其三

---

秦爱纷奢,人亦念其家。
· (唐)杜牧《阿房宫赋》

---

晋陶渊明独爱菊。
· (宋)周敦颐《爱莲说》

---

千金之子,不死于盗贼,何者?其身之可爱,而盗贼之不足以死也。
· (宋)苏轼《留侯论》

谜语答案 垂平

爱育黎首

yù

育

| 甲骨文 | 金文 | 篆文 | 隶书 | 楷书 | 行书 | 草书 | 标准宋体 |
|---|---|---|---|---|---|---|---|
| | | | 育 | 育 | 育 | 育 | 育 |

## 名言馆

载生载育，时维后稷。
　　　　　·《诗·大雅·生民》

天不产而万物化，地不长而万物育。
　　　　　·《庄子·天道》

幼为长所育，两别泣不休。
　　　　　·（唐）韦应物《送杨氏女》

## 解字堂

"育"与"毓"本同源，后来逐渐分化。"育"，甲骨文=（人，指女人）+（倒写的"子"，表示出生的婴儿），也就是妇女生子。当"毓"由本义"妇女生育"引申成"休养生息"后，甲骨文以"女"代替"人"，明确了"孕妇生子"的本义。金文承续甲骨文字形，并在"子"的头部加了三点，表示妇女生产时的羊水。篆文将金文的"女"写成"每"，将写成。篆文的异体字=（头朝下出生的婴儿）+（肉，长肉），表示生子并喂养，使孩子长大。隶书将篆文倒写的"子"写成了"厶"，将篆文的"肉"写成了"月"。至此，演变成了如今的"育"字。

《说文解字》说："育，养子使作善也。从厶，肉声。《虞书》曰：'教育子。'毓，育或从每。""育"的造字本义是指孕妇生子，如育龄、育婴等。通过比喻引申，"育"可以表示培养、培植，如育苗、培育等；可以表示管教、训练活动，如美育、智育等。此外，"育"还是一个姓氏。

"育"字又可以读作yō，常见的词语有杭育，是一个叹词，表示集体干重活的时候为协调动作而喊出来的有节奏的声音。对于我国诗歌的起源，鲁迅先生曾提出过一个精辟的见解，即"杭育杭育派"。

爱育黎首

| 甲骨文 | 金文 | 篆文 | 隶书 | 楷书 | 行书 | 草书 | 标准宋体 |
|---|---|---|---|---|---|---|---|
| | | | | | | | 黎 |

## 解字堂

"黎"，甲骨文 = （禾，穗子低垂的庄稼）+ （刀，收割）。金文将甲骨文字形中穗子低垂的"禾"写成 。篆文将金文的 写成"黍" ，将金文的"刀" 写成"勿" 。隶化后，楷书黎将篆文的"勿"写成 ，也就成了现在的写法。

《说文解字》说："黎，履黏也。从黍，利省声。利，古文利。作履黏以黍米。""黎"字的造字本义是收割庄稼，该义项仅见于古文，现已消失。作为形容词，"黎"还可以表示黍米色的、黑中带黄的，如黎明、黎黑等。作为名词，"黎"又引申为以黍米为生的百姓和大众，如黎庶、黎民百姓等。此外，"黎"还是一个姓氏，主要分布在今湖南、广东、四川、江西等省，是中国排名第九十二位大姓。历代黎姓名人有黎宿、黎元洪等。

又有"黎锦"，是黎族地区出产的一种锦，绣有人物花鸟等图案。黎锦是以棉线为主，麻线、丝线和金银线为辅交织而成的，它制作精巧，色彩鲜艳，富有夸张和浪漫的色彩。如白沙县黎族人民就有一种两面加工的彩绣，多姿多彩，极具特色，有"苏州双面绣"的美称。

## 名言馆

土青曰黎。似黎草色也。

·《释名》

穷年忧黎元，叹息肠内热。

·（唐）杜甫《自京赴奉先县咏怀五百字》

三军版筑脱金刀，黎庶翻惭将士劳。

·（唐）钱起《同王员外陇城绝句》

# 爱育黎首 shǒu 首

| 甲骨文 | 金文 | 篆文 | 隶书 | 楷书 | 行书 | 草书 | 标准宋体 |
|---|---|---|---|---|---|---|---|
| | | | 首 | 首 | 首 | | 首 |

## 名言馆

带长剑兮挟秦弓，首身离兮心不惩。
　　·《楚辞·九歌·国殇》

愿得将军之首以献秦。
　　·《战国策·燕策三》

陈涉首难，豪杰蜂起。
　　·《史记·项羽本纪》

湖上一回首，青山卷白云。
　　·（唐）王维《欹湖》

## 解字堂

"首"，甲骨文、像有发、有眼、有嘴的动物头部。金文突出头部的毛发。有的金文省去嘴形，略去野兽特征，突出人类的眉毛与眼睛。篆文承续金文字形。隶书首将篆文的"眉"写成"草头"，从而形成了现在的模样。

《说文解字》说："首，百同，古文百也。巛象发，谓之鬊，鬊即巛也。凡首之属皆从首。""首"的造字本义是指人的头部，如昂首、首饰等。通过比喻引申，"首"可以表示最高领袖、头领，如首长、匪首等；可以表示题头、开头，如题首、首段等。作为量词，表示题，如一首歌、唐诗三百首等；作为副词，表示最早地、初始地，如首倡、首要、首当其冲等；作为形容词，表示第一的、初始的，如首先、元首等。此外，"首"还是一个姓氏。

《汉书·儒林传序》有"建首善自京师始"，后来人们就常用"首善之地"代指首都，如鲁迅先生《彷徨·示众》："首善之区的西城的一条马路上，这时候什么扰攘也没有。"有时候，"首善之地"也泛指最好的地方，如《续资治通鉴》："学校为育材首善之地，教化所从出，非行法之所。"

## 温故知新

###  四字通解

爱育黎首，意思是天子对百姓十分的爱护和体恤。"爱育"是指爱护、抚育，"黎首"泛指普通的人民群众。日常用语中，"黎民"常与百姓一起使用，很多人便以为二者含义一致，其实不然。在炎黄时期甚至周朝以前，两者的意思是大相径庭的。到商周时期，二者的含义也不同，"黎民"的意思是庶民，"百姓"则往往用作部落群的通称。再说甲骨文中没有出现"民"字，《尚书》中才开始出现，金文的"民"字是从最初的"民"字沿袭下来，并非周人所创。根据左安民所著《细说汉字部首》，"民"的本意是指农奴。当文字发展到小篆时期，就已看不到原意的形象，"民"字逐渐引申为被统治的人。

春秋时代，"民"的地位很低，所谓"困而不学，民斯为下矣"（《论语》），意思是说遇到困难而不能坚持学习下去，就是下等人。战国时期有了较大变化，"民为贵，社稷次之，君为轻"（《孟子》）。随后，"黎民"与"百姓"的差别继续缩小，到南北朝时期已经没有明显差异了。

###  故事厅

**阇黎饭后钟**

唐朝王播年少孤苦贫寒，曾经客居扬州惠昭寺木兰院，跟随僧人吃斋饭。时间久了，僧人对他也就厌烦怠慢。于是用斋饭后才敲饭点的钟，令王播赶不上。二十多年后，王播由朝廷重臣外出镇守扬州，顺便访问旧游之地。到了惠昭寺木兰院，只见过去题诗的墙壁上，都用碧纱罩盖上了自己的诗作。他感慨不已，在原题诗的地方，又题写了两首绝句："三十年前此院游，木兰花发院新修。如今再到经行处，树老无花僧白头。""上堂未了各东西，惭愧阇黎饭后钟。三十年来尘扑面，如今始得碧纱笼。"

**岘首碑**

岘首，山名，即湖北襄阳县南的岘山。晋朝羊祜曾任襄阳太守，颇有政绩。羊祜公事之余，常登岘山，纵览风景。他死后，百姓怀念他，在岘山羊祜平生的游憩之所建碑立庙。往来望其碑者无不涕泣。

### 猜谜语

斜月伴三星，桥下来会友。
（打一字）

取之有道。
（打一字）

 **知识角**

### 布衣卿相的由来

和"黎首"一样,"布衣"也是以百姓、平民身上的标志借代他们本身。《盐铁论》中说,古代的普通人要到八九十岁才能穿丝绸衣服,之前只能穿麻衣,所以老百姓被称为布衣。但是从战国开始,随着官僚制度的兴起,一些出身老百姓的士人靠着自己的才能,平步青云,出现了一批将相之才。另一方面,春秋时期的大夫,大部分是靠宗亲分封而来,并且加以世袭;而战国时期的大夫,逐渐演变为官僚体系中的一种职位和爵位,不再靠分封,也不再世袭,反而大多数是由士上升而来的。士人们奔走各国,阐述自己的政治主张和治国方略,取得国君信任后便被重用,从而变成高级官僚,这就促成了"布衣卿相"局面的出现。

### 何首乌

何首乌为多年生植物,块根肥厚,呈现为椭圆形,黑褐色居多。茎呈缠绕状,长2—4米,多分枝,具纵棱,表面无毛,略微粗糙,下部有木质化情况。何首乌主要产自陕西南部、甘肃南部、华东、华中、华南、四川、云南及贵州等地。此外,日本地区也有分布。主要功效可以用于养血滋阴、润肠通便、祛风、解毒等。何首乌还可以入膳,如何首乌蒸猪肝、何首乌煨鸡等,又可以制成首乌防脱发茶、首乌黑发酒等。民间还有何首乌可以延年不老的说法,唐代文学家李翱曾著有《何首乌传》,记载了当时的传说。

 **成语窗**

**爱憎分明**
形容爱和恨的立场和态度十分鲜明,体现了个人或组织及团队的立场、观点与人生追求。

**楚楚可爱**
形容陈设整齐,令人喜爱。

**仰事俯育**
意思是上要侍奉父母,下要养活妻儿。泛指维持一家生活。

**贲育之勇**
孟贲和夏育都是秦武王时的壮士。孟贲、夏育的勇气,即泛指壮士的勇气。

**遗黎故老**
指前朝留下的历经世变的老人。

**黎丘丈人**
出自《吕氏春秋》。比喻因为假象、不察真情而陷入错误的人。

**狐死首丘**
古代传说狐狸如果死在外面,一定把头朝着它的洞穴。比喻不忘本或怀念故乡,也比喻对故国、故乡的思念。用于褒义。

**痛心疾首**
形容痛恨到极点,悲伤到极点。

臣伏戎羌

| 甲骨文 | 金文 | 篆文 | 隶书 | 楷书 | 行书 | 草书 | 标准宋体 |
|---|---|---|---|---|---|---|---|
| 𦣝 | 𦣝 | 臣 | 臣 | 臣 | 臣 | 𠃊 | 臣 |

## 解字堂

"臣"是象形字，是"目"的变形。"臣"，甲骨文像一只眼睛向下看。有的甲骨文突出眼珠的球状。金文承续甲骨文字形。篆文有所变形，将金文的眼形写成。此后，"臣"字形体变化不大。

《说文解字》说："臣，牵也。事君也。象屈服之形。凡臣之属皆从臣。""臣"字的造字本义是指俯首下视、屈服听命，如臣服。通过词性延伸，"臣"可以表示臣服受役的奴隶，如臣奴、臣虏等，该义项仅见于古文，现已消失。通过扩大引申，"臣"可以表示封建时代受命于上司的官吏，如君臣、臣民等。"臣"还多用作古代臣子的自称，如"臣亮言"。此外，"臣"还用作姓氏。

常见的说法有"折冲之臣"，用来指代忠勇的臣子。折冲之臣的说法出自《汉书》："刺讥不惮将相，诛恶不避豪强，诛不制之贼，解国家之忧，功著职修，威信不废，诚国家爪牙之吏、折冲之臣。"伟大的民族英雄岳飞创作的名篇《满江红》"靖康耻，犹未雪。臣子恨，何时灭？驾长车踏破，贺兰山缺。壮志饥餐胡虏肉，笑谈渴饮匈奴血。待从头、收拾旧山河，朝天阙"可为之注脚

## 名言馆

事君不贰是谓臣。
· 《国语·晋语四》

虽臣虏之劳不苦于此矣。
· 《韩非子·五蠹》

九日龙山饮，黄花笑逐臣。
· （唐）李白《九日龙山饮》

近臣那得识，禅客本无名。
· （唐）皎然《酬李补阙纾》

孤臣泪已尽，虚作断肠声。
· （唐）柳宗元《入黄溪闻猿》

谜语答案　爱首

| 甲骨文 | 金文 | 篆文 | 隶书 | 楷书 | 行书 | 草书 | 标准宋体 |
|---|---|---|---|---|---|---|---|
|  |  |  | 伏 | 伏 | 伏 | 伏 | 伏 |

## 名言馆

夫大国,难测也,惧有伏焉。
　　·《左传·庄公十年》

入武关,秦伏兵绝其后,因留怀王,以求割地。
　　·《史记·屈原贾生列传》

愿随孤月影,流照伏波营。
　　·(唐)沈如筠《闺怨二首》其一

佳句成来谁不伏,神丹偷去亦须防。
　　·(唐)陆龟蒙《和袭美怀锡山药名离合二首》其二

## 解字堂

"伏",金文=（人,猎手)+（犬,猎犬),表示猎手与猎犬。篆文将金文字形中狗的形象写成。隶书将篆文的写成,便形成了如今的字形。

《说文解字》说:"伏,司也。从人,从犬。""伏"的造字本义是指猎手带着猎狗,趴卧隐蔽,伺机出击猎物,此义项仅见于古文,现代汉语中已经消失。通过比喻引申,"伏"字可以表示隐蔽、伺机出击,如伏笔、伏甲、昼伏夜出等。经过扩大引申,"伏"又表示屈身、俯卧、低下,如伏案、伏地、此起彼伏等。通过递进引申,"伏"具有臣服、使臣服的含义,如伏罪、伏魔、伏诛等。同时,"伏"还是一个姓氏,历代名人有伏湛、伏完等。

"伏"在物理学中还特指伏特,是电压的基本单位,它的名称来源于意大利物理学家亚历山德罗·伏特。另有伏特加酒,它是俄罗斯的传统酒精饮料,由谷物或马铃薯蒸馏而成,酒质晶莹澄澈,并以烈焰般的刺激形成它独具一格的特色。较有特色的伏特加酒有紫色阴霾、莫斯科骡子、海风等,深受世界各地人民的热爱。

臣伏戎羌

| 甲骨文 | 金文 | 篆文 | 隶书 | 楷书 | 行书 | 草书 | 标准宋体 |
|---|---|---|---|---|---|---|---|
| 𢦏 | 戎 | 戎 | 戎 | 戎 | 戎 | 戎 | 戎 |

### 解字堂

"戎"，甲骨文𢦏=𢦏（戈）+十（十，盾牌的握柄，代盾牌），金文戎、戎基本承续了甲骨文字形。篆文戎将金文的"盾"十写成"甲"中。此后，又经过隶书的进一步简化，便形成了如今所见到的字形。

《说文解字》说："戎，兵也。从戈，从甲。""戎"字的造字本义是指戈戟与盾牌，也即古代士兵的基本装备，如戎机、兵戎、戎马生涯等。通过借代引申，"戎"可以代指军事、军队，如戎装、戎行、投笔从戎等；可以代指古代战争频繁的西部民族，如戎骑、西戎等。此外，"戎"还是一个姓氏。

投笔从戎，征战沙场，一直是我国古代文人的一大梦想。为此，他们创造了大量的诗词，如《木兰辞》："万里赴戎机，关山度若飞。"大诗人杜甫尤其喜欢使用"戎"字，有"戎马关山北，凭轩涕泗流"（《登岳阳楼》）、"自从收帝里，谁复总戎机"（《遣愤》）、"北极转愁龙虎气，西戎休纵犬羊群"（《喜闻盗贼蕃寇总退口号五首》）、"忆过泸戎摘荔枝，青峰隐映石逶迤"（《解闷十二首》）等等，表现出我国现实主义诗人对战争的强烈关注，杜甫的诗歌也因此被称为"诗史"。

### 名言馆

万里赴戎机，关山度若飞。
· 北朝乐府《木兰辞》

戎衣何日定，歌舞入长安。
· （唐）骆宾王《在军登城楼》

试借君王玉马鞭，指挥戎虏坐琼筵。
· （唐）李白《永王东巡歌十一首》其十一

勿为新婚念，努力事戎行。
· （唐）杜甫《新婚别》

臣伏戎羌

| 甲骨文 | 金文 | 篆文 | 隶书 | 楷书 | 行书 | 草书 | 标准宋体 |
|---|---|---|---|---|---|---|---|
| 𦍌 | 羌 | 羌 | 羌 | 羌 | 羌 | 羌 | 羌 |

## 名言馆

羌笛何须怨杨柳，春风不度玉门关。
・（唐）王之涣《凉州词二首》其一

健儿击鼓吹羌笛，共赛城东越骑神。
・（唐）王维《凉州赛神》

羌笛梅花引，吴溪陇水情。
・（唐）李白《清溪半夜闻笛》

中军置酒饮归客，胡琴琵琶与羌笛。
・（唐）岑参《白雪歌送武判官归京》

羌管悠悠霜满地。人不寐，将军白发征夫泪。
・（宋）范仲淹《渔家傲》

## 解字堂

"羌"，甲骨文𦍌=羊（羊）+人（牧人）+⺕（古代西部民族的独特帽饰）。还有的甲骨文省去了帽饰的形状。金文则简化了早期甲骨文字形，只保留了"丝"。有的金文进行了进一步简化，写作羌。篆文的羌承续了金文字形。隶书的羌则将篆文的羊写成了羊，从而形成了现在的模样。

《说文解字》说："羌，西戎牧羊人也。从人，从羊，羊亦声。南方蛮闽从虫，北方狄从犬，东方貉从豸，西方羌从羊；此六种也。西南僰人、僬侥，从人；盖在坤地，颇有顺理之性。唯东夷从大。大，人也。夷俗仁，仁者寿，有君子不死之国。""羌"的造字本义是指以牧羊为生的古代西部民族，称为羌族。羌族原住在以青海为中心，南至四川，北接新疆的一部分地区。到东汉时期，羌族迁居到了今天甘肃一带，并在东晋时期建立了后秦政权。

羌笛是我国传统的民族乐器之一，又被称为羌管，是我国古老的单簧气鸣乐器之一。羌笛主要用于独奏，音色清脆高亢，带有悲凉之感，"羌笛何须怨杨柳，春风不度玉门关"是羌笛表现力的真实写照。

## 温故知新

### 四字通解

臣伏戎羌，意思是四方的少数民族都心悦诚服地归附。"臣伏"的意思是指屈服称臣。《管子》曾说："外内均和，诸侯臣伏，国家安宁，不用兵革。"《秦并六国平话》亦有："楚魏二邦未曾臣伏，谁能为朕一行？"这里的"臣伏"有主动和被动的区别，有人解释此句之时，认为是主动攻击进而使人臣伏，这是不正确的。真正的意思应该是指通过上德使戎羌心悦诚服地归顺。关于这一点，可以从"臣伏"与"臣服"的本意得知。"臣伏"与"臣服"的区别在于"伏"与"服"，古代一车四马，居中两匹叫"服"。故古人者夹辕曰服马。服字从舟，是引申意，马之周旋如舟之旋，故从舟。"臣伏"与"臣服"均有屈服称臣之意，均属于以犬马为喻。后来，犬马引申为谦辞，用于臣子对君上的自卑之称。曹操的《上书让增封武平侯及费亭侯》中有："虽有犬马微劳，非独臣力，皆由部曲将校之助。"司马光《请建储副或进用宗室第三状》中有："臣独不爱犬马之躯，为陛下言之。"

### 猜谜语

人参大补丸。
（打一字）

官人卸了乌纱，奴家抛头露面。
（打一字）

### 故事厅

#### 伏虎山卓刀泉

相传在赤壁之战前，关羽奉诸葛亮之命率兵马途经伏虎山，当时酷暑难熬，关羽派人四处寻找水源，均无所获。一位银须飘拂的老翁告诉关羽："这里原是水丰林茂之地，后来出了个老虎精，把湖湾水源全给糟塌掉了。"此话刚出口，狂风起处，一只金睛白额老虎就扑了过来。关羽见状，怒不可遏，随手祭起青龙偃月刀，化作一条青龙，迎虎而上。青龙越斗越勇，猛虎一阵惨叫，再也不能动弹。关羽以刀卓地，仰天大笑，就在他的大刀卓地之处，居然冒出涓涓清泉。后人便把这处清泉取名为卓刀泉，把白虎精化成的山叫作伏虎山。

#### 回纥军帮助唐军平叛

755年，唐朝平卢、范阳、河东节度使安禄山造反。叛军从范阳南下，过黄河、破潼关，进而攻占长安，唐朝顿时处于风雨飘摇之中。

第二年，唐肃宗接受郭子仪建议，调用回纥军队帮助平定安禄山叛乱。唐军在陕西向叛军发动第一次反攻，回纥军队参加了这次战役。在唐军与回纥军的夹击之下，叛军大溃，被迫退出潼关，唐军收复长安。接着，唐军乘胜出潼关，又展开新店之役。郭子仪与叛军在新店列阵，叛军依山而战，唐军失利。叛军下山追杀唐军，回纥军从南山击其背，唐军回军夹击，叛军遂溃。回纥军作战勇敢，史书称其："一鼓作气，万里摧锋，二旬之间，两京克定，力拔山岳，气贯风云。"

 **知识角**

### 戎马的含义

戎马的基本解释是指军马，借指为军事、战争，所谓"戎马四万匹，兵车万乘"。"戎马"用来指代军队的时候，如《东周列国志》："秦襄公稽首受命而归，即整顿戎马，为灭戎之计。""戎马"犹胡马，借指北方入侵的少数民族，如"戎马窥天堑，边烽断日畿"。'戎马'又常常借代为战乱、战争之意，如杜甫《登岳阳楼》"戎马关山北，凭轩涕泗流"，叶适《故枢密参政汪公墓志铭》"高宗厌戎马久，思壹休息，既定和亲，罢诸将兵"等。

### 关于"羌族"

羌族是我国西部地区的一个古老民族，又被称为"云朵上的民族"。在五千多年前，部落大战，战败后的炎帝率其大部与黄帝部落融合，形成华夏民族，也就是汉族；少部分炎帝部落的人民向西迁徙，与当地土著融合，形成了羌族、藏族等。今天的羌族正是古代羌支中保留羌族族称以及部分传统文化的一支，她与汉族、藏族等均为兄弟民族，都具有部分炎帝部落的血统。羌族有着自己的语言，属于汉藏语系藏缅语族羌语支。羌语支又可以分为普米语、木雅语、嘉绒语、扎语、尔苏语、纳木依语等。

 **成语窗**

### 位极人臣
君主时代指大臣中地位最高的人，泛指身为重臣，官位很高。

### 迁客逐臣
指遭贬官放逐的人。

### 十面埋伏
出自楚汉相争的垓下之战。意思是设伏兵于十面以围歼故军。

### 昼伏夜行
白天躲藏，夜间赶路。指为避免被敌人发现所采取的秘密活动。

### 投笔从戎
扔掉笔去参军，指文人从军。

### 戎马倥偬
戎马本指战马，此处借指军事，意即军务繁忙。

### 羌无故实
特指不用典故或者没有出处。

## 遐迩一体

xiá

| 甲骨文 | 金文 | 篆文 | 隶书 | 楷书 | 行书 | 草书 | 标准宋体 |
|---|---|---|---|---|---|---|---|
| | | 遐 | 遐 | 遐 | 遐 | 遐 | 遐 |

### 解字堂

"遐"字的右半边是"叚",它既是声旁也是形旁,是"假"的本字,表示虚拟。"遐",篆文 遐 = 辵(辵,行走) + 叚(叚,"假",虚拟),表示虚拟之行,即神游,在想象中远行。隶书 遐 将篆文的"辵"遐 写成辶。此后,"遐"的字形几无变化。

《说文解字》说:"遐,远也。从辵,叚声。""遐"字的造字本义是指神游中的遥远之地,该义项只见于古文,现已消失。通过词性引申,"遐"字可以表示遥远的,如遐方、遐僻、遐迩闻名等。作为副词,"遐"表示遥远地、不着边际地,如遐思、遐想等。书面语中,"遐"还可以表示长久的,如遐龄等。此外,"遐"还是一个姓氏。

唐代有一个叫李遐周的诗人,非常喜欢道术,曾经被玄宗召入皇宫,后来出宫居住在玄都观。宰相李林甫曾经拜访过他,他对李林甫说:"你活着便可以全家平安,你去世了全家也就完了。"李林甫追问解救之法,他只是笑而不答。后来安史之乱爆发,李遐周在墙上题下了诗句数首,末篇说:"燕市人皆去,函关马不归。若逢山下鬼,环上系罗衣。"后来竟一一应验。

### 名言馆

策扶老以流憩,时矫首而遐观。
· (晋)陶潜《归去来兮辞》

时岁忽兮,孤愤遐吟。
· (唐)陈子昂《喜马参军相遇醉歌》

北阙圣人歌太康,南冠君子窜遐荒。
· (唐)李白《流夜郎闻酺不预》

遥闻出巡守,早晚遍遐荒。
· (唐)杜甫《城上》

入觐展遐恋,临轩慰来思。
· (唐)李适《送徐州张建封还镇》

谜语答案　伏臣

迩迩一体

| 甲骨文 | 金文 | 篆文 | 隶书 | 楷书 | 行书 | 草书 | 标准宋体 |
|---|---|---|---|---|---|---|---|

## 名言馆

柔远能迩，惇德允元。
·《书·舜典》

其称文小而其指极大，举类迩而见义远。
·《史记·屈原贾生列传》

盗贼纵横甚密迩，形神寂寞甘辛苦。
·（唐）杜甫《寄柏学士林居》

始悟喧静缘，何尝系远迩。
·（唐）白居易《郡中西园》

密迩平阳接上兰，秦楼鸳瓦汉宫盘。
·（唐）李商隐《当句有对》

## 解字堂

"邇"字的右半边是"爾"，它既是声旁也是形旁，是古代可以多箭齐发的排箭，表示较短射程。金文 = （辶，行进、抵达）+ （尔，较短射程），表示较短的行程。篆文承续金文字形。籀文将"爾"的下部省略，写成"尔"。隶书将篆文的"辶"写成"走字底"。隶化后楷书写作"邇"。简化后写作"迩"。

《说文解字》说："迩，近也。从辵，尔声。""迩"的造字本义是指到达的近处，该义项只见于古文，如"若陟遐，必自迩"等，现代汉语中已经消失。经过词性引申，"迩"可以表示近的，短距离的，如迩来（近来）、迩日（近日）、遐迩闻名等。

唐代大诗人白居易曾写过一首《骠国乐》诗："骠国乐，骠国乐，出自大海西南角。雍羌之子舒难陀，来献南音奉正朔。德宗立仗御紫庭，黈纩不塞为尔听。玉螺一吹椎髻耸，铜鼓一击文身踊。珠缨炫转星宿摇，花鬘斗薮龙蛇动。……感人在近不在远，太平由实非由声。观身理国国可济，君如心兮民如体。体生疾苦心憯凄，民得和平君恺悌。贞元之民若未安，骠乐虽闻君不叹。贞元之民苟无病，骠乐不来君亦圣。骠乐骠乐徒喧喧，不如闻此芻蕘言。"记录了骠国献国乐与唐朝的事情，表达了王化之下远近弥服、遐迩一体的观念。

遐迩一体

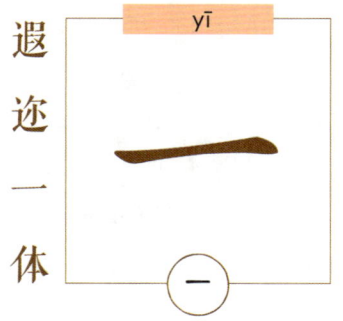

yī

| 甲骨文 | 金文 | 篆文 | 隶书 | 楷书 | 行书 | 草书 | 标准宋体 |
|---|---|---|---|---|---|---|---|
| 一 | 一 | 一 | 一 | 一 | 一 | 一 | 一 |

## 解字堂

"一"是特殊指事字，抽象符号"一"既代表最为简单的起源，也代表最为丰富的浑沌整体。

《说文解字》说："一，惟初太始，道立于一，造分天地，化成万物。凡一之属皆从一。""一"字的造字本义为最小原始单位、最小的正整数，如一带一路、一盘棋一杯羹、一败涂地等。"一"的含义与相关词语十分丰富。作为形容词，"一"可以表示相同的、无二致的，如一概、一并、一模一样等；可以表示整体的、全部的，如一般、一生、一心一意等。作为副词，"一"有绝对、十分、非常的意思，如一定、一览表、一吐为快等；有多么、实在的含义，如"使君一何愚""妇啼一何苦"等，该义项只见于古文。

古人认为"道生一，一生二，二生三，三生万物"。也就是说，混沌太初的存在整体是"一"；然后由太初混沌的"一"，分出天地"二"极；天地二极之间，又生出人这第"三"部分；天地人三者，便衍化出了宇宙万物。"一"代表了混沌太初的整体；"二"上面的一横代表"天"，下面的一横代表"地"；"三"的上下两横代表"天地"，中间的一横便代表了"人"。

## 名言馆

一鼓作气，再而衰，三而竭。
· 《左传·庄公十年》

《诗》三百，一言以蔽之，曰思无邪。
· 《论语·为政》

黄鹤一去不复返，白云千载空悠悠。
· （唐）崔颢《黄鹤楼》

吏呼一何怒，妇啼一何苦。
· （唐）杜甫《石壕吏》

六王毕，四海一。
· （唐）杜牧《阿房宫赋》

# 遐迩一体

| 甲骨文 | 金文 | 篆文 | 隶书 | 楷书 | 行书 | 草书 | 标准宋体 |
|---|---|---|---|---|---|---|---|
|  | 體 | 體 | 體 | 體 | 體 | 体 | 体 |

## 名言馆

体恭敬而心忠信，术礼义而情爱人。
·《荀子·修身》

天之与地，皆体也。
·（汉）王充《论衡·道虚》

自汉至魏，四百余年，辞人才子，文体三变。
·《宋书·谢灵运传论》

王杨卢骆当时体，轻薄为文哂未休。
·（唐）杜甫《戏为六绝句》其二

新辞将印拂朝缨，临水登山四体轻。
·（唐）刘禹锡《酬马大夫登阳口戍见寄》

## 解字堂

"體"右半边为"豊"，既是声旁也是形旁，表示装在器皿中祭祀的珍品。"體"，金文體=身（身）+豊（豊，盛器中的珍品），比喻分布在身子里的诸多重要器官。篆文體用"骨"代替金文的"身"，强调"骨骼"对"身子"的支撑作用，以及"骨腔"对"脏器"的保护作用。隶书體用"肉"代替篆文的"骨"，特别强调了"体"的"肉质"特征。隶化后楷书写作"體"。简化后，写作"体"。

《说文解字》说："体，总十二属也。从骨，豊声。""体"的造字本义是指骨腔和诸多内脏组成的躯干，如体操、体液、体无完肤等。通过借代引申，可以表示手脚、四肢的意思，如肢体、五体投地等。通过扩大引申，可以表示事物的外形，如固体、个体、整体等；可以表示形式、样式、制度，如体制、文体等。通过词性引申，有亲身经历、理解的含义，如体恤、体贴、身体力行等。同时，"体"还是一种语法范畴，常用来表示动词所指代动作进行的状况，如进行体、完成体等。此外，"体"还是一个姓氏。

## 温故知新

 **四字通解**

遐迩一体,意思是远至番邦外裔,近自中国,有道的君主将其视为一体,毫无分别。天下的百姓俱为一体,远方的人民也愿意归顺贤明的君主。

国家的特征之一,就是拥有一定范围的领土,并对领土上的居民实行管理。领土观则具有一个发生和发展的过程,它形成于夏商时期,直到近代才全面成熟。夏商时期,人们把中国的领土范围称为天下、四海、九州,它包括中原华夏地区以及四夷(各族人民)所居住的广大地区。国家形成以后,我国古代的国家主权观念、领土观念也随之发展起来。自古以来,都把"中国"作为国家通用的名称,对"中国"概念进行广义解释,将它与"天下""四海"视为同等概念,互相通用,中国的领土是包括中土和四夷之地在内的辽阔疆域。这一国家领土观在我国古代政治思想中一直居于主导地位,这对我国多民族统一国家的形成和发展具有十分重要的作用。

 **故事厅**

### 文章天下第一的胡广

在东汉时期,有一个太守叫作法雄,他的儿子法真发现胡广这个人非常有学问,人品也不错,是一个异常难得的人才。于是,法真就推荐他去京师参加考试。恰好,汉安帝曾经看过胡广的文章,居然高声称赞他的文章是天下第一。因此,胡广被封为了尚书郎,后来又作了尚书仆射,并逐渐成为皇帝身边的一大重臣。胡广博学多闻,史称"学究五经,古今术艺毕览之"。在选举上,他主张"选举人才,无拘定制"。胡广性格圆滑,以奉行中庸之道著称,历事安、顺、冲、质、桓、灵六朝,为官三十余年,史称"一履司空,再作司徒,三登太尉"。

### 东周时期的领土观念

春秋时代,由于少数民族的逐渐强大和内迁,出现了大规模的民族融合和文化融合趋势。中原地区的统治者以及一些政治家、思想家等,为了维护中原政权的正统性,就特别强调了华夏政权与四夷政权的区别,提出了所谓"严夷夏之防"的主张。

这一个时期,由于周天子权力的衰落,诸侯势力的崛起,中原地区诸侯国的统治者将商周时期与"天下"一词通用的"中国"加以限制,只将它作为对中原地区诸侯国的称呼,而将"天下"一词作为包括四夷在内领域的通称,借以代表全中国的领土范围。

### 猜谜语

困难之中,团结一致。
(打一字)

离人千里忧思切。
(打一字)

## 知识角

### 普天之下，莫非王土

这一句话，出自《诗经·北山》："陟彼北山，言采其杞。偕偕士子，朝夕从事。王事靡盬，忧我父母。溥天之下，莫非王土，率土之滨，莫非王臣。大夫不均，我从事独贤。"

这段话的意思是说：普天之下，皆是王土；四海之内，皆是王臣。其中，"普天之下，莫非王土"指的是井田制下的一切土地归国王所有；"率土之滨，莫非王臣"说的是分封制度，各诸侯国拱卫王室，并向国王贡献财物，随同作战。这种现象最早出现在周朝，后来，汉朝和明朝也都有分封诸侯、共同保卫王室的制度。

### 理一分殊

"理一分殊"是中国宋明理学的重要命题，主要讲的是"一理"与"万物"的关系，该说法来源于道家。

道家认为，"一"在直观上就显示出了与"多"的对应关系。相对于宇宙中"万物的多"，"一"则是万物的"生成者"和"统一者"。宋明理学家采纳道家思想，提出了"理一分殊"的命题。朱熹从本体论角度指出，总合天地万物的理，只是一个理；分开来，每个事物都各自有一个理；这就是所谓"理一分殊"。

## 成语窗

**遐方绝域**
指边远偏僻的地区。

**龟鹤遐龄**
遐龄指高寿。传说龟、鹤都能活一千年，常用以比喻长寿。

**闻名遐迩**
形容名声很大，远近的人们都知道。

**一呼百应**
一个人一呼喊，马上有很多人回应。

**一点灵犀**
指犀角上有纹，两头感应通灵，故比喻心心相印。

**月露之体**
喻指辞藻华美而内容空乏的诗文。

**四体不勤，五谷不分**
指不参加劳动，不能辨别五谷。形容脱离生产劳动，缺乏生产知识。

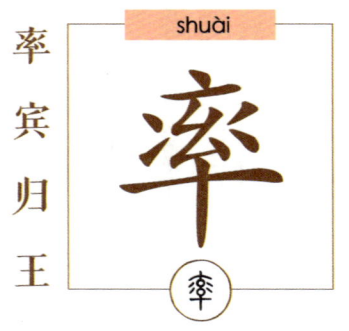

率宾归王

| 甲骨文 | 金文 | 篆文 | 隶书 | 楷书 | 行书 | 草书 | 标准宋体 |
|---|---|---|---|---|---|---|---|
| 🦴 | 🦴 | 率 | 率 | 率 | 率 | 率 | 率 |

## 解字堂

"率",甲骨文 🦴 = ┆┆(水)+ 𢆶(幺,丝线、绳索),像一根绳索拖在河水中。金文 🦴 承续甲骨文 🦴 字形。有的金文 🦴 将金文字形 🦴 中的河 ⺡ 改写成"行"彳,强调拉船前进。篆文 率 在水中的纤绳 🦴 上下两端各加一个 十 (十,"又" 又 的变形,表示抓握),强调双手抓纤拉船。隶化之后楷书写作"率"。

《说文解字》说:"率,捕鸟毕也。象丝罔,上下其竿柄也。凡率之属皆从率。""率"的造字本义是指用纤绳在河岸拉船,如"率西水浒,至于岐下",该义项仅见于古文,现已消失。通过词性引申,"率"可以表示带领、引导,如率领、率众、率兵等;可以表示榜样、楷模,如表率等;可以表示直接的、简单的,如率尔、率真、直率等;可以表示大概、一概,如"六国互丧,率赂秦耶",该义项同样仅见于古文之中,现已消失。此外,"率"字还假借为"律"字,表示数学用语中两数的比值,如比率、效率等。

率性是部分古代文人一种理想的生活态度,这在诗词中有所展现,如皎然《支公诗》说"支公养马复养鹤,率性无机多脱略",韦应物《种瓜》说"率性方卤莽,理生尤自疏"等。

## 名言馆

溥天之下,莫非王土。率土之滨,莫非王臣。
· 《诗·小雅·北山》

---

故其著书十余万言,大抵率寓言也。
· 《史记·老子韩非列传》

---

刺史,古之方伯,上所委任,一州表率也。
· 《汉书·何武传》

---

凉风率已厉,游子寒无衣。
· 《古诗十九首·凛凛岁云暮》

---

或曰:"六国互丧,率赂秦耶?"
· (宋)苏洵《六国论》

率宾归王

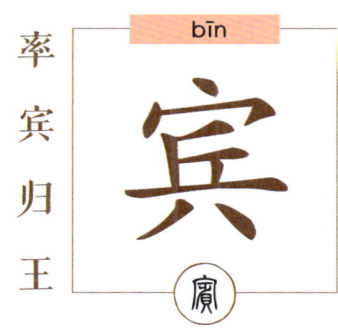

| 甲骨文 | 金文 | 篆文 | 隶书 | 楷书 | 行书 | 草书 | 标准宋体 |
|---|---|---|---|---|---|---|---|
| | | | | | | | 宾 |

## 名言馆

我有嘉宾,鼓瑟吹笙。
· 《诗·小雅·鹿鸣》

送君返葬石楼山,松柏苍苍宾驭还。
· (唐)王维《送殷四葬》

今日会稽王内史,好将宾客醉兰亭。
· (唐)鲍防《上巳寄孟中丞》

三千宾客总珠履,欲使何人杀李园。
· (唐)杜牧《春申君》

## 解字堂

"賓",甲骨文=（宀,房屋）+（人,客）,表示家中的客人。有的甲骨文加"止",表示前行,并在"人"的头上加一横指事符号,表示特殊身份。金文=（宀,房屋）+（万,特殊身分的人）。有的金文加"贝",表示带财礼到他人家里作客。篆文=（宀,房屋）+（"之"的误写,前往）+（贝,财礼）。隶化后楷书写作"賓"。简化后写作"宾"。

《说文解字》说:"宾,所敬也。从贝,宀声。宾,古文。""宾"的造字本义是指带礼拜访而受到款待的贵客。古人称访者为"客",称贵客为"宾"。现代汉语中,"宾"主要也是指宾客。其他常见的词有:宾服,表示归附、服从;宾白,表示戏曲中的说白;宾语,是指动词的一种连带成分;宾至如归,表示客人到了这里就像到了自己家一样,常常用来形容招待周到、无微不至。此外,"宾"还是一个姓氏。

我国古代,招待宾客的诗歌有很多,如高骈《春日招宾》有"花枝如火酒如饧,正好狂歌醉复醒"。又如白居易有《寻春招张宾客》《赠皇甫宾客》,独孤及有《送李宾客荆南迎亲》,李白有《送贺宾客归越》等,在这些情况下,"宾"有敬称的含义。

率宾归王

guī

| 甲骨文 | 金文 | 篆文 | 隶书 | 楷书 | 行书 | 草书 | 标准宋体 |
|---|---|---|---|---|---|---|---|
| 🗛 | 🗛 | 🗛 | 歸 | 歸 | 歸 | 🗛 | 归 |

## 解字堂

"歸"，甲骨文 🗛 = 🗛（兵符，代军权、战争）+ 🗛（止，终结）+ 🗛（方，边远势力）。有的甲骨文 🗛 误将 🗛 中"止"与"方"组成的 🗛 写成了"帚" 🗛。金文 🗛 承续甲骨文 🗛，并加"辵" 🗛（行进），强调前往中央朝拜。籀文 🗛 省去 🗛、🗛。篆文 🗛 基本承续金文字形。隶化后楷书写作"歸"。简化后写作"归"。

《说文解字》说："归，女嫁也。从止，从妇省，𠂤声。🗛，籀文省。""归"字的造字本义是指异域远疆停止与中央的敌对与战争状态，顺服于朝廷，如归附、归顺、归降等。通过扩大引申，可以表示回乡、回家，如归巢、归来、归心似箭等；再经过比喻引申，可以表示回复、回还、交回、重回，如归队、归根、归还、归真等；又经过递进引申，"归"可以表示并入、从属，如归档总归等。

"思归"是我国古代文人创作的重要主题之一。张祜有《思归乐》："晚日催弦管，春风入绮罗。杏花如有意，偏落舞衫多。"孟郊《渭上思归》："独访千里信，回临千里河。家在吴楚乡，泪寄东南波。"孟浩然也有《江上思归》："木落雁南度，北风江上寒。我家襄水上，遥隔楚云端。乡泪客中尽，孤帆天际看。迷津欲有问，平海夕漫漫。"

## 名言馆

大风起兮云飞扬，威加海内兮归故乡。

· （汉）刘邦《大风歌》

---

周公吐哺，天下归心。

· （汉）曹操《短歌行》

---

朔风动秋草，边马有归心。

· （晋）王赞《杂诗》

---

开荒南野际，守拙归园田。

· （晋）陶潜《归园田居五首》其一

---

微斯人，吾谁与归？

· （宋）范仲淹《岳阳楼记》

率宾归王

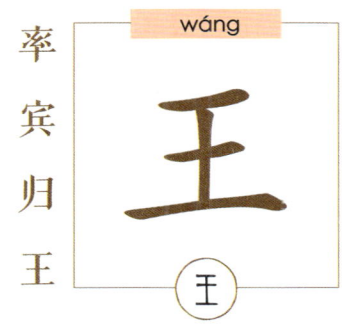

| 甲骨文 | 金文 | 篆文 | 隶书 | 楷书 | 行书 | 草书 | 标准宋体 |
|---|---|---|---|---|---|---|---|
| | | | | | | | 王 |

## 名言馆

看花满眼泪，不共楚王言。
·（唐）王维《息夫人》

名花倾国两相欢，长得君王带笑看。
·（唐）李白《清平调三首》其三

妃嫔媵嫱，王子皇孙，辞楼下殿，辇来于秦。
·（唐）杜牧《阿房宫赋》

## 解字堂

甲骨文中的"王"与"士"同源。"士"的金文字形与"王"的甲骨文字形一致。"王"，甲骨文字形像带手柄的宽刃巨斧。有的甲骨文在战斧（士）的基础上加一横指事符号，表示"王"是超级的"士"。金文承续甲骨文字形。有的金文将斧形的简化成，淡去了斧形。篆文承续金文字形。篆文的"玉"与篆文的"王"字形相似，区别在于："玉"的三横疏密均匀，而"王"的三横上密下疏。后来，又经过进一步的演化，形成了"玉"和"王"现在的区别。

《说文解字》说："王，天下所归往也。董仲舒曰：'古之造文者，三画而连其中谓之王。三者，天、地、人也，而参通之者王也。'孔子曰：'一贯三为王。'凡王之属皆从王。""王"的造字本义是指最大的战斧，借代战场上所向无敌的统帅，如君王、国王等。"王"还有封建社会的最高爵位的意思，如王爵、王侯等；可以表示首领、头目，如占山为王、擒贼先擒王等；又常用来指代同类中居高位的或特别大的，如蜂王、蚁王等。此外，"王"还是中国人口第二大姓。

冷兵器时代，武器代表了军人的级别与地位：在前线用小型战斧作战的叫"兵"，在将帅身边用大型战斧的叫"士"，用特大战斧的将帅叫"王"。竹制武器叫"不"，木制武器叫"帝"，文治天下的叫"君"，头戴金冠之王叫"皇"。

## 温故知新

###  四字通解

率宾归王，意思是无论远近的人民都会受到君主的泽惠，所以相率服从，归顺于实行"王道"的圣明君主。"王"字是"三画而连其中"，三画表示天地人三才，中间顶天立地的一竖代表"道"，即所谓"吾道一以贯之"。

中国传统的政治秩序，历来有"王道""霸道"之别。对内以德怀文，对外以礼教化的叫作"王道"；对内严刑峻法，对外穷兵黩武则是"霸道"。

"王道"历来为儒家所推崇，它最早出自孟子的学说。《孟子》说："不违农时，谷不可胜食也；数罟不入洿池，鱼鳖不可胜食也；斧斤以时入山林，材木不可胜用也。谷与鱼鳖不可胜食，材木不可胜用，是使民养生丧死无憾也。养生丧死无憾，王道之始也。"这就是说，减轻人民负担，遵循自然规律，人们丰衣足食，就是"王道"。"王道"是一个很大的范畴，大体由两部分组成：一是清明的社会政治，二是完善的伦理道德。可以说，中国五千年文明能够绵延不绝，与中国历朝历代推行王道政治不无关系。

### 猜谜语

大兵戴帽。
（打一字）

琵琶琴瑟各成双。
（打一字）

一日分离成皓首。
（打一字）

###  故事厅

#### 渥巴锡东归

土尔扈特部是清代厄鲁特蒙古四部之一。17世纪30年代，因部落首领和鄂尔勒克与准噶尔部首领巴图尔浑台吉不合，率众西迁至额济勒河（伏尔加河）下游，自成独立游牧部落，却不断与厄鲁特各部联系，并多次向清朝政府进表纳贡。康熙五十一年（1712），康熙派图理琛使团经过俄国西伯利亚，两年后到达伏尔加河下游，探望土尔扈特部。乾隆二十一年（1756），土尔扈特遣使吹扎布，借道俄罗斯，历时三载终于到达北京，向乾隆帝呈献贡品、方物等物品。乾隆三十六年（1771），土尔扈特部首领渥巴锡为摆脱沙俄政府的压迫，维护民族独立，率领部众发动了武装起义，并冲破沙俄的重重截击，历经千辛万苦，胜利返回祖国，归顺大清朝。

#### 马超归顺刘备

马超归降刘备以前，四海闻名；归降刘备以后，却仅出场两次，其中一次还出卖酒醉失言的朋友彭羕。究其原因：

首先，大起大落的人生让马超学会忍耐。归顺刘备后，位至"五虎大将"，已经实现马超的理想，剩下只有"明哲保身"。其次，职位让马超显得"无为"。刘备封马超为"平西将军"，但当时蜀汉主要战争是曹魏、孙吴之间，马超少有表现机会。再次，马超的寿命很短，四十七岁就病卒了。

虽然马超归顺刘备后黯然余生，但白袍银铠、手执长枪的"锦马超"形象，永远是读者心中勇猛的少年将军。

 **知识角**

### 杜甫《宾至》

我国伟大的爱国主义诗人杜甫曾写过一首《宾至》:"幽栖地僻经过少,老病人扶再拜难。岂有文章惊海内?漫劳车马驻江干。竟日淹留佳客坐,百年粗粝腐儒餐。不嫌野外无供给,乘兴还来看药栏。"此诗写于唐肃宗上元元年,杜甫在成都草堂之时。全诗直接抒情,描写了作者在僻居老病之中有贵客不期而至的事情。诗歌的上半写了宾至,前四句于合断续、错综照应,极尽变化之能事。下半写了留宾,语意明快俊爽,温醇得体,在豪放之中自见殷勤之意,明显地流露出作者文人高士的清高性格。

### 当归

当归是最常用的中药之一,具有补血活血、调经止痛、润燥滑肠、抗癌免疫之功效。它是一种低温长日照多年生植物,较为适合高寒凉爽的气候,在海拔1500—3000米均可栽培。当归在低海拔的地区栽培之时,其抽苔率高,不易过夏。因其幼苗喜阴,应避免烈日直射。同时,当归较为适合在土层深厚疏松、排水良好、肥沃且富含腐殖质的砂质壤土栽培,不宜在低洼积水或者易板结的粘土中栽种。

常见的当归有东当归、欧当归、云南野当归、兴安白芷、紫花前胡、独活、大独活等等,种类繁多。

 **成语窗**

### 率尔成章
率尔:不经思索,随意地。形容写文章粗疏草率,不认真。

### 率土归心
意即四海之内,天下归心。

### 宾至如归
客人到这里就像回到自己家里一样。形容招待客人亲切周到。

### 出门如宾
出外做事像接待贵宾那样认真谨慎。

### 言归正传
指话头转回到正题上来。是我国旧体小说中常用的套语。

### 落叶归根
指飘落的枯叶,掉在树根旁,变成肥料滋养树根。用来比喻客居他乡的人,终要回到本乡。

### 天王老子
比喻至尊至贵、最有权威的人。

### 王佐之才
是指偏向于治国安邦、辅佐君王的经天纬地之才,与侧重于个人的品质、文化、艺术修养的逸群之才相区别。

## 鸣凤在树

| 甲骨文 | 金文 | 篆文 | 隶书 | 楷书 | 行书 | 草书 | 标准宋体 |
|---|---|---|---|---|---|---|---|
| 𣂤 | 鳴 | 鳴 | 鳴 | 鳴 | 鸣 | 鸣 | 鸣 |

### 解字堂

"鸣",甲骨文𣂤=口(口)+𠁥(鸟),金文鳴、篆文鳴承续甲骨文字形。隶书鳴将篆文鳴的鸟羽与鸟爪写成"四点底"灬。隶化后楷书写作"鳴"。简化后写作"鸣"。

《说文解字》说:"鳴,鸟声也。从鸟,从口。""鸣"字的造字本义是指鸟叫,如鸣叫、鸣禽、鸡鸣等。通过扩大引申,可以表示昆虫吟叫,如蝉鸣、蛙鸣等;可以表示喊、表达,如鸣谢、鸣不平、百家争鸣等;可以表示发出声音,如鸣鞭、鸣炮、孤掌难鸣等。

在我国古代的诗词之中,以"鸣"名篇的诗词众多,如王维《鸟鸣涧》:"人闲桂花落,夜静春山空。月出惊山鸟,时鸣春涧中。"陆龟蒙有《鸣雁行》:"朔风动地来,吹起沙上声。闺中有边思,玉箸此时横。莫怕儿女恨,主人烹不鸣。"李白亦有《鸣雁行》:"胡雁鸣,辞燕山,昨发委羽朝度关。——衔芦枝,南飞散落天地间,连行接翼往复还。客居烟波寄湘吴,凌霜触雪毛体枯。畏逢矰缴惊相呼,闻弦虚坠良可吁。君更弹射何为乎。"韩愈还提出了文学史上的"不平则鸣"说,在很大程度上昭示了文学与现实的关系,作家创作的动因以及优秀的文学应该具备的要素。

### 名言馆

狗吠深巷中,鸡鸣桑树颠。
·(晋)陶潜《归园田居五首》其一

---

挥手自兹去,萧萧班马鸣。
·(唐)李白《送友人》

---

山高鸣过雨,涧树落残花。
·(唐)韦应物《西郊期涤武不至书示》

---

今以钟磬置水中,虽大风浪不能鸣也。
·(宋)苏轼《石钟山记》

谜语答案 宾 王 归

鸣凤在树

fèng

# 凤

| 甲骨文 | 金文 | 篆文 | 隶书 | 楷书 | 行书 | 草书 | 标准宋体 |
|---|---|---|---|---|---|---|---|
| | | 鳳 | 鳳 | 鳳 | 鳳 | 凤 | 凤 |

## 名言馆

《萧韶》九成，凤凰来仪。
　　　　　　　·《书·益稷》

凤皇于飞，翙翙其羽，亦集爰止。
　　　　　　　·《诗·大雅·卷阿》

凤皇上击九千里，绝云霓，负苍天，翱翔乎杳冥之上。
　　　　　　·（战国）宋玉《对楚王问》

帝子吹箫逐凤皇，空留仙洞号华阳。
　　　　　·（唐）白居易《春题华阳观》

## 解字堂

"凤"，甲骨文像华美堂皇的大鸟，头顶华冠，身披带孔眼的修长翎羽。有的甲骨文加四边形（天宇），突出了"凤"的神秘"天鸟"特性。籀文写成"鹏"，并特别突出了其华美的长羽。篆文将天宇的写作"凡"。隶书误将篆文的鸟羽与鸟爪写成（四点底）。隶化后楷书写作"鳳"。简化后写作"凤"。在甲骨文之中，"龙""凤"都有头冠，表示龙为百兽之王，凤为百鸟之王。

《说文解字》说："凤，神鸟也。天老曰：'凤之象也，鸿前麐后，蛇颈鱼尾，鹳颡鸳思，龙文虎背，燕颔鸡喙，五色备举。出于东方君子之国，翱翔四海之外，过昆仑，饮砥柱，濯羽弱水，莫宿风穴。见则天下大安宁。'从鸟，凡声。""凤"的造字本义是指古人心目中的神鸟，传说中的百鸟之王，形似孔雀；雄的称为"凤"，雌的便称为"凰"。"凤"又被引申为皇后的代名词，如凤冠霞帔，指古代后妃或贵族妇女所戴的帽子，上面有用贵重物品做成的凤凰行状的装饰。又如凤毛麟角，借稀少难见的凤凰比喻稀少而可贵的人或事物。其也如凤仙花、凤尾竹、凤眼莲、凤爪等是根据凤凰的形体相似性而出现的词语。

鸣凤在树

zài

| 甲骨文 | 金文 | 篆文 | 隶书 | 楷书 | 行书 | 草书 | 标准宋体 |
|---|---|---|---|---|---|---|---|
| 中 | 壮 | 杜 | 在 | 在 | 在 | 左 | 在 |

## 解字堂

"在"字的左半边是"才",它既是声旁也是形旁,甲骨文中像房柱 Y 和房梁＿,代表居所。"在",甲骨文假借为"才" Y。金文壮＝ᄀ(才,柱梁、房屋)+土(土,田地),表示赖以生存的居所和田地。有的金文壮将"才" ᄀ误写成"十" ᄀ。有的金文壮将"土"土误写成"士"土。篆文壮承续金文字形。隶书在将篆文的"才" ᄀ写成ᄀ,变形较大。

《说文解字》说:"在,存也。从土,才声。""在"字的造字本义是指有屋有地的定居生活,如存在、现在等。"在"字的含义十分众多,通过扩大引申,它有居住、处于的意思,如家在何方、外在等;有存有、有的意思,如在意、在理等。通过词性引申,"在"可以作为副词,表示正、正进行地,如在飞、在笑、风在吼马在叫等;可以作为介词,表示与动作相关的时间、地点、范围等,如在即、在途、在天之灵等。

"存"的本义是传宗接代,强调时间上的延续;"在"的本义是定居生活,强调空间上的支点。《存在》是当代华语歌手汪峰演唱的一首歌曲,它延续了汪峰一贯的悲天悯人的诗人情怀,将无意义的存在剥离出自己的音乐空间,以歌载道,通过不停的拷问重启了当代人在音乐里慢慢丢失掉的思考能力。这首歌从正面激发出人们内心奋斗的积极性,传达出了正能量。

## 名言馆

父母在,不远游,游必有方。

·《论语·里仁》

---

生时乐死皆由命,事在皇天志不迷。

·(唐)储光羲《田家即事》

---

君在江南相忆否,门前五柳几枝低。

·(唐)刘长卿《使次安陆寄友人》

---

山不在高,有仙则灵。

·(唐)刘禹锡《陋室铭》

---

无因伴师往,归思在天台。

·(唐)齐己《再经蒋山与诸长老夜话》

鸣凤在树

| 甲骨文 | 金文 | 篆文 | 隶书 | 楷书 | 行书 | 草书 | 标准宋体 |

## 名言馆

碧玉妆成一树高，万条垂下绿丝绦。
·（唐）贺知章《咏柳》

野旷天低树，江清月近人。
·（唐）孟浩然《宿建德江》

渭北春天树，江东日暮云。
·（唐）杜甫《春日忆李白》

星月皎洁，明河在天。四无人声，声在树间。
·（宋）欧阳修《秋声赋》

长记曾携手处，千树压、西湖寒碧。
·（宋）姜夔《暗香》

## 解字堂

"樹"的本字为"尌"，甲骨文写作 ，由 （木，小树）、 （豆，盛器）、 （又，抓、手持）三者组成，表示手持木苗将它种在盆里。金文 种的则是 "屮"（草）。后来"尌"的本义消失，篆文 加上"木" ，强调种植对象为木本植物。所以其本义就是盆栽木本或草本植物的小苗。简体楷书树依据草书字形，将正体楷书中笔画复杂的 简化为"又" 。在甲骨文字形中，"树"是动词，表示植树；"木"是名词，表示一棵树。《说文解字》："樹，生植之总名。从木，尌聲。"已经将它作为名词，指代"树木"的总类了。

树，是木本植物的总称。有乔木、灌木和木质藤本之分，中国约有8000种树木，如榕树、杨树、柳树、柏树等。每棵树主要由根、干、枝、叶等组成。当然"树"作为动词的意思也并不少见，比如"独树一帜""树立远大理想"的"树"，就是"立"的意思；"十年树木，百年树人"的"树"则是种植、栽培的意思。

## 温故知新

###  四字通解

鸣凤在树，意思是树上的凤凰在欢乐地鸣叫。凤是中国传统的祥瑞。这句存在另一版本，在千字文的真迹里面，智永和尚、欧阳询、颜真卿、赵孟頫等大多数书法家都是写的"鸣凤在树"，只有宋徽宗赵佶写"鸣凤在树"。其实，不管是竹还是树，都没有太大的冲突。因为，在凤凰的生活习性中，它不啄活虫，不折生草，不群居，不乱翔，非竹食不食，非灵泉不饮，非梧桐不栖。也就是说，凤凰只会吃竹子，只住在梧桐树上。两个版本都紧贴凤凰的习性。

在中国传统特色的象征文化体系之中，凤凰是完美主义的化身，它和龙一起构成了龙凤文化，是中国传统文化中极为重要的一部分。龙代表着中华民族刚毅、进取及不屈的一面，凤则代表了中华民族仁慈、宽厚和智慧的一面。龙和凤的出现都是吉祥的象征。

###  故事厅

#### 一鸣惊人

春秋时期，楚庄王已经做了三年皇帝，白天打猎，晚上只知道喝酒，对国家大事全然不放在心上。他知道大臣们对他十分不满意，就下了一道命令："谁要是敢劝谏我，我就判他的死罪！"

这时候，有个名叫伍举的大臣对他说："我有个谜语想请大王猜猜。"庄王说："你说吧。"伍举说："楚国有一只大鸟，身披五彩，可是一停三年，不飞也不叫，这是什么鸟？"

楚庄王说："这不是普通的鸟，这种鸟不飞也就算了，一起飞就要冲上天，不鸣那也罢了，一叫将要震惊世人。你去吧，我明白了。"

#### 凤之一种：鹓鶵

惠施在梁国做国相，庄子去看望他。有人告诉惠施说："庄子来，是想取代你做宰相。"于是惠施很害怕，在国都搜捕三天三夜。庄子前去见他，说："南方有一种鸟，它的名字叫鹓鶵，你知道它吗？那鹓鶵从南海起飞飞到北海去，不是梧桐树不栖息，不是竹子的果实不吃，不是甜美的泉水不喝。当时猫头鹰拾到一只腐臭的老鼠，鹓鶵从它面前飞过，猫头鹰仰头看着，发出'吓'的怒斥声。现在你也想用你的梁国来吓我吗？"

### 猜谜语

莺啼画桥念君归。
（打一字）

乘风飞去又飞来。
（打一字）

写好毛笔字，个个紧相连。
（打一字）

鸣凤在树

 ## 知识角

### 凤的寓意

凤是人们心中的祥瑞之鸟，天下太平旳象征。古代的人常常以为太平盛世就会有凤凰飞来，所谓"有凤来仪"。凤凰同时也是皇权的象征，凤从属于龙，用于皇后嫔妃，所谓"龙凤呈祥"就是最具中国特色的图腾。汉族旳民间美术艺术之中有大量的类似造型。我国宋代常常使用龙凤旗，将龙凤作为吉祥的标记使用在物品上，比如龙凤团茶等。凤凰被认为是百鸟之中最为尊贵者，是鸟中之王，有所谓'百鸟朝凤'之说。

### 树木的分类

树木是木本植物的总称，有乔木、灌木和木质藤本之分。树木主要是种子植物，蕨类植物中只有树蕨为树木。中国约有8000种树木，分为榕树、杨树、柳树、柏树等。

一般，乔木才被称为树，它们有明显直立的树干，植株高大，分枝离地较高，能形成树冠。俗语中也有将比较大的灌木称为"树"的，如石榴树、茶树等。

 ## 成语窗

**凤鸣鹤唳**
形容优美的声音。

**瓦釜雷鸣**
声音低沉的沙锅发出雷鸣般的响声。比喻无德无才的人占据高位，威风一时。

**攀龙附凤**
比喻依附皇帝以成就功业或扬威，也即依附有声望的人以立名。

**炮龙烹凤**
形容豪奢珍奇的奇馔。

**如箭在弦**
箭已搭在弦上。比喻势在必行，或者事情已经到了不得不做或话已经到了不得不说的时候。

**意在笔先**
指写字画画或文章创作，先构思成熟，然后下笔。

白驹食场

bái

| 甲骨文 | 金文 | 篆文 | 隶书 | 楷书 | 行书 | 草书 | 标准宋体 |
|---|---|---|---|---|---|---|---|
| 白 | 白 | 白 | 白 | 白 | 白 | 白 | 白 |

## 解字堂

"白",特殊指事字,甲骨文由双舌、重叠,表示不停地说话。有的甲骨文由双舌、交叠。有的甲骨文则由三舌、、重叠,强调费尽口舌,极力说明。有的甲骨文简化双舌重叠的形象。金文承续甲骨文字形。有的金文像是"舌"形与"曰"的混合。篆文变成"曰"(说)字加一竖指事符号,表示"曰(说)"的动机或结果(清楚)。

《说文解字》说:"白,西方色也。阴用事,物色白。从入合二。二,阴数。凡白之属皆从白。""白"字的造字本义是指费尽口舌,极力说明,如辩白、表白、坦白等。通过缩小引申,"白"可以表示禀告、告诉,如"虚吏白州,州白大府",该义项仅见于古文。作为形容词,"白"可以表示明了的、清楚,如清白、明白、白话运动等;可以表示白色的,如白丁、白纸等;可以表示空的、不存在的,如白描、白手起家等。作为副词,"白"可以表示陡然、无代价地,如白搭、白费劲儿、白吃、白看戏等。此外,"白"还是一个姓氏,历代名人白起、白行简、白居易、白崇禧等。

## 名言馆

蒹葭苍苍,白露为霜。

·《诗·秦风·蒹葭》

---

人生天地之间,若白驹之过郤,忽然而已。

·《庄子·知北游》

---

太子及宾客知其事者,皆白衣冠以送之。

·《战国策·燕策三》

---

最爱湖东行不足,绿杨阴里白沙堤。

·(唐)白居易《钱塘湖春行》

谜语答案 鸣 凤 竹

白驹食场

jū

驹

| 甲骨文 | 金文 | 篆文 | 隶书 | 楷书 | 行书 | 草书 | 标准宋体 |
|---|---|---|---|---|---|---|---|
|  | 駒 | 駒 | 駒 | 駒 | 驹 | 驹 | 驹 |

### 名言馆

去去乘白驹，空山咏场藿。
  · （唐）李白《古风五十九首》其四十五

騄耳新驹骏得名，司空远自寄书生。
  · （唐）张籍《谢裴司空寄马》

贫笑白驹无去意，病惭黄鹄有归心。
  · （唐）许浑《赠李伊阙》

二十中郎未足希，骊驹先自有光辉。
  · （唐）李商隐《令狐八拾遗绹见招送裴十四归华州》

### 解字堂

"驹"字的右半部分为"句"，它既是声旁也是形旁，表示勾住、系住。"驹"，金文 = 句（句，系住）+ 马（马），表示给马上缰绳。篆文延续金文字体，而将左右部分位置调换。隶化后楷书写作"駒"。简化后写作"驹"。

《说文解字》说："驹，马二岁曰驹，三岁曰駣。从马，句声。""驹"的造字本义是指初上缰绳的少壮马匹。常见的词语如千里驹、驹子、驴驹等。

宋代江西诗派有位诗人叫韩驹，字子苍，号牟阳，世称陵阳先生。他是四川仁寿人，小的时候因为作诗曾得到过苏辙的簪赏。徽宗政和初年，韩驹被召试舍人院，赐进士出身。后来他担任了秘书省正字的官职，但是因为被指控为苏轼的党羽而被贬官。南宋时期，曾经担任江州知州。韩驹写诗讲究韵律和锤字炼句，追求来历典故，写有不少反映现实生活的佳作。他也有词作，较有名气的如《念奴娇》："海天向晚，渐霞收余绮，波澄微绿。木落山高真个是，一雨秋容新沐。唤起嫦娥，撩云拨雾，驾此一轮玉。桂华疏淡，广寒谁伴幽独。不见弄玉吹箫，尊前空对此，清光堪掬。雾鬓风鬟何处问，云雨巫山六六。珠斗斓斒，银河清浅，影转西楼曲。此情谁会，倚风三弄横竹。"

白驹食场

shí

食

| 甲骨文 | 金文 | 篆文 | 隶书 | 楷书 | 行书 | 草书 | 标准宋体 |
|---|---|---|---|---|---|---|---|
| 食 | 食 | 食 | 食 | 食 | 食 | 食 | 食 |

## 解字堂

"食"，甲骨文 = A（朝下的"口"，表示低头吃东西）+ （有脚的盛器），中间一横指事符号━表示装在盛器里可以吃的东西，两点指事符号、、表示唾星。有的甲骨文省去两点唾星、、。金文承续甲骨文字形。篆文将盛器的脚部写成"匕"，表示持"匙"进食。隶书又将篆文的"匕"写成，变形较大。

《说文解字》说："食，一米也。从皀，亼声。或说亼皀也。凡食之属皆从食。""食"字的造字本义是指津津有味地进餐。"食"可以指吃的动作，如食肉、食蔬菜等；可以专指吃饭，如饮食、废寝忘食等。作为名词，"食"可以指任吃的东西，如肉食、面食、丰衣足食等；可以指一般动物吃的东西，如猪食、鸡食等；可以表示用以调味的东西，如食油、食盐等；可以表示人所看到的日月亏缺的现象，如日食、月食等。"食"在读作sì的时候表示拿东西给别人吃，常用作书面语。"食"还可以读作yì，常用作人名，如郦食其等。

在我国古代，对食物的称呼十分讲究。用手直接抓吃的粗食称为"饭"；有吃有喝的正餐为"食"；山珍海味的高级用餐才称为"餐"；神祇受用祭奉的贡品则称为"享"。

## 名言馆

小人有母，皆尝小人之食矣。
· 《左传·隐公元年》

---

鸡豚狗彘之畜，无失其时，七十者可以食肉矣。
· 《孟子·梁惠王上》

---

卖炭得钱何所营？身上衣裳口中食。
· （唐）白居易《卖炭翁》

| 甲骨文 | 金文 | 篆文 | 隶书 | 楷书 | 行书 | 草书 | 标准宋体 |
|---|---|---|---|---|---|---|---|
| 田 | 埸 | 場 | 場 | 場 | 場 | 场 | 场 |

## 名言馆

开轩面场圃，把酒话桑麻。
· （唐）孟浩然《过故人庄》

关城榆叶早疏黄，日暮云沙古战场。
· （唐）王昌龄《从军行七首》其三

千场纵博家仍富，几处报仇身不死。
· （唐）高适《邯郸少年行》

十二年来多战场，天威已息阵堂堂。
· （唐）杜甫《承闻河北诸道节度入朝欢喜口号绝句十二首》其十二

## 解字堂

"場"，甲骨文字形田、田与"田"字相似，像是分块摊晒庄稼谷物的晒坪。金文埸另造会义兼形声字，"易"既是声旁也是形旁，是"陽"的本字，表示阳光照晒。金文埸=土（二，坪）+易（易，即"陽"，照晒）。篆文場承续金文字形。隶化后楷书写作"場"。简化后写作"场"。

《说文解字》说："場，祭神道也。一曰田不耕。一曰治谷田也。从土，易声。""场"的造字本义是指农村用于谷物脱粒、晾晒的空坪，如场院、打场等。此时读作cháng。通过扩大引申，"场"可以表示空地、处所，如名利场、运动场等；可以表示举行仪式的空地、表演的戏台等，如会场、剧场、逢场作戏等。"场"还可以作为量词，表示次、番，如场次、一场比赛等。同时，"场"还可以表示具有能量、动量和质量的一种基本形态，如电磁场、引力场等。

《结客少年场行》是许多诗人较为喜爱的诗歌题目，大诗人李白、虞世南、卢照邻、沈彬、孔绍安等均有同题诗作。李白诗："紫燕黄金瞳，啾啾摇绿骏。平明相驰逐，结客洛门东。少年学剑术，凌轹白猿公。珠袍曳锦带，匕首插吴鸿。由来万夫勇，挟此生雄风。托交从剧孟，买醉入新丰。笑尽一杯酒，杀人都市中。羞道易水寒，从令日贯虹。燕丹事不立，虚没秦帝宫。舞阳死灰人，安可与成功。"雄健的诗歌风格，表现出诗人的豪侠气质。

## 温故知新

### 四字通解

　　白驹食场，意思是白色的骏马在平地上吃东西，与"鸣凤在树"含义一致，均引申为太平盛世，王道的恩泽遍及万方百姓。

　　通常，马两岁时被称为驹，三岁时称为駣。白驹常常用来比喻贤人、隐士，《诗经》说："皎皎白驹，食我场苗。絷之维之，以永今朝。"《后汉书》有"懿珉虻之悟悔兮，慕白驹之所从。"宋代大诗人陆游也有《寄题胡基仲故居》诗："浮云每叹成苍狗，空谷谁能絷白驹。"白驹也常用作赠别贤士之辞，王粲的《赠士孙文始》诗："虽则同域，邈其迥深；白驹远志，古人所箴。"曹植的《释思赋》："彼朋友之离别，犹求思乎白驹。"

　　同时，白驹又比喻为流逝的时间，《庄子·知北游》说："人生天地之间，若白驹之过郤，忽然而已。"杜甫《秋日荆南述怀三十韵》说："星霜玄鸟变，身世白驹催。"明代的无名氏《鸣凤记·夏公命将》有："睹此白驹弹指，岂堪华发蒙头。"目前，白驹过隙已经成为感叹时间流逝的日常用语，比喻时间过得很快，光阴易逝。

### 故事厅

**塞翁失马**

　　在长城附近居住的人群中，有一位擅长推测吉凶的人。有一次，他的马无缘无故地跑到了少数民族的居住地，没有回来了。人们都跑过来宽慰他。他说："这怎么不是一件好事呢？"几个月之后，那匹马带了一匹胡人的良马跑了回来。人们又都前来祝贺他。那人却又说："这怎么不是一件坏事呢？"他的家中有很多好马，它的儿子就特别爱好骑马，结果从马背上掉下来摔断了腿。人们再次跑来安慰他。他又说："这怎么就不是一件好事呢？"一年之后，胡人入侵，男子必须到前线去作战，很多人都死了。只有他的儿子因瘸腿而免于征战，才得以保全。

**腊八煮粥分食**

　　佛家称农历十二月初八日为腊八。是日，各大寺院用果子杂拌煮粥，分食僧众，因有此称。民间亦相沿成俗。宋孟元老《东京梦华录·十二月》曰："初八日……诸大寺作浴佛会，并送七宝五味粥与门徒，谓之腊八粥。都人是日各家亦以果子杂料煮粥而食也。"

### 猜谜语

百里挑一，堪称出色。
（打一字）

人之初，性本善。
（打一字）

牵肠挂肚空对月。
（打一字）

 ## 知识角

### 赤兔马

赤兔马是董卓从西凉带来的一匹宝马。董卓为了拉拢年轻将领吕布,就把这匹马送给了他。吕布得到赤兔马后十分高兴,果然杀了原来的主人丁原,当了董卓的义子。后来,这匹马跟随吕布大展神威,被称为"马中赤兔"。在白门楼的时候,曹操杀掉了吕布,赤兔宝马也就归了曹操。也是机缘巧合,关羽为了保护刘备的两位夫人暂时投靠曹操。曹操为了挽留关羽,将赤兔马赠给了他。但关羽终究不是吕布,他接受了赤兔,却是为了更快地找到刘备。从此以后,赤兔马和青龙偃月刀就成了关羽的代表形象。当关羽败走麦城后,赤兔马被马忠所抓。这次,它没有选择跟随新的主人,而是绝食而亡。

### 马的品种

马是一种草食性动物,在大约4000年前被人类驯服。古代社会中,马曾经是农业生产、交通运输和军事活动的主要动力。随着生产力的发展、科技水平的提高以及动力机械的发明和广泛应用,马在现在生活中起到的作用越来越小。目前,全世界马的品种约有200个。较为常见的马的品种有大宛马、蒙古马、三河马、伊犁马、哈萨克马、法拉贝拉马、河曲马、西南马、普氏野马等。其中,西南马分布于四川、云南、贵州等地,体形小,走路快,身体结构良好,善于爬山越岭,是西南山区非常重要的运输力量。较为著名的有四川建昌马、贵州马等。

 ## 成语窗

### 白云苍狗
本意指浮云像白衣裳,顷刻又变得像苍狗。比喻世事变幻无常。

### 阳春白雪
是战国时代楚国的艺术性较高、难度较大的歌曲。后来泛指高深的、不通俗的文学艺术。

### 白驹空谷
比喻贤能之人在野而不能出仕,也比喻贤能者出仕而谷空。

### 驹齿未落
小马的乳齿尚未更换。比喻人尚年幼。

### 饥不择食
肚子饿了,不管什么都吃。比喻需要急迫,顾不得选择。

### 弱肉强食
原指动物中弱者被强者吞食。但并不限于表意上的吃与被吃,杀与被杀,一切与竞争相关的行为都可以称之为"弱肉强食"。

### 逢场作戏
旧时走江湖的艺人遇到适合的场合就表演。后指遇到机会,偶尔凑凑热闹。

### 粉墨登场
用粉墨化妆,登台演戏。现在多引申为坏人经过乔装打扮,登上政治舞台。

化被草木

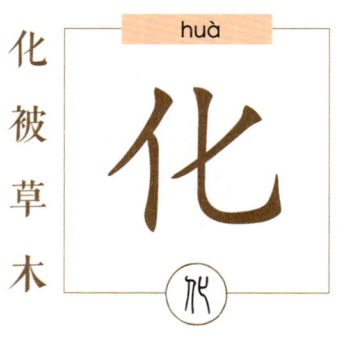

| 甲骨文 | 金文 | 篆文 | 隶书 | 楷书 | 行书 | 草书 | 标准宋体 |
|---|---|---|---|---|---|---|---|
| 化 | 化 | 化 | 化 | 化 | 化 | 化 | 化 |

## 解字堂

"化"，甲骨文=亻（一个头朝上站立的"人"）+匕（一个头朝下入土的"人"），表示由生到死的改变。金文化将甲骨文中头朝下的"人"亻写成"匕"匕。篆文化承续金文字形。隶化后楷书写作"化"。

《说文解字》说："化，教行也。从匕，从人，匕亦声。""化"字的造字本义是指由昂首挺立到向下入土，即自然死亡，如羽化、坐化等。通过扩大引申，"化"可以表示变化、使变化，如化脓、化名、顽固不化等。"化"还可以表示感化，如教化、潜移默化等。作为动词，"化"可以表示融化，如化冻、化铁炉等；可以表示消化、消除，如化食、化痰止咳等。"化"还有烧化的意思，如焚化、火化；可以表示化学，如化肥、化工等。同时，"化"还可以作为后缀，放在名词或形容词后面构成动词，表示转变成某种性质或状态。"化"还有向人求布施的意思，如化缘、化斋等。此外，"化"还可以读作huā，同"花"，如"化子"同"花子"之意。

中医称固体食物从撑胃到变成流质的过程为"消"；称流质在肠里被吸收、合成养分的过程为"化"。

## 名言馆

美教化，移风俗。
· 《毛诗序》

千变万化，惟意所适。
· 《列子·汤问》

武化偃兮文化昌，礼乐昭兮股肱良。
· （唐）卢照邻《中和乐九章·总歌第九》

不说金丹能点化，空教弟子学长生。
· （唐）刘得仁《送祖山人归山》

谜语答案　白食场

化被草木

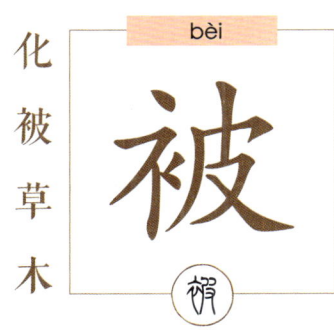

bèi
被

| 甲骨文 | 金文 | 篆文 | 隶书 | 楷书 | 行书 | 草书 | 标准宋体 |
|---|---|---|---|---|---|---|---|
|  | 𧙃 | 𧘥 | 被 | 被 | 被 | 被 | 被 |

## 名言馆

莫看江总老，犹被赏时鱼。
·（唐）杜甫《复愁十二首》其十二

---

桃花徒照地，终被笑妖红。
·（唐）钱起《梨花》

---

曲罢曾教善才服，妆成每被秋娘妒。
·（唐）白居易《琵琶行》

---

舞榭歌台，风流总被，雨打风吹去。
·（宋）辛弃疾《永遇乐·京口北固亭怀古》

## 解字堂

"被"，金文𧙃=𧘇（衣，保暖用品）+皮（皮）。篆文𧘥承续金文字形。隶化后楷书写作"被"。

《说文解字》说："被，寝衣，长一身有半。从衣，皮声。""被"的造字本义是指用兽皮制成、用于睡卧时遮盖保暖的床上用品，如被子、棉被等。作为动词，"被"可以表示遮盖，如植被、被覆等；可以表示遭遇，如被灾、被难等；还可以用在动词或名词的前面，表示情况与事实不符或是被强加的，如被上课、被小康等。作为介词，"被"可以用于被动句，引进动作的施事者，前面的主语则是动作的受事者，如那棵树被大风刮倒了、这套书被人借走了等。作为助词，"被"可以用在动词的前面表示被动的动作，如被压迫民族、被剥削阶级等，这种情况下的整个词组是一个名词。

被子植物是种子植物中的一大类，它的胚珠生在子房里面，种子包裹在果实里面。胚珠接受本花或者其他花雄蕊中的花粉从而受精。被子植物又可以分为单子叶植物和双子叶植物等。与被子植物相对应的是裸子植物，这是一种更为原始的植物，它的发生发展历史悠久。裸子植物是地球上最早的有性繁殖植物，在它之前的藻类和蕨类植物都是以孢子进行无性繁殖的。

化被草木

cǎo
草

| 甲骨文 | 金文 | 篆文 | 隶书 | 楷书 | 行书 | 草书 | 标准宋体 |
|---|---|---|---|---|---|---|---|
| ψ | ψ | ψ | 草 | 草 | 草 | 艹 | 草 |

## 解字堂

"屮"字是"艸"字的本字，而"艸"字又是"草"字的本字。"屮"的甲骨文字形ψ像刚破土萌发出两瓣叶子的嫩芽。金文ψ承续甲骨文字形。有的金文在艸丛中加"早"。"早"既是声旁也是形旁，它表示日照草地。篆文ψ承续甲骨文和金文字形。当"屮"成为单纯的字的结构后，人们再加了一个"屮"另造会义字代替，"艸"的字形就像两茎四叶的一株草。有的篆文承续金文字形。隶书草将篆文的写成艹，将篆文的写成早，逐渐演变成现在的模样。

《说文解字》说："草，草斗，栎实也。一曰象斗子。从艸，早声。""草"字的造字本义是指地面上片状生长的禾本科植物，如草原、水草等。作为名词，"草"指用作燃料和饲料的稻、麦之类的茎和叶子，如稻草、草鞋等。"草"还可以指山野、民间，如草贼、草野等；可以表示雌性，如草驴、草鸡等，这种用法常见于方言之中，用在家畜和家禽身上。作为形容词，"草"可以表示草率、不细致，如潦草等；可以表示初步的、非正式的，如草案、草稿等。在书面语中，"草"有起草的意思，如草拟等。同时，"草"还是一种汉字的书写形式的名称，如草书、真草隶篆等。

## 名言馆

春草明年绿，王孙归不归。
· （唐）王维《山中送别》

苔痕上阶绿，草色入帘青。
· （唐）刘禹锡《陋室铭》

离离原上草，一岁一枯荣。
· （唐）白居易《赋得古原草送别》

元嘉草草，封狼居胥，赢得仓皇北顾。
· （宋）辛弃疾《永遇乐·京口北固亭怀古》

茅檐低小，溪上青青草。
· （宋）辛弃疾《清平乐·村居》

化被草木

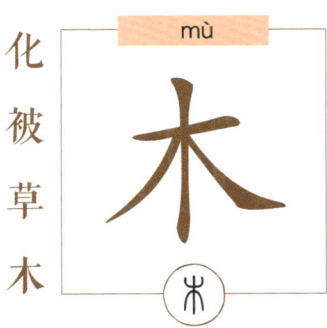

| 甲骨文 | 金文 | 篆文 | 隶书 | 楷书 | 行书 | 草书 | 标准宋体 |
|---|---|---|---|---|---|---|---|
| ᵡ | ᵡ | ᵡ | 木 | 木 | 木 | 木 | 木 |

## 名言馆

朽木不可雕也，粪土之墙不可圬也。
　　·《论语·公冶长》

---

木直中绳，輮以为轮，其曲中规。
　　·《荀子·劝学》

---

遗庙丹青落，空山草木长。
　　·（唐）杜甫《武侯庙》

---

野寺荒台晚，寒天古木悲。
·（唐）岑参《题三会寺苍颉造字台》

---

沉舟侧畔千帆过，病树前头万木春。
　　·（唐）刘禹锡《酬乐天扬州初逢席上见赠》

## 解字堂

"木"，甲骨文的字就像上有枝干、下有根系的一棵树。金文、篆文承续甲骨文字形。隶书淡去篆文的树枝形象，便形成了现在所见到的字体。

《说文解字》说："木，冒也。冒地而生。东方之行。从屮，下象其根。凡木之属皆从木。""木"的造字本义是指扎根于土地的树，如木本、木材、草木皆兵等。作为名词，"木"还可以指木头，如枣木、榆木、檀香木等；可以指棺材，如行将就木、棺木等。作为形容词，"木"可以表示质朴的，如木讷；可以表示反应迟钝的，如木然、木头木脑等；可以表示麻木的，如两脚冻麻了、舌头麻了等。此外，"木"还是姓氏的一种。

与"木"相关的字，"树"表示植树，可以用作动词；"木"表示一棵树，指名词。"木"，甲骨文像一株树，上部是枝，下部是根；"本"，金文在树根部位加三点指事符号，表示树在地下的营养器官；"末"，金文在树档部位加一点指事符号，表示尾端；"未"，甲骨文像树上枝桠重重，表示枝叶茂盛；"果"，甲骨文像树上结满球状实籽；"朱"，甲骨文在主杆部位加一点指事符号，表示树干；"林"，甲骨文像树连树的样子；"森"，甲骨文比"林"多一"木"，表示"森"为"大林"。

## 温故知新

### 四字通解

化被草木，意思是圣王的教化覆盖了大自然的一草一木。"化"在这里是教化的意思。它是中国传统文化的核心的概念之一。"教化"与"教育"只有一字不同，二者的手段却全不一致。"教化"把政教风化、教育感化、环境影响等有形和无形的手段综合运用起来，它既有皇帝的宣谕，又有各级官员行为引导；既向人们正面灌输道理，也注意结合日常活动使人们在不知不觉中达事明理；潜移默化之下，效果比单纯的教育要深刻和牢固。

因此，古来具有见地的政治家都十分重视教化功能，把它作为正风俗、治国家的重要国策。《诗大序》曾说："美教化，移风俗。"汉代桓宽《盐铁论》也有"是以王者设庠序，明教化，以防道其民"。梁启超在《论中国之将强》中说："其将灭人种也，则必上之于议院，下之于报章，日日言其种族之犷悍，教化之废坠。"我国古代的征战往往打着以有道伐无道的旗帜，正是从教化的角度着眼而言。

### 猜谜语

添得画中神州秀，
借来苑上月桂香。
（打一字）

桃李梅杏样样有。
（打一字）

而立之年如中天。
（打一字）

### 故事厅

#### 结草的故事

春秋时期，晋国的魏武子在生病时曾嘱咐他的儿子魏颗，在他死后，要把一个没有生过儿子的妾嫁出去。后来武子病重，又告诉魏颗，在自己死后把这个妾陪葬。武子死后，魏颗觉得父亲病危时的语言可能是胡言乱语，便把武子的爱妾嫁出去了。后来，魏颗领兵和秦国打仗，战场上有个老人把遍地的草都打成了结，缠住秦军的战马，使秦军兵将纷纷坠马，魏颗因此俘虏了秦将杜回。当夜，他做了个梦，梦见战场上结草的老人自称是出嫁妾的父亲，用此来报答魏颗未让女儿陪葬之恩。

#### 入木三分

王羲之是我国古代杰出的书法家，被后人称为"书圣"。他写的字既秀丽，又苍劲，曾有人用"飘若浮云，矫如惊龙"来形容他字的神韵，由此可见得他书法功力之深。不过，这同样是靠他后天的勤学苦练得来，并非天生具备这项能力。

有一次，他把字写在木板上，拿给刻字的人雕刻。这个人用刀削木板时，发现笔迹竟然透进木板里有三分深度，后来这件事轰动了整个京城。用毛笔在木板上写字，还能透进三分的深度，我们也可以想见这位"书圣"所写的字，笔力之雄厚，已经到了炉火纯青的地步。于是，后来的人便根据这段故事的情节，用"入木三分"来形容人们写文章、说话的内容十分深刻。

##  知识角

### 《唐本草》

《唐本草》又被称为《新修本草》，是我国古代的中药学著作之一，由苏敬主持编纂，李勣等二十二人进行修定，在唐高宗显庆二年到显庆四年间编成（657—659）。本书收有本草20卷，目录1卷，附有药图25卷，图经7卷，计53卷，记载药草844种，比《本草经集注》增加了114种。值得指出的是，在所增加的药物之中，还收录了一部分外来药品，如安息香、龙脑香、胡椒、诃黎勒等等。该书分为玉石、草、木、人、兽禽、虫、鱼、果、菜、米谷、有名未用回互类。其中，《唐本草》还记载了用白锡、银箔、水银调配成的补牙用的填充剂，这是世界医学史上最早的补牙文献记载。

### 《本草纲目》

《本草纲目》，作者李时珍，全书190多万字，载有药物1892种，收集医方11096个，绘制精美插图1160幅，分为16部、60类，是中国古代汉医集大成者。李时珍在继承和总结前人关于本草学成就的基础上，结合自身长期学习和实际调研中积累的大量药学知识，历时数十年而编成了《本草纲目》一书。该书不仅考证了前人关于本草学的错误，并且根据大量科学资料，提出了十分科学的药物分类方法，融入了先进的生物进化思想，反映出丰富的临床实践。《本草纲目》是我国古代的一部具有世界性影响的博物学著作。

##  成语窗

**化零为整**
把零散的部分集中为一个整体。

**泥古不化**
比喻拘泥于古代的成规或说法，不知加以变通。

**被甲持兵**
身穿护身衣服，手握武器。指全副武装。

**被发左衽**
指古代中原地区以外少数民族的装束。也指沦为夷狄。

**长林丰草**
指禽兽栖止的山林草野。旧常喻隐居之地。

**寸草不留**
一根小草也不给留下。形容遭到天灾人祸后破坏得十分严重的景象。

**圆孔方木**
把方木头放到圆孔里面去。比喻二者不能投合。

**木已成拱**
坟墓上的树木已有两手合抱那么粗了，意思是人死了很久了。

## 赖及万方

lài

| 甲骨文 | 金文 | 篆文 | 隶书 | 楷书 | 行书 | 草书 | 标准宋体 |
|---|---|---|---|---|---|---|---|
|  | 赖 | 赖 | 賴 | 賴 | 赖 | 赖 | 赖 |

### 解字堂

"赖"，金文𧶠=束（束，囊袋）+贝（"负"的变形，驮着贝壳），表示用囊袋驮贝。篆文𧶠承续金文字形。隶化后楷书写作"赖"。

《说文解字》说："赖，赢也。从贝，剌声。""赖"字的造字本义是指驮着满袋贝壳，心有所恃，这种含义只见于古文，现已消失。在现代汉语之中，"赖"主要表示依赖和依靠，如仰赖、有赖于等。作为动词，"赖"可以表示留在某处不肯走开，如赖着不走；可以表示不承认自己的错误或责任，如抵赖、赖婚等；可以表示把不是别人的错误强加给别人，有污蔑的意思，如自己做错了还赖别人；可以表示责怪，如大家都有责任不能只赖一个人等。作为形容词，"赖"可以指无赖的，如赖皮、耍赖等。在口语之中，"赖"还指不好的、坏的，如今年的庄稼长得真不赖、不论好的赖的我都能吃等，这种情况下，"赖"与"孬"可以说是同义词。此外，"赖"还是姓氏的一种。

赖姓出自姬姓，为周武王之族人，在《百家姓》中排第98位。历史上重要的赖姓名人有：西汉交趾太守赖先，唐朝光禄卿赖文雅、宋朝地理学家赖文俊，中华人民共和国上将赖传珠等。

### 名言馆

相语以利，相示以赖，相陈以知贾。
·《国语·齐语》

以有补于人君，人君赖之，其遇固宜。
·（汉）王充《论衡·逢遇》

得知千载外，正赖古人书。
·（晋）陶潜《赠羊长史》

谜语答案　化 木 草

赖及万方

jí
及

| 甲骨文 | 金文 | 篆文 | 隶书 | 楷书 | 行书 | 草书 | 标准宋体 |
|---|---|---|---|---|---|---|---|
| | | | 及 | 及 | 及 | 及 | 及 |

## 名言馆

老吾老以及人之老，幼吾幼以及人之幼。
· 《孟子·梁惠王上》

桃花潭水深千尺，不及汪伦送我情。
· （唐）李白《赠汪伦》

未及前贤更勿疑，递相祖述复先谁。
· （唐）杜甫《戏为六绝句》

高楼风雨感斯文，短翼差池不及群。
· （唐）李商隐《杜司勋》

## 解字堂

"及"，甲骨文 = ɔ（人）+ ㄚ（又，抓），像一只手从背后抓住前面的人。金文将"手"与"人"连写；有的金文写成上下结构。篆文基本承续金文字形。隶书将"人"与"又"连写，便成了现在的字形。

《说文解字》说："及，逮也。从又，从人。""及"的造字本义是指赶上并抓住，如望尘莫及等。作为动词，"及"有达到的意思，如波及、普及、由表及里等；可以表示比得上，如我不及他等。同时，"及"还可以表示推及、顾及，如老吾老以及人之老、攻其一点不及其余等，该种用法多见于书面语。作为连词，"及"还常用作连接并列的名词或名词性词组，如小王、小张、小侯及其他人；通常情况下，"及"字前面的名词为主，"及"字后面的则是次要成分。此外，"及"还是一个姓氏。

常见的词语又有"及时雨"，它的本义是指农作物需要雨水的时候正好所下的雨，又常常用来表示能在紧急关头解救危难的人或事物。同时，"及时雨"还特指北宋末年的农民起义领袖宋江，因为人急公好义，常救人于危难之间，获此称号。

赖及万方

wàn

# 万

| 甲骨文 | 金文 | 篆文 | 隶书 | 楷书 | 行书 | 草书 | 标准宋体 |
|---|---|---|---|---|---|---|---|
| 𤯒 | 𤯒 | 萬 | 萬 | 萬 | 萬 | 万 | 万 |

## 解字堂

古人《千字文》中，"万"字写作"萬"。"萬"，甲骨文像尖头、大螯、有尾的蝎子。金文加一只手，表示捉蝎子。篆文误将蝎子的双螯写成双手的形状。隶书又误将双手形状写成"艸"。"万"字亦见于商代甲骨文，本义不明，有人认为是"亥"的分化字，至春秋战国时期仍作为数量词在使用，与"萬"同义。《集韵》："万，数也。通作萬。"汉字简化后"万"代替"萬"成为正体。

《说文解字》说："萬，虫也。从厹，象形。""万"字的造字本义是指数量巨大的蝎子，大约在远古时期的中原地带，蝎子的数量十分庞大，古人才因此借蝎子来表示数量之多。"万"可以用来表示很多的，如万国、万物、万水千山等。作为数词，"万"表示千的十倍，如千万、万一等。作为副词，"万"还表示很、绝对，如万全、万不得已等。此外，"万"还是一个姓氏。万姓的历史名人有孟子门生万章、北魏大将军万安国、唐代大孝子万敬儒、明末书法家万寿祺以及现代著名戏剧作家万家宝（曹禺）等。曹禺有代表作品《雷雨》《日出》《原野》《北京人》等，被人称为"中国的莎士比亚"。

数词中，"十"的本义是打满了结的记事绳子；"百"原是指不断地说；"千"则是不断地走；"万"是遍布山岩的蝎子；"亿"是无限地憧憬。

## 名言馆

万里赴戎机，关山度若飞。

· 北朝乐府《木兰辞》

黄河远上白云间，一片孤城万仞山。

· （唐）王之涣《凉州词二首》其一

黄四娘家花满蹊，千朵万朵压枝低。

· （唐）杜甫《江畔独步寻花七绝句》其六

今日俸钱过十万，与君营奠复营斋。

· （唐）元稹《遣悲怀三首》其一

万壑有声含晚籁，数峰无语立斜阳。

· （宋）王禹偁《村行》

赖及万方

| 甲骨文 | 金文 | 篆文 | 隶书 | 楷书 | 行书 | 草书 | 标准宋体 |
|---|---|---|---|---|---|---|---|
| 𤰔 | 𤰔 | 方 | 方 | 方 | 方 | 方 | 方 |

## 名言馆

有朋自远方来，不亦乐乎。
　　　　　　·《论语·学而》

吾长见笑于大方之家。
　　　　　　·《庄子·秋水》

方宅十余亩，草屋八九间。
　·（晋）陶潜《归园田居五首》其一

异方之乐令人悲，羌笛胡笳不用吹。
　·（唐）孟浩然《凉州词》其二

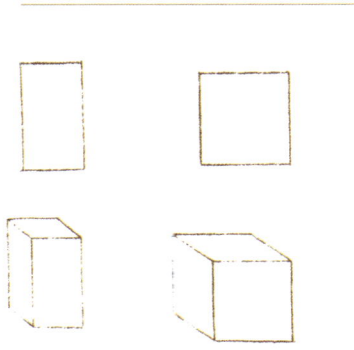

## 解字堂

"方"，甲骨文在人的颈部位置加一个代表枷械的符号，表示披枷的罪人。有的甲骨文在披枷罪人的头部加一横指事符号，作表示，剃发刺字的罪犯；并加"水"（河，流放），突出将罪犯"流放边疆"的含义。金文省去"水"。有的金文将木枷形状简写成一横。篆文基本承续金文字形，篆文的异体字则承续了甲骨文异体字的字形。隶书写成"万"字加一点，至此人形就消失了，枷形也消失了。当"方"的本义消失后，篆文加"凡"（方形木枷）另造了"旁"字；加"攴"另造了"放"字，用来表示用刑罚驱逐。

《说文解字》说："方，并船也。象两舟省、总头形。凡方之属皆从方。汸，方或从水。""方"的造字本义是指将罪犯剃发刺字，流放边疆，如"不足方"等；现在汉语中，本义已经被"放"字所代替。通过词性引申，作为副词，"方"可以表示正、刚刚，如方才、方兴未艾等。作为名词，"方"还可以表示边塞、边境，如四方、远方等；可以表示策略、战略的含义，如方略、方案、处方等；可以表示与中央相对的行政区域，如方言、方志、地方等；可以表示侧、边，如方位、方方面面等。"方"还可以作为量词，表示户、块、团，如立方、平方、一方水土等；可以作为形容词，表示四边形的、规则，如方圆、方形、方方正正等。此外，方也是一个姓氏。

## 温故知新

### 四字通解

赖及万方,意思是天下的百姓都仰赖圣君的恩泽。"赖"字是幸蒙、依赖的意思;"方"则代表了方国,方国就是指中国夏商之际的诸侯部落与国家。"万方"不单单是指人,还泛指了一切众生。历史上有著名的商汤"解网更祝"的故事。故事说,成汤有一天出游,看见郊外的猎人四面布网,还向天祈祷说:"天上地下、四面八方来的禽兽,都投入到我的网中来吧。"成汤有感于人心贪婪和人们的手段残酷,就命人解除了三面的猎网,只留下一面,并改祝祷词为:"愿向左的就向左逃吧,愿向右的就往右逃吧,愿向上的就往上飞吧,不愿逃的向下跳。只有命该如此的,才会进入到我的罗网之中。"因此,这句话也就是说,圣君的恩泽及于万事万物,连禽兽在内都享受到了王道统治的恩泽。

从"天地玄黄"到此,是《千字文》的第一部分。它从宇宙的诞生、开天辟地讲起,一直讲到上古、太古和远古的历史。

### 故事厅

**平反赖母慈**

隽不疑,字曼倩,是渤海郡人。研治《春秋》,当渤海郡的文学掾,举止行动皆依礼,名声广播渤海郡。

后来,隽不疑做到了京兆尹。京城官吏百姓都敬重他的威信。隽不疑每次从县衙审查记录犯人的罪状回来,他的母亲就问:"有可以平反的人吗?能让多少人活下来?"如果隽不疑平反的人多,他的母亲就高兴,吃饭说话与其他时候不同;有时没能释放的,他的母亲就生气,因此不吃饭。所以,隽不疑做官严厉却不残忍。

**侯方域与李香君**

侯方域是明代户部尚书之子,祖父及父辈都是东林党人,因反对宦官专权而被黜。侯方域曾与李香君交往,并娶她做妾。侯方域答应为阮大铖排难,李香君让他严词拒绝。后来,阮大铖又强迫香君嫁给漕抚田仰作妾,香君以死抗争不从。此时正值朝廷大捕东林党人,侯方域被捕入狱,香君也被选送入宫。清军南下之后,侯方域却降顺了清朝,并参加科举,香君之下落,也众说纷纭。侯方域被当时的人嘲笑:"两朝应举侯公子,忍对桃花说李香。"

### 猜谜语

无心偷懒。
(打一字)

芳草成灰。
(打一字)

汲水喝。
(打一字)

 **知识角**

### 万斯同

万斯同是清初著名的史学家,曾经以黄宗羲为老师。在康熙年间,万斯同曾经被推荐参加博学鸿词科考试,但他并没赴试。万斯同精通史学,以平民百姓的身份参与编修《明史》,前前后后用了十九年的时间,不在书上署名,也没有接受任何俸禄。《明史稿》五百多卷,都是万斯同亲手核准的。万斯同喜欢收藏历代书籍,在京师的时候,曾经携书十余万卷。曾有藏书楼"寒松斋",死后送给了好朋友钱名世。万斯同还有《补历代史表》《庚申群遗事》《纪元汇考》《南宋六陵遗事》《历代宰辅考》《宋季忠义录》《河渠考》《群书疑辨》《书学汇编》《儒林宗派》《石园诗文集》等多部著作。

### 方腊

方腊,又名方十三,是北宋末年的农民反叛领袖。方腊利用明教(又称摩尼教)来组织群众,举行起义,聚众百万,攻占了六州共五十二县,并自称"圣公",设置官吏将帅,建立了自己的政权。

皇帝宋徽宗曾派童贯率领西北精兵十余万南下镇压。到宣和三年(1121)四月的时候,方腊起义军的最后一个据点被宋军攻破,方腊父子等52名反叛领袖被抓。当年八月,方腊被朝廷处死,反叛失败。后来,方腊被施耐庵写入小说《水浒传》中。

 **成语窗**

### 百无聊赖
表示思想情感没有依托,精神空虚无聊。

### 死乞白赖
谓纠缠不休。

### 朝不及夕
常用作谓语,指生活上极端贫困,情况十分危急。

### 推己及人
用自己的心意去推想别人的心意。指设身处地替别人着想。

### 万念俱寂
所有的欲望、打算都消失了。

### 日理万机
一天要处理成千上万件事务。形容当政者处理政务的繁忙。

### 方兴未艾
指事物正在发展,尚未达到止境。

### 方足圆颅
方形脚、圆形头为人的特征,因以指人类。

盖此身发

| 甲骨文 | 金文 | 篆文 | 隶书 | 楷书 | 行书 | 草书 | 标准宋体 |
|---|---|---|---|---|---|---|---|
|  | 盇 | 葢 | 盖 | 盖 | 盖 | 盖 | 盖 |

## 解字堂

"盇"（盍），金文字形盇=人（像护罩）+盍（盒），表示器皿的护罩。当"盇"作为单纯部件后，金文盇再加艸（草、茅）另造"葢"代替，强调以茅草为材料。篆文葢将金文的盍写成盇。隶书盖将篆文中的盇（上艹下皿）误写成"盇"盖；有的隶书则将盖的艹写成"羊"羊，从而成为今日所见的字形。隶化后楷书写作"葢"或"盖"，其中"盖"是"葢"的俗体。简化后合并写作"盖"。

《说文解字》说："葢，苫也。从艸，盇声。""盖"字的造字本义用茅草遮蔽屋顶，如盖房、翻盖等。通过比喻引申，"盖"可以用作动词，表示罩住、遮掩、加封，如覆盖、遮盖等；可以表示套、印、压，如盖章、盖印等；可以表示压倒、超过、胜过，如盖了、盖世无双等。"盖"还可以作为名词，表示遮挡物，如盖头、杯盖等；可以作为副词，表示大约、大概，如盖失强援等，该义项仅见于古文。

常见的说法有"盖世太保"，其是指德国的国家秘密警察组织。在希特勒时期，"盖世太保"在德国国内及其占领区进行了大规模的恐怖屠杀。随着纳粹政权的需要，"盖世太保"逐渐发展成为无所不在、无所不为的恐怖统治机构。在二战结束后，绝大多数的"盖世太保"都被盟军逮捕或处决，部分逃脱了惩处的逐渐老死和病死。

## 名言馆

我任我辇，我车我牛。我行既集，盖云归哉？

·《诗·小雅·黍苗》

不赂者以赂者丧，盖失强援，不能独完。

·（宋）苏洵《六国论》

盖予所至，比好游者尚不能十一。

·（宋）王安石《游褒禅山记》

庭有枇杷树，吾妻死之年所手植也，今已亭亭如盖矣。

·（明）归有光《项脊轩志》

谜语答案 赖 方 及

盖此身发

| 甲骨文 | 金文 | 篆文 | 隶书 | 楷书 | 行书 | 草书 | 标准宋体 |
|---|---|---|---|---|---|---|---|
| | | | | | | | 此 |

### 名言馆

是故君子先慎乎德，有德此有人，有人此有土，有土此有财，有财此有用。
·《礼记·大学》

此地别燕丹，壮士发冲冠。
·（唐）骆宾王《于易水送人》

云山从此别，泪湿薜萝衣。
·（唐）孟浩然《送友人之京》

圣念长如此，何忧不太平。
·（唐）白居易《太平乐二首》其一

### 解字堂

"此"的左半边为"止"，它既是声旁也是形旁，是"趾"的本字，表示脚趾。"此"，甲骨文=（人）+（止，"趾"，脚）。有的甲骨文写成左右结构。金文、篆文承续甲骨文字形。隶化后楷书写作"此"。古人称自己所立之地为"此"，称前往之地为"彼"。

《说文解字》说："此，止也。从止，从匕。匕，相比次也。凡此之属皆从此。""此"的造字本义是指其站立的位置，如彼此、在此、此起彼伏。通过时空引申，"此"可以表示眼下时刻、当下，如此后、此生此时等。再通过词性引申，"此"可以表示这个、这时，如此外、因此等。

"此"字常见的词语有：此岸，与彼岸相对，彼岸是指涅槃，此岸则是佛教用来指有生有死的境界；此起彼伏，指从这里起来从那里落下，形容连续不断；"此一时，彼一时"，指当时是一种情况，现在又是另外一种情况，情况已经和过去有了较大的区别；此致，是一个动词，书信用语，常用在公文或书信的结尾，为在此表示的意思。

盖此身发

shēn

| 甲骨文 | 金文 | 篆文 | 隶书 | 楷书 | 行书 | 草书 | 标准宋体 |

### 解字堂

"身"与"孕"本同源，后分化。"身"，甲骨文像一个女人挺着大肚子。有的甲骨文像一个人隆起的腹部内怀着一个胎儿。有的甲骨文写成指事字，在隆起的腹部内加一点指事符号，表示腹内有子。金文基本承续甲骨文字形，在隆起的腹部下方加一短横指事符号，指代不明。篆文承续金文字形。隶书略有变形，"人"形消失，"腹"形消失。"身"的"怀孕"本义消失后，另造会意字"孕"代替。其实，在甲骨文中，"半圆形"的结构在"人"的前部为"身"（孕）；半圆在"人"的后部为"臀"；半圆在"又"（手臂）的下方为"肱"。

《说文解字》说："身，躬也。象人之身。从人，厂声。凡身之属皆从身。""身"字的造字本义是指妇女腹部隆起，怀胎孕子，此义项仅见于古文，现已被"孕"字所替代。"身"字的含义十分众多，它可以指代身体，如身上、转身等；可以表示生命，如献身、奋不顾身等；可以指一生、一辈子，如终身、身后之事等。"身"又可以指人的品格和修养，如修身、立身处世等；可以专门指代社会地位，如身份、身败名裂等；可以表示物体的中部或主要部分，如车身、机身等。此外，"身"还可以作为量词，常用于衣服，如一身衣服、换了身衣服等。

### 名言馆

吾日三省吾身：为人谋而不忠乎？与朋友交而不信乎？传不习乎？

· 《论语·学而》

---

其身正，不令而行；其身不正，虽令不从。

· 《论语·子路》

---

带长剑兮挟秦弓，首身离兮心不惩。

· 《楚辞·九歌·国殇》

---

身也者，父母之遗体也。

· 《礼记·祭义》

---

是不亦责于身者重以周乎？

· （唐）韩愈《原毁》

盖此身发

# 发 fà

| 甲骨文 | 金文 | 篆文 | 隶书 | 楷书 | 行书 | 草书 | 标准宋体 |
|---|---|---|---|---|---|---|---|
| | | | | | | | 发 |

## 名言馆

白发三千丈，缘愁似个长。
·（唐）李白《秋浦歌十七首》其十五

---

人生不再好，鬓发白成丝。
·（唐）杜甫《薄暮》

---

故国神游，多情应笑我，早生华发。
·（宋）苏轼《念奴娇·赤壁怀古》

## 解字堂

"髮"，金文=犬（犬，猎物、野兽）+首（首，顶部长有长毛的人的头部），表示人或动物头上的长毛。篆文将金文的犬写成犮，将金文的首写成頁。有的篆文将"首"頁（头部）改成"髟"髟（长毛），强调较长的毛发。隶化后楷书写作"髮"。简化字"发"依据草书字形发将正体楷书髮简化成发。

《说文解字》说："髮，根也。从髟，犮声。髮或从首。𩠐，古文。""发"的造字本义是指人或动物头上的长毛，如毛发等；又引申为人类头上的毛，如发型、秀发等。

## 温故知新

###  四字通解

盖此身发,意思是身躯、四肢、须发、皮肤,在这里的意思是说自己身体的全部,自身。"盖"在这里是一个没有实际意义的字。在我国古人的观念里,身体发肤十分重要,《孝经》开宗明义便说:"身体发肤,受之父母,不敢毁伤,孝之始也。立身行道,扬名后世,以显父母,孝之终也。"后世侯方域《万孝子割股议》中也有"身体发肤,不敢毁伤,圣人之训也"的观念。

孝道是中华民族的基本传统道德行为准则之一,所谓"百善孝为先",孝是圣人提出来的,是我国古代长期社会实践的历史产物。"孝"的本字是"老"字省去右下角的形体,和"子"字组合而成的一个字。我们可以看出,"孝"的古文字形与"善事父母"之义是吻合的。所以,"孝"就是子女对父母的一种善行和美德,是家庭中晚辈在处理与长辈的关系时应该具有的、最基本的道德品质。

###  故事厅

#### 曹操割发代首

三国时期,曹操发兵攻打宛城,出发时规定:"大小将校,凡过麦田,但有践踏者,并皆斩首。"因此,骑马的士卒都一一下马,仔仔细细地扶着麦子而过,生怕踩到了麦苗。正在这时,草丛中飞出一只大雁,曹操的马因受惊而践踏了麦田。他十分严肃地让执法官为自己定罪。执法官说,根据"春秋大义",不能处罚担任尊贵职务的人。曹操却认为,自己制定的法令,自己却又违反,怎么能取信于军呢?说着,他就拿起宝剑割下自己的头发,并传示三军:"丞相踏麦,本当斩首号令,今割发以代。"自此以后,曹操的军队更加纪律严明。

#### 千钧一发

西汉时期,有个叫枚乘的文学家,擅长写作辞赋。他在吴王刘濞那里做郎中,刘濞想要造反,枚乘劝阻他说:"用一缕头发系上千钧重的东西,上面悬在没有尽头的高处,下边是无底的深渊,这种情景就算再愚蠢的人也知道是极其危险的。如果在上边断了,那是接不上的;如果坠入深渊也就不能取上来了。所以,你想造反,就如这缕头发一样危险啊!"刘濞对此不以为然,枚乘只好离开吴国,去做了梁孝王的门客。汉景帝时,刘濞联合其他6个诸侯国谋反,结果被灭。"千钧一发"从此便使用开来了。

### 猜谜语

断球后,空中转身上篮得分。
（打一字）

一弯眉月正顶空。
（打一字）

水榭流水十分春。
（打一字）

##  知识角

### 晁盖

晁盖是中国古典小说《水浒传》中的人物，是梁山泊的总寨主。他是山东省郓城县东溪村人，担任东溪村保正一职，是本乡的财主。晁盖武功超群，神武过人，平生仗义疏财，为人义薄云天，专爱结交天下好汉，闻名江湖。喜欢刺枪使棒，身强力壮，不娶妻室，终日打熬筋骨，是一位真正敢于为民请命的好汉，如沧海横流般尽显英雄本色。有个传说，说邻村西溪村闹鬼，村人凿了一个青石宝塔镇在溪边，鬼就被赶到了东溪村。晁盖大怒，独自跑到西溪村将青石宝塔夺了过来镇在东溪村，人称"托塔天王"。

### 赤发鬼刘唐

刘唐是中国古典小说《水浒传》中的人物，绰号赤发鬼，东潞州人氏。他与晁盖、吴用等七人结义，一同劫取生辰纲，后上梁山入伙，是晁盖的心腹班底。梁山排座次的时候，刘唐排第二十一位，上应天异星，担任步军头领。征讨方腊之，刘唐战死于杭州，被追封忠武郎。刘唐的绰号在《宋江三十六人赞》中为"尺八腿"，而在《大宋宣和遗事》中则作"赤发鬼"。其实，"赤发鬼"和"尺八腿"在内容上没有任何联系，但却完全谐音。可以推测，在梁山故事流传的过程中，刘唐绰号由"尺八腿"变成"赤发鬼"。

##  成语窗

### 盖世英雄
意思是有超出当代所有人的才能。用以形容非常杰出的英雄人物。

### 盖棺论定
指人死后对其一生作出评价。

### 此起彼伏
这里起来，那里下去。形容接连不断。

### 彼此彼此
常用做客套话，表示大家一样。亦指两者比较差不多。

### 以身殉职
指忠于职守而献出生命。

### 守身如玉
保持节操，像玉一样洁白无瑕。也泛指爱护自己的身体。

### 文身断发
身刺花纹，截短头发，以为可避水中蛟龙的伤害。后常用以指较落后地区的民俗。

### 一触即发
原指把箭扣在弦上，拉开弓等着射出去。比喻事态发展到了十分紧张的阶段，稍一触动就会立即爆发。

四大五常

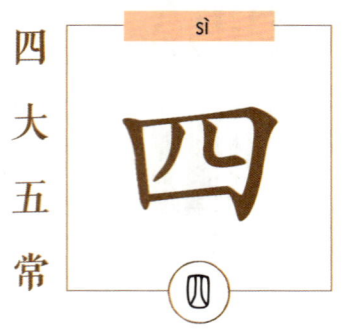

sì

| 甲骨文 | 金文 | 篆文 | 隶书 | 楷书 | 行书 | 草书 | 标准宋体 |
|---|---|---|---|---|---|---|---|
| 三 | 三 | 四 | 四 | 四 | 四 | 四 | 四 |

## 解字堂

"一"代表混沌太初。古人认为"一生二，二生三，三生万物"。也就是说，混沌太初分出天地"二"极，天地间生出人；"三"，即天地人，衍化出宇宙万物。"四"是特殊指事字，甲骨文三的字形，表示其为"二"的两倍。金文三承续甲骨文字形。将金文的横笔竖写，就成了ⅢⅠ；将ⅢⅠ与=（二，表示四是二的倍数）合写，就成了四。有的金文四在四的基础上再加"二"=，强调"四"三与"二"的倍数关系。篆文四省去金文四中的"二"=。

《说文解字》说："四，阴数也。象四分之形。凡四之属皆从四。ᗰ，古文四。三，籀文四。""四"字的造字本义是指两倍于二的正整数，是一个数词，如四面八方、四脚朝天、四面楚歌等等。同时，"四"还特指民族音乐音阶上的一级，在乐谱上用作记音符号。

在西方信仰中看来，"三"是用来代表神的，神是三位一体。"四"这个数字则是代表人的，上帝创造的天地中，在人类居住的园地最初有四条河流。同样，西方古时候认为世间的一切都由四种元素构成，它们分别是火、地、风、水。但在中文之中，因为"四"与"死"的读音相近，所以常常被认为是不吉利的数字。不过，在上海话之中，"四"又和"水"的读音一致，"水"代表生财，所以"四"又成了吉利的数字。

## 名言馆

大风起兮云飞扬，安得猛士兮守四方！
· （汉）刘邦《大风歌》

停杯投箸不能食，拔剑四顾心茫然。
· （唐）李白《行路难三首》其一

起视四境，而秦兵又至矣。
· （宋）苏洵《六国论》

四郊农事兴，老稚迭歌舞。
· （宋）陆游《春雨》

谜语答案　盖　此　身

四大五常

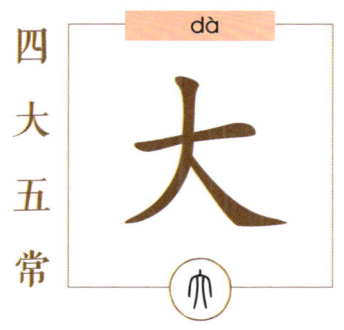

| 甲骨文 | 金文 | 篆文 | 隶书 | 楷书 | 行书 | 草书 | 标准宋体 |
|---|---|---|---|---|---|---|---|
| 大 | 大 | 大 | 大 | 大 | 大 | 大 | 大 |

## 名言馆

先帝知臣谨慎，故临崩寄臣以大事也。
· （三国）诸葛亮《出师表》

小时了了，大未必佳。
· （南朝）刘义庆《世说新语·言语》

大漠孤烟直，长河落日圆。
· （唐）王维《使至塞上》

大鹏一日同风起，扶摇直上九万里。
· （唐）李白《上李邕》

## 解字堂

"大"，甲骨文像张开双臂双腿、顶天立地的成年人。金文、篆文承续甲骨文字形。隶书失去手形。在远古时代，人的体格出众被等同于能力出众，因此称能医病、能治的人为"大夫"。"厶"（"私"的古字），是指头部朝下、尚未出生的神秘胎儿；"了"是刚出生的、性别确然可辨的幼婴；"子"是挥动两臂、两腿包裹在襁褓中、尚不能独立活动的幼儿；"大"是顶天立地的成年人；"人"就是双手采摘或在地里忙活的劳动者。

《说文解字》说："大，天大，地大，人亦大。故大象人形。古文才也。凡大之属皆从大。""大"的造字本义是指顶天立地的成年人，如大象人形，该义项仅见于古文之中。通过词性引申，"大"作为形容词，可以表示年岁高的，如大哥、老大等；可以表示外形规模超常的，如大海、大地等；表示数量、程度超常的，如大度、大方等；还可以表示时间特征强的，如大清早等；表示级别超常的，如大功告成等。"大"还可以作为副词，表示空间幅度超常地，如大摇大摆；表示数量、程度超常地，如大喜、大笑等。此外，"大"还可以作为动词，表示成长、由幼稚向成熟发展，如长大成人等。

## 四大五常

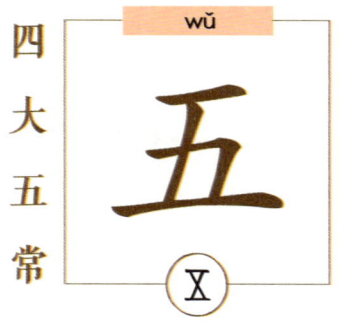

wǔ

五

| 甲骨文 | 金文 | 篆文 | 隶书 | 楷书 | 行书 | 草书 | 标准宋体 |
|---|---|---|---|---|---|---|---|
| X | 㐅 | 㐅 | 五 | 五 | 五 | 五 | 五 |

### 解字堂

"二"是特殊指事字，上面一横代表天，下面一横代表地。甲骨文在两横之间加一横表示"三"，代表天、地、人，万物之源。后来古人在天地"二"之间再加一个"二"，用两个"二"表示"四"。"五"也是特殊指事字，"五"的甲骨文字形 X 用一个叉号寓意天、地万物的交汇，以表示大于"四"的正整数。有的甲骨文 X 在字形 X 基础上加二（天地之间）。在造字时期的远古时代，一、二、三、四、五、六、七、八、九、十，都曾经是极限数字。

《说文解字》说："五，五行也。从二，阴阳在天地间交午也。凡五之属皆从五。""五"字的造字本义是指金、木、水、火、土等宇宙的构成要素，代表天地间万物构成元素的极限数，大于四，小于六，如五花八门、五湖四海、五体投地等等。同样，"五"也特指民族音乐音阶上的一级，在乐谱上用作记音符号。

### 名言馆

吾令人望其气，皆为龙虎，成五采，此天子气也。

·《史记·项羽本纪》

目送归鸿，手挥五弦。

·（三国）嵇康《四言赠兄秀才入军诗》

对此欣登岁，披襟弄五弦。

·（唐）李世民《咏雨》

路逢三五夜，春色暗中期。

·（唐）李隆基《轩游宫十五夜》

帘外雨潺潺，春意阑珊。罗衾不耐五更寒。

·（南唐）李煜《浪淘沙》

四大五常

| 甲骨文 | 金文 | 篆文 | 隶书 | 楷书 | 行书 | 草书 | 标准宋体 |
|---|---|---|---|---|---|---|---|
|  |  | 常 | 常 | 常 | 常 | 常 | 常 |

## 名言馆

天行有常，不为尧存，不为桀亡。
·《荀子·天论》

常生常化者，无时不生，无时不化。
·《列子·天瑞》

千里马常有，而伯乐不常有。
·（唐）韩愈《杂说》

猿鸟犹疑畏简书，风云常为护储胥。
·（唐）李商隐《筹笔驿》

## 解字堂

"常"字的上半边是"尚"，它既是声旁也是形旁，表示高级的、流行的。"常"，篆文 = （尚，崇尚、流行）+（巾，布），表示人们崇尚的服饰。古代称连体裙为"裳"，称长裙为"常"。

《说文解字》说："常，下裙也。从巾，尚声。裳，常或从衣。""常"的造字本义是指古代长期流行的服饰，如载是常服，该义项仅见于古文，现已消失。通过词性引申，"常"可以用作形容词，表示长时间的、经久的，如常常、常年等；还可以表示普遍的、一般的，如常规、常识等。"常"还可以作为副词，表示长久地、不时地，如四季常青等。作为名词，"常"在现代汉语之中表示理论、道理，如三纲五常等等。此外，"常"还是一个姓氏。

含有"常"字的常见词语有：常服，与礼服相对，表示日常生活中所穿的衣服，如居家常服等。常委，指某些机构中由常务委员组成的领导集体——常务委员会中的成员。常规武器，通常使用的武器，如枪炮、飞机、坦克以及一些冷兵器等，与非常规的核武器、化学武器、生物武器相区别。

## 温故知新

 ### 四字通解

四大五常，意思是人的身体发肤由地、水、火、风四种物质组成，人的言行举止要符合仁、义、礼、智、信的伦常准则。"四大"有多种不同的说法。道家认为，道、天、地、王为四大。所谓"道大、天大、地大、人亦大。域中有四大，而人居其一焉"（《老子》）。佛家认为地、水、火、风为四大，认为这四者能够产生一切，包括事物和思想。儒家则认为天、地、亲、师为四大。"五常"在封建礼教中，主要是指人与人之间的五种关系：君臣、父子、兄弟、夫妇、朋友。也就是孟子所谓"父子有亲，君臣有义，夫妇有别，长幼有叙（序），朋友有信"。因此，"五常"可以指五种"伦理道德"：父义、母慈、兄友、弟恭、子孝，也可以指五种"品德修养"：仁、义、礼、智、信。此外，五行有时也可称为五常，即金、木、水、火、土。"常"指不变的准则，这句话的意思也就是说，"五常"是人们应当遵守的日常行为规范。

 ### 故事厅

#### 商山四皓

汉朝兴起时，有园公、绮里季、夏黄公、角里先生。这四人在秦朝统治天下时，逃避到商雒山深处，等待天下平定。汉高祖听说后征召他们，他们没来。后来吕后采用留侯张良的计策，让皇太子带着织物，谦辞卑礼，用坐乘的小车将他们迎接到自己身边，辅佐自己。四人到来后，随从太子见高祖，高祖像待上宾般敬重他们，太子也由此受到重视，于是得以稳固地位。

#### 大闹天宫

孙悟空向东海龙王借得金箍棒后，被龙王告了一状，骗到天庭当了看管天马的弼马温。悟空知道上当受骗后，回到花果山自称"齐天大圣"，随后又打败了前来捉拿他的托塔李天王。玉帝实在没有办法，假意封他为"齐天大圣"，让他去管理蟠桃园。孙悟空得知再次受骗，一怒之下就搅了王母娘娘的蟠桃宴，偷吃老君的九转金丹。后来，孙悟空被太上老君关在八卦炉内，烧了七七四十九天，反而让孙悟空练就了火眼金睛，打得天庭众人狼狈而逃。

### 猜谜语

山中匹配成双对。
（打一字）

此字用心方可悟得。
（打一字）

泥落空堂帘半卷。
（打一字）

 **知识角**

### "五言长城"刘长卿

刘长卿,唐代著名诗人,字文房,安徽宣城人。后来,迁居洛阳,河间是他的老家所在。刘长卿生卒年存在一定的争议,难以确论。他是唐玄宗时期的进士,在唐肃宗时期曾官至监察御史,后来又做过长洲县尉、南巴尉、睦州司马等官职。唐德宗建中年间,刘长卿官终随州刺史,所以被称为刘随州。

刘长卿擅长写诗,尤其是五言诗歌,曾自称"五言长城"。《骚坛秘语》说:"刘长卿最得骚人之兴,专主情景。"《逢雪宿芙蓉山主人》"日暮苍山远,天寒白屋贫。柴门闻犬吠,风雪夜归人"是其佳作。

### 常遇春

常遇春,字伯仁,号燕衡,南直隶凤阳府怀远县人。他是元朝末年红巾军的杰出将领,后来成为明朝的开国名将。元顺帝至正一五年,常遇春归顺朱元璋,自请为前锋,他曾经说自己能够带领十万士兵众,横行天下,军中都称他为"常十万"。常遇春官至中书平章军国重事,封鄂国公,后来又追封为开平王。

常遇春对朱元璋一直忠心耿耿,敢于直言,效命疆场,尽瘁而终。朱元璋对常遇春也很爱重,认为常遇春的功勋"虽古名将,未有过之"。朱元璋曾经特意表彰他"勤劳于外,南平诸郡,兵不失律,民无所扰"的功劳,常遇春说这是"皇上成算,所至辄克,非臣所能"。

 **成语窗**

**丢三落四**
形容做事马虎粗心,不是丢了这个,就是忘了那个。

**文房四宝**
俗指笔、墨、纸、砚。

**公明正大**
公正无私,光明磊落。

**以小见大**
从小的可以看出大的。指通过小事可以看出大节,或通过一小部分看出整体。

**五言长城**
本意是称誉善于作五言诗的好手。特指唐代诗人刘长卿。

**五脏六腑**
五脏:脾、肺、肾、肝、心。六腑:胃、大肠、小肠、三焦、膀胱、胆。人体内脏器官的统称。也比喻事物的内部情况。

**家常便饭**
指家中日常的饭食。比喻极为平常的事情,不足为奇。

**变幻无常**
形容事物任意变化,没有一定的规则。

恭惟鞠养

| 甲骨文 | 金文 | 篆文 | 隶书 | 楷书 | 行书 | 草书 | 标准宋体 |
|---|---|---|---|---|---|---|---|
| | | | 恭 | 恭 | 恭 | 恭 | 恭 |

## 解字堂

甲骨文中"恭"与"龚"通用。"龚",甲骨文=（龙）+（共,即"供",供奉）。金文基本承续甲骨文字形。有的金文加"兄"（祝祷）,突出崇拜主题。篆文误将金文的写成"廿",省去"龙",同时加"心",突出诚心。隶化后楷书写作"恭"。

《说文解字》说:"恭,肃也。从心,共声。""恭"字的造字本义是指虔敬地供奉神龙,该义项仅见于古文,现已消失。通过词性引申,"恭"可以作为形容词,表示虔敬的、谦诚的,如恭敬、谦恭等。可以作为副词,表示谦敬地,如恭请、恭听等。此外,"恭"还是一个姓氏。

带有"恭"字的常见词语多含有谦恭的含义。如恭敬,表示对尊长或者宾客尊重有礼貌。恭维,表示为讨好某人而赞扬他,说一些言不由衷的话,如曲意恭维等。恭祝,指恭敬地祝贺或祝愿,如恭祝新禧、恭祝各位万事如意等。恭候,指恭敬等候,如恭候光临、我们恭候您很久了等。从元代开始,在科举考场中便设有了"出恭""入敬"牌,用来防止科考士子擅离座位,士子入厕必须先领此牌,因此入厕便被称为出恭。

## 名言馆

密人不恭,敢距大邦。
· 《诗·大雅·皇矣》

君子敬而无失,与人恭而有礼。
· 《论语·颜渊》

公子执辔愈恭。
· 《史记·魏公子列传》

谜语答案　四五常

恭惟鞠养

wéi
惟

| 甲骨文 | 金文 | 篆文 | 隶书 | 楷书 | 行书 | 草书 | 标准宋体 |
|---|---|---|---|---|---|---|---|
|  | 🖼 | 惟 | 惟 | 惟 | 惟 | 惟 | 惟 |

## 名言馆

万邦黎献，共惟帝臣。
·《书·益稷》

吾惟竖子固不足遣，而公自行耳。
·《史记·留侯世家》

何因古乐府，惟有郑樱桃。
·（唐）李商隐《樱桃答》

惟有长江水，无语东流。
·（宋）柳永《八声甘州》

## 解字堂

金文以"隹"代"惟"，表示人们渴望像鸟一样自由飞翔。"惟"，有的金文𢡱=屮（心，羡慕）+隹（隹，飞翔）。篆文惟基本承续金文字形。隶书惟将篆文的"心"❤写成忄，就形成了今天的字体。

《说文解字》说："惟，凡思也。从心，隹声。""惟"的造字本义是指羡慕、向往飞翔，该义项仅见于古文，现已消失。通过词性引申，"惟"可以作为动词表示向往、希望，该义项同样只见于古文，如相亦惟终、共惟帝臣等。"惟"还可以作为副词，表示只有、只是、仅仅，如惟恐、惟妙惟肖等，这种情况下常常可以与"唯"通用。

带有"惟"字的常见词语有：惟我独尊，认为只有自己最是了不起，形容一个人极端的狂妄自大。惟其，表示因果关系，与"正因为"的含义十分相近，如惟其如此等。惟利是图，指一个人只贪图钱财利益，对别的任何事情都是不管不顾的。惟恐，表示只怕，如惟恐迟到、惟恐落后等。在古文之中，"惟"可以用作副词，如惟吾德馨、惟明克允；可以用作助词，如惟二月既望等；还可以用作介词、连词。

恭惟鞠养

jū

| 甲骨文 | 金文 | 篆文 | 隶书 | 楷书 | 行书 | 草书 | 标准宋体 |
|---|---|---|---|---|---|---|---|
|  |  | 鞠 | 鞠 | 鞠 | 鞠 | 鞠 | 鞠 |

## 解字堂

"鞠"是形声字，革为形，匊为声。它的本意是指一种古代游戏用的皮球，被假借用来表示抚育、抚养和弯曲。

《说文解字》说："鞠，蹋鞠也。从革，匊声。"刘向《别录》说："蹵鞠者，传言黄帝所作。或曰：'起战国之时。'蹋鞠，兵势也。所以练武士，知有材也。皆因嬉戏而讲练之。"《汉书·艺文志》兵技巧十三家有蹵鞠二十五篇。"鞠"的本意表示一种球，如蹴鞠等。"鞠"还可以表示抚养、养育，如鞠养、鞠育等。在书面语之中，"鞠"表示身体向前弯曲行礼，如鞠躬等。

在古文之中，"鞠"还有爱的意思，如"鞠爱过于所生"（《世说新语》），可以表示警告、告诫，如陈师鞠旅、鞠凶等。同时，"鞠"又通"鞫"，表示审讯、审查，如鞠狱不实等。

带有"鞠"字的常见词语有：鞠躬，表示请安，弯头或屈膝以表示尊敬、羞愧或屈从，同时也可以用在跳方形步舞蹈时向舞伴行礼等场合。"鞠躬尽瘁，死而后已"，这句话出自三国时蜀国丞相诸葛亮的《后出师表》："鞠躬尽瘁，死而后已，至于成败利钝，非臣之明所能逆睹也。"诸葛亮的一生就是对这句话的一个完美诠释。

## 名言馆

公子途中妨蹴鞠，佳人马上废秋千。
· （唐）李隆基《初入秦川路逢寒食》

遥闻击鼓声，蹴鞠军中乐。
· （唐）韦应物《寒食后北楼作》

今日鞠躬高旆下，欲倾肝胆杳无因。
· （唐）许棠《献独孤尚书》

击鞠王孙如锦地，斗鸡公子似花衣。
· （唐）皮日休《洛中寒食二首》其一

恭惟鞠养

| 甲骨文 | 金文 | 篆文 | 隶书 | 楷书 | 行书 | 草书 | 标准宋体 |
|---|---|---|---|---|---|---|---|
| 𦍋 | 𦍋 | 羚 | 養 | 養 | 養 | 养 | 养 |

## 名言馆

以五味、五谷、五药养其病。
　　·《周礼·天官·疾医》

凡饮养阳气也，凡食养阴气也。
　　·《礼记·郊特牲》

运筹将入幕，养拙就闲居。
　　·（唐）孟浩然《送告八从军》

巢燕养雏浑去尽，江花结子已无多。
　　·（唐）杜甫《少年行二首》其一

咸阳原上英雄骨，半向君家养马来。
　　·（唐）李商隐《浑河中》

## 解字堂

"羊"，既是声旁也是形旁，表示羊群。"養"，甲骨文𦍋=𦍋（羊）+攵（攴，手持鞭子），表示在山地驱赶羊群。金文𦍋承续甲骨文字形。篆文養=羊（羊）+食（食，喂食），表示圈羊喂草。隶化后楷书写作"養"。简化后写作"养"。在我国古代，人们称放牛为"牧"，称放羊为"养"。后来"养"专指圈喂家畜家禽。

《说文解字》说："养，供养也。从食，羊声。""养"的造字本义是指放牧羊群，该义项仅见于古文，现已消失。在现代汉语中，"养"的含义十分众多，它可以表示供给生活资料或生活费用，如抚养、赡养、养家等；可以表示饲养动物、培养植物，如养猪、养花等；可以表示生育，如他养了个儿子等。作为动词，"养"还可以表示培养，如养成良好的习惯等；可以表示使身心得到滋补或休息，如保养、疗养等；可以表示爱护，如养路费等；同时还有扶植、扶助以及蓄发等不同含义。"养"又可以作为形容词，表示抚养，如养父养母、养子、养女等。此外，"养"还是一个姓氏。

## 温故知新

###  四字通解

恭惟鞠养,意思是我们的身体恭蒙父母生养、精心抚育而成。

"恭"是恭敬、谦逊的意思;"惟"是惟谨、顺服的意思。现代汉语中的恭惟(恭维)是一个贬义词,有曲意奉承、讨好对方的意思,古汉语与此截然不同。在古代汉语中,"鞠"和"养"一样,都是指抚育和长养。《弟子规》有"身有伤,贻亲忧",这就是说我们的身体若受到毁坏、损伤,父母一定会忧愁痛苦。孔子有一位学生叫作高柴。在他的父母过世时,他十分悲痛,不仅哭干了眼泪,甚至还哭出血来。孔子对他说,你怀念父母是应该的,但不知道保重身体就是十分不明智的了。因为,人自己也有家庭和子女需要照顾,有社会责任需要承担,如果哭坏了身体,父母地下有知,也不会心安。所以,高柴虽然孝顺,但在孔子看来,他的这种做法却是不可取的。

###  故事厅

**惟利是图**

公元前580年,秦桓公与晋厉公签订了友好盟约,相互约定两国之间一定要和平相处。但就在盟约墨汁尚且未干之时,秦桓公就派人到了狄国和楚国,怂恿他们一起去攻打晋国。晋厉公立刻派吕相到秦国去抗议,指责秦桓公惟利是图、傲慢无礼。不久之后,两国之间就发生了一场大的战争。晋国派遣大夫魏相赴秦国宣告绝交,然后率齐、鲁、宋、卫、郑、曹、邾、滕等诸侯国共同讨伐秦国,秦军战败逃跑,诸侯联军一直追击到泾阳,才班师回朝。后来,人们就常常用"惟利是图"这个词表示一心只为利益,其他什么事情都不顾。

**诸葛亮鞠躬尽瘁**

东汉末年,刘备曾三顾茅庐,请诸葛亮出山。此后,诸葛亮全力辅助刘备建立蜀汉政权,形成三分天下的局面。后来,刘备病逝,儿子刘禅继位。为了帮助刘禅统一天下,诸葛亮一面与东吴结盟,一面南征孟获,清除后患;还一面充实军队,准备伐魏。在出兵前,他写了《出师表》给刘禅,详细分析了攻打魏国的道理。最后表示,自己一定鞠躬尽瘁,死而后已,以报刘备的知遇之恩。后来,人们便常用这个成语比喻不辞劳苦、大公无私的高贵品质。

### 猜谜语

拱手让出一小点。
(打一字)

靶前菊半开。
(打一字)

 ## 知识角

### 恭王府

恭王府是我国重点文物保护单位，曾经是清代规模最大的一座王府，先后作为和珅、永璘的宅邸。1851年，恭亲王奕䜣成为宅子的主人，恭王府的名称也因此而来。恭王府历经了清王朝由鼎盛而至衰亡的全部历史进程，承载了极其丰富的历史文化信息，故有"一座恭王府，半部清代史"的说法。在清朝覆亡之后，恭王府府邸的产权曾归属辅仁大学，1988年，恭王府花园开始对外开放，2008年完成府邸修缮工程后，全面对外开放。恭王府的主要景观有后花园（又称为朗润园）、银安殿（又称为银銮殿）、嘉乐堂等。

### 蹴鞠

蹴鞠，又名"蹋鞠""筑球"等，"蹴"有用脚蹴、蹋、踢的含义，"鞠"是指用皮革包裹着米糠的球。"蹴鞠"就是指古人以脚蹴、蹋、踢皮球的活动，类似今日的足球。据史料记载，在战国时期，汉族的民间就开始流行娱乐性的蹴鞠游戏了。从汉代开始，蹴鞠又成为兵家练兵之法。宋代开始出现蹴鞠组织与蹴鞠艺人，清代开始流行冰上蹴鞠。因此，蹴鞠可以说是中国古代流传久远、影响较大的体育运动。清代中叶以后，西方足球开始传入，中国传统的蹴鞠活动基本上被取代，而踢毽子作为"蹴鞠之遗事"得到了一定程度的继承与发展。

 ## 成语窗

**毕恭毕敬**
有礼貌地对待。形容态度十分恭敬。

**洗耳恭听**
指恭恭敬敬地听别人讲话。请人讲话时的客气话，指专心地听。

**惟妙惟肖**
描写或模仿得非常逼真。

**惟利是图**
一心追逐利益，别的什么都不顾。

**陈师鞠旅**
出征之前，集合军队发布动员令。

**颐神养性**
指保养精神元气。

**养虎为患**
比喻纵容敌人，留下后患，自己反受其害，比放虎归山更可怕。

## 岂敢毁伤

### 岂 qǐ

| 甲骨文 | 金文 | 篆文 | 隶书 | 楷书 | 行书 | 草书 | 标准宋体 |
|---|---|---|---|---|---|---|---|
| 豈 | 豈 | 豈 | 豈 | 豈 | 豈 | 岂 | 岂 |

### 解字堂

"岂",与"壴"同源,后分化。"壴",甲骨文像是鼓的3个方向上都有一只手,表示手掌在不同方向拍击鼓面。篆文的"豈"把甲骨文的"手"写成"爪",并加一横表示鼓槌。隶化后楷书写作"豈"。简化后写作"岂"。当"岂"的"击鼓"本义消失后,篆文再加"几"(即"人")另造"凯"代替。

《说文解字》说:"岂,还师振旅乐也。一曰欲也,登也。从豆,微省声。凡岂之属皆从岂。""岂"字的造字本义为击鼓奏乐,如"王在在镐,岂乐饮酒",该义项仅见于古文,现已消失。经过词性引申,"岂"可以表示反问,如岂止、岂可、岂有此理等。此外,"岂"还是一个姓氏。在古文中,"岂"又通"恺"和"凯"。

带有"岂"字的常见词语有:岂非,以反问的语气表示难道不是,如岂非怪事、岂非自相矛盾等。岂敢,表示怎么敢、哪里敢,如岂敢擅作主张、"岂敢岂敢,些许小事不足挂齿"等等,常用作客套话。岂有此理,表示哪有这样的道理,如"你做错了事,还要怪别人,岂有此理!"常用来表示对不合理的事情表示气愤。

### 名言馆

将军岂有意乎。
·《战国策·燕策三》

岂若吾乡邻,之旦旦有是哉。
·(唐)柳宗元《捕蛇者说》

岂知驱战马,只是太平人。
·(唐)司空图《华清宫》

年少已多病,此身岂堪老。
·(唐)白居易《病中作》

谜语答案  恭 鞠

岂敢毁伤

| 甲骨文 | 金文 | 篆文 | 隶书 | 楷书 | 行书 | 草书 | 标准宋体 |
|---|---|---|---|---|---|---|---|
| | | | 敢 | 敢 | 敢 | 敢 | 敢 |

### 名言馆

刚毅勇敢，不以伤人。
　　　　　　·《荀子·非十二子》

九国之师，逡巡而不敢进。
　　　　　　·（汉）贾谊《过秦论》

山鸡羞渌水，不敢照毛衣。
　·（唐）李白《秋浦歌十七首》其三

人人自以为必死，然畏愬，莫敢违。
　·（宋）司马光《资治通鉴·唐纪》

### 解字堂

"敢"，甲骨文像手持猎叉迎击野猪的样子。金文将甲骨文的（野猪）变形为，并以（陷阱）代替（猎叉），有的金文将陷阱状写成。籀文=彐（又，手）+月（月，肉，代表猎物）+殳（殳，持械攻击），强调持械行猎。篆文变形较大，=爫（爪，抓）+古（古，是对金文字形中野猪蹄落陷阱形状的误写）+又（又，抓），表示胆魄非凡，持械斗兽。隶书依据籀文字形再次变形。

《说文解字》中"敢"作"敢"。《说文解字》说："敢，进取也。从受，古声。䎙，籀文敢。𣪍，古文敢。""敢"的造字本义是指徒手持械迎击野兽，该义项仅见于古文，现已消失。"敢"可以表示有勇气、有胆量，如勇敢、果敢等。作为助动词，"敢"可以表示有胆量做某种事情，如敢作敢为、敢想敢说等；可以表示有把握做出某种判断，如我不敢确定。"敢"还用作书面语，可以用作谦辞，表示冒昧地请求别人，如敢问、敢请等。在方言中，"敢"作为副词，表示莫非、怕是。此外，"敢"还是一个姓氏。

带有"敢"字的常见词语有：敢死队，表示为完成最艰巨、最危险的任务，由不怕死的人组成的队伍，如突围敢死队、抢险敢死队等。敢情，表示发现了原来没有发现的情况，也可以表示情理明显不必怀疑。

岂敢毁伤

| 甲骨文 | 金文 | 篆文 | 隶书 | 楷书 | 行书 | 草书 | 标准宋体 |
|---|---|---|---|---|---|---|---|
| | | 毁 | 毁 | 毁 | 毁 | 毁 | 毁 |

### 解字堂

《说文解字》说："毁，缺也。从土，毇省声。""毁"作为动词，可以表示破坏、糟蹋，如毁灭、销毁。"毁"可以表示烧掉，如烧毁、焚毁等；还可以表示说别人坏话、诽谤，如毁誉、诋毁等。作为方言，"毁"还可以表示把成件的旧东西改成别的东西，如"用一件大褂子给他毁成两条裤子"，这种含义常用作衣服。

常见的词语有：毁谤，表示以言语相攻击或嘲讽丑化，如王充《论衡》："身完全者谓之洁，被毁谤者谓之辱。"毁灭，指彻底的破坏和消灭，闻一多《最后一次讲演》："历史上没有一个反人民的势力不被人民毁灭的！"在古代汉语中，还指因居丧过哀而亡身，蔡邕《辞郡辟让申屠蟠书》："丧亲尽礼，几于毁灭。"毁约，表示不遵守协议，破坏定规成法，《庄子》："楚国之法，必有重赏大功而后得见……今大王欲废法毁约而见说，此非臣之所以闻于天下也。"毁于一旦，表示在很短的时间里，所有的一切努力都毁灭了，翟禹钟《彭大将军回故乡》："这些树不知长了几百几十年，都毁于一旦，太可惜。"

### 名言馆

护即弊成好，毁即是成非。
  ·（唐）寒山《诗三百三首》其九十八

故巢傥未毁，会傍主人飞。
  ·（唐）杜甫《归燕》

荒毁碧涧居，虚无青松位。
  ·（唐）孟郊《逢江南故昼上人会中郑方回》

升沉不定都如梦，毁誉无恒却要聋。
  ·（唐）韩偓《味道》

岂敢毁伤

shāng

伤

| 甲骨文 | 金文 | 篆文 | 隶书 | 楷书 | 行书 | 草书 | 标准宋体 |
|---|---|---|---|---|---|---|---|
|  |  | 傷 | 傷 | 傷 | 傷 | 伤 | 伤 |

## 名言馆

匠石运斤成风，听而斲之，尽垩而鼻不伤。
・《庄子・徐无鬼》

天下得其地，则其利少。
・《韩非子・五蠹》

杀人者死，伤人及盗抵罪。
・《史记・高祖本纪》

受命以来，夙夜忧叹，恐托付不效，以伤先帝之明。
・（三国）诸葛亮《出师表》

多情自古伤离别，更那堪，冷落清秋节！
・（宋）柳永《雨霖铃》

## 解字堂

"傷"的右半边为𢦏，它既是声旁也是形旁，是"𥏻"的省略，表示中箭。"伤"，篆文傷＝亻（人，士兵）+𢦏（𥏻，中箭）。隶变后楷书写作"傷"，简化后写作"伤"。

《说文解字》说："伤，创也。从人，𥏻省声。""伤"的造字本义是指身体受创，如伤口、伤疤、烫伤、烧伤等。通过扩大引申，"伤"作为动词，可以表示损害、损耗，如伤风败俗、伤天害理等；可以表示心疼、悲痛、感慨，如伤悲、伤心、黯然神伤等。通过词性引申，"伤"还可以用作名词，表示创痛、创口，如重伤、火伤、枪伤等。

带有"伤"字的常见词语有：伤疤，由于受伤在皮肤上留下的疤痕，常常用来比喻曾经受到的创痛和挫折。伤悼，因怀念死者而哀伤、悲伤的悼念。伤风败俗，指败坏社会道德和风气的事情。伤痍，表示受刀兵的创伤，如《史记》："哭泣之声未绝，伤痍者未起。"

"伤"还是一个中医用语，具有多种含义。它可以表示妨害、损害，可以表示触犯、遭受，可以代表悲哀、悲伤，还可以指制约、妨碍、妨害等。如《素问》："此春气之应，养生之道也。逆之则伤肝，夏为寒变。"《灵枢》："夫一木之中，坚脆不同，坚者则刚，脆者易伤。"

## 温故知新

###  四字通解

岂敢毁伤,意思是哪里敢让它有一丝一毫的毁坏损伤啊。

《弟子规》:"身有伤,贻亲忧。"父母会因为我们的身体受伤而感到担忧,所以好好爱护自己的身体也是尽孝道的责任。因此,我们哪里能够让自己的身体受到伤害呢!既为人子女,想要行孝,就应该先从爱护自己的身体开始。每一个自然人都生活在君臣、父子、兄弟、夫妇、朋友等五种伦理关系之中,所以我们的行为举止都必须要符合仁、义、礼、智、信这五种道德标准。如果不能够符合这个标准,就是一个德行有所亏损的人。父母会为此而伤心和羞愧,在别人面前抬不起头来。同样,如果我们不够爱护自己的身体,使它受到伤害,父母同样会因此感到伤心,这也是一种不孝的表现。因此,我们不仅要使自己的行为符合"五常"的规范,还要好好爱护自己的身体。"岂敢毁伤"以上四句的最终落脚点在"孝道"上。

###  故事厅

#### 范宣伤指

东汉时期,陈留有个人叫作范宣,他十岁就能颂《诗》《书》,并且恪守儒道,从小便领悟了"身体发肤,受之父母,不敢毁伤"的圣人之训,十分珍惜自己的身体,也特别孝顺自己的父母。有一天,他削竹子做筷子的时候,由于拿刀不稳,割伤了左手的食指。虽然只是割裂表皮,渗出了血珠,但他竟然惊慌异常,脸色发白,流泪不止。别人都以为他是剧痛难忍,他却摇头说道:"父母给了我完好无损的身体,我却令它有所毁伤,心里感到十分不安!一点儿痛,又算得了什么呢?"

#### 夷甫岂言钱

晋朝王衍,字夷甫。他一向崇尚玄理,常常憎恨他妻子的贪婪卑污,口里不曾说过"钱"字。他妻子想试试他,就叫婢女拿钱来围着睡床放着,让他不能走路。王夷甫早晨起床,看见钱碍着自己走路,就招呼婢女说:"举却阿堵物!"

### 猜谜语

二人夺走了头功。
（打一字）

己欲归卧南山隅。
（打一字）

## 知识角

### 泰山石敢当

把刻有"泰山石敢当"的石碑，立于桥道要冲或砌于房屋墙壁上，可镇压一切不祥之邪，这种做法在民间十分流行。

一些人认为泰山为天下浩然正气之所在，所以古时候帝王将相多喜欢在泰山祭拜。而十字路口、三叉路这些地方是很容易出现煞气的，故人们在正对十字路三叉路的门口放上泰山石敢当，以求庇护。关于"泰山石敢当"有很多传说，其中有石敢当降妖、石敢当装神、石敢当救驾、石敢当降狐、石敢当部落等。

### 《伤逝》

《伤逝》是鲁迅先生的小说，创作于1925年，反映了青年男女爱情，被收录在小说集《彷徨》里。作者将一对青年的爱情故事放置到"五四"之后依然带有浓重的封建黑暗背景中，透过主人翁的悲剧命运，寓示人们要将个性解放与社会解放结合起来，并引领青少年去寻求"新的生路"，具有深刻的历史意义。

这部小说的叙事、议论、写景都具有浓郁的抒情色彩。在具体事件的描写之中，作者并没有按照事件的时间顺序进行展开，反而是根据主人公的情感，有详有略地进行了跳跃式的追述，具有鲜明的鲁迅式的特色。

## 成语窗

### 卧榻之侧，岂容鼾睡
自己的床铺边，怎么能让别人呼呼睡大觉？比喻自己的势力范围或利益不容许别人侵占。

### 岂弟君子
和乐平易而厚道的人。

### 不敢苟同
不敢随便地同意，指对人对事抱慎重的态度。

### 敢作敢当
敢于放手行事，敢于承担责任。

### 毁誉不一
有人说好，有人说坏，说法不一。

### 众毁销骨
指众多的毁谤，可以销熔人的骨骼。比喻谗言多可以混淆是非。

### 伤风败化
多用来谴责道德败坏的行为。同"伤风败俗"。

### 哀而不伤
忧愁而不悲伤。形容感情有节制。另形容诗歌、音乐优美雅致，感情适度。

女慕贞洁

nǚ

| 甲骨文 | 金文 | 篆文 | 隶书 | 楷书 | 行书 | 草书 | 标准宋体 |
|---|---|---|---|---|---|---|---|
| | | | | 女 | 女 | | 女 |

## 解字堂

"女",甲骨文像一个屈膝跪坐的人娴静地交叠着双手。有的甲骨文头部位置加一横指事符号,表示发簪。金文、承续甲骨文字形。篆文承续金文字形。隶书严重变形,以致"人"形消失,"手"形消失,但也成了定式。

《说文解字》说:"女,妇人也。象形。王育说。凡女之属皆从女。""女"字的造字本义是指两胸饱满的妇人,能生育、哺乳的人类中的雌性,如女权、儿女、女眷等。作为名词,"女"还专指女儿,如长女、生儿育女等;可以表示谦和、柔顺而未出嫁的姑娘,如女郎、少女、窈窕淑女等。此外,"女"还是一个姓氏。作为姓氏,"女"氏主要有两个来源。一是源于商代的贤臣女鸠和女房,他们的后代用"女"字作为自己的姓氏;二是以封地作为姓氏,远古时期,某个部落首领把自己的弟弟封在女水之阳,他的后代就用封地之名"女"作为了自己的姓氏。

"女"还是一个星宿名,又被称为婺女、须女、务女等,是玄武七宿的第三宿,有四颗星。它源于汉族人民对远古星辰的自然崇拜,是古代汉族神话和天文学结合的产物。《淮南子·天文训》:"北方曰玄天,其星须女、虚危、营室。"

## 名言馆

窈窕淑女,君子好逑。
· 《诗·周南·关雎》

不闻爷娘唤女声,只听军营擂金鼓。
· 北朝乐府《木兰辞》

女行无偏斜,何意致不厚。
· 汉乐府《古诗为焦仲卿妻作》

苏家小女旧知名,杨柳风前别有情。
· (唐)白居易《杨柳枝八首》其六

楚女当时意,萧萧发彩凉。
· (唐)李商隐《细雨》

谜语答案 伤岂

女慕贞洁

| 甲骨文 | 金文 | 篆文 | 隶书 | 楷书 | 行书 | 草书 | 标准宋体 |
|---|---|---|---|---|---|---|---|
|  | 慕 | 慕 | 慕 | 慕 |  | 慕 | 慕 |

## 名言馆

其往也如慕，其反也如疑。
　　　　　　·《礼记·檀弓上》

人少则慕父母。
　　　　　　·《孟子·万章上》

缘此生悲叹，幸居将已慕。
　　　·（唐）寒山《诗三百三首》
其二一七

浮生果何慕，老去羡介推。
　　　·（唐）顾况《拟古三首》其三

## 解字堂

"慕"的上半部是"莫"，它既是声旁也是形旁，表示昏暗。"慕"，金文 慕 = 莫（莫，暗，不明确、不公开）+ 心（心，想望、向往），表示不公开地暗想。篆文 慕 承续金文字形。隶书 慕 将篆文的"心" 心 写成 忄，并逐渐演变成现在的字体。

《说文解字》说："慕，习也。从心，莫声。""慕"的造字本义是指暗暗地想念、向往，未曾公开表达，如仰慕、羡慕、慕名而来等等。"慕"还可以表示依恋、思念，如爱慕、思慕等。此外，"慕"也是一个姓氏。"慕"氏出自慕容氏，源自高辛氏，是帝喾的后裔。远古时期，黄帝有个后代叫做"封"，他后来迁徙到东北地区建立了鲜卑国，并取姓为容，意思是远离中原之地而将传统文化发扬光大，所谓"慕二仪之德，继三光之容"。再后来，部分地区的慕容姓后人，又简化为慕姓。

常见的带有"慕"字的词语有：慕名，表示仰慕别人的名气；慕尼黑，德国南部的一个城市，因为英法两国以出卖捷克斯洛伐克向德国求得妥协，并签订了《慕尼黑协定》，后来习惯上以"慕尼黑"代指外交上牺牲别国利益而取得妥协或利益的阴谋。

女慕贞洁

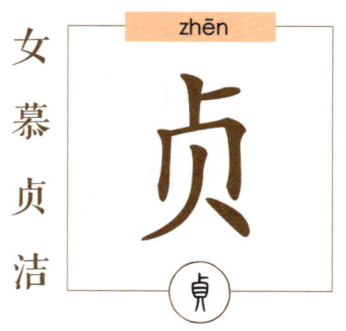

zhēn

贞

| 甲骨文 | 金文 | 篆文 | 隶书 | 楷书 | 行书 | 草书 | 标准宋体 |
|---|---|---|---|---|---|---|---|
| 𠁁 | 卣 | 貞 | 貞 | 貞 | 貞 | 贞 | 贞 |

## 解字堂

"贞",甲骨文𠁁=⼘(卜,神杖)+𠁁(鼎,祭祀的神器),表示用神鼎占卜。有的甲骨文𠁁直接写成"鼎"。金文卣基本承续甲骨文字形。篆文貞误将金文的"鼎"𠁁写成了"贝"貝。隶化后楷书写作"貞"。简化后写作"贞"。当"贞"的本义消失后,篆文再加"人"另造"侦"代替。

《说文解字》说:"贞,卜问也。从卜,贝以为贽。一曰鼎省声。京房所说。""贞"字的造字本义是指在神鼎上祭拜占卜,察看神迹,如贞观之治,该义项仅见于古文,现已消失。"贞"还可以作为形容词,表示忠于自己所信守的原则、坚定不变如忠贞、坚贞等。"贞"的这种含义在封建礼教中多用于指女子的贞节,如贞操、贞洁、贞妇烈女等。此外,"贞"还是一个姓氏。

"元亨利贞",各家的解释不一,常见说法是"元"为大,引申为善长,代表春;"亨"为通,引义为嘉会,代表夏;"利"为美,引义为义和,代表秋;"贞"为正,引义为干事,代表冬。在人事方面,"元亨利贞"则分别代表了仁、礼、义、智。但最新考古研究发现,"贞"的意思是指"占卜",如此一来,这四字就应该是"元亨,利贞",原文也就是成了"大吉,吉占"之意。

## 名言馆

元亨利贞。
　　　　·《易·乾》

天下之动,贞夫一者也。
　　　　·《易·系辞下》

慕古人之贞节。
　　　　·(汉)张衡《思玄赋》

亦如世路薄忠贞,不忍残年负圣明。
　　　　·(唐)司空图《寓居有感三首》其一

# 洁 jié

女慕贞洁

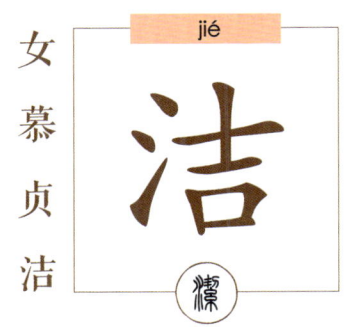

| 甲骨文 | 金文 | 篆文 | 隶书 | 楷书 | 行书 | 草书 | 标准宋体 |
|---|---|---|---|---|---|---|---|
|  |  | 絜 | 潔 | 潔 | 潔 | 洁 | 洁 |

## 名言馆

朕幼清以廉洁兮，身服义而未沫。
·《楚辞·招魂》

处世忌太洁，至人贵藏晖。
·（唐）李白《沐浴子》

以著其洁。
·（唐）柳宗元《答韦中立论师道书》

风霜高洁。
·（宋）欧阳修《醉翁亭记》

## 解字堂

"絜"既是声旁也是形旁，表示切除丝品上的杂乱余丝。"絜"加"水"则成为"潔"，意思就是去污除湿，在字体的简化中，俗体隶书用"洁"来替代潔字。《说文解字》说："潔，瀞也。从水，絜声。"在古代汉语中，除污去湿为"洁"，用水清洗为"净"。"洁"的造字本义是指除污去湿，如洁癖、洁身自好等。《汉字简化方案》采用简单的俗体隶书字"洁"形代替繁复的"潔"字。作为形容词，"洁"还可以表示清白、正派、没有污点，如洁白、洁净等；作为动词，"洁"还有使清洁、使清白的意思，如洁面乳、洁肤等。

与"洁"字相关的词语有：洁癖，指过分地讲究清洁的癖好。它是强迫症的一种，通常把正常卫生范围内的事物认为是肮脏的，时常感到焦虑，具有强迫性地清洗、检查及非斥"不洁"之物。常见的洁癖分为肉体洁癖、行为洁癖和精神洁癖。严重的洁癖症应当求助于心理医生。洁本，指删除了淫秽内容后的小说等文艺作品的版本。常见的如《金瓶梅》《水浒传》《聊斋志异》等均有洁本。洁身自好，指保持自身的纯洁，不与不好的人或事物同流合污。同时，也常常指害怕招惹是非，只关心自己而不关心公众及他人的行为做法。

## 温故知新

### 四字通解

女慕贞洁，意思是女子应该仰慕那些坚持操守、坚持洁身自好的贞洁烈女，努力做到品行端正。实际上，贞洁并不是说丈夫不在了，女子不再改嫁就是恪守贞洁了，这样的说法是唐宋以后，对妇德女道的一种歪曲。先秦诸子的学说，无论孔孟还是老庄都是精纯质朴的，秦汉以后的各家才开始自由发挥，搀糠使水，其实早就已经不是诸子的本来面目了。尤其在唐宋以后，只是贞烈牌坊一项就不知苦害了多少女子。我国唐代诗歌中提及"贞"字的非常多，如司空图《寓居有感三首》"亦知世路薄忠贞，不忍残年负圣明"，如李商隐《青陵台》"青陵台畔日光斜，万古贞魂倚暮霞"，又如王昌龄《留别武陵袁丞》"谁识马将军，忠贞抱生死"，多是用来指忠贞之意。宋明理学兴盛之后，"贞"才多用于表示妇女贞节之意。

### 故事厅

#### 红拂女

红拂女姓张，原是江南人氏，因南朝战乱，随父母流落长安，迫于生计，卖入司空杨素府中，成为歌妓。因为喜欢手拿红色拂尘，故被称作红拂女。有一天，红拂女在杨素府中偶遇李靖，见其一表人才，认为他日后必成大器，就孤身一人追随李靖而去，途中又结识了江湖奇侠虬髯客，得到他的倾囊资助。后来，李靖饱读兵书，追随李世民父子，灭隋建唐，北驱匈奴，平定江南，创出一番伟业。红拂女以歌妓出身，却能够独具慧眼，识英雄于微时，认定李靖与虬髯客，确是女中豪杰。

#### 幼女缇萦救父

汉文帝四年，有人上书告发淳于意，依法当押送至长安。淳于意有五个女儿，都跟着囚车哭泣。淳于意生气，骂道："生女儿不生男孩，危急时没有人能帮忙。"这时小女儿缇萦因父亲的话而悲伤，就跟着父亲西行，上书说："我的父亲做官吏，齐地的人都说他清廉公平，如今犯法应当获肉刑。受过刑的人不能再长出新的肢体，即使想改过自新，也没办法了。我愿意到官府之中做女仆，为父亲的过错赎罪，让他得以改过自新。"皇帝听说之后，为她的诚意所感动，就废除了肉刑之法。

### 猜谜语

处处都有好姑娘。
（打一字）

莫把心儿牵挂。
（打一字）

败后溜之上上着。
（打一字）

 **知识角**

### 《列女传》

《列女传》是一部介绍我国古代妇女行为的书,它的作者是西汉学者刘向,不过也有人认为该书不是刘向所做。《列女传》分为七卷,记叙了105名妇女的故事。这七卷分别是母仪传、贤明传、仁智传、贞顺传、节义传、辩通传和孽嬖传。西汉时期,外戚势力强大,宫廷动荡之中多有外戚影子。刘向认为"王教由内及外,自近者始",所以写成此书,目的是用来劝谏皇帝、嫔妃及外戚。《列女传》选取的故事体现了儒家对妇女的看法,其中有一些赞扬女子行为的内容,在今天看来反倒是对女性的不公平。

### 贞观之治

"贞观"是唐太宗李世民的年号。唐太宗继承了唐高祖李渊制定的"尊祖崇道"的国策,并进一步发扬光大,采用了道家思想来治理天下。唐太宗是一代明君,能够任人唯贤,广开言路,并自我克制,虚心纳谏。他采取了以农为本,休养生息的政策,完善了科举制度,使文教复兴,出现了安定的社会局面。在对外方面,他大力平定外患,尊重边族风俗,稳固边疆,取得了天下大治的理想局面,史称"贞观之治"。同时,这也是唐朝的第一个盛世,为随后的开元之治奠定了厚实的基础。

 **成语窗**

**红男绿女**
古代男人做官,礼服的裤子就是大红的,代表地位和身份,而女人要青衣黛眉,美丽了才有价值。

**女大当嫁**
指女子成年后须及时出嫁。

**向风慕义**
指向往其教化,仰慕其礼义。

**慕名而来**
指仰慕名声而来。

**坚贞不屈**
坚定而有节操,绝不屈服。

**三贞五烈**
封建社会用来赞誉妇女的贞烈。同"三贞九烈"。

**冰清玉洁**
形容像冰一样清明澄澈,像玉一样洁白无瑕。

**廉洁奉公**
指不贪污,不腐败,忠诚履行公职,一心为公。

男效才良

nán

| 甲骨文 | 金文 | 篆文 | 隶书 | 楷书 | 行书 | 草书 | 标准宋体 |
|---|---|---|---|---|---|---|---|
| 甲 | 田 | 男 | 男 | 男 | 男 | 男 | 男 |

### 解字堂

"男",甲骨文=田(田,田野、庄稼地)+力(力,体力),表示种地的劳力。金文基本承续甲骨文字形。篆文将金文的力写成力。隶书承续篆文字形。隶化后楷书写作"男"。在造字时代的古人看来,"妇"是主内、做家务的女人,"男"是主外、开荒耕种的劳动主力。

《说文解字》说:"男,丈夫也。从田,从力。言男用力于田也。凡男之属皆从男。""男"字的造字本义是指在田间出力做事的雄性劳动者,如男耕女织。经过借代引申,"男"可以表示雄性人类,与"女"相对,如男儿、男科、生男育女等;可以专指儿子,如长男等。此外,"男"还是一个姓氏。

在我国古代,"男"还指代爵位,是我国封建制度五等爵(公、侯、伯、子、男)之一。就出土甲骨文来看,至晚在商朝时期已经有了"男"这一爵位,如《礼记·王制》:"王者之制禄爵,公、侯、伯、子、男,凡五等。"又如《周礼·夏官·职方氏》郑玄注:"男之言任也,为王任其职。"到了后世,在秦朝和汉朝时期使用的二十等爵制度内没有专设男爵。唐朝时期设有男爵,宋朝时期也有男爵,明朝不设男爵。

### 名言馆

男女衣着,悉如外人。
·(晋)陶潜《桃花源记》

男儿何不带吴钩,收取关山五十州?
·(唐)李贺《南园十三首》其五

胜败兵家事不期,包羞忍耻是男儿。
·(唐)杜牧《题乌江亭》

十四万人齐解甲,宁无一个是男儿。
·(后蜀)花蕊夫人《述亡国诗》

谜语答案　女慕贞

# 效 xiào

男效才良

| 甲骨文 | 金文 | 篆文 | 隶书 | 楷书 | 行书 | 草书 | 标准宋体 |
|---|---|---|---|---|---|---|---|
| | | | 效 | 效 | 效 | | 效 |

## 名言馆

司城荡意诸来奔，效节于府人而出。
·《左传·文公八年》

仁者播其惠，信者效其忠。
·（唐）魏征《谏太宗十思疏》

无端偶效张文纪，下杜乡园别五秋。
·（唐）杜牧《新定途中》

莫夸十万兵威盛，消个忠良效顺无。
·（唐）司空图《淮西》

## 解字堂

"效"，甲骨文=(矢，射箭)+(攴，持械攻击)，表示在战斗中射击拼杀。金文承续甲骨文字形。篆文将金文的箭形写成"交"。隶书又将篆文的"攴"写成"夂"，便形成了现今的字形。合并字劾=交（交，"效"的省略）+力（力，全力），造字本义是奋力拼杀。傚=亻（人，师傅）+效（效，效仿学习），造字本义是指学习行猎、作战，模仿、取法。汉字简化后，将"效"与"劾''"傚"合并，同写为"效"。

《说文解字》说："效，象也。从攴，交声。""效"的造字本义是指在战斗中射击拼杀，该义项仅见于古文，现已消失。经过词性引申，"效"可以作为名词，表示战功、成果等，如效果、功效等。合并了"劾"字后的"效"还可以表示卖力、全力以赴，如效劳、效力等。合并了"傚"字后的"效"，有模仿、取法的意思，如效法、仿效等。

常见的词语有：效法，指学习别人的长处，照着别人的做法去做，如效法前贤。效力，作为动词，意为出力服务；作为名词，意为事物所产生的有利的作用。效应，物理或化学的作用所产生的效果，常见的如光电效应、热效应、化学效应等；同时，"效应"还泛指某个人物的言行或者某种事物的发生、发展在社会上所引起的反应和效果等，如明星效应、轰动效应等。

男效才良

| 甲骨文 | 金文 | 篆文 | 隶书 | 楷书 | 行书 | 草书 | 标准宋体 |
|---|---|---|---|---|---|---|---|
| | | | | | | | |

### 解字堂

"才",甲骨文是房柱与房梁的象形,像树杈,即远古简易建筑中的房柱,像房柱上架着的横木,即横梁。有的甲骨文与金文的树杈模糊成实心点。有的金文将实心点写成一撇。篆文承续金文字形。隶化后楷书写作"才"。甲骨文表示帝王之才。当"才"的"梁柱"含义消失后,篆文再加"木"另造"材"代替。在房架(才)之上加尖圆的屋顶,就是远古简易的独柱式房屋(余)。

《说文解字》说:"才,艸木之初也。从丨上贯一,将生枝叶。一,地也。凡才之属皆从才。""才"字的造字本义是指立柱架梁,开始建屋,该义项仅见于古文,现已消失。通过引申,"才"可以表示才能,如德才兼备、多才多艺等;可以表示某一类擅长某种才能的人,如通才、奇才等。作为副词,"才"可以表示以前不久,如你怎么才来就要走;可以表示事情或状态发生、出现得晚,如他现在才到;可以表示只有在某种条件下然后怎样;可以表示数量小、次数少、能力差、程度低等;还可以表示强调所说的事情,如我才不信呢。此外,"才"还是一个姓氏。

### 名言馆

夫管子,天下之才也。
· 《国语·齐语》

---

虽才高于世,而无骄尚之情。
· 《后汉书·张衡传》

---

乱花渐欲迷人眼,浅草才能没马蹄。
· (唐)白居易《钱塘湖春行》

男效才良

| 甲骨文 | 金文 | 篆文 | 隶书 | 楷书 | 行书 | 草书 | 标准宋体 |
|---|---|---|---|---|---|---|---|
| | | | 良 | 良 | 良 | | 良 |

## 名言馆

人之所不学而能者，其良能也；所不虑而知者，其良知也。
·《孟子·尽心上》

良马期乎千里，不期乎骥骜。
·《吕氏春秋·察今》

清荣峻茂，良多趣味。
·（北魏）郦道元《水经注·江水》

感我此言良久立，却坐促弦弦转急。
·（唐）白居易《琵琶行》

## 解字堂

"良"是"郎"的本字。"良"，甲骨文在宫殿两侧加通道形状、。金文略有变形。篆文在金文基础上继续变形，通道形象完全消失。隶书在篆文基础上有所变形。当"良"的"走廊"本义消失后，篆文再加"邑"另造"郎"代替。当"郎"的"走廊"本义消失后，又加"广"另造"廊"代替。

《说文解字》说："良，善也。从富省，亡声。，古文。，亦古文。，亦古文。""良"的造字本义是指皇宫四周遮风挡雨、可以欣赏风景的走廊，该义项仅见于古文，现已消失。通过词性引申，"良"可以用作形容词，表示称心的、好的、理想的，如良机、良辰美景等。作为副词，"良"还可以表示很、非常、彻底，如良久、趣味良多、用心良苦等。此外，"良"还是一个姓氏。

常见的词语有：良人，一指古代女子对丈夫的称呼，另指普通百姓，这两种意思均见于古文。良莠不齐，指好人和坏人混杂在一起，其中"莠"是狗尾草，多用来比喻品质坏的人。良渚文化，指我国新石器时代晚期的一种文化，因最早发现于浙江良渚镇而闻名。在这里出土的玉器纹饰精细，技艺高超，手工业、农业的分化已经十分明显了。

## 温故知新

### 四字通解

男效才良，意思是男子要仿效那些有才能有道德的人。"才"，就是指要有能力有智慧，能够明辨事理，不盲目不从众，具有这样品质的人便被称为"才子"。"良"，就是指品德要高且行为要正。连起来就是说男子要效法德才兼备的贤人。司马光曾经把人分成四种：德才兼备者叫"圣人"；无德无才者叫"愚人"；德胜才者叫"君子"；才胜德者叫"小人"。这四种人之中，有德有才者是人们的楷模、国家的栋梁，受到人们的敬爱以及统治者的信任。但其中危害最大的是"有才无德者"，他们是祸患之端，小则破坏邻里，大则贻害四方。所以，古人把德才兼备作为自己追求的目标。但如果二者实在不可兼得的话，那我们也宁愿做个有德无才之人。因为良好的德行能让我们无碍地行走于大地。有德行的人，总在为自己修德、修福，这不仅可以使自己一生平安，还可以福荫子孙。

### 故事厅

**悬梁刺股**

在战国时期，有一个人叫做作苏秦，是位出名的政治家。在他年轻的时候，由于学问不够深，到好多地方做事都不受重视。回家后，家人也瞧不起他。这对他的刺激很大，后来他下定决心，发奋读书。他常常读书到深夜，很疲倦，直想睡觉。于是他想出了一个方法——准备一把锥子，一打瞌睡，就用锥子往自己的大腿上刺一下。这样，猛然间感到疼痛会使自己清醒起来，再坚持读书。后来，他学有所成，受到了燕、韩、赵、魏、齐、楚六个国家的重用，佩带六国相印。后人将孙敬"悬梁"的故事与他的故事并称，叫作"悬梁刺股"，用来激励人发愤读书学习。

**一个秀才的故事**

有一个秀才上京赶考，考试前他做了三个梦，第一个梦到自己在墙上种白菜，第二个梦到下雨天他戴了斗笠还打伞，第三个梦到自己跟心爱的表妹脱光衣服躺在一起，但是背靠着背。秀才第二天就去找算命先生解梦。算命连拍大腿说："你还是回去吧，高墙上种菜白费力气，戴斗笠打伞多此一举，背靠背不就是没戏吗？"

秀才一听，心灰意冷，收拾包袱就准备回家了。店老板问："不是明天考试吗？怎么回乡了？"秀才将事情说了一番，店老板笑着说："我也会解梦的，你这次一定要留下来。你想，墙上种菜不是高中吗？戴斗笠打伞有备无患，跟你表妹亲热不就是翻身时候到了吗？"秀才一听，精神振奋地备战考试，居然中了探花。

### 猜谜语

奋力合作大扫除。
（打一字）

门虽设而常关。
（打一字）

八卦山巅星斗悬。
（打一字）

 ## 知识角

### 中国的爵位：公侯伯子男

爵位，是指古代皇族和贵族的封号，常用来表示身份等级与权利的高低。爵位的设置从夏商时期就已开始，直到中华民国建立之后结束，延续了几千年。以周代为例，周朝设置有公、侯、伯、子、男五等，公侯管辖百里之地，伯爵管辖七十里之地，子男管理五十里之地。周公开始改制，扩大了各类爵位的封地，公爵管辖五百里之地，侯爵四百里，伯爵三百里，子爵二百里，男爵百里。此后，春秋战国时期、秦汉时期、魏晋南北朝时期、隋唐时期、宋辽金元时期以及明清时期的爵位设置均有所不同。

### 智商

智商是通过一系列的标准测试，来衡量人在其年龄段的智力发展水平，通常情况下，它必须与灵商相互配合运用。智商又叫作智能，它是指人们认识客观事物并运用相关知识解决实际问题的能力，如观察力、记忆力、想象力、创造力、分析判断能力、思维能力、应变能力、推理能力等。常见的益智食物有核桃、鸡蛋、鱼类等，长期食用有助于加强神经组胞的活动，从而提升学习和记忆能力。高智商的名人有维特根斯坦、莱布尼茨、亚里士多德、比尔盖茨、霍金等等。

 ## 成语窗

**男女老少**
泛指所有的人。

**男耕女织**
我国古代社会家庭的自然分工方式。

**卓有成效**
卓：卓越，高起。指有突出的成绩和效果。

**以儆效尤**
指处理一个坏人或一件坏事，用来警告学做坏事的人。

**才疏学浅**
才学不高，学识不深。

**济世之才**
能够拯救时世，治理国家的人才。

**苦口良药**
比喻衷心的劝告、尖锐的批评，听起来觉得不舒服，但对改正缺点错误很有好处。

**良莠不分**
比喻好人坏人混杂在一起，难以区分。也比喻水平高低不一样，滥竽充数。

知过必改

zhī

知

| 甲骨文 | 金文 | 篆文 | 隶书 | 楷书 | 行书 | 草书 | 标准宋体 |
|---|---|---|---|---|---|---|---|
|  |  | 知 | 知 | 知 | 知 | 乞 | 知 |

### 解字堂

"知"的左半部为"矢",它既是声旁也是形旁,表示箭,借代行猎、作战。"知",篆文知=矢(矢,代行猎、作战)+口(口,谈论)。在远古时代,弯弓使箭是成年人的基本技能和重要经验。

《说文解字》说:"知,词也。从口,从矢。""知"字的造字本义是指谈论打猎、行军的经验,该义项仅见于古文,现已消失。通过词性引申,"知"可以表示经验、知识,如求知、无知、真知灼见等。"知"还可以作为动词,表示懂得、通晓,如知道、知心、知己知彼等;表示管理、主持,如知县、知府、知州等;表示使知道,如通知、知会等。在古文之中,"知"又同"智",有智慧的含义。

常见的词语有:知法犯法,表示懂得某项法令、规章,但却故意违反。知识分子,指具有较高文化水平、从事脑力劳动的人,像科学工作者、教师、医生、记者等等。"知命",表示了解天命、认识命运,如乐天知命等;《论语》有"五十而知天命",指的是人的年龄到了五十岁,能够了解天的意志和自己的命运。后来,人们往往用"知天命"表示人的年龄为五十岁。

### 名言馆

悲莫悲兮生别离,乐莫乐兮新相知。
·《楚辞·九歌·少司命》

百姓闻之,知与不知,无老壮皆为垂涕。
·《史记·李将军列传》

海内存知己,天涯若比邻。
·(唐)王勃《送杜少府之任蜀州》

知汝远来应有意,好收吾骨瘴江边。
·(唐)韩愈《左迁至蓝关示侄孙湘》

谜语答案  男 才 良

## 知过必改 guò 过

| 甲骨文 | 金文 | 篆文 | 隶书 | 楷书 | 行书 | 草书 | 标准宋体 |
|---|---|---|---|---|---|---|---|
|  | 𨒋 | 過 | 過 | 過 | 過 | 过 | 过 |

### 名言馆

人恒过，然后能改。
·《孟子·告子天》

---

刑过不避大臣，赏善不遗匹夫。
·《韩非子·有度》

---

以其境过清，不可久居，乃记之而去。
·（唐）柳宗元《至小丘西小石潭记》

---

雷霆乍惊，宫车过也。
·（唐）杜牧《阿房宫赋》

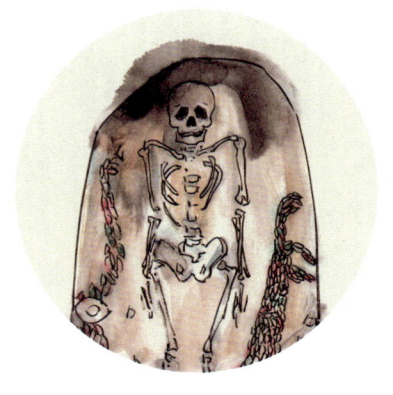

### 解字堂

"呙"，既是声旁也是形旁，表示残骨，借代死亡。"過"，金文𨒋=彳（辵，行进）+呙（残骨，代死亡），表示生命在岁月的行进中化成枯骨。篆文過将金文的呙写成呙。隶化后楷书写作"過"。简化后写作"过"。

《说文解字》说："过，度也。从辵，呙声。""过"的造字本义是指在时光流逝中走向死亡，身化枯骨，生命不再，如过气、过世等。"过"的含义十分众多。经过扩大引申，"过"可以表示经历岁月、经度时间，如过冬、过夜等。再经过时空引申和词性拓展，"过"可以作为动词，表示时间流逝、岁月远去，如时过境迁等；可以作为助词——后缀，表示动作的完成，如爱过、见过等。作为动词，"过"还有转移、移动的含义，如过户、过目等；有行经某处、穿越空间的含义，如过桥、经过等；有顺道探望、顺道拜访的意思，如"子之归，不我过"等；可以表示超越界线、跨越限度等，如过关、趋过等；可以表示责备、批评，如"有意督过之"等；可以表示行为出格、犯错，如"过而能改，善莫大焉"等。此外，"过"还可以作为副词，表示太、超常，如过早、过敏等；可以作为名词，表示出格的行为和错误，如大过、功过相抵等。

知过必改

bì

| 甲骨文 | 金文 | 篆文 | 隶书 | 楷书 | 行书 | 草书 | 标准宋体 |
|---|---|---|---|---|---|---|---|
|  | 𢆉 | 𢆉 | 必 | 必 | 必 | 必 | 必 |

## 解字堂

"必"是"柲"的本字。"必",金文𢆉在"戈"𢆉的手柄上加两竖指事符号㇒,表示戈柄的护层。古人将多层柔韧的竹片缠在一起,作为锻锤、戈、矛等器械的手柄,以良好的韧性避免在使用巨大暴发力时折断手柄。在古人眼里,战场上枪械手柄的质量攸关性命,因此手柄的韧性是"必须"的保障。篆文𢆉承续金文字形。隶书𢆉变形,似乎成了"心"𢆉字加一撇丿的结构,篆文字形中的"戈"𢆉形消失。当"必"的"多层柔韧竹片构成的器械手柄"本义消失后,篆文𢆉再加"木"(手柄)另造"柲"代替。

《说文解字》说:"必,分极也。从八弋,弋亦声。""必"字的造字本义是指将多层竹片缠在一起构成的戈、矛等器械的柔韧手柄,该义项仅见于古文,后由"柲"字代替,现已逐渐消失。通过词性引申,"必"可以作为形容词,表示非有不可的、确实的,如必然、未必、想必等;可以作为副词,表示非有不可地、一定地,如必备、必需、必由之路等。此外,"必"还是一个姓氏。

常见的词汇有:必须,表示在事理上和情理上是必要的、一定要的,同时也具有加强命令的语气,如你必须来,反义词有无须、不须等。必要劳动,指劳动者为了维持自己和亲属的生活必须要付出的劳动,在经济学中,"必要劳动"与"剩余劳动"是相对应的。

## 名言馆

子绝四:毋意,毋必,毋固,毋我。

·《论语·子罕》

三人行,必有我师焉。

·《论语·述而》

故天将降大任于斯人也,必先苦其心志,劳其筋骨,饿其体肤,空乏其身,行拂乱其所为,所以动心忍性,增益其所不能。

·《孟子·告子下》

知过必改

| 甲骨文 | 金文 | 篆文 | 隶书 | 楷书 | 行书 | 草书 | 标准宋体 |
|---|---|---|---|---|---|---|---|
| | | | 改 | 改 | 改 | 改 | 改 |

## 名言馆

择其善者而从之，其不善者而改之。
·《论语·述而》

闻里人相庆，始知为人情所患，有自改意。
·（南朝）刘义庆《世说新语·自新》

少小离家老大回，乡音无改鬓毛衰。
·（唐）贺知章《回乡偶书二首》其二

白发更添今日鬓，青衫不改去年身。
·（唐）白居易《浔阳春三首》

## 解字堂

"改"，甲骨文像手持棍杖体罚卷缩成一团的孩子（巳），几点指事符号表示孩子哭泣流泪。晚期的甲骨文省去了泪滴指事符号。金文承续甲骨文字形。篆文将金文的"三"写成乙。隶书将篆文的"攴"写成了"反文旁"攵。

《说文解字》说："改，更也。从攴、己。李阳冰曰：'己有过，攴之即改。'""改"字的造字本义是指体罚、训导犯错的孩子，使其悔悟、修正。该义项仅见于古文，现已消失。经过递进引申，"改"字作为动词，有改变、更改的意思，如改名、改口、改朝换代等；可以表示修改，如改一改、修改文章等；可以表示改正，如改邪归正、有错误就一定要改等。此外，"改"还是一个姓氏。

常见的词语有：改版，表示调整、改变出版物的版面内容、风格、出版周期等；同时也可以表示电台、电视台调整、改变栏目或节目的安排等。改朝换代，表示旧的朝代被新的朝代所代替，泛指政权的更替等。改换门庭，表示改变门第出身、提高社会地位；同时也用来指代投靠新的主人或势力，以图维持和发展。

## 温故知新

###  四字通解

知过必改，意思是但凡意识到了自己的过错就必须及时改善。《左传·宣公二年》说："'吾知所过矣，将改之。'稽首而对曰：'人谁无过，过而能改，善莫大焉。'"这段话说的是春秋时期的晋灵公，他喜欢滥杀无辜，他的大臣士季进谏。灵公当即表示："我知道自己错了，一定会听从你的建议进行改正。"士季很高兴地对他说："作为一个人谁能够没有过错呢？犯了过错能够及时地改正，就是最大的善事。"不过非常遗憾的是，晋灵公本人却是言而无信，残暴依旧。相国赵盾屡次劝谏，他不仅不听，甚至还派遣刺客去暗杀赵盾。不料刺客不愿去杀害正直忠贞的赵盾，宁可自杀。晋灵公见事不成，又假意请赵盾进宫赴宴，准备在席间杀他，结果赵盾又被卫士救出。直到最后，这个作恶多端的国君，终于被赵穿杀死。这是一个不善改错的案例。在中国传统文化中，能够改错是件美德，所谓"人非圣贤，孰能无过"。现当代小说家金庸就为《神雕侠侣》的主人翁起名杨过，字改之。

###  故事厅

**负荆请罪**

蔺相如因为"完璧归赵"有功，被封为上卿，位在廉颇之上。廉颇很不服气，扬言说要当面羞辱蔺相如。蔺相如得知后，尽量回避忍让，不与廉颇发生冲突。蔺相如的门客以为他畏惧廉颇，蔺相如说："秦国不敢侵略我们赵国，是因为有我和廉将军。我对廉将军容忍、退让，是把国家的危难放在前面，把个人的私仇放在后面！"廉颇听到了这些话，惭愧不已，他脱下战袍，背上荆条，到蔺相如门前请罪。蔺相如见廉颇负荆前来，连忙热情出迎。两人从此成为非常要好的朋友，同心保卫赵国。

**何必见戴**

晋朝王徽之，字子猷。他住山阴时，一天夜里下大雪，睡觉醒来，打开门户，命人斟酒。他放眼四望，一片皎洁，于是起身徘徊，吟咏左思的《招隐诗》，忽然想起戴逵。当时戴逵在剡县。他当即趁着夜色乘小船到戴逵那去，经一宿才抵达。到门前，没进去就折返了。别人问他缘故："我本是乘兴起行，兴尽了就返回，何必要见到戴逵呢？"

### 猜谜语

其左善射，其右有辞。
（打一字）

独泛轻舟日落时。
（打一字）

逢人面带三分笑。
（打一字）

 **知识角**

### 过而不惮改

"知过必改"出自于《论语·学而》,原文为:"君子不重则不威,学则不固。主忠信,无友不如己者。过则勿惮改。"这段话的意思是说,君子如果不庄重,内心就不会尊敬自己,不会尊敬别人,也不会尊敬学问。学习的过程是学、用相辅相成的,如果没有恳切庄重的诚挚之心,学到的东西很容易就会消失,从而不能够给我们的人生带来真实的体验或益处。忠信则是我们学习的基石所在,世界上没有任何朋友不如自己,反之,如果觉得别人都不如自己,那一定是被傲慢遮蔽了内心。这时就要好好反省自己,有了过错不怕改正,这样才能进步。

### 过失杀人

过失杀人是指并非故意或预谋的杀人,是指由于疏忽造成的杀人,是指由于普通的过失从而导致他人死亡的行为。客体是他人的生命权利,客观方面表现为过失致人死亡。只有当发生了过失致人死亡的结果之时,才构成过失杀人罪。就主观方面来看,是主体的过失,包括疏忽大意的过失和过于自信的过失。

过失杀人的主体是指已满16周岁的自然人。对过失重伤进而引起被害人死亡的,应直接定过失致人死亡罪,不能定过失致人重伤罪,也就是说,过失致人重伤中并不包含导致客体死亡的情况。

 **成语窗**

### 迷途知返
迷了路知道回来。比喻犯了错误能改正。

### 落叶知秋
见到落地的黄叶,知道秋天快到了。指通过迹象便可预测形势的发展变化。

### 文过饰非
用漂亮的言词掩饰自己的过失和错误。

### 过眼烟云
从眼前飘过的云烟。原比喻身外之物,不必重视。后比喻很快就消失的事物。

### 必也正名
指必须按照正统伦理观念和礼仪关系来端正纲纪名分。

### 有求必应
只要有人请求,就一定答应。形容容易答应人的请求,好说话。

### 改过自新
和"痛改前非"一样,具有"改正错误"的意思,但偏重于未来,强调重新做人。

### 死不悔改
到死也不后悔。形容非常顽固,坚持错误。

得能莫忘

| 甲骨文 | 金文 | 篆文 | 隶书 | 楷书 | 行书 | 草书 | 标准宋体 |
|---|---|---|---|---|---|---|---|
| | | | 㝵 | 得 | 得 | 浔 | 得 |

## 解字堂

"得"，甲骨文=又（手，拾）+贝（贝，最原始货币），表示拾贝。有的甲骨文加"彳"（行进），表示古代中原人长途跋涉到湖海之滨寻觅和拾捡贝壳。金文承续甲骨文字形。篆文承续甲骨文字形。有的篆文加"彳"，同时将"贝"误写成"见"。隶化后楷书写作"得"。

《说文解字》说："得，行有所得也。从彳，䙷声。㝵，古文省彳。""得"字的造字本义是指捡到贝壳，喜获财富，该义项仅见于古文，现已消失。经过扩大引申，"得"可以作为动词，表示拥有、获取，如得到、得益等；可以表示导致、招致，如得病、得罪等；可以表示实现、完成、结束，如得了、得意、洋洋自得等。"得"还可以作为助动词，表示能够、可以，如办得到、不得不、哭笑不得等。可以作为副词，表示必须、应该、肯定，如得走了、得三天才能完成等；此时读作děi，但应注意，此时"得"的否定是无须、不用，不说"不得"。在方言之中，得（děi）还可以表示舒服、满意，如"这个沙发坐着真得"。

## 名言馆

积善成德，而神明自得。
·《荀子·劝学》

筌者所以在鱼，得鱼而忘筌。
·《庄子·外物》

文章千古事，得失寸心知。
·（唐）杜甫《偶题》

弦弦掩抑声声思，似诉平生不得志。
·（唐）白居易《琵琶行》

谜语答案　知　过　必

得能莫忘

| 甲骨文 | 金文 | 篆文 | 隶书 | 楷书 | 行书 | 草书 | 标准宋体 |
|---|---|---|---|---|---|---|---|

### 名言馆

肉食者鄙，未能远谋。
·《左传·庄公十年》

假舟楫者，非能水也，而绝江河。
·《荀子·劝学》

两兔傍地走，安能辨我是雄雌。
·北朝乐府《木兰辞》

近者三奸悉破碎，羽窟无底幽黄能。
·（唐）韩愈《忆昨行和张十一》

### 解字堂

"能"是"熊"的本字。"能"，甲骨文像大型动物，字形突出了它的大嘴和利爪。金文突出了圆头、大口利齿、利爪的特征。有的金文将分离成4个字件。篆文将金文字形中的熊头和大嘴写成"厶"和"月"。当"能"的熊本义消失后，篆文再加"火"另造"熊"代替。

《说文解字》说："能，熊属。足似鹿。从肉，㠯声。能兽坚中，故称贤能；而强壮，称能杰也。凡能之属皆从能。""能"的造字本义是指体形庞大但善于爬树的熊，该义项仅见于古文，现已消失，并由"熊"字代替。通过词性引申，"能"可以作为形容词，表示无可阻挡的、善于行动的，如能动、能手、能工巧匠等。"能"可以作为动词，表示做得到、可行的，如能够、可能、能说会道等。"能"还可以作为名词，表示力量的，如能级、能源、潜能等；表示才智，如能力、能耐、才能等。此外，"能"又读作nài，此时通"耐"；又可以作为姓氏。

常见的词语有：能手，指具有某项技能、对某种工作十分熟练的人。能说会道，指善于用言辞表达、特别会说话。能者多劳，指能干的人多劳累一些，常常用来赞赏那些能力强的人。

得能莫忘

mò

| 甲骨文 | 金文 | 篆文 | 隶书 | 楷书 | 行书 | 草书 | 标准宋体 |
|---|---|---|---|---|---|---|---|
| 茻 | 茻 | 茻 | 莫 | 莫 | 莫 | 莫 | 莫 |

### 解字堂

"莫"是"暮"的本字。"莫",甲骨文茻=茻(林莽)+日(日,太阳),像太阳隐没在丛林之中。有的甲骨文将丛林改成草丛。金文、篆文承续甲骨文字形。"莫"的"太阳下山"本义消失后,隶书再加"日"另造"暮"代替。隶书莫将"艸"误解成两只手而连写成"大"。

《说文解字》说:"莫,日且冥也。从日在艸中。""莫"字的造字本义是指太阳下山,阳光隐入丛林草野,该义项仅见于古文,现已消失。通过扩大引申,"莫"可以作为动词,表示没有、无,如莫或止之,该义项同样仅见于古文。"莫"可以作为代词,表示没有人、没有什么人,如莫知其所踪,该义项也仅见于古文,现已消失。"莫"还可以作为副词,表示不、别、无法,如莫言、莫怪、爱莫能助等。在现代汉语中,"莫"还常用来表示揣测或反问的语气,如莫非、莫不是等。此外,"莫"还是一个姓氏。

古人常用太阳的位置进行造字,如日在草上为"早",日在树下为"杳"。古人称日升而天地分明为"旦",称日落而天地不分为"莫"(通"暮")。

### 名言馆

于是老子乃著书上下篇,言道德之意五千余言而去,莫知其所终。

·《史记·老子韩非列传》

---

莫愁前路无知己,天下谁人不识君。

·(唐)高适《别董大二首》其一

---

莫愁千里路,自有到来风。

·(唐)钱起《江行无题一百首》其二十三

得能莫忘

| 甲骨文 | 金文 | 篆文 | 隶书 | 楷书 | 行书 | 草书 | 标准宋体 |
|---|---|---|---|---|---|---|---|
|  | 㤀 | 忘 | 忘 | 忘 | 忘 | 忘 | 忘 |

## 名言馆

武侯祠堂不可忘，中有松柏参天长。
·（唐）杜甫《夔州歌十绝句》其九

春至不知湖水深，日暮忘却巴陵道。
·（唐）贾至《君山》

唯有别时今不忘，暮烟秋雨过枫桥。
·（唐）杜牧《怀吴中秀才》

桓谭未便忘西笑，岂为长安有凤池。
·（唐）温庭筠《洛阳》

## 解字堂

"亡"，既是声旁也是形旁，表示不存在、消失。"忘"，金文㤀=亡（亡，消失）+心（心，记忆）。篆文忘承续金文字形。隶书"忘"将篆文的"心"写成心。净心为"慧"，无心为"忘"。

《说文解字》说："忘，不识也。从心，从亡，亡亦声。""忘"的造字本义是指从记忆中消失，不记得，现代汉语中的主要含义也是指忘记。常见的词汇有：忘本，指一个人的境遇变好之后忘掉了自己原来的情况以及所有能够得到这一切幸福的根源所在。忘乎所以，指由于过度的兴奋或者是骄傲而忘掉了一切，疯疯癫癫。忘年交，指两个人的年龄差距十分大，辈分不同，却交情深厚。

唐诗之中，以"忘"命题及含有"忘"字的诗句十分多，常见的如吴融《忘忧花》："繁红落尽始凄凉，直道忘忧也未忘。数朵殷红似春在，春愁特此系人肠。"古人"忘"字一般读作wáng，如这首诗的"忘"正在韵脚处，即读平声；《千字文》中的"得能莫忘"的"忘"也是韵脚。又如王维的《息夫人》诗："莫以今时宠，能忘旧日恩。看花满眼泪，不共楚王言。"白居易《杂曲歌辞·浪淘沙》亦有："随波逐浪到天涯，迁客生还有几家。却到帝乡重富贵，请君莫忘浪淘沙。"

# 温故知新

##  四字通解

得能莫忘，意思是当学习有所收获，千万别随意懈怠从而导致遗忘。对于这四个字的解释，有两种不同的观点。一种认为，"能"是指本事、才干，在这里是说找到适合自己做并且自己喜欢做的事情，一定不要放弃。

还有一种解释认为，这里的"得"是"德"的通假字，意思是说"美德和才能都不要轻易抛弃"。"得"与"德"，二字通假，"得能莫忘"有两重含义：一是说从他人之处有所得、有所能，是别人教会我们，使我们有所得、有所能，我们不能忘。这种情况下，全句则是知恩必报的意思。二是说我们自己于修心、修身上有所得、有所能，我们不能忘。这种情况下，说的是自身修养，刘备白帝城托孤，对后主刘禅所说的话"勿以善小而不为，勿以恶小而为之"，便是这方面的含义。总之，无论是别人的德能还是自己的德能，我们都不能够忘记。

## 猜谜语

有待纵横驰骋去，来日定闻马蹄声。
（打一字）

月台出口处，相见两倾心。
（打一字）

有言可成谟，无金不成镆；摹拟手空挥，摸索才终落；若应募卒力不堪，欲作幕宾巾折角。
（打一字）

##  故事厅

### 忠诚不忘

三国时期，在袁绍死后，重臣审配开始辅佐袁尚。后来，袁尚被曹操击败，一心只想着逃命，放弃了邺城。可审配却一直不愿放弃，因为他知道邺城是袁家的首府，也是河北的门户，一旦放弃就彻底失败了，于是他带领城中的残兵守城，多次击退曹操大军。后来他的侄子审荣出卖了他，打开城门。当时曹操十分欣赏审配，可他就是不降，曹操要杀他的时候，他还说："我主公的坟墓在北方，我一定要向着北方死去！"曹操同意了。后代有好多诗歌写他，其中有一首说道："河北多名士，谁如审正南。命因昏主丧，心与古人参。忠直言无隐，廉能志不贪。临亡犹北面，降者尽羞惭。"

### 退避三舍

春秋时期，晋献公听信谗言，派人捉拿公子重耳。重耳逃出晋国，在外流亡。楚成王认为重耳日后必有大作为，于是收留了他。

楚王设宴招待重耳，问重耳："你若有一天回晋国当上国君，会怎么报答我？"重耳说："美女侍从、珍宝丝绸，大王有的是，晋国哪还有什么可献给大王？"楚王说："话虽如此，可总该对我有所表示吧？"重耳笑着说："要是真能回国当政的话，愿与贵国友好。假如有一天，晋楚之间发生战争，我一定让军队退避三舍，如果不能得到您的原谅，我再与您交战。"

后来重耳当上国君，即史上有名的晋文公，晋国在他的治理下日益强大。楚国和晋国争霸交战，晋文公为守承诺，下令军队后退九十里，驻扎在城濮。楚军见晋军后退，以为对方害怕，马上追击。晋军集中兵力，大破楚军。

 ## 知识角

### 刘备托孤

建安二十四年（219），刘备在汉中之战中斩杀曹操名将夏侯渊，击败曹操，占据战略要地汉中，达到军事上的最高峰。但是荆州后方空虚，东吴在背后对盟友倒戈一击，吕蒙以白衣渡江乘机夺取荆州，最后关羽被吴军擒获杀害。刘备尽起全国大兵去讨伐吴国，为关羽报仇，却被陆逊击败，退守白帝城。

刘备在白帝城一病不起，召诸葛亮等人托孤，对诸葛亮说："如果阿斗能够当好皇帝，你就辅佐他，如果当不好皇帝，你就自行抉择吧。"诸葛亮自念刘备三顾茅庐的知遇之恩，哭着说："我一定尽我所能去中兴大汉，鞠躬尽瘁，死而后已。"

### 忘忧草

忘忧草，俗称黄花菜，又叫金针菜、萱草等，是百合科多年生草本植物，根的中下部常有纺锤状的膨大。花梗较短，花被呈现出淡黄色、橘红色等。黄花菜性味甘凉，有止血、消炎、明目、安神的功效，对小便不通、乳汁不下、失眠等症状均有一定的疗效，可以作为病后或产后的调补品。在中国南北各地均有栽培，主要分布在我国秦岭以南、湖南、江苏、浙江、广东与内蒙古草原等地。其中，四川渠县被称为"中国黄花之乡"。黄花菜可以分为早熟型、中熟型、迟熟型3种，主要品种有四月花、金钱花、紫兰花、中秋花等。

 ## 成语窗

**得失参半**
指得到的和失去的各一半，也即是"得失相当"。

**妙手偶得**
用来形容文学素养很深的人，出于灵感，即可偶然间得到妙语佳作。

**选贤任能**
任用有品德有才能的人。

**力能扛鼎**
双手能举起鼎一样沉重的东西，形容力气大。也用来比喻笔力雄健。

**莫衷一是**
不能决定哪个是对的。形容意见分歧，没有一致的看法。

**莫测高深**
高深的程度无法揣测，多用来指处世的态度或说话、文章的内容。

**数典忘祖**
指忘本，常用来比喻对于本国历史的无知。后来用以指代忘掉自己本来的情况或事物的本源。

**忘恩负义**
忘记别人对自己的恩德和好处，做出对不起别人的事。

## 罔谈彼短

wǎng

罔

| 甲骨文 | 金文 | 篆文 | 隶书 | 楷书 | 行书 | 草书 | 标准宋体 |
|---|---|---|---|---|---|---|---|
|  |  | 网 | 罔 | 罔 | 罔 | 网 | 罔 |

### 解字堂

"罔"，形声字。从网，亡声。"罔"字多用于书面语，可以表示蒙蔽，如欺罔、诈罔等；可以表示没有、无，如置若罔闻、药石罔效等。常见的词语有：罔替，指不更换、不废除。世袭罔替，指千秋万代绵延罔替等。置若罔闻，指放在一边不管，好像没有听见一样，常用来表示不重视、不关心，《红楼梦》第十六回有："宁荣两府上下内外人等，莫不欢天喜地，独有宝玉置若罔闻。"极天罔地，形容遍及天下，《水浒传》第八十一回有："听哀告，听哀告！贱躯流落谁知道，谁知道！极天罔地，罪恶难分颠倒。"欺君罔上，欺骗和蒙蔽君主皇帝，杨朝英《叨叨令·叹世》曲有："他待学欺君罔上曹丞相，不如俺葛巾漉酒陶元亮。"螭魅罔两，常写作魑魅魍魉，本指古代传说中的鬼怪妖精，常用来比喻各种各样的坏人，《左传·宣公三年》有："螭魅罔两，莫能逢之。"

我国古代诗歌中，也常用到"罔"字，如李白《古风》有："龙凤脱罔罟，飘飖将安托。"顾况《闲居怀旧》有："今日思来总皆罔，汗青功业又何如。"

### 名言馆

松柏剪无余，碑记灭罔传。
·（唐）张说《过汉南城叹古坟》

---

还从罔象来，忽得仙灵宅。
·（唐）钱起《寻华山云台观道士》

---

传灯已悟无为理，濡露犹怀罔极情。
·（唐）刘禹锡《送僧元皓东游》

---

人事虽可罔，天道终难欺。
·（唐）白居易《读史五首》其四

谜语答案　得　能　莫

# 谈 tán

罔谈彼短

| 甲骨文 | 金文 | 篆文 | 隶书 | 楷书 | 行书 | 草书 | 标准宋体 |
|---|---|---|---|---|---|---|---|
|  | 談 | 談 | 談 | 談 | 談 | 谈 | 谈 |

## 名言馆

但用东山谢安石，为君谈笑静胡沙。
　　·（唐）李白《永王东巡歌十一首》其二

---

天公何时有，谈者皆不经。
　　·（唐）皎然《问天》

---

若问经过谈笑者，不过田舍白头翁。
　　·（唐）白居易《村居二首》其二

---

高谈阔论若无人，可惜明君不遇真。
　　·（唐）吕岩《徽宗斋会》

## 解字堂

　　"谈"字的右半边为"炎"，它既是声旁也是形旁，是"淡"的省略，表示中和、平淡。"谈"，古钵談=言（言，说）+炎（炎，"淡"，中和、平淡），表示与严谨讲述、激烈辩论不同的平常对话。篆文談承续金文字形。隶化后楷书写作"談"。简化后写作"谈"。

　　《说文解字》说："谈，语也。从言，炎声。""谈"的造字本义是指中和、平淡的对话，如谈话、谈吐、谈笑风生等。经过词性引申，"谈"可以表示交流的内容和观点之意，如传为美谈、奇谈怪论等。此外，"谈"还是一个姓氏。

　　常见的词语有：谈柄，指被人用来作为谈笑资料的言行，同时还特指古人谈论之时，手里所拿的拂尘。谈笑自若，指说说笑笑，在十分紧张的情况下也和平常一样，有时也写作谈笑自如。谈何容易，说起话来怎么这样容易，表示事情做起来并不像说的那么简单。最常用的词语为"谈话"，可以表示两个人或是许多人在一起说话，如他们正在谈话；同时，"谈话"还特指用谈话的形式了解情况、做思想工作等，如领导找他谈话了；此外，"谈话"还可以指用谈话的形式发表的意见，如书面谈话等，这种情况常用来指政治性的交谈。

267

## 罔谈彼短

| 甲骨文 | 金文 | 篆文 | 隶书 | 楷书 | 行书 | 草书 | 标准宋体 |
|---|---|---|---|---|---|---|---|
|  | 為 | 獨 | 波 | 彼 | 彼 | 吱 | 彼 |

### 解字堂

"彼"的右半边为"皮",它既是声旁也是形旁,表示表面、外部。金文為用"皮"代"彼"。"彼",篆文獨=彳(彳,前行)+皮(皮,外部),隶书波将篆文的"皮"皮写成皮。立足之地为"此",前往之地为"彼"。

《说文解字》说:"彼,往,有所加也。从彳,皮声。""彼"字的造字本义是指前往千里之外的地方,该义项仅见于古文,现已消失。经过引申,"彼"可以作为指示代词,表示那、那个,如彼时、此起彼伏、由此及彼等;可以作为人称代词,表示对方、他,如知己知彼、彼退我进等。常见的词语有:彼岸,表示江河湖海的另一边,如大洋彼岸等;同时,彼岸还是一个佛教用语,表示超脱生死的境界,也就是涅槃;又可以表示人们所向往的境界,如走向幸福的彼岸等。彼此,这是一个人称代词,表示那个和这个、双方,如不分彼此、彼此互助等;"彼此"还可以作为客套话,表示和大家是一样的。"此一时,彼一时",以前是一种情况,现在又是另外一种情况,指情况已经发生改变,与过去不再相同。

### 名言馆

彼君子兮,不素食兮。
· 《诗·魏风·伐檀》

逝将去女,适彼乐土。
· 《诗·魏风·硕鼠》

知彼知己,百战不殆。
· 《孙子兵法·谋攻篇》

元和天子神武姿,彼何人哉轩与羲。
· (唐)李商隐《韩碑》

## 短 duǎn

罔谈彼短

| 甲骨文 | 金文 | 篆文 | 隶书 | 楷书 | 行书 | 草书 | 标准宋体 |
|---|---|---|---|---|---|---|---|
|  | 短 | 短 | 短 | 短 | 短 | 短 | 短 |

### 名言馆

夫短绠不可以汲深井，知鲜不可以与圣人言。
· （汉）刘向《说苑·政理》

莫画长眉画短眉，斜红伤竖莫伤垂。
· （唐）元稹《有所教》

不愁前路长，只畏今宵短。
· （唐）裴夷直《席上夜别张主簿》

兼百花之长，而各去其短。
· （清）李渔《闲情偶寄》

### 解字堂

"短"字的右半部为"豆"，它既是声旁也是形旁，是"逗"的省略，表示停顿。"短"，金文短=矢（矢，箭）+豆（豆，即"逗"，停顿），表示箭的射程近。

《说文解字》说："短，有所长短，以矢为正。从矢，豆声。""短"的造字本义是指箭射得不远，该义项仅见于古文，现已消失。经过引申后，"短"可以作为形容词，表示空间距离小，如短袖、短兵相接等；可以表示时间少，如短暂、短促、昼长夜短等。"短"可以作为动词，表示缺乏、缺少，如短缺、短少、短斤少两等。"短"可以作为名词，表示缺点、毛病，如护短、揭短、说长道短等。

常见的词语有：短板，本来是指箍成木桶的各个木板之中最短的那块，它直接影响到木桶所能盛水的多少，后引申用来比喻事物的薄弱环节。短平快，指排球比赛中的一种快攻打法，在二传手传出弧度很小的球之后，扣球手迅速跃起扣出的高速、平射的球；同时，短平快作为形容词，还可以表示投资少、历时短、收效快，常常用于企业或工程等，如短平快项目等。

## 温故知新

###  四字通解

罔谈彼短，意思是不要在背地里谈论别人的短处和缺点。人非圣贤，孰能无过？生活中，我们每一个人都有犯错误的时候，也都会有很多的不足之处。对于他人的是非过错，我们应该以一颗包容之心来看待，《弟子规》说"人有短，切莫揭"，就是告诉我们，发现了别人的短处不要轻易地去揭露，也不要随便地说出去。有一次，武叔在和颜回的交谈之中，总是指出别人的各种错误，并加以评论。颜回并没有跟他进行谈论，但却婉转地提醒他："言人之恶，非所以美己；言人之枉，非所以正己。"就是说，谈论别人的不是，并不能因此彰显出自身的美好；谈论别人的邪恶，也并不能由此显示出自己的正直。《太上感应篇》也有："不彰人短，不炫己长。遏恶扬善，推多取少。"这是古人的行事原则，也是值得我们用心学习之处。因此，不管在什么情况下，我们都要学会"留口德"，不然一定会减少自己的福报，祸延己身。

###  故事厅

#### 谈虎色变

在北宋时期，有两位非常著名的理学大家，他们是兄弟俩，哥哥叫做程颢，弟弟叫做程颐。他们生平致力于"格物致知"，专心研究事物原理的大学问，不过他们一时一刻也没有忽视实践。程颐在谈到实践检验真理这一问题的时候，曾经讲过一个非常生动的故事："老虎会伤人吃人，这是连三尺高的小孩子都知道的事情。但是，人们聚在一起谈话时经常说到虎，却没有谁会觉得害怕。这时，有一位曾经被老虎咬伤过的农夫从这里经过，听见有人说到老虎，立刻被吓得大惊失色，这是为什么呢？这是因为这位农夫亲身体验过老虎的厉害。"

#### 叔孙武叔毁仲尼

有一天，叔孙武叔在朝堂上对士大夫们说："子贡比仲尼更贤。"子服景伯把这话告诉了子贡。子贡说："拿围墙来作比喻，我家的围墙只有齐肩高，大家可以看见院子里的美好。孔子家的围墙却有几丈高，如果找不到门进去，就永远看不见里面的富丽堂皇、绚丽多彩。能够找到门进去的人并不多，叔孙武叔那么讲，不也是很自然吗？"

后来，子贡又说："孔子是不可以诋毁的，别人的贤德，好比是丘陵，还可以想办法超越；仲尼的贤德像是太阳，无法超越！有人想要自绝于日月，又怎么能够损伤到日月呢？只是不自量力而已！"

### 猜谜语

四不象，六不顺，七不全。
（打一字）

残灯半灭话偏长。
（打一字）

##  知识角

### 木桶效应

木桶效应说的是,一只水桶能装多少水取决于它最短的那块木板。一只木桶想把水盛满,就必须每块木板都一样长短平齐,且无破损。在这只桶的木板中,哪怕有一块不够整齐或是有一个小的破洞,这只桶就无法盛满水。因此,一只木桶能盛多少水,并非取决于最长的那块木板,而是取决于最短的那块木板,这也可以称为短板效应。任何一个组织,都可能面临着同一个问题:构成组织的各个部分往往是优劣不齐的,而劣势的部分往往决定了整个组织的水平。因此,我们每个人都应多思考自己的"短板",并尽早补足它。

### 谈龙录

清赵执信所撰诗话著作。凡一卷,三十六则。书题得名于首则记载:王士禛、赵执信和洪昇三人谈龙论诗。此书专为批驳王士禛诗论而作,持论多本冯班、吴乔之说。赵执信以吴乔"诗之中须有人在"之说为名言,批评王士禛诗伪饰失实,对其"神韵说"的偏颇有所纠正。《四库全书简明目录》即曰:"王士禛与门人论诗,谓当如云中之龙,时露一鳞一爪,执信因作此书以排之。大旨主于诗中有人,不当为缥缈无着之语,使人人可用、处处可移。其说足救新城(指王士禛)末派之弊,似相反而实相成。"

##  成语窗

**欺上罔下**
对上欺骗,博取信任,对下隐瞒,掩盖真相。

**置若罔闻**
放在一边不管,好像没有听见一样。形容不重视、不关心。

**夸夸其谈**
指浮夸空泛地大发议论。

**说古谈今**
从今到古无所不谈,无不评论。

**知己知彼**
对敌我双方的优劣短长均能透彻了解。

**彼此彼此**
指那个和这个;客套话,表示大家一样。

**争短论长**
计较细小出入;争竞谁上谁下。

**三长两短**
指意外的灾祸或事故,又用来特指人的死亡。

靡恃己长

| 甲骨文 | 金文 | 篆文 | 隶书 | 楷书 | 行书 | 草书 | 标准宋体 |
|---|---|---|---|---|---|---|---|
|  |  | 靡 | 靡 | 靡 | 靡 | 靡 | 靡 |

## 解字堂

　　《说文解字》说："靡，披靡也。从非，麻声。"段玉裁《说文解字注》："'柀'各本作'披'，今正。柀靡，叠韵字。"《史记·项羽本纪》有："汉军皆披靡。"

　　常见的词语有：萎靡，指精神不振作，意志消沉，孙中山在《大亚洲主义》中说："到近几百年以来，我们亚洲各民族才渐渐萎靡，亚洲各国家才渐渐衰弱。"绮靡，出自陆机《文赋》："诗缘情而绮靡，赋体物而浏亮。"原文的意思是说文学作品的风格浮艳柔弱，历代诗文中常见此语，如清代李渔《慎鸾交》说："果然是衣冠胜地，文献名邦，只嫌他风俗绮靡，华而不实。"葛立方《韵语阳秋》也有："清庙之瑟，朱弦而疏越，一倡而三叹，岂若后世务为哇淫绮靡之音哉。"望风披靡，在强大的对手和势力面前纷纷倒下，比喻毫无斗志，在看到敌人的强盛气势后不战而溃，朱光潜先生的《选择与安排》中说："要塞既下，主力既破，其余一切就望风披靡，不攻自下。"之死靡他，至死都没有改变，形容忠心耿耿，毫无二心，明朝的李贽在《昆仑奴》中说："忠臣侠忠，则扶颠持危，九死不悔；志士侠义，则临难自奋，之死靡他。"

## 名言馆

空山结云阁，绮靡随风回。
　　·（唐）张说《一柱观》

---

纤纤良田草，靡靡唯从风。
　　·（唐）张九龄《杂诗五首》其五

---

黄鸟何关关，幽兰亦靡靡。
　　·（唐）韦应物《拟古诗十二首》其二

---

但为君子心，叹息终靡他。
　　·（唐）孟郊《汴州留别韩愈》

谜语答案　周　谈

靡恃己长

shì
恃

| 甲骨文 | 金文 | 篆文 | 隶书 | 楷书 | 行书 | 草书 | 标准宋体 |
|---|---|---|---|---|---|---|---|
|  | 恃 | 恃 | 恃 | 恃 | 恃 | 恃 | 恃 |

## 名言馆

无父何怙，无母何恃？
· 《诗·小雅·蓼莪》

士有孤而自恃，人主有奋而好独者，则名号必废熄，社稷必危殆。
· 《吕氏春秋·自恃》

莫恃金汤忽太平，草间霜露古今情。
· （唐）李商隐《览古》

莫恃少年欺白首，须臾还被老相催。
· （唐）方干《感时三首》其二

## 解字堂

"恃"的右半部分为"寺"，它既是声旁也是形旁，即"持"，表示拥有。"恃"，古钵 恃 = ψ（心）+ 寺（寺，"持"，拥有），篆文 恃 承续古钵字形。隶书 恃 将篆文的"心" ψ 写成 心。隶化后楷书写作"恃"。

《说文解字》说："恃，赖也。从心，寺声。""恃"的造字本义是指心里有所依仗，如自恃、恃才矜己、有恃无恐等。常见词语有：怙恃，指依仗、凭借，明代张居正《给假治疾疏》有："臣诚怙恃恩眷，仰渎宸严，不胜惶悚战栗之至。"同时，《诗经》有言："无父何怙，无母何恃！"怙恃又被作为父母的合称，洪昇《长生殿》有"早失怙恃，养在叔父之家"之语，苏曼殊《断鸿零雁记》也有"吾恨人也，自幼失怙恃"。怙恩恃宠，指凭借别人所给的恩泽和宠幸而横行霸道，骄横妄为。桀骜自恃，指强横自负，如"他在业务上有时固执，却不像沈巧说的那样桀骜自恃"。矜恃，指骄傲自负，《三国志·陆逊传》："当御备时，诸将军或是孙策时旧将，或公室贵戚，各自矜恃，不相听从。"与"恃"相关的词语较多，但大多为贬义词，具有依赖、依附之意。

## 靡恃己长

jǐ

| 甲骨文 | 金文 | 篆文 | 隶书 | 楷书 | 行书 | 草书 | 标准宋体 |
|---|---|---|---|---|---|---|---|
| 𠄌 | 己 | 己 | 己 | 己 | 己 | 己 | 己 |

### 解字堂

"己"是"纪"的本字。"己",甲骨文𠄌、己像绳子系绕的样子。金文己、篆文己承续甲骨文字形。当"己"的结绳记事本义消失后,篆文再加"丝"另造"纪"代替。捆绑的绳子为"乙",用绳子捆绑叫"己"。

《说文解字》说:"己,中宫也。象万物辟藏诎形也。己承戊,象人腹。凡己之属皆从己。""己"字的造字本义是指在绳子上系圈、打结,用以记数和记事,或标明物品的归属者,该义项仅见于古文,现由"纪"字代替。经过词性引申,"己"可以作为形容词,表示个人的、私有的,如己身、己私、固执己见等;可以作为代词,表示主体的自称,如克己、知己、一己之私等。此外,"己"还是一个姓氏。

"己"还是天干中的第六位,常常用来与地支相配合进行记时、记日等,如己丑、己卯、己亥、己酉等。干支最初是用来记日的,后多用来纪年,现在农历的年份依旧用干支来记录。常见的词语还有:己见,表示自己的意见,如各抒己见、固执己见等。"以天下为己任",这句话出自朱熹对范仲淹的评论:"且如一个范文正公,自做秀才时便以天下为己任,无一事不理会过。一旦仁宗大用之,便做出许多事业。"

### 名言馆

己所不欲,勿施于人。
· 《论语·颜渊》

可叹无知己,高阳一酒徒。
· (唐)高适《田家春望》

偶先托质逢知己,独未还家作旅人。
· (唐)李频《汉上逢同年崔八》

不以物喜,不以己悲。
· (宋)范仲淹《岳阳楼记》

| 甲骨文 | 金文 | 篆文 | 隶书 | 楷书 | 行书 | 草书 | 标准宋体 |
|---|---|---|---|---|---|---|---|
|  |  |  | 長 | 長 | 長 | 长 | 长 |

## 名言馆

溯洄从之，道阻且长。
——《诗·秦风·蒹葭》

长太息以掩涕兮，哀民生之多艰。
——《楚辞·离骚》

暮春三月，江南草长，杂花生树，群莺乱飞。
——（南朝）丘迟《与陈伯之书》

臣闻求木之长者，必固其根本。
——（唐）魏征《谏太宗十思疏》

## 解字堂

"長"是象形字。甲骨文像一个人头发飘散的样子。有的甲骨文像头发飘散、拄着拐杖的老年人，一横指事符号表示发簪。有的甲骨文在头发飘散形象的基础上加"又"，表示拄杖的老人。古代中国人认为须发是父母所赐，不能随意剔剪，因此年龄越大，须发越显眼，成为年老的象征。金文突出了人的头上飘飘的头发和拄杖的手。籀文=（头发）+（发簪）+（人），强调头发。篆文在籀文的"人"里面加"手"。隶书将篆文的"人"与"手"写成。隶化后楷书写作"長"。简化后写作"长"。

《说文解字》说："长，久远也。从兀，从匕。兀者，高远意也。久则变化。亾声。厂者，倒亾也。凡长之属皆从长。𠇗，古文长。镸，亦古文长。""长"的造字本义是指头发飘飘的拄杖老人，该义项仅见于古文，现已消失。经过词性引申，"长"可以作为形容词，表示年老的、年纪大，如长老、年长等；可以表示排行第一的、最大的，如长兄、长孙等；可以表示时间久的，如长久、长远等；可以表示有优势的、出众的，如长处、特长等；可以表示距离大的、遥远的，如长河、漫长等。作为名词，"长"可以表示一把手、领导，如长官、酋长等。作为动词，"长"可以表示发展、变化，如长大、生长等；可以表示滋生、萌发，如长草、疯长等。作为副词，"长"可以表示久久地，如长叹、长辞等；可以表示远远地，如长跑、长征等。"长"在读作zhǎng的时候，表示多余的、剩余的，如长物。此外，"长"还是一个姓氏。

## 温故知新

 **四字通解**

　　靡恃己长，意思是不要倚仗着自己的长处而骄傲自大，盛气凌人。"自大"二字加上一点，就是一个"臭"字。所谓"满招损，谦受益"，一心喜欢称赞自己长处的人是很难有大的成绩的。

　　有这么一个故事，一位绘画爱好者去找法门寺住持释圆和尚："我一心学习绘画，可至今都没有找到一个满意的师傅，他们都是徒有虚名，画的还不如我。"释圆和尚说："我平生最喜欢的就是喝茶，你就为我画一把茶壶和一个茶杯吧！"年轻人寥寥几笔就画成了，一把茶壶正徐徐倒出一股茶水，注入茶杯之中，栩栩如生。释圆和尚看了之后，却说："你画错了，应该把杯子布置在茶壶之上才对。"年轻人奇怪地说："怎么能够用杯子往茶壶里注水呢？"释圆和尚笑着说："这就像你，你渴望自己的杯子里能够注入丹青高手的香茗，可你总是把杯子的姿态放得比茶壶还高，又怎么能够有所收获呢？"年轻人恍然大悟。这个故事告诉我们，傲慢自大的人，永远不会有太大的成就。

### 猜谜语

孟伯之意得掌声。
（打一字）

岂见有山？
（打一字）

 **故事厅**

### 赵子龙所向披靡

　　长坂坡大战中，赵云负责保护甘、糜二夫人和阿斗，但由于战争混乱，赵云与之走散，找了一圈没有找到，却杀死淳于导救了糜竺和甘夫人。赵云把二人送到长坂桥后又回头寻找阿斗，乱军之中赵云又刺死了夏侯恩，夺得了曹操的宝剑"青釭"。后来，赵云在一堵矮墙边寻到了糜夫人及其怀里的阿斗，但糜夫人已身受重伤行走不便，把阿斗托付于赵云后跳入一口枯井自尽。赵云把阿斗背于身上，从曹操十万大军之中，杀出重围，所向披靡。

### 自毁长城

　　南朝宋檀道济，早年随宋武帝征战，屡立战功，是开国功勋。他的威名很大，左右的心腹都身经百战，他的各个儿子又都有才气，因而朝廷对他心存畏惧和怀疑。当时也有人这样看他，说："怎知道他不是司马懿呢？"宋文帝卧床多年，他身边的权臣一直想除掉檀道济。檀道济被捕后，十分愤怒，气势汹涌，目光如炬，顷刻间喝掉一斛酒。然后脱下头巾扔在地上，说："乃坏汝万里长城！"魏国人听了这个消息，都说"檀道济已经死去，吴地的小辈们不值得再害怕了。"从此连年南下攻伐，有饮马长江的志向。

## 知识角

### 罪己诏

"罪己诏"是我国古代帝王在朝廷出现问题、国家遭受灾难或是政权飘摇之时,进行自我反省和检讨自己过失过错的一种口谕或诏书。它通常在三种情况下出现:一是君臣失位,二是天灾人祸,三是政权危难。'罪己诏'的立意都是自责,只是情节的轻重有所区别。

《轮台罪己诏》是公元前89年汉武帝所下的一道自我反省罪过的诏书,它重启了汉朝初年的"黄老"思想和无为而治,与民休息,同时也是中国历史上第一份保存完整的'罪己诏'。此外,汉明帝、汉安帝、唐宪宗、宋理宗也都下过"罪己诏"。

### 尺有所短,寸有所长

甘戊出使齐国时,渡过一条大河。船夫说:"河水是个很小的间隔,你都不能过去,还能到齐王那里游说吗?"甘戊回答说:"你不了解,事物各有长处,也各有短处。谨慎老实的臣子可以侍奉君主,却不可以带兵打仗;骐骥骡骅这样的好马,能日行千里,如果把它们放到屋子里,让它们捕老鼠,却比不上一只小猫;干将是锋利的宝剑,可木匠用它做木工活,还比不上一把普通斧头;现在用船桨划船,让船顺水起伏,我不如你;游说各个国家君主,你就不如我了。"这就是尺有所短,寸有所长的故事。

## 成语窗

**风靡一时**
指某件事情某一个时期在社会上十分盛行。

**靡靡之音**
指颓废淫荡、低级趣味的乐曲。

**恃才傲物**
指仗着自己有才能看不起人。也指自高自大。

**恃强凌弱**
依仗强大,欺侮弱小。

**固执己见**
顽固地坚持自己的意见,不肯改变。

**以己度人**
拿自己的心思来衡量或揣度别人的想法。

**万古长春**
比喻人的精神永远像春天一样毫不衰退或祝愿好事长存。

**来日方长**
意为未来的日子还很长。表示事有可为,或劝人不必急于做某事。

信使可覆

| 甲骨文 | 金文 | 篆文 | 隶书 | 楷书 | 行书 | 草书 | 标准宋体 |
|---|---|---|---|---|---|---|---|
|  | 𢓼 | 伈 | 信 | 信 | 信 | 信 | 信 |

## 解字堂

"信"，金文𢓼=𢎩（人）+口（口，说话），表示开口许诺。有的金文𢓼=𢎩（千）+言（言，说话），表示用千言万语保证。籀文伈承续金文字形𢓼。篆文伈与古匋字形𢓽相近。隶书信将篆文的言简写成𠮷。

《说文解字》说："信，诚也。从人，从言。会意。伈，古文从言省。訫，古文信。""信"字的造字本义是指许诺、发誓，如信誓旦旦。通过词性引申，"信"的含义十分众多。作为名词，"信"可以表示标记、消息，如信号、电信、通风报信等；可以表示函件，如信鸽、书信、信封等；还可以表示守诺的品质、可靠性，如信义、守信、言而无信等。可以作为副词，表示忠诚地、坚定地，如信守不渝等；表示听之任之地、随意地，如信笔、信天游、信口雌黄等；可以表示确实、实在，如"烟涛微茫信难求"，该义项仅见于古文，现已消失。作为形容词，表示无可怀疑的、确实可靠的，如信念、信条、信然等。同时，"信"还是一个姓氏。

言己所思为"诚"，践己所诺为"信"，诚信是做人之本。在当今社会之中，"诚信"是个人应具备的基本而重要的人格品质。

## 名言馆

信誓旦旦，不思其反。
·《诗·卫风·氓》

信而见疑，忠而被谤，能无怨乎？
·《史记·屈原贾生列传》

海客谈瀛洲，烟涛微茫信难求。
·（唐）李白《梦游天姥吟留别》

谜语答案　长　己

信使可覆

| 甲骨文 | 金文 | 篆文 | 隶书 | 楷书 | 行书 | 草书 | 标准宋体 |
|---|---|---|---|---|---|---|---|
| | | | 使 | 使 | 使 | 使 | 使 |

## 名言馆

道千乘之国，敬事而信，节用而爱人，使民以时。
·《论语·学而》

纵使晴明无雨色，入云深处亦沾衣。
·（唐）张旭《山中留客》

但使龙城飞将在，不教胡马度阴山。
·（唐）王昌龄《出塞二首》其一

出师未捷身先死，长使英雄泪满襟。
·（唐）杜甫《蜀相》

岳阳城上闻吹笛，能使春心满洞庭。
·（唐）贾至《西亭春望》

## 解字堂

甲骨文的"使""史""吏""事"是同一字，写作，表示古代的行政官员。金文基本承续甲骨文字形。有的金文加"人"另造"使"代替，表示特殊人员。篆文承续金文字形。隶书将篆文的与"又"（手）连写成，手形消失，进而形成如今所见的字形。

《说文解字》说："使，伶也。从人，吏声。""使"的造字本义是指身负重大使令的特派官员，如使节、使至、特使等。经过词性引申，"使"可以作为动词，表示指令、差派，如使唤、指使等；可以表示让、促成，如使然、假使等；还可以表示用、采用，如好使、使用等。"使"作为名词，还可以表示命令、任务，如使命、差使等。

常见的词语，如使节，表示派驻另外一个国家的外交代表，杜甫《严中丞枉驾见过》诗有："川合东西瞻使节，地分南北任流萍。"王安石《张工部庙》诗也有："使节纷纷下禁中，几人曾到此城东？"同时，"使节"还特指古代卿大夫受聘于天子诸侯时所持的符信。《周礼》中说："凡邦国之使节：山国用虎节，土国用人节，泽国用龙节。"宋代徐铉《南都遇前嘉鱼刘令言游闽岭作此与之》诗："我持使节经韶石，君作闲游过武夷。"

信使可覆

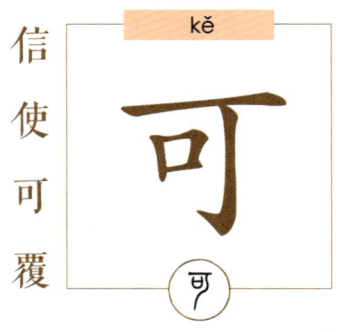

kě

| 甲骨文 | 金文 | 篆文 | 隶书 | 楷书 | 行书 | 草书 | 标准宋体 |
|---|---|---|---|---|---|---|---|
| 可 | 可 | 可 | 可 | 可 | 可 | 可 | 可 |

## 解字堂

"可"是"哥"的本字。可，甲骨文 可 = 丁（丁，似竽的乐器）+ 口（口，唱歌）。金文 可 将甲骨文的 丁（丁）写成"于"丁，明确"竽"的乐器特征。有的金文 可、篆文 可 承续甲骨文字形。当"可"的"吹笙唱歌"本义消失后，篆文再加"可"，另造"哥"代替。当"哥"的本义也消失之后，篆文再次加"欠"，另造"歌"代替。

《说文解字》说："可，肎也。从口、丂，丂亦声。凡可之属皆从可。""可"字的造字本义是指古代男女以吹笙唱歌方式求偶，该义项仅见于古文，后由"哥"字代替。经过词性引申，"可"可以作为形容词，表示令人舒服的、适合的，如可口、可意、可心等。作为动词，"可"可以表示值得，如可爱、可信、可圈可点等；可以表示欣赏、接受、允许，如认可、许可、不置可否等；可以表示能够、能，如可塑、可行、可大可小等。"可"还可以作为副词，有加强语气的作用，如可巧、可是、你可来了等。

常见的词语如"可口可乐"，它在1886年诞生于美国的乔治亚州亚特兰大市，目前已经发展成全球最大的饮料厂商。在全世界，每天大约有17亿人次的消费者购买可口可乐的产品，每秒钟大约卖出近两万瓶饮料。

## 名言馆

借问汉宫谁得似，可怜飞燕倚新妆。

· （唐）李白《清平调三首》其二

---

桃花一簇开无主，可爱深红爱浅红。

· （唐）杜甫《江畔独步寻花七绝句》其五

---

可怜岸边树，红蕊发青条。

· （唐）张籍《岸花》

---

潭中鱼可百许头，皆若空游无所依。

· （唐）柳宗元《至小丘西小石潭记》

信使可覆

## 名言馆

覆杯水于坳堂之上，则芥为之舟。
　　　　　　·《庄子·逍遥游》

枝枝相覆盖，叶叶相交通。
　　　·汉乐府《古诗为焦仲卿妻作》

邺中事反覆，死人积如丘。
　　　　·（唐）杜甫《遣兴三首》其二

海水桑田欲变时，风涛翻覆沸天池。
　　　　　·（唐）白居易《涧中鱼》

六王毕，四海一，蜀山兀，阿房出。覆压三百余里，隔离天日。
　　　　　·（唐）杜牧《阿房宫赋》

## 解字堂

　　"覆"的下半部为"復"，它既是声旁也是形旁，表示往返、反转。"覆"，籀文=西（像罩盖）+復（復，往返、反转），表示将朝下的罩盖反转朝上。篆文覆承续籀文字形。隶化后楷书覆将篆文罩盖状的西写成"西"。

　　《说文解字》说："覆，覂也。一曰盖也。从西、复声。""覆"的造字本义是指将朝下的盖子反转朝上，该义项又见于古文，现已消失。经过引申，"覆"可以表示遮盖、掩盖，如覆盖、仁覆天下等；可以表示翻转、掀翻，如覆辙、覆水难收、覆巢之下无完卵等。再经过比喻引申，"覆"还可以表示刨根翻地的彻查，该义项同样仅见于古文；可以表示彻底的毁灭，如颠覆、覆灭、覆亡等。

　　常见的词语如：覆盖面，指覆盖的面积；同时又引申为涉及或影响到的范围，如扩大法制教育覆盖面。覆辙，翻过车的道路，引申为曾经失败过的做法，如重蹈覆辙等。覆水难收，倒在地上的水无法收回，比喻事情已经成为事实，难以挽回，常常用来形容夫妻离异，与"破镜难圆"含义相当。

## 温故知新

 **四字通解**

信使可覆，意思是君子的诚信要经得起考验。"信使可覆"出自《论语》"信近于义，言可覆也"。在这句话中，"信"字是指一个人说话有信用，"义"字则是指公正、合理并且应该做的事情。全文的意思是："与他人有所约定，要先考虑是否合宜，以免进退两难。如果所守诺言符合道义，所说的话才可以兑现。"其实，这与《弟子规》中："事非宜，勿轻诺；苟轻诺，进退错"的说法一致。一个人如果意气用事、轻率表态，事到临头才发现不合理，他便做也不是，不做也不是。

"信"是五常之一。孔子说"民不信不立"，缺乏诚信的人，永远不能够立身、立命。君子的诚信主要在于说到做到，但同时又必须要有道义来规范和引导。也就是说：信不能离开义。信义一体，如果诚信离开了道义，这个"信"或许就会不够恰当。因此，我们在说话做事之前要全方位地进行考虑。对于合乎道义的，我们要言而有信，言行一致；不符合道义的，就一定不说不做。

 **故事厅**

### 韩信报漂母

韩信在城下河边钓鱼，诸多老妇人在一边漂洗衣物，漂母见韩信有饥色，就请韩信吃饭，数十日皆如此。韩信很高兴，告诉漂母说：'日后我定会重答您的恩情。'漂母生气地说：'大丈夫不能自食我是哀怜你才请你吃饭，哪想过你报恩！'……汉朝五年正月，韩信被封为楚王，都城在下邳。韩信到国中召漂母，赏赐千金。

### 苏武出使匈奴

苏武，字子卿，杜陵（今陕西西安）人，是西汉尽忠守节的著名人物。汉武帝天汉元年，苏武以中郎将之职持节出使匈奴。匈奴单于为了逼迫苏武投降，开始时将他幽禁在大窖中，后来将他流放到北海（今贝加尔湖）边牧羊，说要等到公羊生子才会释放他回国。苏武历尽艰辛，十九年持节不屈，于昭帝始元六年回到了长安。但汉武帝已经不在，"茂陵不见封侯印，空向秋波哭逝川"。苏武去世后，汉宣帝将他列为麒麟阁功臣之一，用来彰显他的节操。

### 猜谜语

何不可与史进一见。
（打一字）

人生到处知何似。
（打一字）

信使可覆

##  知识角

### 季札挂剑

季札将要访问晋国，带着宝剑拜访了徐国国君。徐君观赏季子的宝剑，脸色表现得很想要宝剑。季子因有出使任务，没把宝剑献给徐君，但心里已答应。

季子出使晋国回来，徐君已去世。于是，季子将宝剑送给继位的新徐君。随从人员阻止说："这是吴国宝物，不能用来赠礼。"季子说："我不是赠给他，前些日子我已经答应送给徐君，如今他死了，我就不再给他，是欺骗自己的良心。因为宝剑而违背自己的良心，我不会这样做的。"他解下宝剑送给了新徐君。新徐君以先君未留下遗命不接受。季子就把宝剑挂在了徐君坟墓边的树上。徐国人赞美季子说："延陵季子兮不忘故，脱千金之剑兮带丘墓。"

### 立木取信

战国时期，秦孝公用商鞅变法。商鞅起草了一个法案，怕老百姓不信任他，就叫人在都城南门口竖了一根三丈高的木头说："谁能把这根木头扛到北门，就赏十两金子。"人们议论说："这木头谁都拿得动，哪儿用十两金子？"这定在开玩笑。"终没有一人去扛木头。商鞅又把赏金提高到五十两。这时有一人跑出来，把木头扛到了北门。商鞅当即兑现。这件事轰动了秦国，老百姓都知道商鞅是个言出必行的人。他颁布的法令，没有人敢去违背。

##  成语窗

**信而好古**
相信并爱好古旧的历史知识。

**善男信女**
佛教用语，原指皈依佛法、信仰佛教的男男女女。后又泛指心地慈善而又单纯的人。

**颐指气使**
不说话，只用面部表情来示意。形容有权势者指挥别人的傲慢神气。

**见风使舵**
看风向转发动舵柄。比喻看势头或看别人的眼色行事。

**可有可无**
可以有，也可以没有。指有没有都无关紧要。

**金石可开**
形容一个人心诚志坚，力量无穷。

**全军覆没**
整个军队全部被消灭。比喻事情彻底失败。

**地覆天翻**
形容变化巨大，秩序极为混乱，闹得很凶。

## 器欲难量

qì

| 甲骨文 | 金文 | 篆文 | 隶书 | 楷书 | 行书 | 草书 | 标准宋体 |
|---|---|---|---|---|---|---|---|
| 𣪘 | 器 | 器 | 器 | 器 | 器 | 器 | 器 |

### 解字堂

"器"，金文🐾、🐾诸字形像交错的经脉血管🐾、🐾四周有众多（四个）内脏组织🐾。篆文🐾误将交错的血管🐾写成"犬"🐾。有的隶书🐾将交错的经脉血管🐾写成二，表示纵横交错。隶化后楷书写作"器"或"噐"。简化后以"器"为正体。

《说文解字》说："器，皿也。象器之口，犬所以守之。""器"字的造字本义是指由纵横交错经脉血管相连接的众多身体组织，如器官、脏器、消化器等。通过引申，"器"可以作为名词，表示容具，如器皿、瓷器、银器等；可以表示涵养、度量，如器量、大器、小器等；可以表示才能、人才，如大器晚成等。"器"还可以作为动词，表示重用之意，如器重、器爱等。

常见的词语有：器官，指构成生物体的一部分，由多种细胞组织构成，能够担任某种独立的生理机能的生物组织的总称，有肾脏、脾脏、肠道等。器械体操，借用相关器械，按照一定的空间顺序进行身体锻炼的体操；器械体操可以增强个人的身体素质，提高各类器官功能，促进身体的健康发育，并且培养出刚毅果敢的优秀品质。

### 名言馆

大方无隅，大器晚成，大音希声，大象无形，道隐无名。

·《老子》

焉得铸甲作农器，一寸荒田牛得耕。

·（唐）杜甫《蚕谷行》

桃李容华犹叹月，风流才器亦悲秋。

·（唐）姚合《惜别》

器琢仙珪美有余，席珍国宝比难如。

·（唐）贯休《少监三首》其一

谜语答案　使　可

器欲难量

yù
欲

| 甲骨文 | 金文 | 篆文 | 隶书 | 楷书 | 行书 | 草书 | 标准宋体 |
|---|---|---|---|---|---|---|---|
|  | 邻 | 巚 | 欲 | 欲 | 欲 | 弘 | 欲 |

## 名言馆

无欲速，无见小利。欲速，则不达，见小利则大事不成。
· 《论语·子路》

古之欲明明德于天下者，先治其国。
· 《礼记·大学》

凡秋耕欲深，春夏欲浅，犁欲廉，劳欲再。
· （北魏）贾思勰《齐民要术·耕田》

## 解字堂

"欲"的左半部为"谷"，它既是声旁也是形旁，表示两座山岭之间高深空阔的沟壑。"欲"，金文 邻 = 谷（谷，高深空阔的沟壑）+ 欠（欠，叹气、不满），表示永不满足的贪求。有的金文 欲 以"人"代"欠"。有的金文 = 谷（谷，沟壑）+ 心（心），"谷心"即"难以填满之心"，强调"欲"的"心念"含义。篆文 巚 承续金文字形 邻。隶化后楷书写作"欲"。

《说文解字》说："欲，贪欲也。从欠，谷声。""欲"的造字本义是指永不满足的心念，如欲求、欲望、欲壑难填等。经过引申，"欲"可以作为名词，表示色心、性的本能需求之意，如性欲、节欲、欲火焚身等。"欲"还可以作为动词，表示想要、希望，如随心所欲、欲言又止等；可以表示需要，如"胆欲大而心欲细"。"欲"还可以用作副词，表示将要，如摇摇欲坠、"山雨欲来风满楼"等。

常见的词语有："欲加之罪，何患无辞"，想要给人一个罪名，何愁找不到借口，用来比喻用种种借口来诬陷他人。"欲擒故纵"，指为了要捉住某个人，故意先放开他，使他放松戒备，常用来比喻为了更好地控制，故意放松一步。

器欲难量

nán

难

| 甲骨文 | 金文 | 篆文 | 隶书 | 楷书 | 行书 | 草书 | 标准宋体 |
|---|---|---|---|---|---|---|---|
| 鸜 | 鸞 | 難 | 難 | 難 | 鞋 | 难 | 难 |

## 解字堂

"難",金文鸜=𦰩(𦰩,施刑)+隹(隹,隼,食肉猛禽),表示以鸟啄为刑。篆文難、鸜基本承续金文字形。隶化后楷书写作"難"。简化后写作"难"。

《说文解字》只录了"难"的异体"鸜"。《说文解字》说:"鸜,鸟也。从鸟,𦰩声。難、鸜或从隹。""难"字的造字本义是指酷刑,捆绑受刑者,让猛禽啄食而死,该义项仅见于古文,现已消失。经过引申,"难"可以作为名词,表示不幸的遭遇、灾难,如空难、灾难、大难临头等。"难"可以作为动词,表示质问、责问,如非难、责难、追难等。"难"可以作为形容词,表示不易解决的、费心费劲的,如难易、艰难、难上加难等。"难"还可以作为副词,表示做起来费事地、不容易地,如难办、难忘、难分难解等。

唐代诗人李白、钱起、齐己、聂夷中、朱庆馀、张籍、贯休等人均作有《行路难》诗。如李白的《行路难三首》其一:"大道如青天,我独不得出。羞逐长安社中儿,赤鸡白狗赌梨栗。弹剑作歌奏苦声,曳裾王门不称情。淮阴市井笑韩信,汉朝公卿忌贾生。君不见昔时燕家重郭隗,拥篲折节无嫌猜。剧辛乐毅感恩分,输肝剖胆效英才。昭王白骨萦烂草,谁人更扫黄金台。行路难,归去来。"

## 名言馆

少小离家老大回,乡音难改鬓毛衰。

· (唐)贺知章《回乡偶书》

---

长风挂席势难回,海动山倾古月摧。

· (唐)李白《永王东巡歌十一首》其八

---

岂无山歌与村笛,呕哑嘲哳难为听。

· (唐)白居易《琵琶行》

---

真个别离难,不似相逢好。

· (宋)晏几道《生查子》

| 甲骨文 | 金文 | 篆文 | 隶书 | 楷书 | 行书 | 草书 | 标准宋体 |
|---|---|---|---|---|---|---|---|
| 𣇃 | 𣇃 | 量 | 量 | 量 | 量 | 量 | 量 |

## 名言馆

酒后高歌且放狂，门前闲事莫思量。

· （唐）白居易《醉后》

---

凤兮凤兮非无凰，山重水阔不可量。

· （唐）张祜《司马相如琴歌》

---

一夜雨声多少事，不思量尽到心头。

· （唐）崔道融《秋夕》

## 解字堂

"量"，甲骨文 = （口，即"日"，代替日月星辰）+ （束，即"东"，行囊，代表旅行），表示行者以日月星辰为参照，计算行程。有的甲骨文将"口"明确写成"日"，将"束"明确写成"东"。金文字形中"日"与"东"的形象更加明确。有的金文在"东"下面加一横，形成"土"形，表示将行囊放在地面。篆文承续金文字形。隶书量将篆文的写成重，"东"的字形消失。

《说文解字》说："量，称轻重也。从重省，曏省声。量，古文量。""量"的造字本义是指以日月星辰为参照，估算行程，该义项仅见于古文，现已消失。"量"可以读作liàng，表示可以用来测量东西的器物，如升、斗等；可以表示能够容纳的限度，如饭量、力量等；可以表示估计、衡量，如量入为出、量才录用；可以作为名词表示数量、数目，如流量、质量并重等。"量"还可以读作liáng，可以表示用尺子、容器作为标准来确定事物的长短、大小，如量体温、量地等；可以表示估量，如端量、思量等。常见的词语如：量入为出，指根据收入的多少来定支出的限度。量体裁衣，指按照身材进行剪裁衣裳，比喻根据实际情况办事等。

## 温故知新

### 四字通解

器欲难量，意思是一个人做人处世，心胸器量要大。宽厚、宏大的胸怀气度，历来是人们立身处世的美德，它表现为一种豁达大度、容忍异己的品格，在待人接物时，不能心胸狭窄、小肚鸡肠，而是要海纳百川、有容乃大。《史记·廉颇蔺相如列传》记载，廉颇曾经因为官在蔺相如之下，心中不服，扬言见到蔺相如就要羞辱他。从此，蔺相如总是躲避着廉颇。一次，两人乘车在一条胡同正好走个碰面，蔺相如主动回车让路。有人问蔺相如为什么要这样？蔺相如说：与廉颇发生冲突对国家是不利的。蔺相如这种以国家利益为重的胸怀感动了廉颇。俗话说："宰相肚里能撑船。"有着高尚人格、宽广胸怀的智者，能够平等地对待一切人，包容一切事。同样，在现实生活中，一个人能否担当重任，首先也要看其心胸。

### 故事厅

#### 唐太宗的气量

玄武门之变后，有人向秦王李世民说，东宫有个名叫魏征的官员，曾参加过李密和窦建德的起义军，后来在太子建成手下干过事，还曾经劝说建成杀害您。秦王听了，立刻派人把魏征找来，板起脸问他说："你为什么在我们兄弟中挑拨离间？"

大臣们听秦王这样问，以为是要秋后算账，都替魏征捏了一把汗。魏征却神态自若，不慌不忙地回答说："可惜太子没听我的话。要不然，也不会发生这样的事了。"秦王听了，不但没有生气，反而觉得魏征说话直爽，很有胆识，和颜悦色地说："这已经是过去的事，就不用再提了。"后来，唐太宗重用魏征，成为一代明君。

#### 六尺巷

清朝时，安徽桐城有个著名的家族，父子两代为相，这就是张英、张廷玉父子。张英在朝廷当礼部尚书时，桐城的老宅与吴家为邻，两家房子中间有块空地，方便双方来往交通。后来吴家建房，要占用这个通道，张家不同意，双方到衙门打官司。县官见双方都是名门望族，不敢轻易判案。

这时候，张家人写了一封信寄给张英，要求他出面干涉此事。张英收到信后，认为邻里应该谦让，回信写了四句话："千里修书只为墙，让他三尺又何妨？长城万里今犹在，不见当年秦始皇。"

家人明白其中意思，主动让出了三尺空地。吴家见状，十分感动，也主动让出三尺空地，这样就形成了宽有六尺的巷子。后来，两家的礼让之举被传为美谈。

### 猜谜语

四方来合作，贡献大一点。
（打一字）

问五邻是多少。
（打一字）

淮汉断流滩干涸。
（打一字）

 ## 知识角

### 大肚弥勒佛

大肚弥勒佛，是中国佛教寺院中的一尊大乘佛教的佛像，通常都被供奉在寺庙的前殿。由于大肚弥勒佛像慈颜善目，笑口常开，恰好十分形象化地代表了大乘佛教宽宏大量、慈悲为怀的宗旨。因此，大肚弥勒佛受到了广大信众的尊重。男女老少在见到弥勒佛像时，都会激发出轻松愉快的心情。

在我国很多寺院中，都有这样的对联与弥勒佛像相伴："大肚能容，容天下难容之事；笑口常开，笑世间可笑之人。"为佛法庄严的寺庙带来了一股愉悦的气氛，同时也给人们留下了有益的启迪。

### 《蜀道难》

《蜀道难》是大诗人李白的代表作之一，他以山川之险峻写蜀道之难，让人产生荡气回肠的感觉，充分体现诗人的浪漫气质。节录如下：

噫吁嚱，危乎高哉！蜀道之难，难于上青天！蚕丛及鱼凫，开国何茫然！尔来四万八千岁，不与秦塞通人烟。西当太白有鸟道，可以横绝峨眉巅。地崩山摧壮士死，然后天梯石栈相钩连。上有六龙回日之高标，下有冲波逆折之回川。黄鹤之飞尚不得过，猿猱欲度愁攀援。青泥何盘盘，百步九折萦岩峦。扪参历井仰胁息，以手抚膺坐长叹。……连峰去天不盈尺，枯松倒挂倚绝壁。飞湍瀑流争喧豗，砯崖转石万壑雷。其险也如此，嗟尔远道之人胡为乎来哉！……

 ## 成语窗

**投鼠忌器**
想用东西打老鼠，又怕打坏了近旁的器物。比喻做事有顾忌，不敢放手干。

**器宇轩昂**
形容人的气质、风度出众，不同一般。

**昏昏欲睡**
没有精神，很想睡觉。形容极其疲劳和精神不振的样子。

**畅所欲为**
痛痛快快地做想做的事。

**捐躯赴难**
躯：身体。意思为舍弃生命，奔赴国难。

**难分难解**
指双方争吵、斗争、比赛等相持不下，难以分开。

**量体裁衣**
按照身材尺寸裁剪衣服。比喻按照实际情况办事。

**量力而为**
估量自己的能力后再去做自己能做到的事。提示人们遵循客观规律。

墨悲丝染

| 甲骨文 | 金文 | 篆文 | 隶书 | 楷书 | 行书 | 草书 | 标准宋体 |
|---|---|---|---|---|---|---|---|
|  | 墨 | 墨 | 墨 | 墨 | 墨 | 墨 | 墨 |

## 解字堂

"墨"，古匋 墨 = 黑（黑）+ 土（土，泥），表示黑泥。金文写作 墨。篆文 墨 承续古匋字形。隶书 墨 变形较大，将篆文的"黑" 黑 写成 黑，将"黑"字形中的人面 囧 简写成"田" 田，将"火" 火 变形成"土" 土。

《说文解字》说："墨，书墨也。从土从黑，黑亦声。""墨"字的造字本义是指黑泥，比喻用松烟灰制成的黑色颜料，如墨条、墨盘、墨盒等。经过引申，"墨"字的含义众多。"墨"可以表示写字、绘画用的颜料，如墨水、油墨等；可以比喻为学问或者读书写字的能力，如胸无点墨；又可以借指写的字和画的画，如墨宝、遗墨等。再次通过借代引申，可以表示黑的或者近于黑色的，如墨镜、墨菊等；可以表示木工打直线用的墨线，又借指为规矩、准则，如绳墨、矩墨等。作为书面语，"墨"还可以用作贪污之意，如贪墨、墨吏等。此外，"墨"还特指我国古代的一种刑罚，它在犯人的脸或是额上刺下花纹，染上黑色，以作为标记。

"墨"还专指墨西哥，如墨银，即专指墨西哥银元等。墨银是墨西哥独立建立共和国以后，在1823—1824年铸造的，它的正面是墨西哥国徽，一只雄鹰叼着一条蛇站在仙人掌之上。

## 名言馆

俄顷风定云墨色，秋天漠漠向昏黑。
· （唐）杜甫《茅屋为秋风所破歌》

庾亮恃才高更逸，方闻墨翰已成章。
· （唐）方干《月》

好是圣人亲捉得，便将浓墨扫双眉。
· （后蜀）花蕊夫人《宫词》其六十九

泪弹不尽临窗滴，就砚旋研墨。
· （宋）晏几道《思远人》

谜语答案 器量难

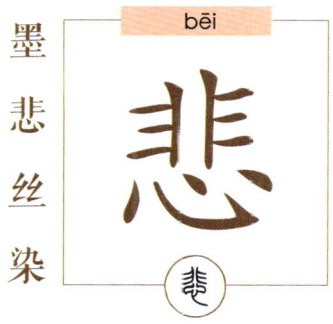

| 甲骨文 | 金文 | 篆文 | 隶书 | 楷书 | 行书 | 草书 | 标准宋体 |
|---|---|---|---|---|---|---|---|
|  |  |  |  |  |  |  |  |

## 名言馆

少壮不努力，老大徒伤悲。
　　　　　　·汉乐府《长歌行》

故人行迹灭，秋草向南悲。
　　　　　　·（唐）顾况《哭李别驾》

谁料平生狂酒客，如今变作酒悲人。
　　　　　　·（唐）白居易《答劝酒》

欲将沉醉换悲凉，清歌莫断肠。
　　　　　　·（宋）晏几道《阮郎归》

## 解字堂

　　"悲"的上半部分为"非"，它既是声旁也是形旁，即"排"。"悲"，金文=非（非，与愿相违）+心（心，意愿）。篆文承续金文字形。隶书将篆文的"心"写成心。

　　《说文解字》说："悲，痛也。从心，非声。""悲"的造字本义是指因违背意愿的意外变故而痛楚、哀伤，如悲伤、悲怆、悲歌慷慨等。经过词性引申，"悲"可以作为动词，表示怜悯、同情，如悲悯、悲怜等。"悲"还可以作为副词，表示痛苦地、伤心地，如悲鸣、悲叹、悲号等。

　　常见的词语如：悲天悯人，指对社会的腐败和人民的疾苦表示悲愤和不平，是一个褒义词，常用来形容大善之人，如"抗战时期，这位作家以悲天悯人的情怀关注社会"。"悲剧"，指戏剧的主要类别之一，用来表现主人公与现实之间不可调和的冲突和悲惨的结局，鲁迅先生在《再论雷峰塔的倒掉》中说："悲剧将人生的有价值的东西毁灭给人看，喜剧将那无价值的撕破给人看。"同时，悲剧也被用在现代汉语之中，表示不幸的遭遇，如"我们决不能再让这种悲剧重演"。

墨悲丝染

sī

丝

| 甲骨文 | 金文 | 篆文 | 隶书 | 楷书 | 行书 | 草书 | 标准宋体 |
|---|---|---|---|---|---|---|---|
| 𢆶 | 絲 | 絲 | 絲 | 絲 | 絲 | 丝 | 丝 |

### 解字堂

"絲",甲骨文像两根两端打了结的蚕线。有的甲骨文省去两端的结头。金文、对甲骨文字形有所省略。篆文承续金文字形。隶书将结头写成三点。隶化后楷书写作"絲"。简化后写作"丝"。在与"丝"相关的造字中,"丝"来自蚕茧,"线"来自麻皮,合线是"绳",分线则为"纱"。

《说文解字》说:"丝,蚕所吐也。从二系。凡丝之属皆从丝。""丝"的造字本义是从蚕茧抽出的、成缕成股的细线,也即是蚕丝,如丝绸、丝毫、丝丝入扣等。经过比喻引申,"丝"可以表示线性的、纤细的事物,如蛛、雨丝等。"丝"还可以作为量词,表示线、缕、绺,作为长度单位,一般是10忽等于1丝,10丝等于1毫。同时,"丝"还可以表示极少的量,如一丝不差、一丝风也没有等。此外,"丝"还特指弦乐器,如丝竹,即为汉族传统的民族弦乐器和竹制管乐器的合称,同时也泛指音乐。《礼记》中说:"德者,性之端也;乐者,德之华也;金石丝竹,乐之器也。"其中,丝竹之音,又以琴音为主。在我国古代,一个人的文化修养是用琴、棋、书、画四个方面的才能来加以表现的,弹琴是四大才能之首。

### 名言馆

无丝竹之乱耳,无案牍之劳形。
- (唐)刘禹锡《陋室铭》

浔阳地僻无音乐,终岁不闻丝竹声。
- (唐)白居易《琵琶行》

十二门前融冷光,二十三丝动紫皇。
- (唐)李贺《李凭箜篌引》

春蚕到死丝方尽,蜡炬成灰泪始干。
- (唐)李商隐《无题》

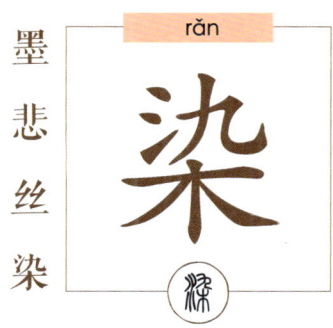

| 甲骨文 | 金文 | 篆文 | 隶书 | 楷书 | 行书 | 草书 | 标准宋体 |
|---|---|---|---|---|---|---|---|
|  |  |  |  |  |  |  | 染 |

## 名言馆

此外俗尘都不染，惟余玄度得相寻。
·（唐）李颀《题璿公山池》

云间晓月应难染，海上虚舟自信风。
·（唐）唐求《赠楚公》

嫩烟轻染柳丝黄，勾引花枝笑凭墙。
·（唐）韦庄《春陌二首》其二

予独爱莲之出淤泥而不染。
·（宋）周敦颐《爱莲说》

## 解字堂

"染"，篆文 = （水，色浆）+ （又，取）+ （木，用以提取色汁的草木）。有的篆文将"又"写成"九"。隶书将篆文的 写成 。隶化后楷书写作"染"。

《说文解字》说："染，以缯染为色。从水，杂声。""染"字的造字本义是指用取自草木的色汁浸泡丝帛绢布，使之着色，如染布、染织、印染等。通过扩大引申，"染"可以表示上色、涂色，如染发、渲染等；可以表示粘、沾，如染指、沾染等；还可以表示影响、导致，如染病、感染等。此外，"染"还是一个姓氏。

常见的词汇有：染色体，指存在于细胞核之中，能够被碱性染料染色的丝状或棒状的物质；它主要由核酸和蛋白质组成，是决定遗传的主要物质基础；对于不同的生物，他们的染色体有不同的大小、形态以及数目。染指，《左传·宣公四年》记载，春秋时期，郑灵公宴请诸位大臣一起吃甲鱼，却故意不给子公吃，子公非常生气，就伸出手指在盛放甲鱼的鼎里面蘸了一些汤，尝了尝滋味然后走了。后来，人们便往往用"染指"来表示插手或参与自己本不该参加的或是分外的事情，同时也用来比喻想要得到非分的利益。

## 温故知新

 **四字通解**

墨悲丝染，意思是墨子曾经因为洁净的丝绸被染上杂色而哭泣。《墨子》中说：有一次，墨子路过染坊，他看到雪白的生丝在染缸里被染上了各种颜色，不管你如何漂洗，却再也没有办法将染有颜色的生丝恢复成它原本的颜色了。墨子伤心悲泣地说："染于苍则苍，染于黄则黄……故染不可不慎也。"它告诉我们人的本性也像生丝一样生来洁白，一旦他受到污染被染了杂色，想要再次恢复本性的质朴纯洁，就没有任何可能了。

因此，环境对我们自身造成的污染，就不得不慎重。任何情况下我们都要保持清廉、自爱。这就像水一样，静下来才能够澄清、纯净。同时，清净的心，需要不被世事纷扰影响，因此除了注重自身防范之外，我们还应该结交优秀的好的朋友来影响和带动自身发展。俗话说"近朱者赤，近墨者黑"，接近好人可以使人变好，接近坏人同样令人变坏，这说明了环境对人的发展影响深远。

### 猜谜语

黯然无声墙头立。
（打一字）

浪遏孤舟一二点，鸥栖双桅三两行。
（打一字）

两行塔松连左右，
一道平堤贯东西。
（打一字）

 **故事厅**

#### 近朱者赤，近墨者黑

欧阳修是北宋时期著名的文学家、史学家、政治家，他在文学上取得了卓越成就，创作了大量的散文和诗词，还为当时文坛培养了一大批优秀人才，被称为北宋诗文革新运动的领袖。欧阳修在颍州做长官时，有位叫吕公著的年轻人在他身边学习。有一次，欧阳修的朋友范仲淹路过颍州，欧阳修热情招待，并请吕公著作陪叙话。谈话间，范仲淹对吕公著说："近朱者赤，近墨者黑，你在欧阳修身边做事，真是太好了，应当多向他请教作文写诗的技巧。"吕公著点头称是。后来，在欧阳修的言传身教下，吕公著的写作能力提高得很快。

#### 兔死狐悲

从前，有一只兔子和一只狐狸，它们共同的敌人就是猎人，兔子和狐狸互相结盟，发誓同生共死。有一天，他们在田野散步时，猎人一箭射死了兔子，狐狸侥幸逃脱。猎人走后，狐狸就跑到兔子的身边哭泣。这时，有个人路过，看见狐狸对着兔子大哭，就走上前问它为什么哭。狐狸道："我和兔子都是森林中微小的动物，我们曾经约定要共同对抗我们的敌人，生死与共。现在兔子不幸被猎人杀死了，也就预示着他日我的死去。我们是好朋友，好朋友死去了，能不伤心难过吗？"路人听后叹了口气说："你为你的好朋友哀悼和哭泣是有道理的。"

##  知识角

### 墨家

墨家是我国春秋战国时期的一个哲学派别，属于诸子百家之一，它与以孔子为代表的儒家、以老子为代表的道家共同构成了我国的三大哲学体系，并被韩非子称为"世之显学"。儒家代表孟子也说过"天下之言，不归杨则归墨"之语，从另一角度证明了墨家思想的辉煌。墨家的主要思想主张有：人与人之间平等地相爱（兼爱）、反对侵略战争（非攻）、推崇节约、反对铺张浪费（节用）、推崇思想一统（尚同）、崇尚有贤能的人（尚贤）、重视继承前人的文化财富（明鬼）、掌握自然规律（天志）、非命、非乐、节用、节葬等。

### 悲剧

悲剧是戏剧的主要类型之一，主要是通过主人公与现实之间不可调和的冲突，以及悲惨的结局，来构成作品的基本内容。一般来说，它的主人公大都是观众理想和愿望的代表者。悲剧以悲惨的结局，来揭示生活中的罪恶，从而激起观众的悲愤及崇敬，从而达到提高思想情操的目的。鲁迅先生对悲剧有一句精辟的概括：悲剧将人生的有价值的东西毁灭给人看。我国古典戏曲中，也曾涌现出很多杰出的悲剧作品，比如元杂剧《窦娥冤》、清初剧目《桃花扇》等都是屡演不衰的优秀作品。其中，《窦娥冤》《西厢记》《牡丹亭》《桃花扇》并称为中国古典戏剧四大悲剧。

##  成语窗

**墨守成规**
固执地坚守现成的或久已通行的规则、方法，一成不变。

**笔墨官司**
比喻用文字进行的辩论、争执。

**禾黍之悲**
禾黍都是可以食用的谷物，泛指庄稼。比喻亡国的悲伤。

**风木含悲**
比喻因父母亡故，孝子不能奉养的悲伤。

**金石丝竹**
金指金属制的乐器；石指石制的磬；丝指弦类乐器；竹指管类乐器。泛指各种乐器，也形容各种声音。

**千丝万缕**
一根又一根，数也数不清。形容相互之间种种密切而复杂的联系。

**纤尘不染**
一点微小的灰尘都不沾染。指佛教徒修行时，排除物欲，保持心地洁净。

**血染沙场**
鲜血染红了战场，指在战场上牺牲。

## 诗赞羔羊

shī

| 甲骨文 | 金文 | 篆文 | 隶书 | 楷书 | 行书 | 草书 | 标准宋体 |
|---|---|---|---|---|---|---|---|
|  |  | 䛥 | 诗 | 詩 | 诗 | 诗 | 诗 |

### 解字堂

"詩"的右半部为"寺",它既是声旁也是形旁,表示庙宇。"詩",篆文䛥=言(言,说)+寺(寺,庙宇),表示祭祀主持者祝祷赞颂。隶化后楷书写作"詩"。简化后写作"诗"。在汉语中,常常"诗歌"并称,但"诗"与"歌"有着明显的不同。"诗"将浪漫、神秘的心与灵外化为文字,但阅读欣赏者却仅限于少数知识阶层;而"歌"将诗句咏叹为便于传播的曲子,任何不识字的百姓都可以听、可以唱。

《说文解字》说:"诗,志也。从言,寺声。䛦,古文诗省。""诗"字的造字本义是指祭祀时赞颂神灵和先王,该义项仅见于古文,现已消失。通过词性引申,"诗"用以表示抒情言志的押韵文字,是文学体裁的一种,通过有节奏、有韵律的语言集中地反映生活、抒发情感。孔子认为,诗具有兴、观、群、怨四种作用。陆机则认为"诗缘情而绮靡"。在我国古代,唐朝被认为是诗的国度,五言诗、七言诗、杂言诗均在此时争妍斗艳,此时更是出现了新诗体——律诗。唐代的著名诗人有:诗仙李白、诗圣杜甫、诗鬼李贺、诗佛王维、诗豪刘禹锡、诗隐孟浩然、诗杰王勃、诗骨陈子昂、诗狂贺知章、诗家天子王昌龄等一大批优秀的诗人。此外,"诗"还是一个姓氏。

### 名言馆

诗言志,歌永言,声依永,律和声。
·《书·舜典》

借问别来太瘦生,总为从前作诗苦。
·(唐)李白《戏赠杜甫》

庾信平生最萧瑟,暮年诗赋动江关。
·(唐)杜甫《咏怀古迹五首》其一

诗新得意恣狂疏,挥手终朝力有余。
·(唐)姚合《寄酬卢侍御》

谜语答案 墨 悲 丝

诗赞羔羊

zàn
赞

| 甲骨文 | 金文 | 篆文 | 隶书 | 楷书 | 行书 | 草书 | 标准宋体 |
|---|---|---|---|---|---|---|---|
|  |  | 贊 | 讚 | 賛 | 赞 | 赞 | 赞 |

## 名言馆

至于为《春秋》，笔则笔，削则削，子夏之徒不能赞一辞。
·《史记·孔子世家》

愚者皆赞叹，智者抚掌笑。
·（唐）寒山《诗三百三首》其二三〇

似闻赞普更求亲，舅甥和好应难弃。
·（唐）杜甫《近闻》

## 解字堂

"赞"，篆文 贊 = 兟（先，走到别人前面）+ 贝（贝，财礼），造字的本义是指人们纷纷带着财礼进见。隶化后楷书写作"赞"。简化后"赞"与"讚"合并写作"赞"。合并字"讚"，右半边的"赞"，既是声旁也是形旁，表示献礼。讚=言（言，说话）+赞（献礼），意思是用语言献礼，也就是说好话，进行语言奖励和夸奖。

《说文解字》说："赞，见也。从贝，从兟。"经过引申，"赞"可以表示支助、助理，如赞助、赞议、参赞等。作为名词，"赞"还可以表示颂扬、夸奖的话语，如白杨赞、新人赞等。

在我国古代，"赞"实际上与诗、赋一样，是一种文学体裁。"赞"原本用于赞美，后来也用于评述，多是一些篇幅简短、文句整秩的语句，并且基本都是韵文。刘勰《文心雕龙·颂赞》中说："赞者，明也，助也。昔虞舜之祀，乐正重赞，盖唱发之辞也。"赞是一种歌功颂德的作品。"赞"的应用范围十分有限，但刘勰对它也作了十分细微的明确解说，并提出了具体的写作标准和建议，具有重要的意义。常见较为优秀的赞文有柳宗元的《伊尹五就桀赞》。

诗赞羔羊

gāo

# 羔

| 甲骨文 | 金文 | 篆文 | 隶书 | 楷书 | 行书 | 草书 | 标准宋体 |
|---|---|---|---|---|---|---|---|
| | | | | 羔 | 羔 | | 羔 |

### 解字堂

"羔"是指事字。甲骨文在羊的身上加四点指事符号，像一只羊的身上火星四溅，表示烤全羊。有的甲骨文写成上下结构，明确了用"火"烤羊的含义。金文将甲骨文的"火"写成▲。篆文将金文的"羊"写成；将金文的▲写成火。隶书又将篆文的火简写成"四点底"，便形成了如今的字形。

《说文解字》说："羔，羊子也。从羊，照省声。""羔"字的造字本义是指用小羊做的烤全羊，该义项仅见于古文，现已逐渐消失。通过借代引申，"羔"可以作为名词，表示小羊，如羔皮、羊羔等；还可以作为幼小动物的统称，如虎羔、鹿羔。后来，"羔羊"还可以借指那些软弱、无力保护自己的人和群体，如待宰的羔羊、迷途的羔羊等。

《诗经》之中有首诗歌便叫作《羔羊》，全文如下："羔羊之皮，素丝五紽；退食自公，委蛇委蛇。羔羊之革，素丝五緎；委蛇委蛇，自公退食。羔羊之缝，素丝五总；委蛇委蛇，退食自公。"这首诗歌是我国先秦时代汉族民歌之一，语言十分优美自然，采用了白描的艺术手法。在清代以前，学者都认为这首诗是用来赞美在位者的纯正之德，到后来，又有说法认为是用来讽刺尸位素餐的官员。

### 名言馆

羔羊口在缘何事，暗死屠门无一声。
· （唐）白居易《禽虫十二章》其六

去去走犬归，来来坐烹羔。
· （唐）李贺《感讽六首》其四

莫道羔裘无壮节，古来成事尽书生。
· （唐）陈陶《闲居杂兴五首》其五

诗赞羔羊

yáng

羊

羊

| 甲骨文 | 金文 | 篆文 | 隶书 | 楷书 | 行书 | 草书 | 标准宋体 |
|---|---|---|---|---|---|---|---|
| ↯ | ❦ | 羊 | 羊 | 羊 | 羊 | 羊 | 羊 |

## 名言馆

天苍苍，野茫茫，风吹草低见牛羊。
·北朝乐府《敕勒歌》

羊公碑尚在，读罢泪沾襟。
·（唐）孟浩然《与诸子登岘山》

烹羊宰牛且为乐，会须一饮三百杯。
·（唐）李白《将进酒》

残月出林明剑戟，平沙隔水见牛羊。
·（唐）翁绶《陇头吟》

## 解字堂

"羊"是"祥"的本字。"羊"，甲骨文↯像两角弯曲〰、两鼻孔在鼻尖上形成"V"形的动物。有的甲骨文↯在弯角〰与鼻尖↓之间加一短横—。金文❦承续甲骨文字形。有的金文❦突出弯曲的尖角。篆文羊基本承续金文字形，将金文的弯角〰写成〰。隶化后楷书写作"羊"。

《说文解字》说："羊，祥也。从𠃍，象头角足尾之形。孔子曰：'牛羊之字以形举也。'凡羊之属皆从羊。""羊"字的造字本义是指两角弯曲、性情温顺的食草动物，如羊毛、羊圈、山羊等。作为温顺的食草动物，羊比一般的动物更加肥美，也更容易捕捉，所以羊成了人类重要的肉食来源之一。后来，羊也常常被用于祭祀，并由此引申出吉利、吉祥的含义，如"羊吉万岁，子孙自贵"等，该义项仅见于古文，现已由"祥"字代替。

"羊"还作为多个字的组成部分，产生一系列的亲缘字。如，羊水为"洋"，指安详、太平的大海，可以引申为充盈无限；羊火为"烊"，熄火为安，引申为商店关门歇业；羊气为"氧"，指令人呼吸顺畅安宁的气体；羊屋为"庠"，指安宁养老的所在，引申为学校；羊人为"美"，指自然自足的一派和平安详；羊语为"详"，指在祭祀之时赞美神迹；羊羽为"翔"，指顺风滑行的悠扬、安详、静美；羊我为"義"，指战争预兆吉祥，引申为公正顺天。

## 温故知新

###  四字通解

诗赞羔羊，是指《诗经》对坚贞正直的品德加以歌颂和赞赏。《诗经·召南·羔羊》有"羔羊之皮，素丝五紽"的诗句。表面上来看，是赞美羔羊皮袄毛色的洁白纯正，没有污染，实质上是称颂穿皮袄的人，也就是士大夫的坚贞的节操和不受污染的正直品德。吴王阖闾伐越，被越王勾践击败，脚趾受伤感染而亡。吴王夫差继立，两年后伐越，勾践败走会稽山上。勾践派大夫文种厚币贿赂吴国太宰伯嚭以请和，愿委身吴国为臣。夫差应允，伍子胥进谏说："越王为人能辛苦。今王不灭，后必悔之。吴王不听，后致亡国。面对强权，伍子胥不顾个人宠辱，坚贞不阿，为了国家前途强谏，这种精神品质很值得我们学习。我国古人所赞叹的正是像伍子胥这样正直无私、光明磊落的高尚品德，同时，这也值得我们用心学习。

###  故事厅

#### 崔护《题都城南庄》诗本事

唐孟棨《本事诗》，专记唐朝诗人逸事。其中载有崔护《题都城南庄》诗本事：崔护进士及第后，清明至长安城南郊游，口渴至一田庄求饮。有一少女为之持水，含情倚桃伫立。明年清明再访，则门庭如故，人去室空。因题诗曰："去年今日此门中，人面桃花相映红。人面不知何处去，桃花依旧笑春风。"

#### 亡羊补牢

从前有个牧民，养了几十只羊，白天放牧，晚上就把羊关在用木桩围起来的羊圈里。有一天早上，他发现羊少了一只，原来羊圈破了个窟窿，夜间有狼钻进来把一只羊叼走了。邻居劝他赶紧补一补。他说："羊已经丢了，补羊圈还有什么用呢？"第二天，他发现又少了一只羊。原来狼又从窟窿里钻进来叼走了一只羊。他十分后悔没有接受邻居的劝告，于是，赶紧堵上了那个窟窿。从此，他的羊就再也没被野狼叼走过。这个故事告诉我们：犯错误不可免，只要能认真吸取教训，及时补救，就可以避免更大的损失。

### 猜谜语

水绕禅窗静，香凝古殿深。
（打一字）

一贯用心，点滴积累。
（打一字）

 **知识角**

### 《诗经》

《诗经》是我国现存最早的一部诗歌总集。《诗经》现存诗歌305首，集中反映了西周初年到春秋中期五百年间的社会面貌。其中6首只存篇名，没有诗文，被称为"笙诗"。《诗经》又分为《风》《雅》《颂》三个类别。《风》有十五国风，出自各地民歌，是《诗经》中的精华所在；《雅》可以分为《小雅》《大雅》，多是贵族祭祀的诗歌，也包含一些反映人民愿望的讽刺诗；《颂》是周王朝用来宗庙祭祀的乐歌，分为《周颂》《鲁颂》和《商颂》。《诗经》内容丰富，反映了当时的方方面面，是周朝社会生活的一面镜子。

### 羊羔美酒

羊羔美酒，是以精选的北方特产黍米作为原料，用陈年小麦曲作为发酵剂，通过独特而又严格的制作工艺精心酿造而成的。它的发酵全过程长达八个月之久，从春天开始酿造直到初冬的四季锤炼和分离压榨，酿造出的原液酒还需要贮藏三到十年才可以进行饮用，由此可见羊羔美酒的价值。羊羔美酒中含有较高的功能性低聚糖、丰富的无机盐微量元素以及多种活性成分，具有较高的营养价值。此外，它还具有重要的药用价值和烹饪价值，长期饮用可以达到强身健体、延年益寿的功效。

 **成语窗**

**诗情画意**
如诗的感情，如画的意境。指文学作品中所蕴涵的情趣。

**诗酒风流**
作诗饮酒，古人以此为风流韵事。

**交口称赞**
异口同声地称赞。

**赞不绝口**
意思是不住口地称赞。

**狐裘羔袖**
狐皮衣服，羔皮袖子。比喻整体尚好，略有缺点。

**鸢肩羔膝**
肩似鸢耸，膝屈似羔。形容卑微之态。

**素丝羔羊**
指正直廉洁的官吏。

**羊肠鸟道**
形容山路狭窄，曲折而险峻。

谜语答案 诗 羊 羊

# 千字文字课 ②

主编 顾作义
副主编 吴小星 阮清钰

南方出版传媒  广东人民出版社
·广州·

图书在版编目（CIP）数据

千字文字课/顾作义主编.—广州：广东人民出版社，2021.5
ISBN 978-7-218-14413-9

Ⅰ.①千… Ⅱ.①顾… Ⅲ.①古汉语—启蒙读物 ②《千字文》—注释 Ⅳ.①H194.1

中国版本图书馆CIP数据核字（2020）第140203号

QIANZIWEN ZIKE
千字文字课
顾作义 主编

版权所有 翻印必究

出 版 人：肖风华

责任编辑：王俊辉
特约编辑：叶益彪
责任技编：吴彦斌
装帧设计：赵焜森 张雪烽 苏 钺

出版发行：广东人民出版社
地　　址：广州市海珠区新港西路204号2号楼（邮政编码：510300）
电　　话：（020）85716809（总编室）
传　　真：（020）85716872
网　　址：http://www.gdpph.com
印　　刷：广州市人杰彩印厂
开　　本：787mm×1092mm　1/16
印　　张：97.5　字　数：1500千
版　　次：2021年5月第1版
印　　次：2021年5月第1次印刷
定　　价：499.00元（全五册）

如发现印装质量问题，影响阅读，请与出版社（020-85716849）联系调换。

千字文字课

# 序

相传北宋文学家苏东坡幼时聪颖异常，有"神童"的美誉。他为此很自傲，飘飘然地写了一副对联来自我标榜："识遍天下字，读尽人间书"。后来有个老翁拿了一本书上门求教，小苏轼发现书上的字竟然都不认识，很是惶愧，便将那副对联改为"发愤识遍天下字，立志读尽人间书"，从此虚心向学，终成一代大文豪。

识字是读书、学习的基础。但识字并不是认字那么简单。汉字是形音义的统一体，其字形、字音、字义之间是相互关联、有机结合的。认字只是简单地认得字形、记住字音，识字则要吃透其字义字理，乃至相关的文化常识等。据不完全统计，中国的汉字大约有十万之巨，如果真要想"识遍"，难于上青天。所幸现在的常用汉字其实也就三五千字，如果能真正娴熟地驾驭一千个汉字，供其笔下驰骋，也已经应付裕如了。

《千字文》，顾名思义，就是一千字，其特出之处就在于这篇"文"中没有一字重复。它作为儿童识字课本已经有一千多年的历史了，是我国传统蒙学经典之一，与《三字经》《百家姓》《千家诗》并称为"三百千千"。

据说南朝梁大同元年(公元535年)，梁武帝萧衍极为重视皇家子嗣的启蒙教育，命人从王羲之书法作品中挑选了一千个不重复的字，以供他们临习。但是这一千个字零散而不成系统，非常不好记忆。梁武帝便召来才思敏捷的散骑

侍郎周兴嗣，嘱他"卿有才思，为我韵之"。周兴嗣用了一晚上把这一千个汉字以四字韵语的形式连缀成篇，这就是"天下第一字书"《千字文》的由来。它不仅流传至今，还传布到海外，被日本、朝鲜等国家作为启蒙教材使用，如今更被译成英文版、法文版、拉丁文版、意大利文版等。

《千字文》是四言长诗，全篇250句，用了8个韵，条理清晰，对仗工整，音韵优美，内涵丰富，很适于记诵。但为什么称为"文"，而不是"诗"？那是因为在其时"文"指的是押韵的文字，不同于现在所谓的"文章"，而在当时不押韵、不对仗的文字，被称为"笔"。它用一千个不同的汉字，简洁而生动地勾勒出中国传统文化史的轮廓，涵盖了天文、地理、自然、历史、人物掌故、典章制度、道德伦理等诸多方面，可以说是一部袖珍百科全书。

但时至今日，原本作为儿童启蒙读物的《千字文》，在现代人读来，也显得有些艰深了，其中有些字词已不常见常用，更不用说其背后蕴藏的典故、哲理等。所以有人放言："除中文本科生或专业研究古文的人外，还真鲜有人能读懂《千字文》！"

《千字文字课》的编撰正是基于这样的文化断层"尴尬"，期以这个文化旧瓶，装入时代的新酒。"字课"分为5册，以传统的《千字文》文本为基础，每册收录200字，每个汉字都立纲、建档，并进行现代性讲解、演绎，

一字一课，一课多识，希望读者能够读一字，有十得，读千字文，如读万卷书。

首先，它是一本非常适合于亲子共阅的开蒙读物。对于学龄前的孩子而言，父母可以通过本书给孩子念诵讲解，每天一字，让孩子从中认字、识字、习字，知道其读音、字形，更了解字理、字义及其应用。在本书中，我们对每个汉字"单独建档"，设立了"书法墙""解字堂""名言馆"等栏目。"书法墙"重在展示字形演变，列出了甲骨文、金文、小篆、隶书、楷书、草书、行书等不同写法，让读者更多了解字形的演变；"解字堂"则重在字义演变，通过两三百字对单字的原义、引申义及其文化内涵、组词应用等进行讲解；"名言馆"则是该汉字的经典运用，重点选录为人所熟知的诗词、名言等，可适用于时兴的"飞花令"。

其次，它是一本有助于青少年增长见识的百科全书。《千字文》本身包含丰富的文学典故、文化常识。本书在对每个汉字"单独建档"之后，又合四字为一对页，进行"集中归档"，设立"四字通解"，对其句意进行贯通讲解，使其统分结合，纲举目张。同时又设立了"故事厅""知识角""成语窗""猜谜语"等栏目："故事厅"重点搜罗与该字相关的趣味典故、故事，让读者通过故事加深对字句的了解；"猜谜语"则通过一些字词的谜语，以趣味的形式引起读者思考，使读者得

到启迪;"知识角"则增加更多相关常识或科普知识等;"成语窗"列举关于该句汉字的相关成语,并进行简单释义。青少年学生可以通过阅读,对相关历史典故、文学常识、科普知识、成语故事等融会贯通,活学活用。

再次,它是一本有益于立德树人的传统德育读本。本书的解读融入了关于孝悌、改过、言语、交友、慕才、念贤、性情等道德修养的故事和箴言。同时,它也是一本可以了解书体演变进而识得规范汉字书写的入门书籍。从古至今,众多书家如智永、欧阳询、怀素、赵孟頫、于右任、启功等都曾留下《千字文》的经典帖本,大家在读本书之余可以加以临习,进一步领略汉字书法之美。

为了增加全书内容的生动性,我们还插入了部分图片,使其更为形象活泼,以增加读者对该字或典故的了解。总之,希望读者能够通过本书的阅读使用,达到识字、解意、明理、知典的效果,最终通晓汉字之真义,领略文化之大美。这就是编者的心愿所在。

由于编者学识水平有限,加之汉字文化博大精深,全书虽经多次校勘,舛误仍然在所难免,敬祈读者方家指正。

是为序。

千字文字课 **目录**

| | |
|---|---|
| 景行维贤 | 002 |
| 克念作圣 | 008 |
| 德建名立 | 014 |
| 形端表正 | 020 |
| 空谷传声 | 026 |
| 虚堂习听 | 032 |
| 祸因恶积 | 038 |
| 福缘善庆 | 044 |
| 尺璧非宝 | 050 |
| 寸阴是竞 | 056 |
| 资父事君 | 062 |
| 曰严与敬 | 068 |
| 孝当竭力 | 074 |
| 忠则尽命 | 080 |
| 临深履薄 | 086 |
| 夙兴温凊 | 092 |
| 似兰斯馨 | 098 |
| 如松之盛 | 104 |
| 川流不息 | 110 |
| 渊澄取映 | 116 |
| 容止若思 | 122 |
| 言辞安定 | 128 |
| 笃初诚美 | 134 |

| | |
|---|---|
| 慎终宜令 | 140 |
| 荣业所基 | 146 |
| 籍甚无竟 | 152 |
| 学优登仕 | 158 |
| 摄职从政 | 164 |
| 存以甘棠 | 170 |
| 去而益咏 | 176 |
| 乐殊贵贱 | 182 |
| 礼别尊卑 | 188 |
| 上和下睦 | 194 |
| 夫唱妇随 | 200 |
| 外受傅训 | 206 |
| 入奉母仪 | 212 |
| 诸姑伯叔 | 218 |
| 犹子比儿 | 224 |
| 孔怀兄弟 | 230 |
| 同气连枝 | 236 |
| 交友投分 | 242 |
| 切磨箴规 | 248 |
| 仁慈隐恻 | 254 |
| 造次弗离 | 260 |
| 节义廉退 | 266 |
| 颠沛匪亏 | 272 |
| 性静情逸 | 278 |
| 心动神疲 | 284 |
| 守真志满 | 290 |
| 逐物意移 | 296 |

千字文字课

景行维贤

jīng

| 甲骨文 | 金文 | 篆文 | 隶书 | 楷书 | 行书 | 草书 | 标准宋体 |
|---|---|---|---|---|---|---|---|
| | | 景 | 景 | 景 | 景 | 景 | 景 |

## 解字堂

"景"是形声字。"京",既是声旁也是形旁,表示古代用以瞭望预警的高大亭台。"景",古钵字形景=日(日,太阳)+亭(亭,代表楼台建筑),表示日照楼台。造字本义:太阳在高大亭台上投下的影子。篆文景将古钵字形中的亭写成京。"景"的"影子"本义消失后,再加"彡"(光影)另造"影"代替。

《说文解字》说:"景,光也。从日,京声。""景"最初作为名词,指的是太阳在高大亭台上投下的影子,其本义后由"影"代替,日照的地方为景,日照不到的地方为影。后引申为光影交错的美丽视野,美丽的自然风貌,如景象、风景、景致。范仲淹《岳阳楼记》里有"至若春和景明"。又可以引申为某种情形,如景况、晚景。作形容词用,可以训为大,如景业、景山、景功、景元。

我国是一个名胜古迹富饶的美丽国度,有着怡人悦目的名山大川、绿水青山,也有沉淀着丰富人文气息的文化古迹,我国的十大名胜古迹也是闻名于世的璀璨瑰宝,中国十大名胜古迹是指1985年由《中国旅游报》发起并组织全国人民经过半年多的评比,于当年9月9日评选出的万里长城、桂林山水、杭州西湖、北京故宫、苏州园林、安徽黄山、长江三峡、台湾日月潭、承德避暑山庄、西安秦陵兵马俑等十个风景名胜区。

## 名言馆

流景曜之韡晔。

· (汉)张衡《西京赋》

景翳翳以将入。

· (晋)陶潜《归去来兮辞》

朱光驰北陆,浮景忽西沉。

· (晋)张载《七哀诗》

至若春和景明。

· (宋)范仲淹《岳阳楼记》

景行维贤

| 甲骨文 | 金文 | 篆文 | 隶书 | 楷书 | 行书 | 草书 | 标准字体 |
|---|---|---|---|---|---|---|---|
| 𣎳 | 𠔼 | 𡗞 | 行 | 行 | 行 | 彳 | 行 |

## 名言馆

左右陈行，戒我师旅。
　　·《诗·大雅·常武》

凌余阵兮躐余行。
　　·《楚辞·九歌·国殇》

昔别君未婚，儿女忽成行。
　　·（唐）杜甫《赠卫八处士》

## 解字堂

　　甲骨文𣎳像四通八达的十字路口。造字本义：纵横畅通的十字路口。金文𠔼承续甲骨文字形。篆文𡗞将十字路口形状的金文𠔼误写成正反两个"双人旁"彳、亍，失去路口形象。隶书行在一定程度上恢复了金文字形。从甲骨文、金文字形看，"行"的左右两边"彳""亍"，应该被称作"左行旁""右行旁"，而不是"双人旁"。

　　《说文解字》说："行，人之步趋也。从彳，从亍。凡行之属皆从行。"行的本义作名词用，指的是纵横畅通的十字路口，读作háng，本义只见于古文，后引申为名词表示纵向路线，如行间、行伍。又可以引申为职业方向，如行东、行家。也可以意指专题服务的机构，如车行、米行。行也可作量词用，表示列、排、序，如两行热泪、五行并下。作动词用，表示行走、前进，如行迹、行踪。作动词用还可以表示做、动。如行动、行凶。作名词用表示行为，旧读xìng。

　　在佛道中，功为善行，德为善心。心行合一，名为功德。在生活中我们要努力行善，通过行善来累积自己德行，就叫作功德。《道德经》里说："圣人不积，既以为人己愈有，既以与人己愈多。"善行是我们日常生活中一点点积累的功德，勿以恶小而为之，勿以善小而不为，始终持守心中与人为善的清静，才能修得更高层次的功德。

景行维贤

wéi

| 甲骨文 | 金文 | 篆文 | 隶书 | 楷书 | 行书 | 草书 | 标准宋体 |
|---|---|---|---|---|---|---|---|
|  | 維 | 維 | 維 | 維 | 维 | 维 | 维 |

## 解字堂

金文維=糸（糸，系、绑）+隹（隹，凶猛的鹰隼）+攵（攴，打击、驯化），造字本义：用绳子系住鹰隼双足，驯养助猎。篆文維省略金文字形中的攵。隶书維将篆文的"糸"写成。楷书写作"維"。简化后写作"维"。

《说文解字》说："维，车盖维也。从糸，隹声。"维，指的是系车盖的绳子。字形采用"糸"作偏旁，采用"隹"作声旁。维的本义是动词用法，给鹰隼系足以驯养助猎。后引申为系、绑、连接。也可以引申为维持、维护、维修的意思，如维权、维生。活用为名词可以意指绳线，如维棉、维纶。名词用法还有线端、线路和角度，如维度、思维。

我国晚清曾发生过轰轰烈烈的维新变法运动，又叫百日维新，是指1898年6月11日至9月21日以康有为、梁启超为首的维新运动，提倡科学文化，大力要求在政治、教育制度等领域进行改革。维新变法运动是中国近代史上一次重要的政治改革，也是一次思想启蒙运动，它极大地促进了人们的思想解放，对推动中国近代社会的进步起了重要作用。

## 名言馆

居其维首。
·《左传·昭公十年》

维王之大常。
·《周礼·节服氏》

斡维焉系。
·《楚辞·天问》

天柱折，地维绝。
·《淮南子·天文》

# 景行维贤

## 贤 xián

| 甲骨文 | 金文 | 篆文 | 隶书 | 楷书 | 行书 | 草书 | 标准宋体 |
|---|---|---|---|---|---|---|---|
| 𣪘 | 賢 | 賢 | 賢 | 賢 | 贤 | 贤 | 贤 |

## 名言馆

大夫不均，我从事独贤。
·《诗·小雅·北山》

非不贤也。
·《吕氏春秋·察今》

多闻其贤。
·《史记·陈涉世家》

东家有贤女。
·汉乐府《古诗为焦仲卿妻作》

## 解字堂

"贤"的繁体写作"賢"。"臤"是"賢"的本字。"臤"，甲骨文=（臣，官吏）+（又，抓持、掌握、管理），表示有管理才能的官吏。金文承续甲骨文字形。当"臤"作为单纯部件后，金文再加"贝"（宝贵）另造"賢"代替，表示宝贵的、难得的人才。造字本义：具备出众的管理、执行才能的大臣。篆文承续了金文字形。古人称男子善于管理组织为"贤"，称女子心灵手巧为"惠"。

《说文解字》说："贤，多才也。从贝，臤声。"表示多才多能的意思。贤本义是名词的用法，表示善于组织管理的人才，如思贤若渴、礼贤下士。也可以活用作形容词，表示善于组织管理的、德才出众的，如贤达、贤惠。

在儒家的王道信仰中，生命的境界分为圣人、贤人、君子、士人、庸人。圣贤是圣人和贤人的合称，即品德高尚和有超凡才智的人。通常是指被认为实践了儒学生命价值观的贡献历史和社会的人物。而圣贤的地位其实是历代学者通过史书和官方祭祀制度确认的，不是个人的认同。孔庙中目前公认的有五圣，分别是至圣孔子、亚圣孟子、复圣颜回、宗圣曾参、述圣子思。

## 温故知新

### 四字通解

"景行维贤,克念作圣"出自经典《诗经》与《尚书》。《诗经·小雅·车辖》中有诗句:"高山仰止,景行行止。"意思是贤德之人,德如高山人人敬仰,行如大道人人向往。"景行"是指崇高光明的德行,"景"字的本义是日照高山,有高大、光明的意思。德行正大光明的人才能成为贤良,而贤良往往是人们的榜样,为人的圭臬。战胜自己的欲望为贤,继而成他人之美,才能为圣贤。亘古至今,我们的历史长河中也不乏拥有着崇高品质的圣贤,孔子的"己所不欲,勿施于人"的人道主义思想,屈原的高洁正直,不愿同流的"虽九死其犹未悔"的爱国主义精神,李白自由独立的"安能摧眉折腰事权贵"的不事权贵的坦荡洒脱,岳飞精忠报国的赤子之心……这些圣贤都是有着高尚人格的典范,也是值得我们学习的榜样。

### 故事厅

#### 礼贤下士

齐桓公听说小臣稷是个贤士,渴望见他一面,与他交谈一番。一天,齐桓公连着三次去见他,小臣稷托故不见,跟随桓公的人就说:"主公,您贵为万乘之主,他是个布衣百姓,一天中您来了三次,既然未见他,也就算了吧。"齐桓公却颇有耐心地说:"不能这样,贤士傲视爵禄富贵,才能轻视君主,如果其君主傲视霸主也就会轻视贤士。纵有贤士傲视爵禄,我哪里又敢傲视霸主呢?"这一天,齐桓公接连五次前去拜见,才得以见到小臣稷。历史上齐桓公不耻下问的例子很多,是受公认的礼贤下士的治世明君。

#### 周公握发吐哺

西周时期,周公每次洗头发时,一旦有贤士上门,他一定会握住自己的头发去接见他,生怕怠慢了贤才。而他每次宴请宾客时,也总是会时不时地停下把嘴里的饭菜吐出来,去招待自己的贵宾,生怕他们没有吃好。而周公由于礼遇宾客而门庭若市,天下贤士都自愿归顺于他。后人遂将周公的"握发吐哺"作为礼贤下士的典范。

### 猜谜语

望长安于日下。
(打一字)

街头街尾且漫步。
(打一字)

芷草枯萎。
(打一字)

 **知识角**

 **成语窗**

### 西湖十景之一：断桥残雪

断桥是西湖中最出名的一座桥，是西湖三大情人桥之一。它的名字与中国民间故事《白蛇传》中缠绵悲怆的爱情故事联系在一起。白娘子与许仙相识在此，同舟归城，借伞定情；后又在此邂逅，言归于好。据明代《西湖游览志》所说，断桥是由于孤山来的白堤到此而断才得名的。宋代叫宝祐桥。元代因桥畔住着一对以酿酒为生的段姓夫妇，故又称为段家桥。最早记载断桥的是唐代张祜《题杭州孤山寺》"断桥荒藓涩"。游人去孤山探梅，过此每遇春雪未消。清代因康熙御书列入西湖十景之一。

今日的断桥，是1921年重建的拱形独孔环洞石桥，长8.8米，宽8.6米，单孔净跨6.1米。虽曾经大修，但古朴淡雅的风貌基本未变。桥东堍有康熙御题景碑亭，亭侧建水榭，题额"云水光中"，青瓦朱栏，飞檐翘角，与桥、亭构成西湖东北隅一幅古典风格的画图。

### 景升豚犬
景升，东汉末年荆州牧刘表的字。刘表与其子琦、琮皆碌碌无为，故世人用"景升豚犬"来谦称自己的子女。

### 景星凤凰
传说太平之世才能见到景星和凤凰。后用以比喻美好的事物或杰出的人才。

### 高山景行
高山：比喻道德崇高。景行：大路，比喻行为正大光明。指值得效法的崇高德行。

### 行云流水
形容文章自然不受拘束，就像飘浮着的云和流动着的水一样。

### 事在必行
事情已经非做不可了。

### 五行俱下
五行文字一并看，形容读书速度快。

克念作圣

| 甲骨文 | 金文 | 篆文 | 隶书 | 楷书 | 行书 | 草书 | 标准宋体 |
|---|---|---|---|---|---|---|---|
| | | | | | | | 克 |

## 解字堂

"克念作圣"的"克",古人的《千字文》写作"剋"。"剋"是克的分化字。"克",甲骨文字形像人的肩上挑着土块。金文继承甲骨文字形。战国文字在下方加饰笔。战国文字或作，经至，将右下角的部件释出并演化成似"刀"旁的部件。《说文解字》有"勊"无"剋",小篆作。段玉裁认为,"剋"是"勊"字的形旁"力"讹为"刀"而成。今天看来未必然。隶化后楷书写作"勊"或"剋"。汉字简化后写作"克"。

《说文解字》:"克,肩也。象屋下刻木之形。凡克之属皆从克。"肩的本义是胜任,如克职。引申为能够,如克勤克俭。进而引申为克服、克制,如以柔克刚。进而引申为战胜,如克敌。克,古又通"刻",意为严格限定,如克期。克,今日亦作为质量单位。

值得注意的是,古代在能的意义上,作"克"不作"剋";在胜的意义上,一般也只作"克"。

## 名言馆

二曰刚克,三曰柔克。

·《书·洪范》

匪斧不克。

·《诗·齐风·南山》

克,能也。

·《尔雅》

如其克谐,天下可定也。

·《三国志·吴书·鲁肃传》

谜语答案 景景行

克念作圣

niàn
念

| 甲骨文 | 金文 | 篆文 | 隶书 | 楷书 | 行书 | 草书 | 标准宋体 |
|---|---|---|---|---|---|---|---|
|  | 㑒 | 㑒 | 念 | 念 | 念 | 念 | 念 |

## 名言馆

不念旧恶，怨是用希。
　　　　　　·《论语·公冶长》

念悲其远。
　　　　　　·《战国策·赵策四》

念母劳家里。
　　　　　　·汉乐府《古诗为焦仲卿妻作》

念蒙君实。
　　　　　　·（宋）王安石《答司马谏议书》

## 解字堂

"今"，既是声旁也是形旁，是"吟"的本字，表示低吟。"念"，金文㑒=𠆥（今，"吟"）+心（心，表示惦记），表示口吟心忆。造字本义：心中有所忆，口中有所吟。篆文㑒承续金文字形。隶书念将篆文的𠆥写成今，将篆文的心写成心。

《说文解字》说："念，常思也。从心，今声。"念，经常惦记的意思。其本义是动词用法，表示因为惦记于心儿自言自语，怀想，如念旧、念物。引申作名词是意向、思绪的意思，如念头、信念。又可以引申为动词，表示诵读，如念经。还可以作学习、攻读的意思，如念大学。

从现在来看，"念"的用法没有发生太大的变化，我们把"念"往往还是当作动词来用，只是用词范围扩大罢了，不只是惦记，还可以用来表示读或朗诵的一切动作行为，如念书、念功课。当然它还保留了想和惦记的意思，经常用法是想念，即是想念。然而念跟想相比，更蕴含了某种情感在里面，感情更为深沉而复杂，表示思想的程度也更深。

克念作圣

zuò

| 甲骨文 | 金文 | 篆文 | 隶书 | 楷书 | 行书 | 草书 | 标准宋体 |
|---|---|---|---|---|---|---|---|
| 乍 | 乍 | 𠂇 | 作 | 作 | 作 | 作 | 作 |

## 解字堂

"乍"是"作"的本字。"乍",甲骨文=乚(刀,匠具)+彡(纵横的刻纹),表示用斧削刻器物。有的甲骨文在刀形乚上方加一个缺口∨,表示用刀斧砍斫木头。有的甲骨文省去纵横刻纹。金文将甲骨文的缺口∨写成𠃊。当"乍"的"砍斫制作"本义消失后,篆文再加"人"(木匠)另造"作",强调巧匠"人为创造"的含义。

《说文解字》说:"作,起也。从人,从乍。""作"的意思是由卧或坐而站立。"作"的本义是动词,表示巧匠挥斧削木造器,如作俑、制作;活用作手工劳动,如作坊;也可以表示做事,劳动,如作弄、作用。作动词用还可以表示当成、视为,如作壁上观、认贼作父;也可以表示创造,如作家、作曲;也可以表示产生、发起,如作假、作乱。活用作名词可以表示一切精神产品的统称,如佳作、杰作。

"作"的用法很普遍,相当于是一个万能词,它可以广泛地用作名词,如作品、旧作;也可以表示事业,如"勿以小谋而败大作";也可以表示措施和方法,如"作有利于时,制有便于物者,可为也"。

## 名言馆

与子偕作。
·《诗·秦风·无衣》

三献作止爵。
·《仪礼·特牲馈食礼》

凡作民。
·《周礼·士师》

或作而行之。
·《周礼·考工记》

后圣有作。
·《礼记·礼运》

克念作圣

sheng

圣

| 甲骨文 | 金文 | 篆文 | 隶书 | 楷书 | 行书 | 草书 | 标准宋体 |
|---|---|---|---|---|---|---|---|
| 𦔮 | 聖 | 聖 | 聖 | 聖 | 聖 | 圣 | 圣 |

## 名言馆

事圣君者，有听从，无谏争。
　　　　　　·《荀子·臣道》

是故有天下七十一圣，其法皆不同。
　　　　　　·《吕氏春秋·察今》

而圣君治国累世而不见者，其所谓忠者不忠，而所谓贤者不贤也。
　　　　　　·《史记·屈原贾生列传》

圣人之所以为圣，愚人之所以为愚，其皆出于此乎？
　　　　　　·（唐）韩愈《师说》

## 解字堂

"聖"，甲骨文𦔮字形象人上着大耳，从口，会意。造字本义：听觉官能敏锐。金文衍变成耳下从壬。篆文继承金文字形。隶化后楷书写作"聖"。简化后与古方言字"圣"合并，写作"圣"。

《说文解字》说："圣，通也。从耳，呈声。""圣"的本义是听觉敏锐，引申为"通"，进而引申为圣人。又引申为封建社会的帝王，如圣君、圣王。可以意为宗教信徒所崇拜的事物，如圣杯、圣盘。也可以指某领域里地位至高无上的人，如画圣、书圣。作形容词可以意为无所不能的、崇高完美的，如圣洁、圣明。

我国历史上往往把在某些领域才能超群的杰出者称为"圣"，并且进行了分门别类，如"诗圣"杜甫、"草圣"张旭、"画圣"吴道子、"茶圣"陆羽、"乐圣"李龟年。除此之外，我们把那些不仅学识渊博而且品行端正的人称作"圣贤"，古代的圣贤在人们心中地位极高，受到人们的尊重和拥戴，他们往往德艺双馨，是人们学习的榜样。

## 温故知新

 四字通解

克念作圣,《尚书》里面有"惟狂克念作圣,惟圣妄念成狂"一句话。庄子用"野马"来形容人狂奔不已的念头和思想,这里的"狂"字就代表了我们凡夫俗子。人如果能够克制住自己狂乱的思想和私心杂念,凡夫就能变成圣人。同理,放纵自己的心念,圣人也会退化为凡夫。克,克制也。念,思也。作,为也。圣者,不思不勉,自合于五常之人也。《书·多方》云:"惟狂克念作圣。"言人能以五常之道思之于心而力行之,则可以造于圣人之域也。意思是,我们每个人生来都带有欲望,然而如果我们不能克制一己之私欲,而由私欲所控制,就会被眼前的利害得失而迷乱本心,乱了分寸,忤逆基本的道德和伦理,老子曾说:"五音令人耳聋,五味令人口爽,驰骋畋猎令人心发狂。"如果我们过分地追求生理享受而没有节制,就会物极必反,麻木人的天性,纵情享乐。所以要成为圣贤之人,首要就是克制住自己的欲望,才能真正做到不偏不倚,不轻易为浮云所动摇。

 故事厅

### 柳下惠坐怀不乱

柳下惠(前720—前621),姓展,名获,字子禽,春秋时期鲁国人,是鲁孝公的儿子公子展的后裔。"柳下"是他的食邑,"惠"则是他的谥号,所以后人称他"柳下惠"。据说他又字"季",所以有时也称"柳下季"。有一次,他出远门的晚上住在都城门外。当时天气严寒,忽然有一位女子来投宿,柳下惠恐怕她冻死,就让她坐在自己怀中,用衣服盖住她,一直到第二天天亮也没有发生越礼的事。后世把柳下惠"坐怀不乱"的故事作为遵守传统道德的典范。

### 三过家门而不入

古时候,洪水泛滥,为了让人们能过上安定的生活,舜帝派大禹去整治洪水。大禹一去十三年,"三过家门而不入":第一次是在四年后的一个早晨。大禹走近家门,听见母亲的骂声和儿子的哭声,大禹想进去劝解,又怕更惹恼了母亲,唠叨起来没完,耽搁了治水的时辰,于是就悄悄地走开了。治水六七年后,大禹第二次经过家门。那天中午,大禹刚登上家门口的小丘,就看见家里烟囱冒出的袅袅炊烟,又听见母亲与儿子的笑声,大禹放心了,没进去。又过了三四年,一天傍晚,大禹因治水来到家的附近。突然天下起了滂沱大雨,大禹到自己家的屋檐下避雨,只听见屋里母亲在对儿子说:"你爹爹治平了洪水就回家。"大禹听得非常感动,更坚定了治水的决心,立刻又转身上路了。

这些记载都是颂扬大禹一生为公,竭尽全力治理洪水,解除民众饱受水患之苦的崇高行为。所以舜在晚年举荐禹为继承人,并把首领的位置禅让给禹。

 ## 知识角

### 乐圣李龟年

李龟年是唐玄宗时的乐工,当时李龟年、李彭年、李鹤年兄弟三人都有文艺天才,李彭年善舞,李龟年、李鹤年则善歌,李龟年还擅吹筚篥,擅奏羯鼓,长于作曲等。他们创作的《渭川曲》特别受到唐玄宗的赏识。安史之乱后,李龟年流落到江南,每遇良辰美景便演唱几曲,常令听者泫然而泣。在流亡时期,他曾唱了时人创作的《伊川歌》:"清风明月独离居,荡子从戎十载余。征人去日殷勤嘱,归雁来时数附书。"表达了希望唐玄宗南幸的心愿。但此时玄宗已是风烛残年。李龟年作为梨园弟子,多年受到唐玄宗的恩宠,与玄宗的感情非常人能及,唱完后他突然昏倒,只有耳朵还有些热气,其妻不忍心殡殓他。四天后李龟年又苏醒过来,最终郁郁而死。

### 茶圣陆羽

陆羽(733—804),字鸿渐,一名疾,字季疵,号竟陵子、桑苎翁、东冈子,唐复州竟陵(今湖北天门)人,一生嗜茶,精于茶道,以著世界第一部茶叶专著——《茶经》闻名于世,对中国茶业和世界茶业发展做出了卓越贡献,被誉为"茶仙",尊为"茶圣",祀为"茶神"。他亦工于诗,但传世者不多。唐代宗曾诏拜羽为太子文学,又徙太常寺太祝,但都未就职。陆羽一生鄙夷权贵,不重财富,酷爱自然,坚持正义。

 ## 成语窗

**至圣至明**

至:极。最神圣最贤明。旧时用以称颂帝王。

**克己奉公**

克己:约束自己。奉公:以公事为重。克制自己的私心,一心为公。

**克己复礼**

克:克制。儒家指约束自己,使每件事都归于"礼"。

**画符念咒**

道士画符篆、念咒语。比喻写字、念书令人难以索解。

**伏地圣人**

指在某一方面略有知识就逞能的人。

**绝圣弃智**

圣、智:智慧,聪明。弃绝聪明才智,返归天真纯朴。这是古代老庄的无为而治的思想。

## 猜谜语

人生多变迁。
(打一字)

十位弟兄力量大,一切困难都不怕。
(打一字)

今后要留心读书。
(打一字)

德建名立

| 甲骨文 | 金文 | 篆文 | 隶书 | 楷书 | 行书 | 草书 | 标准宋体 |
|---|---|---|---|---|---|---|---|
| | | | | | | | 德 |

## 解字堂

"德",甲骨文=彳(行,四通大道)+直(直,不曲折,不犹豫),表示大道直行。有的甲骨文将四通大道"行"简化为"彳"。造字本义:看清道路的方向,没有困惑迷误,大道坦然直行。金文将甲骨文的直写成。有的金文加"心",突出心胸坦荡的含义。篆文德在"直"与"心"之间误加一横一。在道家思想中,"道"代表自然律,是道家世界观的核心;"德"代表顺应自然律的法则,是道家方法论的核心。古籍中,"德"与"得"有时因同音而相互假借。

《说文解字》说:"德,升也。从彳,惪声。"意思是境界因善行而升华。"德"的本义是作动词,表示看清方向,大道直行,但此义只见于古文。可以引申为形容词,表示合乎天道的、自得自在的,此义也只见于古文,如"民德不劳"。可以作名词用,表示合乎天道的方法和思想,如《道德经》。可以引申为符合是非标准的思想品质,如德育、德行。也可以作善行、恩惠的意思,如感恩戴德。

我们现在把"德"用作道德、美德之意。中国是一个讲究德行的国家,从古至今,我们提倡以德服人,教书育人也要求德才兼备。在古时候,"德"也被用作对妇女的要求之言,要求其遵守"三从四德","四德"指的便是妇德、妇言、妇容、妇工。在很长一段时间里,"三从四德"成了束缚女性自由的教条。

## 名言馆

是故用财不费,民德不劳,其兴利多矣。

·《墨子·节用上》

故曰:玄古之君天下,无为也,天德而已矣。

·《庄子·天地》

六德六美,德之所以生阴阳天地人与万物也。

·(汉)贾谊《新书·道德说》

谜语答案　作　克　念

## 德建名立 jiàn 建

| 甲骨文 | 金文 | 篆文 | 隶书 | 楷书 | 行书 | 草书 | 标准宋体 |
|---|---|---|---|---|---|---|---|
|  | 建 | 建 | 建 | 建 | 建 | 建 | 建 |

### 名言馆

设此旐矣，建彼旄矣。
·《诗·小雅·出车》

天子建德，因生以赐姓。
·《左传·隐公八年》

德之不建。
·《国语·晋语》

### 解字堂

"建"，金文建=阝（阝，"阜"，表示山地，凵表示墙基）+聿（不是"聿"，表示手持杵棒，夯土筑墙），表示辟山为址，傍山筑屋。为了肥沃的土壤和方便灌溉，古人大多定居于河湖岸边；又为了地基牢靠和防洪防汛，古人常辟山为址，傍山筑屋，面河而居。有的金文建将"阜"形的阝简化成凵，将聿写成聿，加"土"强调"夯土筑墙"。篆书建用彳代替院墙凵。隶化后楷书建将篆文的聿写成聿，将篆文的彳写成廴。标宋建"走字底"廴省略一点，写成"建字底"廴。

《说文解字》说："建，立朝律也。从聿，从廴。"意思是订立朝廷法律。建的本义是辟山为址，筑墙造屋，如建房、建屋。引申为将标志物高置于另一物，竖起、树立的意思，如建标、建瓴。也可以引申为从无到有的创造、创立，如建党、建业。还可以引申为创造性的提出新想法，如建言、建议。

"建"的意思大都从竖起、树立中引申而来，从建房子、建造等具象的使用，引申为"建功立业"等抽象的用法。后者用法也颇多，古时候，很多有胸怀抱负的人都渴望通过自己的能力去建功立业，如曾经在历史上瞩目一时的"建安七子"，便是这类典范的代表之一。

德建名立

míng

名

| 甲骨文 | 金文 | 篆文 | 隶书 | 楷书 | 行书 | 草书 | 标准宋体 |
|---|---|---|---|---|---|---|---|
| 𠙻 | 名 | 名 | 名 | 名 | 名 | 名 | 名 |

## 解字堂

"名",甲骨文𠙻=ㅂ(口,叫喊)+ ∂(夕,黄昏),表示天黑相遇无法辨识以口自名。金文 名 将甲骨文的左右结构改成上下结构。篆文 名 承续金文字形。隶书 名 将篆文的 ∂ 写成夕。

《说文解字》说:"名,自命也。从口,从夕。夕者,冥也。冥不相见,故以口自名。""名",就是自称,天黑了人们看不清对方,所以用嘴向别人说自己的名字。引申用法是说出、描述,如莫名其妙。还可以指占有,如不名一钱。活用作名词,表示代号、称号,如名字。可以表示声誉,如名声。也可以作形容词,表示有声望的,如名山。作量词用,表示个、位,如一名老师。

古代一般男子在成年后为自己的"名"作近义或反义的注解补充或说明,叫作"字";也有的底层百姓有"名"无"字"。在古代,父母对未成年子女在口头上的称呼叫作"名",有如今日之"小名"与"昵称",用于日常非正式社交场合,为贱称;子女成年后为其设计的郑重称呼叫"字",有如今日之"大名"与"户籍名",用于各种文件和正式社交场合,为尊称。"名"与"字"是同一对象的两个称呼,"字"是对"名"的解释或补充;今人所说的"名字",相当于古人所说的"字"。

## 名言馆

秦氏有好女,自名为罗敷。
·汉乐府《陌上桑》

---

名之者谁?
·(宋)欧阳修《醉翁亭记》

---

以故其后名之曰"褒禅"。
·(宋)王安石《游褒禅山记》

---

虽人有百口,口有百舌,不能名其一处。
·(清)张潮《虞初新志·秋声诗自序》

# 德建名立 lì

| 甲骨文 | 金文 | 篆文 | 隶书 | 楷书 | 行书 | 草书 | 标准宋体 |
|---|---|---|---|---|---|---|---|
| 🧍 | 🧍 | 🧍 | 立 | 立 | 立 | 立 | 立 |

## 名言馆

立宗庙于薛。
　　　·《战国策·齐策四》

大石侧立千尺。
　　　·（宋）苏轼《石钟山记》

且立石于其墓门。
　　　·（明）张溥《五人墓碑记》

## 解字堂

"立"，甲骨文像一个人站在地上，一横指事符号表示地面。造字本义：站在地上。金文承续甲骨文字形。篆文隶化后，将站着的人写成。隶书彻底失去人形。

《说文解字》说："立，住也。从大立一之上。凡立之属皆从立。""立"的意思是站住，采用"大"作偏旁，在"大"的下面加以一横作为指事符号，表示立于"一"之上。

"立"的本义是动词用法，表示站在地上，如站立、直立。活用为登基，使继承王位，如立位、立太子。也可以活用为树立、竖着，如立柜、立交桥。还可以用作创设、创建之意，如立案、立法。

"立"的用法也经历了演变，我们在节气上也是用"立"来表示每个季节的第一个节气，如立春，是农历二十四节气中第一个节气，也是春季的第一个节气，这一天"阳和起蛰，品物皆春"，万物复苏；"立"就是开始的意思；同样的表达有"立夏""立秋""立冬"。

## 温故知新

 **四字通解**

"德建名立"的"德建"是指养成了好的品德,树立了良好的风尚,"名立"指的是自然就有了好的名声。在古时候,儒家学说是为正宗,在儒家学说"仁"的影响下,很多知识分子把"立德""立言""立行"作为修心养性的一个追求和评判标准。君子不仅指的是有深厚学识的人,同样也需要品行端正、德艺双馨,才能受人们尊重和爱戴。从古至今有很多圣贤之人都是凭借自己美好崇高的德行,以身作则树立起了崇高的威望,最著名的便是后人所公认的"五圣",分别是孔子、孟子、颜回、曾参和子思。而在儒家的经世治国的理念里,也是以自我的修身为基础,只有身修了,而后才能有齐家、治国以及平天下,因此我们可以看出,古人把"德建"放在一个很重要的地位。

### 猜谜语

白头雄心四化志。
（打一字）

来人何曾有病态。
（打一字）

除夕即是岁末。
（打一字）

 **故事厅**

#### 闻鸡起舞

祖逖和刘琨一起在衙门里供职,晚上合盖一床被子睡觉。

当时,西晋皇族内部互相倾轧,各少数民族首领又乘机起兵作乱,国家安全受到严重威胁。祖逖和刘琨都很焦虑。

一天半夜,祖逖被远处传来的鸡叫声惊醒,便把刘琨踢醒,说:"你听到鸡叫声了吗?"刘琨侧耳细听了一会,说:"是啊,是鸡在啼叫。不过,半夜的鸡叫声是恶声啊!"祖逖一边起身,一面反对说:"这不是恶声,而是催促我们快起床锻炼的叫声。"刘琨跟着穿衣起床。两人来到院子里,拔出剑来对舞,直到曙光初露。后来祖逖和刘琨都为平定中原做出了贡献,同样也实现了自己建功立业的宏伟志向。

#### 程门立雪

杨时,字中立,福建将乐人。小时非常聪颖,能写文章。年纪稍大,专心研究经史书籍。熙宁、元丰年间,河南人程颢和弟弟程颐讲授孔子和孟子的学术精要(即理学),学者都去拜他们为师,杨时亦在颍昌拜程颢为师,师生相处得很好。杨时回家的时候,程颢目送他说:"我的学说将向南方传播了。"又过了四年程颢去世,杨时听说以后,在卧室设了程颢的灵位哭祭,又用书信讣告同学。程颢死后,杨时又到洛阳拜见程颐,这时杨时大概四十岁了。一天,杨时拜见程颐,程颐正在打瞌睡,杨时与同学游酢恭敬地站在门外没有离开,等到程颐睡醒来时,门外的雪已经一尺多深了。杨时的德行和威望一日比一日高,四方之人士不远千里与之相交游。

 **知识角**

### 建安七子

建安七子,是东汉建安年间(196—220)七位文学家的合称,包括孔融、陈琳、王粲、徐干、阮瑀、应玚、刘桢。这七人是建安时期除曹氏父子外的杰出文学家,得到后世的普遍承认。

"七子"之称,始于曹丕所著《典论·论文》:"今之文人,鲁国孔融文举、广陵陈琳孔璋、山阳王粲仲宣、北海徐干伟长、陈留阮瑀元瑜、汝南应玚德琏、东平刘桢公干,斯七子者,于学无所遗,于辞无所假,咸以自骋骥騄于千里,仰齐足而并驰。"七子中除了孔融与曹操政见不合外,其余六家虽然各自经历不同,但都受过汉末离乱之苦,后来投奔曹操,地位发生了变化,获得了安定、富贵的生活。因建安七子曾同居魏都邺(今河北临漳县西)中,又号"邺中七子"。他们对于诗、赋、散文的发展,都曾做出过贡献。建安七子与"三曹"被视作东汉末年三国时期文学成就的代表。

### 古人的名字

现在的人,大多数有"名"而无"字",所以当我们说到"名字"的时候,通常指的仅仅是人的名,或姓名。可是,古代的许多人,尤其是做官的和知识分子,既有"名"又有"字",有些还有"号"。所谓"名",是社会上个人的特称,即个人在社会上所使用的符号。"字"往往是名的解释和补充,是与"名"相表里的,所以又称"表字"。名是幼时起的,供长辈呼唤。男子到了二十岁成人,要举行冠礼,这标志着本人要进入社会。女子长大后也要离开母家而许嫁,未许嫁的叫"未字",亦可叫"待字"。十五岁许嫁时,举行笄礼,也要取"字",供朋友呼唤。

 **成语窗**

### 德艺双馨
形容一个人的德行和艺术(技艺)都具有良好的声誉。

### 德言容功
德:妇德,品德。言:言辞。容:容貌。功:女红(旧指女子所做的针线活)。封建礼教要求妇女应具备的品德。

### 德厚流光
德:道德,德行。厚:重。流:影响。光:通"广"。指道德高,影响便深远。

### 高屋建瓴
建:倒水,泼水。瓴:盛水的瓶子。把瓶子里的水从高层顶上倾倒。比喻居高临下,不可阻遏。

### 建功立事
犹建功立业,建立功勋,成就大业。

### 垂名青史
青史:书写于竹简或白绢上的典籍、史册。名字被载入史册,流传后世。

### 哀毁骨立
哀:悲哀。毁:损坏身体。骨立:形容极瘦,只剩下骨架。旧时形容在父母丧中因过度悲伤而瘦得只剩一把骨头。

形端表正

xíng

| 甲骨文 | 金文 | 篆文 | 隶书 | 楷书 | 行书 | 草书 | 标准宋体 |
|---|---|---|---|---|---|---|---|
|  |  | 形 | 形 | 形 | 形 | 形 | 形 |

## 解字堂

"形",籀文 = 丼("井"的变形,矿井)+土(土,矿粉,指丹青等颜料)+彡(彡,光彩),表示用矿物颜料着色。有的籀文形 = 开("研"的省略,研磨)+彡(彡,光彩),表示研磨有色矿石,制成丹青,用以着色。造字本义:着色加彩,以突出显示图案。篆文形承续籀文形字形。隶书形误将篆文的"开"丼写成"开"。"形"是用朱丹上彩,使物象赤化;"形"是着色加彩,使图案从背景中显示出来。

《说文解字》说:"形,象形也。从彡,开声。"意思是描画,使其象物之形。其本义是动词用法,表示着色加彩,突显图案,此义只见于古文。引申为显示、表现,如形成、形容词。可以引申为名词用法,表示外观、样子,如形体、形骸。

详细来看,"形"的意思从古至今有了一些衍生,例如,其最初只是表示描绘这个动作,现如今可以引申为对照、比较,如相形见绌,表示两者相比较之下,显现出一方比较薄弱。"形"常用来指体形、形貌,如形态、形容、形象、形形色色,也可以指形状,如扁形、长方形、三角形。

## 名言馆

在天成象,在地成形。
·《礼记·乐记》

物成生理谓之形。
·《庄子·天地》

茕茕孑立,形影相吊。
·(晋)李密《陈情表》

有古人形貌。
·(唐)柳宗元《柳河东集》

谜语答案　德建名

形端表正

duān

端

| 甲骨文 | 金文 | 篆文 | 隶书 | 楷书 | 行书 | 草书 | 标准宋体 |
|---|---|---|---|---|---|---|---|
|  |  | 耑 | 端 | 端 | 端 | 端 | 端 |

## 名言馆

苟余心之端直兮，虽僻远其何伤。
·《楚辞·九章·涉江》

选天下之端士。
·（汉）贾谊《治安策》

常视松端日，每稽潭上烟。
·（宋）梅尧臣《昭亭别施度支》

虽人有百手，手有百指，不能指其一端。
·（清）张潮《虞初新志·秋声诗自序》

## 解字堂

"耑"，既是声旁也是形旁，表示老人拄杖而行。"端"，篆文=立（立，站直）+耑（耑，老人拄杖），造字本义：老人借着拐杖站直、站稳。隶书误将篆文的老人长发写成W。

《说文解字》说："端，直也。从立，耑声。"端的意思是站直。其本义是老人借用拐杖站稳，也形容立正、站直，本义只见于古文。引申为形容词，表示正直的，如端方、端丽、端正。可以作副词用，表示正直地、从容不迫地，如端量、端视、端详。可以做动词用，表示两手平稳托举，如端茶、端饭、端水。

"端"的用法现在有了一些衍生，它可以表示开头、头绪，如端点、端倪、端绪，都表示事情或事物发生的起始点。可以引申为名词用法，如端由、事端、借端生事，都表示缘由、原因。

形端表正

| 甲骨文 | 金文 | 篆文 | 隶书 | 楷书 | 行书 | 草书 | 标准宋体 |
|---|---|---|---|---|---|---|---|
|  |  | 裘 | 表 | 表 | 表 | 夫 | 表 |

### 解字堂

"表",籀文=衣(衣)+鹿(鹿,代动物毛皮),表示用鹿皮制作的高级的"表"。篆文用"毛"代"鹿",并改成上中下结构:=衣(衣)+毛(毛),强调"表"的"毛质"特征。造字本义:用动物毛皮制成的外衣。隶书误将篆文的上半部写成主,以致兽"毛"的形状完全消失。

《说文解字》说:"表,上衣也。从衣,从毛。古者衣裘,以毛为表。""表"的意思是上衣,字形采用"衣""毛"会义。昔者,人们穿裘衣,制裘时将毛皮带毛的一面当作外面。"表"的本义是用野兽毛皮制成的外衣,本义只见于古文,引申为外部、外面,如地表、外表、表面。引申为动词用法,意为外显、显示、传达,如表达、表达、表露。可以意为奏章、向上传达的文件,如表疏、出师表。

现在"表"有了一些更衍生的用法,可以表示格式化、栏目化的文件,如表格、报表、课程表。也可以作形容词用,表现直系亲属之外的,如表弟、表姐。作名词用可以表示金属制的数据显示仪,如表链、表针、手表。

### 名言馆

或援誓以表心。

· (唐) 刘知几《史通·惑经》

---

刻石表功兮炜煌煌。

· (唐) 韦应物《石鼓歌》

---

出师一表真名世,千载谁堪伯仲间。

· (宋) 陆游《书愤》

---

礼官辄表贺。

· 《明史·海瑞传》

形端表正

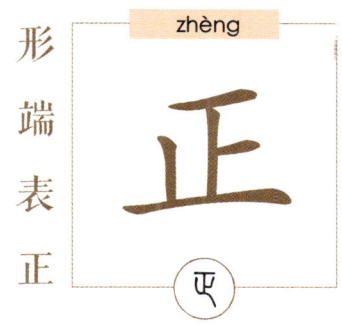

| 甲骨文 | 金文 | 篆文 | 隶书 | 楷书 | 行书 | 草书 | 标准宋体 |
|---|---|---|---|---|---|---|---|
| | | | | | | | 正 |

## 名言馆

终日射侯，不出正兮。
・《诗・齐风・猗嗟》

名不正则言不顺。
・《论语・子路》

虽成败事异，而同居正号者，并列于篇。
・《后汉书・皇后纪序》

正，岁之首月，夏以建寅月为正，殷以建丑月为正，周以建子月为正。
・《集韵・清韵》

## 解字堂

"正"是"征"的本字。"正"，甲骨文=□（囗，村邑或部落）+ 止（止，行军），表示征伐不义部落。造字本义：行军征战，讨伐不义之地。有的甲骨文与金文将村邑□改成圆点。篆文将实心点写成一横。当"正"的"征战"本义消失后，篆文再加"彳"（行）另造"征"代替。古人称不义的侵略为"各"，称仗义的讨伐为"正"。

《说文解字》："正，是也。一以止。凡正之属皆从正。"意思是，"正"指纠正、使恰当，字形采用"止"作字根，指事符号"一"表示阻止错误。所有与"正"相关的字，都采用"正"作偏旁。"正"的本义是行军征战，讨伐不义之地，本义只见于古文，后由"征"代替此义。作形容词用，可以表示合乎公义的、有道理的，如正大、正当、正派。还可以表示合乎标准的、地道的、规范的，如正宗、正餐。

详细来看，"正"字的解释有了一些衍生，可以作形容词用，表示不偏斜的、平直的，如正北、正南、正步；也可以表示核心的、第一的、非附加的，如正旦、正月。可以作副词用，表示直接的、恰好的、刚刚、就，如正好、正巧。还可以表示标准的、规范的，如正取。也可以表示动作的持续性，如正在。可以作动词用法，表示使规范、使标准，如正襟危坐。

## 温故知新

 **四字通解**

"形端表正"的"形"指的是人的整体形态，身心两部分都包括在内，"心"正了才能"身正"，身正了仪表容貌自然端正。也就是说，人的形体健美、容貌姣好的根本在于心地，而任何外在的修饰是没有实质性效果的，起码不能够长久。所以善良之心可以将人从丑变美，歹毒之心会使人面目狰狞。《管子》说："形不正者德不来，中不精者心不治。正形饰德，万物必得。"管子也认为，人的身为馆舍而德如贵宾，馆舍不打扫干净就不可能留贵宾常驻。为了留住"德"这个贵宾，我们的身体，这个馆舍就一定要端正，形体端正了，内心的德就建立起来了。因此他提醒世人，要有光明正大的德行，心态举止端正，这样才能真正拥有由内而外的美，才是真正应该追求的至真至美。

 **故事厅**

### 邹忌讽齐王纳谏

邹忌是一个古时候身材魁梧，容貌英俊的美男子。有一天早晨他穿戴整齐后，问他的妻子："我和城北的徐公，哪一个美？"他的妻子说："您美极了，徐公怎么比得上你的美呢？"邹忌不自信，又相继问了他的妾和远方来的客人，都得到了一致的答案。然而邹忌并没有因此而深信，反而在床上百般思忖他们认为他美的原因。之后，他入朝见了齐威王，从他与徐公比美之事，字字珠玑，深入浅出地为王上分析了国家大事，认为"王之蒙蔽"堪比自己所受之迷惑，并建议齐威王应该广开言路，善于纳谏，齐威王接受了邹忌的建议，不到几年，齐国便人才济济，国力威震四方。

### 魏征和唐太宗

魏征是唐太宗时期一位善于进谏的贤臣，他为人耿介正直，经常和唐太宗争得面红耳赤。有一次上朝时，他再次和唐太宗据理力争，令后者特别难堪。退朝以后，唐太宗气冲冲地说："总有一天，我要杀死这个乡巴佬！"长孙皇后问他说："不知道陛下想杀哪一个？"唐太宗说："还不是那个魏征！他总是当着大家的面侮辱我，叫我实在忍受不了！"长孙皇后听了，一声不吭，回到自己的内室，换了一套朝见的礼服，向太宗下拜。唐太宗惊奇地问道："你这是干什么？"长孙皇后说："我听说英明的天子才有正直的大臣，现在魏征这样正直，正说明陛下的英明，我怎么能不向陛下祝贺呢！"这一番话就像一盆清凉的水，把太宗满腔怒火浇熄了。魏征死后，唐太宗感慨："夫以铜为镜，可以正衣冠；以古为镜，可以知兴替；以人为镜，可以明得失。"

 ## 知识角

### 出师表

《出师表》出自于《三国志·诸葛亮传》卷三十五。作者是诸葛亮，他是三国时期蜀汉的丞相，此作品是他在北伐中原之前给后主刘禅上书的表文，在文中他阐述了北伐中原的重要性以及他对后主刘禅治国寄予的很高的期望，也以恳切委婉的言辞劝勉君主要广开言路，赏罚分明，亲贤远佞，这样才能兴复汉室。此文言辞情真意切，拳拳心意感动了几代人，也表现出了他对国家对君主一片赤诚之心。宋有诗曰："出师一表真名世，千载谁堪伯仲间。"表达了对者葛亮那种誓死为国、忠贞不二的深深崇敬和追缅之情。

### 冠衣不成素

先秦时期，白衣是一种相当高雅漂亮的服装，广为女孩子喜爱。《诗经·郑风·出其东门》称，"缟衣綦巾，聊乐我员"，诗中的"缟衣"即素白色的衣服。由诗可见，当时男子把身着缟衣、头戴綦巾的"时髦"女孩当成自己心中的最爱。白颜色的衣服在早期是一种吉服，在严肃、庄重的场合才穿着。《史记·荆轲传》中记载，得知荆轲要去刺杀秦王，太子丹和他的朋友都穿成一身白，来到易水边上为荆轲送行，此即所谓"太子及宾客知其事者，皆白衣冠以送之"。在上古殷商时，白色还曾为贵族所喜爱，《吕氏春秋》即称，商汤之"其色尚白"。那么"缟衣"何时被看成了凶服？据考始于汉代。西汉戴圣所编的儒家经典《礼记》里有这方面的讲究，其中《曲礼》篇记载："为人子者，父母存，冠衣不纯素。"意思是，如果父母活着，子女便不能穿白衣戴白帽。

 ## 成语窗

### 放浪形骸
放浪：放荡。形骸：人的形体。指行动不受世俗礼节的束缚。

### 藏形匿影
藏、匿：隐藏。隐藏形迹，不露真相。

### 枯形灰心
身体像枯木，心如同死灰。形容极端消极。

### 表里山河
表里：即内外。外有大河，内有高山。指有山河天险作为屏障。

### 万世师表
万世：很多世代，非常久远。师表：表率。值得永远学习的榜样。

### 风华正茂
风华：风采、才华。茂：旺盛。正是青春焕发、风采动人和才华横溢的时候。形容青年朝气蓬勃、奋发有为的精神。

## 猜谜语

豆蔻梢头三月初。
（打一字）

仙人一去三十春。
（打一字）

脱下上衣缝两针。
（打一字）

空谷传声

kōng

| 甲骨文 | 金文 | 篆文 | 隶书 | 楷书 | 行书 | 草书 | 标准宋体 |
|---|---|---|---|---|---|---|---|
|  |  |  |  |  |  |  | 空 |

## 解字堂

"工",既是声旁也是形旁,表示人工的、人造的。"空",金文=（穴,洞）+（工,人工的、人造的）,表示经过人工处理的洞穴,即宜居洞穴。籀文和篆文承续金文字形。有的篆文以屋顶形象（"余"的省略）代替金文的"穴",表示与建筑有关。石窟为"穴";居穴为"空";大而深且有水之穴为"洞"。作为形容词,"空"强调内部结构了无一物;"旷"强调视野的开阔明亮。

《说文解字》说:"空,窍也。""空"的意思是孔穴。它的本义是人工开凿或修建的居穴。引申为洞状的辽阔苍穹,如空气、空中楼阁、海空。还可以指虚无的,可通行其间的三维状态,如空间、空子。也可以作形容词,表示三维的虚无、不存在的,如空白、空缺、空旷。作副词用,表示无着落地、白白地的意思,如空谈、空想。也可以作动词,表示腾出位置,如空出房间。引申为形容词用法,表示时间上自由悠闲,如空闲、空暇。

佛家里有"四大皆空",指的是"地、水、火、风"四大物质因素,是人类对于宇宙最初探索的结果,是沿用印度固有的思想而加以深刻化以及佛教化的,有小乘和大乘之分,小乘说的"四大"指的是造成物质现象的基本因缘,大乘的"四大"指的是物态的现象。

## 名言馆

仓廪实而囹圄空。
· 《管子·五辅》

常有高猿长啸,属引凄异,空谷传响。
· (北魏)郦道元《水经注·江水》

夜静春山空。
· (唐)王维《鸟鸣涧》

而或长烟一空,皓月千里。
· (宋)范仲淹《岳阳楼记》

谜语答案 形端表

空谷传声

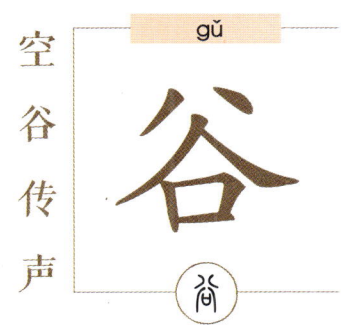

空谷传声　gǔ 谷

| 甲骨文 | 金文 | 篆文 | 隶书 | 楷书 | 行书 | 草书 | 标准宋本 |
|---|---|---|---|---|---|---|---|
| 甾 | 谷 | 谷 | 谷 | 谷 | 谷 | 乡 | 谷 |

### 名言馆

为大川广谷之不可济，于是利为舟楫。
　　　　　·《墨子·节用中》

水注谿曰谷。
　　　　　·《尔雅》

含谿怀谷。
　　　　　·（晋）左思《蜀都赋》

### 解字堂

"谷"，甲骨文 = （"水"的变形，表示涧水从山坡两侧向下淌）+ （口，通道，山口），表示涧水通道。造字本义：山岭间涧水汇集的洼地。金文、篆文承续甲骨文字形。作为农作物的"穀"产于河谷，因此古人有时会假借"谷"代替同音的"穀"。

《说文解字》说："谷，泉出通川为谷。"意思是，泉水出隙，汇入河川，群山夹水的地形称作"谷"。谷的本义是山岭间涧水汇集的洼地，如谷底、谷风。也可以引申为两山或两块高地中间的狭长而有出口的地带，如万丈深谷。

空谷传声

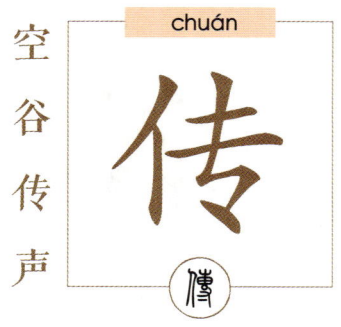

| 甲骨文 | 金文 | 篆文 | 隶书 | 楷书 | 行书 | 草书 | 标准宋体 |
|---|---|---|---|---|---|---|---|
| 𢔛 | 傳 | 傳 | 傳 | 傳 | 傳 | 传 | 传 |

## 解字堂

"專",既是声旁也是形旁,是"轉"的本字,表示转动。"傳",甲骨文=亻(人)+專(专,转动),表示转递。造字本义:古人利用驿车一站站转递信件及物品。金文承续甲骨文字形。有的金文加"辵"(行进),强调驿车行经各地。篆文将金文的"又"写成"寸"。隶化后楷书写作"傳"。简化后写作"传"。

《说文解字》说:"传,递也。"传的意思是从驿站转递文件。传的本义是动词用法,表示用驿车转递信件,本义只见于古文。引申表示中介转递,如传抄、传写。也可以引申为通过中介传递信息,如传播、传布、传扬。可以引申为一代代相交接,如传本、传承。作名词用,意思为转释经书的著作,如传注。还可以意为记述、展示人物生活的作品,如传记、别传。

古人重视"六艺经传"的学习,六艺,指的是礼、乐、射、御、书、数,也可以指六经,即《诗》《书》《礼》《乐》《易》《春秋》;传,则是专门用来解释经书的书,如《春秋左氏传》《诗经毛氏传》等。

## 名言馆

当仁,不让于师。

·《论语·卫灵公》

尧让天下于许由。

·《庄子·逍遥游》

大行不顾细谨,大礼不辞小让。

·《史记·项羽本纪》

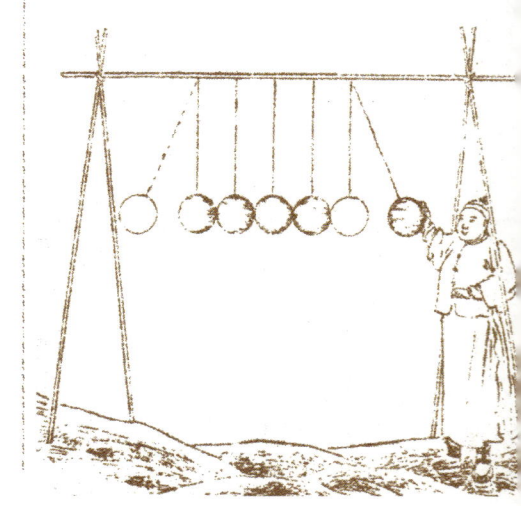

空谷传声

| 甲骨文 | 金文 | 篆文 | 隶书 | 楷书 | 行书 | 草书 | 标准宋本 |
|---|---|---|---|---|---|---|---|
| 𣪠 |  | 聲 | 聲 | 聲 | 聲 | 声 | 声 |

## 名言馆

声音不足听于耳与?
· 《孟子·梁惠王下》

赵王窃闻秦王善为秦声。
· 《史记·廉颇蔺相如列传》

耳目欲极声色之好,口欲穷刍豢之味。
· 《史记·货殖列传序》

寻声暗问弹者谁?琵琶声停欲语迟。
· (唐)白居易《琵琶行》

## 解字堂

"声",甲骨文 𣪠 = 中(中,绳结,表示悬吊)+ 厂(厂,即"石",石磬)+ 耳(耳,听),表示倾听石乐器的乐音。造字本义:音波,包括乐音、话语以及耳朵能辨别的所有听觉信息。有的甲骨文加"支"(表示古人悬吊石磬,敲击奏乐),加"口"(说话),明确听觉来源。篆文将甲骨文悬挂的石磬写成"穴",表示石磬为有孔洞的石器;并省去"口",突出"耳"。隶化后写作"聲"。简化后写作"声"。

《说文解字》说:"声,音也。"声的意思是音响。"声"的本义是乐器或人发出的乐音,如声情、声色、声乐。也可以引申为耳朵能辨别的听觉信息,如声浪、声波。作名词用还可以指读音,如声调、声母。作动词用,可以指发音、说话,如声明、声东击西。声还可以指评价,如名声、声望。作量词用表示发出音响的次数,如一声声。

"声"最初指的只是乐器的声响,后来引申为人体器官发出的有关的一切声响。在我们日常用法里,我们归纳了许多拟声词——专门用来模拟声音的词,又称为象声词、状声词,如"哗啦""轰隆隆""叮叮当当"等。在《诗经》里也有很多,如"呦呦鹿鸣""伐木丁丁""鸟鸣嘤嘤""风雨萧萧""坎坎伐檀"等等。

## 温故知新

###  四字通解

空谷传声,出自南朝梁的萧衍的《净业赋》:"若空谷之应声,似游形之有影。"空谷,指的是空旷的山谷。这句意思是指,在空旷的山谷里,能够听到反射回来的回声。这实质上是一种回声现象,回声是我们日常生活中常见的一种声现象。声波在传播过程中,若碰到大的反射面(如建筑物的墙壁等),将发生反射,人们把能够与原声区分开的反射声波叫作回声。人耳能辨别出回声的条件是反射声具有足够大的声强,并且与原声的时差须大于0.1秒。当反射面的尺寸远大于入射声波长时,听到的回声最清楚。郦道元《水经注》中有写道:"空谷传声,哀转久绝。"空谷传声的引申意义指的是,越是在没有人的情形下越应该注意自己的言行声音,因为越是空旷的山谷,声音越是会传得更远,因此要求我们要时时刻刻端正自己的言行,做到不欺暗室。

###  故事厅

#### 滥竽充数

战国时,有一位喜欢寻欢作乐的国君叫齐宣王。他派人到处寻找能吹善奏的乐工,组成了一支规模很大的乐队。齐宣王尤其爱听用竽吹奏的音乐,总要集中三百名乐工一起吹。有个游手好闲的南郭先生,一心图谋此肥缺,就千方百计地混进这个演奏班子。每当乐队演奏时,他就学着别人东摇西晃,有模有样地"吹奏"。由于他学得惟妙惟肖,好几年过去了,居然也没露出破绽。直到齐宣王去世后,继承王位的齐湣王也喜欢听竽。但是他不喜欢合奏,而爱听独奏。他要求乐工们一个个轮流吹奏给他听。南郭先生束手无策,没有应对之法,情急之中便慌乱溜走了。

#### 空城计

小说《三国演义》中说,三国时期,诸葛亮因错用马谡而失掉战略要地街亭,魏将司马懿乘势引大军15万向诸葛亮所在的西城蜂拥而来。当时,诸葛亮身边没有大将,几乎弹尽粮绝,存亡之际,诸葛亮登城楼观望后,对众人说:"大家不要惊慌,我略用计策,便可教司马懿退兵。"

于是,诸葛亮传令,把所有的旌旗都藏起来,士兵原地不动,如果有私自外出以及大声喧哗的,立即斩首。又叫士兵把4个城门打开,每个城门之上派20名士兵扮成百姓模样,洒水扫街。诸葛亮自己披上鹤氅,戴上高高的纶巾,领着两个小书童,带上一张琴,到城上望敌楼前凭栏坐下,燃起香,然后慢慢弹起琴来。

司马懿的先头部队到达城下,见了这种气势,都不敢轻易入城,便急忙返回报告司马懿。司马懿听后,心生疑虑,观察格局,不敢擅自行动,于是在疑窦之心的驱使下撤兵,中了诸葛亮的空城之计。

 **知识角**

### 丝竹之音

《礼记》里说道："德者，性之端也；乐者，德之华也；金石丝竹，乐之器也。"古时候，我们将弦乐器和竹制管乐器统称为丝竹，泛指音乐。中国最著名的要数江南丝竹，江南丝竹音乐发轫于江、浙、沪一带，这里经济文化发达，是一块富饶的风水宝地。而这一块发展起来的丝竹之音，小而美，轻而细，雅而精，与江浙清新灵秀的风土人情相得益彰，具有秀雅、委婉、舒缓、圆润的个性特色，并且演奏形式多变，深受人民群众喜爱和文人雅士钟情，可谓是雅俗共赏，最有资格代表江南文化的风貌，同时也体现了其平和中正、陶冶德行之美。

### 黄山谷

黄庭坚，北宋著名的文学家，字鲁直，号山谷道人，晚号涪翁，是江西修水县人。黄庭坚是北宋时期盛极一时的江西诗派的开山之祖，与杜甫、陈师道、陈与义合称为"一祖三宗"，并于张耒、晁补之、秦观同学于苏轼门下，合称为"苏门四学士"，与苏轼齐名，世称"苏黄"。江西诗派以"点铁成金""夺胎换骨"之说为创作的宗旨，诗风以吟咏书斋生活为主，重视文字的推敲，并且以杜甫为学习对象。黄庭坚的诗，注重严谨的法度，说理细密，最具有宋诗艺术特色，且注重用字，"字字有来处"。其诗歌风格被尊称为"山谷体"。

 **成语窗**

**空腹高心**
腹内空虚而目空一切。形容并无真才实学。

**空心汤圆**
比喻徒有虚名而无实利或不能落实的诺言。

**卖空买空**
买卖双方都没有货、款进出，只就到期的进出之间的差价结算盈亏。比喻投机倒把的行为。

**白驹空谷**
白驹：白色骏马，比喻贤能者。比喻贤能之人在野而不能出仕。后也比喻贤能者出仕而谷空。

**藏诸名山，传之其人**
诸：之于的合音。传：传布流传。其人：同道。把著作藏在名山，传给后来志趣相投的人。

**传杯弄盏**
指酒宴中互相斟酒。

**传经送宝**
经：经典，经验。把成功的经验和办法传送给别人。

### 猜谜语

人嘴上留八字胡。
（打一字）

仁人勇当先。
（打一字）

虚堂习听

xǔ

| 甲骨文 | 金文 | 篆文 | 隶书 | 楷书 | 行书 | 草书 | 标准宋体 |
|---|---|---|---|---|---|---|---|
| | | | | | | | 虚 |

### 解字堂

"虚",金文❂=❂("虍"的变形,虎头,借代老虎)+❂(两个"匕",表示虎爪)+❂(土,地域),造字本义:虎豹横行、了无人烟的地方。篆文❂误将金文字形中由"爪"❂和"土"❂合成的❂写成了"丘"❂。隶化后写作"虚"。

《说文解字》说:"虚,大丘也。""虚"的意思是大山的意思,昆仑丘也被称为昆仑虚。"虚"的本义是虎豹横行,了无人烟的地方,此义后由"墟"代替。"虚"作形容词用可以表示空无的、不实在的、了无一物的,如虚空、虚无、虚怀若谷。也可以表示身体不结实的、心理不踏实的意思,如虚心、虚浮、虚胖。作副词用,意为不真实地,如虚报、虚构、虚夸。也可以表示无意义地、白白地,如虚惊、虚度、虚有其表。

详细地来看,"虚"还有其他的意思,可以表示空隙、漏洞,如虚隙,引申为薄弱的环节。可以表示天空、空寂,如"浩浩乎如冯虚御风,而不知其所止"。可以表示疏松、稀少的意思,如虚薄、虚闲。也有虚弱的意思,如虚劣、虚孱。还可以指心里头不踏实、慌乱,如"虚心架子"。

### 名言馆

一见能倾座,虚怀只爱才。
· (唐)杜甫《李监宅》

忽闻海上有仙山,山在虚无缥缈间。
· (唐)白居易《长恨歌》

盈虚者如彼,而卒莫消长也。
· (宋)苏轼《赤壁赋》

谜语答案　谷　传

虚堂习听

| 甲骨文 | 金文 | 篆文 | 隶书 | 楷书 | 行书 | 草书 | 标准宋体 |
|---|---|---|---|---|---|---|---|
| 坣 | 阎 | 堂 | 堂 | 堂 | 堂 | 㞿 | 堂 |

## 名言馆

齐景公曰："寡人将去此堂堂国者而死乎！"
　　·《晏子春秋·外篇第七》

堂上启阿母。
　　·汉乐府《古诗为焦仲卿妻作》

崔九堂前几度闻。
　　·（唐）杜甫《江南逢李龟年》

## 解字堂

"尚"，既是声旁也是形旁，表示高级的、追崇的。"堂"，中山王墓宫堂图的字形 坣=𦣞（"尚"的省略，高级的、高雅的）+土（土、坛、宫殿），表示高雅的殿室。造字本义：王宫内举行隆重仪式的大殿正厅。籀文 堂 承续中山王墓宫堂图字形。篆文 堂 明确了"尚" 尚 的字形。隶化后写作"堂"。

《说文解字》说："堂，殿也。""堂"的意思是殿室、王屋。"堂"的本义作名词用，是指王宫的大殿正厅，如殿堂、名堂、正堂。"堂"也可以作形容词用，表示正规、庄重大方，如堂皇、堂堂王正、富丽堂皇。"堂"可以作名词，表示大家族祭祖用的正厅，如堂屋、登堂入室、四世同堂。也可以作聚会用的大厅，如会堂、教堂、礼堂。

"堂"的意思也有一些词性变化，如在外表、举止或言语上表现出尊严的，如堂而皇之、堂堂大丈夫。也可以表示有血亲关系的，同一祖父但不同父亲的兄弟姐妹关系，如堂族、堂姐妹。堂也可以用来尊称别人的母亲，如令堂、萱堂。

虚堂习听

xí

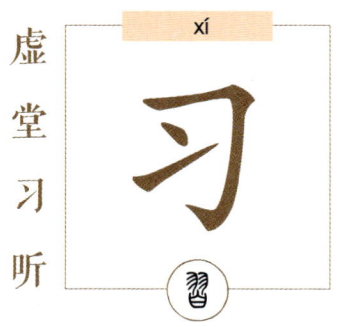

| 甲骨文 | 金文 | 篆文 | 隶书 | 楷书 | 行书 | 草书 | 标准宋体 |
|---|---|---|---|---|---|---|---|
| 羽 | 習 | 習 | 習 | 習 | 習 | 习 | 习 |

### 解字堂

"习",甲骨文=羽(羽,翅膀)+口(口,像鸟窝状),表示在鸟窝里振翅。造字本义:幼鸟在鸟巢上振动翅膀演练飞行。有的甲骨文在鸟巢口中加点写成"日"状。金文承续甲骨文字形。篆文误将金文的鸟巢状"日"写成"白"。简化后写作"习"。古人称理论知识的训练为"学",称生活实践的体验为"习"。

《说文解字》说:"习,数飞也。""飞"的意思是一次次地起飞。"习"的本义是动词用法,表示小鸟振翅膀演练飞行,本义只见于古文。"习"可以引申表示实践、演练、模仿,如习字、练习。"习"也可以作形容词用,表示熟悉的、有惯性的,如习闻、习惯、习见。可以引申为名词用法,表示惯性、稳定的生活方式,如习好、习气、习性。

此外,"习"还是个姓氏,习姓的得姓是以国为姓,古代习国所在地,在陕西省丹凤县武关附近少习山一带,习氏后人尊习响为习姓始祖。

### 名言馆

是皆习民数者也。
·《国语·周语》

学而时习之,不亦说乎?
·《论语·学而》

圣人者,明于治乱之道,习于人事之终始者也。
·《管子·正世》

不习于诵。
·《战国策·秦策五》

# 虚堂习听

tīng

听

| 甲骨文 | 金文 | 篆文 | 隶书 | 楷书 | 行书 | 草书 | 标准字体 |

## 解字堂

"聽"的本字为"耵",甲骨文为 ,由 (耳朵)和 (两个"口")组成,表示竖起耳朵聆听别人说话。金文有写作 ,也有写成 ,后面这个字加了"生" ,表示在远古时代,对他人观点用耳用心,是重要的观察、明辨、学习、包容的能力;同时加"十口" ,强调对待众口众舌的谦逊态度。篆文 主要加了 ("德"的省略),表示谦虚对待他人意见是重要的品质,强调"兼听养德"。古籍多以"聽"代替"耵"。《汉字简化方案》用"听"代替字形复杂的"聽"。

听的本义是动词,指用耳、心留意别人说的话,如听话、听课、听说。也可以引申为接受、吸纳、采纳和顺从,如听便、听凭、听任。

详细地看,"听"的意思也有一些引申,它还可以表示治理、管理或执行事务,如垂帘听政、听治。也可以表示判决、判断,如听决。也可以引申为等候、等待,如听用、听选。可以指听凭、任凭,比喻任人支配而无主见,如听其自便、听势。也可以作侦查的意思用。有耳目、间谍的意思,《荀子》里有"且仁人之用十里之国,则将有百里之听"。

"听"也可以通"厅",作厅堂的意思,表示古代官府办公处,后此义由"厅"取代。

## 名言馆

人或谓王孙,王孙终不听。
　　·《史记·司马相如列传》

泠泠七弦上,静听松风寒。古调虽自爱,今人多不弹。
　　·(唐)刘长卿《听弹琴》

春水碧于天,画船听雨眠。
　　·(唐)韦庄《菩萨蛮》

## 温故知新

### 四字通解

　　虚堂习听，"虚堂"是空屋子，"习"是接二连三的重复。我们都有"虚堂习听"的经验，一间空屋子里面的回声很大，在一个角落讲话另外的几个角落都能听到。回声是当声波碰到一个障碍物（如悬崖）时，它会弹回来，我们会再听到这个声音。这种反射回来的声音称为回声。在户外空旷的地方，回声比较模糊，因为声音的震动会向四处散开，能量会散失。而在一个密闭的空间里（如隧道），反射的声音不会跑掉，所以回声很大。从回声效应的角度看，越是在空旷的屋子里面，越是能够听到响亮的回声。可以引申为指一个人不管待在何处，哪怕是只有一个人的地方，也应该注意自己的言行规范，不逾矩，不过度，不作假，时时刻刻保持卑以自牧的态度来要求自己，警醒自己，才能真正养成一个好的品性。

### 故事厅

#### 一鸣惊人

　　齐威王虽然不喜欢听别人的劝告，但如果劝告得法的话，他还是会接受的。有一天，淳于髡见到了齐威王，就对他说："大王，为臣有一个谜语想请您猜一猜：某国有只大鸟，住在大王的宫廷中，已经整整三年了，可是他既不振翅飞翔，也不发声鸣叫，只是毫无目的地蜷伏着，大王您猜，这是一只什么鸟呢？"齐威王是一个聪明人，一听就知道淳于髡是在讽刺自己，而他却不是一个昏庸的君王，于是改过，做一番轰轰烈烈的事业，因此他对淳于髡说："嗯，这一只大鸟，你不知道，它不飞则已，一飞就会冲到天上去，它不鸣则已，一鸣就会惊动众人，你慢慢等着瞧吧！"从此齐威王不再沉迷于饮酒作乐，而开始整顿国事。

#### 狐假虎威

　　荆宣王问群臣："我听说中原地区的诸侯都惧怕楚国的昭奚恤，果真是这样吗？"群臣没有能回答上来的。江一回答说："老虎寻找各种野兽来吃。捉到一只狐狸，狐狸对老虎说：'你不该吃我，上天派我做百兽的首领，如果你吃掉我，就违背了上天的命令。你如果不相信我说的话，我在前面走，你跟在我的后面，看看群兽见了我，有哪一个敢不逃跑的呢？'老虎信以为真，于是就和狐狸同行，群兽见了老虎，都纷纷逃跑，老虎不知道群兽是害怕自己才逃跑的，却以为是害怕狐狸。现在大王的国土方圆五千里，大军百万，却由昭奚恤独揽大权。所以，北方诸侯害怕昭奚恤，其实是害怕大王的军队，这就像群兽害怕老虎一样啊。"

### 猜谜语

湖中倒映一小桥。
（打一字）

飞鸟从西来。
（打一字）

 ## 知识角

### 宫殿建筑的布局

中国的古代宫殿向来以富丽堂皇、恢宏霸气的特点著称，其实其内部的布局，也很有讲究，它的构造遵循着一定的法度和原理，如"左祖右社"。中国的礼制思想，有一个重要内容，则是崇敬祖先、提倡孝道，祭祀土地神和粮食神。有土地才有粮食，根据《周礼·春官·小宗伯》记载，"建国之神位，右社稷，左宗庙"。帝王宫室建立时，基本遵循"左祖右社"的原则。所谓"左祖"，是在宫殿左前方设祖庙，祖庙是帝王祭祀祖先的地方，因为是天子的祖庙，故称太庙；所谓"右社"，是在宫殿右前方设社稷坛，社为土地，稷为粮食，社稷坛是帝王祭祀土地神、粮食神的地方。

### 高堂的来历

高堂是对父母的合称。在古代家庭里，父母的居室一般称为堂屋，是处于一家正中的位置，而堂屋的地面和屋顶相对比其他房间要高一些，所以古代的子辈为尊重父母，在外人面前不直说父母而叫高堂。在外人面前称自己的父母为家父和家母，称别人的父母为令尊和令堂。

 ## 成语窗

### 乘虚迭出
虚：空虚、弱点。迭：屡次。指军事上向对方没有设防或兵力薄弱的地方进攻。

### 词钝意虚
形容由于心虚而说话吞吞吐吐。

### 殆无虚日
殆：几乎。虚：空。几乎没有一天空着。形容几乎天天如此。

### 道听途说
道、途：路。路上听来的、路上传播的话。泛指没有根据的传闻。

### 耳视目听
用耳朵看，用眼睛听。三代道家认为视听由精神主宰，可以不受器官限制。

### 耳听八方
耳朵同时察听各方面来的声音。形容人很机警。

### 不登大雅之堂
形容某些不被人看重的、粗俗的事物（多指文艺作品）。

### 处堂燕雀
比喻生活安定而失去警惕性。也比喻大祸临头而自己不知道。

祸因恶积

huò

| 甲骨文 | 金文 | 篆文 | 隶书 | 楷书 | 行书 | 草书 | 标准宋体 |
|---|---|---|---|---|---|---|---|
| 𠕋 | 㗆 | 祸 | 祸 | 祸 | 祸 | 祸 | 祸 |

### 解字堂

"祸",甲骨文像大块骨头上刻有很多符号。有的甲骨文写作"占",表示祭祀占卜时显示的凶兆。有的甲骨文加"犬"（猎），表示用来刻写的骨头来自猎物。金文省去甲骨文的"犬",将写成,加"示",强调"祸"的凶兆与祭祀占卜的关系。篆文将金文的"骨"写成"咼"。隶化后楷书写作"禍"。简化后写作"祸"。

《说文解字》说:"祸,害也,神不福也。"意思是,祸指灾害,表示神灵不予保佑。"祸"的本义是名词用法,意为灾难、灾患、不幸事件,如祸端、祸根、祸起萧墙。引申为动词,指损害,如祸国殃民、祸及子孙、祸害。

"祸"的意思有了一些衍生和变化,"祸"可以指罪过,《荀子》中有"罪祸有律",杨倞注:"祸,亦罪也。""祸"也可以表示被动地承受灾难,受害,如《诗·大雅·桑柔》:"民靡有黎,具祸以烬。"

### 名言馆

祸兮福之所倚,福兮祸之所伏。
·《老子》

不顾国政,则亡国之祸也。
·《韩非子·十过》

来不由我,古谓之祸。
·（汉）王充《论衡·累害》

病从口入,祸从口出。
·（晋）傅玄《口铭》

祸因恶积

| 甲骨文 | 金文 | 篆文 | 隶书 | 楷书 | 行书 | 草书 | 标准字体 |
|---|---|---|---|---|---|---|---|
| 因 | 因 | 因 | 因 | 因 | 因 | 因 | 因 |

## 名言馆

谁因谁极。
　　·《诗·鄘风·载驰》

因利乘便。
　　·（汉）贾谊《过秦论》

因人成事者。
　　·《史记·平原君虞卿列传》

游于三辅，因入京师。
　　·《后汉书·张衡传》

## 解字堂

"因"是"茵"的本字。"因"，甲骨文因像一个人躺卧在席垫口上。造字本义：躺着的席子。金文因、篆文因承续甲骨文字形。楷书异体字因以"工"（大）代"大"。当"因"的"席子"本义消失后，篆文再加"廿"另造"茵"代替，强调苇、藤的材质。

《说文解字》说："因，就也。"意思是，"因"指就近依凭。"因"的本义是席子，此义后由"茵"所代替。后来此义引申为凭借、依靠的意思，如因材施教、因人成事、因地制宜。又引申为沿袭、承接，如因袭、因循。又可以引申为缘由、缘故，如因果、因由。引申为连词用法，表示缘由，如因此、因故、因噎废食。

详细地说，"因"的意思有了一些衍生，"因"也可以引申为机会，如鲍溶《客途逢乡人旋别》："天远会无因"。佛教里有"因果轮回"一说，狭义的"因"是指产生结果的直接原因或内在原因，而"缘"则主要指产生结果的助因或外在的间接条件。广义的"因"也包括"缘"，因果是对存在和行为的互相关系尤其是前后关系的一种认识，佛教的因果理论是其轮回解脱理论的基础，也是其人生现象理论的基础，佛教中的十二因缘和六因、四缘、五果等说法都属于佛教因果理论范围。

039

祸因恶积

| 甲骨文 | 金文 | 篆文 | 隶书 | 楷书 | 行书 | 草书 | 标准宋体 |
|---|---|---|---|---|---|---|---|
|  |  | 惡 | 惡 | 惡 | 惡 | 乭 | 恶 |

### 解字堂

"恶"是形声字，从心，亚声。篆文字形为惡。隶书惡将篆文的"心"写成心。楷书写作"惡"。简化后写作"恶"。

《说文解字》说："恶，过也。""过"的意思是罪过。"恶"的本义是名词用法，表示坏行为、罪过，如作恶、罪恶、罪大恶极。也可以表示可恨的、心坏的、歹毒的，如恶霸、恶棍、恶魔、恶少。可以作形容词用，表示心情极度糟糕的，如恶心。也可以作副词用，表示可怕地、残酷地，如恶斗、恶骂、恶战。

详细来看，也有一些特别的用法，它可以表示丑陋的意思，如《礼记》中说："人莫知其子之恶。"也可以表示粗劣的，如恶食、恶衣、恶札。可以表示坏的、不好的，如恶言相向。也有凶暴、凶猛的意思，如恶狞、恶赖富丽。还有污秽、肮脏的意思，《论语》中说："色恶不食，臭恶不食。"恶还有令人难堪的意思，如恶作剧、恶谑。

恶，又读为wù，表示内心无法接受，厌恶，反感，如好恶、恨恶、深恶痛绝。

### 名言馆

天下皆知美之为美，斯恶已。

·《老子》

昔贾大夫恶，取妻而美。

·《左传·昭公二十八年》

恶者美之充也。

·《管子·枢言》

自古圣贤多薄命，奸雄恶少皆封侯。

·（唐）杜甫《锦树行》

祸因恶积

| 甲骨文 | 金文 | 篆文 | 隶书 | 楷书 | 行书 | 草书 | 标准字体 |
|---|---|---|---|---|---|---|---|
|  |  | 積 | 積 | 積 | 積 | 績 | 积 |

## 名言馆

戒之慎之，积伐而美者以犯之，几矣。
　　·《庄子·人间世》

积土成山，风雨兴焉……积善成德，圣心备焉。
　　·《荀子·劝学》

私其所积，唯恐闻其恶也。
　　·《荀子·解蔽》

和顺积中，而英华发外。
　　·《礼记·乐记》

终南阴岭秀，积雪浮云端。
　　·（唐）祖咏《终南望余雪》

## 解字堂

"責"，既是声旁也是形旁，是"绩"的省略，表示续接、累加。"績"，籀文積＝禾（禾，谷物）＋責（责，绩，续接、累加），表示持续累加谷物。造字本义：储备的粮食。篆文積承续籀文字形。隶书積将篆文的禾写成責。简化后写作"积"。

《说文解字》说："积，聚也。""积"的意思是聚集的意思。"积"的本义是储备粮食，此义只见于古文。引申为动词，堆叠、累加、聚集，如积弊、积储、积聚、积善成德。也可以表滞集、阻滞，如食积、血积、虫积。可以表示名词，数学方法乘的结果。

"积"的词性有一些变化，作名词，还可以指贮积起来的钱物。在中医里面，将儿童所得的消化不良的病，叫作积，如积痞，意思是体腔内可以摸到的硬块。"积"可以用作形容词用法，表示长久的、永恒的，如积祖、积世。也可以是指习惯的、积久渐成的，如积贼、积窃。

## 温故知新

###  四字通解

祸因恶积,意思是祸害往往是由平时一点点的坏事积累而成的一种后果,如果我们做恶太多,总有一天自作自受,自食恶果。《易经》里有说:"积善之家必有余庆,积不善之家必有余殃。"有余殃就是灾祸不断,这是积恶的果报。万事万物善恶是因,福祸是果。祸与福是祸与福是一体两面、相对共存的关系。不想要祸就别让福发展到极点,老子不是说过"祸兮福之所倚,福兮祸之所伏"的话吗?人为什么会有祸?因为恶积,是小恶的不断积累。为什么会有福?因为积善。所以"福将至,观其善必先知之;祸将至,观其恶必先知之"。善恶的积累过程就是事物的量变阶段,这个阶段还可以自己控制。一旦到了祸福临头的质变阶段,就非人力所能控制了。祸患的累积就如同山顶上的石头,一旦石头滚下山来,巨汉也挡拦不住。所以有句话说:"勿以善小而不为,勿以恶小而为之。"

###  故事厅

#### 祸起萧墙

孔子曾经教训他的两个学生。他说,子路、冉求,你们两个人在季家当辅相,远人不服,而不能来也;人家不服你的气,你的政治道德无法使人信服,所以人家没有来结交纳好。在国内则弄得分崩离析、意见分歧,表面上看是整体的,内在很多因素是分裂的。大家离心离德,迟早要崩溃。这种情形是守不住的,因为内部分崩离析,难以自保,只好向外发展,转移人家的视线,是同样的道理。你们因为许多内政问题不能解决,于是只好用兵,在外面发动战争来转移内部的注意力。在我看来,你们很危险,季家最大的烦恼、痛苦、忧愁,不在颛臾这个边区的小国家,而是在萧墙之内,在季家自己兄弟之间。孔子说了这个话不久,后来季家兄弟果然发生了问题;所以后世若内部发生祸乱,就用"祸起萧墙"这词。

#### 烽火戏诸侯

周幽王是一个非常残暴而腐败的君主。他有个爱妃名叫褒姒,长得非常美丽,但是"从未开颜一笑"。为此,周幽王赏千金买让褒姒笑的方法。于是有人提议点起烽火戏诸侯。

周幽王带着爱妃褒姒登上城楼,命令四下点起烽火。临近的诸侯看到了烽火,以为西戎来犯,便领兵赶到城下救援,但见灯火辉煌,鼓乐喧天。一打听才知是周幽王为了取乐娘娘而干的荒唐事儿。褒姒见状,果然淡然一笑。

但事隔不久,西戎果真来犯,虽然周朝点起了烽火,却无援兵赶到。原来各诸侯以为周幽王又是故技重演。结果都城被西戎攻下,周幽王也被杀死了,从此西周灭亡了。

### 猜谜语

大力能容天下。
（打一字）

开始就业要安心。
（打一字）

 ## 知识角

### 因果轮回

佛家最注重因果。辟支佛修证的十二因缘法，可说是因果律中最深入内心的一种理念。

但佛家因果律特别注重"缘"这个字，即所谓的"因、缘、果"。有"因"无"缘"，仍不能成"果"。例如，种子为因，空气、阳光、水分等为缘，开花结果才为果。换句话说，"因"能不能发展为"果"，要看客观环境条件来决定。从"因"到"果"要看机会，"果"不一定会出现，它是有机率性的。如"因""果"中间的"缘"十分简单，简单得趋近于零，则这种因果律是一种决定性的因果关系，可以包含宿命论，不过它只是特例而已。

### 红颜祸水

红颜祸水指的就是褒姒。传说夏朝末年，有两条神龙降临到夏帝的宫廷内，并说是褒国的国君。经过占卜，知道干掉赶走它们都是不好的，最后说只要他们留下唾液就是吉祥。于是夏帝就用玉帛收集了他们的唾液，并做好记录，藏在了一个匣子里。然后神龙就飞走了。光阴荏苒，时光由夏到殷又到周，胆大的厉王好奇打开了匣子，结果里边的唾液泛滥，无法阻断，最后唾液变成了一只甲鱼，甲鱼爬到一个婢女身上，使其怀孕，生下一女就是褒姒，因在褒国故称褒姒。所以有人说褒姒就是妖精就是这个依据。周幽王后来得到了褒姒，对貌美的褒姒一见钟情，神魂颠倒，宠爱无比。因此对褒姒是言听计从，无恶不作。把国家大事都荒废了，并且荒淫无度，最后加速了西周的灭亡。

 ## 成语窗

### 包藏祸心
包藏：隐藏，包含。祸心：害人之心。心里怀着害人的恶意。

### 避祸就福
避开凶险，趋向幸福。

### 兵连祸结
兵：战争。连：接连。结：相联。战争接连不断，带来了无穷的灾祸。

### 不因人热
因：依靠。汉时梁鸿不趁他人热灶烧火煮饭。比喻为人孤僻高傲。也比喻不依赖别人。

### 等因奉此
比喻例行公事，官样文章。也常用来讽刺只知道按章办事而不能联系实际的工作作风。

### 爱则加诸膝，恶则坠诸渊
加诸膝：放在膝盖上。坠诸渊：推进深渊。指不讲原则，感情用事，对别人的爱憎态度，全凭自己的好恶来决定。

### 从恶如崩
指为恶如山崩那样容易。

### 恶意中伤
出自恶毒用心去诽谤诬陷伤害别人，攻击陷害别人。

福缘善庆

| 甲骨文 | 金文 | 篆文 | 隶书 | 楷书 | 行书 | 草书 | 标准宋体 |
|---|---|---|---|---|---|---|---|
| 𝌆 | 福 | 福 | 福 | 福 | 福 | 福 | 福 |

## 解字堂

"福"，甲骨文𝌆=𝌆（示，祭祀）+𝌆（又，手，表示巫师的动作）+𝌆（酉，酒坛）+𝌆（双手，表示捧酒献祭），表示巫师用美酒祭祀祈祷。有的甲骨文𝌆省去双手𝌆，将𝌆写成𝌆，将"酉"𝌆写成"畐"𝌆。造字本义：用美酒祭神，祈求富足安康。金文𝌆将甲骨文的𝌆写成𝌆。篆文𝌆误将金文的酒坛形𝌆写成"畐"𝌆，并以"畐"作为声旁，变成形声字。"幸"为帝王所赐，是临死获赦而活着；"福"为上苍所赐，是神佑而富足安康。

《说文解字》说："福，祐也。""福"的意思是福灵保佑。"福"的本义是动词用法，表示献酒祭神，意思是祈求富足安康，如福佑、祝福，也可以表示满足的、理想的、幸运的意思，如福地、福州、福将。"福"可以引申为名词，表示丰盛的物质享受，理想的生活，如享福、得福、有福。

"福"也可以通"副"，表示符合、相称的意思，如福德、福望。在中国的传统中，一般都会在节日中为自己的亲朋好友送上彼此美好的祝愿作为祝福，尤其是在四大传统节日——春节、元宵节、中秋节、端午节中，以表达人们对美好生活的向往。

## 名言馆

受兹介福。

·《易·晋》

不以智治国，国之福。

·《老子》

师其类者谓之福。

·《荀子·天论》

福者，备也。备者，百顺之名也。

·《礼记·祭统》

谜语答案　因恶

福缘善庆

yuán

缘

福缘善庆

| 甲骨文 | 金文 | 篆文 | 隶书 | 楷书 | 行书 | 草书 | 标准宋体 |
|---|---|---|---|---|---|---|---|
|  |  | 緣 | 緣 | 緣 | 缘 | 缘 | 缘 |

## 名言馆

末技游食之民，转而缘南亩，则畜积足而人乐其所矣。

·（汉）贾谊《论积贮疏》

缘溪行，忘路之远近。

·（晋）陶潜《桃花源记》

今以所重加非其人，望其毗益万分，兴化致理，譬犹缘木求鱼，升山采珠。

·《后汉书·刘玄传》

## 解字堂

"彖"，既是声旁也是形旁，象家颈部有绳索形。"缘"，篆文緣＝糹（糸，丝绳）+彖（彖，代动物），造字本义：用绳线捆绑动物。隶书緣将篆文的糹写成纟，将篆文的彖写成彖。楷书缘将隶书的纟写成纟，将隶书的彖写成彖。简化后写作"缘"。

《说文解字》说："缘，衣纯也。"意思是，缘表示装饰的衣边。其本义是动词用法，表示用绳线捆绑动物，此义已经消失。引申为动词用，表缠绕、包围，此义只见于古文。作名词用，可以表示为衣服缝的布边，如衣缘。作动词用可以引申为沿着、顺着，如缘木求鱼、缘竿。作名词用可以表示深刻的联系、关系、机会，如缘分、姻缘、不解之缘。也可以引申为原因，如缘故、缘由、无缘无故。"缘"还可以作连词用，表示因为、由于、凭，如缘何至此。

除此之外，"缘"在佛教里面，也有特殊的含义。其是指一切事物之间生起一种互相交涉的关系。佛教把这些关系加以研究分析，可以心、色二法分别论之。心法依四缘生起：一、因缘，亦名亲因缘，即自心中业识的种子，彼为成熟心法之主因，故名亲因缘。二、无间缘，亦名等无间缘，即众生攀缘的心，前念、后念接续不断，故名无间缘。三、所缘缘，指众生心念所攀缘的物件，经云"心本无生因境有"，故一切外境皆为所缘之缘。四、增上缘，除前三种缘外，其他所有增加上去的力量，皆名增上缘。

福缘善庆

shàn

| 甲骨文 | 金文 | 篆文 | 隶书 | 楷书 | 行书 | 草书 | 标准宋体 |
|---|---|---|---|---|---|---|---|
| | | | 善 | 善 | 善 | | 善 |

## 解字堂

"羊",既是声旁也是形旁,通"祥"。"善",甲骨文=（羊,即"祥"）+（目,眼睛）,表示眼神安祥温和,所谓"慈眉善目"。有的甲骨文将一双眼睛写成。有的甲骨文将一双眼睛写成。有的甲骨文将一双眼睛省略成一只眼睛。金文=（羊,即"祥"）+（两个"言"）,表示言语祥和亲切。造字本义:神态安详,言语亲和。篆文承续金文字形。隶化后楷书将篆文的羊写成,将篆文的两个"言"写成"廿"加"口"的。

《说文解字》说:"善,吉也。""善"的意思是吉祥。"吉"的本义是形容词用法,表示神态安详,言语温和,如"慈眉善目"。也可以引申为仁慈的、有良心的、友好的,如善良、善行、善性、面善。作名词用意为义兴、义举,如积善、行善。也可以作形容词,表示吉祥的、美好的,如真善美、尽善尽美、自我完善。也可以作动词用,意为使美好、办好,如善后、善始善终。可以作副词用,表示好好地、能干地、擅长于,如善辩、善变、善感。

详细地来看,"善"可以意为慎重的意思,如善思、善政。也可以表示羡慕的意思,陶渊明有诗曰:"善万物之得时,感吾生之行休。"也可以表示赞许、嘉许的意思。

## 名言馆

不战而屈人之兵,善之善者也。
·《孙子兵法·谋攻篇》

便辟,友善柔,友便佞,损矣!
·《论语·季氏》

奕秋,通国之善弈者也。
·《孟子·告子上》

因厚赂单于,答其善意。
·《汉书·苏武传》

## 福缘善庆

### 庆 qìng

| 甲骨文 | 金文 | 篆文 | 隶书 | 楷书 | 行书 | 草书 | 标准宋体 |
|---|---|---|---|---|---|---|---|

### 名言馆

一人有庆，兆民赖之。
　　　　　·《书·吕刑》

农夫之庆。
　　　　　·《诗·小雅·甫田》

孝孙有庆。
　　　　　·《诗·小雅·楚茨》

有庆未尝不怡。
　　　　　·《国语·周语》

### 解字堂

"庆"，甲骨文像一个眉开眼笑的人手捧宝贝。造字本义：手持财礼，眉开眼笑前往祝贺。金文误将眉睫写成鹿角，并错误地在"人"的下部"配套"地加上鹿尾，误将"贝"写成"心"，完全违背甲骨文字形，于是甲骨文眉开眼笑的人讹变成一只鹿。篆文基本承续金文字形，并将金文中的鹿尾改写成（倒"止"），表示前往祝贺。隶书有所变形，失去篆文的"鹿头"形象。

《说文解字》说："庆，行贺也。""庆"的意思是带礼前往向他人祝贺。"庆"的本义是动词用法，表示持礼献贺，如庆祝、庆贺。可以引申为名词，表示祝贺仪式，如校庆、国庆。

在现代汉语词汇"庆贺"中，"庆"与"贺"近义，但在甲骨文字形中有所区别："庆"强调赠送礼物，以示纪念主人的称心事件；"贺"强调送礼的同时，现场说好话恭维主人。

## 温故知新

 四字通解

福缘善庆，"福"是福气、好运的意思；"缘"，是由于、因由的意思；"庆"是吉祥、喜庆的意思。《易·坤卦·文言》中说："积善之家必有余庆，积不善之家必有余殃。"这与福缘善庆的意思不谋而合，都是指善与恶、福与祸的因果，善恶是因，福祸是果。祸与福都是无常的。当一个人处于高官显职，享受荣华富贵时，如果能够施恩于大众，就能避免一切祸害；如果夸耀富贵，任意纵行，大行邪道，必有祸患。所以善恶之报，如影随形，如声应响，古今皆同，是不分贵贱的。所谓"勿以善小而不为，勿以恶小而为之"，不要忽略日常生活中一点一滴的德行，积善成德，神明自得，点点滴滴的善行终究会积成福源，积小德才能成大福。

### 猜谜语

四方同心祥运起。
（打一字）

广大之福。
（打一字）

 故事厅

### 缘木求鱼

公元前319年，齐宣王正准备攻打邻国。孟子反对战争，想宣扬自己的"仁政"思想。孟子问："大王心中最大的愿望是什么？"齐宣王知道孟子要来说服自己，所以他笑而不答。孟子接着问："是因为食物不够肥美，衣服不够轻暖，还是色彩不够艳丽，音乐不够美妙？要不就是因为身边伺候的人不够使唤吧？这些，臣子们都全部能给您提供，难道您还真是为了这些吗？"宣王说："不，我不是为了这些。"孟子接着说："那您最想要的，一定就是开拓疆土，收服秦国、楚国，统治中国，安抚边疆。不过，以您现在的做法，就像犹缘木而求鱼也。"齐宣王吃了一惊，忙问："为什么？"孟子连忙说："大王想一统天下，是以弱击强，只会给自己带来灾祸。可如果大王能施行仁政，使天下做官的人都想到您的朝廷里来做官，天下的农民都想到您的国家来种地，天下做生意的人都想到您的国家来做生意……这样，天下还有谁能够与您为敌呢？"

### 有缘千里来相会

清明时分，西湖岸边花红柳绿，断桥上面游人如梭。突然，从西湖底悄悄升上来两个如花似玉的姑娘，她们是两条修炼成了人形的蛇精，但她们并无害人之心，只因羡慕世间的多彩人生，才一个化名叫白素贞，一个化名叫小青，来到西湖边游玩。偏偏一时间下起了倾盆大雨，白素贞和小青被淋得无处藏身，正慌乱时，突然只觉头顶多了一把伞，转身一看，只见一位温文尔雅、白净秀气的年轻书生撑着伞在为她们遮雨。这便是白娘子与许仙的相遇。

##  知识角

### 倒福之说

据说,"福"字倒贴的习俗来自清代恭亲王府。一年春节前夕,大管家为讨主子欢心,照例写了许多个"福"字让人贴于库房和三府大门上,有个家人因不识字,误将大门上的"福"字贴倒了。为此,恭亲王福晋十分恼火,多亏大管家能言善辩,说:"奴才常听人说,恭亲王寿高福大造化大,如今大福真的到(倒)了,乃吉庆之兆。"福晋听罢心想,怪不得过往行人都说恭亲王府福到(倒)了,吉语说千遍,金银增万贯,一高兴,便重赏了管家和那个贴到福的家人。事后,倒贴"福"字之俗就由达官府第传入百姓人家。

### 福星

福星命是儒家提倡积极进取、奋发有为的人生,向内修身养性,形成仁、义、礼、智良好的道德品质,向外要齐家、治国、平天下,求取功名,行中庸之道,不走极端,处理好人际关系等,这样的人生才是福星的人生。

福星,民间传说之神。象征能给大家带来幸福、希望的人或事物。福星传说起源甚早,据说唐代道州出侏儒,历年选送朝廷为玩物。唐德宗时道州刺史阳城上任后,即废此例,州人感其恩德,遂祀为福神。宋代民间普遍奉祀。到元、明时,福神阳城又被传说成汉武帝时人杨成。以后更多异说,或尊天官为福神,或尊怀抱婴儿之"送子张仙"为福神。

《尚书·洪范》所说五福为:"一曰寿,二曰富,三曰康宁,四曰攸好德,五曰考终命。"汉朝桓谭《新论》则说:"寿、富、贵、安乐、子孙众多。"后世又有"福、禄、寿、财、喜"的说法。五福只是人生追求的大目标,百姓日常生活中的福要丰富得多。

##  成语窗

**洞天福地**
原为道家语,指神道居住的名山胜地。后多比喻风景优美的地方。

**福不重至,祸必重来**
福不会接连而来,祸灾却会接踵而至。

**蚂蚁缘槐**
缘:沿,顺着。蚂蚁沿着槐树上下爬。比喻自以为了不起。

**鲇鱼缘竹竿**
比喻上升艰难。同"鲇鱼上竹竿"。

**千里姻缘使线牵**
指婚姻是由月下老人暗中用一红线牵连而成。同"千里姻缘一线牵"。

**能言善辩**
善:擅长。辩:辩论。形容很会说话,善于辩论,口才好。

**褒善贬恶**
对好人好事加以赞扬,对坏人坏事加以斥责。指分清善恶,提出公正的评价。

**不得善终**
善终:正常死亡。指人不得好死。常指恶人应有的坏下场。

**长袖善舞**
袖子长,有利于起舞。原指有所依靠,事情就容易成功。后形容有财势会耍手腕的人,善于钻营,会走门路。

尺璧非宝

chǐ

| 甲骨文 | 金文 | 篆文 | 隶书 | 楷书 | 行书 | 草书 | 标准宋体 |
|---|---|---|---|---|---|---|---|
| ㇏ | ㇏ | 尺 | 尺 | 尺 | 尺 | 尺 | 尺 |

## 解字堂

"尺",金文㇏在人㇏的小腿位置加一实心圆点指事符号●,表示膝盖部位。造字本义:从脚掌到膝关节的高度。篆文尺有所变形,将金文㇏的"人"㇏写成"尸"㇇,并将圆点符号●改写成曲线符号乀。远古时代常以身体器官作为度量手段,从手掌到手腕为一"寸",从脚掌到膝部为一"尺"。

《说文解字》说:"尺,十寸也。人手却十分动脉为寸口。十寸为尺,尺,所以指尺规矩事也。从尸,从乙。乙,所识也。周制寸、尺、咫、寻、常、仞诸度量,皆以人之体为法。凡尺之属皆从尺。""尺"的意思是十寸长,人的手掌线后退十分的动脉位置就是"寸口"。十寸为一尺。尺,是用来标识方圆大小规模的工具。"尺"的本义就是名词用法,表示从脚掌到膝关节的高度。后来多作量词,表示长度单位,十寸为一尺,如尺寸、尺度、尺码。也可以引申为名词用法,表示度量长度的工具,并且标有刻度,如尺子、卷尺、直尺。也可以表示一种像度量工具的东西,如戒尺、镇尺。

古时候度量单位几乎以人体为标准,尺是中国古代传统的测量单位,亦称为"市尺",一尺等于十寸,西汉一尺等于0.231米,今三尺等于一米。尺还可以形容微小或短小,如尺布、咫尺天涯。

## 名言馆

尺有所短,寸有所长。
·《楚辞·卜居》

解落三秋叶,能开二月花。过江千尺浪,入竹万竿斜。
·(唐)李峤《风》

暮景千山雪,春寒百尺楼。独登还独下,谁会我悠悠。
·(唐)杜牧《题敬爱寺楼》

千岩一尺璧,八月十五夕。清露堕桂花,白鸟舞虚碧。
·(唐)贾岛《咏韩氏二子》

谜语答案　福　庆

# 璧 bì

尺璧非宝

| 甲骨文 | 金文 | 篆文 | 隶书 | 楷书 | 行书 | 草书 | 标准宋体 |
|---|---|---|---|---|---|---|---|
|  | 璧 | 璧 | 璧 | 璧 | 璧 | 璧 | 璧 |

## 名言馆

如圭如璧。
　　　　·《诗·卫风·淇奥》

以苍璧礼天。
　　　　·《周礼·大宗伯》

愿以十五城请易璧。
　　　　·《史记·廉颇蔺相如列传》

璧者，方中圆外。
　　　　·《白虎通·瑞赞》

## 解字堂

"辟"，既是声旁也是形旁，表示劈、切分。"璧"，诅楚文**璧**=辟（辟，劈开）+王（王，玉石），造字本义：被加工成圆片的有孔玉石。篆文璧承续金文字形。

《说文解字》说："璧，瑞玉环也。""玉"的本义是祥瑞的玉环。"璧"可以泛指玉的统称，也可以指美好的、漂亮的，如璧玉指上等的美玉。如璧散，指古玉爵名，为祭祀时所用的礼器。比喻美好的事物如成语"珠联璧合"：珍珠联串在一起，美玉结合在一块，比喻杰出的人才或美好的事物结合在一起。如璧人，指仪容美好的人。如璧门，指用玉装饰的门。"璧"还可以比喻月亮、月色，如璧采。"璧"还以引申指退回赠送的礼品或归还借用之物，如璧贴拜门、璧回。

我们说的"璧玉"一般指的是上等美玉，在古代是一种寓意着美好希望的宝玉，是古人们喜欢珍藏的一种珍宝古玩，它色泽通透，玲珑有致，质细而坚硬，可以雕琢成工艺品，甚至成为国家间争端的导火索，如《史记·廉颇蔺相如列传》中就曾记述过秦赵两国因为和氏璧而引发的纠纷，足以可见古人对璧玉的重视程度是极高的。

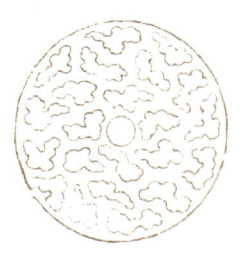

尺璧非宝

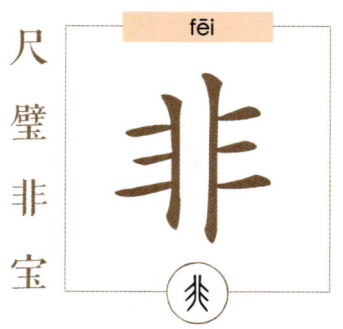

fēi

| 甲骨文 | 金文 | 篆文 | 隶书 | 楷书 | 行书 | 草书 | 标准宋体 |
|---|---|---|---|---|---|---|---|
| 𠃍 | 兆 | 𣎳 | 非 | 非 | 非 | 非 | 非 |

## 解字堂

"非",甲骨文是指事字,字形在相背的两个人(背)头上各加一横指事符号,表示两人思想相背、观念冲突、行为排斥。有的甲骨文变形,指事特征消失。造字本义:思想相背者之间互相抵制、排挤,相互攻击、责难。金文承续甲骨文字形。篆文有所变形。

《说文解字》说:"非,违也。从飞下翅,取其相背。""非"的本义是责难、诋毁的意思,如非难、非议、无可厚非。也可以引申为名词用法表示错误,如是非、痛改前非、习非成是。也可以作形容词用,表示违背道理的、错误的、糟糕的,如今是昨非、景况日非。可以引申为动词用法,表示不合乎、不属于、不是,如非法、非分、非礼。也可以作动词用,表示不,如非凡、非常、非但。

## 名言馆

誉者不能进,非者弗能退。
· 《韩非子·有度》

今诸生不师今而学古,以非当世。
· 《史记·秦始皇本纪》

非世而恶利。
· 《史记·李斯列传》

其观于人,不知其非笑之为非笑也。
· (唐)韩愈《答李翊书》

# 宝 bǎo

尺璧非宝

| 甲骨文 | 金文 | 篆文 | 隶书 | 楷书 | 行书 | 草书 | 标准宋体 |
|---|---|---|---|---|---|---|---|
| 𡧖 | 𡧖 | 寶 | 寶 | 寶 | 寶 | 宝 | 宝 |

## 名言馆

稼穑维宝，代食维好。
　　　　　·《诗·大雅·桑柔》

轻敌几丧吾宝。
　　　　　　·《老子》

正得秋而万宝成。
　　　　　·《庄子·庚桑楚》

被明兮佩宝璐。
　　　　　·《楚辞·九章·涉江》

不爱珍奇重宝肥饶之地。
　　　　　（汉）贾谊《过秦论》

和氏璧天下人所共传宝也。
　　　　　·《史记·廉颇蔺相如列传》

## 解字堂

"寶"，甲骨文字形𡧖＝∩（宀，房屋）＋🐚（贝，珠贝）＋𢆉（朋，玉串），造字本义：藏在家里的珠贝玉石等奇珍。有的甲骨文𡧖将玉串"朋"𢆉简化为"玉"王。金文𡧖加"缶"（瓦罐），表示将玉贝等藏在家里的瓦罐中。篆文𡧖基本承续金文字形。草书宝省去"贝""缶"。简化后写作"宝"。

《说文解字》说："宝，珍也。""宝"的意思是家藏的珍品，"宝"的本义是名词用法，表示藏在家中的珠贝玉石等奇珍，如宝珍、宝石。"宝"还可以引申为珍贵的东西，如财宝、传家宝、文房四宝。又可以表示对小孩亲爱的称呼，如宝贝。也可以表示一种货币，如通宝、元宝。可以表示与敬称道教有关的食物，如宝忏、宝诀。同样可以泛指敬称与他人有关的人和事，如宝斋、宝舟、宝号。

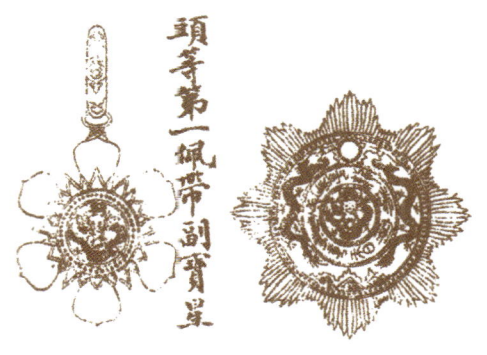

## 温故知新

### 四字通解

尺璧非宝，尺璧指的是直径一尺的大璧，十分珍贵。径尺之璧虽大而贵，但远不如光阴的贵重。出自刘安《淮南子·原道训》："故圣人不贵尺之璧而重寸之阴。"从之可以看出古人对时间是非常看重的，看得比宝玉还要珍贵。从古至今，古人有很多表示人生苦短的名句，如孔子说过："逝者如斯夫，不舍昼夜。"庄子说道："人生天地之间，若白驹过隙，忽然而已。"屈原也曾感慨道："老冉冉其将至今，恐修名之不立。"正是因为感觉到人生若白驹过隙，转眼即逝，古人们的惜时观念也随之根深蒂固，曹丕说："古人贱尺璧而重寸阴，惧乎时之过已。"陶渊明说过："盛年不重来，一日难再晨。及时当勉励，岁月不待人。"

### 故事厅

#### 和氏璧的由来

春秋时，楚人卞和在楚山，看见有凤凰栖落在山中的青石板上。依"凤凰不落无宝之地"之说，他认定山上有宝，经仔细寻找，终于在山中发现一块玉璞。卞和将此璞献给楚厉王。然而经玉工辨认，璞被判定为石头，厉王以为卞和欺君，下令断卞和左脚，逐出国都。武王即位，武王也为玉工所误不识宝，断了卞和右脚。及楚文王即位，卞和怀揣璞玉在楚山下痛哭了三天三夜，以致满眼溢血。文王很奇怪，派人问他："天下被削足的人很多，为什么只有你如此悲伤？"卞和感叹道："我并不是因为被削足而伤心，而是因为宝石被看作石头，忠贞之士被当作欺君之臣，是非颠倒而痛心啊！"这次文王直接命人剖璞，结果得到了一块无瑕的美玉。为奖励卞和的忠诚，美玉被命名为"和氏之璧"，这就是后世传说的和氏璧。

#### 买椟还珠

一个楚国人，他有一颗漂亮的珍珠，他打算把这颗珍珠卖出去。为了卖个好价钱，他便动脑筋要将珍珠好好包装一下。包装好后，楚人将珍珠小心翼翼地放进盒子里，拿到市场上去卖。到市场上不久，很多人都围上来欣赏楚人的盒子。一个郑国人将盒子拿在手里看了半天，爱不释手，终于出高价将楚人的盒子买了下来。郑人交过钱后，便拿着盒子往回走。可是没走几步他又回来了。楚人以为郑人后悔了要退货，没等楚人想完，郑人已走到楚人跟前。只见郑人将打开盒子里的珍珠取出来交给楚人说："先生，您将一颗珍珠放盒子里了，我特意回来还珠子的。"于是郑人将珍珠交给了楚人，然后低着头一边欣赏着木盒子，一边离开了。

### 猜谜语

人口结构度兴衰。
（打一字）

清辉映玉臂。
（打一字）

 **知识角**

### 古代的七尺男儿

古代的标准长度单位是"尺",但是历朝历代的"尺"的长短是不一致的,基本上年代越早,"尺"越短。例如:秦代一尺约0.23米,明清一尺为0.31—0.33米,比秦代竟然多了大约50%!古人常说"七尺男儿",基本上是在汉代形成的这个说法。汉代的度量衡基本与秦代一致。其中,长度单位"尺"约为0.23米。0.23×7=1.61米。由此可见,古汉人的身高在1.6米上下的较多。同时,参看《三国演义》,关羽那样的大汉身高可以达到八尺,合现在的1.8米多,在现在也算是比较高的了。此外还有个别达到九尺的,身高就是2米左右了,比当时大多数人高了0.4米。

### 中国古代的宝玉

狭义上只指和田玉,广义上包括岫岩玉、南阳玉、酒泉玉等十多种软玉。很多软玉历史同样悠久,如岫岩玉。硬玉只指翡翠。中国是世界上开采和使用玉最早、最广泛的国家。古书上记载很多,名称也很杂,如水玉、遗玉、佩玉、香玉、软玉等。辽宁阜新市查海遗址出土的透闪石软玉玉块,距今约8000年,是全世界到目前为止所知道的最早的真玉器。传说远古时代黄帝分封诸侯的时候,就以玉作为他们享有权力的标志,以后,许多帝王的"传国玺"也都是玉做的。商朝就已经使用墨玉牙璋来传达国王的命令,在有文字记载的周朝已开始用玉做工具。

 **成语窗**

**魔高一尺,道高一丈**
魔:恶鬼。道:道行,道法。比喻正义始终压倒邪恶。

**昂藏七尺**
指轩昂伟岸的男子汉。

**百尺竿头,更进一步**
佛家语,比喻道行、造诣虽深,仍需修炼提高。比喻虽已达到很高的境地,但不能满足,还要进一步努力。

**白璧无瑕**
璧:中间有孔的扁圆形玉器;瑕:玉上的斑点。比喻人的品德或事物完美无缺。

**璧合珠连**
璧:玉器。璧合:指两个半璧合成一个。连:连接。日月如合璧,五星如连珠,古人认为是一种显示祥瑞的天象。也比喻众美毕集,相得益彰。

**连城之璧**
连城:连成一片的许多城市,喻指珍贵之物。璧:玉。指价值极高的宝物或比喻珍贵的东西。

**宝马香车**
华丽的车子,珍贵的宝马。指考究的车骑。

**宝山空回**
走进到处是宝物的山里,却空手出来。比喻根据条件,本来应该有丰富的收获,却一无所得(多指求知)。

**宝珠市饼**
拿珍珠换饼。比喻杜绝贪心。

寸阴是竞

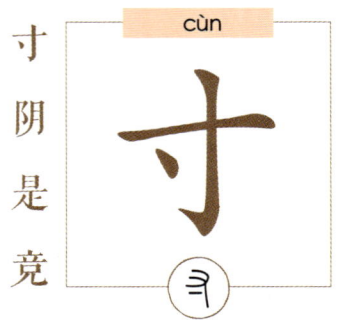

| 甲骨文 | 金文 | 篆文 | 隶书 | 楷书 | 行书 | 草书 | 标准宋体 |
|---|---|---|---|---|---|---|---|
| | | ᚦ | 寸 | 寸 | 寸 | 寸 | 寸 |

### 解字堂

"寸",篆文ᚦ在手腕ᛉ(又)的下面加一横指事符号—,表示手腕某个位置。造字本义:切脉位置,离手腕十分的脉口。隶书寸变形较大,将篆文的"又"ᛉ写成"十"寸。

《说文解字》说:"寸,十分也。人手却一寸,动脉,谓之寸口。""寸"的意思是十分,由人的手掌后退一寸,即动脉位置,叫作"寸口"。"寸"的本义是名词用法,切脉,用手指点压离手腕十分位置的脉口,如寸口、寸脉。"寸"也多作量词,离手腕很近的距离,十公分的样子,如寸草、寸步难行。

"寸"还可以引申为极短的,如寸幅、寸旬、寸铁。也可以形容极小的、极其微不足道的,如寸土必争、寸愿、寸田、寸进。中医里面有"寸口切脉"法,切压腕后桡动脉浅表部位以体察脉象变化的脉诊方法。寸口又称气口或脉口,在病变时反应较敏感容易感知,所以从寸口脉象变化既可了解机体正气盛衰和营卫气血运行情况,又可判断病邪对脏腑的影响。寸口分寸、关、尺三部,两手各有寸、关、尺三部,共六部脉。

### 名言馆

布指知寸。
　　·《大戴礼记·主言》

一丝而累,以至于寸;累寸不已,遂成丈匹。
　　·《后汉书·列女传》

谁言寸草心,报得三春晖。
　　·(唐)孟郊《游子吟》

谜语答案　尺璧

寸阴是竞

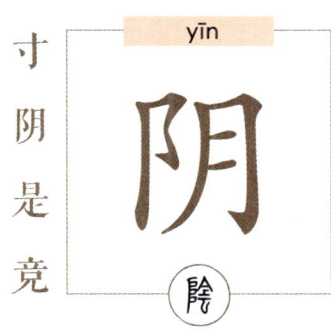

| 甲骨文 | 金文 | 篆文 | 隶书 | 楷书 | 行书 | 草书 | 标准宋体 |
|---|---|---|---|---|---|---|---|

### 名言馆

达于汉阴。
　　　·《列子·汤问》

敕勒川，阴山下。天似穹庐，笼盖田野。
　　　·北朝乐府《敕勒歌》

洞庭之阴。
　　　·（唐）李朝威《柳毅传》

阴谷皆入济。
　　　·（清）姚鼐《登泰山记》

### 解字堂

"会"是"陰"的本字。"会"，三体石经 = 凡（今，即"含"，包含）+（云层），表示天空多云。造字本义：天空多云，没有阳光。"会"的籀文写成"云在日下"，表示云层遮挡阳光。篆文承续金文字形。当"会"作为单纯字件后，金文再加"阜"（山地）另造"陰"代替，表示山地背阳的北坡。"陰"的篆文基本承续金文字形。隶书将篆文的"阜"写成"左耳旁"，将篆文的"会"写成。简化后写作"阴"。

《说文解字》说："阴，暗也。水之南，山之北也。""阴"的意思是昏暗无光，阴坡指的是河川南面，山岭北面的意思，如阴面、阴山、华阴、江阴。"阴"的本义是形容词，表示天空多云，没有阳光，如阴暗、阴沉、阴凉。"阴"还可以指背光处，光照形成的暗影，如阴翳、光阴。

"阴"可以引申为暗中的、不明显的、不外现的，如阴风、阴间、阴错阳差、阴森。"阴"也可以作副词用，表示暗暗地、偷偷地，如阴笑、阳奉阴违。

寸阴是竞

| 甲骨文 | 金文 | 篆文 | 隶书 | 楷书 | 行书 | 草书 | 标准宋体 |
|---|---|---|---|---|---|---|---|
| 是 | 是 | 是 | 是 | 是 | 是 | 是 | 是 |

## 解字堂

"是",金文是=⊙(日,太阳)+彐(又,手)+止(止,即"趾",脚),表示太阳直射,时至夏至,人们手脚并用进入夏季农忙。造字本义:夏至,太阳当头,适宜农务。有的金文是误将手形彐简化成"又"又。篆文是则将"又"又(手)和"止"止(脚)连写成"正"正,强调太阳在头顶正上方。夏至是夏历法则中的重要节令,是入夏农忙的恰当起始日。从本义上看,时日恰当为"是",相互抵制为"非"。

《说文解字》说:"是,直也。""是"的意思是正、直。是的本义是动词用法,夏至时,太阳当头,适宜务农,此义只见于古文。"是"还可以作形容词用法,表示对的、适当的、正确的,如是非、今是昨非、一无是处、实事求是。"是"还表示动词,表示肯定,如不是、但是、只是。"是"作动词,还可以表示赞同,认为正确、肯定,如王安石《答司马谏议书》中有:"盘庚不为怨者故改其度,度义而后动,是而不见可悔故也。"还可以作代词,表示这些、这,如"是可忍,孰不可忍"。

## 名言馆

是谓伐德。
·《诗·小雅·宾之初筵》

天将降大任于是人也,必先苦其心志。
·《孟子·告子下》

知迷途其未远,觉今是而昨非。
·(晋)陶潜《归去来兮辞》

寸阴是竞

| 甲骨文 | 金文 | 篆文 | 隶书 | 楷书 | 行书 | 草书 | 标准宋体 |
|---|---|---|---|---|---|---|---|
| 丮 | 競 | 競 | 競 | 競 | 競 | 競 | 竞 |

## 名言馆

竞于道德。
　　　　·《韩非子·五蠹》

相与优游，竞畅于宇宙之间。
　　　　·《淮南子·俶真》

而与之竞火器。
·（清）徐珂《清稗类钞·战事类》

## 解字堂

"竞"，甲骨文像两个头部加"辛"的俘虏或奴隶并列在一起，造字本义：战争的胜利者或主人，强迫战俘或奴隶比武，以此取乐。金文误加"口"。篆文承续金文字形。隶书误将篆文的"辛"写成"立"。简化字竞省去正体楷书字形競的一半。

《说文解字》说："竞，强语也。""竞"的意思是争着说话。此义只见于古文。"竞"引申为角逐、争斗的意思，如竞争。"竞"还可以引申为强劲的意思，如竞爽、竞朗。也有小心翼翼的意思，如竞竞、竞谨。

## 温故知新

###  四字通解

寸阴是竞，寸阴指的是短暂的时间；"是"，是文言助词，用在动词与宾语之间，起把宾语提前的作用；"竞"，表示争取；合起来的意思是说，一寸光阴也应当争取，不能浪费，形容时间极其宝贵。古人为什么将时间叫作"寸阴"呢？时间可以用尺子计量吗？古代的计时工具中有一种叫日晷，是石头制作的上面带有刻度的盘子，盘面上有一根垂直的铁针。日晷盘面上的刻度非常复杂，分为好几层。因为地球绕太阳公转的轨道是椭圆的，地球自转的地轴又是歪的，所以四季的日照高度不同，落在日晷上的阴影也长短不一。当夕阳落山的时候，阳光在日晷上的阴影只有一寸长。夕阳落山是瞬间的，一下就落了，如不抓紧时间寸阴就没有了。所以才有"一寸光阴一寸金"的成语。国人从古至今的时间观念就很强，古人抓紧时间勤学苦练的例子也是屡见不鲜，已经深深融入了他们的生活中，如司马光曾把自己的枕头做成圆木，他读书困倦时就会枕着圆木睡觉，只要一翻身，枕木就会滚走，人会惊醒，他用这种方式来强制自己刻苦读书。

### 猜谜语

寄语落花须自扫。
（打一字）

阶前皓魄出江南。
（打一字）

###  故事厅

**田忌赛马**

孙膑是春秋战国时期的著名军事家，他同齐国的将军田忌很要好。田忌经常同齐威王赛马，马分三等，在比赛时，总是以上马对上马，中马对中马，下马对下马。因为齐威王每一个等级的马都要比田忌的强，所以田忌屡战屡败。孙膑知道此事以后，对田忌说："再同他比一次吧，我有办法使你得胜。"临场赛马那天，孙膑先以下马对齐威王的上马，再以上马对他的中马，最后以中马对他的下马。比赛结果，一败两胜，田忌赢了。同样的马匹由于调换了一下比赛程序，就得到了反败为胜的结果。

**囊萤映雪**

囊萤的故事主角是车胤。车胤年轻时就很懂事，也能吃苦耐劳。他因为白天要帮家人干活，就想利用漫漫长夜多读些书，好好充实自己；然而，他的家境清贫，根本没有闲钱买油点灯，有什么办法可以突破客观条件的限制呢？最初，他只得在夜间背诵书本内容，直到一个夏天的晚上，他看见几只萤火虫在飞舞，点点萤光在黑夜中闪动。于是，他想出了一个好法子：他捉来许多萤火虫，把它们放在一个用白纱布缝制的小袋子里，因为白纱布很薄，可以透出萤火虫的光，他把这个布袋子吊起来，就成了一盏"照明灯"。车胤不断苦读，终于成为著名的学者，后来还成了一名深得人心的官员。

 ## 知识角

### 古代的尺寸标准

现代的一寸和古代是不一样的，几乎每个时代都不同。我们是根据出土的尺来推测古人的尺寸的。现在的尺为了和米方便换算，本来就接近三分之一米，就规定成三分之一米了。据说，尺的长度在开始就是随意规定的，不长不短，大概是一个成年人的小臂的长度，后世在此基础上调整。还有一说，人的身高为一丈，所以说丈夫。远古时代"布指知寸，布手知尺"。商代，一尺合今16.95厘米，按这一尺度，人高约一丈左右，故有"丈夫"之称；周代，一尺合今23.1厘米；秦时，一尺约23.1厘米；汉时，一尺大约21.35—23.75厘米；三国，一尺合今24.2厘米；唐代，一尺合今30.7厘米；宋元时，一尺合今31.68厘米；明清时，一尺合今31.1厘米。

### 山水与阴阳

古代以山南、水北为阳，以山北、水南为阴。"水北山南谓之阳，水南山北谓之阴。"衡阳、江阴、华阴、汉阳、洛阳都符合这一原则。主要和中原地区地理及太阳照射有关。概念形成时的中原地区，指的是黄河中下游一带，在北回归线以北，终年不会有太阳直射，阳光会从南面照射，山的南面可以被太阳照射到而北面则受不到阳光照射，所以山南为阳，俗称"阳坡"；山北为阴，俗称"阴坡"。水（河流）的方面，由于地形是西北高向东南渐低，由于地转偏向力的影响，向东流的河流在流动时会倾向于往东南方向流动，南岸较容易受到河水的侵蚀下淘，南岸相对高差大，地势低湿，岸下难受光照；北岸反之。所以，水南为阴，水北为阳。

 ## 成语窗

### 寸草春晖
寸草：小草。春晖：春天的阳光。小草的心意难以报答春天的恩惠。比喻子女报答不尽父母养育之恩。

### 寸积铢累
铢：古计量单位，二十铢为一两。点点滴滴地积累。

### 进寸退尺
进一寸，退一尺。比喻得不偿失。

### 柳影花阴
指男女幽会的地方，引申为男女情爱的事情。

### 绿叶成阴
指绿叶繁茂覆盖成荫。比喻女子青春已逝，儿女成行。

### 不阴不阳
比喻态度不明朗，模棱两可。

### 寸阴尺璧
阴：日影，光阴。寸阴：指极短的时间。日影移动一寸的时间价值比径尺的璧玉还要珍贵。极言时间可贵。

### 南风不竞
南风：南方的音乐。不竞：指乐音微弱。原指楚军战不能胜。后比喻竞赛的对手力量不强。

### 千岩竞秀
岩：山崖。竞：竞赛。重山叠岭的风景好像互相比美。形容山景秀丽。

资父事君

zī

| 甲骨文 | 金文 | 篆文 | 隶书 | 楷书 | 行书 | 草书 | 标准宋体 |
|---|---|---|---|---|---|---|---|
| | | 𧵩 | 資 | 資 | 資 | 资 | 资 |

## 解字堂

"次",既是声旁也是形旁,表示旅行在外。"资",篆文𧵩=𣍘(次,旅行)+貝(贝,钱),造字本义:旅费,路费。隶化后楷书写作"資"。简化作"资"。

《说文解字》说:"资,货也。"资的意思是财货。资的本义是旅费、路费,如川资。引申为钱财、财务,如资本、资料、资产、投资。也可以表示费用、消耗的钱,如资费、资用。也可以用来表示条件、凭借,如资格、资历、资源、资深。可以引申为动词用法,表示提供条件、支助的意思,如资助、以资参考。

"资"的意思有了一些变化,"资"还可以表示资历、资格,如资质、资任、资名、资级、资籍。资还可以表示天赋、天资,如资质愚钝、资望、资略。"资"也可以引申指粮食,如资粮。"资"还可以表示蓄积,如资聚、资储。也可以表示取用,如资取、资福、资纵。

## 名言馆

若据而有之,此帝王之资也。
· 《三国志·吴书·鲁肃传》

昔先君仲尼与君先人伯阳有师资之尊。
· (南朝)刘义庆《世说新语·言语》

愔以资望少,不宜超莅大郡。
· 《晋书·郄愔传》

绝世之资,必不如专门之凤习也。
· (清)魏源《默觚·治篇》

谜语答案  寸阴

资父事君

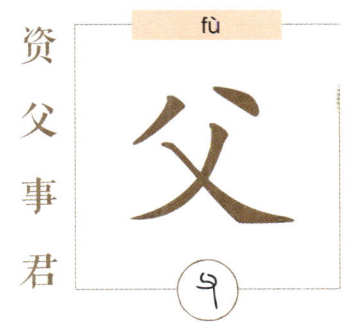

| 甲骨文 | 金文 | 篆文 | 隶书 | 楷书 | 行书 | 草书 | 标准宋体 |
|---|---|---|---|---|---|---|---|

### 名言馆

三月，公及邾仪父盟于蔑。
·《春秋·隐公元年》

维师尚父，时维鹰扬。
·《诗·大雅·大明》

纵江东父老怜而王我，我何面目见之？
·《史记·项羽本纪》

### 解字堂

"父"是"斧"的本字。"父"，甲骨文在"又"字上加一竖指事符号，代表手上持握的石斧或石凿之类的工具。造字本义：手持石斧，猎捕或劳动。金文画出尖锐的石斧形状。篆文承续金文字形。隶书将篆文的"又"写成乂，字形变化较大。当"父"的"持斧"本义消失后，再加"斤"另造"斧"代替。远古时代利用工具进行体力劳动，对开创生活具有重大意义，受到特别尊重，因此"父"是古人对从事劳动的男子的尊称。

《说文解字》说："父，矩也。家长率教者。""父"是规矩的代表，是一家之长，是带领、教育子女的人。"父"的本义是作动词用，表示手持石具，猎捕或劳动，此义已经消失。可以活用作名词，表示巧用工具劳动的男子，如田父、渔父。也可以指对生身男性的尊称，母亲之丈夫，如父辈、父老、父女。可以引申为对亲族中的男性长辈的尊称，如伯父、舅父、叔父。

在父权制社会中，是以父系血缘为纽带结成原始社会基本单位，父权制家庭中各项事务都由父亲或年长男人决定，父亲不只是家长，还是家庭的统治者，妻子及其子女处于附属地位。父权制社会也是中国后来很长一段时间形成男尊女卑思想的渊源。

资父事君

shì

| 甲骨文 | 金文 | 篆文 | 隶书 | 楷书 | 行书 | 草书 | 标准宋体 |
|---|---|---|---|---|---|---|---|
| | | | 事 | 事 | 事 | | 事 |

## 解字堂

"吏"与"事"本为同一个字，后分化为两个字。"事"，甲骨文=（象猎具）+（又，抓持）。造字本义：传达朝廷命令并监督实施。金文、将甲骨文的权杖（卜）写成（中）。篆文承续金文字形。隶化后简化作"事"。

《说文解字》说："事，职也。""事"的意思是当差。"事"的本义是动词用法，表示从事捕猎活动。可以引申为服务、做，如事君、事主、事功。也可以引申为名词用法，表示勤务、活计，有责任的日常活动，如事务、事理、事必躬亲。"事"还可以表示意外的麻烦、困境，如事变、事故、事端。

在古代，"事"常用来指天子、诸侯的国家大事，包括祭祀、盟会、兵戎等，如《穀梁传》中："天子无事。""事"也可以表示典故、故事，也可以指情形、情况。"事"还可以引申为职业、职分、名分，如《史记》："舞阳侯樊哙者，沛人也，以屠狗为事。""事"还有使用、役使的意思，如事用、事智、事役。

## 名言馆

敏于事而慎于言。

· 《论语 · 学而》

尚安事客！

· 《史记 · 魏公子列传》

奉事循公姥，进止敢自专？

· 汉乐府《古诗为焦仲卿妻作》

安能摧眉折腰事权贵，使我不得开心颜！

· （唐）李白《梦游天姥吟留别》

## 资父事君

jūn

# 君

| 甲骨文 | 金文 | 篆文 | 隶书 | 楷书 | 行书 | 草书 | 标准宋体 |
|---|---|---|---|---|---|---|---|
| 𠃌 | 𠁁 | 㖃 | 君 | 君 | 君 | 君 | 君 |

### 名言馆

不亦君子乎？
　　　　　·《论语·学而》

君子有不战。
　　　　　·《孟子·公孙丑下》

君子博学。
　　　　　·《荀子·劝学》

君有疾。
　　　　　·《韩非子·喻老》

况君前途尚可。
·（南朝）刘义庆《世说新语·自新》

落花时节又逢君。
·（唐）杜甫《江南逢李龟年》

### 解字堂

"尹"是"君"的本字。"尹"，甲骨文像手执权杖，表示握权执政，管理事务。后来甲骨文加口（口，命令），另造"君"代替。造字本义：发号施令，执政治国。金文、将甲骨文的手和权杖连写成。篆文承续金文字形。古人称使用带刃的木制武器的首领叫"帝"；称手持特大战斧的首领叫"王"；称文治天下的首领叫"君"；称头戴金冠之王叫"皇"。

《说文解字》说："君，尊也。""君"的意思是天下至尊，如国君、君王、君上也可以引申为有德行的人，是对人的一种尊称，如君子。"君"也可以指夫妇之间的尊称，如夫君、君姑、君舅。

在古代称大夫以上具有土地的各级统治者统称为君子，战国时期有著名的"四君子"，有赵国的平原君赵胜、齐国的孟尝君田文、魏国的信陵君魏无忌、楚国的春申君黄歇。他们都是战国时期有势力的诸侯国贵族，为了对付秦国的入侵和挽救本国的存亡，竭力于扩大自己的势力，广招宾客，积极养士，使得当时养士之风盛行。

## 温故知新

 **四字通解**

资父事君，意思是资养父母、侍奉君王。这句话的意思充分体现了儒家的五伦关系，父子、夫妻、兄弟、朋友、君臣，五种人与人之间的伦常，前三种是家庭关系，后两种是社会关系，这也是人类社会赖以生存，不能脱离的基础。

资父事君体现的是父子和君臣之道。五伦之首是父子之道，原则是父慈子孝，父道叫慈道，父子之间还要讲究仁义。仁德是父子相处的首要，父子以仁德而处，子赡养父亲，是天经地义的一种职分，体现了中国文化核心的一个"孝"字，只有懂了这个字的内涵并且按照孝道之理去践行，才是真正地"行孝"，才是善的始行，所以说"百善孝为先"。而事君，体现的是君臣之道，而侍奉君王和奉养父母一样，都是要一丝不苟，虔诚恭敬的，资父事君从根本上作为五伦关系的两环，也是维系社会，尤其是封建统治秩序的关键和基石，因此在中国一直有着根深蒂固的影响力。

 **故事厅**

### 缇萦救父

从前，临淄地方有个姑娘叫淳于缇萦，她的父亲淳于意是医生。有个大商人的妻子生了病，请淳于意医治。那病人吃了药，病没见好转，过了几天死了。大商人仗势向官府告了淳于意一状，说他是错治了病。当地的官吏判他"肉刑"，几个女儿都低着头伤心得直哭，只有最小的女儿缇萦又是悲伤，又是气愤。她不顾阻拦提出要陪父亲一起上长安去。缇萦到了长安，托人写了一封奏章，到官门口递给守门的人。汉文帝看了信，十分同情这个小姑娘，又觉得她说得有道理，就召集大臣们商议，拟定了一个办法，把肉刑改用打板子。原来判砍去脚的，改为打五百板子；原来判割鼻子的改为打三百板子。汉文帝就正式下令废除肉刑。这样，缇萦就救了她的父亲。

### 介子推的故事

春秋时期，晋公子重耳被迫流亡，途经一处渺无人烟的地方，又累又饿。大家万分着急，介子推走到僻静处，从自己的大腿上割下了一块肉，煮了一碗肉汤给太子。重耳渐渐恢复了精神，当他发现肉是介子推从自己的腿割下的时候，感激地流下了眼泪。十九年后，重耳做了国君，也就是历史上的晋文公。即位后文公重赏了随他流亡的功臣，唯独忘了介子推。晋文公想起后，羞愧莫及，亲自带人去请介子推。然而绵山山高路险，树木茂密，寻找起来谈何容易，于是有人献计，从三面火烧绵山，逼出介子推。大火烧遍绵山，却没见介子推的身影，火熄后，人们才发现背着老母亲的介子推已坐在一棵老柳树下死了。晋文公见了，悲痛不已。

### 猜谜语

贝字欠两点，不作目字猜。
（打一字）

关尹子出口成章。
（打一字）

错在不小心。
（打一字）

 ## 知识角

### 三纲五常

"三纲"是指"君为臣纲，父为子纲，夫为妻纲"，要求为臣、为子、为妻的必须绝对服从于君、父、夫，同时也要求君、父、夫为臣、子、妻作出表率。它反映了封建社会中君臣、父子、夫妇之间的一种特殊的道德关系。"五常"即仁、义、礼、智、信，是用以调整、规范君臣、父子、兄弟、夫妇、朋友等人伦关系的行为准则。三纲五常是儒家思想，为封建阶级统治和等级秩序的神圣性和合理性而辩护，成为中国封建专制主义统治的基本理论，为历代封建统治阶级所维护和提倡。

### 君舟民水

"君舟民水"是一句传统格言，在《荀子·王制》篇我们可以看到此言的引用。告诉君王爱护庶民的重要意义。在格言中，荀子把君主比作舟，把庶民比作水，谓之"水可载舟，亦可覆舟"。荀子引用这句格言，又将庶民比作马，把君主比作坐车的人。说马儿如果害怕车，坐车的人就一定不会安宁；若庶民不安宁，甚至害怕你的政策，那么，君主的地位也不会巩固。要让马儿不害怕车子，首先要让它安静下来；要让庶民不讨厌你的政策，首先要给庶民一定的利益。因此，君主必须爱护庶民，使庶民安宁，自己才能安宁。按照仁义的原则办事，大家就拥护他；不按仁义的原则办事，大家就抛弃他，实在是很可怕的事。

 ## 成语窗

### 论资排辈
论：根据。资：资历，资格。辈：大小或前后顺序。根据资历深浅、辈分的大小决定级别、待遇的高低。

### 居安资深
形容安心学习，造诣很深。

### 因敌取资
因：依，靠。资：财物，资用。从敌人方面取得资用、给养。

### 庆父不死，鲁难未已
不杀掉庆父，鲁国的灾难不会停止。比喻不清除制造内乱的罪魁祸首，就得不到安宁。

### 认贼作父
把仇敌当作父亲。比喻甘心卖身投靠敌人。

### 顽父嚚母
指愚顽暴虐的家长。

### 田父献曝
田父：老农。曝：晒。老农将晒太阳取暖的方法献给国君。常作向人献物或献计的谦词。

曰严与敬

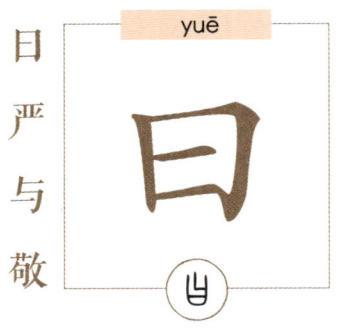

yuē

| 甲骨文 | 金文 | 篆文 | 隶书 | 楷书 | 行书 | 草书 | 标准宋体 |
|---|---|---|---|---|---|---|---|
| 曰 | 曰 | 曰 | 曰 | 曰 | 曰 | 曰 | 曰 |

## 解字堂

"曰",甲骨文、在"口"的边上加一短横指事符号,表示嘴巴的动作。造字本义:开口说话。金文、承续甲骨文字形。篆文突出了表示说话动作的指事符号。隶书则写成与"日"相似的字形。

《说文解字》说:"曰,词也。"曰的意思是措词,即开口说话,如《诗·郑风·女曰鸡鸣》"女曰鸡鸣"。也可以表示叫作、称作,如"美其名曰"。"曰"还可以置于句首,也可以作句中助词,无实际意义,如《诗·小雅·采薇》:"曰归曰归,岁亦莫止。"

## 名言馆

曰有大艰于西土。
·《书·大诰》

子曰:"人无远虑,必有近忧。"
·《论语·卫灵公》

陈胜、吴广乃谋曰:"今亡亦死,举大计亦死,等死,死国可乎?"
·《史记·陈涉世家》

帝得圣相相曰度,贼斫不死神扶持。
·(唐)李商隐《韩碑》

谜语答案 资 君 父

# 严 yán

日严与敬

| 甲骨文 | 金文 | 篆文 | 隶书 | 楷书 | 行书 | 草书 | 标准字体 |
|---|---|---|---|---|---|---|---|
|  | 嚴 | 嚴 | 嚴 | 嚴 | 嚴 | 严 | 严 |

## 名言馆

有严有翼，共武之服。
　　·《诗·小雅·六月》

无严诸侯，恶声至，必反之。
　　·《孟子·公孙丑上》

严大国之威。
　　·《史记·廉颇蔺相如列传》

鸡鸣外欲曙，新妇起严妆。
　　·汉乐府《古诗为焦仲卿妻作》

## 解字堂

"岩"，既是声旁也是形旁，表示坚硬、难以改变。"嚴"，金文=屮（屮的变形，"岩"，坚硬不变）+帚（帚，体罚用的竹鞭）+又（又，抓持）+口（口，训斥），表示为苛硬的标准而体罚训斥。造字本义：体罚、训斥，用苛刻的硬标准要求。有的金文将"岩"屮写成屮。有的金文将"岩"屮写成屮。篆文將金文字形中的"岩"屮写成厂，并将金文字形中的写成，强调体罚（受）肉体（月）的含义。隶书將篆文的写成不知所云的。楷书嚴又误将隶书的写成"敢"敢。简化后写作"严"。

《说文解字》说："严，教命急也。"意思是，"严"表示教训，命令，督促紧急。"严"的本义是动词用法，表示体罚，训斥，用苛责的硬标准要求，此义只见于古文。引申为形容词用法，表示标准苛刻的、难通融的，如严词、严格、严明、严肃。也可以形容紧密的、没有漏洞的，如严禁、严密、严实。

"严"还可以表示程度深的、难忍的，如严峻、严酷、严寒。还可以作副词用，表示高标准地、要求苛刻地，如严办、严惩、严加管理。

日严与敬

yǔ

## 与

| 甲骨文 | 金文 | 篆文 | 隶书 | 楷书 | 行书 | 草书 | 标准宋体 |
|---|---|---|---|---|---|---|---|
|  |  | 臼 | 與 | 與 | 與 | 与 | 与 |

### 解字堂

"與",篆文=舁（舁,很多手放在一起）+与（与,给予）+二（二,双方）,表示相互给予。其中"与"既是声旁也是形旁。有的金文省去了"二"写成臼,篆文臼也承继了这个写法。《汉字简化方案》用"与"合并代替"與"。

《说文解字》说："與,党與也。从舁从与。""与"的意思是赐予、给予,如赠与、与人方便。还可以引申为交往,如相与、与国。"与"还可以作介词用,表示和、跟,如与人为善、与日俱增、与世长辞。"与"还可以表示帮助、援助,如与助,还可以表示赞同,如"吾与点也"。"与"可以引申为随着、随从,如与时俱进、与世推移。"与"也可以表示允许,如与告。

"与"的词性也发生了一些变化,可以作名词用,表示党与、朋党。"与"也可以引申为同类。"与"用作介词,表示对、对于,如与我何益、与我奈何。"与"还可以放在句尾,多表示轻微的疑问"吗",如《战国策·魏策》中："而君逆寡人者,轻寡人与？"

### 名言馆

我持白璧一双,欲献项王;玉斗一双,欲与亚父。
· 《史记·项羽本纪》

则与斗卮酒。
· 《史记·项羽本纪》

岁余不入,贷钱者多不能与其息,客奉将不给。
· 《史记·孟尝君列传》

取与者,义之表也。
· （汉）司马迁《报任安书》

与衣裳,吏护还之乡。
· （唐）柳宗元《童区寄传》

# jìng 敬

| 甲骨文 | 金文 | 篆文 | 隶书 | 楷书 | 行书 | 草书 | 标准宋体 |
|---|---|---|---|---|---|---|---|
| | 敬 | 敬 | 敬 | 敬 | 敬 | 敬 | 敬 |

## ～名言馆～

既敬既戒，惠此南国。
　　　　·《诗·大雅·常武》

---

敬鬼神而远之。
　　　　·《论语·雍也》

---

敬闻命矣。
　　　　·《庄子·山木》

## ～解字堂～

"敬"，是会意字。从攴，以手执杖或执鞭，表示敲打；从苟，有紧急、急迫之义。《说文》："敬，肃也。从攴、苟。"徐灏《段注笺》："敬有戒谨义，苟训急敕。敕者，戒也。其义相近，声亦相转。疑苟即古敬字。从苟，加攴。攴，治也。治事肃恭之意。"

"敬"本义是恭敬、端肃。恭在外表，敬存内心。如敬让、敬身、敬慎。"敬"也可以表示慎重地对待，不怠慢，不苟且，敬谨，如敬事、敬信、敬独、敬逊、敬虔、敬明。还可以表示尊重、尊敬，如敬学、敬服、敬事后食、敬老慈幼。还可以指有礼貌地送上，如敬酒、敬烟、敬茶、敬奉。

"敬"还可以表示自愿转让无须抵偿的东西，捐赠或赠送的礼品，如冯梦龙《警世通言》："于库房取书仪十两，送与苏雨为程敬。"

## 温故知新

曰严与敬，指的是奉养父母，侍奉君主，要竭尽全力，严肃而恭敬。"严"指的是对待君主和父母的态度，是要诚恳的、严敬的。而"敬"是要有必要的尊重，有分寸，不逾矩，不越规。家庭中最重要的分子是父与子、夫与妇。父与子是血统的结合，所以称父慈子孝。父母对待子女应该竭力爱护和从善教养，子女应该给父母相应的尊重。子女敬仰父母要有五条，分别是"供奉能使无乏""分有所为，先白父母""父母所为，恭顺不逆""父母正令，不敢违背""不断父母所为正业"。顺从父母的心意，并且从心底里去敬爱他们，尊重他们，并且严肃而恭敬地用行为表达出来，这都是我们的分内之事，不可以懈怠和推脱。知亲恩，践行于我们日常的点点滴滴，是我们每个人应有的职责。

### 周亚夫

冬，匈奴三万骑兵入侵上郡。汉文帝派河内太守周亚夫驻军细柳，派宗正刘礼为将军驻军霸上，以防备匈奴入侵京都。汉文帝亲自劳军，经霸上、棘门军，车驾直接驰入，毫无阻挡，将领都恭候迎送。到细柳军，将士身披铠甲，手持兵器、弓箭。天子的先头护卫到，不给进军营大门。护卫说："皇上快到了。"守门军士说："我们将军有令，在军中只听将军号令，不听天子诏书。"一会儿汉文帝到，也不得入内。于是汉文帝派出使者，带着手谕去见周亚夫，周亚夫才传令打开壁门。这时壁门守卫请车驾慢走，军中不得驰驱。汉文帝吩咐车夫慢慢行走。到了军营内，将军周亚夫带着刀剑向皇上行揖礼，说："披上铠甲不下拜了，以军礼致意。"汉文帝很受感动，改变了原定的仪式，直起身子用手扶在车木上，表示敬意，并派人通知说"皇上特前来慰劳"，完成仪礼而去。

### 猜谜语

初升新月上阑干。
（打一字）

独倚五更中。
（打一字）

 **知识角**

### 古人教子"七不责"

1. 对众不责：在大庭广众之下，不要责备孩子，要在众人面前给孩子以尊严。
2. 愧悔不责：如果孩子已经为自己的过失感到惭愧后悔了，大人就不要责备孩子了。
3. 暮夜不责：晚上睡觉前不要责备孩子。此时责备他，孩子带着沮丧失落的情绪上床，要么夜不成寐，要么噩梦连连。
4. 饮食不责：正吃饭的时候不要责备孩子。这个时候责备孩子，很容易导致孩子脾胃虚弱。
5. 欢庆不责：孩子特别高兴的时候不要责备他。人高兴时，经脉处于畅通的状态，如果孩子忽然被责备，经脉就会立马憋住，对孩子的身体伤害很大。
6. 悲忧不责：孩子哭的时候不要责备他。
7. 疾病不责：孩子生病的时候不要责备他。

### 古代祭祀之先蚕之礼

祭祀是向神灵求福消灾的传统礼俗仪式，被称为吉礼。"祭祀"也意为敬神、求神和祭拜祖先。原始社会，人们认为人的灵魂可以离开躯体而存在。祭祀便是这种灵魂观念的派生物。天子藉田，皇后就去采桑养蚕。《礼经》有仲春"诏后帅外内命妇始蚕于北郊"的记载，亲桑、享先蚕之礼就是据这项活动而制定的。史书记载，汉代已有此礼仪，皇后率领公、卿、列侯夫人到东郊苑中采桑，并以中牢羊、豕祭祀蚕神——苑窊妇人和寓氏公主。当时，宫中蚕室养蚕在千薄以上（薄是养蚕的竹帘），蚕丝由织室纺织，用作祭服。魏晋以后，亲桑礼与藉田亲耕礼比附，遂相应地建造了先蚕坛，又有皇后"采桑坛"。

 **成语窗**

### 壁垒森严
壁垒：古代军营四周的围墙。森严：整齐，严肃。原指军事戒备严密。现也用来比喻彼此界限划得很分明。

### 不恶而严
并不恶声恶气，但很威严，使人知敬畏。

### 刁斗森严
刁斗：古时行军，在晚上敲击以报时或报警的用具。森严：整肃，整饬。防卫严密。形容军队的营地戒备森严。

### 白沙在涅，与之俱黑
涅：黑土。白色的细沙混在黑土中自然变黑。比喻好人处在坏的环境里，也会逐渐变坏。

### 将欲取之，必先与之
要想夺取他一些什么，得先给予他一些什么。

### 安危与共
共同享受安乐，共同承担危难。形容关系密切，利害相连。

### 恭敬不如从命
客套话。多用在对方对自己客气，虽不敢当，但不好违命。

### 恭敬桑梓
恭敬：尊敬，热爱。桑梓：桑树和梓树，古时家宅旁边常栽的树木，比喻故乡。热爱故乡和尊敬故乡的人。

### 敬谢不敏
谢：推辞。不敏：不聪明，没有才能。恭敬地表示能力不够或不能接受。多作推辞做某事的婉辞。

孝当竭力

| 甲骨文 | 金文 | 篆文 | 隶书 | 楷书 | 行书 | 草书 | 标准宋体 |
|---|---|---|---|---|---|---|---|
| 𡥃 | 𡥃 | 𡥃 | 孝 | 孝 | 孝 | 孝 | 孝 |

### 解字堂

"老"，既是声旁也是形旁，表示年长。"孝"，甲骨文𡥃=𡥃（是"老"𡥃的省略，长发长者）+𡥃（子，后代），老人在上，小子在下，表示儿孙搀扶老人。造字本义：儿孙搀扶老人，服从和奉养父母、长辈。金文𡥃、𡥃将甲骨文的𡥃明确为𡥃或𡥃。篆文𡥃承续金文字形。隶书孝将篆文的"老"𡥃简化成耂，将"子"𡥃写成子。

《说文解字》说："孝，善事父母者。""孝"的本义是动词用法，意思是奉养和服从父母、长辈，如孝道、孝经、孝顺。也可以引申为丧服，如孝服、孝衣。

古人是非常注重行"孝"的，"孝"就是对父母养育之恩的一种回报，叫作"慈乌反哺"，所以父母死后要守孝三年。父亲过世守孝两年零四个月，母亲因为生养自己时受尽折磨和痛苦，所以要守孝三年，到期烧一些纸钱。守孝期间不要穿花色的艳丽色的服装，只能一些素色的服饰，最好不要出入娱乐场所，最好不要结婚，第一年春节家中不要贴"福"字春联窗花，不去亲友家串门拜年等等，第二年春节可以简单地贴一个"福"字等等。古时官家"三年"守孝中不能参加宴会应酬，夫妇不能同房，家属不能生孩子。民间没有这么多限制，但在守孝期间是不能婚娶的，一年之内不能参加喜庆活动。如遇必须婚娶的，可在百日之内操办，叫作"借孝"。

### 名言馆

孝，礼之始也。
　　　　　　·《左传·文公二年》

夫孝，德之本也。又，天之经也，民之行也。
　　　　　　·《孝经》

子爱利亲谓之孝。
　　　　　　·（汉）贾谊《新书·道术》

百善孝为先。
　　　　　　·（清）王永彬《围炉夜话》

谜语答案　严　与

## 当 dāng

孝当竭力

| 甲骨文 | 金文 | 篆文 | 隶书 | 楷书 | 行书 | 草书 | 标准宋体 |
|---|---|---|---|---|---|---|---|
|  | 當 | 當 | 當 | 當 | 當 | 当 | 当 |

### 名言馆

以王子姑曹当之，而后止。
·《左传·哀公八年》

汝不知夫螳螂乎？怒其臂以当车辙，不知其不胜任也。
·《庄子·人间世》

非刘豫州莫可以当曹操者。
·《三国志·蜀书·诸葛亮》

一夫当关，万夫莫开
·（唐）李白《蜀道难》

有狼当道，人立而啼。
·（明）马中锡《中山狼传》

### 解字堂

"尚"，既是声旁也是形旁，表示遮阳挡雨的屋顶。"當"，金文 = 尚（尚，屋顶，遮挡）+ 土（土），表示被土遮挡。造字本义：被高大土墩遮挡。篆文 將金文的"土"写成"田"。当"當"的"遮挡"本义消失后，再加"手"另造"擋"代替。简化后，写作"当"。

《说文解字》说："当，田相值也。"意思是，当"指"两块田地面积相对等。"当"的本义是动词用法，表示被高大土墩遮挡，本义只见于古义。也可以表示动词，阻挡、抵挡，如螳臂当车、锐不可当。

也可以表示动词，应该、必须，如当断则断、当立则立。可以引申为承受、担任、作为，如当差、当官、当干部。也可以引申为主管、主持，如当家、当局、当政、当权。"当"还可以作介词，表示正在（那时候、那地方），如当初、当代、当即、当年。还可以表示面对着、向着，如当街、当面、当众。

"当"读dàng，作形容词用法，表示合适的、适宜的，如不当、得当。作动词，表示抵得上、等于，如一个人当俩人用。可以表示作为、当作，如长歌当哭、安步当车。表示认为，如我当你已经回家了。指事情发生的（时间），如当时、当天、当年。

表示用实物做抵押向当铺借钱，如典当、当东西。

孝当竭力

jié

| 甲骨文 | 金文 | 篆文 | 隶书 | 楷书 | 行书 | 草书 | 标准宋体 |
|---|---|---|---|---|---|---|---|
|  |  | 竭 | 竭 | 竭 | 竭 | 竭 | 竭 |

### 解字堂

"竭"是形声字。从立，曷声。"竭"可以表示用力到达极限，竭力、竭尽。"竭"。可以表示干涸，如枯竭、山崩川竭。

### 名言馆

唇竭则齿寒。

· 《庄子·胠箧》

---

竭泽而渔，岂不获得，而明年无鱼。

· 《吕氏春秋·义赏》

---

取之无禁，用之不竭。

· （宋）苏轼《前赤壁赋》

---

吾才三鼓竭，君思九江宽。

· （宋）杨万里《仲良见和再和谢焉》

---

## 力

| 甲骨文 | 金文 | 篆文 | 隶书 | 楷书 | 行书 | 草书 | 标准字体 |
|---|---|---|---|---|---|---|---|

### 名言馆

有力如虎，执辔如组。
· 《诗·邶风·简兮》

吾力足以举百钧，而不足以举一羽。
· 《孟子·梁惠王上》

以力服人者，非心服也。
· 《孟子·公孙丑上》

愿将军量力而处之。
· （宋）司马光《资治通鉴》

### 解字堂

"力"与"手"同源。"力"，甲骨文像向下伸展的手臂，是右手（即"又"）的变形。有的甲骨文写作。造字本义：强壮有劲的手臂。古人的手臂，由于大量的日常手工劳动而强壮有劲，造字者遂以强壮有劲的手臂代表无形的力量。有力的男子为男，有力的女子为。金文基本承续甲骨文字形，突出了手指的形象。有的金文将甲骨文的手臂写成弯曲形状。篆文竖写，淡化了手形。隶书对篆文字形作了较大变形，手臂形象消矢。

《说文解字》说："力，筋也。象人筋之形。""力"的本义是名词用法，表示富于能量的手臂，此义已经消失。亦可以引申表示体能、能量，如力道、力度、力量。也可以引申为技能、才艺，如功力、学力、视力。

"力"还可以作形容词用，表示能量巨大的、有影响力的，如力证、力作。作副词用还可以表示尽其所能的，如力避、力挫、力克。

## 温故知新

 **四字通解**

"孝"是个上老下子的会意字,老子合为一体,老就是子,子就是老。孝当竭力,就是孝敬父母应当竭尽全力,尽人所能地去做,能做到多少就是多少。中国老式住宅大门的门心对子大多有这样两句话:忠孝传家久,诗书继世长。中国在汉朝实行察举制,从各地举荐的孝子中选拔,叫作"举孝廉",历史上的曹操就是"孝廉"出身。汉语里的"孝顺"二字合用,"孝"是内心的诚敬,"顺"指言行上不拗父母之意,这也是《弟子规》中所要求的"父母教,须敬听;父母责,须顺承"。内无诚敬之义,言行再顺,"孝"也只是一个空壳,孟子形容这种孝身不孝心的孝,与养肥猪没有什么区别。一个人爱父母很好,但如果内心不敬,这种爱就不会保持长久。孔子也说,爱父母如果是空心的爱,与养宠物没有什么不同。因此,尽孝,不只是要言行,还要从心。

 **故事厅**

### 卧冰求鲤

古时候,有一个叫王祥的小孩子,他的生母去世了,父亲再娶了一个妻子,就是王祥的后母。后母不喜欢王祥,可是,王祥很听后母的话,后母叫他做的事,他都尽力做好。一个寒冷的冬日,后母生了病,想吃活鱼,要王祥到河捉鱼。天下着大雪,北风呼呼地吹着,河水早已结冰,哪有鱼呢?王祥想:我可以用体温使冰块融化啊!他脱掉衣服,卧在冰上,刺骨的寒冰冷得他牙关打颤,全身颤抖,但他仍然强忍着、忍着……突然间,他身体下的冰块裂开了,两条鲤鱼跳了上来。王祥大喜,抱着鲤鱼飞奔回家,煮鱼汤给后母吃。

### 项羽长歌当哭

项羽和刘邦原来约定以鸿沟东西边作为界限,互不侵犯。后来刘邦听从张良和陈平的规劝,觉得应该趁项羽衰弱的时候消灭他,就又和韩信、彭越、刘贾会合兵力追击正在向东开往彭城的项羽部队。终于布置了几层兵力,把项羽紧紧围在垓下。这时,项羽手下的兵士已经很少,粮食又没有了。夜里听见四面围住他的军队都唱起楚地的民歌,项羽不禁非常吃惊地说:"刘邦已经得到楚地了吗?为什么他的部队里面楚人这么多呢?"说完,心里已丧失了斗志,便从床上爬起来,在营帐里面喝酒,并和他最宠爱的妃子虞姬一同唱歌。歌曰:"力拔山河气盖世,时不利兮骓不逝。骓不逝兮可奈何,虞兮虞兮奈若何。"唱完,直掉眼泪,在旁的人也非常难过,都觉得抬不起头来。

### 猜谜语

老头得子笑声来。
（打一字）

下雪初晴留鸿迹。
（打一字）

 **知识角**

### 中国的孝道

百善孝为先，传统的孝道文化数千年来一直影响着整个华夏民族。中国人把孝视为人立身之本、家庭和睦之本、国家安康之本，同时也是人类延续之本。当代人尤其是新生代对传统的孝道文化理念的淡漠是可悲的。应大力提倡让孝道理念深深地镌刻在人们心中，为社会和谐、民族振兴而大加弘扬和传承。孝道在现今也有着积极的现实意义。孝作为儒家伦理思想的核心，千百年来是中国社会维系着家庭关系的道德准则，是中华民族的传统美德。

### 鲁智深当众倒拔垂杨柳

鲁智深，本名鲁达，法名智深，绰号"花和尚"，当过提辖，又称鲁提辖。身高八尺，长得面阔耳大、鼻直口方。菜园子附近住着二三十个泼皮，他们常来菜园子偷菜，已换了几个看园子的人都管不了他们。没想到鲁智深把两个领头的踢到粪坑里，吓得他们跪地求饶。第二天，泼皮们买些酒菜向鲁智深赔礼。大家正吃得高兴，听到门外大树上的乌鸦叫个不停，泼皮们说这叫声不吉利，吵人心烦，便欲搬梯子拆掉鸟巢。鲁智深上前把那棵树上下打量了一下说："不用了，待我把树拔掉。"说完，只见他脱掉外衣，用左手向下搂住树干，右手把住树的上半截，腰往上一挺，那棵树竟然连根拔起。众泼皮惊得个个目瞪口呆，忙跪在地上拜鲁智深为师。

 **成语窗**

### 入孝出悌
语出《论语·学而》："子曰：'弟子入则孝，出则悌。'"谓回家要孝顺父母，出外要敬爱兄长。

### 孝悌忠信
孝顺父母，敬爱兄长，忠于君主，取信于朋友。此指封建社会所提倡的道德标准。

### 长歌当哭
长歌：长声歌咏，也指写诗。当：当作。用长声歌咏或写诗文来代替痛哭，借以抒发心中的悲愤。

### 臭不可当
当：承受。臭得使人受不了。比喻人名声极坏。

### 焚林而田，竭泽而渔
竭：使……干涸。渔：打鱼。烧毁森林捕捉野兽，排干湖水去捕捉鱼。比喻只顾眼前的利益，无止境地索取而不留余地。

### 计穷力竭
穷、竭：尽。计谋、力量都用尽了。

### 竭诚相待
竭诚：竭尽诚意。待：对待。竭尽诚意地对待别人。

## 忠则尽命

zhōng

| 甲骨文 | 金文 | 篆文 | 隶书 | 楷书 | 行书 | 草书 | 标准宋体 |
|---|---|---|---|---|---|---|---|
|  | 忠 | 忠 | 忠 | 忠 | 忠 | 忠 | 忠 |

### 解字堂

"中",既是声旁也是形旁,表示在两者之间、不偏不离。"忠",金文=中(中,正而不偏)+心(心),造字本义:内心公正,不偏私情。篆文基本承续金文字形。隶书将篆文的"心"写成心。

《说文解字》说:"忠,敬也。""忠"的意思是敬仰并遵从。"忠"的本义是形容词用法,表示内心公正,不偏私情,如忠诚、忠厚、忠实。"忠"也可以作副词用,表示公正地、无私的、恳切的,如忠告、忠谏。

"忠"一般指事上忠诚、忠厚。我国古代有很多忠贞忠直的人物,如诸葛亮、魏征。

### 名言馆

一曰六德:知、仁、圣、义、忠、和。

·《周礼·大司徒》

---

私臣不忠,忠臣不私。

·《后汉书·任延传》

---

志虑忠纯。

·(三国)诸葛亮《出师表》

---

使行人到此,忠愤气填膺。有泪如倾。

·(宋)张孝祥《六州歌头》

谜语答案  孝 当

忠则尽命

zé

则

| 甲骨文 | 金文 | 篆文 | 隶书 | 楷书 | 行书 | 草书 | 标准宋体 |
|---|---|---|---|---|---|---|---|
| | | | | 则 | 则 | | 则 |

## 名言馆

有物有则。
·《诗·大雅·烝民》

法则以驭其官。
·《周礼·太宰》

均守平则。
·《周礼·大司马》

## 解字堂

"则"是"鋼"的本字。"则"，金文=（鼎，青铜器）+（刀，刻镂），表示用刀在金属器皿上刻镂。造字本义：古人将法律条文及其他重要记录刻铸在青铜钟鼎上，以便久远流传。籀文承续金文字形。篆文误将籀文字形中的"鼎"写成"貝"。当"则"的"刻铸"本义消失后，篆文再加"金"另造"鋼"代替。简化后写作"则"。

《说文解字》说："则，等画物也。""则"的意思是均等划分财务。"则"的本义是动词用法，表示将法律条文刻铸在钟鼎上，此义后由"鋼"代替。也可以引申为法规、规范和条文，如定则、准则、以身作则。"则"也可以作量词，如一则故事、一则新闻。"则"还可以作副词，如否则、不鸣则已。则还可以作连词用法，表示并列、转折、让步、因果、顺承等关系，如"欲速则不达"。

"则"多作连词或副词用。副词可以表示肯定句，用在判断句中，相当于"就"，如柳宗元《捕蛇者说》："非死则徙尔。"也可以表示范围，相当于只、仅仅，如则除、则索、则情、则故。可以表示让步，意为倒是，如《三国志》："则名微而众寡。"

忠则尽命

| 甲骨文 | 金文 | 篆文 | 隶书 | 楷书 | 行书 | 草书 | 标准宋体 |
|---|---|---|---|---|---|---|---|
| | | | | | | | 尽 |

### 解字堂

尽，甲骨文 = （皿，食物用完后空的盛器）+ （又，抓持）+ （像毛刷），表示吃完盛器中的食物后用毛刷清洁盛器。造字本义是手持毛刷清洁空的盛器。隶化后楷书写作"盡"。简化后写作"尽"。

《说文解字》说："尽，器中空也。"尽的意思是盛器内的东西淘尽了。"尽"的本义是动词用法，手持毛刷清洁空的盛器，此义后来消失了。也可以作形容词，表示空无一物的、空的，如山穷水尽、不善尽美、弹尽粮绝。也可以引申为动词用法，表示最大限度地投入，如尽责、尽职、尽情。还可以作副词用，表示全、都、最大限度地，如尽数、尽可能、尽人皆知。

### 名言馆

民力尽于无用。
　　　　　·《墨子·七患》

马力尽矣。
　　　　　·《荀子·哀公》

不过亡三十万金，则诸侯可尽。
　　　　　·《史记·秦始皇本纪》

野火烧不尽，春风吹又生。
　　　　　·（唐）白居易《赋得古原草送别》

千淘万漉虽辛苦，吹尽狂沙始到金。
　　　　　·（唐）刘禹锡《浪淘沙》

忠则尽命

| 甲骨文 | 金文 | 篆文 | 隶书 | 楷书 | 行书 | 草书 | 标准宋体 |
|---|---|---|---|---|---|---|---|
| 𠄎 | 令 | 命 | 命 | 命 | 命 | 命 | 命 |

## 名言馆

命悬于遂。
　　·《史记·平原君虞卿列传》

岂吾相不当侯邪？且固命也？
　　·《史记·李将军列传》

苟全性命于乱世，不求闻达于诸侯。
　　·（三国）诸葛亮《出师表》

母孙二人，更相为命。
　　·（晋）李密《陈情表》

我命在我不在天。
　　·（晋）葛洪《抱朴子·黄白》

## 解字堂

　　"令"是"命"的本字。"令"，甲骨文 = ▲（朝下的"口"）+ 人（人，等候指示的下级），表示上级指示下级。当"令"成为常规名词后，金文再加"口"另造"命"，代替"令"的本义动词功能，强调"开口发令"。造字本义：上级向下级开口发话，作出权威性指示。篆文承续金文字形。隶书误将篆文的"人"写成"单耳旁"的"卩"。

　　《说文解字》说："命，使也。"本义是动词用法，表示上级向下级开口发令，如命笔、命驾、命令。又可以引申为规定、称呼、限定，如命名、命题、自命不凡。也可以作名词，表示限度、定数、范围，如命案、命大、命定。

　　"命"还有一些引申的用法，如取名、命名，柳宗元《答韦中立书》："今之命师者。"也可以指天命、命运，如命分、算命。"命"还可以指寿命、性命，如《古诗为焦仲卿妻作》："命如南山石。"也可以指生活、生存，如命途。

## 温故知新

 **四字通解**

忠则尽命。《论语》载："臣事君以忠"，意思是忠于君主但不要超越本位，一心一意，恪尽职守。君在过去的时候，指的主要是帝王和上级，忠的意思是全心全意，方正不偏的忠诚无私，竭力尽心地把分内的事情做好。"忠君"思想是儒家学说的一种提倡，但孔子并不是提倡没有理性的愚忠，而是要以"仁""义"作为一种参考的判断标准。忠臣当明谏，不偏不倚，不卑不亢，才是真正尽力于自己的职分，因此忠臣进言，要建立在与帝王彼此信任的基础上，不仅有智慧，也要有伸缩有致的适度，要做到"温柔敦厚""怡色柔声"。历史上有很多忠贞的谏臣，如唐代最著名的就是魏征，他的直言善谏曾经一度被传为佳话。"尽命"在孔子看来，命就是一个人的本分、职责，人无论做人做事，都要素位而行，不要逾越自己的本分，才有功德；越位行事，劳而无功，所以孔子又说："不在其位，不谋其政。""忠则尽命"所提倡的是一种理性的诚忠，而不是非理性的愚忠。

 **故事厅**

### 戚家军

明世宗时期，有一批日本的海盗常在我国东南沿海一带骚扰。历史上把这种海盗叫作"倭寇"。朝廷把山东的将领戚继光调到浙江平倭。他到了浙江，先检阅那儿的军队，发现那些军队纪律松散，根本不能打仗，就决心另外招募新军。他一发出招兵命令，马上有一批吃够倭寇苦的农民、矿工自愿参军，还有一些愿意抗倭的地主武装也参加了进来。戚继光组织的新军很快发展到四千人。戚继光是个精通兵法的将领，他懂得兵士不经过严格训练是不能上阵的。他根据南方沼泽地区的特点，研究了阵法，亲自教兵士使用各种长短武器。经过他严格训练，这支新军的战斗力特别强。"戚家军"的名气就在远近传开了。

### 留取丹心照汗青

文天祥是南宋的抗元英雄。元朝派出大军，要消灭南宋，文天祥听到消息，拿出自己的家产，召募起三万壮士，组成义军，抗元救国。有人说："元军人那么多，你这么点人怎么抵挡？不是虎羊相拼吗？"文天祥说："国家有难而无人解救，是我最心疼的事。我力量虽然单薄，也要为国尽力呀！"

后来，南宋统治者投降了元军，文天祥仍然坚持抗战。他对大家说："救国如救父母。父母有病，即使难以医治，儿子还是要全力抢救啊！"不久，他兵败被俘，坚决不肯投降，还写下了名句"人生自古谁无死，留取丹心照汗青"，以表明自己坚持民族气节至死不变的决心。他拒绝了元朝的多次劝降，终于实现了舍生取义的理想，慷慨就义。千百年来，文天祥的救国精神，代代相传，已经成为中华民族共同的精神财富。

 ## 知识角

### 精忠岳飞

岳飞，南宋军事家，字鹏举，相州汤阴（今属河南）人。少时勤奋好学，并练就一身好武艺。19岁时投军抗辽。不久因父丧，退伍还乡守孝。1126年金兵大举入侵中原，岳飞再次投军，开始了他抗击金军、保家卫国的戎马生涯。传说岳飞临走时，其母姚氏在他背上刺了"尽忠报国"四个大字，这成为岳飞终生遵奉的信条。绍兴三年，岳飞因剿灭李成、张用等"军贼游寇"，得高宗奖"精忠岳飞"的锦旗。次年四月，岳飞挥师北上，击破金傀儡伪齐军，收复襄阳、信阳等六郡。岳飞也因功升任清远军节度使。同年十二月，岳飞又败金兵于庐州（今安徽合肥），金兵被迫北还。绍兴五年，岳飞率军镇压了杨幺起义军，从中收编了五六万精兵，使"岳家军"实力大增。

### 命命鸟

"命命鸟"一词出自佛经故事，是梵文jivajivaka的意译，音译为"耆婆耆婆迦"，因在不同的佛经中多次出现，还有一些别译，如《佛学大辞典》中所说："《法华》《涅槃》经等谓之命命鸟，《胜天王般若经》谓之生生鸟，《杂宝藏经》谓之共命鸟，《阿弥陀经》谓之共命之鸟。乃一身两头之鸟也。"可知，命命鸟就是共命鸟，是佛教传说中的一种鸟，两头一体，一荣俱荣，一死皆死。

 ## 成语窗

**进思尽忠，退思补过**
在朝廷做官，就忠心耿耿报效君主；辞官隐退时，就反省自己，以弥补过失。

**忠心耿耿**
耿耿：忠诚的样子。形容非常忠诚。

**忠孝节义**
泛指封建统治者所提倡的道德准则。

**成则为王，败则为寇**
指在争夺政权的斗争中，成功的人称王称帝，失败的人被称寇贼。成功者权势在手，无人敢责难，失败者却有口难辩。

**除恶务尽**
恶：邪恶。务：必须。清除坏人坏事必须干净彻底。

**床头金尽**
床头钱财耗尽。比喻钱财用完了，生活受困。

**弹尽粮绝**
作战中弹药用完了，粮食也断绝了。指无法继续作战的危险处境。

### 猜谜语

倒勾传中，连进三球。
（打一字）

签订合同在节后。
（打一字）

## 临深履薄

lín

| 甲骨文 | 金文 | 篆文 | 隶书 | 楷书 | 行书 | 草书 | 标准宋体 |
|---|---|---|---|---|---|---|---|
| 𣢎 | 𣢎 | 𣢎 | 臨 | 臨 | 臨 | 临 | 临 |

### 解字堂

🎐🎐🎐，既是声旁也是形旁，是"霝"🎐🎐🎐的省略，表示雨水自上而下降落。"临"，金文🎐🎐🎐=🎐（像一个人在俯视）+🎐🎐🎐（霝，雨水自上而下降落），比喻目光自上而下打量。造字本义：俯首察看。篆文🎐🎐🎐将金文的🎐🎐🎐误写成🎐。隶书🎐🎐🎐将篆文的🎐写成🎐。简化后写作"临"。

《说文解字》说："临，监临也。"临的意思是俯视察看。临的本义就是俯身向下看，如临视、临望、临渊羡鱼。后来引申为表示贵宾来访或被好事光照，如光临、莅临。也可以表示动词，靠近、面对，如临川、临床、临风、临街、临危不乱。

"临"还可以表示接近某个时刻，如临场、临时、临月、临别。也可以表示对着样本写、画，如临摹、临帖、临写。"临"表示面对，是以上对下、以尊对卑，如临幸、临视、临存。"临"还可以表示治理、管理、统治的意思，如临人、临御。"临"还可以表示置身其中，如身临其境、临阵。

### 名言馆

东临碣石，以观沧海。
· （汉）曹操《观沧海》

自往临视。
· （晋）干宝《搜神记》

从来多古意，临眺独踌躇。
· （唐）杜甫《登兖州城楼》

有亭翼然临于泉上。
· （宋）欧阳修《醉翁亭记》

每临大事有静气，不信今时无古贤。
· （清）翁同龢集《兰亭序》字楹联

临深履薄

shēn
深

| 甲骨文 | 金文 | 篆文 | 隶书 | 楷书 | 行书 | 草书 | 标准宋体 |
|---|---|---|---|---|---|---|---|
|  | 深 | 深 | 深 | 深 | 深 | 深 | 深 |

## 名言馆

深林人不知，明月来相照。
· （唐）王维《竹里馆》

问其深，则好游者不能穷也。
· （宋）王安石《游褒禅山记》

郦元以为下临深潭，微风鼓浪，水石相击，声如洪钟。
· （宋）苏轼《石钟山记》

贫居闹市无人问，富在深山有远亲。
· （明）罗贯中《平妖传》

## 解字堂

"深"，金文 深 = 氵（水，潭）+ 罙（罙，即"深"，伸手探洞），造字本义：伸手或用工具探测潭底。篆文 深 承续金文字形半包围结构变左右结构。隶书 深 将篆文的 氵 写成 氵，并误将 罙 写成"木" 木。

《说文解字》说："深，水。出桂阳南平，西入营道。""深"的本义是动词用法，意思为探测潭底，本义只见于古文。也可以作形容词，表示高度、长度、宽度大的，如深层、深度、深厚、深广。也可以形容水底到水面距离大，如深浅、深沉、深海。

"深"的意思还有一些延申，可以表示深厚的、强烈的，如深情、一往情深。也可以形容程度高的、玄奥的，如深奥、深刻、深长、深沉。也可以作副词用，表示本质性地、彻底地，如深交、深谈、深究、深造。也可以表示长久的，如深秋、深夜、深更半夜。作副词用表示非常、很，如深爱、深感、深怕。也可因表示颜色浓的，如深色、深红。还可以表示声音低沉，如深深的哀鸣。

## 临深履薄

| 甲骨文 | 金文 | 篆文 | 隶书 | 楷书 | 行书 | 草书 | 标准宋体 |
|---|---|---|---|---|---|---|---|
| | | | | 履 | 履 | 履 | 履 |

### 解字堂

"履",金文=足(足,行走)+页(页,头,代表思虑、职责),表示前往就任。籀文字形多样化,字件包括"足"(或"止"或"行",表示前行)、"舟"(或"攴",表示船形鞋或木屐)、"页"(或"尸"即"人",表示思虑、职责)。造字本义:穿着船形鞋上任。篆文履将籀文复和丽的字形相结合。篆文履将"舟"写成身。隶书履误将篆文的"舟"和"止"连写成"复"夏。

《说文解字》说:"履,足所依也。""履"的意思是脚在行路时所依赖的保护物,即鞋子,如衣履、西装革履、削足适履。也可以引申为动词,表示行走、踩踏,如履险如夷、如履薄冰。可以表示脚步,如步履蹒跚。"履"还可以表示实践、执行,如履约、履行。

古人有"瓜田不纳履,李下不整冠"之说,意思是,走过瓜田,不要弯下身子提鞋,经过李树下面,不要举起手来整理帽子,以避免嫌疑。后来用"瓜田李下"来比喻有嫌疑的对象或行为。

### 名言馆

可以履霜。
· 《诗·魏风·葛屦》

战战兢兢,如临深渊,如履薄冰。
· 《诗·小雅·小旻》

足之所履。
· 《庄子·养生主》

履,践也。
· 《玉篇》

予乃摄衣而上,履巉岩,披蒙茸。
· (宋)苏轼《后赤壁赋》

# 临深履薄 bó 薄

| 甲骨文 | 金文 | 篆文 | 隶书 | 楷书 | 行书 | 草书 | 标准宋体 |
|---|---|---|---|---|---|---|---|
|  |  | 薄 | 薄 | 薄 | 薄 | 薄 | 薄 |

## 名言馆

太古薄葬，棺厚三尺，衣衾三领。
· 《荀子·正论》

薄赋敛，广畜积，以实仓廪。
· （汉）晁错《论贵粟疏》

地薄，寡于积聚。
· 《史记·货殖列传》

薄雾浓云愁永昼，瑞脑消金兽。
· （宋）李清照《醉花阴》

人情似纸番番薄，世事如棋局局新。
· （宋）杨万里《诚斋诗话》

## 解字堂

"溥"，既是声旁也是形旁，表示水大、四处漫延。"薄"，篆文=艹（草）+溥（溥，漫延），表示草丛漫延生长。造字本义：漫延生长的草丛。隶书将篆文的艹写成艹，将篆文的写成氵。

《说文解字》说："薄，林薄也"。"薄"的意思是林中草木丛生。"薄"的本义是名词用法，表示蔓延生长的草丛，此义只见于古文。还可以作形容词用，表示矮的、不高的、不厚的，如薄弱、薄板、薄冰、薄片。也可以形容含量不足的，轻、浅、微、稀，如薄产、薄葬、薄酒。

"薄"还可以作动词用，表示轻，如鄙薄、厚此薄彼、厚古薄今。也可以表示迫近、靠近，如日薄西山。"薄"还可以表示冷淡、不热情，如薄待。也可以表示土地不肥沃，如薄田。"薄"引申为不庄重、不厚道，如薄幸、薄夫、薄情寡义。"薄"还引申为态度不好的、狎昵的，如侮薄、轻薄、偷薄。古代男子对女子不庄重、不尊重，超过适当的距离接触并且有无端的肌肤之亲，都会被认作是轻薄之举，会遭到指责的。

# 温故知新

##  四字通解

临深履薄，出自《诗经·小雅·小旻》："战战兢兢，如临深渊，如履薄冰。"面对着悬崖深渊，腿肚子转筋；走在薄薄的冰面上，咔咔声不断，心惊肉跳。古人做人处世、言行举止非常谨慎，因为古人懂得"病从口入，祸从口出"的道理。一句话一旦说出来，再想收回去就不可能了。人所以长两只眼睛、两只耳朵、一张嘴，就是让人多看多听少说。行为上也是一样，一定要谨慎又谨慎。这种要求在言行上谨小慎微的表现，主要是在事君的方面，我们常说"伴君如伴虎"，历来君王都对功高盖主、自恃事功的人存有戒心和猜忌，这是事君需要谨慎的一个原因。除了开国立基的前几代帝王，后代的职业皇帝往往都有心理障碍，因为这些职业皇帝，文不及文臣，武不及武将，反而要指挥这些文武百官，处理连他们都解决不了的问题，自认为受到戏耍所以喜怒无常。做臣子的稍有不慎，就有杀身之祸，弄不好还要祸及九族，这让他们在事君的过程中，不得不战战兢兢，步步为营。

## 猜谜语

竹片双垂日影横。
（打一字）

半写江村对愁眉。
（打一字）

##  故事厅

### 郑人买履

从前，有个郑国人，打算到集市上买双鞋穿。他先把自己脚的长短量了一下，做了一个尺子。可是临走时粗心大意，竟把尺子忘在家中凳子上了。他走到集市上，找到卖鞋的地方。正要买鞋，却发现尺子忘在家里了，就对卖鞋的人说：我把鞋的尺码忘在家里了，等我回家把尺子拿来再买。说完，就急急忙忙地往家里跑。他匆匆忙忙地跑回家，拿了尺子，又慌慌张张地跑到集市。这时，天色已晚，集市已经散了。他白白地跑了两趟，却没有买到鞋子。别人知道了这件事，觉得很奇怪，就问他："你为什么不用自己的脚去试试鞋子，而偏偏要回家去拿尺子呢？"这个买鞋的人却说：我宁愿相信量好的尺子，也不相信我的脚。

### 韩信之死

韩信是我国历史上著名的军事家，是西汉王朝的开国功臣。汉高帝十一年（前196）正月，这位汉初三杰之一的大功臣却被杀于长乐宫中，甚至被夷三族。是什么原因导致韩信的人头落地呢？过去有的论者认为这是刘邦出于消除隐患的考虑。西汉初年，六国旧贵族和关东豪杰的分裂活动虽然基本上被控制了，但还存在着另一种割据势力，那就是诸侯王。西汉初年，功臣为王者七人，韩信为楚王。异姓诸王据有关东的广大区域，拥兵自重，专制一方，实为统一隐患，是中央集权的严重障碍。这就迫使汉高祖采取断然手段，来消灭包括韩信在内的各异姓王。韩信被贬为淮阴侯后，虽然再无一兵一卒，但其勇略震主、功盖天下的威望，仍使刘邦感到威胁，终于动了诛杀之念。

临深履薄

 ## 知识角

### 古人的鞋子

鞋有着悠久的发展史。在5000多年前的仰韶文化（黄河中游地区重要的新石器时代的一种彩陶文化）时期，就出现了兽皮缝制的最原始的鞋。在新疆楼兰出土的一双羊毛女靴，距今已有4000年，整双鞋由靴筒和靴底两大部分组成。在3000多年前编写的《周易》上已出现了代表鞋的"履"字。战国时的孙膑用硬皮革裁成"底"和"帮"，发明了高皮绚，即后来的靴子，中国历史博物馆里就珍藏着一双2000多年前的反绚。后来，由于鞋的制作材料、式样、用途越来越多，鞋的种类也开始丰富起来。根据制作材料的不同，通常可以将鞋分为草葛、布帛和皮革三种。汉代多呈分叉状，底用麻线编织，又称双尖翘头方履；魏晋时期，则流行在鞋的前端绣上双兽纹饰。

### 文字狱

明文字狱始见于洪武七年（1374）。时苏州知府魏观将新府衙建于张士诚宫殿旧址，高启作《上梁文》中又有"龙蟠虎踞"四字，因此触犯朱元璋忌讳而被杀。洪武十七年以后，又先后发生多起因上贺表、谢笺引起的文字狱。天下文人战战兢兢，如履薄冰。洪武二十九年礼部颁行谀表式后，才不再发生以贺表、谢笺获罪之事。任洪武三十年南北榜案中，考官因所进试卷中有"一气交而万物成"及"至尊者君，至卑者臣"，被认为讥讽朝廷，有凶恶字而获罪。明初文字狱贯穿洪武一朝，是明太祖朱元璋为推行文化专制统治所采取的极端手段，并为后世封建统治者所效法。

 ## 成语窗

**车水马龙**

车像流水，马像游龙。形容来往车马很多，连续不断的热闹情景。

**叶公好龙**

比喻自称爱好某种事物，实际上并不是真正爱好，甚至是惧怕、反感。

**薪尽火传**

柴虽烧尽，火种仍留传。比喻师父传业于弟子，代代相传。

**兴师问罪**

发动军队声讨对方罪过，也指大闹意见，集合一伙人去上门责问。

**隔岸观火**

站在对岸看火。比喻对别人的危难不加帮助，而采取观望的态度。有时也表示不是身临其境，对情况了解不深。

**望帝啼鹃**

相传战国时蜀王杜宇称帝，号望帝，治水有功，后禅位臣子，退隐西山，死后化为杜鹃鸟，啼声凄切。后常指悲哀凄惨的啼哭。

**前事不忘，后事之师**

提醒人们记住过去的教训，作为后来的借鉴。

**夙兴温清**

sù

夙

| 甲骨文 | 金文 | 篆文 | 隶书 | 楷书 | 行书 | 草书 | 标准宋体 |
|---|---|---|---|---|---|---|---|
| | | | 夙 | 夙 | 夙 | 夙 | 夙 |

### 解字堂

"夙"，甲骨文=ᗞ（夕，残月）+（丮，即"执"，像双手有所操持），像一个人在月下劳动，表示天未亮就开工。造字本义：在星月下通宵劳作。金文承续甲骨文字形。有的金文加"女"，表示男权时代妇女任劳任怨，天没亮就起床备炊劳作。有的金文调整成左右结构。篆文承续金文字形。隶书改成包围结构，并误将篆文的"丮"（执）写成"凡"。由于"宿"与"夙"音相同、义相近，古籍中常将夙敌、夙根、夙愿等词语写成宿敌、宿根、宿愿等词语。

《说文解字》说："夙，早敬也。""夙"的意思是早上起床后向天地祖先作敬拜。"夙"的本义是动词，意思是在星月即将落下时起身劳作，此义只见于古文。"夙"还可以引申为名词用法，意思是大清早，如夙夜、夙兴夜寐。"夙"也可以表示蓄积已久的、长期持续的，如夙根、夙愿。

"夙"也可以表示平日的、旧的，如夙好、夙契、夙憾。"夙"还可以表示前、早年，如夙世、夙世之因。"夙"还可以表示早的，如《诗经》："大夫夙退，无使君劳。"

### 名言馆

夙夜在公。
· 《诗·召南·小星》

夙兴夜寐，靡有朝矣。
· 《诗·卫风·氓》

良觌违夙愿，含凄向寥廓。
· （唐）杜甫《昔游》

受命以来，夙夜忧叹。
· （三国）诸葛亮《出师表》

谜语答案　临深

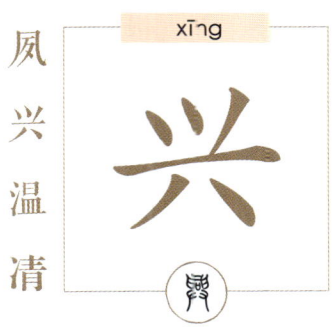

| 甲骨文 | 金文 | 篆文 | 隶书 | 楷书 | 行书 | 草书 | 标准宋体 |
|---|---|---|---|---|---|---|---|
| 𦥑 | 𦥑 | 興 | 興 | 興 | 興 | 興 | 兴 |

## 解字堂

"興"，甲骨文 = 𦥑（不同方向的四只手）+ 凡（凡，多柄夯具）+ 口（口，劳动号子），表示众人和着号子一齐举起多柄夯具 凡 夯地。有的甲骨文将夯具"凡" 凡 写成"井" 井 ，突出沉重夯具的多柄特征。造字本义：众人喊着号子一齐使劲举起多柄夯地桩。金文 承续甲骨文字形。篆文 将金文字形中的夯具"凡" 凡 和"口" 口 合写成"同" 同 。隶书 將篆文字形中的两只手 𦥑 连写成 一。楷书写作"興"。简化后写作"兴"。

《说文解字》说："兴，起也。""兴"的意思是，众人合力举起。"兴"还可以表示起立、站起，如晨兴。"兴"还可以作动词，表示起始、始创、发起，如兴办、兴革、兴兵、兴风作浪。

"兴"还可表示大力发展、流行，如兴国、兴家、兴建、兴修。兴也可以表示刺激的、情绪高昂的，如兴奋、兴许、兴冲冲、兴高采烈。"兴"还可以作动词用，表示从铺陈描写进入到抒情感慨，如赋比兴、起兴。

"兴"读作xìng，可以表示情趣、情味，如兴趣、兴味、兴致。

## 名言馆

教备而不从者，非人也。其可兴乎！
· 《国语·楚语上》

稽其成败兴坏之纪。
· （汉）司马迁《报任安书》

国以民为兴坏。
· （汉）贾谊《新书·大政》

兴复汉室。
· （三国）诸葛亮《出师表》

先汉所以兴隆。
· （三国）诸葛亮《出师表》

夙兴温凊

wēn

| 甲骨文 | 金文 | 篆文 | 隶书 | 楷书 | 行书 | 草书 | 标准宋体 |
|---|---|---|---|---|---|---|---|
|  | 𥁕 | 𥁕 | 溫 | 温 | 温 | 温 | 温 |

### 解字堂

"𥁕"是"温"的本字。"𥁕",金文𥁕=囚("泅"的省略,表示小孩洗澡)+皿(皿,洗澡盆),表示洗澡盆里的温水。当"𥁕"作为单纯字件后,篆文再加"水"另造"温"代替,强调给澡盆的水加热。造字本义:给浴盆的水加热。隶书将篆文的"水"写成"三点水",并误将篆文的"囚"写成了"日"。"温"的本义是加热浴盆;"暖"的本义是烤火或晒太阳。

《说文解字》说:"温,水,出犍为涪,南入黔水。""温"的意思是河川。"温"的本义是动词用法,意思是给浴盆的水加热,此义已经消失了。"温"还可以引申为加热,重复进行,如温酒、温书、温习、温故知新、重温旧梦。"温"也可以表示形容词,热得适度、宜人的,如温和、温暖、温泉。"温"还可以形容善良平和的、和蔼可亲的,如温存、温和、温厚、温柔、温顺。"温"还可以作名词,表示热量、冷热程度,如温差、温控、温觉。温还可以表示富足,如温饱、温户。

### 名言馆

温故而知新,可以为师矣。

·《论语·为政》

衣皮带茭,冬则不轻而温,夏则不轻而凊。

·《墨子·辞过》

凡为人子之礼,冬温而夏凊,昏定而晨省。

·《礼记·曲礼上》

人有寒温之病,非操行之所及也。

·(汉)王充《论衡·寒温》

夙兴温凊

| 甲骨文 | 金文 | 篆文 | 隶书 | 楷书 | 行书 | 草书 | 标准宋体 |
|---|---|---|---|---|---|---|---|
| | | 凊 | 清 | 凊 | | | 凊 |

## 名言馆

古之民，未知为衣服时，衣皮带茭，冬则不轻而温，夏则不轻而凊。
　　　　　　·《墨子·辞过》

吾奉违温凊，仍属乱离，寇虏猖狂，公私播越。
　　　　　　·《陈史·徐陵》

温凊自为乐，烟波不算程。
　　·（五代）徐铉《送望江张明府》

## 解字堂

　　"凊"是一个现在比较不常见的字，很容易与"清"弄混了。它比"清"少一点，读音也不同，读为qìng，意思是清凉。大家看一下前面提到的"凉""冷""凊"，都是"冰"字旁（两点水），所以带冰字旁的字意思大体上总有点寒凉的。《说文解字》把"凊"归入仌部，释义为："寒也。从仌，青声。"这个"仌"就是冰字旁，顺便说一下"寒"字下面的两点，也是冰字旁，只是楷书字体有点"微整形"了，所以也不太容易辨认。

　　"凊"的组词不多，一般常与"温"结对出现，它们的意思刚好相反，二者共同谱就"冰与火之歌"。它的最早出处是西汉戴圣《礼记·曲礼上》："凡为人子之礼，冬温而夏凊，昏定而辰省。"意思是，为人子女要尽孝道，使父母冬夜温暖，夏夜凉爽，早晚要向父母请安，这句话包含了"冬温夏凊"和"晨昏定省"两个成语，更为简略概括的成语则是"定省温凊"。

## 温故知新

 **四字通解**

"夙兴温凊"是"夙兴夜寐"与"冬温夏凊"两句话的缩略语。"夙兴"是早早起床,"夜寐"是晚点儿就寝,这句话出自《诗经·大雅·抑》,诗曰:"夙兴夜寐,洒扫庭内,维民之章。"古代夙兴夜寐的标准是,做儿女的要先于父母而起,迟于父母而睡。早晨父母还没有起床,做儿女的就要先起来;晚上父母睡下了,做儿女的才能睡。早晚两次要给父母问安,也就是《弟子规》中说的"晨则省,昏则定"。有点医学常识的人都知道,早晚两个时段是人体基础代谢和激素分泌水平变化的峰值时期,老年人最容易发病、犯病,所以子女要于早晚两次问父母安,看看健康状况。现代社会是乾坤颠倒,父母给子女问安,父母早早起来,打扫房间,准备好早餐,然后子女才姗姗而起。

"温凊"是冬天注意防寒保暖,夏天注意防暑降温,也就是《弟子规》中"冬则温,夏则凊"的意思。《二十四孝》故事里就有"黄香扇枕",黄香九岁就能够在暑天为父母扇枕头,冬天用身体给父母暖被子。现在有冷气机,用不着扇了,但我们对父母的孝心与亲情应该与古人是一般无二的。

### 猜谜语

不好出风头。
（打一字）

恰象举头笑盈盈。
（打一字）

冰出于水,青胜于蓝。
（打一字）

 **故事厅**

**氓**

《氓》是诗经卫风中的一首诗,讲述了弃妇自诉婚姻悲剧。诗中的女主人公以无比沉痛的口气,回忆了恋爱生活的甜蜜,以及婚后被丈夫虐待和遗弃的痛苦。此诗中弃妇的形象相当鲜明,她婚姻恋爱的自主与被抛弃后的决绝等态度,在那个时代和我们今日看来都值得佩服。

诗中第五章曰:"三岁为妇,靡室劳矣。夙兴夜寐,靡有朝矣。言既遂矣,至于暴矣。兄弟不知,咥其笑矣。静言思之,躬自悼矣。"讲述她贤惠顾家,却被丈夫抛弃、被娘家人不理解的经历,令人动容。

**温王之对**

温峤出任刘琨的使节刚到江南来。这时,江南的政权建立工作刚着手,法纪还没有制定,社会秩序不稳定。温峤初到,对这种种情况很是担忧。接着便去拜访丞相王导,诉说晋帝被囚禁流放、社稷宗庙被焚烧、先帝陵墓被毁坏的酷烈情况,表现出亡国的哀痛。温峤忠诚愤慨的感情深厚激烈,边说边哭,王导也随着他一起流泪。温峤叙述完实际情况以后,就真诚地诉说结交之意,王丞相也深情地接纳他的心愿。出来以后,他高兴地说:"江南自有管夷吾那样的人,这还担心什么呢!"

三岁为妇,靡室劳矣;夙兴夜寐,靡有朝矣。言既遂矣,至于暴矣。兄弟不知,咥其笑矣。静言思之,躬自悼矣。

 ## 知识角

### 天下兴亡，匹夫有责

"天下兴亡，匹夫有责"出自顾炎武《日知录》卷十三《正始》："有亡国，有亡天下。亡国与亡天下奚辨？曰：'易姓改号，谓之亡国；仁义充塞，而至于率兽食人，人将相食，谓之亡天下。是故知保天下，然后知保其国。保国者，其君其臣肉食者谋之；保天下者，匹夫之贱与有责焉耳矣。'"这段话在日本侵华战争期间，被提炼成"天下兴亡，匹夫有责"而脍炙人口。亡国只是朝代更替，但亡天下却是亡国灭种，文化隳坏。因此天下兴亡，普通人也有责任。

### 古代的时刻

古人说时间，白天与黑夜各不相同，白天说"钟"，黑夜说"更"或"鼓"。又有"晨钟暮鼓"之说，古时城镇多设钟鼓楼，晨起（辰时，今之七点）撞钟报时，所以白天说"几点钟"；暮起（酉时，今之十九点）鼓报时，故夜晚又说是几鼓天。夜晚说时间又有用"更"的，这是由于巡夜人边巡行边打击梆子，以点数报时。全夜分五个更，第三更是子时，所以又有"三更半夜"之说。古时计时工具有两种，一是"日晷"，二是"漏"。日晷是以太阳影子移动，对应于晷面上的刻度来计时。漏是以滴水为计时，是由四只盛水的铜壶组合，从上而下互相叠放。上三只底下有小孔，最下一只竖放一个箭形浮标，随滴水而水面升高，壶身上有刻度，以为计时。

 ## 成语窗

### 夙夜在公
从早到晚，勤于公务。

### 夙夜匪懈
夙夜：早晚，朝夕。匪：不。懈：懈怠。形容日夜谨慎工作，勤奋不懈。

### 夙世冤家
亦作"夙世冤业"。通常指前世的仇人，形容积怨极深。也昵称所钟爱的人。

### 睹物兴情
见到眼前景物便激起某种感情。

### 多难兴邦
邦：国家。国家多灾多难，在一定条件下可以激励人民奋发图强，战胜困难，使国家强盛起来。

### 方兴未艾
方：正在。兴：兴起。艾：停止。事物正在发展，尚未达到止境。

### 软玉温香
软：柔和。温：温和。玉、香：女子的代称。旧时小说形容女子的身体。

### 温良恭俭让
原意为温和、善良、恭敬、节俭、忍让这五种美德。这原是儒家提倡待人接物的准则。现也形容态度温和而缺乏斗争性。

## 似兰斯馨

### 似 sì

| 甲骨文 | 金文 | 篆文 | 隶书 | 楷书 | 行书 | 草书 | 标准宋体 |
|---|---|---|---|---|---|---|---|
| 㠯 | 䛚 | 似 | 似 | 似 | 似 | 似 |

### 解字堂

"以"是"似"的通假字，甲骨文㠯表示婴孩与父母相像。金文䛚将"厶"（婴儿）与"人"分离。有的金文=（台，即"胎"）+（人，父母）。造字本义：胎儿与父母相像。篆文基本承续金文字形。隶定后楷书写作"似"。

《说文解字》说："似，象也。从人，㠯声。""似"的造字本义是指婴孩与父母相像，本义只出现在古文中。通过扩大引申，"似"有像、相像的意思，如似是而非。通过词性引申，"似"有作为介词"比"的意思，如胜似春光等。

在汉语里，"似"除了读sì之外，还读shì，组词为"似的"，是助词，用在名词、代词或动词后面，表示跟某种事物或情况相似。一般和像、仿佛连用，用在比喻句中，如《官场现形记》第一回："王乡绅下车，爷儿三个连忙打拱作揖，如同捧凤凰似的捧了进来，在上首第一位坐下。"

### 名言馆

寡人虽无似也。
　　　　　　　　·《礼记·哀公问》

凄然似秋，暖然似春。
　　　　　　　　·《庄子·大宗师》

玉人之所患，患石之似玉者。
　　　　　　　　·《吕氏春秋·疑似》

世多似是而非，虚伪类真。
　　　　　　　·（汉）王充《论衡·死伪》

问君能有几多愁，恰似一江春水向东流。
　　　　　　　·（南唐）李煜《虞美人》

谜语答案　凤兴清

## lán
# 兰

| 甲骨文 | 金文 | 篆文 | 隶书 | 楷书 | 行书 | 草书 | 标准宋体 |
|---|---|---|---|---|---|---|---|
|  |  | 蘭 | 蘭 | 蘭 | 蘭 | 茉 | 兰 |

似兰斯馨

### 名言馆

同心之言，其臭如兰。
・《易・系辞上》

兰槐之根是为芷。
・《荀子・劝学》

与善人居，如入芝兰之室，久而不闻其香。
・《孔子家语・六本》

蘅兰芷若。
・《汉书・司马相如传》

### 解字堂

"蘭"是形声字，从艸，闌声。"闌"，既是声旁也是形旁，是"欄"的省略，即大门前的小栅门。"闌"，篆文蘭＝艸（草）+闌（闌，"欄"，栅门），表示挂在栅门上的香草。隶书蘭将篆文"艸"简化成"艹"。简化后写作"兰"。

《说文解字》说："蘭，香艸也。从艸，闌声"。"兰"的造字本义是指古人挂在小栅门上的一种多年生香草，生于山中湿地，花紫红色，其茎、叶、花有微香。古人将香草捅挂在居所，用以醒脑放松，驱蚊求吉。通过比喻引申，"兰"有了美好的意思，如蕙质兰心等。

中国传统名花中的兰花仅指分布在中国兰属植物中的若干种地生兰，如春兰、惠兰、建兰、墨兰和寒兰等，即通常所指的"中国兰"。这一类兰花与花大色艳的热带兰花大不相同，没有醒目的艳态，没有硕大的花、叶，却具有质朴文静、淡雅高洁的气质，很符合东方人的审美标准，在中国有一千余年的栽培历史。中国人历来把兰花看作是高洁典雅的象征，并与"梅、竹、菊"并列，合称"四君子"。通常以"兰章"喻诗文之美，以"兰交"喻友谊之真。也有借兰来表达纯洁的爱情，如"气如兰兮长不改，心若兰兮终不移"、"寻得幽兰报知己，一枝聊赠梦潇湘"。

似兰斯馨

| 甲骨文 | 金文 | 篆文 | 隶书 | 楷书 | 行书 | 草书 | 标准宋体 |
|---|---|---|---|---|---|---|---|
|  | 斯 | 斯 | 斯 | 斯 | 斯 | 斯 | 斯 |

### 解字堂

"斯"是"撕"的本字。"斯"，金文 = （其，箕）+ （斤，砍伐竹子），表示砍竹扯篾。造字本义：伐竹，将竹片破扯成编制土箕的细篾丝。篆文承续金文字形。隶书将篆文的"斤"写成。

《说文解字》说："斯，析也。从斤，其声。《诗》曰：'斧以斯之。'" "斯"的造字本义是指用刀具将竹片破扯成编箕的细篾丝，当"斯"的"扯篾"本义消失后，再加"手"另造"撕"代替。通过词性引申为形容词，意为纤细的、优美的，如斯斯文文。还引申为代词，有这、这个、这些、这里等意思，如痛哉斯言、斯时等。

### 名言馆

墓门有棘，斧以斯之。
· 《诗·陈风·墓门》

---

斯言之玷。
· 《诗·大雅·抑》

---

子在川上曰："逝者如斯夫！不舍昼夜。"
· 《论语·子罕》

---

冠盖满京华，斯人独憔悴。
· （唐）杜甫《梦李白二首》其二

似兰斯馨

| 甲骨文 | 金文 | 篆文 | 隶书 | 楷书 | 行书 | 草书 | 标准字体 |
|---|---|---|---|---|---|---|---|
| | 𱂈 | 馨 | 馨 | 馨 | 馨 | 馨 | 馨 |

## 名言馆

尔酒既清，尔肴既馨。
　　　　·《诗·大雅·凫鹥》

---

其德足以昭其馨香。
　　　　·《国语·周语》

---

丹木五岁五味乃馨成。
　　　　·《山海经·西山经》

---

斯是陋室，惟吾德馨。
　　　　·（唐）刘禹锡《陋室铭》

## 解字堂

"殸"，既是声旁也是形旁，是"磬"的省略，表示敲击石乐器时发出的悠远宁静的乐音。"馨"，金文会意线索不明。篆文馨=殸（殸，即"磬"，悠远宁静的磬乐）+香（香），表示香息如乐、悠远宁静。

《说文解字》说："馨，香之远闻者。从香，殸声。殸，籀文磬。""馨"的造字本义是指宁静怡人的香气。词性引申为形容词，意为芳香的，如德馨、温馨。

## 温故知新

###  四字通解

似兰斯馨，意思是一个人的德行、修养应该像兰草那样的芬芳。"兰"在这里指的是兰草，而不是兰花。兰草的学名叫泽兰，是多年生菊科草本植物，可以入药，开紫红色花，其茎、叶、花都有微香，古代用于熏香。《易经·系辞》里就有"其臭如兰"的形容。"馨"是散布很远的香气，多比喻人的德化远播、声誉流芳百世。秦汉以来，儒家思想是我国传统文化的主导思想。而儒家的代表人物孔子，就十分看重名声。孔子说："君子疾没世而名不称也。"孔子认为，人活一辈子，没有可称道的名声是最可悲的！"不患莫知己，求为知可也。"他又说，不要怕人家不知你的大名，能努力在可以扬名的本事上下功夫就可以了。他还说："后生可畏……四十、五十而无闻焉，斯亦不足畏也！"意思是说，年轻人是可畏的，因为不知道他将来会发展成多么重要的人物。但若到了四五十岁还没出名，也就不值得敬畏了。显然，孔子还认为成名不能太晚，晚了，过了成名的最佳年龄段，成名的希望就不大了。

### 猜谜语

三人踢球，一人跌倒。
（打一字）

星星照横川。
（打一字）

几度芳讯至，相逢声又闻。
（打一字）

###  故事厅

#### 欧母画荻

北宋文学家欧阳修4岁的时候，其父欧阳观去世。家里非常穷，到了入学年龄，母亲却拿不出钱来供他读书，甚至连买纸笔的钱也没有。但欧阳修母亲有办法。在冬天的夜里，将炉灰撒在雪地上，借着微亮的月光，用荻草杆当笔，在雪地上一笔一笔地教欧阳修写字、认字。就这样，她教儿子学会了很多字。欧阳修识字以后，非常喜欢读书，见到书就像得到宝贝一样特别高兴。对书中的每一个字、每一句话，他都仔细咀嚼，从不马虎。他天资聪明，记忆力又强，读过的书差不多都能背下来。长到十岁的时候，他早就把家中的书熟读多遍，为满足儿子求知的欲望，母亲常常向邻居和亲友家借书给他读。有些好书，母亲还督促他动手抄写。在母亲的教育帮助下，欧阳修得以博览群书，后来成为大学问家。

#### 程母严格教子

程颢、程颐兄弟是北宋著名的哲学家，因同是理学奠基人，被人们称为"二程"。"二程"的母亲侯氏，深深懂得"慈母败子"的道理，从不娇惯溺爱。程颢、程颐兄弟二人只相差1岁，在他们蹒跚学步的时候，常常摔倒在地，乳母要上前扶抱，侯氏劝阻说："不要管他们，让他们自己站起来。"然后，又对孩子说："你们走路时，慢一点就不会摔跟头了，你们试试看。"吃饭的时候，孩子爱挑吃挑喝，乳母就想由着他们的性子来，专门给他们爱吃的饭菜，侯氏制止道："对小孩子不能惯，你惯什么毛病就会有什么毛病。小时候养成挑吃挑喝的毛病，长大后怎么办？"在母亲的严格教育培养下，"二程"从小就养成了很好的习惯。

 ## 知识角

### 兰花

在中国，兰花栽培历史已有一千多年，极具观赏价值，其叶铁线长青，其花幽香清远，发乎自然，被人们称为"第一香""国香"。

兰为女子之挚友，兰闺、兰房、兰室、兰梦、兰兆无不与兰相连，兰也因此而显得芬馥奇特。春秋时，郑文公的姬妾燕姞有一天梦到一人送给她兰花，并对她说："我叫伯鯈，是你的祖先。送你这兰，做你的儿子。"不久，郑文公见了燕姞，赠给她兰花，两人十分恩爱。过了一些日子，燕姞怀孕，生下一子，取名为兰，就是后来的郑穆公。后因称兰花为"国香"，并以"梦兰"比喻怀孕。兰花以它特有的叶、花、香独具四清（气清、色清、神清、韵清），给人以极高洁、清雅的优美形象。一盆兰花能够开出数瓣花朵，纯真、质朴、幽香的花朵能够度过春夏秋冬，这种习性，自然会赢得来访客的青睐。

### 道德品质

注重道德品质是中国人由来已久的要求。道德是以善恶为标准，调节人们之间和个人与社会之间关系的行为规范。道德总是扬善抑恶的。道德与法律不同，它是依据社会舆论、传统文化和生活习惯来判断一个人的品质，主要依靠人们自觉的内心观念来维持。早在两千多年以前，我国古代的著作中就出现了"道德"这个词语。"道"表示事物运动变化的规则；"德"表示对"道"认识之后，按照它的规则把人与人之间的关系处理得当。从中国儒家的创始人孔子开始，千百年来，人们就一直重视道德问题。道德品质，即品德，是一种个体现象，它是社会道德在个体身上的表现。一个人依据一定的道德准则行动时所表现出来的某些稳固的特征，便是他的道德品质。

 ## 成语窗

**似水流年**
形容时间流逝之快，一去不复返。

**归心似箭**
想回家的心情像射出的箭一样快。形容回家心切。

**玉树芝兰**
玉树：用玉做的树。芝兰：香草。比喻有出息的子弟。

**兰薰桂馥**
薰、馥：指香气。原比喻恩泽长留，历久不衰。后用来称人子肖孙贤。

**慢条斯理**
形容做事缓慢，别人急的事，他却不着急。

**斯文扫地**
指文化或文人不受尊重或文人自甘堕落。

**德艺双馨**
形容一个人的德行和艺术（技艺）都具有良好的声誉。一般指从事艺术的人。

**明德惟馨**
明德：美德。惟：是。馨：散发的香气。真正能够发出香气的是美德。

## 如松之盛

### 如 rú

| 甲骨文 | 金文 | 篆文 | 隶书 | 楷书 | 行书 | 草书 | 标准宋体 |
|---|---|---|---|---|---|---|---|
| 𠙧 | 𡚸 | 𡚸 | 如 | 如 | 如 | 如 | 如 |

### 解字堂

"如",甲骨文=𠙧（口,应答）+𡚸（女），表示女子应答。包容、顺从是女性突出的性格特征之一，在男权时代被视为女性的美德。有的甲骨文以"每"代"女"，表示"如"的"母性"特征。造字本义：妇女唯唯诺诺，包容顺随。金文、篆文承续甲骨文字形。隶书将篆文的"女"写成。

《说文解字》说："如，从随也。从女，从口。""如"的本义是妇女唯唯诺诺，包容顺随的意思。通过递进引申，有去、到的意思，如如今、如来等。有符合、与……一致的意思，如如期、如意等。又有相似、像的意思，如如同、假如等。

我国古代最早的如意，柄端作手指之形，以示手所不能至，搔之可如意，故称如意，俗叫"不求人"。后来，其形态发生分化，一支保留实用功能，在汉族民间流传；另一支强调吉祥含义，向纯粹陈设珍玩演化，有手持如意的菩萨像。

### 名言馆

如用之，则吾从先进。
· 《论语·先进》

日初出大如车盖。
· 《列子·汤问》

窥镜而自视，又弗如远甚。
· 《战国策·齐策》

日出江花红胜火，春来江水绿如蓝。
· （唐）白居易《忆江南三首》其一

谜语答案　似兰馨

如松之盛

## 松 sōng

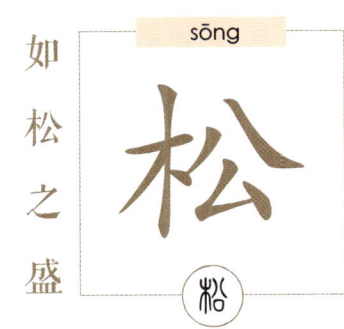

| 甲骨文 | 金文 | 篆文 | 隶书 | 楷书 | 行书 | 草书 | 标准宋体 |
|---|---|---|---|---|---|---|---|
|  | 松 | 松 | 松 | 松 | 松 | 松 | 松 |

### 名言馆

山有乔松。
　　·《诗·郑风·山有扶苏》

如松茂矣。
　　·《诗·小雅·斯干》

岁不寒无以知松柏，事不难无以知君子。
　　·《荀子·大略》

松下问童子，言师采药去。
　　·（唐）贾岛《寻隐者不遇》

### 解字堂

"松"是形声字，从木，公声。造字本义是常绿乔木，树皮多为鳞片状，叶状成簇，花单性，雌雄同株，结一种带木质鳞片的卵圆形或圆锥形球果。篆文承续金文字形。有的篆文将"公"写成"容"。

《说文解字》说："松，木也。从木，公声。松或从容。""松"的本义是针叶成簇、球果有木质鳞片的常绿乔木。

松树树姿雄伟、苍劲，树体高大、长寿，具有很高的观赏价值。它是中国很多风景区的重要景观成分。如辽宁千山、山东泰山、江西庐山都以松树景色而驰名。尤其是安徽的黄山，松、云、石号称"三绝"，而以松为首。各地不少古松与中国悠久的历史文化有密切联系。如北京北海团城有一株800年树龄的古松，传说曾被清乾隆封为"遮阴侯"；泰山"五大夫松"传说是秦始皇登山在此避雨而被封以官爵的。中国人民把松树作为坚定、贞洁、长寿的象征。

如松之盛

| 甲骨文 | 金文 | 篆文 | 隶书 | 楷书 | 行书 | 草书 | 标准宋体 |
|---|---|---|---|---|---|---|---|
| 𡳿 | 𡳿 | 𡳿 | 之 | 之 | 之 | 之 | 之 |

## 解字堂

"之"，甲骨文𡳿在"止"𡳿（脚）下面加一横指事符号一，表示脚踏大地。造字本义：足履平地，徒步前往。金文𡳿、篆文𡳿承续甲骨文字形。隶书之严重变形。楷书之承续隶书字形，"止"形消失。古汉字中的人称来源，体现了古人的自我中心意识：脸部的正中央为"自"（鼻子，第一人称），脸部的下边为"而"（颌须，第二人称），身体的最下端为"之"（脚板，第三人称）；同样，威猛的武器为"我"（大戌，第一人称），而只用于短程集发的弓弩为"尔"（排箭，第二人称）。

《说文解字》说："之，出也。象艸过中，枝茎益大，有所之。一者，地也。凡之之属皆从之。""之"的本义是足履平地，徒步前往。通过词性引申，有作代词，代人或事或物的意思，如求之不得。还可以作助词，结构助词相当于"的"，如赤子之心、千里之外。可以作语气助词，如久而久之。

## 名言馆

仰之弥高，钻之弥坚。
·《论语·子罕》

口之于味，有同嗜焉。
·《孟子·告子上》

茫茫江汉上，日暮欲何之。
·（唐）刘长卿《送李中丞之襄州》

苟利国家生死以，岂因祸福避趋之。
·（清）林则徐《赴戍登程口占示家人二首》其二

如松之盛

| 甲骨文 | 金文 | 篆文 | 隶书 | 楷书 | 行书 | 草书 | 标准字体 |

## 名言馆

唐虞之际，于斯为盛。
　　　　·《论语·泰伯》

民以殷盛，国以富强。
　　　　·（秦）李斯《谏逐客书》

盛年不重来，一日难再晨。
　　　　·（晋）陶潜《杂诗十二首》其一

人间四月芳菲尽，山寺桃花始盛开。
　　　　·（唐）白居易《游大林寺》

尧者，圣人之盛也。
　　　　·（宋）王安石《九变而赏罚可言》

## 解字堂

"成"，既是声旁也是形旁，表示用武力实现霸业。"盛"，甲骨文 = （益，酒坛满溢，代表物资丰饶）+ （成，用武力实现霸业）。造字本义：国富民丰，兵强马壮，征伐称霸。金文将甲骨文字形中酒坛满溢的"益" 简写成"皿" 。篆文承续金文字形。隶书将篆文的"皿" 写成。

《说文解字》说："盛，黍稷在器中以祀者也。从皿，成声。""盛"字的本义是国富民丰，称霸天下，如太平盛世。通过扩大引申，"盛"字有形容词强大的、兴旺的的意思，如盛年、旺盛。再扩大引申为形容词大规模的、隆重的之义，如盛装、盛况。"盛"字在大规模的、隆重的的意思基础之上，扩大引申，作动词装满、容纳的意思，如盛饭。作形容词饱满的、热烈的的意思，如年轻气盛。在此基础上引申为副词，表示广泛地、极度地、热烈地的意思，如盛产、盛行。

## 温故知新

 **四字通解**

　　如松之盛，意思是人的修养要像松树一样茂盛。松柏属不落叶乔木树种，其生长不择土质，可活千年以上，有很强的生命力。古人认为松与君子一样，具有常青不老，四时不易其叶的品质。松为人君，传说梦见松树的人将为公，所以公木为松。柏树则被认为是阴木，可以寄托哀思，西方属金，色白，故白木为柏。中国文化中的陵墓旁一定要植柏，墓柏是陵寝的一部分，盗伐墓柏的与挖坟掘墓者同罪。记述汉代风俗的《三辅旧事》中记载：凡有盗伐陵柏者"皆杀之弃市"。松树是四季常青的树木，而且长势茂盛，加上其树姿雄伟苍劲，树体高大长寿，因此很受人们欢迎。人们经常在作品中吟咏松树，托物言志，意为要像松树一样，不畏严寒酷暑，都能生长茂盛。

　　"似兰斯馨，如松之盛"合在一起的意思是一个人的德行可以感染人，像香草那样香气远播；同时真正的德行能够像松耐霜雪，经得住恶劣环境的考验。荀子说过"岁不寒无以知松柏，事不难无以知君子"。谚语中也有"疾风知劲草"的话，说的是在中国西北有一种草，寒风一起百草倒伏，只有它高高地迎风立于山岗之上，这就是中药里面专治风湿病的独活。我们每一个人都应该用"自立利他、成己成人"自勉。

 **故事厅**

### 松柏之志

　　宗世林是东汉末年南阳人，与曹操同一时代，但瞧不起曹操的为人，不愿和他交往。等到曹操官至司空，总揽了朝政大权，对他说："现在我们可以交往了吧？"他拒绝说："我和松柏一样，意志不会改变。"就因为宗世林冒犯了曹操，故被冷落，官位一直不高，与他的德行极不相称。曹丕兄弟每次登门拜访，都跪拜在他坐榻下，行晚辈礼，受到极大的尊敬。

### 岁寒三友

　　北宋神宗元丰二年，苏轼遭权臣迫害，被捕入狱。经人营救，始得从轻定罪，安置黄州管制。作为"罪人"的苏轼初到此地时，心情很苦闷。稍后，家眷来依，朋友来访，苏轼的心绪慢慢好转，但生活上又发生了困难，便向黄州府讨来了数十亩荒地开垦种植，借以改善生活。这块地，当地人唤作"东坡"，苏轼便自取别号为"东坡居士"。苏轼在东坡栽了稻、麦等农作物，又筑园围墙，造起房屋来。房子取名"雪堂"，并在四壁都画上雪花；园子里，则遍植松、柏、竹、梅等花木。一年春天，黄州知州徐君猷来雪堂看望他，打趣道："你这房间起居睡卧，环顾侧看处处是雪。当真天寒飘雪时，人迹难至，不觉得太冷清吗？"苏轼手指院内花木，爽朗大笑："风泉两部乐，松竹三益友。"意为风声和泉声就是可解寂寞的两部乐章，枝叶常青的松柏、经冬不凋的竹子和傲霜开放的梅花，就是可伴冬寒的三位益友。徐君猷闻言，对苏轼以"三友"自励，保持凌寒留香的高尚情操，肃然起敬，从此更留意对他的照顾了。

如松之盛

 **知识角**

### 黄山松

黄山松，生长在海拔800米以上的黄山之巅，是植物学上一个独立的品种，它盘根于危岩峭壁之中，挺立于峰崖绝壑之上，巨松高数丈，小松不盈尺，破石而生，苍劲挺拔，那姿态，美得让人称奇，奇得让人叫绝。其千姿百态，或耸立挺拔，似擎天巨人；或翠枝舒展，如流水行云；或虬根盘结，如苍龙凌波；或矫健威武，如猛虎归山。迎客松、送客松、陪客松，让人倍感亲切；竖琴松、连理松、探海松，让人浮想联翩。

黄山松的特点是针叶短而稠密，树冠平整如盖，苍翠欲滴，惹人喜爱。迎客松是黄山的代表和象征，更是黄山人的化身和骄傲，它不仅被黄山人视为珍宝，更被中国人视为国宝。

### 黄山十大名松

黄山的松树千奇百怪，吸引了无数的中外游客。黄山有十大名松，分别是迎客松、送客松、陪客松、盼客松、望客松、蒲团松、探海松、倒挂松、望泉松、贴壁松。因为它们的树姿姿态传神，而被赋予名字。这些松树奇形怪状，破石而出，让人啧啧称奇。当然，黄山上除了这十大名松，还有其他知名的松树，例如麒麟松等。

 **成语窗**

**皎如日星**
皎：光亮。像太阳、星星一样光亮。形容十分明显。

**凛如霜雪**
比喻待人接物毫无感情，像冰霜一样冷。也比喻态度严正，不可接近。

**鹤发松姿**
白色的头发，松树的姿态。形容人虽老犹健。

**松柏寒盟**
比喻患难之交。

**坎井之蛙**
坎井：浅。浅井里的青蛙。比喻见识不多的人。

**雀鼠之争**
指强暴侵凌引起的争讼。

**盛况空前**
形容热闹至极。

**忧盛危明**
犹言居安思危。指随时有应付意外事件的思想准备。

### 猜谜语

东方巾帼。
（打一字）

画眉楼台前。
（打一字）

大器得成何碍晚。
（打一字）

## 川流不息 chuān 川

| 甲骨文 | 金文 | 篆文 | 隶书 | 楷书 | 行书 | 草书 | 标准宋体 |
|---|---|---|---|---|---|---|---|
| 巛 | 巛 | 巛 | 川 | 川 | 川 | 川 | 川 |

### 解字堂

"川"，甲骨文与"水"字形相似而结构相反。两道折线表示岩壁耸立的两岸，中间的虚线表示急湍的水流。造字本义：山谷间由山涧、溪流汇成的湍急小河。有的甲骨文将中间的虚线写成实线。有的甲骨文在"川"中加"人"（头朝下的"人"，表示人在河中顺流而下），表明"川"是远古山民的交通要道。金文、篆文承续甲骨文字形。

《说文解字》说："川，贯穿通流水也。《虞书》曰：'濬巜，距川。'言深巜之水会为川也。凡川之属皆从川。"

"川"的本义是流淌的河。通过引申，"川"有冲积地、平地的意思，如川地、平川等。还作为西南大省的略称，如川菜、川西等。通过词性引申，"川"作为名词有漂泊、旅途的意思，如川资等。

川是山谷间陡峭地带窄浅的湍急水流，河是开阔地带深广的舒缓水流（川是较小的河，是河的上游；河是较大的川，是川的下游）。在造字时代，水流的源头叫"泉"；石壁上飞溅的山泉叫"水"；由山泉汇成的水叫"涧"；山涧在地面汇成的清流叫"溪"；众多小溪汇成的水流叫"川"；众多川流汇成的大川叫"河"，最大的河的叫"江"。

### 名言馆

利涉大川。
·《易·需》

百川东到海，何时复西归。
·汉乐府《长歌行》

山川之美，古来共谈。
·（南朝）陶弘景《答谢中书书》

晴川历历汉阳树，芳草萋萋鹦鹉洲。
·（唐）崔颢《黄鹤楼》

谜语答案　如松盛

川流不息

| 甲骨文 | 金文 | 篆文 | 隶书 | 楷书 | 行书 | 草书 | 标准宋体 |
|---|---|---|---|---|---|---|---|
|  |  |  | 流 | 流 | 流 | 流 | 流 |

## 名言馆

君子和而不流。
——《礼记·中庸》

顺流而东行,至于北海。
——《庄子·秋水》

道家者流,盖出于史官。
——《汉书·艺文志》

白日依山尽,黄河入海流。
——(唐)王之涣《登鹳雀楼》

碧水东流至此回。
——(唐)李白《望天门山》

清渭东流剑阁深,去住彼此无消息。
——(唐)杜甫《哀江头》

## 解字堂

"㐬"是"流"和"毓"的初字,上部是头朝下的"子",下部是"水",表示生产时的羊水。造字本义:胎儿伴随大量羊水移出母体。㐬作为单纯字件后,金文加"每"(生育)另造"毓"代替㐬的"生育"本义;加"水"另造"流",代替㐬的"大量羊水排出"的本义。中山王墓宫堂图中的"流"写成(羊水中的胎包)、(心,指腹部)会意,强调生育含义。篆文承续金文字形。有的篆文省去右边的"水"。隶书流将篆文的写成;将篆文倒写的"子"写成㐬。古人称正常生产为"毓",称坏胎病产为"流"。

《说文解字》说:"流,水行也。从沝、㐬。㐬,突忽也。流,篆文从水。"

"流"的造字本义是指病胎伴随羊水流出母体,就是我们通常所说的"流产"。通过比喻引申,"流"有河水往低处运动的意思,如流水、奔流等。在此基础上,经过词性引申,"流"又有河水的意思,如溪流、河流。然后又借代引申为派系、分支、种类之义,如流派、名流。比喻引申为呈波状、带状的实物,如电流、暖流。"流"还有不受约束地到处活动的意思,这是在河水往低处运动的基础上比喻引申而来的,如流放、流氓。最后经过扩大引申,"流"有风行、传播的意思,如流传、流行等。

说到"流",我们肯定会想到"潮流"一词,它与我们的生活息息相关。潮流和"时尚"意思相似,代指一种流行趋势。我们的生活中有太多关于流行的东西了,如服饰、歌曲、审美品位等。时代在发展,我们也要与时俱进,才不会落后。但这并不意味着要盲目从众。

川流不息

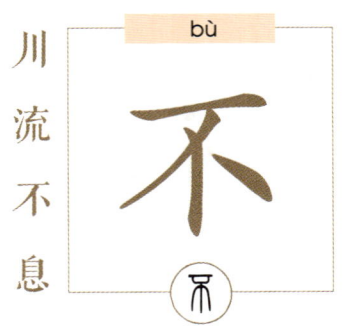

| 甲骨文 | 金文 | 篆文 | 隶书 | 楷书 | 行书 | 草书 | 标准宋体 |
|---|---|---|---|---|---|---|---|
| 𣎴 | 𣎴 | 不 | 不 | 不 | 不 | 不 | 不 |

### 解字堂

"不"，甲骨文𣎴=▽（辛，刀刃）+𠆢（一截竹子），像竹𠆢端带刃▽，表示将竹子削出刀锋状。有的甲骨文𣎴在"竹"𠆢和"辛"▽上面加一横指事符号━，表示武器性质。有的甲骨文字形𣎴像是手持𠂇（又，抓握）"不"的器具𣎴。金文𣎴承续甲骨文字形。有的金文不淡化"辛"▽的形象。篆文不承续金文字形。隶化后楷书不略去隶书不的"辛"形▽，至此"竹"形消失，"辛"形消失。

《说文解字》说："不，鸟飞上翔不下來也。从一，一犹天也。象形。凡不之属皆从不。"

"不"的造字本义是指竹竿削成的原始刺杀武器，但这种意思已经消失。它通过词性引申为动词，意为轻视、蔑视、无所谓，该义项只见于古文，如小人所不。还引申为副词，表示否认、拒绝、没有，如不在乎。

在远古冷兵器时代，军人所使用的武器，代表军人的级别与地位：身在前线用小型战斧作战的叫"兵"；身在将帅身边使用大型战斧的高级警卫叫"士"；使用特大战斧的将帅叫"王"。竹制武器叫"不"；带刃的木制武器叫"帝"；文治天下的王叫"君"；头戴金冠的王叫"皇"。

### 名言馆

知彼知己，百战不殆。
·《孙子兵法·谋攻》

君子所敬而小人所不者与？
·《荀子·赋篇》

流水不腐，户枢不蝼。
·《吕氏春秋·尽数》

句读之不知，惑之不解，或师焉，或不焉。
·（唐）韩愈《师说》

川流不息

| 甲骨文 | 金文 | 篆文 | 隶书 | 楷书 | 行书 | 草书 | 标准宋体 |
|---|---|---|---|---|---|---|---|
|  | 息 | 息 | 息 | 息 | 息 | 息 | 息 |

## 名言馆

长太息以掩涕兮，哀民生之多艰。
· 《楚辞·离骚》

兵革既未息，儿童尽东征。
· （唐）杜甫《羌村三首》

曾是寂寥金烬暗，断无消息石榴红。
· （唐）李商隐《无题》

## 解字堂

"心"，既是声旁也是形旁，借代心脏所在的胸部。"息"，金文=🀄（自，鼻子）+🀄（心，胸），表示以心为鼻进行呼吸。篆文息承续金文字形。隶书息将篆文的"心"🀄写成🀄。古人称张口吐气为"呼"，称张口吞气为"吸"，称胎儿在娘胎里不用口鼻的呼吸为"息"。

《说文解字》说："息，喘也。从心，从自，自亦声。"

"息"的造字本义是指以心为鼻，即胎儿不用口鼻、只借母体的心跳来呼吸，沉静安定，运气若有若无，如出息、胎息。"息"字一般作为动词和名词。作为动词，它有悄然无声地呼吸的意思，如喘息、叹息；有停止、停歇的意思，如息怒、息兵；有悄悄地滋生、繁衍的意思，如蕃息。作为名词，它有呼吸、气流的意思，如息息相关；有悄悄衍生的利益的意思，如利息、本息。

休养生息，指安定人民生活，使其经济力量得到恢复和发展，休息调养。当国家大动荡或大变革以后，就要减轻人民负担，安定生活，发展生产，恢复元气，这就叫作"休养生息"政策。秦末，发生农民战争。使得汉朝刚建立之时，国家财政贫困。再加上楚汉之争，生灵涂炭，与北方匈奴军事力量对比不占优势，急需时间休养生息，重建家园。所以在汉朝初期，国家实行的就是"休养生息"政策。

## 温故知新

### 四字通解

川流不息,意思是河水流动不停,亦形容事物像水流一样连续不断。川,是指河水。息,是停歇的意思。在《千字文》里,与江河的浩浩荡荡、奔腾不息相对应的是人的精神长河。本句紧承"似兰斯馨,如松之盛",意思是说自己的德行修养除了要像兰草那样的芬芳,像青松那样的繁茂,还要像河流一样川流不止,代代相传,永不停息。

### 故事厅

#### "复圣"颜回,德行泽世

公元前497年,55岁的孔子带领弟子周游列国,因为行踪不定,有时难免忍饥挨饿。有一次,孔子在睡,颜回讨米回来煮。孔子翻身无意瞄见颜回在抓锅里的饭吃。一会颜回来请孔子吃饭,孔子说:"我们先用米饭敬一下祖宗吧。"颜回一听,急忙摆手说:"不行不行,刚才我煮饭时,有灰掉进去,将一团饭弄脏了,如果扔掉太可惜,给别人吃又不合适,于是我自己吃了,已经吃过的饭是不能用来祭祀的啊。"孔子明白,自己错怪了颜回。

#### 投鞭断流

据北魏崔鸿《前秦录》载,东晋孝武帝太元年间,前秦苻坚统一北方后,调集百万大军,拟乘势一举消灭东晋,统一中国。苻坚召集群臣商议,但大臣们多不赞成,其中有一位名叫石越的下属劝阻说:"从星象来看,今年不适合南进。何况晋据长江的险固,其君王又深获人民拥戴。我们不如暂时固守国力,生产整军,等晋内部松动,再伺机攻伐。"苻坚很不以为然地说:"星象之事,不尽可信。至于长江,春秋时的吴王夫差和三国时的吴主孙皓,他们都据有长江天险,最后仍不免灭亡。现在朕有近百万大军,光是把马鞭投进长江,就足以截断江流,还怕甚么天险?"苻坚不顾大臣们反对,执意出兵伐晋,亲自率领八十万大军,逼临淝水,准备攻打东晋。东晋派大将谢玄、谢石带领八万精兵抗敌。苻坚轻敌,想凭借优势快攻,却遭到晋军顽强抵抗,并在淝水被晋军打败,前秦从此一蹶不振。

### 猜谜语

二水中分白鹭州。
(打一字)

云蒙雨泻江涛卷。
(打一字)

眼看一叶舟,出没浪花里。
(打一字)

##  知识角

### 川菜

川菜是中国八大菜系之一，起源于四川、重庆，以麻、辣、鲜、香为特色。川菜原料多选山珍、江鲜、野蔬和畜禽。善用小炒、干煸、干烧和泡、烩等烹调法。以"味"闻名，味型较多，富于变化，以鱼香、红油、怪味、麻辣较为突出。川菜的风格朴实而又清新，具有浓厚的乡土气息。著名代表菜品有鱼香肉丝、回锅肉、麻婆豆腐、水煮鱼、夫妻肺片等等。

### 海纳百川

"海纳百川"出自晋袁宏《三国名臣序赞》："形器不存，方寸海纳。"李周翰注："方寸之心，如海之纳百川也，言其包含广也。"意指大海可以容得下成百上千条江河之水。比喻包容的东西非常广泛，而且数量很大。

"海纳百川，有容乃大；壁立千仞，无欲则刚。"此联为清末政治家林则徐任两广总督时在总督府衙题书的堂联。意为大海因为有宽广的度量才容纳了成百上千的河流，高山因为没有勾心斗角的凡世杂欲才如此的挺拔。上下联最后一字——"大"与"刚"，意思是说，这种浩然之气，最伟大，最刚强。更表明了作者至大至刚的浩然之气。这种海纳百川的胸怀和壁立千仞的刚直，来源于"无欲"。这样的气度和"无欲"情怀以及至大至刚的浩然之气，正是心理健康不可缺少的"维生素"。

##  成语窗

**川壅必溃**
壅：堵塞。溃：决口，堤岸崩坏。堵塞河流，会招致决口之害。比喻办事要因势利导，否则就会导致不良后果。

**川泽纳污**
以湖泊江河能容纳各种水流的特性。比喻人有涵养，能包容所有的善恶、毁誉。

**本末源流**
源：水源。流：从水源向下游流去的水。比喻事物的主次、始末、先后。

**从谏如流**
谏：直言规劝。听从规劝像流水一样自然。形容乐于接受别人的批评意见。

**败不旋踵**
形容很快就遭到失败。旋踵，转动一下脚后跟。

**鞭不及腹**
及：到。原意是鞭子虽长，也不能打到马肚子。比喻相隔太远，力量达不到。

**息怒停瞋**
瞋：发怒时睁大眼睛。停止发怒和生气。多用作劝说，停息恼怒之辞。

**苟延残息**
苟延：苟且延续。残息：临死前残存的喘息。指勉强维持生命。

渊澄取映

yuān

| 甲骨文 | 金文 | 篆文 | 隶书 | 楷书 | 行书 | 草书 | 标准宋体 |
|---|---|---|---|---|---|---|---|
| 𤴓 | 淵 | 肖 | 丰丨 | 渊 | 渊 | 渊 | 渊 |

## 解字堂

"渊",甲骨文像四岸之内有川流的积水,表示川流冲积的深潭。金文再加(水),并画出川流和潭岸,同时在潭中加施刑的指事符号(是"方"的省略),表示古人在河川最深的地方施行"沉潭"死刑。篆文严重变形,川流、潭岸、方枷的形象都被淡化。有的篆文承续金文字形。隶书将篆文的写成。楷书写作"淵"。简化后写作"渊"。

《说文解字》说:"渊,回水也。从水,象形。左右,岸也。中象水皃。"

"渊"的造字本义是指古代执行淹毙死刑的深潭,本义只出现在古文中。通过词性引申,"渊"有积水的深潭的意思,如深渊、渊源。再通过词性引申,"渊"便有了作为形容词深不可测的意思,如渊博。

在古代,抛尸山崖的天葬叫"坠",抛尸的深谷叫"壑",沉潭的死刑叫"沉",执行死刑的深潭叫"渊"。

## 名言馆

鱼潜在渊。
　　　　·《诗·小雅·鹤鸣》

水出地而不流,命曰渊水。
　　　　·《管子·度地》

故为渊驱鱼者,獭也。
　　　　·《孟子·离娄上》

渊渊其渊。
　　　　·《礼记·中庸》

谜语答案　川　流　息

## 渊澄取映

chéng

# 澄

| 甲骨文 | 金文 | 篆文 | 隶书 | 楷书 | 行书 | 草书 | 标准宋本 |
|---|---|---|---|---|---|---|---|
|  |  | 澂 | 澄 | 澄 | 澄 | 澄 | 澄 |

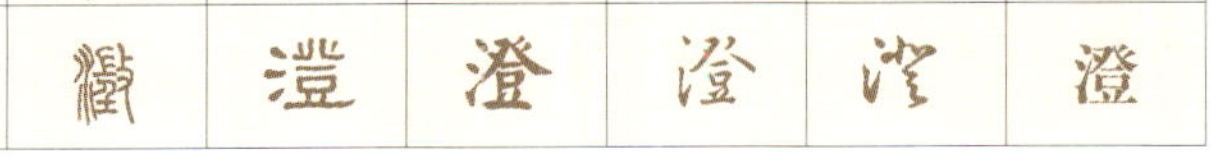

## 名言馆

心澄体静。
· （东汉）徐干《中论》

澄波万壑，洁澜千里。
· （南朝）鲍照《河清颂》

余霞散成绮，澄江静如练。
· （南朝）谢朓《晚登三山还望京邑》

落木千山天远大，澄江一道月分明。
· （宋）黄庭坚《登快阁》

公退则敛膝澄坐以养心。
· （明）方孝孺《静斋记》

## 解字堂

"澄"是形声字。《说文解字》中"澄"字作"澂"，氵（水）表意，表示水静而清；登表声，登有上义，表示"澄"上清澈而下沉积。

"澄"的造字本义是水静而清，如澄澈、澄碧。它作为动词，有让水中物沉淀，使清静、使清明的意思，如澄心、澄叙。也有安定的意思，如澄远。另外，"澄"还有一个读音，读作"dèng"，表示让液体里的杂质沉淀下去的意思，如澄沙、澄泥浆。

"澄澈"是指水清澈见底，也指月光皎洁明亮，后来引申为文字功底深，如文字澄澈。

渊澄取映

qǔ

取

| 甲骨文 | 金文 | 篆文 | 隶书 | 楷书 | 行书 | 草书 | 标准宋体 |
|---|---|---|---|---|---|---|---|
| | | | 取 | 取 | 取 | 取 | 取 |

### 解字堂

"取",甲骨文=（耳朵）+（用手抓）,表示手持割下的耳朵。金文将甲骨文的手写成明确的。篆文承续金文字形。隶化后楷书取将篆文的写成耳。

《说文解字》说："取,捕取也。从又,从耳。《周礼》：'获者取左耳。'《司马法》曰：'战献聝。'聝者,耳也。"

"取"的造字本义是指割下死敌的耳朵,以示战功。古代战争中,士兵割下死敌的耳朵作为评价战绩的依据。本义只见于古文。通过扩大引申,"取"有消灭、消除的意思,如取缔、取消；有得到、获得的意思,如争取、取暖；有选择的意思,如取决、取景等。

在古代,"娶妻"的"娶"本字是"取",因为由"取"的本义攻下、夺取引申为拿、取之义,后人为区分"嫁取"与"取"的其他意思,故写作"娶"。所以,"取"与"娶"是古今字。

### 名言馆

大兽公之,小禽私之,获者取左耳。

·《周礼·夏官·大司马》

两者合而天下取。

·《荀子·王霸》

人弃我取,人取我与。

·《史记·货殖列传》

人生自古谁无死,留取丹心照汗青。

·（宋）文天祥《过零丁洋》

渊澄取映

# 映 yìng

| 甲骨文 | 金文 | 篆文 | 隶书 | 楷书 | 行书 | 草书 | 标准宋体 |
|---|---|---|---|---|---|---|---|
| | | | | | | | 映 |

## 名言馆

亭亭晓月映，泠泠朝露滴。
· （南朝）谢灵运《夜发石关亭》

交柯溪易阴，反景澄余映。
· （南朝）任昉《落日泛舟东溪》

千里莺啼绿映红，水村山郭酒旗风。
· （唐）杜牧《江南春》

蓬头稚子学垂纶，侧坐莓苔草映身。
· （唐）胡令能《小儿垂钓》

接天莲叶无穷碧，映日荷花别样红。
· （宋）杨万里《晓出净慈寺送林子方》

## 解字堂

"映"，甲骨文 = ☽（月亮）+ 🝆（盛器），表示水盆口照见投影。金文误将甲骨文的"月"写成"日"，误将甲骨文的 🝆 似是而非地写成"央"，造字本义线索消失。篆文将金文的上下结构调整成左右结构。隶书将篆文的简写成央。

《说文解字》说："映，明也，隐也。从日，央声。"

"映"的造字本义是指水盆照月影。通过扩大引申为动词，意为景物倒景在水中，如倒映。通过词性引申，有反照、衬托的意思，如映山红、掩映。

"倒映"和"倒影"是有着不一样的意思的。"倒映"是指一个物体的形象倒着映射到另一个物体上，是动词；而"倒影"则是名词，是指倒映出来的物体。

## 温故知新

###  四字通解

渊澄取映，"渊"是水停之处，深水潭叫作渊。潭水澄净，可以像镜子一样照见自己的容貌、仪表。联系前面的话，"似兰斯馨，如松之盛。川流不息，渊澄取映"，意思是说美好的品德像兰花般芬芳，如青松般茂盛，如大河般奔流不息，如碧潭般清澈照人。

###  故事厅

#### 以人为镜可以明得失

"人以铜为镜，可以正衣冠；以古为镜，可以见兴替；以人为镜，可以知得失；魏征没，朕亡一镜矣！"这是唐王李世民在自己的大臣魏征去世后留下的感叹，现如今已是家喻户晓的佳话。"以人为镜，可以明得失"，人们常常用这句话来形容那些敢于直谏领导的下属，敢于指正朋友缺点的挚友。唐太宗用这句话来形容魏征足以说明了他对魏征的信任。

魏征给李世民当了17年辅臣，提了200余条建议，只要是于国有害的，他敢冒天下之大不韪，置身家性命于不顾，在皇帝面前屡屡犯颜直谏，为唐王朝的政治清明、兴旺繁荣，鞠躬尽瘁，死而后已。可以说魏征的直言劝谏，对唐太宗及唐朝贞观年间的政治起到了很大程度上的影响。他的存在影响了一个时代。

#### 百善孝为先

中国有句古语："百善孝为先。"意思是说，孝敬父母是各种美德中排第一位的。一个人如果都不知道孝敬父母，就很难想象他会热爱祖国和人民。子路，春秋末鲁国人。在孔子的弟子中以政事著称。尤其以勇敢闻名。但子路小的时候家里很穷，长年靠吃粗粮野菜等度日。有一次，年老的父母想吃米饭，可是家里一点米也没有，怎么办？子路想到要是翻过几道山到亲戚家借点米，不就可以满足父母的这点要求了吗？于是，小小的子路翻山越岭走了十几里路，从亲戚家背回了一小袋米，看到父母吃上了香喷喷的米饭，子路忘记了疲劳。邻居们都夸子路是一个勇敢孝顺的好孩子。

### 猜谜语

登水之右。
（打一字）

罢职之后又起用。
（打一字）

明月当空照大桥。
（打一字）

 知识角

### 澄江抚仙湖

澄江抚仙湖位于云南省玉溪南部，仅次于滇池和大理洱海，是云南省第三大湖、第一深水湖，是我国第二大深水湖，也是云南旅游景点中较为特殊的一个。湖容量达189亿立方米，相当于12个滇池的水量，6倍的洱海水量，蓄水量是云南省第一。抚仙湖水清澈纯净，是我国内陆淡水湖中水质最好的湖泊之一，居云南省湖泊之最。澄江抚仙湖声名鹊起是因为1992年在湖底发现"水下古城文明"，扁形人面图案、类似母系氏族分娩的图腾、类似于阿拉伯数字、古罗马字母的"0""1""Y""I"的符号，以及那些横七竖八的猜不出功能与用途的刻痕，颇似青铜器一角的金属碎片，高达19米、底长30米的五层石级坛式建筑等古代文明迹象，神秘的澄江抚仙湖水下建筑与古滇文明相距不远，在历史上它们有何关联？为何两处繁华的文明都先后神秘消失？这些"未解之谜"和玛雅文明、百慕大之谜一样，引发人类永远在追求。

### 临渊羡鱼，不如退而结网

《汉书·董仲舒传》中写道："临渊羡鱼，不如退而结网。"意思是说站在河边望着河中肥美的鱼，徒然羡慕，还不如回家结张网来捕鱼。这告诉我们：要想使我们的祖国兴旺发达，人民生活幸福、美满，必须实干、苦干，清谈只能误国，实干方可兴邦。世界上不论什么事，如果只是脱离实际的空想，或者夸夸其谈、纸上谈兵，而不脚踏实地做事，就像只站在河边，对鱼兴叹，而不去结网捕鱼一样，是什么也得不到的。

 成语窗

### 渊鱼丛雀
把鱼赶进深潭，把雀赶到丛林。原比喻统治者施行暴政，百姓逃往别国。现也比喻把可以团结的人赶到敌方去。

### 天渊之别
天和地，一极在上，一极在下。比喻差别极大。

### 澄心涤虑
澄：澄清。涤虑：清除思虑。澄清思绪，清除思虑。

### 揽辔澄清
揽辔：拉住马缰。澄清：平治天下。表示刷新政治，澄清天下的抱负。也比喻人在负责一件工作之始，即立志要刷新这件工作，把它做好。

### 彼弃我取
别人摒弃的我拿来。指不与世人共逐名利而甘于淡泊。

### 自取其咎
自己造成灾祸或自己找罪受。

### 集萤映雪
集萤：晋代车胤少时家贫，夏天以练囊装萤火虫照明读书。映雪：晋代孙康冬天常映雪读书。形容家境贫穷，勤学苦读。

### 霞明玉映
如霞光明艳，如玉色映现。形容光彩耀人。

容止若思

| 甲骨文 | 金文 | 篆文 | 隶书 | 楷书 | 行书 | 草书 | 标准宋体 |
|---|---|---|---|---|---|---|---|
| 𠕋 | 𠕋 | 容 | 容 | 容 | 容 | 㝐 | 容 |

## 解字堂

"口"，既是声旁也是形旁，是⊙的简写，即"囧"，窗洞，代居所。"容"，甲骨文⊙=宀（穴，岩穴）+口（口，囧⊙，窗洞，居所），表示远古祖先在山洞、岩穴中挖孔凿窗，采光通风，以寄居栖身。古钵字形⊙承续甲骨文字形。篆文⊙误写成"宀"宀、"谷"谷会义的结构。

《说文解字》说："容，盛也。从宀、谷。⊙，古文容从公。"

"容"的本义是栖身、藏身于洞穴，如容身、无地自容等。通过引申，"容"有存放、接受、接纳、包含的意思，如容纳、宽容；有允许、答应的意思，如天理难容；还有作为包含了神情的外表之义，如容貌、笑容等。

在我们的生活中，宽容是最美好的一种情感，是一种良好的心态，也是一种崇高的境界。它指的是宽大有气量，不计较或不追究。能够宽容别人的人，其心胸像天空一样宽阔、透明，像大海一样广阔、深沉。

## 名言馆

君子以容民畜众。

· 《易·师》

容止可观，进退可度。

· 《孝经》

颜色憔悴，形容枯槁。

· 《楚辞·渔父》

审容膝之易安。

· （晋）陶潜《归去来兮辞》

全开门户容蛇豕，漫握韬钤布鹳鹅。

· （清）鲁一同《重有感》

谜语答案 澄 取 映

容止若思

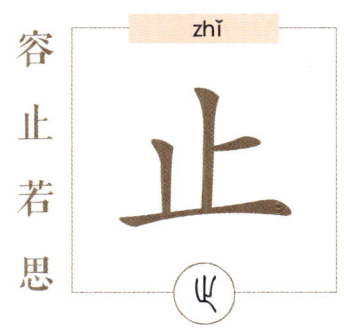

zhĭ

止

| 甲骨文 | 金文 | 篆文 | 隶书 | 楷书 | 行书 | 草书 | 标准宋体 |
|---|---|---|---|---|---|---|---|
| | | | | 止 | 止 | | 止 |

## 名言馆

知足不辱，知止不殆。
　　　　　　·《老子》

树欲静而风不止，子欲养而亲不待也。
　　　　　　·《韩诗外传》

技止此耳。
　　　　·（唐）柳宗元《三戒》

行于所当行，常止于所不可不止。
　　　　·（宋）苏轼《答谢民师书》

## 解字堂

"止"，甲骨文是一幅脚掌剪影，像脚趾头张开的脚掌形状，以三趾代五趾。有的甲骨文简化为线描。金文变形较大，淡化脚掌形象，突出三趾叉开的形状。篆文承续金文字形。当"止"的"脚趾"本义消失后，篆文再加"足"另造"趾"代替。

《说文解字》说："止，下基也。象艸木出有址，故以止为足。凡止之属皆从止。"

"止"的造字本义是指张开五趾的脚掌，即脚趾。通过词性引申，"止"有停而不走的意思，如停止、止步。然后经过比喻引申，"止"又有结束、控制的意思，如止痛、制止。最后又经过词性引申为不只、仅仅之义，如不止、何止。

在《诗经·小雅》里，有句话是这么说的："高山仰止，景行行止。"高山，是比喻高尚的德行。景行，指大路，比喻行为正大光明，经常喻以崇高的品行之意。后以"高山景行"比喻崇高的德行。

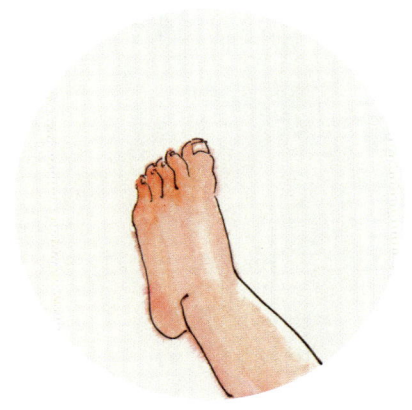

容止若思

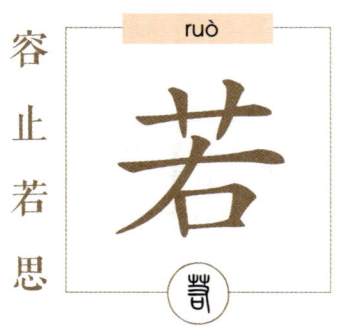

ruò

| 甲骨文 | 金文 | 篆文 | 隶书 | 楷书 | 行书 | 草书 | 标准宋体 |
|---|---|---|---|---|---|---|---|
| 𤴓 | 𤴓 | 𦳝 | 若 | 若 | 若 | 若 | 若 |

### 解字堂

"若"是"喏"和"诺"的本字。"若",甲骨文是象形字,像高举两臂理顺长发的女子,表示女子柔顺、顺从。有的金文承续甲骨文字形。有的金文加"口"构成会意,强调女子顺从应答。篆文误将甲骨文、金文的长发形象写成"草"。当"若"的"顺从答应"本义消失后,再加"口"另造"喏"代替;或再加"言"另造"诺"代替。

《说文解字》说:"若,择菜也。从艸、右。右,手也。一曰杜若,香艸。"

"若"的造字本义是指女子顺从答应。它通过递进引申为动词,意为像、相似,如欣喜若狂。还引申为连词,表示假如,如若是、如若。"若"作为代词,表示长辈对顺从晚辈的称呼,相当于你、你们的意思,如若辈、若属。

### 名言馆

肌肤若冰雪,绰约若处子。
· 《庄子·逍遥游》

若有人兮山之阿,被薜荔兮带女萝。
· 《楚辞·九歌·山鬼》

若者,言之符也;已者,言之绝也。已若不信,则知大惑矣。已若必信,则处于度之内也。
· 《马王堆汉墓帛书》

若为佣耕,何富贵也。
· 《史记·陈涉世家》

容止若思

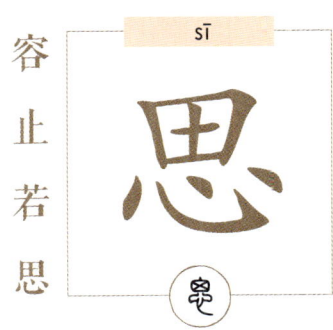

| 甲骨文 | 金文 | 篆文 | 隶书 | 楷书 | 行书 | 草书 | 标准宋体 |
|---|---|---|---|---|---|---|---|
|  |  | 思 | 思 | 思 | 思 | 思 | 思 |

## 名言馆

吾尝终日而思矣，不如须臾之所学也。

·《荀子·劝学》

远望使心思，游子恋所生。

·汉乐府《长歌行》

弦弦掩抑声声思，似诉平生不得志。

·（唐）白居易《琵琶行》

## 解字堂

"思"，篆文 思 = 囟（囟，脑）+ 心（心）。造字本义：用头脑考虑，用心灵感受。隶书 思 将篆文的"心"心写成心。自虑为"思"，念他为"想"。

《说文解字》说："思，容也。从心，囟声。凡思之属皆从思。"

"思"的造字本义是用头脑考虑，用心灵感受，如思辨、思考。"思"通过扩大引申为怀念、纪念的意思，如思古、追思。通过词性引申，"思"有作为名词意念、观念的意思，如思潮、情思等。

思考是一种可贵的学习品质，它传承精华，去除糟粕，孕育智慧。无数事实证明，善于思考必定受益无穷。"学而不思则罔，思而不学则殆。"古今中外，凡成大事者都是会思考的人，他们善于发现问题、解决问题，不让问题成为人生的难题。在我们的学习生活中，一定要养成独立思考的好习惯。

## 温故知新

 **四字通解**

容止若思,意思是容貌恭敬庄严,举止沉静安详。"容"指人的容貌仪表,"若思"是若有所思,人的仪容举止要安详,要从容不迫,举止稳重,看上去若有所思,不能毛毛草草。古人要求人的举止要从容稳重,有礼貌,谦卑恭敬,这是受儒家思想的影响。孔子是儒家学派的创始人,他就很注重"礼",他认为只有"礼"才能治国,所以推崇"礼治"。而且这种思想实际上也打破了"礼不下庶人"的信条,打破了贵族和庶民间原有的一条重要的界限。因为无论贵族还是平民百姓,都要守礼。这是孔子所推崇的,也影响了中国随后的几千年社会。

 **故事厅**

### 作揖还辱的郦食其

汉高祖刘邦不喜欢读书人,一次召见郦食其时,故意坐在床上,叫婢女帮他洗脚,以此来羞辱郦食其。

谁知道郦食其看后并没有生气,反而很有礼貌地向刘邦行礼,然后说:"您若想推翻秦朝,就不应该这样接见客人。"刘邦听后非常惭愧,马上请郦食其上座,恭恭敬敬地向他请教治国之道。

### 谦敬得福

明朝有位读书人,文章写得不错,远近闻名。一次他参加乡试,却榜上无名,很不服气,回到住处,大骂试官不能慧眼识英雄。这时旁边一位道士偷笑:"先生你文章一定写得不好!"读书人一听,都快跳起来了:"你又没看过我的文章,怎么知道我写得不好?"道士不慌不忙地说:"我听说,写文章最重要的是心气平和,你现在骂人发脾气,这样暴躁,怎么可能写出好文章?"

读书人觉得很有道理,不觉折服,虚心向道士请教,道士告诉他要自我反省,对人要谦恭有礼,只有这样才真正能写出好文章。

读书人后来果然金榜题名。

### 猜谜语

窗前对镜人画眉。
　　(打一字)

好似吃苦在前。
　　(打一字)

四方团结共一心。
　　(打一字)

##  知识角

### 礼貌用语

俗话说："良言一句三冬暖，恶语伤人六月寒。"礼貌用语在社会交往中起着非常重要的作用。

中国曾有"君子不失色于人，不失口于人"的古训，意思是说，有道德的人待人应该彬彬有礼，不能态度粗暴，也不能出言不逊。礼貌待人，使用礼貌语言，是我们中华民族的优良传统。

礼貌、礼仪是人们在频繁的交往中彼此表示尊重与友好的行为规范。而礼貌用语则是尊重他人的具体表现，是友好关系的敲门砖。所以我们在日常生活中，尤其在社交场合中，会使用礼貌用语十分重要。多说客气话不仅表示对别人的尊重，而且表明自己有修养；所以多用礼貌用语，不仅有利于双方气氛融洽，而且有利于交际。

### 孔子的礼治论

春秋战国时期是我国历史上第一个大的社会转型期，是我国从奴隶社会转为封建社会的重要时期。礼治思想是孔子思想的一个重要范畴。孔子生活在"礼崩乐坏"的春秋时期，他很崇拜周礼，主张"复礼""为国以礼"，希望恢复西周的礼治秩序。孔子提出的"复礼"的办法是"正名"，也就是"君君、臣臣、父父、子子"。同时，孔子还提出了"仁"的思想，孔子礼治思想与孔子"仁"的思想是统一的，是相互渗透、相互包含的关系。

##  成语窗

### 敛容屏气
敛容：收起笑容，态度变得严肃。屏气：闭住气不敢出声。比喻有所畏惧而恭敬谨慎，不敢稍微放肆。

### 绝薪止火
绝：断绝。薪：柴草。断绝柴草，使火停止燃烧。比喻从根本上彻底解决问题。

### 望门投止
投止：投宿。在窘迫中见有人家就去投宿。比喻情况急迫，来不及选择存身的地方。

### 危若朝露
危险得像清早的露水一样容易消失。比喻面临死亡。

### 趋之若鹜
趋：快走。鹜：野鸭。像野鸭成群而住。比喻很多人争着赶去。

### 冥思苦索
冥：深。绞尽脑汁，苦思苦想。

### 狡焉思肆
指怀贪诈之心图谋侵人之国。

言辞安定

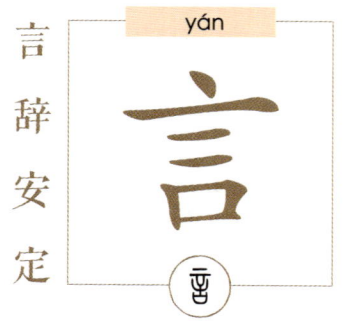

| 甲骨文 | 金文 | 篆文 | 隶书 | 楷书 | 行书 | 草书 | 标准宋体 |
|---|---|---|---|---|---|---|---|

### 解字堂

"言"，甲骨文在舌的舌尖位置加一短横指事符号，表示舌头发出的动作。金文将甲骨文的写成。篆文再加一横指事符号。隶书简写成言，完全失去舌形。

《说文解字》说："言，直言曰言，论难曰语。从口，辛声。凡言之属皆从言。"

言的本义是鼓舌说话。通过词性引申，有话语的意思，如言为心声；还有字、句的意思，如七言绝句。

言语是指人们掌握和使用语言的活动。具有交流功能、符号功能和概括功能。语言是社会共有的交际工具，因而是稳固的，具有相对静止状态。而言语则是人们运用语言这种工具进行交际的过程和结果，是自由结合的，具有相对运动状态。语言系统的各个结构成分是有限的，但在具体的语言活动中，作为一个行为过程，人们所说出的话是无限的，每句话语的长短在理论上也应该是无限的，任何一句话都可以追加成分而使它变得更长。

### 名言馆

如何昊天，辟言不信。
·《诗·小雅·雨无止》

夫人不言，言必有中。
·《论语·先进》

今吾且死，而侯生曾无一言半辞送我，我岂有所失哉？
·《史记·魏公子列传》

感斯人言，是夕始觉有迁谪意。
·（唐）白居易《琵琶行序》

谜语答案　容若思

言辞安定

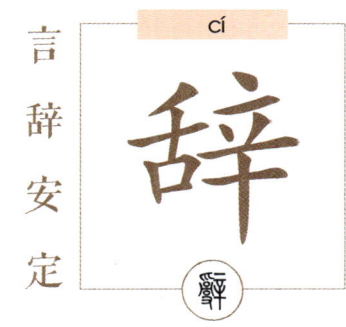

| 甲骨文 | 金文 | 篆文 | 隶书 | 楷书 | 行书 | 草书 | 标准宋体 |
|---|---|---|---|---|---|---|---|
|  | 嗣 | 辭 | 辭 | 辭 | 辝 | 舌 | 辞 |

## 名言馆

子曰：辞达而已矣。
·《论语·卫灵公》

其文约，其辞微，其志洁，其行廉。
·《史记·屈原贾生列传》

出洞无论隔山水，辞家终拟长游衍。
·（唐）王维《桃源行》

故人西辞黄鹤楼，烟花三月下扬州。
·（唐）李白《黄鹤楼送孟浩然之广陵》

## 解字堂

"辞"繁体写作"辭"或"嗣"等。"嗣"，金文=𤔔（䛆，象上下两只手在整理乱丝）+司（司，治理，兼表声旁），造字本义：治理。

《说文解字》说："辭，讼也。从䛐，䛐犹理辜也。䛐，理也。嗣，籀文辭从司。"

"辞"的本义是法官听取诉讼双方正式的陈述和辩论，理清案情。"辞"字通过词性引申为名词表示正式的文辞、言辞语的意思，如辞令、修辞。通过扩大引申，有告别意思，如辞别、告辞。通过递进引申，有谢绝、拒绝的意思，如辞退、推辞等。

古代有种文体叫辞赋，起源于战国时代。汉朝人集屈原等所作的赋称为楚辞，后人泛称赋体文学为辞赋。辞赋固当有韵，然古人亦有无韵者，以义在托讽，亦谓之赋耳。滥觞于骚，盛于汉，故世称汉赋，后转为诗文之总称。

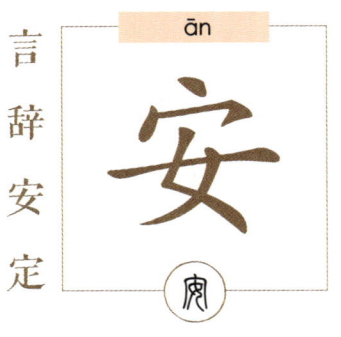

言辞安定 ān

| 甲骨文 | 金文 | 篆文 | 隶书 | 楷书 | 行书 | 草书 | 标准宋体 |
|---|---|---|---|---|---|---|---|
| 𡧊 | 𡧊 | 𡧊 | 安 | 安 | 安 | 安 | 安 |

## 解字堂

"安",甲骨文𡧊=冂(宀,新房)+女(女,新娘),表示新房中有新娘。金文𡧊、篆文𡧊承续甲骨文字形。隶书安将篆文的冂写成宀,将篆文的女写成女。楷书写作安。

《说文解字》说:"安,静也。从女在宀下。""安"的本义是男子建房娶亲成家,内心踏实过日子,如安居乐业。"安"作为动词,除了本义以外,有使有安全的位置的意思,如安顿、安插;还有使安定的意思,如安民、安神。"安"可以作为形容词,有安定的意思,如随遇而安。当它作为副词的时候,有静静地、悄悄地的意思,如安眠、安歇。"安"还作为代词,指代哪里、怎么,如安知非福。

在古代的农业社会,兴宅、娶亲,是男子一生中至关重要的两大事件,直接而深刻地影响到男子个人的心理状态,顺利兴宅、娶亲,便能安居乐业;挫于兴宅、娶亲,则焦虑恐慌。古人称娶亲成家、宁神度日为"安",称衣食充足而娱乐养心为"宁",可以说"安"是"宁"的基础,而"宁"是"安"的高级境界。

## 名言馆

衣食所安,弗敢专也,必以分人。
· 《左传·庄公十年》

居安思危。
· 《左传·襄公十一年》

君子食无求饱,居无求安。
· 《论语·学而》

既来之,则安之。
· 《论语·季氏》

晚食以当肉,安步以当车。
· 《战国策·齐策四》

安得广厦千万间,风雨不动安如山?
· (唐)杜甫《茅屋为秋风所破歌》

言辞安定

| 甲骨文 | 金文 | 篆文 | 隶书 | 楷书 | 行书 | 草书 | 标准宋体 |

## 名言馆

岂敢定居，一月三捷。
·《诗·小雅·采薇》

昏定而晨省。
·《礼记·曲礼》

定而后能静，静而后能安。
·《礼记·大学》

臣观自古帝受定鼎，皆欲传之万代。
·（唐）魏征《十渐不克终疏》

俄顷风定云墨色，秋天漠漠向昏黑。
·（唐）杜甫《茅屋为秋风所破歌》

## 解字堂

"定"，甲骨文 = ∩（宀，房屋）+ 足（足，结束征战归邑），远古男子为了觅食和战争，总是常外出远行奔波。金文将甲骨文的"足"写成"正"。篆文承续金文字形。隶书将篆文的"正"写成正。

《说文解字》说："定，安也。从宀，从正。""定"字的本义是结束征战，安居度日。通过扩大引申，"定"字有动词使不动、使不变的意思，如定位、规定。再缩小引申为动词确切地预约之义，如定婚、预定。词性在此基础上还引申为形容词不变的、确切的，如定局、确定。

定婚，是指定下或者订立婚约，也称"订婚"。经过议婚阶段，男女两家对婚事都持肯定意见，便可正式定婚，即"许亲""定亲"了。定婚时，男方给女方送去聘礼，数量多少，一般因时因地，视家境贫富而定。这一程序相当于"六礼"中"纳吉"的后一部分内容和"纳征"，雁北一带称为"下茶"，晋南一带则称为"过大礼"。

## 温故知新

 ### 四字通解

言辞安定,意思是言语对答要安定沉稳,要有定力。孔子说:"君子慎于言而敏于行。"在说话这方面,孔子认为,作为一个君子,不能乱说话,不能随便说话。这正对应了"言辞安定"这个意思。我们说话要安定从容,这样才能显得稳重有礼,才不会在长辈或者前辈面前失礼。

"容止若思,言辞安定"出自《礼记·曲礼》。《礼记》上有"毋不敬,俨若思,安定辞"的语句。"俨"是恭敬、庄重。容貌恭敬庄严,举止沉静安详,就是"容止若思"。"容"指人的容貌仪表,"若思"是若有所思。人的仪容举止要安详,要从容不迫。

古人教导我们,君子应该是"修己以敬,修己以安人"。内心敬才能重,重了才能定。内有定,外表的仪容举止才有安。"容止若思,言辞安定"的根本在于"敬",所以"毋不敬"的后面才是"俨若思,安定辞"。

中国是礼仪之邦,自古讲究一个"礼"字,现代社会的法律法规、典章制度统属礼的范围。中国文化中"礼"的核心就是一个"敬"字,有敬方有礼,有心才为爱。没有诚敬之心,礼再多也是形式,不但一点作用没有,人反而因此变得越来越虚伪。因此《礼记·经解篇》中才说"礼之失,烦"。所以,为人仪容举止要沉静安详,言语对答要安定稳重。

 ### 故事厅

#### 狐假虎威的寓言

楚宣王执政期间,楚国实力强盛,邻国都不敢和楚国作对。楚宣王听说中原各诸侯国都很惧怕楚国大将昭奚恤,心里不是滋味,于是问众臣:"各诸侯国如此畏惧昭奚恤,他实际上如何?"群臣都不知怎样回答才好。这时一位叫江一的大臣站出来说:"我讲一个故事:饥饿的老虎出去找食物,抓到一只狐狸。狐狸对老虎说:'你不能吃我,天帝派我来做百兽之王,你要是吃掉我,就违背了天帝的圣意。如果你不相信,我可以走在你前面,你在我后面跟着,看是不是百兽见了我都害怕。'老虎相信了狐狸的话,跟着它走,果然不管什么野兽见了它们走来都吓跑了。老虎并不知道野兽们是由于害怕自己而逃跑的。如今国王有土地千里,军队一百万,而把军权交给昭奚恤,所以各诸侯国就惧怕他了,其实他们是怕国王的军队,好比百兽害怕老虎一样。"

#### 能言善辩的贾嘉隐

唐朝有个小孩叫贾嘉隐,年仅七岁就很有口才,有学问的大人也耍弄不了他。有一次,有两位年长的诗人听说他聪明,就故意前来考考他。其中有一位靠在一棵槐树上,问贾嘉隐:"你说说看,我倚的这棵树是什么树?""松树。""这明明是棵槐树,你怎么说是松树呢?"贾嘉隐有条有理他说:"您年纪这么大,我叫您公公,公的旁边靠着树木,不正是'松'字吗?"旁边那位诗人听他这么说,也往树上一倚:"我靠的也是松树,你也应该叫我一声公公。"小孩灵机一动地说:"你靠的这棵树不是松树,是槐树。""你怎么又改口了呢?"小孩辩解说:"不是我改口,是因为鬼靠在树上,正好是一个'槐'字。"那位诗人听完,真是气得哭笑不得。

言辞安定

## 知识角

### 《辞海》

《辞海》是中国最大的综合性辞典。《辞海》是以字带词，兼有字典、语文词典和百科词典功能的大型综合性辞典。"辞海"二字源于陕西汉中著名的汉代摩崖石刻《石门颂》。皇皇巨著《辞海》是一个世纪、几代学人千锤百炼的结晶。《辞海》最早的策划、启动始于1915年。中华书局创办人陆费逵决心编纂集中国单字、语词兼百科于一体的综合性大辞典，其宏博气势，令人钦敬。并取"海纳百川"之意，将书名定为《辞海》。

### 纪晓岚与乾隆帝

纪昀，字晓岚，一字春帆，晚号石云，道号观弈道人，直隶献县人。清代政治家、文学家，乾隆年间官员。历官左都御史，兵部、礼部尚书、协办大学士，以太子太保管国子监事致仕，曾任《四库全书》总纂修官。纪昀学宗汉儒，博览群书，工诗及骈文，尤长于考证训诂。仕官50余年，年轻时才华横溢、血气方刚，晚年的内心世界却日益封闭。其《阅微草堂笔记》正是这一心境的产物。他的诗文，经后人搜集编为《纪文达公遗集》。

纪晓岚富有幽默感，民间流传着他跟乾隆帝君臣之间的许多轶事，例如他私下皆称乾隆为"老头子"，被乾隆知道后，他竟能硬拗成"'老'乃长寿之意，万岁长寿为'老'也；'头'为万物之首，天下的元首即'头'矣；'子'乃圣人之称，孔子、孟子均称'子'焉。万岁、元首、圣人连在一起，则是'老头子'！"

## 成语窗

**危言耸听**
危言：使人吃惊的话。耸：惊动。耸听：使听话的人吃惊。指故意说些夸大的吓人的话，使人惊疑震动。

**名正言顺**
名：名分，名义。顺：合理、顺当。原指名分正当，说话合理。后多指做某事名义正当，道理也说得通。

**同声一辞**
犹言众口一辞。指大家说得都一样。

**恶言詈辞**
中伤辱骂的言辞。

**畏难苟安**
害怕困难，苟且偷安。

**燕安鸩毒**
指贪图安逸享乐等于饮毒酒自杀。

**惊魂未定**
指受惊后心情还没有平静下来。

**遭时定制**
指因时势而规定法制。

### 猜谜语

人无信不立。
（打一字）

逢十方可进一位。
（打一字）

家里卖猪得千金。
（打一字）

笃初诚美

dǔ

| 甲骨文 | 金文 | 篆文 | 隶书 | 楷书 | 行书 | 草书 | 标准宋体 |
|---|---|---|---|---|---|---|---|
|  | 篤 | 篤 | 篤 | 篤 | 篤 | 笃 | 笃 |

## 解字堂

"笃",金文 篤 = 竹（竹,竹笼）+ 马（马,代马嘴），表示给马嘴套上透气的竹笼，使马不能嚼食路边的野草，以此降低草料对马的诱惑，提高马匹的警觉与专注，以便更好地为主人服务。篆文 篤 承续金文字形。隶定后楷书写作"篤"。简化后写作"笃"。

《说文解字》说："笃，马行顿迟。从马，竹声。"

"笃"的本义是马嘴套竹笼，凝神专注的意思。通过扩大引申，有形容词专注的、忠诚的的意思，如笃志、笃忠。通过递进引申为程度深的的意思，如笃病、危笃。通过词性引申，又有副词很深地的意思，如笃爱、笃信。

## 名言馆

予嘉乃德，日笃不忘。
· 《书·微子之命》

硕大且笃。
· 《诗·唐风·椒聊》

慎思之，明辨之，笃行之。
· 《礼记·中庸》

朋友不笃，非孝也。
· 《吕氏春秋·孝行》

仆道不笃，业甚浅近。
· （唐）柳宗元《答韦中立论师道书》

谜语答案  言  辞  安

# 笃初诚美

chū
初

| 甲骨文 | 金文 | 篆文 | 隶书 | 楷书 | 行书 | 草书 | 标准宋体 |
|---|---|---|---|---|---|---|---|
| | | | | 初 | 初 | 初 | 初 |

## 名言馆

初极狭，才通人。复行数十步，豁然开朗。
·（晋）陶潜《桃花源记》

初七及下九，嬉戏莫相忘。
·汉乐府《古诗为焦仲卿妻作》

剑外忽传收蓟北，初闻涕泪满衣裳。
·（唐）杜甫《闻官军收河南河北》

只应踏初雪，骑马发荆州。
·（唐）杜甫《更题》

欲知学之力，贤愚同一初。
·（唐）韩愈《符读书城南》

## 解字堂

"衣"，既是声旁也是形旁，表示服装。"初"，甲骨文=大（大，人）+衣（衣），表示"人在衣中"，即身上穿着衣服。有的甲骨文以"人"代"大"。有的甲骨文将包围结构调整为左右结构。金文承续甲骨文字形。篆文误将金文的"人"写成"刀"。隶化后，楷书初将"衣"写成衤。

《说文解字》说："初，始也。从刀，从衣。裁衣之始也。"

"初"的本义是原始人制衣穿衣，遮羞保暖，开启人类文明。通过扩大引申，有开启阶段、初始之时的意思，如当初、月初。然后通过词性引申，有形容词起始的、最早的、第一的意思，如初步、初春。最后通过词性引申，有副词第一次的意思，如初恋、初试。

在汉语里，"开始"有多种称呼：古人称天地初开、人类诞生之际为"元"；称原始时代人们用兽皮遮羞保暖为"初"；称代表家族繁衍渊源的太母为"始"。

笃初诚美

chéng

| 甲骨文 | 金文 | 篆文 | 隶书 | 楷书 | 行书 | 草书 | 标准宋体 |
|---|---|---|---|---|---|---|---|
|  | 諴 | 諴 | 誠 | 誠 | 诚 | 诚 | 诚 |

### 解字堂

"成"，既是声旁也是形旁，表示停战和解、媾和。"諴"，金文諴=言（言，谈话）+戌（成，停战媾和），表示谈和。篆文諴承续金文字形。隶书誠将篆文的言简写成言。楷书写作"誠"。简化后写作"诚"。

《说文解字》说："诚，信也。从言，成声。""诚"的本义是彼此信任谈和，如实遵守协约。通过词性引申为形容词如实的、真心的、确实可靠的的意思，如诚信、真诚。然后再通过词性引申为副词确实、的确的意思，如诚惶诚恐。

无论古今中外，"诚信"是个人应具备的基本而重要的人格品质。言己所思为"诚"；践己所诺为"信"。"诚"与"信"一组合，就形成了一个内外兼备，具有丰富内涵的词汇，其基本含义是指诚实无欺，讲求信用。千百年来，诚信被中华民族视为自身的行为规范和道德修养，形成具有丰富内涵的诚信观。

### 名言馆

诚如是，则霸业可成，汉室可兴。
· 《三国志·蜀书·诸葛亮传》

---

乃能衔哀致诚。
· （唐）韩愈《祭十二郎文》

---

所谓无者诚难测，而神者诚难明矣。
· （唐）韩愈《祭十二郎文》

笃初诚美

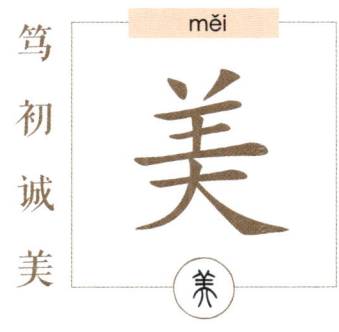

| 甲骨文 | 金文 | 篆文 | 隶书 | 楷书 | 行书 | 草书 | 标准宋体 |
|---|---|---|---|---|---|---|---|

## 名言馆

信言不美，美言不信。
　　　　　　·《老子》

天地有大美而不言。
　　　　　·《庄子·知北游》

其民愿，其俗美。
　　　　　·《荀子·王霸》

吾妻之美我者，私我也。
　　　　　·《战国策·齐策》

梅以曲为美，直则无姿。
　　　·（清）龚自珍《病梅馆记》

## 解字堂

在造字时代，羊常用于祭祀，因而"羊"具有"祥"的含义。"美"，甲骨文=（羊，祥）+（大，人），表示人的神情安祥。在造字时代的古人眼里，安祥、宁静的人最"美"。金文将甲骨文的写成。篆文基本承续金文字形，将金文的写成。有的隶书误将篆文的"大"写成"火"。古人认为，祥人为"美"，祥战为"义"。

《说文解字》说："美，甘也。从羊，从大。羊在六畜主给膳也。美与善同意。"认为"美"字的本义是味道好的。"美"的本义是古代修养深厚的高人所表现的安祥、和平，这种意思只能在古文中见到。"美"通过词性引申，有满意的、得意的的意思，如美滋、美梦。缩小引申为好看的、漂亮的的意思，如美丽、秀美。再词性引申为动词称赞、赞许，如赞美、美言。还有名词美好的人或事物的意思，如美中不足。

爱美之心，人皆有之，此话道出了人们对美的向往和追求。美的东西能让人赏心悦目，心情愉悦。不过，究竟什么叫美？美的标准是什么？人们对此各有看法，因人而异。在道德上，人们追求真善美，这是人们所向往的理想境界。

## 温故知新

###  四字通解

笃初诚美，"笃"用于思想品行方面，指诚而厚重，心意不改变。"初"是指一件事的开端，"诚"是固然的意思，"美"指好。连起来的意思是：刚开始有个好的开端固然是好的。我们做任何事情要有所成就，就必须有始有终，坚持下去，不怕枯燥，不愿放弃，渐渐积少成多。正所谓"不积硅步，无以至千里；不积小流，无以成江海"。

###  故事厅

**司马光警枕励志**

司马光是我国北宋时代的大学问家。他小时候和哥哥弟弟们一起学习，自己觉得记忆力比较差，便想办法克服这个弱点。每当教师讲完书，哥哥弟弟们读上一会儿，勉强背得出来，便一个接一个丢开书本，跑到院子里玩。只有他不肯走，轻轻地关上门窗，集中注意力高声朗读，读了一遍又一遍，直到读得滚瓜烂熟，合上书，能够流畅地、不错一字地背诵，才肯休息。司马光从小到老，一直坚持不懈地学习，做官之后反而更加刻苦。他住的地方，除了图书和卧具，再没有其他珍贵的摆设。卧具很简单，就一架木板床，一条粗布被子，一个圆木枕头。为什么要用圆木枕头呢？说来很有意思，当读书太困倦的时候，一睡就是一大觉。圆木枕头放到硬梆梆的木板床上，极容易滚动。只要稍微动一下，它就滚走了。头跌在木板床上，"咚"的一声，他惊醒了就会立刻爬起来读书。司马光给这个圆木枕头起了个名字，叫"警枕"。

**王羲之练字**

王羲之是1600年前我国晋朝的一位大书法家，被人们誉为"书圣"。他7岁开始练习书法，勤奋好学，练字专心致志，达到废寝忘食的地步。他吃饭走路也在揣摩字的结构，不断地用手在身上划字默写，久而久之，衣襟也磨破了。

17岁时，他把父亲秘藏的前代书法论著偷来阅读，看熟了就练着写，他每天坐在池子边练字，送走黄昏，迎来黎明，每天练完字就在池水里洗笔，不知用了多少墨水，写烂了多少笔头，天长日久竟将一池水都洗成了墨色，被人称为墨池。

### 猜谜语

竹马相伴意专一。
（打一字）

着锦衣，配宝刀。
（打一字）

王八勾结夺天下。
（打一字）

##  知识角

### 博学笃志

"博学笃志"出自《论语·子张》:"博学而笃志,切问而近思,仁在其中矣。'意思是说,博学而志向坚定,好问而多想当前的事情,仁德也就在其中了。清王永彬在《围炉夜话》中说:"博学笃志,切问近思,此八字是收放心的功夫。"我们既要广博地学习,又要有一个追求的中心,这就叫"博学而笃志"。既要多问问题,又不要好高骛远,不切实际地空想。而要多想当前的事情,与自己的实际情况密切相关的事情,这就叫"切问而近思"。学习的关键在于自身的体会,如人饮水,冷暖自知。所以,一定要从切身处去问,接近处去思。

### 要有发现美的眼睛

"美是到处都有的。对于我们的眼睛,不是缺少美,而是缺少发现。"这是法国的罗丹说的。美,指的不仅仅是外表,同时指的是内心。美,在人们心灵的最深处,只在乎你是否仔细去体会。其实,美无时无刻不在你身边,就看你是否有一双发现美的眼睛。爱美之心,人皆有之。人人都渴望接近美,但其实,美就在自己的身边。

##  成语窗

### 力学笃行
力学:努力学习。笃行:切实地实行。勤勉学习且确切实践所学。

### 博学笃志
笃:忠实,一心一意。广泛学习而意志坚定。

### 初试锋芒
比喻刚开始呈示出力量或才能。

### 华灯初上
雕饰华美或光华灿烂的灯刚刚点亮,一般用来形容夜幕刚刚降临时的城市景象。

### 开诚布公
以诚意相见,坦率无私地表示意见。

### 正心诚意
指心地端正诚恳。《礼记·大学》:"欲正其心者,先诚其意。"

### 美中不足
虽然很好,但还有缺陷。

### 成人之美
成全别人的好事或帮助人实现他的愿望。

慎终宜令

| 甲骨文 | 金文 | 篆文 | 隶书 | 楷书 | 行书 | 草书 | 标准宋体 |
|---|---|---|---|---|---|---|---|
|  |  | 慎 | 慎 | 慎 | 慎 | 慎 | 慎 |

### 解字堂

"真",既是声旁也是形旁,表示贞人。"慎",篆文=（心,态度）+（真,贞人）,表示贞人贞卜时态度谨严。隶书将篆文的"心"写成。隶定后楷书写作"慎"。

《说文解字》说:"慎,谨也。从心,真声。"

"慎"的本义是贞人贞卜,小心翼翼,深思谨言。该本义已经消失。通过词性引申,有形容词小心翼翼的、深思熟虑的的意思,如慎独、谨慎。再通过词性引申为副词务必、千万的意思,如慎勿忘。

谨慎是一种生活的态度和倾向。持有此种态度的人,会对事物做整体的、细节性的考虑,小心评估利弊得失,并且反复思量自己的决定和行动所造成的结果,他们经常是深思熟虑的,注重长期、实质的结果,远超过短期、表面的利益。谨慎往往给我们带来利益,是做人的优秀品质,但是如果过于谨慎,则引起问题,容易丧失机会。

### 名言馆

予慎无罪。
· 《诗·小雅·巧言》

入门主敬,升堂主慎。
· 《仪礼·聘礼记》

多谢后世人,戒之慎勿忘!
· 汉乐府《古诗为焦仲卿妻作》

此所以学者不可以不深思而慎取之也。
· （宋）王安石《游褒禅山记》

谜语答案 笃 初 美

慎终宜令

| 甲骨文 | 金文 | 篆文 | 隶书 | 楷书 | 行书 | 草书 | 标准宋体 |
|---|---|---|---|---|---|---|---|
| ∧ | ∩ | 絭 | 終 | 終 | 终 | 终 | 终 |

### 名言馆

君子以永终知敝。
　　　　　·《易·归妹》

靡不有初，鲜克有终。
　　　　　·《诗经·大雅·荡》

庶人终食。
　　　　　·《国语·周语》

曲终收拨当心画，四弦一声如裂帛。
　　　　　·（唐）白居易《琵琶行》

### 解字堂

"冬"是"终"的本字。"冬"，甲骨文∧像绳子两端的绳结，表示结绳记事，从始至终。当"冬"的"终结"本义消失后，篆文絭再加"糸"糹（结绳）另造"終"代替。隶书終将篆文的絭写成"冬"冬。楷书写作"終"。简化后写作"终"。

《说文解字》说："終，絿丝也。从糸，冬声。𠂆，古文终字。"

"终"的本义是一个结绳记事主题的完成，本义已经消失。"终"字通过比喻引申为动词结束、停止、完成的意思，如终止、剧终。然后通过词性引申为名词结局、结尾的意思，如自始至终。再引申为形容词最后的、极端的的意思，如终极、最终。最后词性引申为副词最后、毕竟、全的意思，如终究、终将见效等。

有始有终是做人做事的基本原则之一，即做事能坚持到底，不半途而废，也不要左右摇摆不决，能对自己和他人都有个交代。做事有始有终这是对毅力的肯定，也是对个人的肯定。

慎终宜令

yí

宜

| 甲骨文 | 金文 | 篆文 | 隶书 | 楷书 | 行书 | 草书 | 标准宋体 |
|---|---|---|---|---|---|---|---|
| | | | 宜 | 宜 | 宜 | 宜 | 宜 |

### 解字堂

"宜"，甲骨文 = （象俎）+ （两个"夕"，两肉块），表示列俎几陈牲以祭。金文基本承续甲骨文字形。有的金文误将写成"宀"。籀文、篆文基本承续金文字形。隶书宜将篆文的写成"且"且。

《说文解字》说："宜，所安也。从宀之下，一之上，多省声。，古文宜。，亦古文宜。"

"宜"的本义是列俎几陈牲以祭，如宜于冢家。引申为名词，表示菜肴，如与子宜之。引申为形容词，表示合情合理的、应该的、恰当的，如老少皆宜。引申为副词，表示应该、合情合理地，如顾客不宜迟。

### 名言馆

宜其室家。
　　·《诗·周南·桃夭》

---

万物之生各得其宜也。
　　·《诗·小雅·由仪序》

---

世易时移，变法宜矣。
　　·《吕氏春秋·察今》

---

不宜有所过。
　　·《史记·魏公子列传》

---

宜付有司论其刑赏。
　　·（三国）诸葛亮《出师表》

慎终宜令

lìng

令

| 甲骨文 | 金文 | 篆文 | 隶书 | 楷书 | 行书 | 草书 | 标准宋体 |

## 名言馆

令初下，群臣进谏，门庭若市。
·《战国策·齐策》

魏文侯时，西门豹为邺令。
·（汉）褚少孙《西门豹治邺》

年始十八九，便言多令才。
·汉乐府《古诗为焦仲卿妻作》

今操已拥百万之众，挟天子以令诸侯。
·（晋）陈寿《三国志·蜀书·诸葛亮传》

火烧令坚。
·（宋）沈括《梦溪笔谈》

## 解字堂

"令"是"命"的本字。"令"，甲骨文=A（朝下的"口"）+人（人，等候指示的下级），表示上级指示下级。金文承续甲骨文字形。篆文将金文的"人"写成卩。隶书令将篆文的"人"卩简化成卩。楷书令将隶书的人写成人。至此"令"的"口"形和"人"形消失。当"令"成为常规名词后，金文再加"口"另造"命"代替其动词功能。

《说文解字》说："令，发号也。从亼、卩。"

"令"字的本义是上级向下级授命，作出权威性指示。"令"作为动词，有促使、让的意思，如利令智昏。"令"作为名词，有作为官名的，如县令、郡令；有必须执行的要求、法规的意思，如令行禁止；有规律性节奏、时限、季节的意思，如夏令、时令；还指有句式、音律限制的文体，如酒令、曲令、小令。"令"作为形容词，有崇高的，值得尊敬的的意思，该义项只见于古文，如令爱、令亲等等。

"令"是古代上行下的公文中的一种，是皇帝或大臣给下级臣僚的指令，属于强制性文体，在效能上要求必须照办，否则严厉惩罚。"令"从内容上划分，可分为六类：指示令、任免令、奖惩令、颁布令、交代令、表白令。如曹操的《让县自明本志令》等。

## 温故知新

###  四字通解

慎终宜令,"慎终"是"慎终如始"的简称;"令"是美、善的意思,例如有成语"巧言令色"是说好话、装笑脸。人做事虎头蛇尾的多,开端很好,决心很大,但没有三天的热乎气就凉下来了。老子也说,人往往是功亏一篑,常于"事几成而败之"。无论是做学问还是修道,一个人如果下定决心,一辈子只干一件事,哪里有不成功的道理呢?任何事情,重视并专心的开始固然很好,能够一直保持像开始时一样专心认真的态度去做,坚持到底更为难能可贵。

"笃初诚美,慎终宜令"合在一起的意思是无论修身、求学、重视开头固然不错,认真去做,有好的结果更为重要。荀子曾说过:"生是人的开始,死是人的结束。"开始和结束都能完美,人的一生就完备了。但是,能够笃初慎终,善始善终的人毕竟太少了。孟子曾举孝道的例子说:"人在年幼的时候知道爱恋父母,长大以后就去爱慕漂亮姑娘;结了婚开始迷恋妻女,做了官又去讨好君王。"谁人能够善始善终呢?只有真正的孝子,才能够笃初慎终,终生怀恋父母。

注意这两句话的修辞特点,笃初对慎终,诚美对宜令。诚、宜均为肯定副词,诚有确实、的确的意思;宜有当然、应当的意思。

###  故事厅

#### 始终如一的祖逖

晋代的祖逖是个胸怀坦荡、具有远大抱负的人。可他小时候却是个不爱读书的淘气孩子。进入青年时代,他意识到自己知识的贫乏,深感不读书无以报效国家,于是就发奋读起书来,学问大有长进。祖逖24岁的时候,曾有人推荐他去做官,他没有答应,仍然不懈努力读书。后来,祖逖和幼时的好友刘琨一同担任司州主簿。他们每天鸡叫后就起床练剑。寒来暑往,从不间断。功夫不负有心人,经过长期的刻苦学习和训练,他们终于成为能文能武的全才,既能写得一手好文章,又能带兵打胜仗。祖逖被封为镇西将军,实现了他报效国家的愿望。

#### 善始善终

陈平是汉代的三朝宰相,他之所以能连做三朝忠臣,皆因他会见机行事。秦朝末年,陈胜、吴广发动民众兴兵起义,陈平见秦二世胡亥已民心尽失,秦朝大势已去,就转身投靠了魏王咎。后来,楚汉相争时,西楚霸王项羽骄傲轻敌,独断专行,而刘邦却能任人唯贤,深得民心,于是他又转而投靠了刘邦。他还向刘邦建议使用反间计,离间项羽和范增,使项羽身边损失了一位忠心智勇的谋士,并让刘邦以爵位笼络大将韩信,利用他为汉室打下一片江山。吕后专政时,重用吕家族人,使吕家势力空前强大。吕后死后,陈平协助汉文帝,共同对付吕家势力,重新夺得刘氏天下,又被汉文帝重用。陈平凭借他审时度势的才智,稳居惠帝、吕后、文帝三朝宰相,荣耀而平稳地度过了一生。后来,司马迁在《史记》中根据他的生平评价他是"善始善终"。

##  知识角

### 令牌

令牌是我国道教的诸多法器中的重要一种。道教的令牌多为木制,其形状是顶端为弧形、下端为直线形的长道教令牌条状,取意天圆地方。明代《上清灵宝济度大成金书》中对令牌的样式作了介绍:其图,正面雕有龙蟠剑身,背面有雷令符文。并有文字说明:"右令牌,取雷击枣木造成,长五寸五分,阔二寸四分,厚五分。选择吉日,依式造之,四侧周围刊二十八宿名,以锦囊盛之。"其借鉴了令牌在古代军事上的用途,作为道士在举行法事时号令鬼神听从自己命令的象征。

### 虎符

公元前257年,秦军进攻赵国,兵围邯郸城下,赵国求救于魏、楚两国,魏国派大将晋鄙率军10万救赵。这时秦国向魏国施加压力,魏王屈服,令晋鄙按兵不动。赵国相国见魏不肯进兵,就写了一封告急信给魏国相国信陵君魏无忌,信陵君通过魏王妃子如姬的帮助,盗出魏王亲自掌握的半个虎符,假传王命,击杀晋鄙,夺得兵权,然后率兵8万,会同楚军一起救赵,遂解邯郸之围。这里的虎符,亦称兵符,它是古代帝王授予臣属兵权和调动军队所用的凭证。虎符能分成左右两半,用兵时,左一半交给带兵的将帅,右一半由国君保存。要调动军队时,国君将右一半交给差遣的将领拿去和带兵将帅手中的左一半扣合,互相符合完整表示命令验证可信,方有权调动军队。因虎符是发兵之物,所以贵在谨慎严密。"窃符救赵"这段故事也因此成为传奇。

##  成语窗

### 谦虚谨慎
形容人虚心礼让,小心谨慎。

### 杜微慎防
杜:杜绝,断绝。慎:谨慎。杜绝细微,谨慎防备萌芽。即消灭祸患于萌芽状态之中。

### 抱恨终天
恨:悔恨。终天:终身。旧指因父母去世而一辈子感到悲痛。现指因做错某事而后悔一辈子。

### 曲终奏雅
乐曲到终结处奏出了典雅纯正的乐音。后比喻文章或艺术表演在结尾处特别精彩。也比喻结局很好。

### 事不宜迟
事情要抓紧时机快做,不宜拖延。

### 令不虚行
指制定的法令必须切实执行。

## 猜谜语

两点一直,一直两点。
(打一字)

客中点点异乡情。
(打一字)

三层楼阁凌高空。
(打一字)

荣业所基

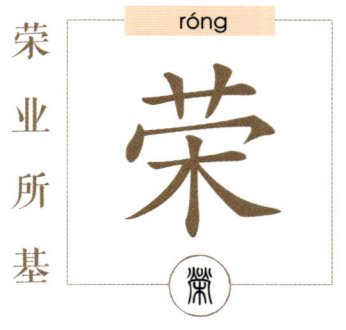

róng

| 甲骨文 | 金文 | 篆文 | 隶书 | 楷书 | 行书 | 草书 | 标准宋体 |
|---|---|---|---|---|---|---|---|
|  | 巭 | 叕 | 菜 | 榮 | 荣 | 芝 | 荣 |

### 解字堂

"榮",金文是象形字,像两支燃烧的火把。篆文将写"秃宝盖",并加上"木"。隶书将篆文的写成。楷书写作"榮",简化后写作"荣"。

《说文解字》说:"荣,桐木也。从木,熒省声。一曰屋栭之两头起者为荣。"这里说的"荣"是梧桐的别称。"荣"作为名词,表示草木的花,如荣华。通过扩大引申,有繁茂的、兴盛的的意思,如欣欣向荣;有风光绚丽的、引人称羡的的意思,如荣光、荣耀。再通过词性引申为副词,有令人羡慕地、风光气派地的意思,如荣获、荣任。

### 名言馆

宫室荣与?妇谒盛与?
  ·《荀子·大略》

足以荣汝身。
  ·汉乐府《古诗为焦仲卿妻作》

木欣欣以向荣。
  ·(晋)陶潜《归去来兮辞》

诸越则桃李冬实,朔漠则桃李夏荣。
  ·(宋)沈括《梦溪笔谈》

谜语答案 慎终宜

荣业所基

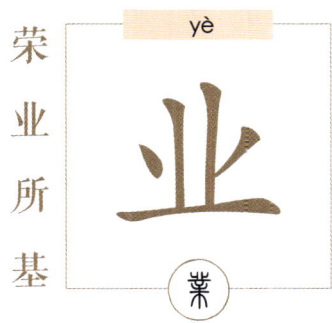

业 yè

| 甲骨文 | 金文 | 篆文 | 隶书 | 楷书 | 行书 | 草书 | 标准宋体 |
|---|---|---|---|---|---|---|---|
| | 業 | 業 | 業 | 業 | 業 | 業 | 业 |

## 名言馆

受赏者甘利，未赏者慕业。
·《韩非子·六反》

先帝创业未半，而中道崩殂。
·（三国）诸葛亮《出师表》

业精于勤，荒于嬉。
·（唐）韩愈《进学解》

势分三足鼎，业复五铢钱。
·（唐）刘禹锡《蜀先主庙》

业海洪波，回头是岸。
·（清）纪昀《阅微草堂笔记·滦阳消夏录四》

## 解字堂

"業"，金文=業（辛，刑具）+各（去，出门劳作），表示在严酷监督下劳作。有的金文省去"口"，加"大"（人），表示众多劳作的人。籀文省去金文的"大"，将業写成業，误将"大"写成"火"。篆文業则误将籀文業中的"大"写成"木"。

《说文解字》说："業，大版也。所以饰县钟鼓。捷業如锯齿，以白画之。象其鉏铻相承也。从丵从巾。巾象版。《诗》曰：'巨業维枞。'業，古文業。"

"业"的本义是奴仆在严酷管理下艰辛劳作，该义项只见于古文。通过词性引申，有苦难的意思，如业根、业海；有义务、职责、使命、行当的意思，如业余、职业；有已经的意思，如业已至此。通过递进引申为成就、财产的意思，如产业、功业。

"业精于勤，荒于嬉；行成于思，毁于随。"其意思是说学业由于勤奋而精通，但它却能荒废在嬉笑声中；事情由于反复思考而成功，但他却能毁灭于随随便便。这句话出自韩愈《进学解》，古往今来，多少成就事业的人是由于业精于勤，行成于思，简单地说，我们做人要勤奋，做事要三省。

荣业所基

suǒ

| 甲骨文 | 金文 | 篆文 | 隶书 | 楷书 | 行书 | 草书 | 标准宋体 |
|---|---|---|---|---|---|---|---|
|  | 所 | 所 | 所 | 所 | 所 | 所 | 所 |

## 解字堂

"斤"，既是声旁也是形旁，是"斫"的省略，表示刀斧砍、削。"所"，金文所=户（户，门窗，借代房屋）+斤（斤，"斫"的省略，用刀斧砍、削），表示挥斧造房。篆文所承续金文字形。

《说文解字》说："所，伐木声也。从斤，户声。《诗》曰：'伐木所所。'"。

"所"的本义是木匠拉锯挥斧，筑屋造门。本义只见于古文。"所"可以用作助词，如所谓、所有。可以用作名词，指住房、住处，如处所、哨所。可以用作量词，如一所房子。通过借代引申为名词，如派出所、所长。

## 名言馆

不可不为择所而后错之。
・《荀子·王霸》

先王之所以为法者，人也。
・《吕氏春秋·察今》

离宫别馆三十六所。
・（汉）班固《西都赋》

为国者无使为积威之所劫哉！
・（宋）苏洵《六国论》

荣业所基

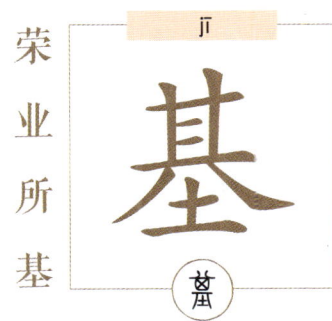

| 甲骨文 | 金文 | 篆文 | 隶书 | 楷书 | 行书 | 草书 | 标准宋体 |
|---|---|---|---|---|---|---|---|
| | | | | 基 | 基 | | 基 |

## 名言馆

度幽宅兆基。
　　　　・《仪礼・士丧礼》

高者必以下为基。
　　　　・《淮南子・原道》

于墙基之所，方整深耕。
・（北魏）贾思勰《齐民要术・园篱》

太武殿基高二丈八尺。
　　　　・《晋书・石季龙载记》

所以基社稷而固邦统，古之制也。
　　　　・（唐）韩愈《顺宗实录二》

## 解字堂

"其"，既是声旁也是形旁，即"箕"的本字，表示土箕，装土的平口竹筐。"基"，甲骨文 = （土，土石）+ （其，箕，竹筐），表示用箕畚土石筑墙。金文加 ，像脚撑。篆文承续金文字形。

《说文解字》说："基，墙始也。从土，其声。"

"基"字的本义是用竹筐提土筑墙。本义只见于古文。"基"通过词性引申为墙根、墙底的意思，如基础、墙基。然后通过借代引申为建筑所用的地面的意思，如基址、路基。再通过词性引申，有根本的、主体的的意思，如基调、基本。最后通过词性引申为分子结构中稳定的原子团的意思，如氨基、碱基。

古人称筑屋的墙脚为"基"，称铺垫房柱的石头为"础"。基础的原义是，建筑物的地下部分。后来指事物发展的根本或起点。我们做任何事情都要打下良好的基础，才能得到很好的发展。

## 温故知新

###  四字通解

荣业所基，"荣业"是荣誉与功业的简称，"基"就是基础。那么整句话的意思就是：荣誉与功业的基础。在这里我们就要联系前面的话了，"笃初诚美，慎终宜令"，任何事情，有好的开端固然很好，能够慎终如初，坚持到底就更为难能可贵，这是一个人一生荣誉与事业的基础。

###  故事厅

#### 胸有成竹

北宋画家文同，字与可。他画的竹子远近闻名，每天总有不少人登门求画。文同画竹的妙诀在哪里呢？原来，文同在自己家的房前屋后种上各种各样的竹子，无论春夏秋冬，阴晴风雨，他经常去竹林观察竹子的生长变化情况，琢磨竹枝的长短粗细，叶子的形态、颜色，每当有新的感受他就回到书房，铺纸研墨，把心中的印象画在纸上。日积月累，竹子在不同季节、不同天气、不同时辰的形象都深深地印在他的心中，只要凝神提笔，在画纸前一站，平日观察到的各种形态的竹子立刻浮现在眼前。所以每次画竹，他都显得非常从容自信，画出的竹子，无不逼真传神。当人们夸奖他的画时，他总是谦虚地说："我只是把心中琢磨成熟的竹子画下来罢了。"有位青年想学画竹，得知诗人晁补之对文同的画很有研究，前往求教。晁补之写了一首诗送给他，其中有两句："与可画竹时，胸中有成竹。"

#### 凿壁偷光

汉朝的匡衡，从小喜好读书。可是家里很穷，连饭都吃不饱，哪有钱上学读书呢？他只好白天干活，晚上自己学习。家里没有钱买灯油，怎么办呢？匡衡没有向困难屈服，想出了一个办法：在墙壁上凿了个小洞，借邻居家照射过来的微弱灯光看书学习。他勤奋刻苦，学到了许多知识，后来做了宰相。这个故事说明我们只有事先打好基础，才能得到好的发展。只有努力学习，不管现在有多么的贫穷困苦，将来定能出人头地。

### 猜谜语

一桥隔断采茶人。
（打一字）

山西一日游。
（打一字）

二度城头共相聚。
（打一字）

 **知识角**

### 创业

创业是创业者对自己拥有的资源或通过努力能够拥有的资源进行优化整合，从而创造出更大的经济或社会价值的过程。创业是一种劳动方式，是一种需要创业者运营、组织、运用服务、技术、器物作业的思考、推理和判断的行为。根据杰夫里·提蒙斯（Jeffry A. Timmons）所著的创业教育领域的经典教科书《创业创造》（*New Venture Creation*）的定义，创业是一种思考、推理结合运气的行为方式，它为运气带来的机会所驱动，需要在方法上全盘考虑并拥有和谐的领导能力。创业作为一个商业领域，致力于理解创造新事物的机会，如何出现并被特定个体发现或创造，这些人如何运用各种方法去利用和开发它们，然后产生各种结果。创业是一个人发现了一个商机并加以实际行动转化为具体的社会形态，获得利益，实现价值。

### 基础设施

基础设施是指为社会生产和居民生活提供公共服务的物质工程设施，是用于保证国家或地区社会经济活动正常进行的公共服务系统。它是社会赖以生存发展的一般物质条件，包括交通、邮电、供水供电、商业服务、科研与技术服务、园林绿化、环境保护、文化教育、卫生事业等市政公用工程设施和公共生活服务设施等。它们是国民经济各项事业发展的基础。在现代社会中，经济越发展，对基础设施的要求越高。完善的基础设施对加速社会经济活动、促进其空间分布形态演变起着巨大的推动作用。建立完善的基础设施往往需较长时间和巨额投资。对新建、扩建项目，特别是远离城市的重大项目和基地建设，更需优先发展基础设施，以便项目建成后尽快发挥效益。

 **成语窗**

**得失荣枯**
指人生的获得与丧失、兴盛与衰败。

**富贵荣华**
形容有钱有势。

**祛衣受业**
撩起衣服前往受业。形容虚心求教。

**开基创业**
指开创帝业。

**计无所之**
犹言计无所出。想不出什么办法。

**无所不容**
没有什么不能容纳。极言其宽广。

**积基树本**
缔造基础，树立根本。

**墙高基下**
比喻名位虽高而才德低下。

籍甚无竟

jí

| 甲骨文 | 金文 | 篆文 | 隶书 | 楷书 | 行书 | 草书 | 标准宋体 |
|---|---|---|---|---|---|---|---|
| | | 籍 | 籍 | 籍 | 籍 | 籍 | 籍 |

### 解字堂

"籍"是形声字,"竹"形"耤"声。"竹"甲骨文写作"⺮",它就像竹枝竹叶,凡是取此字为义的形声字,其意义多与竹子或者与竹制品有关。在战国至魏晋时代,书就是用竹子做的,叫作"竹简"。《说文解字》:"籍,簿书也。从竹,耤声。"由此看出,"籍"本为记录重要信息的书簿,用于登记土地户口。

"籍"的本义是登记出生情况的簿子,如《左传·成公二年》:"非礼也,勿籍。"我们现在所说的籍贯、户籍就保留了"籍"字的这层意思。后来"籍"引申为书册,如《孟子·万章下》:"诸侯恶其害己也,而皆去其籍。"这里的"籍"是泛指成册的书籍。我们现在所说的古籍、书籍就保留了这层意思。"籍"还引申为身份记录,代表个人的身份,代表个人对国家、组织的隶属关系,如李商隐《重过圣女祠》:"玉郎会此通仙籍,忆向天阶问紫芝。"又如现代汉语所说的党籍、国籍、军籍、学籍。

以上"籍"字都是作名词使用,此外,"籍"还可以作动词,意为登记。如《史记·项羽本纪》:"籍吏民。"意思是登记官吏、人民,就是造花名册、户籍册。

### 名言馆

掌邦国宾客之体籍。
· 《周礼·小行人》

---

国有固籍,兵有常经。
· 《战国策·赵策二》

---

今荆州非少人也,而著籍者寡。
· (三国)诸葛亮《论游户自实》

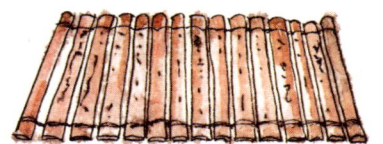

谜语答案 荣业基

籍甚无竟

| 甲骨文 | 金文 | 篆文 | 隶书 | 楷书 | 行书 | 草书 | 标准宋体 |
|---|---|---|---|---|---|---|---|
|  | 昆 | 甚 | 甚 | 甚 | 甚 | 甚 | 甚 |

## 名言馆

甚于水火。
　　　　·《论语·卫灵公》

心不同兮媒劳，恩不甚兮轻绝。
　　　　·《楚辞·九歌·湘君》

孰知赋敛之毒，有甚是蛇者乎！
　　　　·（唐）柳宗元《捕蛇者说》

水陆草木之花，可爱者甚蕃。
　　　　·（宋）周敦颐《爱莲说》

## 解字堂

"甚"的字形未明。《说文解字》说："甚，尤安乐也。"意思是"甚"表示特别安乐。此义后另造"湛"表示。

在本义的基础上，"甚"引申为过度的、过分的的意思。在《愚公移山》中当河曲智叟笑话愚公残年余力不能毁山之一毛时说"甚矣，汝之不惠"，意思就是"你真是太不聪明了"。成语有"欺人太甚"中的"甚"也是这个意思。

"甚"，还可以作为动词，表示超过的意思。在《论语》中有"民之于仁，甚于水火"，意思是，百姓对仁的要求，超过对于水和火的需求。后又从动词引申为副词，表示的是非常地、很，后面跟形容词，如《吕氏春秋》："观表甚欢。"意思就是"非常地欢乐"。

籍甚无竟

wú

| 甲骨文 | 金文 | 篆文 | 隶书 | 楷书 | 行书 | 草书 | 标准宋体 |
|---|---|---|---|---|---|---|---|
| | | | 無 | 無 | 無 | | 无 |

## 解字堂

"無"与"舞"同源，甲骨文像一个人两手挥动花枝，有的甲骨文在头上加"口"（表示歌唱），像祭祀者双手挥着花枝吟唱祝祷。金文，花枝与手分离，两束花枝上各加一个"口"。篆文时"無"与"舞"分道扬镳，一个加双足"舛"写成舞，强调双足踢踏跳跃；一个加"亡"写成，强调歌舞仪式的目的是祭奠战士"阵亡"。所以无的本义就是祭奠阵亡的勇士。但隶书变形较大，省略了很多部分，导致面目模糊，本义也逐渐消失。《汉字简化方案》用"无"合并代替"無"。在古代俗字中其实也已经使用。

"无"可以作动词，表示没有（跟"有"相对），如从无到有、无家可归。可以表示不，如无论、无须。可以作连词，表示不论，如事无大小，都有人负责。

## 名言馆

人无为而治，有为也即伤。

· 《老子》

无内人之疏，而外人之亲。

· 《荀子·法行》

无丝竹之乱耳，无案牍之劳形。

· （唐）刘禹锡《陋室铭》

晚来天欲雪，能饮一杯无？

· （唐）白居易《问刘十九》

籍甚无竟

| 甲骨文 | 金文 | 篆文 | 隶书 | 楷书 | 行书 | 草书 | 标准字体 |
|---|---|---|---|---|---|---|---|
| 甲骨文 | 金文 | 篆文 | 隶书 | 楷书 | 行书 | 草书 | 竟 |

## 名言馆

平原君竟与毛遂偕。
·《史记·平原君虞卿列传》

秦王竟酒。
·《史记·廉颇蔺相如列传》

恩施下竟同学。
·《汉书·王莽传》

神龟虽寿，犹有竟时。
·（汉）曹操《龟虽寿》

不能竟书而欲搁笔。
·（清）林觉民《与妻书》

## 解字堂

"竟"是声旁也是形旁，表示刑具。甲骨文 = （辛，刑具）+ （口，枷锁）- （人）组成，表示披枷的犯人。造字本义就是披枷带锁赴刑场。金文和现在的字形已经差不多。篆文承续金文字形。但在隶化中"辛"简省为"立"，刑具枷锁去除了，其本义也就逐渐消失。

《说文解字》说："竟，乐曲尽为竟。"

"竟"原是个动词，本义为披枷带锁赴刑场。如今，本义已消失，多用其引申义。其引申义之一为了结、结束、完成、到最后，如曹操的《龟虽寿》："神龟虽寿，犹有竟时。"意思是说神龟虽然能够长寿，但也有死亡的时候。"竟"意为终结，在这里表示死亡。现代汉语所讲的竟然、毕竟皆是延续此义。

此外，"竟"还可以作副词，引申为竟然、出人意料地。如柳永《雨霖铃》："竟无语凝噎。"意思是千言万语都噎在喉间说不出来。现代汉语所讲的"有志者事竟成"，"竟"就表示最终、最后。

"竟"亦能为形容词，表示满满的意思。竟体，表示全身。成语"芳兰竟体"，意思是香气满身；比喻举止闲雅，风采极佳。

## 温故知新

 四字通解

籍甚无竟,"籍甚"的意思是盛大,《汉书·陆贾传》文中有"名声籍甚"的话。"竟"在此意为没有尽头,毫无止境。所以此句表示盛大没有止境。"荣业所基,籍甚无竟",意思是有了这个根基,荣业盛大没有止境。

为什么要慎终如始,为什么要小心谨慎地做人?因为这是一个人一生荣誉与事业的基础,有了这个根基,荣业的发展才能没有止境。但是这个荣业的基础在哪里?"所基"的又是什么呢?就是前面所谈的"德业"与"德行"。"德建名立"才是人生追求的荣誉、事业的基础,如果能够将其发扬光大下去,子孙万代的荣业都将是永无止境的。

### 猜谜语

状元。
(打一字)

独自得其匹。
(打一字)

 故事厅

**防民之口,甚于防川**

《国语·周语上》说:"防民之口,甚于防川,川壅而溃,伤人必多,民亦如之。是故为川者,决之使导;为民者,宣之使言。"西周时期,周厉王特别残暴,劭公劝告周厉王不要太过分,周厉王于是派人到路上去监视百姓的言行,使得人们只能道路以目。劭公叹息道,"防民之口,甚于防川"的做法太过分,是行不通的。没过多久,愤怒的人们起来将周厉王赶下台。中国历史上有很多统治者荒淫无道,但他们又怕人民议论,就采取了压制社会言论的措施,以为可以高枕无忧、平安无事。实际上这是最愚蠢的做法,它不仅使下情无法上达,错误的政策得不到纠正,加剧社会矛盾。

**甚嚣尘上**

《左传·成公十六年》记载,公元574年附属晋国的郑国背晋投楚,晋出兵攻郑,郑便向楚求救。楚国不愿失去郑国,由楚共王亲自率军赴郑救援。双方在郑地鄢陵相遇。楚王求胜心切,虽然遇上了当时军事上普遍忌讳的晦日,仍命令部队抢占有利地形,准备进攻。楚王亲自登上侦察车,察看晋军动静,太宰伯州犁跟在后面。只见晋军营内一会儿张起帐幕,一会儿又撤除帐幕。伯州犁说:"这是战前占卜,求祖先保佑!"突然,一阵烟尘弥漫开来,楚王说:"看,那边喧嚣得厉害,尘土飞扬起来了!"伯州犁答道:"晋军正在塞井平灶!"楚王下令说:"好,打吧!"两军交锋,楚、郑两国阵容不严密,而晋军在晋厉公的率领下,攻击勇猛。

 **知识角**

 **成语窗**

### 籍贯

籍贯，是指祖居地或原籍。详细指的是祖籍地，是一个家族族群的某一时期的某一位祖先的长久居住地，详细指的是曾祖父及以上父系祖先的长久居住地或出生地。一些已经离开了祖先的出生地或已经离开了家乡的人，他们的后代，仍然追溯祖先的出生地或祖先的家乡（即祖籍）来作为自己籍贯。原籍指的是某人迁徙到某地前的某人原先的籍贯。户籍地并不一定是这个人的祖籍地或籍贯地，尤其在经济发达的地区、某些在新中国成立后才开始建设的新地方和近代才有很快发展的地方，大量的人的籍贯地不是户籍地，这些人一般都是改革开放后或在中国的计划经济时代按照当时国家的分配从外地迁移，或近代时才移民到新地方的。

按几千年来中国的传统说法，籍贯是祖籍地的一种表述，这是户籍与籍贯不同的地方。籍贯一般从父系，个别从母系；祖籍是指祖辈的长久居住地，按地域划分。

### 典籍

指古代的法典、图籍等重要文献。如《孟子·告子下》说："诸侯之地方百里；不百里，不足以守宗庙之典籍。"汉代赵岐给这里的"典籍"作注"谓先祖常籍法度之文也"。实则是关于先祖法度的文字记载。其次，还泛指古代图书，五代时始印五经，此后典籍皆为板本。如荀悦《汉纪·成帝纪》："光禄大夫刘向校中秘书，谒者陈农，使使求遗书于天下，故典籍益博矣。"以及《后汉书·崔寔传》说寔"少沉静，好典籍"。显然这两处的"典籍"，就是指非常具有代表意义的书籍之意。

### 人言籍籍

籍籍：纷乱的样子。人们指责、攻击的话哪里都流传着。多用在说有关人家名誉的事。

### 博通经籍

博：广博。籍：书籍。广博而又精通经典文献。形容人学识渊博。

### 甚嚣尘上

甚嚣：十分喧闹。尘上：尘土飞扬。原来指军营中人声喧嚣、尘土飞扬的忙乱状态。后形容消息盛传，议论纷纷。现也形容反动言论十分嚣张。

### 不求甚解

甚：很，极。只求知道个大概，不求彻底了解。常指学习或研究不认真、不深入。

### 心无旁骛

旁：另外的。骛：追求。心思没有另外的追求，形容心思集中，专心致志。

### 无可厚非

厚：深重。非：非议，否定。不能过分责备。指说话做事虽有缺点，但还有可取之处，应予谅解。

### 穷源竟委

穷、竟：彻底推求。源：水流的源头。委：水的下流。比喻彻底搞清楚事情的始末。

### 未竟之志

竟：完成，实现。没有完成的志向。

学优登仕

| 甲骨文 | 金文 | 篆文 | 隶书 | 楷书 | 行书 | 草书 | 标准宋体 |
|---|---|---|---|---|---|---|---|
| ᴥ | ᴥ | 學 | 學 | 學 | 學 | 学 | 学 |

## 解字堂

"學"是形声字。甲骨文 ᴥ，上部就像是人的两只手，下部就像一张鱼网，也像屋顶，表示人正在编织渔网或盖房子，这些是需要学习后才能够掌握的技能，所以"学"也就有了获取知识的本义。金文 ᴥ，在最下方加入了一个"子"字，认为小孩子应该是学习的主体。篆文 ᴥ 承续金文字形。隶化后楷书写作"學"。简化后写作"学"。《说文解字》："学，觉悟也。"许慎认为"学"表示"学习，领悟"。古人称理论知识的训练为"学"，称生活实践的体验为"习"。

"学"可以表示教孩子算数、习字的校舍，如《史记·商君书》："古之教者，家有塾，党有庠，術有序，国有学。"意思是古代教学，家里办学有"塾"，党里办学有"庠"，遂里办学有"序"，国都办学有"学"。这里的"学"就是指在天子或诸侯的国都设立的校舍。

后来，"学"引申为通过反复模仿和操作以获得经验、知识、技能，如《论语》："学而时习之。"意思是学习并且按时去温习。此处的"学"由名词校舍引申为动词学习以获取某种知识或技能。此外，"学"还可以引申为知识、经验、技能，如《孟子》："学则三代共之。"意思是学习则三个朝代都是一样的。此处的"学"是名词，现代汉语中所讲的"才疏学浅"就是这个意思。

在现代汉语中"学"还表示系统性的研究、知识体系，如学理、学术、科学、国学。

## 名言馆

学如不及，犹恐失之。

·《论语·泰伯》

君子学以致其道。

·《论语·子张》

学者，学其所不能学也。

·《庄子·庚桑楚》

好学近乎知。

·《礼记·中庸》

谜语答案　无甚

| 甲骨文 | 金文 | 篆文 | 隶书 | 楷书 | 行书 | 草书 | 标准宋体 |
|---|---|---|---|---|---|---|---|
|  | 優 | 優 | 優 | 優 | 優 | 優 | 优 |

## 名言馆

既优既渥，既沾既足，生我百谷。
　　　　　　·《诗·小雅·信南山》

人君唯优与不敏为不可。
　　　　　　·《管子·小匡》

薮池、渊沼、川泽，谨其时禁，故鱼鳖优多而百姓有余用也。
　　　　　　·《荀子·王制》

所爱倡优巧匠之属。
　　　　　　·《汉书·灌夫传》

## 解字堂

"優"是形声字。金文優字形左边表示人，右边表示忧，思虑重重、掩面迟行，所以"优"表示多愁善感的演员。篆文優承续金文字形。隶书对篆文作了进一步简化。楷书写作"優"。简化后写作"优"。《说文解字》："优，饶也。一曰倡也。"

"优"造字的本义是古代舞台上多愁善感的美貌演员，本义只见于古文中，如《国语·晋语》："公之优曰施。"意思是说晋献公有个为他乐舞逗趣的艺人叫施。此处的"优"作名词，是古代一种艺人。"优"引申为好的、最佳的。如《出师表》："优劣得所。"意思是好的差的各得其所。现代汉语中用此义来表示优点、优秀、优势等。作形容词，"优"还引申为充足的、富裕的，如《国语·周语》："布施优裕。"意思是所行的布施非常的优厚。现代汉语中所讲的优渥、优裕正是用了"优"的这层意思。此外，"优"还可以引申为副词，表示特别好地、照顾地，如优待、优先、优选。

学优登仕

| 甲骨文 | 金文 | 篆文 | 隶书 | 楷书 | 行书 | 草书 | 标准宋体 |
|---|---|---|---|---|---|---|---|
| 𤼽 | 𤼽 | 䔲 | 登 | 登 | 登 | 登 | 登 |

### 解字堂

"登"是象形字。甲骨文𤼽字形最上面表示双脚，中间的豆表示盛器，最下面表示两手，整个字表示双手捧着装满祭品的豆器走上祭台，"豆"中加一横指事符号，表示豆器内盛满食物。金文、篆文承续甲骨文字形。隶书将"登"字形进行了简化，直至楷书，"登"字形得以确立。

《说文解字》："登，上车也。象登车形。"

"登"造字的本义是手捧装满丰收粮食的盛器，走上祭台敬献神灵。"登"后引申表示进献，如《吕氏春秋》："农乃登黍。"意思是农民在这个月要进献黍子。在此意义上，"登"引申为丰收，如《礼记·曲礼》："岁凶，年谷不登。"意思是一年收成不好。与此相对的是五谷丰登，表示收成非常好。

作为动词，"登"引申为走上、爬上，如《岳阳楼记》："登斯楼也。"现代汉语中的登山、登长城、一步登天也是此义。"登"还可以引申为踩、踏，如登自行车。此外，"登"的引申义还有上榜、记录、记载，如《周礼·秋官·司民》："掌登万民之数。"现代汉语中也用到这层意思，如刊登、登报。

### 名言馆

登车则有光矣。

·《礼记·玉藻》

风雨时节，五谷登熟。

·《淮南子·览冥》

登山则情满于山，观海则意溢于海。

·（南朝）刘勰《文心雕龙·神思》

始至之日，岁比不登。

·（宋）苏轼《超然台记》

| 甲骨文 | 金文 | 篆文 | 隶书 | 楷书 | 行书 | 草书 | 标准宋体 |
|---|---|---|---|---|---|---|---|
|  |  | 仕 | 仕 | 仕 | 仕 | 仕 | 仕 |

## 名言馆

使天下仕者皆欲立于王之朝。
·《孟子·梁惠王上》

---

此非能仕之所耻也。
·《韩非子·说难》

---

请与出游，未尝以事辞；劝之仕，不应。
·（唐）韩愈《送石处士序》

## 解字堂

"仕"是会意字。从人，从士。《说文解字》："仕，学也。"段玉裁注："训仕为入官，此今义也。""仕"与"士"容易混淆，部首单人旁与表示做官的"士"相结合为"仕"，表示人学习做官之事。

"仕"的本义是做官，如《论语·子张篇》："仕而优则学，学而优则仕。"这句话的意思就是：做官了还有余力，就去做学问；学习之余还有余力或者闲暇，就去做官。《荀子·大略》："学者非必为仕"，意思就是学者不一定要当官。

"仕"还引申为考察、察看，如《诗·小雅·节南山》："弗躬弗亲，庶民弗信。弗问弗仕，勿罔君子。"整句话的意思是：处事不诚心不亲自办理，百姓对你们就不相信。不咨询耆旧，不晋用少俊，岂不是欺罔了君子正人？"问"与"仕"在此为同义，意为过问、考察。

作为名词，"仕"引申为职位，潘安《西征赋》："或著显绩而婴时戮，或有大才而无贵仕，皆扬清风于上烈，垂令闻而不已。"意思是有的人非常有才华却没有高贵的职位。在现代汉语中，"仕"的本义基本已消失，多用其引申义。

## 温故知新

### 四字通解

学优登仕，是引用《论语·子张》里的"学而优则仕"句，但这仅仅是子夏说的半句话。完整的句子应该是"子夏曰：仕而优则学，学而优则仕"。中国上古时期，选拔人才的方法是取士，在十个青年中选一个优秀的出来，就叫作"士"。"士"字不是上十下一吗？被挑选出来的士，由国家再培训，学礼法、学政策、学法规等政事。培训完成以后，再挑选优秀的士子出来为人群服务。这时的"士"加个"亻"旁，叫作"出仕"，也就是放出去做管理工作。后世多引用后半句话，认为学习成绩优秀的人应该作官。但古代并非学习成绩优秀就可以做官，都要从见习、代理等职位开始做起。为官政绩好的人，又会被选拔出来培训、再提升，就是"仕而优则学"。

### 故事厅

#### 邯郸学步

相传在两千年前，燕国有一位少年，他特别喜欢模仿别人。

有一天，他在路上碰到几个人说说笑笑，只听得有人说邯郸人走路姿势那叫美。他一听，对上了心病，急忙走上前去，想打听个明白。不料，那几个人看见他，一阵大笑之后扬长而去。邯郸人走路的姿势究竟怎样美呢？他怎么也想象不出来，这成了他的心病。终于有一天，他瞒着家人，跑到遥远的邯郸学走路去了。

一到邯郸，他感到处处新鲜，简直令人眼花缭乱。看到小孩走路，他觉得活泼、美，学；看见老人走路，他觉得稳重，学；看到妇女走路，摇摆多姿，学。就这样，不过半月光景，他连走路也不会了，路费也花光了，只好爬着回去。

#### 优孟衣冠

春秋时代，楚庄王宫廷有位艺人优孟，《史记·滑稽列传》形容他"长八尺，多辩，常以谈笑讽谏"。优孟滑稽多智，常以调笑戏谑讽谏，他曾经劝谏楚庄王以大夫的礼仪厚葬爱马的不当之行。楚国宰相孙叔敖深知优孟是位贤人，十分礼遇他。孙叔敖一生清廉，没有储蓄多少家产，因而在临终前嘱咐儿子：我死后，你必定贫困。到时你可以拜见优孟，就说你是孙叔敖的儿子。果然，不到几年的光景，家境日渐萧条，生活贫困。为了帮助孙叔敖的儿子，优孟花了一年的时间去模仿孙叔敖，到达别人无法分辨的地步。一日，他穿戴了孙叔敖的衣冠去见楚庄王，神态和孙叔敖一模一样。庄王以为孙叔敖复生，让他做宰相。优孟以孙叔敖的儿子很穷为辞，并趁机对楚王进行规劝，庄王终于封了孙叔敖的儿子。后来人们就用"优孟衣冠"比喻假装古人或模仿他人。

### 猜谜语

八字头。
（打一字）

离休之后心无忧。
（打一字）

遇水则清，遇火则明。
（打一字）

 ## 知识角

### 三殿三阁大学士

大学士的名称前要改加殿、阁衔，数目为六人。最初明朝大学士共"四殿""两阁"。从品级上讲，大学士都一样，均为正一品，实际地位会有些许差别。在六个名号的大学士中，在乾隆十三年裁撤中和殿之前，其地位顺序从高到低为：中和殿、保和殿、文华殿、武英殿、文渊阁、东阁。后来变成：保和殿、文华殿、武英殿、文渊阁、东阁、体仁阁。大学士的迁转也大多按从体仁阁至文华殿这样的顺序迁转。当然并不一定要从体仁阁开始作为起步。清代的殿阁大学士刚开始还有中和殿，其地位还在保和殿之上。有清一代授予中和殿大学士的也只有觉罗巴哈纳、金之俊、图海、巴泰四人。自康熙二十年图海死后，至乾隆十三年裁撤中和殿，未有人增补为中和殿大学士。撤中和殿后，增加体仁阁，形成三殿三阁对称的局面。大学士是可以空缺的，不一定要六个全授满，而且从实际情况上看，四个大学士的情况最常见。

### 五子登科

五子登科本为中国民间谚语，最初来源于民间故事，话说五代后周时期，燕山府有个叫窦禹钧的人，他的五个儿子都品学兼优，先后登科及第，故称"五子登科"。窦禹钧本人亦享受八十二岁高寿，无疾而终。当朝太师冯道为他赋诗云："燕山窦十郎，教子有义方。灵椿一株老，丹桂五枝芳。"《三字经》有"窦燕山，有义方。教五子，名俱扬"的句子来歌颂他，教导儿童要好好念书，父亲也要教子有方。五子登科后来成为汉族传统吉祥图案，寄托了一般人家期望子弟都能像窦禹钧五子一样获得科考成功。

 ## 成语窗

**才疏学浅**
疏：浅薄。才学不高，学识不深（多用作自谦的词）。

**学以致用**
致：使达到。学习能应用于实际。

**不学无术**
学：学问。术：技能。原指没有学问因而没有办法。现指没有学问，没有本领。

**优柔寡断**
优柔：犹豫不决。寡：少。指做事犹豫，缺乏决断。

**养尊处优**
养：指生活。指生活在有人伺候、条件优裕的环境中。

**捷足先登**
捷足：快步走。比喻行动快的人先达到目的或先得到所求的东西。

**登峰造极**
登：上。峰：山顶。造：到达。极：最高点。比喻学问、技能等达到最高的境界或成就。

**仕途经济**
仕途指做官的途径，也指官场。经济，指经世济民，治理国家。做官治理国家。

**悬车致仕**
指告老引退，辞官家居。

摄职从政

shè

## 摄

| 甲骨文 | 金文 | 篆文 | 隶书 | 楷书 | 行书 | 草书 | 标准宋体 |
|---|---|---|---|---|---|---|---|
|  |  | 𢺕 | 㩦 | 攝 | 攝 | 摄 | 摄 |

### 解字堂

籀文𢺕，就是"手"和"聂"结合，手表示控制，聂是以双手捏耳，意即耳提面命，控制对方。篆文𢺕将籀文字形中的双手𠬞写成双耳𦕣。隶书𢺕"手"𰀀简写成扌，失去了五指形象。楷书写作"攝"。简化后写作"摄"。

《说文解字》："摄，引持也。从手，聂声。" "摄"的意思是引入并操持。

"摄"造字的本义是以极高的权威与优势，对顺服的对方轻声细语地发号施令，《后汉书·陈蕃传》："人君者，摄天地之政。"意思是说一个拥有一千辆战车的国家，夹在大国之间。"摄"引申表示代理。在古代，代替或代表出国的、年幼的、生病的或神志不清的及不具备执政能力的君主行使国家领导权的人，叫"摄政王"，而这个辅佐皇帝工作的行为就是"摄政"。"摄"还可以引申为轻松抓取，悄然捕捉。如《老子》："盖闻善摄生者，陆行不遇虎兕。"意思是：据说善于养生者，行于陆地不遇虎兕。现代汉语中所讲的摄像、摄影、拍摄就是沿用了此义。

### 名言馆

摄车从之。
　　·《左传·襄公二十三年》

昔者周公摄政，践阼而治。
　　·《礼记·文王世子》

侯生摄敝衣冠，直上载公子上坐。
　　·《史记·魏公子列传》

谜语答案　学　优　登

## 摄职从政

zhí

职

| 甲骨文 | 金文 | 篆文 | 隶书 | 楷书 | 行书 | 草书 | 标准宋体 |
|---|---|---|---|---|---|---|---|
|  | 戠 | 職 | 職 | 職 | 職 | 彩 | 职 |

### 名言馆

天职生覆。
· 《列子·天瑞》

诸侯朝于天子曰述职。述职者，述所职也。
· 《孟子·梁惠王下》

自去史职。
· 《后汉书·张衡传》

其不职或贪暴，免归田里，以明赏罚之信。
· 《新唐书·卢怀慎传》

### 解字堂

"職"，金文=戠（戠，标记）+耳（耳，听），表示且听且记。戠既是声旁也是形旁。造字本义是古代基层官员听取民意并作记录。篆文由上下结构调整为左右结构，更加强调"耳"的倾听作用。楷书写作"職"。《汉字简化方案》将其简化为"职"。

《说文解字》："职，记微也。"段玉裁："凡言职者，谓其善听也。"凡是说"职"的，都是说他们善于听取记录。

"职"造字的本义是古代基层官员听取民意并作记录，如《史记·屈原贾生列传》："章画职墨兮，前度未改。"意思是，就如同不论是用文字还是用绘画的形式来表现，自己的志向并没有变化。"职"引申为主管、掌管，如《明史》："职于南京。"意思是在南京任职。现代汉语中有职守、职掌等词。

作为名词，"职"引申为责任、任务，如《孟子》："诸侯朝于天子曰述职。述职者，述所职也。"诸侯朝觐天子，叫述职。述职的意思是叙述履行职责的情况。现代汉语中用此表达职业、职责、职员等。此外，"职"还引申为岗位、权位，如《后汉书·张衡传》："自去史职，五载复还。"意思是，自他辞去太史令的职务后，过了五年，又回到这里。这层意思在现代汉语中应用广泛，如职称、职位、兼职、任职、辞职、官职。

摄职从政

cóng

| 甲骨文 | 金文 | 篆文 | 隶书 | 楷书 | 行书 | 草书 | 标准宋体 |
|---|---|---|---|---|---|---|---|
| 从 | 从 | 訓 | 従 | 從 | 從 | 从 | 从 |

## 解字堂

"從",本字为"从"。甲骨文中已经出现从,像两个人一前一后相随而行。因为其字形和"比"字相近,所以有的甲骨文又写作从和从来加以区分,表示跟随他人走路。金文从是两者的综合,强调在路上跟随。隶化后楷书写作"從"。古籍多用"從"代替"从"。"从"侧重于表示心思、语言等方面抽象的跟随、保持一致;"從"侧重于表示走路时地理空间上跟随、跟进。《汉字简化方案》用"从"合并代替了"從",有点返璞归真的意味。《说文解字》:"从,随行也。"

"从"字的本义是相随而行、跟随,如《周礼·司仪》:"客从拜辱于朝。"意思是,客跟从主君,到朝的大门外拜谢主君。现代汉语中保留了这一本义,如随从、跟从、侍从。"从"引申为参与、加入,如《老子》:"故从事于道者。"意为从事与道的就同于道。现代汉语中也有从教、从军、从政等词表示这一意思。

"从"的本义"跟随"中又含有顺从、听从之意,所以"从"进一步引申为顺从、听从的意思,如《左传·定公八年》:"从祀先公。"意思是顺着合礼的位次祭祀先公。作为动词,"从"还引申为依据、采用、采取,如从简、从宽。

"从"作为名词的时候,指堂房亲戚,如从兄,就是堂兄的意思。"从"作为形容词引申为受支配的、次要的、附属的,如从属、从犯、主从。"从"还能作介词,表示自、由、通过、经由,如《回乡偶书》:"儿童相见不相识,笑问客从何处来。"

## 名言馆

夏师败绩,汤遂从之。

·《尚书·汤誓》

故从事于道者。

·《老子》

可以一战,则战请从。

·《左传·庄公十年》

十五从军征,八十始得归。

·汉乐府《十五从军征》

摄职从政

| 甲骨文 | 金文 | 篆文 | 隶书 | 楷书 | 行书 | 草书 | 标准宋体 |
|---|---|---|---|---|---|---|---|
| | | | | 政 | 政 | 政 | 政 |

## 名言馆

其政不获。
· 《诗·大雅·皇矣》

使帅其属而掌邦政。
· 《周礼·夏官》

相地而衰政。
· 《荀子·王制》

先王之政。
·（宋）王安石《答司马谏议书》

## 解字堂

"政"是形声字。甲骨文 = （正，是"征"的本字，表示征伐不义之地）+ （攴，表示持械攻击），造字本义是武力征服并用暴力统治。正既是声旁也是形旁。金文、篆文都承续了甲骨文字形。

"政"可以表示武力征服并用暴力统治，如《韩非子·内储下》："吴政荆。"意思就是吴国征伐楚国。在本义的基础上，"政"引申为匡正、纠正，如《论语·有政》何晏集解："政者，有所改更匡正。"本句话意思讲光明正大的人，要对自己的行为时时进行改正。

作为名词，"政"引申为政治、国家政事，如《后汉书·张衡传》："上下肃然，称为政理。"本句话意思是，上下官员都敬畏恭顺不敢为非作歹，那么就可称为政治清明了。现代汉语中也常用此义，如政体、政通人和、仁政、执政。作为名词，"政"还可以引申为管理机关，如财政、邮政、民政。

## 温故知新

### 四字通解

摄职从政,"摄"是辅助、佐助的意思"摄职"是先给一个代理官职。"从政"是参与政事的讨论与处理。这里的意思很明确,即使是学优登仕的优秀人才,也还是要从见习、代理等职位开始做起。为官政绩好的人,又会被选拔出来培训、再提升,就是"仕而优则学"。从政之路是从辅佐的职位开始的,而不是一开始便独当一面。

### 故事厅

#### 从壁上观

秦朝末年,项羽与叔父项梁起兵反秦,推举楚怀王之孙为楚王,军威大震。秦二世胡亥急遣大将章邯统领大军镇压。定陶一战,楚军大败,项梁战死。章邯遂挥师攻赵,围困赵王于巨鹿。赵王向楚王紧急求救。楚王以宋义为主将、项羽为副将,率师援赵。宋义力图避开秦军锋芒,保存实力。项羽一怒之下,杀了宋义号令全军,并报告楚王。楚王命项羽为主将。项羽亲率全军渡过漳水,旋即"破釜沉舟",每人只发三天干粮,与秦军决一死战。此时,集结在前线的已有十几支各地援赵部队。各路援军见秦军势大,都固守营寨,不敢轻易出战。楚军一到,立即发动猛攻。一场恶战,杀声震天。楚军将士似出山猛虎,以一当十,直杀得秦军落花流水,溃不成军。各路援军在自己营垒上看到了这一壮观场面。楚军大捷,项羽从此成为各路反秦部队的领袖。

#### 苛政猛于虎

《礼记·檀弓下》中有《苛政猛于虎》一文,记载孔子和弟子子路路过泰山时,遇到一名身世凄惨的妇女的故事。当地虎患严重,可就是因为其他地方有国君苛刻的暴政,所以她和亲人宁愿一直住在这里,以至于后来竟有多人连同她的亲人也被老虎咬死,只剩下她一人对着亲人的坟墓哭泣。孔子感慨地对学生说:"你们看,苛政猛于虎也。"后来从这个故事中引申出了"苛政猛于虎"的成语,意思就是反动统治者的暴政比吃人的老虎更加可怕。

### 猜谜语

人才出众。
(打一字)

边整边改。
(打一字)

耳听八方。
(打一字)

##  知识角

### 三从四德

三从四德是中国古代习俗之一，"三从"与"四德"的合称。"三从"指未嫁从父、出嫁从夫、夫死从子；"四德"指妇德、妇言、妇容、妇功。"三从四德"，是一种中国古代女性的道德规范，是为适应家庭稳定、维护父权—夫权家庭（族）利益需要，根据"内外有别""男尊女卑"的原则，由儒家礼教对妇女的一生在道德、行为、修养方面进行的规范要求。

### 摄政王

摄政王，代替或代表出国的、年幼的、生病的或神志不清的及不具备执政能力的君主行使国家领导权的人。通常由君主的亲族或戚族担任。一般情况下摄政王只是当摄政的是皇族亲王时的一种称呼。如中国西周时期周公摄政，汉朝时王莽摄政，清世祖时睿亲王多尔衮摄政，宣统中醇亲王载沣摄政。古琉球国王位更替之时中国遣使监国，位同摄政王，英国还制定有专门的摄政法。

##  成语窗

**追魂摄魄**
迷信指摄取魂魄，致人死命。

**摄威擅势**
指凭借权势，专横跋扈。

**各司其职**
司：主管，经营。职：职务。每个人尽自己的职责，做好所承担的工作。

**玩忽职守**
不认真，不负责地对待本职工作。

**从谏如流**
谏：直言规劝。听从规劝像流水一样自然。形容乐于接受别人的批评意见。

**言听计从**
听：听从。什么话都听从，什么主意都采纳。形容对某人十分信任。

**各自为政**
为政：管理政事，泛指行事。各自按自己的主张办事，不互相配合。比喻不考虑全局，各搞一套。

**垂帘听政**
垂帘：太后或皇后临朝听政，殿上用帘子遮隔。听：治理。指太后临朝管理国家政事。

存以甘棠

| 甲骨文 | 金文 | 篆文 | 隶书 | 楷书 | 行书 | 草书 | 标准宋体 |
|---|---|---|---|---|---|---|---|
|  |  | 存 | 存 | 存 | 存 | 存 | 存 |

## 解字堂

"存",籀文存=才的组合,才("才"的变形,表示房柱房梁,借代居所)+(后代),表示定居生活,繁衍后代。篆文存基本承续籀文字形。隶书存将篆文字形中的才写成才。《说文解字》:"存,恤问也。从子,才声。""恤问"是"体恤而关切"的意思。

"存"的本义是安居乐业,传宗接代,强调时间上的延续。本义只见于古文。如《列子·汤问》:"虽我之死,有子存焉;子又生孙,孙又生子;子又有子,子又有孙;子子孙孙无穷匮也。"意思是,即使我死了,还有儿子在呀;儿子又生孙子,孙子又生儿子;儿子又有儿子,儿子又有孙子;子子孙孙无穷无尽。这句话即体现出本义所强调的时间上的延续性。

作为动词,"存"引申为生、活着、健在。如《公羊传·隐公三年》:"有天子存。"现代汉语中多用此义,如存在、存亡、生存。又引申为保护、照顾、疼惜。如《战国策·秦策》:"无一介之使以存之。"意思是没有一个使臣前去抚慰他们。现代汉语中所讲的存恤、温存正是这个意思。此外,"存"还引申为留、放、保留。如《史记·屈原贾生列传》:"其存君兴国而欲反复之,一篇之中致志焉。"本句话意思是,他关心国君,振兴楚国,想要挽救危局使国家富强起来的意愿,在一篇文章中多次表露出来。现代汉语中用到此义的如存档、存取、存折、残存。

## 名言馆

养幼少,存诸孤。
·《礼记·月令·仲春之月》

---

而吾以捕蛇独存。
·(唐)柳宗元《捕蛇者说》

---

存者且偷生,死者长已矣。
·(唐)杜甫《石壕吏》

谜语答案 从 政 职

存以甘棠

yǐ

## 以

| 甲骨文 | 金文 | 篆文 | 隶书 | 楷书 | 行书 | 草书 | 标准字体 |
|---|---|---|---|---|---|---|---|
| | | | | | | | |

### 名言馆

凡师能左右之曰以。
· 《左传·僖公二十六年》

如或知尔，则何以哉？
· 《论语·先进》

向欲以齐事王攻宋也。
· 《战国策·秦策》

不以物喜，不以己悲。
·（宋）范仲淹《岳阳楼记》

### 解字堂

"以"，甲骨文原为 ，特殊指事字，字形是倒写的"巳"（新生儿），表示母子脐带相连，形神特征相传。所以"以"是现在"似"的本字。后来"以"引申为虚词后，篆文如"人"另造"似"代替。《说文解字》："以，用也。从反巳。"意思就是，以表示使用，字形采取反写"巳"的方法来造字。

"以"的本义是母子脐带相连，形神特征相传。本义后由"似"代替。作为动词，"以"引申为当作、认为。如《史记·平原君虞卿列传》："自以为不失天下之士。"意思是说赵胜自己认为没有失去天下的人才。现代汉语中常用的以为、以邻为壑等词就是用这层意思。"以"还引申为使用、用。如《庄子·人间世》："是以火救火，以水救水，名之曰益多。"用火救火灾，用水来救水灾，意思就是不但没有帮助，反而还助长了灾害的发展。成语"以小人之心，度君子之腹""以牙还牙"都是这个用法。

作为介词，"以"引申为依、凭、用、将、把、按。如《论语》："何以谓之文。"意思是（孔文子）凭借什么被谥为"文"的称号呢？

作为连词，"以"表示因果、并列、目的、承接等关系。如《岳阳楼记》："不以物喜，不以己悲。"此处的"以"表示因果关系。"以正视听"中的"以"则表目的，意为为了确保事实被正确理解。这层引申义在现代应用广泛，如以免、以资、以后、十天以内、以儆效尤。

存以甘棠

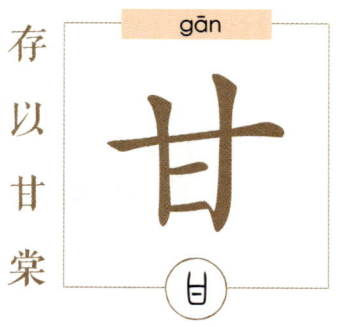

gān

甘

曰

| 甲骨文 | 金文 | 篆文 | 隶书 | 楷书 | 行书 | 草书 | 标准宋体 |
|---|---|---|---|---|---|---|---|
| 廿 | 曰 | 甘 | 甘 | 甘 | 甘 | 甘 | 甘 |

## 解字堂

"甘"是"甜"的本字，甲骨文廿为指事字，就是在"口"口（嘴、舌）中加一短横指事符号━，表示用口腔、舌头品尝美味。所以《说文解字》说："甘，美也。从口，含一。"金文曰、篆文甘都承续了甲骨文字形。隶书甘将"口"口写成"廿"廿，导致字形改变，指事的作用也不太明显了。"甘"逐渐书面化后，籀文昧加"舌"舌另造了"甜"代替。"甘"作为形容词与"甜"同义，但"甘"多用于书面语境，"甜"多用于口语语境。

"甘"字的本义是用口舌品尝美味，是动词，但本义只见于古文。如《书·五子之歌》："甘酒嗜音。"表示嗜好喝酒和音乐。从古文中延续使用的成语还有甘之如饴，意思是尝起来像糖一样甜。后来，这个字引申为甜的，味觉上令人享受的，是形容词。如《韩非子·存韩》："秦王饮食不甘。"意为秦王吃饭没有好的胃口。我们现在在用这个意思表示甘美、甘甜等。作为副词，"甘"引申为舒服地、情愿地。如《捕蛇者说》："退而甘食其土之有，以尽吾齿。"意思是，回家后我有滋有味地吃着田地里长出的东西，来过完我的岁月。现代汉语中也有甘于、甘愿、甘作、甘拜下风等用法。

"甘"除了作实意词外，还作姓氏，在《百家姓》中排第249位。此外，"甘"还是甘肃省的简称。

## 名言馆

今币重而言甘，诱我也。

·《左传·昭公十一年》

以甘养肉。

·《周礼·疡医》

秦王饮食不甘。

·《韩非子·存韩》

开明北又有甘水。

·《山海经·海内西经》

存以甘棠

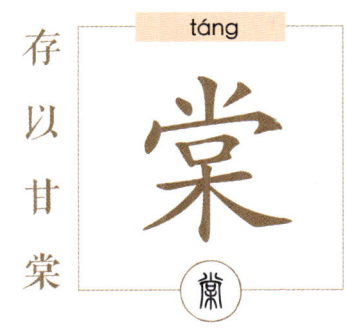

| 甲骨文 | 金文 | 篆文 | 隶书 | 楷书 | 行书 | 草书 | 标准字体 |
|---|---|---|---|---|---|---|---|
|  |  | 棠 | 棠 | 棠 | 棠 | 棠 | 棠 |

## 名言馆

摧残梧桐叶，萧飒沙棠枝。
  ·（唐）李白《塞下曲六首》其六

---

棠梨花映白杨树，尽是死生别离处。
  ·（唐）白居易《寒食野望吟》

---

野棠开尽飘香玉。
  ·（唐）李洞《绣岭宫词》

---

海棠院里寻春色，日炙荐红满院香。
  ·（宋）黄庭坚《海棠》

## 解字堂

"棠"是形声字。《说文解字》："牡曰棠，牝曰杜。"段玉裁注："草木有牡者，谓不实者也。"即光开花不结果的称"棠"，开花结果的称"杜"。

《山海经·西山经》："（昆仑之丘）有木焉，其状如棠。"郭璞注："棠梨也。"棠梨，有红白两种，红的木质坚韧，白的果实可食，又名甘棠。

《诗经·召南》中有《甘棠》：蔽芾（fèi）甘棠，勿翦勿伐，召伯所茇（bá）。蔽芾甘棠，勿翦勿败，召伯所憩。蔽芾甘棠，勿翦勿拜，召伯所说（shuì）。

而棠在古代也作地名。在春秋时期，鲁、齐、楚、莱等地皆有称"棠"的地名。鲁国的"棠"地，在现在的山东省鱼台县北。

## 温故知新

### 四字通解

存以甘棠，意思是一旦"摄职从政"以后，就要像周召伯那样，人虽然死去了，但百姓永远怀念他。"甘棠"就是现在的棠梨树，也叫杜梨树，这个典故出自《诗·周南·甘棠》篇。周召伯，姓姬，名奭，是周文王之子，周武王同父异母的兄弟，曾帮助武王伐纣。武王建立周朝以后没有几年就病故了，儿子成王继位。成王才十四岁无法主理国事，就由他的叔叔周公旦协助理政。朝中的反对派就聚集在召伯身边形成另外一股力量，召伯虽非文王嫡出，但还是与周公一起共同辅佐成王理政。召伯巡视南方的时候，曾在一棵高大的甘棠树下休息、理政，后人因为怀念召伯，一直不忍心伐掉这棵甘棠树。《诗经》中唱道："蔽芾甘棠，勿翦勿伐，召伯所茇。"意思是"甘棠树啊高又大，不能砍啊不能伐，因为召公曾休息在这棵大树下"。后世就用"甘棠"一词，指代为官者的政绩与遗爱。

自古以来，这棵甘棠树到底在哪里一直不确定。最近有资料证实，在湖南省永州市江永县有个"上甘棠村"，村人多姓周，据传是宋儒周敦颐的后裔。据上甘棠村明代的族谱，《永明周氏族谱》所载"吾甘棠，召公驻节过化之乡"，证明了召伯是在巡视湖南的时候，在此甘棠树下休息。

### 故事厅

#### 皮之不存，毛将焉附

"皮之不存，毛将焉附"出自《新序·杂事》。有一年，魏国的东阳地方向国家交售的钱粮布帛比往年多出10倍，为此，满朝廷的大臣一齐向魏文侯表示祝贺。魏文侯对这件事并不乐观。他在思考：东阳这个地方土地没有增加，人口也还是原来那么多，怎么一下子比往年多交10倍的钱粮布帛呢？即使是丰收了，可是向国家上交也是有比例的呀。他分析这必定是各级官员向下面的老百姓加重征收得来的。这件事使他想起了一年前遇到的一件事。

一年前，魏文侯外出巡游。一天，他在路上见到一个人将羊皮统子反穿在身上，皮统子的毛向内皮朝外，那人还在背上背着一篓喂牲口的草。那人回答说："我很爱惜这件皮衣，我怕把毛露在外面搞坏了，特别是背东西时，我怕毛被磨掉了。"魏文侯听了，很认真地对那人说："你知道吗？其实皮板更重要，如果皮板磨破了，毛就没有依附的地方了，那你想舍皮保毛不就是一个错误的想法吗？"那人依然执迷不悟地背着草走了。如今，官吏们大肆征收老百姓的钱粮布帛而不顾老百姓的死活，这跟那个反穿皮衣的人的行为不是一样的吗？于是，魏文侯将朝廷大臣们召集起来，对他们讲了那个反穿皮衣的人的故事，并说："皮之不存，毛将焉附？如果老百姓不得安宁，国君的地位也难以巩固。希望你们记住这个道理，不要被一点小利蒙蔽了眼光，看不到实质。"众大臣深受启发。任何事情都是一样的道理，基础是根本，是事物赖以存在的依据，如果本末颠倒，那将是得不偿失的。

##  知识角

### 海棠

海棠是苹果属多种植物和木瓜属几种植物的通称与俗称。代表植物海棠花和木瓜都是蔷薇科的灌木或小乔木，为中国著名观赏树种，各地习见栽培。园艺变种有粉红色重瓣者和白色重瓣者。海棠类多为用于城市绿化、美化的观赏花木（虽然其中不乏果实有很高食用价值的品种）。其中许多是著名的观赏植物，如西府海棠、垂丝海棠、贴梗海棠和木瓜海棠，习称"海棠四品"，是重要的温带观花树木。分布于中国山东、陕西、湖北、江西、安徽、江苏、浙江、广东、广西。

### 甘姓

甘姓，在宋版《百家姓》居第245位。分布很广，遍及祖国南北。今安徽太湖，上海嘉定，江西丰城、莲花县、湘东区、芦溪县、南丰县、金溪、崇仁、高安、南昌，广西玉林、梧州、贵港、北海、柳州、平南、百色，湖北浠水、麻城、红安、峨边、四川合江、邻水，贵州遵义、毕节、兴义，湖南汨罗、湘阴月湾村、常德、衡阳祁东县，福建仙游，广东新兴、五华，云南陇川、河口，河南南召、光山，河北景县，山东平邑、龙口，内蒙古乌海，温州洞头，东北吉林，山西太原等地均有分布，其中湖北省十堰市竹溪县甘家岭村最为集中。汉族、壮族、傣族、彝族、土族、侗族、土家族、布依族、满族等多个民族有此姓。

##  成语窗

**万古长存**
万古：千秋万代。指某种好的精神或品德永远存在。

**求同存异**
找出共同点，保留不同意见。

**持之以恒**
持：坚持。恒：恒心。长久坚持下去。

**不以为然**
然：是，对。不认为是对的。表示不同意或否定。

**甘之如饴**
甘：甜。饴：麦芽糖浆。感到像糖那样甜。指为了从事某种工作，甘愿承受艰难、痛苦。

**甘拜下风**
表示真心佩服，自认不如。

**发棠之请**
发：发放。棠：齐国地名，积谷之处。请：请求。原指孟轲劝请齐王发放棠邑粮食赈济饥民。后指请示赈齐。

**甘棠之惠**
甘棠：木名，即棠梨。指对官吏的爱戴。同"甘棠之爱"。

### 猜谜语

其亡者，有竖子藏其肓。
（打一字）

有女十八媒自来。
（打一字）

一字五笔，无横无直。
有谁似他，依人而立。
（打一字）

去而益咏

qù

去

| 甲骨文 | 金文 | 篆文 | 隶书 | 楷书 | 行书 | 草书 | 标准宋体 |
|---|---|---|---|---|---|---|---|
| | | | | | | | 去 |

### 解字堂

"去"是会意兼形声字。"去",甲骨文字形像一个人离开村邑。金文基本承续甲骨文字形。篆文将金文字形中的（口,村邑）写成（厶）。有的篆文在"去"的字形上加"户"（门）,强调"出门远行"。隶书将篆文的"凵"草写成"折"加"点"的"厶"。楷书将隶书字形中的（人）简化成了"土"。至此"去"的字形中"大"（人）形消失,"口"（邑）形消失。

《说文解字》:"去,人相违也。"意思是"去"表示两人相背而行。

"去"的本义是离开住地,前往他方。从本义看,"出"是离开本邑本营而他征;"去"是离开某一聚居区而至他乡。如《诗·魏风·硕鼠》:"逝将去女,适彼乐土。"意思是发誓从此离开你,到那理想新乐土。这也是我们现在常用的意思,如去处、去留、去上课、一去不复返。在本义的基础上,"去"引申为使离开、消除,作为一个使役动词来使用。如《捕蛇者说》:"去死肌,杀三虫。"意为使坏死的肌肉得以去除,杀死人体内的寄生虫。现代汉语中有去病、去火、大势已去等词。作为动词,"去"引申为表示进行,常用于倒装句,如游泳去、任他去想。

作为形容词,"去"引申为已逝的、过往的,如去年、去冬今春、去日苦多。

在现代的用法中,"去"还表示过世、逝世,是一种较为委婉的说法。所以我们在说话的时候需要注意避免歧义,造成困扰。我们如果说"他去了",可以有两种不同的理解。

### 名言馆

日月还复周,我去不再阳。
　·（晋）陶潜《杂诗十二首》其三

---

大江东去,浪淘尽,千古风流人物。
　·（宋）苏轼《念奴娇·赤壁怀古》

---

青山遮不住,毕竟东流去。
　·（宋）辛弃疾《菩萨蛮·书江西造口壁》

---

去而益咏

| 甲骨文 | 金文 | 篆文 | 隶书 | 楷书 | 行书 | 草书 | 标准宋体 |
|---|---|---|---|---|---|---|---|
| | | | | | | | 而 |

### 名言馆

予岂不知而作。
·《诗·大雅·桑柔》

溺死者千有余人，军惊而坏都舍。
·《吕氏春秋·察今》

匹夫而为百世师，一言而为天下法。
·（宋）苏轼《潮州修韩文公庙记》

### 解字堂

"而"是个象形字。"而"是"耏"的本字。"而"的甲骨文像下巴▽下长着茂密的长须〰。金文将甲骨文的下巴形状简化成一横，将甲骨文的须束也进行了简化。有的金文有所变形。篆文承续金文字形。隶书承续金文字形。当"而"的"胡须"本义消失后，篆文再加"彡"（毛发）另造"耏"代替。古汉字中的人称来源，体现了古人的自我中心意识：脸部的正中央为"自"（鼻子，第一人称），脸部的下边为"而"（颔须，第二人称），身体的最下端为"之"（脚板，第三人称）；同样，威猛的武器为"我"（大戌，第一人称），而只用于短程集发的弓弩为"尔"（排箭，第二人称）。

《说文解字》："而，颊毛也。"即脸颊上的络腮胡子。

"而"的本义是下巴上的胡须，但现在本义已经消失，只见于古文中。许慎对于"而"的解释就是其本义。随后，"而"由名词变为形容词，引申为你、你的，但目前这种用法同样只见于古文中。如《左传·昭公二十年》："余知而无罪也。"意思就是我知道你是没有罪的。

"而"作为连词，表示并列、因果、转折、承接、修饰等关系。如《荀子·劝学》："君子博学而日参省乎己。"此处的"而"表递进。"青，取之于蓝，而青于蓝"中的"而"表转折。"而"作为连词，是现代汉语中常见的用法，如而且、而今、然而、三十而立。

去而益咏

| 甲骨文 | 金文 | 篆文 | 隶书 | 楷书 | 行书 | 草书 | 标准宋体 |
|---|---|---|---|---|---|---|---|
| 𠊿 | 𠓎 | 益 | 益 | 益 | 益 | 荟 | 益 |

## 解字堂

"益"是会意字。在甲骨文中,"益"像盛器的开口处有水。金文字形接近于甲骨文,但将"水"进行了简化;篆文中突出盛器中的水横流之意。楷书写作"益"。

《说文解字》:"益,饶也。从水、皿。皿,益之意也。"所谓"益,饶也",指的应当是引申义,而非本义。在这里,"饶"指的是粮食多。

"益"的本义是水从器皿中溢出。义项后由"溢"代替。如《吕氏春秋·贵当》:"澭水暴益,荆人弗知,循表而夜涉,溺死者千有余人。"意思是说河水突然大涨,楚国人不知道(这种情况),依然按着原来的标记在夜间渡水,结果,淹死有一千多人。因为水多而溢出器皿,"益"字又引申为多、增多、增加。如《韩非子》中说:"五年而秦不益一尺之地。"意思是五年之内,秦国连一尺地也没有增加。后又因为财务增加后能使人富足并获取利益,"益"字又引申为富裕、利益、好处,如我们常说的"满招损,谦受益"。

作为形容词,"益"引申为有好处的、好的。如《晏子春秋·杂篇》:"圣贤之君,皆有益友。""益友"就是指好的朋友,现代汉语中也保留了这种用法,如益虫、益鸟、益处。

作为副词,"益"引申为更加、越加。如《孟子》:"如水益深,如火益热。"意思是说老百姓所受的灾难,像水那样越来越深,像火那样越来越热。又如我们现在所讲的日益、精益求精、多多益善。

## 名言馆

损益,盛衰之始也。

·《易·杂卦传》

人或益之,人或损之,胡可得而法?

·《吕氏春秋·察今》

有所广益。

·(三国)诸葛亮《出师表》

去而益咏

| 甲骨文 | 金文 | 篆文 | 隶书 | 楷书 | 行书 | 草书 | 标准宋体 |
|---|---|---|---|---|---|---|---|
|  | 詠 | 詠 | 詠 | 詠 | 詠 | 咏 | 咏 |

## 名言馆

咏而归。
　　　　　·《论语·先进》

五日夷则，所咏歌九则，平民无二也。
　　　　　·《国语·周语下》

幸甚至哉，歌以咏志。
　　　　　·（三国）曹操《观沧海》

不有佳咏，何伸雅怀？
　　　　　·（唐）李白《春夜宴从弟桃花园序》

## 解字堂

"去而益咏"的"咏"，古人《千字文》写作"詠"。"詠"是形声字。"永"，既是声旁也是形旁，表示水长流。"咏"，金文 =永（"永"表示水长流）+ 口（"口"表示说、读），整个字形比喻诵读如流。篆文承续金文字形，以言代口。隶定后楷书写作"詠"。简化后写作"咏"合并写作"咏"。古人称拼出字音为"读"，称自言自语为"念"，称配乐而唱为"歌"，称大声宣告为"唱"，称背书为"诵"，称节奏和缓地诵读为"咏"。

《说文解字》："詠，歌也。"许慎认为"咏"表示歌吟、歌唱。

"咏"的本义是像流水一样流畅而持续地诵读。如《诗·大序》："言之不足，故嗟叹之。嗟叹之不足，故咏歌之。咏歌之不足，不知手之舞之足之蹈之也。"意思是简单说话有不足那么就感叹，如果感叹也不足以表达那么就歌咏，歌咏也有不足，不能表达出身体形态所具有的感染力。如此可见在中国古代"咏"和"歌"是一样的。现代汉语中表示这种用法的，如咏唱、咏赞、咏诗、歌咏。

"咏"作为动词，引申为深情地抒发、表达。如《虞书》："搏拊琴瑟以咏。"意思是打起搏拊，弹起琴瑟唱起歌来。现代汉语中有咏怀、咏史、咏梅、咏叹。

"咏"字的本义和引申义区别并不十分明显，都是一种表达方式，差别在于程度的不同，或者表达的内容不同，在使用的时候要特别注意区分，以防混淆。

## 温故知新

### 四字通解

去而益咏，意思是周召伯虽然离去了，但百姓却越发歌颂他、怀念他。周召伯，姓姬，名奭，是周文王之子，周武王同父异母的兄弟，曾帮助武王伐纣。武王建立周朝以后没有几年就病故了，儿子成王继位。成王才十四岁无法主理国事，就由他的叔叔周公旦协助理政。朝中的反对派就聚集在召伯身边形成另外一股力量，召伯虽非文王嫡出，但还是与周公一起共同辅佐成王理政。召伯巡视南方的时候，曾在一棵高大的甘棠树下休息、理政，后人因为怀念召伯，一直不忍心伐掉这棵甘棠树。这句话提醒做君主的，一旦"摄职从政"以后，就要像周召伯那样，人虽然死去了，但百姓永远怀念他。

### 故事厅

**开卷有益**

宋朝初年，宋太宗赵光义命文臣李昉等人编写一部规模宏大的分类百科全书——《太平总类》。这部书收集摘录了一千六百多种古籍的重要内容，分类归成五十五门，全书共一千卷，是一部很有价值的参考书。这部书是宋太平兴国年间编成的，故定名为《太平总类》。对于这么一部巨著，宋太宗规定自己每天至少要看两、三卷，一年内全部看完，遂更名为《太平御览》。当宋太宗下定决心花精力翻阅这部巨著时，曾有人觉得皇帝每天要处理那么多国家大事，还要去读这么部大书，太辛苦了，就去劝告他少看些，也不一定每天都看得，以免过度劳神。可是，宋太宗却回答说："我很喜欢读书，从书中常常能得到乐趣，多看些书，总会有益处，况且我并不觉得劳神。"于是，他仍然坚持每天阅读三卷，有时因国事忙耽搁了，他也要抽空补上，并常对左右的人说："只要打开书本，总会有好处的。"宋太宗由于每天阅读三卷《太平御览》，学问十分渊博，处理国家大事也十分得心应手。当时的大臣们见皇帝如此勤奋读书，也纷纷努力读书，所以当时读书的风气很盛，连平常不读书的宰相赵普，也孜孜不倦阅读《论语》，有"半部论语治天下"之谓。后来，"开卷有益"便成了成语，形容只要打开书本读书，总有益处。

### 猜谜语

高路入云端。
（打一字）

兴头不足来半盅。
（打一字）

真心来会面。
（打一字）

 **知识角**

### 益生菌

益生菌是一类对宿主有益的活性微生物,是定植于人体肠道、生殖系统内,能产生确切健康功效从而改善宿主微生态平衡、发挥有益作用的活性有益微生物的总称。人体、动物体内有益的细菌或真菌主要有:酪酸梭菌、乳杆菌、双歧杆菌、放线菌、酵母菌等。目前世界上研究的功能最强大的产品主要是以上各类微生物组成的复合活性益生菌,其广泛应用于生物工程、工农业、食品安全以及生命健康领域。

### 咏叹调

咏叹调是一个声部或几个声部的歌曲,现专指独唱曲。咏叹调的词义就是"曲调",它是在十七世纪末,随着歌剧的迅速发展,人们不再满足于宣叙调的平淡,希望有更富于感情色彩的表现形式而产生的。因此从诞生之初,它就在各方面与宣叙调形成对比,其特征是富于歌唱性、长于抒发感情、有讲究的伴奏和特定的曲式。此外,咏叹调的篇幅较大,形式完整,作曲家们英雄有用武之地,还经常给演员留出自由驰骋的空间,让他们可以表现高难的演唱技巧。因此,几乎所有著名的歌剧作品,主角的咏叹调都是脍炙人口的佳作。

 **成语窗**

### 人去楼空
人已离去,楼中空空。比喻故地重游时睹物思人的感慨。

### 务去陈言
务:务必。陈言:旧的言辞。指写作时务必要去掉陈旧的言辞。

### 哀而不伤
哀:悲哀。伤:伤害。忧愁而不悲伤,形容感情有节制;另形容诗歌、音乐优美雅致,感情适度。比喻做事没有过头也无不及。

### 铤而走险
指在无路可走的时候采取冒险行动。

### 大有裨益
裨益:益处、好处。形容益处很大。

### 良师益友
良:好。益:有益,有帮助。指给人教益的好老师和好朋友。

### 一觞一咏
觞:古代盛酒器,借指饮酒。咏:吟诗。旧指文人喝酒吟诗的聚会。

### 一咏三叹
原指音乐和歌唱简单而质朴。后转用来形容诗婉转而含义深刻。

## 乐殊贵贱

| 甲骨文 | 金文 | 篆文 | 隶书 | 楷书 | 行书 | 草书 | 标准宋体 |
|---|---|---|---|---|---|---|---|
| 𝟋 | 𝟋 | 𝟋 | 樂 | 樂 | 樂 | 乐 | 乐 |

### 解字堂

"樂"是会意字。在甲骨文中，其字形很像"弦附木上"，看上去像古代的琴。到了金文，中间出现一个"白"字，很像是一件调弦器物。简化后写作"乐"。"乐"字后来引申为"音乐"。又因为用乐器弹奏出的音乐能使人快乐，所以"乐"字又引申为"快乐"，读音变为lè。

《说文解字》："乐，五声八音总名。"意思是说乐是五声八音的总称。

"乐"作为动词，表示欣赏音乐，读yuè。如《孟子》："独乐乐，与众乐乐，孰乐？"意思是一个人欣赏音乐，和大家一起欣赏音乐，哪个更快乐呢？"乐乐"前一个"乐"读yuè，表示欣赏音乐；后一个"乐"读lè，表示快乐。作为名词，"乐"表示音乐读yuè。如《师说》："巫医乐师百工之人。"我们现在用的很多词语都是这个意思，如乐坛、乐队、乐器、音乐、爵士乐。作为形容词，"乐"引申为开心的、愉快的，读lè。如《论语·学而》："有朋自远方来，不亦乐乎。"现代汉语中表示此义的有乐趣、乐园、乐于、乐此不疲、快乐。"乐"还可以作副词，意为开心地、愉快地，读lè。如乐观。

古代音乐传统分为"五声""八音""十二律"三大要素。"五声"指五个音阶——宫、商、角、徵、羽。"八音"不是指八个音，它泛指各种乐器。所谓"八音"，指"金、石、土、革、丝、木、匏、竹"，它是按乐器的制作材料对各种乐器的分类。"十二律"指十二个标准音高。据《史记·律书》，十二律是黄钟、大吕、太簇、夹钟、姑洗、仲吕、蕤宾、林钟、夷则、南吕、无射、应钟。

### 名言馆

知者乐水，仁者乐山。

·《论语·雍也》

---

生于忧患，死于安乐。

·《孟子·告子下》

---

乐莫乐兮新相知。

·《楚辞·九歌·少司命》

谜语答案 去 益 而

乐殊贵贱

| 甲骨文 | 金文 | 篆文 | 隶书 | 楷书 | 行书 | 草书 | 标准宋体 |
|---|---|---|---|---|---|---|---|
|  |  | 殊 | 殊 | 殊 | 殊 | 殊 | 殊 |

## 名言馆

断其后之木而弗殊。
·《左传·昭公二十三年》

而万殊为一。
·《淮南子·本经》

法家不别亲疏，不殊贵贱，一断于法。
·《史记·太史公自序》

其赦天下殊死以下。
·《汉书·高帝纪》

## 解字堂

"殊"是形声字，从歹，朱声。《说文解字》："殊，死也。又如汉令曰：'蛮夷长有罪，当殊之。'"《说文解字注》曰："凡汉诏云殊死者，皆谓死罪也。死罪者，首身分离，故曰殊死。"以上表明，"殊"是汉代的一种极其残酷的刑罚——砍头的死罪。

"殊"的本义是死。如《庄子·在宥》："今世殊死者相枕也。"意思是遭受杀害的人尸体一个压着一个。现在我们依旧沿用此义，如殊死搏斗。

由于遭受"殊"的极刑，人最终是首身分离，即断头之意，因此"殊"的引申之义为"断"或者"分离"的意思。该义项只见于古文。《左传·昭公二十三年》："武城人塞其前，断其后之木而弗殊。"林尧叟注："殊，绝也。""殊"作为形容词，引申为不同的、特别的，如殊荣、殊途同归、特殊。作为副词，"殊"引申为意外地、非常，如殊久、殊不知。

乐殊贵贱

guì

| 甲骨文 | 金文 | 篆文 | 隶书 | 楷书 | 行书 | 草书 | 标准宋体 |
|---|---|---|---|---|---|---|---|
| 𦥑 | 𧷨 | 貴 | 貴 | 貴 | 貴 | 贵 | 贵 |

## 解字堂

"贵"是形声字。甲骨文的"贵"字，上方是两个人手的形状，下方是"土"字，意思是将土捧在手心里。有的甲骨文增加"宁"（即"贮"，贮存宝物的匣子），强调将具有象征性的泥土装进匣子里加以珍藏。金文将甲骨文字形中的下半部分（匣子和泥土）误写，将"土"写成"贝"（价值），强调土地的"价值"。隶书的"爪"形消失。楷书写作"貴"。简化后写作"贵"。

《说文解字》："贵，物不贱也。"认为"贵"表示货物价格不低贱。"贵"的本义为崇尚、重视。此义项只见于古文。如《礼记·中庸》："去谗远色，贱货而贵德。"意思是说驱除小人，疏远女色，看轻财物而重视德行。

作为形容词，"贵"引申为受尊敬的、受重视的、地位高的。如《广雅》："贵，尊也。贵贱以物喻，犹尊卑以器喻。"意思是说"贵"表示尊贵。社会地位高低用事物来比喻，犹如身份尊贵卑下用器具来比喻。儒家常常以物喻人，以物性喻人性。现代汉语中表示此义的词语有贵宾、富贵、高抬贵手。"贵"还可以引申为价值高的、值得珍惜的。如《论语·学而》："礼之用，和为贵。"意思是礼的实际运用，和谐是最重要的。现代汉语中有贵重、宝贵、人贵有志。作为副词，"贵"引申为高价地，如贵买贱卖。

现在，我们在表示敬辞、尊称与对方有关的事物时用。表示一种谦卑的心态。比如问对方姓名，我们会说："请问您贵姓？"谦虚地回答说："免贵姓陈。"

## 名言馆

贵货而贱土。
· 《国语·晋语》

欲民务农，在于贵粟。
· （汉）晁错《论贵粟疏》

苟富贵，无相忘。
· 《史记·陈涉世家》

乐殊贵贱

jiàn

贱

| 甲骨文 | 金文 | 篆文 | 隶书 | 楷书 | 行书 | 草书 | 标准宋体 |
|---|---|---|---|---|---|---|---|
|  |  | 賤 | 賎 | 賤 | 賤 | 贱 | 贱 |

## 名言馆

贫与贱，是人之所恶也。
· 《论语·里仁》

心忧炭贱愿天寒。
·（唐）白居易《卖炭翁》

诚知此恨人人有，贫贱夫妻百事哀。
·（唐）元稹《遣悲怀三首》其二

## 解字堂

"賤"是形声字，从貝，戔声。简化后写作"贱"。

《说文解字》："贱，贾少也。"认为"贱"指价格卖得低。

"贱"造字的本义是没有价值的、价值低的。如《汉书·食货志》："籴甚贵，伤民；甚贱，伤农。"意思是谷物如果太贵，对人民不好；如果太便宜，则对种谷物的农民不好。现代汉语中表示此义的，如贱货、价贱。"贱"还引申为没有地位的、地位低的。如《史记·廉颇蔺相如列传》："相如素贱人。"意思是说蔺相如本来就是个地位卑贱的人。现在我们常用此义，如贱民、贱妾、低贱。

作为动词，"贱"引申为不重视、瞧不起。《论贵粟疏》："是故明君贵五谷而贱金玉。"这句话意思是，因此贤明的君主重视五谷而轻视金玉。此义在现代汉语中的用法，如贱蔑、贱弃、轻贱。此外，"贱"还可以作副词，引申为低价地，如贱卖。

"贱"，还能表示谦称。比如"贱役"指代自己；贱降，谦称自己的生日，在《三国演义》第四回中王允说："今日老夫贱降，晚间敢屈众位到舍小酌。"就是说今天是我的生日，晚上想请你们到我家来喝两杯。

## 温故知新

 **四字通解**

乐殊贵贱，意思是选择乐曲要根据人的身份贵贱有所不同。这句话和下句话谈及了中国的礼乐，以及由礼乐涉及的贵贱尊卑的等级概念。广义的"乐"是艺术形式的总称，包括了现代的音乐、舞蹈、美术、影剧等艺术形式。狭义的"乐"指音乐。乐有什么作用呢？没有乐行不行呢？《论语·泰伯》中说："兴于诗，立于礼，成于乐。"意思是说以诗歌来感发意志，促使个体向善求仁的自觉，以礼实现人的自立，最后在音乐的教育熏陶下实现最高人格的养成。由此可见，"乐"对于人的发展起着重要的作用。没有艺术修养，人生会很枯燥乏味，所以要用乐来调心。古代的伟人都懂艺术，大政治家、大军事家往往同时又是大文学家、大书法家。无论自己心中的痛苦和烦恼有多么大，通过读书写字、吟诗作赋、吹奏歌唱就化解了，所以我们要懂得古人设置礼乐的根本目的之所在，即将我们的精神升华到永远乐观的境界。

### 猜谜语

垂直于圆心。
（打一字）

钱财各半。
（打一字）

星星闪烁不需火。
（打一字）

 **故事厅**

### 洛阳纸贵

晋代文学家左思，小时候是个非常顽皮、不爱读书的孩子。父亲经常为这事发脾气，可是小左思仍然淘气得很，不肯好好学习。有一天，左思的父亲与朋友们聊天，朋友们羡慕他有个聪明可爱的儿子。左思的父亲叹口气说："快别提他了，小儿左思的学习，还不如我小时候，看来没有多大的出息了。"说着，脸上流露出失望的神色。这一切都被小左思看到听到了，他非常难过，觉得自己不好好念书确实很没出息。于是，暗暗下定决心，一定要刻苦学习。日复一日，年复一年，左思渐渐长大了，由于他坚持不懈地发奋读书，终于成为一位学识渊博的人，文章也写得非常好。他用一年的时间写成了《齐都赋》，显示出他在文学方面的才华，为他成为杰出的文学家奠定了基础。这以后他又计划以三国时魏、蜀、吴首都的风土、人情、物产为内容，撰写《三都赋》。为了在内容、结构、语言诸方面都达到一定水平，他潜心研究，精心撰写，废寝忘食，用了整整十年，文学巨著《三都赋》终于写成了。《三都赋》受到好评，人们把它和汉代文学杰作《两都赋》相比。由于当时还没有发明印刷术，喜爱《三都赋》的人只能争相抄阅，因为抄写的人太多，京城洛阳的纸张供不应求，一时间全城纸价大幅度上升。

 **知识角**

### 谷贱伤农

"谷贱伤农"是指在农业生产活动中，存在着这样一种经济学现象：在丰收的年份，农民的收入却反而减少了，这在我国民间被形象地概括为"谷贱伤民"。"谷贱伤农"是经济学的一个经典问题。传统观点认为，农民从出售粮食中获取之利润取决于两个因素：产量（Q）和粮价（P），利润是二者的乘积；但这两个变量并不是独立的，而是相互关联的，其关联性由一条向下倾斜的对粮食的需求线来决定，二者成负相关关系。另外，粮食需求线缺少弹性，也就是说，需求量对价格的变化不是很敏感。当粮价下跌时，对粮食的需求量会增加，但增加不多。其基本的道理在于，粮食是一种必需品，对粮食的需求最主要是由对粮食的生理需求所决定的。

### 诗、乐、舞三位一体

诗歌是最古老的文学形式之一。最初的诗歌是和音乐、舞蹈结合在一起的，这是早期诗歌的一个重要特征。《吕氏春秋·古乐》记载了上古一个叫作"葛天氏"的部落歌舞祭祀的活动：昔葛天氏之乐，三人操牛尾投足以歌八阕。这八阕可能是现在所知的最古的一套乐曲，三人手持牛尾一边投足一边歌唱的，载歌载舞。这套乐曲体现了上古时代诗、乐、舞三位一体的原始形态。

诗、乐、舞三位一体，代表了古代文人墨客对精神境界的追求。《毛诗序》中有："诗者，志之所之也。在心为志，发言为诗。情动于中而形于言，言之不足，故嗟叹之。嗟叹之不足，故咏歌之。咏歌之不足，不知手之舞之足之蹈之也。"可见诗、乐、舞都是因情感表达的需要而产生，且互生互补，达到对情感表达的最高境界。

 **成语窗**

### 安居乐业
安：安定。居：居所。乐：喜爱，愉快。业：职业。指安定地生活，愉快地从事其职业。

### 安贫乐道
安贫：安于贫困。乐道：以守道为乐。道：信念。指处在贫困的境地中，仍以守道作乐趣。

### 殊途同归
殊：不同。途：道路。归：归宿。通过不同的途径，到达同一个目的地。比喻采取不同的方法而得到相同的结果。

### 言人人殊
殊：不同。说的话个个不同。指各人有各人的意见。

### 贵远贱近
以为与当世相隔久远的就珍贵，相隔近的就低贱。

### 贵不凌贱
凌：欺侮，逼迫。富贵的人不欺侮贫贱的人。

### 降贵纡尊
纡：屈抑。指地位高的人降低身分俯就。

## 礼别尊卑

| 甲骨文 | 金文 | 篆文 | 隶书 | 楷书 | 行书 | 草书 | 标准宋体 |
|---|---|---|---|---|---|---|---|
| 豊 | 豊 | 禮 | 禮 | 禮 | 禮 | 礼 | 礼 |

### 解字堂

"禮"是会意字。"豊"是"禮"的本字。"豊",甲骨文 = ¥¥（像许多打着绳结的玉串）+ 豈（豈，有脚架的建鼓），表示击鼓献玉，敬奉神灵。金文承续甲骨文字形。当"豊"作为单纯字件后，有的金文再加"示"（祭祀）另造"禮"，强调"禮"的"祭拜"含义；同时误将"玉串"和"建鼓"构成的金文，拆写成"曲"和"豆"，玉和鼓的形象消失。隶定后楷书写作"禮"。简化字袭用籀文的写法，作"礼"。

《说文解字》："礼，履也。所以事神致福也。"意思是说"礼"是履行敬拜活动，用来敬神致福的仪式。

"礼"的本义是击鼓奏乐，并用美玉美酒敬拜祖先和神灵。如《仪礼·觐礼》："礼山川丘陵于西门外。""礼"引申为尊敬、厚待。如《六国论》："以事秦之心礼天下之奇才。"现代汉语中表示此义的，如礼让、礼貌、非礼。

作为名词，"礼"引申为敬重的态度、言行。如《礼记·曲礼上》："礼尚往来，往而不来，非礼也；来而不往，亦非礼也。"意思是礼仪崇尚你来我往，我对你有礼你却不对我有礼，这不符合礼仪规范；你对我礼仪有加我却没对你有礼，这也不符合礼仪规范。现在常用的词语有礼节、礼教。"礼"还可以引申礼品。如《晋书·陆纳传》："及受礼，唯酒一斗、鹿肉一样。"意思是接受的礼品只有酒一斗、鹿肉一样。这层意思也是我们现在常用的，如礼品、礼物、财礼。"礼"又引申为维持社会秩序与人际和谐的规范与准则。如《左传·昭公二十五年》："夫礼，天之经也，地之义也，民之行也。"我们现在所说的礼服、礼仪、婚礼等词就是这个意思。

### 名言馆

不学礼，无以立。
　　·《论语·季氏》

暗与山僧别，低头礼白云。
　　·（唐）李白《秋浦歌》

礼天下之奇才。
　　·（宋）苏洵《六国论》

谜语答案　贵贱乐

礼别尊卑

bié

别

| 甲骨文 | 金文 | 篆文 | 隶书 | 楷书 | 行书 | 草书 | 标准宋体 |
|---|---|---|---|---|---|---|---|
| 𠛱 |  | 𠛱 | 别 | 别 | 别 | 别 | 别 |

## 名言馆

感时花溅泪,恨别鸟惊心。
· (唐)杜甫《春望》

悠悠生死别经年,魂魄不曾来入梦。
· (唐)白居易《长恨歌》

相见时难别亦难,东风无力百花残。
· (唐)李商隐《无题》

不应有恨,何事长向别时圆?
· (宋)苏轼《水调歌头》

## 解字堂

"别"是会意字。"别",甲骨文字形由（屠刀）和（骨头）组成。篆文字形将甲骨文字形左右部件对调，像人的整体骨架，明确"别"与"骨"的关系。当"别"的"解剖剔骨"本义消失后，篆文再加"手"另造"捌"代替。楷书确立了"别"字字形。

《说文解字》："别,分解也。"意思是屠夫用屠刀将动物的骨与肉分离。

"别"作为动词，表示分离。如《石壕吏》："天明登前途，独与老翁别。"现代汉语中保留了这个意思，如别离、别情、临别。"别"还引申为区分、区别。如《列子·杨朱》："我又欲与若别之。"现代汉语中表示此义的，如辨别、鉴别、分门别类。

作为名词，"别"表示差异、不同点，如天壤之别。

作为形容词，"别"表示另外的、其他的。如别称、别墅、错别字。

作为副词，"别"引申为另外地、与众不同地。如《山中问答》："桃花流水窅然去，别有天地非人间。"现代汉语中表达此义的词，如别出心裁、别有用心。"别"又引申为不要、不。如别动、别哭、别怕。

"别"还可引申为勾住、卡住、使不松脱，如别针、别一朵花、别在皮带上。

礼别尊卑

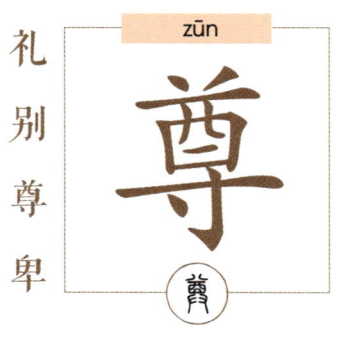

zūn

| 甲骨文 | 金文 | 篆文 | 隶书 | 楷书 | 行书 | 草书 | 标准宋体 |
|---|---|---|---|---|---|---|---|
| 尊 | 尊 | 尊 | 尊 | 尊 | 尊 | 尊 | 尊 |

## 解字堂

"尊"是会意字。其甲骨文字形，上部是一樽酒器，下面的双叉形，代表人的两只手；两者结合在一起，就代表一个人正在用双手捧着一樽酒。金文承续甲骨文字形。有的金文误将"酉"写成"酋"。篆文承续金文字形。有的篆文以"寸"代替下面的双手形。

《说文解字》："尊，酒器也。"这说明"尊"在古代是一种盛酒所用的器物。

后来"尊"字又引申出尊敬、敬重、推崇之义。如《论语》："尊五美，屏四恶，斯可以从政矣。"意思是要尊崇五种美事，屏除四种恶事，这就可以从政了。现代汉语中表示此义的，如尊崇、尊重、自尊。

作为形容词，"尊"引申为敬重的、崇敬的。如《易·系辞》："天尊地卑，乾坤定矣。"意思是天在上为尊贵，地在下为卑微，天地乾坤也就确定下来了。现代汉语中表示此义的词，如尊贵、尊严、至尊。

"尊"还可以作量词，引申为坛、台。如杜甫《春日怀李白》："何时一尊酒，重与细论文？"现代汉语中也有这种用法，如一尊酒坛、一尊塑像。

## 名言馆

尊五美，屏四恶，斯可以从政矣。
· 《论语·子张》

尊用牺象山罍。
· 《礼记·明堂位》

尊贤而重士。
· （汉）贾谊《过秦论》

一尊还酹江月。
· （宋）苏轼《念奴娇·赤壁怀古》

礼别尊卑

## 卑 bēi

| 甲骨文 | 金文 | 篆文 | 隶书 | 楷书 | 行书 | 草书 | 标准宋体 |
|---|---|---|---|---|---|---|---|
| 𤰞 | 𤰞 | 卑 | 卑 | 卑 | 卑 | 卑 | 卑 |

## 名言馆

王室其将卑乎？
　　　　　·《国语·周语》

吏之所卑，法之所尊也。
　　　　　·（汉）晁错《论贵粟疏》

先帝不以臣卑鄙。
　　　　　·（三国）诸葛亮《出师表》

位卑则足羞。
　　　　　·（唐）韩愈《师说》

位卑未敢忘忧国，事定犹须待阖棺。
　　　　　·（宋）陆游《病起书怀二首》其一

## 解字堂

"卑"是会意字。金文字形的上半部分像古代的扇子，下半部分是又（表抓持），整个字形表示打扇子。小篆中"卑"的字形，上方的扇子形状变成了一个"甲"字，下方还是一个"手"形。隶书误将篆文的"又"简化成"十"。楷书的"卑"字，便是由隶书的字形直接演变而来。

《说文解字》："卑，贱也。执事也。""卑"表示地位低贱，被迫劳作。

"卑"造字的本义是手持扇子服侍主人，本义只见于古文中。如《集韵·纸韵》："卑，使也。"由于"卑"的本义表示身份、地位低贱，在本义的基础上引申为低微的、地位低下的，作形容词。如《出师表》："先帝不以臣卑鄙。"意思是先帝（刘备）不认为我身份低微、见识浅陋。现代汉语中表示此义的词，如卑微、卑躬屈膝、位卑家贫。又引申为（品质）低劣，如卑鄙、卑劣、卑下。

尊卑，指的是贵贱、地位的高低。语出《易传·系辞上》："天尊地卑，乾坤定矣。卑高以陈，贵贱位矣。"是古人描述天地自然的秩序，后依此秩序建构出上下尊卑、长幼尊卑、男尊女卑、礼仪尊卑等诸多方面。尊与卑是相对的，不能因其某一属性就定性为尊或卑，如社会上有很多出身低微的人取得了非凡的成就，让人敬仰。

## 温故知新

 **四字通解**

礼别尊卑,意思是采用礼节要按照人的地位高低有所区别。广义的"礼"是中国文化的统称,包括了哲学、政治、社会、教育等所有文化内容。狭义的"礼"指社会秩序,特别是指人与人之间的关系,包括现代的法律、法规、政策等内容。为什么要研究礼?礼的作用是什么呢?孔子的学生有子在《论语·泰伯篇》中说过"礼之用,和为贵"。礼的作用在于和,有了和才能达到儒家"仁"的境地。中国文化千经万论、诸子百家,归根到底就是追求这一个字——"和"。孔子说礼是我们的文化精神、文化哲学。但礼又用来区别尊卑,礼就像篱笆墙一样,挡君子不挡小人,只有知礼懂礼并且守礼的人,才可以称得上是君子。

 **故事厅**

### 士别三日,当刮目相看

三国时代东吴的吕蒙,可说是一个博学多才的人。周瑜死后,他继任东吴的都督,设计击败了蜀汉的关羽,派部将潘璋把关羽杀死后,不久他也死去。吕蒙本来是一个不务正业不肯用功的人,所以没有什么学识。鲁肃见了他,觉得没有什么可取的地方,后来,鲁肃再遇见他时,看见他和从前完全不同,是那样威武,跟他谈起军事问题来,显得很有知识,这使鲁肃觉得很惊异,便笑着对他开玩笑说:"现在,你的学识这么好,既英勇,又有智谋,再也不是吴下的阿蒙了。"吕蒙答道:"士别三日,即更刮目相待。"后来的人,便用"士别三日"这句话,来称赞人离开后不久,而进步很快的意思。

### 礼贤下士

齐桓公听说小臣稷是个贤士,渴望见他一面,与他交谈一番。一天,齐桓公连着三次去见他,小臣稷托故不见,跟随桓公的人就说:"主公,您贵为万乘之主,他是个布衣百姓,一天中您来了三次,既然未见他,也就算了吧。"齐桓公却颇有耐心他说:"不能这样,贤士傲视爵禄富贵,才能轻视君主,如果其君主傲视霸主也就会轻视贤士。纵有贤士傲视爵禄,我哪里又敢傲视霸主呢?"这一天,齐桓公接连五次前去拜见,才得以见到小臣稷。后人们用礼贤下士表示对贤者以礼相待,对学者非常尊敬。

### 猜谜语

电视终日看不见。
(打一字)

另搭扁舟作辞行。
(打一字)

 **知识角**

### 《三礼》

《三礼》是古代中国礼乐文化的理论形态，对礼法、礼义作了最权威的记载和解释，对历代礼制的影响最为深远。三礼者，《周礼》《仪礼》《礼记》是也。昔人谓《周礼》《仪礼》均系周公所作，《礼记》则系汉戴德（人称大戴）、戴圣（人称小戴）叔侄所删记也。按汉何休疑《周礼》作于六国之时，宋儒亦多疑之。惟刘歆、郑玄信为周公致太平之书，但亦有谓为刘歆伪造者。"三礼"记录、保存了许多周代的礼仪，其中，《周礼》偏重政治制度，《仪礼》偏重行为规范，而《礼记》则偏重对具体礼仪的解释、论述。由这"三礼"所涉及的各种礼制的总和，也就是"礼"的全部内容。"三礼"是我国古代政治制度的三部儒家经典，是中国古代礼仪制度的蓝本和百科全书。

### 古代座位尊卑

我国古代十分重视座次，因为座次是分别尊卑的重要标志。《仪礼》《礼记》都有关于座次尊卑的规定。如《仪礼·士昏礼》中的夫妻对席礼，夫坐东面西，妻坐西面东，这一座次就表示夫尊妻卑。在封建官场中，是以官阶大小来分座次的，而座次的尊卑则是通过方向来表示的。如皇帝聚会群臣，最尊贵的皇帝座位是坐北向南的。因此，古代常把称帝叫作"南面"，而把大臣叫作"北面"。大臣们一般面向北而坐，按官位高低由东往西排列。这样，官位高的居右，官位低的居左，这也是古代"右为上"的道理。

我国古代贵族的房屋一般都是堂室结构的，它坐北朝南，前堂后室。在堂上举行的礼节活动，以"南向为尊"；而在室内，则以"东向为尊"。这是因为室一般是长方形，东西长而南北窄，故室内最尊的座次是坐西面东，其次是坐北面南，再次是坐南面北，最后是坐东面西。由于大量的日常活动一般皆在室内进行，因此，这和室内的礼节性位次尊卑影响也就更为广泛。

 **成语窗**

**卑躬屈膝**
卑躬：低头弯腰。屈膝：下跪。形容没有骨气，低声下气地讨好奉承。

**不卑不亢**
卑：低、自卑。亢：高傲。指对人有恰当的分寸，既不低声下气，也不傲慢自大。

**九五之尊**
九五：指帝位。旧指帝王的尊位。

**唯我独尊**
本为推崇佛陀之辞，后用以形容人妄自尊大，目空一切。

**别出心裁**
别：另外。心裁：心中的设计、筹划。另有一种构思或设计，指想出的办法与众不同。

**别具慧眼**
慧：聪明，有才智。具有独到眼光，高明的见解。

**礼尚往来**
尚：注重。指礼节上应该有来有往。现也指以同样的态度或做法回答对方。

**礼崩乐坏**
指封建礼教的规章制度遭到极大的破坏。

## 上和下睦

shàng

| 甲骨文 | 金文 | 篆文 | 隶书 | 楷书 | 行书 | 草书 | 标准宋体 |
|---|---|---|---|---|---|---|---|
| 二 | 二 | 丄 | 上 | 上 | 上 | ㇒ | 上 |

### 解字堂

"上"是特殊指事字，甲骨文的"上"由上短下长的两横构成。古人用━代表混沌太初状态；用═（两横一样长）代表从混沌太初中分化出来的、相并列的天与地。古人调整某横长度，以短横方向表示朝向。甲骨文⼆将表示"天"的北端横线写得较短，表示天、或朝天的方向。金文承续甲骨文字形。有的金文在两横之间加一竖指事符号，为隶所本。籀文省去短横。篆文承续籀文字形。

《说文解字》："上，高也。"意指高处。

作为名词，"上"引申为与地相对的天。如汉乐府《上邪》："上邪！我欲与君相知，长命无绝衰。""上邪"即天啊。现有上天、上帝。还可引申为由地朝天的方向，与下相反的方位。如《诗·陈风·宛丘》："子之汤兮，宛丘之上兮。"意思是你起舞热情奔放，在宛丘山坡之上。现代汉语有上边、上空、向上。又引申为天子、君王。如《史记·陈涉世家》："上使外将兵。"意思是皇上让他带领士兵。现代汉语中有上谕、皇上。

作为形容词，"上"引申上方的、现代汉语中如上身、上游、上部。又引申为接近原始的、以往的、时间次序在前的。如《吕氏春秋·察今》："先王之法，经乎上世而来者也。"意思是先王的法度，是经过上古之世的人总结得来的。这种用法在现代汉语中有上辈、上古、上月。还引申为等级高的。如《战国策·秦策》："上客从赵来。""上客"就是指尊贵的客人。我们现在所说的上司、上级就是这个意思。

作为动词，"上"引申为进献、呈现。如《战国策·齐策》："上书谏寡人者，受中赏。"意思是书面劝谏我的，受中等奖赏。现代汉语中表示此义的，如上礼、上香、上奏。又引申为由低向高走，攀，登。如《诗·邶风·燕燕》："燕燕于飞，下上其音。"现在的用法，如上岸、上车、上船。又引申为去，到，走访。如《陋室铭》："苔痕上阶绿，草色入帘青。"现代汉语中这种用法较为普遍，如上班、上厂、上门。

### 名言馆

文王在上。

·《诗·大雅·文王》

---

晴空一鹤排云上，便引诗情到碧霄。

·（唐）刘禹锡《秋词》

---

此情无计可消除，才下眉头，却上心头。

·（宋）李清照《一剪梅》

谜语答案　礼别

# 和

hé

上和下睦

| 甲骨文 | 金文 | 篆文 | 隶书 | 楷书 | 行书 | 草书 | 标准字体 |
|---|---|---|---|---|---|---|---|
| | 味 | 咊 | 和 | 和 | 和 | 和 | 和 |

## 解字堂

"和"是形声字。从口，禾声。《说文解字》："和，相应也。"即"和"表示相呼应。

如《战国策·燕策》："荆轲和而歌。"意思是荆轲和着节拍唱歌。现代汉语中表示此义的，如和诗、和章、一唱一和。

作为形容词，"和"引申为谐调的、无冲突的，读hé。如《论语·子路》："君子和而不同，小人同而不和。"意思是君子可以与他周围保持和谐融洽的氛围，但他对待任何事情都该有自己的独立见解，而不是人云亦云，盲目附和；小人则没有自己独立的见解，虽然常和他人保持一致，但实际并不讲求真正的和谐贯通。此义在现代汉语中颇为常用，如和蔼、和气、和谐。

作为动词，"和"引申为将粉状固体和液体均匀揉和，读huò。如《梦溪笔谈·活板》："松脂蜡和纸灰。"我们现在所讲的和面、和泥就是这个意思。又引申为麻将等游戏中按规则将花色凑齐，读hú。如和牌、和了个满贯。还引申为连同、连带、共同、伴随，读hè。如《镜花缘》："设有违误，纠察灵官奏请分别示罚。其最重的，徙植津亭驿馆，不特任人攀折，兼使沾泥和土，见蹂于马足车轮。"

作为副词，"和"引申为谐调地、无冲突地，读hé。如和解、和谈、和议。

作为名词，"和"引申为总数，读hé。如《勾股举隅·和较名义》："勾股和，即勾与股相并之数。"现代汉语中也有此用法，如和数、总和。

作为连词，"和"表示并列，读hé。如《满江红》："三十功名尘与土，八千里路云和月。"

作为介词，"和"引申为与、跟，读hé。如《西厢记诸宫调》："当时闻语，和俺也恓惶。"

在汉语词语"和谐"中，"和"与"谐"近义而有所不同："和"表示不同声音、不同观点因相合拍、相融合而产生共鸣，强调诸异而致同；"谐"表示相同的声音、相同的观点因一致而统一，强调诸同而大同。"和"的统一性比"谐"更为丰富。

## 名言馆

音声相和。
·《老子》

礼之用，和为贵。
·《论语·学而》

阳和不散穷途恨，霄汉长怀捧日心。
·（唐）钱起《赠阙下裴舍人》

已是黄昏独自愁，更着风和雨。
·（宋）陆游《卜算子·咏梅》

## 上和下睦

### xià
### 下

| 甲骨文 | 金文 | 篆文 | 隶书 | 楷书 | 行书 | 草书 | 标准宋体 |
|---|---|---|---|---|---|---|---|
| ⌒ | 二 | 丅 | 下 | 下 | 下 | 下 | 下 |

### 解字堂

"下"是特殊指事字，由两横构成，顶端一横较长，底端的一横较短。甲骨文将表示"地"的下面的横线写得较短，表示地、或朝地的方向。金文为区别于数目字"二"，在两横之间加一竖指事符号。籀文省去短横。篆文承续金文字形。

《说文解字》："下，底也。"意思是下指底部。

"下"的本义是与天相对的地。《论语·述而》："祷尔于上下神祇。"。"下"还可以作名词，引申为地位在低处的。如《诗·豳风·七月》："十月蟋蟀入我床下。"现代汉语中常用此义，如山下、天下、在下。

作为形容词，"下"引申为不高级的、低劣的、等级低的。如《史记·廉颇蔺相如列传》："吾羞，不忍为之下。"我感到羞耻，不甘心自己的职位在他之下。我们现在所说的下层、下级、下属就是这个意思。

作为动词，"下"引申为从上而降、从上而落。如《望庐山瀑布》："飞流直下三千尺。"意思是水流从三千尺的高处直泻而下。我们现在所说的下落、下雪、下雨等词就是这个意思。又引申为由高处到低处。如《左传》："下视其辙，登轼而望之。"意思是，（曹刿）下了车，察看齐军车轮的印迹，然后登上车，扶着车轼瞭望齐军。现代汉语中表示此义的，如下场、下台。还引申为由地位高者向地位低者传递。如《战国策·齐策》："令初下。"意思是政令刚刚下达。

### 名言馆

在南山之下。
·《诗·召南·殷其雷》

敏而好学，不耻下问。
·《论语·公冶长》

方其破荆州，下江陵。
·（宋）苏轼《前赤壁赋》

上和下睦

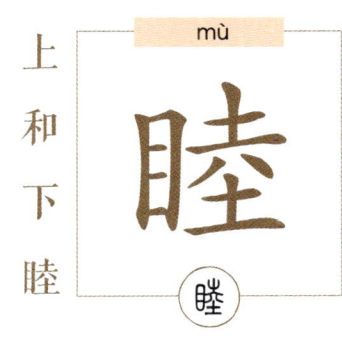

| 甲骨文 | 金文 | 篆文 | 隶书 | 楷书 | 行书 | 草书 | 标准字体 |
|---|---|---|---|---|---|---|---|
| | | 睦 | 睦 | 睦 | 睦 | 睦 | 睦 |

## 名言馆

九族既睦。
·《书·尧典》

则百姓亲睦。
·《孟子·滕文公上》

睦于父母之党。
·《礼记·坊记》

兄弟不睦，则子侄不爱。
·《颜氏家训·兄弟》

## 解字堂

"睦"是形声字。从目，从坴，坴亦声。"坴"意为"层垒土"。"目"指目光、视线。"目"与"坴"联合起来表示"仰视"。"六"，既是声旁也是形旁，是"庐"的本字，表示房屋、庐舍。"睦"，金文字形由左边（三个"六"）和右边（见，探望）组成，表示探望邻里。籀文将金文下面的三间屋合并成一间。篆文将金文字形简化。

《说文解字》："睦，目顺也。一曰敬和也。""睦"指目光柔顺。一种说法认为，"睦"是敬和的意思。

"睦"造字的本义是邻里相互拜访探望，友好来往。如《礼记·礼运》："大道之行也，天下为公，选贤与能，讲信修睦。"意思是，在大道施行的时候，天下是人们所共有的，把品德高尚的人、能干的人选拔出来，讲求诚信，培养和睦。"睦"字在现代汉语中的用法，基本等同于其本义，无特殊的引申义。如睦邻，即表示和睦相处的邻国或邻家。

和睦相处是我们几千年来所秉承和倡导的原则，家庭要和睦，邻里之间要和睦，国家要和睦，人与人之间要和睦，因为只有这样才能实现全人类的可持续发展。

## 温故知新

 **四字通解**

上和下睦,意思是长辈和小辈要和睦相处。这句话说起来简单,实际做起来却很难。中国古话"天时地利人和",即"天道、地道、人道"三者之间能够顺畅,才能到达和的最终境界,从而万物才能生养。天道之和叫"太和",地道之和叫"中和",人道之和叫"保和"。"保和"的意思是要求人保持住天地赋予的和气。由行为入手,真正做到保和,才能达到中和;中和不丢才能恢复到太和,就是复本归元。"和合二仙"是一对,此和彼合,有感就有应。上有和下就有睦,所以说"上和下睦"。"和"是协调、平静、美好的意思;"睦"字从目,目顺也,就是看着顺眼,引申义为亲近、好合。

### 猜谜语

卢前王后。
（打一字）

中秋节。
（打一字）

卜算一下。
（打一字）

 **故事厅**

#### 曲高和寡

宋玉是战国时楚国著名的文学家。有一次,楚襄王问他:"先生最近有行为失检的地方吗?有人对你有不好议论呢?"宋玉说:"有这回事。大王先听我讲个故事:最近,有位客人来到我们郢都唱歌。他开始唱的,是非常通俗的《下里》和《巴人》,城里跟着他唱的有好几千人。接着,他唱起了还算通俗的《阳阿》和《薤露》,城里跟他唱的要比开始的少多了,但还有好几百人。后来他唱格调比较高难的《阳春》和《白雪》,城里跟他唱的只有几十个人了。最后,他唱出格调高雅的商音、羽音,又杂以流利的徵音,城里跟着唱的人更少,只有几个人了。"说到这里,宋玉对楚王说:"由此可见,唱的曲子格调越是高雅,能跟着唱的也就越少。圣人有奇伟的思想和表现,所以超出常人。一般人又怎能理解我的所作所为呢?"

#### 纸上谈兵

战国时期,赵国大将赵奢儿子赵括,从小熟读兵书,张口爱谈军事,赵奢却很担忧地说:"将来赵国不用他为将罢了,如果用他为将,他一定会使赵军遭受失败。"果然,公元前259年,秦军又来犯,赵军在长平(今山西高平县附近)坚持抗敌。那时赵奢已经去世。廉颇负责指挥全军,他年纪虽高,打仗仍然很有办法,使得秦军无法取胜。秦国知道拖下去于己不利,就施行了反间计,派人到赵国散布"秦军最害怕赵奢的儿子赵括将军"的话。赵王上当受骗,派赵括替代了廉颇。赵括死搬兵书上的条文,到长平后完全改变了廉颇的作战方案,结果四十多万赵军尽被歼灭,他自己也被秦军箭射身亡。

 ## 知识角

### 天时地利人和

"天时地利人和"出自《孟子·公孙丑下》:"天时不如地利,地利不如人和。"作战中,有利的时令和气候不如有利的地势,有利的地形不如得人心。成功之路中,天时地利人和为三要素,它涵盖了成功之路的一切,天时是成功之路的伯乐、机遇;地利是成功之路的环境、条件;人和是成功之路的综合实力(成功的关键)。天、地、人三者的关系问题古往今来都是人们所关注的。三者到底谁最重要也就成了人们议论的话题。孟子主要从军事方面来分析论述天时、地利、人和之间关系,他认为三者之中,"人和"是最重要的,起决定作用的因素,"地利"次之,"天时"又次之。这与他重视人的主观能动性的一贯思想分不开。

### 君子和而不同,小人同而不和

出自《论语·子路》。在先秦时代,"和"是一个非常重要的概念,它是指一种有差别的、多样性的统一,因而有别于"同"。比如烹调,必须使酸、甜、苦、辣、咸调合,达到一种五味俱全、味在咸酸之外的境界,才能算是上等佳肴;比如音乐,必须将宫、商、角、徵、羽配合在一起,达到一种五音共鸣、声在宫商之外的境界,才能算是上等美乐;反之,如果好咸者一味放盐,好酸者拼命倒醋,爱宫者排斥商、角,喜商者不用羽、徵,其后果便不难设想,也不甚设想了。因此,早于孔子的晏婴就曾说过:"若以水济水,谁能食之?若琴瑟专一,谁能听之?"(《左传·昭公二十年》)正是在这种思想的基础上,孔子将"和"与"同"的差别引入到人际关系的思考之中,于是便有了这句名言。

 ## 成语窗

**和睦相处**
彼此和好地相处。

**讲信修睦**
修:建立。睦:和睦。人与人之间,国与国之间,讲究信用,谋求和睦。

**甘拜下风**
表示真心佩服,自认不如。

**对症下药**
针对病症用药。比喻针对事物的问题所在,采取有效的措施。

**和蔼可亲**
和蔼:和善。态度温和,容易接近。

**风和日丽**
指天气温暖而晴朗。

**上兵伐谋**
上:上等,引申为最好的。兵:指战争,引申为用兵。伐:讨伐。用兵的上策,是以谋略取胜。

**塞上江南**
原指古凉州治内贺兰山一带。后泛指塞外富庶之地。

夫唱妇随

| 甲骨文 | 金文 | 篆文 | 隶书 | 楷书 | 行书 | 草书 | 标准宋体 |
|---|---|---|---|---|---|---|---|
| 夫 | 夫 | 夫 | 夫 | 夫 | 夫 | 夫 | 夫 |

## 解字堂

"夫"是指事字。"夫",甲骨文在"大"(成人)的头部加一横指事符号,代表发簪。金文承续甲骨文字形。古人认为须发是父母所赐,不可剪除,因此年纪越大头发越长;也因此发簪成为成年男子所必需。篆文基本承续金文字形。古人以束发、加冠为男子的成年仪式:男子15至16岁束发,标志着告别童少时期,国家可以征用;男子20岁加冠,表示成年,可以婚配。

《说文解字》:"夫,丈夫也。从大,一以象簪也,周制以八寸为尺,十尺为丈,人长八尺,故曰丈夫。"

"夫"的本义是用发簪固定束发的成年男子。如《孟子》:"残贼之人,谓之一夫。"意思是残贼一类的人,被称之为匹夫。如现代汉语所说的车夫、渔夫、丈夫。

作为名词,"夫"引申为女人的配偶,读fū。如汉乐府《陌上桑》:"使君自有妇,罗敷自有夫。"现代汉语中表示此义的,如夫妻、夫人、姐夫。作为代词,"夫"引申为那、他、彼,读fú。此义项只见于古文中。如《论语·先进》:"夫人不言,言必有中。"意思是说,此人不说就是没事,要是说了必定会言中。作为助词,用在句首、句尾,加强语气,读fú。此义项只见于古文中。如《史记·项羽本纪》:"夫秦有虎狼之心。"意思是秦王有虎狼一样的心肠。

## 名言馆

夫战,勇气也。
  ·《左传·庄公十年》

一夫不耕,或受之饥。
  ·(汉)贾谊《论积贮疏》

一夫当关,万夫莫开。
  ·(唐)李白《蜀道难》

保天下者,匹夫之贱,与有责焉耳矣。
  ·(清)顾炎武《日知录·正始》

谜语答案  上和下

夫唱妇随

| 甲骨文 | 金文 | 篆文 | 隶书 | 楷书 | 行书 | 草书 | 标准字体 |
|---|---|---|---|---|---|---|---|
|  |  | 唱 | 唱 | 唱 | 唱 | 唱 | 唱 |

## 名言馆

取其唱予和女。
　　·《左传·昭公十六年》

西陆蝉声唱，南冠客思侵。
　　·（唐）骆宾王《在狱咏蝉》

朝闻游子唱骊歌，昨夜微霜初渡河。
　　·（唐）李颀《送魏万之京》

商女不知亡国恨，隔江犹唱后庭花。
　　·（唐）杜牧《泊秦淮》

## 解字堂

"唱"是形声字。从口，昌声。《说文解字》："唱，导也。"许慎认为"唱"就是倡导。

"唱"本义是领唱。如《荀子·乐论》："唱和有应。"意思是歌唱时此唱彼和。在本义的基础上，"唱"引申为倡导，表示发起。这个意思在后来用"倡"替代。如《史记·陈涉世家》："为天下唱，宜多应者。"孙中山先生在《黄花岗七十二烈士事略序》中写道："予三十年前所主唱之三民主义、五权宪法，为诸先烈所不惜牺牲生命以争之者。"其中的"唱"也是倡导之义。

"唱"还引申为歌唱的意思。如《滕王阁序》："渔歌唱晚。"句意是渔船上的渔民傍晚唱歌。现代汉语中我们常用此义，如唱歌、唱戏、唱诗。"唱"又引申为高声报、大声念。我们在投票之后，就有"唱票"，唱票就是统计候选人票数时大声念选票上的名字。

"唱"除了做动词，还能做名词用。例如唱本、唱词。

夫唱妇随

| 甲骨文 | 金文 | 篆文 | 隶书 | 楷书 | 行书 | 草书 | 标准宋体 |
|---|---|---|---|---|---|---|---|
| | | | 婦 | 婦 | 婦 | 妇 | 妇 |

## 解字堂

"妇"是会意字。"妇",甲骨文由左边（帚,扫帚,家庭洁具）和右边（女）组成,表示女子在家做扫地等家务。金文承续甲骨文字形。篆文承续金文字形。隶书将篆文的"女"简化。简化字将"帚"简化成"彐",写作"妇"。"妇"是主内、做家务的女人；"男"是主外、开荒耕种的劳动主力。

《说文解字》："妇,服也。从女持帚洒扫也。"意思是"妇"是服侍男人的女人。字形采用"女""帚"会意,表示女人持帚在家扫地。

"妇"的本义是在家扫地做家务的女主人。如《古诗为焦仲卿妻作》："非为织作迟,君家妇难为。"意思是,不是我织布织得慢,是你家的媳妇太难做。现代汉语中表示此义的,如妇人、媳妇、主妇。作为名词,"妇"引申为女人、女性,如妇女、妇幼、妇联。

在父系社会的时代里,妇女一直处于男性的从属地位,中国古代实行一夫一妻多妾制,男人可以三妻四妾,女人丧失尊严与权力,沦为传宗接代的工具。人生而平等,女人应享有和男人同样的尊严和公平的待遇。在现代社会,女性的社会地位在不断地提高,做家务并非是女人的义务,男主外女主内的传统在现代也在慢慢发生着转变。

## 名言馆

子之妻曰妇。

·《尔雅》

士曰妇人,庶人曰妻。

·《礼记·曲礼下》

听妇前致词,三男邺城戍。

·（唐）杜甫《石壕吏》

门前冷落鞍马稀,老大嫁作商人妇。

·（唐）白居易《琵琶行》

夫唱妇随

| 甲骨文 | 金文 | 篆文 | 隶书 | 楷书 | 行书 | 草书 | 标准宋体 |
|---|---|---|---|---|---|---|---|
|  | 隋 | 隨 | 随 | 随 | 随 | 随 | 随 |

## 名言馆

主失其神，虎随其后。
　　·《韩非子·扬权》

太守即遣人随其往，寻向所志，遂迷，不复得路。
　　·（晋）陶潜《桃花源记》

随风潜入夜，润物细无声。
　　·（唐）杜甫《春夜喜雨》

## 解字堂

"随"是形声字。从辶，隋声。随本从辵，辵在阝左边，但汉印或汉代碑刻中"阝"也常置于辵的左边，楷书继承此写法。汉代的"随"又或省去"工"，写作"随"，今简化字从此形。

《说文解字》："随，从也。""随"即为跟从。

作为动词，"随"表示跟从，相伴。如《韩非子·说林二》："子行而我随之。"意思是你在前头行走，而我在后头跟着。现代汉语中表示此义的，如随从、跟随。还引申为依照，依顺。如《红楼梦》："今黛玉见了这里许多事情不合家中之式，不得不随的，少不得一一改过来，因而接了茶。"又引申为附和。如《进学解》："业精于勤荒于嬉，行成于思毁于随。"意思是学业靠勤奋而精进，因嬉游而荒废；德行靠深思熟虑而成就，因随俗而毁败。现代汉语中表示此义的，如随便、随人作计。作为副词，"随"引申为任意地，不加约束地，如随笔、随感。

## 温故知新

### 四字通解

　　夫唱妇随,意思是夫妇要一唱一随,协调和谐。"唱"是"倡"的通假字,有倡导、发起的意思。"夫唱妇随"的意思是说,如果没有原则性分歧,丈夫倡导的妻子一定要拥护。"夫唱妇随"后面还有半句是"妇唱夫随"。如果没有原则性分歧,妻子倡导的丈夫也同样要拥护,特别是当着孩子或外人的面,夫妻一定要一致对外。有分歧、有意见可以回去再讨论,但当着外人夫妻之间不能相互拆台,这是夫妻和合的基本原则。夫妻本是一体,一荣俱荣,一损俱损,当着外人贬低自己的配偶,别人一定看不起你。相反,如果你能处处维护自己配偶的荣誉,别人一定会尊敬你。

### 故事厅

**夫妻本是同林鸟,大难临头各自飞**

　　《法苑珠林》卷六五:有人耕田,被蛇咬而死,其妇对人曰:"譬如飞鸟,暮宿高树,同止共宿,伺明早起,各自飞去,行求饮食,有缘即合,无缘即离,我等夫妇,亦复如是。"后以"夫妻本是同林鸟,大难临头各自飞"来形容一种夫妻关系。这句话在古代文学中时有被引用。用来形容在关键时刻把丈夫(或妻子)抛弃的一些自私自利的人,强调个人的自私。

**匹夫无罪,怀璧其罪**

　　当初,虞叔有块宝玉,虞公想要得到,虞叔没有给他,然后,虞叔为此而感到后悔,说:"周这个地方有句谚语说:'一个人本来没有罪,却因为拥有宝玉而获罪。'"于是就把宝玉献给了虞公。可是,虞公又来索要虞叔的宝剑,虞叔说:"这实在是贪得无厌。如此贪得无厌,将会给我带来杀身之祸。"于是就发兵攻打虞公。所以,虞公出奔到共池那个地方去了。显而易见,这句话的意思是,贪图财宝会招来祸患。在这段故事中,虞叔因为担心贪图财宝招来祸患,所以,把宝玉献出去了;但是,虞公得到了宝玉仍不知满足,最终因为贪得无厌而引来灾祸。

### 猜谜语

半边天,推倒山。
（打一字）

二人合作,干劲冲天。
（打一字）

三口换位二安排。
（打一字）

 ## 知识角

### 唱诗班

唱诗班大多由教会热心的信众组成，它的主要目的是负责教会礼拜日的崇拜唱诗及带领敬拜。唱诗班可以说在教会有举足轻重的地位，往往是教会直接领导的一个义工团体，对教会的各项事都能产生作用。唱诗班往往会吸引很多青年人加入，从而能成为一个培养新人的地方。很多教会唱诗是一个礼拜程序的一部分，是一种宗教仪式的组成部分。唱诗班并不是教会必须设立的一个组织。

### 古代夫妻之间的雅称

古时候，对于夫妻有一个非常流行的称呼，那就是"秦晋"。这个称呼源于春秋时期，当时，秦国和晋国世代结为姻亲，所以，从此以后，人们就把两姓联姻称为"秦晋之好"，用来表示美满而和谐的夫妻关系，对人间所有夫妻的祝愿之情蕴涵于其中，典雅而美好。古代还以"琴瑟"二字来作为夫妻的雅称。琴和瑟本来是两种乐器，合奏起来音韵悠扬，动人心弦。所以，古人就以"琴瑟"来比喻夫妻之间融洽美满的感情。后来，经过时光的流逝，"琴瑟"二字逐渐就演变成了对于夫妻的一种雅称。"鸾凤"二字也常常被古人用来称呼夫妻。鸾和凤本来是两种鸟，指的是鸾和凤凰。古代有鸾凤和鸣的美丽传说，古人取其意义美好，于是就将"鸾凤"作为对于夫妻的雅称，实在是既风雅又含义丰富。

 ## 成语窗

**随波逐流**
逐：追随。随着波浪起伏，跟着流水漂荡。比喻没有坚定的立场，缺乏判断是非的能力，只能随着别人走。

**入乡随俗**
到一个地方就按照这一个地方的风俗习惯生活。也比喻到什么地方都能适应。

**妇孺皆知**
孺：小孩。妇女、小孩全都知道。指众所周知。

**挈妇将雏**
挈：带领。雏：幼儿。带着妻子儿女。

**枉费工夫**
白白地耗费时间与精力。形容徒劳无益。

**赳赳武夫**
赳赳：勇武矫健的样子。武夫：武人，从军之人。勇武矫健的军人。后多含贬义，意指虽身强体壮，却头脑简单的军人。

**一唱三叹**
一个人领头唱，三个人和着唱。原指音乐和歌唱简单而质朴。后转用来形容诗婉转而含义深刻。

**夫唱妇随**
随：附和。原指封建社会认为妻子必须服从丈夫，后比喻夫妻和好相处。

外受傅训

| 甲骨文 | 金文 | 篆文 | 隶书 | 楷书 | 行书 | 草书 | 标准宋体 |
|---|---|---|---|---|---|---|---|
| | | 外 | 外 | 外 | 外 | 外 | 外 |

### 解字堂

"外"是会意字。从夕,从卜。"外",甲骨文字形由左边丫(卜,占问)和右边𠆢(内,穴居)组成,会意主题不明。有的甲骨文借用"卜",表示"外"与"占卜"的关系。金文以"夕"(夕,即月亮,借代星夜)代替甲骨文的"内",表示在星夜占卜。有的金文将半月形写成"夕"。篆文承续金文字形。隶书基本确立了"外"的字形。

《说文解字》:"外,远也。卜尚平旦,今夕卜,于事外矣。"许慎的解释是,"外"是疏远。占卜的人平常喜欢在白天占卜,而今在夜晚占卜,这对于占卜之事来说就是例外了。

作为名词,"外"表示外边,跟"内""里"相对。如《易·系辞》:"爻象动乎内,吉凶见乎外。"意思是,爻象在内部的变动,在外部表现为吉凶。现代汉语中表示此义的,如户外、野外、出门在外。还可以引申为以外。现代汉语中表示此义的,如此外、除外、紫外线。"外"还可以指外国,如外币、外汇、外钞。

作为形容词,"外"引申为不是自己所在地或所属单位的。如《桃花源记》:"悉如外人。"如现代汉语中的外地、外省、外校。

作为动词,"外"引申为疏远。如《管子·版法》:"骤令不行,民心乃外。"意思是政令多次行不通,人民就有外心。

作为副词,"外"引申为另外,如外加、外带。

### 名言馆

凡卜筮日旬之外曰远。
·《礼记·曲礼》

夜来城外一尺雪。
·(唐)白居易《卖炭翁》

中通外直。
·(宋)周敦颐《爱莲说》

竹外桃花三两枝。
·(宋)苏轼《惠崇春江晚景》

谜语答案　妇　夫　唱

外受傅训

shòu

受

| 甲骨文 | 金文 | 篆文 | 隶书 | 楷书 | 行书 | 草书 | 标准宋体 |
|---|---|---|---|---|---|---|---|
| | | | 受 | 受 | 受 | | 受 |

## 名言馆

一夫不耕，或受之饥；一女不织，或受之寒。
·（汉）贾谊《论积贮疏》

吾庐独破受冻死亦足。
·（唐）杜甫《茅屋为秋风所破歌》

回乐峰前沙似雪，受降城外月如霜。
·（唐）李益《夜上受降城闻笛》

## 解字堂

"受"是会意字。"舟"，既是声旁也是形旁，表示运输的船只。"受"，甲骨文左右两边像两只手（表示运送与接收），中间像舟（两岸间运送货物的工具），整个字形表示用船只在两岸间运送。金文承续甲骨文字形。篆文误将金文的"舟"写成"冖"。隶书将篆文的"爪"写成。"受"的"输送"本义消失后，篆文再加"手"另造"授"。

《说文解字》："受，相付也。""受"即相互交托。

"受"造字的本义是用船只往返两岸，为隔岸的人运送物品。本义后由"授"代替。在本义的基础上，"受"引申为接收、获得。如《后汉书·列女传》："志士不饮盗泉之水，廉者不受嗟来之食。"意思是有志之士不喝偷来的水，清廉的人不接受递过来的食物。现代汉语中表示此义的，如受贿、受教育、受宠若惊。

作为动词，"受"还引申为遭遇、蒙受。《诗·邶风·柏舟》："觏闵既多，受侮不少。"意思是，碰到患难已很多，遭受凌辱更无数。现代汉语中常用此义，如受伤、受凉、受批评。

此外，"受"有时候可以与传授的"授"相通。韩愈《师说》："师者，所以传道受业解惑也。"其中，"受"就是教授、传授的意思。

外受傅训

| 甲骨文 | 金文 | 篆文 | 隶书 | 楷书 | 行书 | 草书 | 标准宋体 |
|---|---|---|---|---|---|---|---|
|  |  |  |  |  |  |  | 傅 |

## 解字堂

"傅"是形声字。"尃",既是声旁也是形旁,表示打包,用布块包扎行装。"傅",金文由左边(人)和右边(尃,包扎)组成。篆文承续金文字形。隶书对篆文进行了简化。楷书确立了"傅"的字形。

《说文解字》:"傅,相也。"许慎认为"傅"即是辅佐。

"傅"造字的本义是帮助、辅佐。本义只见于古文中。如《左传·僖公二十八年》:"郑伯傅王。"意思是郑伯辅佐君王。又如《孟子》:"有楚大夫于此,欲其子之齐语也,则使齐人傅诸?使楚人傅诸?"有个楚国大夫,希望他的儿子会说齐国话,是找齐国人辅导他呢,还是找楚国人辅导他呢?又引申为捎带、随带,如《宋史》:"边人欢激,执弓傅矢,唯恐不得进。""傅矢"的意思就是带着弓箭。作为名词,"傅"引申为教师、师傅,古时特指帝王的相或帝王、诸侯之子的老师,如太傅、少傅、师傅。

此外,"傅"还能作为姓氏。傅氏是一个多民族、多源流的古老姓氏群体,在当今中国姓氏排行榜上名列第五十三位,大约占全国人口的0.36%。从明朝至今600年中傅姓人口由44万增到610多万,增长了约20倍,傅姓人口的增长速度低于全国人口的增长速度。在全国的分布主要集中于湖南、安徽、四川、河南等四省,大约占全国傅姓总人口的35%。

## 名言馆

皮之不存,毛将安傅?

·《左传·僖公十四年》

郑伯傅王。

·《左传·僖公二十八年》

精思傅会,十年乃成。

·《后汉书·张衡传》

井邑傅岩上,客亭云雾间。

·(唐)王维《登河北城楼作》

# 训 xùn

| 甲骨文 | 金文 | 篆文 | 隶书 | 楷书 | 行书 | 草书 | 标准宋体 |
|---|---|---|---|---|---|---|---|
|  | 坐 | 訓 | 訓 | 訓 | 訓 | 训 | 训 |

## 解字堂

"训"是形声字。"训",金文是由上半部 ⑪（川,喻滔滔不绝）和下半部 ⑧（言,说）组成,表示不停地教说。籀文承续金文字形。篆文对籀文做了改动。隶书将篆文简写。楷书确立了"训"的字形。《说文解字》:"训,说教也。"温柔地教导、诱导为"诲",粗暴地呵斥为"训"。

"训"造字的本义是比喻不停地命令、呵斥。从"言"从"川","言"指"劝说""说教","川"本指"归向大泽大海的水流","言"与"川"联合起来表示"用言辞劝教以使归于"。如"训俭示康",意思是阐释节俭（对于"立名"的重要意义）给康看。"训",训释、解释。"训戎"意为教而使之能战。因为"训"是有道理包涵于其中的言辞,所以"训"也就可以代表一种典范、规范、前人践行成功的成果,作为名词,"训"引申为教诲的内容。如《国语·晋语》:"是为明训。"意思是这是一种明确的训诫。现代汉语中也有这种用法,如古训、家训、遗训。

既然是把典范拿来用,则"训"又有延续、沿用的意思,如杨倞注《荀子·王霸》:"谓若周穆王训夏赎刑之类也。"句意为,就像周穆王沿用了夏代的以（财货）赎（罪）代替刑罚之类。

## 名言馆

告之训典。
　　　　·《左传·文公六年》

是为明训。
　　　　·《国语·晋语》

本自无教训,兼愧贵家子。
　　　　·汉乐府《古诗为焦仲卿妻作》

汝非徒身当服行,当以训汝子孙。
　　　　·（宋）司马光《训俭示康》

## 温故知新

###  四字通解

　　外受傅训,意思是在外面要听从师长的教诲。"外",意思为"庠序",是古代的学校。"傅训"是师傅、师长的训诲,属于师道。传统教育中的"师"分为"人师"与"经师",人师的责任是教学生化性、立命,学做人,经师则负责知识的传授。韩愈在《师说》里面提出,"师者,所以传道、授业、解惑也"。传道、教做人是第一位的,知识的传授在其次。不会做人,知识越多危害性越大,因为"行止不端,读书无益"。古代的"傅"多为"人师",要对一个学生的品行负责,所以专制时代的学生犯过,常常要追究"傅"的责任。"师"则多为传授技艺的"经师",一师之徒,往往有十几个、几十个之多。古人云:"一日为师,终身为父。"在古代,师傅就像自己的父亲一样,对于师傅的话,学生一定要听。古代的师傅对于学生信奉严师出高徒,因为"教不严,师之惰",这种思想延续数千年,我们现在倡导素质教育,以一种学生喜欢并乐于接受的方式去传授知识。

###  故事厅

#### 金玉其外,败絮其中

　　出自刘基《卖柑者言》。朱元璋建立明王朝后,刘基被任命为御史中丞。夏日的一天,刘基在杭州城里漫步,只见一个小贩在卖柑子。柑子是很难保存到夏天的,但刘基发现这小贩卖的柑子金黄油亮,新鲜饱满,就像是刚从树上摘下来的,他便去向小贩买了几个。回家后,刘基剥开柑皮,发现里面的果肉干缩得像破旧的棉絮一样,便拿着柑子,去责问小贩为何骗人钱财。小贩说世界上搞欺骗的人还有很多,包括文官武将,他们不为人民办事,难道不也是"金玉其外,败絮其中"吗。刘基听了小贩的一席话,哑口无言。回到家里后,就写了《卖柑者言》这篇文章。

#### 授受不亲

　　语出《孟子·离娄上》:"淳于髡曰:'男女授受不亲,礼与?'孟子曰:'礼也。'"战国时期,齐国雄辩家淳于髡问孟子男女之间不用手递受物品是礼,那么嫂子掉进水里,小叔子用手去救是礼吗?孟子认为是礼。淳于髡又说天下的人都掉进水里,你为什么不去救?孟子回答说应该用道去救,而不是用手去救。男女授受不亲是古代的一种交际礼俗。上古男女交际自由,进入宗法社会后,女性逐渐沦为男性的附庸。然直至西周时的中原地区,华夏民族仍多少保留原始氏族的遗风,仲春之月,男女自由相会,尽情欢娱。至战国时期,儒家经典规定的贵族家礼,强调男女隔离与疏远,严防非夫妇关系的两性有过多的接触,不允许女子与非自己丈夫的任何男子发生爱情与性关系。自宋代以后,士大夫之家,男女之分更为严格,将妇女囚禁于一个狭小的天地。

### 猜谜语

撇开一切都是爱。
（打一字）

夜晚算一卦,出门别在家。
（打一字）

##  知识角

### 古代学校的名称

中国在4000多年前就有了学校。那时学校的名字叫"庠"。高一级的大学叫"上庠"，低一级的小学叫"下庠"。夏朝把学校又分成四个等级，按级别称作："学""东序""西序""校"。商朝把这4种学校称作"学""右学""左学""序"。后来的朝代还有在王府里设立的学校，叫"辟雍""成均"等。到汉代，最高一级的学校称作"太学"，下面分别称作"东学""西学""南学""北学"。再后来，把"太学"改为"国子学""国子寺""国子监"。汉代，是中国古代教育史上一个比较昌盛的时期。汉代的学校分为官学与私学两种。其中私学的书馆，亦称蒙学，系私塾性质，相当于小学程度。到离现在最近的明清，"国子监"已经不是学校的性质了，成为国家专门管理教育的机构。而这时候一般的学校称为"书院""书堂""私塾"等。

### 《朱子家训》

《朱子家训》又名《朱子治家格言》《朱柏庐治家格言》，是以家庭道德为主的启蒙教材。《朱子家训》仅506字，精辟地阐明了修身治家之道，是一篇家教名著。文字通俗易懂，内容简明赅备，对仗工整，朗朗上口，问世以来，不胫而走，成为有清一代家喻户晓、脍炙人口的教子治家的经典家训。其中一些警句，如"一粥一饭，当思来处不易；半丝半缕，恒念物力维艰""宜未雨而绸缪，毋临渴而掘井"等，在今天仍然具有教育意义。《朱子家训》以"修身""齐家"为宗旨，集儒家做人处世方法之大成，思想植根深厚，含义博大精深。

##  成语窗

**穿凿傅会**
生拉硬扯，牵强解释。

**深文傅会**
牵强而苛细地援引法律条文陷人以罪。

**训练有素**
素：平素，向来。平时一直有严格的训练。

**经验教训**
从多次实践中得到的知识或技能和从错误或挫折中得到的经验。

**意在言外**
语言的真正用意没有明白说出来，细细体会就知道。

**喜出望外**
望：希望。由于没有想到的好事而非常高兴。

**感同身受**
感：感激。身：亲身。心里很感激，就像自己亲身领受到一样。

**受制于人**
制：控制。被别人控制。

入奉母仪

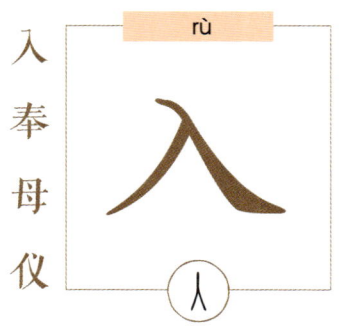

rù

| 甲骨文 | 金文 | 篆文 | 隶书 | 楷书 | 行书 | 草书 | 标准宋体 |
|---|---|---|---|---|---|---|---|
| 入 | 入 | 入 | 入 | 入 | 入 | 入 | 入 |

### 解字堂

"入"是象形字。甲骨文像盒盖向下，表示收存物品，加盖封藏。金文承续甲骨文字形。有的金文形似屋"宀"。篆文承续金文字形。隶书有所变形。

《说文解字》："入，内也。象从上俱下也。""入"就是进到内部。字形像东西一齐从上面落下的样子。

"入"的本义是收存物品，加盖封藏。本义只见于古文中。如《论积贮疏》："岁恶不入，请卖爵子。"意思是，年岁不好，粮食收成不佳，卖爵级又卖孩子。

作为动词，"入"引申为契合、投合、吻合、相一致。如《淮南子·主术》："譬犹方员之不相盖，曲直之不相入。"意思是，这就好像方圆不能相合、曲直不能相一致。现代汉语中也有这种用法，如入流、入时、入情。还引申为进到某个空间。如《史记·项羽本纪》："项伯即入见沛公。"意思是项伯立即进来见刘邦。这种用法在现代汉语中也常用，如入仓、入乡随俗、入讯。

此外，"入"还可以引申为进到某个组织或状态。如《论语·先进》："由也升堂矣，未入于室也。"意思是仲由嘛也可以说是升堂了，只是尚未入室罢了。现代汉语中表示此义的，如入党、入睡、由浅入深。又引申为进到某个时间或时段，如入春、入伏、入学。

### 名言馆

他人入室。
　　·《诗·唐风·山有枢》

岁恶不入，请卖爵子。
　　·（汉）贾谊《论积贮疏》

曲直之不相入。
　　·《淮南子·主术》

随风潜入夜，润物细无声。
　　·（唐）杜甫《春夜喜雨》

谜语答案　受　外

入奉母仪

| 甲骨文 | 金文 | 篆文 | 隶书 | 楷书 | 行书 | 草书 | 标准宋体 |
|---|---|---|---|---|---|---|---|

## 名言馆

藏繦百万，春以奉耕，夏以奉芸。
·《管子·国蓄》

项伯即入见沛公，沛公奉卮酒为寿，约为婚姻。
·《史记·项羽本纪》

奉帚平明金殿开，且将团扇共徘徊。
·（唐）王昌龄《长信怨》

## 解字堂

"奉"是形声字。"丰"，既是声旁也是形旁，表示封地边界的茂盛植物。"奉"，金文由上半部（丰，茂盛植物）和下半部（双手）组成，表示手持丰茂植物。篆文再加"手"，强调恭敬持举。隶书将篆文简化。当"奉"的"恭敬持举"本义消失后，篆文再加"手"另造"捧"代替。

《说文解字》："奉，承也。""奉"的意思是敬承。

"奉"的本义是双手恭敬持举丰茂植物，祭拜土神，以求种植丰收，只见于古文中。如《左传》："社稷无常奉，君臣无常位，自古以然。"意思是国家没有固定的奉祀人，君臣之间也没有固定的位置，自古以来就是这样的。

作为动词，"奉"引申为恭敬地持举。该义项后由"捧"代替。如《礼记·檀弓下》："黔敖左奉食，右执饮。"还引申为敬献、敬呈、献给、送给。如《六国论》："奉之弥繁，侵之愈急。"现代汉语中也常用此义，如奉送、奉托、奉献。又引申为恭敬地接受。如《出师表》："受任于败军之际，奉命于危难之间。"现代汉语使用此义的，如奉承、奉令、奉命。又引申为拥戴、尊崇、讨好。如《儒林外史》："晚生只是个直言，并不肯阿谀趋奉。"又引申为侍候、供养、为之效劳。如《老子》："人之道则不然，损不足以奉有余。"现代汉语中，如奉养、奉公守法、侍奉。

作为副词，"奉"引申为恭敬地、荣耀地。如《桃花扇·访翠》："既蒙不弃，择定吉期，贱妾就要奉攀了。""奉攀"就是高攀的意思。如我们现在所说的奉还、奉劝、奉陪。

作为名词，"奉"引申为厚遇、用度、给养。该义项后由"俸"代替。如《孟子·告子上》："向为身死而不受。今为妻妾之奉为之。"

入奉母仪

mǔ

母

| 甲骨文 | 金文 | 篆文 | 隶书 | 楷书 | 行书 | 草书 | 标准宋体 |
|---|---|---|---|---|---|---|---|
| 𠂉 | 𠂉 | 𠂉 | 母 | 母 | 母 | 㘇 | 母 |

## 解字堂

"母"是象形字。其甲骨文的字形就像一个侧身低头,双手收起,屈膝下跪的妇女,此姿势充分体现了女子的温柔顺从。在"女"字中间(胸前)的两点实为指事符号,这两点表明女子袒胸露乳,看上去就像是一个正在给孩子哺奶的母亲。但是,甲骨文时期,"母"字并非专指"母亲"。"母"也指各代君主对母辈的通称,不管是亲生还是姑婶关系,皆称为母。"母"字的金文与甲骨文形体相似。金文、篆文承续甲骨文字形。隶书有所变形。

《说文解字》:"母,牧也。从女,象怀子形。一曰象乳子也。"在这里,许慎将"母"训释为"养育、哺育",字形象女子怀孕的具体形象。

"母"的本义为婴儿的生育、哺乳者。如《石壕吏》:"有孙母未去。"意思是因为有孙子在,他母亲还没有离去。现代汉语中仍沿用"母"的本义,如母爱、母亲、母性。作为名词,"母"引申为事物的本源。如《老子》:"天下有始,以为天下母。"意思是天地万物本身都有起始,这个始作为天地万物的根源。现代汉语中表示此义的,如母校、母语、字母。还引申为亲族中的长辈女性,如伯母、姑母、祖母。

作为形容词,"母"引申为雌性的。如母畜、母牛、母老虎。

## 名言馆

坤为母。晋,受兹介福,于其王母。

·《易·说卦》

生曰父曰母,死曰考曰妣。

·《礼记·曲礼》

慈母手中线,游子身上衣。

·(唐)孟郊《游子吟》

入奉母仪

| 甲骨文 | 金文 | 篆文 | 隶书 | 楷书 | 行书 | 草书 | 标准宋体 |
|---|---|---|---|---|---|---|---|
|  | 義 | 儀 | 儀 | 儀 | 儀 | 俤 | 仪 |

## 名言馆

仪之于民，而度之于群生。
·《国语·周语下》

望三五以为像兮，指彭咸以为仪。
·《楚辞·哀郢》

故诸夏之国，同服同仪。
·《荀子·正论》

## 解字堂

"儀"是形声字。"義"是"儀"的本字。"義"，甲骨文由上半部 ❀（羊，祥，吉兆）和下半部 戈（我，武器，代表战争）组成，表示吉兆之战。金文承续甲骨文字形。当"義"的"仪式"本义消失后，篆文再加"人"另造"儀"代替，表示程式庄严的典礼。简化后写作"仪"。

《说文解字》："仪，度也。"意思是法度、准则的意思。如《墨子·天志》："置此以为法，立此以为仪，将以量度天下之王公大人、卿大夫之仁与不仁，譬之犹分黑白也。"意思是所以把《天志》设为法则，立为标准，拿它来量度天下王公大人、卿大夫的仁与不仁，就好像分别黑白一样明白。今有仪轨、仪则。

"仪"的本义是按程序进行的、有象征意义的场面、程序。现代汉语中依然沿用这一本义，如仪式、仪仗队、礼仪。

作为名词，"仪"引申为正规的着装、整装过的外表。如《诗·大雅》："令仪令色，小心翼翼。"意思是好的仪容，举止得体，面带微笑，凡事小心谨慎。现代汉语中表示此义的，如仪表、仪容、仪态。还引申为典范、表率。《荀子》："主者，民之唱也；上者，下之仪也。"君主，好比是民众的领唱；帝王，好比是臣下的标杆。在现代汉语中，"仪范"一词就是这个用法。又引申为按一定程序操作的设备，如仪表、仪器、地动仪。

作为动词，"仪"引申为倾心、羡慕。如心仪。

# 温故知新

##  四字通解

入母奉仪，意思是在家里要遵守母亲的规范。这两句话是谈教育的原则，要将师教与家教结合起来。在外面要接受老师的训诲，在家中要奉持母亲的规范。古代的规矩是，父亲在外做事，挣钱养家，所以常年不在家，只有到了年底放长假的时候才回来。小孩子在家里的教育，主要由母亲负责，所以女人的主要职责就是相夫教子。小孩子自降生至三岁以前，接触最多的就是母亲，母亲的一言一行、一举一动都是小孩子模仿和学习的样板，所以中国自古以来就重视母仪母教。世上先有孟母，然后才有孟子；周有三太即太姜、太任、太姒，才有文王、武王、周公，才有周朝八百年的天下。"母仪"是母亲的举止仪表，母亲在子女面前的言行举止不可不谨慎。教育必须是老师与家长联合起来，有些话只能老师说，有些话又非家长讲不可。家教与师教像人的两条腿一样缺一不可，所以《三字经》上说："养不教，父之过；教不严，师之惰。"现代人将对子女的教育完全推给学校、推给社会，这种思想是不可取的。

## 猜谜语

三人少一份。
（打一字）

人须有义。
（打一字）

##  故事厅

### 孟母三迁

孟子小的时候非常调皮，他的妈妈为了让他接受好的教育，花了好多的心血。有一次，他们住在墓地旁边。孟子就和邻居的小孩一起学着大人跪拜、哭号的样子，玩起办理丧事的游戏。孟子的妈妈看到了，就皱起眉头："不行！我不能让我的孩子住在这里了！"孟子的妈妈就带着孟子搬到市集旁边去住。到了市集，孟子又和邻居的小孩，学起商人做生意的样子。一会儿鞠躬欢迎客人，一会儿招待客人，一会儿和客人讨价还价，表演得像极了！孟子的妈妈知道后，又搬到学校附近。孟子开始变得守秩序、懂礼貌、喜欢读书。后来，大家就用"孟母三迁"来表示人应该要接近好的人、事、物，才能学习到好的习惯。

### 不入虎穴焉得虎子

班超出使西域，一开始得到鄯善王的款待。但过了几天，匈奴也派使者来和鄯善王联络感情，鄯善王热情款待他们。匈奴人在主人面前，说了东汉许多坏话。鄯善王顿时黯然神伤，心绪不安。第二天，他拒不接见班超，态度十分冷淡。他甚至派兵监视班超。班超立刻召集大家商量对策。班超说："只有除掉匈奴使者才能消除主人的疑虑，两国和好。"可是班超他们人马不多，而匈奴兵强马壮，防守又严密。班超说："不入虎穴，焉得虎子！"这天深夜，班超带了士兵潜到匈奴营地。他们兵分两路，一路拿着战鼓躲在营地后面，一路手执弓箭刀枪埋伏在营地两旁。他们一面放火烧帐篷，一面击鼓呐喊。匈奴人大乱，结果全被大火烧死，乱箭射死。鄯善王也就和班超言归于好。

##  知识角

### 仪仗队

仪仗队是军队中执行礼仪任务的分队。由陆海空三军人员共同组成或由某一军种人员单独组成,执行任务时,配有军乐队,象征着国家或军队的最高礼仪。中国人民解放军陆海空三军仪仗队,隶属于北京卫戍部队,它与军乐队、礼炮队共同承担不同规格的司礼任务。三军仪仗队的任务通常分为3种规格:最大阵容由151人组成,队长一名,副旗手两名,队员147名,用来迎接外国首脑;第二种规格是由127人组成的陆海空三军仪仗队,用来迎接外国军队的高级将领;第三种规格是由101人组成的单军种仪仗队,用来迎接外国军队的单军种司令。此外,仪仗队还担负着外国领导人向天安门广场人民纪念碑献花圈、重大活动升旗的仪仗任务。

### 母亲节

母亲节,是一个感谢母亲的节日。这个节日的传统起源于古希腊;而现代的母亲节起源于美国,是每年5月的第二个星期日。母亲们在这一天通常会收到礼物,康乃馨被视为献给母亲的花,而中国的母亲花是萱草花,又叫忘忧草。人们在这一天除了孝敬自己的生身母亲之外,还会以慈善募捐、志愿服务的方式向更多的母亲回报亲情。20世纪末,随着中国与国际的日益接轨,母亲节这一节日在中国大陆各地日益推广开来,越来越多的人开始接受母亲节概念。2006年12月,中国民协节徽文化委员会等组织将农历的四月初二,也就是孟母生孟子这一天定为中华母亲节。

##  成语窗

**入木三分**
形容书法笔力道劲,也比喻见解、议论深刻、确切。唐朝张怀瓘《书断》说,东晋书法家王羲之在木板上写字,刻字的人发现字迹的墨汁透入木板有三分深。

**登堂入室**
堂、室:古代宫室,前面是堂,后面是室。登上厅堂,进入内室。比喻学问或技能从浅到深,达到很高的水平。

**母慈子孝**
子:孩子。母亲慈祥爱子,子女孝顺父母,是封建社会所提倡的道德风范。

**升堂拜母**
升:登上;堂:古代指宫室的前屋。拜见对方的母亲。指互相结拜为友好人家。

**奉公守法**
奉:奉行。公:公务。奉公行事,遵守法令。形容办事守规矩。

**奉为神明**
奉:信奉。神明:神灵的总称。像对待神灵那样崇奉。形容对某人或事物极其尊重。

**仪态万千**
仪态:姿态、容貌。形容容貌、姿态各方面都很美。

**礼仪之邦**
礼仪:礼节和仪式。邦:国家。指讲究礼节和仪式的国家。中国素有"礼仪之邦"之称。

诸姑伯叔

zhū

| 甲骨文 | 金文 | 篆文 | 隶书 | 楷书 | 行书 | 草书 | 标准宋体 |
|---|---|---|---|---|---|---|---|
| | | | 諸 | 諸 | 诸 | 诸 | 诸 |

## 解字堂

"诸"是形声字。"者"是"煮"和"诸"的本字。甲骨文的"者"由木柴着火的象形字（表火星喷溅）和"火"组合而成，表示古代部落燃烧篝火，用以煮食，聚众社交。金文的"者"将甲骨文的"者"底部的"火"写成"曰"（表言说），强调部落成员围绕火堆漫谈交流。篆文的"者"将金文的"曰"写成"白"（表说清楚），进一步强调"者"的"言说"主题。当"者"的"生火煮食"本义消失后，再加"火"另造"煮"代替；当"者"的"聚火而谈"含义消失后，篆文的"者"再加"言"另造"諸"代替。简化后写作"诸"。

《说文解字》："诸，辩也。""诸"的本义是辩，问辩的意思，作动词。

"诸"的本义是古代部落生火煮食，聚众漫谈。现"诸"的本义已经消失。"诸"还有引申义，用作动词表示向众人询问，如"穷研细诸问，岂得信虚辞"。"诸"作形容词，表示众多、各，现多用作书面语，如"诸位"等。作为代词的"诸"与其他词组合而成的混合词，多见于古文中，其意义相当于"之于"，如"君子求诸己"；"之乎"，如"虽有粟，吾得而食诸？"。

"诸"还能表示语气，作语气词，表示感叹语气。如《诗·邶风·日月》："日居月诸。"这个用法在现代汉语中几乎不用。而成语"诸如此类"，意思是像这一类有不少，也表示其他以此类推。

## 名言馆

告诸往而知来者。

·《论语·学而》

诸郡县苦秦吏。

·《史记·陈涉世家》

诸诸便便，辩也。

·《尔雅》

诸恶莫作，诸善奉行。

·《大般涅槃经》

诸越则桃李冬实。

·（宋）沈括《梦溪笔谈》

谜语答案　奉仪

诸姑伯叔

| 甲骨文 | 金文 | 篆文 | 隶书 | 楷书 | 行书 | 草书 | 标准宋体 |
|---|---|---|---|---|---|---|---|
|  | 姑 | 姑 | 姑 | 姑 | 姑 | 姑 | 姑 |

## 名言馆

却与小姑别，泪落连珠子。
· 汉乐府《古诗为焦仲卿妻作》

麻姑垂两鬓，一半已成霜。
· （唐）李白《短歌行》

姑苏城外寒山寺，夜半钟声到客船。
· （唐）张继《枫桥夜泊》

未谙姑食性，先遣小姑尝。
· （唐）王建《新嫁娘三首》其三

## 解字堂

"姑"是形声字。金文的"姑"是由"古"（表示老）加上"女"组合而成。也有金文的"姑"调整了字形的结构顺序。篆文的"姑"承续了金文字形。隶书"姑"承续了篆文字形。楷书写作"姑"。

《说文解字》："姑，夫母也。从女，古声。"意思就是说，"姑"表示丈夫的母亲。

"姑"的本义是年长的女性、婆婆，即丈夫的母亲。如"既而将诉于舅姑；舅姑爱其子，不能御"中的"舅姑"指的就是公婆。"姑"在辈分上还表示丈夫的姐妹，如"新妇初来时，小姑始扶床"中"小姑"就指丈夫的妹妹；此外，"姑"同时也表示父亲的姐妹，如"问我诸姑"的"姑"指的就是姑母、姑姑等人。后来，随着时间的推移，"姑"作名词时除了辈分之称外，也表示年轻女子的统称，如姑娘。用作动词，"姑"表示宽容，如"君子爱人也以德，细人之爱人也以姑息"中的"姑息"就有宽恕之意。"姑"用作副词，有暂且之意，但是该意多用于古文之中或现代文的书面语，如"姑且""姑妄听之"。

## 诸姑伯叔

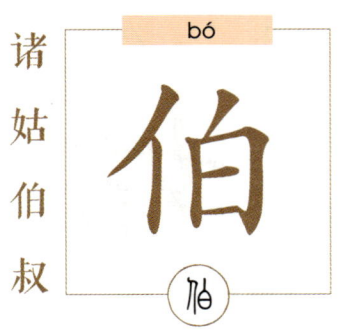

bó

| 甲骨文 | 金文 | 篆文 | 隶书 | 楷书 | 行书 | 草书 | 标准宋体 |
|---|---|---|---|---|---|---|---|
| 𠂤 | 𠂤 | 伯 | 伯 | 伯 | 伯 | 伯 | 伯 |

### 解字堂

"伯"是形声字。甲骨文的"伯"是由"白"（表示明了的）加上"人"组合而成，表示明白事理的人。也有甲骨文的"伯"调整了其字形的左右结构。金文、篆文的"伯"都承续了甲骨文的字形。楷书写作"伯"。

《说文解字》："伯，长也。"也就是说，"伯"，表示年长之人。古人称见多识广的部族首领为"伯"；称调解裁断的德高望重者为"仲"；称祭祀降神的男子为"叔"。

"伯"的本义是见多识广、明于事理、能说会道的族长，如"五官之长曰伯"。由此，"伯"引申为对年长男性的尊称，如伯伯、伯父等。

"伯"还引申为古代五等爵位（公、侯、伯、子、爵）的第三等，如"秦伯素服郊次"，意思是秦穆公身着白色丧服在郊外。还引申为女子对丈夫的尊称，如"自伯之东，首如飞蓬"，意思是自从丈夫东征以来，我的头发便散乱得像一丛飞蓬。

"伯"还作姓氏，如伯余（黄帝的臣子。古代传说最初制造衣裳的人）。

### 名言馆

日暮伯劳飞，风吹乌桕树。
· 南朝乐府《西洲曲》

伯仲之间见伊吕，指挥若定失萧曹。
·（唐）杜甫《咏怀古迹五首》其五

何似伯鸾携德耀，箪瓢未足清欢足。
·（宋）苏轼《满江红》

出师一表真名世，千载谁堪伯仲间？
·（宋）陆游《书愤五首》其一

诸姑伯叔

| 甲骨文 | 金文 | 篆文 | 隶书 | 楷书 | 行书 | 草书 | 标准字体 |
|---|---|---|---|---|---|---|---|
| | | | | | | | 叔 |

### 名言馆

同姓小邦，则曰叔父；异姓小邦，则曰叔舅。
·《仪礼·觐礼》

父之兄弟后生为叔父，父之弟妻为叔母。又夫之弟为叔。
·《尔雅》

皆叔世也。
·《汉书·刑法志》

然所遇之时，实是叔世。
·《晋书·刘颂传》

### 解字堂

"叔"是会意兼形声字。在现存的甲骨文中，原本并没有"叔"字。"叔"字最早源于金文。其字形的左部代表豆，"十"代表豆科植物的茎与枝，"丿"代表枝茎上的豆荚；右部是"又"，代表手。总体来看，"叔"字是指"用手拾起散落在地上的豆粒"。其本义是"拾""拾取"。《说文解字》："叔，拾也。从又。汝南名收芋为叔。"在《诗经》中，就有"八月断壶，九月叔苴"的诗句，便是指"八月摘葫芦，九月拾麻子"。其中，"叔"就是指"拾"。

在许慎看来，"叔"字不仅可以表示"拾"，而且还有"收芋"的意思。对于他这种观点，许多学者表示赞同。在其本义的基础上，"叔"又被引申为现在所说的"豆子"。此后人们逐渐用"叔"字等指兄弟排行中的年少者。按照古代的长幼顺序，兄弟排行往往是按照年龄大小的顺序来排列的。兄弟之间一般用"伯、仲、叔、季"或"孟、仲、叔、季"来表示，其中，"叔"排在第三位，属于年龄较小者。在指代"豆"时，"叔"与"菽"意义相同。

发展到现代，人们已经很少了解，更很少使用"叔"字的本义了。在更多的场合，主要还是用"叔"字来指代兄弟间的排行，而且多半是特指兄弟中年龄较小的。

# 温故知新

 四字通解

诸姑伯叔，意思是像姑姑、伯伯、叔叔等这类的长辈，对待他们，要像对待自己的父母一样。这是对孝道的第一圈拓展，将爱心扩展到自己的家人。人非圣贤，不可能一步就做到大公无私。怎么办呢？就要一点一点来。孟子说，分成三步来走：第一步"亲亲"，先关心自己的家人，先从有血缘关系的亲人做起。把钱财施舍给外人舍不得，帮助自己的亲人总应该可以了。第二步"仁民"，关心同类人，我们都是人，是同类，应该互相帮助。第三步"爱物"，爱护众生，爱护这个生态环境，所谓的"天同覆，地同载"。孔子说过，对父母尽孝是小孝，是孝之始；能够爱天下人、爱万物才是大孝，是孝之终。孟子也说过，"老吾老以及人之老，幼吾幼以及人之幼"。将自己的爱心拓展开来，就是贤人，就是菩萨。一步就做到"众生平等"当然好，如果一下子做不到，就要一步一步来，欲速则不达。林则徐"十无益"中的第一条就是"父母不孝，奉神无益"。父母是世间的两尊活佛，兄弟姐妹、妻子儿女，都是助人成道的活菩萨，是大护法。父母和亲人是这个世界上最值得我们去爱的人。

## 猜谜语

一家之言。
（打一字）

千里挑一，百里挑一。
（打一字）

 故事厅

### 姑息养奸

"姑息"始见于《礼记·檀弓上》："君子之爱人也以德，细人之爱人也以姑息。"这是春秋末年，孔子弟子曾参病危时候说的话。

曾子，名参，字子与，春秋末鲁国南武城（现在山东费县）人。曾参病危时，他儿子曾元、曾申守护在旁。有一个小孩见曾子病榻上的席子好看，就说，这个席子好看极了。曾参听见后就命令儿子把席子换掉。曾元说父亲病重，行动不便，等病好了再换也不迟。曾子说："君子爱人在于德，普通人才只顾眼前一点利益，过分宽容也会助长坏事，况且我用这个席子也不合乎《周礼》，如果你们爱我，就应当给我换掉。"后来，"姑息"用来比喻无原则地宽容坏人坏事。

### 高山流水

伯牙和钟子期是一对很要好的朋友，伯牙最擅长的事情就是弹琴，而他的好友钟子期则擅长倾听他优美的琴声。伯牙弹琴的时候心里想到高山，钟子期就能听出泰山的屹立不倒；伯牙弹琴的时候心里想着潺潺的流水，钟子期就能听出流水潺潺。伯牙心里所想的一切都从琴音里传达给钟子期。

两人因为在艺术上有着互相欣赏的能力和共同的爱好追求，逐渐成为好朋友，结为了生死之交。后来钟子期因病去世，伯牙再也没有弹过琴。

诸姑伯叔

 知识角

### 诸子百家

春秋战国时期是一个风云变幻的时代，王权衰微，诸侯争霸，面对这样的社会现象，诸多思想家对人生、政治等问题提出自己的看法和主张，于是各种思想、学说纷纷涌现，形成了"诸子百家"争鸣的局面。

诸子百家，是对春秋、战国、秦汉时期各种学术派别的总称，据《汉书·艺文志》记载，数得上名字的一共有189家，4324篇著作。其后的《隋书·经籍志》《四库全书总目》等书则记载"诸子百家"实有上千家。诸子百家流传最为广泛的是法家、道家、儒家、阴阳家、名家、墨家、杂家、农家、小说家、纵横家。

### 姑苏的由来

据说大禹在太湖治水，有两名得力的助手，一位叫"胥"，是舜的农业大臣弃的儿子；另一位叫"冥"，是舜的民政大臣契的儿子。冥在治水工程中不幸殉职了，胥则在水灾弭平后，被尊为"水平王"。想来是洪水退后，需要得力干部领导灾民重建家园，胥是高干子弟，又经历了这次抗洪考验，于是被任命为当地部落首领。此后这一地区就以胥为名，称"姑胥"。"姑"的发音为辅音g，这是当地土语的发声词，无意义，常作专用名词的前缀词。姑胥，《国语》《史记》皆作"姑苏"，有人认为是"后世转音"。还有人认为"苏"的原字（蘇）含"鱼""禾"，表明此地是鱼米之乡，这都不准确。姑胥又作姑苏，是因为古代吴、楚"胥""苏"同音，如《左传》所称的楚国大臣申包胥，《战国策》作"勃苏"，就是例证。现在苏州人仍把"髭须"叫作"租苏"，也是古语的遗留。

 成语窗

### 诸如此类
诸：众多。此：这，这样。像这类的各种事物。

### 诸子百家
原指先秦时期各种思想的代表人物和各个派别，后用来对先秦至汉初各种流派的总称。

### 姑妄听之
姑：暂且。妄：随便，胡乱。姑且随便听听，不一定就相信。

### 将废姑兴
废：废弃。姑：姑且。兴：振兴。想要废弃，姑且先振兴。

### 伯乐相马
伯乐：相传为秦穆公时的人，姓孙名阳，善相马。指个人或集体发现、推荐、培养和使用人才的人。

### 五侯九伯
五侯：公、侯、伯、子、男五等诸侯。九伯：九州之长。泛指天下诸侯。

### 伯仲叔季
兄弟排行的次序，伯是老大，仲是第二，叔是第三，季是最小的。

### 叔度陂湖
叔度：东汉名士黄宪的字。比喻人度量宽大。

犹子比儿

yóu

| 甲骨文 | 金文 | 篆文 | 隶书 | 楷书 | 行书 | 草书 | 标准宋体 |
|---|---|---|---|---|---|---|---|
| | | | | | | | 犹 |

## 解字堂

"猶"是形声字。甲骨文的"猶"由"酉"加上"犬"组合而成。金文的"犹"误将表示酒坛的"酉"写成"酋"。篆文的"猶"调整了金文的左右结构顺序。隶变之后，楷书写作"猶"。简化后写作"犹"。

《说文解字》："犹，玃属。从犬，酋声。一曰陇西谓犬子为猷。"

"犹"有"相似"之意，如"犹鱼之有水也"指的是就像鱼遇到水一样。当"犹"用作副词，其意表示仍、还，如犹且、犹尚。

现代汉语中"犹豫"一词为联绵词，表示拿不定主意。

## 名言馆

豫兮若冬涉川，犹兮若畏四邻。

·《老子》

心犹豫而狐疑。

·《楚辞·离骚》

丈夫志四海，万里犹比邻。

·（三国）曹植《赠白马王彪诗》

古之圣人，其出人也远矣，犹且从师而问焉。

·（唐）韩愈《师说》

沉恨细思，不如桃杏，犹解嫁东风。

·（宋）张先《一丛花》

谜语答案　诸　伯　姑

犹子比儿

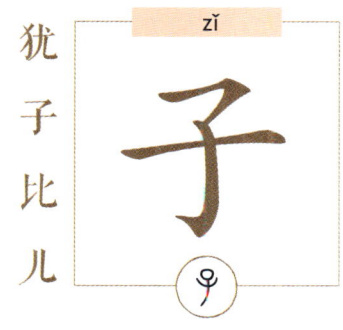

| 甲骨文 | 金文 | 篆文 | 隶书 | 楷书 | 行书 | 草书 | 标准字体 |
|---|---|---|---|---|---|---|---|
|  |  |  | 子 | 子 | 子 | 子 | 子 |

## 名言馆

子墨子闻之。
·《墨子·公输》

君君，臣臣，父父，子子。
·《论语·颜渊》

圣王之子也，有天下之后也，执籍之所在也，天下之宗室也。
·《荀子·正论》

## 解字堂

"子"是象形字。甲骨文的"子"像一幅幼儿的线描，画出了幼儿的脑袋、头发、双脚。有的甲骨文的"子"简化了字形，像幼儿两脚被裹在襁褓里，露出脑袋，挥动着双臂。金文的"子"承续了甲骨文的字形。隶书的"子"淡化了篆文字形"子"中襁褓婴儿的两手形象。楷书写作"子"。

《说文解字》："子，十一月，阳气动，万物滋，人以为称。象形。凡子之属皆从子。古文子，从巛，象发也。籀文子，囟有发，臂胫在几上也。"许慎在这里说明，在十二地支之中，"子"代表十一月，这时阳气发动，万物滋生，人假借"子"作称呼。字形象幼儿的形象。所有与子相关的字，都采用"子"作偏旁。

"子"的本义是挥动两臂、尚不能独立活动的幼儿。"子"还有引申义，泛指"人"，后特指"男孩"，如纨子、爱子等。除此之外，与"伯"一样，"子"也指爵位。作为名词，"子"还引申为幼小的种或苗，如子姜等。由此引为"形体小的物体"，如子弹等。

用作序数词，"子"表示地支第一位，与天干配合纪时。如"子时"、"太岁在子曰困敦"。用作名词，"子"表示名词后缀，表示形体小，通常与单音节的字构成双音节的词，起双音节化的作用，如鼻子、尺子等。

犹子比儿

bǐ

| 甲骨文 | 金文 | 篆文 | 隶书 | 楷书 | 行书 | 草书 | 标准宋体 |
|---|---|---|---|---|---|---|---|
| 𠨍 | 𠤎 | 𠂉 | 比 | 比 | 比 | 比 | 比 |

### 解字堂

　　"比"是会意字。甲骨文的"比"与"从"相似，像是两个"人"并肩而立。金文、篆文承续了甲骨文字形。隶书的"比"变化较大，将篆文的"人"写成"匕"。楷书写作"比"。

　　《说文解字》："比，密也。二人为从，反从为比。"意思是说，比指相从密切。两人相随构成"从"字，反写"从"字遂成"比"。

　　"比"的本义是两人并肩挨着表示并列。如王勃《送杜少府之任蜀州》："海内存知己，天涯若比邻。"意思是四海之内有知心朋友，即使远在天边也好像近在眼前。现代汉语中如"比肩而立""比肩接踵"中的"比"就是这种意思。

　　"比"还有引申义，表示两相较量，如"与天地兮比寿，与日月兮齐光"中"比"就有相比较之意。用作动词，"比"表示用连续的动作表达（口语）。如"比画"指的就是用手的动作表示想说之意。

### 名言馆

君子周而不比，小人比而不周。
　　　　　　　　·《论语·为政》

子比而同之，是乱天下也。
　　　　　　　　·《孟子·滕文公上》

与天地兮比寿，与日月兮齐光。
　　　　　　　　·《楚辞·九章·涉江》

海内存知己，天涯若比邻。
　　　　　·（唐）王勃《送杜少府之任蜀州》

比上不足，比下有余。
　　　　　　　·（宋）释道藏《释氏要览》

## ér 儿

犹子比儿

| 甲骨文 | 金文 | 篆文 | 隶书 | 楷书 | 行书 | 草书 | 标准宋体 |
|---|---|---|---|---|---|---|---|
| | | | | 兒 | 兒 | 児 | 儿 |

## 名言馆

外黄令舍人儿年十三。
　　　　　·《汉书·项籍传》

儿，子也。
　　　　　·《广雅》

惟愿孩儿愚且鲁，无灾无难到公卿。
　　　　　·（宋）苏轼《洗儿诗》

大儿锄豆溪东，中儿正织鸡笼。
　　　　　·（宋）辛弃疾《清平乐·村居》

## 解字堂

"兒"是象形字。"兒"的甲骨文字形由上半部（只长出两颗门牙的嘴巴）和下半部（人）组成，表示刚长门牙的小孩。金文承续甲骨文字形。有的金文将甲骨文中的门齿写成臼齿形状，进一步明确"兒"的"长牙换齿"年龄特征。篆文承续金文字形。隶定后楷书写作"兒"。简化后写作"儿"。

《说文解字》："儿，孺子也。从儿，象小儿头囟未合。""儿"的本义是幼子。字形采用"儿"作偏旁，像小孩的头盖骨没有密合的样子。

"儿"的本义是长牙换齿阶段的人，即幼孩。如《回乡偶书》："儿童相见不相识。"意思是家乡的小孩子见到作者都不认识。作为名词，"儿"引申为父母对子女的称呼。如《汉书·张汤传》："汤为儿守舍。"意思是张汤作为儿子守护家舍。现代汉语中听说的"儿女""儿子""妻儿老小"等词都是这个意思。"儿"又引申为年轻的人（多指青年男子），如男儿、健儿、儿女英雄。

"儿"还可以作后缀，或表示小或表示词性变化或表示具体事物抽象化。如花儿、孩儿。

## 温故知新

###  四字通解

犹子比儿，意思是对待自己的侄儿、侄女要像爱护自己的孩子一样，没有区别。"犹子"，犹如自己的儿子。《礼记·檀弓》："兄弟之子，犹子也。"显然就是指侄子。"孝"是中国古代统治阶级维护封建统治的重要工具，也是"仁"得以施行的基础，"孝弟也者，其为仁之本与"。孝顺父母、敬爱兄长是"仁"的根本。君子专心致力于根本的事务，根本建立了，治国做人的原则也就有了，天下也就太平了。《孟子·离娄上》说："人人亲其亲，长其长，而天下平。"只要人人各自亲爱自己的双亲，各自尊敬自己的长辈，那么，天下自然就可以太平了。"天下之本在国，国之本在家，家之本在身"，后来《大学》提出的"修身、齐家、治国、平天下"就是根据孟子的这种思想发展而来的。

###  故事厅

**过犹不及**

语出《论语·先进篇》："子贡问：'师与商也孰贤？'子曰：'师也过，商也不及。'曰：'然则师愈与？'子曰：'过犹不及。'"子贡问孔子，子张和子夏两个人，哪一个更优秀？子张是颛孙师，子夏是卜商，两人都是孔门高足。子贡便向孔子询问他们两人哪一个更优秀些。孔子说子张聪明过头了，子夏不及，子贡不大明白。以为孔子是在说子张胜过子夏，孔子告诉他"过犹不及"。

这里所谓的"过"，不是"过错"的过，而是"过分"的过。过分了就难免偏差，而"不及"是有些人懒得用心，对一个问题，想"大概就是这样"，觉得差不多就停下来了，这就是"不及"的。不及就是不够标准，过则超过了标准，两者都是偏差。

**子虚乌有**

出自汉司马相如《子虚赋》。指假设的、不存在的、不真实的事情。西汉时期，司马相如写的《子虚赋》深得汉武帝的喜爱。此赋写楚国的子虚先生出使齐国，齐王率全国游猎能手陪同子虚外出打猎，子虚竭力向陪同的乌有先生吹嘘楚王的游猎盛况，极力铺排楚国之广大丰饶，以至云梦不过是其后花园之小小一角。乌有不服，便以齐国之大海名山、异方殊类，傲视子虚。其主要意义是通过这种夸张声势的描写，表现了汉代王朝的强大声势和雄伟气魄。

### 猜谜语

忧心何用揿指端。
（打一字）

一月二日到昆明。
（打一字）

一走了之。
（打一字）

 ## 知识角

### 比翼鸟

比翼鸟又名鹣鹣、蛮蛮，是中国古代传说中的鸟名。此鸟仅一目一翼，雌雄须并翼飞行，故常比喻恩爱夫妻，亦比喻情深谊厚、形影不离的朋友。比翼鸟会飞行，但是需要靠着两只比翼鸟一起扇动翅膀飞行。左右各一只，身体紧紧地合在一起，在远处看就像是一只完整的巨鸟！正因如此，比翼鸟被看作是忠贞爱情的象征，特别是在古代，有很多关于比翼鸟的诗句："山川阻且远，别促会日长。愿为比翼鸟，施翮起高翔""在天愿作比翼鸟，在地愿为连理枝"。

### 比干

比干，子姓，名干，沫邑（今河南淇县）人，商代帝王文丁的次子，帝乙的弟弟，帝辛的叔叔，官少师（丞相）。20岁就以太师高位辅佐商王帝乙，又受托孤辅佐帝辛（殷纣王）。从政40多年，主张鼓励发展农牧业生产，提倡冶炼铸造，富国强兵。终年（公元前1063年）63岁。比干是帝辛的叔叔，也称王叔比干，是殷商王室的重臣，辅佐殷商两代帝王，忠君爱国，为民请命，敢于直言劝谏，被称为"亘古忠臣"。

 ## 成语窗

### 记忆犹新
犹：还。过去的事，至今印象还非常清楚，就像刚才发生的一样。

### 过犹不及
过：过分。犹：像。不及：达不到。事情做得过头，就跟做得不够一样，都是不合适的。

### 望子成龙
望：盼望。希望自己的子女能在学业和事业上有成就。

### 赤子之心
赤子：初生的婴儿。比喻人心地纯洁善良。

### 鳞次栉比
栉：梳篦的总称。像鱼鳞和梳子齿那样有次序地排列着。多用来形容房屋或船只等排列得很密很整齐。

### 接踵比肩
踵：脚后跟。脚跟相接，肩膀相碰。形容人很多，相继不断。

### 孤儿寡母
指男子死后遗留的孩子和妇女。

### 儿女情长
指过分看重爱情。

孔怀兄弟

kǒng

| 甲骨文 | 金文 | 篆文 | 隶书 | 楷书 | 行书 | 草书 | 标准宋体 |
|---|---|---|---|---|---|---|---|
|  | 𤔔 | 孔 | 孔 | 孔 | 孔 | 孔 | 孔 |

## 解字堂

"孔"是指事字。金文"孔"是在"子"的头部加了一道弧线指事符号，代表扎束成辫的头发。篆文"孔"则将金文的发辫写成"乙"，并与头部分离。隶书"孔"将篆文"子"头上的"头颅"同圆形写成三角形。楷书"孔"将隶书的线条更加细化，至此"子"字的"头颅"形象变得隐约模糊。

《说文解字》："孔，通也。从乚，从子。乚，请子之候鸟也。乚至而得子，嘉美之也。古人名嘉字子孔。"也就是说，乙鸟到，祈求者就会得到子女，使生活嘉美。

"孔"的本义是指小儿头角上有孔。但是随着时间的推移，"孔"的本义已经消失了。"孔"的引申义较多，有从本义名词引申为形容词的，意为硕大的、有力的，如孔武有力。其次，还有引申为副词的，意为非常、很等意思，如《诗·豳风·东山》："其新孔嘉。"另外，"孔"的词性还引申出了量词，意为用于圆洞状物体，如双孔石桥。而相较于词性的引申，"孔"在借代引申上只有一个意义，即圆圈、圆洞，如《玉篇》："孔，窍也，空也。"

纵观"孔"的字形演变与字义引申，我们会发现古人把对美好生活的期望寄予到"孔"字的造字过程之中。现在看来，"孔"多表示圆圈、圆洞等，以及多用作姓氏，如古代圣贤孔子，就姓孔，名丘，字仲尼。但是，广义上来看，"孔"，通也，通者达也，于易卦为泰。此义仍然反映了古人造字的初心，故有"孔训通，故俗作空穴字多作孔。其实空者，窍也，作孔为叚借，嘉美之也"一说。

## 名言馆

力出一孔者，其国无敌。
·《管子·国蓄》

辟在西南，不当孔道。
·《汉书·西域传》

孔雀东南飞，五里一徘徊。
·汉乐府《古诗为焦仲卿妻作》

孔翠群翔，犀象竞驰。
·（晋）左思《吴都赋》

谜语答案　犹　比　子

## 孔怀兄弟

huái

怀

| 甲骨文 | 金文 | 篆文 | 隶书 | 楷书 | 行书 | 草书 | 标准宋体 |
|---|---|---|---|---|---|---|---|
|  | 褱 | 懷 | 懷 | 懷 | 懷 | 懷 | 怀 |

### 名言馆

长太息兮将上，心低回兮顾怀。
　　　　　　　　·《楚辞·九歌》

怀瑾握瑜兮，穷不知所示。
　　　　　　　·《楚辞·九章·怀沙》

望风怀想，能不依依。
　　　　　　　·（汉）李陵《答苏武书》

### 解字堂

"懷"是形声字。"褱"是"懷"的本字。古代"褱""懷"通用。"褱"，金文为"衣"（胸襟）加"眔"（流泪），表示将哭泣流泪的孩子抱在胸前，以示爱护与安慰。当"褱"作为单纯字件后，篆文"褱"再加"心"（慰藉），另造"懷"代替，强调父母将哭泣流泪的幼儿抱在胸前加以安慰。隶书"懷"将篆文的"心"改写成"忄"。楷书写作"懷"。简化后写作"怀"。

《说文解字》："懷，念思也。从心，褱声。"也就是说，"怀"表示人们内心的挂念。

"怀"的本义为将流泪的孩子抱于胸前，但此义已消失。"怀"从引申为名词有两种意义：其一为心意，如汉代司马迁的《报任安书》："仆怀欲陈之，而未有路。"其二为胸前，如出《韩非子·初见秦》："其父母怀衽之中。""怀"作动词，意为思念，又表示留恋，如《论语·里人》："君子怀德，小人怀土。"又如陶渊明的《归去来兮辞》："怀良辰以孤往。"

## 孔怀兄弟

xiōng

兄

| 甲骨文 | 金文 | 篆文 | 隶书 | 楷书 | 行书 | 草书 | 标准宋体 |
|---|---|---|---|---|---|---|---|
| 🯱 | 🯱 | 兄 | 兄 | 兄 | 兄 | 兄 | 兄 |

### 解字堂

"兄"是会意字。"兄"是"祝"的本字。古代"兄""祝"通用。甲骨文的"兄"上为"口",下为匍伏的"人",表示祝祷之意。金文、篆文的"兄"承续了甲骨文的字形,但"口"下的"人"更为简化,逐渐有了字的线条。隶变之后,楷书写作"兄"。

《说文解字》:"兄,长也。从儿,从口。凡兄之属皆从兄。"也就是说,"兄"意为长者;凡是与"兄"有关的字,都采用"兄"作为偏旁,如"祝""况"等字。

"兄"的本义为祭祀时念念有词地祝祷的族长,也有祝祷之意,是"祝"的本字。后"兄"的本义消失,被引申为同辈血亲中的年长者,如《诗·小雅·斯干》:"兄及弟矣,式相好矣。"又被借代引申为对比自己年长的人的尊称,如柳宗元《与肖翰林俛偰书》:"兄知之,勿为他人言也。"

另外,在古代典籍中,"兄"还可以代替"况"字,常常作为其简写。

### 名言馆

兄及弟矣,式相好矣。
· 《诗·小雅·斯干》

是故其耨也,长其兄而去其弟。
· 《吕氏春秋·士容论》

下马步堤岸,上船拜吾兄。
· (唐)韩愈《此日足可惜赠张籍》

与君世世为兄弟,更结人间未了因。
· (宋)苏轼《狱中寄子由》

孔怀兄弟

dì
弟

| 甲骨文 | 金文 | 篆文 | 隶书 | 楷书 | 行书 | 草书 | 标准宋体 |
|---|---|---|---|---|---|---|---|
| 🔣 | 🔣 | 🔣 | 弟 | 弟 | 弟 | 弟 | 弟 |

## 名言馆

孝弟也者，其为人之本与？
·《论语·学而》

能以事亲谓之孝，能以事兄谓之弟。
·《荀子·王制》

乱必有弟。大乱五，小乱三。
·《吕氏春秋·原乱》

金陵子弟来相送，欲行不行各尽觞。
·（唐）李白《金陵酒肆留别》

## 解字堂

"弟"是象形字。甲骨文的"弟"为倒写的"弋"（木柄武器）加上"己"，表示缠束戈戟木柄，以增强其韧性。金文的"弟"将甲骨文的倒"弋"重新倒转回来。篆文承续了金文的字形，并做了一定的调整，细化了笔画的线条。隶书的"弟"，一改前人的字形，"弋"形消失。而后楷书在隶书的基础上细化线条，写作"弟"。

《说文解字》："弟，韦束之次弟也。从古字之象。凡弟之属皆从弟。"意思就是说，弟是指用牛皮缠绕的次序。篆文采用古文字形。所有与弟相关的字，都采用"弟"作偏旁，如"第"。

"弟"的本义只见于古文，意为用绳带渐次缠绕戈戟的木柄，如朱芳圃的《殷周文字释丛》："弟像绳索束弋之形，绳之束弋，展转围绕，势如螺旋，而次弟之义生焉。"而在"弟"的本义消失后，该义项后由"第"代替，引申为次序之意。如《吕氏春秋·原乱》："乱必有弟。大乱五，小乱三。"故"第"的本字应该为"弟"。其次，与"兄"的兄长之意相对应，"弟"有引申义为同亲戚或亲族中辈分相同的而年纪较小的男子。如《尔雅·释亲》："男子先生为兄，后生为弟。"除此之外，"弟"通"悌"，表示对兄长恭敬有礼，如《论语·学而》："孝弟也者，其为人之本与？"另也有用作朋友相互间的谦称，如小弟、愚弟。

233

## 温故知新

 **四字通解**

孔怀兄弟，意思是兄弟彼此之间非常思念、关怀，出自《诗经·小雅·常棣》，原文为"兄弟孔怀"，这里为了与下句对仗押韵便改作"孔怀兄弟"。这种不改动古人文字的引经，称作明引。"孔"，用作程度副词，表示非常之义；而"怀"，则是关怀之义；"孔怀"整体意义表示为非常关爱。兄弟之间的关系是血缘关系，亲近无比，是朋友关系不能相比的。故此，后世多用"孔怀"二字，指代兄弟手足之情。兄弟之道在五常之中属于礼德，原则是"兄友弟恭"。做兄长的要友爱、关心弟弟，做弟弟的要恭敬、尊重兄长。

 **故事厅**

### 溃堤蚁孔

战国时期，魏国相国白圭在防洪方面很有成绩，他善于筑堤防洪，并勤查勤补，经常巡视，一发现小洞即使是极小的蚂蚁洞也立即派人填补，不让它漏水，以免小洞逐渐扩大、决口，造成大灾害。白圭任魏相期间，魏国没有闹过水灾。

### 暮夜怀金

东汉时期，太守杨震为人正直，清正廉洁，从来不收受别人的贿赂。受他举荐的昌邑县令王密趁着夜色，给他送去十斤黄金。杨震十分不高兴，王密说夜深人静没人知晓的。杨震说："天知、地知、你知、我知，我不能收这不义之财。"

### 猜谜语

稚子敲针作钓钩。
（打一字）

用心否定掉。
（打一字）

张弓搭箭射向前。
（打一字）

 ## 知识角

### 怀素

怀素（737—799，一说725—785），字藏真，俗姓钱，永州零陵（今湖南零陵）人，唐代书法家，以狂草名世，史称"草圣"。自幼出家为僧，参禅之暇，爱好书法。与张旭齐名，合称"颠张狂素"。

怀素草书，笔法瘦劲，飞动自然，如骤雨旋风，随手万变。他的书法虽率意颠逸，千变万化，而法度具备。怀素与张旭形成唐代书法双峰并峙的局面，也是中国草书史上两座高峰。

传世书法作品有《自叙帖》《苦笋帖》《圣母帖》《论书帖》《小草千字文》诸帖。

### 三孔

"三孔"指的是山东曲阜的孔府、孔庙、孔林，统称曲阜"三孔"，是中国历代纪念孔子，推崇儒学的表征，以丰厚的文化积淀、悠久历史、宏大规模、丰富文物珍藏，以及科学艺术价值而著称。

山东曲阜是孔子的故乡。孔夫子生前在此开坛授学，首创儒家文化，为此后2000多年的中国历史深深地打上了儒学烙印。以孔子为代表的儒家文化，按照自己的理想塑造了整个中国的思想、政治和社会体系，成为整个中国文化的基石。1994年，孔庙、孔林、孔府被联合国列入《世界遗产名录》。

 ## 成语窗

**堤溃蚁孔**
堤坝因蚂蚁洞而崩溃。比喻忽视小处会酿成大祸。

**无孔不入**
孔：小洞。比喻有空子就钻。

**耿耿于怀**
耿耿：有心事的样子。比喻人对某事或某人不能忘怀，牵萦于心。

**怀才不遇**
怀：怀藏。才：才能。比喻某些人胸怀才学，却因生不逢时，难以施展。多指屈居微贱而不得志。

**兄弟阋于墙，外御其侮**
阋：争吵。墙：门屏。兄弟们虽然在家里争吵，但能一致抵御外人的欺侮。比喻内部虽有分歧，但能团结起来对付外来的侵略。

**季友伯兄**
比喻交情深，义气重。

**兄友弟恭**
哥哥对弟弟友爱，弟弟对哥哥恭敬。形容兄弟间互爱互敬。

**岂弟君子**
形容和乐平易而厚道的人。

## 同气连枝

tóng

| 甲骨文 | 金文 | 篆文 | 隶书 | 楷书 | 行书 | 草书 | 标准宋体 |
|---|---|---|---|---|---|---|---|
| 𠔼 | 𠔼 | 同 | 同 | 同 | 同 | 同 | 同 |

### 解字堂

"同"是会意字。甲骨文的"同"是在"𠔼"（表示众人夯地时所使用的多柄夯具）下面加上"口"（表示人们劳动时所喊的统一口号）。金文的"同"基本承续了甲骨文的字形，只是"𠔼"的两边延长到"口"的左右了。篆文的"同"相对于前人的字形略有变形，"口"完全被"𠔼"的两边包裹，"同"的字形线条更明显了。隶变之后楷体写作"同"。

《说文解字》："同，合会也。从𠔼，从口。"意思就是说，"同"是会合。字形采用"𠔼、口"会义。整个字形整体来看，就是大家都说话，并且发出的是相同的声音，有相同、参与、聚集之意。

"同"的本义只见于古文，意为众人在提桩夯地时齐声喊号子。在此基础上，"同"还引申为相同，二者无区别，如王勃的《送杜少府之任蜀川》："与君离别意，同是宦游人。"其次还意为相一致的、一律的，如《论语·微子》："鸟兽不可与同群。"另外，"同"还引申为副词，其意为一致地、一起地，如《韩非子·说林上》："同事之人，不可不审察也。"

在我国古代，"同"是诸侯朝见天子的六礼之一。

### 名言馆

二人同心，其利断金；同心之言，其臭如兰。
· 《易·系辞上》

君子和而不同，小人同而不和。
· 《论语·子路》

奠此中国，四夷来同。
· （宋）王安石《赠贾魏公神道碑》

死去元知万事空，但悲不见九州同。
· （宋）陆游《示儿》

谜语答案　孔怀弟

同气连枝

| 甲骨文 | 金文 | 篆文 | 隶书 | 楷书 | 行书 | 草书 | 标准宋体 |

## 名言馆

天气下降,地气上腾。

·《礼记·月令》

---

诚宜开张圣听,以光先帝遗德,恢弘志士之气,不宜妄自菲薄,引喻失义,以塞忠谏之路也。

·(三国)诸葛亮《出师表》

---

山气日夕佳,飞鸟相与还。

·(晋)陶潜《饮酒二十首》其五

---

想当年,金戈铁马,气吞万里如虎。

·(宋)辛弃疾《永遇乐·京口北固亭怀古》

## 解字堂

"同气连枝"的"气",古人《千字文》写作"氣"。"氣"的古字作"气"。

"气"是象形字。甲骨文"气"的字形为三条横线,与汉字"三"相似。"一"代表混沌初始,"二"代表天地。在"二"之间加一横指事符号,代表天地之间的气流。金文的"气"为了区别数目字"三",故意将第一横写成折笔,也有将其上下两横都写成折笔的。而篆文的"气"则承续了金文的字形,并在其基础上加强了字形笔画的流动性,将"气"从原来的指事字变成了象形字。简化后,"气"与"氣"合并,写作"气"。

《说文解字》:"气,云气也。象形。凡气之属皆从气。"意思就是说,气指流动的云气,是象形字。所有与气相关的字,都采用"气"作偏旁。

"气"的本义为易于在天地之间均匀扩散、飘逸的第三态物质或气流。如《礼记·月令》:"天气下降,地气上腾。"其合并字"氣"本义则为体内因肠胃消化食物而产生的气体,后代"饩"替代如唐朝李朝威《柳毅传》:"气血俱动。"由此义出发,"气"引申义较多:人体原始的气态精华能量,如《左传·庄公十年》:"一鼓作气,再而衰,三而竭。"还有呼吸之意,如《礼记·祭义》:"气谓嘘吸出入者。"由此引申,还用作动词,表示呼吸失控、动怒,如气冲冲;"气"还意指某种精神特质、态度、风格,如诸葛亮《出师表》:"恢弘志士之气。"

在古文言中,"气"常常被假借为"乞""迄"和"讫"。繁体字"氣"实际上是"饩"的本字。现在,"气"多引申为风俗习惯,如社会风气。

同气连枝

| 甲骨文 | 金文 | 篆文 | 隶书 | 楷书 | 行书 | 草书 | 标准宋体 |
|---|---|---|---|---|---|---|---|
|  | 連 | 連 | 連 | 連 | 連 | 连 | 连 |

## 解字堂

"連"是会意字。金文的"連"是"辵"（意为行进）加上"車"（战车），表示战车行进。篆文的"連"承续了金文的字形，细化了"辵"的线条。隶书的"連"将篆文的"辵"写成了"辶"。随后，将"車"简化写作"连"，简化字写作"连"。

《说文解字》："连，员连也。从辵从车。"意思就是，连，战斗人员与战车相随。字形采用辵、车会意。

"连"的本义只见于古文，指的是古代会战阵形，战车并排而行，如《周礼·故书巾车》："连车组挽。"由此，"连"的本义可以引申为军队编制单位，三排为一连。战车并排而行，表示战争场面宏大，因此引申为连队之意。"连"还有引申义为结合、续接。如李白的《梦游天姥吟留别》："天姥连天向天横，势拔五岳掩赤城。"其次，"连"还有包括、并同、顺带之意，如连根拔起。除此之外，"连"还用作副词，意思是不中断地，如《汉书》："匈奴复连发大兵侵击乌孙。"

另外，"连"还用作姓氏。

## 名言馆

春江潮水连海平，海上明月共潮生。
· （唐）张若虚《春江花月夜》

野云万里无城郭，雨雪纷纷连大漠。
· （唐）李颀《古从军行》

烽火连三月，家书抵万金。
· （唐）杜甫《春望》

醉里挑灯看剑，梦回吹角连营。
· （宋）辛弃疾《破阵子·为陈同甫赋壮词以寄之》

同气连枝

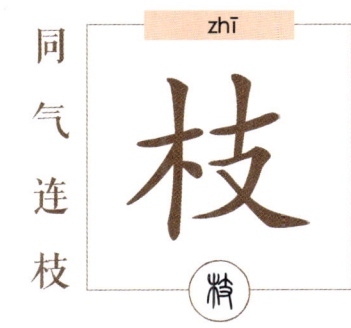

zhī
枝

| 甲骨文 | 金文 | 篆文 | 隶书 | 楷书 | 行书 | 草书 | 标准宋体 |
|---|---|---|---|---|---|---|---|
|  |  | 枝 | 枝 | 枝 | 枝 | 枝 | 枝 |

## 名言馆

不知其本，不谋。知本之不枝，弗强。《诗》云："本枝百世。"
·《左传·庄公六年》

黄四娘家花满蹊，千朵万朵压枝低。
·（唐）杜甫《江畔独步寻花》

中通外直，不蔓不枝。
·（宋）周敦颐《爱莲说》

竹外桃花三两枝，春江水暖鸭先知。
·（宋）苏轼《惠崇春江晚景》

## 解字堂

"枝"是形声字。"枝"是在其本字"支"的本义消失后而产生的，故其并无甲骨文、金文的字形留存。篆文的"枝"左边是"木"字，右边是（半竹）下面加了一个（又，表示持握）。隶书的"枝"在篆文的基础上简化不少。楷书"枝"字承续隶书形。

《说文解字》："枝，木别生条也。从木，支声。"也就是说，枝是树干之外另生的旁条。字形采用"木"作偏旁，"支"作声旁。

"枝"本义为竹、木主干上分出的茎条，其本字为"支"，如宋代辛弃疾的《西江月》："明月别枝惊鹊。"也由此引申为古代指嫡长子以外的宗族子孙，如《诗》云："本枝百世。"此外，"枝"还用作量词，通常指杆状的东西，与"支"通，如一枝步枪、一枝笔、一枝蜡烛等。

## 温故知新

### 四字通解

　　同气连枝，意思是比喻同胞的兄弟姐妹就像树枝一样连接在一起。与上文合为"孔怀兄弟，同气连枝"。兄弟之间如能各尽其道，自然和睦友爱，如果将利益放在第一位，亲情放在第二位，就大错特错了。不但有违兄弟之道，也有违孝道，因为兄弟反目最悲伤的是父母，所以《弟子规》中才说"兄道友，弟道恭；兄弟睦，孝在中"。

　　兄弟不和，总是因为"争""贪"而起的争端，其中各自的妻室往往没有起到好作用。想想古人的兄弟之情、姊妹之谊，我们每个人都应该见贤思齐，处处约束自己，为兄弟姐妹提供方便。兄弟本是同气连枝，一母所生，各自的后代又都叶茂枝繁，成为新一轮的弟兄。父一辈如果能做出"兄友弟恭"的好样板，后代的兄弟姊妹以至于堂兄弟、堂姊妹之间也一定会效法。这是真正的"荣业所基"，比遗财重要得多，所以孔子才说"孝悌也者，其为仁之本与"。

### 故事厅

#### 同室操戈

　　郑国徐吾犯的妹妹很漂亮，公孙楚已经和她订了婚，公孙黑又硬派人送去聘礼。徐吾犯害怕，告诉子产。子产说："这是国家政事混乱，不是您的忧患。她愿意嫁给谁就嫁给谁。"财礼然后出去了。公孙楚穿着军服进来，左右开弓，一跃登车而去。女子在房间内观看他们，说："子皙确实是很美，不过子南是个真正的男子汉。丈夫要像丈夫，妻子要像妻子，这就是所谓顺。"徐女嫁给了公孙楚家。公孙黑发怒，不久以后就把皮甲穿在外衣里而去见公孙楚，想要杀死他而占取他的妻子。公孙楚知道他的企图，拿了戈追赶他，到达交叉路口，用戈敲击他。公孙黑受伤回去，告诉大夫说："我很友好地去见他，不知道他有别的想法，所以受了伤。"

　　大夫们都议论这件事。子产说："各有理由，年幼地位低的有罪，罪在于公孙楚。"于是就抓住公孙楚而列举他的罪状，说："国家的大节有五条，你都触犯了。惧怕国君的威严，听从他的政令，尊重贵人，事奉长者，奉养亲属，这五条是用来治理国家的。现在国君在国都里，你动用武器，这是不惧怕威严。触犯国家的法纪，这是不听从政令。子皙是上大夫，你是下大夫，而又不肯在他下面，这是不尊重贵人。年纪小而不恭敬，这是不事奉长者。用武器对付堂兄，这是不奉养亲属。国君说：'我不忍杀你，赦免你让你到远地。'尽你的力量，快走吧，不要加重你的罪行！"

### 猜谜语

枯桐叶落枝梢折。
（打一字）

雁阵横空点点飞。
（打一字）

飞车走壁。
（打一字）

 ## 知识角

### 胡同

　　胡同，是北京、苏州的一大特色，也叫"里弄（lòng）""巷"。是指城镇或乡村里主要街道之间的、比较小的街道，一直通向居民区的内部。它是沟通当地交通不可或缺的一部分。根据道路通达情况，胡同分为死胡同和活胡同。前者只有一个开口，末端深入居民区，并且在其内部中断；而后者则沟通两条或者更多的主干街道。

### 黄连

　　黄连，别名味连、川连、鸡爪连，属毛茛科黄连属多年生草本植物，叶基生，坚纸质，卵状三角形，三全裂，中央裂片卵状菱形，羽状深裂，边缘有锐锯齿，侧生裂片不等二深裂；叶柄长5—12厘米。野生或栽培于海拔1000—1900米的山谷凉湿荫蔽密林中。有清热燥湿、泻火解毒之功效。其味入口极苦，有俗语云"哑巴吃黄连，有苦说不出"，即道出了其中滋味。

 ## 成语窗

**一视同仁**
原指圣人对百姓一样看待，同施仁爱。后多表示对人同样看待，不分厚薄。

**不约而同**
约：相约。事先没有约定而相互一致。

**一气呵成**
表面意义为一口气把事情做成。后用来形容文章结构紧凑，文气连贯。也比喻做一件事安排紧凑，迅速不间断地完成。

**气急败坏**
上气不接下气，狼狈不堪。形容十分慌张或恼怒。

**价值连城**
连城：连在一起的许多城池。形容物品十分贵重。

**流连忘返**
流连：留恋不止。玩乐时留恋不愿离开，忘记了回去。

**节外生枝**
本不应该生枝的地方生枝。比喻在原有问题之外又岔出了新问题。多指故意设置障碍，使问题不能顺利解决。

**金枝玉叶**
原形容花木枝叶美好，后多指皇族子孙，现也比喻出身高贵或娇嫩柔弱的人。

## 交友投分

jiāo

| 甲骨文 | 金文 | 篆文 | 隶书 | 楷书 | 行书 | 草书 | 标准宋体 |
|---|---|---|---|---|---|---|---|
| 交 | 交 | 交 | 交 | 交 | 交 | 交 | 交 |

### 解字堂

"交"是象形字。甲骨文的"交"就像一个人两腿左右错立。金文、篆文的"交"承续甲骨文字形,更加强调人在字形中的形象。隶变之后的"交"变形严重,成了"六""乂"组合,没了"人"影。楷书写作"交"。

《说文解字》:"交,交胫也。从大,象交形。凡交之属皆从交。"

"交"的本义是人交叉,如《战国策·秦策》:"交足而待。"由此作比喻引申,表示连接,如交界、交相辉映等词语。"交"用作动词,还有两重引申义,分别为社会来往、相结识,如《资治通鉴》"交游士林"中的"交"即为结交朋友之意;另一意为互换、相交替,如《尔雅·释山》"万物之始,阴阳交代"中指的就是交替之意。其次,"交"还有用作名词的引申义,即社会关系、友谊,如《战国策·赵策》:"交浅而言深,是忠也。"这里所说的"交"就是交情之意。除了上述引申义之外,"交"在现代汉语中也有两重引申义,用作动词,有交付之意,如"一手交钱,一手交货";用作副词,意为互换地、相交替地,如交响乐。

"交"还是古代的一个郡名,即交趾郡,设立于汉朝。"交"还通"蛟",见《汉书》:"则见交龙于上。"

### 名言馆

故上兵伐谋,其次伐交。
·《孙子兵法·谋攻》

白日登山望烽火,黄昏饮马傍交河。
·(唐)李颀《古从军行》

群分而气同,形异而情一。未有声入而不应、情交而不感者。
·(唐)白居易《与元九书》

谜语答案 同气连

交友投分

| 甲骨文 | 金文 | 篆文 | 隶书 | 楷书 | 行书 | 草书 | 标准宋体 |
|---|---|---|---|---|---|---|---|
| ꓘꓘ | ꓘꓘ | 𠬝 | 友 | 友 | 友 | 友 | 友 |

## 名言馆

死徙无出乡，乡田同井，出入相友，守望相助，疾病相扶持，则百姓亲睦。

·《孟子·滕文公上》

择良友而友之。

·《荀子·性恶》

计拙无衣食，途穷仗友生。

·（唐）杜甫《客夜》

## 解字堂

"友"是会意字。甲骨文的"友"字是两个"又"（表抓握）并排而立。金文的"友"承续了甲骨文的字形，细化了"又"的字形，部分金文在两个"又"字的底部加上了一个"曰"（表示说），为的是更加强调"友"字所表达的互相协商、鼓励之意。篆文"友"在前人字形的基础上进行重组，将两个并排而立的"又"字改为上下结构。而楷书则将隶书上半部分的"又"简化为"𠂇"，最后写成"友"。

《说文解字》："友，同志为友。从二、又，相交友也。"友，志趣相投叫作"友"。字形采用两个"又"会意，像两人交手相握，彼此友好，即为志同道合的人称为"友"。古人在造字时，会考虑字所传达的意义，为双手配合"友"；三（多）手配合为"协"。

"友"的本义是两人结交，协力互助，即共事。如顾炎武《日知录》"古之高士，不臣天子，不友诸侯"中的"友"就是指与某人共事，其意思为"与……为友"，如《论语·季氏》："友直、友谅、友多闻，益矣。"意思就是同正直、诚实、见多识广的人士结交朋友，是很有益处的事情。"友"的引申义为合作者、志同道合者，就如王昌龄《芙蓉楼送辛渐》"洛阳亲友如相问，一片冰心在玉壶"中的"友"，指的就是朋友。

"友"表明了人与人之间要互相帮助、互相爱护，以及人与人之间的深厚的交情。"友"字的创造，体现了华夏民族团结的传统美德。

交友投分

tóu

# 投

| 甲骨文 | 金文 | 篆文 | 隶书 | 楷书 | 行书 | 草书 | 标准宋体 |
|---|---|---|---|---|---|---|---|
|  |  | 𦘒 | 投 | 投 | 投 | 投 | 投 |

## 解字堂

"投"是会意字。从手，从殳。

《说文解字》："投，擿也。"意思就是，字"殳"是古兵器，与"手"合起来表示手拿兵器投掷。

"投"的本义是扔、掷，如王勃《滕王阁序》："有怀投笔，慕宗悫之长风。"其中"投"就解释为扔掉。"投"的本义沿用至今，常表示有目的地扔、抛，如投弹、投枪。"投"还有引申义，用作动词意为投宿，如杜甫《石壕吏》中的"暮投石壕村"，"投"就用作动词解释为投宿。另外，"投"还引申为迎合之意，如投奔、投机取巧等，又如《周书·史宁传》中"申以投分之言，微托思归之意"的"投"也恰是用了该引申义。

现在，"投"还多了一重引申义，即放入、放进，如投资，意思就是投入钱财用于某事。

## 名言馆

无路请缨，等终军之弱冠；有怀投笔，慕宗悫之长风。

· （唐）王勃《滕王阁序》

平生怀仗剑，慷慨即投笔。

· （唐）刘希夷《从军行》

停杯投箸不能食，拔剑四顾心茫然。

· （唐）李白《行路难》

应共冤魂语，投诗赠汨罗。

· （唐）杜甫《天末怀李白》

交友投分

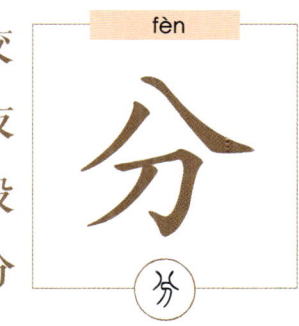

| 甲骨文 | 金文 | 篆文 | 隶书 | 楷书 | 行书 | 草书 | 标准宋体 |

## 名言馆

衣食所安，弗敢专也，必以分人。
·《左传·庄公十年》

此臣所以报先帝而忠陛下之职分也。
·（三国）诸葛亮《出师表》

自非亭午夜分，不见曦月。
·（北朝）郦道元《水经注·江水》

## 解字堂

"分"是会意字。甲骨文的"分"与数目字"八"相近，表示切分，后"八"的本义"切分"消失后，另加"刀"造"分"字。与甲骨文相较，金文的"分"更加强调"刀"的线条，篆文则细化金文的"分"，令字形线条更加流畅。隶化后楷书写作"分"。

《说文解字》："分，别也。从八，从刀，刀以分别物也。"意思就是说，分表示切开之意。字形采用八、刀会意，执刀用来将物体切分开。"八"在字形上就表示二物相分离。"八"与"刀"联合起来也就是"分"，表示"以刀剖物，使之相别离"的意思。

"分"的本义是用刀将物体切成几部分，强调分割、切分之意。如"分裂"中的"分"即为分割的意思。"分"的本义沿用至今，现代汉语中，"分"的本义也并没有改变，还是有分开、区分之义。"分"还有引申义为区分、分辨，如《论语·微子》："四体不勤，五谷不分，孰为夫子？"其次，"分"也引申为化解、化作更小的单位，如"邦分崩离析而不能守也"中的"分"则为"分解"之意。不得不提，"分"还引申作量词，表示单位、单元，如"杀士三分之一而城不拔者，此攻城之灾也"中则表示数量单位。

"分"又读fèn。用作名词表示职务、地位、本分。又表示情分、情谊。用作动词，表示料想，如自分。

## 温故知新

 **四字通解**

交友投分，"交友"即结交朋友，"投分"意为情投意合、兴趣相投，出自《周书·史宁传》，原文为"申以投分之言，微托思归之意"。所以，"交友投分"表示结交朋友一定要意气相投、性格投缘。交朋友一定要投分，也就是投脾气、投缘分，不是一类人就千万不要聚到一起，所谓"人以类聚，物以群分"。

这谈的是五伦中的"友道"，是兄弟之道的拓展。五伦中的其他几伦都好理解，唯独"友道"不好理解。为什么朋友也算一伦呢？因为人在一生之中会遭遇无数的痛苦与烦恼，有的痛苦上不可对父母师长言说，下不可告妻子兄弟，只能向朋友倾诉。人在一生中没有几个知心朋友是很痛苦的，也是做人的失败。一个人果真能够做到"兄友弟恭"，一定能够结交到良朋益友。如果手足之情都处不好，哪里会有真朋友呢？所以"十无益"中的第二条才说"兄弟不和，交友无益"。

朋友之道讲一个信字，彼此推心置腹，诚信有义，才是真朋友。现代社会是工商时代，凡事都讲一个利字，无利不早起。这种名利场中的酒肉朋友，与此处讲的"友道"是完全不同的两件事，一定要辨别清楚。

### 猜谜语

一口咬定。
（打一字）

砍下八刀成两半。
（打一字）

先存后取。
（打一字）

 **故事厅**

#### 投鼠忌器

一个人家里面有很多的老鼠。这些老鼠十分猖獗，白天都敢大着胆子在房子里横冲直撞，在衣柜上、桌子上蹦来跳去，晚上还敢爬到人睡觉的床上，甚至爬到枕头边，冷不防地吓你一大跳。更可恨的是，有些老鼠竟然躲进衣柜里面，在棉衣里面做窝，生儿育女。这家的主人恨死这些老鼠了，可又总是很难抓住它们。

一天晚上，这家主人刚刚吹灯睡下，老鼠便开始出来闹腾了。一只大老鼠从衣柜顶上跳下来，碰翻了桌上的油灯，油灯滚到主人床上，油撒在床上，真把主人气坏了。等主人赶紧翻身起床，老鼠早已跑得无影无踪。男主人咬牙切齿地说："看我不把这些断子绝孙的老鼠打死，我就誓不为人！"他的妻子也忿忿地说："太可恨了，只要再看到老鼠，不打死它才怪呢！"一天，一只大老鼠正睡在主人家的一个大古董花瓶上。丈夫走过来看到了，他心里一阵高兴，他想：那天碰翻油灯的老鼠必定是它无疑了，今天叫你撞到我的手心里，这回机会来了，我一定要打死你，毫不留情！于是，他操起一根木棍，蹑手蹑脚走到大花瓶跟前，举起木棍正要砸下去，冷不防被一双手将木棍抓住了，原来是他的妻子从厨房过来看到，紧急来救"驾"的。他妻子一边抓住木棍一边阻止说："你不能这样！你没看到这是我们家的古董吗？要是把这只大古董花瓶打碎了，那多可惜呀！为了打一只老鼠，也未免太不值了。"

男主人还举着木棍，不甘心地说："你忘了这些坏东西害人的事吗？不能就这么便宜了它！"妻子坚持说："算了算了，还是大花瓶重要！"

 **知识角**

### 管鲍之交

春秋时代的管仲和鲍叔牙相知最深，后因称朋友间深厚的交谊为"管鲍之交"。

鲍叔牙与管仲合伙做生意，叔牙出三分之二的本钱，赚了钱却只要三分之一。鲍叔牙的家人表示不满，叔牙却说："管仲家里穷嘛！"

后来，管仲当了大官，带兵打仗，可是不敢身先士卒，打败仗的时候，他总是第一个逃走。人们讥笑管仲胆小如鼠，是个没有勇气的人。这时，叔牙却出来说："管仲家里有年老的母亲需要他奉养，其实，他并不是个怕死的人。"

管仲和鲍叔牙都是齐国人。齐王有两个儿子，名叫纠和小白。管仲是公子纠的老师，鲍叔牙是公子小白的老师。后来两位公子为争夺王位互相残杀，公子纠被杀，小白即位，叔牙立刻向齐王小白推荐管仲，说："管仲是一位有才干的人，请大王聘请他做宰相。"齐王说："你是我的老师，我愿拜你为相。"鲍叔牙语气坚定地说："多谢大王的信任。以前管仲是公子纠的老师，难得他对公子纠的一片忠心。主公如果要干一番大事业，管仲可是个用得着的人。"齐王终于采纳了鲍叔牙的建议，任命管仲为相。管仲整顿内政、开发资源、发展农业，齐国很快就强盛起来，当上了盟主。

### 交子

交子，是发行于北宋仁宗天圣元年（1023）的货币，曾作为官方法定的货币流通，称作"官交子"，在四川境内流通近80年。交子是中国古代劳动人民的重要发明，是中国最早由政府正式发行的纸币，也被认为是世界上最早使用的纸币，比美国（1692年）、法国（1716年）等西方国家发行纸币要早六七百年。

 **成语窗**

### 君子之交淡如水
君子：品行端正的人。君子的交往清淡如水，而不是互相拉拢、利用。

### 杵臼之交
杵：舂米的木棒。臼：石臼。比喻交朋友不计较贫富和身份。

### 良师诤友
良：好。诤：敢于直言。形容很好的老师和能够直言相劝的朋友。

### 狐朋狗友
泛指一些吃喝玩乐、不务正业的朋友。

### 投笔从戎
从戎：从军，参军。意指扔掉笔去参军。比喻文人从军。

### 投闲置散
投、置：安放。闲、散：没有事干。指安排在不重要的职位或没有安排工作。

### 入木三分
形容书法极有笔力。现多比喻分析问题很深刻。

### 安分守己
分：本分。比喻人规矩老实，守本分，不做违法的事。

切磨箴规

qiē

| 甲骨文 | 金文 | 篆文 | 隶书 | 楷书 | 行书 | 草书 | 标准宋体 |
|---|---|---|---|---|---|---|---|
|  |  | 切 | 切 | 切 | 切 | 切 | 切 |

### 解字堂

"切"是会意字。"切"的本字为"七"。甲骨文的"七"表示切分，当"七"本义消失后，篆文"七"加上"刀"，另造"切"表切分之意。隶书的"切"更加强调"刀"的线条。隶变之后，楷书写作"切"。

《说文解字》："切，刌也。从刀，七声。"意思就是说，"切"表示切断之意。字形采用"刀"作偏旁，"七"作声旁。

"切"的本义是用刀切割物体，该本义沿用至今，强调对物体的切割之意。如王充《论衡》"切磋琢磨，乃成宝器"的"切"就是意为切割；"切磋"表示切割打磨，原指对石器、玉器的加工步骤，后指相互研讨。"切"还有引申义为点压、阻截。如中医术语中的"切脉"就用了该意义。

"切"是一个多音字，除了读qiē外，还读qiè。当"切"读qiè时，主要有三种不同词性，意义也因词性的改变而改变。用作动词，"切"表示吻合、与某事物一致，如切中要害、切题；用作形容词，"切"表示剧烈的、强烈的，如陶渊明《归去来兮辞》的"饥冻虽切，违己交病"；用作副词，"切"表示一定、必须，如切记、切忌。此外，"切"在现代汉语中，还作为数学术语中的动词使用，表示圆与圆或线与圆相割。

### 名言馆

如切如磋，如琢如磨。
　　　　　　·《诗·卫风·淇奥》

博学而笃志，切问而近思，仁在其中矣。
　　　　　　·《论语·子张》

故为政以苛为察，以切为明……大败大裂之道也。
　　　　　　·《文子·上礼》

谜语答案　交　分　友

切磨箴规

切磋箴规

磨 mó

| 甲骨文 | 金文 | 篆文 | 隶书 | 楷书 | 行书 | 草书 | 标准宋体 |
|---|---|---|---|---|---|---|---|
|  |  | 磨 | 磨 | 磨 | 磨 | 磨 | 磨 |

## 名言馆

人之于文学也，犹玉之于琢磨也。
·《荀子·大略》

大开明堂受朝贺，诸侯剑佩鸣相磨。
·（唐）韩愈《石鼓歌》

人生一世，其久几何。吾立子名，百世不磨。
·（唐）韩愈《送穷文》

拼得功夫深，铁杵磨成针。
·俗语

## 解字堂

"磨"是形声字。籀文的"磨"是"麻（表粗糙的质感）"加上"石"（表石盘），表示有粗粝槽纹的石盘。《说文解字》只收录了"磨"的异体字"䃺"的小篆字形。隶书、楷书继承了籀文字形。简化后，以"磨"为正体。

"磨"的本义是用两块凿有交错麻点的石盘组成的石具，用来加工食物，去壳或粉碎。本义至今沿用，如水磨、石磨等。在《庄子·天下》中所提及的"若羽之旋，若磨石之隧"，就使用了"磨"的本义。"磨"的引申义是用有麻点的石盘将食物由粗变细，如磨豆腐、磨面等，"磨"的词性也从本义的名词改变成引申义中的动词。"磨"还有另一重引申义，即用粗糙表面在硬物上搓、擦、锉。注意，这个引申义要区别于"用石盘将粮食磨细"，因为此重引申义强调的是对器物的加工改造。如《木兰诗》"小弟闻姊来，磨刀霍霍向猪羊"中的"磨刀"。

切磨箴规

| 甲骨文 | 金文 | 篆文 | 隶书 | 楷书 | 行书 | 草书 | 标准宋体 |
|---|---|---|---|---|---|---|---|
|  |  | 箴 | 箴 | 箴 | 箴 | 箴 | 箴 |

## 解字堂

"箴"是形声字。《说文解字》:"箴,缀衣箴也。从竹,咸聲。"意思就是说,"箴"是缝衣的竹针,是系扎、封口的竹具。字形采用"竹"作偏旁,"咸"是声旁。

"箴"的本义是缝衣的工具。该义仅见于古文,如《礼记》:"衣裳破绽,纫箴请补缀。""箴"还有引申义,用作动词时,"箴"表示用尖利的语言刺激、警告、规劝,如苏轼《与鲁直》:"然有少意,欲鲁直以已意微箴之。"其中的"箴"就有规劝之意。

此外,"箴"还是古代一种文体,以告诫规劝为主。如箴铭("箴"是规诫性的韵文;"铭"是刻在器物或碑石上兼用于规诫、褒赞的韵文。因其作用有相似之处,故后人多连称)。

## 名言馆

铭博约而温润,箴顿挫而清壮。
· (晋)陆机《文赋》

箴规向已从,计议初无亏。
· (晋)陶潜《咏三良》

防深不防露,此意古所箴。
· (唐)孟郊《秋怀十五首》其七

切磋箴规

规 guī

| 甲骨文 | 金文 | 篆文 | 隶书 | 楷书 | 行书 | 草书 | 标准字体 |
|---|---|---|---|---|---|---|---|
|  | 規 | 規 | 規 | 規 | 規 | 规 | 规 |

## 名言馆

圆曰规,方曰矩。
　　　　·《楚辞·离骚》

木直中绳,輮以为轮,其曲中规。
　　　　·《荀子·劝学》

释规而任巧,释法而任智,惑乱之道也。
　　　　·《韩非子·饰邪》

生为百夫雄,死为壮士规。
　　　　·(三国)王粲《咏史》

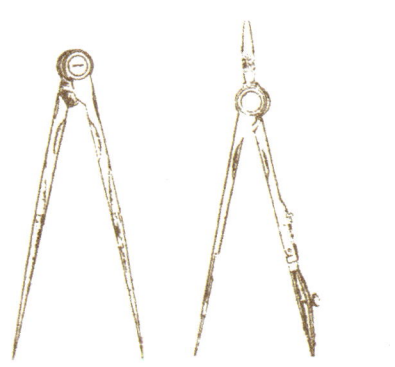

## 解字堂

"规"是会意字。金文的"规"是由"夫"(刚成年的人)和"见"(观摩)组合而成的。篆文的"规"细化了字形的线条,使得字形更加规整、线条更加流畅。隶变之后,隶书的"规"简化了"夫"的写法。楷书写作"規"。简化后写作"规"。

《说文解字》:"规,有法度也。从夫,从见。"意思就是,规是有法度之意。其字形采用"夫""见"会义。表示成年青年需要观摩学习前人。

"规"的本义是初涉社会的后生向长辈专注观摩,用心见习。但本义只见于古文,如规仿。"规"的引申义是设法、谋划,如陶渊明《桃花源记》:"南阳刘子骥,高尚士也,闻之,欣然规往。"这其中的"规往"就有设法前往之意。其次,用作名词时,"规"也有引申义,即范式、标准、真理。如规模、法规等,所谓的"萧规曹随"也就是指前人定下的规矩,后人依旧沿用。

"规"还表示画标准圆的器械,即我们日常所说的"圆规",这也恰恰是由"规"的规范之意引申而来的。正所谓"无规矩不成方圆",故古人称圆之标准为"规",称方之标准为"矩"。除此之外,"规"还有据理规劝之意,如刘开《问说》"朋友之交,至于劝善规过足矣",就是说朋友之间交往时规劝要适可而止。

## 温故知新

###  四字通解

切磨箴规,"切",表示切磋;"磨",表示磨合;"箴规",表示规谏、劝诫。这里是说朋友之间要互相批评指出错误不足,要互相帮助,促进共同进步。朋友相处,应该像曾子说的"以文会友,以友辅仁"。《弟子规》中说"善相劝,德皆建;过不规,道两亏"。朋友之间有进步要互相鼓励,有过失要互相规劝,有困难要互相帮助,有心得要互相交流,这就是"切磨箴规"。"切磨"是"切磋琢磨"的缩略形式,意指对学问的探讨与研究。"箴"字的本义为竹针或石头针,可用于针灸治病。箴是一种告诫类文体,起规劝、纠正作用;箴言就是有哲理作用、能激励人的座右铭。"规"是劝告、建议。

朋友间的规劝要注意分寸和尺度,适可而止,不听也就算了,我们作为朋友的责任尽到了,再劝就会结怨。所以孔子在《论语》中告诫说:"忠告而善道之,不可则止,毋自辱也。"过分了就会自取其辱。

### 猜谜语

老婆见丈夫。
(打一字)

竹盐。
(打一字)

分开一刀莫猜八。
(打一字)

###  故事厅

#### 墨守成规

战国时期,有一回,楚国要攻打宋国,鲁班为楚国特地设计制造了一种云梯,准备攻城之用。正在齐国的墨子得知此消息,便走了十天十夜,到了楚国的郢都找到鲁班一同去见楚王。墨子竭力说服楚王和鲁班别攻宋国。楚王同意了,但是他们都舍不得放弃新造起来的攻城器械,想在实战中试试它的威力。

墨子说:"那好,咱们就当场试试吧。"说着,解下衣带,围作城墙,用木片作为武器,让鲁班同他分别代表攻守两方进行表演。鲁班多次使用不同方法攻城,多次都被墨子挡住了。鲁班攻城的器械已经使尽,而墨子守城计策还绰绰有余。

鲁班不肯认输,说道:"我有办法对付你,但是我不说。"墨子说:"我知道你要怎样对付我,但是我也不说。"楚王听不懂,问是什么意思。墨子说:"公输子是想杀害我。他以为杀了我,就没有人帮宋国守城了。他哪里知道我的门徒约有三百人早已守在那里等你们去进攻。"楚王眼看没有办法取胜,便说:"好了,我决定不攻打宋国了。"

因为墨子善守,后来就把牢守称为"墨守"。但这个"守"一般都已不指守城,而多指守旧,成了贬义词了。

#### 磨杵成针

唐朝著名诗人李白,他小时候从不认真读书,经常是把书本一抛就出去玩耍。一天李白碰到一个白发苍苍的老婆婆正拿着一根大铁棒在石头上磨,觉得好奇,就问她做什么。老婆婆告诉他要磨成绣花针,李白深受感动,从此就用功读书,终于成为文豪。

##  知识角

### 《切韵》

隋代陆法言著。书成于隋文帝仁寿元年（601）。共5卷，收1.15万字。分193韵：平声54韵，上声51韵，去声56韵，入声32韵。唐代初年被定为官韵。增订本甚多。《切韵》原书已失传，其所反映的语音系统因《广韵》等增订本而得以完整地流传下来。现存最完整的增订本有两个，一为唐写本王仁昫《刊谬补缺切韵》，另一为北宋陈彭年等编的《大宋重修广韵》。《切韵》原本已佚，法国巴黎国家图书馆藏有敦煌唐写本切韵残卷3种，是目前所存最古的、与陆法言编撰《切韵》最相近的版本。

### 《弟子规》

《弟子规》原名《训蒙文》，为清朝康熙年间秀才李毓秀所作。其内容采用《论语》"学而篇"第六条"弟子入则孝，出则悌，谨而信，泛爱众，而亲仁。行有余力，则以学文"的文义，以三字一句、两句一韵编撰而成。全文共360句、1080个字，分为7个部分：即孝、悌、谨、信、爱众、亲仁、学文，前六项属于德育修养，后一项属于智育修养，列述弟子在家、出外、待人、接物与学习上应该恪守的守则规范，特别讲求家庭教育与生活教育的践行。后经清朝贾存仁修订改编，并改名为《弟子规》。

##  成语窗

**倚闾望切**
闾：古代里巷的门。靠在里巷的门口向远处殷切地望着。形容父母盼望子女归来的心情十分殷切。亦作"倚闾而望""倚门而望"。

**切肤之痛**
切肤：切身，亲身。亲身经受的痛苦。比喻感受深切。

**临阵磨刀**
临：到、快要。阵：上阵打仗。到快要上阵打仗时才磨刀磨枪。

**卸磨杀驴**
把拉完磨的驴卸下来杀掉。比喻把曾经为自己出过力的人一脚踢开。

**攻过箴阙**
指责过错，针砭缺失。

**金人之箴**
比喻因有顾虑而闭口不说话。

**规行矩步**
规、矩：圆规和角尺，引伸为准则。步：用脚走。指严格按照规矩办事，毫不苟且。也指办事死板，不灵活。

**萧规曹随**
萧何创立了规章制度，死后，曹参做了宰相，仍照着实行。比喻按照前任的成规办事。

仁慈隐恻

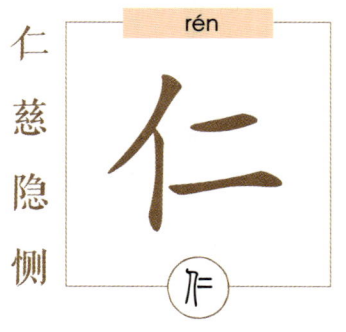

| 甲骨文 | 金文 | 篆文 | 隶书 | 楷书 | 行书 | 草书 | 标准宋体 |
|---|---|---|---|---|---|---|---|
| 仁 | 尸 | 尸 | 仁 | 仁 | 仁 | 仁 | 仁 |

## 解字堂

"仁"是会意字。甲骨文中的"仁"是"人"和"二"（表等同、相同之意）组合而成的。金文的"人"将甲骨文字形中的"人"写成"尸"。籀文的"仁"将金文字形中的"尸"再度细化，线条变得更加流畅。另外，也有籀文将"仁"字写成"千"（表示众多、众生之意）与"心"（表示慈爱之意）的组合。而篆文的"仁"则承续了甲骨文的字形。最后，楷书写作"仁"。

《说文解字》："仁，亲也。从人，从二。🈚，古文仁。从千、心。尸，古文仁。或从尸。"意思就是说，"仁"表亲爱之意。字形采用人、二会意。古文写法的"仁"，字形采用千、心会意。而采用"尸"会意的"仁"，则是古文的异体字。故由此看来，"仁"表示人人相等，亦即等而视之，视人若己，将心比心，同情包容。

"仁"的本义是仁爱、相亲，是古代一种含义极广的道德观念，其核心指人与人相互亲爱。如《论语·颜渊》："樊迟问仁。子曰：'爱人。'"今天说的"仁心""仁政""仁至义尽"中的"仁"就是这个意思。"仁"后来引申作敬辞，用于称呼对方，如仁兄、仁弟、仁伯。

"仁"还可以作为名词，指果核，大多可以吃，如果仁、杏仁、核桃仁、花生仁。

## 名言馆

夫仁者，己欲立而立人，己欲达而达人。

·《论语·雍也》

汉水重安而宜竹，江水肥仁而宜稻。

·《淮南子·地形》

公子为人，仁而下士。

·《史记·魏公子列传》

呼而怨，欲望其哀且仁者，愈大谬矣。

·（唐）柳宗元《天说》

谜语答案　规箴切

仁慈隐恻

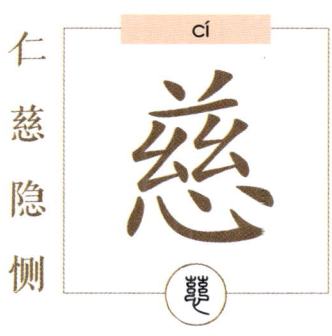

| 甲骨文 | 金文 | 篆文 | 隶书 | 楷书 | 行书 | 草书 | 标准字体 |
|---|---|---|---|---|---|---|---|
|  | 慈 | 慈 | 慈 | 慈 | 慈 | 慈 | 慈 |

## 名言馆

尧不慈，舜不孝，禹偏枯，汤放其主，武王伐纣，文王拘羑里。此六子者，世之所高也。
·《庄子·盗跖》

夫慈者不忍，而惠者好与也。
·《韩非子·内储说上》

亲爱利子谓之慈，恻隐怜人谓之慈。
·（汉）贾谊《新书·道术》

## 解字堂

"慈"是会意字。金文的"慈"是由"丝"（疑是对"兹"的误写，表示渐生渐长）和"心"组合而成。篆文的"慈"承续了金文字形。隶书的"慈"将篆书字形中"兹"的线条细化。楷书写成"慈"。

《说文解字》："慈，爱也。从心，兹声。"意思就是说，慈即怜爱。字形采用"心"作偏旁，采用"兹"作声旁。以表示父母对子女生长的关爱。

"慈"的本义是父母对幼稚弱小的子女怜爱。如《颜氏家训·教子》中的"父母威严而有慈，则子女畏慎而生孝矣"，指的就是父母对子女的关爱。"慈"还有引申义，表示上级对下级、强者对弱者表达的仁爱。如《智度论》："大慈，与一切众生乐；大悲，拔一切众生苦。"说的就是，慈无量心让众生获得暂时、究竟的快乐，悲无量心让众生离开暂时、究竟的痛苦。

另外，"慈"也用作姓氏。

仁慈隐恻

| 甲骨文 | 金文 | 篆文 | 隶书 | 楷书 | 行书 | 草书 | 标准宋体 |
|---|---|---|---|---|---|---|---|
|  | 𧬷 | 𨼆 | 隱 | 隱 | 隐 | 隐 | 隐 |

## 解字堂

"隱"是形声字。从𨸏，㥯声。金文的"隐"为左右结构，左边是"𨸏"（表示盘山石阶，意指高山），右边是"穴"下半包围了"工"、"又"和"心"的组合字。篆文承续了金文的字形，简化了"穴"字的包围结构，写成"冖"，并细化了字形的线条。隶书则是将"𨸏"写成了左耳旁"阝"，简化了"又"的写法，直接写成"彐"，同时省去"冖"下面的"工"。楷书写作"隱"。简化后，取"隐"为其简化字。

《说文解字》："隐，蔽也。"意思就是说，隐，表示蔽匿。

"隐"的本义是为逃避俗世的纷扰和贪欲的诱惑而匿居山崖洞穴，开荒生产，自给自足，修行禁欲，持守本心，如隐士、隐避等。"隐"还有引申义，表示藏匿、隐避，如"日斜光隐见，风还影合离"，其中所指的"隐"就是隐匿不见之意。因为隐匿所以不易看见，故另引申为看不见的、潜在的之意，如隐私、隐语、隐隐作痛。不易看见之事多不为所知，由此还可以引申为不为人知、难以言传的事实，如难言之隐。除上述引申义之外，"隐"还用作副词，意为秘密地、不公开地，如《聊斋志异》文中的"隐中胸怀"就是引用该意。

## 名言馆

勤恤民隐而除其害也。
　　　　　·《国语·周语上》

明月隐高树，长河没晓天。
　　　　·（唐）陈子昂《春夜别友人二首》其一

青山隐隐水迢迢，秋尽江南草木凋。
　　　　·（唐）杜牧《寄扬州韩绰判官》

仁慈隐恻

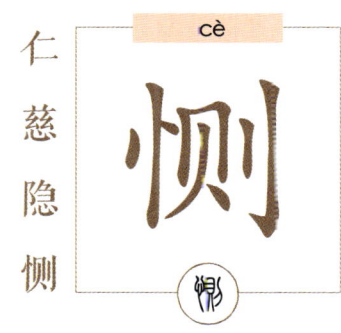
cè
恻

| 甲骨文 | 金文 | 篆文 | 隶书 | 楷书 | 行书 | 草书 | 标准字体 |
|---|---|---|---|---|---|---|---|
| | 𢘛 | 㣻 | 恻 | 恻 | 恻 | 恻 | 恻 |

## 名言馆

恻隐之心，人皆有之。
·《孟子·告子上》

恻怆竟何道，存亡任大钧。
·（唐）李白《门有车马客行》

爱君心不恻，犹讶火长烧。
·（唐）元稹《香球》

## 解字堂

"恻"是形声字。从心，则声。金文"恻"是上下结构的组合字，上部是"则"，下部是"心"（表示悲伤）。篆文将金文的上下结构调整为左右结构，左边是"心"，右边是"则"。隶书则将"恻"的"心"写成竖心旁"忄"。楷书写作"恻"。简化后写作"恻"。

《说文解字》："恻，痛也。"也就是说，恻表示痛心。

"恻"的本义是忧伤、悲痛。如《汉书·淮南宪王钦传》："朕恻焉不忍闻。"另"恻恻"表恳切之意，如"死别已吞声，生别常恻恻"。

该字的字义发展相对稳定，并无过多的引申义，本义一直沿用至今。

## 猜谜语

两个人。
（打一字）

争先恐后竞扬帆。
（打一字）

双玄挂心上。
（打一字）

## 温故知新

 **四字通解**

仁慈隐恻,仁慈表示仁德,对人温和有爱心。能够不讲条件的博爱就是慈,慈的本体就是仁,它们是一体三面,同出而异名。仁是五德之首,是孔子学说的核心,也是孔子一生追求的根本。《论语》二十篇中有"里仁"一篇,专门谈仁的体和用。仁是抽象的哲学概念,不能离开具体的事项空对空地讨论,所以孔子举了几个例子加以说明。例如"仁者爱人",有爱心,能够爱人、爱物就是仁,这是孔子不得已的说法,因为爱毕竟还不是仁的全部境界和内容。普通人的爱是有条件的,是以感情为基础的。

"隐恻"也称为"恻隐",是见人遭遇不幸而心有不忍,是仁慈之心的表现,所谓"恻隐怜人谓之慈"(《贾子道术》)。如果分开来解字,"痛之深为隐,伤之切为恻"。孟子说:"恻隐之心,仁之端也;羞恶之心,义之端也;辞让之心,礼之端也;是非之心,智之端也。无恻隐之心非人也,无羞恶之心非人也,无辞让之心非人也,无是非之心非人也。"(《孟子·尽心上》)做人的标准以恻隐之心为首,没有恻隐之心就不是人,这并不是孟子在骂人,事实确是如此。

孟子举了"孺子坠井"的例子,一个人看到有孩子掉入井里,他瞬间的第一个反应就是救人,根本没考虑是否有奖金,是否受表扬之类的条件,这就是"恻隐之心,人皆有之"。这是孟子"性善论"的基点。

 **故事厅**

### 宋襄之仁

春秋时宋国是个不大的国家。宋襄公也想出头称霸。宋军和楚军在泓水边上展开会战。宋军的阵势已经摆好,楚军却还正在渡过泓水来。"司马"子鱼劝宋襄公趁机袭击,说:"敌人兵多,我们兵少,这时动手可以得胜。"宋襄公不同意,他说:"我是一向主张仁义的,怎可这样不择手段取胜呢?"过了一会,楚军已经全部渡过河来了,正布置阵势。子鱼又劝道:"要打就快打吧,现在也还来得及。错过了这样的好机会,我们就要危险了!"宋襄公还是满口"仁义",子鱼的话,一句也听不进去。

说时迟,那时快,楚国大军的阵势已经摆好,只听得战鼓一响,杀声连天,直冲了过来。宋襄公这才击鼓进军,下令抗敌。可是哪里还抵挡得住,只好纷纷溃退,四散逃命。宋襄公车子两旁的警卫都丧了命,他自己的大腿也受了伤。

宋国人都议论宋襄公错误的战略。宋襄公还作解释,说:"君子作战,不杀伤已经挂彩的敌人,不俘虏上了年岁的敌人,也不依靠地势等的机会。人家还没列成阵形,就袭击取胜,有什么光彩!"子鱼说:"您真是不懂得战争的道理啊!敌人很强大,幸而他们处在不利的地势,还没有摆好阵势,这是我们最好的机会,岂可轻易错过!要知道,趁此机会进击,也还不一定有百分之百的胜利把握呢!打仗嘛,就是要消灭敌人,我不杀他,他就要杀我。他虽然挂了彩或者,虽然年纪老了,可是只要他没有放下武器,就是我的敌人,应当杀他。要爱护他,那就不要打仗。您既要打仗,就不能空讲仁义,对付敌人还能讲什么仁义吗?"

 **知识角**

### 隐士

隐士，是道家哲学术语，指隐修专注研究学问的士人。首先是"士"，即知识分子，否则就无所谓隐士。

隐士首先是知识分子，是"士"阶层的成员之一。并不是所有居于乡野山林不入仕途之人都可称为隐士，那些向往入仕但却无机会无能力入仕之人不是隐士，那些没有文化的农夫樵子细民野老也不是隐士；只有那些能保持独立人格，追求思想自由，不委曲求全，不依附权势，具有超凡才德学识，并且是真正出自内心不愿入仕的隐居者，才能被称之为隐士。

他们跟庄子一样，崇尚自然无为的人生态度，选择隐修专注研究学问的生活方式。隐士一般是道家人物，而道家代表人物也往往是隐士，比如许由、巢父、列子、庄子、鬼谷子、张良、黄石公、邓禹、诸葛亮、刘伯温、水镜先生、徐茂公、苗训、陈抟、河上丈人、陶渊明等等。

### 同仁堂

北京同仁堂是全国中药行业著名的老字号。创建于1669年（清康熙八年），自1723年开始供奉御药，历经八代皇帝188年。在300多年的风雨历程中，历代同仁堂人始终恪守"炮制虽繁必不敢省人工，品味虽贵必不敢减物力"的古训，树立"修合无人见，存心有天知"的自律意识，造就了制药过程中兢兢小心、精益求精的严细精神，其产品以"配方独特、选料上乘、工艺精湛、疗效显著"而享誉海内外，产品行销40多个国家和地区。

 **成语窗**

### 当仁不让
原指以仁为任，无所谦让。后指遇到应该做的事就积极主动去做，不推让。

### 仁者见仁，智者见智
对同一个问题，仁者看见说它仁，智者看见说它智。指对同一个问题，不同的人有不同的看法。

### 慈悲为怀
慈悲：慈善和怜悯。原佛教语，以恻隐怜悯之心为根本。

### 慈眉善目
形容人的容貌一副善良的样子。

### 难言之隐
隐：隐情，藏在内心深处的事。隐藏在内心深处不便说出口的原因或事情。

### 隐约其辞
隐约：不明显，不清楚。形容说话躲躲闪闪，使人不易完全明白。

### 悱恻缠绵
形容心绪悲苦而不能排遣。

造次弗离

| 甲骨文 | 金文 | 篆文 | 隶书 | 楷书 | 行书 | 草书 | 标准宋体 |
|---|---|---|---|---|---|---|---|
| 𠂤 | 𤕦 | 造 | 造 | 造 | 造 | 造 | 造 |

## 解字堂

"造"是形声字。《说文解字》："造，就也。从辵，告声。谭长说，造，上士也。𤕦，古文造从舟。"造的字形在《说文解字》小篆之前异体繁多。西周金文作𤕦，从宀，从舟，告声。春秋战国时期或省去宀，从舟，告声。高鸿缙《颂器考释》："𤕦，制造之本字，亦作𤕦，从宀，从舟，告声。言屋或舟均人所制造也。后世通以造访之造代之，久而成习，而𤕦与𤕦均废。"两周金文另有𤕦、𤕦等形，战国时期除使用皓、造以外还有𤕦、𤕦等形，从金表示制造的材料，从戈表示制造的对象，皆为形符更换字。秦汉以后，造的字形基本固定。

"造"可以表示做、制作，如《礼记·玉藻》："大夫不得造车马。"又如创造、建造、造船、造纸。可以表示假编、捏造，如《诗·王风·兔爰》："我生之初，尚无造。"又如造谣、伪造。

"造"还可以表示前往、到，如《周礼·地官·司门》："凡四方之宾客造焉，则以告。"又如造访、登峰造极。表示学业等达到某种程度或境界，如《孟子·离娄下》："君子深造之以道，欲其自得之也。"又如深造、可造之材。

## 名言馆

肆成人有德，小子有造。
·《诗·大雅·思齐》

造次必于是，颠沛必于是。
·《论语·里仁》

修坂造云日，我马玄以黄。
·（三国）曹植《赠白马王彪》

造化钟神秀，阴阳割昏晓。
·（唐）杜甫《望岳》

谜语答案　仁　隐　慈

造次弗离

# 次 cì

| 甲骨文 | 金文 | 篆文 | 隶书 | 楷书 | 行书 | 草书 | 标准宋体 |
|---|---|---|---|---|---|---|---|
|  |  |  | 次 | 次 | 次 | 次 | 次 |

## 名言馆

六亲有次，不可相逾。
·（汉）贾谊《新书·六术》

念余邦之横陷兮，宗鬼神之无次。
·（汉）刘向《九叹·思古》

取次花丛懒回顾，半缘修道半缘君。
·（唐）元稹《离思五首》其四

## 解字堂

"次"是会意字。甲骨文的"次"像一个人伸手掩口打喷嚏。也有甲骨文直接将"次"的"手"形去掉，只有一个人跪坐着，嘴中喷出飞溅的唾沫。金文承续了甲骨文的字形，并在此基础上把跪坐的人写成站立的人。篆文弱化了金文字形中的"口"形。隶书则将金文字形中的"口"简化为"勹"。

《说文解字》："次，不前，不精也。从欠，二声。"也就是说，"次"指行旅中停滞不前，品质低劣不精。字形采用"欠"作偏旁，"二"作声旁。

"次"的本义是因身体欠安而打喷嚏，但是本义已经消失。由此可以引申出欠佳的、质量低的意思，如"次品"就是指质量并不达标的产品。"次"还有引申义，用作形容词，表示"第二的"，如日常生活中所说的"次日""次子"指的分别是"第二日"和"第二个孩子"。在此基础上，"次"的引申义还有依次之意，如杜牧《过华清宫绝句》："长安回望绣成堆，山顶千门次第开。"另外，"次"还作量词，表示"遍"，该义项沿用至今，并且是"次"使用较多的义项，如多次、初次等。

除上述所言之外，"次"还有一个仅见于古文的义项，其意为临时驻扎或住宿。如"楚师伐郑，次于鱼陵"，就是说楚军攻打郑国，军队驻扎在鱼陵（古代地名）。

造次弗离

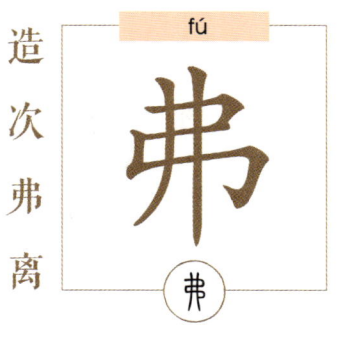

| 甲骨文 | 金文 | 篆文 | 隶书 | 楷书 | 行书 | 草书 | 标准宋体 |
|---|---|---|---|---|---|---|---|
| 丗 | 弗 | 弗 | 弗 | 弗 | 弗 | 弗 | 弗 |

### 解字堂

"弗"是会意字。甲骨文的"弗"就像是绳子捆绑着箭、枪、矛等战械。金文、篆文的"弗"基本承续了甲骨文字形。隶书则强化了字形的棱角,最后楷书写作"弗"。

《说文解字》:"弗,挢也。从丿,从㇄,从韦省。"也就是说,弗,有矫正之意。字形采用"丿"、"㇄"、省略式的"韦"会意。而"弗"字的中间很像两根弯曲的木棍,弯曲的笔画表示绳索。用绳索捆住弯曲的物体,为的是使物体变得笔直。所以,这个字的本义是矫正。

"弗"的本义是捆绑箭支、枪矛、干戈,表示休战,但本义只见于古文。"弗"的引申义有"矫枉正"。《说文解字》:"弗,矫也。徐灏注:"弗与弼音义同。凡弛弓,则以两弓相背而缚之,以正枉戾,所谓矫也。"……阮太傅曰:弗字明是从弓。"还有作副词,表示否定义,如"潍水暴益,荆人弗知"。所谓"弗知"即"不知道"。

现在,这个字已经不常使用,一般多用来翻译国外名称。

### 名言馆

生而不有,为而不持,功成而弗居。

·《老子》

其高工之民,修治苦窳之器,聚弗靡之财,蓄积待时而牟农夫之利。

·《韩非子·五蠹》

潍水暴益,荆人弗知。

·《吕氏春秋·察今》

造次弗离

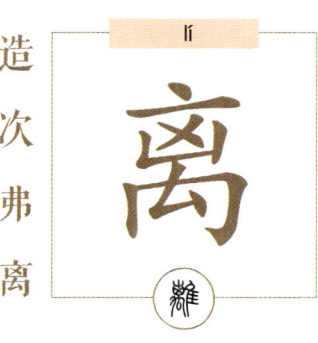

| 甲骨文 | 金文 | 篆文 | 隶书 | 楷书 | 行书 | 草书 | 标准字体 |
|---|---|---|---|---|---|---|---|
| | | 離 | 离 | 離 | 離 | 離 | 离 |

## 名言馆

愿得一心人，白首不相离。
· （汉）卓文君《白头吟》

与君离别意，同是宦游人。
· （唐）王勃《送杜少府之任蜀州》

离离原上草，一岁一枯荣。
· （唐）白居易《赋得古原草送别》

人有悲欢离合，月有阴晴圆缺，此事古难全。
· （宋）苏轼《水调歌头》

## 解字堂

"离"是会意字。甲骨文的"离"由"鸟"和"禽"（捕鸟用的网）组合而成，表示捕鸟。金文的"离"则由"树林"和"禽"组合而成，表示在树林捕鸟。篆文的"离"由"屮"（草）、"禽"、"隹"（鸟雀）组合而成，强调的是在草丛中捕鸟。隶书的"离"将篆文的"屮"写成"亠"，将篆文"离"的左半边简化了，最后楷书写成"離"简化后写作"离"。

《说文解字》："離，黄仓庚也。鸣则蚕生。从隹，离声。"也就是说，"离"实际上是离黄，即仓庚鸟。仓庚鸟鸣噪的季节，蚕虫就四处繁生了。字形采用"隹"作偏旁，"离"是声旁。

"离"的本义是鸟儿被网罩住，如《诗·王风·兔爰》："雉离于罿。"但本义仅见于古文中。"离"引申为遭遇、遭受，如"'离骚'者，犹离忧也"，该义项后由"罹"代替。现在，"离"字的含义和用法较多，使用较多的是以下两个引申义：其一，用作动词，表示分别、分开，如"少小离家老大回"；其二，同栏用作动词，表示相距，如距离、远离等。

## 四字通解

造次弗离，"造次"本义表示仓促、匆忙之义，引申义为轻率、轻忽、唐突、不稳重。"弗"，表示否定的意思，可以理解为"不"。"离"，是离开的意思。整句话的意思就是，人即便是在忙乱仓促、来不及思考的时候，仁德所表现出来的慈爱、恻隐之心也不能够离开，不能够抛弃，就是"造次弗离"。

## 故事厅

### 黍离麦秀

商朝灭亡，商纣王的叔父箕子在去朝见周王时，路过殷商旧墟，看到宫室毁坏，长满禾黍，非常哀伤，作诗一首，是为《麦秀歌》。

西周灭亡后，一位周朝士大夫路过旧都，见昔日宫殿所在，皆成为长满禾黍的田地，触景伤怀，无限感慨，就作了《黍离》：

彼黍离离，彼稷之苗。行迈靡靡，中心摇摇。知我者，谓我心忧。不知我者，谓我何求。悠悠苍天，此何人哉。

彼黍离离，彼稷之穗。行迈靡靡，中心如醉。知我者，谓我心忧。不知我者，谓我何求。悠悠苍天，此何人哉。

彼黍离离，彼稷之实。行迈靡靡，中心如噎。知我者，谓我心忧。不知我者，谓我何求。悠悠苍天，此何人哉。

由此得来"黍离麦秀"之说，作为感慨亡国之词。

### 为虺弗摧

公元前494年，吴王夫差率军在夫椒大败越王勾践，并破了越国的首都。越王勾践派大夫文种向吴国求和，吴王准备答应。伍子胥认为不能许和，说"为虺弗摧，为蛇将若何？"意思是，还是小蛇的时候不摧毁它，成为大蛇将怎么办？吴王不听他的建议，除恶未尽，结果在20年后被勾践所消灭。

## 猜谜语

弓上二弦草下藏。
（打一字）

奔走相告。
（打一字）

漓水干涸。
（打一字）

 ## 知识角

### 造纸术

造纸术是中国四大发明之一，纸是中国古代劳动人民长期经验的积累和智慧的结晶，是人类文明史上的一项杰出的发明创造。中国是世界上最早养蚕织丝的国家。中国古代劳动人民以上等蚕茧抽丝织绸，剩下的恶茧、病茧等则用漂絮法制取丝绵。漂絮完毕，篾席上会遗留一些残絮。当漂絮的次数多了，篾席上的残絮便积成一层纤维薄片，经晾干之后剥离下来，可用于书写。这种漂絮的副产物数量不多，在古书上称它为赫蹏或方絮。这表明了中国古代造纸术的起源同丝絮有着渊源关系。

### 六亲有次

六亲，就是指六代宗亲，古代宗族亲情到第六代为止的民间成规。《贾谊新书》："人之戚属，以六为法。人有六亲，六亲始曰父，父有二子为昆弟，昆弟又有子，子从父而昆弟，故曰从父兄弟。从父昆弟又有子，子从祖而昆弟，故为从祖昆弟。从祖昆弟又有子，从曾祖而昆弟，故曰曾祖昆弟。曾祖昆弟又有子，子为族兄弟，备于六，此之谓六亲。亲之始于一人，世之别离，分为六亲。"到了第六代，即出了五服，已无亲情关系。"五服"制度是中国礼治中为死去的亲属服丧的制度。它规定，血缘关系亲疏不同的亲属间，服丧的服制不同，据此把亲属分为五等，由亲至疏依次是：斩衰、齐衰、大功、小功、缌麻。

 ## 成语窗

### 粗制滥造
滥：过多，不加节制。写文章或做东西马虎草率，只求数量，不顾质量。

### 闭门造车
关起门来造车子。比喻脱离实际，只凭主观办事。

### 语无伦次
伦次：条理。话讲得乱七八糟，毫无次序。

### 为虺弗摧，为蛇若何
虺：小蛇。弗：不。摧：消灭。小蛇不打死，大了就难办。比喻不乘胜将敌人歼灭，必有后患。

### 习焉弗察
习：习惯。焉：语气助词，相当于"于是"的意思。指习惯于某种事物而觉察不到其中的问题。

### 光怪陆离
光怪：光彩奇异。陆离：参差错综貌。形容奇形怪状，五颜六色。

### 调虎离山
设法使老虎离开原来的山冈。比喻用计使对方离开原来的地方，以便乘机行事。

节义廉退

| 甲骨文 | 金文 | 篆文 | 隶书 | 楷书 | 行书 | 草书 | 标准宋体 |
|---|---|---|---|---|---|---|---|
|  | 筇 | 節 | 節 | 節 | 节 | 节 | 节 |

### 解字堂

"節"是形声字。金文的"節"为上下结构，上半部是"竹"，下半部是"即"（就餐），表示带结的一节竹子。篆文"節"承续了金文字形。隶书则将"竹"写成"⺮"。楷书写作"節"。简化后写作"节"。

《说文解字》："节，竹约也。从竹，即声。"也就是说，节，表示竹结之意。字形采用"竹"作偏旁，"即"是声旁。

"节"的本义是竹节，如"譬如破竹，数节之后，皆迎刃而解"。又引申指事物的分节、分段，如"节槎"，指的就是树木上歧出的节。引申指节日，如"多情自古伤离别，更那堪，冷落清秋节"。因竹节的分段有一定的规律，又引申指法度、节操之意，如"士大夫莫不敬节死制"。"节"又引申作动词表示节制，特指节省用度，如"好廉自克曰节"。由此引申为摘取，如节录、节选。在古代还指符节，是朝中大臣的一种凭证，又特指出使外国所持的凭证，即使节。以上都读作jié。

节有另一读音"jiē"，仅用于节骨眼、节子。

### 名言馆

知和而和，不以礼节之，亦不可行也。

·《论语·学而》

故善言古者必有节于今，善言天者必有征于人。

·《荀子·性恶》

多情自古伤离别，更那堪，冷落清秋节。

·（宋）柳永《雨霖铃》

持节云中，何日遣冯唐？

·（宋）苏轼《江城子·密州出猎》

谜语答案　弗　造　离

节义廉退

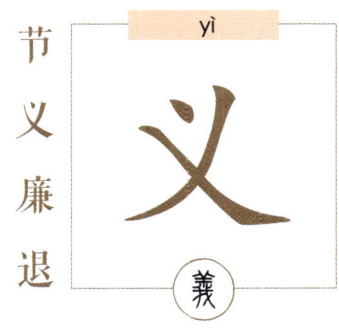

| 甲骨文 | 金文 | 篆文 | 隶书 | 楷书 | 行书 | 草书 | 标准宋体 |
|---|---|---|---|---|---|---|---|
| 羲 | 義 | 義 | 義 | 義 | 義 | 义 | 义 |

## 名言馆

不义而富且贵，于我如浮云。
· 《论语·述而》

越王勾践破吴归，义士还乡尽锦衣。
· （唐）李白《越中览古》

盘庚不为怨者故改其度，度义而后动，是而不见可悔故也。
· （宋）王安石《答司马谏议书》

## 解字堂

"義"是会意字。甲骨文的"羲"为上下结构，上半部是"羊"（即"祥"，表示祭祀占卜显示的吉兆），下半部是"我"（即有利齿的戈，代表征战），整体表示吉兆之战。篆文异体字的"义"由"羊"和"弗"（休战）组合而成，表示休战和平，揭示"道义"的另一层含义。金文承续甲骨文字形。篆文的"義"线条更加清晰，基本承续了前人的字形。隶化后，楷书写作"義"。简化后写作"义"。

《说文解字》："義，己之威仪也。从我、羊。羛，《墨翟书》义从弗。魏郡有羛阳乡，读若锜。今属邺，本内黄北二十里。"意思就是说：义，我军威武的出征仪式。字形采用"我、羊"会意。羛，《墨翟书》上"义"字采用"弗"作偏旁。魏郡有个地方叫"羛阳乡"，其"羛"字读作'锜'。该地现属邺县，本来在内黄县北边二十里的地方。

"义"的本义是出征前的隆重仪式，祭祀占卜，预测战争吉凶；如果神灵显示吉兆，则表明战争是仁道、公正的，即神灵护佑的仁道之战，如起义等。"义"还有引申义，用作名词，表示仁道、公理、真理，如"生，亦我所欲也；义，亦我所欲也。二者不可得兼，舍生而取义者也"。用作形容词，"义"的引申义为符合仁道、公理、真理的，就如义务、义诊等，都是符合仁道的行为。

除上述之外，"义"还是"仪"的本字，本读yí，当"义"的"仪式"词义，篆文"义"再加"人"另造"仪"代替，表示程式庄严的典礼。而"义"字的本义就有威仪之意，是一种古代礼仪的象征，后又引申为仪制、法度。

节义廉退

| 甲骨文 | 金文 | 篆文 | 隶书 | 楷书 | 行书 | 草书 | 标准宋体 |
|---|---|---|---|---|---|---|---|
|  |  | 廉 | 廉 | 廉 | 廉 | 廉 | 廉 |

### 解字堂

"廉"是形声字。从广,兼声。篆文的"廉"是半包围结构,由"广"和"兼"组合而成。隶书的"廉"将"兼"的线条细化,更加强调突出其字形的棱角。最后楷书写作"廉"。

《说文解字》:"廉,庂也。"就是说,廉指窄小的屋子。

"廉"的本义是厅堂上方有棱角的横梁,但本义只见于古文,如《仪礼·乡饮礼》:"设席于堂廉东上。""廉"还有引申义,用作形容词,"廉"表示有棱角的、正直的、不苟取的,如"人犯其难,我享其利,非廉也"。说的就是,当人遇到困难时,我却为此得到利益,这并不是正直的行为。除此之外,"廉"还有表示便宜的,如"廉价"就表示价格十分低。表示廉洁的,如清廉、廉洁用作动词,"廉"还引申为察考、访查,如"且廉问,有不如吾诏者,以重论之"。

另外,"廉"还用作姓氏,如多次打败秦军的赵国名将——廉颇。

### 名言馆

外不廉而内不挫。
·《周礼·考工记·轮人》

志士不饮盗泉之水,廉者不受嗟来之食。
·《后汉书·乐羊子传》

廉夫唯重义,骏马不劳鞭。
·(唐)李白《赠友人三首》其二

凭谁问,廉颇老矣,尚能饭否?
·(宋)辛弃疾《永遇乐·京口北固亭怀古》

节义廉退

| 甲骨文 | 金文 | 篆文 | 隶书 | 楷书 | 行书 | 草书 | 标准宋体 |

### 名言馆

吾观自古贤达人，功成不退皆殒身。
· （唐）李白《行路难三首》其三

暑退九霄净，秋澄万景清。
· （唐）刘禹锡《八月十五日夜玩月》

是进亦忧，退亦忧。然则何时而乐耶？
· （宋）范仲淹《岳阳楼记》

江头落日照平沙，潮退渔船阁岸斜。
· （宋）戴复古《江村晚眺》

### 解字堂

"退"是会意字。甲骨文的"退"为上下结构，上半部是"豆"（表示食器），下半部的"止"（即"趾"）脚趾朝着与食器相反的方向，表示离开进食的餐桌。也有甲骨文"退"把食器"豆"写成空的"皿"，表示食物吃完。金文的"退"在甲骨文字形的左边加上"彳"（行走），强调人从餐桌走开。籀文的"退"误将金文字形中的食器"豆"写成"日"，同时加上了"止"。篆文的"退"省去籀文字形中的"止"。隶书的"退"承续了籀文字形。隶变后楷书写作"退"，将"退"字的"辵"写成"辶"。

《说文解字》："退却也。一曰行迟也。从彳，从日，从夂。"意思就是说，退，有却步之意。一种说法认为"退"是走得慢。字形采用"彳、日、夂"会意。

"退"的本义是餐毕下桌离席，如"待坐则必先退席"。由此引申，"退"有向后撤、向后走、离开之意，如"不可以退而谓之退"中的"退"就有离开之意。"退"还引申为反归、回至原处，如"退而甘食其土之有"。现代，"退"用得较多的义项还有回还，如退货、退钱等。把已定的事撤销，如退聘、退婚。

## 温故知新

### 四字通解

节义廉退，说的是五常之德除仁以外的其余四德"信义智礼"。"节"本义为竹子的节眼，竹子可以被剖开，但其中的节不会扭曲，由此引伸为气节、操守，说的是人应该有所守而不变。这里用"节"来代表五常之中的信德。因此，在古代的诗词中常用竹节来表示人的耿直端正。所谓"君子竹，大夫松"。所以，古代国家的特使出访，手中都要持着一根竹子做的"旌节"，人在旌节在，以象征国家的主权与尊严。比如西汉的苏武，奉汉武帝之命出使匈奴时被扣押，流放到北海牧羊十九年，汉昭帝时才被迎回中原。苏武须发如雪，手中高举着旌节回到长安，被传为千古佳话。"义"是孟子学说的核心，也是孟子一生追求的目标。孔子说"杀身成仁"，孟子说"舍生取义"。"大义凛然"是孟子做人的标准之一，虽有敌军围困，只要义之所在，"虽千万人吾往矣"。"廉"指一个人有操守，不苟且，在五常中代表"智德"。"退"的意思是谦退、谦逊、礼让，是"礼德"。

### 猜谜语

不计前嫌团结广。
（打一字）

刀锋不锐草下藏。
（打一字）

人而无仪。
（打一字）

### 故事厅

#### 廉颇老矣，尚能饭否

廉颇（约前305—前230），苦陉（今河北定州市邢邑镇）人，嬴姓，廉氏，名颇，战国末期赵国的名将，与白起、王翦、李牧并称"战国四大名将"。曾率兵讨伐齐国，取得大胜，夺取了晋阳，赵王封他为上卿。廉颇因为勇猛果敢而闻名于诸侯各国。长平之战前期，他以固守的方式成功抵御了秦国军队。长平之战后，又击退了燕国的入侵，斩杀燕国的栗腹，并令对方割五城求和。公元前251年，他战胜燕军，任以为相国，封为信平君。赵国由于屡次被秦兵围困，赵王就想重新用廉颇为将，廉颇也想再被赵国任用。于是，赵王就派了使臣去探望廉颇，看看他还能不能任用。但廉颇的仇人郭开用重金贿赂使者，让他诋毁廉颇。赵国使臣见到廉颇之后，廉颇当他的面一顿饭吃了一斗米、十斤肉，又披上铁甲上马，表示自己还可以被任用。然而，赵国使者回去却向赵王报告说："廉将军即使已老，饭量还很不错，可是陪我坐着时，一会儿就拉了三次屎。"为此，赵王认为廉颇老了，就不再把他召回。至赵悼襄王时，由于不得志，他先后投奔魏国大梁和楚国，奔魏居大梁，后老死于楚，葬于寿春。

#### 退避三舍

春秋时期，晋国内乱，晋献公的儿子重耳逃到楚国。楚成王收留并款待他，他许以如晋、楚发生战争晋军必退避三舍的承诺。后来重耳在秦穆公的帮助下重回晋国执政。晋国支持宋国与楚国发生矛盾，两军在城濮相遇，重耳履行当初许下的诺言——退避三舍，最终诱敌深入而使得战事大获全胜。

 **知识角**

## 二十四节气

二十四节气是指中国农历中表示季节变迁的24个特定节令，是根据地球在黄道（即地球绕太阳公转的轨道）上的位置变化而制定的，每一个分别相应于地球在黄道上每运动15°所到达的一定位置。二十四节气又分为12个中气和12个节气，一一相间。二十四节气反映了太阳的周年视运动，所以在公历中它们的日期是基本固定的，上半年的节气在6日，中气在21日，下半年的节气在8日，中气在23日，二者前后不差1—2日。

二十四节气是中国先秦时期开始订立、汉代完全确立的用来指导农事的补充历法，是通过观察太阳周年运动，认知一年中时令、气候、物候等方面变化规律所形成的知识体系。它把太阳周年运动轨迹划分为24等份，每一等份为一个节气，始于立春，终于大寒，周而复始，既是历代官府颁布的时间准绳，也是指导农业生产的指南针，日常生活中人们预知冷暖雪雨的指南针。在二十四节气中，反映四季变化的节气有立春、春分、立夏、夏至、立秋、秋分、立冬、冬至8个节气，反映温度变化的有小暑、大暑、处暑、小寒、大寒5个节气，反映天气现象的有雨水、谷雨、白露、寒露、霜降、小雪、大雪7个节气，反映物候现象的则有惊蛰、清明、小满、芒种4个节气。

2016年11月30日，二十四节气被正式列入联合国教科文组织人类非物质文化遗产代表作名录。在国际气象界，二十四节气被誉为"中国的第五大发明"。2017年5月5日，"二十四节气"保护联盟在浙江杭州拱墅区成立。

 **成语窗**

**繁文缛节**
过分烦琐的仪式或礼节。也比喻其他烦琐多余的事项。

**高风亮节**
形容道德和行为都很高尚。

**断章取义**
指不顾全篇文章或谈话的内容，孤立地取其中的一段或一句的意思。指引用与原意不符。

**背信弃义**
违背诺言，不讲道义。

**寡廉鲜耻**
旧指不廉洁，不知耻。现指不知羞耻。

**俭以养廉**
节俭可以培养廉洁的作风。

**进退失据**
前进和后退都失去了依据。形容无处容身。也指进退两难。

**急流勇退**
在急流中勇敢地立即退却。比喻做官的人在得意时为了避祸而及时隐退。

颠沛匪亏

| 甲骨文 | 金文 | 篆文 | 隶书 | 楷书 | 行书 | 草书 | 标准宋体 |
|---|---|---|---|---|---|---|---|
|  | 颠 | 颠 | 颠 | 顛 | 顛 | 颠 | 颠 |

### 解字堂

"颠"是形声字。金文的"颠"有"真"（"蹎"的省略，表示仆倒）加上"页"（表示头部），整字表示头部仆地。篆文承续了金文的字形，线条更加规范细化。隶书承续金文字形。楷书写作"顛"。简化后写作"颠"。

《说文解字》："颠，顶也。从页，真声。"也就是说，颠表示头顶之意。字形采用"页"作偏旁，采用"真"作声旁。

"颠"的本义是跌倒，以头着地，如"危而不持，颠而不扶"。"颠"还有引申义，用作动词，意为颠倒、倒转，如是非颠倒、颠三倒四等。

用作名词，"颠"表示头顶或事物顶部，如"山巅"。

### 名言馆

有车邻邻，有马白颠。
　　·《诗·秦风·车邻》

危而不持，颠而不扶。
　　·《论语·季氏》

狗吠深巷中，鸡鸣桑树颠。
　　·（晋）陶潜《归园田居五首》其一

江上被花恼不彻，无处告诉只颠狂。
　　·（唐）杜甫《江畔独步寻花七绝句》其一

谜语答案　廉 节 义

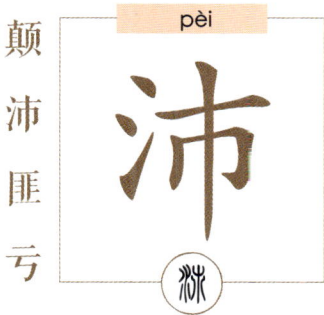

| 甲骨文 | 金文 | 篆文 | 隶书 | 楷书 | 行书 | 草书 | 标准宋体 |
|---|---|---|---|---|---|---|---|
|  |  | 沛 | 沛 | 沛 | 沛 | 沛 | 沛 |

## ～名言馆～

君子无终食之间违仁，造次必于是，颠沛必于是。
　　　　　　　·《论语·里仁》

天油然作云，沛然下雨。
　　　　　　　·《孟子·梁惠王上》

沛然乘天游，独往失所在。
　　　·（唐）李白《送王屋山人魏万还王屋》

于人曰浩然，沛乎塞苍冥。
　　　　　　　·（宋）文天祥《正气歌》

## ～解字堂～

"沛"是形声字。篆文的"沛"由"水"（表示水洼）加上"巿"（"肺"的省略，表示呼吸器官）。隶书的"沛"将篆文的"水"写作"氵"。楷书写作"沛"。

《说文解字》：沛，水。出辽东番汗塞外，西南入海。从水，巿声。意思就是说，沛是一条河流的名字。源出辽东番汗塞外，于西南方汇入大海。字形采用"水"作偏旁，"巿"是声旁。

"沛"的本义是沼泽、多水草之地，但是本义只见于古文，如"齐侯田于沛"。"沛"还有引申义，表示丰足的、充盈的、盛大的，如"民归之，由水之就下，沛然谁能御之"中的"沛"就有充沛之意。

颠沛匪亏

## fěi

匪

| 甲骨文 | 金文 | 篆文 | 隶书 | 楷书 | 行书 | 草书 | 标准宋体 |
|---|---|---|---|---|---|---|---|
|  | 匪 | 匪 | 匪 | 匪 | 匪 | 丞 | 匪 |

### 解字堂

"匪"是形声字。金文的"匪"由"竹"、"刀"和"非"组合而成。篆文的"匪"去掉了"竹",并以"匚"代替了"刀"。隶书的"匪"将篆文的"米"写成"非"。楷书写作"匪"。

《说文解字》:"匪,器,似竹筐。从匚,非声。"《逸周书》曰:'实玄黄于匪。'也就是说,匪表示一种器物,像竹筐。字形采用"匚"作偏旁,采用"非"作声旁。《逸周书》上说:"在匪中装填彩色的帛布。"

"匪"用作名词,还表示盗贼,如匪徒、土匪。

用作副词的"匪"有否定义,表示不、非等,意义同"非",如获益匪浅。

### 名言馆

匪女之为美,美人之贻。
　　·《诗·邶风·静女》

我心匪石,不可转也。
　　·《诗·邶风·柏舟》

匪手携之,言示之事。匪面命之,言提其耳。
　　·《诗·大雅·抑》

所守或匪亲,化为狼与豺。
　　·(唐)李白《蜀道难》

## 亏 kuī

| 甲骨文 | 金文 | 篆文 | 隶书 | 楷书 | 行书 | 草书 | 标准宋体 |
|---|---|---|---|---|---|---|---|
|  |  | 虧 | 虧 | 虧 | 虧 | 虧 | 亏 |

### 名言馆

日极则仄，月满则亏。
    ·《管子·白心》

厚者亏之，薄者靡之。
    ·《韩非子·扬权》

恩爱苟不亏，在远分日亲。
    ·（三国）曹植《赠白马王彪》

赂秦而力亏，破灭之道也。
    ·（宋）苏洵《六国论》

### 解字堂

"虧"是形声字。《说文解字》曰："虧，气损也。从亏，雐声。䖦，虧或从兮。"意思是说，虧表示气损，以亏为形旁，以雐为声旁。

"亏"的本义是气损，由此引申为欠缺、短少，如血亏、理亏。用作动词，"亏"的引申义为损失、损耗、浪费，如亏损、亏本、盈亏。而"亏"作为名词，则表示不合常理的损失，如"好汉不吃眼前亏"，所谓的"眼前亏"就是指事作中正在发生的不合理的损失。"亏"还表示亏负，如亏心。表示多亏，如亏你提醒我，我才想起来。

## 温故知新

### 四字通解

颠沛匪亏，意思是君子在一餐饭这么匆忙之间，也不能丢失五常之德。在混乱的时候更是如此。需要坚守，始终如一。"颠"，表示狼狈困顿；"沛"，表示跌倒。颠沛表示颠沛流离，《论语》曰："君子无终食之间违仁，造次必于是，颠沛必于是。""匪"，表示否定，与上文的"弗"相同。"亏"，表示缺少、丢失。

### 猜谜语

夸大其辞。
（打一字）

是非只为多开口。
（打一字）

淮左名都。
（打一字）

### 故事厅

**项羽舞剑，意在沛公**

秦朝末年，各路起义军中有两支最大的力量，这就是刘邦（沛公）和项羽的队伍。他们曾经约定，谁先攻下秦朝首都咸阳，谁就在关中一带为王。结果，刘邦先攻破了咸阳，控制了函谷关。项羽因此非常生气，于是要找刘邦决战。

项羽的一个远房叔叔项伯与刘邦的谋士张良很要好。听到这消息，他连夜告诉张良，劝他赶紧离开。张良不愿背叛刘邦，经张良介绍，刘邦热情地接待了项伯，并与项伯结为儿女亲家。项伯劝刘邦亲自去向项羽解释、道歉，以避免这场大战。

第二天，刘邦带着一百多人亲自去鸿门向项羽赔礼道歉。项羽的谋士范增劝项羽在酒宴上除掉刘邦。宴会上埋伏了一批武士，约定项羽一举杯，就立即动手。在宴会上，刘邦对项羽态度谦卑，处处陪着小心。项羽是个直性子，被刘邦哄得高兴，无心再杀他，故对范增的几次示意，都没有反应。范增觉察没按计划进行，就把项羽的堂兄弟项庄找出来说："项王太仁慈了。你快进去借舞剑为名，趁机杀了刘邦。"

项庄回来便到宴会上敬酒，并请让他舞剑助兴。只见剑光闪闪，项庄越舞越靠近刘邦。项伯担心出事，对项羽说："一人独舞，兴致不高，让我和他对舞吧！"项伯也拔剑起舞，暗暗地用自己的身体挡着刘邦，使项庄找不到下手的机会。

张良看到这种情况，赶忙出去找来刘邦的武将樊哙，在张良、樊哙的保护下，刘邦终于借机离开宴会，安全地回到自己的军营。

这就是历史上有名的"鸿门宴"的故事。后来张良说的"今者项庄舞剑，其意常在沛公也"演化成了"项庄舞剑，意在沛公"的成语，用来比喻行动或言语隐约针对某一个人。

 **知识角**

### 大不列颠及北爱尔兰联合王国

大不列颠及北爱尔兰联合王国（United Kingdom of Great Britain and Northern Ireland），通称英国，又称联合王国（United Kingdom），本土位于欧洲大陆西北面的不列颠群岛，被北海、英吉利海峡、凯尔特海、爱尔兰海和大西洋包围。

英国是由大不列颠岛上的英格兰、威尔士和苏格兰以及爱尔兰岛东北部的北爱尔兰以及一系列附属岛屿共同组成的一个西欧岛国。除本土之外，其还拥有14个海外领地，总人口超过6600万，以英格兰人（盎格鲁—撒克逊人）为主体民族。

1688年的光荣革命确立英国君主立宪政体，英国是世界上第一个工业化国家，首先完成工业革命，国力迅速壮大。18世纪至20世纪初期英国统治的领土跨越全球七大洲，是当时世界上最强大的国家，号称日不落帝国。在两次世界大战中都取得了胜利，但国力严重受损。到20世纪下半叶大英帝国解体，资本主义世界霸主的地位被美国取代。不过，现在英国仍是一个在世界范围内有巨大影响力的大国。

英国是一个高度发达的资本主义国家。欧洲四大经济体之一，其国民拥有较高的生活水平和良好的社会保障制度。英国作为英联邦元首国、八国集团成员国、北约创始会员国，同时也是联合国安全理事会五大常任理事国之一。

 **成语窗**

**颠沛流离**
颠沛：跌倒，比喻穷困，受挫折。流离：流落。由于灾荒或战乱而流转离散。形容生活艰难，四处流浪。

**神魂颠倒**
神魂：精神，神志。形容精神恍惚，颠三倒四，失去常态。

**沛雨甘霖**
充足而甘美的雨水。比喻恩泽深厚。

**精力充沛**
体力强盛，精神充足。

**获益匪浅**
匪：不。益：益处，启迪。形容从中受到很大的益处和启迪。

**匪夷所思**
匪：不是。夷：平常。指言谈行动离奇古怪，不是一般人根据常情所能想象的。

**月满则亏，月圆则缺**
比喻事物发展到极点则开始衰退。

性静情逸

xìng

| 甲骨文 | 金文 | 篆文 | 隶书 | 楷书 | 行书 | 草书 | 标准宋体 |
|---|---|---|---|---|---|---|---|
|  |  | 性 | 性 | 性 | 性 | 性 | 性 |

### 解字堂

"性"是形声字。篆文的"性"由"心"（表示欲求）和"生"（天然萌发）组合而成，表示人类天然萌发的欲求。隶书的"性"将篆文的"心"写成"忄"。楷书写作"性"。

《说文解字》："性，人之阳气性善者也。从心，生声。"意思就是说，性指的是人的身上善良本能的显性表现。字形采用"心"作偏旁，采用"生"作声旁。实际上，"生"，既是声旁也是形旁，表示天然萌发。"生"常在古文中被假借为"性"，表示内心萌发的与生俱来的本能。

"性"的本义是人类萌生于心的本能欲求，指的是个性、性情等方面。从"本能欲求"出发，"性"还表示有关生物的生殖或性欲的，如性器官、性行为。此外，"性"还用作名词，指性别，如雄性、女性等。由此引申开来，"性"还泛指所有事物的本质特点，如理性、碱性等。

唐朝韩愈在《原性》中说："性也者，与生俱生也……曰性之品有上、中、下三。上焉者，善焉而已矣；中焉者，可导而上下也；下焉者，恶焉而已矣……孟子之言性曰：人之性善；荀子之言性曰：人之性恶；扬子之言性曰：人之性善恶混。"实际上就是对人性进行的阐释，韩愈说人性是天生的，且分为上、中、下三个品级，上品的人性是纯粹的善，中品的人性是可以引导它变成上品或下品的，下品的人性是纯粹的恶。而孟子提出性善论，荀子提出性恶论，汉代扬雄提出性善恶相混论，都是以对人性品级的片面认识而提出的。

### 名言馆

岂敢惜性命，不堪其詈骂。
· （汉）蔡文姬《悲愤诗》

弃身锋刃端，性命安可怀。
· （三国）曹植《白马篇》

少无适俗韵，性本爱丘山。
· （晋）陶潜《归园田居五首》其一

闻道玉门犹被遮，应将性命逐轻车。
· （唐）李颀《古从军行》

谜语答案 亏 匪 沛

性静情逸

| 甲骨文 | 金文 | 篆文 | 隶书 | 楷书 | 行书 | 草书 | 标准宋体 |
|---|---|---|---|---|---|---|---|
| | 𤕭 | 靜 | 静 | 静 | 静 | 静 | 静 |

### 名言馆

树欲静而风不止，子欲养而亲不待也。
　　·（汉）韩婴《韩诗外传》

---

人闲桂花落，夜静春山空。
　　·（唐）王维《鸟鸣涧》

---

茅檐长扫静无苔，花木成畦手自栽。
　　·（宋）王安石《书湖阴先生壁二首》

---

蝉噪林逾静，鸟鸣山更幽。
　　·（南朝）王籍《入若耶溪诗》

### 解字堂

"静"是形声字。金文的"静"由左上角的"青"（"清"的省略，表示纯净）加上"争"。也有金文将"静"的杂合结构调整为简单的左右结构。篆文的"静"承续了左右结构的金文字形。隶书"静"有所变形，线条更加清晰圆润。楷书写作"静"。简化后写作"静"。

《说文解字》："静，审也。从青，争声。"也就是说，静表示自审内省。字形采用"青"作偏旁，"争"作声旁。

"静"的本义是色彩分布得当，引申为努力去除杂念，清心寡欲。"静"还有引申义，用作形容词，表示内心安定的、没有杂念的，如"静言思之"。由此引申，"静"还有无噪音的之意，如"树欲静而风不止"。用作副词，"静"表示无杂念地，如静观其变、静候佳音。

性静情逸

| 甲骨文 | 金文 | 篆文 | 隶书 | 楷书 | 行书 | 草书 | 标准宋体 |
|---|---|---|---|---|---|---|---|
|  | 𰀀 | 𰀀 | 情 | 情 | 情 | 情 | 情 |

### 解字堂

"情"是形声字。金文的"情"由"心"加上"青"。篆文的"情"将金文的 写成 ，将金文的 的线条更加细化。

《说文解字》："情，人之阴气有欲者。从心，青声。"也就是说，情表示内心有所欲求的隐性动力。字形采用"心"作偏旁，采用"青"作声旁。

"情"的本义是感情、情绪，如"天若有情天亦老"，天如果有情感的话，天也会变苍老。引申为事物的本性，如"夫物之不齐，物之情也"。除此之外，"情"还表示生活的实况，如"虚则知实之情"中的"情"指的就是情况。

### 名言馆

夫物之不齐，物之情也。
  ·《孟子·滕文公上》

惟将旧物表深情，钿合金钗寄将去。
  ·（唐）白居易《长恨歌》

衰兰送客咸阳道，天若有情天亦老。
  ·（唐）李贺《金铜仙人辞汉歌》

夫求祸而辞福，岂人之情也哉？
  ·（宋）苏轼《超然台记》

性静情逸

| 甲骨文 | 金文 | 篆文 | 隶书 | 楷书 | 行书 | 草书 | 标准宋本 |
|---|---|---|---|---|---|---|---|
|  |  |  |  |  |  |  |  |

## 名言馆

兴灭国，继绝世，举逸民，天下之民归心焉。

·《论语·尧曰》

---

为之者劳，居之者逸。

·（汉）张衡《东京赋》

---

俱怀逸兴壮思飞，欲上青天揽明月。

·（唐）李白《宣州谢朓楼饯别校书叔云》

---

清新庾开府，俊逸鲍参军。

·（唐）杜甫《春日忆李白》

## 解字堂

"逸"是会意字。甲骨文的"逸"由"兔"和"止"（同"趾"，表示行进）组成，表示野兔逃跑。金文的"逸"将甲骨文的"止"写成"辵"，更加强调字形中"逃跑"的含义。篆文"逸"承续金文字形，线条更加细化了。隶书的"逸"则将篆文的"辵"写成"辶"。楷书写作"逸"。

《说文解字》："逸，失也。从辵、兔。兔谩訑善逃也。"意思就是说，逸表示逃跑、逃逸。字形采用辵、兔会意。在所有猎物中，温顺易捕的，莫过于野兔，但是，野兔会在危急时刻装假蒙人，善于逃跑。

"逸"的本义是野兔逃跑、逃逸，但该本义仅见于古文，如"见一赤兔，每搏辄逸"。"逸"还有引申义，用作动词，表示逃脱之意，如"麚逸出于窦中，马退而却"。用作形容词，"逸"表示散失、失传，如"然则夏后、周公之典逸矣"，表示这些典籍已失传了。除了失传之义外，"逸"还可由此引申为超过一般之义，如古文中对诸葛亮有"亮少有逸群之才"的评价，指的就是诸葛亮年少就有不同于常人的才智。

"逸"字本义是逃跑，整个字形很好地表达了"逸"字的本义。后来，"逸"字又引申为奔跑、超越等义。此外，"逸"字用作形容词，意思是闲适、安逸，这也是该字现在的常用义。

## 温故知新

 四字通解

性静情逸，意思是只有保持内心清静平定，情绪才会得以安逸舒适。"性"的表现形式就是"情"，这个看不见摸不着的本体，依托于"情"这个形式表现出来，以便与同类进行交流。情是由性所发出的，性一动就发为情。子思在《中庸》里面说："喜怒哀乐之未发谓之中，发而皆中其节谓之和。"性与情相对，性情表示一个人的心性与情志。"静"，就是安静的意思。"逸"，表示轻松，安逸。一旦性情发动，性变为情了，就要"中其节"，节是节骨眼，是关键，是物体的连接点。"中节"就是要正中靶心，恰到好处，能中节就是和，和就不伤，己人都不伤。人非圣贤不可能没有情感，性一动就变为情感，既有情感就要发作表现出来。发作可以，但要恰到好处，适可而止。孩子闯了祸，教育得恰到好处，他一定乖乖地接受，不会记恨父母，这就是和。如果处理得过了火，将孩子以前的过错、陈糠烂谷子一起翻出来，他一定不服气，因为你没有中节。掌握这个火候，就需要智慧与经验。

### 猜谜语

兔子跑了。
（打一字）

有心除清水。
（打一字）

生来怕落后。
（打一字）

 故事厅

### 舐犊情深

曹操手下的主簿杨修是汉末著名的文学家，他才思敏捷，但却恃才放旷。曹操每次与曹植议事，见他对答如流，心中不免产生疑问。于是，曹丕买通了曹植的手下，把杨修事先替曹植准备好的答案偷出来进呈给父亲。曹操这才恍然大悟，原来是杨修捣的鬼，便更加疑忌他。后来曹操出兵汉中时，找了个借口将其灭口。事后，曹操遇到杨修的老父亲杨彪，关切地问："先生近日为何瘦得如此厉害？"杨彪回答道："昔日汉武帝的近臣、匈奴贵族金日磾有两个儿子，汉武帝非常宠信他们，让他们在宫中侍奉。后来金日磾发现自己的两个儿子淫乱宫中，就一狠心把他俩杀了，免得以后生出祸患。我自愧没有金日磾那样的先见之明，但毕竟还有老牛舐小牛那样的亲子之爱。"委婉地表达出自己痛惜爱子被杀的心情。曹操听后，心里也十分过意不去。

### 树欲静而风不止

一次，孔子在路上见到一个人坐在路边哭得很伤心，便问他为何如此伤心。

那人回答："因为我犯过三个错误，想起来就伤心。年轻时忙着做学问，没有好好侍奉父母，反而要他们照顾我。我自命清高，做事不够尽心尽力，妨碍了我的升职。从小对朋友不友善，大家都不愿亲近我，现在年纪大了觉得孤单。树欲静而风不止，现在我想好好弥补这一切，可是岁月已经过去了，父母去世了，朋友不再来了，我年龄也大了。每每想起，我就禁不住伤心。"

##  知识角

### 《陈情表》

《陈情表》为西晋李密写给晋武帝的奏章。文章叙述祖母抚育自己的大恩，以及自己应该报养祖母的大义；除了感谢朝廷的知遇之恩以外，又倾诉自己不能从命的苦衷，真情流露，委婉畅达。该文被认定为中国文学史上抒情文的代表作之一，有"读诸葛亮《出师表》不流泪者不忠，读李密《陈情表》不流泪者不孝"的说法。

晋武帝征召李密为太子洗马，李密不愿应诏，就写了这篇申诉自己不能应诏的苦衷的表文。文章从自己幼年的不幸遭遇写起，说明自己与祖母相依为命的特殊感情，叙述委婉，辞意恳切，语言简洁生动，富有表现力与强烈的感染力。相传晋武帝看了此表后很受感动，特赏赐给李密奴婢二人，并命郡县按时给其祖母供养。

### 陈逸飞

陈逸飞（1946—2005），生于宁波。当代著名油画家、文化实业家、导演。1965年毕业于上海美术专科学校（现上海大学美术学院），进入上海画院油画雕塑创作室，曾任油画组负责人。1980年旅美后，专注于中国题材油画的研究与创作。陈逸飞以"大美术"的理念，在电影、服饰、环境设计等诸多方面都取得了创造性成就，成为文化名流、闻名海内外的华人艺术家。

陈逸飞在19世纪60—70年代创作了《黄河颂》《占领总统府》《踱步》和《周庄》等知名的优秀油画作品。

##  成语窗

**姜桂之性**
生姜和肉桂愈久愈辣。比喻年纪越大性格越耿直。

**动心忍性**
动心：使内心惊动。忍性：使性格坚韧。指不顾外界阻力，坚持下去。

**一厢情愿**
指单方面的愿望或不考虑客观实际情况的主观意愿。

**不情之请**
情：情理。不合情理的请求（称自己提出请求时的客气话）。

**风平浪静**
指水面上没有风浪。比喻平静无事。

**鸦默雀静**
连乌鸦麻雀的声音都没有。形容没有一点声息。

**以逸待劳**
逸：安闲。劳：疲劳。指在战争中做好充分准备，养精蓄锐，等疲乏的敌人来犯时给以迎头痛击。

**一劳永逸**
逸：安逸。辛苦一次，把事情办好，以后就可以不再费力了。

心动神疲

| 甲骨文 | 金文 | 篆文 | 隶书 | 楷书 | 行书 | 草书 | 标准宋体 |
|---|---|---|---|---|---|---|---|
| ♡ | ♡ | ♡ | 心 | 心 | 心 | 心 | 心 |

## 解字堂

"心"是象形字。甲骨文的"心"就像包形的内脏器官。金文的"心"在包形器官的基础上增加了动脉和静脉的入口管道形象,并在包形器官的内部增加了一点以表示血液的指事符号,整个字形就像人体内包形的泵血器官。篆文的"心"简化了血管的形状,并且省去了表示血液的指事符号。隶书"心"变形较大,至此,泵血器官的包形、血管形状消失。楷书写作"心"。

《说文解字》:"心,人心,土藏,在身之中。象形。博士说以为火藏。凡心之属皆从心。"也就是说,心指人的心脏,是属于土性的脏器,在身躯的中央位置。字形像泵血器官的形状。也有博学之士说,心是属火的脏器。所有与心相关的字,都用"心"作偏旁。

"心"的本义是人体的泵血器官,从静脉接受血液并将其压入动脉从而维持血液在整个循环系统中的流动,如心脏。古人认为,心不仅是泵血器官,还是感知器官,具有直觉思维的能力。故"心"的引申义表示感觉和思维器官。如"愿问第一义,回向心地初",此处所指的"心"不再仅仅只是泵血器官,而是具有感觉和思维能力的器官。用作名词,"心"还引申为情绪、思想,如白居易《卖炭翁》中的"心忧炭贱愿天寒"。用作名词,"心"还指中央的意思,如"东船西舫悄无言,唯见江心秋月白"。

## 名言馆

他人有心,予忖度之。
· 《诗·小雅·巧言》

夫民虑之于心,而宣之于口,成而行之,胡可壅也。
· 《国语·周语上》

感时花溅泪,恨别鸟惊心。
· (唐)杜甫《春望》

谜语答案 逸 情 性

## dòng 动

| 甲骨文 | 金文 | 篆文 | 隶书 | 楷书 | 行书 | 草书 | 标准字体 |
|---|---|---|---|---|---|---|---|
|  | 🔣 | 🔣 | 動 | 動 | 動 | 动 | 动 |

### 名言馆

人生不相见，动如参与商。
　　·（唐）杜甫《赠卫八处士》

疏影横斜水清浅，暗香浮动月黄昏。
　　·（宋）林逋《山园小梅》其一

萧萧梧叶送寒声，江上秋风动客情。
　　·（宋）叶绍翁《夜书所见》

### 解字堂

"動"是形声字。从力，重声。西周时期以"童"为之，如毛公鼎🔣。之后"動"字由四路演进，一路加力为意符，以童为声。隶化后楷书写作"動"。简化后写作"动"。

《说文解字》："動，作也。从力，重声。🔣，古文动，从辵。"也就是说，动表起身作事之义。字形采用"力"作偏旁，采用"重"作声旁。🔣是古文写法的"动"，采用"辵"作偏旁。

"动"的本义是使用本力，负重劳作。如"劳动"就有此意。"动"还有引申义，用作动词，即使用、运作、行事。如"动笔"就是使用笔准备书写之意。除此之外，"动"还表示转移位置、活跃起来的意思，如"风雨不动安如山""风移影动"等中的"动"用的就是该义。"动"还表改变、触及之义，如"动情""动心"指的都是人的情绪或行为被触及、改变。

"动"还用作名词，表示行为、运作过程。如"动作""举动"用的就是该义项。

心动神疲

shén

| 甲骨文 | 金文 | 篆文 | 隶书 | 楷书 | 行书 | 草书 | 标准宋体 |
|---|---|---|---|---|---|---|---|
| ⒈ | 祀 | 䄀 | 神 | 神 | 神 | 神 | 神 |

## 解字堂

"神"是会意字。"申""电""神"本是同一个字，后分化。甲骨文的"申"像神秘的霹雳、不同方向开裂的闪电。当"申"的"闪电"和"天神"本义消失后，金文"申"再加"示"另造"神"代替。金文的"神"由"示"（表示祭祀）加上"申"（表示闪电）组合而成，表示祭拜发出闪电的天公。篆文的"神"将金文的"申"线条细化。隶书右半部直接写成"申"。楷书写作"神"。

《说文解字》："神，天神，引出万物者也。从示、申。"也就是说，神表示天神之意，引出万物的存在。字形采用示、申会意。"神"的本义是古人奉为天地主宰的雷电，古人认为打雷闪电是至高无上的天神在发怒。而后人们都认为"神"就是万物的主宰，如神仙、神灵。"神"还有引申义，指掌控身体的灵魂、意识。如"登斯楼也，则有心旷神怡，宠辱偕忘"的"神"就有神色、神智之义。"神"还用作形容词，有绝妙的、奇异的之义，如"神速"指的就是异于常人的速度。而用作副词的"神"，还有绝妙地、不可思议地的意思，如神来之笔。

## 名言馆

神龟虽寿，犹有竟时。
· （汉）曹操《龟虽寿》

可怜夜半虚前席，不问苍生问鬼神。
· （唐）李商隐《贾生》

故国神游，多情应笑我，早生华发。
· （宋）苏轼《念奴娇·赤壁怀古》

## 心动神疲

pí 疲

| 甲骨文 | 金文 | 篆文 | 隶书 | 楷书 | 行书 | 草书 | 标准字体 |
|---|---|---|---|---|---|---|---|
|  |  | 癞 | 疲 | 疲 | 疲 | 疲 | 疲 |

### 名言馆

我自乐此，不为疲也。
　　·《后汉书·光武帝纪》

何必疲执戟，区区在封侯。
　　·（唐）卢照邻《咏史四首》其四

辛苦十数年，昼夜形神疲。
　　·（唐）白居易《和答诗十首·答四皓庙》

情虽不厌住不得，薄暮归来车马疲。
　　·（宋）梅尧臣《东溪》

### 解字堂

"疲"是形声字。篆文的"疲"是由"疒"（表示病）和"皮"组合而成，表示劳累、疲倦。隶书的"疲"将篆文"疒"的线条细化。楷书写作"疲"。

《说文解字》："疲，劳也。从疒，皮声。"也就是说，疲表示身体劳顿之意。字形采用"疒"作偏旁，采用"皮"作声旁。

"疲"的本义是困乏、倦怠，如"疲匮"就表示疲累困乏。"疲"的引申义为衰老、衰弱，如"疲马"指的就是瘦弱的马。"疲"还有停止之义，如"欲疲不能，遂佐对校"就取用该义。

现今，"疲"使用较多的义项还是其本义。

## 温故知新

###  四字通解

　　心动神疲,意思是如果内心浮躁不安,则精神就会表现出来萎靡不振。心与神相对,心神表示心境和精神。动与疲相对,表示浮躁妄动与疲劳困顿。神是人体一切生命活动的总称。中国文化中其实没有迷信的东西,"鬼"与"神"的概念,按照道家思想的解释是"纯阳之气谓之神,纯阴之气谓之鬼"。并非是神在天上、鬼在地府,神鬼统统都在自己身上。"神者伸也",是生命活动的伸展和延长;"鬼者归也",是生命活动的回归和结束。可见,迷信是自己对生命现象和心理活动的迷惑,是无知、没有智慧的。

###  故事厅

#### 乐此不疲

　　汉光武帝刘秀是个勤奋刻苦的人,他率领军队南征北战,仍旧保持着勤勉办事的作风,同将士们一起冲锋陷阵,与谋臣们一同运筹帷幄,往往通宵达旦,废寝忘食。

　　刘秀当了东汉皇帝后,工作更为紧张繁忙。他每天和大臣们忙于治国大计,绝不提战争的事。皇太子有一次向他请教攻战的道理,刘秀引用《论语》孔子说"未学军旅",让他关心治国。

　　建立东汉以来,刘秀每天亲自处理朝政,工作十分刻苦,从天亮上朝问事,一直到天黑才回寝宫。皇太子见刘秀忙于朝政,勤劳不息,十分关心他的身体健康。有一次刘秀正在休息,皇太子大胆劝谏:"陛下,像您这样勤政为民,可说是有了夏禹、成汤那样贤明的品格,却没有黄帝、老子那样的修身养性的幸福,希望您爱惜身体,保养精神,少做一些工作,多娱乐娱乐。"

　　刘秀听后,哈哈大笑,说:"我自己乐于这样做,习惯了,一点也不觉得疲劳(乐此不疲)!"皇太子听了,深受感动。

#### 八仙过海,各显神通

　　相传有一次,八仙在蓬莱阁上聚会饮酒,酒至酣时,铁拐李提议乘兴到海上一游。众仙齐声附和,并言定各凭道法渡海,不得乘舟。

　　汉钟离率先把大芭蕉扇往海里一扔,坦胸露腹仰躺在扇子上,向远处漂去。何仙姑将荷花往水中一抛,顿时红光万道,仙姑伫立荷花之上,随波漂游。随后,吕洞宾、张果老、曹国舅、铁拐李、韩湘子、蓝采和也纷纷将各自宝物抛入水中,借助宝物大显神通,游向东海。

### 猜谜语

打断念头。
　　(打一字)

衣来伸手人不见。
　　(打一字)

花坛无土靠力气。
　　(打一字)

288

 **知识角**

### 奥林匹克运动会

奥林匹克运动会简称"奥运会",是国际奥林匹克委员会主办的世界规模最大的综合性运动会,每四年一届,会期不超过16日,是目前世界上影响力最大的体育盛会,分为夏季奥林匹克运动会、夏季残疾人奥林匹克运动会、冬季奥林匹克运动会、冬季残疾人奥林匹克运动会、夏季青年奥林匹克运动会、冬季青年奥林匹克运动会等等。

奥林匹克运动会发源于两千多年前的古希腊,因举办地在奥林匹克而得名。古代奥林匹克运动会停办了1500年之后,法国人顾拜旦于19世纪末提出举办现代奥林匹克运动会的倡议。1894年国际奥林匹克委员会成立,1896举办了首届奥运会,1924年举办了首届冬奥会,1960年举办了首届残奥会,2010年举办了首届青奥会。

### 神话

神话是由人民集体口头创作,表现对超能力的崇拜、斗争及对理想追求及文化现象的理解与想象的故事,属民间文学的范畴,具有较高的哲学性、艺术性。千百年来一直是文人墨客与民间艺人进行创作的不朽源泉,对后世影响深远。

神话并非现实生活的科学反映,而是由于远古时代,人类开始思考与探索自然并结合自己的想象力所产生的。

宗教是人类社会发展到一定历史阶段出现的一种文化现象,属于社会特殊意识形态。旧时由于人对自然的未知探索,以及表达人渴望不灭解脱的追求,进而相信现实世界之外存在着超自然的神秘力量或实体,使人对该神秘力量产生敬畏及崇拜,从而引申出信仰认知及仪式活动本系,与民间神话一样,宗教也有自己的神话传说,彼此相互串联,其实是一种心灵寄托。

宗教神话则是宗教在发展过程中吸收神话人物与事件而形成的传说,也属于特殊意识形态的体现方式。

 **成语窗**

**独具匠心**

匠心:巧妙的心思。具有独到的灵巧的心思。指在技巧和艺术方面的创造性。

**居心叵测**

居心:存心。叵:不可。测:推测。指存心险恶,不可推测。

**惊天动地**

惊:惊动。动:震撼。使天地惊动。形容某个事件的声势或意义极大。

**动辄得咎**

辄:即。咎:过失,罪责。动不动就受到指责。

**心驰神往**

驰:奔驰。形容心神奔向所向往的事物。比喻对其喜或某物一心向往。

**神采焕发**

神采:人的精神、神气和光彩。焕发:光彩四射。形容精神饱满、生气勃勃的风貌。

**筋疲力尽**

筋:筋骨。尽:完。形容非常疲乏,一点力气也没有了。

**疲于奔命**

原指因受命奔走而搞得很累。后也指忙于奔走应付,弄得非常疲乏。

守真志满

| 甲骨文 | 金文 | 篆文 | 隶书 | 楷书 | 行书 | 草书 | 标准宋体 |
|---|---|---|---|---|---|---|---|
|  | 肁 | 甼 | 守 | 守 | 守 | 守 | 守 |

### 解字堂

"守"是会意字。金文的"守"由"宀"（表示房屋）和"寸"（表示手持器械）组合而成，外部的三折就像是一个房子，里面是一个"手"字，表示用手把住门，意为守护、把持。篆文的"守"承续金文字形。隶化后楷书写作"守"。

《说文解字》："守，守官也。从宀，从寸。寺府之事者。从寸。寸，法度也。"也就是说，守，表示官吏的职守。字形采用宀、寸会意。"宀"，表示官府的事。"寸"，表示法度。

"守"的本义是持械护卫家园，御寇入侵，如贾谊《过秦论》："乃使蒙恬北筑长城而守藩篱"中的"守"就是防守边关之意。"守"还有引申义，表示遵守、遵循，如陶渊明《归园田居·其一》："开荒南野际，守拙归园田"。

后来，"守"还引申为守候之义，如守株待兔。另外，人们在形容一个人维持现状，不想做出改变时，常用保守、因循守旧等词。除此以外，"守"还作官名，如太守；作姓氏等。

### 名言馆

故治国无法则乱，守法而弗变则悖。

· 《吕氏春秋·察今》

只应守寂寞，还掩故园扉。

· （唐）孟浩然《留别王侍御维》

去来江口守空船，绕船月明江水寒。

· （唐）白居易《琵琶行》

守真志满

| 甲骨文 | 金文 | 篆文 | 隶书 | 楷书 | 行书 | 草书 | 标准宋体 |
|---|---|---|---|---|---|---|---|
|  | 貞 | 貞 | 真 | 真 | 真 | 真 | 真 |

## 名言馆

真者，精诚之至也。……真在内者，神动于外，是所以贵真也。
　　·《庄子·渔父》

惟有绿荷红菡萏，卷舒开合任天真。
　　·（唐）李商隐《赠荷花》

不识庐山真面目，只缘身在此山中。
　　·（宋）苏轼《题西林壁》

出师一表真名世，千载谁堪伯仲间。
　　·（宋）陆游《书愤五首》其一

## 解字堂

　　"真"是会意字。金文的"真"由"卜"（神杖）和"鼎"（祭祀神器）组合而成，表示用神鼎占卜。籀文的"真"将金文的"卜"写成"匕"，将"鼎"的线条、结构都简化了。篆文的"真"线条更加清晰，字形棱角初现。楷书写作"真"。

　　《说文解字》："真，仙人变形而登天也。从匕，从目，从乚。八，所乘载也。"意思就是说，真表示长生不死的人变形升天之意。字形采用"匕、目、乚、八"会意，"八"表示仙人升天所乘坐的东西。

　　"真"的本义是贞卜如验的贞人，但该义只见于古文中。"真"的引申义为修行得道、活出本性的高人，如"真人不露相"。"真"还表示本性，原本面目、原迹、实相，如"令德唱高言，识曲听其真"，"真"就表示内在的真相。用作形容词，"真"表示原本的、固有的、符合实相的。如"开瓶酒味真"所说的就是开瓶酒原有的味道。

　　当然，"真"还表示试职期满后授予的正职，如"会赘权句兵部侍郎，主贡举，乃命为真"，但该义项只见于古文。现今，"真"使用较为频繁的词性当数副词，其义为"的确""实在"，如真好、真快。

守真志满

zhì

| 甲骨文 | 金文 | 篆文 | 隶书 | 楷书 | 行书 | 草书 | 标准宋体 |

## 解字堂

"志"是形声字。金文的"志"有"之"（表示前往）和"心"（表示思想）组合而成，表示心之所向。篆文的"志"基本承续了金文字形。隶书的"志"误将篆文的"之"写成"土"，楷书将隶书"志"中的"土"改成"士"，写成"志"。

《说文解字》："志，意也。从心，之声。"意思就是，志表示意愿之意。字形采用"心"作偏旁，采用"之"作声旁。

"志"的本义是内心追求的目标，如"燕雀安知鸿鹄之志哉"。"志"还有引申义，表示记录、登记等义，如"《齐谐》者，志怪者也"。除了"记录"之义外，用作动词，"志"还有做标记、做记号等义，如《桃花源记》中的"既出，得其船，便扶向路，处处志之"。当"志"用作名词时，所表示的就是记述的内容。如名著《三国志》，就是记录三国的历史名著。

"志"通"识"，表示记住，如《史记·屈原贾生列传》中"博闻强志"，意思是他知识广博，能够记住很多事情。另外，"志"还是"帜"的通假字，意思是旗帜。

## 名言馆

吾十有五而志于学，三十而立，四十而不惑，五十而知天命，六十而耳顺，七十而从心所欲，不逾矩。

·《论语·为政》

---

志不可满，乐不可极。

·《礼记·曲礼上》

---

老生惜岁月，烈士志功名。

·（宋）陆游《感秋》

守真志满

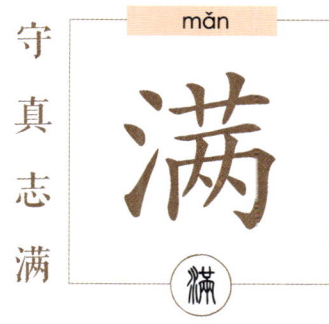

| 甲骨文 | 金文 | 篆文 | 隶书 | 楷书 | 行书 | 草书 | 标准宋体 |
|---|---|---|---|---|---|---|---|
|  |  | 滿 | 滿 | 滿 | 滿 | 滿 | 满 |

## 名言馆

虽长不满七尺，而心雄万夫。
· （唐）李白《与韩荆州书》

溪云初起日沉阁，山雨欲来风满楼。
· （唐）许浑《咸阳城东楼》

蒌蒿满地芦芽短，正是河豚欲上时。
· （宋）苏轼《惠崇春江晚景》

## 解字堂

"满"是形声字。篆文的"滿"由"水"和"㒼"，表示水充斥每一处。隶书的"滿"将篆文的"水"由象形字形改为"氵"。楷书写作"滿"。简化后写作"满"。

《说文解字》："滿，盈溢也。从水，㒼声。"也就是说，满，液体达到器皿容量而外溢。字形采用"水"作偏旁，"㒼"作声旁。

"满"的本义是器皿内液体饱和，由此引申为完全充斥、布满。又如"寂寞空庭春欲晚，梨花满地不开门"中的"满地"就有完全地铺满地面之意。用作形容词，"满"的引申义为足量的、达到极限的。如"满招损，谦受益"的"满"就有极度自满之意。当"满"用作副词时，其意为完全地、足量地。如满不在乎、满有资格。

## 温故知新

### 四字通解

守真志满，意思是保持自己天生的善性，愿望就可以得到满足，"守真志满"是守住真常之性。"真"指人的本性、本质，"守真"就是守住自己纯真的本性和操守。能够守住真常之性，人的心志就会饱满。"守"为动词，表示坚守；"真"，为名词，表示人性的真实，是人的本性与本源；"志"，表示心志；"满"，为形容词，形容心志昂扬的状态。所以这一句的意思为，守住人性之本源，心志就能昂扬充实。

### 故事厅

**守株待兔**

从前宋国有一个农夫在地里干活，忽然从远处跑来一只兔子，它十分慌张，一不小心就撞在树桩上死了。农夫很高兴，捡起这只死兔子回家美美地饱餐一顿。他想每天都有这样的好事就好了，于是他放下农具整天守在那棵树下，结果一无所获，连原本种在地里的庄稼也因荒于耕种而枯死。

**满园春色**

南宋的时候，有一年春天，诗人叶绍翁外出访友。当他来到这位朋友的住地时，只见柴门闭着，便举起手来轻轻地叩门，好半天也没见有人出来。猛然间，他一抬头，看见一枝娇艳的红杏花从墙头上伸了出来，由此联想到那满园子的春天景色，不禁诗兴大作，优哉游哉地轻声吟咏，终成《游园不值》一诗。全诗共四句："应怜屐齿印苍苔，小扣柴扉久不开。春色满园关不住，一枝红杏出墙来。"后来，人们便把"春色满园关不住"引申为"满园春色"这个成语。

### 猜谜语

田间俱备。
（打一字）

战士的心。
（打一字）

西湖花前两相会。
（打一字）

 **知识角**

### "真金不怕火炼"的化学原理

真金不怕火炼，并不是指火烧不化金子，因为金子的熔点确实不高。但是金的化学稳定性很高，不容易与其他物质发生化学反应，不必担心会因氧化而变色。即使是在熔融状态下也不会氧化变色，冷却后照样金光闪闪。同时金在熔融状态下的挥发也很少，可忽略不计。所以，金子即使是烧化了，冷却后得到的金块还和烧前的金子颜色重量相同，没有氧化丢失。但是铜、铁等其他金属虽然熔点比金高，但化学稳定性就远不如金了，常温下就会氧化，即使没有达到熔化温度，在高温状态下氧化反应的程度都会大大增加。而且冷却后肯定变色，去掉氧化物后重量肯定不如烧之前了。

### 伪满洲国

伪满洲国（1932年3月1日—1945年8月18日），是日本占领中国东北三省后所扶植的一个傀儡伪政权。因国民政府和中共及国际社会对伪满政权均不予承认，故他被称作"伪满洲国"或"伪满"。"首都"设于新京（今吉林长春），"领土"包括现今中国除关东州（今旅顺和大连）以外的东三省全境，以及蒙东和河北省的承德市、秦皇岛市。

1931年"九一八事变"后，日本帝国主义侵占了整个中国东北地区，使其沦为日本的殖民地。1932年3月9日，在日本军队的撺掇下，末代皇帝溥仪从天津秘密潜逃至东北，在长春成立了傀儡政权——伪满洲国。1945年，随着苏美打击下日本的投降，伪满洲国覆灭。

"伪满洲国"初期为"共和"体制，不久后立清废帝溥仪为"元首"，初期称号为"执政"，年号"大同"，溥仪后称"皇帝"，年号"康德"。

 **成语窗**

### 守口如瓶
守口：紧闭着嘴不讲话。闭口不谈，像瓶口塞紧了一般。形容说话谨慎，严守秘密。

### 守望相助
守望：防守瞭望。为了对付来犯的敌人或意外的灾祸，邻近各村落互相警戒，互相援助。

### 返璞归真
归：返回。真：天然，自然。去掉外饰，还其本质。比喻回复原来的自然状态。

### 真知灼见
灼：明白。形容真正知道，确实看见。也比喻正确而深刻的认识和高明的见解。

### 志得意满
得：实现。满：满足。形容志向实现，心满意足。

### 志同道合
志：志向。道：途径。比喻人与人之间志趣相同，意见一致。

### 满腹经纶
形容人极有才干和智谋。

### 功德圆满
功德：佛教用语，指诵经、布施等。多指诵经等佛事结束。比喻举办事情圆满结束。

逐物意移

zhú

| 甲骨文 | 金文 | 篆文 | 隶书 | 楷书 | 行书 | 草书 | 标准宋体 |
|---|---|---|---|---|---|---|---|

## 解字堂

"逐"是会意字。甲骨文的"逐"是"鹿"和"止"（追捕）组合而成，也有甲骨文的"逐"是由"豕"（野猪）和"止"组合而成，有追猎鹿豕等野兽之义。金文的"逐"在甲骨文字形上加上"彳"，加强了"追捕"的意义。篆文的"逐"承续了金文字形。隶书将篆文的"辵"写成"辶"。楷书写作"逐"。

《说文解字》："逐，追也。从辵，从豚省。"也就是说，逐有追逐、追赶之意。字形采用"辵"作偏旁，采用省略了"肉"的"豚"作声旁。

"逐"的本义是追逐、追赶，如"逐鹿中原"，又如"秦失其鹿，天下共逐之"。后来还引申出驱逐、流放之义，如逐客、放逐等。

"逐"还用作介词，表示挨着（次序），如逐字逐句、逐条说明。

## 名言馆

非秦者去，为客者逐。
- （秦）李斯《谏逐客书》

欲将轻骑逐，大雪满弓刀。
- （唐）卢纶《和张仆射塞下曲》

回看天际下中流，岩上无心云相逐。
- （唐）柳宗元《渔翁》

宣室求贤访逐臣，贾生才调更无伦。
- （唐）李商隐《贾生》

谜语答案　真　志　满

逐物意移

# 物 wù

| 甲骨文 | 金文 | 篆文 | 隶书 | 楷书 | 行书 | 草书 | 标准宋体 |
|---|---|---|---|---|---|---|---|
| | | 物 | 物 | 物 | 物 | 物 | 物 |

## 名言馆

随风潜入夜，润物细无声。
· （唐）杜甫《春夜喜雨》

不以物喜，不以己悲。
· （宋）范仲淹《岳阳楼记》

物是人非事事休，欲语泪先流。
· （宋）李清照《武陵春·春晚》

落红不是无情物，化作春泥更护花。
· （清）龚自珍《己亥杂诗》

## 解字堂

"物"是形声字。从牛，勿声。甲骨文的"物"由"牛"和"勿"组成。篆文的"物"承续了甲骨文的字形。隶书的"物"将篆文的"牛"写成"牛"。楷书写作"物"。

《说文解字》："物，万物也。牛为大物；天地之数，起于牵牛，故从牛。勿声。"意思就是说，物有万物之意。牛为大物，天地万物之事数，起于牵牛而耕，因此字形采用"牛"作偏旁，"勿"作声旁。

"物"的本义是杂色牛，如《诗·小雅·无羊》："三十维物，尔牲则具。""物"还有引申义，意为主宰、控制、操纵，但是该义项只见于古文，如《庄子·外篇·山木》："物物而不物于物，则胡可得而累邪！"不同于"物"的"主宰"等动词意义，"物"作为动词表示辨识、选择，如"物色""欲知天道察其数，欲知地道物其树，欲知人道从其欲"。

"物"最为人熟知的还当数其名词意义。可以表示东西、世上一切有形的存在，如物是人非、物体等。"物"还指自己以外的人或跟自己相对的环境，如物议、物我两忘、待人接物。又指内容、实质，如言之有物、空洞无物。

逐物意移

yì

| 甲骨文 | 金文 | 篆文 | 隶书 | 楷书 | 行书 | 草书 | 标准宋体 |
|---|---|---|---|---|---|---|---|

## 解字堂

"意"是会意字。金文的"意"由"音"（表示声音）和"曰"（表示说话）组合而成，表示言语所传达的心声。篆文的"意"由"音"和"心"（表示情感）组合而成，表示言语包含的情感。隶书的"意"将象形的"心"写成"⺗"。楷书写作"意"。

《说文解字》："意，志也。从心察言而知意也。从心，从音。"意思就是说，意表志向之意。用心考察他人的言语就知道他人的志向。字形采用心、音会意。另外，"意"指个人的心思、想法，强调的是个体性和主观性。但同时"意"也为心念，即兴而多变，三心二意乃人之常情。

"意"的本义是心声、心念、心志，如"醉翁之意不在酒"，说的就是醉翁的心念并不在于酒。"意"还有引申义，用作名词，表示感觉、想法，如"诏谓将军拂绢素，意匠惨淡经营中"，就是指唐玄宗命令曹霸铺开白绢画马，他动笔前用心地构思设计。

用作动词，"意"表示意料、料想等义，如意外、出其不意等。

## 名言馆

今者项庄拔剑舞，其意常在沛公也。
·《史记·项羽本纪》

此中有真意，欲辨已忘言。
·（晋）陶潜《饮酒五首》其五

人生得意须尽欢，莫使金樽空对月。
·（唐）李白《将进酒》

逐物意移

yí

移

| 甲骨文 | 金文 | 篆文 | 隶书 | 楷书 | 行书 | 草书 | 标准宋体 |
|---|---|---|---|---|---|---|---|
|  |  | 移 | 移 | 移 | 移 | 移 | 移 |

### 名言馆

君既为府吏，守节情不移。贱妾留空房，相见常日稀。
  ·汉乐府《古诗为焦仲卿妻作》

移船相近邀相见，添酒回灯重开宴。
  ·（唐）白居易《琵琶行》

月移花影约重来。
  ·（宋）李清照《浣溪沙·闺情》

割取一峰深秀色，可堪移入米家船。
  ·（明）王时敏《题自画关使君袁环中》

### 解字堂

"移"是形声字。篆文的"移"由"禾"（庄稼）和"多"组合而成，表示将过于密集的禾苗分开并转植他处，异体字"迻"，由"辵"（表示行进）和"多"组合而成，表示因为人口过多而徙居。隶书的"移"简化了字形，并且对字形的线条进行细化。最后，楷书写作"移"。

《说文解字》："移，禾相倚移也。从禾，多声。一曰禾名。"也就是说，移表示禾苗轻盈柔顺貌。字形采用"禾"作偏旁，"多"是声旁。一种说法认为，"移"是一种禾苗名称。

"移"的本义是移动，如移花接木、迁移等。"移"还有引申义，用作动词表示转到他处、转变，如"时移世易"，这是说时间变化世道也随之而改变。

## 温故知新

### 四字通解

逐物意移，意思是如果追逐外物，则内心的意志便会随之动摇。"逐"，表示追逐之义，"物"表示外在的事物；"意"，为意志之义；"移"，表示转移，动摇。这和《庄子》所说"物物而不物于物"有着异曲同工之妙，意思是人不能被外物所控制，需要有坚定的内心。一味只追求物欲享受，善性就会转移改变。如果跟着外物跑，心被外物所动，人的意志就被转移、被改变了。

### 故事厅

**逐鹿中原**

齐王韩信的谋士蒯通见韩信的力量已经足够强大，就劝韩信背叛刘邦，自带队伍去与刘邦争天下。可韩信不听他的建议。刘邦打败项羽后，由吕后矫诏设计擒住了韩信，说韩信谋反，一心要除掉他。韩信受刑前后悔极了，说："我当初不听蒯通之言才会有今天！"杀了韩信后，刘邦下令抓来蒯通，也要治他的罪。临刑前，刘邦说："你让韩信背叛我，我今天就杀了你，有什么话要说吗？"蒯通一点也不害怕，十分平静地说："狗都知道要忠实于自己的主人，我那时是韩信的手下，当然不会忠于你。再者，秦朝已近颓势，天下英雄并起，都在追逐秦朝之政权，谁力量大就会得到它。与你争夺天下的人力量不够才会失败，如果你要杀我那就杀吧。"刘邦听后，觉得蒯通很有胆识，十分欣赏他，就把他放了。

### 猜谜语

多了禾苗。
（打一字）

心中之音。
（打一字）

老牛耕地勿鞭打。
（打一字）

 知识角

### 意大利

意大利共和国,简称"意大利",是一个欧洲国家,主要由南欧的亚平宁半岛及两个位于地中海中的岛屿西西里岛与萨丁岛所组成。国土面积为301333平方千米,人口6080万。北方的阿尔卑斯山地区与法国、瑞士、奥地利以及斯洛文尼亚接壤,其领土还包围着两个微型国家——圣马力诺与梵蒂冈。

意大利是欧洲民族和文化的摇篮,曾孕育出罗马文化和伊特拉斯坎文明,而意大利的首都罗马,几个世纪以来都是西方世界的政治中心,也曾经是罗马帝国的首都。十三世纪末的意大利更是成为欧洲文艺复兴发源地。

意大利是一个经济高度发达的国家,欧洲四大经济体之一,也是欧盟和北约的创始会员国,还是申根公约、八国集团和联合国等重要国际组织的成员,意大利共拥有54个联合国教科文组织世界遗产,是全球拥有世界遗产最多的国家,意大利在艺术和时尚领域也处于世界领导地位,米兰是意大利的经济及工业中心,也是世界时尚之都。

### 逐客令

"逐客令"中的"客",指客卿,古代指在本国做官的外国人。战国时期秦王嬴政曾听取丞相李斯所上《谏逐客书》的意见,下令驱逐从各国来的客卿。后指主人赶走不受欢迎的客人为下逐客令。

 成语窗

**逐末忘本**
追求细枝末节,忘记事物根本的、主要的部分。

**逐鹿中原**
逐:追赶。鹿:指所要围捕的对象,常比喻帝位、政权。指群雄并起,争夺天下。

**物极必反**
极:顶点。反:向反面转化。事物发展到极点,会向相反方向转化。

**物换星移**
物换:景物变幻。星移:星辰移位。景物改变了,星辰的位置也移动了。比喻时间的变化。

**意味深长**
意味:情调,趣味。意思含蓄深远,耐人寻味。

**意气风发**
意气:意志和气概。风发:像风吹一样迅猛。形容精神振奋,气概豪迈。

**移风易俗**
移:改变。易:变换。改变旧的风俗习惯。

**潜移默化**
潜:暗中,不见形迹。默:不说话,没有声音。指人的思想或性格不知不觉受到感染、影响而发生了变化。

**谜语答案** 移 意 物

主　编　顾作义
副主编　吴小星　阮清钰

千字文字课 ③

南方出版传媒　广东人民出版社
·广州·

图书在版编目（CIP）数据

千字文字课/顾作义主编.—广州：广东人民出版社，2021.5
ISBN 978-7-218-14413-9

Ⅰ.①千… Ⅱ.①顾… Ⅲ.①古汉语—启蒙读物 ②《千字文》—注释 Ⅳ.①H194.1

中国版本图书馆CIP数据核字（2020）第140203号

QIANZIWEN ZIKE
千字文字课
顾作义 主编　　　　　　版权所有 翻印必究

出 版 人：肖风华

责任编辑：王俊辉
特约编辑：叶益彪
责任技编：吴彦斌
装帧设计：赵焜森　张雪烽　苏　钺

出版发行：广东人民出版社
地　　址：广州市海珠区新港西路204号2号楼（邮政编码：510300）
电　　话：（020）85716809（总编室）
传　　真：（020）85716872
网　　址：http://www.gdpph.com
印　　刷：广州市人杰彩印厂
开　　本：787mm×1092mm　1/16
印　　张：97.5　字　数：1500千
版　　次：2021年5月第1版
印　　次：2021年5月第1次印刷
定　　价：499.00元（全五册）

如发现印装质量问题，影响阅读，请与出版社（020-85716849）联系调换。

千字文字课

# 序

相传北宋文学家苏东坡幼时聪颖异常，有"神童"的美誉。他为此很自傲，飘飘然地写了一副对联来自我标榜："识遍天下字，读尽人间书"。后来有个老翁拿了一本书上门求教，小苏轼发现书上的字竟然都不认识，很是惶愧，便将那副对联改为"发愤识遍天下字，立志读尽人间书"，从此虚心向学，终成一代大文豪。

识字是读书、学习的基础。但识字并不是认字那么简单。汉字是形音义的统一体，其字形、字音、字义之间是相互关联、有机结合的。认字只是简单地认得字形、记住字音，识字则要吃透其字义字理，乃至相关的文化常识等。据不完全统计，中国的汉字大约有十万之巨，如果真要想"识遍"，难于上青天。所幸现在的常用汉字其实也就三五千字，如果能真正娴熟地驾驭一千个汉字，供其笔下驰骋，也已经应付裕如了。

《千字文》，顾名思义，就是一千字，其特出之处就在于这篇"文"中没有一字重复。它作为儿童识字课本已经有一千多年的历史了，是我国传统蒙学经典之一，与《三字经》《百家姓》《千家诗》并称为"三百千千"。

据说南朝梁大同元年(公元535年)，梁武帝萧衍极为重视皇家子嗣的启蒙教育，命人从王羲之书法作品中挑选了一千个不重复的字，以供他们临习。但是这一千个字零散而不成系统，非常不好记忆。梁武帝便召来才思敏捷的散骑

侍郎周兴嗣，嘱他"卿有才思，为我韵之"。周兴嗣用了一晚上把这一千个汉字以四字韵语的形式连缀成篇，这就是 "天下第一字书"《千字文》的由来。它不仅流传至今，还传布到海外，被日本、朝鲜等国家作为启蒙教材使用，如今更被译成英文版、法文版、拉丁文版、意大利文版等。

《千字文》是四言长诗，全篇250句，用了8个韵，条理清晰，对仗工整，音韵优美，内涵丰富，很适于记诵。但为什么称为"文"，而不是"诗"？那是因为在其时"文"指的是押韵的文字，不同于现在所谓的"文章"，而在当时不押韵、不对仗的文字，被称为"笔"。它用一千个不同的汉字，简洁而生动地勾勒出中国传统文化史的轮廓，涵盖了天文、地理、自然、历史、人物掌故、典章制度、道德伦理等诸多方面，可以说是一部袖珍百科全书。

但时至今日，原本作为儿童启蒙读物的《千字文》，在现代人读来，也显得有些艰深了，其中有些字词已不常见常用，更不用说其背后蕴藏的典故、哲理等。所以有人放言："除中文本科生或专业研究古文的人外，还真鲜有人能读懂《千字文》！"

《千字文字课》的编撰正是基于这样的文化断层"尴尬"，期以这个文化旧瓶，装入时代的新酒。"字课"分为5册，以传统的《千字文》文本为基础，每册收录200字，每个汉字都立纲、建档，并进行现代性讲解、演绎，

一字一课，一课多识，希望读者能够卖一字，有十得，读千字文，如读万卷书。

首先，它是一本非常适合于亲子共阅的开蒙读物。对于学龄前的孩子而言，父母可以通过本书给孩子念诵讲解，每天一字，让孩子从中认字、识字、习字，知道其读音、字形，更了解字理、字义及其应用。在本书中，我们对每个汉字"单独建档"，设立了"书法墙""解字堂""名言馆"等栏目。"书法墙"重在展示字形演变，列出了甲骨文、金文、小篆、隶书、楷书、草书、行书等不同写法，让读者更多了解字形的演变；"解字堂"则重在字义演变，通过两三百字对单字的原义、引申义及其文化内涵、组词应用等进行讲解；"名言馆"则是该汉字的经典运用，重点选录为人所熟知的诗词、名言等，可适用于时兴的"飞花令"。

其次，它是一本有助于青少年增长见识的百科全书。《千字文》本身包含丰富的文学典故、文化常识。本书在对每个汉字"单独建档"之后，又合四字为一对页，进行"集中归档"，设立"四字通解"，对其句意进行贯道讲解，使其统分结合，纲举目张。同时又设立了"故事厅""知识角"'成语窗""猜谜语"等栏目："故事厅"重点搜罗与该字相关的趣味典故、故事，让读者通过故事加深对字句的了解；"猜谜语"则通过一些字词的谜语，以趣味的形式引起读者思考，使读者得到启迪；"知识角"则增加更多相关常识或科普知识等；"成语窗"列举关于该句汉字的相关成语，并进行简单释义。青少年学生可以通过阅读，对相关历史典故、文学常识、科普知识、成语故事等融会贯通，活学活用。

再次，它是一本有益于立德树人的传统德育读本。本书的解读融入了关于孝悌、改过、言语、交友、慕才、念贤、性情等道德修养的故事和箴言。同时，它也是一本可以了解书体演变进而识得规范汉字书写的入门书籍。从古至今，众多书家如智永、欧阳询、怀素、赵孟頫、于右任、启功等都曾留下《千字文》的经典帖本，大家在读本书之余可以加以临习，进一步领略汉字书法之美。

为了增加全书内容的生动性，我们还插入了部分图片，使其更为形象活泼，以增加读者对该字或典故的了解。总之，希望读者能够通过本书的阅读使用，达到识字、解意、明理、知典的效果，最终通晓汉字之真义，领略文化之大美。这就是编者的心愿所在。

由于编者学识水平有限，加之汉字文化博大精深，全书虽经多次校勘，舛误仍然在所难免，敬祈读者方家指正。

是为序。

## 千字文字课 目 录

| | |
|---|---|
| 坚持雅操 | 002 |
| 好爵自縻 | 008 |
| 都邑华夏 | 014 |
| 东西二京 | 020 |
| 背邙面洛 | 026 |
| 浮渭据泾 | 032 |
| 宫殿盘郁 | 038 |
| 楼观飞惊 | 044 |
| 图写禽兽 | 050 |
| 画彩仙灵 | 056 |
| 丙舍旁启 | 062 |
| 甲帐对楹 | 068 |
| 肆筵设席 | 074 |
| 鼓瑟吹笙 | 080 |
| 升阶纳陛 | 086 |
| 弁转疑星 | 092 |
| 右通广内 | 098 |
| 左达承明 | 104 |
| 既集坟典 | 110 |
| 亦聚群英 | 116 |
| 杜稿钟隶 | 122 |
| 漆书壁经 | 128 |
| 府罗将相 | 134 |

| | |
|---|---|
| 路侠槐卿 | 140 |
| 户封八县 | 146 |
| 家给千兵 | 152 |
| 高冠陪辇 | 158 |
| 驱毂振缨 | 164 |
| 世禄侈富 | 170 |
| 车驾肥轻 | 176 |
| 策功茂实 | 182 |
| 勒碑刻铭 | 188 |
| 磻溪伊尹 | 194 |
| 佐时阿衡 | 200 |
| 奄宅曲阜 | 206 |
| 微旦孰营 | 212 |
| 桓公匡合 | 218 |
| 济弱扶倾 | 224 |
| 绮回汉惠 | 230 |
| 说感武丁 | 236 |
| 俊乂密勿 | 242 |
| 多士寔宁 | 248 |
| 晋楚更霸 | 254 |
| 赵魏困横 | 260 |
| 假途灭虢 | 266 |
| 践土会盟 | 272 |
| 何遵约法 | 278 |
| 韩弊烦刑 | 284 |
| 起翦颇牧 | 290 |
| 用军最精 | 296 |

千字文字课

坚持雅操

jiān

| 甲骨文 | 金文 | 篆文 | 隶书 | 楷书 | 行书 | 草书 | 标准宋体 |
|---|---|---|---|---|---|---|---|
| | 堅 | 堅 | 堅 | 堅 | 堅 | 堅 | 坚 |

## 解字堂

"坚"是会意字。其上半部"臤"既是声旁也是形旁,是"賢(贤)"的本字,表示善于管理、组织。"堅",金文堅=臤(臤,管理、组织)+土(土,壁垒、护墙),表示发动和组织群众,加固壁垒或城墙。隶化后楷书写作"堅"。简化后写作"坚"。

"坚"最初为动词,意思是加固壁垒或城堡等防御工事,使敌人攻而不克。如《三国志·魏书·荀彧传》:"今东方皆以收麦,必坚壁清野以待将军,将军攻之不拔,略之无获,不出十日,则十万之众未战而自困耳。"这里的"坚"就是坚固堡垒的意思,"坚壁清野"后来单独用作成语。

根据"坚"的动词本义,扩大了它的词性,使之也可以用作形容词,表示具体的某种事物或某件事是牢不可破的、强硬的或结实的、硬实的。如《孙子·谋攻》:"故小敌之坚,大敌之擒也。"这句话是说,弱小的一方如果拼死坚守阵地,那么就会成为强大敌人的俘虏。再如清顾嗣协《杂兴》:"坚车能载重,渡河不如舟。"这句话是说,结实的车虽然可以承载重的东西,但是渡河时就不如船那样方便、牢靠。

"坚"还可以用来形容人的内心思想,表示深深确定而难以改变。如唐孟郊《择友》:"若是效真人,坚心如铁石。"

"坚"还可以用作副词,表示确定不变地、毫不动摇地,如坚守岗位、坚守阵地、坚持己见等。

## 名言馆

石可破也,而不可夺坚;丹可磨也,而不可夺赤。

· 《吕氏春秋·诚廉》

穷且益坚,不坠青云之志。

· (唐)王勃《滕王阁序》

增卑以为高,培薄使之坚。

· (宋)陆游《镜湖》

千磨万击还坚韧,任尔东西南北风。

· (清)郑燮《题竹石》

坚持雅操

| 甲骨文 | 金文 | 篆文 | 隶书 | 楷书 | 行书 | 草书 | 标准宋体 |
|---|---|---|---|---|---|---|---|
|  | 寺 | 持 | 持 | 持 | 持 | 持 | 持 |

### 名言馆

犹引绳以持曲直。
　　　　　　·《荀子·正名》

悖乱不可以持国。
　　　　　　·《吕氏春秋·察今》

欲持一瓢酒，远慰风雨夕。
·（唐）韦应物《寄全椒山中道士》

持节云中，何日遣冯唐？
·（宋）苏轼《江城子·密州出猎》

### 解字堂

"持"是会意字，采用"手"作偏旁，"寺"作声旁。最初写作"寺"，金文 寺 = 止（之，止，不动）+ 又（又，手，表示持握），表示持守、维护、控制。

"持"本义为保守、维护、控制，用作动词。如《论语》："危而不持，颠而不扶，则将焉用彼相矣？"这里的"持"就有扶持使其不摔倒的意思。再如《韩非子·五蠹》："夫仁义辩智，非所以持国也。"意思是说，施行仁义和机智善辩，都不是用来保持国家的办法。再如"操持"这个词语，意为料理、处理（事情），这里的"持"表示维护、控制。如果形容一个人品行端正、刚直不阿，就可以说"操持严明，守正不阿"。

依据"持"的维护、控制的意思，后来引申出抓握、抓住的意思。如《礼记·射义》："持弓矢审固。"这是说拿着弓箭瞄准。这里就用了"持"的抓握的意思。

坚持雅操

yǎ

| 甲骨文 | 金文 | 篆文 | 隶书 | 楷书 | 行书 | 草书 | 标准宋体 |
|---|---|---|---|---|---|---|---|
|  |  | 雅 | 雅 | 雅 | 雅 | 雅 | 雅 |

## 解字堂

"雅"是会意字。其左半部"牙",既是声旁也是形旁,是"呀"的省略,表示惊叹。"雅",籀文 = (牙,"呀"的省略,表示惊叹)+ (隹,指代鸟的羽毛),表示为鸟羽惊叹。

"雅"的本义为令人惊叹的艳丽羽毛。这一义项已经消失。从"雅"的本义引申为优美的、高尚的。如诸葛亮《出师表》:"察纳雅言,深追先帝遗诏。"这句话是说,(陛下要)明察并采纳正确的话,深切追念先帝的遗诏训示。这里虽然将"雅"翻译为"正确的",但可以看作与"高尚的"相近。再如唐朝王勃所作《滕王阁序》:"都督阎公之雅望。"这里的"雅"就直接用了"高雅的"的这层意思,整句话是说"都督阎公,享有崇高的名望"。我们常说的"文人雅士"中的"雅"就是用来表示有学问和品格高尚的人。

此后,"雅"还引申作副词,表示高尚地、有风度地。陆云诗:"雅步擢纤腰。"这句话是描写人走路的姿态,意思是扭着纤细的腰肢从容安闲地行走。这里"雅"的意思与其形容词性的意思相近,表示优雅的,但在这句话中形容走路,因此是副词。再如在送人的诗文书画落款中,会常常看到"请雅正",在这里"雅正"用作敬语,意思是请高明的人赐教。

## 名言馆

文章尔雅。
· 《史记·三王世家》

---

敏而好学,雅量豁然。
· 《晋书·李寿载记》

---

摇落深知宋玉悲,风流儒雅亦吾师。
· (唐)杜甫《咏怀古迹五首》其二

---

春风大雅能容物,秋水文章不染尘。
· (清)邓石如联

# 坚持雅操

## cāo 操

| 甲骨文 | 金文 | 篆文 | 隶书 | 楷书 | 行书 | 草书 | 标准宋体 |
|---|---|---|---|---|---|---|---|
|  |  | 操 | 操 | 操 | 操 | 操 | 操 |

## 名言馆

操与霜雪明，量与江海宽。
·（唐）常建《赠三侍御》

松柏有霜操，风泉无俗声。
·（唐）孟郊《山中送从叔简》

花月还同赏，琴诗雅自操。
·（唐）白居易《寄献北都留守裴令公》

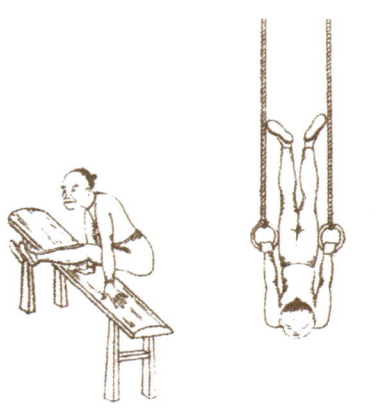

## 解字堂

"操"是会意字。其右半部"喿"，既是声旁也是形旁，表示成群小鸟在树上呱呱叫。"操"，篆文=扌（手，挥动拳脚）+喿（噪，集体呐喊），造字本义为集体喊着口令训练或演习。

根据"操"的本义可知我们常说的操演、操练中的"操"便是这个意思，用作动词。

从"操"的本义可引申出与其意义最接近的名词，意思是有套路程式的健身活动，如体操、健美操、广播操等。

由于做的"操"是有套路的，因此在此基础上将"操"的意义扩展为控制、掌握，用作动词。如《韩非子·定法》："操杀生之柄。"

依据"操"的控制、掌握的意思，可以进一步将其含义扩展为"持握、持带"，既可指具体地拿着某物，也可抽象地指把握住某个机会或掌握某种技能，用作动词。如《礼记·学记》："不学操缦。"意思是不学习弹奏杂乐。这里的"操"就可以理解为掌握弹奏乐曲这一技能。

"操"还有从事、办、做的意思，也用作动词。如《聊斋志异·促织》："邑有成名者，操童子业，久不售。"翻译为乡邑里有个叫成名的人，正在读书，准备应考，长时间考不取。这里的"操"表示在做读书这件事。

## 温故知新

坚持雅操，意思是坚定地保持着高雅的情操，用来说明人的品行。

在"坚持雅操"中，"坚"用了坚定的、不会轻易改变的这一层意思；"持"表示维护、控制。我们在日常生活中也常常用到"坚持"这个词语，尤其是在劝勉别人要一直做好事情或是在比赛中为运动员加油时。比如，当我们遇到困难，前辈就会这样鼓励我们："不要被眼前的困难吓倒，坚持下去，就已经获得了胜利！"再比如，法国作家雨果说过："能够岿然不动，坚持正见，渡过难关的人是不多的。"所以在生活中遇到挫折时，不要轻易放弃，试着换种方法坚持下去，或许会收到意想不到的效果。

"雅操"在这里就是指高尚的行为、良好的品行。"雅"相对容易理解，意为高雅的、高尚的，"操"就是指操守。"坚持雅操"告诉我们在生活中要坚持做道德高尚的事情，要为人正直、刚正不阿。

### 猜谜语

前贤难解是与非。
（打一字）

狱中赋诗句不拘
（打一字）

三方携手脱困境。
（打一字）

### 坚壁清野

坚壁清野是一种战争策略，意思是坚固堡垒和收清粮食以困敌人，从而不攻自退。这个策略出自《三国志》。东汉末年，曹操在镇压黄巾起义军后占据兖州地区，继而挥师东进，准备夺取徐州。

兖州豪强张邈趁机勾结割据势力吕布，攻破兖州大部分地方，并占领要地濮阳。曹操急忙从徐州撤兵回来，向屯驻濮阳的吕布发动反攻。吕布十分凶悍，双方相持日久，曹操一时无法取胜。

正在这时，徐州守将陶谦病死，把徐州让给了刘备。曹操一听更是心急，于是决定先夺取徐州再回来消灭吕布。谋士荀彧听说后，赶来劝阻。他对曹操说："汉高祖刘邦争夺天下时，是先保住关中；光武皇帝刘秀平定天下时，是先占据河内。他们这样做，都是深根固本，以制天下。所以他们虽然也遭到了一些挫折、失败，但由于自己的根本没丢，最终获得了成功。同样的道理，兖州对于您来说就是根本，虽说残破些，但更容易保存力量。而徐州方面，据说他们已经组织人力加紧抢割城外的麦子，运进城去，这说明他们对可能发生的战役已经有所准备。收割完粮食，对方必然还要加固防御工事，加固营垒，等着您去打他。如果现在您真的派兵攻打徐州，到那时，攻不能克，掠无所得，不出十天，全军就会不战自溃。如此权衡一下利弊，臣认为还是先不打徐州为妙，请将军您再仔细考虑考虑。"

曹操听了荀彧的劝告，觉得十分有道理，于是取消了攻打徐州的计划，专心与吕布对战。不久，曹操大败吕布，平定了兖州。

 知识角

### 坚持高尚品行

从古至今我们的社会都推崇既有学问又有高尚道德的人。如果不能够有学问，至少也要尽量保证良好的品行。孔子之所以能成为圣人就是因为他既有渊博的学识，又有高尚的品德。孔子年轻的时候，就已经是远近闻名的老师了。他总觉得自己的知识还不够渊博，三十岁的时候，他离开家乡曲阜，去洛阳拜大思想家老子为师。

曲阜和洛阳相距上千里，孔子风餐露宿，日夜兼程，几个月后，终于走到了洛阳。在洛阳城外，孔子看见一驾马车，车旁站着一位七十多岁的老人，穿着长袍，头发胡子全白了，看上去很有学问。孔子想：这位老人大概就是我要拜访的老师吧！于是上前行礼，问道："老人家，您就是老聃先生吧？""你是——"老人见这位风尘仆仆的年轻人一眼就认出了自己，有些纳闷。孔子连忙说："在下孔丘，特地来拜见老师，请收下我这个学生。"老子说："你就是仲尼啊，听说你要来，我就在这儿迎候。研究学问你不比我差，为什么还要拜我为师呢？"孔子听了再次行礼，说：'多谢老师等候。学习是没有止境的。您的学问渊博，跟您学习，一定会大有长进的。"

从此，孔子每天不离老师左右，随时请教。老子也把自己的学问毫无保留地传授给他。人们佩服孔子和老子的学问，也敬重他们的品行。

 成语窗

**穷当坚益**
处境越穷困，意志应当越坚定。

**披坚执锐**
穿着铁甲，拿着武器。形容全副武装。

**老成持重**
办事老练稳重，不轻举妄动。

**旷日持久**
旷：荒废，耽误。荒废时间，拖得很久。

**附庸风雅**
指缺乏文化修养的人为装点门面结交文人，参加文化活动。

**温文尔雅**
形容人态度温和，举动斯文。现有时也指缺乏斗争性，做事不大胆泼辣，没有闯劲。

**同室操戈**
指兄弟相残或内部纷争。

**稳操胜券**
指有把握取得胜利。

## 好爵自縻

| 甲骨文 | 金文 | 篆文 | 隶书 | 楷书 | 行书 | 草书 | 标准宋体 |
|---|---|---|---|---|---|---|---|
| 𡥂 | 𡥂 | 𡥂 | 好 | 好 | 好 | 好 | 好 |

### 解字堂

"好"是会意字。"好",甲骨文𡥂=𡥂(女,女子)+𡥂(子,男子),表示男女亲密相处。

"好"字的本义是男女之间相悦相求,此时用作动词,读hào。"好"作为动词还表示喜欢、疼爱、珍惜,是从它的本义引申而来,也读作hào。如《论语》:"敏而好学。"

根据喜欢、疼爱等意思,"好"还扩展用作形容词,表示可爱的、貌美的,读作hǎo。因为爱美之心人皆有之,所以我们所喜欢的、疼爱的在我们眼中都是可爱的、貌美的。如汉乐府《陌上桑》:"秦氏有好女。""好"作为形容词还可以表示美满的、令人满意的,读作hǎo。如杜甫《春夜喜雨》:"好雨知时节。"

"好"还可以用作副词,表示令人满意地、容易地,读作hǎo。如杜甫《闻官军收河南河北》:"青春作伴好还乡。""好"用作副词还可以表示程度,意思是很、非常,也读作hǎo。组词如好不容易、好像、好多等。

### 名言馆

窈窕淑女,君子好逑。
· 《诗·周南·关雎》

好鸟相鸣,嘤嘤成韵。
· (南朝)吴均《与朱元思书》

正是江南好风景,落花时节又逢君。
· (唐)杜甫《江南逢李龟年》

好读书不好读书,好读书不好读书。
· (明)徐渭联

谜语答案 坚持操

# 爵 jué

好爵自縻

| 甲骨文 | 金文 | 篆文 | 隶书 | 楷书 | 行书 | 草书 | 标准宋体 |
|---|---|---|---|---|---|---|---|

## 名言馆

我有好爵，吾与尔縻之。
　　　　　　·《易·中孚》

受爵不让。
　　　　　　·《诗·小雅·角弓》

不受千金爵，谁论万里功。
　　·（唐）卢照邻《结客少年场行》

心中志气大，眼前爵禄轻。
　　　·（唐）白君易《和思归乐》

## 解字堂

"爵"，甲骨文像一个有盖、有嘴、有手把、有三足的酒器。有的甲骨文画出空心足的形状。金文=（鸟形的长嘴高足酒器）+（又，抓），表示手提酒器斟酒。有的金文将甲骨文字形中的伞状小柱写成，将甲骨文字形中的写成。篆文基本承续金文字形，将金文字形中的写成。隶化后楷书写作"爵"。

《说文解字》说："爵，礼器也。象爵之形，中有鬯酒。又，持之也。""爵"的造字本义是类似于鼎的祭祀酒器。如《左传·庄公二十一年》："虢公请器，王与之爵。"再如《诗·大雅·行苇》："洗爵奠斝。""洗爵"的意思是周时礼制，主人敬酒，取几上之杯先洗一下，再斟酒献客；客人回敬主人，也是如此操作。而"奠斝"的意思是主人敬的酒客人饮毕，则置杯于几上；客人回敬主人，主人饮毕也须这样做。因此"洗爵奠斝"就是指主客将敬酒时的规矩。

由于"爵"在古代原指礼器，一般人无权获得，须经君三赐予方可得到，因此"爵"在后来引申指负责王宫祭祀的高级文官，成为官位名。如《礼记·王制》："王者之制禄爵。"又如张溥《五人墓碑记》："高爵显位。"这里的"爵"就是爵位的意思。组词有爵位、爵禄、封爵、受爵、公爵、侯爵等。

好爵自縻

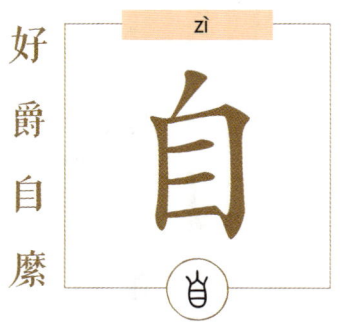

zì

| 甲骨文 | 金文 | 篆文 | 隶书 | 楷书 | 行书 | 草书 | 标准宋体 |
|---|---|---|---|---|---|---|---|
| 自 | 自 | 自 | 自 | 自 | 自 | 自 | 自 |

## 解字堂

"自"是象形字，是"鼻"的本字。"自"，甲骨文像人的鼻子，有鼻梁、鼻翼。因此《说文解字》就将"自"解释为鼻子，说："自，鼻也。象鼻形。"

古汉字中的人称来源体现了古人的自我中心意识：脸部的正中央为"自"（鼻子，第一人称），因此"自"可用作代词，表示本身、当事者。如《老子》："自见者不明，自是者不彰。"

"自"还可以引申作动词，表示开始。如《南史·夷貊传下·武兴》："文德弟文度立，以弟文弘为白水太守，屯武兴。宋世以为武都王。武兴之国自于此矣。"

依据"自"有开始的意思，引申出介词，表示从、由。如《易·大有》："自天佑之。"再如《诗·邶风·日月》："出自东方。"

此外，"自"还可以用作副词，表示必然地、理所当然地。如汉王充《论衡》："人之死生自有长短，不在操行善恶也。"

## 名言馆

知人者智，自知者明。
·《老子》

神明自得。
·《荀子·劝学》

故法者，王之本也；刑者，爱之自也。
·《韩非子·心度》

阁中帝子今何在？槛外长江空自流。
·（唐）王勃《滕王阁》

自在娇莺恰恰啼。
·（唐）杜甫《江畔独步寻花》

好爵自縻

| 甲骨文 | 金文 | 篆文 | 隶书 | 楷书 | 行书 | 草书 | 标准宋体 |
|---|---|---|---|---|---|---|---|
|  |  | 縻 | 縻 | 縻 | 縻 | 縻 | 縻 |

## 名言馆

修德使其来，羁縻固不绝。
·（唐）杜甫《留花门》

感念交契定，泪流如断縻。
·（唐）元稹《酬别致用》

岂无知我者，好爵半已縻
·（宋）苏轼《次韵王巩留别》

## 解字堂

"縻"是形声字。从系，麻声。

"縻"本义为牛缰绳。

《说文解字》说："縻，牛辔也。"其中牛辔就是牛缰绳，所以"縻"也是牛缰绳的意思。如应劭《汉官仪》："马曰羁，牛曰縻。"意思是说拴马的绳具叫作"羁"，拴牛的则称作"縻"。

"縻"原本只用作名词，表示牛缰绳，依据牛缰绳控制牛行动方向的作用，又将"縻"的词性延伸为动词，表示束缚、拘束。如《孙子·谋攻》："是谓縻军。"这句话是说这是一种束缚（某人或某事）的行为。再如《韩非子·说难》："辞言无所系縻。"意思是谈论、说话时不感到拘束或束缚。这两句中的"縻"都体现了束缚、拘束的意思。

此外，古代中原王朝在面对实力雄厚的少数民族时，常采取"羁縻之策"，实现与少数民族和平相处。"羁縻之策"是自秦朝建立郡县制起到宋、元交替时期前，中央王朝笼络少数民族使之不生异心而实行的一种地方统治政策。通过这种政策，处理中央与地方少数民族聚居的关系，以维系中央集权制度的统治。其中"羁"就是用军事和政治的压力加以控制，"縻"就是以经济和物质利益给以抚慰，以笼络的方式对其进行约束。

## 温故知新

 **四字通解**

好爵自縻,意思是高官厚禄自然会属于你。与前一句"坚持雅操"连起来一起理解便是:坚持高尚的情操和良好的操行,好的职位自然会为你所有。"爵"是古代青铜制作的酒具,因贵族的等级不同使用的爵器也不同。后世把爵作为爵位、爵号、官位的总称,好爵即指代高官厚禄、好运气、好机会。"縻"本义为拴牛的绳子,引申为牵系、拴住,"自縻"就是自愿被拴。中国文化是自立的文化,儒家思想中不认为有个能拯救人类的上帝,解救人类的只有人自己,人的良知良能才是拯救人类自己的最后希望。所以,中国人历来讲究求人不如求己,求己者贵,知足者富。《易经·乾卦》的第一句话就是"天行健,君子以自强不息"。自强而后才有外援,自立而后才有天助,所以"自縻"即自修己德、自求多福,好运自来的意思。

 **故事厅**

### 各自为政

《左传》中记载了这样一个故事:

郑国的公子归生听了楚国的意见,准备出兵攻打宋国。宋国派华元、乐吕带兵抵抗,两军在大棘这个地方安营扎寨,准备打仗。

在大战来临之前,宋国的主帅华元为了鼓舞士气,便杀羊犒劳众位将士。但是,他在犒劳将士的时候却忘了赏给他的车夫羊斟肉吃。羊斟因此怀恨在心,总想找个机会报复华元。

到了作战的时候,羊斟心里想:平时你不把我放在心上,今天我就让你看看我的厉害。他正想着,华元来找他驾车了。羊斟不声不响地把车准备好,叫华元上车。华元上了车,走到半路的时候,羊斟便对华元说:"前些天犒劳将士,分羊肉的事由你做主;今天我驾车,那么往哪里走,则由我做主了。"(原文是:"畴昔之羊子为政,今日之事我为政。")说着,便快马扬鞭,把华元的战车径直赶到郑军的阵地上去了,华元稀里糊涂地就成了郑军的俘虏。这个故事告诫我们,在团队中要有合作精神,这样才能将团体的利益最大化,赢得最后的胜利。

后来人们把羊斟的话概括为"各自为政"。为政,管理政事,泛指行事。各自为政的意思是各自按自己的主张办事,不互相配合。比喻不考虑全局,各搞一套。

 **知识角**

### 中国古代如何封爵

中国古代封爵制度起源于商代。商代疆域分为内服与外服。内服由商王直接统治，外服则分给侯、伯等，分封就是最初的封爵。另一种意见认为，商代的分封并不等于封爵。因为在商代，受封的有商王的妻及子（妇、子），有外围边防之官（侯与伯），还有近郊耕作之官（男与田）等几类人。侯与男并无严格区分，也无等级之别。即使到了西周，公、侯、伯、子、男也只是国君的通称，并非爵禄。直到战国时代，才有公、侯、伯、子、男五等爵。实际上，封爵制度是一个逐步完善的过程，不同的看法主要由于所取标准不同。五等爵制到了战国时期方才完备。

封爵制度与宗法制度有着密切的关系，最初的受爵者仅是王族。战国时期，秦国从商鞅变法以后，取消王族封爵，立二十等爵制以赏功劳（主要是军功）。从最高的二十等到最低的第一等，依次是彻侯、关内侯、大庶长、驷车庶长、大上造、少上造、右更、中更、左更、右庶长、左庶长、五大夫、公乘、公大夫、官大夫、大夫、不更、簪袅、上造、公士。西汉以后，皇族封爵与功臣封爵并存，一直延续到清代。

秦以前君主称王，封爵中最高的一等为公。秦始皇称帝，西汉以后最高封爵为王，皆封与皇子。西晋以后，皇族封爵与功臣封爵名称合并，但最高一级的王、亲王只封与皇族。至明代，在爵位中加镇国将军、镇国中尉等名称。清朝皇族爵位分十四等，其中贝勒、贝子是满语"天生贵族"的音译。

 **成语窗**

**百年之好**
指男女结为夫妇。

**好善乐施**
指喜欢做善事，乐意施舍。

**渊鱼丛爵**
比喻为政不善，结果驱使人民投向敌方。

**卖官鬻爵**
形容政治腐败，统治阶级靠出卖官职来搜刮财富。

**故步自封**
比喻守着老一套，不求进步。

**碎首糜躯**
同"碎首糜躯"，意思是头颅粉碎，身躯糜烂。特别是指粉身碎骨的意思。多指为某种目的而献身。

### 猜谜语

子女不差。
（打一字）

英雄赞。
（打一歌名）

才下眉头，却上心头。
（打一字）

海阔凭鱼跃。
（打一运动项目）

## 都邑华夏

### 都 dū

| 甲骨文 | 金文 | 篆文 | 隶书 | 楷书 | 行书 | 草书 | 标准宋体 |
|---|---|---|---|---|---|---|---|
|  | 郜 | 䣐 | 都 | 都 | 都 | 都 | 都 |

### 解字堂

"都"是形声字。字形采用"邑"作偏旁，采用"者"作声旁。《说文解字》说："都，有先君之旧宗庙曰都。从邑，者声。""都"的本义为国都。如《释名》："国城曰都。都者，国君所居，人所都会也。"又如《左传·庄公二十八年》："凡邑有宗庙先君之主曰都，无曰邑。"

由于一国之都城一般为全国的政治、经济、文化中心，人口众多，因而"都"字引申出形容词词性，义为"大的"。如《吕氏春秋·察今》："军惊而坏都舍。""都舍"意为大房子。又如《后汉书·张衡传》："中有都柱，傍行八道，施关发机。""都柱"意为粗大的柱子。"都"作形容词的义项仅出现在古文中。

"都"作副词时读作dōu，在口语和一些方言中也读作dū，义为全部。如《广雅·释训》："都，凡也。"又如清末林觉民《与妻书》："常愿天下有情人都成眷属。"其中的"都"即为全部的意思。

### 名言馆

兴复汉室，还于旧都。
·（三国）诸葛亮《出师表》

---

萧关逢候骑，都护在燕然。
·（唐）王维《使至塞上》

---

最是一年春好处，绝胜烟柳满皇都
·（唐）韩愈《早春呈水部张十八员外》

---

淮左名都，竹西佳处，解鞍少驻初程。
·（宋）姜夔《扬州慢》

谜语答案　好　好汉歌　自　自由泳

| 甲骨文 | 金文 | 篆文 | 隶书 | 楷书 | 行书 | 草书 | 标准宋体 |
|---|---|---|---|---|---|---|---|
| 𠙵 | 𠙵 | 𠙷 | 邑 | 邑 | 邑 | 邑 | 邑 |

## 名言馆

郡邑浮前浦，波澜动远空。
· （唐）王维《汉江临眺》

地犹鄹氏邑，宅即鲁王宫。
· （唐）李隆基《经邹鲁祭孔子而叹之》

忆昔开元全盛日，小邑犹藏万家室。
· （唐）杜甫《忆昔二首》其二

身多疾病思田里，邑有流亡愧俸钱。
· （唐）韦应物《寄李儋元锡》

## 解字堂

"邑"是会意字。甲骨文字形由两部分组成，上为口，表示疆域，下为跪着的人形，表示人口；合起来表示城邑。"邑"是汉字的一个部首，变体为右耳旁，《说文解字》说："邑，国也。从口。先王之制，尊卑有大小，从卪。凡邑之属皆从邑。"

"邑"的本义是"国"。古代称侯国为邑。段玉裁《说文解字注》说："《左传》凡称人曰大国，凡自称曰敝邑。言国邑通称。"朱骏声的《通训定声》中有"《书》'西邑夏''天邑商''大邑周'，皆谓国"的释义。《左传·僖公四年》："君惠徼福于敝邑之社稷。""敝邑"表示对本国的谦称。

"邑"也有国都、京城的意思，指古代无先君宗庙的都城，如《左传》中提到："凡邑，有宗庙先君之主曰都，无曰邑。"与"都"不同，区别就在于无先君宗庙。后来可泛指一般城市，如宋苏洵《六国论》："小则获邑，大则获城。""邑"即为小城市。

此外，"邑"在古文中还有以下三层含义：一是指旧时县的别称，唐柳宗元《封建论》："秦有天下，裂都会而为之郡邑。"其中"邑"与"郡""县"同义。二是指诸侯封地、大夫采地的通称，《战国策·燕策》："邑万家。"意为有一万户人口的封地。三是指居民聚居的地方，唐柳宗元《柳河东集》："邑犬群吠。"意为乡邑的狗群开始吠叫。

都邑华夏

hua

华

| 甲骨文 | 金文 | 篆文 | 隶书 | 楷书 | 行书 | 草书 | 标准宋体 |
|---|---|---|---|---|---|---|---|
| 苯 | 苯 | 苯 | 華 | 華 | 華 | 苯 | 华 |

## 解字堂

"華"是象形字。"華",甲骨文像一棵树上满是花枝的样子,表示树木开花。隶化后楷书写作"華"。简化后写作"华"。

"华"字有3个读音。读作huā时,表示名词"花朵",和动词"开花",如《诗·周南·桃夭》:"桃之夭夭,灼灼其华。"这里"华"为名词。又如《淮南子·时则训》:"桃李始华。"意指桃树和李树相继开花。这里"华"用作动词。此外,"华"也出现在成语中,如春华秋实、华而不实。

根据花朵、开花之义,"华"在后来引申出事物美好宝贵的部分和灿烂绚丽的、炫目的两种意思,分别用作名词和形容词,读作huá。用作名词时,如"日月光华,旦复旦兮",意为日月的光辉,日复一日地照耀着大地。"华"用作形容词时,如宋司马光《训俭示康》"金银华美之服",意为镶嵌有金银饰物的华丽服饰。"华"可组词为才华、年华、华贵、繁华等。此外值得注意的是,我国古称"华夏",今称"中华",这里的"华"就是取美好、繁华之意。

"华"有时还读作huà,出现在姓氏中,如古代名医华佗,发明了麻沸散,是医学史上最早的用于外科手术的一种麻醉剂。还有近代著名的数学家华罗庚先生。出现在地名中,如华山,位于陕西省东部,古称"西岳",海拔1997米,有壁立千仞之势。

## 名言馆

木谓之华,草谓之荣。
· 《尔雅》

物华天宝。
· (唐) 王勃《滕王阁序》

冠盖满京华,斯人独憔悴。
· (唐) 杜甫《梦李白二首》其二

都邑华夏

| 甲骨文 | 金文 | 篆文 | 隶书 | 楷书 | 行书 | 草书 | 标准宋体 |
|---|---|---|---|---|---|---|---|
| | | | | 夏 | 夏 | 夏 | 夏 |

## 名言馆

蛮夷华夏。
·《书·舜典》

夏日葛衣。
·《韩非子·五蠹》

春秋内其国而外诸夏。
·《公羊传·成公十五年》

自关而西，秦晋之间，凡物之壮大者而爱伟之，谓之夏。
·《方言》

## 解字堂

"夏"是会意字。"夏"，甲骨文像一个赤着脚的人手持尖嘴锄下地劳动，字形突出了人的头部、两手、脚（趾）和劳动工具。本义为手持刀，脚踩耒（古代耕地用的农具），观测天象，应季农忙。因此"夏"最初用作动词，但鲜有例句。

劳动生产促使族群、部落乃至国家相继出现，中国古代史上第一个奴隶制国家夏朝出现于约公元前21世纪。由于既没有文献记载，也没有出土文物，因此夏朝出现的时间只能通过考古学家和历史学家进行推断。相传禹的儿子启建立了夏朝，建都安邑（今山西省夏县北），也称夏后氏。如《韩非子·五蠹》："构木钻燧于夏后氏。""夏"还泛指中国、中国人，如《说文解字》说"夏，中国之人也"，组词为华夏、诸夏。"夏"还指最早利用天文知识进行农耕生产的人。另外，我国古代的劳动人民通过观察天象和总结农耕经验编制出了一套农业历法，相传创始于夏代，故被称为夏历。

从农业耕作的意思还引申出了日照充足的农忙季节，即为夏季。如《诗·小雅·四月》："四月维夏，六月徂暑。"意思是四月进入夏季，时至六月已是盛暑时节。组词有夏耘、仲夏、春夏秋冬等。

"夏"有时还可用作形容词，表示大的。这一义项根据前文中提到的夏朝、华夏一词延伸而来。如《尔雅》："夏，大也。"明确表示了"夏"的这层含义。

"夏"也用作姓氏，如明代著名画家夏昶。

## 温故知新

### 四字通解

都邑华夏，意思是我国古代的都城华美而壮观。《千字文》从这句话开始介绍我国古代都城繁荣兴盛的景象。

什么叫作"都邑"呢？《广韵》中记载"天子所宫曰都"，就是说天子住的地方叫"都"；"诸侯所都曰邑"，诸侯住的地方叫作"邑"。因此"都"和"邑"表示都城、城市的意思，相当于现在的首都和省会的概念。唐代诗人韩愈的《守戒》："今之通都大邑，介于屈强之间，而不知为备。"其中提到的"通都大邑"就表示四通八达的大都会、大城市。"华"在这里形容灿烂炫目、宝贵之物。中国的文化灿烂光华，故此称为"华"。"夏"在这里是指幅员辽阔的、广袤的，中国的土地辽阔无边，因此叫作"夏"。

### 故事厅

#### 华而不实

成语"华而不实"是生活中比较常用的一个成语，比喻外表好看，而没有实际内容。也指表面上很有学问，实际腹中空空的人。

故事发生在春秋时，晋国大夫阳处父出使到魏国去，回来路过宁邑，住在一家客店里。店主姓嬴，他看见阳处父相貌堂堂，举止不凡，十分钦佩，悄悄对妻子说："我早想投奔一位品德高尚的人，可是多少年来，随时留心，都没找到一个合意的。今天我看阳处父这个人不错，我决心跟他去了。"

店主得到阳处父的同意，离别妻子，跟着他走了。一路上，阳处父同店主东拉西扯，不知谈些什么。店主一边走，一边听。刚刚走出宁邑县境，店主改变了主意，和阳处父分手了。

店主的妻子见丈夫突然折回，心中不明，问道："你好不容易遇到这么个人，怎么不随他去呢？你不是决心很大吗？家里的事你尽管放心好了。"店主答道："我看到他长得一表人才，以为他可以信赖，谁知听了他的言论却感到非常讨厌。我怕跟他一去，没有得到好处，反倒遭受祸害，所以打消了原来的主意。"这阳处父在店主的心目中，就是个"华而不实"的人。所以店主毅然地离开了他。

### 猜谜语

东邻墙头梨花开。
（打一字）

口头奉承。
（打一字）

荷塘月色。
（打一陕西名胜）

大禹建都。
（打一节气）

 **知识角**

### 我国古代都城的特点

我国古代都城有以下几个特点：

第一，从商朝盘庚迁殷使都城稳定至清朝，我国古代都城一般都选在地势较为平坦、并且水资源丰富的地区。虽然北京水资源不充沛，但京杭大运河的续修使北京得到长江流域经济与文化的支持。

第二，古代都城既是统治阶级的政治中心，又是全国的经济文化中心。这点同西欧社会早期封建国家都城只是政治中心，而与商业和经济中心分离有明显的区别。

第三，在中国封建社会中皇权是社会统治的中心，有至上权威，这种社会状况反映在城市布局中就是皇宫和宗庙居于城市的中心，作为商品交换场所的"市"在都城中偏于一隅。古代都市的建筑布局都是整齐划一，有纵贯全城的中轴线，两边对称分布。

第四，古代都城的规划，从曹魏到隋唐，都表现为封闭的棋盘形状，"坊""市"分开（居民区和商业区严格分开）。从宋朝开始，由于商品经济的发展，各地贸易的日渐频繁，城市的布局呈现出开放式街道规划。北宋张择端的《清明上河图》描绘的就是东京汴河两岸繁华的商业活动。

第五，古代都城随着封建国家的繁荣昌盛，在对外经济文化交流中逐渐形成国际性的大都市。从隋朝开始，京都长安成为少数民族和周边国家商贸往来的中心。随着明朝中后期实行海禁，闭关锁国以后，古代都城的这一特点才逐渐丧失。

 **成语窗**

**通都大邑**
四通八达的大都会、大城市。

**都中纸贵**
形容别人的著作受人欢迎，广为流传。

**涂歌邑诵**
路途邑里的人全都歌诵。形容国泰民安、百姓欢乐的景象。

**含英咀华**
比喻读书吸取其精华。

**鹤唳华亭**
表现思念、怀旧之意。亦为慨叹仕途险恶、人生无常之词。

**夏雨雨人**
有如夏天的雨落在人身上。比喻及时给人帮助和教育。

**冬裘夏葛**
冬天穿皮衣，夏天穿葛衣。比如根据不同情况，制定适当措施。

东西二京

| 甲骨文 | 金文 | 篆文 | 隶书 | 楷书 | 行书 | 草书 | 标准宋体 |
|---|---|---|---|---|---|---|---|
| 東 | 東 | 東 | 東 | 東 | 東 | 东 | 东 |

### 解字堂

"東"是象形字。甲骨文像在包囊上纵横交叉地捆绑，与"束"（包囊）是同源字。隶化后楷书写作"東"。简化后写作"东"。古人将行李用一块布包扎在一根便于肩扛的木棍上，成为"橐"。"东"字的本义为古人出门远行时携带的、用布和木棍包扎成的行囊。

"东"表示本义时用作名词，指远行时带的行囊。但"东"在使用过程中多用其泛指物品的意思。如《红楼梦》第三五回："凤姐笑道：'这一宗东西，家常不大做；今儿宝兄弟提起来了，单做给他吃。'"其中"这一宗东西"就是指这一类东西。

由于"东"本义与出行有关，"东"在后来引申为古人在远行时参考的日出方位、方向，也是名词。如《白虎通·五行》："东方者，动方也，万物始动生也。"因为"东"是给人们送来光明和温暖的方位，有光明、温暖、新生的特点，象征着一年之始、万物复苏的春天，因此古典诗词中所提到的"东风"就是春风。

此外，"东"还表示东家、主人，如做东。常见词有东道主、少东家。如《左传·僖公三十年》："若舍郑以为东道主，行李之往来，共其乏困，君亦无所害。"这句话的意思是：如果您放弃郑国，让它存在，以郑国为秦国东边道上的主人，秦国的外交人员经过郑国，郑国可以供给他们所缺少的粮食，您也没有什么害处。再如贺敬之、丁毅等《白毛女》第二场："穆仁智：'老杨，少东家在这，这儿走。'"

### 名言馆

小东大东，杼柚其空。

·《诗·小雅·大东》

---

东市买骏马，西市买鞍鞯。

·北朝乐府《木兰辞》

---

君为东道主，于此卧云松。

·（唐）李白《望九华赠青阳韦仲堪》

---

东风不与周郎便，铜雀春深锁二乔。

·（唐）杜牧《赤壁》

谜语答案　都邑　华清池　立夏

东西二京

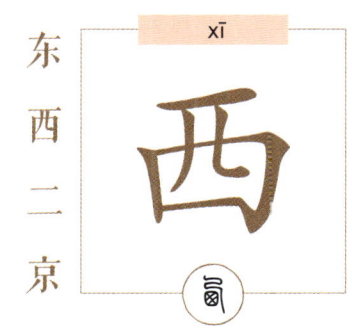

东西二京

xī
西

| 甲骨文 | 金文 | 篆文 | 隶书 | 楷书 | 行书 | 草书 | 标准宋体 |

## 名言馆

故人西辞黄鹤楼，烟花三月下扬州。
　·（唐）李白《黄鹤楼送孟浩然之广陵》

东边日出西边雨，道是无情却有情。
　·（唐）刘禹锡《竹枝词二首》其一

西北望长安，可怜无数山。
　·（宋）辛弃疾《菩萨蛮·书江西造口壁》

## 解字堂

　　"西"是象形字。"西"，甲骨文像用绳带缠绕着的装行李的囊袋。金文、篆文基本继承甲骨文。隶书有所简化。灵化后楷书写作"西"。"西"最初的意思是指古代女性装行李的囊袋。古人称男子肩扛的行囊为"东"，称女子手提的行囊为"西"，合起来即为"东西"，现在泛指各种物品。

　　"西"字还被借用指代"栖"，表示栖息，用作动词，意思是鸟宿枝上。如《说文解字》中将"西"解释为："西，鸟在巢上。"意思是说"西"表示鸟在巢中休息。

　　依据倦鸟归巢，鸟只有在晚上才会宿于枝头的原因，"西"的意思得到进一步扩展，用来表示方位，意思是太阳落山的方向、方位。如唐三维《送元二使安西》："西出阳关无故人。"意思是向西出了阳关就难以遇到故旧亲人。再如《长歌行》："百川东到海，何时复西归。"这句诗是说百川奔腾着东流到大海，何时才能重新返回西境？后来被引申为表示时间一去不复返，劝诫年轻人珍惜光阴。还有《仪礼·丧服》："故有东宫，有西宫，有南宫，有北宫，异居而同财，有余则归之宗，不足则资之宗。"这里的东、西、南、北都表示方位名词。

　　时至近代，资本主义发源于西欧，席卷全球，起初由于资本主义国家的地理位置处于欧洲西部，因此后来"西"还用作形容词，表示欧式的、欧化的。组词有西餐、西点、西装、西医、西元等。

东西二京

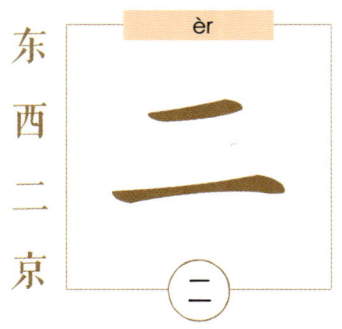

èr

| 甲骨文 | 金文 | 篆文 | 隶书 | 楷书 | 行书 | 草书 | 标准宋体 |
|---|---|---|---|---|---|---|---|
| 二 | 二 | 二 | 二 | 二 | 二 | 二 | 二 |

## 解字堂

"二"是指事字。"一"是特殊指事字，既代表最为简单的起源，也代表最为丰富的混沌整体。"二"也是特殊指事字，表示天地两极。古人认为"道生一，一生二，二生三，三生万物"。就是说，混沌太初的存在整体是"一"；然后由太初混沌的"一"，分出天地"二"极；天地二极之间，又生出人这第"三"部分；天地人三者，衍化出宇宙万物。"二"的本义是指由混沌分出的天、地两极。"一"代替混沌太初的整体；"二"字上面的一横代表"天"，下面的一横代表"地"；"三"字上下两横代表"天地"，中间的一横代表"人"。

"二"最初用作名词，表示由混沌分出的天、地两极的意思，这只出现在古文中。如《易·系辞上》："分而为二以像两。"

由"二"的本义引申作数词，表示一加一的和。如唐杜甫《石壕吏》："一男附书至，二男新战死。"意为一个儿子托人捎了信回来，两个儿子刚刚战死了。这里的"二"就表示数量两个的意思。

"二"在后来还被用作形容词，有三层意思，第一层表示两样的、有区别的。如《儿女英雄传》三十三回："说得好好的，这又说到二屋里去了。"其中"二屋里"指另外的屋子、别处，比喻说话说岔了，事情办错了。第二层意思表示不专一、不忠诚，如有二心、三心二意。第三层意思表示次的、思维行事不通情理的，一般用在口语中，如二愣子。

## 名言馆

因二以济民行。

·《易·系辞下》

---

三山半落青天外，二水中分白鹭洲。

·（唐）李白《登金陵凤凰台》

---

六月西湖早得秋，二年归思与迟留。

·（宋）陈师道《寄侍读苏尚书》

# 东西二京

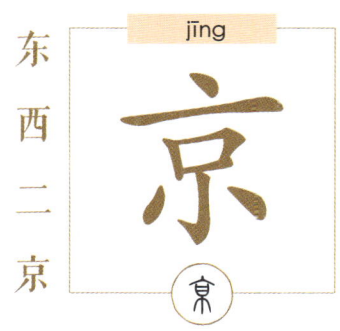

| 甲骨文 | 金文 | 篆文 | 隶书 | 楷书 | 行书 | 草书 | 标准宋体 |
|---|---|---|---|---|---|---|---|
| 倉 | 京 | 京 | 京 | 京 | 京 | 京 | 京 |

## 名言馆

冠盖满京华，斯人独憔悴。
·（唐）杜甫《梦李白》

唯有牡丹真国色，花开时节动京城。
·（唐）刘禹锡《赏牡丹》

世味年来薄似纱，谁令骑马客京华。
·（宋）陆游《临安春雨初霁》

## 解字堂

"京"是象形字。甲骨文的"京"与甲骨文的"高"、金文的"亭"字形相近。"京"甲骨文像有塔楼的建筑。有的甲骨文略有变形，表示多柱、无墙。金文承续甲骨文字形。篆文将亭盖与亭阁分离。隶书误将篆文的三柱形状写成"小"，因此形成了我们今天看到的"京"字。

"京"的本义是指古代筑在都邑城关、用于瞭望预警的高耸亭台，用作名词。这个义项只见于古文中。如《三国志·魏书·公孙瓒传》："于堑里筑京，皆高五六丈。"这句话的意思是在壕沟里修筑的瞭望台，都有五六丈那么高。

由于古代城池外筑有用于防御的瞭望台，因此"京"被引申表示都城、城邑，用作名词。如《公羊传·桓公九年》："京师者何？天子之居也。"意为，京师是哪里呢？是天子居住的地方。这个例子中的"京"就表示都城。

现在"京"特指北京，组词如京剧、京腔、京沪线等。

"京"还用作姓氏。如京相璠，是晋代著名学者、地图学家。他和裴秀（223—271）等人编有《禹贡九州地域图记》十八篇，并绘制"一寸为百里"的全国地图《方丈图》，还总结出"制图六体"，即分率（比例尺）、准望（方位）、道里（距离）、高下（地势起伏）、方邪（倾斜角度）、迂直（河流道路的曲直）作为绘图六原则。这是世界上迄今尚有文献记载的地图制图学水平最高的基本理论。

## 温故知新

###  四字通解

东西二京，意思是东京和西京两座都城。东京指洛阳，西京指长安。"东"和"西"表示方位；"二"在这里是数词，表示两座；"京"表示都城。

洛阳号称是"九朝古都"，洛阳建都的历史，比长安还要早，是在西周的时候开始建立的。周平王的时候，西部的少数民族犬戎入侵中原，扰乱周朝，连"烽火戏诸侯"的周幽王也被杀死了。继任的周平王实在没有办法，只好把国都东迁到洛阳，史称"东京"。以后的东汉、曹魏、西晋、北魏、隋朝，以至唐朝初期也都将国都设在洛阳，所以洛阳被称为"九朝古都"。

西京长安，今称西安，是"十三朝古都"。最早在长安建都的是西周，之后有秦、西汉、前赵、前秦、后秦、西魏、北周、隋、唐等多个朝代均定都于此。西安周边有多处历史遗迹，如东边的半坡村，是中国境内发现的最大的新石器时代的遗址，距离现在有7000年了。

### 猜谜语

岁末不见主人归。
（打一省区）

仙人在何处。
（打一省区）

夫人出差。
（打一字）

都是一场戏。
（打一剧种）

###  故事厅

#### "东道主"的由来

我们常常听到"东道主"这个词，比如2008年我国举办奥运会时，中国就是"东道主"，那么"东道主"到底是什么意思呢？

鲁僖公三十年（公元前630年）九月十三，晋文公和秦穆公的联军包围了郑国国都。郑文公在走投无路的情况下，只得向老臣烛之武请教，设法解围。

当夜，烛之武乘着天黑叫人用粗绳子把他从城头上吊下去，私下会见秦穆公。

晋国和秦国是两个大国，他们之间本不和谐，常常明争暗斗。烛之武巧妙地利用他们的矛盾，对秦穆公说："秦晋联军攻打郑国，郑国怕是保不住了。但郑国灭亡了，对贵国也许并无一点好处。因为从地理位置上讲，秦国和咱郑国之间隔着一个晋国，贵国要越过晋国来控制郑国，恐怕是难于做到的吧？到头来得到好处的还是晋国。晋国的实力增加一分，就是秦国的实力相应地削弱一分啊！"秦穆公觉得烛之武说得有理，烛之武于是进一步说："要是你能把郑国留下，让他作为你们东方道路的主人。你们使者来往经过郑国，万一缺少点什么，郑国一定供应，做好充分的安排，这有什么不好？"

秦穆公终于被说服了，他单方面跟郑国签订了和约，晋文公无奈，也只得退兵了。秦国在西，郑国在东，所以郑国对秦国自称"东道主"。

 **知识角**

### 西瓜的来历

西瓜是大家在夏天最常吃到的水果之一，可是关于西瓜的来历又有多少人知道呢？

西瓜，顾名思义，是西域传来的瓜。五代以前，它已经传入中国东南沿海地区，但不叫西瓜，而因其性寒解热，称寒瓜。因此，西瓜是从西域传入中国的说法似有疑问。那么，它是从什么路线传入中国的呢？推测它是由"海上丝绸之路"传入中国的。汉武帝曾派"译长"，募商民，携丝绸，乘海船去西方国家"市明珠、璧流离、奇石、异物"。海船从雷州半岛起航，沿北部湾西岸和越南沿海航行，绕过越南南端金瓯角，再沿暹罗湾，顺马来半岛海岸南下，到达新加坡，又西折，穿越马六甲海峡，沿孟加拉湾到达已程不国，"汉之译使自此还矣"（《汉书·地理志》）；这条海道，就是所谓的"海上丝绸之路"。"已程不国"是今天的什么地方呢，多数学者认为是斯里兰卡，也有人说是非洲东部的阿比西尼亚。无论哪种说法对，都说明汉武帝时代中国和非洲交通的海路已经打开了。因为在汉代，阿拉伯人已经掌握了印度洋上信风的秘密，能够东西穿航印度洋。这样，斯里兰卡和南洋群岛完全有可能成为中国和非洲交通的中转站。非洲的西瓜可以经过斯里兰卡或南洋群岛再传入中国。广西和江苏汉墓出土的西瓜籽，就是海上丝绸之路沟通中非文化交流的佐证。

另外，据1959年2月24日《光明日报》报道：在浙江杭州水田畈新石器时代遗址中也曾发现过西瓜籽。如果这个考古收获确实可靠的话，中国有西瓜的历史至少在四千年以上，而且西瓜原产非洲的说法，又另当别论。

 **成语窗**

**河东狮吼**
比喻凶悍的妻子对丈夫大吵大闹。

**宋玉东墙**
喻指貌美多情的女子。

**剪烛西窗**
原指思念远方妻子，盼望相聚夜语。后泛指亲友聚谈。

**东方不亮西方亮**
比喻这里行不通，别的地方尚有回旋余地。

**别无二致**
指区分不出两者的差别。

**一不做，二不休**
原意是要么不做，做了就索性做到底。指事情既然做了开头，就索性做到底。

**研京练都**
文思缜密而迟缓。

**京兆画眉**
指男女或夫妇相亲相爱。

背邙面洛

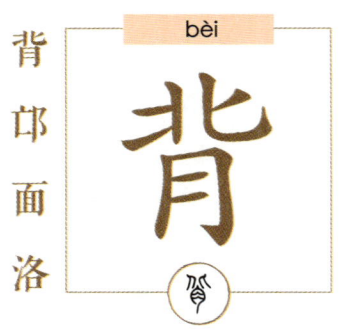

bèi

| 甲骨文 | 金文 | 篆文 | 隶书 | 楷书 | 行书 | 草书 | 标准宋体 |
|---|---|---|---|---|---|---|---|
|  |  | 背 | 背 | 背 | 背 | 背 | 背 |

## 解字堂

"背"是会意字。"北"的金文像两人背对着背，表示相背。"北"的本义消失后，篆文再加（肉，指代身体）另造"背"代替。隶书将篆文写成，此后就形成了我们今天见到的"背"字。

"背"字的本义是指人体躯干的后部，在脖子和骨盆之间的部分。如魏学洢《核舟记》："左手抚鲁直背。"

从"背"的本义可以引申出物体的后面、反面的意思。组词如背景、背面、手背等。

从"背"的本义还引申出动词词义，表示置于身后不面对。如马致远《汉宫秋》："背井离乡，卧雪眠霜。"这里的"背"就是背对着家乡，表示离开家乡。

上一个"背"字的动词词义，进一步引申出违逆、违反的意思。《史记·项羽本纪》："言沛公不敢背项王也。"这里的"背"就是背叛的意思。

因为"背"有背叛的意思，如果团队中有人背叛的话，做事就会不顺利、有障碍，因此"背"还可以引申作形容词，表示不顺的、有障碍的。组词为背运、背气等。

"背"的本义还可以引申出用身体最受力的肩脊部分承重驮物的意思，用作动词，读作bēi。组词如背负、背债等。

## 名言馆

十五泣春风，背面秋千下。
· （唐）李商隐《无题二首》其一

早背胡霜过戍楼，又随寒日下汀州。
· （唐）罗邺《雁》

烟中列岫青无数，雁背夕阳红欲暮。
· （宋）周邦彦《玉楼春》

谜语答案　山东　山西　二　京剧

# 背邙面洛

máng

## 邙

| 甲骨文 | 金文 | 篆文 | 隶书 | 楷书 | 行书 | 草书 | 标准宋体 |
|---|---|---|---|---|---|---|---|
|  |  | 邙 | 邙 | 邙 | 邙 | 邙 | 邙 |

## 名言馆

北邙山上列坟茔，万古千秋对洛城。
　　·（唐）沈佺期《北邙山》

何事不随东洛水，谁家又葬北邙山？
　　·（唐）白居易《清明日老君阁望洛城赠韩道士》

北邙山上少闲土，尽是洛阳人旧墓。
　　·（唐）王建《北邙行》

## 解字堂

"邙"是形声字。从邑，亡声。

"邙"一般出现在专有名词中。

首先是指古城名，在今天河南省洛阳市北。用作古城名时也可写作"亡"或"芒"。

其次是指山名，在今河南省洛阳市北，山连偃师、巩县、孟津三县地，绵亘四百余里，为古代帝王陵墓所在地。邙山，南系悠悠洛水，北临滔滔黄河，面向苍苍嵩岳，背负巍巍太行，水低土厚，气候温和，是理想的风水宝地。所以，中国历史上素有"生于苏杭，葬于北邙"之说。而且，中原的洛阳、开封久为国都，帝王将相也以身后安葬北邙为荣。如洛阳就先后有九个王朝在此建都，在长达1600多年的历史长河中，皇亲国胄，达官显贵，死后也多葬于邙山上下。因此，邙山冢墓之多，剩余的几乎"无卧牛之地"。

"邙"还可以用作姓氏。邙姓，源于姬姓，出自春秋时期郑国君主郑穆公之子姬邙之封地，属于以封邑名称或先祖名字为氏。要注意的是，邙山在古代又称北芒、北邙，因此在穆公子邙的后裔子孙中，亦有称芒氏者，与邙氏同宗同源，皆世代相传至今。如邙段，郑国人，是西周时期著名的郑国大夫。

背邙面洛

miàn

面

| 甲骨文 | 金文 | 篆文 | 隶书 | 楷书 | 行书 | 草书 | 标准宋体 |
|---|---|---|---|---|---|---|---|
| | | | 面 | 面 | 面 | 面 | 面 |

## 解字堂

"面"是指事字。"面",甲骨文在眼睛外加一指事性的线框,代表脸廓。篆文误将甲骨文字形中的"目"写成"首",强调脸在头部。隶书将"首"和"目"混合成"面"。隶化后楷书写作"面"。简化后,与"麵""麪"合并,同写作"面"。

"面"的本义是脸庞,用作名词。《汉书·李广苏建传》:"如何面目以归汉。"

根据"面"表示脸庞的本义可引申出动词词义,表示脸朝着、正视。如《列子·汤问》:"北山愚公者,年且九十,面山而居。"

表示面朝着的意思引申出副词词义,表示脸对脸地、不回避当事人地。如《战国策·赵策》:"群臣吏民能面刺寡人之过者,受上赏。"意为诸位官吏百姓能当面说出我的过失的,给予最高奖励。

"面"用作名词还可以表示外表、方向、层次。如韩愈《南山诗》:"微澜动水面。"这里的"水面"就是指水的表面。柳宗元《至小丘西小石潭记》:"四面竹树环合。""四面"就是指四个方向。

"面"还可以用作量词,表示片状的物体,如一面鼓、一面镜、一面旗。

## 名言馆

满面尘灰烟火色。

·(唐)白居易《卖炭翁》

开轩面场圃,把酒话桑麻。

·(唐)孟浩然《过故人庄》

主称会面难,一举累十觞。

·(唐)杜甫《赠卫八处士》

背邙面洛

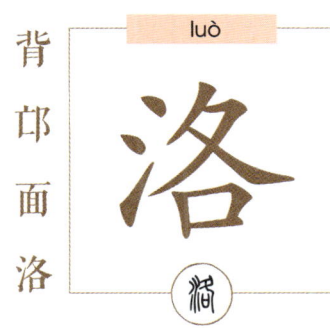

luò

洛

| 甲骨文 | 金文 | 篆文 | 隶书 | 楷书 | 行书 | 草书 | 标准宋体 |
|---|---|---|---|---|---|---|---|
| 洛 | 洛 | 洛 | 洛 | 洛 | 洛 | 洛 | 洛 |

## 名言馆

秋风不相待，先至洛阳城。
· （唐）张说《蜀道后期》

洛阳亲友如相问，一片冰心在玉壶。
· （唐）王昌龄《芙蓉楼送辛渐》

洛阳城里见秋风，欲作家书意万重。
· （唐）张籍《秋思》

## 解字堂

"洛"是形声字。从水，各声。"洛"，甲骨文 洛 = 氵（水，川，河）+ 各（各）金文 洛、篆文 洛 承续甲骨文字形。隶化后楷书写作"洛"。

现代汉语中"洛"只用于河名与地名。如《诗·小雅·瞻彼洛矣》："瞻彼洛矣，维水泱泱。"这里的"洛"专指洛水。洛河，古称雒水，是黄河右岸重要支流，在河南偃师境内与伊河并流，亦称为伊洛河。洛河源出陕西蓝田县东北与渭南、华县交界的箭峪岭侧木岔沟，流经陕西省东南部及河南省西北部，在河南巩义市河洛镇注入黄河。

再如李汝珍《镜花缘》："人话洛阳纸贵，谁知今日闹到长安扇贵。"这里的"洛"很明确地表示地名洛阳。洛阳古称雒邑、豫州，位于河南西部、黄河中游，因地处洛河之阳而得名。洛阳是华夏文明的发源地之一、中华民族的发祥地之一，是隋唐大运河的重要枢纽。牡丹因洛阳而闻名于世，被誉为"千年帝都，牡丹花城"。

"洛"还用作姓氏。洛为"落"氏所改。春秋时赤狄族有皋落氏，后省为洛氏；古代北方鲜卑族有洛氏。如洛宣，明代人，官至贵州都指挥使。正统年间参与征讨麓川，攻鬼哭山，力战而亡。洛忠，明代人，幼时丧父，对母亲极孝顺，才智出众，勇力过人，官至清浪参将，保全安南一带平安；以孝友知名，朝中曾下诏书旌其家门。

## 温故知新

### 四字通解

背邙面洛，意思是洛阳城背靠北邙山，南面洛水。在古汉语中一提到背，在方位上就是指北方，一说面就是南方。中国人讲究面南背北，我们尚南，以面南为正位；西方人尚北以北为正位。同样的罗盘，我们叫指南针，他们叫指北针。古代的地图都是上南下北，与现代欧式的地图相反，所以我们的居室也要坐北朝南，历来的衙门口也都是朝南开的。

"背邙"的"邙"指的是洛阳城北的邙山，北邙山海拔250米，方圆200公里，既不雄伟也不高大，但是由于水低土厚、气候温和，是理想的风水宝地。山上古代帝王的陵墓多得数不胜数，历史上素有"生于苏杭，葬于北邙"之说。在邙山几十千米的主地段内，仅皇家陵园就有五处，分为东周、东汉、曹魏、西晋、北魏5个皇陵区，埋葬着汉光武刘秀、蜀后主刘禅、南陈后主陈叔宝、南唐后主李煜等帝王，以及贾谊、班超、李密、薛仁贵、狄仁杰、石崇、孟郊、颜真卿等名流。古人有诗说，"北邙山上列坟茔，万古千秋对洛城"，一点也不假。此外，"洛阳牡丹甲天下"这是人人皆知的，但是"洛阳牡丹出邙山"，北邙山又叫牡丹山，这个典故就不是人人皆知了。

洛阳城的南面是洛水，此水起源于陕西的蓝田县，流经洛阳城南，然后汇入黄河，所以"背邙面洛"是洛阳城地理背景的描绘。

### 故事厅

#### 洛阳纸贵

西晋有一位著名的文学家，名叫左思，字太冲，山东临淄人。左思出身寒微，不善交游，而且相貌丑陋，说话还有点口吃。他先是学习书法，后又专攻琴术，都没有取得什么成就。他的父亲左雍对此十分失望，有一次竟当着他的面，对自己的朋友说："左思这孩子的学习还赶不上我小的时候呢！"

这对左思的刺激很大，从此他便潜下心来发奋读书，终于写得一手好文章，并且以辞藻壮丽而小有名气。这时，左思的妹妹左芬因品貌出众、才学过人，被晋武帝选召入宫，左思也就随全家来到京城洛阳。目睹京都的壮观繁华，左思萌动了写《三都赋》（三都，指魏、蜀、吴三国的都城）的念头。此后，左思一直为这篇《三都赋》苦思冥想，几乎到了废寝忘食的地步。经过整整十年，《三都赋》终于完成。起初，不为世人所重视，后经皇甫谧、张华等名流推荐，富豪之家争相传写，以至洛阳纸价也昂贵起来。故事出自《晋书·文苑·左思传》。后来，人们便用"洛阳纸贵"来形容文章作品脍炙人口，广为流传。

 **知识角**

### 井田制

"背井离乡"这个成语中"井"的意思是"井田"。古代的土地有阡有陌,划分成了井字形状,所以叫井田。这里的井田就是指井田制。

井田制是中国古代社会的土地国有制度,出现于商朝,到西周时已发展很成熟。到春秋时期,由于铁制农具和牛耕的普及等诸多原因,井田制逐渐瓦解。其实质是一种以国有为名的贵族土地所有制。

西周时期,道路和渠道纵横交错,把土地分隔成方块,形状像"井"字,因此称作"井田"。井田属周王所有,分配给庶民使用。领主不得买卖和转让井田,还要交一定的贡赋。领主强迫庶民集体耕种井田,周边为私田,中间为公田。而其实质是一种土地私有制度(夏、商、西周,一切土地属于国家)。由于关于井田制的相关考古资料的缺乏,有学者却认为,井田制可能仅是一种乌托邦式的理想制度。由于地理环境和气候因素,这种制度可能从未得到严格的实施。

 **成语窗**

**力透纸背**
形容书法刚劲有力,笔锋简直要透到纸张背面。也形容诗文立意深刻,词语精练。

**芒刺在背**
像有芒刺扎在背上一样。形容内心惶恐,坐立不安。

**面如冠玉**
比喻男子徒有其表。也形容男子的美貌。

**八面威风**
各个方面都很威风。形容神气足,声势盛。

**巫山洛浦**
传说中有洛水女神,三国魏曹植渡洛水时,因感战国楚宋玉对楚王与神女事,遂作《洛神赋》。后以"巫山""洛浦"二典合用,指巫山神女和洛水女神,也指男女幽会。

**铜山西崩,洛钟东应**
比喻重大事件彼此相互影响。

### 猜谜语

车儿向东,马儿向西。
(打一成语)

携郎西去拾荒中。
(打一字)

三月风貌。
(打一食品)

东邻在水各一方。
(打一地名)

## 浮渭据泾

fú

| 甲骨文 | 金文 | 篆文 | 隶书 | 楷书 | 行书 | 草书 | 标准宋体 |
|---|---|---|---|---|---|---|---|
|  | 浮 | 浮 | 浮 | 浮 | 浮 | 浮 | 浮 |

### 解字堂

"浮"是形声字。其右半部分"孚",既是声旁也是形旁,表示抓捕男童。"浮",金文=⺡(水,河水)+孚(孚,手抓小孩头部),表示在水中托举小孩的头部。篆文承续金文字形。隶化后楷书写作"浮"。

《说文解字》说:"氾也。从水,孚声。""浮"的本义是托举小孩头部,教小孩漂水游泳。引申为漂流、漂浮。如《论语·公冶长》:"道不行,乘桴浮于海。"又如宋王安石《送邓监簿南归》:"水阅公三世,云浮我一身。"还可以引申为超过多出,如人浮于事。

"浮"作形容词,表示表面上的、空虚不切实际的。如浮土、浮文套语、浮华。也可以引申为不沉静的、不沉着的。如轻浮、浮躁。又如《礼记·表记》:"耻名之浮于行也。"因此,在现实生活中,我们要脚踏实地,不可以贪图浮华虚名,否则会被人耻笑。另外,"浮"还可以作副词,指表面地、虚假地。如浮肿、浮夸。

在景物描写时,"浮"字也可以为语言增添不少光彩。北宋文学家范仲淹在《岳阳楼记》中写道:"皓月千里,浮光跃金。"描绘了一幅色彩明丽的画面——皎洁的月光一泻千里,落在浮动的水面上,金光跳跃,波光粼粼。一个"浮"字就使画面有了灵动的美感。这就提醒我们,在写作时如果想让语言生动形象,就要注意动词的恰当使用。

### 名言馆

浮云游子意,落日故人情。
· (唐)李白《送友人》

浮云一别后,流水十年间。
· (唐)韦应物《淮上喜会梁州故人》

不畏浮云遮望眼,自缘身在最高层。
· (宋)王安石《登飞来峰》

**谜语答案** 背道而驰 邯 阳春面 洛阳

浮渭据泾

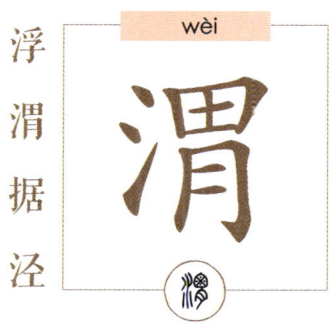

| 甲骨文 | 金文 | 篆文 | 隶书 | 楷书 | 行书 | 草书 | 标准宋体 |
|---|---|---|---|---|---|---|---|
|  |  | 澗 | 渭 | 渭 | 渭 | 阝 | 渭 |

## 名言馆

泾以渭浊，湜湜其止。
　　·《诗·邶风·谷风》

渭城朝雨浥轻尘，客舍青青柳色新。
　　·（唐）王维《送元二使安西》

渭水银河清，横天流不息。
　　·（唐）李白《君子有所思行》

渭北春天树，江东日暮云。
　　·（唐）杜甫《春日忆李白》

## 解字堂

"渭"是形声字。从水，胃声。本义是水名，指渭河。源出甘肃省渭源县鸟鼠山，流经陕西省与泾河、北洛河会合，至潼关县入黄河，长810千米。流域为关中平原。组词如渭川、泾渭分明。《说文解字》说："渭，水，出陇西首阳渭首亭南谷，东入河。从水，胃声。杜林说夏书，以为出鸟鼠山，雍州浸也。"如《史记·货殖列传》："渭川千亩竹。"后人则直接用"渭川千亩"来形容竹之繁茂。

值得注意的是，在重亲属血缘的中国传统文化中，"渭"字还与一个亲属称呼有密切联系，即舅舅。而以"渭阳"为舅父代称的传统要追溯到《诗经》那里。《国风·秦风》中有一首表达甥舅情谊的诗——《渭阳》："我送舅氏，曰至渭阳。何以赠之？路车乘黄。我送舅氏，悠悠我思。何以赠之？琼瑰玉佩。"这首诗前半部分写的是"我"送舅舅归国，在渭水北岸与他道别，赠与他一车四马；后半部分则将相思之情寄予离世的娘亲，以宝石玉佩表达自己的哀思。这种诠释有《毛诗序》为证："《渭阳》，康公念母也。我见舅氏，如母存焉。"汉代大将军史岑也在《出师颂》中写道："言念伯舅，恩深渭阳。"后来，人们常用"恩深渭阳"一词来表达见到舅氏而怀念亡母深恩的意思。

浮渭据泾

jù

据

| 甲骨文 | 金文 | 篆文 | 隶书 | 楷书 | 行书 | 草书 | 标准宋体 |
|---|---|---|---|---|---|---|---|
|  |  | 據 | 據 | 據 | 據 | 據 | 据 |

## 解字堂

虡，既是声旁也是形旁，表示猛虎捕食野猪。據，金文=手（手，抓、掐）+虡（虡，猛虎捕猎），比喻用手狠掐，牢牢抓住。篆文将金文字形中的手写成，将金文字形中的虡写成。隶化后楷书写作"據"。俗体楷书将正体楷书的右半部分虡写成。简化后，據、擄与据合并，同写作"据"。

《说文解字》说："杖持也。从手，虡声。""据"的本义是抓、孥。如《老子》："毒虫不螫，猛兽不据。"又如《史记·吕太后本纪》："见物如苍犬，据高后掖。"引申为占据、占有，如据为己有。又如《墨子·修身》："据财不能以分人者，不足与友。"又引申为凭借、依靠，如据点、据险固守。又如《诗·邶风·柏舟》："亦有兄弟，不可以据。"

据可以用作介词，表示按照、依据，如据理力争、据实报告。

据还可以用作名词，意为凭证，如凭据、证据、字据、票据。

值得注意的是"拮据"一词，它是双声联绵词，据读作jū，古人写作"据"，不写"據"。

## 名言馆

志于道，据于德，依于仁，游于艺。

· 《论语·述而》

据法而治者，吏习而民安。

· 《商君书·更法》

三分割据纡筹策，万古云霄一羽毛。

·（唐）杜甫《咏怀古迹五首》其五

浮渭据泾

| 甲骨文 | 金文 | 篆文 | 隶书 | 楷书 | 行书 | 草书 | 标准宋体 |
|---|---|---|---|---|---|---|---|
|  |  | 涇 | 涇 | 泾 | 泾 | 泾 | 泾 |

## 名言馆

去马来牛不复辨，浊泾清渭何当分？
· 杜甫《秋雨叹三首》其二

旧说泾关险，犹闻易水寒。
·（唐）皎然《送韦秀才》

江东无我无卿。政自要胸中分渭泾。
·（宋）陈杰人《沁园春》

## 解字堂

"涇"是形声字。从水，巠声。简化后写作"泾"。本义是泾水。发源于宁夏，注入陕西省渭水。《说文解字》说："泾，水，出安定泾阳开头山，东南入渭，雍州之川也。"与前面提到的"渭"一样，这同样是一条河流的名字。那么这两条河有什么区别呢？它们最大的区别就是泾河水清，而渭河水浊。要想记住谁清谁浊有一个小技巧，我们可以从字音入手，"泾"的读音与"清"的韵母和声调都相同，这样就可以很容易地记住水清的是泾，那水浊的自然就是渭了。由于泾水是渭水的一条支流，所以"泾""渭"二字经常连用。人们所说的"泾渭分明"，就是借泾、渭两河在汇合处清浊不混，来比喻界限清楚，是非分明。另外，我们有时会看到"四泾"这样的提法，它是指长江、黄河、淮河、济水。同"四渎"。

"泾"还是一个古州名，故地在今甘肃省泾川县。现在的安徽省东南部也有一个县，名为泾县。说到地名，还有一个特殊的地方——洋泾浜。旧时上海租界，华洋人杂处，一些人以不纯正的英语跟英美人交谈（语法依据汉语，词语来自英语），这种英语被讥称为"洋泾浜"英语。亦泛指不规范使用的外语。

需要特别指出的是，在品读文学作品时，我们要注意有些字在方言中的其他意思。"泾"字就是一个例子。叶圣陶在《一课》中写道："一条小船，在泾上慢慢地划着，这是神仙的乐趣。"叶先生的意思并不是在泾河上划船，而是用的"泾"在方言中的意思，即沟渠。

## 温故知新

###  四字通解

浮渭据泾，意思是浮于渭河之上，紧靠泾河。这一句说的是西京长安的地理位置——横跨渭水，北靠泾河。浮是漂流、漂浮的意思；据是据恃、凭据、靠着的意思。

长安，意为"长治久安"，是西安的古称。从西周到唐代先后有13个王朝及政权建都于长安，总计建都时间1077年。长安列中国四大古都之首，同时也是与雅典、罗马和开罗齐名的世界四大文明古都之一。长安之所以被历代皇帝看中，在此建都，与它的地理位置有密切联系。长安基本处于全中国的中心，便于控制全国。它位于渭河以南的关中平原上，可谓沃野千里，依山傍水。东有崤函天险，南有武关，西有散关，北有萧关，易守难攻。一旦东方出现变乱，便可以坐镇长安，进可攻，退可守。并且，西汉的北方面临匈奴的威胁，长安靠近边疆，是链接内地与西域的纽带，是经营西域、反击草原民族的重要基地。

但是，后来随着对自然的过度开发和索取，关中缺水的问题越来越严重，肥沃的土地一去不复返，因此唐以后就不再有政权在此建都了。由此可见保护环境，与自然和谐相处的重要性。

###  故事厅

**据鞍读书**

在中国，从来不缺艰苦奋斗的知识分子。古时候更是有许多刻苦读书的典范，北朝儒学家樊深便是其中一位。他的一生多半处在军事纷争的社会环境中，但即使在这样的环境下，他仍然自勉自励，精心于学问的研究。他在宇文泰统治下的西魏，生活不算平静，仍然学而不倦，老而不息。据《北史·樊深传》记载："（樊深）朝暮还往，常据鞍读书，至马惊坠地，损折支体，终亦不改。"也许正因为这份对读书的执着与痴迷，他才能做到对儒学的研究至深至精，每讲经典，都能大量引用汉魏诸家之说。

我们应该学习樊深珍惜时间，全神贯注，热爱读书的品质。但是，"据鞍读书"的做法就不要模仿了。经常在马背上读书，不知道樊深的视力有没有下降。俗话说，身体是革命的本钱，读书学习的前提是有一个健康的体魄。所以，因为读书太专注而导致自己身体受伤的行为是不可取的。

另外，樊深也是一位孝子。他少年丧母，很早就同继母一同生活，对继母很孝敬。北魏孝庄帝永安年间，他曾一度随军征伐，因军功显赫而授中散大夫。但这并不是樊深所喜好的。他在读书时曾经看到吾丘子归养侍亲的孝行，深有感触，于是便弃官还乡，专心侍养自己的继母。

 **知识角**

### 一骑红尘妃子笑

唐朝诗人杜牧曾写过一首讽刺唐明皇与杨贵妃骄奢淫逸生活的诗——《过华清宫绝句》："长安回望绣成堆,山顶千门次第开。一骑红尘妃子笑,无人知是荔枝来。"

长安是当时的京城,唐明皇本应在京城日理万机,妃子也应留在长安城里,因此飞送荔枝者直奔长安,然而皇帝、贵妃实际上却在骊山行乐!这就出现了"长安回望绣成堆"的镜头。唐明皇时,骊山遍植花木如锦绣,故称绣岭。用"绣成堆"写"一骑"遥望中的骊山总貌,很传神。次句写骊山华清宫的建筑群。当"一骑"接近骊山时,山上人望见"红尘"飞扬,"一骑"将到,因而将"山顶千门"一重接一重地打开。紧接着,便出现了"一骑红尘妃子笑"的戏剧性场景。一方面,是以卷起"红尘"的高速日夜奔驰,送来荔枝的"一骑",挥汗如雨,苦不堪言;另一方面,则是得到新鲜荔枝的贵妃,嫣然一笑,乐不可支。两相对照,蕴含着对骄奢淫逸生活的无言谴责。单看前三句诗,骑兵从长安回望骊山,"山顶千门"依次打开,骑马奔驰卷起片片"红尘"。本以为"一骑红尘"是为飞送关于军国大事的紧急情报而来,怎料却是在为贵妃送荔枝!作者让杨贵妃在骊山"山顶"望见"一骑红尘",并且特意用"妃子笑"三字,是有意使读者产生联想,想起"褒姒一笑倾周"的历史教训。

 **成语窗**

**浮花浪蕊**
指寻常的花草。比喻轻浮的人,含贬义。

**浮云蔽日**
原比喻奸佞之徒蒙蔽君主。后泛指小人当道,社会一片黑暗。

**江云渭树**
比喻深厚的离情别意。

**据图刎首**
谓贪图未得的利益而断送自己的生命。

**负衡据鼎**
表示身居高位,肩负重任。

**泾渭分明**
泾河水清,渭河水浑,泾河的水流入渭河时,清浊不混。比喻界限清楚或是非分明。

### 猜谜语

在天愿作比翼鸟。
（打一成语）

江边一月照画中。
（打一字）

一行斜雁掠江天。
（打一字）

宫殿盘郁

gōng

| 甲骨文 | 金文 | 篆文 | 隶书 | 楷书 | 行书 | 草书 | 标准宋体 |
|---|---|---|---|---|---|---|---|
| 𠕁 | 宮 | 宮 | 宫 | 宮 | 宫 | 宫 | 宫 |

## 解字堂

"宫"是象形字。"宫",甲骨文𠕁=∩(宀,房屋)+吕(多个窗口),像一座开着多个窗口的大型建筑。金文宮承续甲骨文字形。篆文宮误将两个窗口吕相连接。隶化后楷书写作"宫"。古人称单窗平房为"向",称多窗的大型建筑为"宫"。

"宫"字本义为古代对房屋、居室的通称。秦、汉以后才特指帝王之宫,指多窗户的多楼层大型建筑。如《易·系辞下》:"上古穴居而野处,后世圣人易之以宫室。"这里的"宫"表示一般的房屋。再如《战国策·齐策》:"君宫中积珍宝,狗马实外厩,美人充下陈,君家所寡有者以义耳。"这里的"宫"就是指宫殿了。

依据"宫"的本义,还可以引申指胎儿神秘居处,如子宫。

此外,"宫"还可以表示五音之一。最古的音阶仅用五音,即宫、商、角、徵、羽。古人通常以宫作为音阶的第一级音。

在"宫"作名词表示房屋、宫殿的义项基础上,可拓展用作动词,表示居住、栖息。如《水经注》:"重门城,昔齐王芳为司马师废之,宫于此。"

## 名言馆

宫辟疑赦。
　　　　·《书·吕刑》

上入执宫功。
　　　　·《诗·豳风·七月》

鼓宫宫动,鼓角角动,音律同矣。
　　　　·《庄子·徐无鬼》

作宫阿旁,故天下谓之阿房宫。
　　　　·《史记·秦始皇本纪》

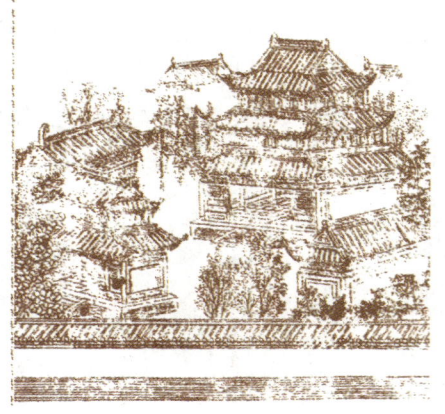

谜语答案　浮想联翩　渭　泾

宫殿盘郁

## diàn
## 殿

| 甲骨文 | 金文 | 篆文 | 隶书 | 楷书 | 行书 | 草书 | 标准宋体 |
|---|---|---|---|---|---|---|---|
|  |  | 殿 | 殿 | 殿 | 殿 | 殿 | 殿 |

### 解字堂

"殿"是形声字。《说文解字》说："殿击声也。从殳，屍声。"其本义是指击打发出声音。在古代泛指高大的房屋，后专指供奉神佛或帝王受朝理事的大厅。如唐杜牧《阿房宫赋》："王子皇孙，辞楼下殿。"这里的"殿"即泛指高大房屋。又如《洛阳伽蓝记·永宁寺》："浮屠北有佛殿一所。"这里的殿专指佛教建筑。在游览故宫或看清朝古装剧时，常看到或者听到"金銮殿""勤政殿""养心殿"，这些词中的"殿"就是指古代帝王受朝理事的大厅。

根据"殿"用作名词表示供奉神佛或帝王受朝理事的大厅，有坐镇的含义，因此"殿"还引申出动词词性，表示镇抚、镇守。如《诗·小雅·采菽》："殿天子之邦。"

从"殿"用作动词的词义还可以引申作形容词，表示最后的、最下的。如《资治通鉴·唐宪宗元和十二年》："命李进诚将三千人殿其后。"翻译为，命令李进诚率领三千士兵在后面护卫。这里的"殿"的意思就是我们常说的"殿后"。另外，我们常用"殿军"表示在体育、游艺竞赛中的最末一名，也指竞赛后入选的最后一名，有时也指第四名。

### 名言馆

奔而殿。
· 《论语·雍也》

苍鹰搏击于殿上。
· 《战国策·魏策》

有举孝子者先上殿。
· 《汉书·黄霸传》

莅之者进不能课其能，退不能殿其不能，才不才一也。
· （唐）白居易《江州司马厅记》

中绘殿阁，类兰若。
· （清）蒲松龄《聊斋志异·促织》

## 宫殿盘郁

pán

| 甲骨文 | 金文 | 篆文 | 隶书 | 楷书 | 行书 | 草书 | 标准宋体 |
|---|---|---|---|---|---|---|---|
| 𠤎 | 𣪊 | 盤 | 盤 | 盤 | 盤 | 盤 | 盘 |

### 解字堂

"盤"是会意字。其上半部"般",既是声旁也是形旁,是"搬"的本字,表示搬运、运送。"盤",甲骨文𠤎=𠂎(般,即"搬",运送)+凵(口,盛器),表示用来端送碗碟杯子的宽口平底盛器。金文𣪊=𠂎(般,搬运)+皿(皿,盛器),用"皿"代替甲骨文中的"凵""口",明确"盘"的"器皿"性质。隶书盤将籀文的"皿"写成皿。隶化后楷书写作"盤"。简化后写作"盘"。根据瓷、铜、木的原料不同,"盘"可以分别写作"盤""鎜""槃"。

"盘"的本义是宽扁平底、端送菜肴的盛器,用作名词。如我们最熟悉的唐李绅《悯农》:"谁知盘中餐,粒粒皆辛苦。"

从"盘"的本义引申出泛指平底宽口形状的物体,用作名词,如棋盘、楼盘、转盘。

由以上两个义项我们还可以知道"盘"用作量词的意思,如一盘菜、一盘棋等。

"盘"还可作动词,表示以水平圆环形式运动。如《后汉书·虞诩传》:"不遇盘根错节,何以别利器乎?"这里的"盘"就是盘绕的意思。

此外,"盘"用作动词还有运送、跋涉,以及通过一一搬动全面清点的意思,如盘运、盘费、盘算等。

最后,"盘"也有副词词义,表示全面地、毫无保留地。如《醒世恒言》:"且请先生和儿子出来相见,盘他一盘。"这里的"盘"就是指全方位询问。

### 名言馆

沐用瓦盘。
· 《礼记·丧大记》

毛遂奉铜盘而跪进之楚王。
· 《史记·平原君虞卿列传》

怅盘桓而不能去。
· (三国)曹植《洛神赋》

则盘纡隐深。
· (三国)嵇康《琴赋》

盘盘焉,囷囷焉,蜂房水涡,矗不知几千万落。
· (唐)杜牧《阿房宫赋》

# 宫殿盘郁

## 郁 yù

| 甲骨文 | 金文 | 篆文 | 隶书 | 楷书 | 行书 | 草书 | 标准宋体 |
|---|---|---|---|---|---|---|---|
| | | 鬱 | 鬱 | 鬱 | 鬱 | 鬱 | 郁 |

## 名言馆

郁令而不出者，幽其君者也。
　　　　　　　　·《管子·君臣下》

朕不明六艺，郁于大道，是以阴阳风雨未时。
　　　　　　　　·《汉书·宣帝纪》

忠良切言皆郁于胸。
　　　　　　　　·《汉书·路温舒传》

修蹊入窈窕，众绿郁以茂。
　　　　　　　　·（元）黄潜《西岘峰》

## 解字堂

"鬱"，甲骨文 = （林，丛林）+ （大，站着的人）+ （俯首的人），表示众人聚集在丛林中采集芳香草木。金文 承续甲骨文字形。有的金文 将"人"形 写成近似"又"的字形 。有的金文 将"人"形 写成 ，"二" 表示相等， 表示相同的人。篆文 用"缶" （陶瓷器皿，加工、提取香料的器皿）代替金文字形中的"大" ，表示存储香料的容器；同时误将金文字形 中的"人" 写成"秃宝盖" （房屋），表示在室内享用香料；同时加 ，"鬯" 表示酒杯 中放置装有香料 的小香囊 ，"彡" 表示香气袅袅。隶化后楷书写作"鬱"。简化后，"鬱"与"郁"合并，同写作"郁"。

"郁"的本义是在繁茂丛林采集芳香草木，提取香料，用于调酒。后来逐渐消失。后用以形容草木茂盛，如葱郁、郁郁苍苍。又如《诗·秦风·晨风》："鴥彼晨风，郁彼北林。"又用以形容云气浓盛，如《三国志·吴书·薛综传》："加以郁雾冥其上，或水蒸其下。"

"郁"作为名词，可以表示果名，即李的一种，如《诗·豳风·七月》："六月食郁及薁。"还可以表示香草名，即郁金香草，如唐韩愈《献山南郑相公樊员外》："金罍撼三应，厥臭剧蕙郁。"

"郁"作为形容词，表示忧愁、怒气等在心里积聚，如郁邑、忧郁、抑郁、郁闷。

## 温故知新

###  四字通解

宫殿盘郁，描绘了都城中帝王宫殿的雄伟和壮丽。天子所居之室叫宫，天子所议之堂叫作殿。本来在上古时期宫室通称，以后"宫"字才专为皇家所用。"殿"的本义是高大的房屋，以后专指供奉神佛或帝王受朝理事的厅堂。

一般来说，殿是议论公事的地方，宫是帝王的生活区。例如北京皇宫紫禁城的布局，分为前朝后廷、左庙右稷。紫禁城前半部分是三大殿：太和殿、中和殿、保和殿，属于外朝；后半部分是后三宫：乾清宫、坤宁宫、交泰宫（殿），那是皇帝生活起居的地方，属于内廷。紫禁城的左面是皇帝的家庙，太庙（现在的劳动人民文化宫）；右面是祭地神和谷神的社稷坛（中山公园五色土）。中国古代的皇帝们为了巩固自己的统治、突出皇权的威严、满足精神生活和物质生活的享受而建造了规模巨大、气势雄伟的宫殿。这些宫殿大都金玉交辉、巍峨壮观。

"宫殿盘郁"是形容都城里面的宫殿，盘旋曲折、错落重叠。"盘"是盘旋、逶迤，"郁"是重叠茂盛的样子。比如刚才提到的紫禁城的三座大殿，它们都建在汉白玉砌成的八米高的台基上，远望犹如神话中的琼宫仙阙，建筑庄严、雄伟、壮丽，三个大殿的内部均装饰得金碧辉煌。而后面的三宫都富有浓郁的生活气息，建有花园、书斋、亭台楼阁等，它们均自成院落。

###  故事厅

**龙盘虎踞**

三国时期，刘备为了联吴抗曹，派诸葛亮去吴都建业去游说孙权。诸葛亮在鲁肃的陪同下得以观看建邺（今南京）山川形势，感叹道："钟山像龙一样盘卧在城的东边，石头城像虎一样蹲踞在西边，这真是帝王居住的地方啊！"见鲁肃听此言后颇有自得之意，诸葛亮手捻胡须，意味深长地说："曹贼已驻军江北，虎视眈眈，江东危如累卵，可惜你们主公仍然犹豫不决。如果不抵抗江北曹军，这帝王之都就要拱手让与别人了。"鲁肃点头称是，极为佩服诸葛亮的深邃眼光。他们共同商定了联盟抗敌的战略方针，同去会见屯兵柴桑（今江西九江）的孙权。

**杯盘狼藉**

淳于髡是战国时齐国的一位著名学者，他能言善辩。当时，齐国是齐威王执政，他好彻夜宴饮，逸乐无度，不理政事，各国趁机侵犯，国家危在旦夕。

一天，齐威王又在后宫摆酒设宴，召请淳于髡饮酒。威王问："先生能饮多少酒才醉？"淳于髡回答说："当着大王面饮酒，我非常害怕，喝不了一斗就醉了。如果父亲有贵客到家，客人时常把喝剩的酒赏给我，喝不到两斗就醉了。如果老朋友久别重逢，喝上五六斗就醉了。若乡里间聚会，我内心喜欢这情调，大约喝上八斗只醉二三分。饮到晚上，男女在一起促膝而坐。桌上的杯子、盘子横七竖八地摆放在那里。女人的衣襟已经揭开，隐约能闻到香气，这时我心中最快乐，能喝一石酒。所以酒喝得太多就容易发生乱子，欢乐到极点就会感到悲哀。"齐威王方得醒悟，把精力用在治理国家上。

 **知识角**

### 殿试

殿试是科举中最高级别的考试，而武则天则是殿试的首创者。武则天称帝后首科取士十六人，并亲自在洛城殿策试。到宋太宗时，皇帝举行殿试并成为定例的只有进士一科；太平兴国八年，殿试合格者被分为五甲，元顺帝时改为三甲，状元专指第一甲第一名，成为定制，状元至尊至贵的地位开始确立。到明清两朝，不设其他科目，进士科成为唯一的制科，殿试分三甲发榜，第一甲赐进士及第，第二甲赐进士出身，第三甲赐同进士出身。第二、第三甲人数不定，第一甲却仅取三名，按文章优劣依次称状元、榜眼、探花，合称三鼎甲。状元居鼎甲之首，因此又称"鼎元"，在科举中的地位变得至高无上。

### 阿房宫

阿房宫在今陕西省西安市西郊15公里处，咸阳市东南15公里处。秦始皇统一六国后，于秦始皇三十五年（前212）在龙首原西侧开始建造天下朝宫，意在建成后，其能成为秦朝的政治中心。建宫的目的和选址的根据，是由秦始皇确定原则的。

阿房宫被誉为"天下第一宫"，秦帝国修建的新朝宫与万里长城、秦始皇陵、秦直道并称为"秦始皇的四大工程"，它们是中国首次统一的标志性建筑，也是华夏民族开始形成的实物标志。1991年被联合国确定为世界上最大的宫殿基址，属于世界奇迹。

 **成语窗**

### 以宫笑角
宫、角，均为古代五音之一。拿宫调讥笑角调。比喻用自以为是的偏见去讽刺、否定别人。

### 清宫除道
打扫房屋和道路。指准备迎接贵宾到来。

### 桂殿兰宫
建筑气派、设备华美的宫殿。

### 无事不登三宝殿
比喻没事不上门。

### 龙盘虎踞
特指南京。亦形容地势雄伟险要。

### 沉郁顿挫
指诗文的风格深沉蕴藉，语势有停顿转折。

## 猜谜语

老两口依偎窗前。
（打一北京古建筑）

多少六朝兴废事。
（打一神话传说人物）

绕树三匝。
（打一体育用品）

一半朋友一半邻。
（打一字）

楼观飞惊

lóu

| 甲骨文 | 金文 | 篆文 | 隶书 | 楷书 | 行书 | 草书 | 标准宋体 |
|---|---|---|---|---|---|---|---|
|  |  | 樓 | 樓 | 樓 | 樓 | 楼 | 楼 |

## 解字堂

"楼"是会意字。其右半部分"娄",既是声旁也是形旁,是"搂"的本字,表示两两相抱。"樓",篆文樓=木(木,木屋)+娄(娄,"搂",抱)。隶化后楷书写作"樓"。简化后写作"楼","楼"的本义为古代土木建筑中两层或两层以上相互勾连的木房。《说文解字》说:"楼,重屋也。从木,娄声。"

"楼"在战国前期指一种设在高处的建筑,用于瞭望防卫。如《墨子·备城门》:"三十步置坐候楼,楼出于堞四尺。"

到战国中后期,"楼"在沿用"设在高处的建筑"义项的基础上,出现"两层或以上的房屋"的意思。如《孟子·告子下》:"于答是也何有?不揣其本而齐其末,方寸之木可使高于岑楼。"这句话的意思是:回答这个问题有什么困难呢?不度量原来基础的高低,只比较它们的末端,那么寸把长的木块也能使它高过尖顶的高楼。

西汉时期,"楼"又出现了"屋上之屋"之义。如《淮南子·本经训》:"兴宫室,延楼栈道。"

西汉时期的造楼技术越来越纯熟,"楼"成了王公贵族所青睐的居所,因此便有诗文开始记载楼上人们的生活状态。如《古诗十九首·西北有高楼》:"西北有高楼,上与浮云齐。"

此外,"楼"还可指多层建筑中的一层。如王之涣《登鹳雀楼》:"欲穷千里目,更上一层楼。"

## 名言馆

五步一楼,十步一阁。
  ·(唐)杜牧《阿房宫赋》

梦后楼台高锁,酒醒帘幕低垂。
  ·(宋)晏几道《临江仙》

楼船夜雪瓜州渡,铁马秋风大散关。
  ·(宋)陆游《书愤五首》其一

谜语答案  故宫  盘古  飞盘  郁

# 楼观飞惊

## 观 guàn

| 甲骨文 | 金文 | 篆文 | 隶书 | 楷书 | 行书 | 草书 | 标准宋体 |
|---|---|---|---|---|---|---|---|
| 🐦 | 🐦 | 觀 | 觀 | 觀 | 觀 | 觀 | 观 |

### 名言馆

宫室不观，舟车不饰。
　　·《左传·哀公元年》

玄都观里桃千树，尽是刘郎去后栽。
　　·（唐）刘禹锡《戏赠看花君子》

予观夫巴陵胜状，在洞庭一湖。
　　·（宋）范仲淹《岳阳楼记》

余因得遍观群书。
　　·（明）宋濂《送东阳马生序》

不税于官，不隶于宫观之籍。
　　·（明）顾炎武《复庵记》

### 解字堂

"觀"是象形字。其左半部为"藿"，既是声旁也是形旁，是"觀"的本字。"藿"，甲骨文像夸张醒目的"眉毛"下面睁着两只大眼睛的大鸟，整个字形像类似猫头鹰的大眼睛猛禽。金文基本承续甲骨文字形。当"藿"的猫头鹰瞪大锐利的眼睛警觉察看的本义消失后，有的金文加了"见"另造"觀"代替，强调猛禽夸张的大眼"无所不见"的洞察力。篆文承续金文字形。隶化后楷书写作"觀"。简化后写作"观"。

"观"在表示本义时，读作guān，但是本义已消失。在本义基础上扩展用作动词，表示洞察、察看，也读作guān。如《易·系辞下》："仰则观象于天，俯则观法于地。"

"观"读作guān时还可用作名词，表示对某个人或某件事的看法、认识，以及某个地方的情景或某个事物的外形。如世界观，指我们对这个世界的认识或看法；景观，指某处的风景；外观，指某个事物的外形。

"观"读作guàn时有两个义项。其一，表示宫门外张示法令的亭台，用作名词。如《礼记·礼运》中写道："出游于观之上。"其二，表示道教的庙宇。例如《新唐书·李叙明传》："臣请本道定寺为三等，观为二等。上寺习僧二十一，上观道士十四。"

楼观飞惊

fēi

| 甲骨文 | 金文 | 籀文 | 隶书 | 楷书 | 行书 | 草书 | 标准宋体 |
|---|---|---|---|---|---|---|---|
|  | 飛 | 飛 | 飛 | 飛 | 飛 | 飞 | 飞 |

## 解字堂

"飛"是象形字，读作fēi。"飛"，金文像鸟儿振动双翅的样子。籀文字形画出翔鸟的完整形象，鸟头鸟身和振翔的双翅。篆文将籀文的鸟头鸟身简化成。隶书对篆文有所变形。正体楷书承续隶书字形。简化后写作"飞"。

"飞"的本义是鸟儿振翅翱翔。如陶渊明《归去来兮辞》中有这样一句："鸟倦飞而知还。"再如《易·小过》中："飞鸟遗之音。"两个例子都表示"飞"是鸟儿飞行。

当然，"飞"不仅可以表示鸟儿飞翔，还可泛指一切以极快速度在空中的运动。如唐王维《酬郎给事》："桃李阴阴柳絮飞。"描绘了一幅桃李盛开、柳絮飞扬充满生机的春景。这里的"飞"就是指柳絮乘风在空中飘飞。再如《木兰诗》："万里赴戎机，关山度若飞。"这里用到的"飞"是一种夸张的修辞手法，表示速度快得像飞一样。

此外，"飞"还可用作副词，表示极快地、超越空间地。如时光飞逝表示时间过得快，物价飞涨表示物价涨得快，飞吻表示隔空亲吻。

## 名言馆

飞龙乘云，腾蛇游雾。

· 《韩非子·难势》

---

鸢飞戾天者。

· （南朝）吴均《与朱元思书》

---

茅飞渡江洒江郊。

· （唐）杜甫《茅屋为秋风所破歌》

---

胡天八月即飞雪。

· （唐）岑参《白雪歌送武判官归京》

---

西塞山前白鹭飞，桃花流水鳜鱼肥。

· （唐）张志和《渔歌子》

楼观飞惊

jīng
惊

| 甲骨文 | 金文 | 篆文 | 隶书 | 楷书 | 行书 | 草书 | 标准宋体 |
|---|---|---|---|---|---|---|---|
| | 驚 | 驚 | 驚 | 驚 | 驚 | 惊 | 惊 |

## 名言馆

不敢高声语，恐惊天上人。
· （唐）李白《夜宿山寺》

波澜不惊。
· （宋）范仲淹《岳阳楼记》

乱石穿空，惊涛拍岸。
· （宋）苏轼《念奴娇·赤壁怀古》

争渡，争渡，惊起一滩鸥鹭。
· （宋）李清照《如梦令》

## 解字堂

敬，既是声旁也是形旁，是"警"的省略。"驚"，金文=敬（"敬"的变形，即"警"，警觉危险）+馬（馬），表示马受刺激高度警觉。篆文将金文字形中的敬写成敬，将金文字形中的馬写成馬。隶化后楷书写作"驚"。简化后写作"惊"。

《说文解字》说："惊，马骇也。从马，敬声。"意思是，惊指马遇警而嘶鸣。如《战国策·赵策一》有云："襄子至桥而马惊。"

此后，"惊"的意义得到了扩展，还可以表示有意外刺激而神经紧张。如《战国策·燕策》："秦王惊，自引而起。"再如唐王维《鸟鸣涧》："月出惊山鸟，时鸣春涧中。"又如《木兰诗》："出门看火伴，火伴皆惊忙。"这三个例子中的"惊"都表示因某个人或某件事而受到了惊吓。"惊"常见的组词有惊喜、惊恐、惊扰、惊讶、惊心动魄、惊弓之鸟、惊涛骇浪、惊天动地、打草惊蛇等。

## 温故知新

 **四字通解**

楼观飞惊,意思是楼阁高耸如飞,触目惊心。和"宫殿盘郁"一同描绘了都城中帝王宫殿的雄伟和壮丽。

中国古代建筑艺术,是我们中国文化的一部分,非常了不起,其中最常见的就是亭台楼阁。

"楼"是两层以上的建筑,是重重叠加的屋子。"观"是宫廷大门外面两层的细高建筑,是朝廷张贴公告的地方。两观之间有一个豁口叫作阙,也就是通往皇宫正门的缺口。后世的观楼已经与皇城的正门融合在一起了。因此紫禁城午门前面有一个小广场,广场的两侧是宫墙和门楼,这就是早先的观楼。现在上面有五座阁楼式建筑叫五凤楼。"楼观"是古代宫殿群里面最高的建筑。"飞"是形容建筑物之高,有凌空欲飞之势。"惊"是让人看了触目惊心。

亭子只有顶没有四壁,是供游人、行人小憩的地方。台是用土石垫起来的高而平的方形建筑,便于瞭望。阁是一种架空的小楼房,四周设隔扇或栏杆回廊,供远眺、游憩、藏书和奉佛之用。

### 猜谜语

绝色已随江水尽,鸳鸯却入黄粱来。
（打一名著）

望江南。
（打一成语）

挟泰山以超北海。
（打一宋朝名将）

唯恐残月惹相思。
（打一成语）

 **故事厅**

### 近水楼台

范仲淹是北宋时期非常著名的政治家和文学家。他曾在岳阳楼题写下"先天下之忧而忧,后天下之乐而乐"的千古名句。身为朝廷重臣,范仲淹为人却极为正直,待人谦和,尤其善于选拔人才。

话说范仲淹在杭州做知府的时候,很多官员得到了可以发挥自己才干的职务。有一个叫苏麟的巡检官,由于在杭州外县工作,未能得到范仲淹的提拔。一次,苏麟因公事见到范仲淹,便乘此机会给范仲淹写了一首诗。诗中有这样两句:"近水楼台先得月,向阳花木易为春。"范仲淹读后心领神会,哈哈大笑。于是,便按照苏麟的意愿,为他谋到了一个合适的职位。

这两句诗后来就流传开了,不过有了些贬义。它往往用来讽刺那种利用某种方便而获得照顾,率先谋利的情况。

### 飞将军李广

"飞将军"李广是西汉时期的名将,陇西成纪（今甘肃天水秦安县）人。汉文帝十四年（前166）从军击败匈奴,立功成为中郎。景帝时,先后任北部边域七郡太守。武帝即位,召为未央宫卫尉。元光六年（前129）,任骁骑将军,领万余骑出雁门（今山西右玉南）击匈奴,负伤被俘。匈奴兵将其置卧于两马间,李广假死,在途中趁匈奴不备迅速跃起奔马返回。后任右北平郡（治平刚县,今内蒙古宁城西南）太守。匈奴敬畏,称之为飞将军,数年不敢来犯。元狩四年（前119）,漠北之战中,李广任前将军,因迷失道路,未能参战,愤愧自杀。

唐德宗时,李广等历史上六十四位武功卓著的名将被供奉于武成王庙内,被称为武成王庙六十四将。宋徽宗时追尊李广为怀柔伯,位列宋武庙七十二将之一。

 **知识角**

### 岳阳楼

岳阳楼位于湖南省岳阳市古城西门城墙之上，下瞰洞庭，前望君山，自古有"洞庭天下水，岳阳天下楼"之美誉，与湖北武昌黄鹤楼、江西南昌滕王阁并称为"江南三大名楼"。

岳阳楼始建于220年前后，其前身相传为三国时期东吴大将鲁肃的"阅军楼"，西晋南北朝时称"巴陵城楼"。南朝宋元嘉三年（426），中书侍郎、大诗人颜延之路经巴陵，作《始安郡还都与张湘州登巴陵城楼作》，诗中有"清氛霁岳阳"之句，"岳阳"之名首次见于诗文。唐李白赋诗之后，始称"岳阳楼"。此时的巴陵城已改为岳阳城，巴陵城楼也随之称为岳阳楼了。

岳阳楼采用纯木结构，其造型因露明的木梁柱、构件、装修具有线条优美的表现力，显示出中国古建筑的独特的民族风格和古代劳动人民的智慧。

### 黄鹤楼

黄鹤楼位于湖北省武汉市长江南岸的武昌蛇山之巅，享有"天下江山第一楼""天下绝景"之称。

黄鹤楼始建于三国时代吴黄武二年（223）。唐代诗人崔颢在此题下《黄鹤楼》，李白在此写下《黄鹤楼送孟浩然之广陵》。历代文人墨客在此留下了许多千古绝唱，使得黄鹤楼自古以来闻名遐迩。

黄鹤楼外铸铜黄鹤造型、胜像宝塔、牌坊、轩廊、亭阁等一批辅助建筑，将主楼烘托得更加壮丽。主楼周围还建有白云阁、碑廊、山门等建筑。整个建筑具有独特的民族风格，散发出汉族传统文化的精神、气质、神韵。它与蛇山脚下的武汉长江大桥交相辉映；登楼远眺，武汉三镇的风光尽收眼底。

 **成语窗**

**寸木岑楼**
原意是起点不同就比不出高低，比喻轻重相比必须标准一样。后也比喻差距极大。

**近水楼台**
水边的楼台先得到月光。比喻能优先得到利益或便利的某种地位或关系。

**洞若观火**
形容观察事物非常清楚，好像看火一样。

**等量齐观**
指对有差别的事物同等看待。

**比翼双飞**
比喻夫妻情投意合，在事业上并肩前进。

**健步如飞**
步伐矫健，速度很快。

**打草惊蛇**
比喻做法不谨慎，反使对方有所戒备。

**边尘不惊**
比喻边境安定无战事。

## 图写禽兽

tú

图

| 甲骨文 | 金文 | 篆文 | 隶书 | 楷书 | 行书 | 草书 | 标准宋体 |
|---|---|---|---|---|---|---|---|
|  | 圖 | 圖 | 圖 | 圖 | 圖 | 圖 | 图 |

### 解字堂

"圖",金文 = 囗(囗,四境边界)+ 啚(啚,即"鄙",边远乡村),表示边疆、边界。有的金文将"啚"写成啚。篆文则将金文字形中的"啚"写成啚。隶书以纵横交错的代篆文的,表示不同行政区的分界。隶化后楷书写作"圖"。简化后写作"图"。

"图"的本义是古代在皮、绢等材料上标画城邦乡邑及边界的示意资料,如版图、地图、按图索骥。杜甫《秦州杂诗》:"州图领同谷,驿道出流沙。"

后来由此义延伸出更广泛的意思,表示描画出来的形象化的作品、文件,如图案、蓝图、图文并茂。《史记·留侯世家》中有:"至见其图,状貌如妇人好女。"这里的"图"就是图像、图画的意思;《汉书·苏武传》中有:"然不得列于名臣之图。"在这里,"图"指图谱。

"图"作动词,意思是思虑、谋求、谋划,如图谋、力图、唯利是图。据《说文解字》记载:"图,画计难也。从囗,从啚。啚,难意也。"也就是说,"图"是谋划一个艰难宏大的目标的意思。如《烛之武退秦师》:"阙秦以利晋,唯君图之。"在这里,"图"就是思虑的意思。又如《逍遥游》:"而后乃今将图南。"这里的"图"是计划、谋划的意思。再如《郑伯克段于鄢》:"无使滋蔓,蔓,难图也。"意思是,不要让它滋生蔓延,一旦蔓延开来就难以控制了。在这里,"图"用的是谋求、谋划的引申义。

### 名言馆

上思股肱之美,乃图画其人于麒麟阁。

·《汉书·苏武传》

---

功盖三分国,名成八阵图。

·(唐)杜甫《八阵图》

---

举其一不计其十,究其旧不图其新。

·(唐)韩愈《原毁》

---

画图难足。

(宋)柳永《望海潮》

---

谜语答案  红楼梦  隔岸观火  岳飞  惊弓之鸟

图写禽兽

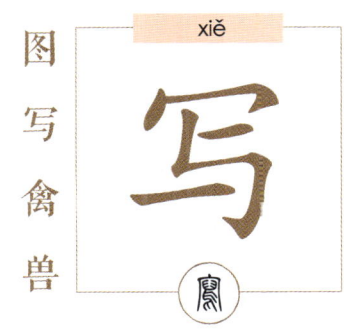

xiě

写

| 甲骨文 | 金文 | 篆文 | 隶书 | 楷书 | 行书 | 草书 | 标准宋体 |
|---|---|---|---|---|---|---|---|

## 名言馆

何以含忍，寄之此诗；何以写思，记之斯辞。
·（晋）陆云《失题》

可笑此公何太惑，读书写字到三更。
·（宋）文同《可笑口号》

渐写到别来，此情深处，红笺为无色。
·（宋）晏几道《思远人》

我手写我口，古岂能拘牵。
·（清）黄遵宪《杂感五首》其二

## 解字堂

舄，既是声旁也是形旁，是"潟""寫""瀉"的本字。舄，金文=（由右翼、左翼构成的双翼）+（厶，是"厷"的省略，即"雄"的省略），表示雄鸟拍动双翅。有的金文将"厶"写成一个圈，表示雄性鸟类的泄殖孔。有的金文误将右翼写成形似"臼"的。篆文误将金文字形中形似"臼"的写成"臼"。当"舄"的'鸟禽泄殖'本义消失后，篆文再加"宀"（家园）另造"寫"代替，表示常见的鸡鸭等家禽的泄殖。隶化后楷书写作"寫"。简化后写作"写"。

"写"是"泻"的本字，在古代有倾泻、倾倒废水之义。现在用"泻"字表示这一义项。如《周礼·稻人》："以浍写水。"后由倾泻引申，得到输送的意思。如《史记》："发北山石椁，乃写蜀、荆地材皆至。"意思是建造外椁使用了大量由四川、湖北等地输送来的原料。另外，"写"还有移置、改置的意思。《说文解字》说："写，置物也。"

后来，经比喻引申，"写"开始指用笔在纸上作书作画。如写生、写真、书写。如《后汉书·班超传》：'为官写书，受直以养老母。'"写"还有一个常用的引申义——予发、倾诉。如《诗·邶风·泉水》："驾言出游，以写我忧。"意为借驾舟出游来排解忧愁。

在吴语方言词"写意"中，"写"读xiè。这里不是指国画中注重神态表现，抒发内心情感的画法，而另有三种意思：一是适意、舒服，"倒去让格格老太婆写意"（《负曝闲谈》）；二是容易、轻松，"耐倒说得写意哚"（《海上花列传》）；三是漂亮、大方，"瑞生阿哥倒蛮写意个人"（《海上花列传》）。

图写禽兽

qín

| 甲骨文 | 金文 | 篆文 | 隶书 | 楷书 | 行书 | 草书 | 标准宋体 |
|---|---|---|---|---|---|---|---|
| | | | | | | | 禽 |

## 解字堂

"禽"是象形字。甲骨文的"禽"字像倒置的"网"（捕鸟工具）。有的甲骨文再在下面加一个类似"十"字的符号，表示用手持网。金文基本承续甲骨文字形。篆文则承续金文字形并稍加变化。隶化后楷书写作"禽"。

"禽"的本义是持网捕鸟。如《左传·僖公三十三年》："外仆髡屯禽之以献。"当本义消失后，再加"手"，另造"擒"代替。所以，"禽"是"擒"的本字。要注意并不是所有捕鸟的手法都称为"禽"，用手持网去扑空中飞行的鸟雀叫"禽"，而用架在地上的网去捕跳跃觅食的鸟雀叫"罗"。

《说文解字》说："禽，走兽总名。""禽"作名词，可以表示鸟兽总称，如禽门（鸟兽的境界）、禽畜（禽兽牲畜）、禽猎（当作鸟兽一样猎取）、禽犊（指鸟兽疼爱幼仔，比喻父母溺爱子女）。据《三国志·魏书·华佗传》记载："吾有一术，名五禽之戏。一曰虎，二曰鹿，三曰熊，四曰猿，五曰鸟。"也就是说，华佗发明的"五禽戏"是一种模仿虎鹿熊猿鸟的引导术。因此，这里的"禽"既指鸟又指兽。

而现在最为常用的是"禽"的狭义，将禽与兽区别开来，特指飞行的鸟类，如禽兽、飞禽、家禽。我国第一部词典《尔雅》也给出了这样的定义："二足而羽谓之禽。"《礼记·曲礼》中讲到进献和接受礼物的礼节时说："执禽者左首。"即双手奉上飞禽时要让鸟的头部向左。

## 名言馆

鹦鹉能言，不离飞鸟；猩猩能言，不离禽兽；今人而无礼，虽能言，不亦禽兽之心乎？
·《礼记·曲礼》

两者不肯相舍，渔者得而并禽之。
·《战国策·燕策二》

代马不思越，越禽不恋燕。
·（唐）李白《古风五十九首》其六

图写禽兽

图写禽兽

shòu

兽

| 甲骨文 | 金文 | 篆文 | 隶书 | 楷书 | 行书 | 草书 | 标准宋体 |
|---|---|---|---|---|---|---|---|
| 𩵋 | 𩵋 | 獸 | 獸 | 獸 | 獸 | 兽 | 兽 |

## 名言馆

禽兽有知而无义，人有气，有生，有知，亦且有义，故最为天下贵也。

·《荀子·王制》

神龙藏深泉，猛兽步高冈。
·（汉）曹操《却东西门行》

薄雾浓云愁永昼，瑞脑消金兽。
·（宋）李清照《醉花阴》

## 解字堂

"獸"与"狩"同源，后分化。"獸"，甲骨文 𩵋 = 𩵋（弹，石弹）+ 犭（犬，猎狗），表示用石弹、猎犬捕猎。金文 𩵋 承续甲骨文字形。在西周金文中出现一种在"單"下加"口"的异体 𩵋。篆文 獸 承续金文字形。隶书 獸 将篆文字形中的"嘼" 𩵋 简写成嘼。隶化后楷书写作"獸"。简化后写作"兽"。当"獸"的"狩猎"本义消失后，篆文另造"狩"代替。

"兽"的本义是带着猎犬，以石弹之器为武器，埋伏狩猎。《说文解字》说："獸，守备者。""兽"后来引申作名词，表示野兽，如禽兽、走兽。

"兽"作形容词，常用来比喻野蛮、残忍，如兽心、兽欲、兽行。《周礼·夏官·大司马》："外内乱，鸟兽行，则灭之。"意思是，有外内悖乱人伦，行为如同禽兽的，就诛灭也。

另外，关于"兽"字，在历史上还有一段特殊的故事。唐代的时候，人们为避唐高祖李渊的祖父李虎讳，往往把"虎"字改作"兽"。如兽口（虎口）、兽吻（虎口）、兽君（虎的别称）。

# 温故知新

 ## 四字通解

图写禽兽，描写皇家宫殿里面雕梁画栋、富丽堂皇的景象：宫殿的房檐、门楣、廊柱到处图画雕刻着龙凤、鸟兽、虫鱼、花木等图案。"图写"，即图物写貌。"图"与"写"在这里同为动词，两个字的意思都是描绘。需要注意的是，"写"在这里与"图"同义，是描摹、绘画的意思，而不是现在我们常用的书写的意思。"禽兽"，泛指飞禽走兽。"禽"在这里指飞行的鸟类；"兽"指除人类外的多毛哺乳动物，多指野兽。宫殿里的飞鸟禽兽图案，并不一定是画的，也有雕刻的和塑造的。中华民族悠久的历史创造了光辉灿烂的文化艺术，在皇家宫殿里，木雕、砖雕、石雕、陶雕、铜雕、玉雕的动物形象到处都是，还有塑造于屋前、屋顶、梁头的动物形象。直到现在，很多建筑还在采用这种装饰手法。

人们往往将失礼之人与"禽兽"相比，一针见血地揭露人的缺陷。身处百家争鸣时代的孟子便常用这个词。他是著名的儒者，能言善辩，辩驳起来往往言辞犀利。他曾这样批判墨家"兼爱"的思想："是无父也，无父无君，是禽兽也。"我们可以这样理解：如果一个社会中人人自私自利（为我无君），人人没有亲疏远近的感情（兼爱无父），这种社会犹如禽兽世界。儒家向来强调"三纲五常"，所谓"三纲"即君为臣纲，父为子纲，夫为妻纲。孟子也不例外，他同样看重尊卑等级，认为墨家"兼爱"的主张否定了远近亲疏、君臣纲常，认为人一旦无尊卑等级之分，便与禽兽无异了。这种思想为中国古代许多君王所推崇，皇帝往往借此来巩固自己的统治。

 ## 故事厅

### 困兽犹斗

春秋时，晋文公在对楚的城濮之战中大获全胜，晋国举国欢腾，但文公面无喜色，左右感到很奇怪，就问文公："既然击败了强敌，为何反而愁闷？"文公说："这次战斗，由于我们采取了正确的战略原则，击破了楚军的左、右翼，其中军主帅子玉就完全陷入被动，无法挽回败局，只得收兵。但楚军虽败，主帅子玉尚在，哪里可以松口气啊！困兽犹斗，更何况子玉是一国的宰相呢？我们又有什么可高兴的，他是要来报仇的！"直到后来楚王杀了子玉，文公才喜形于色。

困兽犹斗，即被围困的野兽，还要挣扎、搏斗。比喻身处绝境仍要拼命抵抗。这个成语含有贬义色彩，往往用于与我们敌对的那一方。

### 七纵七禽

三国时期，蜀国丞相诸葛亮为巩固后方，率领军队南征。大功告成撤军时，南方彝族首领孟获，纠集残兵余勇来袭击蜀军。由于诸葛亮深知孟获不但作战勇敢，意志坚强，而且待人忠厚，因此决定把他争取过来。

不善用兵的孟获六次被诸葛亮活捉，又六次被放回。第七次被擒，孟获对一同前来的部族首领说："丞相对我们仁至义尽，我没有脸再回去了。"孟获终于从心底里佩服诸葛亮，不再为敌，真心归顺蜀汉，听从管辖。

七纵七禽，比喻运用策略，使对方心服，让对方归顺自己。亦作"七纵七擒"。

 **知识角**

### 华佗五禽戏

五禽戏是由东汉末年著名医学家华佗根据中医原理,以模仿动物的动作、神态编创的一套导引术。包括虎戏、鹿戏、熊戏、猿戏、鸟戏五部分,动作柔和。

五禽戏是中国民间流传深远的健身方法之一,又称"五禽操""五禽气功""百步汗戏"等。据传华佗的徒弟吴普依法锻炼,活到90多岁依然耳不聋,眼不花,牙齿完好,并获百岁高龄。

现代医学研究也证明,作为一种医疗体操,五禽戏不仅使人体的肌肉和关节得以舒展,而且有益于提高肺与心脏功能,改善心肌供氧量,提高心肌排血力,促进组织器官的正常发育。

 **成语窗**

### 励精图治
振奋精神,想办法治理好国家。含褒义。

### 按图索骥
索,找。骥,良马。按照画像去寻求好马。比喻墨守成规办事。也比喻按照线索去寻求。含贬义。

### 初写黄庭
恰到好处的意思。

### 描写画角
比喻无中生有。

### 禽息鸟视
比喻生活优裕而对社会不能做一点有益的事。

### 禽困覆车
禽兽被围捕急了,也会把人的车子撞翻。比喻人在走投无路时就会冒险。

### 珍禽奇兽
珍奇的飞禽,罕见的走兽。

### 鸟声兽心
比喻言辞动听而心怀阴毒。

### 猜谜语

拆了围墙便觉冷。
（打一字）

书被催成墨未浓。
（打一成语）

人倚疏篱听琴声。
（打一字）

## 画彩仙灵

huà

| 甲骨文 | 金文 | 篆文 | 隶书 | 楷书 | 行书 | 草书 | 标准宋体 |

### 解字堂

"畫"，甲骨文字形的上部像手执笔，下部像交错的图案，表示手持笔以画。金文以"田"代替交错的图案，并将手笔合写。隶化后楷书写作"畫"。简化后写作"画"。画的本义是用毛笔描绘地图，显示地界。《说文解字》说："畫，界也。象田四界。聿，所以畫之。凡畫之属皆从畫。"当画的本义消失后，另加"刂"造"劃"表示，后简化作"划"。

"画"后来扩大引申为描绘，不再局限于地界，而可以用于描绘一切事物。如绘画、描画、画饼充饥等。清全祖望《梅花岭记》："为蛇画足。"也就是我们常说的成语"画蛇添足"。

"画"还可以引申为名词，表示"画"的结果，即"图"，图案的意思。如薛福成《观巴黎油画记》："画果真邪。""画"的这种用法在现代汉语中较为常见。值得注意的是，"画画"这个词，前后两个字虽然字音字形相同，但词性不同。第一个"画"是动词，而第二个"画"是名词。汉语正因为极少使用形态变化，才显得博大精深。

### 名言馆

江城如画里，山晚望晴空。
·（唐）李白《秋登宣城谢朓北楼》

味摩诘之诗，诗中有画；观摩诘之画，画中有诗。
·（宋）苏轼《书摩诘〈蓝田烟雨图〉》

谜语答案　图　轻描淡写　禽

画彩仙灵

| 甲骨文 | 金文 | 篆文 | 隶书 | 楷书 | 行书 | 草书 | 标准宋体 |
|---|---|---|---|---|---|---|---|
|  |  | 綵 | 綵 | 綵 | 绿 | 彩 | 彩 |

## 名言馆

又寄百尺彩，绯红相成衰。
　　·（唐）韩愈《寄崔二十六立之》

---

彩线轻缠红玉臂，小符斜挂绿云鬟。
　　·（宋）苏轼《浣溪沙·端午》

---

彩扇红牙今都在，恨无人、解听开元曲。
　　·（宋）蒋捷《贺新郎》

## 解字堂

　　"画彩仙灵"的"彩"古人写作"綵"。"綵"是形声字。从糸，采声。表示彩色的织品。隶化后楷书写作"綵"。简化后，"綵"与"彩"合并，同写作"彩"。

　　"綵"的本义是彩色的丝织品，如《晏子春秋·谏上》："身服不杂綵。"《后汉书·梁冀传》："赏赐金钱、奴婢、綵帛、车马、衣服、甲第，比霍光。"

　　"綵"又通"彩"，表示多种颜色装饰的。如《后汉书·吕强传》："臣又闻后宫綵女数千余人，衣食之费，日千金。"

　　合并字"彩"，可以表示颜色，如五彩、彩云；可以表示赞赏的欢呼声，如喝彩、博得满堂彩；可以表示花样、精彩的成分，如丰富多彩、出彩；可以表示赌博中给获胜者的东西，如得彩、中彩。

## 画彩仙灵

xiān

# 仙

| 甲骨文 | 金文 | 篆文 | 隶书 | 楷书 | 行书 | 草书 | 标准宋体 |
|---|---|---|---|---|---|---|---|
|  |  | 僊 | 僊 | 僊 | 僊 | 僊 | 仙 |

### 解字堂

"僊"是会意字。从人，从䙴。左边的单人旁表示这个字与人有关。右边的"䙴"，既是声旁也是形旁，即"遷（迁）"，表示远离。两部分组合在一起，可以让人联想到这样的形象——一位仙人，远离红尘而居于云雾缭绕的深山之中。隶化后楷书写作"僊"。简化后写作"仙"。

"仙"的本义是远离世俗人烟、修炼得道而具备魔法神力、可长生不老的人。《说文解字》："仙，长生仙去。"如仙人、仙女、仙界、仙风道骨等。又如刘禹锡《陋室铭》："山不在高，有仙则名。"

由此义延伸，"仙"常用于形容有高超才能的人。我们熟悉的唐代诗人李白就被人尊称为"诗仙"。杜甫《饮中八仙歌》："李白斗酒诗百篇，长安街上酒家眠。天子呼来不上船，自称臣是酒中仙。"李白一生嗜酒，一边饮酒一边创作，留下不少千古名篇。喝醉了就在街上酒家睡觉，即使是天子召唤也不多加理睬。

另外，"仙"可以引申为形容词，意思是物我合一的、无我的（口语）。杜甫《览镜呈柏中丞》："行迟更觉仙。"这里的"仙"就是指达到了物我合一的精神境界。

"仙"还可以作副词，意思是自然平静地、超然地。如仙去、仙逝、仙几（死者灵前之几）等，大都是表示死或死者的婉词。

### 名言馆

虎鼓瑟兮鸾回车，仙之人兮列如麻。

· （唐）李白《梦游天姥吟留别》

---

灵山游汗漫，仙石过莓苔。

· （唐）皎然《忆天台》

---

今夜闻君琵琶语，如听仙乐耳暂明。

· （唐）白居易《琵琶行》

# 画彩仙灵

líng

灵

| 甲骨文 | 金文 | 篆文 | 隶书 | 楷书 | 行书 | 草书 | 标准宋体 |
|---|---|---|---|---|---|---|---|
| 𠱠 | 霝 | 靈 | 靈 | 靈 | 靈 | 靈 | 灵 |

## 名言馆

孤魂翔故域，灵柩寄京师。
· （三国）曹植《赠白马王彪》

身无彩凤双飞翼，心有灵犀一点通。
· （唐）李商隐《无题》

嫦娥应悔偷灵药，碧海青天夜夜心。
· （唐）李商隐《嫦娥》

## 解字堂

"靈"，甲骨文写作𠱠：上面是"雨"，下面有两个"口"，表示巫师反复念咒祈雨。因此，这个字的本义是大旱之时，巫师念念有词地祈祷求雨。金文承续甲骨文字形。有的金文在甲骨文字形的下面加"玉"，表示用玉器祭祀。《说文解字》说："灵，灵巫。以玉事神。"篆文承续金文字形。篆文异体字用"巫"代替"王"（玉），强调巫师降神求雨。隶化后楷书写作"靈"。简化后写作"灵"。

"灵"引申为名词，指超物质的存在，全知全能的神，如神灵等。战国七雄中的楚国，是直接从原始社会中孕育出来的，所以楚人的精神世界保留了许多氏族社会的遗风。当中原的理性精神逐渐突破鬼神迷信的束缚之时，楚人却仍沉浸于原始宗教狂热之中。楚国黄老学派的重要著作《尸子》中写道："天神曰灵。"《楚辞》中更是有大量关于神灵的内容，比如屈原《九歌·云中君》中有"灵连蜷兮既留。"《九歌·湘夫人》中有："灵之来兮如云。"

"灵"作名词，不仅可以用于神，还可以用于人。"灵"，有魂魄的意思，如灵魂、英灵、灵柩等。诸葛亮在《出师表》中写道："以告先帝之灵。"另外，"灵"还可以表示人最高级的精神状态，如灵感、心灵等。

"灵"，可以引申为形容词。一方面，可以表示神奇的、有奇效的，如灵验、失灵、灵丹妙药等；另一方面，也能指机敏的、巧妙的，如灵活、机灵、灵气等。

## 温故知新

###  四字通解

画彩仙灵，接续前面对皇家宫殿的描写，意思是宫殿的房檐、门楣、廊柱等处，还有用"青黄赤白赫，黑红紫绿蓝"彩绘出的神仙故事。可谓绚丽多彩，目不暇接。

"画"的本义是用毛笔描绘地图，显示地界。在这里作动词，用的是我们现在常用的描摹、绘画的意思。"彩"在这里和"画"构成复合动词，表示彩绘的意思。"仙"用的是它的本义，即远离世俗人烟、修炼得道而具备魔法神力、可长生不老的人。简单来讲，就是仙人。"灵"的本义是大旱之时，巫师念念有词地祈祷求雨。在这里作名词，指的是超物质的存在，即神灵。

一人一山谓之仙，意为隐居深山的人。仙人是中国本土的信仰，也就是神仙，比喻能预料或看透万事万物，无所不知、无所不能的人；又比喻逍遥自在、无牵无挂的人。仙人的概念在中国原始社会就已存在，甚至更久远。后来被道教继承，又被人以五仙论划分出了鬼仙、人仙、地仙、神仙、天仙这几个等级。伴随着佛教传入中国，人们把古印度的外道修行人（不是佛教信徒的修行人）也翻译成了仙人。

神灵与仙人相似，多指古代传说、宗教及神话中天地万物的创造者和主宰者；或指有超凡能力无所不知、无所不能，可以长生不老的人物。神灵是道的衍生；也指人死后的精灵。

###  故事厅

#### 画蛇添足

据《战国策·齐策二》记载，楚国有一位舍人得到了主人送的一壶酒，觉得几个人一起喝嫌少，一个人独喝又嫌多，于是让几个人在地上画蛇，先画成的就喝酒。

有个人把蛇先画好了，拿起酒壶准备喝，看看其他人还没画好，又左手拿壶，右手给蛇画脚，还没等他画好脚，另一人的蛇画好了，夺过酒壶说："蛇本来就没有脚，你怎么能添上脚呢？"说完把酒喝了。那个"画蛇添足"的人，终于没有喝上酒。

后人用"画蛇添足"比喻做了多余的事，反而把事情弄坏。有时也作"画蛇着足"。

#### 斑衣戏彩

春秋时，楚国有位隐士，名叫老莱子。老莱子非常孝顺父母，对父母体贴入微，千方百计讨父母的欢心。

老莱子其实也不小了，也年过70。一次，父母看着儿子的花白头发，叹气说："连儿子都这么老了，我们在世的日子也不长了。"

老莱子害怕父母担忧，想着法子让父母高兴。于是，他专门做了一套五彩斑斓的衣服，走路时也装作跳舞的样子，父母看了乐呵呵的。

一天，他为父母取浆上堂，不小心跌了一跤。他害怕父母伤心，故意装作婴儿啼哭的声音，并在地上打滚。父母还真的以为老莱子是故意跌倒打滚的，见他老也爬不起来，笑着说："莱子真好玩啊，快起来吧。"

后来人们用"斑衣戏彩"来形容老养父母，想尽办法让年事已高的父母心情舒畅。"彩衣娱亲"也是指这一典故。

##  知识角

### 神灵魂魄

中国古代，人们的思想尚未开化，信奉鬼神者颇多。那么神、灵、魂、魄之间有什么分别呢？

《大戴礼记·曾子问》中写道："阳之精气曰神，阴之精气曰灵。"在古代中医观念中，"神"是统领生命的天真能量，来自于父母奇妙的"两精相搏"，需要后天观照持守；"灵"是沟通天地万物的通神力量，比"神"更脆弱，要以静心与觉悟特别养护；"魂"是统领精神的神秘能量，也称"阳神"，主动，负责有意识状态下的情感、思想等心智活动；"魄"是统领肉体的神秘能量，也称"阴神"，主静，负责无意识状态下的感知、代谢等生理本能。

### 八仙过海

"八仙"指的是古代神话里的汉钟离、张果老、铁拐李、韩湘子、曹国舅、吕洞宾、蓝采和、何仙姑这八位神仙。传说八位神仙各有道术，法力无边，在人间惩恶扬善，为百姓做了很多的好事。

相传有一年，正逢王母娘娘的蟠桃盛会，"八仙"也被邀请参加。他们各自离开修炼之地，准备驾云去参加蟠桃盛会，路过东海，只见那东海浩渺无垠，波涛汹涌，巨浪狂吼，一派惊心动魄的景象。吕洞宾灵机一动，说："驾云过海，不算仙家本事。咱们不如拿出各自的法宝，踏浪过海，各显神通，你们看好不好？"众仙都齐声说："好！"

于是八位神仙纷纷借助自己的法宝踏浪而去。

##  成语窗

**断齑画粥**
断：切断。齑：酱菜或腌菜之类。指食物粗简微薄。形容贫苦力学。含褒义。

**画脂镂冰**
在油脂上绘画，在冰上雕刻。比喻劳而无功。

**雕章缛彩**
比喻文采绚烂。

**仙液琼浆**
指美酒。

**飘飘欲仙**
飘飞上升，像要超脱尘世而成仙。多指人的感受轻松爽快。亦形容诗文、书法等的情致轻快飘逸。含褒义。

**心灵手巧**
心思灵敏，手艺巧妙。多用于女子。

**生灵涂炭**
生灵：百姓。涂：泥沼。炭：炭火。人民陷在泥塘和火坑里。形容人民处于极端困苦的境地。

### 猜谜语

平顶山边日影重。
（打一字）

楼头斜月竹影稀。
（打一字）

收尽秋禾山欲睡。
（打一字）

丙舍旁启

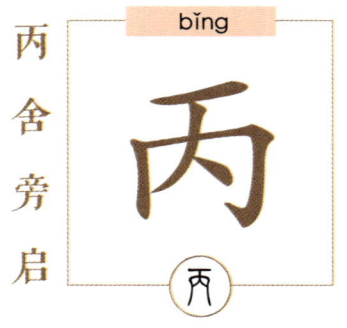

bǐng

| 甲骨文 | 金文 | 篆文 | 隶书 | 楷书 | 行书 | 草书 | 标准宋体 |
|---|---|---|---|---|---|---|---|
| 內 | 內 | 丙 | 丙 | 丙 | 丙 | 丙 | 丙 |

### 解字堂

"丙"是象形字。篆文象鱼尾之形。"丙"的本义就是鱼尾。《尔雅·释鱼》即说："鱼枕谓之丁，鱼肠谓之乙，鱼尾谓之丙。"

不过，也有人依据"丙"的甲骨文字形，提出："丙"，甲骨文假借"穴"，表示用来安装手柄的石器孔洞。有的甲骨文在"穴"（孔洞）上方加一横，表示穿在石器孔洞中的木棍。认为"丙"的造字本义是装在石器孔洞里的手柄。当"丙"的"石器手柄"本义消失后，甲骨文再加"木"另造"柄"代替。

"丙"的本义存在争议，但将"丙"假借为天干第三位的用法毋庸置疑。在古代，天干与地支相配，用以纪年、月、日。《礼记·月令》中就有"其日丙丁"这样的纪日方法。古人常用丙子、丙戌、丙寅以纪年。这种纪年的方式现在仍可以在很多书法作品中见到。除纪时外，"丙"作为序数词，表示第三。如丙科（汉代考试的第三等科目）、丙夜（三更）。

"丙"，还可以表示方位。古代以十干配五方，"丙"为南方之位，因此用"丙"来表示南方。"丙向"就是南向，即朝南。《说文解字》中写道："丙，位南方，万物成，炳然。阴气初起，阳气将亏。从一入冂。一者，阳也。丙承乙，象人肩。凡丙之属皆从丙。"五行中，丙丁属火，因此"丙"可以作火的代称。丙为阳火，丁为阴火。如丙丁神（火神）、付丙（烧掉）等。

### 名言馆

鱼知丙穴由来美，酒忆郫筒不用酤。

· （唐）杜甫《将赴成都草堂途中有作，先寄严郑公五首》其一

---

愁鬓丁年白，寒灯丙夜青。

· （唐）唐彦谦《夜坐》

---

北风满地尘沙暗，宣室方劳丙夜思。

· （宋）魏了翁《鹧鸪天·送宇文侍郎知汉州劝酒》

谜语答案  画彩灵

丙舍旁启

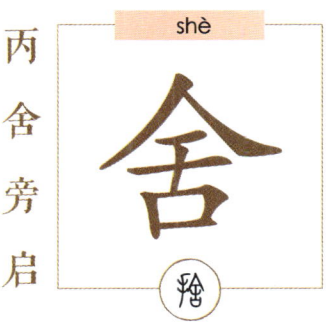

shè
舍

| 甲骨文 | 金文 | 篆文 | 隶书 | 楷书 | 行书 | 草书 | 标准宋体 |

## 名言馆

生，亦我所欲也；义，亦我所欲也。二者不可兼得，舍生而取义者也。
·《孟子·告子上》

锲而舍之，朽木不折；锲而不舍，金石可镂。
·《荀子·劝学》

舍南舍北皆春水，但见群鸥日日来。
·（唐）杜甫《客至》

## 解字堂

"舍"是会意字。上半部分形似单柱、无壁的简易茅屋；下面的"口"则代表村邑。金文、篆文承续甲骨文字形。隶化后楷书写作"舍"。简化后与"捨"合并，同写作"舍"。

"舍"的本义是村邑中供旅人暂住的简易客店，如客舍、旅舍、舍馆、舍长（守护客馆的负责人）等。《说文解字》说："市居曰舍。"如文天祥《指南录后序》："夜则以兵围所寓舍。""舍"还可以表示房屋、住宅。如庐舍、茅舍、宿舍、校舍等。

"舍"还可以作谦辞，用于对别人称自己的家或辈分低、年纪小的亲属。如舍弟、舍妹、舍下等。如《长生殿·弹词》："屈到舍下暂住，细细请教何如？"这里的"舍下"就是对别人谦称自己的居室。

在古代汉语中，"舍"还可以作动词，表示安置、住宿、休息等义。如王安石《游褒禅山记》："唐浮图慧褒始舍于其址。"又如《庄子·山木》："夫子出于山，舍于故人之家。"

"舍"还读作shě，表示放弃、放出，如《易·贲》："舍车而徒。"也表示离开，如《孟子·公孙丑下》："当今之世，舍我其谁也。"还表示赐予，如施舍、舍贫。此时，亦作"捨"。

丙舍旁启

páng

| 甲骨文 | 金文 | 篆文 | 隶书 | 楷书 | 行书 | 草书 | 标准宋体 |
|---|---|---|---|---|---|---|---|
| 𠂤 | 㫃 | 㫃 | 㫃 | 旁 | 旁 | 旁 | 旁 |

### 解字堂

"旁"是形声字。"旁",甲骨文𠂤=𠘨(凡)+方(方),从凡,方声。有的甲骨文把"凡"𠘨省写成𠂤。金文㫃承续甲骨文字形,并在"方"上加一横饰笔。有的金文㫃将"凡"旁下移与"方"旁重合,共用一横。篆文㫃承续金文字形而略有变化。《说文解字》中的篆文㫃乃讹变形体。隶化后楷书写作"旁"。

"旁"的造字本义现已不明。《说文解字》:"旁,溥也。"《广雅》:"旁,广也。"大概是后起之义。故"旁"作为形容词,表示广泛、普遍,如旁畅(广通博晓)、旁行(广泛流传)、旁收(广泛收罗)、旁求(广泛征求)等。又如《荀子·性恶》:"杂能旁魄而无用。"在这里,旁魄的意思就是广博。

"旁",作名词,表示旁边、附近等。如旁边、旁门左道、路旁、偏旁等。又如《玉篇》:"旁,犹边也,侧也。"再如《晋书·王猛传》:"扪虱而谈,旁若无人。"

由此义引申,"旁"可以作形容词,表示边上的、附近的、其他的。如旁入(其他收入)、旁言(他人的话)、旁推(由此及彼地推论)、旁贷(推卸给他人)等。如唐柳宗元《答韦中立论师道书》:"此吾所以旁推交通,而以为之文也。"

"旁"作动词,读作bàng。古通"傍"。意思是依傍、依附。《汉书·赵充国传》:"匈奴大发十余万骑,南旁塞至符奚庐山。""旁"还可以作依照、仿效讲。如《汉书》:"扬雄又旁《离骚》作重一篇,名曰《广骚》。"

### 名言馆

兰草自然香,生于大道旁。
·(汉)无名氏《古乐府》

旁爱及弟兄,中欢避家室。
·(唐)白居易《和寄乐天》

枕旁争听落檐声,更不问、醒时节。
·(宋)王灼《一落索》

# 丙舍旁启 qǐ

启

| 甲骨文 | 金文 | 篆文 | 隶书 | 楷书 | 行书 | 草书 | 标准宋体 |
|---|---|---|---|---|---|---|---|

## 名言馆

不愤不启，不悱不发。
　　　　　　·《论语·述而》

历太皓以右转兮，前飞廉以启路。
　　　　　　·《楚辞·远游》

嗜诗有渊明，嗜琴有启期。
　　　　　·（唐）白居易《北窗三友》

## 解字堂

"启"，甲骨文=（户，单扇的门）+（又，手），表示用手将门打开。有的甲骨文在下面加"口"，手拉、口喊亦会开启意。金文承续甲骨文。篆文以形义皆近的构作"攴"替代"又"。隶化后楷书写作"啓"。简化后，"啓"与其异体"启"、讹体"啓"、甲骨文中已为简体的"启"合并，同写作"启"。

"启"的本义是开，又特指开门。如启封、启门、某某启（信封上用语，表示由某人拆信）。又如《书·金縢》："王与大夫尽弁，以启金縢之书。" 引申为开导，如启蒙、启发。又如《左传·襄公二十五年》："天诱其衷，启敝邑之心。"又引申为开拓，如《诗·鲁颂·閟宫》："大启尔宇，为周室辅。"后来引申为陈述、告诉，如敬启者（旧时用于书信的开端）、某某启（用于书信末署名处）。又如《玉台新咏·古诗为焦仲卿妻作》："府吏得闻之，堂上启阿母。"还引申表示开始，如启程、启行。

"启"作为名词，表示旧时文体的一种，是较简短的书信，如小启、谢启。又如《太平御览》卷五九五引汉服虔《通俗文》："官信曰启。"

## 温故知新

###  四字通解

丙舍旁启，意思是皇官中正殿两旁的房屋，大门开在一边。"丙"的本义是鱼尾，后假借为天干第三位，进一步引申为表示第三的序数词。在这里，"丙"可以理解为第三等。"舍"在这里读作四声，本义是村邑中供旅人暂住的简易客店。这里用的是引申义：房屋。"旁"的本义是大、广。在这里作名词，表示一边、一侧。"启"在这里用的是本义：开门。

"丙舍"在这里是有特殊含义的，特指东汉官中正室两旁的房屋，因为次于甲乙，所以称为"丙舍"。《后汉书·清河孝王庆传》中说："遂出贵人姊妹置丙舍。"王先谦集解引胡三省曰："丙舍，官中之室，以甲乙丙丁为次也。"唐朝诗人温庭筠在《走马楼三更曲》中写道："帘间清唱报寒点，丙舍无人遗烬香。"这里的"丙舍"也是指的后汉官中正室两边的房屋。

后来"丙舍"不再专用于皇官，而是用于泛指正室旁边的别室，或简陋的房舍。清代袁枚在《上尹制府乞病启》一文中写道："对此日琴堂之官烛，忆当年丙舍之书灯。"清代诗人姚际唐也在《零丁洋》中写道："我家丙舍两三楹，性命苟全聊复寄。"

另外，"丙舍"还指在墓地的房屋。清初诗坛的盟主之一钱谦益在《重修素心堂记》中写道："余方营先墓於拂水，筑丙舍墓之西偏。"可见，"丙舍"与坟墓相关。

###  故事厅

#### 丙吉问牛

西汉宣帝时期，丞相丙吉十分关心百姓的疾苦，他经常外出考察民情。一次外出，遇上行人斗殴，路边躺着死伤的人。然而，丙吉却不闻不问，驱车而过。但是，当看到老农赶的牛步履蹒跚、气喘吁吁时，丙吉却马上让车夫停车询问缘由。

下属不解，问丙吉何以如此重畜轻人。

丙吉回答说："行人斗殴，有地方官处理即可，我只要适时考察其政绩，有功则赏、有罪则罚，这样就可以了。而问牛的事则不同，如今是春天，天气还不应该太热。如果那头牛是因为天太热而喘息，那么现在的气节就不太正常了，农事势必会受到影响。"

汉朝属于农业社会，如果农事不好，势必影响到老百姓的生活。丙吉问牛而不问人，说明他抓住了问题的要害。后人常用"丙吉问牛"来赞扬官员关心百姓疾苦。

#### 苏武牧羊

"舍生取义"这个成语出自《孟子·告子上》，意思是舍弃生命以求取正义。中国出了许多有气节、有骨气的英雄，苏武就是其中一位。

苏武牧羊的故事妇孺皆知。被扣于匈奴后，匈奴贵族先以名利引诱，后以严刑威胁。但苏武始终大义凛然，宁死不屈。匈奴贵族无计可施，便"徙武北海上无人处"。苏武则"掘野鼠，去草实而食之"。在如此艰难的环境下，他仍拄着汉朝的旄节，不屈节辱命。

他出使时正值壮年，待其归汉之时，已是须发皆白。因此他成为我国历史上"舍生取义"的著名英雄人物。

 **知识角**

 **成语窗**

### 退避三舍

"舍"在古代是一种计量单位,古时行军计程以三十里为一舍。"退避三舍"即主动退让九十里,比喻退让和回避,避免冲突。

据《左传》记载:"晋楚治兵,遇于中原,其辟君三舍。"说的是公元前632年,楚国为争夺中原霸权而向晋国发兵。晋文公却立即下令往后撤。晋军中有些将士不解道:"我们的统帅是国君,对方带兵的是臣子,哪有国君让臣子的理儿?"狐偃解释说:"打仗先要凭个理,理直气就壮。当初楚王曾经帮助过主公,主公在楚王面前答应过:要是两国交战,晋国情愿退避三舍。今天后撤,就是为了实现这个诺言。要是我们对楚国失了信,那么我们就理亏了。我们退了兵,如果他们还不罢休,步步进逼,那就是他们输了理,我们再跟他们交手也不迟。"

于是,晋军一口气后撤了九十里,到了城濮才停下来。不知餍足的楚军果然紧追到城濮,跟晋军遥遥相对。成得臣还派人向晋文公下战书,措词十分傲慢。晋文公也派人回答说:"贵国的恩惠,我们从来不敢忘记,才退让到这儿。现在既然你们不肯谅解,那么只好在战场上比个高低了。"

大战开始后,楚军被杀得七零八落。晋文公连忙下令,吩咐将士们只要把楚军赶跑就是了,不再追杀。晋军占领了楚国营地,把楚军遗弃下来的粮食吃了三天,才凯旋回国。

后来,晋文公就当上了中原霸主。而这场战役就是著名的"城濮之战"。

**付之丙丁**
指用火烧掉。

**舍本求末**
抛弃根本的、主要的,而去追求枝节的、次要的。比喻不抓根本环节,而只在枝节问题上下功夫。

**心无旁骛**
骛:另外的。骛:追求。心思没有另外的追求,形容心思集中,专心致志。

**责无旁贷**
贷:推卸。自己应尽的责任,不能推卸给旁人。

**启聩振聋**
比喻唤醒糊涂与麻木不仁者。

**承前启后**
承接前面的,开创后来的。指继承前人事业,为后人开辟道路。

### 猜谜语

人一堕落终成囚。
(打一字)

故居。
(打一现代作家)

朝廷昏君醉生梦死,
关外八旗觊觎中原。
(打一俗语)

## 甲帐对楹

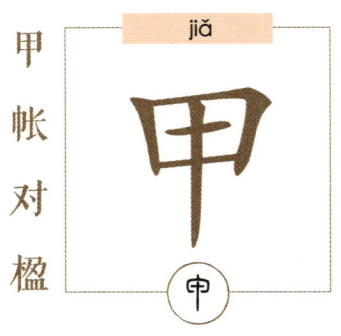

jiǎ

| 甲骨文 | 金文 | 篆文 | 隶书 | 楷书 | 行书 | 草书 | 标准宋体 |
|---|---|---|---|---|---|---|---|
| 田 | 田 | 甲 | 甲 | 甲 | 甲 | 甲 | 甲 |

### 解字堂

"甲"是会意字。"甲",甲骨文十,像纵横交叉的握柄。有的甲骨文田=十("又"的变形,握柄)+囗(囗,抵御矛枪的硬牌),表示可持握的护牌。"甲"的本义为古代士兵作战时手持的蔽护身体的硬牌。金文田承续甲骨文字形田。有的金文将挡牌"囗"囗写成半开放型⊃,表示可以插套的护牌或铠衣。篆文甲误将金文的"十"十写成"丁"丁,同时将半开放的挡牌 写成"勹"⊃(即"人"),表示穿在人身上,用皮革或金属制成的护身铠衣。隶书甲将甲骨文田与金文甲相结合。隶化后楷书写作"甲"。

"甲"的本义是金属或皮革制成的护身铠衣,用作名词。如《诗·秦风·无衣》:"王于兴师,修我甲兵,与子偕行。"

从铠甲的义项可以引申出动物身上起保护作用的坚硬外壳部分的意思,如鳞甲、龟甲、指甲等。

"甲"还可以用作形容词,意为最重要的、第一的。如《史记·魏其武安侯列传》:"治宅甲诸第。"这里的"甲"就是超过所有的意思。

此外,"甲"还可以用作序数词,是天干中的第一位。如宋苏轼《喜雨亭记》中有这样一句:"乙卯乃雨,甲子又雨。"

### 名言馆

抑王兴甲。

·《孟子·梁惠王上》

献甲者执胄。

·《礼记·曲礼》

齐国寡甲兵。

·《战国策·齐策》

精甲万人。

·(宋)司马光《资治通鉴》

谜语答案　丙　老舍　当局者迷,旁观者清

# 帐 zhàng

| 甲骨文 | 金文 | 篆文 | 隶书 | 楷书 | 行书 | 草书 | 标准宋体 |
|---|---|---|---|---|---|---|---|
|  |  | 帳 | 帳 | 帳 | 帳 | 帳 | 帐 |

## 名言馆

在上曰帐，在旁曰帷，禅帐曰幬。
· （南朝）何承天《纂要》

回日楼台非甲帐，去时冠剑是丁年。
· （唐）温庭筠《苏武庙》

都门帐饮无绪，留恋处，兰舟催发。
· （宋）柳永《雨霖铃》

## 解字堂

"帐"是形声字。篆文 帳 = 巾（巾）+ 長（长）。《说文解字》说："帐，张也。从巾，長声。"隶化后楷书写作'帳'。简化后写作"帐"。

"帐"的本义是一种用于户外临时居住的有顶大型帷幕，用作名词。如《史记·项羽本纪》："项羽晨朝上将军宋义，即其帐中斩宋义头。"这里的"帐"表示军队营帐。再如唐高适《燕歌行》："战士军前半死生，美人帐下犹歌舞。"营帐专指打仗时临时搭建的指挥部，易于随时转移，一些战争题材的影视剧中可以看到"营帐"的身影。此外，我们现今露营时用到的帐篷、游牧民族居住的帐落也都是指这个意思。

后来，"帐"的意义得到了扩展，不仅表示帐篷、营帐，还可以表示纱、线制的抵挡蚊蝇的透气帷幕。如《淮南子》："偷夜解齐将军之幬帐而献之。"这里的"帐"就是床帐的意思。

甲帐对楹

dui

| 甲骨文 | 金文 | 篆文 | 隶书 | 楷书 | 行书 | 草书 | 标准宋体 |
|---|---|---|---|---|---|---|---|
| 𢶍 | 𢶍 | 對 | 對 | 對 | 對 | 对 | 对 |

### 解字堂

"對"是会意字。"對",甲骨文𢶍=𢶍(像两端带刃、一端刃上有齿的长柄大刀)+又(又,持握),表示将王手持长柄大刀,与敌首相峙。金文承续甲骨文字形。篆文则承续金文字形。隶化后楷书写作"對"。简化后写作"对"。

"对"的本义表示两军示威僵持、临战抗衡。如《三国志·蜀书·诸葛亮传》:"据武功五丈原,与司马宣王对于渭南。"

因为可以达到相抗衡的状态,因此"对"可以引申表示相等、相称、抵得上。如《韩非子·初见秦》:"夫一人奋死可以对十。"

从"相称"的意思可以进一步扩展表示两两相接、相配、相连。如我们日常所说的对联,就是写在纸、布上或刻在竹子、木头、柱子上的对偶语句。"对"就是指上联下联相配、相对。

"对"用作动词还可以表示两相比较检查是否符合。如对证、对质、核对、校对等。

"对"还可用作量词,表示一双。如一对、成双成对。

"对"用作动词还可以表示面朝着、向着。如《木兰诗》:"当窗理云鬓,对镜帖花黄。"

最后"对"还可以用作介词,用法基本上跟"对于"相同。如对他表示谢意,决不对困难屈服。

### 名言馆

帝作邦作对。

·《诗·大雅·皇矣》

---

木大而茎叶格对。

·《吕氏春秋·审时》

---

贼易之,对饮酒,醉。

·(唐)柳宗元《童区寄传》

---

我天兵兮不可对,塞平川兮千万队。

·《伍子胥变文》

---

以两司奏状对勘,以防虚伪。

·(宋)沈括《梦溪笔谈》

甲帐对楹

yíng

楹

| 甲骨文 | 金文 | 篆文 | 隶书 | 楷书 | 行书 | 草书 | 标准宋体 |
|---|---|---|---|---|---|---|---|
|  |  | 楹 | 楹 | 楹 | 楹 | 楹 | 楹 |

## 名言馆

殖殖其庭，有觉其楹。
· 《诗·小雅·斯干》

刮楹达乡。
· 《礼记·明堂位》

今看两楹奠，当与梦时同。
· （唐）李隆基《经邹鲁祭孔子而叹之》

## 解字堂

"楹"是形声字。"木"是形旁，"盈"是声旁。《说文解字》说："柱也。从木，盈声。"如《诗·商颂·殷武》："旅楹有闲。"再如《春秋·庄公二十三年》："丹桓宫楹。"这里的"楹"都指楹柱。

我们常说的"对联"，也可以称之为"楹联"，前文中提到过"对联"是指写在纸、布上或刻在竹子、木头、柱子上的对偶语句，因此"对联"又可称之为"楹联"，又叫作"楹帖"。常见的词有凤楹，意思是雕有凤凰的厅柱。午楹，指殿堂正门的厅柱。桓楹，一是指古代天子、诸侯葬时下棺所植的大柱子，柱上有孔，穿索悬棺以入墓穴；二是指华表，华表是一种古代汉民族的传统建筑形式，属于古代宫殿、陵墓等大型建筑物前面做装饰用的巨大石柱，相传华表是部落时代的一种图腾标志，古称桓表，以一种望柱的形式出现，富有深厚的汉族传统文化内涵，散发出汉族传统文化的精神、气质、神韵，如天安门前的华表。

因为"楹"指房屋厅堂前部的柱子，因此还可以用作量词，是古代计算房屋的单位：一说一列为一楹，一说一间为一楹。如有屋三楹，就是指有三间房屋。

## 温故知新

 四字通解

甲帐对楹，意思是豪华的幔帐对着高高的楹柱。"甲"，《说文解字》解释为："东方之孟，阳气萌动，从木戴孚甲之象。"意思是说，春天来了，植物的种子开始萌芽了，刚刚冲破包裹它的种皮。这个字除了可以表示铠甲外，还可以表示植物种子萌芽后尚未脱落的种壳。植物萌芽是万物复苏的标志，因此"甲"又可以指居于首位，还被作为天干的第一位。

"帐"，《释名》解释为："张也，张施于床上也。"指张挂或支架起来作为遮蔽作用的东西。

"对"，原来的字形"對"左边由一个"丛"的古体字"丵"和一个"口"字组成。汉文帝觉得"责对而为言，多非诚对"，就下令把"口"部改成"士"部，于是这个字就写作"對"。在这里指相对、面对。

"楹"，指厅堂前部的柱子。

"甲帐"是汉武帝时所造的帐幕。传说汉武帝敬神很虔诚，诚心感动了西王母，就派神仙每晚降临。于是汉武帝集天下的珍宝嵌饰帐幔，让神仙光临，因此称之为"甲帐"。汉武帝自己则住在次一等的"乙帐"中。

 故事厅

### 对牛弹琴

战国时代，有一个叫公明仪的音乐家，他能作曲也能演奏，七弦琴弹得非常好。

有一年的春天，他带着琴来到城郊的田野散步，和煦的春风将青草的芳香吹到他的面前，让他心情非常舒畅。他环顾四周，发现不远处有一头大公牛正在吃草。他兴致勃发，突发奇想要为这头公牛演奏一曲，于是他拨动琴弦，对着这头公牛弹奏了一首高雅的《清角之操曲》。

虽然公明仪弹奏的曲子非常悦耳动听，但是那头吃草的牛儿却根本不理会那高雅的曲调，仍然低着头继续吃草。因为公牛虽然能听到琴弦发出的声音，但是并不能理解曲子中的美妙意境。

### 对症下药

华佗给病人诊疗时，能够根据不同的情况，开出不同的处方。

有一次，州官倪寻和李延一同到华佗那儿看病，两人诉说的病症相同：头痛发热。华佗分别给两人诊了脉后，给倪寻开了泻药，给李延开了发汗的药。

两人看了药方，感到非常奇怪，问：我们两人的症状相同，病情一样，为什么吃的药却不一样呢？

华佗解释：你俩相同的，只是病症的表象，倪寻的病因是由内部伤食引起的，而李延的病却是由于外感风寒，着了凉引起的。两人的病因不同，我当然得对症下药。

倪寻和李延服药后，没过多久，病就全好了。

后来，对症下药这一成语，就用来比喻要善于区别不同的情况，正确地处理各种问题。

##  知识角

### 天干

"丙舍旁启""甲帐对楹"的"丙"与"甲"都是天干之一。《辞源》里说,"干支"取义于树木的"干枝"。天干地支的组成形成了古代汉族历法纪年。在汉族民俗学上认为天干对应一些预兆。

天干五行分为阴与阳,具体是:甲木、乙木、丙火、丁火、戊土、己土、庚金、辛金、壬水、癸水,其中甲丙戊庚壬为阳性,乙丁己辛癸为阴性。

传说天干地支是黄帝时候的大挠氏所创,根据考古学,在中华文明早期产生的萨满教(这里说的萨满教不是清代的萨满教)和其后随着历史的发展,原来从事祭祀活动的贵族联合起来逐渐演变成春秋战国时期的阴阳道中都有所应用,并且因为在运用中有许多可以预知占卜的方面,被认为天干具有神奇的地方。

### 对联

对联又称对偶、门对、春贴、春联、对子、桃符、楹联(因古时多悬挂于楼堂宅殿的楹柱而得名)等,是一种对偶文学,起源于桃符。是写在纸、布上或刻在竹子、木头、柱子上的对偶语句。言简意深,对仗工整,平仄协调,字数相同,结构相同,是中文语言的独特的艺术形式。

对联相传起于五代后蜀主孟昶,它是汉族传统文化瑰宝,春节时挂的对联叫春联,办丧事的对联叫作挽联,办喜事的对联叫庆联。对联是利用汉字特征撰写的一种民族文体,一般不需要押韵。对联大致可分诗对联以及散文对联。

##  成语窗

**积甲山齐**
兵甲堆叠如山。极言其多。

**裹粮坐甲**
携带干粮,披甲而坐。形容全副武装,准备迎战。

**乜斜缠帐**
假作痴呆、纠缠不休。

**门当户对**
旧时指男女双方的社会地位和经济情况相当,结亲很适合。

**对簿公堂**
在法庭上受审问。

**凿楹纳书**
表示藏守书籍以传久远。

**雕楹碧槛**
雕镂彩绘的柱子和碧色栏杆。

### 猜谜语

翻身得自由。
(打一字)

时至日落又相逢。
(打一字)

大腹乃怀双胞胎。
(打一古文名篇)

月满西楼。
(打一字)

## 肆筵设席

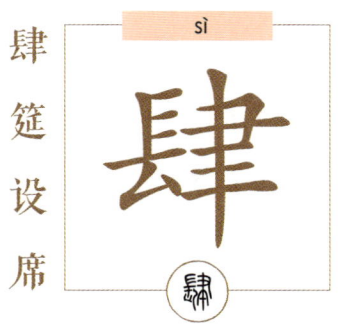

sì

| 甲骨文 | 金文 | 篆文 | 隶书 | 楷书 | 行书 | 草书 | 标准宋体 |
|---|---|---|---|---|---|---|---|
|  |  | 肆 | 肆 | 肆 | 肆 | 肆 | 肆 |

### 解字堂

"肆"的异体字为"肆"。"肆"是形声字。从長，隶声。"肆"在《说文解字》中的解释为："肆，极陈也。"意思是说，"肆"是摆设、陈列的意思。简化后，以"肆"为正体。

"肆"用作动词时，也有放纵、任意行事的意思。如在《庄子·缮性》中有这样一句劝勉之词："故不为轩冕肆志。"意思是说不可为了荣华富贵而恣意放纵。这里的"肆"就是放纵的意思。再如我们常说的"肆无忌惮"，表示恣意妄为、无所顾忌，其中的"肆"也是这个意思。

表示极、尽时，"肆"既可用作动词也可用作副词。如肆心，表示用心、尽力；肆业，表示勤于所业，多指农业。这里的"肆"是动词。再如肆好，表示极好；肆奢，表示穷奢极侈。这里的"肆"则是副词。

此外，"肆"用作动词时，在古代还有人被处死后暴尸示众的意思。如《论语·宪问》中有这样一句："吾力犹能肆诸市朝。"意思是我尚且有能力（让他）暴尸示众。

"肆"还可以用作名词，表示店铺。如《庄子·外物》中写道："吾得升斗之水然活耳，君乃言此，曾不知早索我于枯鱼之肆。"翻译为：现在我被困在这儿，只需要一斗或者一升的水就能活命；如果像你这么说，不如早点到卖干鱼的店里去找我好了！

### 名言馆

或剥或亨，或肆或将。
·《诗·小雅·楚茨》

肆筵设席，授几有缉御。
·《诗·大雅·行苇》

瞻仰二祖，厥庸孔肆。
·（汉）张衡《东京赋》

帝命三市店肆，皆设帷帐。
·《隋书·裴矩传》

谜语答案　甲　对　隆中对　楹

## 肆 筵设席

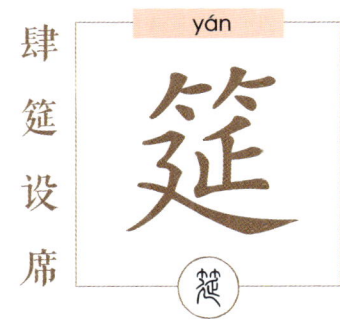

yán 筵

| 甲骨文 | 金文 | 篆文 | 隶书 | 楷书 | 行书 | 草书 | 标准宋体 |
|---|---|---|---|---|---|---|---|
|  |  | 筵 | 筵 | 筵 | 筵 | 筵 | 筵 |

### 名言馆

更为后会知何地，忽漫相逢是别筵。
· （唐）杜甫《送路六侍御入朝》

---

卜夜容衰鬓，开筵属异方。
· （唐）李商隐《夜饮》

---

当筵秋水慢，玉柱斜飞雁。
· （宋）张先《菩萨蛮》

### 解字堂

"筵"是形声字。竹字头是形旁，延是声旁。

"筵"的本义是指竹席，用作名词。如在《诗经·小雅·宾之初筵》中的"筵"，有注解道："筵，席也。"意思是筵与席，其实是同一种物品的不同名称。再如《周礼》这样解释"筵"："筵亦席也。铺陈曰筵，藉之曰席。"意思是筵也叫作席。紧挨地面铺着的叫作筵，铺在筵上面的叫作席。古人席地而坐，设席每每不止一层。因此紧靠地面的一层称筵，筵上面的称席。

后来"筵"还借指席位、宴席，用作名词。如清周容《芋老人传》中写道："张筵列鼎。"意思是说经常摆设酒席。这里的"筵"就是指酒席、宴席。再如，中国有句俗语"天下没有不散的筵席"，同"天下没有不散的宴席"，意为团聚只是相对的，终究要分离。这句俗语出自明冯梦龙《醒世恒言》："天下无有不散筵席，就合上一千年，少不得有个分开日子。"指出人生缘聚缘散，分分合合，来来往往，离别聚散是寻常事。

"筵"还可以用作动词，表示铺设坐席。如在《仪礼·士冠礼》中有这样一句："主人筵于户西，西上，右几。"意思是主人在祢庙堂上户西布设筵席。筵席以西为上，几设置于右方。这里的"筵"就是铺设坐席的意思。

肆筵设席

shè

| 甲骨文 | 金文 | 篆文 | 隶书 | 楷书 | 行书 | 草书 | 标准宋体 |
|---|---|---|---|---|---|---|---|
| | | | | 設 | 設 | 设 | 设 |

## 解字堂

"設"是会意字。甲骨文=（言，商议、谋划）+（殳，攻击），表示谋划作战。金文将甲骨文的写成，将写成，并加"人"。篆文省去金文的"人"。隶书将篆文的写成。隶化后楷书写作"設"。简化后写作"设"。

"设"的本义是部署兵力，指挥战斗，这个义项只出现在古文中。如《史记》中有这样一句："赵亦盛设兵以待秦，秦不敢动。"这里的"设"就是指排兵布阵。再如《管子·四时》中写道："令禁置设禽兽，毋杀飞鸟。"这里的"设"虽然是指摆放猎网，但意义与部署兵力相近。

依据本义，"设"的意义还可扩展为布置、摆列，用作动词。如晋陶渊明《桃花源记》中有这样一句："设酒杀鸡作食。"意思是摆了酒、杀了鸡做饭款待他。这里的"设"就是指摆设酒席。

"设"还可以进一步扩展为谋划、策划、研究、构想的意思，仍用作动词。如《三国演义》中写道："吾必设计先除此二人。"这里的"设计"是指策划计谋。

最后，"设"用作动词，还可以表示创立、开创。如《诗·商颂·殷武》："设都于禹之绩。"意思是在大禹治水的地方建都。这里的"设"就有创立、开创的意思。

## 名言馆

钟鼓既设。
·《诗·小雅·彤弓》

权之所设。
·《公羊传·桓公十一年》

各一则不设。
·《吕氏春秋·长攻》

设以攻宋。
·《淮南子·修务》

规矩陈设。
·《礼记·经解》

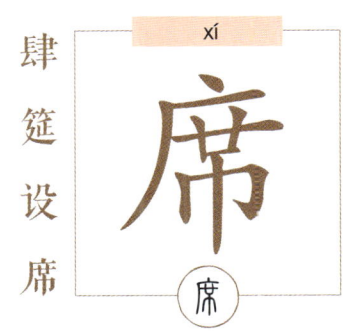

肆 筵 设 席

xí

席

| 甲骨文 | 金文 | 篆文 | 隶书 | 楷书 | 行书 | 草书 | 标准宋体 |
|---|---|---|---|---|---|---|---|
| 因 | 厈 | 席 | 席 | 席 | 席 | 席 | 席 |

## 名言馆

乃席宾南面东上。众宾之席继而西。
·《仪礼·乡饮酒礼》

设莞筵纷纯，加缫，席画纯。
·《周礼·司几筵》

饮酒酣，武安起为寿，坐皆避席伏。
·《史记·魏其武安侯列传》

结发同枕席。
·汉乐府《古诗为焦仲卿妻作》

## 解字堂

"席"，甲骨文 因 是象形字，像一方草或竹编织的有波形的织纹 ⌒ 的坐卧垫子 □。金文 厈 = 厂（厂，开放建筑）+ 巾（巾，垫布），表示房屋内坐卧用的垫布，变成了会意字。籀文 厝 综合甲骨文字形 因 与金文字形 厈，表示睡觉用的垫子。篆文 席 则综合金文字形 厈 与籀文字形 厝，将籀文 厝 写成 序。隶化后楷书写作"席"。

"席"的本义是指用草梗或竹篾编织的可卷曲的坐卧垫子，用作名词。如《诗·邶风·柏舟》中有这样一句："我心匪席，不可卷也。"意为我的心不是柔软的草席，不可以任意翻卷。

"席"在本义的基础上还可引申出设席宴请宾客的意思，席作动词，不过这个义项只出现在古文中。如《左传·宣公十二年》中写道："赵旃夜至于楚军，席于军门之外。"意思是说赵旃晚上时到达楚军驻扎处，在军营大门外设宴席。这里的"席"就是指宴请宾客。

"席"用作名词时，可以表示坐席、座位，与上一个动词词义相近。如《虞初新志·秋声诗自序》中写道："变色离席。"意思是说（宾客）都变了脸色离开席位。这里的"席"就是指坐着的位置。常见组词有席位、出席、主席、贵宾席等。

最后，"席"还可以用作量词，表示桌、场。如办了三席酒，意思是办了三桌酒席；听君一席话，意思是听了您的一番话。

# 温故知新

 四字通解

肆筵设席，说的是宫殿中大摆筵席的情景。"肆"是陈列、摆设的意思，"设"也是此意。

"筵"和"席"的意思也比较相近，都是指供坐卧的铺垫用具，多用竹子、苇草等编织而成。在唐朝以前，古人都是席地而坐，地上铺个席子，然后跪坐在上面。今天的韩国人和日本人还是这个传统。直接坐在地上很不舒服，就在地上铺上席子，席子越厚就越舒服，所以会尽量多铺几层。紧靠地面的一层称"筵"，"筵"上面的称"席"。问题是同样是竹草编织的，为什么"筵"字有"竹"字头，而"席"没有呢？因为古代天子诸侯的席子比较讲究，要有刺绣镶边，所以有"巾"部，后来这个字也经常被写作"蓆"。

 故事厅

### 枯鱼之肆

枯鱼之肆原本指卖干鱼的店铺，后来比喻无法挽救的绝境。这个成语来自一个有趣的故事：

庄子家里很穷，所以去向监河侯借粮。监河侯说："好。等我收到地租，就借给你三百两金，可以吗？"庄子见监河侯不愿马上借粮，有点生气，脸色都变了，说："我昨天来这儿的时候，听到路上有个声音在叫我。我回头一看，只见车轮碾过的车辙中，有一条鲫鱼。我问：'鲫鱼啊，你在这儿干什么呢？'鲫鱼说：'我是东海的臣子。您有一斗或者一升水救活我吗？'我说：'好。我去游说吴越之王，请他开凿运河，把长江的水引过来救你，可以吗？'鲫鱼生气地说：'现在我被困在这儿，只需要一斗或者一升的水就能活命。如果像你这么说，不如早点到卖咸鱼的店里去找我好了！'"

### 割席断交

管宁和华歆年轻时是一对好朋友。一次，他们两人坐在一张席子上读书。忽然外面沸腾起来，有官员穿着冕服乘车经过。管宁不为所动，读书如故。华歆却完全被这种张扬的声势和豪华的排场吸引住了。他嫌在屋里看不清楚，干脆连书也不读了，跑到街上观看。

等到华歆回来，管宁拿出刀子把席子从中间割成两半，说："从今以后，我们再也不是朋友了。"

## 猜谜语

个个到延安。
（打一字）

毁誉参半。
（打一字）

出谋划策。
（打一词语）

冷餐会。
（打一夏令用品）

 **知识角**

### 古代的坐席规则

周、秦、汉时，我国以"右"为尊，故皇亲贵族称为"右"戚，世家大族称"右族"或"右姓"。右尊左卑还表现在建筑住宅上，豪门世家必居市区之右，平民百姓则居市区之左。古时官场座次尊卑有别，十分严格。官高为尊居上位，官低为卑处下位。古人尚右，以右为尊，因此"左迁"即表示贬官。

至于在交际场合，其座次则以左为尊。因为古人坐北朝南，则左为东，右为西，故座次上以"左"为尊。从东汉至隋唐、两宋，我国逐渐形成了左尊右卑的制度。这时期，左仆射高于右仆射，左丞相高于右丞相。

蒙古族建立元朝后，一改旧制，规定以右为尊，当时的右丞相在左丞相之上。朱元璋建立明朝，复改以左为尊，此制为明、清两代沿用了五百多年。现在戏剧舞台上上演古典剧目，客人、尊长总是坐在主人、幼辈的左侧，这反映出明朝崇尚"左"的礼仪。

### 古代筵席

筵席是食用的成套肴馔及其台面的统称，古称酒席。古人席地而坐，筵和席都是宴饮时铺在地上的坐具，筵长席短。《礼记·乐记》《史记·乐书》都曾记述古代"铺筵席，陈尊俎"的设筵情况。此后，筵席一词逐渐由宴饮的坐具演变为酒席的专称。由祭祀、礼仪、习俗等活动而兴起的宴饮聚会，大多都要设酒席。古今筵席种类十分繁多。著名的筵席有用一种或一类原料为主制成各种菜肴的全席；有用某种珍贵原料烹制的头道菜命名的筵席；也有以展示某一时代民族风味水平的筵席；还有以地方饮食习俗为名的筵席。

 **成语窗**

**轻言肆口**
说话轻率、放肆。

**求马唐肆**
到不是停马处去找马。比喻在什么也没有的地方寻求自己所需的东西。

**盛筵必散**
比喻无论怎样美好的事物，终必消散。

**盛筵难再**
比喻良机不易重逢。

**天造地设**
指事物自然形成，合乎理想，不必再加人工。

**醴酒不设**
置酒宴请宾客时不再为不嗜酒者准备甜酒。比喻待人礼貌渐衰。

**变躬迁席**
移动身体，离开席位。表示谦恭。

**管宁割席**
比喻朋友间的情谊一刀两断，中止交往。

鼓瑟吹笙

| 甲骨文 | 金文 | 篆文 | 隶书 | 楷书 | 行书 | 草书 | 标准宋体 |
|---|---|---|---|---|---|---|---|
| 🝰 | 🝰 | 鼓 | 鼓 | 鼓 | 鼓 | 鼓 | 鼓 |

## 解字堂

"鼓"是会意字。"壴"是"鼓"的本字。"壴"，甲骨文 在"鼓" 的上面和两侧各有一只手 （"又"的简化），表示以掌击鼓。有的甲骨文 省去左右两只手。当"壴"作为单纯字件后，甲骨文 再加"支" （持械击打）另造"鼓"代替。金文 、篆文 承续甲骨文字形。隶化后楷书写作"鼓"。

"鼓"的本义是众人以掌击鼓，用作动词。如《左传·庄公十年》："夫战，勇气也。一鼓作气，再而衰，三而竭。"这里的"鼓"就是指击鼓。而"一鼓作气"这个成语也便广为流传。

"鼓"不仅能表示敲鼓、打鼓，还可以用作名词表示"鼓"这种乐器，即令人振奋的圆柱状打击乐器。如《说文解字》说："鼓，郭也。春分之音，万物郭皮甲而出，故谓之鼓。从壴，支象其手击之也。"意为：鼓是春分时节的音乐，万物包裹着皮壳而出，所以叫作"鼓"；字形采用"壴"作偏旁，字形右边的"支"像手持椎棒击鼓的样子。

依据鼓的外形及发声原理，"鼓"用作名词还可以表示共振回音的物体，如鼓包、鼓膜、耳鼓等。

此外，"鼓"用作动词还表示凸起、充气、涨大。如《庄子·盗跖》中写道："摇唇鼓舌，擅生是非。"意思是说，（通过）耍嘴皮子、嚼舌头煽动是非。

最后，由于"鼓"可以发声，"鼓"用作动词还可以表示敲响、撞响。如鼓掌，指通过拍手发出声响。

## 名言馆

公将鼓之。
· 《左传·庄公十年》

子有钟鼓，弗鼓弗考。
· 《诗·唐风·山有枢》

抱玉枪兮击鸣鼓。
· 《楚辞·九歌·国殇》

虎鼓瑟兮鸾回车，仙之人兮列如麻。
· （唐）李白《梦游天姥吟留别》

瑜等率轻锐继其后，雷鼓大震。
· （宋）司马光《资治通鉴》

谜语答案　筵　设　设计　凉席

| 甲骨文 | 金文 | 篆文 | 隶书 | 楷书 | 行书 | 草书 | 标准宋体 |

### 名言馆

瑟彼玉瓒，黄流在中。
　　　　　·《诗·大雅·旱麓》

---

大瑟小瑟。
　　　　　·《礼记·明堂位》

---

锦瑟无端五十弦，一弦一柱思华年。
　　　　　·（唐）李商隐《锦瑟》

### 解字堂

"瑟"是会意字。"瑟"，金文 = （琴）+ （皿，月陶器做成的乐器共鸣箱） 表示古代一种以陶器为音箱的乐器。籀文 与籀文的"琴" 相近。篆文 = （珡，琴）+ （必，护柄的缠带），表示弹奏者拇指上缠着小拨片，用小拨片弹拨琴弦。隶化后楷书写作"瑟"。"瑟"的本义是古代以陶器为音箱的拨弦乐器，音色黯淡；弹奏者左手按弦，右手用拨片弹拨，善于演奏颤抖、忧伤的音乐；形似古琴，每弦一枕。

"瑟"表示本义时用作名词。如《史记·廉颇蔺相如列传》："寡人窃闻赵王好音，请奏瑟。"这里的"瑟"就是指乐器。可组词为琴瑟。

瑟的叠词"瑟瑟"，是拟声词，形容轻微的声音。如唐白居易在《琵琶行》中写道："浔阳江头夜送客，枫叶荻花秋瑟瑟。"翻译为：晚上到浔阳江头送别客人，秋风吹过枫叶底，荻花发出飒飒的声响，满目一片萧瑟的秋景。这里的"瑟瑟"是指风吹荻花时婆娑飒飒之声，词语"秋风瑟瑟"也是这个意思。"瑟"的发声原理是通过拨动琴弦，使琴弦振动而发声。因此，"瑟"还有动词词义，表示颤抖、颤悠。如鲁迅在《风筝》中描写了这样一个场景："他向着大方凳，坐在小凳上；便很惊惶地站了起来，失了色瑟缩着。"这里的"瑟缩"是指身体因寒冷、惊恐等而蜷缩、抖动。与"瑟"的动词词义一致。

鼓瑟吹笙

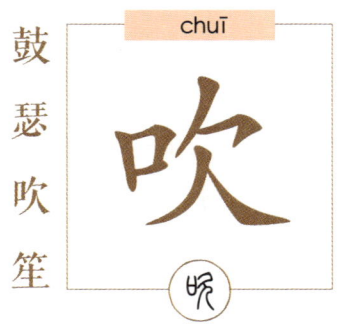

chuī
吹

| 甲骨文 | 金文 | 篆文 | 隶书 | 楷书 | 行书 | 草书 | 标准宋体 |
|---|---|---|---|---|---|---|---|
| 𠰫 | 呎 | 㰣 | 吹 | 吹 | 吹 | 吹 | 吹 |

### 解字堂

"吹"是会意字。"吹"，甲骨文𠰫 =𠙵（口，嘴巴）+欠（欠，张嘴呼气）。金文呎、篆文㰣基本承续甲骨文字形。隶书吹将篆文的"欠"写成欠。

"吹"的本义是撮口用力呼气，用作动词。如《庄子·逍遥游》中写道："生物之以息相吹也。"意思是，大自然中各种生物的气息互相吹拂。这里"吹"的意思是吹拂。再如《韩非子·内储说上》中写道："齐宣王使人吹竽，必三百人。"这里的"吹"是指吹奏乐器，就是撮口用力呼气。还可组词为吹灯、吹灭、吹奏等。

从"吹"表示具体的动作还可引申为抽象地夸大某件事物或某个人，意思为浮夸、吹嘘，用作动词。如《庄子·齐物论》中有一句："夫言非吹也。"意思是说，我说的话并不是空穴来风。这里的"吹"就有吹嘘、浮夸的意思。相关词语有吹捧、吹嘘、鼓吹、自吹自擂等。

依据"吹"的本义，撮口用力呼气可引申出空气流动，也用作动词。如宋陆游在《十一月四日风雨大作》中的最后描绘了这样一幅场景："夜阑卧听风吹雨，铁马冰河入梦来。"这里的"吹"就是指空气流动使事物发生变动。常见词语有吹风、吹拂、风吹草动、风吹雨打等。

### 名言馆

长风几万里，吹度玉门关。

·（唐）李白《关山月》

不知何处吹芦管，一夜征人尽望乡。

·（唐）李益《夜上受降城闻笛》

东风又作无情计，艳粉娇红吹满地。

·（宋）晏几道《木兰花》

# 笙 shēng

鼓瑟吹笙

| 甲骨文 | 金文 | 篆文 | 隶书 | 楷书 | 行书 | 草书 | 标准宋体 |
|---|---|---|---|---|---|---|---|
|  |  | 笙 | 笙 | 笙 | 笙 | 笙 | 笙 |

## 名言馆

我有嘉宾，鼓瑟吹笙。
・《诗・小雅・鹿鸣》

笙长四尺。
・《风俗通》

笙磬同音，惟房与杜。
・《旧唐书・房玄龄杜如晦传赞》

## 解字堂

"笙"是形声字。"竹"字头是形旁，"生"是声旁。"笙"是一种管乐器，一般用十三根长短不同的竹管制成。如曹操在《短歌行》中写道："我有嘉宾，鼓瑟吹笙。"这里的"笙"就是指乐器。

自打有"笙"这个字以来，"笙"就只表示乐器，没有衍生出别的含义。因此我们来简单了解一下"笙"这个乐器。"笙"是中国的一种簧管乐器，一般用十三根长短不同的竹管制成，是世界上最早使用自由簧的乐器，并且对西洋乐器的发展曾经起过积极的推动作用。

笙管的长短排列外观如凤翼，其腰部箍一"竹箍"（也称"孤篆"），每根笙管上端的一定部位都有一长方形音窗（也称"内开穴"）。簧片的音高依据簧舌尖上点粘蜡珠的大小来调节。先秦以来，笙的形制变化很大，汉代以前的笙管多以芦竹或紫竹制作，簧片用竹制作，笙斗用瓠制作，汉以后，簧片渐改用铜制。隋唐时期的笙斗改用木制，笙斗周围髹漆花纹。近现代产于苏州的苏笙和河南的方笙用木斗，产于山东的笙开始用金属笙斗。先秦时期的笙管数为12—18根，至唐宋时期，笙管增加到17—19根。"笙"的声音来自笙苗中的簧片，能奏和声，吹气及吸气皆能发声，其音色清晰透亮。在传统器乐和昆曲里，"笙"常常被用作其他管乐器如笛子、唢呐的伴奏，为旋律加上纯四度或纯五度和音。在现代国乐团，"笙"可以担当旋律或伴奏的作用。

## 温故知新

###  四字通解

鼓瑟吹笙，意思是宴会中助酒兴的音乐歌舞。"鼓"在这里是动词，表示弹奏；"瑟"是二十五弦的琴，在这里代表弦乐；"笙"在这里表示管乐。"鼓瑟吹笙"就是管弦乐合奏，丝竹声四起。

"鼓"原是一种打击乐器。在《释名》中解释为："鼓，廓也。张皮以冒之，其中空也。"鼓的基本制作方法是把皮面绷紧在空心圆筒上，《周礼》中对鼓的尺寸做出了规范性要求："鼓长八尺，鼓四尺，中围加三分之一。"但"鼓"在这里用作动词，泛指敲击、弹奏。

"瑟"是古代一种拨弦乐器。形似古琴，每弦一柱。瑟有多少根弦呢？李商隐在诗中说道："锦瑟无端五十弦，一弦一柱思华年。"瑟这种乐器在古代广受年轻女子的喜爱，因为装饰华美，让人珍爱，所以诗人们经常会用以比喻少女美好的青春年华。但是按照有关记载和出土文物来看，瑟应该是二十五弦或二十三弦，没有五十弦的瑟，这是为什么呢？《世本》中写道："庖牺氏作瑟，五十弦，黄帝使素女鼓瑟，哀不自胜，乃破为二十五弦，具二均声。"庖牺氏就是伏羲，传说他最初发明的瑟是五十弦的，黄帝觉得曲调过于悲伤而进行了改制。

"笙"是一种由十三根长短不同的竹管制成的簧管乐器。

"鼓瑟吹笙"和"肆筵设席"一同勾勒了一片歌舞升平的景象。

###  故事厅

#### 屠肆鼓刀人朱亥

魏安釐王二十年（公元前257年），秦国围困赵国都城邯郸，赵国求救于魏国，魏王惧怕秦国，使将军晋鄙将十万众救赵，却又留军壁邺。情急之下，信陵君魏无忌听取侯嬴之计，借魏王姬妾如姬之手窃得兵符，准备前往晋鄙军营夺取兵权。于是信陵君去邀请朱亥。朱亥笑着说："臣乃市井鼓刀屠者。可是公子多次亲自来慰问我，我之所以不回谢，是因为我认为小的礼节没有用处。现在公子有急难，这就是我替您贡献生命的时候了。"

信陵君到邺城后，假传魏王的命令代替晋鄙。晋鄙合了兵符，对此感到怀疑，举起手来注视着公子，说："现在我统率十万大军，驻扎在边境上，这是国家交给的重任。如今你单车匹马来接替我，这是怎么回事呢？"想要不听从（命令）。朱亥拿出袖子里藏的四十斤重的铁椎，用椎子打死了晋鄙。

#### 击鼓鸣金

关于"击鼓鸣金"的来历，有一种传说供大家参考：黄帝在与蚩尤作战时制造的是革鼓。他从东海流波山上猎获了一种叫作'夔'的动物，它的形状像牛，全身青黑色，发出幽幽的光亮，头上不长角，而且只有一只脚。这种动物目光如电，叫声如雷。当时黄帝为它的叫声所倾倒，就剥下它的皮制成八十面鼓，让玄女娘娘亲自击鼓，顿时声似雷霆，直传出五百里。这就是后世"击鼓进军"的来历。"鸣金进兵"则传自阴阳五行家，古时以东西南北中来对应五行，即东木、西金、南火、北水、中土。而由于古代科技不发达，则一般大战中日落前收兵。日落时，太阳正在西方，因此有了鸣金收兵的说法。

##  知识角

### 中国传统乐器简介

根据现有的出土实物，吹奏类乐器是在远古时期最早出现的乐器，以河南舞阳骨笛最为久远。这段时期也出土了不少的击奏类乐器，远古时期的乐器以狩猎和歌舞伴奏为主。

先秦时期是我国乐器发展史的第一个高峰，确定了乐器的分类法——"八音"。古琴在这时出现，并很快成为一种十分重要的独奏乐器。这段时期的乐器以击奏类为主，出土实物以曾侯乙编钟影响最大，音乐也是以钟鼓乐为代表。

秦汉隋唐是我国乐器发展史的鼎盛时期，随着中外文化的交流，大量的外国乐器传入我国，弹奏类乐器得到空前的发展和繁荣。琵琶则是唐代最为重要的乐器，音乐也以宫廷燕乐为代表。拉弦类乐器开始在民间出现。

宋元明清时期最为重要的是弓弦乐器发展，弓弦乐器的传入和普遍使用，促进了戏曲、说唱音乐的发展。古琴则出现了众多的流派，明末由波斯传入扬琴。吹奏类乐器元代出现唢呐，击奏类乐器元代出现云锣，这段时期宫廷音乐逐渐萧条，取而代之的是民间音乐。

### 乐器八音

中乐器八音原为中国历史上最早的乐器科学分类法，西周时已将当时的乐器按制作材料，分为金、石、丝、竹、匏、土、革、木八类。

"八音"也指民间器乐乐种。如山西五台山一带的八音会，所用乐器有管子、唢呐、海笛、笙、梅笛、箫、堂鼓、小鼓、大镲、小镲、大锣、云锣等；广西壮族的隆林八音乐队，使用的乐器为：横箫（笛子）一对，高胡、二胡各一把，小三弦一把，锣、鼓、钹各一副。海南地区流行的海南八音源于潮州音乐，因使用八类乐器而得名，即弦（二胡、椰胡）、琴（月琴、扬琴、三弦）、笛（唢呐）、管（长、短喉管）、箫（横箫、直箫、洞箫）、锣、鼓、钹等。

##  成语窗

**晨钟暮鼓**
佛教规矩，寺里早上打鼓，晚上敲钟。比喻可以使人警觉醒悟的话。

**鼓唇弄舌**
形容凭口舌挑拨、煽动或进行游说。

**锦瑟年华**
比喻青春时代。

**胶柱调瑟**
用胶粘住瑟上用以调音的短木，不能再调整音的高低缓急。比喻拘泥死板，缺少变通。

**吹毛求疵**
吹开皮上的毛，寻找里面的毛病。比喻故意挑剔别人的毛病、缺点，寻找差错。

**吹灰之力**
比喻极轻微的力量。

**笙歌鼎沸**
形容乐声、歌声热闹非常。

**笙磬同音**
比喻人事协调，关系和睦。

### 猜谜语

子夜蛙鸣。
（打一俗语）

必定环环不落空。
（打一字）

铁扇公主夸郎君。
（打一词语）

西出阳关无故人。
（打一字）

# 升阶纳陛

shēng

| 甲骨文 | 金文 | 篆文 | 隶书 | 楷书 | 行书 | 草书 | 标准宋体 |
|---|---|---|---|---|---|---|---|
| | | | 升 | 升 | 升 | 升 | 升 |

## 解字堂

"升",甲骨文 在"斗" (长柄勺)上加 ,表示酒斗在滴淌着酒。金文省去液滴的其中两点。篆文 严重变形,液滴形象消失。隶书 将字形横写,将金文勺中的点与手柄连写。隶化后楷书写作"升"。简化后,"升"与"昇"合并,同写作"升"。

盛酒时用到酒斗,因此"升"可以用作名词,表示斗勺量器,这个意思只出现在古文中。如《诗·唐风·椒聊》中写道:"椒聊之实,蕃衍盈升。"意思是花椒子一串串,繁多采满一升。这里的"升"就是指容器。

从"升"的名词词义还可以引申用作量词,是体积的计量单位,表示一斗的十分之一。如《墨子》中写道:"赐酒日二升,肉二斤。"这里的"升"就是计量单位。

"升"用作动词,表示上升、登,如《易·坎》:"天险不可升也。"

合并字"昇"本义表示太阳上升,如南朝梁江淹《石劫赋》:"日照水而东升。"后引申表示登上,如汉王逸《九思·哀岁》:"昇车兮命仆。"又引申为升官、晋级,如《旧唐书·马周传》:"欲有擢升宰相。"

## 名言馆

如月之恒,如日之升。
　　　　·《诗·小雅·天保》

见雨则裘不用,升堂则蓑不御。
　　　　·《淮南子·齐俗》

升堂坐阶新雨足,芭蕉叶大支子肥。
　　　　·(唐)韩愈《山石》

谜语答案　鼓噪一时　瑟　吹牛　笙

升阶纳陛

| 甲骨文 | 金文 | 篆文 | 隶书 | 楷书 | 行书 | 草书 | 标准宋体 |
|---|---|---|---|---|---|---|---|
|  | 𨸏 | 階 | 階 | 階 | 階 | 阶 | 阶 |

## 名言馆

三揖至于阶。
　　　　　·《荀子·乐论》

---

御史奏鸡鸣于阶下。
　　　　　·《尚书大传》

---

但以无阶朝廷。
　　　　　·《汉书·匡衡传》

## 解字堂

"階"是会意字。其右半部"皆",既是声旁也是形旁,表示相同、一致。金文𨸏=阝(阜,盘山石级路)+皆(皆,相同)。篆文階承续了金文字形。隶书階将篆文的"阜"阝写成阝。隶化后楷书写作"階"。简化后写作"阶"。

"阶"的本义为由大小相似的石板以相近的高度差筑成的石级山路,用作名词。如《楚辞·九章·惜诵》中写道:"欲释阶而登天兮。"这里"阶"的意思是"天梯",可以理解为山路的别称。

"阶"引申义为建筑配套的分级石梯,用作名词。唐刘禹锡在《陋室铭》中写道:"苔痕上阶绿,草色入帘青。"这里的"阶"在释义中对应为"石阶"。组词如台阶、阶段、阶下囚等。其中"阶段"按照字面意思可理解为一段一段的石阶或台阶,后用来表示事物发展过程中按照一定标准划分的段落,抽象意义如同一段一段的石阶。另外囚犯被叫作"阶下囚",是因为古代犯人受审时是跪在公堂台阶下的,后来泛指在押的囚犯或俘虏。

"阶"无论表示本义石级山路还是表示引申义分级石梯,其形态都是一层一层向上累加,因而"阶"还可进一步引申为社会等级、社会地位,用作名词。如最常见到、听到的词语阶级、阶层,就表示社会地位的层级。再如《新唐书·百官志》中写道:"文阶二十八阶,武阶二十一阶。"意思是文职官阶有二十八级,武职官阶有二十一级。这里的"阶"就是官阶,即官员层级的意思。

## 升阶纳陛

nà
纳

| 甲骨文 | 金文 | 篆文 | 隶书 | 楷书 | 行书 | 草书 | 标准宋体 |
|---|---|---|---|---|---|---|---|
| | 納 | 納 | 納 | 納 | 纳 | 纳 | 纳 |

### 解字堂

"納"是会意字。其右半部"内",既是声旁也是形旁,表示里面。"纳",金文写作 。篆文 納=糹(糸,缝)+内(内,里面)。隶书 納将篆文的"糸" 写成糸。隶化后楷书写作"納"。简化后写作"纳"。

"纳"的本义是指将布料缝在里面,用作动词。如百纳衣,是指用别人不要的布帛缝衲的僧衣,也叫"袈裟"。还有"纳鞋底"也是指用布缝制的鞋底。

从"纳"用作本义表示的动作,可以将意义扩展为收藏、收入、归并,用作动词。组词如纳入、出纳。"出纳"当今指财务上关于现金或票据的付出和收进,泛指发出和吸进的管理工作,还是出纳员的简称。

依据上一义项还可以进一步引申为抽象意义:遭受、接受、享受。如诸葛亮《出师表》:"察纳雅言。"这里的"纳"就是采纳、接受的意思。此外还可以组词为纳福、纳凉、纳降、纳妾、笑纳等。再如宋文天祥《指南录·后序》:"几以不纳死。"意思是几乎是因为不被接受而死。这里的"纳"表示接受。

最后,"纳"还可以引申表示缴付,用作动词。如在《周礼·地官·泉府》中有这样一句:"岁终则会其出入,而纳其余。"意思是说,年底的时候将汇总收入支出,并上缴多余的部分。这里的"纳"就有缴付的意味。组词如纳贡、纳粮、纳税。

### 名言馆

十月纳禾稼。
·《诗·豳风·七月》

---

纳于太庙。
·《公羊传·桓公二年》

---

纳之库。
·(三国)诸葛亮《出师表》

---

遂开门纳众。
·(宋)司马光《资治通鉴》

---

那婆子又拿了一件破衣,补补纳纳。
·(明)吴承恩《西游记》

# 升阶纳陛

bì
陛

| 甲骨文 | 金文 | 篆文 | 隶书 | 楷书 | 行书 | 草书 | 标准宋体 |
|---|---|---|---|---|---|---|---|
|  | 𣦵 | 坒 | 陛 | 陛 | 陛 | 陛 | 陛 |

## 名言馆

举杰压陛，诛讥罢只。
· 《楚辞·大招》

至陛下，秦武阳色变振恐，群臣怪之。
· 《战国策·燕策》

窃为陛下惜之。
· （汉）贾谊《论积贮疏》

陛者，皆闻焉。
· 《汉书·五行志》

愿陛下亲之信之。
· （三国）诸葛亮《出师表》

## 解字堂

"坒"是"陛"的本字。比，既是声旁也是形旁，表示相连接。"坒"，金文 = （郭，城郭）+（比，相连接），表示将城郭相连的通道。篆文坒以土（土，墙）代替金文形中的，表示将墙院相连的通道。当"坒"的本义消失后，篆文坒再加（阜，向上的石阶）另造"陛"代替，表示王宫内相连的台阶。隶化后楷书写作"陛"。隶书陛将篆文字形中的"阜"写成"双耳旁"阝，将篆文字形中的坒写成坒。

"陛"本义是皇帝的宝座与臣子朝拜活动的场所之间相隔的玉砌台阶。如《墨子·备城门》："陛高二尺五，广长各三尺，远广各六尺。"这里的"陛"就是指玉阶。我们常在历史题材的书籍或影视剧中见到"陛下"这个词，"陛下"原来指的是站在台阶下的侍者。臣子要上台阶，要经过侍者的允许；要跟台上的皇帝说句话，也要经过陛下的卫士捎话，通过卑者向尊者传递。久而久之，就通过这个台阶来称呼君主和皇帝。

"陛"还用作动词，表示执兵器列于陛侧。如陛戟，表示卫士持戟列在皇宫陛下两侧。

# 温故知新

## 四字通解

升阶纳陛，意思是一步步拾阶而上，登堂入殿。

"阶"，《说文解字》解释为"陛也"；"陛"，《说文解字》解释为"升高阶也"；这两个字基本是一个意思，都是指那些为了便于上下而用砖石砌成的梯形通道，只是"陛"多用来指宫殿的台阶。中国古代的建筑无论厅堂屋舍还是亭台楼阁，都是建筑在一个高出地面的台基之上，因为堂前有阶，要进入堂屋必须一步一步登上台阶，所以古代才有"升堂入室"之称。

"升阶"就是一阶阶登上去。由于房屋建在比较高的台基之上，所以进入"堂"之前要登一些台阶，这就是"升堂"。"升堂"一词本来泛指登上台阶进入厅堂的这类行动，但从明清时起，这个词成了官吏登公堂办公、审案的专用词了，一般人不许"升堂"，否则会告你私设公堂。能够登上皇宫大殿台阶的人，都是有官职的，因此官位的等级也成为"阶"。

"纳陛"是指在大殿前的屋檐下专门凿出来的台阶，为的是让那些身份特殊的大臣在登台阶时候有个遮掩，以此来表达帝王对大臣的优待和重视。这里的"纳陛"也是用脚蹬着台阶一步步走上去。皇室宫殿的台阶，通常九阶为一组，这就是所谓的"天子之陛九级"。帝王宫殿的台阶称为"陛"，因而古代臣子称帝王为"陛下"。

## 故事厅

### 一人得道，鸡犬升天

西汉淮南王刘安痴迷修道，四面八方的巫师术士道人，全都聚集到刘安处，并带来了自己炼制多年的灵丹。刘安每天念咒吃药，有一天他忽觉身轻气爽，不知不觉竟飘了起来。原来，他真的得道了。

他的妻子看到丈夫得道升天了，便将那些灵丹妙药也拿来吃，果然也成仙升天了。接着，刘安家其他的人都争着吃那些剩下的灵丹妙药，一个个都得道飞升仙境。后来，连刘安家的那些鸡、鸭、猫、狗，因为舔食了盛药的器皿里的残余仙药，也都随着成仙升天了。

"一人得道，鸡犬升天"后比喻一个人得势升官，家中亲戚及其朋友也跟着沾光，飞黄腾达。

### 和颜纳谏

有一天，晏子在退朝后再进见景公，致礼问道："君王在朝时，态度是否过分威严些了呢？"景公听了，说："在朝听政，态度威严，有何妨害于治国理民呢？"

晏子回答："在朝听政，如果态度过分威严，臣下便不敢进言了。臣下不敢进言，在上听不到谏言，则下情无法上达。为下无言，可以说形同哑巴；居上无闻，可说是形同聋子。臣子无言，君上无闻，这不算妨害国家大事，又算什么呢？况且，合升斗的微数才能满仓廪，合丝缕之细微才织成帷幕那么长的布。泰山虽然很高，却非一块石头而成，是累积无数土石，然后才由卑而高。天下所以治平，也非用一士之言。国君在朝听政，对臣下的进言，固然有听受而不采用的情形，但哪有拒而不受的道理呢？"

 ## 知识角

### 敬称"陛下"的由来

很多读者对"陛下""殿下""阁下"等称呼并不陌生，这些都是尊称，但既然是尊称，为什么叫"下"呢？人们都是以"上"为尊，"皇上"怎么成了"陛下"呢？

原来，从这些尊称的本义上来考证，"陛下"不是叫皇上本人的，"殿下""阁下"也都不是叫对方本人的。"陛下"中的"陛"实际上是指帝王宫殿的台阶，东汉大文学家蔡邕曾经解释，皇帝派他的近臣拿着兵器站在宫殿的台阶下，以防不测。所以，陛的下面是皇帝的近臣。蔡邕进一步解释："谓之陛下者，群臣与天子言，不敢指斥天子，故呼在陛下者而告之，因卑达尊之意也。"

皇帝至高无上，臣子不敢直接同他交谈，只好让皇帝的近臣代为转告，所以一声"陛下"叫的不是皇上，而是叫站在陛下的人转告皇上。但是，臣子也不是绝对不能直接与皇上说话，但是礼节不能省略，所以，与皇上说话前叫一声"陛下"，就是表示自己的恭敬之意。

### 击鼓升堂

击鼓升堂，是中国古代诉讼制度的一种形式，即民众如果在紧急情况下来不及写诉状申告，就跑到县衙门口击鼓鸣冤，县官听到击鼓声就会速速升堂问案，不需要写诉状，也不需要交费用，到大堂从实告来就由官府定夺。击鼓原本是为宣告县太爷下班所用，到明清时期才作为因紧急情况而来不及写诉状的百姓鸣冤使用。而一般情况下普通老百姓要打官司，是须先递状子的。古代的衙门如果县官要处理案件了，就会命官差敲鼓，然后带原告和被告到县衙的大堂内。

 ## 成语窗

**四海升平**
天下太平。

**朝升暮合**
形容生活困难。

**升山采珠**
到山上去采珍珠。比喻办事的方向、方法错误，一定达不到目的。

**假阶救火**
比喻做事不讲效率，做事机械。

**门阶户席**
门里门外的地方。形容到处，随处。

**格格不纳**
表示难以接受。

**深文周纳**
指苛刻地或歪曲地引用法律条文，把无罪的人定成有罪。也指不根据事实，牵强附会地给人硬加罪名。

## 猜谜语

更上一层楼。
（打一桥牌术语）

门前迟行迹。
（打《陋室铭》中一句）

破格用人，争取先进。
（打一字）

阶前满地叠残花。
（打一字）

## 弁转疑星

biàn

| 甲骨文 | 金文 | 篆文 | 隶书 | 楷书 | 行书 | 草书 | 标准宋体 |
|---|---|---|---|---|---|---|---|
| | | | 弁 | 弁 | 弁 | 弁 | 弁 |

### 解字堂

"弁"的字形演变有两条路径，以战国文字为分水岭。甲骨文、金文字形像双手捧帽，会正戴帽子之意。此后或繁化，楚简写作，籀文写作，篆书写作，隶书写作弁，隶化后楷书写作"覍"。或简化，最终隶化后楷书写作"弁"。汉字简化后，以"弁"为正体字。

吉礼之服用冕，通常礼服用弁。弁主要有爵弁、皮弁。爵弁据说是没有上延的冕，颜色像雀头赤而微黑，用于祭祀，是文官戴的帽子。皮弁用白鹿皮做成，类似现今的瓜皮帽，鹿皮各个缝合处缀有一行行闪光玉石，用于田猎战伐。由于武官戴皮制的弁，因此皮弁在古时指武官。后来专指低级武官如武弁、马弁、弁目（清代兵士头目的通称）。由汉至明，"弁"的形制虽有差异，但始终是礼法规定的服制的主要内容之一。后来泛指帽子。

"弁"还可用作动词，表示戴冠帽。如《诗·小雅·甫田》："未几见兮，突而弁兮！"才几天没见面，就忽然戴冠帽已成年。这里的"弁"表示戴冠帽。在古时男子年满二十则加冠称弁，以示成年。

"弁"用作动词还可以表示放在前面，如弁首、弁端、弁言。

### 名言馆

王与大夫尽弁。
·《书·金縢》

弁者，古冠之大称。委貌缁布曰冠。
·《周礼·弁师》

弁，周冠名。
·《广韵》

各立序论，以弁其端。
·（明）高棅《唐诗品汇》总序

谜语答案　升级　苔痕上阶绿　纳陛

## 辨转疑星

**zhuǎn**
# 转

| 甲骨文 | 金文 | 篆文 | 隶书 | 楷书 | 行书 | 草书 | 标准宋体 |
|---|---|---|---|---|---|---|---|
| 叀 | 轉 | 轉 | 轉 | 轉 | 轉 | 转 | 转 |

### 名言馆

江流石不转，遗恨失吞吴。
　　·（唐）杜甫《八阵图》

---

转轴拨弦三两声，未成曲调先有情。
　　·（唐）白居易《琵琶行》

---

号呼而转徙。
　　·（唐）柳宗元《捕蛇者说》

---

由千佛山脚下往东，转过山坡，竟向南去。
　　·（清）刘鹗《老残游记》

### 解字堂

"轉"是会意字。其右半部"專"是"轉"的本字。古代"專""轉"通用。"專"，甲骨文像手转纱轮。当"專"的"转轮"本义消失后，金文再加"車"另造"轉"代替。篆文承续金文字形。隶化后楷书写作"轉"。简化后写作"转"。

"转"有二读，读作zhuǎn时，可以表示滚动、移动。如《诗·邶风·柏舟》："我心匪石，不可转也。"

还可以表示改变方向、位置、形式、情况等。如汉贾谊《过秦论》："将数百之众，转而攻秦。"

还可以表示把一方的物品、信件、意见等传到另一方。如转播、转告、转录、转达、转交等。这些词语的"转"都表示经过中介传递才将动作完成。

"转"还读作zhuàn，表示旋转，如轮子转得很快。

"转"读作zhuàn时，在方言中可以用作量词，绕一圈儿叫绕一转。

## 弁转疑星

### yí 疑

| 甲骨文 | 金文 | 篆文 | 隶书 | 楷书 | 行书 | 草书 | 标准宋体 |
|---|---|---|---|---|---|---|---|
| | | | | 疑 | 疑 | 疑 | 疑 |

### 解字堂

"疑"是会意字。甲骨文像一个拄着手杖的人发傻地张大嘴巴，困惑而不知所向的样子。有的甲骨文加"彳"（十字路口），强调在十字路口迷路含义。金文=牛，"屮"之误写，迎面而来的人）+（困惑地张着大嘴的人）+（"彳"的误写）+（止，行进），表示迷路者向迎面而来的行人问路。篆文误将金文中张大的嘴巴写成"匕"，误将金文的"大"（人）写成"矢"，并以"子"代替"牛"（"屮"之误写）。隶化后楷书写作"疑"。

"疑"的本义是在十字路口不知所往，引申指迟疑、犹豫。如《商君书》："疑行无成，疑事无功。"

"疑"用作动词还可以表示不能确定是否真实、不能有肯定的意见。如唐李白《静夜思》："床前明月光，疑是地上霜。"可以表示不信、因不信而猜度、怀疑，如疑忌、猜疑、半信半疑。

"疑"还可以用作形容词，表示不能确定的、不能解决的，如疑案、疑点、疑团。又如陶渊明《移居》："奇文共欣赏，疑义相与析。"

### 名言馆

臣疑其君，无不危国。
·《史记·李斯列传》

壶浆远见候，疑我与时乖。
·（晋）陶潜《饮酒二十首》其九

山重水复疑无路，柳暗花明又一村。
·（宋）陆游《游山西村》

| 甲骨文 | 金文 | 篆文 | 隶书 | 楷书 | 行书 | 草书 | 标准宋体 |
|---|---|---|---|---|---|---|---|
| | | | 星 | 星 | 星 | | 星 |

## 名言馆

日月星辰。
·《书·尧典》

星汉灿烂，若出其里。
·（汉）曹操《观沧海》

诗老相过鬓已星，吟魂未减昔年清。
·（宋）王伯大《赠戴石屏》

星星之火，可以勾灭。
·（明）朱国桢《僧道之妖》

## 解字堂

"星"是会意字。"晶"是"星"的本字。古代"晶"、"星"通用。甲骨文=（日，代表发光的天体）+（日，发光天体）+（日，发光天体），表示众多闪烁发光的星体。当"晶"的"星群"本义消失后，甲骨文在"晶"的字形（星群）基础上再加"生"（从无到有）另造"曐"代替，表示星群在夜幕中"无中生有"的现象。有的甲骨文将圆圈从五个简化为两个。金文将甲骨文的写成。小篆承续甲骨文字形。篆文或体将籀文的"晶"省略为"日"。隶书将篆文的写成。

"星"的本义是从空寂的夜幕中出现的众多发光天体。如《荀子》："列星随旋，日月递炤。"意思是，众多星辰相随旋转，太阳月亮交替映照。这里的"星"用的就是本义发光天体。

夜空中的星星很小但很明亮，因此"星"还可以指小而明亮的事物。如火星，表示火花、极小的火。

根据星星明亮的特点，"星"还引申出光芒环绕而令人仰慕者，如明星、影星、歌星、球星等。这些名人因他们的才华而放射出光芒，就像天上的星星一般，因此用"星"指代名人。

## 温故知新

 **四字通解**

　　弁转疑星，意思是帽子团团转，像满天的星星。"弁"是周代举行仪式时贵族戴的一种帽子，通常与礼服相配合，在比较隆重和正式的场合穿戴，为了美观，古人在弁上面镶嵌或佩挂珠宝玉石等饰品，使之看上去光闪闪、亮晶晶，煞是美观。

　　到了汉代，弁上的装饰品又增加了两样。《后汉书·舆服志》记载："武冠，一曰武弁大冠，诸武官冠之。侍中、中常侍加黄金珰，附蝉为文，貂尾为饰，谓之赵惠文冠。"也就是说，皇帝身边秘书等大臣佩戴的弁，要在靠近耳朵那个位置加上黄金做的"珰"，上面雕刻上蝉的图形，再插上貂尾进行装饰。

　　为什么要用雕刻上蝉的图形的金子做珰，还要插上貂尾呢？汉代应劭在《汉官仪》中解释说："以金取坚刚，百炼不耗；蝉居高饮洁，口在腋下；貂内劲捍而外温润。"弁上的东西可不是随便加上去的，这含着对大臣的要求：像金子一样经得起考验，像蝉那样老老实实躲在一边，不要随便透露皇帝的秘密，像貂那样捍卫皇帝并能够给皇帝以温暖。

 **故事厅**

### 庄王绝缨

　　"用人不疑"这个成语出自北宋欧阳修的《朋党论》。在几千年的封建官场上，尔虞我诈的谗言肆行，三人成虎的例子比比皆是，即使是开明的帝王也往往受其所惑，能将用人不疑坚持到底的君主不多。

　　楚庄王赐宴群臣，酒兴正浓时，灯烛突然为风所灭。有人趁机拉扯庄王美姬的衣服，美姬顺势拽断了那人的帽带，并告诉楚王，把灯点起来，就能查到那个非礼之人。庄王不赞成为这点事让那个醉酒失礼之人受辱，命令大家说，今天与我一起饮酒，不拽掉帽带就表示没有尽兴。于是，群臣都拉断了帽带，燃烛后喝得尽兴而去。过了三年，晋楚交兵。楚军有位臣子总是冲锋在前，奋勇作战五个回合，带头击退了敌人，取得最后胜利。楚庄王惊讶地问他，我德行浅薄，又不曾特别优待你，你为何毫不犹豫地为我出生入死呢？那人回答说，我就是那晚酒醉失礼被拽掉帽带的人。

　　其实，楚庄王为酒后失德的臣子遮丑，彰显的是宽容与大度，并无用人不疑的主动意识。严格地说，这个沿用已久的典故与用人不疑的关系不大，尽管宽容待人同样能打动并激励部下。用人不疑这一原则的精髓，则是授权后的高度信任，既放心又放手。

## 知识角

### 中国古代帽饰简介

中国古代，人们把系在头上的装饰物称为"头衣"。帽子是古代"头衣"的一种，并且是最古老的一种，据载从黄帝时就已经开始出现。主要包括冠、冕、弁、帻（幞头）等。

中国古时的"冠"不同于现在的帽子，它只有狭窄的冠梁遮住头顶的一部分，不像帽子盖住全部。

"冕"是古代帝王、诸侯、卿、大夫所戴的礼帽，因而皇位继承者才能加"冕"。冕冠的顶部，有一块前圆后方的长方形冕板，冕板前后垂有一串串的玉石珠子做成的"冕旒"。天子挂十二串，诸侯挂九串，上大夫挂七串，下大夫挂五串。

"弁"指古代贵族男子戴的一种次于冕的帽子，通常配礼服用，分为两种。赤黑色布做的叫爵弁，是文冠，为祭祀之用；白鹿皮做的叫皮弁，是武冠，为田猎战伐之用。

"帻"是包发之巾，又称幅巾或巾帻，或称帕头。帻最初在百姓中流行，自汉元帝始，贵族也用帻束发。北周时期，武帝为易于让自己的军队戴用，特意把巾制成含有四个角的形状，当时称作"幞头"，经隋唐宋几代，幞头不断改变样式成为主要的冠帽。

### "北斗"导航卫星

我国北斗导航系统将形成覆盖亚太地区的服务能力，向亚太地区用户正式提供免费的无源定位、导航、授时服务。随着北斗系统2011年12月试运行，"一箭双星"成功发射了第十二、十三颗北斗导航卫星，北斗系统定位、导航、授时服务性能不断提升，应用服务逐步拓展到交通运输、气象、渔业、林业、测绘等领域，产生了显著的社会、经济效益，北斗应用呈全面推广和产业化之势。到目前为止，北斗系统共发射11颗组网卫星，定位精度大大超过预期，达到了10米左右，这也是整个系统的设计指标。

## 成语窗

**弁髦法纪**
指蔑视、抛弃法令和纪律。

**萍飘蓬转**
比喻远离家乡，在外漂泊。

**起承转合**
泛指文章的做法。也比喻固定呆板的形式。

**疑团满腹**
心里充满了疑问。

**赏奇析疑**
指欣赏奇文而析其疑义。

**北辰星拱**
北极星高悬不动，群星环绕。比喻受众人拥戴的人。

**斗转星移**
指季节或时间的变化。

## 猜谜语

芳草连云脚。
（打一字）

先拂商弦后角羽。
（打一音乐术语）

瓜田纳履，李下正冠。
（打一法律用语）

千江有水千江月。
（打一天文现象）

右通广内

| 甲骨文 | 金文 | 篆文 | 隶书 | 楷书 | 行书 | 草书 | 标准宋体 |
|---|---|---|---|---|---|---|---|
| | | | | | | | 右 |

## 解字堂

"右"是会意字。"又"是"右"的本字,"右"又是"佑"的本字。"又"与"右"、"右"与"佑"古通用。"右",甲骨文为象形字,字形与"左"相反,像一只手伸向左边,表示"右手",即面朝南方时身体西边一侧的那只手。由于古人常用左、右两手的某些动作表示呼求、祷告,"左""右"从原有的方位名词又演变出了相关的动词含义。于是金文在下方再加"口"(祷告)另造代替,表示拱手祷告,祈求平安。后来"右"也演变成方位名词,于是再加"人"另造"佑"代替,以区别于方位名词"右",强调人为的动作。篆文承续金文字形。隶书将篆文的"又"写成。

"右"的本义是拱手祷告,祈求神灵守护平安。后来用"佑"表达此义。如《诗·大雅·大明》:"笃生武王,保右命尔。"

"右"用作方向名词,表示面南时的西方,与左相反的方向。如右手、右侧等。古代以"右"为尊,因此"右"还有表示高一等的意义。如《史记·廉颇蔺相如列传》:"位在廉颇之右。"意思是蔺相如的官位高于廉颇。

"右"还可以用作形容词,表示倾向维护传统的、思想保守的。如右翼、右派、右倾等。

## 名言馆

折其右肱。

· 《易·丰》

王右伯舆。

· 《左传·襄公十年》

范蠡乃左提鼓,右援,以应使者。

· 《国语·越语下》

以左右刑罚。

· 《周礼·士师》

效驾,奋衣由右上。

· 《礼记·曲礼上》

谜语答案  弁  转调  嫌疑犯  流星群

右通广内

| 甲骨文 | 金文 | 篆文 | 隶书 | 楷书 | 行书 | 草书 | 标准宋体 |
|---|---|---|---|---|---|---|---|
| | | | | 通 | 通 | 通 | 通 |

## 名言馆

指通豫南。
　　　　·《列子·汤问》

究天人之际，通古今之变，成一家之言。
　　　　·（汉）司马迁《报任安书》

阡陌交通。
　　　　·（晋）陶渊明《桃花源记》

不能通其意。
　　　　·（唐）韩愈《杂说》

## 解字堂

"通"是会意字。甲骨文=彳（彳，来往）+甬（甬，盛具，借代物用）。有的甲骨文加"止"，强调"来往"。金文、篆文承续甲骨文字形。隶书将篆文的"辵"写成辶。

"通"的本义是彼此来往，交换物用，用作动词。如《史记·货殖列传》："商而通之。"意思是靠商人贸易使货物流通。这里的"通"就是指流通。还可组词为通商、互通有无等。

从"通"的本义可以引申出来往、行经、抵达的意义，用作动词。如《国语·晋语二》："道远难通，望大难走。"

"通"的本义还可以引申出相往来、相联系的意思，用作动词。如韩愈《柳子厚墓志铭》："子厚少精敏，无不通达。"意思是子厚少年时就很精明聪敏，没有不明白通晓的事。这里的"通"表示清楚、明白，是抽象意义上表示思想与真理或知识的相互通达。

"通"可以用作形容词，表示全程的、全面的、普遍的、惯常的。如《论衡·超奇》："博览古今者为通人。"这里的"通"即指全面的。

"通"还可用作副词，与其形容词词义一致。如唐韩愈《师说》："好读书，六艺经传，皆通习之。"这里的"通"就是用作副词修饰学习，表示全、都。

最后"通"还可以用作量词，表示次、串，如一通电话、一通争吵。

右通广内

guǎng

廣

| 甲骨文 | 金文 | 篆文 | 隶书 | 楷书 | 行书 | 草书 | 标准宋体 |

### 解字堂

"廣"是会意字。"廣",甲骨文=⌒(宀,房屋)+黄(黄,即"寅",练箭、练兵),表示练习射箭的宽敞房屋,射箭大厅。金文廣将甲骨文的"宀"⌒(房屋)改成"广"厂(开放型建筑),强调空间开阔,并将甲骨文的"寅"写成"黄"黄,箭形消失。篆文廣承续金文字形。隶化后楷书写作"廣"。简化后,"廣"与"广"合并,同写作"广"。

"广"作为形容词,表示宽阔的、宽大的。如唐杜甫《茅屋为秋风所破歌》:"安得广厦千万间?"

"广"用作形容词还表示多。如大庭广众、兵多将广。

"广"还可以用作副词,表示广泛地。如《玉台新咏·古诗为焦仲卿妻作》:"幸可广问讯,不得便相许。"这里的"广"表示多方面地、大范围地,因为修饰动词打听,所以"广"在这里用作副词。

### 名言馆

四牡修广。

·《诗·小雅·六月》

居天下之广居。

·《孟子·滕文公下》

广袤丰杀,一称心力。

·(唐)白居易《庐山草堂记》

右通广内

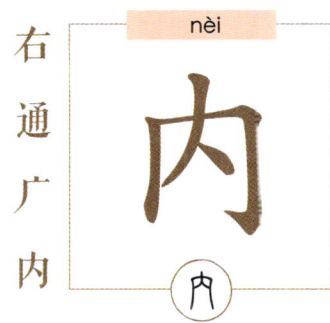

| 甲骨文 | 金文 | 篆文 | 隶书 | 楷书 | 行书 | 草书 | 标准宋体 |
|---|---|---|---|---|---|---|---|
| 囚 | 仌 | 內 | 內 | 内 | 内 | 内 | 内 |

## 名言馆

海内风尘诸弟隔，天涯涕泪一身遥。
·（唐）杜甫《野望》

西宫南内多秋草，落叶满阶红不扫。
·（唐）白居易《长恨歌》

晚出闲庭看海棠，风流学得内家妆。
·（前蜀）李珣《浣溪沙》

## 解字堂

"内"是会意字。古代"内"和"纳"通用。"內"，甲骨文 囚 = 冂（冂，洞穴）+ 入（入，由外至里），表示进入洞穴。金文 仌 明确屋形 冖。篆文 內 将金文的"入"入与屋顶连写成"人"人。隶化后楷书写作"内"。

"内"的本义是进入穴居、住处。这个义项只出现在古文中。如《史记·项羽本纪》："欲止不内。"意思是阻止（也）不让（他）进去。

从本义可引申出名词词义，表示洞穴、居室。如《汉书·晁错传》："先为筑室，家有一堂二内。"

古代女子不能随意出门，因此"内"还可以表示对妻子的谦称，如内人、内眷、惧内等。

由于"内"有房屋的意思，因此可以用作形容词表示里面的、圈里的。如《论语·季氏》："动干戈于邦内。"组词如内忧外患、内外交困、内在因素等。

从"内"的形容词义还可引申表示心灵或身体里的器脏，用作名词。如《史记·商君传》："反听之则聪，内视之则明。"这里的"内视"表示自我反省，自己窥探自己的内心。组词有内科、内脏、内省、内秀等。

## 温故知新

 ### 四字通解

右通广内，意思是向右通向用以藏书的广内殿。"右"在《说文解字》解释为"手口相助也"，指动手和动嘴去帮助别人，这个意义后来写作"佑"。因为绝大多数人习惯用右手，所以古人以右为上、为贵、为高，并用右臂比喻事物的要害部分。现在我们在请客吃饭的时候，总是让客人坐在主人的右边以表示尊重；在设置两个丞相的元明清，右相居首。皇帝面南背北坐着，右边就是西方，因此"右"又表示地理上的西边。

"通"的意思是在没有阻塞的路上走向目的地。

"广内"指广内殿，是建章宫较重要的宫殿，它的主要功能是为皇帝收藏图书典籍。汉武帝时期，国力日渐强盛，汉武帝意识到"礼崩乐坏，书缺简脱"，觉得文化领域的萧条与经济上的发展、军事上的强大非常不匹配，于是命令丞相公孙弘广开献书之路。广大人民群众献书热情非常高涨，皇宫里收集的书籍越来越多，于是腾出了几间宫殿用来藏书，广内殿就是其中的一间。广内殿的"内"，有接受的意思。"广内"的意思就是：广泛地、毫无顾忌地接受接纳。由此可见，广内殿收藏的书籍是包罗万象、包纳古今的，各国各朝的历史、诸子百家，都收纳其中。由此看来，"广内"就像一面古镜，提醒帝王们要以史为鉴。

 ### 故事厅

#### 无出其右

成语"无出其右"的意思是没有能超过他的。这个成语来自于刘邦和张敖之间的故事。

刘邦刚建立汉朝的时候带兵前往代地镇压陈豨的反叛。途经赵国，赵王下令做了许多美味佳肴。谁知刘邦故意大摆皇帝的威风，不但不回礼，而且开口就骂张敖招待不周。赵国的宰相赵午等见刘邦如此寻衅，竭力劝说赵王反叛，赵王不允。大臣们便决定瞒着赵王去暗杀刘邦。谁知事情泄露，刘邦大怒下令逮捕赵王及其近臣。

赵午等都自杀了，只有赵王和大臣贯高被捉，并被押解到都城长安。田叔、孟舒等臣子伪装成赵王家奴，陪同前往。到了长安，贯高把赵王如何不肯谋反，还阻止臣子谋反的经过详细地向刘邦说了一遍。刘邦这才相信赵王确实没有谋反。

赵王向刘邦谢恩，并请刘邦宽恕随他而来的田叔、孟舒等大臣。刘邦一听有如此忠心的大臣，便召见了他们。通过谈话，刘邦对他们有了真正的了解，他感慨地说："现在汉朝的臣子没有一个能超过他们的。"便由此重用他们。

#### 集思广益

三国时，刘备死后，刘禅继位。丞相诸葛亮处理、决定蜀国的大小政事，成了蜀国政权的实际主持者。他在人们的心目中有很高的威望，但他并不因此居功自傲，常常注意听取部下的意见。

为了鼓励下属踊跃参与政事，诸葛亮特地写了一篇文告，号召文武百官、朝廷内外主动积极地发表政见，反复争议。这篇文告就是《教与军师长史参军掾属》。文中几句大意说道："丞相府里让大家都来参与议论国家大事，是为了集中众人的智慧和意见，广泛地听取各方面有益的建议，从而取得更好的效果。"

右通广内

 知识角

### 清代七大藏书阁

清乾隆三十八年（1773），乾隆皇帝下诏编纂《四库全书》，并陆续为抄录的七部《四库全书》兴建了专门的庋藏之所"四库七阁"，七阁又分为北四阁和南三阁。

紫禁城文渊阁位于故宫东华门内文华殿后。清乾隆三十九年至四十一年（1774—1776）建成，世界上最大的丛书《四库全书》曾藏于此。

圆明园文源阁是乾隆三十九年（1744）在圆明园内原有建筑四达亭的基础上略为增葺，于次年继文津阁之后建成的，为七阁中建成的第二座藏书楼。文源阁连同《四库全书》于1860年被英法联军烧毁。

承德文津阁位于避暑山庄平原区的西部，建于乾隆三十九年（1774），是仿浙江宁波天一阁建造的。它不仅是清代的重要藏书之所，也是一处很有特色的小园林。

沈阳故宫内的文溯阁建筑别具一格，也是建在宫廷中的最大的一所图书馆。第二部《四库全书》于乾隆四十七年抄写完毕，送藏文溯阁。此后，文溯阁《四库全书》辗转流徙，几经危殆。1966年从沈阳运至甘肃省图书馆，存放至今。

镇江文宗阁于乾隆四十四年（1779）建成，是南三阁之一。咸丰三年太平军攻入镇江，将文宗阁及其所贮的《四库全书》一同焚毁。

扬州文汇阁也是南三阁之一，乾隆四一五年建成，咸丰四年（1854）文汇阁和所藏《四库全书》一同被焚毁。文汇阁是七大藏书楼中寿命最短的，存世仅七十余年。

杭州文澜阁现在浙江省博物馆内。杭州圣因寺行宫原有《古今图书集成》藏书堂一处，乾隆四十七年（1782）在堂后改建文澜阁，次年底完工。咸丰十一年（1861）太平军第二次攻下杭州，文澜阁《四库全书》大量散佚。光绪六年（1880），在旧阁原址上重建文澜阁。文澜阁是"南三阁"中仅存的一阁，散失、残缺的书籍被陆续收集、补抄，现藏于浙江省图书馆。

 成语窗

**右军习气**
比喻一味摹拟古人，不能自创一格。

**左右逢源**
比喻做事得心应手，非常顺利。

**触类旁通**
掌握了某一事物的规律，就能推知同类事物。

**博古通今**
对古代的事知道得很多，并且通晓现代的事情。形容知识丰富。

**集思广益**
指集中群众的智慧，广泛吸收有益的意见。

**广结良缘**
多做善事，以得到众人的赞赏。

### 猜谜语

上弦月，下弦月。
（打一成语）

钱塘江水过宁波。
（打一字）

我欲因之梦寥廓。
（打一成语）

左达承明

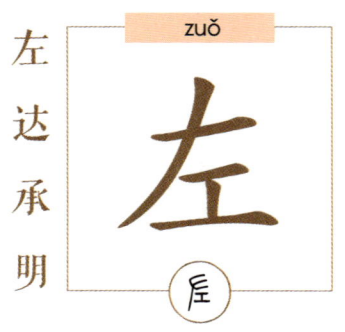

zuǒ

| 甲骨文 | 金文 | 篆文 | 隶书 | 楷书 | 行书 | 草书 | 标准宋体 |
|---|---|---|---|---|---|---|---|
| ᄃ | 㞢 | 㞢 | 左 | 左 | 左 | 㐅 | 左 |

### 解字堂

"左"是会意字。"左"是"佐"的本字。古代"左""佐"通用。甲骨文ᄃ为象形字，字形与"右"ᄏ相反，像一只手伸向右边，表示"左手"，即面朝南方时身体东边一侧的那只手。由于古人常用左、右两手的某些动作表示呼求、祷告，从原有的方位名词又演变出了相关的动词含义。于是金文在ᄃ下方再加"言"ᄒ（祷告呼求）另造㞢代替，表示呼求神助；或在ᄃ的下方再加"工"工（巧具、事工）另造㞢代替，表示呼求神赐巧具，助事成功。后来"左"也演变成方位名词，于是再加"人"另造"佐"代替，以区别于方位名词"左"，强调人为的动作。篆文㞢承续金文字形。隶书左将篆文的"又"ᄃ写成ナ。

"左"的本义是左手。如《诗·王风·君子阳阳》："君子阳阳，左执簧，右招我由房，其乐只且。"

"左"还可以表示相对方位，当正面朝南时东边的方向。如《诗·唐风·有杕之杜》："有杕之杜，生于道左。"

在古代"右"为尊，"左"为卑，因此"左"用作形容词表示非主流的、偏离正向的、不正常的。如三国魏曹丕《与吴质书》："足下所治僻左，书问致简，益用增劳。"

最后"左"用在政治术语中表示倾向社会改革的，思想激进的。如左派、左翼等。

### 名言馆

今君分之土而官之，是左之也。

· 《国语·晋语一》

---

左右就养无方。

· 《礼记·檀弓》

---

复作故事滑稽之语六章，编之左方。

· 《史记·滑稽列传》

谜语答案　左右开弓　通　神通广大

| 甲骨文 | 金文 | 篆文 | 隶书 | 楷书 | 行书 | 草书 | 标准宋体 |
|---|---|---|---|---|---|---|---|
| | | | | 達 | 達 | | 达 |

## 名言馆

达于河。
　　　　　　·《书·禹贡》

---

欲速则不达。
　　　　　　·《论语·子路》

---

所赖君子安贫，达人知命。
　　　　　·（唐）王勃《滕王阁序》

## 解字堂

"達"是会意字。"大"，既是声旁也是形旁，表示成年人。"达"，甲骨文=彳（彳，大道）+大（大，人）表示人在达道上畅行无阻。有的甲骨文加"止"，加强"通行"主题。金文将甲骨文中的"大"误为"竹"（竹鞭），并加"羊"，表示在大道上驱羊而行。篆文承续金文字形。有的篆文承续甲骨文字形。隶书将篆文的"辵"写成"走之底"。隶化后楷书写做"達"。简化后以"达"为正体字。

"达"的本义是大道通行无阻，用作形容词。如《荀子·君道》："则公道达而私门塞矣。"

"达"用作动词，表示走到目的地、达到。如《聊斋志异·促织》："自昏达曙，目不交睫。"从晚上到天明，眼睛都没合一下。这里的"达"组词有通宵达旦、抵达等。

"达"可以表示显贵、显达。如诸葛亮《出师表》："不求闻达于诸侯。"意思是说不奢求在诸侯中出名。

"达"可以表示通晓、明白，如《论语·乡党》："丘未达，不敢尝。"

"达"还可以表示表达。如唐白居易《采诗官》："欲开壅蔽达人情，先向歌诗求讽刺。"

左达承明

| 甲骨文 | 金文 | 篆文 | 隶书 | 楷书 | 行书 | 草书 | 标准宋体 |
|---|---|---|---|---|---|---|---|
| | | | | 承 | 承 | 承 | 承 |

## 解字堂

"承"是会意字。甲骨文=（子，婴儿）+（一个人双手揽抱），表示接生。有的甲骨文以"人"代"子"。金文承续该甲骨文字形。篆文将金文字形写成，同时加"手"。隶书变形较大，将篆文的写成，将篆文的写成。至此，"承"的"子"形、"手"形消失。

"承"的本义是接生，双手捧着新生儿，用作动词。该义项只出现在古文中。

从"承"的本义中可引申出传宗接代、宗族延续的意思。如宋司马光《训俭示康》："吾本寒家，世以清白相承。"这里的"承"表示继承良好的家风，也有延续的意义。组词有承袭、继承、传承等。

从"承"的本义还可以引申出接受、捧着的意思。如《易·归妹》："女承筐无实。"意思是新娘捧着盛祭品的筐具，但筐中没有东西。这里的"承"就是指捧着。再如《诗·大雅·抑》："子孙绳绳，万民靡不承。"意思是子子孙孙要谨慎，人民没有不顺服。这里的"承"理解为顺服。因为接受某种理念，所以才会顺服。组词如承办、承包、承载、承诺等。

根据"承"有接受、捧着的意思，"承"还可以用作名词，表示某些起承载作用的物件，或指某些物件起承载作用的部分，如承重墙、轴承等。

## 名言馆

承筐是将。
· 《诗·小雅·鹿鸣》

---

承致多福无疆于女孝孙。
· 《仪礼·少牢礼》

---

若不足而不承。
· 《庄子·大宗师》

---

朱明未承夜兮。
· 《楚辞·招魂》

## míng 明

| 甲骨文 | 金文 | 篆文 | 隶书 | 楷书 | 行书 | 草书 | 标准宋体 |
|---|---|---|---|---|---|---|---|
| | | | 朙 | 明 | 明 | | 明 |

### 名言馆

知之曰明哲。
　　　　　·《书·说命上》

在天者莫明于日月。
　　　　　·《荀子·天论》

明日徐公来。
　　　　　·《战国策·齐策》

云霞明灭或可睹。
　　　　　·（唐）李白《梦游天姥吟留别》

### 解字堂

"明"是会意字。甲骨文=（日，太阳）+（月，月亮），表示白天与黑夜发光的两个天体（古人以为月亮在夜里发光）的光亮。有的甲骨文=（月亮）+（囧，窗牖），表示月光透过窗户照亮夜里的房间。金文、篆文承续甲骨文字形。《说文解字》古文承续甲骨文字形。隶化后楷书写作"朙"。简化后，以"明"为正体。

"明"的本义是指日光或月光将空间照亮，因此是日月同辉、光辉灿烂的意思，用作形容词。这个义项只出现于古文中。如《左传·昭公二十八年》："照临四方曰明。"意思是光芒普照四方才称得上光明。这里的"明"就是光辉灿烂的意思。

根据本义可引申出"明"作形容词的另一个义项，为光线充足的、亮晃的。如唐杜牧《阿房宫赋》："明星荧荧，开妆镜也。"

"明"用作形容词还表示眼力好的、视觉敏锐的。如《孟子·梁惠王上》："明足以察秋毫之末。"引申为圣明的、明智的。如唐魏征《谏太宗十思疏》："而况于明哲乎？"

"明"用作形容词还可以表示天亮之后的、下一轮的。如明天、明晚、明年等。

最后，"明"还可以用作副词，表示清楚地、公开地。如明令禁止、明知故犯、明争暗斗等。

## 温故知新

 **四字通解**

左达承明，意思是向左可到达朝臣休息的承明殿。

"左"，《说文解字》解释为"手相左助也"，这个字是只手的形状，表示从旁帮助，后作"佐"。在表示方位时，与"右"相对，并指地理上的东边。"左右"二字的意思非常类似，但也有高下之分，左的位置不如右那么重要，因此把官员遭贬谪称为"左迁"。"达"，《广雅》解释为"通也"，指道路畅通。这里指到达。

"承明"，是宫殿名。《三辅黄图》载："未央宫有承明殿，著述之所也。"但承明殿不是一般的藏书室，这里还是皇帝召见大臣议事和临时休息的地方。承明殿处于未央宫主殿的东面，是皇帝召见大臣议事的地方，也是大臣们著述休息之处。

"承明"，古代天子左右路寝的名称，因承接明堂之后。"承"，有承接、连续等意思。"明"引申为圣明睿智等意思。以承明为殿名，又是提示帝王们要清楚地了解国家的形势与状况，睿智地处理国家大事，使国家能长治久安。要承明，靠帝王一人肯定是不行的，还要充分利用各种各样的贤才，听取他们的意见，才能使政权永固。在承明殿中，汉代的大臣们可以大胆地发表自己的意见，为帝王政权的巩固而鞠躬尽瘁。

结合上一句"右通广内"，"广内"就像一面古镜，提醒帝王们要以史为鉴；"承明"就是一面人镜，提醒帝王们要认真听取大臣们的意见。整句话表达了能做到"广内""承明"，国家必然兴盛，民族也必然进步的思想。

 **故事厅**

### 明察秋毫

"明察秋毫"原本是用来形容人目光敏锐，任何细小的事物都能看得很清楚。后多形容人能洞察事理。关于这个成语的来源有这样一个故事：

齐桓公、晋文公曾在春秋时先后称霸，统领诸侯。几百年后，战国时的齐宣王田辟强也想称霸，因此向孟子请教。齐宣王对孟子说："您能把齐桓公、晋文公的事迹讲给我听听吗？"孟子答道："对不起，我们孔夫子的门徒向来不讲霸主的事。我们只讲王道，用道德的力量来统一天下。"齐宣王问道："那要有怎样的道德才能统一天下呢？"孟子说："我听说，有一次新钟铸成，准备杀牛祭钟，您看见好好一头牛，无罪而被杀，心中感到不忍。凭您这种好心，就可以行王道，施仁政，统一天下。问题不在于您能不能，而在于您干不干罢了！比方有人说：'我的力气能举重三千斤，但举不起一根羽毛；眼力能看清秋天鸟兽毫毛那样细微的东西，却看不见满车的木柴。'您相信这种话吗？"齐宣王说："当然不相信！"孟子紧接着说："是呀，不能相信。如今您的好心能用来对待动物，却不能用来爱护老百姓，这也同样难于叫人相信。老百姓之所以不能够安居乐业，是您根本不去关心的缘故。显然，这都是干与不干的问题，而不是能与不能的问题。您问能不能行王道、统一天下，问题也是如此，是不去干，而不是不能干！"

 **知识角**

### 左丘明简介

左氏世代为鲁国太史，至丘明则约与孔子（前551—前479）同时，而年辈稍晚。他是当时著名的史家、学者与思想家，著有《春秋左氏传》《国语》等。他品行高洁，为孔子推崇，称"左丘明耻之，丘亦耻之"，即与其同好恶；汉司马迁亦称其为"鲁君子"，且以"左丘失明，厥有《国语》"为己著述《史记》的先型典范。

左丘明堪为中国传统史学的鼻祖之一，其最重要贡献在于其所著的《春秋左氏传》与《国语》二书。后世称左丘明为"文宗史圣""经臣史祖"，或誉为"百家文字之宗、万世古文之祖"。历代帝王多有敕封：唐封经师；宋封瑕丘伯，改封中都伯；明封先儒，改封先贤。今天山东泰安肥城市建有丘明中学以纪念其乡先贤左丘明。

### 《左传》简介

《左传》是中国古代最早一部叙事详尽的编年史，共三十五卷，全称《春秋左氏传》，汉朝时又名《春秋左氏》。汉朝以后才多称《左传》，是为《春秋》做注解的一部史书，与《春秋公羊传》《春秋谷梁传》合称"春秋三传"。《左传》既是一部战略名著，又是一部史学名著。

《左传》对后世的影响首先体现在历史学方面。它不仅发展了《春秋》的编年体，并引录保存了当时流行的一部分应用文，给后世应用写作的发展提供了借鉴。仅据宋人陈骙在《文则》中列举，就有命、誓、盟、祷、谏、让、书、对等八种之多；实际还远不止此，后人认为檄文也源于《左传》。另外，本书在我国的文学界也有极高的艺术价值。

 **成语窗**

**披发左衽**
指古代中原地区以外少数民族的装束。也指沦为夷狄。

**江左夷吾**
管夷吾，春秋时期政治家管仲，相齐桓公成霸业。后来诗文中多以"江左夷吾"称许有辅国救民之才的人。

**火然泉达**
比喻形势发展迅猛。

**词不达意**
指词句不能确切地表达出意思和感情。

**希旨承颜**
指言语行动迎合上级的意图。

**承颜候色**
看人脸色行事，不敢有不同意见。

### 猜谜语

工厂联合面貌新。
（打一字）

姗姗来迟。
（打一明代人名）

保持优良传统。
（打一河北地名）

既集文典

jì

| 甲骨文 | 金文 | 篆文 | 隶书 | 楷书 | 行书 | 草书 | 标准宋体 |
|---|---|---|---|---|---|---|---|
| 𩚬 | 𩚬 | 䭂 | 既 | 既 | 既 | 既 | 既 |

## 解字堂

"既"是会意字。甲骨文𩚬像人虽坐于盛满食物的簋旁，但已转头向后，以表现用食完毕之意。金文𩚬、篆文䭂承续甲骨文字形。隶书既将篆文的𩙿写成皀，将篆文的"欠"𣧑写成"旡"𣧑。隶化后楷书写作"既"。

"既"本义为食尽。后指日全食或月全食。如《春秋·桓公三年》："秋七月壬辰朔，日有食之，既。"

根据"既"的本义可引申出完成、结束的意思，用作动词。如唐韩愈《进学解》："言未既，又笑于列者曰：'先生欺余哉！'"

"既"还可以用作副词，表示已经。如《左传·庄公十年》："既克，公问其故。"这里的"既"理解为已经，表示曹刿领军打败齐军后。

"既"还可以用作连词，表示递进色彩的并列。如既高又大、既快又好等，"既"都有更进一步的含义。

## 名言馆

不拜既爵。
· 《仪礼·乡饮酒礼》

董泽之蒲可胜既乎。
· 《左传·宣公十二年》

吾与汝既其文，未既其实。
· 《庄子·应帝王》

既自以心为形役，奚惆怅而独悲。
· （晋）陶潜《归去来兮辞》

既加冠。
· （明）宋濂《送东阳马生序》

谜语答案　左　徐达　承德

# jí 集

| 甲骨文 | 金文 | 篆文 | 隶书 | 楷书 | 行书 | 草书 | 标准宋体 |
|---|---|---|---|---|---|---|---|
| | | | 集 | 集 | 集 | 集 | 集 |

## 名言馆

集于苞栩。
· 《诗·唐风·鸨羽》

齐集有其一。
· 《孟子·梁惠王上》

顷撰其遗文，都为一集。
· （三国）曹丕《与吴质书》

沙鸥翔集，锦鳞游泳。
· （宋）范仲淹《岳阳楼记》

## 解字堂

"集"是会意字。"集"，甲骨文 = （鸟）- （木，树），像鸟雀飞落在树上。有的甲骨文以"隹" 代"鸟"。金文承续甲骨文字形。有的金文以三只"隹"代替一只"隹"，表示大量鸟儿栖息在同一株树上。篆文、承续金文字形。

"集"的本义为群鸟栖息树上，用作动词。如《诗·周南·葛覃》："黄鸟于飞，集于灌木。"

从"集"的本义可引申出聚集、集合的意思，用作动词。如晋王羲之《兰亭集序》："群贤毕至，少长咸集。"

根据"集"有聚合的意思，可以引申作名词，表示聚合本，如总集、子集、诗集、文集、作品集等。这些词中的"集"都表示把很多零散的事或物集中起来。

"集"还可以用作量词，表示作品的部分、片段。如电视连续剧每天播出两集。这里的"集"就表示电视剧全部剧集中的一部分。

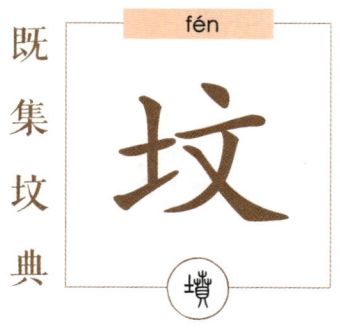

| 甲骨文 | 金文 | 篆文 | 隶书 | 楷书 | 行书 | 草书 | 标准宋体 |
|---|---|---|---|---|---|---|---|
|  |  | 墳 | 墳 | 墳 | 墳 | 坟 | 坟 |

## 解字堂

"墳"是形声字。"賁",既是声旁也是形旁,表示大。"墳",篆文墳=土(土,墓冢)+賁(贲,大),表示大墓。隶书墳将篆文的 艸 写成"卉" 卉。隶化后楷书写作"墳"。简化后写作"坟"。

"坟"的本义是比土冢更大的正式墓地,地表有碑铭。如《礼记·檀弓》:"土之高者谓之坟。"又如唐韩愈《祭十二郎文》:"吾往河阳省坟墓。"

"坟"还表示大防、高的堤岸。如《诗·周南·汝坟》:"遵彼汝坟,伐其条枚。"

在古代,"坟"通常是平常人的葬地,有碑铭显示坟主身份,一般葬式简单,不担忧盗墓;"墓"则是王公贵族的葬地,为防盗掘,他们将陪葬珍宝与主人身份一同深埋地宫。地表有碑铭的叫"坟",地表没有碑铭的叫"墓"。《礼记·檀弓上》记载:"古也墓而不坟。"古人死后只是进行简单的埋葬,不会筑起坟堆做标记,以便日后前来凭吊。扫墓的习俗始自孔子。孔子的母亲去世后,按照礼节应当与父亲合葬,但由于父亲去世时孔子年岁尚小,已不记得父亲的埋葬地点。几经周折找到后将父母合葬,为表达孝心,方便日后凭吊,孔子便在父母坟头筑起坟堆以示标记。扫墓这一习俗才开始流传。

## 名言馆

登大坟以远望兮。
·《楚辞·九章·哀郢》

---

不治坟,欲为省。
·《史记·文帝本纪》

---

出郭门直视,但见丘与坟。
·《古诗十九首·去者日以疏》

既集坟典

| 甲骨文 | 金文 | 篆文 | 隶书 | 楷书 | 行书 | 草书 | 标准宋体 |
|---|---|---|---|---|---|---|---|

## 名言馆

有典有则，贻厥子孙。
　　　　　·《书·五子之歌》

言以考典。
　　　　　·《左传·昭公十五年》

笔墨虽欲尽，典刑垂不刊。
　　　　　·（宋）苏轼《甘露寺》

民间质典，利息重者至五、七分。
　　　　　·《金史·百官志》

## 解字堂

"典"是会意字。甲骨文 ⊞＝冊（册，代表权威古籍）＋ 双手（双手，表示捧着），表示双手奉持权威古籍。本义是主持事务的官吏双手恭敬地捧着古哲先贤的著作，以之为据进行判断和评价。有的甲骨文和金文加平行的两短横饰笔 二。有的金文将甲骨文的双手误写成六。篆文承续金文字形。隶书将篆文的"册"写成曲。隶化后楷书写作"典"。

"典"本义是以圣贤古籍为据主持事务，用作动词。如《书·尧典》："命汝典乐。"这里的"典"就表示依照古籍掌管音乐领域的事务。

"典"用作动词还可以表示依据抵押。如唐杜甫《曲江二首》："朝回日日典春衣，每日江头尽醉归。"这里的"典"就表示用春天穿的衣服做抵押换钱。

根据"典"的本义可将词义扩展为名词，表示可作依据的古籍、文献。如《易·系辞》："不可为典要。"这里的"典"就是指古籍、文献。

因为古人尚古，喜欢以先祖的智慧为标准，因此从"典"表示古籍、文献还可引申出标准、依据、法律、法规的意思。如《后汉书·张衡传》："时国王骄奢，不遵典宪。"这里的"典"表示法令制度，也就是法规、法律的意思。

## 温故知新

 **四字通解**

既集坟典，是指广内殿作为收藏图书的地方，收藏了很多古今的典籍名著。

"既"在这里可以理解为副词词义，表示已经；"集"在这里表示聚合、集中。合起来意思是说这里已经聚集了这么多古书典籍了。"坟"，《尔雅》解释为"大防"，即大型防洪堤坝，本与丧葬无关。古代埋死人的地方叫作墓，墓是平地。为以后再来扫墓时方便辨认，就在墓地上撮一个土堆作为标记，才有后世的"坟"。在这句里，指的是古代典籍，一般认为古人有"三坟"。在这里，"坟"指的是三坟，即三皇（伏羲氏、神农氏、黄帝）的著作；"典"指的是五典，记载五帝（少昊氏、颛顼氏、帝喾、尧、舜）事迹的书。三坟五典是中国最古老的书，早已经失传了。"三坟五典"之说，最早出自《左传·昭公十二年》。由于《左传》中没有对这个词的具体意思进行解释，所以后人有很多不同的理解：贾逵认为"三坟"即三王之书；马融认为"三坟"即天、地、人三气；张衡则从字面意思入手，认为"三坟"就是"三个大防"，也就是三项基本原则；郑玄认为"三坟五典"就是三皇五帝之书。唐代孔颖达在《尚书序》中认同了郑玄的说法并解释"八索"和"九丘"："八卦之说，谓之八索，求其义也。九州之志，谓之九丘——丘，聚也，言九州所有，土地所生，风气所宜，皆聚此书也。"

"既集坟典"依然是描绘广内殿的华贵高雅，收藏了如此之多的名家典籍。

 **故事厅**

### 既来之，则安之

"既来之，则安之"出自《论语·季氏》，意思是已经把他们招抚来，就要把他们安顿下来。后指既然来了，就要在这里安下心来。故事是这样的：

季氏将要讨伐颛臾。冉有、子路去见孔子说："季氏快要攻打颛臾了。"孔子说："冉求，这不就是你的过错吗？颛臾从前是周天子让它主持东蒙的祭祀的，而且已经在鲁国的疆域之内，是国家的臣属啊，为什么要讨伐它呢？"冉有说："季孙大夫想去攻打，我们两个人都不愿意。"孔子说："冉求，周任有句话说：'尽自己的力量去担负你的职务，实在做不好就辞职。'有了危险不去扶助，跌倒了不去搀扶，那还用辅助的人干什么呢？而且你说的话错了。老虎、犀牛从笼子里跑出来，龟甲、玉器在匣子里毁坏了，这是谁的过错呢？"冉有说："现在颛臾城墙坚固，而且离费邑很近。现在不把它夺取过来，将来一定会成为子孙的忧患。"孔子说："冉求，君子痛恨那种不肯实说自己想要那样做而又一定要找出理由来为之辩解的做法。我听说，对于诸侯和大夫，不怕贫穷，而怕财富不均；不怕人口少，而怕不安定。由于财富均了，也就没有所谓贫穷；大家和睦，就不会感到人少；安定了，也就没有倾覆的危险了。因为这样，所以如果远方的人还不归服，就用仁、义、礼、乐招徕他们；已经来了，就让他们安心住下去。现在，仲由和冉求你们两个人辅助季氏，远方的人不归服，而不能招徕他们；国内民心离散，你们不能保全，反而策划在国内使用武力。我只怕季孙的忧患不在颛臾，而是在自己的内部呢！"

##  知识角

### 《三坟》《五典》《八索》《九丘》

在中华民族的记忆中，先夏时期中国有四部非常著名的著作，它们分别被称为《三坟》《五典》《八索》《九丘》。

早在传说中的"三皇五帝"时代，相传就出现了"档案"。"三皇"时期的"档案"称作"三坟"，即《山坟》《气坟》《形坟》，分别解说三易。《山坟》为天皇伏羲之易，即《连山易》；《气坟》为人皇神农之易，即《归藏易》；《形坟》为地皇黄帝之易，即《乾坤易》。"五帝"时期的档案称作"五典"，即《少昊典》《颛顼典》《高辛典》《唐尧典》《虞舜典》，就是少昊、颛顼、高辛、唐尧、虞舜著述的治国方略。孔安国在《尚书·序》中称："五帝之书，称之'五典'，吾常言也。"孔安国认为"五典"即"五帝"时期形成的档案。

除了"三坟""五典"，《左传·昭公十二年》又言，上古档案还称为"八索""九丘"。关于"八索"，为伏羲时代的书，是在记载伏羲八卦的文章。唐代学者孔颖达援引据传是孔安国作的《尚书序》云："八卦之说，谓之八索。索，求其义也。"意为上古档案的"八索"即为"八卦"之书。至于"九丘"，是帝禹时代的图书，它用大型绘画表现《山海经》所载的世界版图与风俗逸事即五区九州的山川地貌和物产，以及那里的人文景观。孔颖达解释为："九州之志，谓之九丘。丘，聚也，言九州所有，土地所生，风气所宜，皆聚此书也。"他认为"九丘"档案即中原九州之方志。

##  成语窗

**一如既往**
指态度没有变化，完全像从前一样。

**东曦既驾**
指太阳已经在东方升起。比喻驱散黑暗，光明已见。亦作"东曦既上"。

**集腋成裘**
狐狸腋下的皮虽很小，但聚集起来就能制一件反袍。比喻积少成多。

**集苑集枯**
有些鸟栖于茂盛的树木，有些鸟栖于枯树。比喻人的志趣不同，趋向各异。

**自掘坟墓**
自己的所作所为就像在替自己挖掘坟墓一样。比喻自寻死路。

**数典忘祖**
谈论历来的制度、事迹时，把自己祖先的职守都忘了。比喻忘本。也比喻对于本国历史的无知。

**雍容典雅**
形容文气舒缓，词藻优美而不俗。

### 猜谜语

清晨来到，引水浇灌。
（打一字）

大宗邮件。
（打一兴趣爱好）

告别仪式。
（打一工具书）

亦聚群英

| 甲骨文 | 金文 | 篆文 | 隶书 | 楷书 | 行书 | 草书 | 标准宋体 |
|---|---|---|---|---|---|---|---|
| 夾 | 夾 | 夾 | 亦 | 亦 | 亦 | 亦 | 亦 |

## 解字堂

"亦"是指事字。"亦"是"夜""腋"的本字。古代"亦""夜""腋"通用。"亦",甲骨文夾在一个人夫的两臂下方各加一点指事符号八,表示两腋。金文夾、篆文夾承续甲骨文字形。隶书亦将篆文的"大"夫写成丌,完全失去人形。当"亦"的"两腋"本义消失后,再加"夕(肉)"另造"夜"代替,表示人体的部位。当"夜"的"两腋"之义消失后,又加"月(肉)"另造"腋"替代。

"亦"的本义是人的两腋。《说文解字》中解释道:"亦,人之臂亦也。"意思是"亦"就是指人的腋窝。

"亦"用作副词,表示相同地、又、再、也。如《战国策·魏策》中写道:"亦免冠徒跣,以头抢地尔。"意思是,也不过是摘了帽子,光着脚,把头往地上撞罢了。这里的"亦"就表示也。再如《左传·文公七年》中有一句:"先君何罪?其嗣亦何罪?"翻译为,先君有什么罪?他的合法继承人有什么罪?这里的"亦"就是又的意思。又如我们常用的成语人云亦云,意思是:人家怎么说,自己也跟着怎么说;指没有主见,只会随声附和。亦步亦趋,意思是:你慢走我也慢走,你快走我也快走,你跑我也跑;比喻由于缺乏主张,或为了讨好,事事模仿或追随别人。这两个成语里的"亦"都表示也的意思。

## 名言馆

寡人之从君而西也,亦晋之妖梦是践。
· 《左传·隐公十一年》

人不知而不愠,不亦君子乎?
· 《论语·学而》

亲戚或余悲,他人亦已歌。
· (晋)陶潜《拟挽歌辞》

亦盛矣哉。
· (明)张溥《五人墓碑记》

谜语答案　朊　集邮　辞典

亦聚群英

| 甲骨文 | 金文 | 篆文 | 隶书 | 楷书 | 行书 | 草书 | 标准宋体 |
|---|---|---|---|---|---|---|---|
|  | 𦘒 | 𦘒 | 聚 | 聚 | 聚 | 聚 | 聚 |

## 名言馆

而发于众心之所聚。
　　　　　·《管子·君臣上》

聚菽粟。
　　　　　·《墨子·尚贤中》

聚室而谋。
　　　　　·《列子·汤问》

太医以王命聚之。
　　　·（唐）柳宗元《捕蛇者说》

## 解字堂

"聚"是会意字。"取"，既是声旁也是形旁，表示强求。"聚"，金文𦘒=𦘒（取，强求）+𠈌（众，百姓），表示取之于众。篆文𦘒承续金文字形。隶书聚将篆文的"众"𠈌写成乑。隶化后楷书写作"聚"。

"聚"的本义是取之于民，即强力向百姓征敛财物，用作动词。如《论语·先进》："季氏富于周公，而求也为之聚敛而附益之。"这里的"聚"理解为搜刮，表示强行向百姓征敛财物。

从"聚"表示搜刮、征敛的含义可引申出蓄积、储集的意思，用作动词。如《荀子·王制》中写道："我今将畜积并聚之于仓廪。"意思是：我现在会集起牲畜，并把它们赶到仓库储备起来。这里的"聚"就是储集的意思。可以组词为聚积、聚宝盆等。

"聚"还可以进一步引申为会集、会合的意思。如《史记·五帝纪》："一年而所居成聚。"意思是在这里住一年就成了村落。这里的"聚"没有直接翻译出，但可以体会到其含义，只有将人集合起来住在一个固定的地方才能形成村落，因此这里的"聚"可以理解为会集、会合。可以组词为聚合、聚会、聚拢、聚头、聚众闹事等。

亦聚群英

qún

| 甲骨文 | 金文 | 篆文 | 隶书 | 楷书 | 行书 | 草书 | 标准宋体 |
|---|---|---|---|---|---|---|---|
| | | | 群 | 群 | 群 | | 群 |

## 解字堂

"群"是会意字。"群",甲骨文=（众多羊只）+（攴,鞭策、驱赶）+（口,吆喝）,表示牧羊者吆喝着将四处散落的羊只驱赶到一起。金文将甲骨文的合写成"君",羊群省作一只。篆文承续金文字形。隶化后楷书写作"群"。

"群"可以表示聚集、联合、会合、率领,用作动词。如《荀子·非十二子》："而群天下之英杰。"意思是聚合天下才智杰出的人。这里的"群"表示聚集、会合。

与上一个动词词义相关,"群"用作名词,可表示聚集在一起的成批动物、事物。如唐柳宗元《封建论》："故近者聚而为群。"这里的"群"就是人聚集在一起形成的小团体。可组词为群体、群落、族群、羊群、马群、成群结队等。

"群"还可以用作形容词,表示成批的、集体的、成伙的。如《史记·廉颇蔺相列传》："赵王悉召群臣。"这里的"群臣"表示一大伙大臣,"群"就是成伙的意思。

"群"用作副词与其形容词义一样,表示成批地、集体地、成伙地,修饰动词。如宋陈元晋《见郑参政启》："实赖同心同德之臣,亟合群策群力之助。"

"群"还可以用作量词,表示批、伙,如一群人、一群鸟等。

## 名言馆

三百维群。
·《诗·小雅·无羊》

王为群姓立社,曰大社。
·《礼记·祭法》

群聚而笑。
·（唐）韩愈《师说》

群怪聚骂。
·（唐）柳宗元《答韦中立论师道书》

亦聚群英

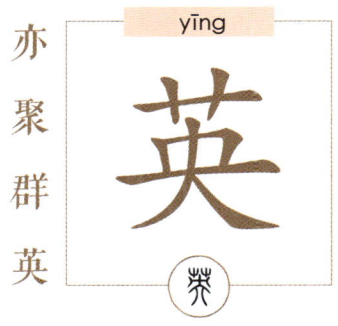

| 甲骨文 | 金文 | 篆文 | 隶书 | 楷书 | 行书 | 草书 | 标准宋体 |
|---|---|---|---|---|---|---|---|
|  |  | 英 | 英 | 英 | 英 | 英 | 英 |

## 名言馆

伤彼蕙兰花，含英扬光辉。
· 《古诗十九首·冉冉孤生竹》

落英缤纷。
· （晋）陶潜《桃花源记》

英雄无觅孙仲谋处。
· （宋）辛弃疾《永遇乐·京口北固亭怀古》

## 解字堂

"英"是形声字。"央"，既是声旁也是形旁，是"映"的省略，表示映照、辉映。"英"，篆文=艹（艹，植物）+央（央，"映"，映照、辉映），表示草木之中高光高亮的部分，即辉映绿丛的黄色花蕊。为了吸引鸟类与昆虫采集和传播花粉，广泛繁殖，花蕊进化出鲜亮的颜色，通常为眩目的黄色，使花蕊在万绿丛中一目了然。隶书将篆文的写成央。隶化后楷书写作"英"。

"英"的本义是花。这个义项只出现在古文中。如《离骚》："朝饮木兰之坠露兮，夕餐秋菊之落英。"这里的"英"就是指花、花瓣。

因为花是植物重要的部分，所以"英"还可以用作名词表示事物精华的部分。如唐韩愈《进学解》："沉浸酣郁，含英咀华。"这里的"英"就是精华的意思。

"英"作为名词，还可比喻才能或智慧出众的人。如《礼记·礼运》："孔子曰：'大道之行也，与三代之英，丘未之逮也。'"组词有英豪、英杰、科技群英。

## 温故知新

 **四字通解**

亦聚群英，意思是（这里）也聚集了成群的文英武才，与"群英荟萃"同义。

"亦"在这里用作副词，表示也、又。我们常用到"亦步亦趋"这个成语，其中的"亦"就是也的意思。

"聚"在这里表示动词词义：会集、聚合。"物以类聚，人以群分"是我们常听到的一句话，其中"聚"就是会集、集合的意思。

"群"在这里可以理解为形容词，表示成批的。"群"原本表示羊群，不管是从象形文字中还是从现代文字中我们都可以看出"群"中有"羊"。这个意义后来消失了，但在此基础上衍生出的词义都与之相关。如我们这里提到的"群"用作形容词时表示成批的。

"英"原本是花瓣的意思。因为花朵是植物授粉结果的重要器官，因此后来把"英"引申为精华，可以是任何事物或人的精华，如含英咀华。再后来就表示普通大众中的精华，即我们这里提到的"英雄"。

"亦聚群英"还是指在广内殿中聚集了许许多多才能过人的人，和"既集坟典"一同表现出皇帝宫殿不仅外在壮美华丽，内在更是包含了先贤的智慧结晶和天下的杰出英才。

### 猜谜语

无心牵挂终觉畅。
（打一现代作家）

未来属于你。
（打一字）

草桥春雨两分离。
（打一字）

 **故事厅**

### 盗亦有道

"盗亦有道"的意思是盗贼也有他们的那一套道理。关于这个成语有这样一个故事：

春秋时期，最有名的大盗叫盗跖。盗跖的部下问盗跖说："做大盗也有法则吗？"盗跖回答说："无论做什么事情都有法则。做大盗怎能没有法则呢？凭空能猜出屋里储藏着多少财物，这就是圣；带头先进入屋里，就是勇；最后退出屋子，就是义；酌情判断能否动手，就是智；分赃均匀，就是仁。不具备这五种素质而成为大盗是不可能的。"

### 巾帼英雄樊梨花

樊梨花是中国古代四大巾帼英雄之一。和花木兰、穆桂英、梁红玉相比，她身上的神话色彩更为浓厚。《说唐》《薛家将》在讲到薛丁山征西的故事时，无一例外都要讲到这样一位富有叛逆精神并且敢于大胆追求理想爱情的古代女子。

故事说的是在大唐贞观年间，以甘肃武威为中心的西凉国等一些西北小国不愿接受唐王朝的管辖，并以武力和唐王朝相对抗。为此，唐太宗李世民决定派薛仁贵前去征讨，所有关于樊梨花的传说便都发生在这样一个历史背景上。

樊元帅俗名樊梨花，自幼随骊山老母习艺，历时八载，道法高强。她乃是薛家父子征西的中流砥柱，一口绣戎刀无可匹敌。于薛仁贵身亡后，继任征西大元帅，平定西凉之乱，唐高宗时加封为威宁侯、镇国一品夫人。

经过民间的传说、说唱、演义等不断的再加工、再创作，樊梨花的形象愈加鲜明、丰满，成为中国古典文学巾帼英雄的典型。

 **知识角**

### 京剧《群英会》

《群英会》是一部生、净、丑行合作演出的三国戏。主要演绎孙权、刘备联合抵抗曹操的故事。《群英会》以用计见长，斗智逞谋，如重峦叠嶂，层出不穷，是三国戏中之精华。演艺颇难，皆须正角，方能奏效，如鲁肃之忠厚诚恳，诸葛亮之谈笑自若，周瑜之英爽风流，蒋干之局促不安，皆非善于描摹神情者能得其形。早期京师，曾有谭鑫培、朱素云、罗百岁、贵俊卿合演此剧，谭演鲁肃，贵饰诸葛，素云周瑜，百岁蒋干，珠联璧合，空前绝后。20世纪50年代，谭富英（1906—1977，谭派老生，谭鑫培之孙，饰演吴国忠厚的文官鲁肃）、马连良（马派老生，饰演足智多谋的蜀国军师诸葛亮）、萧长华（丑角，饰演为曹魏劝降的奸诈之人蒋干）、叶盛兰（叶派小生，饰演恃才自负的吴国名将周瑜）、裘盛戎（裘派花脸，饰演一代奸雄白脸曹操）、袁世海（花脸，饰演施苦肉计的吴国老将黄盖）等艺术家联袂合演，至今为人津津乐道。

### 聚宝盆

传说明初沈万三致富原因是拥有聚宝盆。这个典故来自于周人龙的《挑灯集异》："明初沈万三微时，见渔翁持青蛙百余将事锉剁，以镪买之，纵于池中。嗣后喧鸣达旦，贴耳不能寐。晨往驱之，见蛙俱环踞一瓦盆，异之，将归以为浣手器。万三妻偶遗一银钗于盆中，银钗盈满，不可数计。以钱银试之亦如是，由是财雄天下。"

明代洪武年间建造聚宝门时，朱元璋知晓此事后令谋士算卦，须聚宝盆镇压，遂征用埋进城墙内。需要在城下埋一个聚宝盆以镇压。朱元璋下旨征收沈万三的宝物聚宝盆并埋于城门之下，果然建成，该门因此得名"聚宝门"。

 **成语窗**

**愚者千虑，亦有一得**
指愚钝人的许多思虑中总会有一些可取之处。常以谦指己见。

**天若有情天亦老**
天倘若有情意，也会因悲伤而衰老的。常用以形容强烈的伤感情绪。

**生聚教训**
指军民同心同德，积聚力量，发愤图强，以洗刷耻辱。

**聚蚊成雷**
许多蚊子聚到一起，声音会像雷声那样大。比喻说坏话的人多了，会使人受到很大的损害。

**鹤立鸡群**
像鹤站在鸡群中一样。比喻一个人的仪表或才能在周围一群人里显得很突出。

**舌战群儒**
原指与众多的儒生谋士争辩，驳倒对方的议论。后泛指与许多人激烈争辩并驳倒对方。

**英姿飒爽**
形容英俊威武、精神焕发的样子。

**草莽英雄**
旧时指在山林出没的农民起义或强盗们中的著名人物。

杜稿钟隶

dù

| 甲骨文 | 金文 | 篆文 | 隶书 | 楷书 | 行书 | 草书 | 标准宋体 |
|---|---|---|---|---|---|---|---|
| | | | | | | | 杜 |

## 解字堂

"杜"是形声字。"土",既是声旁也是形旁,表示土墩。"杜",甲骨文=（土,土墩）+（木,树桩）,表示土、木并用。金文将甲骨文字形中"土"和"木"的顺序调换,并将写成。篆文基本承续金文字形。隶化后楷书写作"杜"。

"杜"的本义是用泥土、木桩筑堤防洪,用作动词,引申为堵塞、杜绝。如《周礼·大司马》中写道："犯令陵政则杜之。"这里的"杜"就是堵塞的意思。再如成语"杜口结舌",其中的"杜"也是堵塞的意思。再如"防微杜渐",意思是在错误、坏事、不良风气等刚刚露苗头时就加以制止,不使其发展。这里的"杜"表示阻挡。组词有杜绝、杜弃、杜弊清源、杜门不出、杜门谢客等。

"杜"还可以用作名词,表示一种坚硬的落叶乔木。如《说文解字》中将"杜"解释为："杜,甘棠也。"就是说,"杜"是一种叫甘棠,也就是棠梨的植物,其果实甜美。

"杜"还可以用作姓氏。在《世本》中有"杜康作酒"的记载,并注为"黄帝时人"。《酒诰》也记载道："酒之所兴,肇自上皇。"这说明黄帝时期已有杜姓。名人杜康,相传为我国历史上最早酿酒的人,创造了用黏性高粱为原料制成清酒的方法,被后人尊崇为酒圣。

## 名言馆

塞隘杜津。

·《汉书·叙传》

杜树大者插五枝。

·（北魏）贾思勰《齐民要术·插梨》

其间旦暮闻何物？杜鹃啼血猿哀鸣。

·（唐）白居易《琵琶行》

谜语答案　亦舒　群英

## gǎo 稿

杜稿钟隶

| 甲骨文 | 金文 | 篆文 | 隶书 | 楷书 | 行书 | 草书 | 标准宋体 |
|---|---|---|---|---|---|---|---|
|  |  | 藁 | 藁 | 稿 | 稿 | 稿 | 稿 |

### 名言馆

又出稿税。
　　　　　·《书·禹贡传》

---

民惊走，持稿或椒一枚。
　　　　　·《汉书·五行志》

---

特箭稿而茎立兮，独聆风于极危。
　　　　　·（汉）马融《长笛赋》

### 解字堂

"藁"是形声字。《说文解字》："藁，秆也。从禾，高声。"由于禾秆都比较高大，故从"高"声。隶化后楷书写作"藁"或"稿"。简化后，以"稿"为正体。

"稿"的本义是禾秆、谷物的茎秆，用作名词，但这个义项只出现在古文中。如《史记·萧相国世家》中写道："愿令民得入田，毋收稿为禽兽食。"这里的"稿"就表示秸秆，农作物脱粒后剩下的茎。再如《资治通鉴》中有一句："今又盛寒，马无稿草。"我们知道，马匹的粮草一般来自农作物的茎秆，因此这里的"稿"也是谷物茎秆的意思。

"稿"用作名词还可以表示诗文、图画等草底，亦指写成的文章、著作。如《史记·屈原贾生列传》中描写了这样一个情景："怀王使屈原造为宪令，屈原属草稿未定，上官大夫见而欲夺之，屈原不与。"这里的"稿"就表示草稿。类似的词语有底稿、初稿、腹稿、撰稿、定稿等。

"稿"还通"槁"，意为枯槁，如汉刘向《说苑·建本》："弃其本者，荣华稿矣"。

杜稿钟隶

zhōng

钟

| 甲骨文 | 金文 | 篆文 | 隶书 | 楷书 | 行书 | 草书 | 标准宋体 |
|---|---|---|---|---|---|---|---|
|  | 鐘 | 鐘 | 鍾 | 鍾 | 鍾 | 鍾 | 钟 |

## 解字堂

"杜稿钟隶"的"钟",古人千字文写作"鍾"。"鍾"是形声字。《说文解字》:"鍾,酒器也。从金,重声。"隶化后楷书写作"鍾"。简化后,"鍾"与"鐘"合并,同写作"钟"。

"钟"的本义是酒壶、酒盅,如《列子·杨朱》:"朝之室也,聚酒千钟,积曲成封,望门百步,糟浆之气逆于人鼻。"引申作容量单位,如《左传·昭公三年》:"齐旧四量:豆、区、釜、钟。四升为豆,各自其四,以登于釜。釜十则钟。"

"钟"作动词,表示聚集,如《左传·昭公二十八年》:"子貉早死无后,而天钟美于是,将必以是大有败也。"引申为专注,如《世说新语·伤逝》:"情之所钟,正在我辈。"

"钟"还表示当、遭逢,如《文选·晋刘琨〈劝进表〉》:"方今钟百王之季,当阳九之会。"

简化字保留了"鍾"的原字形,但因简化偏旁,写作"锺",此时用在人名中,如钱锺书。另外值得一提的是,古代"钟"姓与地名"钟山"的"钟"都写作"鍾"。

合并字"鐘"的本义是乐器,供祭祀或宴飨时用。后引申为专指佛寺的钟。

## 名言馆

经危履险阻,未知命所钟。
・(三国)曹植《盘石篇》

造化钟神秀,阴阳割昏晓。
・(唐)杜甫《望岳》

彩袖殷勤捧玉钟,当年拚却醉颜红。
・(宋)晏几道《蝶恋花》

| 甲骨文 | 金文 | 篆文 | 隶书 | 楷书 | 行书 | 草书 | 标准宋体 |
|---|---|---|---|---|---|---|---|
|  |  | 隸 | 隸 | 隸 | 隷 | 泶 | 隶 |

## 名言馆

视徒隶则心惕息。
·（汉）司马迁《报任安书》

---

隶而从者。
·（唐）柳宗元《至小丘西小石潭记》

---

欲效野夫贱隶。
·（明）刘基《苦斋记》

## 解字堂

"隸"是形声字。《说文解字》："隸，从隶，柰声。"隶化后楷书写作"隸"。简化后，"隸"及其异体"隷""隷"与"隶"合并，同写作"隶"。

"隶"的本义为被抓捕的战俘或奴役者，用作名词。如明张溥《五人墓碑记》中写道："人皆得以隶使之。"再如汉贾谊在《过秦论》中形容陈涉是："氓隶之人"。组词如隶仆、隶卒、奴隶等。引申作动词，表示奴役。如《荀子·议兵》："五甲首而隶五家。"

由于奴隶没有人身自由，"隶"还可以表示归属、从属、附属。如明顾炎武在《复庵记》中写道："不税于官，不隶于宫观之籍。""隶"还指隶书。如《北史·江式传》："大体以许氏《说文解字》为本，上篆下隶。"

值得提醒的是，古文中的"隶"同"逮"，表示及。如《说文解字》："隶，及也。"

## 温故知新

 **四字通解**

杜稿钟隶，意思是说杜度的草书、钟繇的隶书，形容广内殿中收藏的古玩字画繁多且珍贵。"杜"和"钟"分别表示书法家杜度和钟繇，"稿"是指草书、"隶"则指代隶书。杜度的章草被列为神品，而钟繇的隶书和行书都被列为神品。

杜度本名操，魏晋时期为了避开魏武帝曹操的讳被改为度。杜度是西汉宣帝时期御史大夫杜延年的曾孙，而杜延年是酷吏杜周的儿子。当年司马迁为兵败投降匈奴的李陵说情，触怒汉武帝，被下狱治罪，负责这个案子的就是廷尉杜周。不过司马迁没有把大仇记在杜周身上，在《史记·酷吏列传》中，司马迁虽不认同杜周的执法方式，但并没有过分诋毁。

杜度擅长写的章草，是从草写的隶书演变而来的一种字体，是今草字体的前身。二者的区别在于章草还保留隶书笔法的形迹，每个字都是独立的，不像今草那样很多字相连。那么，章草这种字体是如何得名的呢？根据《书断》等文献的记载，说可能是因为汉章帝特别喜欢杜度写的草体字，因此被后人命名为章体，也可能是汉章帝曾命杜度用草书写奏章而得名，还可能是因为汉元帝时史游作《急就章》时开始用这种字体因得名。近代有学者考证认为章草与汉章帝、奏章、《急就章》无关，而是因为"章"含有字体结构彰明严格之义得名。

 **故事厅**

### 酿酒始祖杜康的故事

杜康，是中国古代传说中的"酿酒始祖"。有关杜康造酒的传说有很多版本，下面是其中较为主流的一版。

传说在黄帝的时候，有一个叫杜康的人，专门负责管理粮食。随着农耕的发展，粮食每年都获得大丰收。可是，粮食多了吃不完，只能储藏在山洞里，山洞阴暗潮湿，时间一久，粮食全部腐烂了。杜康见状，开始苦思冥想储粮的方法。

这一天，杜康来到树林里散步，发现了几棵枯死的大树，只剩下粗大空荡的树干。杜康灵机一动，把粮食全部倒进了干燥的树干里。过了一段时间，杜康来到树林里查看粮食，他惊奇地发现：储粮的枯树前，横七竖八地躺着一些野猪、山羊和兔子，一动不动，好像死了一样。他连忙走近看个究竟：原来盛粮的树干裂开了几条缝，由里向外不断渗水。看来，这些动物是舔吃了这水才躺倒的。可这究竟是什么水呢，杜康凑过去一闻，只觉一股清香扑面而来，他不禁尝了几口这浓香水，顿觉神清气爽。后来，杜康把浓香水带回家，请大家品尝，大家你一口，我一口，都说好味道。就这样，酒在民间逐渐普及开来，杜康也被人们尊称为"酒神"。

历代墨客文人与它结下不解之缘，常以诗咏酒，以酒酿诗，诗增酒意，酒助诗兴，觥筹交错，华章汗牛。魏武帝曹操赋诗："慨当以慷，忧思难忘。何以解忧？惟有杜康。"（《短歌行》）诗圣杜甫云："杜酒偏劳劝，张梨不外求。"词豪苏轼留下醉语："如今东坡室，不立杜康祀。""竹林七贤"之一的诗人阮籍"不乐仕宦，惟重杜康"，听说步兵校尉衙门藏有杜康三百斛，便辞官而去。

杜稿钟隶

## 知识角

### 钟乳石

钟乳石,又称石钟乳,是指碳酸盐岩地区洞穴内在漫长地质历史中和特定地质条件下形成的石钟乳、石笋、石柱等不同形态碳酸钙沉淀物的总称,是喀斯特地貌中的一种地下岩溶景观。钟乳石的形成往往需要上万年或几十万年时间。由于形成时间漫长,钟乳石对远古地质考察有着重要的研究价值。在石灰岩里面,含有二氧化碳的水,渗入石灰岩隙缝中,会溶解其中的碳酸钙。这溶解了碳酸钙的水,从洞顶上滴下来时,由于水分蒸发、二氧化碳逸出,使被溶解的钙质又变成固体(称为固化)。由上而下逐渐增长而成的,称为"钟乳石"。

### 隶书

隶书是汉字中常见的一种庄重的字体,书写效果略微宽扁,横画长而直画短,讲究"蚕头燕尾""一波三折"。它起源于秦朝,在东汉时期达到顶峰,书法界有"汉隶唐楷"之称。

隶书是相对于篆书而言的,隶书之名源于东汉。隶书的出现是中国文字的又一次大改革,使中国的书法艺术进入了一个新的境界,是汉字演变史上的一个转折点,奠定了楷书的基础。隶书结体扁平、工整、精巧。到东汉时,撇、捺、点等笔画美化为向上挑起,轻重顿挫富有变化,具有书法艺术美。

隶书相传为秦末程邈在狱中所整理,去繁就简,字形变圆为方,笔画改曲为直。改"连笔"为"断笔",从线条变笔画,更便于书写。"隶人"不是囚犯,而指"胥吏",即掌管文书的小官吏,所以在古代隶书被叫作"佐书"。书体同时派生出草书、楷书、行书各书体,为艺术奠定基础。

## 成语窗

**杜弊清源**
杜绝弊端,廓清来源。

**杜鹃啼血**
传说杜鹃昼夜悲鸣,啼至血出乃止。常用以形容哀痛之极。

**老态龙钟**
形容年老体衰,行动不灵便。

**严家饿隶**
形容拘谨的书法风格。

**贩夫皂隶**
泛指社会地位低下的人。

## 猜谜语

大地同春。
(打一字)

忘情于五岳。
(打一地名)

了却一段相思情。
(打一姓氏)

疑是前帆水上卧。
(打一字)

## 漆书壁经

qī

漆

| 甲骨文 | 金文 | 篆文 | 隶书 | 楷书 | 行书 | 草书 | 标准宋体 |
|---|---|---|---|---|---|---|---|
|  | | | | | | | |

### 解字堂

"漆"是会意字。"桼"是"漆"的本字，古文中"桼"与"漆"通用。"桼"，甲骨文 ✱=✱（木，树）+ ✱（水，向下滴的液体），表示从树干上向下滴的树汁。金文 ✱ 将甲骨文的 ✱ 写成 ✱，明确"向下滴"的含义。当"桼"作为单纯字件后，金文 ✱ 再加"水"另造"漆"代替，强调"漆"为"树汁"。篆文 ✱ 承续金文字形。隶化后楷书写作"漆"。

"漆"的本义是从树上提取的可以增亮防腐的粘胶涂料，用作名词。如油漆树，是一种漆树科落叶乔木，从其树皮可割取天然漆。再如红漆、黑漆、生漆、熟漆、油漆等。

从"漆"的本义可将词性扩展为动词，表示涂胶漆。如漆饰（涂漆作为装饰）、漆身（以漆涂身；以漆涂尸）、漆宫（犹漆宅。涂漆棺材的异称）。

"漆"还是姓氏之一。漆雕氏本姓姜，是神农四十一世孙（即伯夷、叔齐之孙），隐居漆水之东，后徙商丘之漆园，遂以漆为姓，名曰漆河，漆姓由此开端。五十一世孙漆沔，有壮志，喜游观。至蔡邑（今河南上蔡）拜谒神农，住在上蔡汶水之阳，遂以蔡为郡，这是漆姓称蔡郡之来历。春秋时孔子有三千弟子，七十二贤人，其中有漆姓之漆雕开，漆雕哆，漆雕徒父，称漆姓"三贤"。为纪念三贤人，漆氏改单姓为复姓，复姓漆雕从此开始。

### 名言馆

夕见漆十士。
——《墨子·贵义》

鱼盐漆丝。
——《史记·货殖列传》

器用瓷漆。
——（宋）司马光《训俭示康》

谜语答案  杜  钟山  钟离  隶

| 甲骨文 | 金文 | 篆文 | 隶书 | 楷书 | 行书 | 草书 | 标准宋体 |

## 名言馆

子张书诸绅。
·《论语·卫灵公》

上书谏寡人者，受中赏。
·《战国策·齐策》

学书费纸，犹胜饮酒费钱。
·（宋）欧阳修《学书费纸》

## 解字堂

"書"是会意字。甲骨文 = 又（又，抓）+ （竹管，毛笔）+ （口，墨池或砚台），表示持笔蘸墨。金文 在"聿" 的字形上加三点指事符号，，，表示墨滴。篆文 字形复杂化。隶化后楷书写作"書"。简化后写作"书"。

"书"的本义是将毛笔放在墨池中蘸墨以便涂写，压作动词。如《史记·陈涉世家》中有这样一句："乃丹书帛曰：'陈胜王'，置人所罾鱼腹中。"翻译为：于是用朱砂在缯条上写了"陈胜王"，放进别人捕到的一条鱼的肚子里。这里的"书"就表示书写。

从"书"的本义可引申出字体、文字的义项，用作名词。如我们常听到的草书、篆书、隶书、楷书等。

把写好的文字编纂成册就是"书"，表示史册、著作，用作名词。如陶渊明在《归去来兮辞》中写道："悦亲戚之情话，乐琴书以消忧。"意思是，跟亲戚朋友谈心使我愉悦，弹琴读书能使我忘记忧愁。这里的"书"就表示阅读的书籍。

"书"还可以表示信函，用作名词。如唐杜甫在《春望》中写道："烽火连三月，家书抵万金。"这里的"书"就是指家人寄来的信函。

"书"还可以表示文件，仍用作名词。如在《木兰辞》中有这样一句："军书十二卷，卷卷有爷名。"这里的"书"翻译为征兵文书，就是指一种文件。

漆书壁经

| 甲骨文 | 金文 | 篆文 | 隶书 | 楷书 | 行书 | 草书 | 标准宋体 |
|---|---|---|---|---|---|---|---|
|  |  | 壁 | 壁 | 壁 | 壁 | 壁 | 壁 |

## 解字堂

"壁"是形声字。《说文解字》："壁，垣也。从土，辟声。"

"壁"的本义是土墙。如《汉书·司马相如传》中描写家中贫穷时写道："家徒四壁立。"意思是家中只剩下了立着的四堵墙。这里的"壁"就是指墙壁。后来就用"家徒四壁"表示家境贫寒。

从"壁"的本义可以引申出陡峭如削的高耸土层，用作名词。如明刘基在《苦斋记》中描写自然景观时写道："山四面峭壁拔起。"这里的"壁"表示陡峭如墙的山石。可组词为壁立千仞、悬崖峭壁等。

墙壁有分隔的作用，因此"壁"可以引申表示物体像墙一样起围护作用的部分，用作名词。如管壁、井壁、桶壁、胸壁、细胞壁等。

"壁"可以表示军垒。如《史记·项羽本纪》中有这样一句："及楚击秦，诸将皆从壁上观。"这里的"壁"表示壁垒，就是用土堆起来的比墙壁厚的堡垒。

"壁"还可以用作动词，表示驻扎。如《史记·魏公子列传》中有这样一句："魏王恐，使人止晋鄙，留军壁邺。"意思是：魏王恐惧，派人制止晋鄙，使军队停留下驻守在邺城。

## 名言馆

帝晨驰入韩信、张耳壁，夺之军。
·《汉书·高帝纪上》

观壁垒于北落兮。
·（汉）张衡《思玄赋》

徘徊四顾，见虫伏壁上。
·（清）蒲松龄《聊斋志异·促织》

jīng

# 经

| 甲骨文 | 金文 | 篆文 | 隶书 | 楷书 | 行书 | 草书 | 标准宋体 |
|---|---|---|---|---|---|---|---|
|  | 経 | 經 | 經 | 經 | 经 | 经 | 经 |

## 名言馆

国中九经九纬。
· 《周礼·考工记·匠人》

经国之大业。
·（三国）曹丕《典论·论文》

韩魏之经营。
·（唐）杜牧《阿房宫赋》

## 解字堂

"經"是会意字。"巠"是"經"的本字，在古代"巠""經"通用。"巠"，金文巠是巠的变形，表示在织机上精心布置众多纵线，以便横线穿织；三条纵线皿上的三点指事符号…表示用功所在，"壬"（任）表示布置纵线是织织中的重要能力。当"巠"作为单纯字件后，金文巠再加"糸"（丝），另造"經"代替，强调"布线"的工序。隶化后楷书写作"經"。简化后写作"经"。

"经"的本义是精心布置织机上的纵线，以便横线穿织有所依据，用作动词。如《韩非子·外储说右上》："（吴起）使其妻织组……其妻对曰：'吾始经之而不可更也。'"引申作名词，表示织物的经线。如刘勰在《文心雕龙》中写道："经正而后纬成。"

"经"进而引申表示纵线。如《大戴礼记·易本命》中写道："凡地东西为纬，南北为经。"表示人或动物体内的经脉。如《庄子·养生主》中写道："技经肯綮。"

"经"还可以引申表示营造、治理。如《诗·大雅·灵台》："经始灵台，经之营之。"表示经过、经历。如《世说新语·自新》中写道："经三日三夜。"

"经"还表示历久不变的、正常。如《史记》中有这样一句："其语闳大不经。"进而引申为经典。如唐韩愈在《师说》中提到的"六艺经传。"就是指儒家经典和传文，具体有《易》《诗》《书》《礼》《乐》《春秋》。

"经"还可以表示女子周期子宫内膜脱落出血的现象，如月经、经期、痛经等。

## 温故知新

###  四字通解

漆书壁经，意思是漆书写就的古籍，以及从孔府墙壁内发现的经书。形容广内殿中收藏了许许多多的珍贵古籍。

在墨这种书写材料被使用之前，人们用小竹棍作为笔，蘸上漆来写字。因此在用生漆书写的时期，产生了一种叫作蝌蚪文的字体。元代篆刻家吾丘衍在其论著《学古编》中认为这种字体是这样产生的："上古无笔墨，以竹挺点漆书竹上，竹硬漆腻，画不能行，故头粗尾细，似其形耳。"这个道理很容易理解，拿竹棍蘸油漆写字，肯定每一笔都是起笔处粗，收笔处细，跟蝌蚪一样。实际上，蝌蚪文是战国文字以前的手写体，只因书写工具和材料的限制才成为那种难看的样子。近代出土了商代用玉石制作的漆书笔，可见"漆书"是中国最早的硬笔书法文体。

"壁经"则是指在孔子旧宅墙壁中所藏的经卷。秦始皇焚书坑儒，使各种书籍都遭到了毁灭性的破坏。当时，秦始皇下令把所有的儒书都收缴上来，秦始皇颁布"挟书律"之后，孔子的九世孙孔鲋冒着被杀头的危险把这些书藏在了墙壁里。为了保密，孔鲋没有对任何人说起这事，他只希望到了太平盛世、儒家复兴之时，这些书能够重见天日。藏好书之后，孔鲋隐居嵩山，进行了儒学宣传和培训。汉武帝的弟弟鲁恭王，想侵占孔子的旧宅修花园。在拆房时，忽然从墙壁的夹洞中发现了一批竹简，同时空中传来一阵庄严的钟磬之声，鲁恭王吓坏了，忙下令停止拆房。在墙壁中发现的这批竹简包括《孝经》《古文尚书》《论语》等古典书籍。因为是在墙壁中发现的，所以这些书被称为"壁经"。

###  故事厅

#### 赤壁之战

曹操统一了北方之后，剩下能与他对抗的，就只有在长江一带的孙权和在湖北一带的刘备了。

208年，曹操带了20万大军（对外号称80万）南下。刘备退守湖北武昌，此时他只有军士两万多人。在军师诸葛亮的建议下，他决定与孙权共同抗曹。诸葛亮向孙权指出，曹操虽然人多，但北方的曹操士兵，不善于水战，长途而来生病的也很多。这些分析使孙权看清了形势，同意派大将周瑜带领三万军士与刘备一起战斗。

曹军驻扎在赤壁，曹操下令用铁索把战船锁在一起，以便北方士兵在船上行走。诸葛亮和周瑜都决定用"火攻"的方法进攻曹操。一天夜里，刮起了东南风。周瑜派部下黄盖假装投降曹操，带着十艘战船，船上装着灌了油的柴草，向曹军驶去。接近曹军时，他们同时点火，火船乘风向曹操的战舰驶去，曹军战舰因为锁在一起，一时无法解开，不一会便成了一片火海。火又烧到了岸上，曹军死伤很多，最终战败，形成了三国鼎立的局势。

#### 悬梁读书

东汉时期，有个人叫孙敬，是著名的政治家。他年轻时勤奋好学，经常关起门读书。但是读书时间长了，容易疲倦犯困。他怕影响自己的读书学习，就想出了一个特别的办法。古时候，男子的头发都很长。他就找一根绳子，一头牢牢地绑在房梁上。当他读书打盹时，头一低，绳子就会牵住头发，这样会把头扯痛，能马上清醒。这就是"悬梁刺股"中"悬梁"的故事。

 **知识角**

### 漆器

用漆涂在各种器物的表面上所制成的日常器具及工艺品、美术品等，一般称为"漆器"。在中国，从新石器时代起就认识了漆的性能并用以制器。中国现代考古发掘实物证明，中国是世界上最早发现并使用天然漆的国家。七千年前的浙江余姚河姆渡原始文化遗址中已经出土了木胎涂漆（自然生漆）碗。夏、商、西周三代已逐渐从单纯使用天然漆到使用色料调漆。人们不断熟悉、了解漆的性能，改造、利用漆所特有的经久耐牢、不褪色、不怕潮湿、鲜亮美观等性能，为美化自己的生活服务。经过长期的实践，人们在对漆器胎质的选择、制作，对色漆的调配、使用，对漆器纹饰的绘制组合等等方面，积累了越来越丰富的经验，把漆器制作发展成为一门专门的工艺，并达到很高的水平，形成中国所特有的漆器工艺。我们的祖先为人类留下了无数精美的漆器工艺品。历经商周直至明清，中国的漆器工艺不断发展，达到了相当高的水平。中国的戗金、描金等工艺品，对日本等地都有深远影响。漆器是中国古代在化学工艺及工艺美术方面的重要发明。

 **成语窗**

**丹漆随梦**
指追随前哲。

**如胶似漆**
像胶和漆那样黏结。形容感情炽烈，难舍难分。多指夫妻恩爱。

**大书特书**
指对意义重大的事情特别郑重地加以记载。

**秉笔直书**
书写史实不隐讳。

**断壁残垣**
形容房屋倒塌残破的景象。

**壁立千仞**
形容岩石高耸。

**经世之才**
指治国安民的才能。

**白首穷经**
指直到年老还在钻研经籍，形容好学不倦。

### 猜谜语

舍南舍北皆春水。
（打一字）

临别题字。
（打一书法字体）

红崖陡峭生恐惧。
（打一三国时期著名战役）

漫谈佛典。
（打一文学古籍）

府罗将相

| 甲骨文 | 金文 | 篆文 | 隶书 | 楷书 | 行书 | 草书 | 标准宋体 |
|---|---|---|---|---|---|---|---|
| | 府 | 府 | 府 | 府 | 府 | 府 | 府 |

### 解字堂

"府"是会意字。"付",既是声旁也是形旁,表示交接。"府",金文 ⿸=人(屋顶,代房屋)+⿰(付,交接)+⿱(贝,财宝),表示交接财宝的房屋。篆文⿸省去"贝"⿰,将人写成广,明确建筑主题。隶化后楷书写作"府"。

"府"的本义是官方藏放财宝的地方。如《史记·项羽本纪》:"籍吏民,封府库,而待将军。"又指国家储藏文书的地方。如《汉书·郊祀志上》:"史书而藏之府。"

从"府"表示国库的义项可以引申出政治中心、官署的意思,用作名词。如诸葛亮《出师表》:"宫中府中,俱为一体。"

根据"府"表示政府的意思可以引申出唐朝至清朝的行政区划的名称的义项。如太原府、济南府、府元(府试头名)、府庠(州府里的学校)。

"府"用作名词,还可以表示官邸、第宅。既可以表示地方行政长官或达官贵人的官邸,如王府(有王爵封号的人的住宅)、府寺(古代公卿的官舍)、府舍(官舍,官邸);又可以表示对别人住宅的敬称,如府邸、府上、府第等。

### 名言馆

以八法治官府。
· 《周礼·太宰》

在府言府。
· 《礼记·曲礼》

以问公卿,亦以为虚费府帑。
· 《汉书·匈奴传》

缙绅大夫士萃于左丞相府,莫知计所出。
· (宋)文天祥《〈指南录〉后序》

谜语答案　漆　行书　赤壁之战　诗经

# 府罗将相 luó

罗

| 甲骨文 | 金文 | 篆文 | 隶书 | 楷书 | 行书 | 草书 | 标准宋体 |
|---|---|---|---|---|---|---|---|
| 𦁲 | 羅 | 羅 | 羅 | 羅 | 羅 | 罗 | 罗 |

## 名言馆

万物毕罗，莫足以归。
　　　　·《庄子·天下》

红罗复斗帐。
　　　　·汉乐府《古诗为焦仲卿妻作》

乐工等罗列上前。
　　　　·（宋）王谠《唐语林·雅量》

## 解字堂

"羅"是会意字。甲骨文𦁲＝网（网，捕鸟的网罩）+隹（隹，鸟），表示捕鸟用的网。金文羅加"系"，明确字义。篆文羅承续金文字形。隶书羅将篆文的"网"写成"四"，使造字线索不明。隶定后楷书写作"羅"。简化后写作"罗"。

"罗"本义是捕食的网。如《诗·王风·兔爰》："有兔爰爰，雉离于罗。"引申作动词，指用网捕鸟。如《诗·小雅·鸳鸯》："鸳鸯于飞，毕之罗之。"

"罗"用作名词，还可以表示透气的稀疏而轻软的丝织品。如唐岑参在《白雪歌送武判官归京》中描写边塞夜半下雪寒冷时写道："散入珠帘湿罗幕，狐裘不暖锦衾薄。"

"罗"用作动词，还表示招致、收拢。如司马迁在《报任安书》中写道："网罗天下放失旧闻。"

"罗"用作动词，还可以表示网格状排列的意思。如晋陶渊明在《归园田居》中描写归隐后所居庭院外景时写道："榆柳荫后檐，桃李罗堂前。"这里的"罗"即为罗列。

府罗将相

| 甲骨文 | 金文 | 篆文 | 隶书 | 楷书 | 行书 | 草书 | 标准宋体 |
|---|---|---|---|---|---|---|---|
| 𢆉 | 牆 | 將 | 將 | 將 | 將 | 将 | 将 |

### 解字堂

"将"是会意字。"将",甲骨文=爿(爿,床)+又又(两个"又",两只手),表示双手忙碌,照顾卧床的老弱病伤者。篆文承续甲骨文字形,隶定后楷书写作"將"。简化后写作"将"。古初借牆(牆、牆)为将,故金文牆从爿从酉,以致《说文解字》说:"將,帅也。从寸,从牆省声。"

"将"的本义是用酒肉美食照顾卧床的老弱病伤者,用作动词,读作jiāng。如《诗·小雅·四牡》中有一句:"不遑将母。"这里的"将"意为供养、奉养。

从本义可引申出扶持的意思,用作动词,也读作jiāng。如《木兰辞》中有这样一句:"爷娘闻女来,出郭相扶将。"

"将"读作jiāng时,还可以表示带着、率领,用作动词。如《三国志·蜀书·诸葛亮传》:"将荆州之军。"

"将"读作jiāng时,还可以表示就要、将要,用作副词。如《孟子·告子下》中写道:"天将降大任于斯人也。"

"将"读作jiāng,还可以表示拿,用作介词。如将心比心、将功补过、将计就计等。

"将"还可以读作jiàng,表示帅、统领全军者,用作名词。如《吕氏春秋·执一》中写道:"军必有将。"

### 名言馆

国之将兴,尊师而重傅。

· 《汉书·元帝纪》

徒令上将挥神笔,终见降王走传车。

· (唐)李商隐《筹笔驿》

进将有为,退必自修。君子出处惟此二事。

· (明)薛瑄《读书录》

府罗将相

xiàng

相

| 甲骨文 | 金文 | 篆文 | 隶书 | 楷书 | 行书 | 草书 | 标准宋体 |
|---|---|---|---|---|---|---|---|
| | | | | 相 | 相 | | 相 |

## 名言馆

伊尹相汤伐桀。
　　　　　——《书·汤誓》

宗庙之事，如会同，端章甫，愿为小相焉。
　　　　　——《论语·先进》

邻国相望。
　　　　　——《史记·货殖列传》

伯乐学相马，顾玩所见，无非马者。
　　　　　——（汉）王充《论衡·订鬼》

儿已薄禄相。
　　　　　——汉乐府《古诗为焦仲卿妻作》

## 解字堂

"相"是会意字。"相"，甲骨文=木（木，树）+目（目，远眺），表示在高树上远眺。有的甲骨文相写成左右结构。金文、篆文相承续甲骨文字形。隶定后楷书写作"相"。

"相"的本义是视察。如《诗·大雅·公刘》："相其阴阳，观其流泉。"引申为通过观察面相、形体来推测人的命运。如《史记·黥布列传》："人相我当刑而王。"引申为面相、相貌，如《史记·李将军列传》："岂吾相不当侯邪。"

"相"用作动词，还表示辅佐、佐助。如《左传·僖公二十三年》中写道："吾观晋公子之从者，皆足以相国。"引申为帮助盲人行路的人。如《论语·季氏》："危而不持，颠而不扶，则将焉用彼相矣？"引申为国君的辅佐大臣。如《孟子·公孙丑上》："夫子加齐之卿相，得行道焉。"

"相"用作副词时读作xiāng，既可以表示互相，如《老子》中写道："民至老死不相往来。"又可以表示一方对另一方有所动作，如《列子·汤问》："杂然相许。"

## 温故知新

 **四字通解**

府罗将相，意思是宫殿内聚集了文武百官、公卿将相。这也是国家中人才集聚，国力兴盛的表现。

"府"，原本指国家收藏文书或财物的地方；汉至南北朝时期多指高级官员及诸王治事之所；从唐代至清代则多用作行政区域名，其等级在县和省之间，大致相当于现在的地级市，比如宋代著名的开封府，中国老百姓心目中的好干部包拯曾在那里当过一年多的府尹；现在主要是指国家行政机关，比如政府。而"府罗将相"的"府"则表示政府官员的办公场所。

"罗"，《说文解字》解释为"以丝罟鸟也"意为用网捕捉鸟兽。在这里有聚集、分布的意思。

"将"，《说文解字》解释为"帅也"，但不是所有的将都是帅，只有主将或者负责统领全军的将才能称为帅。

"相"，古代辅佐帝王的大臣，后专指宰相。作为军事和行政上的最高官员，将和相是一个国家最重要的大臣，二者之间的关系会对国家兴亡产生重大影响。因此"将相和"的故事成为将与相和谐相处的典范，广为流传。姜太公说"将相分职"是在有一个贤明君主坐镇情况下的选拔人才方式，否则会导致将和相各管一摊，谁也不搭理谁，造成效率低下和派系斗争。能否调和好将相之间的关系，体现的是一个贤明君主的用人手段。

 **故事厅**

### 将相和

战国时，廉颇是赵国的著名将领，他因军功显赫，被赵惠文王授以最高官职。当时，蔺相如只是太监头目缪贤的门客，在秦王诈以二十城换取赵国的稀世之宝和氏璧时，他带璧出使秦国，挫败秦王之阴谋，完璧归赵，被赵王封为上大夫。接着在秦、赵的渑池之会上，他又力挫秦王的气焰，捍卫了赵国的尊严；回国后，赵王蔺相如为上卿，位列右班，地位在廉颇之上。

廉颇愤愤不平，蔺相如以国家安危为重，对廉颇容忍谦让。使廉颇愧悟，负荆请罪，二人成为至交。将相和的故事传为美谈。

### 相敬如宾

相敬如宾是形容夫妻间像对待宾客一样互相尊重，出自《左传·僖公三十三年》。

春秋时期，晋国大臣郤芮因罪被杀，儿子郤缺也被废为平民，务农为生。郤缺不因生活环境和个人际遇的巨大变化而怨天尤人，而是一面勤恳耕作以谋生，一面以古今圣贤为师刻苦修身。他的德行与日俱增，不仅妻子甚为仰慕，就连初次结识的人也无不赞叹。

一次郤缺在田间除草，午饭时间妻子将饭送到地头，十分恭敬地跪在丈夫面前，郤缺连忙接住，频致谢意。夫妻俩相互尊重，饭虽粗陋，倒也吃得有滋有味。

此情此景，感动了路过此地的晋国大夫胥臣，一番攀谈，胥臣认为郤缺是治国之才，极力举荐他为下军大夫，后来郤缺立大功，升为卿大夫。

府罗将相

 ## 知识角

### 府兵制

府兵制是中国古代兵制之一。该制度最重要的特点是兵农合一。府兵平时为耕种土地的农民，农隙训练，战时从军打仗。府兵参戍武器和马匹自备，全国都有负责府兵选拔训练的折冲府。源起于北魏时期鲜卑人当兵、汉人务农的政策，这政策明显地带有民族隔离的色彩。到了北周后期，迫于形势，汉人也被募充作府兵。杨坚为北周大丞相时，就下令西魏受赐鲜卑姓的汉人可恢复汉姓，开始破除了鲜卑人当兵、汉人务农的规定。隋开皇十年（590），隋文帝又下令府兵全家一律归入州县户籍，受田耕作，变军籍为民籍，兵士本人则由军府统领。这一改革措施不但使农业户口大增，促进了农业的发展，而且更适应了民族融合和时代趋势，有利于民族团结和国家统一。这一制度在唐太宗时期达到鼎盛，至唐玄宗天宝年间（742—756）停废，历时约二百年。

### 鸡犬之声相闻，老死不相往来

"鸡犬之声相闻，老死不相往来"出自老子的《道德经》。春秋时期，思想家老子认为相邻的两个国家彼此可以望见，两国鸡狗的叫声都可以听见，各自吃自己国家的丰富食物，穿自己的衣服，按照自己的风俗生活，直到老死都不发动战争。老子向往这样一种原始的纯朴风气。

然而现在这句话被曲解为：彼此挨得很近，常在不经意间了解到彼此的信息，却彼此不了解，不互通音讯，双方仍像陌生人一样，各自过自己的生活。古人打仗的时候讲究一来一往，也叫作回合，老子在这里用"往来"这种战斗中的行为代指战争，他的本意是：即使两国人民相处得很近，交往密切到连鸡狗的叫声都混在一起，却从来不发生战争。

 ## 成语窗

**文宗学府**
文章的宗伯，学问的渊府。比喻学问渊博的人。

**胸有城府**
形容心机深沉，毫不外露，难于窥测。

**星罗棋布**
像天空的星星和棋盘上的棋子那样分布着。形容数量很多，分布很广。

**包罗万象**
形容内容丰富，应有尽有。

**大厦将倾**
比喻即将来临的崩溃局势。

**拜将封侯**
拜为将领，封为列侯。古代形容功成名就，官至极品。

**解囊相助**
解开口袋拿出财物帮助别人。

**伴食宰相**
指身居相位而庸懦不能任事者。

### 猜谜语

喜盈门。
（打一文学体裁）

漫游汉阳到黄昏。
（打一字）

脚著谢公屐。
（打一成语）

有头有脸。
（打一外国政治职务）

路侠槐卿

| 甲骨文 | 金文 | 篆文 | 隶书 | 楷书 | 行书 | 草书 | 标准宋体 |
|---|---|---|---|---|---|---|---|
|  | 路 | 路 | 路 | 路 | 路 | 路 | 路 |

### 解字堂

"路"是会意字。"各",既是声旁也是形旁,是"略"的本字,表示进犯。"路",金文路=足(足,得胜归邑)+各(各,出门向他邑征伐),表示出征或归邑。篆文路承续金文字形。隶定后楷书写作"路"。

"路"的本义是大军出征或归邑,后泛指途经、经过,用作动词。如屈原在《离骚》中写道:"路不周以左转兮,指西海以为期。"

"路"作名词,可以表示道路、路途。如屈原在《离骚》中感叹:"路漫漫其修远兮,吾将上下而求索。"组词如道路、公路、山路、小路、铁路、马路等。

"路"还可以表示线索、条理、方式。如思路,表示思考的线索、方式;门路,指实现某种目的的方式;笔路,表示写作的思路、逻辑;套路,泛指成套的技巧、程式、方法等。

"路"还可以用作量词,表示线、队。如九路公交车,是指城市公共交通系统中的第九号线路。再如三路大军,是指三队大军。

### 名言馆

是率天下而路也。

· 《孟子·滕文公上》

---

路不拾遗,国无狱讼。

· (汉)贾谊《新书·先醒》

---

顾未有路。

· 《史记·魏公子列传》

---

忠谏之路。

· (三国)诸葛亮《出师表》

谜语答案　乐府　罗　行将就木　首相

路侠槐卿

| 甲骨文 | 金文 | 篆文 | 隶书 | 楷书 | 行书 | 草书 | 标准宋体 |
|---|---|---|---|---|---|---|---|
| | | 俠 | 侠 | 俠 | 侠 | 侠 | 侠 |

## 名言馆

今游侠，其行虽不轨于正义，然其言必信，其行必果，已诺必诚，不爱其躯，赴士之厄困，既已存亡死生矣，而不矜其能，羞伐其德，盖亦有足多者焉。

· 《史记·游侠列传》

---

材力绝人，少重然许，喜侠节。

· 《新唐书·窦建德传》

---

刘义者，亦一节士。少放肆为侠行，因酒杀人亡命。

· 《新唐书·刘义传》

---

任气好斗，诸为里侠者皆下之。

· （明）高启《书博鸡者事》

## 解字堂

"侠"是会意字。"（夾）夹"，既是声旁也是形旁，表示挟持。"侠"，篆文俠＝亻（人）+夾（夾，挟持），表示挟持富豪或强权者的仗义勇士。隶定后楷书写作"俠"。简化后写作"侠"。

"侠"本义是古代行游四方、劫富济贫、除强扶弱、仗义行道的勇士。《说文解字》："侠，俜也。"意思是侠指仗义行道的武士。组词如侠客、侠气、侠胆肝照、大侠、豪侠、武侠、行侠、游侠等。

金庸名著《神雕侠侣》第二十回郭靖谈到侠之大者："我辈练功学武，所为何事？行侠仗义、济人困厄固然乃是本分，但这只是侠之小者。江湖上所以尊称我一声'郭大侠'，实因敬我为国为民、奋不顾身地助守襄阳。然我才力有限，不能为民解困，实在愧当'大侠'两字。你聪明智慧过我十倍，将来成就定然远胜于我，这是不消说的。只盼你心头牢牢记着'为国为民，侠之大者'这八个字，日后名扬天下，成为受万民敬仰的真正大侠。"

关于"侠"有以下3种分类：

1. 墨侠：春秋战国时期，诸子百家中墨家的一支，与墨辨组成墨家。代表人物有墨翟、徐夫人等。

2. 任侠：先秦时期对于游侠的统称。代表人物有盖聂、荆轲等。

3. 义侠：春秋战国时期，侠家的别称。据传为苏秦传人创立，以"侠义爱民"为教义。

"侠"又通"夹"，如《史记·刘敬叔孙通列传》："殿下郎中侠陛。"

路侠槐卿

| 甲骨文 | 金文 | 篆文 | 隶书 | 楷书 | 行书 | 草书 | 标准宋体 |
|---|---|---|---|---|---|---|---|
| | | 槐 | 槐 | 槐 | 槐 | 槐 | 槐 |

## 解字堂

"槐"是形声字。《说文解字》："槐，木也。从木，鬼声。"

与"槐"有关的"槐棘"一词值得一提。周代朝廷种三槐、九棘，公卿大夫分坐其下，以定三公九卿之位。后因以"槐棘"喻指三公九卿之位。如晋葛洪《抱朴子·审举》："上自槐棘，降逮皂隶，论道经国，莫不任职。"又《礼记·王制》："正以狱成告于大司寇，大司寇听之棘木之下。大司寇以狱之成告于王，王命三公参听之。"后因以"槐棘"指听讼的处所。如《三国志·魏书·高柔传》："古者刑政有疑，辄议于槐棘之下。自今之后，朝有疑议及刑狱大事，宜数以咨访三公。"

槐树，又名国槐，是一种观赏乔木，树形高大，其羽状复叶和刺槐相似。花为淡黄色，可烹调食用，也可作中药或染料。其荚果跟其他豆类植物不同，肉胶质，在种粒之间收缩，形成念珠状，俗称"槐米"，也是一种中药。花期在夏末，和其他树种花期不同，是一种重要的蜜源植物。花和荚果入药，有清凉收敛、止血降压作用；叶和根皮有清热解毒作用，可治疗疮毒；木材供建筑用；种仁含淀粉，可供酿酒或作糊料、饲料；皮、枝叶、花蕾、花及种子均可入药。槐树木材可供建筑和制家具。花蕾可做黄色染料。

## 名言馆

面三槐，三公位焉。
·《周礼·秋官》

敦与之山，槐水出焉。
·《山海经·北山经》

槐木，虚星之精。
·《春秋说题辞》

| 甲骨文 | 金文 | 篆文 | 隶书 | 楷书 | 行书 | 草书 | 标准宋体 |
|---|---|---|---|---|---|---|---|
| | | | 卿 | 卿 | 卿 | 卿 | 卿 |

## 名言馆

卿无共御，立军尉以摄之。
  ·《左传·成公十八年》

吾有卿之名而无其实。
  ·《国语·晋语》

今卿廓开大计，正与孤同。
  ·（宋）司马光《资治通鉴》

## 解字堂

"卿"是会意字。"卿"是"乡"的本字。古代"卿""乡"通用。"卿"，甲骨文🗚=🗚（张口的人）+🗚（食）+🗚（张口的人）。表示主、宾围着餐桌的食物相向而坐，一同进餐。金文🗚基本承续甲骨文字形。篆文🗚将金文字形中的两个"人"🗚写成🗚，以致"人"形消失。隶书🗚将篆文的"食"写成🗚。当"卿"的"相向进餐"本义消失后，篆文再加两个"口"另造"乡"🗚代替。当"乡"的本义消失后，篆文再加"食"另造"飨"🗚代替。

"卿"用作名词，表示对高官、重臣的尊称。如《史记》中记载道："既罢归国，以相如功大，拜为上卿，位在廉颇之右。"这里的"卿"是古代官名。春秋时，周朝及诸侯国都有卿，是高级长官，分为上、中、下三级（即上卿、中卿、下卿）。战国时作为爵位的称谓，一般授予劳苦功高的大臣或贵族。相当于丞相（宰相）的位置，并且得到王侯、皇帝的青睐。

"卿"用作代词，表示第二人称的昵称。如《玉台新咏·古诗为焦仲卿妻作》中写道："我自不驱卿，逼迫有阿母。"这里的"卿"就表示你。

## 温故知新

### 四字通解

路侠槐卿，意思是宫廷外官道旁站立的都是三公九卿。

"路"，本指道路，但在这指君王居住的地方，如古代君主宫中最里面一道门叫"路门"、君主处理政事的宫室正殿叫"路寝"。

"侠"，通"夹"，从左右两方相扶持。

"卿"是高级长官或爵位的称谓。周代外朝的场地中间，也就是天子座位的对面，有三棵大槐树，这是三公的位置。左右各种植棘树九棵，九卿大夫位列其下。所以也称公卿为"槐卿"。

古人为什么要用棘和槐这两种树来作象征呢？他们觉得，棘这种植物象征着官员在处理政务过程中的三根棘刺定罪责的优良作风。《周礼》解释"三刺"，凡是重大疑难案件，首先要交给群臣讨论，没有讨论出个结果来，就再交给群吏讨论，还没结果，就交给全国人民来讨论。槐象征的是"怀"，就是一直想请这些人来商量事情。

### 故事厅

**筚路蓝缕**

筚路蓝缕最早出现于《左传·宣公十二年》："筚路蓝缕，以启山林。"筚路指柴车；蓝缕指破衣服。意思是坐着柴车，穿着破衣服去开辟山路。用以形容创业艰辛。关于这个成语有这样一个小故事。

春秋时期，楚庄王率军攻打郑国，郑国派大夫皇戍到晋国求援，并称楚人很骄傲，现在出兵可以大败楚军。下军副将栾书极力反对，说楚王灭庸以后经常教育百姓，不要忘记楚国先君若敖开创基业时筚路蓝缕的生活。但晋国仍出兵，结果被楚军打败。

**槐南一梦**

唐朝李公佐的《南柯太守传》记载着这样一个故事：

东平人淳于棼一天在一株古槐树下醉倒，接着梦见自己变成大槐国国王的驸马，任"南柯太守"二十年，与金枝公主生了五男二女，荣耀一时。后来因与檀萝国交战，吃了败战，金枝公主亦病死，最后被遣发回家，沿途破车惰卒，梦突惊醒，醒来后发现"槐安国"和"檀萝国"竟都是蚁穴，历历如现。

这个故事反映了人生如梦，后来成语有所谓的"槐南一梦""南柯一梦"，典始于此，与"黄粱一梦"剧情类似。

### 猜谜语

扫雪通花径。
（打一四字商业术语）

春风得意马蹄疾。
（打一围棋术语）

陕西省西安人。
（打一字）

 ## 知识角

### 三公九卿

三公是中国古代最尊显的三个官职的合称：丞相，政府最高行政长官，有一个秘书处十三曹，下辖九卿。太尉，最高军政长官，负责管理全国军事事务，但他平时没有军权，战时也要听从皇帝的命令，而且要有皇帝的符节才能调动军队，军权实际上也是掌握在皇帝手里。御史大夫，主要管理记事，其地位相当于副丞相，主要职责是管理图籍、奏章，监察文武百官。御史大夫下设御史中丞，驻在皇宫；侍御史，弹劾中央和皇宫一切事；监御史，中央派到地方各郡负责监督郡守的御史。

九卿是指古时中央政府的多个高级官员，指官位很高的人。秦汉时期的卿，不一定是九个人，九卿言其官职完备。后九卿指：奉常，掌管宗庙礼仪，地位很高，属九卿之首；郎中令，掌管宫殿警卫；卫尉，掌管宫门警卫；太仆，掌管宫廷御马和国家马政；廷尉，掌管司法审判；典客，掌管外交和民族事务；宗正，掌管皇族、宗室事务；治粟内史，掌管租税钱谷和财政收支；少府，掌管专供皇室需用的山海池泽之税及官府手工业。

### 古代行政区划单位——路

"路"是宋元时代行政区域名。宋代的"路"相当于明清的省，元代的"路"相当于明清的府。唐中叶后，"道"已名存实亡，节度使所辖之地虽不少称"道"，但道制行政区划混乱不堪；到了宋朝，最高行政区划是"路"，"路"略似唐之道，是仿唐代的道制而置；"道"和"路"最初都是监察区的性质，然后转化为行政区。

 ## 成语窗

### 半路出家
指成年后才去做和尚或尼姑。比喻中途改业，不是科班出身。

### 柔情侠骨
温柔的情态，侠义的性格。

### 侠肝义胆
形容见义勇为、锄强扶弱、打抱不平的心肠和行动。

### 指桑骂槐
指着桑树骂槐树。比喻表面上骂这个人，实际上是骂那个人。

### 蚂蚁缘槐
蚂蚁沿着槐树上下爬。比喻自以为了不起。

### 卿卿我我
形容男女相爱，十分亲昵，情意绵绵。

### 名公巨卿
指有名望的权贵。

户封八县

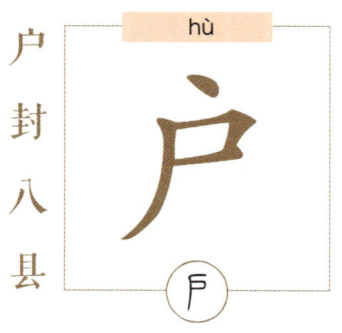

hù

| 甲骨文 | 金文 | 篆文 | 隶书 | 楷书 | 行书 | 草书 | 标准宋体 |
|---|---|---|---|---|---|---|---|
| 日 | 日 | 戶 | 戶 | 户 | 户 | 户 | 户 |

## 解字堂

"户"是象形字。甲骨文字形像一块有转轴的木板,是门的一半。一般房间的入口只有单扇门板,大厅的入口才有两扇门板。籀文有所变形,误将甲骨文"户"的上格断开写成尸,并加"木",强调木质材料。篆文省去"木"。楷书将篆文不完整的小门上格淡化成一短横或一点。

"户"的本义是指单扇的门,用作名词。如晋干宝《搜神记》中写道:"出户望南山。"

"户"用作名词,还可以表示住户、人家。如《易·讼》中写道:"其邑人三百户。"再如我们常说的户口、户籍也是这个意思。户口为住户和人口的总称,计家为户,计人为口。户口即户籍,由公安机关户政管理机构所制作的,用以记载和留存住户人口的基本信息的法律文书。户口是中国所独有的一种人口管理方法。一个中国人出生后被要求选择其父母中的一方的户籍作为自己的户籍;就学、就业等也可以迁移户口,但有时地方政府会限制迁移的名额,以及征收高额城市增容费;因超生等原因也存在大量没有户口的人口。正规中文的"户口",除了指户数和人口之外,内地常以它代替"户籍"。派出所的户籍民警,负责登记造册,记录各家成员姓名、性别、年龄、职业、住址、成员关系等各类资料。生了孩子,须报户口;有人去世,要销户口。"户口"对人至关重要。

"户"还可以用作量词,表示"家"。如《史记》中写道:"徙天下豪富于咸阳十二万户。"

## 名言馆

窥其户。
·《易·丰》

初九,不出户庭,无咎。
·《易·节》

不出户知天下。
·《老子》

户说以眇论。
·《史记·货殖列传》

谜语答案 打开销路 路飞 侠

户封八县

户封八县

| 甲骨文 | 金文 | 篆文 | 隶书 | 楷书 | 行书 | 草书 | 标准宋体 |
|---|---|---|---|---|---|---|---|
| 𡉚 | 𡉚 | 封 | 封 | 封 | 封 | 寿 | 封 |

## 名言馆

所封封域。
·《周礼·春官·保章氏》

于是封之，崇四尺。
·《礼记·檀弓下》

籍吏民，封府库，而待将军。
·《史记·项羽本纪》

故太公望封于营丘。
·《史记·货殖列传序》

## 解字堂

"封"是会意字。"丰"是"封"的本字。"丰"，甲骨文 𡉚 =（"未"的变形，枝叶茂盛的树木）+ ●（土，二堆），表示植树于土上。当"丰"主要作为名词使用后，甲骨文再在"丰"字基础上再加"又" 𡉚（用手抓持、执苗）另造"封" 𡉚代替，强调执苗种树。金文承续甲骨文字形。有的金文 𡉚 承续甲骨文字形。篆书 𡉚 误将金文字形中的"未"写成不知所云的 𡉚，将金文字形中的"又"写成"寸"，至此"封"字"种植草木"的字形线索消失。隶定后楷书写作"封"。

"封"的本义是封土植树。如《周礼·地官·大司徒》："制其畿方千里，而封树之。"引申为帝王封土祭天，如《周礼·春官·肆师》："类造上帝，封于大神；祭兵于山川，亦如之。" 又可以引申为聚土筑坟，如《易·系辞下》："古之葬者，厚衣之以薪，葬之中野，不封不树。"引申为名词，表示冢、土堆，如《礼记·礼器》："宫室之量，器皿之度，棺椁之厚，丘封之大，此以大为贵也。"

古代植树于土堆以为封域，故"封"表示帝王分给诸侯土地、爵位、名号等。如《墨子·鲁问》："请裂故吴之地方百里以封子。"引申为名词，表示帝王分给诸侯的土地、爵位、名号等。《书·蔡仲之命》："肆予命尔侯于东土，往即乃封。" 后泛指疆界。如《左传·僖公三十年》："（晋）既东封郑，又欲肆其西封。"后一"封"即用此意。

"封"用作动词，还可以表示封闭。如《史记·项羽本纪》中写道："封闭宫室，还军霸上。"

"封"还可以用作量词，表示件，如一封信。

卢封八县

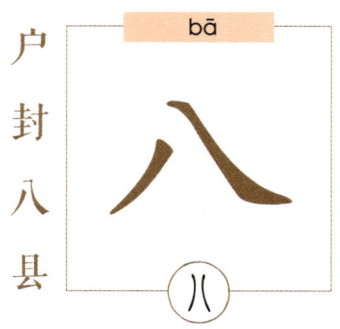

bā

| 甲骨文 | 金文 | 篆文 | 隶书 | 楷书 | 行书 | 草书 | 标准宋体 |
|---|---|---|---|---|---|---|---|
| )( | )( | )( | 八 | 八 | 八 | 八 | 八 |

### 解字堂

"八"是指事字。甲骨文)(是相背的两条弧线的指事符号，表示物体被分离为两部分。金文)(、篆文)(承续甲骨文字形。楷书八承续隶书字形，写成一撇一捺。当"八"的"切分"本义消失后，篆文再加"刀"另造"分"代替。古人认为"八"是极限数。

"八"的本义是切分，用作动词，这个词义后来由"分"代替。《说文解字》中将其解释为："八，别也。象分别相背之形。"意思是，"八"表示划分、区别，像一分为二、相别相背的形状。

此后"八"一直用作数词，是七与九之间的正整数。如《战国策·齐策》中描写邹忌的外貌时写道："邹忌修八尺有余。"意思是邹忌身高八尺之多。这里的"八"就表示数量。再如我们常听到的成语"八拜之交"，意思是旧时汉族社会交际习俗。原表示世代有交情的两家弟子谒见对方长辈时的礼节，旧时也用来称异姓结拜的兄弟姐妹。后常用以比喻关系极为密切。如《东周列国志》："某与兄有八拜之交，誓同富贵，此行倘有进身之阶，必当举荐吾兄，同立功业。"后来八拜之交指：管鲍之交——管仲和鲍叔牙；知音之交——伯牙和钟子期；刎颈之交——廉颇和蔺相如；舍命之交——羊角哀和左伯桃；胶漆之交——陈重和雷义；鸡黍之交——张勋和范式；忘年之交——孔融和祢衡；生死之交——刘备、张飞和关羽。

### 名言馆

八月在宇。

·《诗·豳风·七月》

八者，维纲也。

·《大戴礼记·本命》

秦王复击轲，被八创。

·《战国策·燕策》

## 县 xiàn

户封八县

| 甲骨文 | 金文 | 篆文 | 隶书 | 楷书 | 行书 | 草书 | 标准宋体 |
|---|---|---|---|---|---|---|---|
|  | 縣 | 縣 | 縣 | 縣 | 縣 | 縣 | 县 |

### 名言馆

今来县宰加朱绂，便是生灵血染成。
· （唐）杜荀鹤《再经胡城县》

而今风物那堪画，县吏催钱夜打门。
· （宋）苏轼《陈季常所蓄朱陈村嫁娶图》

衙斋卧听萧萧竹，疑是民间疾苦声。些小吾曹州县吏，一枝一叶总关情。
· （清）郑板桥《潍县署中画竹呈年伯包大中丞括》

### 解字堂

"縣"是会意字。"縣"是"悬"的本字。"系"，既是声旁也是形旁，表示用绳子系吊。"縣"，金文=木（木，木桩）+糸（糸，用绳索悬吊）+首（首，人头），像木桩上悬挂着一颗人头。有的金文将表示人头的"首"写成头发倒垂的"",强调"倒挂"首级。篆文省去金文字形中的"木"，突出倒挂的头颅""。当"縣"的"吊挂"本义消失后，篆文再加"心"另造"悬"，表示吊挂着令人担心不安。隶书基本承续篆文字形。隶定后楷书写作"縣"。简化后写作"县"。

"县"的本义是古代官府将被处决的死刑犯的头颅悬挂在城门前的木桩上，用以示警戒恶。后泛指吊挂、悬置，用作动词。如《诗·魏风·伐檀》中写道："不狩不猎，胡瞻尔庭有县鹑兮？"翻译为不打猎，为什么看见你家庭院里悬挂鹑呢？这里的"县"翻译为悬挂着。这个义项后来由"悬"取代。

"县"用作名词，表示古代司法、施刑权的最基层行政机构。唐杜甫《兵车行》："县官急索租。"意思是县官紧急地催逼百姓交租税。这里的"县"就是指行政机构。"县"的名称始于春秋时期，秦统一六国，推行郡县制，是现代县制的开端。当代中国有1400个县。县与县级市、市辖区、自治县、旗、自治旗、林区、特区一道，作为"县级行政区"，是中国法定事实上的，由省、直辖市、自治区等一级行政区直辖或较大的市、自治州等二级行政区管辖。

## 温故知新

 **四字通解**

户封八县，意思是这些公卿将相的待遇，都是异常的丰厚。他们每户有八县之广的封地。

"户"，《说文解字》解释为"半门曰户"，也就是指单扇门。"門"（门）这个字就是由两个相对的"户"组成的。"户"与"门"区别在于使用区域上：位于宅院内部堂室的门主要是供人出入用的，所以多为单扇，这就是"户"，而位于宅院最外面的门除了人走还得供车马出入，所以需要宽一些，多用双扇，这就是"门"。后来"户"不光指单扇门了，而是指人家、住户，比如用来登记户口的册子称为"户籍"，方便政府对居民的管理。

"封"，《说文解字》解释为"爵诸侯之土也"。在太古时期，人们多利用自然林木来划分族与族之间之界限，后帝王把爵位及土地赐给王室成员和有功的大臣。周朝建立以后，开始分封建国，设立八百诸侯国。西周和春秋时期采取分封制，受封者不仅可以享受封地上的经济权益，还有政治上的统治权，这块土地上的老百姓都得按户及时足额交赋税，所以封地一般不以土地面积来衡量，而是以地面上居民的户数来计算。

"八"，本义指相背分开，后多用作数词，这里不是确数，表示多。

"县"，古通"悬"，指把一个东西绑着悬挂起来；古称钟磬等乐器，又专指秤锤；假借为"寰"，指古代帝王京城周围千里以内的大片区域；后又被作为行政区划单位，周代县比郡要大，秦以后县隶属于郡，现在成为地区、自治州、直辖市之下的一级行政区划。

 **故事厅**

### 李广难封

汉景帝即位后，李广被任命为上谷太守、上郡太守等职。在抗击北方匈奴的战争中，他屡立战功，被升迁为将军，但一直没能封为侯爵。

李广在参与卫青大将军的漠北之决战时，卫青让李广从侧路袭击。但李广一介勇夫思想的顽疾出现，他请战当先锋，但卫青却没有同意李广的请求，李广怒而回部。一是卫青了解李广，李广自以为是，不听指挥，没有大局意识，跟敌人小打小闹行，大规模作战就不能胜任了；二是卫青看到李广年纪也大了，体力和精力都不足，而且李广急于封侯，想最后一搏取得战绩，因此在他这种急于求胜的情况下，难免会出现失误。因此卫青还是很理智地拒绝了李广的请战请求。但就是让李广从侧路进攻，李广也没有顺利完成任务。他带领队伍迷了路，没有及时和卫青主力部队会合，以至让单于逃跑。卫青责怪了李广几句。李广顿时感到一阵悲凉："广结发与匈奴大小七十余战，今幸从大将军出接单于兵，而大将军又徙广部行回远，而又迷失道，岂非天哉！且广年六十余矣，终不能复对刀笔之吏。"然后引刀自刭，死得很悲壮。百姓闻之皆恸哭之。

后来用"李广难封"这个词慨叹功高不爵，命运多舛。

##  知识角

### 中国户籍制度的起源

中国的户籍制度最早可以追溯到两千多年前的春秋战国时期。当时诸国征战，人口成为最重要的资源，没有之一。赋税、夫役、兵丁，皆出于人口。秦国在商鞅的主持下，率先建立了严密的户口登记制度，"四境之内，丈夫女子，皆有名于上，生者著，死者削"。并禁止民众自由迁徙，"废逆旅""使民无得擅徙"，人民不得已外出住店，必须持有官方开具的介绍信，否则客人与店家一块治罪。通过建立严密的户籍制，秦国获得了强大的财税汲取能力与全民动员能力，在争霸战中胜出。

### 门当户对的来历

门当户对指男女双方的社会地位和经济情况相当，很适合结亲。

"门当"原本是指在大门前左右两侧相对而置的一对呈扁形的石墩或石鼓；"户对"则是指位于门楣上方或门楣两侧的圆柱形木雕或雕砖，由于这种木雕或砖雕位于门户之上，且为双数，有的是一对两个，有的是两对四个，所以称为户对。

用木头雕刻的户对位于门楣上方，一般为短圆柱形，每根长一尺左右，与地面平行，与门楣垂直；而用砖雕刻而成的户对则位于门楣两侧，上面大多刻有以瑞兽珍禽为主题的图案。

根据建筑学上的和谐美学原理，大门前有门当的宅院必有户对，所以，门当、户对常常被同呼并称。又因为门当、户对上往往雕刻有适合主人身份的图案，且门当的大小、户对的多少又标志着宅第主人家财势的大小，所以，门当和户对除了有镇宅装饰的作用，还是宅第主人身份、地位、家境的重要标志。

##  成语窗

**户枢不蠹**
经常转动的门轴不会被虫蛀。比喻经常运动的东西不容易受侵蚀。也比喻人经常运动可以强身。

**角户分门**
指分立门户。比喻结党营私。

**故步自封**
比喻守着老一套，不求进步。

**列土封疆**
帝王将土地分封给大臣。

**八面玲珑**
本指窗户明亮轩敞。后用来形容人处世圆滑，待人接物面面俱到。

**八街九陌**
形容城市的街道纵横，市面繁华。

**鱼县鸟窜**
比喻或受制于人，或漂泊流离，处境十分险困。

**他乡异县**
指远离家乡的外地。

### 猜谜语

北斗挂屋角。
（打一字）

寸土相连永不离。
（打一字）

三山五岳齐登遍。
（打一北京名胜）

留点悬念心不安。
（打一古代官名）

家给千兵

| 甲骨文 | 金文 | 篆文 | 隶书 | 楷书 | 行书 | 草书 | 标准宋体 |
|---|---|---|---|---|---|---|---|
| 𠆢 | 宆 | 家 | 家 | 家 | 家 | 家 | 家 |

## 解字堂

"家"是会意字。甲骨文字形中，上面采用"宀"，表示与室家有关。下面是"豕"，甲骨文就像一只长嘴、大肚子的猪。金文字形更形象地绘制出，一方屋檐下一只具有鲜活的大嘴和四只脚的猪的模样。篆书的写法与甲骨文形体相类似。隶变之后楷书写作"家"。

在农业文明时代，生产力水平低下，物质匮乏，人们通常在屋内养猪，所以房子里有猪是有人居住的标志。《说文解字》："家，居也。从宀，豭省声。㝅，古文家。"这是说，字形采用"宀"作偏旁，采用省略了"叚"的"豭"作声旁。

"家"的本义是屋内、住所，后用以表示家庭、家族。如《庄子·山木》："夫子出于山，舍于故人之家。"也可以表示家产家业；表示家人和他们所居住的地方。"家"还指奴隶社会中卿大夫的封邑。如《季氏将伐颛臾》："丘也闻有国有家者，不患寡而患不均。""家"也可以用作学术流派，中国古代最早的世界文化视野即可以归结为儒道释三家。

除名词外，家也可以用作量词，表示户。如《水浒传》："且说登州山下有一家猎户。"

## 名言馆

家半三军。

·《国语·晋语》

便要还家，设酒杀鸡作食。

·（晋）陶潜《桃花源记》

一为迁客去长沙，西望长安不见家。

·（唐）李白《与史郎中钦听黄鹤楼上吹笛》

谜语答案  户 封 八达岭 县令

家给千兵

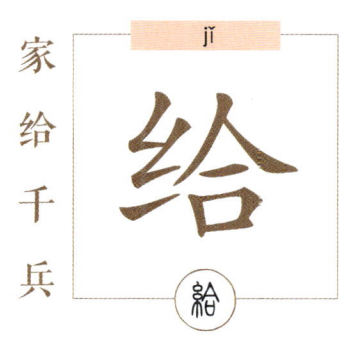

| 甲骨文 | 金文 | 篆文 | 隶书 | 楷书 | 行书 | 草书 | 标准宋体 |
|---|---|---|---|---|---|---|---|
|  |  | 給 | 給 | 給 | 給 | 給 | 给 |

## 名言馆

给事黄门省，秋光正沉沉。
· （唐）王维《送韦大夫东京留守》

足知造化力，不给使君须。
· （唐）李贺《感讽五首》其一

曾批给雨支风券，累上流云借月章。
· （宋）朱敦儒《鹧鸪天·西都作》

## 解字堂

"给"是形声字。《说文解字》："給，相足也。从糸，合声。"简化后写作"给"。

"给"的本义是供给、供养，读作jǐ。如《庄子·让王》："回有郭外之田五十亩，足以给饘粥。"后泛指共立。如《墨子·备梯》："手足胼胝，面目黧黑，役身给使，不敢问欲。"进而引申表示富裕、充足。如《淮南子·本经训》说："衣食有余，家给人足。"意思是说，每家每户都衣食充裕，人人都生活富足。"给"就解释为富裕。

"给"读作gěi时，在今天更为常用，常用作动词或介词。如《红楼梦》第八十回写迎春嫁到孙家后总遭欺凌，回娘家省亲，在王夫人房中哭诉"中山狼"丈夫花心、败家，并转述孙绍祖言"你老子使了我五千银子，把你准折卖给我的"。在这里"给"放在"我"前面作介词用，表示动作的对象、方向。

战争获胜的前提是后勤补给充实。三国时期，诸葛亮挥师北伐，蜀地多山，为了保证军队后方粮草的及时补充，诸葛亮及妻子黄月英发明了一种单轮木板车子，分为木牛和流马，木牛和流马组合在一起，用以节约人力，并快速地运载四百斤左右的食物。依靠着木牛流马，蜀军每天可以山地行路三十里，并保证了充足的粮草供应。

家给千兵

qiān

| 甲骨文 | 金文 | 篆文 | 隶书 | 楷书 | 行书 | 草书 | 标准宋体 |
|---|---|---|---|---|---|---|---|
| | | | | | | | |

## 解字堂

"千"是指事字。《说文解字》曰："十百也"。"千"这个数目字是难以表达的，因此字源上用读音相近的"人"字上面加一横以相区别来表示。

"千"表示数词，是百的十倍。如《山海经·山经·东山经》曰："自枞篼之山以至于竹山，凡十二山，三千六百里。"又如《论语·学而篇》有："道千乘之国，敬事而信，节用而爱人，使民以时。"

"千"也用来形容数目大、极多。如陆机《文赋》："清丽千眠。"又如韩愈《杂说》："世有伯乐，然后有千里马。千里马常有，而伯乐不常有。"

"千"又通"阡"，指田间小路。如《汉书·食货志上》曰："坏井田，开千伯。"

## 名言馆

千呼万唤始出来，犹抱琵琶半遮面。

· （唐）白居易《琵琶行》

千磨万击还坚劲，任尔东西南北风。

· （清）郑燮《竹石》

海纳百川，有容乃大；壁立千仞，无欲则刚。

· （清）方濬师《蕉轩随录》

家给千兵

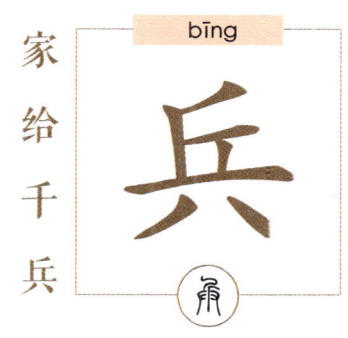

| 甲骨文 | 金文 | 篆文 | 隶书 | 楷书 | 行书 | 草书 | 标准宋体 |
|---|---|---|---|---|---|---|---|

## 名言馆

况复秦兵耐苦战，被驱不异犬与鸡。
· （唐）杜甫《兵车行》

胜败兵家事不期，包羞忍耻是男儿。
· （唐）杜牧《题乌江亭》

八百里分麾下炙，五十弦翻塞外声。沙场秋点兵。
· （宋）辛弃疾《破阵子·为陈同甫赋壮词以寄之》

## 解字堂

"兵"是会意字。甲骨文=（双手）+（斤，斧子），像双手合握长柄锋刃的砍伐器。金文将甲骨文字形中的"斧"写成"斤"；将写成。篆文承续金文字形。籀文则在金文"斤"下加一横饰笔。隶书承续了籀文字形。隶定后楷书写作"兵"。

"兵"的本义是兵器、武器。如《荀子》："古之兵，戈、矛、弓、矢而已矣。"又如《孟子·梁惠王上》曰："兵刃既接，弃甲曳兵而走。"

"兵"后来才引申为兵士、士卒。如杜甫《兵车行》："况复秦兵耐苦战，被驱不异犬与鸡。"

"兵"还可扩大词义，表示军事、战争。《孙子兵法·计篇》云："兵者，国之大事。"李白《登邯郸洪波台置酒观发兵》也有："观兵洪波台，倚剑望玉关。"

除了名词，兵还可以作动词，意为刺杀、伤害。如《史记·伯夷列传》"左右欲兵之"。

## 温故知新

 **四字通解**

家给千兵,意思是朝廷对公卿大臣配备千人以上的亲兵卫队,形容公卿将相的待遇优厚。

这说明国家已对重要官员拥有完善的安全保障措施。他们每家都有八县之广的封地,还有上千名的亲兵卫队。

国家对有功勋的重臣,配以护卫的兵卒,类似现代首长家中的警卫人员。晋朝的大书法家卫瓘,因平蜀之功被封为征北大将军、尚书令,朝廷派给他千兵。卫瓘的女儿卫铄,即众所周知的著名女书法家卫夫人,是王羲之学书法的老师。

 **故事厅**

### 千兵万马避白袍

陈庆之(484—539),字子云,义兴国山(今江苏省宜兴市)人,南北朝时期的南朝梁将领,年轻的时候曾经做过梁武帝萧衍的随从。天监元年(502),陈庆之被任命为主书。大通元年(527),44岁的陈庆之初次带兵,战涡阳取得大胜。中大通元年(529),陈庆之攻北魏,孤军深入,后援无继,在北魏军反击下,失败而返。大同五年(539)十月,陈庆之去世,时年五十六岁,谥号"武"。

陈庆之出身平民,受传统观念的影响较小,用兵极为灵活。他指挥作战的最大特色就是重视士气,善于把握战机,尤其善于打运动战。在荥阳之战中,陈庆之的演讲让梁军将士没有了任何顾虑,于是梁军在陈庆之指挥下"相率攻城",创造了两晋南北朝时期少有的战例。陈庆之的战绩在历史上赫赫有名,因为他平时非常喜欢穿白色的袍子,当时有童谣称:"名师大将莫自牢,千兵万马避白袍。"

### 猜谜语

女儿出嫁。
(打一字)

纳一半,拿一半。
(打一字)

丢出去,拾回来。
(打一字)

 ## 知识角

### 千户

千户，又叫千兵，官名，金朝开始设置。最开始的时候，专门授予汉人降臣，后来七用以称女真军事组织猛安。成吉思汗建国之后，分封功臣，又称为千夫长，共有九十五人。元朝在各路设置千户所，以千户为长官，隶属于万户，并以统兵的数量分为上、中、下三等。统兵七百人以上的为上千户所，五百人以上的为中千户所，三百人以上的为下千户所。明朝沿置为千户所长官，正五品。隶属于卫，下设百户。千户所一人掌印，一人金书，称管军，并有"试"与"实授"的区别。清朝在西北、西南等少数民族土官中设置千户一职，正五品，用于管理所辖部族和士兵。

### 分封

封是分封土地，即帝王把爵位及土地赐给王室成员和有功的臣子。封字在六书中属会意，从土、从寸，字形像植树于土上，以明疆界。周朝建立后开始分封建国，设立八百诸侯国，秦时被废除，汉朝又开始封爵食邑。诸侯自己采邑内收缴的赋税，除了向天子进贡以外，均归自己调度。历史上根据功劳，受封地最多的是羊祜。羊祜是晋武帝司马炎的太傅、征南大将军，他是使西晋灭吴战争胜利的关键人物。羊祜一生清廉仁慈，所得俸禄全部用来周济族人、奖励将士。他死后，武帝司马炎亲着孝服，痛哭流涕。

 ## 成语窗

**书香世家**
世代都是读书人的家庭。

**四海为家**
原指帝王占有全国。现在多指什么地方都可以当作是家。形容人志在四方，不留恋小天地。

**目不暇给**
东西多到眼睛都看不过来。

**自给自足**
依靠自己的生产，满足自己的需要。

**千锤百炼**
比喻经历多次艰苦斗争的锻炼和考验。也指对文章和作品进行多次精心的修改。

**千金买笑**
花费千金，买得一笑。旧指不惜重价，博取美人欢心。

**招兵买马**
旧时指组织或扩充武装力量。后比喻组织或扩充人力。

**弃甲曳兵**
丢掉盔甲，拖着武器。形容打败仗狼狈逃跑的样子。

高冠陪辇

gāo

| 甲骨文 | 金文 | 篆文 | 隶书 | 楷书 | 行书 | 草书 | 标准宋体 |
|---|---|---|---|---|---|---|---|
| 高 | 高 | 高 | 高 | 高 | 高 | 高 | 高 |

### 解字堂

"高"是象形字。甲骨文字形，如同楼台重叠之形，金文与此相类似。《说文解字》："高，崇也。象台观高之形。从冂、口。与仓、舍同意。凡高之属皆从高。"意思是说，字形像楼台重叠的样子，字形采用"冂""口"作偏旁；口，与"仓""舍"字形下部的"口"意思相同；所有与高相关的字，都采用"高"作边旁，多与高大或建筑有关。

"高"的本义是离地面远，从下到上距离大。如晏几道《临江仙》曰："梦后楼台高锁，酒醒帘幕低垂。"又如《荀子·劝学》说："不登高山，不知天之高也。"

后来还指等级在上、超越世俗的标准。如范仲淹《岳阳楼记》："居庙堂之高，则忧其民。""高"在这里是指地位、等级优于常人。汉高祖刘邦谥号高皇帝，是说他是整个宗族里最受到尊崇的先人。

"高"也作敬称。中国人口头语的敬称里，形容别人的弟子叫"高足""高台"。

"高"还是百家姓之一。

古代冠制是中国服饰制度的一个重要组成部分。帽子在过去是身份地位的象征，戴高帽者社会地位优越。中国最早的帽子可追溯至北周时期，武帝为易于让自己的军队戴用，特意把巾制成含有四个角的形状，当时称作"幞头"。后来，四角帽逐渐改为向左右延伸出两个长角，由此演变成乌纱帽。

### 名言馆

登高而招，臂非加长也，而见者远。

· 《荀子·劝学》

---

高楼当此夜，叹息未应闲。

· （唐）李白《关山月》

---

万般皆下品，唯有读书高！

· （宋）汪洙《神童诗》

谜语答案 家给千

高冠陪辇

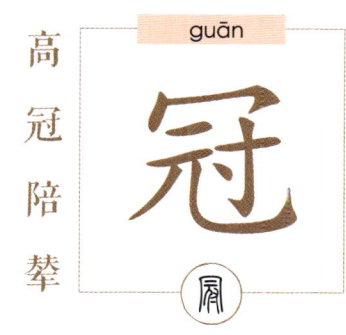

| 甲骨文 | 金文 | 篆文 | 隶书 | 楷书 | 行书 | 草书 | 标准宋体 |
|---|---|---|---|---|---|---|---|
|  |  | 冠 | 冠 | 冠 | 冠 | 冠 | 冠 |

### 解字堂

"冠"是会意字。字形上看,"冠"字由三部分构成:"冖"是帽子;"元"是人的头部;"寸"同"又",就是手。合起来表示用手给人的头上戴帽子。"冠"的本义是"帽子",或形状像帽子、在头顶上的东西。《说文解字》曰:"冠,絭也。"读guān。

《史记·廉颇蔺相如列传》写老将廉颇气得"怒发上冲冠",是说他愤怒得头发直竖,顶起帽子。后人用成语"怒发冲冠"形容极端愤怒的样子。民间用"鸡冠"形容公鸡头上高出的羽毛,用"树冠"形容树顶上茂密如盖的成荫绿叶。另有"白鸡冠花",据《本草纲目·草部·鸡冠花》记载:"用白鸡冠花,在醋中浸煮七次,取出,研为末。"

"冠"的另一个读音是guàn,表示戴帽子。古代男子成长到二十岁时,会举行加冠礼作为成人的仪式。如《礼记·曲礼上》曰:"男子二十冠而字。"又如《论语·先进》写结伴春游的乐趣,有言曰:"冠者五六人,童子六七人,浴乎沂,风乎舞雩,咏而归。"古时十分注重冠礼,《礼记·冠义》曰:"故冠而后服备,服备而后容体正、颜色齐、辞令顺。故曰:冠者,礼之始也。"后"冠者"指成年人。

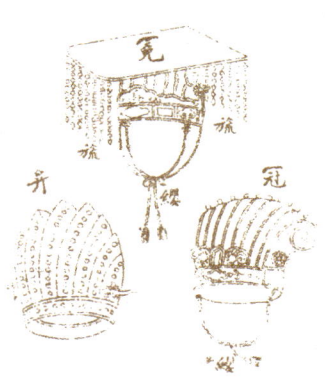

### 名言馆

王阳在位,贡公弹冠。
· 《汉书·王吉传》

瓜田不纳履,李下不正冠。
· (三国)曹植《君子行》

还因三里处,冠盖远相通。
· (唐)李世民《远山澄碧雾》

高冠陪辇

péi

| 甲骨文 | 金文 | 篆文 | 隶书 | 楷书 | 行书 | 草书 | 标准宋体 |
|---|---|---|---|---|---|---|---|
|  |  | 𨹹 | 陪 | 陪 | 陪 | 陪 | 陪 |

### 解字堂

"陪"是形声字。《说文解字》："陪，重土也。一曰满也。从𨸏，咅声。"阜（阝）表意，表示与山丘、土石有关；咅省声，有增加的意思，表示陪是重叠堆垒的土。

"陪"的本义是重叠的土堆，引申为相重，如陪乘、陪隶、陪鼎、陪都、陪臣，是指臣子的臣子，如大夫为诸侯之臣，对天子自称曰陪臣，大夫之家臣亦曰陪臣。如《礼记·曲礼下》："列国之大夫入天子之国曰某士，自称曰陪臣某。"

"陪"还表示增加、增益。如《左传·僖公三十年》："越国以鄙远，君知其难也，焉用亡郑以陪邻？"

"陪"又表示辅佐。如《史记·孝文本纪》："淮南王，弟也，秉德以陪朕。"

"陪"又表示伴随，陪伴。《汉书·司马迁传》："乡者，仆亦尝厕下大夫之列，陪外廷末议。"

### 名言馆

陪游七圣列，望幸百神迎。
 ·（唐）张九龄《奉和圣制早登太行山率尔言志》

对棋陪谢傅，把剑觅徐君。
 ·（唐）杜甫《别房太尉墓》

奉使贺成登册礼，陪班看出降恩书。
 ·（唐）张籍《送从弟彻东归》

# 高冠陪辇

## 辇 niǎn

| 甲骨文 | 金文 | 篆文 | 隶书 | 楷书 | 行书 | 草书 | 标准宋体 |
|---|---|---|---|---|---|---|---|
| | | | | | | | 辇 |

## 名言馆

暂低逢辇度，还高值浪惊。
·（唐）李世民《赋得浮桥》

一从翠辇无巡幸，老却蛾眉几许人。
·（唐）杜牧《洛中二首》其一

新岁清平思同辇，争奈长安路远。
·（唐）温庭筠《清平乐》

## 解字堂

"辇"是会意字。《说文解字》："辇，挽车也。从车，从扶。在车前引之。"甲骨文、金文像两人推车前行。篆文字形有所简化。隶定后写作"輦"。简化后写作"辇"。

"辇"的本义是人拉的车。后多用来指天子或王室坐的车子，帝王坐的车叫作御辇。王莽篡政后，事败，王宪得传国玉玺、乘坐天子的车辇。他乘天子车辇的行为，就是在告诉天下人，他想要当皇帝，因为御辇是帝王象征。

文人们也用辇指代京城。如陈琳《为袁绍上书》说："子弟生长京辇。"京辇在这里即是指京城。宋代刘子翚《汴京纪事》也有"辇毂繁华事可伤，师师垂老过湖湘"的诗句，伤感国破山川碎、帝京繁华不再。

辇还可以用作动词，指乘车。如《左传·庄公十二年》曰："以乘车辇其母。"又如杜牧名篇《阿房宫赋》曰："妃嫔媵嫱，王子皇孙，辞楼下殿，辇来于秦，朝歌夜弦，为秦宫人。"辇作动词时还解释为载送、运送。陆游《闻虏乱次前辈韵》有："辇金输虏庭。"

## 温故知新

###  四字通解

高冠陪辇，意思是将相公卿们个个都带着高高的官帽，陪伴着帝后的车辇。此词是用来形容帝王出巡，将相陪同，穿华服、驾车马、帽带飞扬、仪仗盛大的威风场面。

原始人把兽皮、树叶盖在头上以保护头部，《后汉书·舆服志》有"上古穴居而野处，衣毛而冒皮"的记载。中国古代的帽，主要有冠、冕、弁、巾帻、幞头、盔等品种。其中，冠是古代贵族男子戴的帽子，古人将长发挽为发髻，再用冠套住，不同于后世的帽子将整个头顶都盖住。为了将冠固定住，冠的两旁就有两条可以在颔下打结的小丝带，叫缨。冠圈两旁有丝的缨带，结于颔下。秦汉以后，冠梁渐宽，与冠圈连成覆杯状，其形制渐趋帽形。冠名目繁多，著名的有汉代梁冠。"辇"是会意字，上边两夫下边一车，表示两个人拉着一辆车。古代宫中用的一种轻便的人力车叫辇，秦汉之后，特指帝王与后妃专用的车乘。皇上坐的叫龙辇、凤辇。

###  故事厅

#### 沐猴而冠

《史记·项羽本纪》写楚霸王项羽，智勇胆识和武功皆过人，但为人孤傲、刚愎自用，不纳人言。

话说项羽破秦后欲往东继续开进。有人劝项王："关中这块地方，既有山河做天然屏障，四方又都占据要塞，土地肥沃，可以在这里建立国都，成就霸业。"项羽看到秦朝的宫室已被火焚烧殆尽，又思念起家乡，说："富贵不回乡，就像穿了锦绣衣衫却在黑夜里行走，有谁知道呢？"劝项王的人听了这话，讽刺道："人家都说楚国人像是猕猴戴了人的帽子，我不信，现在看来果真是这样。"项王听了这话，把劝解的人扔进沸水锅里，煮死了。

#### 车同轨

在秦始皇统一中原之前，各诸侯国是没有统一制度的，各地的马车大小也不一样，车道从而有宽有窄。古时候都是土路，车轮反复碾压之后会形成与车轮宽度相同的两条硬地车道。马车长途运输的时候，让车轮一直置于硬地车道上，行走平稳，能够显著减少畜力消耗和车轴磨损。待到国家统一了，车辆还要在不同的车道上行走，多不方便。于是，秦朝制定车同轨法令，规定车辆上两个轮子的距离一律改为六尺，这就使全国各地的道路在几年之内压成宽度一样的硬地车道，不仅能够减少商品和旅客运输过程的成本，而且有利于帝国军队带着物资快速到达全国任何郡县。所以，车同轨是秦国统一的重要战略举措。后世遂以统一文字、统一车辙来比喻国家统一。

### 猜谜语

一点一横长，口字在中央。
大口不封口，小口里面藏。
（打一字）

清点完后寸心安。
（打一字）

##  知识角

### 高姓的由来

高姓，出自姜姓。据《新唐书·宰相世系表》《元和姓纂》等记载，姜太公八世孙傒因拥立齐桓公有功，被赐予祖父公子高的名为姓。相传炎帝神农氏因居住在姜水，所以以姜为姓。炎帝十六世孙姜伯夷辅佐大禹治水有功，受封吕侯，子孙因此亦以吕为氏。姜伯夷三十七世孙姜尚，即姜太公，又称吕尚、吕望，辅佐周文王、武王灭商立周，受封于齐国。齐国传至丕公七世孙文公吕赤，赤有爱子受封于高邑，称公子高。依照周朝贵族礼仪，其孙傒取祖名为氏，为高傒。高傒在齐国为上卿时，迎立公子小白为君，就是齐桓公。高傒成为著名的渤海高氏的始祖。高傒六世孙高止在齐国遭到公孙灶、公孙排挤，出齐奔燕。高止十世孙高洪为东汉渤海郡守。渤海高氏由此发轫，繁衍不息，成为当今高姓族群中最庞大的一支。

### 龙辇

龙辇，又叫玉辇，指皇帝出行的马车，仅有皇帝和皇后可以乘坐，是皇权至高无上的标志。龙辇前面由六匹骏马驾驭，车身镶嵌有金银玉器、宝石珍珠，还雕刻有龙凤图案，尽显皇家的尊贵豪华气派。有关龙辇的记载最早出现于《史记·秦始皇本纪》，其中有"乘六马"的说法；《后汉书·舆服志》中也有"天子所御驾六，余皆驾四"的记载；这些描述都是龙辇的原型。文人的作品中则喜欢称其为玉辇，晋诗人潘岳《籍田赋》："天子乃御玉辇，荫华盖。"唐杜牧《洛阳长句》诗之二："连昌绣岭行宫在，玉辇何时父老迎？"

##  成语窗

**才高八斗**
比喻人极有才华。

**道高一尺，魔高一丈**
原意是宗教家告诫修行的人要警惕外界诱惑。后比喻取得一定成就后往往面临更大的困难。

**高冠博带**
戴着高大的帽子，系着宽阔的衣带。形容儒生的衣着。也比喻穿着礼服。

**张冠李戴**
把姓张的帽子戴到姓李的头上。比喻认错了对象，弄错了事实。

**忝陪末座**
忝：辱，愧。惭愧地坐在末座作陪。谦辞。

**恕不奉陪**
对不起，我不能陪伴你了。

**帝辇之下**
皇帝所在的地方。用指京都。

**班妾辞辇**
出自《汉书·外戚传下·孝成班倢伃》，用以指称妃嫔之德。

驱毂振缨

| 甲骨文 | 金文 | 篆文 | 隶书 | 楷书 | 行书 | 草书 | 标准宋体 |
|---|---|---|---|---|---|---|---|
| | | | | 驅 | | | 驱 |

### 解字堂

"敺"是"驅"的异体字。區,既是形旁也是声旁,是拟声词"嘔"的省略,拟驱赶动物时发出"去"的声音。驅,甲骨文=(马)+(攴,持械打击),表示策马前进。金文=(區,"去",喝马的叫声)+(攴,持械打击),表示挥鞭喝马。篆文综合甲骨文与金文的字形。隶定后楷书写作"驅"。简化后写作"驱"。马夫喝马起程时喊"驱",喝马加速时喊"驾",喝马驻足时喊"驭"。

"驱",《说文解字》曰"马驰也"。"驱"的本义为使马奔驰。《广雅·释室》说:"驱,奔也。"引申为驱逐、驱赶。又引申为狂奔、快跑、飞奔。如《史记·张仪列传》:"且夫为从者,无以异于驱群羊而攻猛虎,虎之与羊不格明矣。"又如杜甫《羌村三首》其三:"驱鸡上树木,始闻叩柴荆。"

"驱"还可以解释为迫使、引导。如陶渊明《乞食》:"饥来驱我去,不知竟何之。"又如《孟子·梁惠王上》:"驱而之善。"

### 名言馆

驱中国士众远涉江湖之间。
·《三国志·吴书·周瑜传》

驱驰非取乐,按辔为忧边。
·(唐)李衍《幸秦川上梓潼山》

驱我边人胡中去,散放牛羊食禾黍。
·(唐)张籍《陇头行》

谜语答案　高冠

驱毂振缨

gǔ

毂

| 甲骨文 | 金文 | 篆文 | 隶书 | 楷书 | 行书 | 草书 | 标准宋体 |
|---|---|---|---|---|---|---|---|
|  |  | 轂 | 轂 | 轂 | 轂 | 轂 | 毂 |

### 解字堂

"轂"是形声字。从車，殼声。简化后写作"毂"。《说文解字》曰："辐所凑也。"

"毂"的本义是车轮中心的圆木。周围与车辐的一端相接，中有圆孔，可以插轴。屈原《国殇》里这样形容楚怀王与秦襄王时代两国战事："操吴戈兮被犀甲，车错毂兮短兵接。""车毂交错"就是对混乱战斗场面中战车毂辘交错转动的细节刻画。又如《史记·苏秦列传》曰："临菑之涂，车毂击，人肩摩，连衽成帷，举袂成幕。"

"毂"的另一种用法是泛指车。《汉书》用"转毂百数"来形容车的数量多。唐人常以"绣毂"入诗，如罗隐《贵游》："馆陶园外雨初晴，绣毂香车入凤城。"徐夤《路旁草》："轻蹄绣毂长相踏，合是荣时不得荣。"薛逢《九日曲池游眺》："绣毂尽为行乐伴，艳歌皆属太平诗。"

### 名言馆

分闽仍推毂，援桴且训车。
· （唐）李隆基《饯王晙巡边》

---

行寻田头暝未息，双毂长辕碍荆棘。
· （唐）张籍《羁旅行》

---

画毂雕鞍狭路逢，一声断肠绣帘中。
· （宋）宋祁《鹧鸪天》

驱毂振缨

| 甲骨文 | 金文 | 篆文 | 隶书 | 楷书 | 行书 | 草书 | 标准宋体 |
|---|---|---|---|---|---|---|---|

## 解字堂

"振"的本字是"辰"。辰,甲骨文字形像手举起石器。当"辰"的"手举石锄"本义消失后,金文加上手,另造"振"字代替,强调手的动作。篆文承续金文字形,但将手形移至左侧。

"振"的本义是举起。《广雅·释诂一》曰:"振,动也。"《说文解字》曰:"振,举救也。"如贾谊《过秦论》:"振长策而御宇内。"

"振"可以表示振兴、整顿。如张衡《西京赋》:"尔乃振天维,衍地络。"

"振"字还相当于"赈",表示救济。如《易·蛊》:"君子以振民育德。"

此外,"振"也可通"震",表示恐惧、震惊。如《抱朴子·行品》曰:"被抑枉而自诬,事无苦而振慑者,怯人也。"

## 名言馆

振旅汾川曲,秋风横大歌。
·(唐)卢照邻《上之回》

毒虬相视振金环,狻猊猰㺄吐馋涎。
·(唐)李贺《公无出门》

牧童骑黄牛,歌声振林樾。意欲捕鸣蝉,忽然闭口立。
·(清)袁枚《所见》

驱毂振缨

缨 yīng

| 甲骨文 | 金文 | 篆文 | 隶书 | 楷书 | 行书 | 草书 | 标准宋体 |
|---|---|---|---|---|---|---|---|
|  |  | 纓 | 纓 | 纓 | 缨 | 㧔 | 缨 |

### 名言馆

翠羽装刀鞘,黄金饰马缨。
· (唐)卢照邻《刘生》

腰间抛组绶,缨上拂尘埃。
· (唐)白居易《罢府归旧居》

红缨不重白马骄,垂柳金丝香拂水。
· (唐)李贺《少年乐》

### 解字堂

"缨"是形声字。《说文解字》曰:"缨,冠系也。从系,婴声。"简化后写作"缨"。

"缨"的本义是系在脖子上的帽带,是一种装饰品,用线或绳子制成。如《楚辞·渔父》曰:"沧浪之水清兮,可以濯吾缨。"又如明宋濂《送东阳马生序》:"戴朱缨宝饰之帽。"

古时女子婚娶,所佩带的香囊也称之为"缨徽"。

"缨"也作丝线制成的穗子饰物解。红缨枪是中国古时的兵器,始于东汉。在枪上坠上红缨,据说缨穗可吸血,可以防止枪头上的血顺着枪杆流下来,对进攻者不利。而选择红色缨穗,则是为了鼓舞士气。

"缨"也引申为绳索,如《礼记·曲礼下》:"以缨拾矢可也。"

"缨"的另一种用法是指像缨的东西,如萝卜缨子。

## 温故知新

 **四字通解**

驱毂振缨，意思是官员们驾着车马，帽带飘舞着，好不威风。与前文一起描写的是官员们戴高帽、陪帝后车辇出游，车马奔驰，彩饰飘扬的场景。古时的马车使用木制车轮，车轮边框为辋，中心的轴孔则称作毂，连接二者的木条成为辐。《老子》曰："三十辐共一毂"，毂即车轮子。驱毂在这里表示驾车前行的意思。振表示抖动。缨是系于颔下的冠带，故我们将帽带称之为冠缨。古人乘车，站在车厢内，称为"立乘"；车马奔驰，帽带随风摆动，故称为振缨。此外，缨的另一层意思是马缰绳，古人将请战称为"请缨一战"。

古人乘马车，以所处位置划分尊卑：尚左，尊者居左侧，御者处于中间，护卫居右，称车右。乘战车时，情况有所不同：御者居中，弓箭甲士居左，长矛甲士居右。

 **故事厅**

### 阮籍猖狂，岂效穷途之哭

初唐四杰之一的王勃有名篇《滕王阁序》，其文曰："孟尝高洁，空余报国之情；阮籍猖狂，岂效穷途之哭？"典故出自《晋书》卷四十九《阮籍列传》。阮籍不拘礼俗，为人洒脱豁达。率性而为，做事但求无愧于心，从不被世俗礼法所束缚。

他的嫂嫂回娘家探亲，阮籍和她见面送别。有人讥笑他。阮籍说："礼法难道是为我设的吗？"邻居少妇长得漂亮，在店铺卖酒。阮籍常常到少妇那喝酒。醉了就躺在少妇身边。阮籍不觉得有什么要避嫌的。少妇的丈夫看见了也不怀疑什么。有户军人的女儿有才华也漂亮，没出嫁就去世了。阮籍不认识她父亲、兄长，却径直前去吊唁，哭够了才回家。

他坦率真挚，为人表里如一。曾经自己驱马车出游，漫无目的，不走正路，到了陌路死胡同，车无法前行，他在路前放声大哭，痛苦地返回。他曾经登上广武，望楚汉争战的地方，叹息说："时无英雄，使竖子成名！"登武牢山，望着京城叹息，作《豪杰诗》。

### 猜谜语

敲山震虎。
（打一中草药名）

暗骂太抠不施援手。
（打一字）

一手敢把苍龙擒。
（打一字）

 ## 知识角

### 滁州濯缨泉

滁州的濯缨泉位于琅琊寺内,原名庶子泉。唐大历六年(771),由滁州刺史李幼卿开发,著名的书法家李阳冰篆其铭,世人奉为珍宝。后来,张忆又书庶子泉三字碑,断卧泉下。明嘉靖三十二年(1553),莆田郑大同来游琅琊,见泉水清洁无比,书"濯缨"二字于泉壁,故后人亦称此泉为"濯缨泉"。提起"濯缨"二字,往往令人想起屈原《渔父》中的一段话"沧浪之水清兮可以濯吾缨,沧浪之水浊兮可以濯吾足"。因此,濯缨泉一直长流不息,洗涤着人间的污秽,也用以象征人品的高洁。

### 骑乘权

中国古代的交通制度中,等级森严。首先表现在"骑乘权"上。即对车辆、马匹、舆轿等交通工具的使用,有尊卑贵贱之分。一部分人有骑马、乘车、坐轿的权利,如周代天子使用辂车为专用车,秦始皇用温凉车,汉代帝王家专用车改为玉辂车、金根车和步辇;另一部分人则没有,如汉代商贾不得乘车、骑马,在唐代工商、僧道与贱民不得骑马,而到了元代娼妓不得乘坐车马。

历代车舆典制对王公大臣和有"骑乘权"的庶民用车都有相应的规定。北齐时,正一品执事散官及仪同三司者可乘通幰车,其中,幰是罩车、遮阳、防风、避雨的设备,车内可以用黄金装饰;七品以上官员可乘偏幰车,车内可用黄铜装饰。隋朝时,三品以上官员乘通幰车,五品以上官员乘亘幰车,六品以下官员或有"骑乘权"的人,所乘车辆不准拖幰。骑马者的等级差别则通过马饰和鞍饰呈现。宋朝,京官三品以上外任者才允许以缨饰马;到了明朝,虽然官民都能以缨饰马,但官民都禁用红缨,只许用黑缨。

 ## 成语窗

### 并驾齐驱
并排套着的几匹马一齐快跑。比喻彼此的力量或才能不分高下。

### 长驱直入
迅速向很远的目的地前进。形容进军迅猛顺利。用来表示军队以不可阻挡之势向前挺进。

### 毂击肩摩
肩膀和肩膀相摩,车轮和车轮相撞。形容行人车辆往来拥挤。

### 辇毂之下
辇毂:帝王的车驾。在天子治下。引申为京都、帝都。

### 振振有词
理直气壮的样子。形容自以为理由充分,说个没完。

### 一蹶不振
一跌倒就再也爬不起来。比喻遭受一次挫折以后就再也振作不起来。

### 濯足濯缨
水清就洗帽带,水浊就洗脚。后比喻人的好坏都是由自己决定。

### 世代簪缨
接连几代都是做高官的仕宦之家。

世禄侈富

shì

| 甲骨文 | 金文 | 篆文 | 隶书 | 楷书 | 行书 | 草书 | 标准宋体 |
|---|---|---|---|---|---|---|---|
| 止 | 世 | 丗 | 世 | 世 | 世 | 乜 | 世 |

## 解字堂

"世"是指事字，是"葉（叶）"的初文。金文的字形像几片通过枝条彼此相连的树叶的样子。因为年年枯叶飘零，新叶萌发，有如人世，所以用以譬喻，指一个时代。

《说文解字》曰："三十年为一世。"如《论语·子路》也有："如有王者，必世而后仁。"也有父子相继为"一世"的说法，解释为一辈一辈相传。如中国古代接替禅让制度出现的君主世袭制。世袭就是指名号、爵位、财产的代代相传。又如《公羊传·文公十三年》："世室犹世室也，世世不毁也。"

"世"还表示人世、人间。如樊瑞在《水浒传》中的外号"混世魔王"。又如苏轼《西江月》："世事一场大梦，人生几度秋凉？夜来风叶已鸣廊。"

此外，"世"有时也用作表示自然界和人类社会一切事物的总和。还可作量词，用于计算一生、一辈子的单位，如七世夫妻、三生三世。世也是姓氏的一种。

## 名言馆

世间无限丹青手，一片伤心画不成。
·（唐）高蟾《金陵晚望》

世事漫随流水，算来一梦浮生。
·（南唐）李煜《乌夜啼》

古之立大事者，不惟有超世之才，亦必有坚忍不拔之志。
·（宋）苏轼《晁错论》

谜语答案　驱风散　驱振

## 禄 lù

世禄侈富

| 甲骨文 | 金文 | 篆文 | 隶书 | 楷书 | 行书 | 草书 | 标准宋体 |
|---|---|---|---|---|---|---|---|
| 禄 | 禄 | 禄 | 禄 | 禄 | 禄 | 禄 | 禄 |

### 名言馆

无德而禄，殃也。
· 《左传·闵公二年》

贵富有命禄，不在贤哲与辩慧。
· （汉）王充《论衡·命禄篇》

何路沾微禄，归山买薄田。
· （唐）杜荀《重过何氏五首》其五

### 解字堂

"禄"是形声字。从示，录声。

"禄"的本义是福。《说文解字》曰："禄，福也。"如中国人发表祝词，常讲"福禄""嘉禄""天禄"。又如《孔雀东南飞》曰："儿已薄禄相，幸复得此妇，结发同枕席，黄泉共为友。共事二三年，始尔未为久，女行无偏斜，何意致不厚？"再如《左传·襄公十一年》："而后可以殿邦国，同福禄，来远人。"

"禄"可以表示封邑。如《国语·鲁语上》："若罪也，则请纳禄，与车服而违署。"引申为俸禄。如《论语·为政》："子张学干禄。"进而引申表示禄位、权位。如《左传·僖公二十四年》："晋侯赏从亡者，介之推不言禄，禄亦弗及。"常见的词语有：回禄，表示火灾，如"一场回禄，片瓦不存"；禄蠹，形容追求官禄的人。

此外，"禄"还可以用作姓氏。

世禄侈富

chǐ

| 甲骨文 | 金文 | 篆文 | 隶书 | 楷书 | 行书 | 草书 | 标准宋体 |
|---|---|---|---|---|---|---|---|
|  |  | 侈 | 侈 | 侈 | 侈 | 侈 | 侈 |

### 解字堂

"侈"是会意字。《说文解字》曰:"侈,掩胁也。从人,多声。一曰奢也。"

"侈"表示奢侈、浪费。如我们常常用"奢侈"或"侈靡"来形容上层阶级放浪形骸、挥霍无度的物质生活。又如《韩非子·解老》曰:"多费谓之侈。"再如司马光《训俭示康》:"以侈自败者多矣。"再如《战国策·楚策》:"专淫逸侈靡,不顾国政。"

"侈"可以表示放纵。如《吕氏春秋·古乐》:"乐所由来者尚也,必不可废。有节,有侈,有正,有淫矣。"意思是,音乐由来已久,一定不能废除。音乐的特点,有节制有度的,有奢侈放纵的,有纯正的,有淫逸的。这里的"侈"就解释作放纵。又如侈意,表示放纵之心。

"侈"的另一层意思是夸大、吹牛,如侈谈。

"侈"也可以是中性词,表示事物扩大。如唐司空图《将儒》:"独将之不足侈其道。"

### 名言馆

君若侈台殿,雍门可沾襟。君若傲贤隽,鹿鸣有食苓。

· (唐)元稹《桐花》

---

契阔话凉温,壶觞慰迁徙。地偏山水秀,客重杯盘侈。

· (唐)刘禹锡《韩十八侍御见示岳阳楼别窦司直诗》

世禄侈富

富 fù

| 甲骨文 | 金文 | 篆文 | 隶书 | 楷书 | 行书 | 草书 | 标准宋体 |
|---|---|---|---|---|---|---|---|
|  | 畐 | 富 | 富 | 富 | 富 | 富 | 富 |

## 名言馆

长安重游侠，洛阳富才雄。玉剑浮云骑，金鞍明月弓。
· （唐）卢照邻《结客少年场行》

富贵必从勤苦得，男儿须读五车书。
· （唐）杜甫《柏学士茅屋》

莫笑贱贫夸富贵，共成枯骨两何如？
· （唐）白居易《放言五首》其四

## 解字堂

"富"是会意字。金文字形从宀、畐会意；畐，像一个酒坛子；整个字形表示藏有美酒的室家。篆文稍有变形。隶定后楷书写作"富"。

"富"的本义表示人富足，生活上物质充裕，与贫穷意思相反。《说文解字》说："富，备也。一曰厚也。"如曹丕《上留田》："富人食稻与粱，贫子食糟与糠。"

又如成语"富甲一方"，指的是一个地方财力雄厚、首屈一指的富户人家。

"富"还通"福"。在我国古代，称富贵寿考为福。如《诗·大雅·瞻卬》中说："天何以刺，何神不富？"

"富"还表示多的、丰盛的。清代李汝珍的小说《镜花缘》说："且喜家中书籍最富。"这里的"富"是数量多的意思。

除了用作形容词，"富"还可以用作动词，表示使变富。如富国，指使国家富强；富民，指使百姓富足。

## 温故知新

 **四字通解**

世禄侈富，意思是贵族子孙世代领受俸禄，奢侈豪富。

禄是根据爵位的等级不同，政府予以古代官吏的配给和补贴。古代的俸和禄是相互区别的两个概念，俸是薪俸，相当于工资、薪水；禄是配给，即福利，只要有爵位或名分，不干活也有禄配给。

世袭是古代爵位、官职的一种传承制度。先秦时代，中国实行世卿世禄的制度，上至天子、封君，下至公卿、大夫、士，他们的爵位、封邑、官职都是父子相承的。这种世袭的次数理论上是无限的，只要后代子孙没有违纪犯法，爵位没有被削去就可以世袭往替，直到改朝换代或占据这个爵位或官职的家族在政治斗争中失败为止。《红楼梦》中的几户大户均是公爵，便是世袭的。

侈的本义是自高自大、盛气凌人，这里解释为上层阶级放浪形骸、挥霍无度的物质生活。有时也说奢侈，如元代张养浩《山坡羊·骊山怀古》曰："骊山四顾，阿房一炬，当时奢侈今何处？"

 **故事厅**

### 广侈吴王之心

吴王夫差进犯越国，越王勾践带兵去抵抗。大夫文种献计说："吴国的武将，有从不打败仗的伍子胥和华登，他们训练的军队，只要一人擅长射箭，便会有一百个人跟随练习。这样的军队，我们很难战胜他们。大王不如保全兵力，暂时用谦卑的言辞向吴王求和，等到吴国子民欢腾、吴王膨胀自大起来，天意也会放弃吴国的。"文种看越王认同自己，接着说："吴国肯定会答应议和，而大胆地去参与中原争霸。等到他们在战事中军民都疲乏了，再遇上天灾歉收，就轮到我们去收拾残局了。"

勾践采纳了文种的建议，派诸稽郢前去求和，诸稽郢说："敝国君主勾践派小臣前来，不敢在天王驾前公然地献上玉帛，只好冒昧私下对您左右的官员说，勾践不敢忘记天王的厚赐，越国本来就是向您称臣进贡的城邑。勾践请求送子乞和。"

吴王听了勾践的拜服，并接纳了越国进献的一批美人儿，尤其对风姿卓越的美人西施宠溺备至。夫差日益纵情声色，消磨了斗志和警惕心，不顾贤臣劝阻、妄信谗臣，最终误了国。

### 猜谜语

鲁迅逝世一世纪。
（打一成语）

稀世珍宝。
（打一中草药名）

奢侈者多不可用。
（打一尊称）

##  知识角

### 禄星

禄星，又叫司禄神，即职掌人间官立俸禄之神。俗云福禄寿三星，他们以三位一体的形象出现：中间是赐福天官，左侧为寿星，右侧为禄星。禄星常作员外郎打扮，头上插戴牡丹花，怀抱婴儿。在庙院塑像中，禄星很少单独出现，只是此神常怀抱一小儿，或膝下有一童子，故有人又称其为"送子张仙"。明清以来，乡间大凡逢年过节经常邀请剧团演古装大戏。头夜戏开场时，有一种传统表演：一人身穿大红袍，面戴作笑容样的假面具，手持朝笏，走上戏台，绕场三周，"笑"而不言。再进场后，抱小儿上来，绕场三周，退场。最后出场，"笑"容满面，边跳边向观众展示手中所持的红色条幅，上边写有"加官进禄"，再绕场三周后，退场。这就是戏台上所谓的彩头戏"跳加官"，俗称"摸螃蟹"，扮演者的形象便是禄星。

### 花开富贵

"花开富贵"是我国传统的吉祥图案之一，代表了人们对美满幸福生活的向往。花开富贵图里有时会看到蝙蝠，因为蝙蝠的"蝠"和"富"谐音。这里的花一般指牡丹，清代赵世学在《牡丹富贵说》中提到："牡丹有王者之号，冠万花之首，驰四海之名，终且以富贵称之。夫既称呼富贵，拟以清洁之莲，而未合也；律以隐逸之菊，而未宜也。甚矣，富贵之所以独牡丹也。"

"花开富贵"与"竹报平安"为一组，意为：富贵常临忠厚之家。

##  成语窗

**立身处世**
立身：做人。处世：在社会上活动，与人交往。指人在社会上待人接物的种种活动。

**不可一世**
不认可同时代的人，即自认为在当代没有一个人能比得上。形容自命不凡，狂妄到极点。

**福禄双全**
福：福气。禄：俸禄。指既有福气，又做官，享受俸禄。

**高位厚禄**
位：官职，官位。禄：俸禄。指官职高贵，俸禄丰厚。

**穷奢极侈**
穷、极：尽。极端奢侈，尽情享受，荒淫腐化。

**放辟邪侈**
肆意作恶。也说放僻邪侈。

**国富民丰**
国家富有，民众富裕。

**富丽堂皇**
富丽：华丽。堂皇：盛大，雄伟。形容房屋宏伟豪华。也形容诗文辞藻华丽。

**劫富济贫**
劫：强取。济：救济。夺取富人的财富，救济穷人。

车驾肥轻

| 甲骨文 | 金文 | 篆文 | 隶书 | 楷书 | 行书 | 草书 | 标准宋体 |
|---|---|---|---|---|---|---|---|
| | | 車 | 車 | 車 | 車 | 车 | 车 |

## 解字堂

"車",甲骨文的字形像古代车乘的俯视图。金文繁化,字形在两轮间增加了车厢"舆",又在"衡"两端加了"轭"。有的金文在甲骨文简体字形基础上继续简化,以一轮代两轮。篆文承续金文简体字形。隶定后,楷书写作"車"。简化时,依据草书字形写作"车"。

"车"的本义是有轮子、靠牛马驱动的战斗工具。《说文解字》曰:"车,舆轮之总名。夏后时奚仲所造。象形。凡车之属皆从车。轇,籀文车。"所有以"车"为偏旁的字,如轮、轴、辐、毂、轭、辕、轫,都与"车"有关。如《诗·秦风·车邻》:"有车邻邻,有马白颠。"

"车"还可以表示用轮轴来转动的器具。如自给自足的小农经济时期,人们做衣裳的织布,就是用纺车织成。

"车"还可以用作动词,可以表示用水车取水,如车水;可以表示车削,如车螺丝钉;方言中可以表示转动(多指身体),如车过身来。可以用作量词,表示一辆车所能装载的容量单位,如两车粮食。

## 名言馆

绝漠干戈戢,车徒振原隰。
· (唐)李世民《饮马长城窟行》

---

鹓鸾同拜日,车骑拥行尘。
· (唐)李隆基《左丞相说右丞相璟太子少傅乾曜同日上官命宴》

---

还似旧时游上苑,车如流水马如龙。
· (南唐)李煜《望江南》

谜语答案  百年树人  金不换  大人

# 驾 jià

车驾肥轻

| 甲骨文 | 金文 | 篆文 | 隶书 | 楷书 | 行书 | 草书 | 标准宋体 |
|---|---|---|---|---|---|---|---|
|  |  | 驾 | 駕 | 駕 | 驾 | 驾 | 驾 |

## 名言馆

多君枉高驾，赠我以微言。
·（唐）李白《别韦少府》

法筵会早秋，驾言访禅扃。
·（唐）李适《七月十五日题章敬寺》

夜来城外一尺雪，晓驾炭车辗冰辙。
·（唐）白居易《卖炭翁》

## 解字堂

"駕"是形声字。从馬，加声。简化后写作"驾"。

"驾"的造字本义是将马车的车轭套在马颈上，让牲口拉动车或农具。《说文解字》曰："驾，马在轭中。"如《吕氏春秋·贵因》："其乱至矣，不可以驾矣。"

"驾"还作为古代车乘的总称，有时也特指帝王的车，如帝王车乘中的一种我们称为"法驾"。此外，传统文化中借用为敬辞，指对方，如大驾光临、尊驾、劳驾等等。

"驾"还可以用作动词，表示驾驶、驾驭。如腾云驾雾，其中的"驾"就解释作驾驭。

"驾"还解释为凌驾、超越，如《左传·昭公元年》："犹诈晋而驾焉。"

车驾肥轻

féi

| 甲骨文 | 金文 | 篆文 | 隶书 | 楷书 | 行书 | 草书 | 标准宋体 |
|---|---|---|---|---|---|---|---|
|  | 𝓫 | 肥 | 肥 | 肥 | 肥 | 肥 | 肥 |

## 解字堂

"肥"是会意字。左右结构。金文左边是"肉",指代肉畜;右边用"又"代表手,表示抓的动作。造字本义是指宰杀膘硕多肉的牲畜。篆文误将"又"写作"卩",隶书又误将篆文的"卩"写成"巴"。隶定后楷书写作"肥"。"肥"的本义是指肉多,指脂肪含量多,与"瘦"相对。如《说文解字注》解释道:"肥,多肉也。"又如《论语·雍也》说:"赤之适齐也,乘肥马,衣轻裘。"

"肥"还指土质养分多,如土地肥沃、鲜草肥美。汉代的贾谊《过秦论》说:"不爱珍器重肥饶之地。""肥"还可以用作动词,表示使土地肥沃。如《荀子·富国》说:"掩地表亩,刺草殖谷,多粪肥田,是农夫众庶之事也。"我们也用"肥"表示不正当财物。如用"肥缺"表示可以捞油水谋取私利的职位,用"暗中分肥"指几个参与事件的人一起分享意外之财。

## 名言馆

中男绝短小,何以守王城。肥男有母送,瘦男独伶俜。
· (唐)杜甫《新安吏》

谁谓具圣体,不如肥瓠躯。遂使世俗心,多疑仙道书。
· (唐)白居易《寄卢少尹》

# 轻 qīng

车驾肥轻

| 甲骨文 | 金文 | 篆文 | 隶书 | 楷书 | 行书 | 草书 | 标准宋体 |
|---|---|---|---|---|---|---|---|
|  |  | 輕 | 輕 | 輕 | 輕 | 轻 | 轻 |

## 解字堂

"輕"是形声字。巠，既是声旁也是形旁，是"徑（径）"的省略，表示俓道、小道。"輕"的篆文由车和巠两部分组成，表示可以在小道上运转自如的小型战车。《说文解字》曰："輕，輕车也，从车，巠声。"隶定后楷书写作"輕"。简化后写作"轻"。

"轻"的本义是轻车，后指分量小，和"重"相对。如《战国策·齐策》："使轻车锐骑冲雍门。"

"轻"还表示数量少、程度浅。如方苞《狱中杂记》曰："而轻者无罪者罹其罪。"这里的"轻"，指罪责程度浅。

"轻"的另一层意思是负载少、装备简易。我们熟悉的李白《早发白帝城》中的诗句"两岸猿声啼不住，轻舟已过万重山"中，"轻舟"的意思便是负载少的小船。

"轻"还可以表贬义，解释做轻率、不稳重。形容一个人行为放浪、不持重时，叫作轻佻、轻浮。《左传》中有对秦国军队自负轻慢的评议："秦师轻而无礼，必败。"

## 名言馆

人固有一死，或重于泰山，或轻于鸿毛，用之所趋异也。
· （汉）司马迁《报任安书》

轻汗微微透碧纨，明朝端午浴芳兰。流香涨腻满晴川。
· （宋）苏轼《浣溪沙·端午》

## 温故知新

### 四字通解

车驾肥轻，意思是世家子弟出门时乘着肥马驾着车辆，穿着又轻又暖的皮袄，春风得意。与上句"世禄侈富"连在一起，用以形容豪门子弟奢侈华贵的衣食和铺张讲排场的出行场面。

在战国时期之前，车马连在一起使用，没有无马的车，也没有无车的马。因此，上古时代驾车就是御马，乘马便是乘车。驾是指拉车的马，驾二马为骈；驾三马为骖；驾四马为驷，"驷"是行驶速度最快的车，所以有成语"君子一言，驷马难追"。因帝王车驾出行都配有仪仗，逶迤可达数里，故非普通的一车一驾可比。

肥轻是"肥马轻裘"的简称，出自《论语·雍也》。孔子说："赤之适齐也，乘肥马，衣轻裘。"孔子的学生公西华代表鲁国出使齐国，孔子说他骑着高头大马，穿着狐皮大衣，神气活现。"肥马轻裘"已成为一个成语，形容富贵豪华的生活。唐代大诗人白居易曾作有《秦中吟》十首，其中之一就题为《轻肥》。

### 故事厅

#### 学富五车

"学富五车"出自《庄子·天下篇》："惠施多方，其书五车，其道舛驳，其言也不中。"这是在批评惠施虽然会很多方术，写的著作够斡旋五国兴衰，但是他说的道理却有许多是舛误与杂乱的，他的言辞也有不当之处。

惠施是著名的政治家、哲学家，是名家思想的开山祖师及主要代表人物。惠施认为："大到极点而没有边际的事物，可称为'大一'，小到极点但没有内核的事物，叫作'小一'。天和地一般低，山川和泽地一样平整。太阳刚刚到正中的位置就出现了偏斜，万物一生出来就向死亡转化了。大同和小同之间有差异，这差异叫'小同异'；万物之间完全相同却也完全不一样，这境况叫'大同异'。"惠施认为这些是生命的大启发，他将它们宣扬于天下，用于引导辩客。天下的辩客也都愿意和他展开辩论。

#### 乘肥马，衣轻裘

"乘肥马，衣轻裘"出自《论语·雍也》："子曰：'赤之适齐也，乘肥马，衣轻裘。吾闻之也，君子周急不继富。'"说的是子华出使齐国。他家里有一老母亲，特别穷。于是冉子提出给他母亲一点粮食。孔子说："给她一釜吧！"一釜是六斗四升，冉子嫌少，请求孔子再加一点。孔子又说："那就给她一庾吧。"一庾是十六斗，冉子还嫌少，但不敢再请求了，于是就从自己的薪俸中拿出八十斛来。孔子说："譬如子华这次到齐国去，骑着肥马，穿着轻裘，你说是穷还是富呢？我听过这么一句话，叫救急不救富。""肥马轻裘"后来常常用来形容生活的豪华奢侈。

## 知识角

### 环肥燕瘦

宋代文学家苏轼七言古诗《孙莘老求墨妙亭诗》中有这样的句子："短长肥瘦各有态，玉环飞燕谁敢憎。"这便是成语"燕瘦环肥"的典故出处。"燕瘦"指的是汉成帝的第二任皇后赵飞燕，以体态轻盈瘦削之美著称。唐代徐凝有一首七绝如此形容她："水色帘前流玉霜，赵家飞燕侍昭阳。掌中舞罢箫声绝，三十六宫秋夜长。""环肥"指的是以胖美闻名天下的杨玉环，她是唐玄宗的贵妃。李白的一首《清平调》诗如此写道："名花倾国两相欢，长得君王带笑看。解释春风无限恨，沉香亭北倚栏杆。"后人用"燕瘦环肥"比喻女子各不相同的体态，各有各的美好和韵致，也借喻艺术作品各有所长。

### 《轻肥》

《轻肥》是白居易《秦中吟》中的一首，全诗如下：

意气骄满路，鞍马光照尘。借问何为者，人称是内臣。朱绂皆大夫，紫绶悉将军。夸赴军中宴，走马去如云。樽罍溢九酝，水陆罗八珍。果擘洞庭橘，脍切天池鳞。食饱心自若，酒酣气益振。是岁江南旱，衢州人食人！

唐代政治腐败的根源之一，就是太监专权。这首诗就是讽刺宦官的。诗题"轻肥"，取自《论语》，用以形容豪奢生活。这首诗主要运用了对比手法，将两种截然相反的社会现象并列在一起，不作任何说明，不发一句议论，而让读者通过鲜明的对比，得出应有的结论。这比直接发议论更能使人接受诗人所要阐明的思想，因而更有说服力。末二句直赋其事，写出了江南大地上的一幕人间惨剧，使全诗顿起波澜，具有震撼人心的力量。

## 成语窗

**轻车熟道**
比喻事情又熟悉又容易。同"轻车熟路"。

**前车之鉴**
鉴：镜子，引申为教训。前面车子翻倒的教训。比喻先前的失败，可以引以为戒。

**鸾舆凤驾**
指华丽的宫廷车乘。

**文人相轻**
轻：轻视。指文人之间互相看不起。

**轻财贵义**
轻视财利而看重道义。有时也称"轻财重义"。

**衣轻乘肥**
衣：穿。轻：轻暖的裘衣。肥：肥壮的马。穿着贵重的衣服，驾驭肥壮的马，形容生活奢侈豪华。

**拣精择肥**
拣：挑选。精：瘦肉。肥：肥肉。比喻过分挑剔。

## 猜谜语

夺冠军。
（打一字）

半生功名马上来。
（打一字）

明月照巴山。
（打一字）

策功茂实

| 甲骨文 | 金文 | 篆文 | 隶书 | 楷书 | 行书 | 草书 | 标准宋体 |
|---|---|---|---|---|---|---|---|
| | | | | | | | 策 |

## 解字堂

"策"是形声字。下半部"朿",既是声旁也是形旁,是"刺"的本字,指带有芒刺的植物。"策",金文字形从竹、从朿,表示竹鞭。篆书承续金文字形。隶书将金文"竹"字头写作"艹"字头。隶定后楷书写作"策"或"筞"。简化后以"策"为正体。

"策"本义是古代的一种马鞭子,头上有尖刺。如《礼·曲礼》曰:"君车将驾,则仆执策立于马前。"也引申为驾驭马匹的工具。如《文选·傅毅〈舞赋〉》曰:"仆夫正策。"此外"策"指马辔。引申表示用策赶马,如鞭策、策马前进。进而引申表示驾驭,如唐宋八大家之一的韩愈在《杂说》曰:"策之不以其道。"这里的"策",用作动词,解释为驾驭。

"策"还表示策略、计谋。南宋著名抗元英雄文天祥《指南录后序》中写:"予更欲一觇北,归而求救国之策。"谋士向君主献策,会说上策、中策、下策等,在这里"策"也作计策解。引申表示谋划、筹划、如策反、策应。

中国古代用竹片或木片记事著书,成编的也叫作"策"。

"策"也是一种议论文文体,策论是古代科举应试者必须对答的科目,如汉代贾谊的《治安策》、宋代苏轼的《教战守策》等。

"策"还可以表示拐杖,如扶策前行。引申作动词,表示拄着、拄着拐杖,如晋陶渊明《归园田居》:"怅恨独策还,崎岖历榛曲。"

## 名言馆

振长策而御宇内,吞二周而亡诸侯。

· (汉)贾谊《过秦论》

远客出门行路难,停车敛策在门端。

· (唐)张籍《羁旅行》

白藤交穿织书笈,短策齐裁如梵夹。

· (唐)李贺《送沈亚之歌》

谜语答案 车驾肥

策功茂实

| 甲骨文 | 金文 | 篆文 | 隶书 | 楷书 | 行书 | 草书 | 标准宋体 |
|---|---|---|---|---|---|---|---|
|  | エ | 項 | 巧 | 功 | 功 | 功 | 功 |

### 解字堂

"功"是会意兼形声字。《说文解字》曰："功,以劳定国也。从力,从工,工亦声。""功",战国时期金文只写作エ。后楚系简帛文字加意符"力",使表意更加明确。篆书承续简帛文字字形,改上下结构为左右结构。隶书将篆文字形中的写成。隶定后楷书写作"功"。

"功"的本义是工作,包括农事、劳役、文事、武事等。如《诗·豳风·七月》："嗟我农夫,我稼既同,上入执宫功。"

引申为成绩、成就。如《孟子·公孙丑上》："故事半古之人,功必倍之,惟此时为然。"又如现代汉语中"教育之功""功亏一篑""大功告成""好大喜功"。

进而引申为功劳、功勋。如《史记·项羽本纪》："劳苦而功高如此,未有封侯之赏。"如我们今日常说的"立功""记一大功"。

现代汉语中,"功"还可以表示技术和技术修养,如唱功、功架、基本功。物理学中,可以表示一个力使物体沿力的方向通过一段距离,这个力就对物体做了功。

### 名言馆

范子何曾爱五湖,功成名遂身自退。
· (唐) 李白《悲歌行》

---

功成归圣主,位重委群司。
· (唐) 张籍《和裴仆射移官言志》

---

功成道上兮列旌旗,父老远来兮相追随。
· (吴越) 钱镠《巡衣锦军制还乡歌》

策功茂实

mào

| 甲骨文 | 金文 | 篆文 | 隶书 | 楷书 | 行书 | 草书 | 标准宋体 |
|---|---|---|---|---|---|---|---|
|  | 茂 | 茂 | 茂 | 茂 | 茂 | 茂 | 茂 |

## 解字堂

"茂"是形声字。《说文解字》说:"从艸,戊声。"《鄂君启舟节》写作茂=艹(野草)+戊(伐,砍),造字本义是用大刀斩劈丛密野草。篆文误将"伐"写成"戊"。隶书将篆文的"艸"写成"艹"。"茂"的本义是草木茂盛。故《说文解字》说:"茂,草丰盛。"如曹操《观沧海》:"树木丛生,百草丰茂。"

"茂"也表示大的、盛大的。《三国志·吴书·诸葛恪传》说:"以旌茂功,以慰勤劳。""茂功"在这里指盛大的功劳。此外,我们还用"茂世"形容繁华盛世,用"茂业"形容伟大的功绩。

"茂"还可以表示美好、优秀。如《诗·齐风·还》曰:"子之茂兮。"又如茂士,指的是优秀的人才。中国古代科举考试中有一科举名为茂科,即贤良方正科。

## 名言馆

万物茂遂,九夷宾王。愔愔云韶,德音不忘。

·(唐)郭子仪《享太庙乐章·保大舞》

---

阊门柳色烟中远,茂苑莺声雨后新。

·(唐)张籍《寄苏州白二十二使君》

# 策功茂实

shí

实

| 甲骨文 | 金文 | 篆文 | 隶书 | 楷书 | 行书 | 草书 | 标准宋体 |
|---|---|---|---|---|---|---|---|
|  | 實 | 實 | 實 | 實 | 實 | 实 | 实 |

## 名言馆

上之所教，下之所效，实在予兮。
  ·（唐）李隆基《鹡鸰颂》

实力苟未足，浮夸信悠哉。
  ·（唐）孟郊《石淙》

奈何效曹子，实谓勇且愚。
  ·（唐）柳宗元《咏荆轲》

## 解字堂

"實"是会意字。金文 = ∩（宀，家）+ 田（贮物柜）+ 贝（贝，钱财），表示家有宝贝。造字本义是家境富裕，柜中藏贝。有的金文误将"贮物柜"与"贝"合写成"贯"，表示钱财万贯。篆文承续金文字形。隶化后楷书写作"實"。简化后写作"实"。

"实"的本义是充足、富裕。故《说文解字》说："实，富也。"

"实"可以表示内部完全填满，没有空隙。如《小尔雅》解释为："实，满也，塞也。"又如我们把丰收的颗粒饱满的谷类植物称作实谷。

"实"还表示真实、实在。清代林觉民《与妻书》说："今人又言心电感应有道，吾亦望其言是实。"意思是说，现在的人常常说起人有心电感应的话，我其实也希望这话是真的。"实"在这里表示真实。晚清洋务派实业救国，希图通过发展军事工业（如安庆内军械所）和民用工业（如轮船招商局）振兴经济、富国强兵。这里的"实业"指工商企业，其中"实"解释为实在。

"实"还可以解释为坚实、踏实。军事斗争中常常讲究兵法，兵法中有一条很重要的原则叫避实击虚，即避开对手兵力最雄厚的地方，转而攻打它薄弱的位置。

"实"还可以用作副词，表示的确、确实，如实属不易、实非所宜、实不是效法。

"实"还可以表示实际事实，如失实、务实、名实相副。

## 温故知新

###  四字通解

策功茂实，意思是朝廷详尽确实地记载他们（世家世代子孙）的功德。这些人世代享有如此丰厚的待遇是什么原因呢？因为他们策功茂实、功勋卓著。策是给有功者以奖赏；功是功劳、功绩。这些将相公卿，都有文治武功，而且这些功绩都是既丰厚又真实的。茂是茂盛丰厚，实是真实不虚。这些人的文治武功既多又实，所以才有如此好的待遇。

"策功"，是指将功勋记录于策书之上，这是我国古代帝王对臣下记功嘉奖的一种制度。这种制度出现于周代，当时被称为"策勋"。《春秋·桓公二年》："公及戎盟于唐。冬，公至自唐。"意思是说鲁桓公和少数民族部落在唐地会盟，到了冬季再从唐地返回鲁国。《左传》对此有进一步的解释："凡公行，告于宗庙，反行，饮至，舍爵策勋焉，礼也。"凡是国君出行，都得先到宗庙里进行祭告。而且，国君在朝见天子或诸侯会盟、派兵打仗回来之后，还要在宗庙里摆上酒杯进行论功行赏，并记录在案，这是周礼的要求。因为那个时候没有纸张，只能将有功人员的事迹记在竹简上，这便是"策"。

### 猜谜语

两个无核枣。
（打一字）

加工出口。
（打一字）

咱们工人有力量。
（打一字）

###  故事厅

**运策帷幄的张良**

《史记·高祖本纪》中，汉高祖刘邦说："夫运筹策帷帐之中，决胜于千里之外，吾不如子房。"子房，即张良，秦末汉初的杰出谋臣，和萧何、韩信并称"汉初三杰"。

刘邦率军队抵达峣关，这一通往秦都咸阳的必经要隘易守难攻。刘邦想亲率所部两万人强攻，张良劝谏道："秦兵强大，不可轻举妄动。"刘邦怕项羽大军先入关中，忙向张良问计。张良说："峣关守将是个市侩小人，钱财可收服。您可以派先遣部队在山间增设旗号虚张声势，再派郦食其去诱降秦将，则大事可成。"刘邦依照他的计策，果然得到守将献关投降的许诺。张良又说："守将想叛秦，戍卒未必肯。不如乘秦兵懈怠时消灭他们。"刘邦依言发起攻击，秦军惊惶不敌，弃关退守蓝田，汉军大获全胜。

**策勋十二转，赏赐百千强**

《木兰诗》是一首北朝民歌，也是一首长篇叙事诗。它讲述了一个叫木兰的女孩，女扮男装，替父从军，在战场上建立功勋，回朝后不愿做官，只求回家团聚的故事。这首诗歌热情地赞扬了这位女子勇敢善良的品质和英勇无畏的精神，遂使木兰的故事家喻户晓。诗歌以铺陈、排比、对偶、互文等手法描述人物情态，刻画人物心理，生动细致，具有强烈的艺术感染力，清代沈德潜称其："事奇语奇，卑靡时得此，如凤凰鸣，庆云见，为之快绝。"诗中有"策勋十二转，赏赐百千强"一联，意思是说木兰功劳极大，记功授爵木兰是最高一等，赏赐的财物更是成千上百。转，是指功勋的等级，勋级每升一级叫作一转，十二转就是最高的勋级。

 **知识角**

### 神策军

神策军原为西北的戍边军队,后来进入京师成为唐朝的最重要禁军,负责保卫京师、宿卫宫廷以及行征伐事。神策军的领导权握在宦官手中,这就使得神策军与宦官集团发生了密切联系。唐穆宗以后,天子多受制于宦官。穆宗以后共有九帝,除敬宗、哀帝外均为宦官所立。宦官集团之所以能掌握皇帝的生死废立,根本原因在于他们掌握神策军兵权。唐穆宗以后,神策军渐渐腐化,战斗力下降。唐朝末年,藩镇势力屡次进犯京师,常以剪除宦官为口号,而这时的神策军将吏大都卷入宦官集团中去。由于穆宗以后,神策军很少外出征战,军纪日益败坏。其普通军士也非当年善战的边兵,多以工商富豪子弟充任,不堪一战。从天宝十三载哥舒翰在磨环川设立开始计算,到天复三年被正式废除,一共经历了149年的历史。

### 茂林修竹

王羲之《兰亭集序》曰:"此地有崇山峻岭,茂林修竹;又有清流激湍,映带左右。引以为流觞曲水,列坐其次。"

晋穆帝永和九年农历三月初三,王羲之在会稽山的兰亭举行集会,与司徒谢安、辞赋家孙绰、高僧支道林等人畅饮谈话。兰亭雅集的一个项目是流觞曲水。41位名士依次列坐于溪水两侧,书童将斟上酒的羽觞放入溪中顺流而下。酒杯停在谁面前,谁就作诗一首,没能吟出诗歌的便罚酒三杯。据王羲之记载,这次集会与11人各成诗2首、15人各成诗1首,剩余16个被罚酒三杯的人包括王羲之小儿子王献之。

 **成语窗**

### 搏手无策
搓着双手,毫无办法。

### 群策群力
群:大家,集体。策:谋划,出主意。指发挥集体的作用,大家一起来想办法,贡献力量。

### 功不唐捐
功:功夫。唐:徒然,空。捐:舍弃。佛家语,功夫不会白白地抛弃。

### 声情并茂
指草木丰盛的样子。后引申为美好,指演唱的音色、唱腔和表达的感情都很动人。

### 丰功茂德
巨大的功勋,隆盛的德泽。

### 实事求是
从实际对象出发,探求事物的内部联系及其发展的规律性,认识事物的本质。通常指按照事物的实际情况办事。

### 名过其实
名声超过了实际拥有的才能。

勒碑刻铭

lè

| 甲骨文 | 金文 | 篆文 | 隶书 | 楷书 | 行书 | 草书 | 标准宋体 |
|---|---|---|---|---|---|---|---|
|  |  | 勒 | 勒 | 勒 | 勒 | 勒 | 勒 |

## 解字堂

"勒"是形声字。《说文解字》说："从革，力声。"从革，指与皮革有关的事物。"勒"的本义是套在牲畜上带帽子的笼头。《说文解字》即曰："勒，马头络衔也。"古时人们装饰马匹，给马戴上面饰，我们称之为"勒面"。引申为动词，表示拉缰止马。如虞世南《出塞》："扬桴上陇坂，勒骑下平原。""勒骑"即为勒紧马的缰绳。

"勒"可以表示雕刻。如范仲淹《渔家傲》："浊酒一杯家万里，燕然未勒归无计，羌管悠悠霜满地。"这里的"燕然未勒"意思是，《封燕然山铭》还没雕刻，战争还没胜利。

"勒"也有强制、强迫的意思。如勒取、勒索。

"勒"还可以表示割、擦的意思。《水浒传》有这样的描述："宋江按住那婆娘，右手却早刀落，去那婆惜嗓子上只一勒，鲜血飞出。"

## 名言馆

勒骐骥而更驾兮，造父为我操之。
· 《楚辞·九章·思美人》

---

金鞭遥指点，玉勒近迟回。
· (唐)李白《相逢行》

谜语答案　策　功　功

勒碑刻铭

| 甲骨文 | 金文 | 篆文 | 隶书 | 楷书 | 行书 | 草书 | 标准宋体 |
|---|---|---|---|---|---|---|---|
|  |  | 䃕 | 碑 | 碑 | 碑 | 碑 | 碑 |

## 名言馆

诸贤没此地，碑版有残铭。
·（唐）李白《自广平乘醉走马六十里至邯郸登城楼览古书怀》

青荧雪岭东，碑碣旧制存。
·（唐）杜甫《赠蜀僧闾丘师兄》

碑碣高临路，松枝半作樵。
·（唐）元稹《楚歌十首》其七

## 解字堂

"碑"是形声字。卑，既是声旁也是形旁，是"牌"的省略，表示牌子。碑，篆文 = 石（石材）+ 卑（卑，"牌"，牌子），表示石牌。造字本义是铭刻文字、竖立公示的石牌。

"碑"的本义指古时宫、庙门前用来观测日影及拴牲畜的竖石。后多用来表示刻上文字纪念事业、功勋或作为标记的石头。《说文解字》："碑，竖石也。""碑"又指用来引棺木入墓穴的木柱子。如《礼记·檀弓下》说："公室视丰碑。"也用作书刻图案或文字，记死者生平功德，作为纪念物或标记的石头。如《新唐书·姚崇传》说："政条简肃，人为纪德于碑。"唐人常以"丰碑"入诗，如刘禹锡《后梁宣明二帝碑堂下作》："玉马朝周从此辞，园陵寂寞对丰碑。"薛逢《题白马驿》："胸中愤气文难遣，强指丰碑哭武侯。"碑也指碑帖，如楷书大家柳公权的《玄秘塔碑》，就是书法爱好者描摹的好帖。

"碑"也可以用作动词，取意立碑。如唐宋八大家之一的韩愈在《书故江西观察使韦公墓志铭》中写道："碑于墓前，维昭美牧。"

勒碑刻铭

kè

| 甲骨文 | 金文 | 篆文 | 隶书 | 楷书 | 行书 | 草书 | 标准宋体 |
|---|---|---|---|---|---|---|---|
|  |  | 刻 | 刻 | 刻 | 刻 | 刻 | 刻 |

## 解字堂

"刻"形声字。亥，既是声旁也是形旁，拟声词，相当于"咯咯"的响声。刻，篆文 = 亥（亥，拟"咯咯"响）+ 刂（刀，契）。造字本义是用刀具"咯咯"响地契镂。后多指雕、用刀子挖。如雕刻、篆刻、刻石、刻字、刻图章。后引申指刻成之物，如刻本。原刊程甲本《红楼梦》，是《红楼梦》刻本之祖。程甲本是乾隆五十六年（1791年）即曹雪芹逝世30年后，由徽州府萃文书屋主人程伟元第一次以活字将《红楼梦》八十回抄本与高鹗续后四十回补本合在一起印行，为《红楼梦》第一个刻印本。

"刻"还可以用作形容词，表示深（指刑法）。如《史记·李斯列传》："严法而刻刑。"

"刻"是古代用漏壶计时的时间单位，一昼夜共一百刻。后也泛指较短时间，《三国志·吴志·诸葛恪传》说："恪还坐，顷刻乃复起。""顷刻"在这里是指极短时间。我们用"此刻"表示当下，用"即刻"表示立刻。

"刻"还可以表示减损。如苏轼《上皇帝书》写道："惟所部将校，乃敢出息钱与之归，而刻其粮赐。""刻"在这里是减少（粮饷收入）的意思。

## 名言馆

台疑观鸟日，池似刻鲸年。

· （唐）李乂《奉和幸三会寺应制》

---

宫中玉漏下三刻，朱衣导骑丞相来。

· （唐）张籍《沙堤行呈裴相公》

---

艾叶绿花谁剪刻，中藏祸机不可测。

· （唐）李贺《艾如张》

勒碑刻铭

# míng 铭

| 甲骨文 | 金文 | 篆文 | 隶书 | 楷书 | 行书 | 草书 | 标准宋体 |
|---|---|---|---|---|---|---|---|
|  | 銘 | 銘 | 銘 | 銘 | 铭 | 铭 | 铭 |

## 名言馆

铭心立报，永矣无贰。
　　·《三国志·吴书·周鲂传》

终当铭岁月，从此记灵仙。
　　·（唐）李隆基《途径华岳》

古镜铭文浅，神方谜语多。
　　·（唐）张籍《和左司元郎中秋居》

## 解字堂

　　"铭"是形声字。名，既是声旁也是形旁，表示称呼，引申为标记。铭，金文銘=金（金属）+名（名，标记）。篆文承续金文字形。本义是写、铸、刻在器物上记述人物生平、事迹或警诫自己的文字，如铭文、墓志铭等。又如南朝的刘勰《文心雕龙·诔碑》中有："夫碑实铭器，铭实碑文。"后引申为动词，表示铭刻。

　　"铭"还有一层引申义，表示纪念、永志不忘的意思，如铭记于心、铭诸肺腑。又如江淹《哀千里赋》云："徒望悲其何及，铭此恨于黄埃！"

　　"铭"也是古代的一种文体，从铭刻文字逐步发展而来。古人常篆刻在器物或碑板上。如刘勰《文心雕龙》有《铭箴》篇，《后汉书·延笃传》也说："延笃所著诗、论、铭、书、应讯、表、教令，凡二十篇云。"在这里，铭是表示与诗、书、论并列的文体。

## 温故知新

### 四字通解

　　勒碑刻铭，意思是朝廷把这些世代有功勋的人的事迹刻在碑石上，流传后世。策功茂实，勒碑刻铭两句话应结合在一起理解，意思是：他们的文治武功卓著而真实，不但被载入史册，且被镌刻在金石上永传后世。

　　勒碑是往石碑上刻字，刻铭是往金属上刻字，二者不同。中国刻碑的历史始于汉代，汉以前没有碑，只是在石头上刻字。东汉灵帝熹平四年（175），朝廷下诏将重要的儒家经典刻在四十六块石碑上，刻碑的历史才真正开始。

　　勒是摹勒的简称，白板素碑的碑面先要以朱砂摹勒上石，然后才能镌刻。可以请人将碑文直接用朱砂笔摹写到碑面上，或者在碑文纸的背面用双钩法，即用朱砂笔勾勒出空心字形，再把碑文纸正面扣在碑面上，上面垫上若干层棉纸用石头慢慢地研磨，空心的朱砂字就印在石碑上了，然后才能用凿子镌刻。

### 猜谜语

勤下地。
（打一字）

啤酒厂出酒。
（打一字）

金榜题名非榜眼探花。
（打一字）

### 故事厅

#### 秦始皇泰山刻石

　　公元前219年，秦始皇率领文武大臣及儒生博士70人，到泰山去举行封禅大典。所谓封禅，是指古代统治者祭告天地的一种仪式。"封"，即祭天；"禅"，即祭地。由于长期不举行这种活动，大臣们都不知道仪式该怎样进行，于是秦始皇把儒生召来询问。儒生们众说纷纭。秦始皇听了觉得难以实施，便斥退儒生，按照自己的想法开辟车道，到泰山顶上立了碑，举行封礼。之后又到附近的梁父山行了禅礼。泰山刻石现仅存9字，藏于泰安岱庙。刻石文字为李斯所书，书法严谨浑厚，平稳端宁；字形公正匀称，修长宛转；线条圆健似铁，愈圆愈方；结构左右对称，横平竖直；外拙内巧，疏密适宜，具有极高的艺术价值。

#### 崔瑗与座右铭

　　《昭明文选》收录了东汉崔瑗的一篇短文，题为《座右铭》。唐代吕延济为其做注说："瑗兄璋为人所杀，瑗遂手刃其仇，亡命，蒙赦而出，作此铭以自戒，尝置座右，故曰座右铭也。"崔瑗少年时，他的哥哥崔章被人杀害。他亲手将仇人杀掉后逃亡在外，后来赶上天下大赦才回到家里。中年的崔瑗开始反思自己的所作所为，为了自我警诫，他写了一篇百字短文，放在座位右边，这就是中国历史上第一个座右铭，全文如下：

　　无道人之短，无说己之长。施人慎勿念，受施慎勿忘。世誉不足慕，唯仁为纪纲。隐心而后动，谤议庸何伤？无使名过实，守愚圣所臧。在涅贵不淄，暧暧内含光。柔弱生之徒，老氏诫刚强。行行鄙夫志，悠悠故难量。慎言节饮食，知足胜不祥。行之苟有恒，久久自芬芳。

##  知识角

### 刻碑刻铭

中国刻碑的历史始于西汉,汉以前没有碑,是往石头上刻字。故宫博物院保存有石鼓文,是战国时代镌刻在石鼓上的文字,还有石栓文,那是镌刻在六棱石柱上的文字。刻铭是在青铜器上刻字,现存的有盘铭文、钟鼎文,都是青铜器上的篆字。故宫养心殿里有一幅字,"苟日新,日日新,又日新",这是汤之盘铭,是商三成汤洗手用的浴盘上面刻的字,属于金铭。其他的钟鼎文是预先雕刻在范具上,再通过浇铸出现在青铜器上的文字,也属于金铭。同时,碑刻也是中国书画艺术的重要载体之一,著名的碑刻如先秦时期的《泰山石刻》《琅琊石刻》,北魏的《张猛龙碑》《曹恪碑》,元代的《仇锷墓碑铭》《妙严寺记》等。

### 墓志铭

墓志铭是一种悼念性的文体,同时也是人类历史的文化表现形式。墓志铭一般由"志"和"铭"两部分组成。"志"多用散文撰写,叙述死者的姓名、籍贯、生平事迹;"铭"则用韵文概括全篇,主要是对死者一生的评价。但也有只有志或只有铭的情况。墓志铭可以是自己生前写的,也可以是别人写的。铭文精短活泼,或用骚体,或类五、七言诗歌,或似佛家偈语,或同警世格言,妙语珠玑而不浮华,蕴藏哲理而不晦涩。这是墓志铭及其他座右铭在记功、记物等铭文的特色。中国古人撰写墓志铭的传统源远流长,从而遗留了一大批名篇佳作,较为著名的如韩愈的《清河张君墓志铭》《柳子厚墓志铭》,皇甫湜的《昌黎韩先生墓志铭》,欧阳修的《泷冈阡表》等等。

##  成语窗

**敲诈勒索**
依仗权势或抓住别人的把柄,用威胁手段逼取财物。同"敲榨勒索"。

**悬崖勒马**
常用来比喻到了危险的边缘及时清醒回头。

**有口皆碑**
碑:记功碑。所有人的嘴都是活的记功碑。比喻对突出的好人好事一致颂扬。

**背碑覆局**
看过的碑文能背诵,棋局乱后能复旧。指记忆力强。

**树碑立传**
原指把某人生平事迹刻在石碑上或写成传记,加以颂扬。现比喻通过某种途径树立个人威信,抬高个人声望,含贬义。

**刻舟求剑**
比喻不懂事物已发展变化而仍静止地看问题。

**刻意求工**
工:精致、完好。用尽心思使文章或工艺品更精巧。

**镌心铭骨**
镌:雕刻。形容永志不忘。同"刻骨铭心"。

**铭感不忘**
铭:在器物上刻字,比喻永记心上。表示深刻地记在心上,感激不忘。

磻溪伊尹

pán

| 甲骨文 | 金文 | 篆文 | 隶书 | 楷书 | 行书 | 草书 | 标准宋体 |
|---|---|---|---|---|---|---|---|
|  |  | 磻 | 磻 | 磻 | 磻 | 磻 | 磻 |

### 解字堂

"磻"是形声字。从石，番声。本义为缴射时系于丝缴的石头。故《说文解字》曰："以石箸隿繁也。从石，番声。"

"磻"又读pán，如磻溪，水名，原名"劳溪"，位于现在的陕西宝鸡市东南方。这条河流的源头位于南山兹谷，向北汇入渭水。郦道元在《水经注·清水》中就有说道："城西北有石夹水，飞湍浚急，人亦谓之磻溪，言太公尝钓于此也。"在浙江省也有一个地名叫作"磻溪"。这里的磻字，都是表示地名，或水名。

"磻"字在古代还与"磐"字通用，表示大块的石头。

### 名言馆

息徒兰圃，秣马华山。流磻平皋，垂纶长川。
· （三国）嵇康《赠秀才入军》

磻溪连灞水，商岭接秦山。
· （唐）许浑《题灞西骆隐士》

谩说磻翁，休夸淇叟，用舍行藏各有时。
· （宋）韩信同《沁园春·望紫云翁》

谜语答案　勒　碑　铭

磻溪伊尹

xī
溪

磻溪伊尹

| 甲骨文 | 金文 | 篆文 | 隶书 | 楷书 | 行书 | 草书 | 标准宋体 |
|---|---|---|---|---|---|---|---|
|  |  | 谿 | 溪 | 溪 | 溪 | 洛 | 溪 |

## 名言馆

坐看红树不知远，行尽清溪不见人。
·（唐）王维《桃源行》

城中桃李愁风雨，春在溪头荠菜花。
·（宋）辛弃疾《鹧鸪天》

## 解字堂

"溪"是形声字。从水，奚声。《说文解字》无"溪"字，只有"谿"字。谿原指山间的流水道，原本随季节的不同，或有水，或无水，或通川，或不通川，都叫做"谿"。唐以后一般指长流水的小河，也多写作"溪"。简化后，以"溪"为正体。如在《水经注·沅水》中就有说道："武陵有五溪，谓雄溪、樠溪、无溪、酉溪、辰溪其一焉。"又如司马相如《上林赋》曰："振溪通谷，蹇产沟渎。"

## 磻溪伊尹

yī

| 甲骨文 | 金文 | 篆文 | 隶书 | 楷书 | 行书 | 草书 | 标准宋体 |
|---|---|---|---|---|---|---|---|
| 𦙴 | 伊 | 伊 | 伊 | 伊 | 伊 | 伊 | 伊 |

### 解字堂

"伊"是形声字。从亻，尹声。

"伊"可以用作句首，句中语气词。如《诗·小雅·正月》："伊谁云憎？""伊人"犹言彼人。如《诗经》："所谓伊人，在水一方。"

"伊"又可以用作人称代词。如《世说新语》中就有这样的句子："勿学汝兄，汝兄自不如伊。"

此外，"伊"还是水名。如《书·禹项》："又东会于伊，又东北入于河。"

### 名言馆

心之忧矣，自诒伊戚。

·《诗·小雅·小明》

---

江家我顾伊，庾家伊顾我。

·（南朝）刘义庆《世说新语·方正》

磻溪伊尹

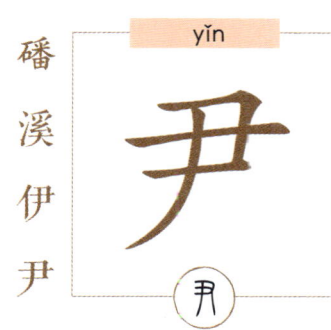

| 甲骨文 | 金文 | 篆文 | 隶书 | 楷书 | 行书 | 草书 | 标准宋体 |
|---|---|---|---|---|---|---|---|
| ㅋ | 月 | 尹 | 尹 | 尹 | 尹 | 尹 | 尹 |

## 名言馆

令尹子文，三仕为令尹，无喜色。
· 《论语·公冶长》

昔伊尹隆汤，吕尚翼周，内外之任，君实兼之。
· （三国）孙权《诏陆逊代顾雍为丞相》

府中罗旧尹，沙道尚依然。
· （唐）杜甫《遣兴五首》其三

## 解字堂

"尹"是会意字。尹，甲骨文 ㅋ＝丨（权杖）+ㄟ（又，抓），手执权杖治事之义。金文月承续甲骨文字形。篆文尹将金文字形中的丨与ㄟ相交叉。隶定后楷书写作"尹"。

"尹"的本义是治理。如《左传》："以尹天下。"故《说文解字》曰："尹，治也。从又、丨，握事者也。"如尹京，就是治理京畿的意思。

"尹"字还表示中国古代的官名。比如府尹，是五代宋朝时期的一个重要官职名称，位于尚书之下、侍郎之上，专门负责一个府的政事。又如，京兆尹是汉代的一个官职名称，一般是指京畿地区的行政长官。

除此之外，"尹"还是中国的一个姓氏，历史上的尹姓名人很多，比如中国古代杰出的女政治家、西凉国昭武王后尹夫人；唐朝开元年间工部尚书尹思贞。

## 温故知新

 **四字通解**

　　磻溪伊尹，指的是姜太公、伊尹二人。其中磻溪指的是姜太公。磻溪是在渭水河畔的一个溪潭，水旁有一块大石头，姜子牙曾坐在上面钓鱼。姜子牙是东方夷人。他的祖先曾协助大禹治水有功，被封于吕，他以地为姓，故又称吕尚。他是一位很有才能的人，给文王制定的战略，首先是"修德以倾商政"。这样就有四十多国先后归顺了周。到周文王晚年，"天下三分，其二归周"，完成了对商的战略性包围。文王死后，姜太公辅佐武王伐纣。武王占领殷都后，把纣王存放在鹿台的钱和储藏在钜桥的粮食散发给穷苦的百姓，并且为商朝的忠臣比干的墓加土，还释放了被纣王囚禁的箕子，从而深得民心。吕尚是周朝的开国功臣，活了一百多岁，但葬地始终不详。

　　伊尹，他辅佐成汤灭了夏桀，开创了殷商六百载的天下。商朝宰相之位的官名叫作阿衡，如《诗经·商颂·长发》中有诗曰："实维阿衡，实左右商王。"因为伊尹适时地辅佐成汤建立了商朝，所以此地称他为"佐时阿衡"。

### 猜谜语

爱上水乡变化大。
（打一字）

难中逢君口未开。
（打一字）

进口连衣裙。
（打一字）

 **故事厅**

**岂与磻溪老，崛起周太师。**

　　姜尚，也称吕尚、姜子牙、姜太公，是千百年来在中国民间家喻户晓的历史人物。当时，西伯侯姬昌正对商朝皇帝的暴政感到十分不满，决心要推翻暴政，于是到处寻找有才能的人。有一天西伯侯在磻溪岸边远远看到一位白发苍苍的老者正在聚精会神地钓鱼。然而，这个老者钓鱼的方式却非常独特，他的鱼钩是直的，也没有挂上鱼饵。西伯侯看见了感到非常奇怪，于是上前去问他这样钓鱼的原因，这个老者跟西伯侯说："愿者上钩！"

　　接着，这个人还从钓鱼之道谈到了许多治理国家的大道理。这个人，便是姜尚。此时，姜尚已七十二岁，但西伯侯毫不犹豫地请求他帮助自己完成讨伐暴君，复兴国家的千秋大业。他辅佐西伯侯姬昌（周文王）和周武王灭掉了暴虐的商朝。

**伊尹的身世**

　　伊水流域有一个古老的国度，名叫有莘氏。有一天，一个女子采桑，听到桑林之中有婴儿啼哭之声，循声而找，发现一棵老桑树洞中有一个婴儿，她把婴儿抱出来，交给了有莘氏的国君。国君感到很奇怪，派人调查婴儿究竟从何而来。大臣们很快把调查的结果告诉了国君，说婴儿之母居住在伊水上游，怀有身孕，有天晚上梦见有神仙告诉她："臼出水，向东走，不要回头。"第二天，见到石臼出水，她马上告诉她的邻居，东走十里，回头望见她居住的村落消失在水中。由于她违背了神的训令，身子因此化为空桑。这就是婴儿生于空桑的原因。

　　不管有莘氏大臣们的报告是否属实，但有一点可以肯定，这种离奇的报告对婴儿是有利的。国君给此婴儿取名伊尹，他被收养在王宫中。

 ## 知识角

### 厨祖伊尹

伊尹的手艺是烹调，他是汤王的厨子。中国的手艺人讲究拜祖师爷，厨子要拜伊尹，戏子要拜唐明皇。如果读一读《吕氏春秋·本味篇》，你就知道伊尹的厨艺有多高了。这篇文章记载了伊尹与成汤两个人就饮食烹饪方面的对话。

伊尹出生时被扔在伊水旁边，故以水为姓，姓伊。伊尹从小跟厨师学艺，以后随着有莘氏嫁给了成汤，伊尹也就成了成汤的厨师。他极其聪明，很有谋略，很想帮着成汤干一番大事业。但一个厨子，怎样才能接近成汤呢？他就想了一个奇招。成汤有一段时间发觉饭菜的味道不对，不是咸了就是淡了，于是把厨子伊尹叫来，问问他这菜是怎么回事。伊尹于是根据烹调的道理，纵谈天下大事。成汤听得大喜过望，知道此人绝非等闲之辈。经过几次长谈以后决定拜伊尹为宰相。

### 磻溪村

磻溪，坐落于徽州境内昌源河畔。原名"劳溪"，取勤劳耕种之意。唐代开始有人在此定居，以农桑为业。到了宋代，有一名士隐居于此，因慕名姜尚隐居陕西的"磻溪"之含义而改名磻溪，又名渭滨（取姜太公于渭水之滨垂钓之意）。磻溪位于昌源河北岸，山如屏，河如带。从坡山之巅俯视磻溪全村，酷似鸟枪形，村头笔直细长，犹如枪管；村末宽而弯，犹如枪把。民谚曰："村形如枪，习武有方。"磻溪村曾是"一河两岸人家"的布局，昌源河对岸人家毁于清代兵燹，至今犹存残垣断壁，近年有人在旧址上兴建新屋，有趋向恢复原貌之势。

 ## 成语窗

**磻溪独钓**
指周吕尚未遇文王时在磻溪独钓。比喻隐士将被起用的预兆。

**斩岸堙溪**
堙：堵塞，填满。铲平高岸，填塞河沟。比喻修整与开辟道路。

**溪壑无厌**
溪壑：山里的河流深谷。比喻人的贪欲太大，难得满足。

**妇姑勃溪**
妇姑：儿媳妇和婆婆。勃溪：争斗。指婆媳间的争吵与不和。比喻因为日常鸡毛蒜皮的小事而争吵。

**自贻伊戚**
贻：遗留。伊：此。戚：忧愁，悲哀。比喻自寻烦恼，自招忧患。

**秋水伊人**
指思念中那个人。

**下车伊始**
伊：文言助词。始：开始。旧指新官刚到任。现比喻带着工作任务刚到一个地方。

**孚尹明达**
指玉的色彩晶莹发亮，比喻品德高尚纯洁。

# 佐时阿衡

| 甲骨文 | 金文 | 篆文 | 隶书 | 楷书 | 行书 | 草书 | 标准宋体 |
|---|---|---|---|---|---|---|---|
| ᄊ | 𠂇 | 㑦 | 佐 | 佐 | 佐 | 佐 | 佐 |

### 解字堂

"左"是"佐"的本字。左，甲骨文ᄊ为象形字，字形与"右"相反，像一只手伸向右边，表示"左手"，即面朝南方时身体东边一侧的那只手。由于古人常用左、右两手的某些动作表示呼求、祷告，ᄊ从原有的方位名词又演变出了相关的动词含义。于是金文𠂇在名词的基础上再加"工"工（巧具、事工）另造𠂇代替，表示呼求神赐巧具，助事成功。有的金文加"攴"，表示手持器具。后来"左"也演变成方位名词，于是篆文㑦再加"人"另造"佐"代替，以区别于方位名词"左"，强调人为的动作。隶书将篆文的"人"写成亻，将篆文的𠂇写成左。隶定后楷书写作"佐"。"佐"是祈祷神助事成；"佑"是祈祷神保平安。

"佐"表示辅助和帮助，如佐证、佐理、佐餐。又如《周礼·天官·大宰》："以佐王治邦国。"

"佐"引申作名词，表示处于辅助地位的人，如僚佐。又如《左传·襄公三十年》："有伯瑕以为佐。"

### 名言馆

构大厦者先择匠而后简材，治国家者先择佐而后定民。
· （唐）马总《意林》

---

上佐近来多五考，少应四度见花开。
· （唐）白居易《移山樱桃》

---

丈夫志不大，何以佐乾坤？
· （唐）邵谒《送从弟长安下第南归觐亲》

谜语答案　溪　伊　尹

佐时阿衡

| 甲骨文 | 金文 | 篆文 | 隶书 | 楷书 | 行书 | 草书 | 标准宋体 |
|---|---|---|---|---|---|---|---|
| 㞢 | 㞢 | 㞢 | 時 | 時 | 時 | 时 | 时 |

## 名言馆

时不利兮骓不逝，骓不逝兮可奈何。
·（秦）项羽《垓下歌》

相见时难别亦难，东风无力百花残。
·（唐）李商隐《无题》

一川烟草，满城风絮，梅子黄时雨。
·（宋）贺铸《青玉案》

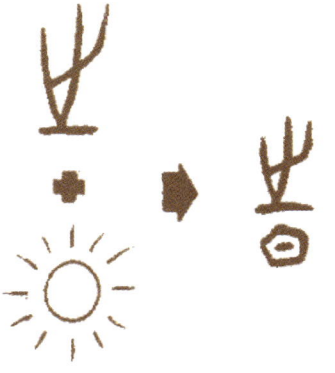

## 解字堂

之，又写作"㞢"，既是声旁也是形旁，表示人离此地往他处而去。時，甲骨文㞢=㞢（之，往，至）+日（日，太阳），表示太阳运行。造字本义是太阳运行的节奏——季节。金文㞢将甲骨文字形中的㞢写成㞢。籀文㞢承续金文字形。篆文時写成左右结构，并加"寸"寸（抓持），表示力图抓住易逝的光阴。隶书時误将篆文字形中的"止"㞢写成"土"土。隶定后楷书写作"時"。简化后写作"时"。

四季为"时"；一天为"日"。故《说文解字》曰："时，四时也。"如《书·尧典》："敬授人时。"又如四时、农时、应时。后泛指时间、光阴，如惜时如金。又指时候，如来时、走时、那时、上课时、过时不候。又指时辰，如卯时、子时、丑时。又指时代，如古时、宋时、盛极一时。还指时机，如失时、待时而动。

"时"作为副词可以表示时常。如《论语·学而》："学而时习之。"表示有时候，比如时而、时阴时晴。

佐时阿衡

ē

| 甲骨文 | 金文 | 篆文 | 隶书 | 楷书 | 行书 | 草书 | 标准宋体 |
|---|---|---|---|---|---|---|---|
| 𡒄 | 阿 | 阿 | 阿 | 阿 | 阿 | 阿 | 阿 |

## 解字堂

"阿"是形声字。从阝，可声。读ā时表示夹在称呼上的词头，如阿姨。读ē时表示迎合、偏袒，如阿谀；或是凹曲处，如山阿。《说文解字》曰："大陵也。一曰曲阜也。从阜，可声。"

成语"阿谀奉承"意思是谄媚拍马，用好话恭维对方。成语"刚正不阿"意思是敢于蔑视权贵，从不谄媚迎合。

## 名言馆

在彼中阿。
· 《诗·小雅·菁菁者莪》

---

行叩诚而不阿兮，遂见排而逢谗。
· （汉）刘向《九叹》

---

流自眺夫衡阿兮。
· （汉）张衡《思玄赋》

佐时阿衡

héng

| 甲骨文 | 金文 | 篆文 | 隶书 | 楷书 | 行书 | 草书 | 标准宋体 |
|---|---|---|---|---|---|---|---|
|  | 衡 | 衡 | 衡 | 衡 | 衡 | 衡 | 衡 |

## 名言馆

秋而载尝，夏而福衡。
· 《诗·鲁颂·閟宫》

---

衡不同于轻重。
· 《韩非子·扬权》

---

古者冠缩缝，今也衡缝。
· 《礼记·檀弓上》

## 解字堂

衡，金文衡=彳（行，四达之衢）+〇（西，装货物的包囊）+大（大，人），表示将东西带到集市。造字本义是交易者在市场估测重量。籀文省去"行"。篆文承续金文字形。隶书误将篆文的"西"写成"鱼"。隶定后楷书写作"衡"。

"衡"作为名词，可以指秤杆，泛指秤。《说文解字》曰："衡，牛触，横大木其角。"也就是说，衡的本义是古代绑在牛角上的横木，后来演化为秤杆的意思。

"衡"，还有称量的意思。比如衡钧，指的就是称量轻轻的意思，借指执掌国家政权。《礼记》："犹衡之于轻重也。"这里的"衡"，取的就是称量的意思。

## 温故知新

 ### 四字通解

佐时阿衡，意为适时辅助的宰相。"佐时"是指顺应天意，辅佐明君。商朝宰相之位的官名叫作阿衡。因为姜尚适时地辅佐周文王、武王伐商建立周朝，伊尹适时地辅佐成汤建立了商朝，所以人们称他们为"佐时阿衡"。与上句连在一起解释，就是：周文王在磻溪遇到吕尚，尊他为太公望；伊尹辅佐时政，商汤封他为阿衡；他们都是辅佐帝王成就大业的功臣。

 ### 故事厅

#### "王佐之才"荀彧

荀彧是三国时期曹操最重要的谋士，因为卓越的政治军事才能，被后人誉为"王佐之才"。

张邈与陈宫在兖州叛乱的时候，豫州刺史郭贡领兵到荀彧镇守的城下，要求见荀彧。夏侯惇认为非常危险，荀彧却认为，郭贡和张邈关系一般，他显然没有成熟的打算，这时候前往即便不能为我所用，也可以让他保持中立。如果这时候怠慢他，郭贡一定怒而攻城。荀彧轻身入敌营，郭贡见荀彧没有惧意，认为城池一定难以攻打，于是引兵退走。

正是由于荀彧智能的全面和细致，他不仅能给予曹操"奉天子以令不臣"的正确政治方针，还能分拨粮草、举荐贤能。因此曹操称荀彧为"吾之子房"。

#### 张衡发明地动仪

古时候，皇帝和百姓将地震看作是不祥的征兆，认为是鬼神造成的。张衡却不信神邪，他经过细心的考察和试验，发明了一个能测出地震的仪器，叫作"地动仪"。

地动仪由青铜制造，形状像一个酒坛，四围铸着八条龙，龙头伸向八个方向。每条龙的嘴里含着一颗小铜球，龙头下面蹲着一只张嘴的蛤蟆。哪个方向地震了，那个方向的龙嘴就会自动张开把铜球吐出。138年的一天，地动仪正西方的龙嘴突然张开来，吐出了铜球，这是报告西部发生了地震。可是，那天洛阳一点地震的迹象也没有，于是朝廷上下议论纷纷，说张衡的地动仪是骗人的。但过了没几天，有人骑着快马来向朝廷报告，离洛阳一千多里的陇西一带发生了地震，连山都崩塌了，大家才真正信服。

### 猜谜语

左传未传人。
（打一字）

寸草心。
（打一字）

河水过处险当头。
（打一字）

 ## 知识角

### 君臣佐使

君臣佐使，方剂学术语，是指中医药组方原则。《素问·至真要大论》："主病之谓君，佐君之谓臣，应臣之谓使。"组成方剂的药物可按其所起的作用分为君药、臣药、佐药、使药，故称之为"君臣佐使"。君药是方剂中起主要治疗作用的药物，臣药指辅助君药治疗的药物，佐药指配合君臣药治疗兼证或抑制君臣药毒性的药物，使药指引导诸药直达病变部位或调和诸药的药物。在一个药方之中，君药必不可缺，而臣、佐、使三药则可酌情配置。

"君臣佐使"高度概括了中医遣药组方的原则，对学习研究中药成方和指导临床合理用药具有极其重要的意义。

### 张衡

张衡（78—139），字平子，南阳西鄂（今河南南阳市石桥镇）人，汉族，东汉时期伟大的天文学家，为中国天文学、机械技术、地震学的发展做出了不可磨灭的贡献。在数学、地理、绘画和文学等方面，张衡也表现出了非凡的才能和广博的学识。张衡是东汉中期浑天说的代表人物之一，他指出月球本身并不发光，月光其实是日光的反射，他还正确地解释了月食的成因。张衡得到了很多荣誉，被一些学者认为是通才。一些现代学者还将他的工作和托勒密（86—162）相提并论，以他的名字命名1802号小行星。

 ## 成语窗

### 王佐之才
佐：辅佐，帮助。指有辅助帝王创业治国的才能。

### 佐雍得尝
比喻助人为善，自己也分享光荣。

### 佐国之谋
佐：协助。谋：谋略。协助治国的谋略。

### 名震一时
名声震动当时的社会。

### 时过境迁
迁：变化。指时间一过去，境况就会发生变化。

### 时不我待
时间不会等待我们。指要抓紧时间。

### 刚直不阿
刚：刚直。直：正直。不阿：不逢迎。指刚直方正而不逢迎附和。

### 阿谀奉承
巴结拍马屁，向人讨好。

### 阿谀逢迎
阿：迎合讨好。谀：奉承谄媚。逢迎：主动迎合。指谄媚拍马屁投合对方的心意，竭力向人讨好。

奄宅曲阜

yǎn

| 甲骨文 | 金文 | 篆文 | 隶书 | 楷书 | 行书 | 草书 | 标准宋体 |
|---|---|---|---|---|---|---|---|
| | | | | | | | 奄 |

## 解字堂

"奄"是会意字。电，既是声旁也是形旁，表示雨天打雷时的闪光。奄，金文=（电，打雷时的闪电）+（大，人），表示闪电打在人身上。篆文将金文的闪状电写成"电"，并将金文"电"上"人"下的结构，颠倒成"人"上"电"下。隶书将篆文的写成。生命毁于雷电为"奄"，生命毁于流水为"淹"。

"奄"可以解释为覆盖、包括。《说文解字》曰："覆也。大有余也。"如奄有天下、奄有四方。

"奄"还可以解释为忽然、突然。如奄忽、奄然、狼奄至。又如宋代著名哲学家陆九渊《与朱元晦书》曰："比日不知何疾，一夕奄然而逝。"

"奄"又读作yān。通"淹"，表示止、息。如西汉著名辞赋家司马相如《大人赋》曰："奄息总极泛滥水嬉兮。"又"奄奄"，表示气息微弱的样子。如我们日常生活中常用的成语"奄奄一息""奄奄待毙"。

## 名言馆

卧薪七年，自虑奄忽。
·《后汉书·赵岐传》

咽服十二环，奄有仙人房。
·（唐）李白《上清宝鼎诗》

神气木呆，奄奄思睡。
·（清）蒲松龄《聊斋志异·促织》

谜语答案　佐　时　阿

奄宅曲阜

| 甲骨文 | 金文 | 篆文 | 隶书 | 楷书 | 行书 | 草书 | 标准宋体 |
|---|---|---|---|---|---|---|---|
| 𠂉 | 𠂉 | 宅 | 宅 | 宅 | 宅 | 宅 | 宅 |

### 名言馆

方宅十余亩，草屋八九间。
· （晋）陶潜《归园田居五首》其一

---

岐王宅里寻常见，崔九堂前几度闻。
· （唐）杜甫《江南逢李龟年》

---

住近湓江地低湿，黄芦苦竹绕宅生。
· （唐）白居易《琵琶行》

### 解字堂

乇，既是声旁也是形旁，是"托"的本字，表示上举。宅，甲骨文 𠂉 ＝ 冂（宀，房架）＋ 𠂉（乇，"托"的本字，托举），表示托起横梁。造字本义是托木架梁，筑屋建房。金文 𠂉 承续甲骨文字形。籀文 𠂉 ＝ 冂（宀，房架）＋ 土（土，地基）＋ 𠂉（乇，托），强调在地基上撑起房架。篆文 𠂉 基本承续甲骨文字形，将甲骨文的 𠂉 写成"乇"𠂉 明确托举含义。

"宅"的本义为住所。如《左传·昭公三年》："子之宅近市。"引申为居住。如《诗·商颂·玄鸟》："宅殷土芒芒。"

奄宅曲阜

## qǔ

| 甲骨文 | 金文 | 篆文 | 隶书 | 楷书 | 行书 | 草书 | 标准宋体 |
|---|---|---|---|---|---|---|---|
|  | 🈂 | 🈂 | 曲 | 曲 | 曲 | 曲 | 曲 |

### 解字堂

曲，金文像一截竹子被揉折成直角。造字本义：揉折竹子。将竹子烧烤到发软，就可以用外力将竹子揉折出不同角度。篆文像一截竹子被揉成"U"形。隶书误将篆文"U"形的竹管简写成曲。隶定后楷书写作"曲"。简化后，"曲"与"麯""麴""粙"合并，同写作"曲"。"曲"本义是弯曲。《说文解字》曰："曲，象器曲受物之形也。"《广雅·释诂一》也有："曲，折也。"又作名词。如韩愈《独钓》诗之一："曲树行藤角。"

"曲"引申表示不公正、不合理。如成语"委曲求全"中的"曲"就是这个意思。

"曲"字还有一个较为普遍的用法，指的是歌曲。比如杜甫在《赠花卿》这首诗中就有这样的描述："此曲只应天上有，人间难得几回闻。"

### 名言馆

在其板屋，乱我心曲。

·《诗·秦风·小戎》

---

曲高和寡，妙伎难工。

·（三国）阮瑀《筝赋》

---

转轴拨弦三两声，未成曲调先有情。

·（唐）白居易《琵琶行》

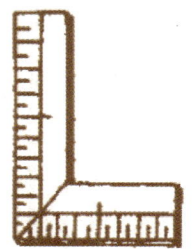

奄宅曲阜

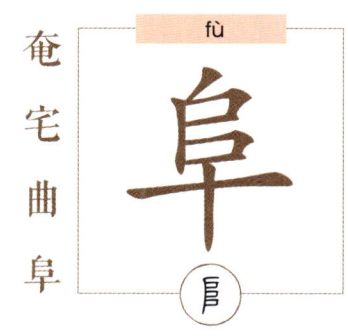

| 甲骨文 | 金文 | 篆文 | 隶书 | 楷书 | 行书 | 草书 | 标准宋体 |
|---|---|---|---|---|---|---|---|

### 解字堂

"阜"是象形字。甲骨文像多级绵延的登山石阶。甲骨文字形或中的像石崖，是"石"的省略。造字本义是拾级而上的盘山石阶。篆文略有变形，在三层石阶上加一指事符号，表示山顶。隶定后楷书写作"阜"，从此石阶形象消失。

"阜"本义为土山、丘陵，后泛指山。《康熙字典》曰："《尔雅·释地》：'大陆曰阜。'《说文解字》：'山无石者。'《释名》：'土山曰阜，言高厚也。'"如《荀子·赋》中提到："有物于此，生于山阜，处于室堂。"荀子在这里用到的，是"阜"的本义山丘、高地。

"阜"可以表示肥大。如《诗·小雅·车弓》："回车即好，四壮孔阜。"引申为繁盛、旺盛、丰富。如晋代的常璩在《华阳国志》中写道："是时世平道治，民物阜康。"唐代郑棨在《开天传信记》中写道："开元初，上励精理道，铲革讹弊，不六七年，天下大治，河清海晏，物殷俗阜。"

### 名言馆

如山如阜，如冈如陵。
　　　　·《诗·小雅·天保》

---

无石曰阜。
　　　　·《广雅》

---

古来壮台榭，事往悲陵阜。
　·（唐）刘长卿《孙权故城下怀古兼送友人归建业》

## 温故知新

 **四字通解**

奄宅曲阜,意思是抚定曲阜这个地方。"奄宅",《文选》六臣注曰:"奄,太。宅,居也。""曲阜"是鲁国的都邑。周朝建立以后不久,武王就病死了,成王姬诵继位。当时成王还年幼,根本不懂治国之道,只得由他的叔叔周公旦代他执政,处理国家大事。

周立朝后,开始分封建国,周公被封在鲁。由于成王幼小需要辅政,周公脱不开身,就由周公的儿子伯禽代替父亲受封于鲁国。

伯禽到任三年以后才来向父亲汇报工作,周公问:"你怎么这么久才来报政?"伯禽说:"我要改变那里的风俗,实施礼仪,还要服三年的丧礼,所以晚了。"姜太公同时被封在齐国,他五个月就回来汇报工作。周公问:"你怎么这么快就来报政了?"太公回答:"我适应那里的风俗,革除不必要的礼仪,精兵简政,所以来得快。"周公将齐鲁两国的情形一对比,叹了一口气,说:"呜呼,鲁后世其北面事齐矣!夫政不简不易,民不有近;平易近民,民必归之。"

 **故事厅**

### 成语"气息奄奄"的故事

李密为三国时期蜀国的旧臣,蜀国被灭后,晋武帝征召李密做官,李密不愿意,便写了《陈情表》,表达自己的苦衷。李密从自己幼年的不幸遭遇写起,说明自己与祖母相依为命的特殊感情,如今祖母年岁过高,身体不好,他理应尽孝道,服侍祖母,所以不能去做官。李密这篇文章语言简洁生动,富有表现力和强烈的感染力。在描述祖母过于年老,身体不好时,李密写道:"但以刘日薄西山,气息奄奄,人命危浅,朝不虑夕。臣无祖母,无以至今日,祖母无臣,无以终余年。"李密用"气息奄奄"一词,简洁生动地说明了祖母刘氏的危机情况,间接表达出了自己无法答应晋武帝去做官的无奈。

相传晋武帝看了李密这篇文章后,深受感动,特别赏赐了两名奴婢给李密,并命令李密所在郡县的官员要按时资助李密的祖母。

### 元曲《赵氏孤儿》

元曲《赵氏孤儿》全名《冤报冤赵氏孤儿》,是纪君祥从《左传》《史记·赵世家》等史籍取材而创作的一部壮烈悲剧。剧情是春秋时晋国(今山西翼城县东南)上卿赵盾遭到大将军屠岸贾诬陷,全家300余口被杀,门客程婴救出一个不到半岁的婴儿,并用自己的亲生儿子替代赵氏孤儿而被屠岸贾杀死。屠岸贾收程婴为门客,将其子(赵氏孤儿)当作义子,教他武功。20年后,孤儿长大成人,程婴将赵家冤案始末绘成图卷,对他说出了往事,赵氏孤儿悲愤交加,决意报仇。他向晋悼公申诉己族之惨祸。由上卿魏绛传令,将屠岸贾灭族,赵氏孤儿恢复赵姓,改名赵武。

### 猜谜语

两层小楼六扇窗,
两个烟囱安楼上。
(打一字)

山道弯弯。
(打一山东地名)

猴子尾巴翘上了天。
(打一字)

##  知识角

### 《阳关曲》

《阳关曲》是一首感人至深的古曲,也是中国古代音乐作品中难得的精品,具有旺盛的艺术生命力。这首乐曲产生于唐代,是根据著名诗人、音乐家王维名篇《送元二使安西》谱写而成的。因为诗中有"渭城""阳关"等地名,所以又名《渭城曲》《阳关三叠》。大约到了宋代,《阳关三叠》的曲谱便失传了。目前所见的古曲《阳关三叠》由一首琴歌改编而成。最早载有《阳关三叠》琴歌的是明代弘治四年(1491)刊印的《浙音释字琴谱》,而目前流行的曲谱原载于明代《发明琴谱》(1530),后经改编载录于清代张鹤所编的《琴学入门》(1876)。新中国成立后,王震亚将其改编为混声合唱。

### 曲阜

曲阜,古为鲁国国都,后曾更名为鲁县,如今是山东省的一个县级市。地处山东省西南部,北距省会济南135公里。东连泗水,西抵兖州,南临邹城,北望泰山。

"曲阜"之名最早见于《礼记》,东汉应劭解释道:"鲁城中有阜,委曲长七八里,故名曲阜。"曲阜有著名的"三孔"——孔府、孔庙、孔林,是中国古代伟大的思想家、教育家、儒家学派创始人孔子的故乡。1982年,曲阜被评为中国首批历史文化名城;1991年,被国家旅游局评为中国旅游胜地40佳;1994年,孔庙、孔府、孔林被列入世界文化遗产;1997年,国家旅游局又把曲阜确定为中国35个王牌旅游城市之一;1998年12月,被命名为第一批中国优秀旅游城市;2004年,被评为中国文物工作先进市。

##  成语窗

### 奄然而逝
奄然:忽然。指忽然死去。

### 气息奄奄
气息:呼吸时出入的气。奄奄:呼吸微弱的样子。形容呼吸微弱,快要断气的样子。也比喻事物衰败没落,即将灭亡。

### 大院深宅
深:由内到外的距离大。房屋众多,庭院深广。多指代富贵人家的住宅。

### 豪门贵宅
豪门:巨富权贵之家。指有权势的富贵人家。

### 异曲同工
不同的曲调,却同样美妙。比喻事物的内容或形式虽然不一样,却同样出色。也比喻不同的做法,收到同样好的效果。

### 曲尽其妙
把其中微妙之处委婉细致地充分表达出来。形容表达能力很强。

### 物阜民丰
物产丰富,人民安乐。

### 人烟阜盛
某地方人口很多。

微旦孰营 wēi

| 甲骨文 | 金文 | 篆文 | 隶书 | 楷书 | 行书 | 草书 | 标准宋体 |
|---|---|---|---|---|---|---|---|

## 解字堂

微，甲骨文=（长发的老人）+（手执棍杖），表示老人拄杖而行。金文承续甲骨文字形。有的金文加"辵"（行进），强调行进。造字本义是老人拄杖缓行。篆文大体综合了金文和的字形，将金文的老人形象写成。隶定后楷书写作"微"。

"微"本义是隐蔽、隐匿。《说文解字》曰："微，隐行也。从彳，散声。《春秋传》曰：'白公其徒微之。'"

"微"字还指细小。宋代沈括的《梦溪笔谈》中说到的"岭峤微草"，苏轼的《石钟山记》提到的"微风鼓浪"中的"微"，都是微小、细小的意思。

"微"还有稍微、略微的意思，如欧阳修《归田录》："但微颔之。"

"微"字还有衰落的意思。如《汉书·艺文志》："周室既微，载籍残缺。"又如衰微、微弱。

"微"还表示微贱，如卑微、人微言轻。

"微"还表示精深奥妙，如微妙、微言大义。

## 名言馆

日居月诸，胡迭而微。
·《诗·邶风·日月》

故夫三桓之子孙微矣。
·《论语·季氏》

年之暮奈何，时过时来微。
·（汉）曹操《精列》

谜语答案　曲　曲阜　奋

微旦孰营

| 甲骨文 | 金文 | 篆文 | 隶书 | 楷书 | 行书 | 草书 | 标准宋体 |
|---|---|---|---|---|---|---|---|
| 吕 | ♀ | 旦 | 旦 | 旦 | 旦 | 旦 | 旦 |

### 解字堂

旦，甲骨文 吕 上边的指事符号 口 代表天宇，下边的指事符号 口 代表大地。古人认为天地是两个无边无际的平面。有的甲骨文 日 用"日" ○ 代替天宇 口，强化日出而天地分的含义。金文 ♀ 将表示大地的方形 口 写成实心的黑点 ●。篆文 旦 将实心黑点 ● 改写成一横 一，代表地平线或海平线。《说文解字》曰："明也。从日见一上。一，地也。"造字本义是世界从黑暗混沌的状态中分离出天地，即天亮。古人称日升而天地分明为'旦'，称日落而天地不分为"莫"（通"暮"）。

"旦"的本义表示天亮、清晨。如通宵达旦、危在旦夕、枕戈待旦。又如《木兰诗》："旦辞爷娘去，暮宿黄河边。"

"旦"还指（某一）天。如一旦、元旦、毁于一旦。

另外，"旦"还表示我国传统戏剧中女演员或女性角色的类型，女主角就是正旦，还有副旦、贴旦、外旦、小旦、大旦、老旦、花旦、色旦、搽旦等。比如在古典戏剧《西厢记》中，女主角崔莺莺就是正旦，红娘是花旦，而崔老夫人则是老旦。

### 名言馆

吾攻赵，旦暮且下。
　　·《史记·魏公子列传》

旦夕奉问起居。
　　·《汉书·李广苏建传》

微旦孰营

shú

| 甲骨文 | 金文 | 篆文 | 隶书 | 楷书 | 行书 | 草书 | 标准宋体 |
|---|---|---|---|---|---|---|---|
| 𓍱 | 𦀖 | 𩫤 | 孰 | 孰 | 孰 | 孰 | 孰 |

### 解字堂

"孰"是会意字。"孰"是"熟"的本字。孰，甲骨文 𓍱 = 𠂤（祭祖的庙宇）+ 丮（丮，执，像伸手献祭），表示在祖庙献祭。造字本义是带着困惑用煮熟的香肉献祭，向祖先问卜。金文 𦀖 加"女"，表示用女童献祭。篆文 𩫤 以"羊"代"女"，表示用羔羊献祭。隶书 孰 将篆文的"丮"写成"丸"；同时以"子"代"女"，表示用男童献祭。当"孰"的本义消失后，后人再加"火"另造"熟"代替。

孰的本义是熟。如《荀子·富国》"五谷必时孰"。又为考虑成熟。如《荀子·议兵》："凡虑事欲孰。"

"孰"又作疑问代词，表示谁、什么。如《论语》有："是可忍，孰不可忍也。"韩愈《师说》："人非生而知之者，孰能无惑？"再如《国语·越语》曰："与其杀是人也，宁可得此国也，甚孰利乎？"

### 名言馆

吾与徐公孰美？
　　　　　　　·《战国策·齐策》

百姓孰敢不箪食壶浆以迎将军者乎？
　　　　　·《三国志·蜀书·诸葛亮传》

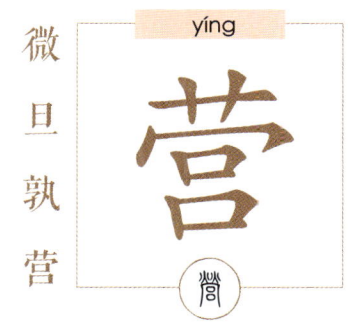

| 甲骨文 | 金文 | 篆文 | 隶书 | 楷书 | 行书 | 草书 | 标准宋体 |
|---|---|---|---|---|---|---|---|
|  |  | 營 | 營 | 营 | 营 | 营 | 营 |

## 名言馆

阵解星芒尽，营空海雾消。
·（唐）李白《塞下曲六首》其二

---

委顺在物为，营营复何益。
·（唐）元稹《含风夕》

---

醉里挑灯看剑，梦回吹角连营。
·（宋）辛弃疾《破阵子·为陈同甫赋壮词以寄之》

## 解字堂

"营"是形声字。《说文解字》曰："营，市居也。从宫、荧省声。"也就是说，"营"字原来指的是房子，与居住有关。后指军队驻扎的地方，借指按编制集体生活的地方。如营地、军营。

"营"还有筹划、管理的意思。如《诗·小雅·黍苗》有："召伯营之。"

"营"作为名词，除军队、军营的含义外，还有司令部的意思，如大本营。也可以指远离城市的临时性住处，如夏令营、集中营等。

"营"的含义非常丰富，作为动词，还可以表示围绕、缠绕的意思，如《公羊传·庄公二十五年》："以朱丝营社。"可以表示测量、度量的意思，如《广雅》："营，度也"。还可以表示迷惑的意思，如《淮南子》："精神乱营。"

"营"还可以表示用、谋求。白居易的《卖炭翁》写道："卖炭得钱何所营？身上衣裳口中食。"

## 温故知新

 **四字通解**

微旦孰营，"微"是假定副词，表示如果没有、要不是，例如《岳阳楼记》的最后一句话："微斯人，吾谁与归？"这里的"微旦孰营"也是一个设问句，意思是除了周公旦，还有谁有资格得到这样的封地呢？曲阜曾是神农氏的故都、黄帝的出生地、少昊氏之墟、商殷故国、周公旦的封地、孔子的故乡，迄今已有5000多年的历史了。中国的传统文化传承自周代的文化。周公整理了周以前的文化，在此基础上发展并形成了周的文化，也为后世的儒家学说奠定了基础。周公是历史上第一位集中国文化之大成者，所以作者才说，除了周公之外，还有谁有资格拥有鲁地呢？后来，孔子又出生在曲阜，他"祖述尧舜，宪章文武"，继承了中国文化的血脉，又一次整理中国文化，去粗取精、去伪存真，成为第二位集中国文化之大成者。

 **故事厅**

### 吾与徐公孰美

一天早晨，邹忌照着镜子对妻子说："吾与徐公孰美？"妻子说："徐公怎么能比得上您呢！"城北徐公是当时齐国有名的美男子，邹忌不相信，又去问他的小妾。小妾回答说："徐公怎么能比得上您呢？"第二天，有客人来邹忌家里拜访，邹忌问客人："我和徐公相比，谁更美丽呢？"客人说："徐公不如您美丽。"这一天，徐公来邹忌家里拜访，邹忌端详徐公的样貌，终究觉得自己不如他。那天晚上，他躺在床上想："妻子认为我美，是偏爱我；小妾认为我美，是惧怕我；客人认为我美，是有求于我。"

于是，邹忌上朝廷拜见齐威王说："我们齐国土地辽阔，有120座城池，宫里的姬妾和身边的近臣，没有不偏爱大王的；朝廷中的大臣，没有不惧怕大王的；国内的百姓，没有不对大王有所求的。由此看来，大王您所受的蒙蔽一定很厉害了。"

齐威王听了，就下了一道命令："所有的大臣、官吏、百姓，能当面批评我过错的，得上等奖赏；能上书劝谏我的，得中等奖赏；能在公共场所指责我过失并传到我耳朵里的，得下等奖赏。"政令刚下达，所有大臣都来进言；几个月后，有时偶尔还有人进谏；一年以后，即使想进言，也没有什么可说的了。周围的燕、赵、韩等国家听说了这件事，都到齐国来朝见齐威王。

### 猜谜语

长河落日圆。
（打一字）

改变旧面貌，迎接新岁朝。
（打一字）

劳力不足，双方支援。
（打一字）

 ## 知识角

### 周公旦

周公旦是周文王的第四子,周武王的同母弟。因采邑在周,称为周公。武王死后,其子成王年幼,由周公摄政当国。他平定"三监"叛乱,大行封建,营建东都,制礼作乐,还政成王,在巩固和发展周王朝的统治上起了关键性的作用,对中国历史的发展产生了深远影响。周公在当时不仅是卓越的政治家、军事家,而且还是个多才多艺的诗人、学者。其兄弟管叔、蔡叔和霍叔等人勾结商纣子武庚和徐、奄等东方夷族反叛。他奉命出师,三年后平叛,并将势力扩展至海。后建成周洛邑,作为东都。相传他制礼作乐,建立典章制度。其言论见于《尚书》诸篇,被尊为儒学奠基人,孔子最崇敬的古代圣人,《论语》中孔子即曰:"甚矣吾衰也!久矣吾不复梦见周公。"

### 越国美女郑旦

郑旦好剑,性格刚烈,是历史上一位与西施同时且同样具有爱国情怀的美女。但多年来,西施是广为人知的"古代四大美女之首",郑旦却默默无闻,不为人知。

约在公元前490年,郑旦与西施一同被越王勾践选中,教以礼仪,习以歌舞,献吴王为妃,以迷惑吴王夫差,离间其君臣关系。她们临危受命,忍辱负重,以身许国,扮演了使者和间谍的角色。公元前473年,越国军队攻占了吴国都城姑苏,灭掉了吴国。这在一定程度上,与西施和郑旦的牺牲奉献是分不开的。在家乡人的心目中,郑旦是永远的女中豪杰。现今鸬鹚湾村仍以郑姓为主,村北临江建有郑旦亭。

 ## 成语窗

**人非圣贤,孰能无过**
一般人犯错误是难免的。

**是可忍,孰不可忍**
是:这个。孰:什么。如果这个都可以容忍,还有什么不可容忍的呢?形容绝不能容忍。

**结党营私**
营:谋求。互相组成小集团,为谋得个人私利而干坏事。

**步步为营**
步步:表示距离近。营:军事营垒。军队每前进一步就设下一道营垒。比喻行动谨慎,防备严密。现常用来比喻行动、做事谨慎,稳扎稳打。

**苦心经营**
苦心:用心劳苦。经营:筹划,安排。用尽心思筹划安排。

**通宵达旦**
通宵:整夜。达:到。旦:天亮。指整整一夜到天亮。

**坐以待旦**
旦:天亮。坐着等待天亮。比喻勤勉。

**见微知著**
见到事情的苗头,就能知道它的实质和发展趋势。

**微言大义**
包含在精微语言里的深刻的道理。

## 桓公匡合

huán

| 甲骨文 | 金文 | 篆文 | 隶书 | 楷书 | 行书 | 草书 | 标准宋体 |
|---|---|---|---|---|---|---|---|
|  |  | 桓 | 桓 | 桓 | 桓 | 桓 | 桓 |

### 解字堂

"桓"是形声字。从木，亘声。《说文解字》曰："桓，亭邮表也。"原指古代邮亭旁边作为标志的柱子。后泛指立在城郭、宫殿、官署、陵墓或驿站路边的木柱子。《礼记》孔颖达疏曰："案《说文解字》：'桓，亭邮表也。'谓亭邮之所而立表木谓之桓，即今之桥旁表柱也。"

"桓"也表示忧虑。如《逸周书·祭公》说："允乃诏，毕桓于黎民般。"意思是说，你的诏告很适当啊，全是考虑到老百姓的安乐。

"桓"还可以指盘桓。如《庄子·应帝王》说："鲵桓之审为渊。"

此外，"桓"还是水名，发源于甘肃岷县。也是山名，《战国策·齐策五》记载："昔者齐、燕战于桓之曲，燕不胜。"这里，桓是作为齐、鲁之间的山地名称使用的。

### 名言馆

桓山之禽别离苦，欲去回翔不能征。

· （唐）李白《上留田行》

令姿何昂昂，良马远游冠。

· （唐）韦应物《上东门会送李幼举南游徐方》

无路重趋桓典马，有诗曾上仲宣楼。

· （唐）罗隐《寄张侍郎》

谜语答案　旦旦营

桓公匡合

gōng

公

| 甲骨文 | 金文 | 篆文 | 隶书 | 楷书 | 行书 | 草书 | 标准宋体 |
|---|---|---|---|---|---|---|---|
| 𠔼 | 公 | 公 | 公 | 公 | 公 | 公 | 公 |

## 名言馆

晋家天子作降虏，公卿奔走如牛羊。

· （唐）张籍《永嘉行》

---

公乎公乎，床有菅席盘有鱼。北里有贤兄，东邻有小姑。陇亩油油黍与葫，瓦甀浊醪蚁浮浮。

· （唐）李贺《箜篌引》

---

我劝天公重抖擞，不拘一格降人才。

· （清）龚自珍《己亥杂诗》

## 解字堂

"公"是会意字。公，甲骨文𠔼=）（八，是"分"的本字，表示分配）+𠙴（口，吃，进食），表示平均分配食物。金文承续甲骨文字形。有的金文将甲骨文的"口"写成𠙴。在"口"𠙴（吃）上加一竖指事符号，表示与"吃"相关的某种生活方式。造字本义是生产力水平低下、食物匮乏的远古时代，人们平均分配赖以生存的食物。篆文稍有变形，将金文的𠙴写成似"厶"的。隶书将篆文的明确写成"厶"。

"公"可以指公平、公正。《尚书》孔安国传有言："从政以公平灭私情，则民其信归之。"意思是说，从政为官的人，如果倚靠公正的法度、原则，抵抗徇私枉法和情感偏倚，那么百姓会信服他，万民会归心于他。

"公"还指共同、公共。《礼记·礼运》说："大道之行也，天下为公。"意思是说，天下是天下人共同的天下。

"公"也可以指国家、朝廷、集体、公家。《毛诗》孔颖达疏描述说："退朝而食，从公门入私门。"这里，"公"与"私"相对，表集体或国家，与个体的、个人家庭内部的相对。

"公"还有一种意思是不加隐蔽、毫无顾忌地公开。《西游记》第五十回说："律云：公取窃取皆为盗。"即法律认为，公开地、偷偷地从事盗窃、偷盗的行为，都归为盗窃罪。

"公"也能用作亲属称谓或对某些职业者的称谓。

桓公匡合

kuāng

匡

| 甲骨文 | 金文 | 篆文 | 隶书 | 楷书 | 行书 | 草书 | 标准宋体 |
|---|---|---|---|---|---|---|---|
|  | 匡 | 匡 | 匡 | 匡 | 匡 | 匡 | 匡 |

## 解字堂

"匡"是形声字。金文写作匡，有的金文匡将竹筐匚简写成匚。篆文匡承续金文字形。隶书匡误将篆文的"往"𡉀写成"王"王。"匡"的"竹筐"义消失后，篆文再加"竹"另造"筐"代替。

"匡"是"筐"的古字，是一种盛物用具。《说文解字》曰："匡，饭器，筥也。从匚，𡉀声。筐，匡或从竹。"

"匡"可以表示正。如《诗·小雅·楚茨》："既匡既敕。"引申为纠正。《诗·小雅·六月》说："王于出征，以匡王国。"进而引申为辅助使正。如《周书·文帝纪下》也说："及居官也，则昼不甘食，夜不甘寝，思所以上匡人主，下安百姓。"意思是说，为官的人，白天吃不下，夜里睡不安稳，所思虑和担心的，是如何对上辅佐天子、对下体恤万民。

"匡"还可以表示粗略计算、估计，如匡计、匡算。

## 名言馆

歌云佐汉，捧日匡尧。
　·（唐）卢照邻《中和乐九章·歌公卿第八》

宝胄匡韩主，华宗辅汉王。
　·（唐）李隆基《送张说巡边》

匡复属何人，君为知音者。
　·（唐）李白《赠常侍御》

桓公匡合

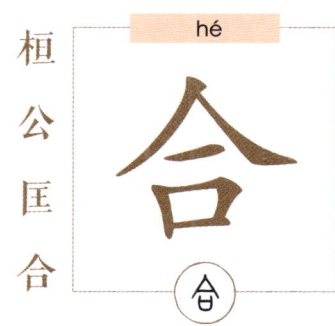

hé
合

| 甲骨文 | 金文 | 篆文 | 隶书 | 楷书 | 行书 | 草书 | 标准宋体 |
|---|---|---|---|---|---|---|---|
| 合 | 合 | 合 | 合 | 合 | 合 | 合 | 合 |

## 名言馆

天地相合，阴阳相得，煦妪覆育万物。
· 《史记·乐书》

钱缀榆天合，新城柳塞空。
· （唐）李世民《执契静三边》

惠合信吾道，保和惟尔同。
· （唐）李适《丰年多庆九日示怀》

## 解字堂

"合"是象形字。合，甲骨文 像盖儿与器上下相合之形。金文 、篆文 承续甲骨文字形。隶书 将篆文上部的"口"△拆写成"人"、"一"的结构。

"合"本义是盖合。如合上箱子。引申为闭、合拢。如《山海经·大荒西经》说："西北海之外，大荒之隅，有山而不合，名曰不周负子。"

"合"也表示聚集，如聚合、合办、合心协力。"合"也指一件事物同另一件事物相应相符，如情投意合。还表示折算，如合多少钱。

"合"还有另一种读法，读作gě，是中国市制容量单位，等于一升的十分之一。旧时量粮食的器具，容量为一合，木或竹制，呈方形或圆筒形。

## 温故知新

###  四字通解

桓公匡合，意思是齐桓公匡正天下之乱，会合各路诸侯。五霸是齐桓公、晋文公、宋襄公、秦穆公、楚庄王，第一个就是齐桓公。齐国之所以能够成为春秋第一强国，不仅仅是因为地理位置好、有渔盐之利，最主要的原因是国家的文化底蕴深厚，人民的素质和修养高。齐桓公姓姜，名小白，任用管仲当宰相发展经济、富国强兵。齐国临海，最便晒盐捕鱼、发展商业，齐国很快成为第一经济强国，因此孟子、荀子等知名人士都要先来齐国看一看。"桓公匡合"中的"匡"是匡正，"合"是会合。齐桓公匡正天下之乱，会合各路诸侯。《论语》里记载："桓公九合诸侯，一匡天下"，九次召开诸侯大会，与各诸侯国一起制定盟约。齐桓公并没有说空话，他北伐山戎以救燕国，平定狄乱以助邢国、卫国，曾解周王室之祸，定周襄王之位。公元前656年，齐桓公率鲁、宋等八国的联军，征伐南方的楚国，迫使楚国定下盟约，阻止了楚国的北进。

###  故事厅

#### 齐桓公伐楚

《左传·僖公四年》记载了齐桓公伐楚。公元前656年的春天，齐桓公在打败蔡国之后，又联合诸侯国军队大举进犯楚国。在大兵压境的情况下，楚成王先派使者到齐军中质问齐桓公为何要侵犯楚国，随后又派屈完到齐军中进行交涉，双方先后展开了两次针锋相对的外交斗争，最终达成妥协，订立盟约。

#### 匡衡凿壁偷光

西汉时，有个农民的孩子叫匡衡。他小时候很想读书，可是家里穷没钱上学。后来，他跟一个亲戚学认字，才有了看书的能力。

匡衡长大后成了家里的主要劳动力，他一天到晚在地里干活，只有中午歇晌的时候，才有工夫看一点书，一卷书要十天半月才能读完。匡衡很着急，想要多利用一些晚上的时间来看书。可是匡衡家里很穷，买不起点灯的油，怎么办呢？

这天晚上，匡衡躺在床上背白天读过的书。背着背着，突然看到东边的墙壁上透过来一线亮光。他霍地站起来，走到墙壁边一看，原来从壁缝里透过来的是邻居的灯光。于是，匡衡拿了把小刀，把墙缝挖大了一些。透过来的光亮也大了，他就凑着灯光读起书来。

匡衡刻苦学习，勤俭节约，后来成了一个很有学问的人。

### 猜谜语

一天植一树。
（打一字）

为王者，不禁口。
（打一字）

人口一定要适中。
（打一字）

 ## 知识角

### 桓玄

桓玄（369—404），字敬道，小字灵宝，谯国龙亢（今安徽怀远）人，大司马桓温之子。东晋将领、权臣，桓楚武悼帝，谯国桓氏代表人物。历任侍中、都督中外诸军事、丞相、录尚书事、扬州牧、徐州刺史、相国、大将军等职，封楚王。曾消灭殷仲堪和杨佺期占据荆、江广大土地，后更消灭掌握朝政之司马道子父子，掌握朝权。大亨元年（403）十二月逼晋安帝禅位于己，在建康（今南京）建立桓楚，改元"永始"，三个月后刘裕举义兵反抗桓玄，桓玄不敌而逃奔江陵重整军力，遭西讨义军击败，试图入蜀，遭益州督护冯迁杀害。因曾袭父亲"南郡公"之职，故世称"桓南郡"。著有《桓玄集》二十卷，已亡佚。

### "匡"姓的源流

"匡"姓有多种起源，其一出自春秋时期鲁国大夫施孝权之家臣句须，属于以封邑名称为氏。

句须曾出任匡邑宰（今河南新乡长垣西南部），即为匡邑的最高行政长官，史称其为匡句须。传到句须的孙子，便以祖父居官地名为姓氏，称匡氏。北宋初年，匡氏族人为避宋太祖赵匡胤之名讳，皆改匡氏为主氏。到了宋政和年间，宋徽宗赵佶认为民间百姓中竟然有"主"氏，甚为不妥，遂又下令所有的主氏皆改为康氏，是为湖南濛衡康氏。

北宋王朝灭亡以后，有的康氏族人恢复了祖姓，仍为匡氏，世代相传至今。该支匡氏源流记载于湖南衡山《濛衡康氏十修族谱》中。今匡氏族人大多尊奉匡句须为得姓始祖。其后代有汉朝丞相匡衡。

 ## 成语窗

### 至公无私
极其公正，毫无私心。

### 王孙公子
王孙：受封王位的子孙。公子：古代称诸侯的儿子。后称官僚或富贵人家的子弟。亦作"公子王孙"。

### 匡其不逮
匡：纠正。逮：及，达到。不逮：达不到的地方。对于达不到的地方给予纠正或帮助。

### 一匡天下
匡：纠正。天下：原指周天子统治所及的地方，即整个中国。纠正混乱局势，使天下安定下来。

### 乌合之众
像暂时聚合的一群乌鸦。比喻临时杂凑的、毫无组织纪律的一群人。

### 貌合神离
表面上关系很密切，实际上是两条心。

济弱扶倾

jǐ

| 甲骨文 | 金文 | 篆文 | 隶书 | 楷书 | 行书 | 草书 | 标准宋体 |
|---|---|---|---|---|---|---|---|
|  | 濟 | 濟 | 齊 | 濟 | 濟 | 济 | 济 |

## 解字堂

"濟"是形声字。从水，齊（齐）声。简化后写作"济"。

《说文解字》说："济，水。出常山房子赞皇山，东入泜。从水，齐声。"

"济"读作jǐ时，为古水名，指济水。如清代桐城派的代表之一姚鼐写《登泰山记》，有句子说："阴谷皆入济。"济水，发源于今河南，流经山东入渤海，现在黄河下游的河道就是原来的济水的河道。今河南济源、山东济南、济宁、济阳，都从济水得名。

又"济济"，形容人多，如人才济济、济济一堂。

"济"读作jì时，意思是渡过水流。李白的《行路难》说："长风破浪会有时，直挂云帆济沧海。"

"济"还表示拯救、救济。成语"同心共济"出自欧阳修的《朋党论》，意思是要齐心协力，克服困难。又表示帮助、补益，如无济于事、假公济私、刚柔相济。

## 名言馆

慨然抚长剑，济世岂邀名。
· （唐）李世民《还陕述怀》

---

春风济水上，候吏听车声。
· （唐）张籍《送人任济阴》

---

谜语答案　桓 匡 合

济弱扶倾

ruò

弱

| 甲骨文 | 金文 | 篆文 | 隶书 | 楷书 | 行书 | 草书 | 标准宋体 |
|---|---|---|---|---|---|---|---|
|  |  | 弱 | 弱 | 弱 | 弱 | 弱 | 弱 |

## 名言馆

然操能克绍，以弱为强者，非惟天时，抑亦人谋也。
　　·（三国）诸葛亮《隆中对》

弱柏倒垂如线蔓，檐头不见有枝柯。
　　·（唐）张籍《弱柏院僧影堂》

夹道开洞门，弱杨低画戟。
　　·（唐）李贺《难忘曲》

## 解字堂

弱，从两"弓"会意，表示弓子强劲有力。彡，像须发，表示年长或衰老。弱，篆文弱在弓各加彡，表示强弓已老旧，比喻强劲的弓弩在使用很久之后失去弹力。隶书弱省去其中一撇。隶定后写作"弱"。"弱"本义指力气小、势力小，与"强"相对。如《礼记·祭义》："强不犯弱。"

"弱"也表示年龄小。古代男子成年时，须举行弱冠礼。"弱冠"也便用来泛指男子二十岁左右的年纪。如《礼记·曲礼》："二十曰弱，冠。"《国语·楚语上》也有言："昔庄王方弱。"方弱，即不到二十岁。弱还指年少者。《汉书·匈奴传上》说："匈奴闻汉兵大出，老弱奔走。"这个意思今天依然很常见，在公共交通工具上，我们常常见到这样的标语"老弱病残孕妇专座"。

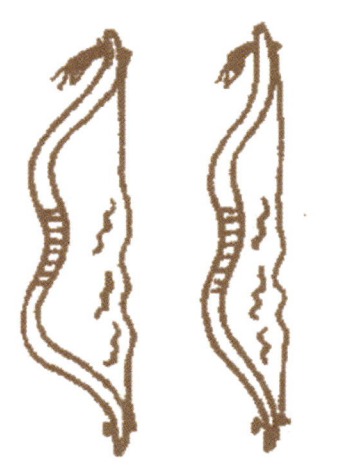

## 济弱扶倾

### 扶 fú

| 甲骨文 | 金文 | 篆文 | 隶书 | 楷书 | 行书 | 草书 | 标准宋体 |
|---|---|---|---|---|---|---|---|
| 𦥑 | 𢾅 | 扶 | 扶 | 扶 | 扶 | 扶 | 扶 |

### 解字堂

"扶"是会意兼形声字。《说文解字》曰："从手，夫声。"夫，既是声旁也是形旁，表示成年人。扶，甲骨文字形像一个人伸手搀着另一个人。有的甲骨文简化字形，突出搀援的手。它的造字本义是搀着病弱或年老的人。金文将甲骨文的独体结构写成左右结构，把"大"写成"夫"。篆文将金文的"又"写成"手"。隶书将篆文的"手"简写成"扌"。

"扶"的本义是搀扶、支持。如《左传·襄公二十五年》说："（贾获）与其妻扶其母以奔墓，亦免。"又如《红楼梦》第一一八回写"贾政扶了贾母灵柩一路南行"，"扶"在这里进一步解释作护送、护持更妥帖些。

"扶"还表示支援、帮助。如《战国策·宋卫策》曰："若扶梁伐赵，以害赵国，则寡人不忍也。"意思是说，如果帮助梁国讨伐赵国，对赵国造成的伤害，是我不愿意看到的结局。

"扶"也解释为用手按着或把持着。此外，古代女子肃拜称扶，即低着头直立，把双手束好在胸前低低放好。

"扶"，也是姓氏的一种。

### 名言馆

危而不持，颠而不扶，则将焉用彼相矣？
· 《论语·季氏》

爷娘闻女来，出郭相扶将。
· 北朝乐府《木兰辞》

大鹏一日同风起，扶摇直上九万里。
· （唐）李白《上李邕》

济弱扶倾

| 甲骨文 | 金文 | 篆文 | 隶书 | 楷书 | 行书 | 草书 | 标准宋体 |
|---|---|---|---|---|---|---|---|
|  |  | 傾 | 傾 | 傾 | 傾 | 倾 | 倾 |

### 解字堂

"倾"简化以前写作"傾"。它是形声字。从人从顷，顷亦声。"顷"是"倾"的本字。顷，篆文像伸长颈脖以就匙中食物。当"顷"的"伸长颈脖"本义消失后，篆文再加"人"另造"傾"代替。

"顷"的造字本义是仰起脖子接匙中食物。《说文解字》曰："仄也。"如三国魏曹植《洛神赋》说："日既西倾，车殆马烦。"意思是说，太阳既然已经西斜了，车马也已经疲惫了。

"倾"也表示倾向、趋向。如鲁迅《书信集·致萧军》说："然而我的推测人，实在太倾于好的方面了。"

"倾"还可以用作倾覆、覆亡。《论语·季氏》说："丘也闻有国有家者，不患寡而患不均，不患贫而患不安。盖均无贫，和无寡，安无倾。"意思是，孔丘听说治国持家的人，不怕物质匮乏却怕分配不均；不怕贫苦却怕（人心）不安。是因为均等的话无所谓贫富，和乐的话无所谓匮乏。人心安定的话也就无所谓覆亡。

"倾"也解释作把东西倒出来，如倾箱倒箧、倾盆大雨。解释作用尽（力量），如倾听、倾诉、倾全力。

### 名言馆

北方有佳人，遗世而独立。一顾倾人城，再顾倾人国。
· （汉）李延年《北方有佳人》

天台四万八千丈，对此欲倒东南倾。
· （唐）李白《梦游天姥吟留别》

春江花朝秋月夜，往往取酒还独倾。
· （唐）白居易《琵琶行》

## 温故知新

###  四字通解

济弱扶倾，意思是扶助弱小和处境困难的人。齐桓公"九合诸侯，一匡天下"，要达到什么目的呢？就是"济弱扶倾"，要帮助救济弱小的国家，要扶植将要倾覆的周王室。周朝到了末期已经是名存实亡了，虽然如此，这杆大旗还是要举着，所以要扶倾。齐桓公并没有说空话，他北伐山戎以救燕国，平定狄乱以助邢国、卫国，曾解周王室之祸，定周襄王之位。公元前656年，齐桓公率鲁、宋等八国的联军，征伐南方的楚国，迫使楚国定下盟约，阻止了楚国的北进。齐桓公在位43年，先后纠合诸侯26次，真正是匡合天下、济弱扶倾。《千字文》之后，"济弱扶倾"还作为常用词汇进入小说、戏曲等文学作品之中，如元代王子一《误入桃源》："你若肯扶倾济弱，我便可回嗔作笑。"明代凌濛初《初刻拍案惊奇》卷二十："但学生自想，生平虽无大德，济弱扶倾，矢志已久。"清代平步青《霞外捃屑》卷五："倘蒙仁慈隐恻，庶有济弱扶倾，希垂顾答审详，望感渠荷滴沥。"

###  故事厅

#### 悬壶济世的由来

费长房是汝南人，曾做过管理市场的官员。在集市中有一个老人家卖药，挂一个葫芦在摊前，来求医的人会得到一颗壶中的药丸，治疗瘟疫有奇效。等到集市结束的时候，老人便跳进壶中不见了。集市上的人都没有看到这个古怪的现象，独独费长房坐在楼上喝茶看见了。于是，他带着美酒和猪肉前去拜访老翁。老翁知道费长房的意思，对他说："你明天再来。"费长房第二天按照约定前往，老翁带着他一起进了壶中。只见壶内金玉满堂，美酒佳肴遍地。酒过三巡，费长房与老者一起出壶来，老翁叮嘱费长房不可以告诉旁人这事儿，费长房应允并做到了。有一天，老翁上楼来对费长房说："我是神仙，如今来凡间要办的事情已经办完，我该走了。你要和我一起去么？倘若不去，留下有些许酒，我当与君别过。"费长房想随老翁求道，便跟着他入了深山，老翁认为费长房是可造之材，便在他学成后，允许他下山医治百姓。

这一传说神话色彩浓郁，二人的精湛医术为世人代代相传。所以后人将行医称为悬壶，而悬挂的那个葫芦也成了中医的标识。

### 猜谜语

正中乱成一锅粥。
（打一字）

二人携手。
（打一字）

提前一天，超额完成。
（打一字）

 ## 知识角

### 倾国倾城

"倾国倾城"之语出自汉武帝时音乐家李延年的诗歌："北方有佳人，绝世而独立，一顾倾人城，再顾倾人国。宁不知倾城与倾国，佳人难再得。"

诗中描写的这位佳人就是李延年的妹妹，汉武帝听到这首曲子后，就将其妹妹纳为妃子，也就是历史上著名的"李夫人"。李夫人貌美如花，不仅精通音律，还善于唱歌跳舞，很受汉武帝宠爱。后来病重，汉武帝时常前往探望，而李夫人却始终背对汉武帝，不愿以正面待君，说是因为病颜憔悴，怕有损在汉武帝心中的美好形象。李夫人死后，汉武帝在很长一段时间里都对她怀念不已。后来，唐代大诗人白居易曾经据此写了一首讽喻诗《李夫人》。

### 历史上真实的济公

济公（1148—1209），原名李修缘，南宋高僧，浙江省天台县永宁村人，后人尊称他为"活佛济公"，又称"月引流光"。

济公装扮为破帽、破扇、破鞋、垢衲衣，貌似疯癫，开始时在国清寺出家，后来又到杭州灵隐寺居住。他不受戒律拘束，嗜好酒肉，举止似痴若狂，却是一位学问渊博、行善积德的得道高僧。他被后人列为禅宗第五十祖，杨岐派第六祖，撰有《镌峰语录》10卷，还有很多诗作，主要收录在《净慈寺志》《台山梵响》等书中。

济公懂得中医医术，为老百姓治愈了不少疑难杂症。他还好打抱不平，息人之诤，救人之命。他的扶危济困、除暴安良、彰善罚恶等美德，在人们的心目中留下了独特而美好的印象。

 ## 成语窗

**同心共济**
齐心协力，克服困难。

**匡时济世**
挽救动荡的局势，使其转危为安。

**强本弱末**
犹强干弱枝。比喻削减地方势力，加强中央权力。

**以强凌弱**
仗着自己强大就欺侮弱者。

**扶危定乱**
扶助危难，平定祸乱。

**救急扶伤**
救济危急，扶助伤病。

**倾巢而出**
比喻敌人出动全部兵力进行侵扰。

**大雨倾盆**
雨大得像盆里的水直往下倒。形容雨大势急。

绮回汉惠

qǐ

| 甲骨文 | 金文 | 篆文 | 隶书 | 楷书 | 行书 | 草书 | 标准宋体 |
|---|---|---|---|---|---|---|---|
|  |  | 綺 | 綺 | 綺 | 绮 | 绮 | 绮 |

### 解字堂

"绮"简化以前写作"綺"。它是形声字。从糸，奇声。奇，既是声旁也是形旁，表示特别的。绮，篆文中指特别的丝绸。它的造字本义是工艺精湛、图案精美的极品丝绸。《说文解字》说："文缯也。"如《古诗十九首·客从远方来》说："客从远方来，遗我一端绮。"《东周列国志》第八十一回："勾践命范蠡各以百金聘之。服以绮罗之衣，乘以重帷之车，国人慕美人之名，争欲识认，都出郊外迎候，道路为之壅塞。"人们有时也用绮罗指代穿着绮罗的人，多为美人或贵妇人。

"绮"也指光彩、光色，引申为华丽、美盛。人们用"绮语"形容美妙的、华而不实的语句。朱光潜《诗论》第十三章评价陶渊明，说："陶诗的特点在平、淡、枯、质，又在奇、美、腴、绮。"五代时，文风绮靡。《花间集》收有晚唐词人温庭筠的作品，辞藻华美，浓艳精致，内容多写闺情，人们称之为"花间派"首要词人。花间派的词作绮丽、重声情。

### 名言馆

诗缘情而绮靡，赋体物而浏亮。
　　　　　　　·（晋）陆机《文赋》

---

遍身罗绮者，不是养蚕人。
　　　　　　　·（宋）张俞《蚕妇》

---

新诗绮语亦安用？相与变灭随东风。
　　　　　　　·（宋）苏轼《登州海市》

谜语答案　弱　扶　扶

绮回汉惠

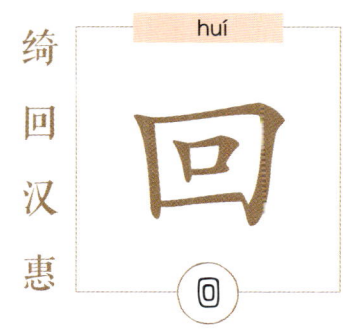

| 甲骨文 | 金文 | 篆文 | 隶书 | 楷书 | 行书 | 草书 | 标准宋体 |

## 名言馆

少小离家老大回，乡音未改鬓毛衰。
· （唐）贺知章《回乡偶书》

山回路转不见君，雪上空留马行处。
· （唐）岑参《白雪歌送武判官归京》

道苟直，虽死不可回也；如回之，莫若亟去其位。
· （唐）柳宗元《与韩愈论史官书》

## 解字堂

"回"，古人千字文中写作"迴"。"迴"也写作"逥"'廻"。它们是回的后起字。回，甲骨文在圈状符号上加一短横指事符号，表示循环反复、周而复始。金文省去短横指事符号，强化了螺旋循环的形象。篆文基本承续金文字形。隶书误将篆文的螺旋形写成内外两个圆圈。隶定后楷书写作"回"或"囬"，或"囘"。简化后，"回"与迴等合并，同写作"回"。《说文解字》："回，转也。从囗，中象回转形。""回"指旋转、回旋。如《诗·大雅·云汉》说："倬彼云汉，昭回于天。"又如清代刘大櫆《重修凤山台记》说："夫气回于天，蕴于地，汇于下，止于高。"

"回"引申为扭转，改变事物的发展方向；掉转，转到相反的方向。如回头、回过身。又如苏轼《潮州修韩文公庙记》说："故公之精诚，能开衡山之云，而不能回宪宗之惑。"又为还、还回。如《老残游记》第十三回有这样的景色描写："这时候，云彩已经回了山，月亮很亮的。"

"回"还表示答复、回报。如回复、回信、回答、回敬、回谢。

"回"还可以作量词。表示次数，如一回事、去过一回。表示段落、一章，如《红楼梦》第四十二回。

绮回汉惠

hàn

| 甲骨文 | 金文 | 篆文 | 隶书 | 楷书 | 行书 | 草书 | 标准宋体 |
|---|---|---|---|---|---|---|---|
|  | 𣻣 | 𤃩 | 漢 | 漢 | 漢 | 汉 | 汉 |

## 解字堂

"漢"是形声字。从水，難省声。漢，金文写作𣻣=𤃩。有的金文写作𤃩。篆文𤃩以"火"𤈦代𤈦（"熯"的本字），并上加"或（域）"𢧔。造字本义是指长江最大支流，古代中原朝廷常常流放政治犯的西北水域。篆文𤃩承续金文字形。隶书漢将篆文的𣱱写成氵。隶定后楷书写作"漢"。简化后写作"汉"。汉水又名汉江，是长江最长的一条支流。发源于陕西省宁强县，流经湖北，在武汉市汇入长江。《三国志·蜀书·诸葛亮传》道："荆州北据汉沔，利尽南海，东连吴会，西通巴蜀。"

"汉"也指天河、银河。如成语"气冲霄汉"。又如纳兰性德《采桑子》词曰："扑面霜空，斜汉朦胧，冷逼毡帷火不红。"此外，"汉"还指成年男子。如汉子、老汉。

"汉"是中国的朝代名。分为西汉和东汉两朝。公元前206年刘邦灭秦，公元前202年称帝，国号汉，建都长安，史称"西汉"或"前汉"。公元8年外戚王莽一度称帝，国号新。公元25年刘秀重建汉朝，建都洛阳，史称"东汉"或"后汉"。公元220年曹丕称帝，东汉灭亡。整个汉代共历二十四帝，406年。"汉"也是汉语、汉民族的简称。

## 名言馆

征蓬出汉塞，归雁入胡天。

·（唐）王维《使至塞上》

君不闻汉家山东二百州，千村万落生荆杞。

·（唐）杜甫《兵车行》

汉皇重色思倾国，御宇多年求不得。

·（唐）白居易《长恨歌》

绮回汉惠

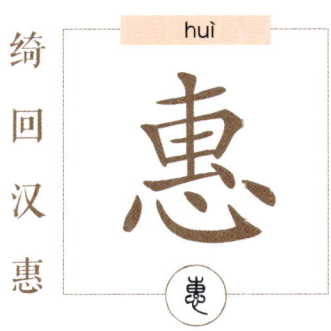

| 甲骨文 | 金文 | 篆文 | 隶书 | 楷书 | 行书 | 草书 | 标准宋体 |
|---|---|---|---|---|---|---|---|
|  | 惠 | 惠 | 惠 | 惠 | 惠 | 惠 | 惠 |

## 名言馆

惠而好我，携手同归。
・《诗・邶风・北风》

爱民好与曰惠，柔质慈民曰惠。
・《周书・谥法》

夫慈者不忍，而惠者好与也。
・《韩非子・内储说上》

## 解字堂

惠，金文 = （叀，纺纱的转轮，代表纺织）+（心，表示善良温柔），表示女子能纺纱织布、操持家务，且心地美好、与人为善。造字本义是指女子心灵手巧，善良温柔。篆文承续金文字形。隶书将篆文的"心"写成。隶定后楷书写作"惠"。古人称男子善于组织管理为"贤"，称女子心灵手巧为"惠"。

"惠"意思是仁爱、宽厚，表示对人的恩泽与仁义。唐代韩愈《送杨支使序》曰："仪之智足以造谋，材足以立事，忠足以勤上，惠足以存下。""惠"也指施予恩惠，给人财物或好处。如当我们形容给人好处而自己又没有什么耗费时，我们常说"惠而不费"。

"惠"也表示赐予、赠送。《儒林外史》第一回说："前日小婿来家，带二斤干鹿肉来见惠。""惠"在这里表示送礼。"惠"还可以作敬词用。如餐厅在欢送宾客时惯用"谢谢惠顾"，在迎接宾客时喜说"欢迎惠临"。《三国志・魏书・崔琰传》也有这样的用法："昨奉嘉命，惠示雅数。"

"惠"还可以用作通假字。通"绘"时，表示饰；通"慧"时，表示聪慧。

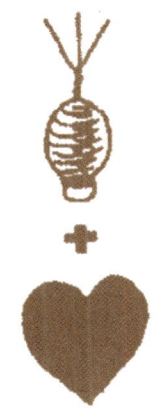

## 温故知新

 **四字通解**

绮回汉惠,"绮"是绮里季,"惠"是汉惠帝。这里的"绮里季"实包括东园公、夏黄公、角里先生,一共四个人。秦朝末期,天下大乱,这四个德高望重之人为避乱世隐居在商山,人称"商山四皓"。"皓"是胡子眉毛都白了的意思。

楚汉相争,刘邦想请他们出来辅佐自己打天下,无奈四个人都不干。刘邦建立汉朝以后,立了吕后生的儿子刘盈为太子,就是后来继位的汉惠帝。刘盈生性懦弱,刘邦看不上这位太子,就想废了他,改立戚夫人生的儿子如意为太子。吕后急了眼,就找张良出主意。张良就想方设法,请出商山四皓与太子刘盈同游。刘邦看到后,说:"羽翼已成,难以动矣。"于是就打消了换立太子的念头,刘盈才保住了太子位。刘邦死后刘盈继位,就是历史上的汉惠帝。以绮里季为首的商山四皓,帮助汉惠帝保住了他太子的位子,故称"绮回汉惠"。刘盈虽然保住了皇位,但吕后恨死了如意和戚夫人,后来竟下令斩断戚夫人的手脚、挖眼熏耳、喂以哑药,丢入厕所,称为"人彘",并带儿子汉惠帝前来观看。惠帝身心受到极大刺激,从此一蹶不振,死的时候才23岁。

 **故事厅**

### 司马微王一言以兴汉

东汉末年,朝廷腐败,民不聊生,于是各地诸侯纷纷而起,各占据了一方势力,被称为"刘皇叔"的刘备就是其中之一。但是刚开始时,在各方势力中,刘备的实力是非常弱的。这时刘备虽然已经有了关羽和张飞两员猛将,但是缺乏强有力的军事策略支持,在战斗中总是屡屡失利。

直到有一次,他遇见了人称"水镜先生"的司马微。司马微才智出众,求贤若渴的刘备立刻请求他出山帮助自己。司马微却告诉刘备,当今世上最厉害的两位人才是"卧龙"和"凤雏",如果谁得到了其中一个人的辅佐,就足以平定天下了。刘备大喜过望,在打听到"卧龙"的住处后,马上带着关羽和张飞前往求才。于是有了后来著名的"礼贤下士,三顾茅庐"的说法。

刘备的礼贤下士,使他得到了世间奇才诸葛亮的辅佐。正是诸葛亮的辅佐,使刘备蜀汉的势力从此突飞猛进,并一步步地成为后来三国时期的三大霸主之一。

 ## 知识角

### 汉惠帝

汉惠帝刘盈（前210—前188），汉高祖刘邦与吕后之子，西汉第二位皇帝。汉惠帝是位年轻皇帝，16岁便继承皇位。

汉惠帝即位后，实施仁政，减轻赋税，提拔曹参作为丞相，所谓"萧规曹随"，天下政治清明，国泰民安。与民生息的政策，极大地推动了经济的繁荣。在思想和文化方面，他废除了秦时的禁锢，使黄老哲学代替法家学说，打开了各种思想发展的大门。但是，仁弱的汉惠帝在位期间的大权实际上掌握在强势的母亲吕后手中，因此后世司马迁作《史记》时甚至不设惠帝本纪，而设吕太后本纪。

公元前188年，在位仅仅七年的汉惠帝去世，时年23岁，谥号孝惠皇帝，葬于安陵。

### 余霞散成绮，澄江静如练

"余霞散成绮，澄江静如练"这两句诗出自《晚登三山还望京邑》，是南朝诗人谢朓的作品，全文如下：

灞涘望长安，河阳视京县。白日丽飞甍，参差皆可见。余霞散成绮，澄江静如练。喧鸟覆春洲，杂英满芳甸。去矣方滞淫，怀哉罢欢宴。佳期怅何许，泪下如流霰。有情知望乡，谁能鬒不变？

此诗写的是登山临江所看到的春晚之景，以及遥望京师从而引起的故乡之思。全诗一共十四句，前两句交代了离京的原因和路程，领起望乡之意；中六句写景，描绘了登山所望见的景色；后六句写情，抒发作者的人生感慨。这首诗写景绚烂纷繁、满目彩绘，写情单纯柔和，轻清温婉，标志着山水诗在艺术上的成熟，深得后世人的喜爱。

 ## 成语窗

**朱楼绮户**
泛指富丽华美的楼阁。

**绮纨之岁**
泛指少年时代。

**百转千回**
形容反复回荡或进程曲折。

**回肠荡气**
使肝肠回旋，使心气激荡。形容文章、乐曲十分婉转。

**彪形大汉**
形容身材高大强壮的男子汉。

**饱汉不知饿汉饥**
比喻处境好的人，不能理解别人的苦衷。

**好行小惠**
喜欢给人小恩小惠。

**秀外慧中**
惠：通"慧"，聪慧。外表秀丽，内心聪明。

## 猜谜语

乡下变化可真大。
（打一字）

表里如一。
（打一字）

格外大方。
（打一字）

说感武丁

yuè

| 甲骨文 | 金文 | 篆文 | 隶书 | 楷书 | 行书 | 草书 | 标准宋体 |
|---|---|---|---|---|---|---|---|
|  |  | 歆 | 說 | 說 | 说 | 说 | 说 |

### ～解字堂～

兑，既是声旁也是形旁。兑，甲骨文像一个祝祷的主持念念有词。当"兑"的"念念有词"本义消失后，篆文再加"言"另造"说"代替。造字本义是指讲话，口头表达。隶书将篆文的言简写成言。隶定后楷书写作"説"。简化后写作"说"。

"说"在这里读作yuè，是"兑"的被通假字。后来写作"悦"，表示喜悦、高兴。如宋代罗大经《鹤林玉露》卷十三说："又知夫子之所以见南子者，盖以见识议论如此，倘能改行，或者尚可辅卫灵公以有为。子路不说，是未知夫子之心也。"通"悦"时还表示喜好、喜爱。如《国语·晋语八》曰："平公说新声。"此外，也有取悦、敬重等解释。"说"还可以通"阅"，表示看。如《隶续·汉武都太守耿勋碑》说："君敦《诗》说《礼》，家仍典军。"

"说"还可读作shuì，表示劝说别人听从自己的意见，如游说。

现在常见的"说"字读作shuō，主要义项有：1. 用话来表达意思，如"说笑话"；2. 解释，如"说明白"；3. 言论、主张，如"学说"；4. 责备、批评，如"被说了"；5. 说合、介绍，如"说媒"。另外，"说"在古代还是一种文体，如韩愈的《师说》、梁启超的《少年中国说》等。

### ～名言馆～

夫差将死，使人说于子胥。

· 《国语·吴语》

低眉信手续续弹，说尽心中无限事。

· （唐）白居易《琵琶行》

然是说，余尤疑之。

· （宋）苏轼《石钟山记》

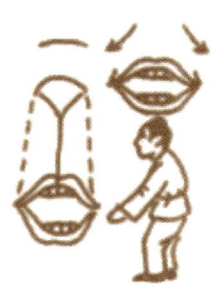

谜语答案　绮回回

# 说感武丁

gǎn
## 感

| 甲骨文 | 金文 | 篆文 | 隶书 | 楷书 | 行书 | 草书 | 标准宋体 |
|---|---|---|---|---|---|---|---|
|  | 感 | 感 | 感 | 感 | 感 | 感 | 感 |

## 解字堂

感，金文 = 咸（咸，全、都）+ 心（心），造字本义是指心完全被触动。篆文承续金文字形。隶书将篆文的"心"写成心。隶定后楷书写作"感"。

"感"可以表示觉得。如我们常说感觉、感性、感官。哲学里，把客观事物通过感觉器官在人脑中的直接反映称之为"感知"。

"感"也表示使在意识、情绪上起反应，指因受刺激而引起的心理上的变化。如敏感、反感、好感等。还表示相互影响、感应。《易·咸》曰："天地感而万物生。"明代宋应星《天工开物·砖》也有："砖瓦百钧，用水四十石。水神透入土膜之下，与火意相感而成。"

"感"又指对人家的好意表达谢意。《宋史·岳飞传》有言："张所死，飞感旧恩，鞠其子宗本，奏以官。""感"也用来表达思念。《古诗十九首·庭中有奇树》有诗句曰："此物何足贵，但感别经时。"

"物感说"是中国古典美学的重要范畴之一，如钟嵘《诗品》便有"气之动物，物之感人"的说法。在这里，"物"作为客体的一方，是一个高度抽象、具有普遍性的范畴；"感"作为主体的一方，是指感应、感发；"物感"则是指客观事物对艺术家心灵的刺激感通，它客观地阐释了文艺创作的动因问题。

## 名言馆

天地感而万物化生。
　　　　　　·《易·咸》

感时花溅泪，恨别鸟惊心。
　　　　·（唐）杜甫《春望》

感荷君子德，恍若乘朽栈。
　　　　·（唐）韩愈《赠张籍》

说感武丁

| 甲骨文 | 金文 | 篆文 | 隶书 | 楷书 | 行书 | 草书 | 标准宋体 |
|---|---|---|---|---|---|---|---|
| | | | | | | | 武 |

## 解字堂

武，甲骨文=（戈，兵器）+（止，脚趾，表示行进），表示持戈而行。金文、篆文承续甲骨文字形。有的金文将甲骨文的上下结构调整成混合结构。隶书将篆文的写成。楷书武将隶书的写成。

"武"是关于军事或技击的，与"文"相对。军事作战中，武器必不可少。京剧中分担武艺的角色叫作武生，分为长靠武生和短打武生两种。长靠着厚底靴，头戴盔，使长柄武器；短打穿着端庄，脚踏薄底靴，兼用长短兵器。又如《左传·宣公十二年》曰："夫武，禁暴、戢兵、保大、定功、安民、和众、丰财者也。"又如《水浒传》第七十四回有："当日早朝，正是'三下静鞭鸣御阁，两班文武列金阶'。"这里，"武"就直接指代武将。

"武"还表示勇猛、猛烈。赵子龙骁勇善战，千军万马中单刀长驱直入，我们说他英武刚勇。程咬金三板斧定胜负，但行事莽撞，心思单纯直爽，我们笑称他一介武夫。

此外，还用作姓氏。金庸小说《神雕侠侣》中，和杨过一起长大的除了郭芙，还有一灯大师弟子武三通的一对莽撞儿子。

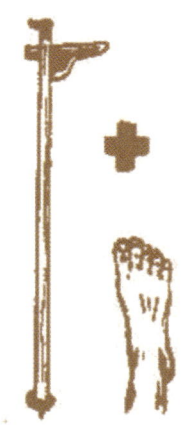

## 名言馆

文武之道，一张一弛也。
·《礼记·杂记》

虽有文事，必有武备。
·《穀梁传·定公十年》

游人武陵去，宝剑值千金。
·（唐）孟浩然《送朱大入秦》

说感武丁

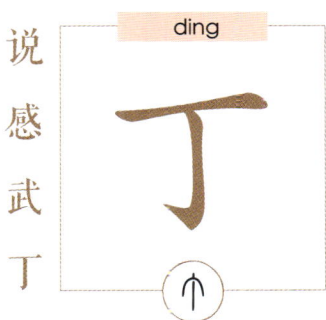

| 甲骨文 | 金文 | 篆文 | 隶书 | 楷书 | 行书 | 草书 | 标准宋体 |
|---|---|---|---|---|---|---|---|
| 一 | | 个 | 丁 | 丁 | 丁 | 丁 | 丁 |

## 名言馆

伐木丁丁，鸟鸣嘤嘤。
　　　　·《诗·小雅·伐木》

丁丁漏水夜何长，漫漫轻云露月光。
　　　　·（唐）张仲素《秋夜曲》

无何天宝大征兵，户有三丁点一丁。
　　　　·（唐）白居易《新丰折臂翁》

## 解字堂

　　"丁"是"钉"的本字。丁，甲骨文像平放的竹木楔子，即竹钉或木钉。甲骨文像竹钉或木钉的竖立形状。甲骨文像竹钉或木钉的方形的顶部。金文画出钉针和钉盖的完整形状。有的金文、像钉盖向上突起。篆文将金文字形中向上突起的钉盖写成"人"形，同时突出了钉针的柱形，字形与"个"相似。隶书将篆文字形中顶部的钉盖写成一横。当"丁"的"楔子"本义消失后，再加"金（钅）"另造"钉"代替。

　　"丁"的造字本义是指竹木或金属制成的顶宽足尖的楔子。如《晋书·陶侃传》："又以侃所贮竹头作丁装船。"古人称持斧开凿者为"父"，称带着满筐刀具者为"匠"，称从事建筑劳役者为"丁"。

　　"丁"指成年男子。杜甫的《新安吏》中说："客行新安道，喧呼闻点兵。借问新安吏：'县小更无丁？'"旧时重男轻女思想猖獗，"丁"常被用来指男孩儿。李劼人《死水微澜》第三部分十一："三房虽还好，但四十几年没有添过丁，如今只剩招弟一个女花。"此外，"丁"也泛指人口、家口。如《醒世恒言·李道人独步云门》道："虽则经纪人家，宗族到也蕃盛，合来共有五六千丁。"

　　"丁"也用来表示从事某种专门性劳动的人。如园丁、厨丁。

　　"丁"又可读作zhēng。"丁丁"形容伐木、下棋、弹琴等的声音。

## 温故知新

 **四字通解**

说感武丁,故事出自《史记》。傅说是古代虞国(今山西省平陆县)人,奴隶出身,曾在傅岩山一带劳动,因发明了"版筑法"而闻名遐迩,他是商朝第二位奴隶出身的贤臣。

武丁是商朝第二十二位君主,在位59年。继位之前,武丁被父亲送到地方去增长才干,从而结识了傅说。傅说知识渊博,有雄才大略,但他是奴隶身份,无法被重用。武丁继位做了商王,苦于没有良相辅佐,便想到了傅说。但怎样能让大臣们同意呢?

有一天上朝时,他说:"我昨天夜里做了一个梦,上天给我派了一个能臣,帮助我复兴殷商,这个人现在傅岩山修路。商朝人敬重鬼神,对武丁所说坚信不疑,就在傅岩山找到了傅说。武丁拜傅说为相,辅佐国政,实行了"治乱罚恶,畏天保民,选贤取士,辅治开化"等一系列政治措施,缓解了社会矛盾,使商王朝达到了鼎盛时期,史称"殷道复兴"。由于傅说是通过托梦感应给武丁的,所以是"说感武丁"。

傅说年老之后,武丁赏赐了很多财物,让他安度晚年。山西省平陆县至今还保存着傅说当年的版筑遗址、傅说庙、傅说墓等古迹。

### 猜谜语

兑换诺言。
(打一字)

宁可把头抛。
(打一字)

战争让女人走开。
(打一商代人名)

 **故事厅**

### 庖丁解牛

有个名叫丁的厨师替梁惠王宰牛,手接触的地方、肩靠着的地方、脚踩着的地方、膝顶着的地方,都发出皮骨相离声。刀子刺进去时响声更大,这些声音竟然同《桑林》《经首》两首乐曲的节奏合拍。梁惠王问:"你的技术怎么会如此高明呢?"庖丁回答说:"臣下所探究的是事物的规律,已经不仅仅是对宰牛技术的追求。我刚开始宰牛的时候,看见的只是整头牛。三年之后,见到的是牛的内部肌理。现在宰牛,只是用精神去接触牛的身体就可以了,不必用眼睛看。顺着牛的肌理结构,劈开筋骨间的空隙,沿着骨节间的空隙使刀,完全依着牛体本来的结构。技术高明的厨工每年换一把刀,技术一般的厨工每月换一把刀,而臣下这把刀用了十九年,宰牛数千头,刀口却像刚从磨刀石上磨出来的一样。"梁惠王说:"我听了庖丁的话,学到了养生之道。"

### 武丁与妇好

妇好是商朝君主武丁的妻子,也是中国历史上首位有据可查的女性军事统帅。她不仅能率领军队东征西讨,还主持着武丁朝的各种祭祀活动。刚结婚的时候,武丁对妇好领兵作战的能力还不了解。某年夏天,北方边境外敌入侵,派去征讨的将领不能解决问题,妇好便主动要求率兵助战。武丁对此十分犹豫,最后还是通过占卜才决定让她出征。没想到,妇好调度指挥有方,而且身先士卒,很快就击败敌人,取得了胜利。武丁从此对妻子刮目相看,封妇好为商朝军事统帅,让她指挥作战。此后,妇好率领军队征讨作战,前后击败了北土方、南夷国以及鬼方等二十多个小国,为商朝立下了不朽战功。

说感武丁

 **知识角**

### 《世说新语》

《世说新语》又称《世说新书》，因为汉代刘向曾经著《世说》，后人为将此书与刘向所著相别，遂取名《世说新书》。《世说新语》依内容可分为"德行""言语""政事""文学""方正"等三十六类，每类之中有若干则故事，全书共有故事1200多则。该书主要是记载东汉后期到晋宋之间一些名士的言行与逸事。书中所载均属历史上实有的人物，但是他们的言论或故事则有一部分出于传闻，并非完全符合史实。此书还有相当多的篇幅是杂采众书而成，如《规箴》《贤媛》等篇所载西汉人物的故事，采自《史记》和《汉书》，其他部分也多采自前人记载。《世说新语》善于运用对照、比喻、夸张、与描绘的文学技巧，保留了许多脍炙人口的佳言名句。

### 武状元

武状元是指在封建社会中，武科举考试最高一级选拔出来并经过皇帝认定的第一名，又被称为"一甲一名武进士"。自古以来，人们已经习惯于一方面"以文教佐天下"，维护社会太平；另一方面"以武功戡祸乱"，保护国家安定。一文一武，相得益彰。如果说科举制是中国创造的一项人事选拔制度，那么武科举则是中国在军事上选取武官的又一创举。不论武科举是随封建社会的需要而诞生，还是最后成为历史发展的桎梏而被废止，这上千年的历史也是值得人们研究和反思的。在我国古代，称考取武进士为"跳龙门"，而通过殿试作为全国第一的武状元，则被世人叫作"独占鳌头"。著名的武状元有郭子仪、李遵顼、朱虎臣等。

 **成语窗**

**自圆其说**
说话的人能使自己的论点或谎话没有漏洞。

**说一不二**
说怎么样就怎么样。形容说话算数。

**感慨万千**
因外界事物变化很大而引起许多感想、感触。

**感激涕零**
因感激而流泪。形容极度感激。

**用武之地**
形容地形险要，利于作战的地方。比喻可以施展自己才能的地方或机会。

**文治武功**
文的责任在于治，在于从最细小处开始；武的责任在于功，在于以劳安邦定国。比喻政治与军事。

**一丁不识**
形容一个字也不认识。

**人丁兴旺**
家族成员众多，而且一般指男性后代比较多的情况。

俊乂密勿

jùn

| 甲骨文 | 金文 | 篆文 | 隶书 | 楷书 | 行书 | 草书 | 标准宋体 |
|---|---|---|---|---|---|---|---|
|  |  | 俊 | 俊 | 俊 | 俊 | 俊 | 俊 |

### 解字堂

夋，既是声旁也是形旁，表示幼儿蹒跚学步，天真可爱。俊，篆文 俊 = 人（人，成人）+ 夋（夋，幼儿学步，天真可爱），表示健康漂亮，单纯可爱。隶定后楷书写作"俊"。

"俊"指才智出众的人。"识时务者为俊杰"中的"俊"就是这个意思。《说文解字》曰："俊，材千人也。"《春秋繁露·爵国》说道："十人者曰豪，百人者曰杰，千人者曰俊，万人者曰英。"意思是说才智比十个人杰出的叫豪，比一百个人杰出的叫杰，比一千个人杰出的叫俊，比一万个人杰出的叫英。

"俊"引申为容貌美丽，不同凡俗。杜甫与李白是中国唐诗史上的两座高峰，而这两位伟大的诗人也正是十分要好的朋友。杜甫就曾经写过一首诗歌，叫《春日忆李白》，诗中称赞李白曰："清新庾开府，俊逸鲍参军。"

另外，"俊"在古代还经常与"峻"相通，表示大。陆游在《过小孤山大孤山》中所写的"俊鹘抟水禽"。

### 名言馆

俊民用章，家用平康。
· 《书·洪范》

尊贤使能，使俊杰在位。
· 《孟子·公孙丑上》

于是登渐台，理俊音。
· （晋）陆机《七征》

谜语答案　说　丁　武丁

俊乂密勿

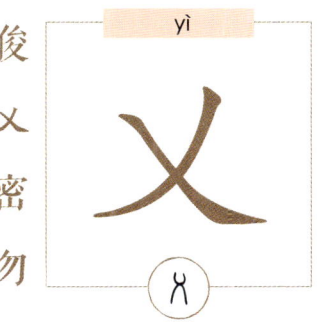

| 甲骨文 | 金文 | 篆文 | 隶书 | 楷书 | 行书 | 草书 | 标准宋体 |
|---|---|---|---|---|---|---|---|
|  |  | 乂 | 乂 | 乂 | 乂 | 乂 | 乂 |

## 名言馆

乃眷三哲，俾乂斯民。
· （晋）陆机《答贾谧诗十一章》

华省征群乂，霜台举二贤。
· （唐）高适《信安王幕府诗》

文王日俭德，俊乂始盈庭。
· （唐）杜甫《奉酬薛十二丈判官见赠》

## 解字堂

乂，从丿从㇏，像相交。甲骨文像原始的剪除杂草的剪刀形，本义是割。《说文解字》曰："乂，芟艸也。""乂草""乂麦"等词语中的"乂"，指的就是"割"的意思。

"乂"字还有另一层意思，表示治理、安定。《尔雅》曰："乂，治也。"词语"乂安"中的"乂"就是这个意思。《史记·孝武本纪》："汉兴已六十余岁矣，天下乂安。"张衡《东京赋》："区宇乂宁，思和求中。"《书·君奭》中说道："率惟兹有陈，保乂有殷。"

"乂"还有贤才的意思。《广韵》："乂，才也。"《尚书·皋陶谟》："俊乂在官。"这里的"乂"就是贤才的意思。词语"俊乂"也通常用来指称才德出众的人。

此外，"乂"还可以读作ài，表示惩创、惩戒的意思。《集韵》："乂，创乂，惩也。或作忯，通作艾。"见《新唐书·裴矩传》："太宗即位，疾贪吏，欲痛惩乂之。"

俊乂密勿

mì

| 甲骨文 | 金文 | 篆文 | 隶书 | 楷书 | 行书 | 草书 | 标准宋体 |
|---|---|---|---|---|---|---|---|
|  |  | 密 | 密 | 密 | 密 | 密 | 密 |

### 解字堂

"密"是形声字。《说文解字》曰:"密,山如堂者。从山,宓声。""密"的本义为形状像堂屋的山。

《增韵》曰:"密,稠也,疏之对也。"这里的"密"字的意思是稠、空隙小,与"疏"相对。如紧密、密封、紧锣密鼓。

"密"还有关系近、感情好的意思。如密友、亲密。马克思和恩格斯都是伟大的哲学家和社会学家,他们一起创作了《共产党宣言》,为全世界的无产阶级革命事业做出了伟大的贡献。同时,在几十年的共同奋斗中,马克思和恩格斯建立了非常深厚的友谊,关系十分亲密。

"密"还有一层意思是不公开。"秘密""保密""密报"等词语中的"密"取的就是这一层意思。在抗日战争中,我国军队作战常常需要传达信息,为了不让日本侵略者发现,就使用密电、密报的形式,来充分保障军事信息的机密性。

而在"细密""密实"等词语中,"密"指的则是精致、细致的意思。

### 名言馆

回潭石下深,绿筱岸傍密。
·(唐)孟浩然《登江中孤屿赠白云先生王迥》

---

惊风乱飐芙蓉水,密雨斜侵薜荔墙。
·(唐)柳宗元《登柳州城楼》

---

高树晓还密,远山晴更多。
·(唐)许浑《早秋》

俊乂密勿

| 甲骨文 | 金文 | 篆文 | 隶书 | 楷书 | 行书 | 草书 | 标准宋体 |

## 名言馆

过则勿惮改。
　　　　·《论语·学而》

必勿使反。
　　　　·《战国策·赵策》

齐人勿附于秦。
　　　　·（宋）苏洵《六国论》

## 解字堂

勿，甲骨文在刀刃上加两点代表毒液的指事符号，表示用毒液浸泡的利刃进行谋杀。有的甲骨文误将两点写成一撇。有的甲骨文以"弓"代替"刀"，表示用毒液浸泡过的箭矢进行谋杀。造字本义是用带毒的利刃或带毒的箭矢进行谋杀。有的金文承续从"刀"的甲骨文字形，有的金文承续从"弓"的甲骨文字形。篆文误将金文的三点写成两撇。当"勿"的"谋杀"含义消失后，篆文再加"刀"另造"刎"代替。

"勿"多用作副词，表示禁止或劝阻，相当于"不要"、不要。成语"格杀勿论"，日常用语"请勿吸烟"中的'勿'都是指这个意思。

《孙子兵法》是我国乃至全世界著名的军事著作，是我国先秦时期的军事家孙武所创作的。在《孙子兵法》中就有"穷寇勿追"的军事法则。《孙子兵法·军争》中说道："归师勿遏，围师必阙，穷寇勿迫，此用兵之法也。"意思就是说，不追无路可走的敌人，以免敌人在情急之下反扑，从而造成自己的损失。这个说法也经常用来比喻不要逼人太甚。《孙子兵法》是我国军事史上的瑰宝，千百年来被我国以及国外的军事将领频繁地运用在实际的战斗中，在全世界范围内有着广泛而深远的影响。

## 温故知新

 **四字通解**

俊乂密勿，意思是仁人志士的勤勉努力。俊乂就是我们今天所称的人才，在古代"才德过千人为俊，百人为乂"。一百个人里挑出来一个精英叫乂，一千个人里挑出来一个的叫俊。《尚书·皋陶谟》里有"九德咸事，俊乂在官"的话。"密勿"是勤勤恳恳的意思，《汉书·刘向传》也有"密勿从事，不敢告劳"之语。这句话和下面的"多士寔宁"是对前面"磻溪伊尹，佐时阿衡。奄宅曲阜，微旦孰营。桓公匡合，济弱扶倾。绮回汉惠，说感武丁"的总结和感慨。在这么多的英才俊杰的努力下，才有了国家的稳定和安宁。《孟子》说"得人心者得天下"，无数的历史经验告诉我们，人才是社会发展的主要推动力。但是千里马常有，而伯乐不常有，只有"不拘一格降人才"，才能"江山代有才人出"。

### 猜谜语

骏马奔驰保边关。
（打一字）

上岗必戴安全帽。
（打一字）

有心容易忽视。
（打一字）

 **故事厅**

#### 俊美男子潘安

潘安，也叫潘岳，字安仁，是中国历史上著名的俊美男子。据说他年轻的时候居住都城洛阳，每次他乘车出游，城里总有一些女子牵着手绕着车走，并给他抛掷一些鲜花和水果，来表示对这位俊美男子的爱慕之意。因此，后人经常以"掷果潘郎"称赞他。而称赞一个男子长得俊美时，则用"貌若潘安"。

潘安还是中国历史上著名的文学家，他和他的叔叔潘勖、侄儿潘尼并称为中国文学史上的"三潘"。他20岁所作的《藉田赋》，歌颂晋武帝司马炎亲自耕种的事迹，辞藻清艳，声震朝野，但也因此遭人排斥。《晋书·潘岳传》中提到潘岳时说："岳美姿仪，辞藻绝丽，尤善哀诔之文。"而后，他一生中还写过许多好诗赋，其中，《西征赋》《秋兴赋》《寡妇赋》《闲居赋》《悼亡诗》等都是诗赋中的名篇，至今仍为文学史家所重视。

#### 疑人勿用，用人勿疑

宋太祖时期，郭进的官职是西山巡检。有人向宋太祖密报，说郭进暗地里和河东刘继元有交往，将来有可能造反。宋太祖听后大怒，郭进一直是他非常信任的大臣，这个人明显是诬害忠良。于是，宋太祖下令将他绑起来交给郭进，让郭进自己处置。然而，郭进却没有杀他。这年年末，这个人果然将刘继元的一个城诱降过来了。郭进将他的这件事上报了朝廷，请求给他一官半职。宋太祖说："他曾经诬害我的忠良之臣，可以免掉他的死罪，给他官职却是不可能的。"郭进得知宋太祖的处置后，又再次向宋太祖进言："如果皇上让我失信于人，那我以后怎么用人啊？"宋太祖思前想后，就给那人赏了一个官职。

 ## 知识角

### 关于"密宗"

密宗，又称为真言宗、金刚顶宗、毗卢遮那宗、秘密乘、金刚乘。综合各国的传承，统称为"密教"。8世纪时印度的密教，由善无畏、金刚智、不空等祖师传入中国，从此修习、传授形成密宗。此宗依《大日经》《金刚顶经》建立三密瑜伽，事理观行，修本尊法。此宗以密法奥秘，不经灌顶、不经传授不得任意传习及显示别人，因此称为密宗。

### 己所不欲，勿施于人

"己所不欲，勿施于人"，这句话出自《论语·颜渊》《论语·卫灵公》。所谓"仲弓问仁。子曰：'出门如见大宾，使民如承大祭；己所不欲，勿施于人；在邦无怨，在家无怨。'仲弓曰：'雍虽不敏，请事斯语矣。'"意思是自己不愿承受的事也不要强加在别人身上。这是儒家的一种行为准则。通俗的理解就是，自己做不到的，推己及人，也不能要求别人去做到。后来，这句话同样的意思还出现于佛教经典之中，《大乘遍照光明藏无字法门经》："善男子，有一种法，菩萨摩诃萨常当守护。何等一法？所谓己所不欲，勿劝他人。如是一法，菩萨摩诃萨常应守护。"

 ## 成语窗

**旁求俊彦**
旁：广。俊彦：才智过人的人。表示向各方面征求贤才。

**清新俊逸**
清美新颖，不落俗套。

**保国乂民**
治理国家，安定百姓。

**过从甚密**
过从：交往，来往。指相互往来很多，关系密切。

**百密一疏**
形容在极周密的考虑中偶然出现了一点疏忽。

**姑置勿论**
姑：姑且。置：放在一边。指姑且放在一边不去谈论。

**秋毫勿犯**
军纪严明，丝毫不侵犯人民的利益。同"秋毫无犯"。

**宁缺毋滥**
滥：不加选择，过度，过多。形容宁可少些，也不要不顾质量地求多。

多士寔宁

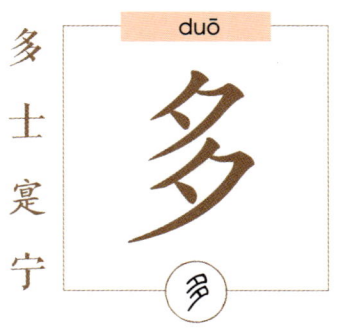

| 甲骨文 | 金文 | 篆文 | 隶书 | 楷书 | 行书 | 草书 | 标准宋体 |

## 解字堂

"多"是会义字。多,甲骨文 = （夕,肉块）+ （夕,肉块）,表示两份肉食。在物质匮乏的原始共产平分时代,人们均分物用,尤其均分肉食,一人独占双份就是"超额"。造字本义是一人独占双份、多份肉食。金文 、篆文 承续甲骨文字形。隶定后楷书写作"多"。平分肉食为"宜";独享双份肉食为"多";堆积大量肉食为"叠"。

"多"指数量大,与"少""寡"相对。《说文解字》曰:"多,重也。"《尔雅·释诂》曰:"多,众也。"在这里,成语"多行不义必自毙"中的"多"即是这个意思。进而表示数目超出、增加了,如多胜一子。

"多"还表示过分的、不必要的。"多此一举""多心""多嘴"中的"多"都是指的这个意思。"多"还表示相差的程度大,比如"好得多"中的"多"就是指这个意思。另外,"多"还可以用在数词或数量词后,表示有零头,如五十多岁。

"多"作疑问代词,用在疑问句里问程度或数量。如"有多大呢?"又指某种程度。如"有多大劲儿使多大劲儿"。

"多"作副词,表示大多、大都。如队里的骨干多是80后年轻人。又表示程度很高。如你看他老人家多精神!

## 名言馆

古法采草药多用二月、八月,此殊未当。
· (宋)沈括《梦溪笔谈》

以是人多以书假余。
· (明)宋濂《送东阳马生序》

韩信将兵,多多益善。
· (明)龚居中《痰火点雷》

谜语答案 俊 密 勿

多士寔宁

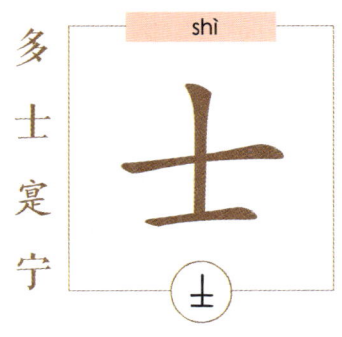

shì

士

| 甲骨文 | 金文 | 篆文 | 隶书 | 楷书 | 行书 | 草书 | 标准宋体 |
|---|---|---|---|---|---|---|---|
|  | 士 | 士 | 士 | 士 | 士 | 士 | 士 |

## 解字堂

士，金文 士 像是有手柄 十 的宽刃战斧 士。造字本义是手持大斧作战的武夫。有的金文 士 淡化斧刃、突出斧柄。篆文 士 承续金文字形。隶书 士 有所变形。在远古冷兵器时代，军人所使用的武器，代表其在军中的级别与地位：身在前线用小斧作战的叫"兵"；身在将帅身边使用大型战斧的高级警卫叫"士"；手持特大战斧的首领叫"王"。最早的竹制武器叫"不"；使用带刃的木制武器的首领叫"帝"。

"士"原指对古代男子的美称。如《诗·郑风·女曰鸡鸣》："士曰昧旦。"又指未婚的男子。如《诗·小雅·甫田》曰："以谷我士女。"又指最低级的贵族阶层，如天子诸侯卿大夫士。又指四民之一的读书人。如《白虎通·爵》曰："通古今，辨然不，谓之士。"

"士"还可以泛指军人，比如"士兵""士气"。"士"也可以称某些专业人员，比如"医士""护士"。

"士"还可以表示对男性以外的美称，比如"志士""烈士""女士"当中的"士"都是对人的美称。

### 名言馆

管夷吾举于士，孙叔敖举于海。
·《孟子·告子下》

---

此庸夫之怒也，非士之怒也。
·《战国策·魏策》

---

于是六国之士，有宁越、徐尚、苏秦、杜赫之属为之谋。
·（汉）贾谊《过秦论》

多士寔宁

| 甲骨文 | 金文 | 篆文 | 隶书 | 楷书 | 行书 | 草书 | 标准宋体 |
|---|---|---|---|---|---|---|---|
|  |  | 寔 | 寔 | 寔 | 寔 | 寔 | 寔 |

### 解字堂

"寔"是形声字。从宀，是声。《说文解字》曰："寔，止也。"

"寔"同"实"。如《诗·召南·小星》："肃肃宵征，夙夜在公，寔命不同。"

"寔"通"是"，表示此、这。如《公羊传·桓公六年》："寔来者何？犹曰是人来也。"

"寔"通"置"。如《易·坎》"置于丛棘"唐陆德明释文："姚作寔。寔，置也。张作置。"

### 名言馆

于身寔已多，敢不持自贺？
·（唐）韩愈《泷吏》

此弊不革，为蠹寔深。
·（宋）苏轼《郡国察孝悌力田诏》

多士寔宁

| 甲骨文 | 金文 | 篆文 | 隶书 | 楷书 | 行书 | 草书 | 标准宋体 |
|---|---|---|---|---|---|---|---|
|  |  |  |  |  |  |  | 宁 |

## 名言馆

均之二策，宁许以负秦曲。
· 《史记·廉颇蔺相如列传》

---

宁可共载不。
· 汉乐府《陌上桑》

---

宁止不避。
· （唐）李朝威《柳毅传》

## 解字堂

"寍"是形声字。从宀，罒声。汉字简化后，"寍"与异体字"甯""寧"合并，同写作"宁"。

"宁"读níng，可以表示安。如《书·大禹谟》："野无遗贤，万邦咸宁。"又如安宁、宁静、坐卧不宁。可以用作使动词，表示使安宁，如宁边、息事宁人。可以表示省视、探望。又如《诗·周南·葛覃》："归宁父母。"又如宁亲、归宁。今天，"宁"还是江苏南京的别称。

"宁"读作nìng，作为副词。可以表示宁愿、宁可，如《说文解字》："宁，愿词也。"可以表示岂、难道，如山之险峻，宁有逾此？

需要指出的是，古代"宁"读zhù，是"贮（貯）"的古字；还指门屏之间。今天仍保留"甯"字形，作为姓氏，读nìng。

## 温故知新

 **四字通解**

多士寔宁，意思是天下正是靠这么多有才能的人才得以安定。这句话出自《诗经·大雅·文王》："济济多士，文王以宁。"如此众多的能人志士、如此众多的英雄豪杰，正是依靠了他们，国家才得以富强安宁。"寔宁"的"寔"字，现代简化后将其等同于"实"字，但两个字并不完全相同。

"寔"多不用本义，一般用来表示假借义，既通假为"实"字，也通假为"是"字。此处的"寔"就是代词，通"是"字，有兹、此的意思。

结合前面"俊乂密勿"，总体的意思就是：春秋时期，齐桓公多次纠合诸侯，救济弱小的国家，扶持将要倾倒的周王室。汉惠帝做太子时靠了商山四皓，才幸免被废黜。商君武丁因梦境所感而得贤相傅说。这些人物才能出众，勤勉努力，正是依靠他们，国家才得以富强安宁。

 **故事厅**

### 韩信点兵，多多益善

张良、萧何和韩信三人都有了不起的才能。刘邦称帝后，韩信被刘邦封为楚王。但不久之后，刘邦接到密告说韩信接纳项羽的旧部钟离昧，准备谋反。于是刘邦借"天子巡狩会诸侯"的名义偷袭韩信，并擒获之，但最终赦免了他的罪状，改封他为淮阴侯。

韩信知道汉王畏忌自己的才能，常常托病不参加朝见和侍行。从此，韩信日夜怨恨，在家闷闷不乐，为与绛侯、灌婴处于同等地位感到羞耻。韩信曾经拜访樊哙将军。樊哙跪拜迎送，自称臣子，说："大王怎么竟肯光临。"韩信出门笑着说："我这辈子竟然和樊哙这般人为伍了。"皇上经常从容地和韩信议论将军们的高下，认为各有长短。皇上问韩信："像我的才能能统率多少兵马？"韩信说："陛下不过能统率十万。"皇上说："你怎么样？"回答说："臣多多而益善耳！"皇上笑着说："多多益善，为什么还被我俘虏了？"韩信说："陛下不能带兵，却善于驾驭将领，这就是我被陛下俘虏的原因。况且陛下是上天赐予的，不是人力能做到的。"

### 猜谜语

一夕复一夕。
（打一字）

反着干。
（打一字）

用手拧开。
（打一字）

 **知识角**

### 关于"士大夫"

士大夫是古代中国、朝鲜、越南、琉球对于社会上具有声望、地位的知识分子和官吏之统称。官员选拔制度（科举制度）是其形成的制度保证。他们既是国家政治的直接参与者，同时又是社会上层文化、艺术的创造者、传承者。至于"士人"，一般是指没有官衔、介乎官民之间的读书人。士大夫和知识分子又不是一个完全等同的概念。士大夫都是知识分子，但知识分子不一定是士大夫。士大夫专指那些以做官为唯一目的的知识分子。19世纪以前的中国，士大夫和知识分子很难区分开来，因为那时读书人的唯一目的就是为了当官，只有极少例外。

### 士农工商

士农工商是古人按着四民社会地位尊卑的顺序来排列的。

士为何排第一："万般皆下品，唯有读书高"，立德于心，建功于世，宣德功于言，泽被后人。

农为何排第二："仓廪实而知礼节""民以食为天""家有余粮，心里不慌"，尤其在农业为主的国家。

工为何排第三："欲善其事，先利其器"，借助工具可以提高效率。

商为何排第四：商是互通有无的，必依赖他人而后能行。只可少数参与，如果大家都去经商，都去依赖他人，则无人可以依赖了。商的地位排在末尾，有不禁止又不提倡的深意。

 **成语窗**

**见多识广**
识：知道。看到的多，知道的广。形容资格较老，经验丰富，知识广博。

**多难兴邦**
邦：国家。国家多灾多难，在一定条件下可以激励人民奋发图强，战胜困难，使国家强盛起来。

**名士风流**
名士的风度和习气。指有才学而不拘礼法。

**有识之士**
具有才能和远见卓识的人。

**贻人口实**
贻：给。口实：话柄。可让人利用的口实。指说话不小心，给人留下话柄。

**货真价实**
货物质量好，价格公道。原是旧时商人招揽生意的用语，也可形容地道、不走样、不离谱。

**息事宁人**
息：平息。宁：安定。指调解纠纷，使事情平息下来，使人们平安相处。

**宁缺毋滥**
滥：不加选择，过度、过多。指宁可少些，不要不顾质量地求多。

## 晋楚更霸

jìn

| 甲骨文 | 金文 | 篆文 | 隶书 | 楷书 | 行书 | 草书 | 标准宋体 |
|---|---|---|---|---|---|---|---|
| | | | | 晋 | 晋 | | 晋 |

### 解字堂

"晋"是形声字。从日，臸声。晋，甲骨文写作 。金文 、篆文 承续甲骨文字形。隶书 有所变形。楷书 晋 将篆文的两个"至" 写成 或 。

"晋"本义是进。如《易·晋》说："晋，进也。明出地上，顺而丽乎大明，柔进而上行。"又如作家柯灵《〈香雪海〉序一》有言："过了春节，我固然已经七十晋一，却还想争取活二十年。""晋"的另一层意思是升、升级。如成语加官晋爵。又如《花月痕》第五十回说："此时明相晋了公爵，荷生封侯。"

"晋"还表示内、里面。《韩非子·外储说左下》曰："孟献伯相鲁，堂下生藿藜，门外长荆棘，食不二味，坐不重席，晋无衣帛之妾，居不粟马。"意思是说，孟献伯在鲁国的居住环境很艰苦，屋檐下长杂草，门外荆棘丛生，饮食单一，找不到第二张用来坐的席子，居内没有打理起居衣物的妻妾，出行没有可供驱使的马匹。

在词语"晋升"中，"晋"与"升"（昇）都有提高地位、级别的意思，但有被动与主动的不同："晋"是被君主或上级赏识而提级；"升"（昇）是自身向前发展而提高自己的级别。

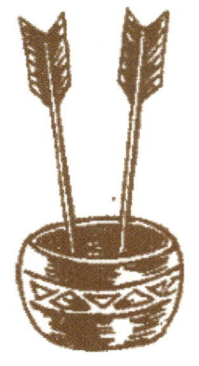

### 名言馆

晋于是始墨。
·《左传·僖公三十三年》

---

背晋以归梁。
·（宋）欧阳修《新五代史·伶官传》

---

晋陶渊明独爱菊。
·（宋）周敦颐《爱莲说》

谜语答案　多士宁

## 晋楚更霸

| 甲骨文 | 金文 | 篆文 | 隶书 | 楷书 | 行书 | 草书 | 标准宋体 |
|---|---|---|---|---|---|---|---|
| | | | | | | | 楚 |

### ~名言馆~

宾之初筵，左右秩秩，笾豆有楚。
　　·《诗·小雅·宾之初筵》

民无箠楚之忧。
　　·《汉书·韩延寿传》

暮霭沉沉楚天阔。
　　·（宋）柳永《雨霖铃》

### ~解字堂~

　　足，既是声旁也是形旁，表示行进的脚板。楚，甲骨文 = （屮，草丛、荆丛）+ （足，脚），表示穿行于荆丛之间。有的甲骨文 = （林，灌丛）+ （足，脚），表示穿行于灌丛牡荆。有的甲骨文加"水"，表示穿行于高山的丛林、深涧。造字本义是在中国西南地区随处都会遇见的带棘灌木，开青色或紫色的穗状小花。金文、篆文承续甲骨文字形。隶化后楷书楚将篆文的写成林，将篆文的写成疋。俗体楷书楚以"疋"代替"足"。

　　"楚"是一种落叶灌木。鲜叶可入药，枝干坚劲，可以做杖。如蒲松龄《聊斋志异·蛇人》中说："出门数武，闻丛薪错楚中，窸窣作响。"

　　"楚"也指古代的刑杖，或学校督责学生的小杖。捶楚，是指对犯错之人施行杖击或鞭打。

　　"楚"的另一层意思是痛苦。唐代李朝威的《柳毅传》有言曰："妇始楚而谢，终泣而对曰：'贱妾不幸，今日见辱问于长者。'"

　　"楚"还表示鲜艳。如成语"衣冠楚楚"。又如南朝梁沈约《少年新婚为之咏》说："腰肢既软弱，衣服亦华楚。"

　　此外，"楚"也是中国春秋时代的国名，位于如今的湖北省和湖南省。项羽是楚国人，所以号称楚霸王。"楚"还可作姓氏。

晋楚更霸

gēng

更

| 甲骨文 | 金文 | 篆文 | 隶书 | 楷书 | 行书 | 草书 | 标准宋体 |
|---|---|---|---|---|---|---|---|
| | | | 更 | 更 | 更 | | 更 |

### 解字堂

更，甲骨文=（表示石钟）+（丁形木锤）+（又，抓、持），表示手持木锤敲击石钟。金文误将甲骨文的石钟形象写成"丙"（有柄穿过的石器）。篆文承续金文字形。隶书误将篆文的"丙""攴"连写成"更"，石钟形象消失。

"更"可以指改正、改变。《论语·子张》曰："君子之过也，如日月之食焉。过也，人皆见之；更也，人皆仰之。"意思是说：君子犯错误，就像日月蚀——他犯过错，人们都看得见；他改正过错，人们都仰望着他。

"更"还表示调换、替代。如《汉书·晁错传》说："然令远方之卒守塞，一岁而更，不知胡人之能，不如选常居者，家室田作，且以备之。"

"更"也可以用作经历。如成语少不更事，比喻年龄小，没经历过什么事情。

"更"还是旧时夜间的计时单位，一夜分为五更。用漏壶计时，称为更漏。

"更"还有另外一个读音，读作gèng，解释为愈加、再。王之涣《登鹳雀楼》诗说："欲穷千里目，更上一层楼。"

### 名言馆

主人不醉下楼去，月在南轩更漏长。

· （唐）许浑《诏州驿楼宴罢》

今日拒之，事更不顺。

· （宋）司马光《资治通鉴》

晋楚更霸

bà

晋楚更霸

| 甲骨文 | 金文 | 篆文 | 隶书 | 楷书 | 行书 | 草书 | 标准宋体 |
|---|---|---|---|---|---|---|---|
|  |  | 霸 | 霸 | 霸 | 霸 | 霸 | 霸 |

## 名言馆

空谈霸王略，紫绶不挂身。
・（唐）李白《门有车马客行》

食名皆霸官，食力乃尧农。
・（唐）孟郊《吊元鲁山》

当时项王乘尔祖，分配英豪称霸主。
・（唐）元稹《望云骓马歌》

## 解字堂

"霸"是形声字。《说文解字》："霸，月始生霸然也，承大月二日，承小月三日。从月，䨣聲。《周书》曰：'哉生霸。'𩵋，古文霸。"

"霸"可指诸侯联盟的首领。如春秋五霸。又如清代恽敬《西楚都彭城论》中说："项王起江东，败秦救赵，遂霸诸侯。"意思是说，项羽起事于江东，打败秦国、救了赵国，于是在诸侯中称霸。"霸"可以引申为称雄、夺冠。如唐代白行简《李娃传》曰："吾观尔之才，当一战而霸。"

"霸"也可以表示霸道，指凭借武力、刑法、权势等进行统治的政策，与"王道"相对。

"霸"也表示强行占据。《水浒传》第三十一回说花和尚鲁智深："在那里打家劫舍，霸着一方落草。"

"霸"也指倚仗权势或武力欺压他人的人或集团，如称王称霸、恶霸、狱霸。

此外，"霸"也是水名。源出陕西省蓝田县西北，流入渭水。

## 温故知新

 **四字通解**

晋楚更霸,意思是晋国和楚国更替为诸侯中的霸主。五霸的头一名是齐桓公,第二位就是晋文公了。孔子对这二位的评价是:"晋文公谲而不正,齐桓公正而不谲。"(《论语·宪问》)"谲"就是诡诈。晋文公的经历非常坎坷,因家庭变故在外流浪19年,饱尝人间冷暖,所以他的为人处世,用诡诈计谋的时候多。公元前632年,晋楚两国为夺霸主地位在城濮大战,楚国战败,晋文公当上了霸主。晋文公对任何事情都是小心翼翼的,对谁都不信任,诡计多端。公元前597年,楚庄王率领大军攻打郑国,晋国派兵救郑,在邲地(今河南郑州市东)与楚国大战,晋国惨败。公元前594年冬,楚鲁蔡秦等十四国在蜀(今山东泰安西)开会结盟,正式推举楚国主盟,楚庄王遂成为称雄中原的霸主。从侧面来说,楚庄王的北上,在客观上促进了中原文化与荆楚文化的进一步融合,为先秦时期华夏文明的民族大融合做出了巨大贡献。

 **故事厅**

### 霸陵醉尉

汉文帝十四年,匈奴人大举侵入萧关,李广参军抗击匈奴,斩杀了很多敌人首级,被任为汉朝廷的中郎。有一次,匈奴打败了李广的军队,并擒获了他。单于倾慕他的英名,下令不能杀他。匈奴骑兵就把李广放在两匹马中间,装在绳编的网兜里。走了十多里,李广突然纵身一跃,跳上匈奴人的马,趁势夺了弓,飞驰数十里回到他的残部。回到京城,执法官认为李广损失伤亡太多,应该斩首。李广用钱物赎了死罪,削职为民。

转眼间,李广在家已闲居数年,李广和已故颖阴侯灌婴的孙子灌强一起隐居在蓝田,常到南山中打猎。一天夜里,他领着一名随从骑马外出,和别人一起在田野间饮酒。回来时走到霸陵亭,霸陵尉喝醉了,大声呵斥,禁止李广通行。李广的随从说:"这是前任李将军。"亭尉说:"现任将军尚且不许通行,何况是前任呢!"便扣留了李广,让他停宿在霸陵亭下。后来,人们从这则故事里,引申出成语"霸陵醉尉",用来形容失官之后受人侵辱。

### 四面楚歌

楚汉争霸,刘邦和项羽原本约定互不侵犯,以鸿沟为界。后来,刘邦听从张良和陈平的规劝,依靠层层布置,把项羽紧紧地围在了垓下。此刻的楚霸王处境落魄,手下兵士已经所剩无几,粮食也没了。夜里,在帐篷内听到四面围住他的军队都唱起了楚地的民歌,军心更是涣散不堪。项羽大惊失色:"刘邦已经得到楚地了吗?为什么他的部队里会有这么多楚人?"此时的楚霸王,斗志已经消失殆尽,他拉着宠妃虞姬一起悲伤地唱歌。

##  知识角

### 春秋争霸

春秋争霸时间跨度为公元前770年—前476年。西周自周幽王死后,其子周平王即位。由于镐京遭受战争破坏,加上受到犬戎的威胁,公元前770年(周平王元年),平王把都城从镐京迁到洛邑(今河南洛阳)。至此,西周结束,东周建立。从这一年起到公元前476年(周敬王四十四年),为春秋时期。春秋得名于孔子所著鲁国的编年史《春秋》,这部史书上起公元前722年(鲁隐公元年),下迄公元前481年(鲁哀公十四年),与春秋时期上下限大致相同。春秋时代,为中国有史以来第一个多姿多彩的时代。王室衰微、王霸迭兴,诸侯竟敢问"鼎"之轻重,"礼崩乐坏"的局面标志着奴隶制已到末日。这时期分封的诸侯国不再听天子的命令,天子要依附强大的诸侯。各诸侯国不断进行战争,强大诸侯迫使各国承认他们的地位,成为"霸主"。

### 春秋五霸

春秋时期,天子衰,诸侯兴。周王室势力衰微,权威不再,已经无法有效控制天下诸侯。一些强大的诸侯国为了能在政治、军事中占据主导地位,开启了激烈的争霸战争,相互之间合纵连横、东征西讨,前后共有数位诸侯成为霸主,史称"春秋五霸"。按照《史记》记载,春秋五霸是:齐桓公、晋文公、楚庄王、秦穆公、宋襄公;而《荀子·王霸》记载则是:齐桓公、晋文公、楚庄王、吴王阖闾和越王勾践。

##  成语窗

**加官晋爵**
加升官阶,晋升爵位。

**楚才晋用**
楚国的人才为晋国所用。比喻本国的人才外流到别的国家工作。

**秦女楚珠**
比喻次要的东西胜过主要的东西。

**三更半夜**
一夜分为五更,三更是午夜十二时。指深夜。

**更深人静**
深夜没有人声,非常寂静。

**独霸一方**
霸占一个地方,多指坏人。

**横行霸道**
依仗权势为非作歹。

### 猜谜语

离开业还有一日。
(打一字)

统一业指日可待。
(打一字)

一一入史册。
(打一字)

赵魏困横

| 甲骨文 | 金文 | 篆文 | 隶书 | 楷书 | 行书 | 草书 | 标准宋体 |
|---|---|---|---|---|---|---|---|
|  |  | 趙 | 趙 | 趙 | 趙 | 赵 | 赵 |

## 解字堂

"趙"是形声字。从走，肖声。简化后写作"赵"。

"赵"多用为中国古代国名。战国时代，齐、楚、燕、韩、赵、魏、秦七国争雄，赵是七雄之一，疆域有今山西中部、陕西东北角及河北西南部。赵国也与燕国合称燕赵，其所在地区即今河北省北部及山西省西部一带；战国时燕赵多侠士，遂以"赵客"为侠士通称。西晋结束后，匈奴族、羯族先后在北方建立"赵国"，史称"前赵""后赵"。

"赵"的另一层意思是超腾、疾行。《说文解字》："赵，趋赵也。"《穆天子传》也有："天子北征，赵行□舍。"

"赵"也解释为瞎说、虚妄不实。明代李诩《戒庵老人漫笔·麻嗏笼统赵》曰："今人以虚罔不实而斥其妄行者，则曰赵。"

此外，"赵"是百家姓之首。金庸《天龙八部》中，萧峰追查带头大哥下落，知情人之一便是参与在雁门关伏击契丹高手萧远山的赵钱孙。

## 名言馆

因声赵津女，来听采菱歌。
· （唐）徐坚《棹歌行》

曾成赵北归朝计，因拜王门最好官。
· （唐）张籍《送汀州源使君》

买丝绣作平原君，有酒惟浇赵州土。
· （唐）李贺《浩歌》

谜语答案　晋　晋更

赵魏困横

| 甲骨文 | 金文 | 篆文 | 隶书 | 楷书 | 行书 | 草书 | 标准宋体 |
|---|---|---|---|---|---|---|---|
| | | | 魏 | 魏 | 魏 | 魏 | 魏 |

### 解字堂

魏，《说文解字》无，"巍"字下段玉裁注曰："后人省山作魏，分别其义与音，不古之甚。"《说文解字》曰："巍，高也。从嵬，委声。"

"魏"是古代宫门上的楼台。古代宫门上所建的巍然高出的台阙，我们称之为魏阙。因下边两旁有悬挂法令的地方，所以也用来代指朝廷。《周礼·天官·大宰》曰："乃县治象之法于象魏，使万民观治象。"

"魏"也可以指《诗·魏风》。如《左传·襄公二十九年》："吴公子札请观于周乐……为之歌《魏》。"对此，注者杜预解释道："《诗》第九《魏》。"

"魏"还指古国名。第一，是西周时分封的诸侯国，姬姓，在今山西省芮城县西北，公元前661年，被晋献公攻灭，将其地封给毕万，以毕万为魏大夫。第二，是战国七雄之一，开国君主魏文侯（名斯）是毕万后代，和赵韩一起瓜分晋国，史称"三家分晋"。魏惠王迁都大梁，因而魏也被称为梁。公元前225年为秦所灭。第三，220年，曹丕代汉称帝，国号魏，定都洛阳，史称曹魏。

另外，"魏"也是姓氏，如魏征。

### 名言馆

韩魏多奇节，倜傥遗名利。
·（唐）虞世南《结客少年场行》

书留魏主阙，魂掩汉家床。
·（唐）卢照邻《哭金部韦郎中》

虞卿弃赵相，便与魏齐行。
·（唐）李白《于五松山赠南陵常赞府》

## 赵魏困横

kùn

| 甲骨文 | 金文 | 篆文 | 隶书 | 楷书 | 行书 | 草书 | 标准宋体 |
|---|---|---|---|---|---|---|---|
| 困 |  | 困 | 困 | 困 | 困 | 困 | 困 |

### 解字堂

困，甲骨文 = 囗（囗，石砌的花池）+ 木（木，树），表示接近根部的树干被地面上石砌的池子限制，生长受阻。籀文 = 止（止，限制）+ 木（木，树），表示抑制树木生长。篆文承续甲骨文字形。

"困"是"梱"的本字，本义指门槛。《说文解字》曰："橛，门梱也。梱，门橛也。《荀子》以厥为橛，《晏子》以困为梱，皆谓门限。"现在多指陷在艰难痛苦或无法摆脱的环境中。如我们用"困厄"形容处境困苦危险。《礼记·中庸》："事前定则不困。"也表示阻碍。如曾巩《路中对月》诗曰："山川困游人，而不断归梦。"

"困"也作围困解。汉代李陵《答苏武书》说："昔高皇帝以三十万众，困于平城。"《说岳全传》第三十八回有言："某家只分兵困住此山。"

"困"还可以指物资贫乏。《史记·宋微子世家》说："岁饥民困。"意思是饥荒年间人民贫困。"困"又可表示生命垂危。《后汉书·卢植传》："临困，敕其子俭葬于土穴。"

"困"还有一种较常见的用法，用作疲惫、打瞌睡，如眼困，春困秋乏。

### 名言馆

四海困穷，天禄永终。
　　　　·《论语·尧曰》

行李之往来，共其乏困。
　　　　·《左传·僖公三十年》

被十创，困顿不知所为。
　　　　·《后汉书·刘平传》

赵魏困横

héng
横
(横)

| 甲骨文 | 金文 | 篆文 | 隶书 | 楷书 | 行书 | 草书 | 标准宋体 |
|---|---|---|---|---|---|---|---|
|  |  | 横 | 横 | 横 | 横 | 横 | 横 |

## 名言馆

横行天下。
· 《荀子·修身》

谓为三横。
·（南朝）刘义庆《世说新语·自新》

衔远山，吞长江，浩浩汤汤，横无际涯。
·（宋）范仲淹《岳阳楼记》

## 解字堂

"横"是形声字。从木，黄声。

"横"本义是门的栏木。《说文解字》曰："横，阑木也。"段玉裁注曰："阑，门遮也。引申为凡遮之称。凡以木阑之皆谓之横也。"

"横"可指跟地面平行，与"竖""直"相对。春节是中国人最重视的传统佳节，过春节的时候，我们会在门上贴春联，春联包括上联、下联和横幅。此外，书法也是中国人的传统爱好，书法作品通常写在一尺见方的宣纸上，多呈条形、扇形，用尺幅或卷轴悬挂，其中，长条形的横幅字画，我们称为"横批"。

"横"也指左右向的，跟目视方向垂直。如苏轼诗句"横看成岭侧成峰，远近高低各不同"。

"横"还有另外一个读音，读作hèng。既可以表示凶暴、不讲理，如蛮横、横暴；又可以解释为意外的、不寻常的，如飞来横祸、横财等。

## 温故知新

 **四字通解**

赵魏困横，意思是赵、魏两国受困于连横。实际上说的是战国时期著名的说客苏秦、张仪所实行的合纵和连横的策略。苏秦第一次的游说失败，回来后"锥刺股"苦读姜太公的《阴符经》，研究三略六韬等谋略学，一年以后再次出山。这次他改变策略，先从弱小的国家开始游说，说动了赵王、燕王，燕国更是提供他全部活动经费。最后连南方的楚国也被说动，结果是"并相六国"，当了六国的辅相。苏秦提出"合纵"战略，就是六国联合起来共同防御秦国，秦国敢犯任何一国，六国一起对付。他提出的"合纵"战略受到普遍欢迎，六国都把副宰相的位置空着留给苏秦。合纵的结果是"秦人恐惧，不敢窥兵于关中，天下不交兵者二十有九年"。苏秦后来在齐国被人刺杀而死，其弟苏代、苏厉继续他的路线。

六国合纵之后，秦国处于长达十余年的四面围困之中，秦惠文王很想改变这一局面。就在这时，张仪拜会了秦王，陈述了"近交远攻、远交近攻"的连横破纵之策。秦王肃然起敬，特拜张仪为上卿。张仪的连横策略认为，国与国之间应该和平友好，谁也不要侵犯谁，大家联合起来对付一个假想敌是不可取的。这样既不友好，而且是逼着秦与六国为敌。六国被张仪连劝带哄地说服了，都与秦国签订了互不侵犯条约，苏秦的"合纵"就被拆散了。"连横"实施以后，秦国首先打击赵、魏，因为赵魏距离秦国最近，所以说是"赵魏困横"。

 **故事厅**

### 魏文帝与魏武帝

196年，曹操开始"挟天子以令诸侯"。他借朝廷的名义，破袁术，灭吕布，降了张绣，逐了刘备，势力扩充到包含兖、豫、徐三州在内，兼有部分司隶、雍州等中原地区。200年，与袁绍展开官渡之战，大获全胜。此后，他用七年时间平河北，收南匈奴，攻破乌桓，统一北方。曹操南下统一全国，却在赤壁之战中败于孙刘联军。此后转向西北，占据陇西。终其一生，只控制了中原、陇西一带。

曹操晚年，二子曹丕在司马懿、吴质等大臣帮助下，战胜弟弟曹植，被立为太子。曹丕于220年代汉称帝，定国号为魏，定都洛阳，史称魏文帝。曹丕称帝后，追封其父亲曹操为魏武帝。

### 三十六计之围魏救赵

公元前354年，魏国军队围住了赵国都城邯郸。当时，双方对峙已经一年有余，到了赵衰魏疲的阶段。这时，齐国答应赵国的请求，拨兵马八万，并遣田忌为将、孙膑为军师。田忌与孙膑率兵抵达了魏赵交界之地。

孙膑说："现在魏国精兵倾国而出，若我直攻魏国，那庞涓必定不得已回师解救，这样一来邯郸之围定会自解。我们再于中途伏击庞涓，其军必败。"

田忌听从了孙膑的建议。魏国军队果然从邯郸回撤，归途中急行军，又中了伏击，与齐国的援军交战于桂陵。魏军所部长途疲惫，加之猝不及防，很快便溃不成军了。将军庞涓勉强收拾了残部，退回了大梁。齐师初战告捷，赵国之围也迎刃而解了。

 ## 知识角

### 六国封相

苏秦是洛阳人。洛阳是当时周天子的都城。他很想有所作为，曾求见周天子，却没有引见之路，一气之下，变卖了家产到别的国家找出路。但是他东奔西跑了好几年，也没做成官，后来只好回家。家里人见他一副狼狈样，狠狠地骂了他一顿；他妻子坐在织机上织帛，连看也没看他一眼；他求嫂子给他做饭吃，嫂子不理他扭身走开了。苏秦受了很大刺激，决心争一口气。他钻研兵法，天天到深夜。有时候读书读到半夜，又累又困，他就用锥子扎自己的大腿，接着读下去。这就是后来人们说的"锥刺股"。这样用了一年多的功夫，他的知识比以前丰富多了。

公元前334年开始，苏秦到六国去游说，宣传"合纵"主张，第二年，六国诸侯结成联盟。苏秦挂了六国的相印，成了显赫的人物。

### 魏国

魏国是战国七雄之一，自公元前403年魏文侯被周威烈王册封为侯，至公元前225年为秦国所灭，一共179年。它西邻秦国，东隔淮水、颍水与齐国和宋国相邻，西南有韩国、南面有鸿沟与楚国接壤，北面则有赵国。魏国始都安邑，公元前361年魏惠王从安邑迁都大梁，此后魏国亦称梁国。

由于魏国处于四战之地，忧患的环境使魏文侯成为最早变法图强的君主。他用翟璜为相，改革弊政；用乐羊为将，攻掠中山国；以李悝变法，教授法经，呈现出蒸蒸日上的旺盛生机。战国250余年历史中，魏国是最先强盛而称雄的国家。公元前334年，魏惠王和齐威王在徐州会盟，史称"徐州相王"。但在此后的战争中，魏国"东败于齐，西丧秦地七百余里，南辱于楚"，开始衰落。传至魏王假，于公元前225年为秦国所灭。

 ## 成语窗

**张王赵李**
泛指一些人。也指寻常之辈。

**拔赵易汉**
比喻偷换取胜或战胜、胜利之典。

**魏鹊无枝**
比喻贤才无所依存。

**心在魏阙**
魏阙：古代天子和诸侯宫外的楼观。指臣民心在朝廷，关心国事。

**穷困潦倒**
形容生活贫困，失意颓丧。

**内外交困**
交：同时。困：困境。里里外外都处于困难的境地。

**旁逸横出**
犹言到处出没。

**枝节横生**
比喻在处理问题过程中意外地发生岔子。

## 猜谜语

禁止通行。
（打一字）

所托非人。
（打一字）

一口吃掉半片树林。
（打一字）

假途灭虢

jiǎ

| 甲骨文 | 金文 | 篆文 | 隶书 | 楷书 | 行书 | 草书 | 标准宋体 |
|---|---|---|---|---|---|---|---|
|  | 𠬝 | 叚 | 叚 | 假 | 假 | 假 | 假 |

## 解字堂

"叚"是"假"的本字。金文叚=厂（石崖）+彐（手，石崖上的手）+又（又，石崖下的手），表示崖下的手拉住崖上的手，即崖下的人借助崖上的人的力量，攀上石崖。"叚"作为单纯字件后，篆文叚再加"人"另造"假"，强调借助他人之力。造字本义是借助他人之力达到目的。隶书假将篆文的人写成亻，将篆文的叚写成段。隶定后楷书写作"假"。

"假"指不真实的，不是本来的，与"真"相对。《西游记》第五十八回写真假美猴王，说："二行者在一处，果是不分真假。"

"假"的另一种常见用法是借用、利用。我们用"假手于人"形容利用他人为自己办事；用"不假思索"表示想也不用想，形容说话、做事非常敏捷。"假"表示"借"的意思时，兼指借出和借入。如《左传·成公二年》曰："唯器与名不可以假人。"意思是说，只有车服之器与爵号之名是不可以借出给别人。又如鲁迅《书信集·致郑振铎》说："此种书籍，我约有十五种，倘再假得一二十种，也就可以了。"这里的"假"就是借入的意思了。

"假"还可以用作凭借和依靠。我们熟悉的成语"狐假虎威"，便是依仗别人的权势来欺压他人。

另外，"假"可以表示假定，如假设、假说。可以表示假如，如假若、假使。

"假"也读作jià，表示按照规定或经过批准暂时不工作或不学习的时间，如假期、假日、暑假。

## 名言馆

晋侯复假道于虞以伐虢。

——《左传·僖公五年》

君子生非异也，善假于物也。

——《荀子·劝学》

吾未哺食，请假设草具。

——（唐）柳宗元《段太尉逸事状》

谜语答案 赵 魏 困

假途灭虢

tú
途

| 甲骨文 | 金文 | 篆文 | 隶书 | 楷书 | 行书 | 草书 | 标准宋体 |
|---|---|---|---|---|---|---|---|
|  |  |  | 逄 | 途 | 递 | 全 | 途 |

## 解字堂

余，既是声旁也是形旁，表示茅屋。途，甲骨文=余（余，简易茅屋，客舍、客栈）+止（止，停歇），表示旅程中在客舍夜宿。造字本义是旅客在路边的客舍歇息。隶书以"辶"代"止"写成逄。古人称陆路旅行夜宿客舍为"途"，称水路旅行夜宿客舍为"涂"。

"途"指道路。《管子·中匡》："鲍叔、隰朋趋而出，及管仲于途。"意思是说，鲍叔和隰朋在路上追上了管仲。清代俞樾《茶香室丛钞·张小舍》说："按张小舍，一捕盗之人，而亦以成名后世，何途无人才乎？"在这里，"途"指道路、职业。

"途"还可以解释为途径、路子，多用于比喻。如《儒林外史》第四十九回云："中书的班次，进士是一途，监生是一途。"又如鲁迅《书信集·致韦素园》中说："未名社的事，我以为有两途。"在这里，"途"解作方法。

"途"也表示仕途，官吏晋升的路。元稹《寄吴士矩端公五十韵》说："时辈多得途，亲朋屡相救。"

## 名言馆

古之立国家者，开本末之途，通有无之用。
· （汉）桓宽《盐铁论·本议》

天明登前途，独与老翁别。
· （唐）杜甫《石壕吏》

倦途却被行人笑，只为林泉有底忙。
· （宋）辛弃疾《鹧鸪天·鹅湖寺道中》

假途灭虢

miè

| 甲骨文 | 金文 | 篆文 | 隶书 | 楷书 | 行书 | 草书 | 标准宋体 |
|---|---|---|---|---|---|---|---|
|  | 烕 | 䁟 | 滅 | 滅 | 滅 | 减 | 灭 |

### 解字堂

烕，金文烕=戌（戌，战乱）+火（火，火灾），表示兵灾与火灾对生命的集体性摧毁。当"烕"的"摧毁集体生命"本义消失后，篆文䁟在"戌"（兵灾）、"火"（火灾）基础上，再加"水"（洪灾），另造"滅"代替，表示洪灾、火灾等"天灾"与兵灾等"人祸"对生命的集体性摧毁。隶定后楷书写作"滅"。简化后写作"灭"。

"灭"指除尽、使不存在。《史记·孟尝君列传》："客与俱者下，斫击杀数百人，遂灭一县以去。""灭"也指埋没、淹没、抹煞。《荀子·臣道》曰："明主尚贤使能而飨其盛，闇主妒贤畏能而灭其功。"意思是说，贤明的君主尊重有才能的人，让他们获得礼遇；不贤明的君主嫉妒贤德者、畏惧富于才华者，因而抹煞他们的功绩。"灭"也指国君被杀。如《春秋·昭公二十三年》曰："胡子髡、沈子逞，灭。"后来也指死亡。如《南史·范晔传》说："晔常谓死为灭，欲著《无鬼论》。"

### 名言馆

铭骨传其语，竦身已电灭。

·（唐）李白《古风五十九首》其五

---

桔槔烽火昼不灭，客路迢迢信难越。

·（唐）孟郊《有所思》

---

其节朽黑而无文，搯之灭爪，而不得其所穷。

·（唐）柳宗元《鞭贾》

## 假途灭虢

**guó**

虢

| 甲骨文 | 金文 | 篆文 | 隶书 | 楷书 | 行书 | 草书 | 标准宋体 |
|---|---|---|---|---|---|---|---|
| | | 虢 | 虢 | 虢 | 虢 | 虢 | 虢 |

### 名言馆

丹泉通虢略，白羽抵荆岑。
· （唐）王维《送李太守赴上洛》

山川入虞虢，风俗限西东。
· （唐）李隆基《途次陕州》

禄山宫里养作儿，虢国门前闹如市。
· （唐）元稹《连昌宫词》

### 解字堂

"虢"是形声字。《说文解字》："从虎，寽声。"

"虢"的本义是虎所抓画的痕迹。《说文解字》说："虢，虎所攫画明文也。""虢"也是周代的诸侯国名。有东、西、南、北四虢。东虢位于今河南省郑州市西北，是周文王弟虢叔所封之地，公元前767年为郑所灭。西虢则在今陕西省宝鸡县东，后迁到今河南省陕县东南，是周文王弟虢仲的封地，公元前665年为秦所灭。此外，"虢"还是唐代的州名，位于今河南省灵宝县。最后，"虢"也是姓氏的一种。虢，是虢姓的由来。出自姬姓，周文王之弟、武王叔父虢叔，封于东虢，虢仲封于西虢，子孙以国为氏。

"虢"的另一种用法是用作形容词，表示猛烈、暴烈。清代薛福成《枪炮说》曰："设以虢猛绝伦之将，而遇快枪精炮，不能不殒于飞铅之下。"

## 温故知新

###  四字通解

假途灭虢，意思是以借路的名义攻打虢国。春秋初期，晋国传至献公，积极扩军，拓展疆土。晋献公为了夺取崤函要地，决定南下攻虢，但虞邻虢的北境，为晋攻虢的必经之途。晋献公害怕二国联合抗晋，遂采用大夫荀息各个击破之计，先向虞借道攻虢，再伺机灭虞。周惠王十九年（前658），晋献公派荀息携带美女、骏马等贵重礼品献给虞公，请求借道攻虢。虞公贪利，又被荀息花言巧语所迷惑，遂不听大臣劝阻，不但应允借道，还自愿作攻虢先锋。

当年夏，晋虞联军攻下虢国重镇下阳（今山西平陆境），使晋控制了虢虞之间的要道。二十二年，晋又故伎重演向虞借道。宫之奇用"辅车相依，唇亡齿寒"的道理，说明虢、虞地理相连，利害攸关，虢亡虞必亡，劝虞公绝不能答应借道。但虞公认为晋、虞是同宗，不会相欺，拒不听劝。十月十七日，晋军围攻虢都上阳（今河南省三门峡市）。十二月初一破城灭虢。后晋班师暂住虢国休整。晋军乘虞不备，发动突然袭击，俘虞公，灭其国。

###  故事厅

#### 老马识途

管仲是春秋时期齐国的著名政治家，颍上（今安徽省阜阳市颍上县）人，周穆王的后代。他被后世称为"法家先驱""圣人之师""华夏第一相"。

管仲和大夫隰朋随齐桓公一同前往攻打孤竹，齐军春天出征，到凯旋之时，已经是冬天。在归途中，他们迷了路。管仲说："老马的智慧是可以利用的。"于是解开老马的缰绳，让其领路。军队跟随着它们，终于找到了回去的路。一行人行军到了山里。人困马疲，却找不到饮水处。隰朋说："蚂蚁冬天住在山的南面，夏天住在山的北面。如果蚁穴有一寸高的话，地下八尺深的地方就会有水。"于是，大家开始动手挖掘山地，终于得到了水。管仲的精明通达和隰朋的聪明才智，实在令人佩服。

管仲在任内大兴改革。他富国强兵，重视商业，强调寓兵于农，把保甲制和军队组织紧密结合在一起，每年春秋以狩猎来训练军队。最终，管仲辅佐齐桓公成就了霸业。

### 猜谜语

雨后霞光照人影。
（打一字）

人间天上会双星。
（打一字）

不着一字。
（打一字）

 ## 知识角

### 虢国

虢国是西周初期的重要诸侯封国。周武王灭商后,周文王的两个弟弟分别被封为虢国国君,虢仲(一说虢叔)封东虢(今河南荥阳市汜水镇),虢叔(一说虢仲)封西虢(今陕西宝鸡市东),两虢起着周王室东西屏障的作用。西周晚期周宣王初年,西虢东迁,形成所谓南、北二虢。于豪亮先生说"虢仲、虢叔都是文王之弟,虢仲封于东虢,虢叔封于西虢。北虢在平陆,在黄河北岸;南虢在三门峡,在黄河南岸。北虢和南虢隔河相望,其实只是一个虢国(相当于原西虢),这是虢叔的后代随平王东迁后建立的国家"。东虢于公元前767年被郑国所灭(据《竹书纪年》)。西虢东迁后,在原地留有一小虢,于公元前687年被秦国所灭(据《史记·秦本纪》);东迁后的三门峡虢国建都上阳,地跨黄河两岸,史称"南虢""北虢",实为一虢,于公元前655年被晋国所灭。

### 虢国夫人

虢国夫人(?—756)是唐玄宗李隆基宠妃杨玉环的三姐,唐朝蒲州永乐(今山西芮城县)人。她早年随父居住在蜀中,也有才貌。长成后嫁裴氏为妻,裴氏早亡。杨贵妃得宠于唐玄宗以后,因思念姐姐,请求唐玄宗将虢国夫人和杨贵妃的另两个姐姐一起迎入京师。唐玄宗称她的三个姐姐为姨,并赐以住宅,天宝初年分封她们三人为国夫人,分别为虢国夫人、韩国夫人和秦国夫人。

虢国夫人,安史之乱时在出逃中被迫自杀。此人生平骄奢淫逸,在杨贵妃的庇佑下显赫一时。

 ## 成语窗

**假戏真做**
指戏演得逼真或把假的事情当作真的来做。

**假手于人**
假:利用。借助别人来为自己办事。

**命途多舛**
舛:不顺,不幸。命运充满不顺。指一生坎坷,屡受挫折。

**急不择途**
犹慌不择路。势急心慌,顾不上选择道路。

**全军覆灭**
整个军队全部被消灭。比喻所有事物都失败或死亡。

**消声灭迹**
不公开讲话,不出头露面。形容隐藏起来,不再出现。

**暮虢朝虞**
春秋时晋国借道虞国去打虢国,打下虢国之后,在归途中又把虞国灭了。比喻覆灭变迁的迅速。

## 践土会盟

jiàn

| 甲骨文 | 金文 | 篆文 | 隶书 | 楷书 | 行书 | 草书 | 标准宋体 |
|---|---|---|---|---|---|---|---|
|  |  | 踐 | 踐 | 踐 | 踐 | 践 | 践 |

### 解字堂

"践"的右半部分戔,既是声旁也是形旁,表示戈戟相加,武力相残。践,篆文=足(足,征伐)+戔(戈,戈戟相加,武力相残),表示武力征伐。隶定后楷书写作"踐"。简化后写作"践"。

"践"本义指踩、踩踏。如《庄子·马蹄》说:"马,蹄可以践霜雪,毛可以御风寒。"又如李白《答长安崔少府叔封游终南翠微寺太宗皇帝金沙泉见寄》诗曰:"践苔朝霜滑,弄波夕月圆。"引申表示履行、实行,如实践、践约、践行。

"践"还可以解释为走、行走。谢灵运《登永嘉绿嶂山》中有诗句:"践夕奄昏曙,蔽翳皆周悉。"也可以解释赴、前往。司马迁写李陵出使西域作战:"提步卒不满五千,深践戎马之地。"也引申为追求。韩愈《祭张给事文》说:"惟义之趋,岂利之践。"

此外,"践"可以表示登上(职位)、就任。如古时帝王登基,我们称为"践阼"。

"践"还常常用作通假字,通"剪"时,表示灭除、消除;通"浅"时,表示浅薄、浅陋。

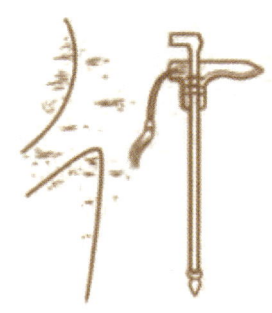

### 名言馆

敦彼行苇,牛羊勿践履。
·《诗·大雅·行苇》

---

践之者,籍之也。
·《尚书大传》

---

大夫、士入君门不践阈。
·《礼记·曲礼上》

谜语答案 假 灭 灭

践土会盟

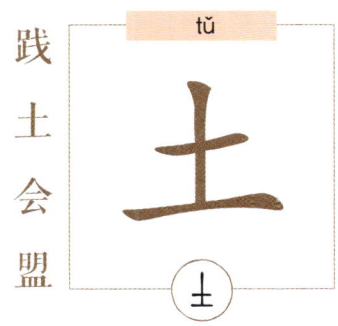

| 甲骨文 | 金文 | 篆文 | 隶书 | 楷书 | 行书 | 草书 | 标准宋体 |

### 名言馆

君之视臣为土芥，则臣视君如寇仇。
·《孟子·离娄下》

---

天府之土。
·《三国志·蜀书·诸葛亮传》

---

甘食其土之有。
·（唐）柳宗元《捕蛇者说》

### 解字堂

"—"是特殊指事字，代表混沌太初，也可以代表"天"，或代表"地"。土，甲骨文像是地平线—上高耸的立墩。有的甲骨文在立墩上加三点指事符号，表示溅泥、灰尘。有的甲骨文将立墩形象简化成一竖。造字本义是耸立在地面的泥墩。金文将甲骨文字形中的立墩形象写成实心的菱形。古匋字形将菱形写成似"十"非"十"的。篆文则将古匋字形写成"十"。

"土"本义是地面上的泥沙混合物，现代建筑不可或缺的原材料之一。中国人讲究粒粒皆辛苦，尊重劳动，爱惜劳动人民，我们用"脸朝黄土背朝天"形容农民艰苦的农作方式。

"土"还指疆域。中国幅员辽阔，有963万平方公里的国土面积。中国是世界上197个主权国家之一，领土神圣不可侵犯。

"土"还表示本地的、地方性的。台湾诗人余光中用"掉头一去是风吹黑发，回首再来已雪满白头"来形容两岸交战带给他的对南京城和中国大陆四十年故土之思。台湾导演魏德圣的《赛德克巴莱》，讲述的便是台湾土著居民的悲壮抗日故事。"土"还指民间产生的、不合潮流的。此外，土家族是中国的少数民族之一，主要分布于青海省。

## 践土会盟

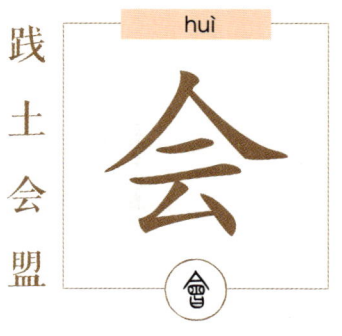

huì

| 甲骨文 | 金文 | 篆文 | 隶书 | 楷书 | 行书 | 草书 | 标准宋体 |
|---|---|---|---|---|---|---|---|
| | 會 | 會 | 會 | 會 | 會 | 会 | 会 |

### 解字堂

"會"是"燴"的本字。會，金文=（合，合并）+（米，米饭，代主食），表示将菜肴与米饭主食同锅合煮。有的金文将食物"米"写成两团食物糅合状，进一步明确"合煮"的烹调法含义。造字本义是把主食米饭和菜肴混合在一起烹煮。篆文误将金文字形中的食物糅合状写成不知所云的。当"會"的"合煮"本义消失后，后代楷书再加"火"（炊煮）另造"燴"代替，强调"炊煮"的含义。隶定后楷书写作"會"。简化后写作"会"。

"会"指聚合、合拢在一起。《说文解字》曰："会，合也。"范仲淹《岳阳楼记》也有："迁客骚人，多会于此。"也用来表示多数人的集合或组成的团体，如工会、会刊、联合会。

"会"还指重要的或中心的城市。如广州是广东的省会、福州是福建的省会。19世纪初叶起，上海日渐成为一个汇聚四方来客的繁华国际大都会。

"会"也解释为彼此见面。两次世界大战给人类造成了难以计量的惨痛灾难，世界人民对此达成共识，应该用和平对话、两国会谈的方式解决彼此争端，避免战争。《史记·廉颇蔺相如列传》中，也有"与燕王会境上"的表述。

我们也用"会"来表示能、善于。如他会英文、我会游泳等。"会"也表示领悟和领会。

### 名言馆

会盟而谋弱秦。
　　·（汉）贾谊《过秦论》

留待作遗施，于今无会因。
　　·汉乐府《古诗为焦仲卿妻作》

迁客骚人，多会于此。
　　·（宋）范仲淹《岳阳楼记》

# 践土会盟

méng

盟

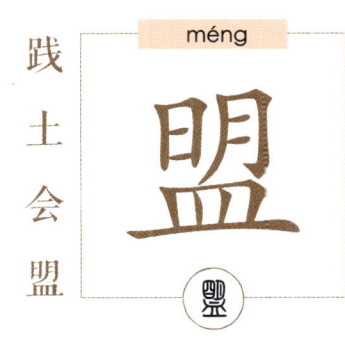

| 甲骨文 | 金文 | 篆文 | 隶书 | 楷书 | 行书 | 草书 | 标准宋体 |
|---|---|---|---|---|---|---|---|
| | | | 盟 | 盟 | 盟 | | 盟 |

## 解字堂

"盟"是形声字。从皿，明声。甲骨文=丫（皿）+ （明）。金文基本承续甲骨文字形，将甲骨文的"明"写成。篆文承续金文字形。隶书将篆文的"皿"写成皿。

"盟"旧时指宣誓缔约，现指阶级的联合、国与国的联合。《说文解字》曰："割牛耳盛朱盘，取其血歃于三敦。"又用作名词。如《礼记·曲礼》也说："约信曰誓，涖牲曰盟。"

"盟"也指结拜兄弟。清代，汉人民间组织的抗清组织声势浩大，其中，最负盛名的就是天地会和白莲教。天地会以反清复明，顺天行道，劫富济贫等为口号，弟子间常常以兄弟相称，入会须饮血酒，唱："此夕会盟天下合，四海招徕尽姓洪。金针取血同立誓，兄弟齐心要合同。"

"盟"还可以指个人发誓。如指天为盟。赵长卿《贺新郎》有"终待说山盟海誓，这恩情到此非容易"一语。

此外，"盟"也是中国内蒙古自治区相当于地区的管理区域，下辖旗、县、市。如锡林郭勒盟、阿拉善盟等。

## 名言馆

秦伯说，与郑人盟。
· 《左传·僖公三十年》

为坛而盟。
· 《史记·陈涉世家》

## 温故知新

### 四字通解

践土会盟，故事发生在晋文公时期，晋献公晚年，晋国发生了内乱，公子重耳流亡国外19年，才有机会重回晋国即位，重耳就是春秋五霸中的晋文公。他任用贤良，整顿政治，发展经济，使晋国的国势日渐强盛。他效法齐桓公的尊王政策，于公元前636年平定了周王室的内乱，使自己名声大振。此时齐国的霸业已经衰落了，南方的楚国欲问鼎中原，争夺霸主的地位。于是晋楚两军在城濮（今山东鄄城西南）大战。

晋文公下令退避三舍，以守当年流亡楚国时的诺言。晋军才一交手便自败退，楚人不识是计，中了埋伏，被杀得大败。晋文公连忙下令，不再追杀。晋军占领了楚国营地，将楚军遗弃下来的粮食吃了三天，才凯旋回国。

僖公二十八年，晋国打败楚国的消息传到周都洛邑，周襄王和大臣都认为晋文公立了大功，周襄王还亲自到践土（今河南原阳西南）慰劳晋军。晋文公也趁此机会，在践土召集诸侯会盟。就这样，晋文公凭借自己的实力，继齐桓公之后，成为五霸的第二位。

今天河南省荥阳县西北还有一个践土台，就是当年践土会盟的遗址。盟是会意字，其字形下面是个盘盂，上面是个"明"字，表示在神前发誓，明志结盟的意思。古人是歃血为盟，歃血是在盟会时，喝一点牲血，或含一点在口里，表示诚意。以后发展成在嘴唇涂上牲畜的血。

### 故事厅

#### 单刀赴会

关羽为了荆州之事只身过江，与鲁肃会面。酒过三巡，菜过五味，鲁肃迫不及待地直奔主题，索还荆州。关公开始时以饮酒莫谈国事为由将话题岔开，哪料鲁肃步步紧逼；关公仍以刘备继承汉室土地为由，且使刀铃铮铮直响。周仓插话："天下土地，惟有德者居之，岂独是汝东吴当有耶？"抵赖之言，毫不掩饰。关羽于是变色而起，从周仓手中夺过大刀，假装怒斥道："这是国家大事，休得多嘴，快快给我退出！"明斥周仓，实在鲁肃！接着，关公推醉，右手提刀，左手挽住鲁肃手，亲热之中又带有几分杀气："今天饮酒，我已经醉了，莫要再提荆州之事，担心我这刀伤了故旧之情。改日我再请到荆州赴会，再作商议。"鲁肃被他一提，挣脱不得，早已吓得魂不附体，暗藏的刀斧手也只好望洋兴叹。到了船边，关公才放了鲁肃，拱手道谢而别。鲁肃半晌才缓过气来。

#### 勾践灭吴

公元前496年，吴王阖闾攻越兵败而亡，死前嘱其子夫差复仇。夫差练兵三年，于公元前494年大败越兵，越国几乎到了亡国的地步。越王勾践在与吴王夫差的战争中被击败后，以各种屈辱的条件向吴国求和。夫差没有听从伍子胥的忠告，却听信了被越国贿赂的太宰嚭的谗言，准许了越国的求和，使勾践获得了喘息的机会。勾践卧薪尝胆，励精图治，外示弱求和于吴，内取十年生聚、富国强兵之策。他还利用夫差的弱点，献出西施。勾践卧薪尝胆。西施忍辱负重，以身报国。在经过了"十年生聚，十年教训"的长期准备之后，勾践率领军队进攻吴国，吴国因此而亡。

##  知识角

### 关于"践土"

践土,古地名,在当时衡雍附近,今河南省原阳县西。城濮之战后,晋文公大会诸侯于践土,是谓"践土会盟"。《左传·僖公二十八年》:"甲午,至于衡雍,作王宫于践土。"杜预注:"衡雍,郑地。"杨伯峻注:"其地当今河南省原阳县西,践土东北。"

### 晋文公

晋文公(前671或前697—前628年),姬姓,名重耳,是春秋时期晋国的第二十二任君主,公元前636—前628年在位。

晋文公初为公子,谦虚而好学,善于结交有才能的人。骊姬之乱时被迫流亡在外19年,公元前636年春在秦穆公的支持下回晋杀晋怀公而立。晋文公在位期间任用狐偃、先轸、赵衰、贾佗、魏犨等人实行通商宽农、明贤良、赏功劳等政策,始作三军六卿,使晋国国力大增。对外联合秦国和齐国伐曹攻卫、救宋服郑,平定周室子弟之乱,受到周天子赏赐。公元前632年于城濮大败楚军,并召集齐、宋等国于践土会盟,成为春秋五霸中第二位霸主,与齐桓公并称"齐桓晋文",开创了晋国长达百年的霸业。

### 猜谜语

一脚走进浅水中。
（打一字）

地上有,天上无;
去者有,来者无;
墙上有,房上无。
（打一字）

##  成语窗

**牛羊勿践**
勿使牛羊践踏。比喻爱护。

**躬行实践**
亲身实行或体验。

**食毛践土**
毛:指地面所生之谷物。践:踩。原意是吃的食物和居住的土地都是国君所有。封建官吏用以表示感戴君主的恩德。

**水来土掩**
大水来了,用土堵住。比喻敌人来犯,便引兵抵抗。

**会逢其适**
原指恰巧走到那儿了。转指正巧碰上了那件事。

**心领意会**
对方没有明说,心里已经领会。

**海誓山盟**
指着山和海盟誓,表示盟约和誓言像山和海那样永恒不变。也指男女相爱时立下的誓言,表示爱情要像山和海一样永恒。

**歃血为盟**
歃血:古代会盟,把牲畜的血涂在嘴唇上,表示诚意。泛指发誓订盟。

## 何遵约法

hé

| 甲骨文 | 金文 | 篆文 | 隶书 | 楷书 | 行书 | 草书 | 标准宋体 |
|---|---|---|---|---|---|---|---|
| 🀆 | 苟 | 阿 | 钌 | 何 | 何 | 与 | 何 |

### 解字堂

何，甲骨文=亻（伸手的人）+戈（戈戟），表示士卒肩扛戈戟。有的甲骨文在人形顶端加"口"。金文将甲骨文字形中的"口"与"戈"构成的合写成"可"，并使"可"成为"何"字形旁兼声旁的字件。至此"何"的"戈"形消失。篆文承续金文字形。隶定后楷书写作"何"。

"何"的本义是负荷。如《诗·小雅·无羊》："何蓑何笠。"后假作疑问代词"何"，使用频率高，遂借"荷"表示本义，以"荷"专表假借义。

"何"作疑问代词。第一，可以表示什么，如何人、何事、何意。第二，可以表示怎么样，如《论语·子罕》："天之未丧斯文也，匡人其如予何？"第三，表示为什么，如唐代王之涣《凉州词》有"羌笛何须怨杨柳"诗句。第四，还可以表示哪里，如唐代贺知章《回乡偶书》，有名句"儿童相见不相识，笑问客从何处来"。第五，表示反向，如《后汉书·列女传》："何异断斯织。"

此外，"何"可以用作副词，表示多么，如何其壮哉。又如李白《古风》说："秦王扫六合，虎视何雄哉！"

最后，"何"还是百家姓之一。

### 名言馆

饥来驱我去，不知竟何之。
· （晋）陶渊明《乞食》

东皋薄暮望，徙倚欲何依。
· （唐）王绩《野望》

不知明镜里，何处得秋霜。
· （唐）李白《秋浦歌》

谜语答案　践　土

何遵约法

zūn

遵

| 甲骨文 | 金文 | 篆文 | 隶书 | 楷书 | 行书 | 草书 | 标准宋体 |
|---|---|---|---|---|---|---|---|
|  |  | 遵 | 遵 | 遵 | 遵 | 遵 | 遵 |

## 名言馆

女执懿筐，遵彼微行。
　　　　——《诗·豳风·七月》

不遵典宪。
　　　　——《后汉书·张衡传》

遵四时以叹逝，瞻万物而思纷。
　　　　——（晋）陆机《文赋》

## 解字堂

尊，既是声旁也是形旁，表示崇敬。遵，篆文=辵（辵，行进）+尊（尊，崇敬），造字本义是指崇敬地奉命而行。隶书遵将篆文字形中的"辵"写成辶。

"遵"本义为顺着、沿着。《说文解字》曰："遵，循也。"陆机《文赋》也有："遵四时以叹逝，瞻万物而思纷。""遵"的这一介词用法直至今天也偶有保留，如郁达夫《皋亭山》说："上半山进香或试春游的人，可以从万安桥头下船，一直的遵水路向东北摇去。"

"遵"也用作动词，表示遵循、依照。唐代韩愈《顺宗实录一》说："今遵遗诏行易月之制，请制内遇祭辍乐，终制用乐。"又如《明史》也有："欲遵太祖法。"

比外，"遵"还可以表示英才俊杰。《仪礼·乡饮酒礼》曰："遵者降席，席东南面。"《方言》解释"遵，俊也"。戴震疏证引《说文解字》"俊，材千人也"及《广韵》"智过千人曰俊"。"遵"也通"尊"。如遵崇、遵敬，等同于尊崇、尊敬。

何遵约法

yuē

约

| 甲骨文 | 金文 | 篆文 | 隶书 | 楷书 | 行书 | 草书 | 标准宋体 |
|---|---|---|---|---|---|---|---|
| | | 約 | 約 | 約 | 約 | 幻 | 约 |

## 解字堂

"約"是形声字。从糸，从勺，勺亦声。"糸"表示缠束、绑定。"勺"意为专取一物、专注于一点。"糸"与"勺"联合起来表示专门对一件物品进行绑定。造字本义是专物专绑。引申义为专门就一件事给出不可改变的承诺。隶定后楷书写作"約"。简化后写作"约"。

"约"可以指拘束、限制，比如约束、特约。中国古时候封建阶级宣扬天子"受命于天"，是上天委任于人间的代理人，一切人都应受天命约束。

"约"还可以指事先说定，例如约见、约会、约定。进而指共同议定的要遵守的条款，比如《联合国海洋法公约》，对当前全球各处的领海主权争端、海上天然资源管理、污染处理等具有重要的指导和裁决作用。

"约"也可以表示简要、简单的意思，比如简约。简约主义是现在的一种设计风格，源于20世纪初期的西方现代主义。欧洲现代主义建筑大师密斯·凡·德罗的名言"Less is more"被认为是代表着简约主义的核心思想。简约主义风格的特色是将设计的元素、色彩、照明、原材料简化到最少的程度，但对色彩、材料的质感要求很高。因此，简约的空间设计通常非常含蓄，往往能达到以少胜多、以简胜繁的效果。

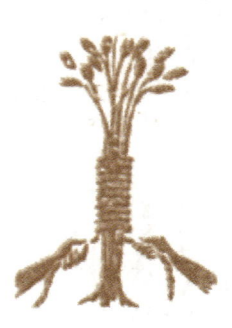

## 名言馆

名无固宜，约之以命，约定俗成谓之宜，异于约则谓之不宜。

·《荀子·正名》

---

负约不偿城。

·《史记·廉颇蔺相如列传》

---

约与食客门下有勇力文武备具者二十人偕。

·《史记·平原君虞卿列传》

何遵约法

fǎ

## 法

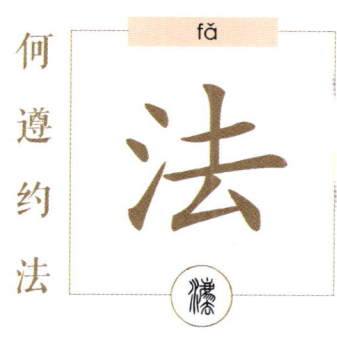

| 甲骨文 | 金文 | 篆文 | 隶书 | 楷书 | 行书 | 草书 | 标准宋body |
|---|---|---|---|---|---|---|---|

### 名言馆

为宫室若此，故左右皆法象之。
·《墨子·辞过》

故治国无法则乱，守法而弗度则悖。
·《吕氏春秋·察今》

礼者禁于将然之前，而法者禁于已然之后。
·《大戴礼记·礼察》

### 解字堂

"法"又写作"灋"。灋，金文＝（去，离开住地，代表为生存所进行的各种生产、社会活动）+（水，柔软、流动，无所抗拒又无坚不克的物质）+（廌，轻盈灵巧的动物），表示古代参天察地的高人在野外活动时，从流水顺应自然的特性、麋鹿等动物的灵巧自由中，领悟到符合自然规律的生存之道。有的金文调整结构，突出了代表自然的"水"和"廌"。篆文基本承续金文字形，只是将左右结构调整成上下结构。篆文异体字简化结构，省去"鹿"。隶书将篆文的写成。

"法"是体现统治阶级的意志，由国家制定或认可，用国家强制力保证执行的行为规则的总称，包括法律、法令、条例、命令、决定等，如法典、法官。"法"可以指处理事物的手段，例如办法、写法。"法"也可以用来表示可仿效的标准规范，比如法式、法帖。"法"也可以表示仿效、效法，如师法、法其遗志。"法"也可以指佛教的道理，如佛法、现身说法。"法"还可以表示法术，如作法、斗法。

"法"还可以指法国，它的全称是法兰西共和国，是一个本土位于西欧的半总统共和制国家，海外领土包括南美和南太平洋的一些地区。

## 温故知新

 **四字通解**

何遵约法，意思是萧何遵循简约的原则，制定了汉律九章。萧何是汉初三杰之一，是中国古代杰出的政治家和治国良相，曾与张良、韩信、陈平等人一起辅佐刘邦建立了汉朝。他原是沛县丰邑人，《史记·萧相国世家》和《汉书·萧何传》都记述有他的事迹。公元前207年，刘邦进兵武关，赵高杀了秦二世，派人来接洽投降，条件是要封他为关中王。刘邦没有答应，赵高不久被秦王子婴杀死了。接着，刘邦进军咸阳，秦王子婴见大势已去，就乘了素车白马，带着玉玺亲自向刘邦投降。刘邦一进阿房宫就不想再出来了，樊哙、张良再三劝说，刘邦才答应回兵。《史记·高祖本纪》记载，刘邦召诸县父老豪杰曰："父老苦秦苛法久矣，诽谤者族，偶语者弃市。吾与诸约，先入关者王之，吾当王关中。与父老约法三章耳：杀人者死，伤人及盗抵罪。"刘邦只与关中父老约法三章，其余秦朝的法律一概废除，受到百姓的热烈欢迎。汉朝建立以后，萧何负责制定法律。《汉书·刑法志》说他收拾秦法，"取其宜于时者，作律九章"。可见汉律乃承秦律，秦律又是商鞅根据《法经》化法为律以后，逐渐发展而成的。汉朝初兴之时，本应一切从简，所以立法三章。"其后四夷未附，兵革未息，三章之法不足以御奸，于是相国萧何捃摭秦法，取其宜于时者，作律九章。"

 **故事厅**

### 玄奘法师

玄奘法师是中国历史上为人称颂的人物。他不仅在佛教学界负有崇高声望，还是中国古代的优秀翻译家。

玄奘法师生在隋代。他是个求知欲极盛的人，他精通佛教经典，在四川已不能满足他的求知欲，因而又想东归访求高人，不料哥哥坚决拦阻，不肯放行。他不得已，只好私自和商人结伴乘船东下，路过荆州天皇寺，讲学半年；再向北走到相州（汤阴县），向休法师质疑问难；到赵州，跟深法师学《成实论》（佛教小乘"经部"的要典）。然后才入长安大觉寺，跟岳法师学《俱舍论》（小乘"一切有部"的要典）。

玄奘法师629年从长安西游，历尽千辛万苦，到达印度，645年回到长安，带回经书657部，十年间与弟子共译出75部1335卷，还著有《大唐西域记》十二卷，记述他西游亲身经历的110个国家及传闻的28个国家的山川、地邑、物产、习俗等。

因而，玄奘不仅是中国历史上最富于冒险的、勇于克服困难的、在沟通中印文化上最有贡献的一个人，还是汉传佛教史上最伟大的译经师之一及中国佛教法相唯识宗的创始人。

### 猜谜语

奔流到海不复回。
（打一字）

夫唱妇随。
（打一外币名）

赏罚严明。
（打一三国人名）

何遵约法

 **知识角**

### 关于萧何

萧何（前257—前193），汉族，沛丰人，早年任秦沛县狱吏，秦末辅佐刘邦起义。攻克咸阳后，他接收了秦丞相、御史府所藏的律令、图书，掌握了全国的山川险要、郡县户口，对日后制定政策和取得楚汉战争胜利起了重要作用。楚汉战争时，他留守关中，使关中成为汉军的巩固后方，不断地输送士卒粮饷支援作战，对刘邦战胜项羽，建立汉代起了重要作用。萧何采摭秦六法，重新制定律令制度，作为《九章律》。在法律思想上，主张无为，喜好黄老之术。汉十一年（前196）又协助刘邦消灭韩信、英布等异姓诸侯王。刘邦死后，他辅佐汉惠帝。惠帝二年（前193）七月辛未去世，谥号"文终侯"。

### 约法三章

公元前207年，刘邦领兵抢先由中原进入秦川到达秦朝国都咸阳，秦王子婴出城献国玺投降，秦朝正式灭亡。刘邦入城后，秋毫无犯，将秦朝的宫廷重地，以及财宝物资府库予以保护或封存，将十万大军撤驻城外霸上。又召集三秦之地各县有德望和名声的耆老豪杰说："父老乡亲们遭受秦朝暴政苛法的苦害已经很久了，说一句对朝廷不满的话就被诛灭三族，聚众谈论就被斩头弃市，我曾与各路义军首领有约，首先入关进咸阳者就在当地为王。现在我自然应该称王关中之地。我与诸位父老订立简明扼要的法规：杀人者要偿命斩首，伤害人或盗窃者论罪惩办。除此之外，秦朝的繁律苛法全部废除。各级官吏都各自按原任职务坚守岗位，执行公务。"接着，刘邦派人和秦朝旧吏们到县乡村镇张贴告示，使约法三章家喻户晓。当地民众很欢喜，唯恐刘邦不在三秦大地为王。

 **成语窗**

### 今夕何夕
今夜是何夜？多用作赞叹语，指此是良辰。

### 何足为奇
表示不值得奇怪。

### 遵而勿失
遵照先人的典章制度而不违失。

### 遵厌兆祥
遵循预兆行事。

### 约定俗成
事物的名称或社会习惯往往是由人民群众经过长期社会实践而确定或形成的。

### 背盟败约
背：违背。盟、约：誓约。败：败坏。指撕毁。背叛誓言，撕毁盟约。

### 如法炮制
炮制：用烘、炒等方法将药材制成药物。本指按照一定的方法制作中药。现比喻照着现成的样子做。

### 法外施恩
施：施行，给予。超越法律而给予恩惠。指宽大处理，免施刑罚。

## 韩弊烦刑

| 甲骨文 | 金文 | 篆文 | 隶书 | 楷书 | 行书 | 草书 | 标准宋体 |
|---|---|---|---|---|---|---|---|
|  |  | 韓 | 韓 | 韓 | 韓 | 韩 | 韩 |

### 解字堂

"韓"是形声字。从韋，倝声。从"韋"，取围绕、周匝之义。简化后写作"韩"。

"韩"的造字本义是井上木栏。《说文解字》："韩，井垣也。"

"韩"是中国周朝时的一个诸侯国——韩国，在今陕西省韩城县。为战国七雄之一，后为秦所灭。而在国外，"韩国"曾经是1897—1910年朝鲜的国名，1910年被日本吞并。第二次世界大战后，朝鲜南半部称"大韩民国"，简称"韩国"。

"韩"还是一个姓氏。如韩彭，即韩信、彭越，都是秦末汉初人，刘邦手下主要将领。韩岳，南宋名将韩世忠和岳飞的并称。再如韩非，战国末年的哲学家和政治家。出身于韩国贵族，师于荀况，著有《孤愤》《五蠹》《说难》等，深受秦王政的重视，并出使秦国，后被李斯等陷害，死于狱中。他吸取当时道、儒、墨各家有利于新兴地主阶级利益的思想，发展了前期法家思想，集法家学说的大成，也称为"韩非子"。韩愈，唐代文学家，河阳（今河南孟州）人。贞元年间进士，曾任监察御史、国子博士、刑部侍郎等职。在文学上反对骈偶文风，提倡散体。继承先秦、两汉古文的优良传统，并在此基础上加以发展和创新，是古文运动倡导者之一。在思想上维护儒家的传统思想，强调尧舜至孔孟的一脉相传的道统。

### 名言馆

淮阴市井笑韩信，汉朝公卿忌贾生。
· （唐）李白《行路难》

似闻昨者赤松子，恐是汉代韩张良。
· （唐）杜甫《寄韩谏议》

贾氏窥帘韩掾少，宓妃留枕魏王才。
· （唐）李商隐《无题》

谜语答案　法　法郎　法正

韩弊烦刑

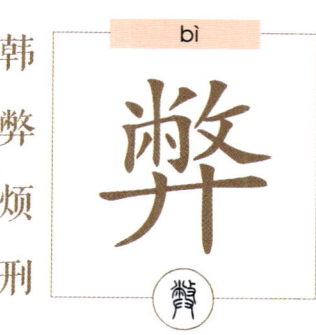

| 甲骨文 | 金文 | 篆文 | 隶书 | 楷书 | 行书 | 草书 | 标准宋体 |
|---|---|---|---|---|---|---|---|
| | | | 弊 | 弊 | 弊 | 弊 | 弊 |

## 名言馆

舌弊口，犹将无益也。
· 《荀子·正论》

见知不悖于前，赏罚不弊于后。
· 《韩非子·难一》

## 解字堂

《说文解字》无"弊"字，或以为"獘"即"弊"，在犬部。

"弊"作名词，有"弊病，弊害"的意思，如"举先王之政，以兴利除弊"（宋王安石《答司马谏议书》）；又如切中时弊、弊绝风清（形容社会风气特别好，贪污舞弊等坏事完全灭绝）。弊，还有欺诈的行为的意思，如作弊、营私舞弊、弊幸（舞弊，侥幸而进；阴谋）。

"弊"作形容词时，有"坏，低劣"的意思，如"变更天下之弊法"（宋王安石《上皇帝万言书》）；又如弊事（恶事）、弊人（卑鄙的人）。它还有"衰落，疲惫"的意思，如"今天下三分，益州疲弊"（诸葛亮《出师表》）、弊世（衰世）、弊民（疲惫之民）等。

"弊"在古文中有"判决，决定"的意思，如"弊御于诸侯"（《史记·范蔡传》）等。它常常也作为通假字，通"蔽"，表示遮盖、遮挡，如"八曰官计以弊邦治"（《周礼·大宰》）等。"弊"匕同"毙"，是"倒毙，死亡"的意思，如"以弊于鄢"（《国语·楚语》）等。

韩弊烦刑

fán

| 甲骨文 | 金文 | 篆文 | 隶书 | 楷书 | 行书 | 草书 | 标准宋体 |
|---|---|---|---|---|---|---|---|
|  |  | 煩 | 煩 | 煩 | 煩 | 烦 | 烦 |

### 解字堂

"烦"是会意字。从页，从火。火，既是声旁也是形旁，表示烧烤。烦，篆文煩=火（火，烧烤）+頁（页，头），比喻思虑过度，头脑发热如火烧。造字本义是因思想负担而焦躁不安。隶书煩将篆文的頁写成頁。隶定后楷书写作"煩"。简化后写作"烦"。

"烦"的本义是头痛发烧烦躁，烦闷。《说文解字》："烦，热头痛也。"引申为烦躁、烦闷，如《素问·生气通天论》里有"烦则喘喝"。"烦"还有"愁苦"的意思，如"阿兄得闻之，怅然心中烦"（《古诗为焦仲卿妻作》）。

"烦"在古文里还表示烦琐、繁多。例如："小人不避其禁，故刑烦"（《商君书·算地》）、"法省则不烦"（《淮南子·主术》）、"世浊则礼烦"（《吕氏春秋·音初》）等。

今天"烦"大多表示与心情有关，如：心烦（心里烦躁）、烦积（烦闷积郁）、烦困（烦躁疲劳）、烦怨（烦恼怨恨）等。

### 名言馆

数则烦，烦则不敬。
· 《礼记·祭义》

不可以烦大臣。
· 《战国策·秦策》

阿兄得闻之，怅然心中烦。
· 汉乐府《古诗为焦仲卿妻作》

# 刑 xíng

| 甲骨文 | 金文 | 篆文 | 隶书 | 楷书 | 行书 | 草书 | 标准宋体 |
|---|---|---|---|---|---|---|---|
| 井彡 | 邢 | 刑 | 刑 | 刑 | 刑 | 刑 | 刑 |

## 名言馆

杀戮之谓刑。
·《韩非子·二柄》

刑人如恐不胜。
·《史记·项羽本纪》

刑马作誓。
·（南朝）丘迟《与陈伯之书》

## 解字堂

刑，金文 = 井（"井"中加一点，表示套在头上的木枷）+ 彡（刀，刑具），表示用刀砍杀披枷戴锁的罪人。有的金文省去"井"中的点。篆文误将金文的"井"写成"开"。

"刑"可以指对犯人的体罚，比如动刑、受刑。又如《书·康诰》："无或刑人杀人。"

"刑"指针对犯罪的处罚，即刑罚。如《左传·隐公十一年》："许无刑而伐之。"又如"提刑官"，即提点刑狱公事，是中国宋代特有的一种官职名称，相当于现在的法医。著名的提刑官有宋慈，宋代人，是我国古代杰出的法医学家，被称为"法医学之父"。宋慈曾任广东、湖南等地提刑官，办案特别注意实地检验。1247年著有《洗冤集录》五卷，是我国第一部系统的法医学专著，也是世界最早的法医学专著，广传国内外，对于医学的发展有重大贡献。

"刑"也可以指姓氏，是我国一个人口不多的姓氏，它的来源有两个：其一源于姬姓，出自西周初期周公后裔刑官之后代，属于以官职称谓为氏；其二源于匈奴，出自汉朝匈奴贵族郝宿王刑未央，其后代进入中原以后，以先祖名字汉化为氏。

## 温故知新

### 四字通解

韩弊烦刑，意思是韩非死在了自己制定的烦苛的刑法之下。韩非是战国时期法家的代表人物，刑名学派的大家，本是韩国的贵族子弟，有口吃的毛病，不善于讲话，却擅长于著书立说。他认为文人用文字钻国家法律的空子，游侠靠武艺违犯国家禁令。国家太平时，君主宠信那些徒有虚名的文人，形势危急时，又使用那些披甲戴盔的武士。现在国家养的人并不是所需要的，而要用的人又不养，所以写下《孤愤》《五蠹》《内外储》《说林》《说难》等十余万字的著作。他的著作传到了秦国，秦始皇一见如获至宝，立即攻打韩国，为的就是要韩非。

韩非一到秦国，秦始皇即与他日夜长谈，非常喜欢他。秦朝制定和实施的各项政策，在很大程度上是根据韩非子的理论制定的。还没等始皇重用韩非，就因李斯、姚贾等人嫉妒而毁谤韩非，而下令有司给韩非定罪。李斯乘机给韩非送去了毒药，叫他自杀。韩非想要当面向秦王述说是非，又见不到。韩非悲愤交加，在狱中服毒自尽。秦王下令后即悔，马上派人去赦免他，可惜韩非已经死了。

韩非最终死在自己制定的烦苛的刑法之下，所以称为"韩弊烦刑"。

### 故事厅

#### 刑天舞戚

刑天是《山海经》里提到的一位无头巨人，原是炎帝的手下。自炎帝被黄帝在阪泉之战打败之后，刑天便跟随在炎帝身边，定居在南方。当时，蚩尤起兵复仇，却被黄帝铲平，因而身首异处，刑天一怒之下便手拿着利斧，杀到天庭中央的南天门外，指名要与黄帝单挑独斗。最后刑天不敌，被黄帝斩去头颅。然而没了头的刑天并没有因此死去，而是重新站了起来，并把胸前的两个乳头当作眼睛，把肚脐当作嘴巴；左手握盾，右手拿斧。因为没了头颅，所以他只能与看不见的敌人厮杀。陶渊明的《读山海经》中有："精卫衔微木，将以填沧海。刑天舞干戚，猛志固常在。"旨在赞颂刑天的精神。

#### 韩非的思想

韩非虽死，但他的思想却在秦始皇、李斯手上得到了实施。韩非著作吸收了儒、墨、道诸家的一些观点，以法治思想为中心。他总结了前期法家的经验，形成了以法为中心的法、术、势相结合的政治思想体系，被称为法家之集大成者。

韩非着重总结了商鞅、申不害和慎到的思想，把商鞅的法、申不害的术和慎到的势融为一本。他指出，申商学说的最大缺点是没有把法与术结合起来，其次在于"未尽"。他认为，国家图治，就要求君主要善用权术，同时臣下必须遵法。他认为，国君对臣下不能太信任，还要"审合刑名"。在法的方面，韩非特别强调了"以刑止刑"思想，强调"严刑""重罚"。

尤可称道的是，韩非第一次明确提出了"法不阿贵"的思想，主张"刑过不避大臣，赏善不遗匹夫"。

##  知识角

### 关于"韩信"

韩信（约前231—前196），汉族，淮阴（今江苏省淮阴区）人，西汉开国功臣，中国历史上杰出的军事家，与萧何、张良并列为"汉初三杰"。他是中国军事思想"谋战"派代表人物，被萧何誉为"国士无双"，刘邦评价曰："战必胜，攻必取，吾不如韩信。"他被后人奉为"兵仙""战神"。"王侯将相"韩信一人全任。"功高无二，略不世出"是楚汉之时人们对其的评价。作为统帅，他率军出陈仓、定三秦、擒魏、破代、灭赵、降燕、伐齐，直至垓下全歼楚军，无一败绩，天下莫敢与之相争。作为军事理论家，他与张良整兵书，并著有兵法三篇。

### 关于"韩愈"

韩愈（768—824），字退之，河南河阳（今河南省孟州市）人，自称"郡望昌黎"，世称"韩昌黎""昌黎先生"。唐代杰出的文学家、思想家、哲学家、政治家。

韩愈是唐代古文运动的倡导者，被后人尊为"唐宋八大家"之首，与柳宗元并称"韩柳"，有"文章巨公"和"百代文宗"之名。后人将其与柳宗元、欧阳修和苏轼合称"千古文章四大家"。在旧《广东通志》中被称为"广东古八贤"之一。他提出的"文道合一""气盛言宜""务去陈言""文从字顺"等散文的写作理论，对后人很有指导意义。著有《韩昌黎集》四十卷，《外集》十卷，《师说》等。

##  成语窗

**苏海韩潮**
唐朝韩愈和宋朝苏轼的文章气势磅礴，如海如潮。

**韩卢逐逡**
比喻争强斗胜，两败俱伤。

**敝帚千金**
对自家的破旧扫帚，也看成价值千金。比喻对己物的珍视。

**弊多利少**
弊端超过有利。

**不厌其烦**
不嫌烦琐与麻烦，形容耐心。

**妙语解烦**
有趣的话引人发笑。

**严刑峻法**
峻：严酷。比喻严厉的刑罚和严峻的法令。

**明正典刑**
明：表明。正：治罪。典刑：法律。比喻依照法律处以刑法。

### 猜谜语

突破包围朝前进。
（打一字）

诗书万卷化秦灰。
（打一字）

用刀才能剖开。
（打一字）

起 翦 颇 牧

| 甲骨文 | 金文 | 篆文 | 隶书 | 楷书 | 行书 | 草书 | 标准宋体 |
|---|---|---|---|---|---|---|---|
| | | | | | | | 起 |

## 解字堂

巳，既是声旁也是形旁，表示婴孩。起，金文=（走）+（巳，幼儿），表示幼儿学习行走，由爬到站立的过程。籀文、篆文承续金文字形。隶定后楷书写作"起"。

"起"本义指由躺而坐，或由坐而立。《说文解字》曰："起，能立也。"如起床、起立、起居。

"起"还表示离开原来的位置，比如起程、起跑。而在"起讫""起始"等词语中，"起"则指开始的意思。"起"还表示由下向上，由小往大里涨，比如起伏、起劲、起色。"起"还有拔出、取出的意思，比如起锚、起货。"起"在"起风""起义"等词语中则表示发生、发动、兴起。而在"起痱子"等用法中，"起"则是长出的意思。"起"还可以表示拟定，如起草、起稿子。

"起"还可以作量词，指件、次，如一起案件；又指群、批，如外面进来一起人。

"起"用在动词后面，则表示动作的趋向，如"想起"；表示事物随动作出现并持续，如"唱起歌来"。

## 名言馆

王起师于滑。
·《左传·昭公二十六年》

并起而亡秦族。
·（汉）贾谊《过秦论上》

自董卓以来，豪杰并起，跨州连郡者，不可胜数。
·《三国志·蜀书·诸葛亮传》

谜语答案　韩　烦　刑

起翦颇牧

| 甲骨文 | 金文 | 篆文 | 隶书 | 楷书 | 行书 | 草书 | 标准宋体 |
|---|---|---|---|---|---|---|---|
|  |  | 翦 | 翦 | 翦 | 翦 | 翦 | 翦 |

## 名言馆

初弄藕丝牵欲断，又惊机素翦仍残。
· （唐）鲍溶《始见二毛》

羽毛如翦色如染，远飞欲下双翅敛。
· （唐）张籍《朱鹭》

蓱华浓，山翠浅。一寸秋波如翦。
· （宋）晏殊《更漏子》

## 解字堂

"翦"是形声字。从羽，前声。《说文解字》曰："翦，羽生也。"

"翦"可以表示割断，如《诗·召南·甘棠》："蔽芾甘棠，勿翦勿伐，召伯所茇。"

"翦"还表示铲除、剔除，如《礼记·文王世子》中就有"不翦其类也"的句子。而在"翦草除根""翦灭""翦除"等词语中，"翦"也是杀戮、铲除的意思。

"翦"还表示消灭、削弱，在《诗·鲁颂·閟宫》中就有写道："实始翦商。"

"翦"还表示铰。如杜甫《戏题画山水图歌》："焉得并州快翦刀，翦取吴松半江水。"此义后也写作"剪"。

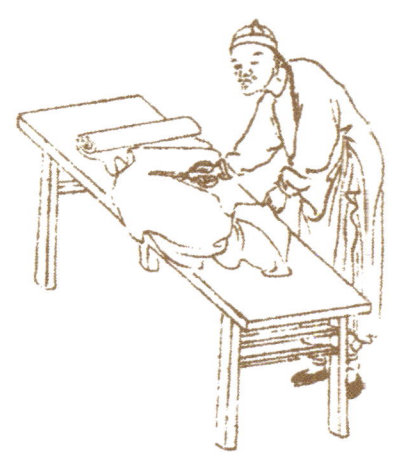

起翦颇牧

pō

| 甲骨文 | 金文 | 篆文 | 隶书 | 楷书 | 行书 | 草书 | 标准宋体 |
|---|---|---|---|---|---|---|---|
|  |  | 颇 | 頗 | 頗 | 頗 | 颇 | 颇 |

## 解字堂

皮，既是声旁也是形旁，表示远古极刑，活剥人的体表。颇，篆文颇=皮（皮，活剥人的体表）+页（页，头），表示剥头皮。隶化后楷书頗将篆文的皮写成皮，将篆文的页写成页。隶定后楷书写作"頗"。简化后写作"颇"。

"颇"本义指头偏着。《说文解字》曰："颇，头偏也。"

"颇"还有倾斜、不公正的意思。如偏颇、颇覆、颇侧。《荀子·臣道》亦有曰："朝廷不颇。"意思是说，朝廷应该公正、不偏颇地对待众臣。

另外，"颇"还有略微、稍微的意思。在《史记》中，当司马迁写到贾谊时说："颇通诸子百家之书。"而著名的徐霞客在他的《徐霞客游记》当中也有"山界颇开"的描写。"颇"还表示很、相当地。在"颇久""颇以为然"等词语中，"颇"就是"很"的意思。

"颇"还是中国姓氏之一。

古籍中有时将"颇"假借为近音的"叵"，表示"不可"。

## 名言馆

中岁颇好道，晚家南山陲。
· （唐）王维《终南别业》

然小孤之旁，颇有沙洲葭苇。
· （宋）陆游《过小孤山大孤山》

初至北营，抗辞慷慨，上下颇惊动，北亦未敢遽轻吾国。
· （宋）文天祥《〈指南录〉后序》

起翦颇牧

| 甲骨文 | 金文 | 篆文 | 隶书 | 楷书 | 行书 | 草书 | 标准宋体 |
|---|---|---|---|---|---|---|---|
| ꞌꞌ | ꞌꞌ | 牧 | 牧 | 牧 | 牧 | 牧 | 牧 |

## 名言馆

掌牧六牲。
·《周礼·牧人》

周宣王之牧正。
·《列子·黄帝》

谁人得似牧童心，牛上横眠秋听深。
·（唐）卢肇《牧童》

## 解字堂

牧，甲骨文像手持荆条鞭赶牛群。造字本义是放养牛群。金文基本承续甲骨文字形，调整了结构顺序。篆文承续金文字形。隶书将篆文的"牛"写成牛，牛角形象消失。放牛为"牧"；放羊为"养"。

"牧"本义指放牧牲畜。《周礼·牧人》曰："掌牧六牲。"《汉书·李广苏建传》也说："使牧羝。"牧还可以做名词，表示牧人、牧民。《说文解字》说："牧，养牛人也。"《左传·昭公七年》也有："马有圉，牛有牧。"宋代有一种掌管牧马之事的官员，叫牧马监，而掌管牧马的场所部门，叫牧马所。大概相当于我们熟悉的《西游记》中天庭弼马温职位。

"牧"还表示统治、主管。《荀子·成相》说："请牧基贤者思。"此外，管理民政的地方官也叫牧司。牧之一职，起源极早。传说舜时置天下为十二州，设立州牧，一称州伯，牧在这里是管理的意思，也就是各个州的行政长官。夏代天下为九州，也有州牧，职能同舜时。到了商周两代，牧还是地方长官。应该说明的是，这时的牧并不仅于地方，《礼记·曲礼下》记载："九州之长，入天子之国，曰牧。"也就是通常所说的八命之类的人物，出于地方，入朝辅佐天子，负责监察、监督诸侯。

## 温故知新

###  四字通解

起翦颇牧，是指战国四大名将：白起、王翦、廉颇、李牧。

白起（？—前257），嬴姓白氏，名起，其先祖为秦国公族，故《战国策》中又称公孙起。郿（今陕西省眉县常兴镇）人，战国时期秦国名将。白起号称"人屠"，战国时期秦国名将。中国历史上自孙武、吴起之后又一个杰出的军事家、统帅。

王翦，战国时期秦国名将，关中频阳东乡（今陕西富平东北）人，秦国杰出的军事家，主要战绩有破赵国都城邯郸，消灭燕、赵；以秦国绝大部分兵力消灭楚国。与其子王贲一并成为秦始皇兼灭六国的最大功臣。王翦是琅琊王氏和太原王氏的始祖。

廉颇，生卒年不详，嬴姓廉氏，名颇，山西太原（一说山西运城、山东德州）人。廉颇因为勇猛果敢而闻名于诸侯各国。公元前251年，他战胜燕军，任以为相国，封为信平君。至赵悼襄王时，由于不得志，他先后投奔魏国大梁和楚国，奔魏居大梁，后老死于楚，葬于寿春。

李牧（？—前229），嬴姓，李氏，名牧，柏仁（今河北隆尧）人，战国时期的赵国军事家。其生平事迹大致可划分为两个阶段，先是在赵国北部边境，抗击匈奴；后以抵御秦国为主，因在宜安之战重创秦军，得到武安君的封号。公元前229年，赵王迁中了秦国的离间计，听信谗言夺取了李牧的兵权，不久后将李牧杀害。

###  故事厅

#### 苏武牧羊

苏武（前140—前60），西汉大臣。字子卿，汉族，杜陵（今陕西西安东南）人。武帝时为郎。天汉元年（前100）奉命以中郎将持节出使匈奴，被扣留。匈奴贵族多次威胁利诱，欲使其投降；后将他迁到北海（今贝加尔湖）边牧羊，扬言要公羊生子方可释放他回国。苏武历尽艰辛，留居匈奴十九年持节不屈。至始元六年（前81），方获释回汉。苏武死后，汉宣帝将其列为麒麟阁十一功臣之一，彰显其节操。

#### 王翦的故事

秦王政二十三年（前224），王翦领兵伐楚，楚军听说王翦集六十万大军前来，也尽发国中兵力以抗秦。王翦大军抵达楚国国境之后整整一年坚壁不出，六十万士兵都囤积起来休养生息，坚壁而守，不肯出战。楚军屡次挑战，秦军始终不出。王翦每日要求士兵休息洗沐，安排美好饭食安抚他们，同时与士卒同饭同食，意在养精蓄锐，消耗敌军，以待最后殊死一战。不久，王翦打听士兵以什么来娱乐，有人回答说："投掷石头，跳远比赛。"于是王翦发令出兵。楚军数次挑战而秦军不出，楚军引兵向东，王翦趁此遣兵出击，大破楚军，追至蕲南（今安徽宿州东南），斩杀将军项燕（一说项燕自杀），楚兵败逃。秦借胜势，一年就平定了楚国城邑，俘虏楚王负刍，楚地终成秦的一个郡县。王翦于是又率兵南征百越，取得胜利。其因功著而晋封武成侯。

##  知识角

### 白起渠

公元前279年，白起率兵进逼鄢城，久攻不下之时，于距鄢城百里之遥的武安镇蛮河上垒石筑坝，开沟挖渠，以水代兵，引水破鄢。战后，周围农民用此渠灌田，"战渠"自此变为灌渠。在后来的一千多年，几经兴废。民国28年（1939），国民党三十三集团军总司令张自忠将军驻防宜城县，电请湖北省政府复修。民国31年（1942），长渠复修工程破土动工。为了纪念张自忠，曾将长渠更名为荩忱渠（张将军字荩忱）。施工跨时5年，终因时局动荡未能修成。新中国成立后的1949年10月26日，湖北省水利厅召开全省第一次水利工作会议，通过修复长渠的决议。于1950年1月经水利部批准，并将其列为贷款工程项目予以支持。1952年1月，宜城、南漳两县投入4万劳动力，动工修复。1953年5月1日，长渠修复工程完工。

### 李牧

李牧是赵国北部边境的良将。长期驻守代地雁门郡防备匈奴。他每天宰杀几头牛犒赏士兵，教士兵练习射箭、骑马，让他们小心看守烽火台，增派侦察敌情的人员。他定出规章说"匈奴如果入侵，要赶快收拢人马退入营垒固守，有胆敢去捕捉敌人的斩首"。匈奴每次入侵，烽火传来警报，立即收拢人马退入营垒固守，不敢出战。像这样过了好几年，人马物资也没有什么损失。可是匈奴却认为李牧是胆小，就连赵国守边的官兵也认为自己的主将胆小怯战。赵王责备李牧，李牧依然如故。赵王发怒把他召回派别人代他领兵。此后一年多里，匈奴每次来侵犯就出兵交战。出兵交战屡次失利，损失伤亡很多，边境上无法耕田、放牧。赵王只好再请李牧出任。

##  成语窗

**起早摸黑**
起得早睡得晚，指辛勤劳动。

**另起炉灶**
另外重支炉灶。比喻放弃原来的，另外从头做起。

**右剪左屠**
歼灭干净。

**镂脂剪楮**
雕刻油脂，剪裁楮叶。比喻徒劳无益。

**无平不颇**
凡事没有始终平直而不遇险阻的。

**禁中颇牧**
比喻宫廷侍从官中文才武略兼备者。

**洗兵牧马**
洗擦兵器，喂养战马。指做好作战准备。

**谦卑自牧**
谦卑：谦虚。牧：养。指谦虚谨慎，修身养性。

### 猜谜语

我走在前。
（打一字）

笨鸟先飞。
（打一字）

十分便宜。
（秋千格，打一战国人名）

用军最精

| 甲骨文 | 金文 | 篆文 | 隶书 | 楷书 | 行书 | 草书 | 标准宋体 |
|---|---|---|---|---|---|---|---|

## 解字堂

"用"是"甬"的本字，而"甬"是"桶"的本字。用，甲骨文像木块箍扎成的木桶，中间的一竖表示桶壁上的提手。金文基本承续甲骨文字形。有的金文突出提手形状。篆文承续金文字形。隶书承续篆文字形。有的隶书有所变形，"提手"形象消失。当"用"的"木桶"本义消失后，篆文再加表示提手的倒"厶"另造"甬"代替；当"甬"的"木桶"本义消失后，又加"木"另造"桶"代替。

"用"指使人或物发挥其功能。可以表示使用，如《诗·大雅·公刘》："酌之用匏。"可以表示作用，如《孟子·梁惠王下》中，孟子劝谏惠王："见贤焉，然后用之。"也可以表示施行，如《易·乾》曰："初九，潜龙，勿用。"金庸知识广博，在小说《天龙八部》中，将萧峰名震天下的"降龙十八掌"中的一招命名为"潜龙勿用"，即语出于此。

"用"还可以用作进饭食的婉辞。吃饭的文雅表达为"用饭"。有时也用作表示物质使用的效果，如有用之才。又如《资治通鉴》曰："兵精足用"。另外，"用"也可以表示需要，多用于否定，如你不用多说了。

## 名言馆

贤能为之用。
· 《三国志·蜀书·诸葛亮传》

孔子用于楚，则陈蔡用事大夫危矣。
· 《史记·孔子世家》

不用尚书郎。
· 北朝乐府《木兰辞》

谜语答案　起蒿　廉颇

# 用军最精

jūn
军

| 甲骨文 | 金文 | 篆文 | 隶书 | 楷书 | 行书 | 草书 | 标准宋体 |
|---|---|---|---|---|---|---|---|
|  | 軍 | 軍 | 軍 | 軍 | 軍 | 軍 | 军 |

## 名言馆

亮身率诸军攻祁山。
· 《三国志·蜀书·诸葛亮传》

驱马天雨雪，军行入高山。
· （唐）杜甫《前出塞九首》其七

战士军前半死生，美人帐下犹歌舞。
· （唐）高适《燕歌行》

## 解字堂

勻，既是声旁也是形旁，是"均"的本字，表示均等。军，金文 軍 = 勻（勻，"均"，均等）+ 車（車，战车），表示相同数量的战车。造字本义是会战双方以相同数量的战车对等交战，对阵。有的金文 軍 省去"勻"的字形 勻 中的等号"二"，把"勻"勻 变成"九"九。有的金文 軍 则误将"九"九 写成"勹"勹。篆文 軍 基本承续金文字形。隶书 軍 误将篆文字形中的"勹"勹 写成"冖"冖。隶定后楷书写作"軍"。简化后写作"军"。

"军"的本义是围成营垒。《说文解字》说："军，圜围也。"古代打仗主要靠车战，驻扎时，用战车围起来形成营垒，以防敌人袭击。有时也指武装部队。

"军"还用作动词，可表示攻杀，如《周礼》曰："凡盗贼军，乡邑及家人，杀之无罪。"也可表示指挥作战，如《左传·桓公五年》："祝聃射中王肩，王亦能军。"

此外，"军"是军队的编制单位，是"师"的上一级。我们打小玩的陆战棋中，军长是大于师长、小于司令等级的棋子。"军"也泛指有组织的集体，如劳动大军。

用军最精

| 甲骨文 | 金文 | 篆文 | 隶书 | 楷书 | 行书 | 草书 | 标准宋体 |
|---|---|---|---|---|---|---|---|
| | | 冣 | 冣 | 冣 | 冣 | 冣 | 最 |

## 解字堂

"最"是"撮"的本字。又写作"冣"或"冣"。最，篆文冣=冂（冃，帽子）+取（取，抓取），表示摘帽。造字本义是撮起手指摘帽。当"最"的"撮取"本义消失后，篆文冣再加"手"扌另造"撮"代替。隶书冣误将"冃"冂（帽子）写成"曰"曰。隶定后楷书写作"冣"。简化后以"最"为正体。

"最"做形容词可指古代考核政绩或军功时划分的等级。以上等为最，跟"殿"相对。班固《答宾戏》有："犹无益于殿最也。"

"最"可以解释为极、无比的，表示最高程度的，如《庄子·天下》："自以为最贤。"又如最大、最高、最终等。

"最"也表示聚合。如成语忧喜最门，又如《庄子·德充符》："得其常心，物所为最之哉？""最"还可以解释为合计。《潜夫论》道："最其行能，多不及中。"

"最"作名词则表示居于首要地位的人或事物。如孙文《〈黄花冈七十二烈士事略〉序》有言："都署之役为最。"

## 名言馆

最下者与之争。

· 《史记·货殖列传》

何时不惆默，是日最思君。

· （南朝）王僧孺《春日寄乡友诗》

最爱湖东行不足，绿杨阴里白沙堤。

· （唐）白居易《钱塘湖春行》

# 精 jīng

| 甲骨文 | 金文 | 篆文 | 隶书 | 楷书 | 行书 | 草书 | 标准宋体 |
|---|---|---|---|---|---|---|---|
|  | 精 | 精 | 精 | 精 | 精 | 精 | 精 |

## 名言馆

聪明精粹，有生之最灵者也。
·《汉书·刑法志》

精诚所加，金石为开。
·《后汉书·广陵思王荆传》

精妙世无双。
·汉乐府《古诗为焦仲卿妻作》

## 解字堂

青，既是声旁也是形旁，是"倩"的省略，表示好看的、漂亮的。精，金文 精＝米（米，稻粟）+青（青，"倩"，漂亮），表示特别好看的大米。造字本义是经过筛选的上等稻米，粒长而均匀，晶白而莹润，高级而漂亮。篆文 精 承续金文字形。

"精"可指上好的白米。《论语·乡党》有："食不厌精。"《楚辞·离骚》也说："折琼枝以为羞兮，精琼靡以为粻。"

"精"还表示细密的，与"粗"相对。一个人生活细致、做事周全入微，我们会形容他日子过得"精细"；形容一块钟表计时准确、分毫不差，我们会说它"精密"。

"精"也指物质中最纯粹的部分，经提炼出来的东西。《西游记》中，孙悟空无父无母，是从石头里蹦出来的，据说，这只灵猴是吸收天地万物之精华而生。崔涂《过长江贾岛主簿旧厅》一诗中，也有"雕琢文章字字精，我经此处倍伤情"这样的句子。"精"也用来形容人表现出来的活力、生气。一个人神采奕奕，我们说他精气神倍儿好；反之，我们说他无精打采。

## 温故知新

### 四字通解

　　用军最精,意思是用兵打仗的才能十分厉害。这要联系前文"起翦颇牧",是说白起、王翦、廉颇、李牧善于带兵打战。白起、王翦是秦国的名将,廉颇、李牧是赵国的名将。他们都是从军中最基层的军官做起,凭借自己的努力一步一步成长为秦、赵两国最为倚重的大将。代表了战国时期实战的最高水准。

　　白起是战国第一名将,有战神之称,秦国眉县(今陕西眉县)人。白起一生共歼灭六国军队约165万,故六国之兵闻白起之名而胆寒。王翦也很了不起,他是关中频阳县(今陕西富平县)人,曾率军破赵国都城邯郸,消灭燕、赵等国。最后又以秦国的优势兵力灭了楚国,对秦始皇灭六国,统一天下起了很大的作用。廉颇,是战国末期赵国的名将,曾率兵讨伐齐国,取得大胜,夺取了晋阳,赵王封他为上卿。廉颇因为勇猛果敢而闻名于诸侯各国。而李牧是赵国守边抗击匈奴的名将,曾奉命常年驻守在雁门,防备匈奴。他选用精兵良马,巧设奇阵,诱敌深入,"大破匈奴十余万骑。"其后十余年,匈奴不敢寇赵。后人称李牧为"奇才",并在雁门关建"靖边寺",纪念他戍边保民的战功。

### 故事厅

#### 关羽水淹七军

　　刘备占领了益州以后,便请诸葛亮坐镇成都,亲自率领大军向汉中进兵。这一次,刘备命令关羽进攻,关羽派两个部将留守江陵和公安,自己亲自率领大军进攻樊城。樊城的魏军守将曹仁赶快向曹操求救。曹操派了于禁、庞德两员大将率领七支人马前去增援。曹仁让他们屯兵在樊城北面平地上,和城中互相呼应,使关羽没法攻城。

　　正在双方相持不下的时候,樊城一带下了一场大雨。关羽抓住于禁在平地上扎营这个弱点。他趁着大水,安排好一批大小船只,率领水军向曹军进攻。他们先把主将于禁围住,叫他放下武器投降。于禁被围在一个汉水中的小土堆上,逼得无路可退,就垂头丧气地投降了。庞德带了另一批兵士避水到一个河堤上。关羽的水军向他们围攻,大水越涨越高,堤上露出的地面越来越小。关羽水军的大船加紧进攻,曹军的兵士也就纷纷投降。关羽消灭了于禁、庞德的七军,乘胜进攻樊城。这时候,陆浑(今河南嵩县东北)百姓孙狼发动起义响应关羽。许都以南,其他响应的人也不少。关羽的威名震动了整个中原。

#### 猜谜语

挥手自兹去。
（打一字）

不顾白头要进取。
（打一字）

翠绿点点缀枝头。
（打一字）

 ## 知识角

### 关于"军机处"

军机处是清朝官署名,也称"军机房""总理处",是清朝中后期的中枢权力机关,于雍正七年(1729)因用兵西北而设立。雍正帝以内阁在太和门外,恐露泄机密,始于隆宗门内设置军机房,选内阁中谨密者入值缮写,以为处理紧急军务之用,辅佐皇帝处理政务。雍正十年(1732),改称"办理军机处"。设军机大臣、军机章京等,均为兼职。乾隆帝时期复设军机处,从此成为清朝的中枢权力机关,一直到清末。

### 关于"军阀"

军阀是指在正常的国家体系内,由自成派系的军人组成军事集团,对国家地域划分势力范围,使用军事手段割据一方,并控制其割据地的行政、司法、教育、税务等政府机构和所属官员的任命。军阀是国家中央政府和中央集权衰弱的产物。军阀一般都无视中央政府的存在,有的甚至与中央政府分庭抗礼。其军事集团只服从于军事首领,并不服从于中央政府。

中国历史上任何一个朝代的终结都出现过军阀或是军阀混战,比较著名的有汉末、隋末、元末的军阀混战和民国初年的北洋军阀以及直系、皖系、奉系等军阀的相互混战。

 ## 成语窗

**用尽心机**
用尽了心思。

**节用爱民**
节省开支,爱护百姓。

**异军突起**
异军:另外一支军队。比喻一支新生力量突然出现。

**全军覆没**
整个军队全部被消灭。比喻事情彻底失败。

**不耻最后**
不因为跑到最后而感到可耻。比喻凡是只要坚持到底,就能达到目的。

**为善最乐**
做善事是最快乐的事。常用为劝人多行善事。

**励精图治**
图:谋求,设法。励:奋勉。治:治理。形容一个国家的领导者振奋精神,竭尽全力想治理好国家。

**聚精会神**
会:集中。原指君臣协力,集思广益。后形容精神高度集中。

谜语答案 军 最 精

# 千字文字课 ④

主　编　顾作义
副主编　吴小星　阮清钰

南方出版传媒　广东人民出版社
·广州·

图书在版编目（CIP）数据

千字文字课/顾作义主编.—广州：广东人民出版社，2021.5
ISBN 978-7-218-14413-9

Ⅰ.①千… Ⅱ.①顾… Ⅲ.①古汉语—启蒙读物 ②《千字文》—注释 Ⅳ.①H194.1

中国版本图书馆CIP数据核字（2020）第140203号

QIANZIWEN ZIKE
**千字文字课**
顾作义 主编

版权所有 翻印必究

出 版 人：肖风华

**责任编辑：王俊辉**
**特约编辑：叶益彪**
**责任技编：吴彦斌**
**装帧设计：赵焜淼 张雪烽 苏 钺**

出版发行：广东人民出版社
地　　址：广州市海珠区新港西路204号2号楼（邮政编码：510300）
电　　话：（020）85716809（总编室）
传　　真：（020）85716872
网　　址：http://www.gdpph.com
印　　刷：广州市人杰彩印厂
开　　本：787mm×1092mm　1/16
印　　张：97.5　字　数：1500千
版　　次：2021年5月第1版
印　　次：2021年5月第1次印刷
定　　价：499.00元（全五册）

如发现印装质量问题，影响阅读，请与出版社（020-85716849）联系调换。

千字文字课

# 序

相传北宋文学家苏东坡幼时聪颖异常，有"神童"的美誉。他为此很自傲，飘飘然地写了一副对联来自我标榜："识遍天下字，读尽人间书"。后来有个老翁拿了一本书上门求教，小苏轼发现书上的字竟然都不认识，很是惶愧，便将那副对联改为"发愤识遍天下字，立志读尽人间书"，从此虚心向学，终成一代大文豪。

识字是读书、学习的基础。但识字并不是认字那么简单。汉字是形音义的统一体，其字形、字音、字义之间是相互关联、有机结合的。认字只是简单地认得字形、记住字音，识字则要吃透其字义字理，乃至相关的文化常识等。据不完全统计，中国的汉字大约有十万之巨，如果真要想"识遍"，难于上青天。所幸现在的常用汉字其实也就三五千字，如果能真正娴熟地驾驭一千个汉字，供其笔下驰骋，也已经应付裕如了。

《千字文》，顾名思义，就是一千字，其特出之处就在于这篇"文"中没有一字重复。它作为儿童识字课本已经有一千多年的历史了，是我国传统蒙学经典之一，与《三字经》《百家姓》《千家诗》并称为"三百千千"。

据说南朝梁大同元年(公元535年)，梁武帝萧衍极为重视皇家子嗣的启蒙教育，命人从王羲之书法作品中挑选了一千个不重复的字，以供他们临习。但是这一千个字零散而不成系统，非常不好记忆。梁武帝便召来才思敏捷的散骑

侍郎周兴嗣，嘱他"卿有才思，为我韵之"。周兴嗣用了一晚上把这一千个汉字以四字韵语的形式连缀成篇，这就是"天下第一字书"《千字文》的由来。它不仅流传至今，还传布到海外，被日本、朝鲜等国家作为启蒙教材使用，如今更被译成英文版、法文版、拉丁文版、意大利文版等。

《千字文》是四言长诗，全篇250句，用了8个韵，条理清晰，对仗工整，音韵优美，内涵丰富，很适于记诵。但为什么称为"文"，而不是"诗"？那是因为在其时"文"指的是押韵的文字，不同于现在所谓的"文章"，而在当时不押韵、不对仗的文字，被称为"笔"。它用一千个不同的汉字，简洁而生动地勾勒出中国传统文化史的轮廓，涵盖了天文、地理、自然、历史、人物掌故、典章制度、道德伦理等诸多方面，可以说是一部袖珍百科全书。

但时至今日，原本作为儿童启蒙读物的《千字文》，在现代人读来，也显得有些艰深了，其中有些字词已不常见常用，更不用说其背后蕴藏的典故、哲理等。所以有人放言："除中文本科生或专业研究古文的人外，还真鲜有人能读懂《千字文》！"

《千字文字课》的编撰正是基于这样的文化断层"尴尬"，期以这个文化旧瓶，装入时代的新酒。"字课"分为5册，以传统的《千字文》文本为基础，每册收录200字，每个汉字都立纲、建档，并进行现代性讲解、演绎，

一字一课，一课多识，希望读者能够读一字，有十得，读千字文，如读万卷书。

首先，它是一本非常适合于亲子共阅的开蒙读物。对于学龄前的孩子而言，父母可以通过本书给孩子念诵讲解，每天一字，让孩子从中认字、识字、习字，知道其读音、字形，更了解字理、字义及其应用。在本书中，我们对每个汉字"单独建档"，设立了"书法墙""解字堂""名言馆"等栏目。"书法墙"重在展示字形演变，列出了甲骨文、金文、小篆、隶书、楷书、草书、行书等不同写法，让读者更多了解字形的演变；"解字堂"则重在字义演变，通过两三百字对单字的原义、引申义及其文化内涵、组词应用等进行讲解；"名言馆"则是该汉字的经典运用，重点选录为人所熟知的诗词、名言等，可适用于时兴的"飞花令"。

其次，它是一本有助于青少年增长见识的百科全书。《千字文》本身包含丰富的文学典故、文化常识。本书在对每个汉字"单独建档"之后，又合四字为一对页，进行"集中归档"，设立"四字通解"，对其句意进行贯通讲解，使其统分结合，纲举目张。同时又设立了"故事厅""知识角""成语窗""猜谜语"等栏目："故事厅"重点搜罗与该字相关的趣味典故、故事，让读者通过故事加深对字句的了解；"猜谜语"则通过一些字词的谜语，以趣味的形式引起读者思考，使读者得

到启迪；"知识角"则增加更多相关常识或科普知识等；"成语窗"列举关于该句汉字的相关成语，并进行简单释义。青少年学生可以通过阅读，对相关历史典故、文学常识、科普知识、成语故事等融会贯通，活学活用。

再次，它是一本有益于立德树人的传统德育读本。本书的解读融入了关于孝悌、改过、言语、交友、慕才、念贤、性情等道德修养的故事和箴言。同时，它也是一本可以了解书体演变进而识得规范汉字书写的入门书籍。从古至今，众多书家如智永、欧阳询、怀素、赵孟頫、于右任、启功等都曾留下《千字文》的经典帖本，大家在读本书之余可以加以临习，进一步领略汉字书法之美。

为了增加全书内容的生动性，我们还插入了部分图片，使其更为形象活泼，以增加读者对该字或典故的了解。总之，希望读者能够通过本书的阅读使用，达到识字、解意、明理、知典的效果，最终通晓汉字之真义，领略文化之大美。这就是编者的心愿所在。

由于编者学识水平有限，加之汉字文化博大精深，全书虽经多次校勘，舛误仍然在所难免，敬祈读者方家指正。

是为序。

千字文字课 **目 录** ④

| | |
|---|---|
| 宣威沙漠 | 002 |
| 驰誉丹青 | 008 |
| 九州禹迹 | 014 |
| 百郡秦并 | 020 |
| 岳宗泰岱 | 026 |
| 禅主云亭 | 032 |
| 雁门紫塞 | 038 |
| 鸡田赤城 | 044 |
| 昆池碣石 | 050 |
| 钜野洞庭 | 056 |
| 旷远绵邈 | 062 |
| 岩岫杳冥 | 068 |
| 治本于农 | 074 |
| 务兹稼穑 | 080 |
| 俶载南亩 | 086 |
| 我艺黍稷 | 092 |
| 税熟贡新 | 098 |
| 劝赏黜陟 | 104 |
| 孟轲敦素 | 110 |
| 史鱼秉直 | 116 |
| 庶几中庸 | 122 |
| 劳谦谨敕 | 128 |
| 聆音察理 | 134 |

| | |
|---|---|
| 鉴貌辨色 | 140 |
| 贻厥嘉猷 | 146 |
| 勉其祗植 | 152 |
| 省躬讥诫 | 158 |
| 宠增抗极 | 164 |
| 殆辱近耻 | 170 |
| 林皋幸即 | 176 |
| 两疏见机 | 182 |
| 解组谁逼 | 188 |
| 索居闲处 | 194 |
| 沉默寂寥 | 200 |
| 求古寻论 | 206 |
| 散虑逍遥 | 212 |
| 欣奏累遣 | 218 |
| 戚谢欢招 | 224 |
| 渠荷的历 | 230 |
| 园莽抽条 | 236 |
| 枇杷晚翠 | 242 |
| 梧桐早凋 | 248 |
| 陈根委翳 | 254 |
| 落叶飘飖 | 260 |
| 游鹍独运 | 266 |
| 凌摩绛霄 | 272 |
| 耽读玩市 | 278 |
| 寓目囊箱 | 284 |
| 易輶攸畏 | 290 |
| 属耳垣墙 | 296 |

千字文字课

宣威沙漠

| 甲骨文 | 金文 | 篆文 | 隶书 | 楷书 | 行书 | 草书 | 标准宋体 |
|---|---|---|---|---|---|---|---|
| 甲 | 宜 | 宣 | 宣 | 宣 | 宣 | 宣 | 宣 |

## 解字堂

宣，形声字，从宀，亘声。许慎在《说文解字》中道："宣，天子宣室也。"意思是，宣指天子发诏的大殿，这是"宣"的本义。李商隐《贾生》："宣室求贤访逐臣，贾生才调更无伦。"这里的宣室指汉代未央宫中之宣室殿，代指帝王，即当时的汉文帝。

宣也作动词，意思是宣读、宣布。《水经注》："或王命急宣，有时朝发白帝，暮到江陵。"在《国语》中有"宣其德行"，"宣"就是宣扬的意思。宣也作形容词，《诗·小雅·鸿雁》："维此哲人，谓我劬劳。维彼愚人，谓我宣骄。"这里的"宣"就是骄傲的意思。

"宣"也是一个谥号。所谓谥号，是指人死后，人们给他的评价的文字，长短不一。"宣"在谥法里指的是"圣善周闻曰宣；施而不成曰宣；善问周达曰宣；施而不秘曰宣；诚意见外曰宣；重光丽日曰宣；义问周达曰宣；能布令德曰宣；浚达有德曰宣；力施四方曰宣；哲惠昭布曰宣；善闻式布曰宣。"这是一个上谥，就是好的评价。能被谥为"宣"的，有很多皇帝。如汉宣帝刘询，作为一位"民间皇帝"，颇能体察民间疾苦。又如唐宣宗李忱，在任时励精图治，被誉为"小太宗"。

## 名言馆

赞此功德海，永为旷代宣。
·（唐）李白《地藏菩萨赞》

宣父犹能畏后生，丈夫未可轻年少。
·（唐）李白《上李邕》

周纲凌迟四海沸，宣王愤起挥天戈。
·（唐）韩愈《石鼓歌》

宣威沙漠

wēi
威

| 甲骨文 | 金文 | 篆文 | 隶书 | 楷书 | 行书 | 草书 | 标准宋体 |
|---|---|---|---|---|---|---|---|
| 戏 | 威 | 威 | 威 | 威 | 威 | 威 | 威 |

## 名言馆

君子不重则不威，学则不固。
·《论语·学而》

大风起兮云飞扬，威加海内兮归故乡，安得猛士兮守四方？
·（汉）刘邦《大风歌》

有鸟有鸟丁令威，去家千年今来归。
·（晋）《丁令威歌》

九日郊原望，平野遍霜威。
·（唐）王勃《九日怀封元寂》

## 解字堂

戌，是古代的一种兵器，戌字里面有一个瘦弱的女子，会戈戮人，女子见之畏慑之意。许慎在《说文解字》中道："威，姑也。从女从戌。"字形采用"女""戌"会意。"威"的本义为威慑，《易经》："以威天下。"《孟子》："威天下不以兵革。"后来就引申为"威力""权力"的意思。吕不韦《吕氏春秋》有："威也者，力也。"意思就是力气很大，有威力。

"威"也有令人畏惧的势力或气势的意思，这个时候是作名词使用。比如"威慑人心""军威""狐假虎威"等。在司马迁的《史记·廉颇蔺相如列传》有"严大国之威"中的"威"。

"威"字在谥法里也是一个上谥。"猛以刚果曰威；强毅信正曰威；服叛怀远曰威；强毅执政曰威；赏劝刑怒曰威；以刑服远曰威；蛮夷率服曰威；信赏必罚曰威；德威可畏曰威；声灵震叠曰威；庄以临下曰威。"被授予这个谥号的帝王，通常是武功大于文治，是一位比较严厉的皇帝，能够威服远方，雄才大略，如春秋战国时期的齐威王。然而，后来的皇帝为了尊重前任皇帝，也有强加美谥的。如魏晋南北朝期间的慕容冲，也被谥为"威"，然而，他不必真的"威"。

宣威沙漠

| 甲骨文 | 金文 | 篆文 | 隶书 | 楷书 | 行书 | 草书 | 标准宋体 |

### 解字堂

沙，指非常细碎的石粒，《说文解字》中道："沙，水中散石也""水少沙见"。"沙"字左边是水，右边是少，"小"是"少"与"沙"的本字。在《说文解字》中："小，物之微也"，"少"与"沙"通用，意思就是细微的石粒为沙。"土"因"少水"而成"沙"，"广沙"即"漠"。

唐代诗人王维《使至塞上》："大漠孤烟直，长河落日圆。"描绘了边陲大漠中壮阔雄奇的景象，境界阔大，气象雄浑。第一个画面是大漠孤烟。置身大漠，展现在诗人眼前的是这样一幅景象：黄沙莽莽，无边无际。昂首看天，天空没有一丝云影。不见草木，断绝行旅。极目远眺，但见天尽头有一缕孤烟在升腾。在碧天黄沙之间，添上一缕白烟，成为整个画面的中心，自是点睛之笔。另一个画面是长河落日。这是一个特写镜头。诗人大约是站在一座山头上，俯瞰蜿蜒的河道。时当傍晚，落日低垂河面，河水闪着粼粼的波光。这是怎样美妙的时刻啊！诗人只标举一个"圆"字，即准确地说出河上落日的特点。恍然红日就出入于长河之中，这就平添了河水吞吐日月的宏阔气势，从而整个画面更显得雄奇瑰丽。

### 名言馆

泥融飞燕子，沙暖睡鸳鸯。
· （唐）杜甫《绝句二首》其一

隐石那知玉，披沙始遇金。
· （唐）李群玉《赠元绂》

黄云萧关道，白日惊沙尘。
· （唐）熊曜《送杨谏议赴河西节度判官兼呈韩王二侍御》

惨结秋阴，西风送、霏霏雨湿。凄望眼、征鸿几字，暮投沙碛。
· （宋）赵鼎《满江红》

宣威沙漠

mò
漠

| 甲骨文 | 金文 | 篆文 | 隶书 | 楷书 | 行书 | 草书 | 标准宋体 |
|---|---|---|---|---|---|---|---|
|  |  | 灪 | 漠 | 漠 | 漠 | 陎 | 漠 |

## 名言馆

漠漠水田飞白鹭，阴阴夏木啭黄鹂。
·（唐）王维《积雨辋川庄作》

平林漠漠烟如织，寒山一带伤心碧。
·（唐）李白《菩萨蛮》

江天漠漠鸟双去，风雨时时龙一吟。
·（唐）杜甫《滟滪》

大漠沙如雪，燕山月似钩。
·（唐）李贺《马诗》

## 解字堂

漠，造字本义是名词：因缺雨水而形成的广大沙原。引申为形容词：平淡的，无生气的；或引申为副词：无情地。许慎在《说文解字》中解释为"漠，北方流沙也。一曰清也。从水莫声。"意思是：漠，北方流沙形成的奇特地貌。一种说法认为，"漠"是"清"的意思。字形采用"水"作边旁，"莫"是声旁。

描写沙漠的诗中最负盛名的便是王维的《使至塞上》，一句"大漠孤烟直，长河落日圆"，既吟唱出了寂寥荒芜，雄伟瑰丽的塞上风光，又表现了战士孤寂悲壮的心情。

世界上最大的沙漠是北非高原的撒哈拉沙漠，但它真正的沙地只占全部面积的五分之一。沙漠之外，还有砾漠和石漠。这三种地形呈镶嵌式分布。撒哈拉沙漠几乎包括整个北非，西临大西洋，北接阿特拉斯山脉和地中海，东濒红海，南连萨赫勒。世界上最古老的沙漠纳米布沙漠，是纳米比亚西部的沙漠，位于纳米布—诺克陆夫国家公园内。沙漠面积50000平方公里，位于纳米比亚长1600公里的大西洋海岸线，东西宽度在纳米布沙漠中，红色沙粒颜色鲜艳，随着太阳光线的变化，沙的颜色也不断变化。纳米布沙漠被誉为色彩最迷人的沙漠，成为摄影师的最爱。

## 温故知新

###  四字通解

宣威沙漠，和下面的"驰誉丹青"构成一句话，是用来形容白起、王翦、廉颇、李牧四位将军，这四位将军作战最高明，用兵最精当，他们的威名远播到沙漠边地，连塞北的胡人也敬佩不已，所以称为"宣威沙漠"。他们的肖像被画师用丹青妙笔画下来，永垂青史，就是"驰誉丹青"。丹青本是作画用的颜色，此处有载入历史画卷的意思，因为汉朝有为功臣画像立卷的习俗，例如汉宣帝时将有功之臣的画像藏于麒麟阁，汉明帝时将这类画像藏于云台。"起翦颇牧，用军最精，宣威沙漠，驰誉丹青"意思就是：

白起、王翦、廉颇、李牧，用兵作战最为精通。他们的声威远扬到北方的沙漠，美名和肖像永远流传在史册之中。

这里，"宣"是宣扬的意思，"威"是威名的意思。指的是他们威名赫赫，震惊边地。

### 猜谜语

九九表。
（打一现代史名词）

偷袭。
（打一成语）

大男子主义。
（打一四川地名）

###  故事厅

#### 董宣强项

"董宣强项"这个典故，用来形容执法如山，不畏强权。

董宣是东汉初年的官员，他为官清正，执法如山，不畏权贵，受到朝野的赞扬，被誉为"强项令"。

一次，光武帝刘秀的姐姐湖阳公主家的一个奴仆，仗着湖阳公主的威势在外面杀了人。洛阳令董宣下令捉拿这个奴仆，但他躲在湖阳公主的家中，逍遥法外。董宣知道自己无权闯到湖阳公主家去抓人，就天天在湖阳公主府外等候，下定决心一定要逮住这个奴仆，加以严惩。

过了一些时候，那个奴仆以为事情已经过去，当湖阳公主外出的时候，又大摇大摆地跟在湖阳公主的车马后面。董宣见了，立即带着几名捕快，冲上前去要将其逮捕。光武帝认为董宣这样做确实有损皇家的威严，便派人把董宣召进宫来，让董宣到公主面前磕头谢罪。光武帝命内侍把董宣拉到湖阳公主面前，强行按下他的头，逼他叩头，可董宣两只手使劲地撑在地上，挺着脖子，不让自己的头被摁下去。光武帝内心十分佩服董宣这种倔强的精神，以后，董宣继续打击不法的豪门贵族。洛阳的土豪听到他的名声都吓得发抖。人们都称他是"卧虎"（意思是"躺着的老虎"）。

 **知识角**

### 唱筹量沙

"唱筹量沙",比喻为安定军心,制造假象,迷惑敌人。筹:筹码,计数的用具。在《南史·檀道济传》:"道济夜唱筹量沙,以所馀少米散其上。及旦,魏军谓资粮有余,故不复追。"

南北朝时期,元嘉八年(431),宋文帝刘义隆派著名将领檀道济率军与入侵的北魏军作战,前后交战30余次皆胜利。进军到梁王庄驻扎时,河南滑台已被北魏军攻占,断绝了宋军运粮草的来路,檀军营地外有伏兵,内缺粮草,军心浮动,处境十分危急。此情若被魏军得知,乘机攻打,后果不堪设想。在这危急之时,檀道济根据营中地形心生一计:何不以沙充粮,称沙唱数计筹,以示营内粮食充足来迷惑敌人,然后待机行事呢?于是,在夜间利用白泉附近的沙土当作粮食,让兵士边量边堆边高声喊着筹码"一斗、二斗、三斗……",把量过的沙土堆成一个个高高的沙堆。在天亮前,再把营中少有的粮食撒在沙堆的表面,月光下,远远望去像是一堆堆金黄色的粟米。结果,宋军各营兵士都看到大营里粮食充足,军心得到安定。

北魏军误认为宋军营中粮食堆积如山,一时未敢贸然攻打。檀道济便乘机率军突围出去。待北魏军发觉上当时,已为时晚矣。檀道济"唱筹量沙"的经典战例被载入史册。

 **成语窗**

### 照本宣科

照:按照;本:书本;宣:宣读;科:科条,条文。形容讲课、发言等死板地按照课文、讲稿,没有发挥,不生动。

### 心照不宣

照:知道;宣:公开说出。彼此心里明白,而不公开说出来。

### 草木知威

连草木都知道他的威名。形容威势极大。出自《新唐书·张万福传》:"朕谓江淮草木亦知尔威名。"

### 仗威擅势

倚仗权势,想干什么就干什么。

### 折戟沉沙

戟:古代的一种兵器。折断了的戟沉没在泥沙里。形容失败惨重。

### 聚沙成塔

聚细沙成宝塔,比喻积少成多。

### 逾沙轶漠

穿越沙漠。谓经历险远的路途。

### 漠然不动

漠然:冷淡的样子。形容对人或事不重视,态度冷淡,毫不动心。

驰誉丹青

chí

| 甲骨文 | 金文 | 篆文 | 隶书 | 楷书 | 行书 | 草书 | 标准宋体 |
|---|---|---|---|---|---|---|---|
|  |  | 馳 | 馳 | 馳 | 馳 | 驰 | 驰 |

## 解字堂

驰，形声字，从馬（马），表示马疾驰。"驰"有放开的意义，把马的缰绳放开马才能飞跑，所以"驰"的本义是马疾驰。引申为传扬、传播，或是心神向往的意思。《说文解字》解释为："驰，大驱也。从马，也声。"意思是：驰，极力驱马疾行。字形采用"马"作边旁，"也"作声旁。

"驰"作动词时有传播，远扬的意思，"驰名中外""驰誉全国"中的"驰"皆为此意。作动词也可引申为追求，神往。"心驰神往"中"驰"为此意。

中国文学史也是世界文学史上的第一位女诗人许穆夫人，原是卫宣公的女儿，嫁给许穆公十年左右，卫国被狄人所灭，她痛心疾首，策马疾驰回国吊唁却遭到了丈夫许穆公的阻拦，许穆夫人忧愤之际写下了著名的《载驰》。诗中描述了许穆夫人回国路上遭到许国大夫追赶阻挠的经过，表达了许穆夫人对祖国的一片赤诚之心和她对许国大夫以及其代表的许穆公的不满、憎恨。诗的最后一句"大夫君子，无我有尤。百尔所思，不如我所之。"画龙点睛，正话反说。"你们考虑上百次，不如我跑一次。"为全诗画上了句号，表现了她始终不渝的爱国之心、救国之志。这首诗说明了这样一个道理：在国难当头之时不应该坐以论道，瞻前顾后，而应该义无反顾，用行动来拯救国家。

## 名言馆

抑志而弥节兮，神高驰之邈邈。
· 《楚辞·离骚》

白马饰金羁，连翩西北驰。
· （三国）曹植《白马篇》

愿驰千里足，送儿还故乡。
· 北朝乐府《木兰辞》

名驰三江外，峻节贯云霄。
· （唐）李白《赠从孙义与宰铭》

谜语答案　八一宣言　不宣而战　宣汉

## 誉 yù

驰誉丹青

| 甲骨文 | 金文 | 篆文 | 隶书 | 楷书 | 行书 | 草书 | 标准宋体 |
|---|---|---|---|---|---|---|---|
|  | 𦥯 | 譽 | 譽 | 譽 | 誉 | 誉 | 誉 |

### 名言馆

举世誉之而不加劝，举世毁之而不加沮。
· 《庄子·逍遥游》

誉辅其赏，毁随其罚。
· 《韩非子·五蠹》

江上易优游，城中多毁誉。
· （唐）白居易《和三月三十日四十韵》

何当闭门饮美酒，无人毁誉河东守。
· （宋）苏轼《大雪青州道上有怀东武园亭寄交孔周翰》

### 解字堂

誉，会意字。从言，表示用语言称赞；从与，有给予的意义，表示称誉是给予他人的；"与"同时表示声。简体字是从草书演变而来。本义是称赞。既有动词"称赞"的意思，也可作名词名声、名誉。此外，誉在古文中有时做通假字，通"举"，意为"推荐"。

古今中外，许许多多的名人志士对于接受赞美和赞美他人都保持着十分冷静理性的态度。庄子言"举世誉之而不加劝，举世毁之而不加沮"，世上的人们都赞誉他，他不会因此越发努力，世上的人们都非难他，他也不会因此而更加沮丧。真正的名士是毁誉皆不能动摇的。孔子曰："吾之于人也，谁毁谁誉？如有所誉者，其有所试矣。斯民也，三代之所以直道而行也。""我对于别人，诋毁过谁？赞美过谁？如有所赞美的，必须是曾经考验过他的。夏商周三代的人都是这样做的，所以三代能直道而行。"赞美抑或指责别人都要经过再三考虑，不能随随便便说出口，要对自己的言行负责。

战国时有一个卖矛和盾的人，向人们推销他的矛是世界上最尖利的矛，没有穿不透的东西；一会又向人推销他的盾是世界上最坚硬的东西，没有什么东西能戳穿它。有人问用他的矛戳他的盾会怎样，他只好落荒而逃。这个典故便是著名的"鬻矛誉盾"，出自《韩非子·难一》。这个故事告诉我们在说话办事时，不能不切实际，自身没有真本事，再怎样极尽夸赞之能事，也只会是自相矛盾。

## 驰誉丹青

dān

丹

| 甲骨文 | 金文 | 篆文 | 隶书 | 楷书 | 行书 | 草书 | 标准宋体 |
|---|---|---|---|---|---|---|---|
| 丹 | 丹 | 丹 | 丹 | 丹 | 丹 | 丹 | 丹 |

### 解字堂

丹，指事字。甲骨文像一口矿井，井中的一小横像矿井中的矿石丹砂。金文中，小横变为一点。小篆线条化。隶变后楷书写作"丹"。"丹"的本义为丹砂、朱砂，是一种含汞的红色矿物。《史记·陈涉世家》中有这样的记载："乃丹书帛曰'陈胜王'，置入所罾鱼腹中。"这里的"丹"便是指矿井里采掘的朱砂。丹还可以指以朱砂为重要原料的药丸。如丹方、灵丹妙药、丸散膏丹等。丹药文化是道家学说的重要组成部分，因此丹还常被引申为道家修炼的运行在腹部的能量气团。如炼丹、气沉丹田。朱砂，顾名思义，是一种红色的矿物，因此，丹也常常作为红色的别称，有红的、赤色的意义。

在古代，科学技术尤其不发达，许多皇帝为了谋求长生不老都听信江湖术士的话，服用各种"灵丹妙药"，因此而丧命的皇帝多达五位，分别是秦始皇、唐太宗、明嘉靖、明光宗、清雍正。这些因服用丹药而死的皇帝，多是暴毙，因此造就了许多历史上的重大转折。如秦始皇死后，赵高假传遗诏，杀扶苏，害忠良，使秦始皇费尽艰辛成就的统一帝国毁于一旦。又如，清帝雍正游玩圆明园时突然暴毙，传位于谁这样重大的决定只由一纸遗诏来传达，而乾隆帝上位之后第一件事便是处理了炼丹道士，这样雍正之死与传位之事成为古今文人几多猜测的未解之谜。

### 名言馆

石可破也，不可夺坚；丹可磨也，而不可夺赤。
· 《吕氏春秋·诚廉》

---

山远天高烟水寒，相思枫叶丹。
· （南唐）李煜《长相思·一重山》

---

人生自古谁无死，留取丹心照汗青。
· （宋）文天祥《过零丁洋》

---

丹心已共河山碎，大义长争日月光。
· 李少石《南京书所见》

# 驰誉丹青

## qīng
# 青

| 甲骨文 | 金文 | 篆文 | 隶书 | 楷书 | 行书 | 草书 | 标准宋体 |
|---|---|---|---|---|---|---|---|
|  | 青 | 青 | 青 | 青 | 青 | 青 | 青 |

## 名言馆

青取之于蓝，而青于蓝。
　　　　　·《荀子·劝学》

渭城朝雨浥轻尘，客舍青青柳色新。
　　　　　·（唐）王维《送元二使安西》

青山一道同云雨，明月何曾是两乡。
　　　　　·（唐）王昌龄《送柴侍御》

大雪压青松，青松挺且直。
　　　　　·陈毅《冬夜杂咏》

## 解字堂

"青"的本义为草木生长期的绿色。如"青山绿水"。由此引申为青色物。如"青黄不接"，指陈粮已经吃完了，而新的庄稼却还未成熟。比喻人力、财力等因一时接续不上而暂时缺乏。现在特指人才方面后继无人。这里的"青"指未成熟的庄稼。又特指蓝色。如"青出于蓝"。古人认为春属于东方，其色青，因此将主春之神称为"青帝"。引申指人的青年时期。如"青春年华"。竹简还被称为青简，"青史"指写在竹简上的记事，后指史书，如"永垂青史"。

荀子在《劝学》篇中以取自蓼蓝的靛青为例，鼓励后来的学生努力学习，争取赶超过走在他们前面的老师们。至于具体做法，他也有论述："故木受绳则直，金就砺则利，君子博学而日参省乎己，则知明而行无过矣。"意思是："所以木材经墨线量过就笔直了，金属刀具在磨刀石上磨过就锋利了。君子广泛地学习而且每天对照检查自己，就智慧明达，行动不犯错误了。"希望大家在每日的学习中真正做到日参省乎己，以使自己进步，最终超过前人。

## 温故知新

### 四字通解

驰誉丹青，这句话出自无名氏的诗《高宗时语》："左相宣威沙漠，右相驰誉丹青。三馆学生放散，五台令史经明。"在这句话里，"驰"是驰名的意思，"誉"是美名，称赞的意思。"丹青"是书画的意思。其实，驰誉丹青的本义，并不是夸赞画家画得好，其中蕴含了一个讽刺的小故事。

唐朝高宗年间，边庭大将姜恪是甘肃天水人。他是三国姜维的后代，祖父姜远曾为秦州刺史。父姜宝谊为左武卫大将军。他因战功升到左丞相，因此大家说他是"宣威沙漠"，然而，和他同朝为官的右丞相阎立本却是一位著名画家，作品有《步辇图》等。但身为画家的阎立本却并不适合做宰相，政务水平平庸，没有宰相的气度。因此时人说他"驰誉丹青"，便是讽刺他只是凭借绘画而得到赏识，并非真的有治国之才。

### 故事厅

#### 宁死不屈的文天祥

文天祥（1236—1283），宋末元初人。他生活的时代，正是蒙古族侵略南宋的时代。

1271年，元朝建立，派大军攻打南宋，临安危在旦夕。文天祥认为自己既然是国家的一分子，就应当负起保卫祖国的责任。四年后，他毅然变卖了家产，招兵买马，购买军粮。百姓纷纷响应，加入他的抗敌队伍。由于元军势力强大，文天祥和其他将领抵抗不住，不得不退守临安。之后，朝廷派他去和元军讲和，元军将其扣留，威胁要将其杀死，逼其投降。文天祥说道："国家存在，我也存在；国家灭亡，我也灭亡。你们就是把刀、锯、油锅放在我面前，我也不怕！"后来在元军押解他去大都的途中，他乘机逃脱。他历经许多艰险后回到了南方，重新组织抗元救国队伍，还打了几次胜仗，收复了一些失地。1278年，文天祥在一次战役中再一次被元军俘虏了。元军主帅劝文天祥投降，被文天祥一口拒绝。1279年，元军消灭了南宋的残余部队。文天祥知道国家灭亡了，伤心欲绝，写下了著名的《过零丁洋》，诗的末联"人生自古谁无死，留取丹心照汗青"成为爱国志士的千古绝唱。

文天祥被押送到大都后，元朝统治者用各种方法威逼利诱，但都无法动摇文天祥尽忠报国的决心。1283年，元朝统治者知道无法逼他投降，就下令把他杀了。文天祥临死时，朝南方拜了几拜，沉痛地说："我报答国家的机会，只能到此了。"

文天祥热爱自己的国家，宁死不屈，以身殉国，表现了崇高的民族气节。他的光辉事迹和伟大精神，永垂不朽！

### 知识角

#### 沽名钓誉

战国时，燕王哙身边有一个大臣名叫子之，与齐国的苏代交往密切。有一天，苏代作为齐国的使者来到了燕国，燕王哙问他："齐宣王怎么样？"苏代有意夸大其词说齐宣王不过是一个无能之辈，不能称霸，因为他不能放心大胆地重用人才。苏代想以此来激燕王哙重用子之。燕王哙果然上了苏代的圈套，将一切军国大事都让子之去料理。子之也因此送了许多金子给苏代，以作报答。

过了不久，子之又买动一个名叫鹿毛寿的人

去游说燕王哙。鹿毛寿将燕王与贤帝尧作比较，劝说燕王学习尧将天下让给子之去治理，以此来捞个贤君的声誉。燕王竟真的被说动将大权交给了子之。但人心不古，那子之毫无愧色地"南面行王事"，并且将燕王哙当臣子一样使唤。过了三年，燕国发生动乱，将军市被与太子平在齐国的帮助下，发动了讨伐子之的战争。燕王哙郁郁而死，子之逃之夭夭。人们共立太子平为王，即燕昭王。这样，因燕王哙沽名钓誉而引起的国内动乱方告结束。

### "包青天"的来历

相传包公年幼时父母双亡，同哥嫂一起生活。一天，在放马时，他的前额被一匹烈马踢伤，伤好后在额头上留下一块马蹄形的伤疤。之后，哥嫂节衣缩食供包公读书，十年之后他考中状元，官拜开封大堂。包公为官清正，执法如山，接连惩处了一些触犯国法的纨绔子弟，名震京都，深受百姓爱戴。那些不法的朝臣官宦都向皇帝进谗言，诬蔑包公的额头上长着一张"虎口"威胁皇帝的宝座。皇帝听后，传包公上殿，包公神清气爽，额头上的伤疤也放射出亮光，宛如一弯明月，皇帝不禁脱口说道："这哪里是个虎口，分明是暗夜之中青空高悬的一弯月牙。"包公一听，赶忙下拜。皇帝自知失口，只好当殿封他为"青天大臣"。从此，"包青天"的美名就在民间广为流传。

## 猜谜语

驰誉丹青。
（打一书画词语）

眉月孤星落归舟。
（打一字）

 **成语窗**

**星驰电走**
驰：奔驰；走：跑。像星疾驰，如电急闪。形容极其迅速。

**驰马试剑**
驰马：骑马飞跑；试：用。跑马舞剑。形容人骑马练剑习武。

**毁誉参半**
说坏话的和说好话的各占一半。表示对人的评价没有一致的意见。

**鬻矛誉盾**
自相矛盾，不能两立。

**丹心一寸**
丹心：赤心，忠贞的心。一片赤诚的心。出自唐朝杜甫诗句："白发千茎雪，丹心一寸灰。"

**丹垩一新**
丹：朱漆；垩：白土。油漆白土，粉刷一新。比喻面貌改变。

**炉火纯青**
道士炼丹，认为炼到炉里发出纯青色的火焰就算成功了。后用来比喻功夫达到了纯熟完美的境界。

**名垂青史**
青史：古代在竹简上记事，故称史书。把姓名事迹记载在历史书籍上。形容功业巨大，永垂不朽。

## 九州禹迹

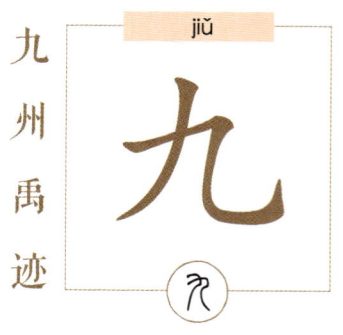

| 甲骨文 | 金文 | 篆文 | 隶书 | 楷书 | 行书 | 草书 | 标准宋体 |
|---|---|---|---|---|---|---|---|
| 飞 | 飞 | 九 | 九 | 九 | 九 | 九 | 九 |

### 解字堂

九，数目词。也泛指很多数目。例如"九死一生"等。"九"字形弯弯曲曲，就像一条蜿蜒的小路，所以一开始也有穷尽的意思。许慎《说文解字》说："九，阳之变也。象其屈曲究尽之形。凡九之属皆从九。举有切。""九"是阳的最大变数。"九"在中国人眼中，是一个神圣数、吉祥数。《黄帝内经》中就说，"天地之至数，始于一，终于九焉。"成语"九五之尊"就很好地说明了"九"在中国人心中的地位。可是"九"为什么会成为一个神圣数呢？

"九"作为数不同于一般数字，在中国古代被认为是一种神秘的数字，它起初是龙形（或蛇形）图腾化之文字，继而演化出"神圣"之意，于是中国古代历代帝王为了表示自己神圣的权力为天赐神赋，便竭力把自己同"九"联系在一起。如天分九层，极言其高，天诞日为正月初九，天子祭天一年九次。

更有趣的是连皇宫建筑都与"九"有关。例如，北京城有九门，天安门城楼面阔九间，门上饰有九路钉（即每扇门的门钉纵横各九排）。

汉语词汇中也常用"九"来形容帝王将相的称谓，如"九五之尊"；称官位仅次于皇帝的王爷为"九千岁"等。

### 名言馆

大鹏一日同风起，扶摇直上九万里。

·（唐）李白《上李邕》

一封朝奏九重天，夕贬潮阳路八千。

·（唐）韩愈《左迁至蓝关示侄孙湘》

可怜九月初三夜，露似真珠月似弓。

·（唐）白居易《暮江吟》

九万里风鹏正举，蓬舟吹取三山去。

·（宋）李清照《渔家傲》

谜语答案　名画　丹

# 州 zhōu

九州禹迹

| 甲骨文 | 金文 | 篆文 | 隶书 | 楷书 | 行书 | 草书 | 标准宋体 |
|---|---|---|---|---|---|---|---|
| 〰 | 〰 | 州 | 州 | 州 | 州 | 州 | 州 |

## 名言馆

满堂花醉三千客，一剑霜寒十四州。
· （唐）贯休《献钱尚父》

死后元知万事空，但悲不见九州同。
· （宋）陆游《示儿》

九州生气恃风雷，万马齐喑究可哀。
· （清）龚自珍《己亥杂诗》

春风杨柳万千条，六亿神州尽舜尧。
· 毛泽东《送瘟神二首》其一

## 解字堂

"州"是象形字。甲骨文自上而下的三条曲线表示河流，中间的小圆圈表示水中的一块陆地。金文、小篆与甲骨文大致相同。隶变后楷书写作"州"。《说文解字》中对其解释为："水中可居曰州，周绕其旁，从重川。昔尧遭洪水，民居水中高土，或曰九州。"意思是："水中可以居住的地方叫州，四周的水围绕在它的旁边，有两个'川'字重叠起来会意。过去尧那个时代遇上洪水，百姓居住在水中高土上，有人称这些高土叫九州。"

"州"的本义是水中陆地。这个含义现在写为"洲"，如"关关雎鸠。在河之洲。"现在多作中国古地方行政区划名。相传禹治水后，分其领域为九州。历代多有兴废。民国废州。有些地名仍沿用至今。中华人民共和国成立后，为少数民族介乎自治区和自治县之间的区划名。如：湘西土家族苗族自治州。

"关关雎鸠，在河之洲"的下一句相信很多人都能脱口而出，但很多人不知道，"窈窕淑女，君子好逑"并不是君子想要追求淑女的意思。"君子"是指有威严、有德行的贵人。"逑"原指"怨偶"，西汉大儒毛亨将"逑"解释成"配偶"。古人一般很少自称君子，更不会爱上一个女孩，就说："这姑娘是我的好配偶"。这句诗的正确解释是"善良美丽的姑娘，好男儿的好配偶"。

九州禹迹

yǔ

禹

| 甲骨文 | 金文 | 篆文 | 隶书 | 楷书 | 行书 | 草书 | 标准宋体 |
|---|---|---|---|---|---|---|---|
|  | 尤 | 禽 | 禹 | 禹 | 禹 | 禹 | 禹 |

## 解字堂

"禹"是象形字。金文像叉子叉住一条头、身、尾俱全的长虫之形，突出了头部。小篆整齐化、线条化。隶变后楷书写作"禹"。

"禹"的本义为虫。古代的夏部落以虫为族徽，故借之指传说中夏朝的开国之君、鲧的儿子。如《尚书序》："禹别九州，随山浚川。"

禹，姓姒，名文命（也有禹便是名的说法），字密，史称大禹、帝禹，为夏后氏首领、夏朝开国君王。禹是黄帝的玄孙、颛顼的孙子。其父名鲧，被帝尧封于崇，为伯爵，世称"崇伯鲧"或"崇伯"。相传，禹治理黄河有功，受舜禅让而继承帝位。在诸侯的拥戴下，禹王正式即位，以阳城为都城，国号夏，并分封丹朱于唐，分封商均于虞。

禹是夏朝的第一位天子，因此后人也称他为夏禹。他是中国古代传说与尧、舜齐名的贤圣帝王，他最卓著的功绩，就是治理滔天洪水，又划定中国国土为九州。后人称他为大禹。禹死后安葬于会稽山上，仍存禹庙、禹陵、禹祠。从秦始皇开始历代帝王大都来禹陵祭祀他。

## 名言馆

云凭凭兮欲吼怒，尧舜当之亦禅禹。

·（唐）李白《远别离》

---

禹庙空山里，秋风落日斜。

·（唐）杜甫《禹庙》

---

若无水殿龙舟事，共禹论功不较多。

·（唐）皮日休《汴河怀古》

---

尧之都，舜之壤，禹之封。

·（宋）陈亮《水调歌头·送章德茂大卿使虏》

---

昔闻夏禹代，今献唐尧日。

·张钦敬《洛出书》

# 九州禹迹

| 甲骨文 | 金文 | 篆文 | 隶书 | 楷书 | 行书 | 草书 | 标准宋体 |
|---|---|---|---|---|---|---|---|
|  | 迹 | 迹 | 迹 | 迹 | 迹 | 迹 | 迹 |

## 解字堂

"迹"的本义是脚印，即行走时戳印在地上的脚印。如：人迹（人的足迹）；人迹罕至；迹蹈（重复走过的路）；迹状（行迹）；迹响（踪迹和声响）。还可以引申为留下的印子，《聊斋志异·促织》中是这样描写促织行迹的："蟆入草间，蹑迹披求。"迹还可解释为前人留下的事物（主要指建筑或器物）。如名胜古迹。此外它还是个通假字，在古文中通"绩"，意为功劳。

"迹"还可以作动词，意为追踪、追寻、遵循。如：迹察（寻迹察访）；迹盗（跟踪查捕盗贼）；迹访（寻访）；迹附（追随）。

李白是唐代伟大的浪漫主义诗人，有"诗仙"之称。他少有才学，出口成章，但生平极不得志。以文采为唐玄宗赏识，却只得了个待诏翰林的虚职，成为文学侍从之臣，空有大志而无法实现。以其傲岸不羁的性格，李白断难忍受"摧眉折腰事权贵"的生活。三年后因遭谗毁，李白自请还山，离开长安。后人对此多有评述，如唐朝卢氏《逸史》："李生告归曰：'某不能甘此寒苦；且浪迹江湖。'"宋朝王楙《野客丛书》："（李白）为同列者所谤；诏令归山；遂浪迹天下。"现代人所崇尚的"浪迹天涯"竟是诗仙李白首创，不得不令人叹服。

## 名言馆

江山留胜迹，我辈复登临。
· （唐）孟浩然《与诸子登岘山》

茂陵刘郎秋风客，夜闻马嘶晓无迹。
· （唐）李贺《金铜仙人辞汉歌》

不解藏踪迹，浮萍一道开。
· （唐）白居易《池上》

鸡声茅店月，人迹板桥霜。
· （唐）温庭筠《商山早行》

## 温故知新

### 四字通解

"九州禹迹"这四个字有两层意思。第一层意思是古代洪水泛滥,大禹治水踏遍了九州大地;第二层意思是在治水结束后,大禹命人开始丈量全国的土地,并把全国九州土地重新划分。所谓九州,自帝喾高辛氏开始,后来舜帝姚重华增设为十二州,到了大禹治水后,又重新划分了九州,是为兖州、冀州、青州、徐州、扬州、荆州、豫州、梁州、雍州。大禹为了纪念此事,铸造了九鼎,代表中国土地,九鼎成为镇国之宝,代代相传,直到秦始皇统一六国时,九鼎沉没河中,就此消失。

后来,天下的行政区划一直不停地变动,但是代表中国的"九州"的概念,一直延续下来。直到今天,徐州、扬州、荆州的地名一直存在,成为大禹划九州的现实证明。在这里,九是虚指的计数词,州是量词,禹指的是古代的大禹(姒文命),迹指的是踪迹、遗迹。

### 故事厅

#### 大禹治水

传说在帝尧时期,黄河流域经常发生洪水。为了制止洪水泛滥,保护农业生产,尧帝曾召集部落首领会议,征求治水能手来平息水害。鲧被推荐来负责这项工作。鲧接受任务后,采用堤工障水,作三仞之城,就是用简单的堤埂把居住区围护起来以障洪水,九年而不得成功,最后被放逐羽山而死。舜帝继位以后,任用鲧的儿子禹治水。禹总结父亲的治水经验,改鲧"围堵障"为"疏顺导滞"的方法,就是利用水自高向低流的自然趋势,顺地形把壅塞的川流疏通。把洪水引入疏通的河道、洼地或湖泊,然后合通四海,从而平息了水患,使百姓得以从高地迁回平川居住和从事农业生产。后来禹因此而成为夏朝的第一代君王,并被人们称为"神禹"而传颂于后世。

在大禹治水的过程中,留下了许多感人的事迹。相传他借助自己发明的原始测量工具——准绳和规矩,走遍大河上下,用神斧劈开龙门和伊阙,凿通积石山和青铜峡,使河水畅通无阻。他治水居外13年,三过家门而不入,连自己刚出生的孩子都没工夫去爱抚,不畏艰苦,身先士卒。他是中国历史上第一位成功地治理黄河水患的治水英雄。

### 知识角

#### 龙生九子

龙生九子是指龙生九个儿子,九个儿子都不成龙,各有不同。所谓"龙生九子",并非龙恰好生九子。龙有九子这个说法由来已久,但是究竟是哪九种动物一直没有说法,直到明朝才出现了各种说法。

螭吻:也叫鸱吻、鸱尾、好望等。形状像四脚蛇剪去了尾巴,这位龙子好在险要处东张西望,也喜欢吞火。相传汉武帝建柏梁殿时,有人上疏说大海中有一种鱼,虬尾似鸱鸟,也就是鹞鹰,能喷浪降雨,可以用来厌辟火灾,于是便塑其形象在殿角、殿脊、屋顶之上。

狻猊:又称金猊、灵猊。狻猊本是狮子的别名,所以形状像狮,好烟火,又好坐。庙中佛座及香炉上能见其风采。狮子这种连虎豹都敢吃,相貌又很轩昂的动物,是随着佛教传入中国的。由于佛祖释迦牟尼有"无畏的狮子"之喻,人们便顺理成章地将其安排成佛的坐骑,或者雕在香炉上让其款款地享用香火。

睚眦：相貌似豺，好腥杀。常被雕饰在刀柄剑鞘上。"睚眦"本义是怒目而视。所谓"一饭之德必偿，睚眦之怨必报"。报则不免腥杀，这样，这位模样像豺一样的龙子出现在刀柄刀鞘上就很自然了。

椒图：形似螺蚌，好闭口，因而人们常将其形象雕在大门的铺首上，或刻画在门板上。螺蚌遇到外物侵犯，总是将壳口紧合。人们将其用于门上，大概就是取其可以紧闭之意，以求安全吧。

囚牛：形状为有鳞和角的黄色小龙，好音乐。这位有音乐细胞的龙子，不光立在汉族的胡琴上，彝族的龙头月琴、白族的三弦琴以及藏族的一些乐器上也有其扬头张口的形象。

蒲牢：形状像龙但比龙小，好鸣叫。据说蒲牢生活在海边，平时最怕的是鲸鱼。每每遇到鲸鱼袭击时，蒲牢就大叫不止。于是，人们就将其形象置于钟上，并将撞钟的长木雕成鲸鱼状，以其撞钟，求其声大而亮。

饕餮：形似狼，好饮食。钟鼎彝器上多雕刻其头部形状作为装饰。由于饕餮是传说中特别贪食的恶兽，人们便将贪于饮食甚至贪婪财物的人称为饕餮之徒。饕餮还作为一种图案化的兽面纹饰出现在商周青铜器上，称作饕餮纹。

狴犴：又叫宪章。相貌像虎，有威力，又好狱讼之事，人们便将其刻铸在监狱门上。虎是威猛之兽，可见狴犴的用处在于增强监狱的威严，让罪犯们望而生畏。

赑屃：也称龟趺。形状像乌龟，好负重。长年累月地驮载着石碑。人们在庙院祠堂里，处处可以见到这位任劳任怨的大力士。据说触摸它能给人带来福气。

 **成语窗**

**九牛二虎之力**
九头牛与两只虎的力气的相加。比喻其力大不可当。

**九霄云外**
九重云天之外。形容极高极远之处。

**九州四海**
犹言天下。泛指全中国。

**过府冲州**
行经了很多地方。形容旅途的漫长与跋涉的艰苦。

**禹行舜趋**
原指仅模仿圣贤之外表而不注意内在的品德修养。后亦用以形容举止循规蹈矩。

**贡禹弹冠**
指贡禹与王吉友善，见其在位，亦愿为官。比喻乐意辅佐志向相同的人。

**杜门晦迹**
晦：隐匿。关上门，隐匿自己的踪迹。指隐居起来，不让别人知道自己的踪迹或动态。

**马迹蛛丝**
马蹄的痕迹，蜘蛛的细丝。比喻隐约可寻的浪迹和线索。

## 猜谜语

九只鸟。（打一字）

九号。（打一字）

九辆车。（打一字）

九点。（打一字）

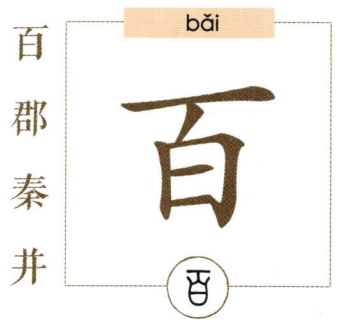

百郡秦并

| 甲骨文 | 金文 | 篆文 | 隶书 | 楷书 | 行书 | 草书 | 标准宋体 |
|---|---|---|---|---|---|---|---|
| 百 | 百 | 百 | 百 | 百 | 百 | 百 | 百 |

## 解字堂

"百"字从甲骨文以来就用作数词。因为读音与"白"相近，所以在"白"字上加一横线，造成"百"字。可作数词，表示十个十的和，在钞票和单据上常常用大写"佰"代。还可以表示很多的意思，做形容词。如百货、百姓、百科、百无聊赖、百废待兴等。

因为"百"字表示的数目多，民间传统多以百数为吉祥的寓意，如百寿图，是用一百个不同形体的"寿"字所组成的图像，有圆形、方形或长方形数种；也有在一个大"寿"字中再写上一些小"寿"字的。图像中的字体多为繁写，有篆体、隶书、楷书或几种字体混合兼用。经过不同形体"寿"字组合成的百寿图，往往能够产生一种独特的艺术效果，给人以富丽堂皇、意蕴深长的感觉。当然，百寿图最主要的寓意还是对长寿理想的一种寄托。

1956年在中共中央政治局扩大会议上，毛泽东提出了在科学文化工作中实行"百花齐放，百家争鸣"的方针，即艺术问题上"百花齐放"，学术问题上"百家争鸣"。一般被称为"双百"方针。"双百"方针的提出一定程度上促进了艺术发展和科学进步，促进了我国的社会主义文化繁荣。

## 名言馆

知己知彼，百战不殆。

·《孙子兵法·谋攻》

生年不满百，常怀千岁忧。

·《古诗十九首·生年不满百》

将军百战死，壮士十年归。

·北朝乐府《木兰辞》

相见时难别亦难，东风无力百花残。

·（唐）李商隐《无题》

谜语答案　鸠　旭　轨　九

百郡秦并

jùn

郡

百郡秦并

| 甲骨文 | 金文 | 篆文 | 隶书 | 楷书 | 行书 | 草书 | 标准宋体 |
|---|---|---|---|---|---|---|---|
|  | 𢑥 | 駻 | 郡 | 郡 | 郡 | 郡 | 郡 |

## 名言馆

郡邑浮前浦，波澜动远空。
· （唐）王维《汉江临眺》

郡斋有佳月，园林含清泉。
· （唐）韦应物《答崔都水》

山寺月中寻桂子，郡亭枕上看潮头。
· （唐）白居易《忆江南》

一郡官闲唯副使，一年冷节是清明。
· （宋）王禹偁《清明日独酌》

## 解字堂

郡，周代的行政区划制度下的行政区域名称。周天子拥有的土地纵横千里，分为一百个县，每个县有四个郡。《春秋左传》中"能杀敌立功的上大夫将荣受封郡"，说的就是这个郡县制。到秦朝初年，在全国设置三十六个郡，用来监管属下各县。字形采用"邑"作边旁，采用"君"作声旁。魏晋隋唐时的显贵世家，为一郡所仰望，称为郡望。如太原王氏、陇西李氏等，士大夫以郡望自矜。

郡望多取自该族祖先受封之地的地名，或是显赫祖先住过的地名。在《百家姓》所列，每个姓都有郡望。新加坡有不少氏族公会，即以郡望为会名。了解各姓的郡望，则可以明白这些用郡望为会名者，系属某姓同宗所组织者。

有些姓，有好几个郡望。如黄姓，最早期最通用者为"江夏"；福建萧山公派下用"燕山"；泉州开元凹安公派下用"紫云"。很多郡望，为多个姓氏所共用者。郡望相同，证明数百年前，或数千年前，那几家是同住过那个地方，或同出一宗。因此"郡望"就是某姓的望族曾居住的地方，如赵为"天水"，钱为"彭城"，韩为"昌黎"之类。

百郡秦并

qín

| 甲骨文 | 金文 | 篆文 | 隶书 | 楷书 | 行书 | 草书 | 标准宋体 |
|---|---|---|---|---|---|---|---|
| | | | 秦 | 秦 | 秦 | 秦 | 秦 |

### 解字堂

秦，会意字。甲骨文上部是双手持杵，下部是成堆稻谷，表示用杵状农具打谷脱粒。金文与甲骨文大体相同。小篆承接金文，但下部只保留了一个"禾"字。隶变后楷书写作"秦"。"秦"的本义是粮食。后来引申为春秋时代的国名，即秦国。现在的陕西省中部平原地区在春秋战国时期为秦国的地盘，所以这片地区也称秦。如"秦声"，指陕甘一带的戏曲音乐。

秦朝是中国历史上第一个统一的、多民族的、专制主义中央集权制国家。在秦国统一天下的过程中有许多传颂千古的名人逸事。如商鞅变法中的"立木为信"。商鞅在秦孝公的支持下主持变法。为了树立威信，推进改革，商鞅下令在都城南门外立一根三丈长的木头，并当众许下诺言：谁能把这根木头搬到北门，赏金十两。围观的人不相信如此轻而易举的事能得到如此高的赏赐，结果没人肯出手一试。于是，商鞅将赏金提高到五十两。终于有人站起将木头扛到了北门。商鞅立即赏了他五十两。商鞅这一举动，在百姓心中树立起了威信，而商鞅接下来的变法很快就在秦国推广开了。这个故事告诉了我们诚信的重要性。

### 名言馆

秦时明月汉时关，万里长征人未还。
· （唐）王昌龄《出塞》

箫声咽，秦娥梦断秦楼月。
· （唐）李白《忆秦娥》

烟笼寒水月笼沙，夜泊秦淮近酒家。
· （唐）杜牧《泊秦淮》

惜秦皇汉武，略输文采。
· 毛泽东《沁园春·雪》

# 并

| 甲骨文 | 金文 | 篆文 | 隶书 | 楷书 | 行书 | 草书 | 标准宋体 |
|---|---|---|---|---|---|---|---|
| 𠀤 | 并 | 竝 | 并 | 并 | 并 | 并 | 并 |

## 名言馆

四美具，二难并。
　　·（唐）王勃《滕王阁序》

俱飞蛱蝶元相逐，并蒂芙蓉本自双。
　　·（唐）杜甫《进艇》

无端更渡桑干水，却望并州是故乡。
　　·（唐）贾岛《渡桑干》

清风明月无人管，并作南楼一味凉。
　　·（宋）黄庭坚《鄂州南楼书事》

## 解字堂

并，会意字。甲骨文上部是正面站立的两个人，脚下有一条横线表示地面，会二人并排站立在同一地面上之意。"并"的本义是相合并。如"归并""兼并"。还引申为并列。如"并肩作战""并驾齐驱"。由此又可以引申表示一起、同时。如"并举"。还可以做作词，用于否定词前面，加强否定语气，如："其实这件事，并不是你想象的那样。"用作连词，表示连接并列的两项。"痛并快乐着。"

"并"还是山西太原的别称，太原古代被称作并州，但是这个"并"要读成bīng。相传禹治洪水，分天下为九州。并州为九州之一，其地在今河北保定、正定和山西大同、太原一带。后沿用为太原的别称。

太原文化滥觞于远古，发展于周秦两汉、魏晋南北朝，兴盛于隋唐，转折于宋金，重新建树于元明清，勃兴于当代。"山光凝翠，川容如画，名都自古并州。"描绘的太原就是这样一座辉煌灿烂的文化名城。太原文化囊括万千，传承千载，晋商文化、三晋文化、汉唐文化都如颗颗璀璨明珠闪耀在我国文化历史的长河中。

## 温故知新

### 四字通解

百郡秦并，指公元前221年，秦始皇统一六国，成立了强大的秦王朝。在延续周王朝的封国制度还是创造一种新型的中央—地方管理制度问题上，秦王朝的君臣之间产生了很大的争议。最终，秦始皇采取了废分封、行郡县的新型制度。秦始皇统一中国以后，将天下分为36郡，刘邦建立汉朝以后又将天下分为103郡，取个整数说，就是百郡。汉朝的百郡是在秦灭六国、并土地的基础上而来的，所以叫作"百郡秦并"。郡、县是古代两级行政区划管理单位，叫郡县制，大体相当于现在省县制的概念。

秦以前郡小县大，周时天下分为百县，一县下辖四郡，所以《春秋》各传上说：上大夫受县，下大夫受郡。秦以后郡大县小。县者悬也，或悬在郡的上面，或悬在郡的下面，是一级行政管理单位。秦汉以后万户县的长官为县令，不足万户的称县长，明清时候均为七品芝麻官。

唐朝以郡为第一级单位，下有州、道、县，宋时加入府一级，明清时期设有府、道、州、县，其行政区域的划分又不一样了。

### 猜谜语

半布春秋。
（打一字）

春秋半部，日月同辉。
（打一《水浒传》中人物）

### 故事厅

#### 秦晋之好

春秋战国时期，秦国和晋国是两个相邻的大国。秦穆公为了实现霸业，主动与晋国结好。晋献公于公元前654年将其女儿伯姬嫁给了秦穆公。这就是历史上所说"秦晋之好"的开端。后来，晋国发生内乱，晋献公的两个儿子夷吾和重耳分别逃往他国避难。晋献公死后，夷吾许以割让河东五城作为条件，得到了秦穆公的支持，顺利继承了王位，称为晋惠公。但他不仅没有履行与秦国的献城承诺，而且三番五次挑衅秦国边境。公元前647年，晋国发生饥荒，晋惠公派人向秦国求救，秦国不计前嫌提供援助。可是事后晋惠公并未感恩图报，反而在两年后趁秦国发生旱灾之际，发动大军进攻秦国。秦穆公派军与晋战于韩原，晋军大败，晋惠公被俘。晋国被迫割让河东五城归秦，同时晋惠公以太子圉入秦为人质才得以脱身回国。太子圉到秦国后，秦穆公为了笼络他，把自己的女儿怀嬴嫁给了他，由此两国亲上加亲，秦国归还了晋国河东五城。秦晋两国以黄河为界重修旧好。按理两国关系应该是很稳固的了。可是当太子圉听说自己的父亲晋惠公病重时，害怕国君的位置会传给别人，于是扔下妻子怀嬴，一个人偷偷跑回晋国。第二年，晋惠公死后，太子圉就成为晋国君主，这就是晋怀公。从此晋国跟秦国不相往来。秦穆公闻知此事后大怒，立即决定帮助重耳当上晋国国君，还要把女儿怀嬴改嫁给他，当时公子重耳尚在国外避难。公元前636年，秦穆公派兵护送重耳返回晋国，东渡黄河，占领狐。秦国和重耳的代表在郇邑会盟和谈。晋国同意立重耳为国君，遂入都城绛，公子重耳就成了春秋五霸之一的晋文公。秦晋两国遂和好如初。

 **知识角**

### 郡望昌黎

唐代大文学家、哲学家、诗人韩愈,字退之,河南河阳(今河南省孟州市)人。自称"郡望昌黎",后世人称"韩昌黎"。关于韩愈这一自称的来龙去脉,不知情者甚多。

据史书记载,曲沃武公灭掉了周成王之弟所建立的韩国,封其小叔叔姬万于韩,称为韩武子,武子的曾孙韩厥以封邑为氏,称韩氏。韩厥七世孙建立韩国,公元前230年被秦所灭后,其宗室子孙遂以国为氏,称韩姓,并大都聚居于颍川郡。可见此郡是韩氏的发祥之郡。到秦汉时期,韩氏播迁于今江苏、浙江、四川、山东、甘肃、河北、北京及北部一些地方。据1998年以来陆续公之于世的清嘉庆十八年(1813)《昌黎县韩氏家谱》《韩文公昌黎宗派》以及光绪二十三年(1897)《昌黎县韩氏家谱》记载,后魏时,定州刺史韩均徙居昌黎(今河北昌黎),为昌黎韩氏的始祖。其子为雅州都督韩睃,其孙为曹州司马韩仁泰(即韩愈的高祖)。可见昌黎韩氏是韩氏的一个支族,昌黎郡是韩氏的望出之郡。正因为韩愈的祖先徙居昌黎,可见韩愈一家不是发祥之郡的韩氏后裔,而是韩氏支流迁徙到昌黎定居后,繁衍壮大的韩氏子孙。因此,昌黎韩氏不能以"颍川"取名,只能以"昌黎"为名。尽管如此,韩氏仍成为昌黎的一大名门望族,为当地人所敬慕。韩愈在河南河阳长大,从来没有在昌黎居住过,但他常常自称"昌黎人"。《旧唐书》中就载韩愈为"昌黎人"。韩愈一生中做了很多官职,有些官职也比较大,但他始终以自己的姓氏为豪,自称为"郡望昌黎"。他的这个自称,就是一种"郡望堂号"的古人取名模式。而后世称其为"韩昌黎",则更是一种以籍贯来称呼的普遍称法了。

 **成语窗**

**百步穿杨**
在一百步远以外射中杨柳的叶子。形容箭法或枪法十分高明。

**百尺竿头,更进一步**
学问、成绩等达到很高程度后继续努力,争取更大进步。

**兼收并蓄**
收:收罗;蓄:储藏,容纳。把不同内容、不同性质的东西收下来,保存起来。

**并驾齐驱**
齐头并进。比喻彼此力量、地位、才能等不相上下。

**亡秦三户**
《史记·项羽本纪》:"夫秦灭六国,楚最无罪。自怀王入秦不反,楚人怜之至今,故楚南公曰'楚虽三户,亡秦必楚'也。"后因以"亡秦三户"指不畏强暴,奋起推翻黑暗统治之事。

**暮楚朝秦**
战国时期,秦楚两大强国对立,有些弱小国家时而事秦,时而事楚。后以"暮楚朝秦"比喻反复无常或主意不定。又比喻事物的归属变换不定。

**连州跨郡**
比喻遍及各地。

**三鹿郡公**
三鹿:合起来是"麤"(粗)字。形容人粗心大意。

岳宗泰岱

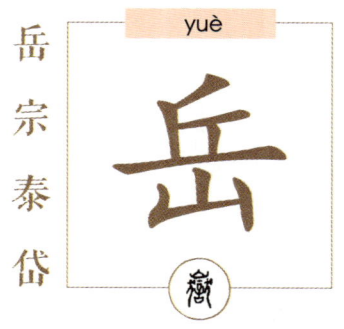

yuè

| 甲骨文 | 金文 | 篆文 | 隶书 | 楷书 | 行书 | 草书 | 标准宋体 |
|---|---|---|---|---|---|---|---|
|  |  | 嶽 | 嶽 | 嶽 | 嶽 | 嶽 | 岳 |

## 解字堂

"岳"本是象形字。《说文》古文像上下多层山岳的形状。小篆变为从山、狱声的形声字。隶变后楷书写作"嶽"。汉字简化后写作"岳"。《说文解字》对其解释为："嶽，东，岱；南，霍；西，华；北，恒；中，泰室。王者之所以巡狩所至。从山，狱声。"意思是："岳，是中华大山，东岳叫'泰山'；南岳叫'衡山'；西岳叫'华山'；北岳叫'恒山'；中岳叫'嵩山'，嵩山也叫'泰室'，是古代帝王巡狩所到的王苑。字形采用'山'作边旁，'狱'是声旁。"

"岳"的本义是高大的山。我国有五大名山：东岳泰山、西岳华山、南岳衡山、北岳恒山、中岳嵩山。合称为"五岳"。又如"岳宗"是指五岳之中的嵩山，"岳帝"指东岳泰山之神、东岳大帝的简称。

妻子的父母或者妻子的叔叔伯伯都以岳相称，如"岳父""岳丈""岳母"。

历史上的一代名将岳飞不仅是著名的军事家、战略家，还位列南宋中兴四将之首。他于北宋末年投军，率领岳家军同金军进行了大小数百次战斗，所向披靡。"位至将相"后遭小人诬陷，被捕入狱。1142年，岳飞被以"莫须有"的"谋反"罪名，与长子岳云、部将张宪同被杀害。岳飞将军不仅战略才能极高，文学才华也是将帅中少有的，他的不朽词作《满江红·怒发冲冠》，是千古传诵的爱国名篇。然国之栋梁，毁于佞臣，令人叹惋。

## 名言馆

明日隔山岳，世事两茫茫。

·（唐）杜甫《赠卫八处士》

---

五岳祭秩皆三公，四方环镇嵩当中。

·（唐）韩愈《谒衡岳庙遂宿岳寺题门楼》

---

三万里河东入海，五千仞岳上摩天。

·（宋）陆游《秋夜将晓出篱门迎凉有感二首其二》

---

五岳归来不看山，黄山归来不看岳。

·（明）徐霞客《徐霞客游记》

谜语答案　秦　秦明

岳宗泰岱

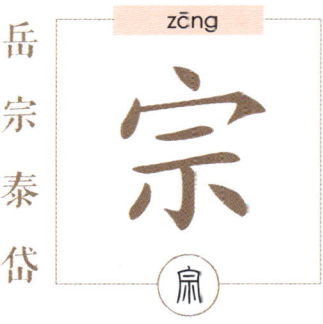

## 名言馆

以天为法，以德为行，以道为宗。
·《吕氏春秋·下贤》

白头宫女在，闲坐说玄宗。
·（唐）元稹《行宫》

玄宗回马杨妃死，云雨难忘日月新。
·（唐）郑畋《马嵬坡》

天变不足畏，祖宗不足法，人言不足恤。
·《宋史·王安石传》

## 解字堂

"宗"是会意字。从宀从示。《说文解字》中解释为"宗，尊祖庙也。从宀从示。"示是神祇的意思，宀指房屋。在室内对祖先进行祭祀。所以"宗"的本义为献祭崇拜祖先的祖庙。引申为家族的上辈，民族的祖先，如祖宗、宗庙、宗祠。封建社会早期实行宗法制，即以家族为中心，按血统远近区别亲疏的制度，由此产生了以姓氏为纽带的家族，因此，"宗"还可以指家族，如宗族、宗室（帝王的宗族）、宗兄。宗还有派别的意思。如宗派、禅宗（佛教的一派）。"开宗明义"中的"宗"意为主要的目的和意图。"宗"还可以作量词，指件或批，如"一宗心事"。

"宗"可以指代民族的祖先，历史上许多皇帝的称号中都包含"宗"字，如唐太宗、明武宗、清德宗等，继嗣君主有治国才能者为宗。在称为"宗"的皇帝中不得不说的一位便是唐太宗李世民，历史上对他多有非议，因为他发动"玄武门之变"，杀死了自己的亲兄弟才谋得太子之位当上皇帝。但李世民为帝之后，积极听取群臣的意见，对内以文治天下，虚心纳谏，厉行节约，劝课农桑，使百姓能够休养生息，国泰民安，开创了中国历史上著名的贞观之治。对外开疆拓土，攻灭东突厥与薛延陀，征服高昌、龟兹、吐谷浑，重创高句丽，设立安西四镇，各民族融洽相处，被各族人民尊称为"天可汗"，为后来唐朝一百多年的盛世奠定重要基础。他是一位极有治国才能的贤君，因此称其为宗，实至名归。

岳宗泰岱

tài

| 甲骨文 | 金文 | 篆文 | 隶书 | 楷书 | 行书 | 草书 | 标准宋体 |
|---|---|---|---|---|---|---|---|
| 𡘋 | 𡘋 | 泰 | 泰 | 泰 | 泰 | 东 | 泰 |

## 解字堂

泰，本义是动词：用净水泼身，去污驱邪，以祈吉祥与幸福。篆文"泰"是由大（正面人形）、手（双手，捧、持）和水（净水，表示泼水清洗）组成。古人认为净水是圣洁的，因此酷热夏季将水泼在身上，不仅能清爽降温，还能去污驱邪，带来吉祥与幸福。现在这个本义已消失。主要是作形容词，表达平安、安定、美好等意义。特别注意，"泰"还有骄纵傲慢的意思。如泰侈（骄纵奢侈）、骄泰。

泰山是我国著名的山峰，位于今山东省泰安市城北，主峰在泰安市北，海拔1545米。山势雄伟，景色壮丽。有中天门、南天门、玉皇顶、日观峰、黑龙潭、王母池、红门宫、碧霞祠等名胜古迹。为全国重点风景名胜区，并被列入世界遗产名录。历代帝王凡举行封禅大典，皆在此山。此外，泰山还有一层意思。这里面还有一个有趣的故事。当年唐玄宗要在泰山祭拜天地，任命张说为封禅使，张说的女婿郑镒本是九品官。按照老规矩，封禅以后，自三公以下都能迁升一级。只有郑镒靠了丈人，一下子升到五品官，兼赐绯服。唐玄宗看到郑镒一下子升了几级，感到很奇怪，就询问原因，郑镒一时无话可答。这时黄幡绰调侃道："这是因为靠了泰山之力。"以后，泰山成了岳父的别称。

## 名言馆

泰而不骄，威而不猛。

·《论语·尧曰》

---

否泰如天地，足以荣汝身。

·汉乐府《古诗为焦仲卿妻作》

---

泰去否来何足论，宫中晏驾人事翻。

·（唐）戎昱《赠别张驸马》

---

秋娘渡与泰娘桥，风又飘飘，雨又萧萧。

·（宋）蒋捷《一剪梅·舟过吴江》

岳宗泰岱

| 甲骨文 | 金文 | 篆文 | 隶书 | 楷书 | 行书 | 草书 | 标准宋体 |
|---|---|---|---|---|---|---|---|
|  |  | 岱 | 岱 | 岱 | 岱 | 岱 | 岱 |

## 名言馆

岱宗秀维岳，崔崒刺云天。
·（南朝）谢灵运《泰山吟》

岱宗夫如何，齐鲁青未了。
·（唐）杜甫《望岳》

浮云连海岱，平野人青徐。
·（唐）杜甫《登兖州城楼》

岱宗何崔嵬，群山无与比。
·（唐）贾鲁《登泰山》

## 解字堂

"岱"是形声字，从山代声。本义是泰山的别称，泰山亦名岱山或岱岳，在今山东省泰安市城北，主峰在泰安市北，海拔1545米。山势雄伟，景色壮丽。有中天门、南天门、玉皇顶、日观峰、黑龙潭、王母池、红门宫、碧霞祠等名胜古迹，为全国重点风景名胜区，并被列入世界遗产名录。古代以泰山为五岳之首，诸山所宗，故又称"岱宗"。历代帝王凡举行封禅大典，皆在此山，岱宗是对泰山的尊称。

相传在很早以前，世界初成，天地刚分，有一个叫盘古的人生长在天地之间，天空每日升高一丈，大地每日厚一丈，盘古也每日长高一丈。日复一日，年复一年，他就这样顶天立地生活着。经过了漫长的一万八千年，天极高，地极厚，盘古也长得极高，他呼吸的气化作了风，他呼吸的声音化作了雷鸣，他的眼睛一眨一眨的，闪出道道蓝光，这就是闪电，他高兴时天空就变得艳阳晴和，他生气时天空就变得阴雨连绵。后来盘古慢慢地衰老了，最后终于溘然长逝。刹那间巨人倒地，他的头变成了东岳，腹变成了中岳，左臂变成了南岳，右臂变成了北岳，两脚变成了西岳，眼睛变成了日月，毛发变成了草木，脂膏变成了江河。因为盘古的头部变成了泰山，所以，泰山就被称为至高无上的"天下第一山"，成了五岳之首。

## 温故知新

 **四字通解**

岳宗泰岱，"岳"指五岳，"宗"指宗主，五岳的宗主是泰岱。"岱"是泰山的名字，也叫岱山，因为位于山东泰安州，所以这里称为泰岱，简称泰山。五岳以泰山为尊，《诗经》就有很多歌颂泰山的诗句。孔子曾说过"登泰山而小天下"，又在逝世前低声吟道："泰山其颓乎！梁木其坏乎！哲人其萎乎！"

历代皇帝在泰山祭祀的着实不多。因为在泰山祭祀有着特别的意义，叫作"封禅"。封禅在古代可是一件大事。只有文治武功俱佳的皇帝才可以进行封禅。例如秦始皇、汉武帝等。《五经通义》云："易姓而王，致太平，必封泰山，禅梁父，天命以为王，使理群生，告太平于天，报群神之功。"所以，封禅活动实质上是强调君权神授的手段。帝王特别重视封禅，汉武帝在封禅之后还特意把年号改成元封，可见一斑。

### 猜谜语

春雨潇潇寓平安。
（打一字）

水中雨点人横川。
（打一字）

 **故事厅**

### 岳飞敬师孝母

1103年，岳飞出生，据传他出生时天上飞过一只大鸟，因此岳飞的父亲岳和给孩子取名为"飞"，字鹏举。

岳飞将近成年时，金兵开始入侵辽国，窥视中原。岳飞立志要练成本领，杀敌保国。一天，岳飞听说了一位武艺高强，尤其擅长弓箭的老人周侗，便诚恳找到其住处向他拜师学艺。在周侗的传授下，岳飞很快学会了一手好箭法。不久，周侗去世。岳飞心中十分难过，每逢初一、十五，他都要到恩师坟前祭奠。父亲问他："你拜过不少老师学艺，为什么独要祭周老师呢？"岳飞回答说："老师在一个月里把他一生摸索的箭法都传授给我，还教我立身处世精忠报国的道理，他的恩情是我一生最难忘怀的。"岳和听了，觉得儿子已长大成人，正是报效国家的时候，便问岳飞是否愿意去从军。岳飞回答："孩儿早有此意，并约好张宪、牛皋几位兄弟准备不日去东京。"岳和听后大喜，便要妻子给儿子准备行装。

岳飞离家前见母亲神情有些感伤，便对母亲说："孩儿这次去东京，以后不能侍奉母亲了，请母亲给我背上刺几个字吧！"说完，岳飞脱下上衣跪下。岳母含泪在岳飞背上刺了"精忠报国"四个大字。

从此，岳飞走上了报国之途，经过十多年的沙场鏖战，屡建奇功，成为一代抗金名将。

 **知识角**

### 孟宗泣笋

孟宗是三国时期江夏人,是一个出名的孝子。他年少的时候,在南阳的名儒李肃的门下求学。李肃感动于孟宗日夜苦读、孜孜不倦的精神,认为他将来是当宰相的材料。

孟宗的母亲十分贤惠,儿子在外求学,她特地赶缝了一条很大的被子,给儿子送去。人们看到这么大的一条被子,都觉得很奇怪。孟宗的母亲却说:"小儿拿不出其他的好东西与学子们交朋友。学子们大都家境贫寒,这条大被子正好给他们一起遮身御寒,这样大家相处起来就更觉得温暖亲切。"

孟宗学成之后,担任东吴的盐城司马,主要掌管渔盐。他自己结网捕鱼,将鱼腌制后托人带回家乡,孝敬自己的母亲。但母亲并不接受,叫人带话说:"你自己担任渔官,为什么不避嫌呢?"孟宗见母亲怪罪,连忙伏地谢罪,把装鱼的坛子沉入池中。

孟宗对母亲非常孝顺,每当母亲生病,他都要赶回家中,亲自给老母煎药,服侍母亲。一次,孟宗的母亲病后初愈。老人家很喜欢吃竹笋,想要几根嫩笋尝尝鲜。孟宗便挎着篮子、拿着锄头到竹林找笋。当时正是冬天,竹林里怎么也找不到竹笋。孟宗焦急万分,想到不能遂了母亲的心愿,不由对着竹林伤心地哭泣。传说经他这样一哭,那些深埋在土里的笋芽纷纷破土而出。孟宗破涕为笑,铲了数支嫩笋,回家孝敬母亲。这件事很快就传开了,人们都说这是孟宗尽心尽孝,感动了天地。元朝人郭居敬所著的《二十四孝》一书也记载了孟宗泣笋的事。后来,"孟宗泣笋"这一典故常用来比喻孝敬父母,事亲尽孝,至诚动天。

 **成语窗**

### 渊渟岳峙
比喻人品德如渊水深沉,如高山耸立。

### 负山戴岳
岳:高大的山。背负高大的山岳。比喻担负重任。语出《周书·晋荡公护传》:"一得奉见慈颜,永毕生愿。生死骨肉,岂过今恩,负山戴岳,未足胜荷。"

### 开宗明义
开宗:阐发宗旨;明义:说明意思。指说话、写文章一开始就讲明主要意思。

### 覆宗灭祀
宗:祖庙。祀:祭祀。覆宗:推翻祖庙。灭祀:灭了香火,引申为绝了后代。毁坏宗庙,断绝后代。亦作"覆宗绝嗣"。

### 否极泰来
逆境达到极点,就会向顺境转化。指坏运到了头,好运就来了。

### 泰然自若
不以为意,神情如常。形容在紧急情况下沉着镇定,不慌不乱。

### 鸿毛泰岱
鸿雁的毛,比喻事物轻微或不足道。泰岱指泰山,是我国的五岳之首。这里将鸿毛和泰山作比较,比喻轻重相差极大。

### 燕岱之石
比喻庸才下品。出自隋代江总《让尚书令表》:"谬以商丘之木,遂比舟楫之材;燕岱之石,混同珊瑚之器。"

禅主云亭

shàn

| 甲骨文 | 金文 | 篆文 | 隶书 | 楷书 | 行书 | 草书 | 标准宋体 |
|---|---|---|---|---|---|---|---|
|  | 禅 | 禪 | 禪 | 禪 | 禪 | 禅 | 禅 |

## 解字堂

"禅"字偏旁在古代被写作"示",很明显它像古代祭神的供桌,因此,"禅"与祭司有关。"禅"的本义是祭祀上天。引申指帝王让位给他姓。如"禅让""禅位",又可泛指继承。历史上最有名的关于禅位的故事便是尧帝让位许由。

在上古的尧舜时期,有一位高士叫许由,是昆吾族部落的首领,也是今天的许姓开姓之祖。据记载许由以农耕而食,重义轻利,广有贤名,尧帝知道后,要把君位让给他,许由不愿做官,就逃到箕山下隐居起来,尧又请他做九州长,他又到颍水边洗耳,表示不愿听到这种话,这时候另外一位隐士巢父先生讽刺了许由先生几句,许由先生如芒在背,一狠心来了一个彻底,逃到中国南方的蛮荒之地九嶷山去了。这一回,尧帝终于死了心,再也没有追去。最后尧才把君位传给了舜。几千年来,尧舜禅让的千古美谈,一直被人们广为传颂。许由其人也被后人尊称为隐士鼻祖。

此外,"禅"还读作"chán",是佛教用语"佛那"的省略,意思是"静思"。由此引申开来,凡是和佛教有关的事务,往往都会加上一个"禅"字。如"禅房""禅机"。

## 名言馆

薄暮空潭曲,安禅制毒龙。
- (唐)王维《过香积寺》

苏晋长斋绣佛前,醉中往往爱逃禅。
- (唐)杜甫《饮中八仙歌》

曲径通幽处,禅房花木深。
- (唐)常建《题破山寺后禅院》

不炼金丹不坐禅,饥来吃饭倦来眠。
- (明)唐寅《感怀》

谜语答案 泰 泰

# 主 zhǔ

禅主云亭

| 甲骨文 | 金文 | 篆文 | 隶书 | 楷书 | 行书 | 草书 | 标准宋体 |
|---|---|---|---|---|---|---|---|
| 丁 | 丁 | 坐 | 主 | 主 | 主 | 主 | 主 |

## 名言馆

主人何为言少钱，径须沽取对君酌。
· （唐）李白《将进酒》

蜀江水碧蜀山青，圣主朝朝暮暮情。
· （唐）白居易《长恨歌》

驿外断桥边，寂寞开无主。
· （宋）陆游《卜算子·咏梅》

怅寥廓，问苍茫大地，谁主沉浮？
· 毛泽东《沁园春·长沙》

## 解字堂

"主"是象形字，是"炷"的本字。甲骨文的下部像一个灯碗、灯座，上部像燃烧的火苗。小篆与甲骨文大致相同。隶变后楷书写作"主"。《说文解字》："主，灯中火主也。"意为主是灯中的火炷。所以，"主"的本义是指灯火火焰，此义后来写作"炷"。灯头火焰是灯的中心主体，故引申指最主要的、最基本的。进而引申为主人、君主、首领，也就是权力和财物的所有者，家庭的首脑，也可以作为天子或王侯的女儿的简称。还可以由主题引申为对事物所持的见解、意见。如"主意""主张"。"主"还有许多不常用释义：预示，如"早霞主雨"；旧时为死人立的牌位，如"木主""神主"；基督教、伊斯兰教对所信仰的神或本教创始人的称呼。

天子或王侯的女儿被称为公主，中国历史上，有不少以公主或宗室女下嫁番邦国王和亲的事例。唐太宗时期，文成公主远嫁吐蕃，便是和亲的典范。在她的影响下，汉藏两族的友谊有了很大的发展，促进了藏族地区文化、经济、政治的发展，有效地增进了汉藏团结。

禅主云亭

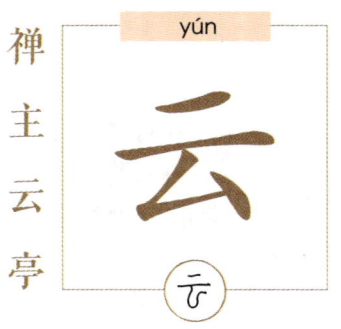

yún

| 甲骨文 | 金文 | 篆文 | 隶书 | 楷书 | 行书 | 草书 | 标准宋体 |
|---|---|---|---|---|---|---|---|
| 云 | 云 | 云 | 云 | 云 | 云 | 云 | 云 |

## 解字堂

云，象形字。上面两横代表着天上横向的云彩，底部弯钩代表着卷状的云团。然而，同样都是"云"，此处的"云"和"云腾致雨"中的"云"不太相同。这里的云不是天气现象，而是一个地名。这里我们单独讲讲云山的"云"和作为地名人名的"云"。

云山，古名云云山，是泰山山下的一座小山。《史记》卷二十八《封禅书》说："管仲曰：'古者封泰山禅梁父者七十二家，而夷吾所记者十有二焉。昔无怀氏封泰山，禅云云；虙羲封泰山，禅云云；神农封泰山，禅云云；炎帝封泰山，禅云云；黄帝封泰山，禅亭亭。'"南朝宋裴骃《史记集解》："李奇曰：'云云山在梁父东。'"唐朝张守节《史记正义》引《括地志》："云云山在兖州博城县西南三十里也。亭亭山在兖州博城县西南三十里也。"这里面讲到的无怀氏、虙羲、神农、炎帝、黄帝，都是上古帝王。封为祭天，禅为祭地。由此可见云亭山在古代的重要性了。清朝著名文学家孔尚任号"云亭山人"，也为云亭山增加了不少文学气息。

作为人名的"云"，则是源远流长。传说中，云姓本为"妘"姓，最远可上溯至上古帝王颛顼。颛顼的后代有祝融者，传为云姓始祖。还有上古黄帝时的缙云氏，出自黄帝时期夏官之后，属于以官职名为氏。据史籍《姓氏考略》上记载，云氏始祖缙云氏，据考证则是比祝融更早的黄帝时之人，也是以官为氏。还有的云姓从鲜卑族、蒙古族、满族、达斡尔族改姓而来。可见云姓的来源是十分广泛的。

## 名言馆

既见君子，云胡不喜？
·《诗经·郑风·风雨》

其为人也，发愤忘食，乐以忘忧，不知老之将至云尔。
·《论语·述而》

礼云礼云，玉帛云乎哉？乐云乐云，钟鼓云乎哉？
·《论语·阳货》

禅主云亭

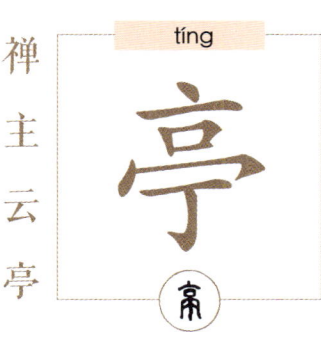

| 甲骨文 | 金文 | 篆文 | 隶书 | 楷书 | 行书 | 草书 | 标准宋体 |
|---|---|---|---|---|---|---|---|
|  | 斎 | 斎 | 亭 | 亭 | 亭 | 亨 | 亭 |

## 名言馆

相看两不厌，惟有敬亭山。
・（唐）李白《独坐敬亭山》

何处是归程？长亭更短亭。
・（唐）李白《菩萨蛮》

南阳诸葛庐，西蜀子云亭。
・（唐）刘禹锡《陋室铭》

常记溪亭日暮，沉醉不知归路。
・（宋）李清照《如梦令》

## 解字堂

"亭"是形声字。金文的字形像一座用以观察敌情的瞭望台。在《说文解字》中解释为"亭，民所安定也。亭有楼，从高省，丁声。"意思是亭是人们安定的处所。亭上有楼，由"高"省去"口"，会意，丁表示声音。

"亭"的本义为瞭望亭——古代设在边塞观察敌情的岗亭，如"亭候"。引申指古代设在道旁供行人停留食宿的处所。进而引申泛指山林、路边供人休息的有顶无墙的小型建筑物。如刘禹锡《陋室铭》："南阳诸葛庐，西蜀子云亭。"此外，由亭子的端正直立还可引申表示笔直、挺立。如"亭亭玉立"。

亭台楼阁是古代文人墨客聚会写文的主要场所，如欧阳修的《醉翁亭记》、李白的《独坐敬亭山》、杜甫的《章梓州水亭》等都是在亭阁中创作的。亭子多与送别有关，送友人"天下伤心处，劳劳送客亭"；送爱人"寒蝉凄切，对长亭晚，骤雨初歇"；送自己"何处是归程，长亭更短亭"，几多离愁别绪，都在言语中。

## 温故知新

###  四字通解

禅主云亭,意思是历代的帝王在政权更替、新君登基的时候,都首先要来举行祭拜天地的封禅大典,举行封禅大典的地方就在泰山、云山和亭山。祭天的仪式叫作"封",封都在泰山举行;祭地的仪式叫作"禅",禅在泰山脚下的云山和亭山举行。由于历朝的规矩不同,具体地点也就有异,例如三皇的封禅,伏羲、神农封在泰山,禅在云山;黄帝封在泰山,禅在亭山;尧舜都是封泰山,禅云山。云山在泰山的东南,亭山在泰山的南面,都离泰山很近,山很小。

封禅作为一件国家政治生活中的大事,向来受到特别的重视。而且,并非所有的皇帝都可以进行封禅活动。自古以来,只有天下太平或者天降祥瑞才可以进行封禅。因此进行过封禅大典的皇帝只有以下几位:秦始皇、汉武帝、汉光武帝、唐高宗、唐玄宗、宋真宗。可见封禅的规格之高。

###  故事厅

#### 小怜惑主

南北朝时期,北齐出了位十分聪明、美丽、多情、温柔的女子,名叫小怜。

小怜后来当了大穆后的侍女。不久,大穆后将小怜送给了北齐后主高纬。小怜不仅有沉鱼落雁的容貌,而且十分聪慧,歌唱得好,舞跳得美,弹起琵琶也十分动听。如此才艺双佳的美女,使后主宠爱不已,封为淑妃。

后主自从得到了小怜,便完全被小怜迷住了。他不仅每夜与小怜同床共枕,而且白天也都与小怜待在一起。在宫中,同席而坐;外出时,要与小怜骑着马并排而行。天长日久,朝政都渐渐被后主忘到脑后去了。

不久,北周发兵攻打北齐,晋阳告急。

兵临城下,军情如火,而北齐后主高纬此时正带着小怜及一帮侍从在外地打猎。晋州守将千方百计派人将紧急情报送到了后主的手中。后主一见情报,有点着急,准备立即返回。而小怜这时猎兴正浓。她娇滴滴地抓住后主的衣袖哀求他再打一围。国家的存亡已到了关键时刻,但后主望望哀求着的小怜,实在不忍心让她失望。于是,下令继续打猎,把敌军围城的事丢在了一边。

后来"小怜惑主"这一典故,用来指女色误国。

这个典故出自《北史·齐冯淑妃传》,在古代被认为是一个典型的君主沉迷于女色而耽误国家大事的事例。然而,用我们今天的观点看来,将国家灭亡的巨大责任推给一位女子,显然是不妥的。我们必须要看到,在这个故事里,是统治阶级的荒淫残暴从而导致国家灭亡。历朝历代有很多所谓"女色误国"的事例,我们在看到这些故事时,一定要擦亮眼睛、科学分辨。这种红颜祸水论的歧视观点,是今天的我们要严肃批判的。

### 猜谜语

人在云上走。
（打一字）

会当凌绝顶。
（打一字）

身体多轻柔,逍遥漫天游,
风来它就躲,雨来它带头。
（打一自然物）

 **知识角**

 **成语窗**

### 名诗名句与名亭

兰亭：兰亭在绍兴的西南部，离城约13公里。这个古朴典雅的园子虽然不大，却为中外游人所瞩目。据历史记载，353年，即东晋永和九年（353）三月三日，王羲之与友人谢安、孙绰等名流及亲朋共42人聚会于兰亭，行修禊之礼，曲水流觞，饮酒赋诗。后来王羲之汇集各人的诗文编成集子，并写了一篇序，这就是著名的《兰亭集序》。

陶然亭：在北京陶然亭公园内，园以亭名。清工部郎中江藻建，名取自白居易诗"更待菊黄家酿熟，共君一醉一陶然"，是我国名亭之一。

知春亭：在北京颐和园昆明湖东岸，重檐四角攒尖顶，倚亭可观全园春色，亭名取自苏东坡"春江水暖鸭先知"诗意，湖光荡漾，垂柳依依，景色宜人。

后乐亭：在山东益都西门外范公亭景区。范仲淹在此任职，他为官清廉，后人建亭纪念，亭名取自范仲淹《岳阳楼记》中"后天下之乐而乐"之句。周围松竹葱郁，风景清幽。

爱晚亭：原名红叶亭，在长沙市岳麓山清风峡山上，四周枫叶秋来火红，取杜牧诗"停车坐爱枫林晚，霜叶红于二月花"句意，亭额为毛泽东题写。

一览亭：在芜湖市区赭山顶上，明嘉靖年建，取杜甫"会当凌绝顶，一览众山小"诗意命名，登亭眺望大江滔滔，帆樯云连，江城风物，尽收眼底。

### 叱咤风云
叱咤：怒喝声。一声呼喊、怒喝，可以使风云翻腾起来。形容威力极大。

### 白云苍狗
苍：灰白色。浮云像白衣裳，顷刻又变得像苍狗。比喻事物变化不定。

### 亭亭玉立
亭亭：高耸直立的样子。形容女子身材细长。也形容花木等形体挺拔。

### 华亭鹤唳
华亭谷的鹤叫声。表示对过去生活的留恋。

### 四亭八当
亭、当：即停当、妥帖。形容一切事情都安排得十分妥帖。

### 六神无主
六神：道家认为人的心、肺、肝、肾、脾、胆各有神灵主宰，称为六神。形容惊慌着急，没了主意，不知如何才好。

### 地主之谊
地主：当地的主人；谊：义务。住在本地的人对外地客人的招待义务。

### 禅絮沾泥
比喻禅寂之心受到尘世烦恼的沾染。

### 久坐必有一禅
长久地打坐最后一定会参透某种禅机，喻长期坚持最后必有成效。

## 雁门紫塞

yàn

| 甲骨文 | 金文 | 篆文 | 隶书 | 楷书 | 行书 | 草书 | 标准宋体 |
|---|---|---|---|---|---|---|---|
| 雁 | 雁 | 雁 | 雁 | 雁 | 雁 | 雁 | 雁 |

### 解字堂

"雁"是形声字。从隹（zhuī），从人，厂（hǎn）声，隹是一种短尾鸟。厂是石山之崖岩的意思，因此也有表意作用。"雁"的本义是鸟名，是鸟类的一属，形状略像鹅，颈和翼较长，足和尾较短，羽毛淡紫褐色，善于游泳和飞行，群居水边，飞时排列成行。因此常常组词：雁行（háng）、雁序、雁阵（雁行整齐，如同军队布阵）。

之前我们了解了昭君出塞的故事，其实在昭君出塞还有这样一个小插曲。在一个秋高气爽的日子里，昭君告别了故土，登程北去。一路上，马嘶雁鸣，撕裂她的心肝；悲切之感，使她心绪难平。她在坐骑之上，拨动琴弦，奏起悲壮的离别之曲。南飞的大雁听到这悦耳的琴声，看到骑在马上的这个美丽女子，忘记摆动翅膀，跌落地下。从此，昭君就得来"落雁"的代称。

其实，促成落雁的主要原因是琵琶声。我们知道，琵琶声可以低回婉转，也可以声如裂帛。白乐天在《琵琶行》就有"嘈嘈切切错杂弹，大珠小珠落玉盘"的诗句，王昭君出塞，心情悲愤，猛弹琵琶，声震高空，大雁受不了激昂的琵琶声，就从天空掉下来。鸟类忍受声波的限度比人低，所以，昭君拨动高昂的琵琶声，声震高空，摧肝裂胆，大雁就从天空中掉下来了。

### 名言馆

征蓬出汉塞，归雁入胡天。
·（唐）王维《使至塞上》

千里黄云白日曛，北风吹雁雪纷纷。
·（唐）高适《别董大》

鸿雁几时到，江湖秋水多。
·（唐）杜甫《天末怀李白》

塞下秋来风景异，衡阳雁去无留意。
·（宋）范仲淹《渔家傲》

谜语答案　会　云　云彩

## mén 门

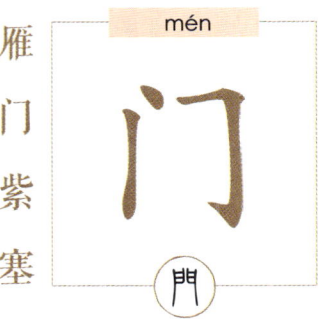

| 甲骨文 | 金文 | 篆文 | 隶书 | 楷书 | 行书 | 草书 | 标准宋体 |
|---|---|---|---|---|---|---|---|
| 𨳇 | 𨳇 | 門 | 門 | 門 | 門 | 门 | 门 |

### ～名言馆～

窗含西岭千秋雪，门泊东吴万里船。
· （唐）杜甫《绝句》

门掩黄昏，无计留春住。
· （宋）欧阳修《蝶恋花》

谁道人生无再少，门前流水尚能西。
· （宋）苏轼《浣溪沙·游蕲水清泉寺》

从今若许闲乘月，拄杖无时夜叩门。
· （宋）陆游《游山西村》

### ～解字堂～

"门"是象形字，甲骨文上部是一条嵌入门枢的横木，下部像两扇门。金文去掉了门楣。小篆承接金文。隶变后楷书写作"門"。汉字简化后写作"门"。

《说文解字》中对"门"解释为"门，闻也。从二户。象形。凡门之属皆从门。"意思是"门，内外相互问听得到。由两个'户'字会意。象形字，大凡是门的部署都从门。""门"的本义为双扇门。泛指建筑物和交通工具的入口。如"房门"。又引申指家、家族。如白居易《长恨歌》："姊妹兄弟皆列土，可怜光彩生门户。"还引申表示门类。如《旧唐书·杜佑传》："书凡九门。"意思是这部书分为九个门类。进而引申表示门类。如"分门别类"。"门"是个部首字，凡由"门"组成的字大都与门户及其动作有关。如"闭""间""闲"。

谈到与门有关的动作，不得不说一个著名的典故，即"推敲"一词的由来。唐代诗人贾岛赴长安赶考途中的一天，他骑着驴一边走一边吟诗，忽然得了两句道："鸟宿池边树，僧推月下门。"贾岛自己觉得这两句还不错。可是，又觉得下句"推"字不够好：既是月下的夜里，门早该关上，恐怕推不开了，不如改为"僧敲月下门"。心里这么琢磨着，嘴里也就反复地念着。不知不觉中他骑着毛驴闯进了大官韩愈（唐宋八大家之一）的仪仗队里。当即被差役们扭住，带到韩愈马前。韩愈问明原委，不但没有责备贾岛，还很称赞他认真的创作态度。后来，形容反复地研究措词、斟酌字句，就叫"推敲"。大家平时做学问的时候也要保持这种认真谨慎的态度，写文章时一词一句都要仔细斟酌。

## 雁门紫塞

zǐ

| 甲骨文 | 金文 | 篆文 | 隶书 | 楷书 | 行书 | 草书 | 标准宋体 |
|---|---|---|---|---|---|---|---|
|  |  | 紫 | 紫 | 紫 | 紫 | 紫 | 紫 |

### 解字堂

"紫"是形声字。从糸（mì），此声。本义是紫色，在可见光中波长最短，红与蓝合成的颜色。如紫红、紫铜、紫外线、紫药水。

古人因相传"老子"有紫气，故以紫为祥瑞的颜色。如：紫房（道家称仙人所居的地方，也称"紫府"）、紫皇（道教传说的天帝）。另外，紫色是道教和某些朝代的统治者所崇尚的色彩，因而常在其宫室、服饰、用物前冠之以"紫"，如紫衣、紫书（道经或皇帝诏书）、紫诰（帝王诏令）、紫台（神仙、帝王所居）、紫气（祥瑞之气，多附会为帝王、圣贤或宝物出现的先兆）、紫光阁、紫禁城、紫袍金带。进而代指与帝王、皇宫有关的事物。《水浒传》有诗句："正阳门径通黄道，长朝殿端拱紫垣。"这里的"紫垣"便是指皇宫。

"紫"还可以作名词，意思是紫色的衣服和绶带。《韩非子》记载，春秋时期"五霸"之首的齐桓公，平素喜爱穿紫服，国人纷纷仿效。一时间紫色的衣料大贵，一匹紫色布的价格超过五匹素色布的价格。齐桓公问丞相管仲："寡人好服紫，紫贵甚，一国百姓好服紫不已，寡人奈何？"管仲曰："君欲止之，何不试勿衣紫也。"齐桓公接受劝谏，不再穿紫服。当天，所有的近臣就不再穿紫色衣服。次日，国都临淄已没人穿紫色衣服。第三天，整个齐国也找不到一个穿紫色衣服的人了。这就是历史上"齐桓紫服"的故事，从中可见领导者的言行和生活作风对广大群众的引领作用。

### 名言馆

日照香炉生紫烟，遥看瀑布挂前川。

· （唐）李白《望庐山瀑布》

一去紫台连朔漠，独留青冢向黄昏。

· （唐）杜甫《咏怀古迹五首》其三

角声满天秋色里，塞上燕脂凝夜紫。

· （唐）李贺《雁门太守行》

等闲识得东风面，万紫千红总是春。

· （宋）朱熹《春日》

雁门紫塞

| 甲骨文 | 金文 | 篆文 | 隶书 | 楷书 | 行书 | 草书 | 标准宋体 |
|---|---|---|---|---|---|---|---|

## 名言馆

楚塞三湘接，荆门九派通。
· （唐）王维《汉江临眺》

尔来四万八千岁，不与秦塞通人烟。
· （唐）李白《蜀道难》

江间波浪兼天涌，塞上风云接地阴。
· （唐）杜甫《秋兴八首》其一

西塞山边白鹭飞，桃花流水鳜鱼肥。
· （唐）张志和《渔歌子》

## 解字堂

"塞"是会意字。甲骨文从宀，表示房子；从㠭，表示一堆东西；从手，会用手把一堆东西塞到房子中之意。隶变后楷书写作"塞"。

《说文解字》中解释为"塞，隔也。从土，从寒。"意思是"塞，筑在边区的隔障"。"塞"的本义是堵塞、阻隔，读作"sāi"。引申指填塞、充满。如袁枚《黄生借书说》："汗牛塞屋，富贵家之书。"引申指要塞。如《汉书·晁错传》："守边备塞，劝农利本，当时急务。"又引申指边境，读作sài。"塞"还可读作sè，表示堵住，填充空隙。

唐代著名诗人王昌龄的《出塞》以雄劲的笔触，对当时的边塞战争生活做了高度的艺术概括，把写景、叙事、抒情与议论紧密结合，诗的意境雄浑深远，既激动人心，又耐人寻味，成为数百年来边塞诗中的翘首。"秦时明月汉时关，万里长征人未还"一句从千年以前、万里之外下笔，形成了一种雄浑苍茫的独特意境，使读者把眼前明月下的边关同秦代筑关备胡，汉代在关内外与胡人发生一系列战争的悠久历史自然联系起来。这样一来，"万里长征人未还"，就不只是当代的人们，而是自秦汉以来世世代代的人们共同的悲剧。希望边境有"不教胡马度阴山"的"龙城飞将"，也不只是汉代的人们，而是世世代代人们共同的愿望。

## 温故知新

 四字通解

"雁门紫塞"这四个字要两两拆解。"雁门"指的是雁门关,"紫塞"指的是长城。

要看雄伟的关隘,首屈一指的是北疆的雁门关,因为《吕氏春秋》上说:"天下九塞,雁门为首。"雁门山位于山西代县北境,属北岳恒山山脉,雁门关得名于《山海经》:"雁门,飞雁出于其门。"为什么大雁要从关门飞过?原来雁门山群峰海拔1950米以上,周围群山峻岭环抱,只有过雁峰两旁有两道比较低矮的山口。大雁不能从其他处飞过,只能从这里经过,雁门关正好坐落在这个山口之上。相传每年春来,南雁北飞,口衔芦叶,飞到雁门盘旋半晌,直到叶落方可过关,故有雁阵过关的奇景。

秦始皇统一六国后,曾派遣大将蒙恬率兵三十万,从雁门出塞,"北击胡,悉收河南之地"(即河套地区),把匈奴赶到阴山以北,并且修筑了万里长城。此后历代名将如卫青、霍去病、李广、薛仁贵、杨家将等,都曾驰骋在雁门关内外,保家卫国。自春秋以来直至20世纪,发生在雁门关前的战事,有记载的就有1000多次,可见它确实是兵家必争之地。北宋的徽钦二帝是从这里被押走的,昭君出塞也是从这里离开的,慈禧被洋人追赶逃至此地,多少古今故事都发生在雁门关。

你要看长城就要看在西北的"紫塞",长城西起嘉峪关,东至渤海,全长一万二千华里。在西北一段尤为壮观,因西北植被少、地域辽阔,一望无际。其地表又多红土,车马过后腾起的烟尘,在阳光的照耀下红尘滚滚。尘埃中若隐若现的关塞真像梦幻一般,故称为"紫塞"。

 故事厅

### 紫气东来

公元前5世纪的某天,周康王时期的大夫尹喜正在草堂和夫人弈棋,有下人神色慌张地跑进门来,语不成句地说:"大夫大夫,大事不好!"尹喜将棋子稳稳地落在棋盘上,扭过脸来不慌不忙地问:"什么事如此慌张?"下人说:"东方天空忽然涌出一股紫色云霞,形状活似龙蛇遨游太空,滚滚西来,势不可挡。如今战乱四起,这股紫色云霞,不知主何吉凶。请大夫上楼观望!"尹喜听毕,便站了起来,随同下人登上草楼,举目远望。果然见一股紫气如蛟龙腾舞,自东向西迈。尹喜连声赞道:"妙哉,妙哉!此乃祥瑞之气,真人将至矣!"于是便上书朝廷愿为函谷关令。到关,敕门吏曰:"若有名翁从东来,乘青牛,勿让过关,当禀我知。"关令尹喜计算时日将至,便令下人全部斋戒,恭候迎接。至期,果见一老者,天庭饱满,鹤发童颜,两耳垂后,眉长三寸,目光炯炯射人。青牛迈着有节奏的步伐,老者坐在牛背上,逍遥自在,悠然自得。原来,这骑青牛的老者,便是太上老君。

老君姓李名老聃,字伯阳,是东周守藏史。因周室内乱,便辞去官职,准备西行,路过函谷关。他见面前这位官员,清奇不俗,气度非凡,遂相携入关。尹喜辞却关令,同回草楼,请老君讲经传道。

后人以"紫气东来"表示祥瑞。

 ## 知识角

### 鸿雁传书

汉武帝时汉廷与匈奴之间常有战事。有一次，匈奴派使者前来求和，并把扣留的汉朝使者放了回来。汉武帝为了回应匈奴的善举，派中郎将苏武拿着旌节，带一干人等出使匈奴，没想到却出了意外。苏武被匈奴扣押。

单（chán）于想逼迫苏武投降，苏武说："要我投降，除非海枯石烂，日从西升。"他宁死不屈，举刀自刎，经过抢救才幸免于难。苏武随后被单于流放到北海无人区牧羊。苏武一个人在冰天雪地里放羊，万般艰辛。没有粮食，他就挖田鼠藏在洞里的食物充饥；口渴了就抓把雪吞下解渴。唯一和他做伴的就是那根代表朝廷的旌节，日子一久，旌节上的穗子全掉了。

转眼间十几年过去了，这时汉昭帝已继位，匈奴老国王也已驾崩，换了新单于，汉匈议和，汉人和匈奴人通婚。汉昭帝遂派使者前往匈奴，要求释放苏武，单于谎称苏武已经死去，使者信以为真，就没有再提。当汉昭帝第二次派使者到匈奴时，和苏武一起出使匈奴并被扣留的副使常惠设法买通了禁卒，秘密会见了汉使，把苏武正在北海牧羊的消息告诉了汉使，并想出一计，让汉使对单于讲："匈奴既然存心同汉朝和好，就不应该欺骗汉朝。汉朝天子在上林苑打猎时，射到一只大雁，雁足上系着一封写在帛上的信，上面写苏武没死，而是在一个大泽中牧羊，你怎么说他死了呢？"单于听后大为震惊，以为苏武的忠义感动了飞鸟，连鸿雁也替他传送消息。他无法再抵赖，只能向汉使道歉，把苏武放了。

这就是苏武牧羊的故事，此后，鸿雁传书也广为人知，并逐渐演化为传信的象征。

 ## 成语窗

**沉鱼落雁**
鱼见之沉入水底，雁见之降落沙洲。形容女子容貌美丽。

**雁过拔毛**
比喻人爱占便宜，见有好处就要乘机捞一把。

**蓬门荜户**
用树枝、草等做成的房子。形容穷苦人家所住的简陋的房屋。

**杜门却扫**
杜：关上。关上大门，不再打扫庭院路径。指闭门谢客，清静自适。

**万紫千红**
形容百花齐放，色彩艳丽。也比喻事物丰富多彩。

**塞翁失马**
塞：边界险要之处；翁：老头。比喻一时虽然受到损失，也许反而因此能得到好处。也指坏事在一定条件下可变为好事。

### 猜谜语

闻不入耳。
（打一字）

日长月短左右战，
一正一反两边排。
（打一字）

鸡田赤城

| 甲骨文 | 金文 | 篆文 | 隶书 | 楷书 | 行书 | 草书 | 标准宋体 |
|---|---|---|---|---|---|---|---|
| | | 雞 | 雞 | 雞 | 雞 | 鸡 | 鸡 |

## 解字堂

"鸡"是象形字。甲骨文、金文都像是一只公鸡的形象。小篆变成了从隹、奚声的形声字。隶变后楷书写作"雞"。汉字简化后写作"鸡"。

《说文解字》解释为"雞，知时兽也。从隹，奚声。籀文从鸟。"意思是"鸡，知道时辰的家畜。从隹，奚声。""鸡"的本义是一种家禽。家禽，品种很多，翅膀短，不能高飞；雄性啼能报晓，雌性生的蛋是好食品。如公鸡、母鸡、鸡雏。孟浩然《过故人庄》："故人具鸡黍，邀我至田家。"

《庄子·达生》中有这样一个寓言。古时候人们很喜欢斗鸡的游戏，一个叫纪渻子的人专门为国王训练斗鸡，准备参加搏斗。过了十天，国王问纪渻子："鸡已经训练好了吗？"纪渻子回答："还没有，这只鸡表面看起来气势汹汹的，其实没有什么底气。"又过了十天，国王再次询问，纪渻子说还不行，因为它一看到别的鸡的影子，马上就紧张起来，说明还有好斗的心理。又过了十天，国王去问但还是不行，因为纪渻子认为这只鸡还有些目光炯炯，气势未消。这样再过了十天，纪渻子终于说差不多了，它虽然偶尔还叫几声，但已经有些呆头呆脑、不动声色，看上去就像木头鸡一样，说明它已经进入完美的精神境界了。国王于是把这只鸡放进斗鸡场，没想到别的鸡一看到这只"呆若木鸡"的斗鸡，还没有交手就都掉头逃走。

## 名言馆

狗吠深巷中，鸡鸣桑树颠。
· （晋）陶潜《归园田居五首》其一

故人具鸡黍，邀我至田家。
· （唐）孟浩然《过故人庄》

三更灯火五更鸡，正是男儿读书时。
· （唐）颜真卿《劝学》

莫笑农家腊酒浑，丰年留客足鸡豚。
· （宋）陆游《游山西村》

谜语答案　门　门

鸡田赤城

tián

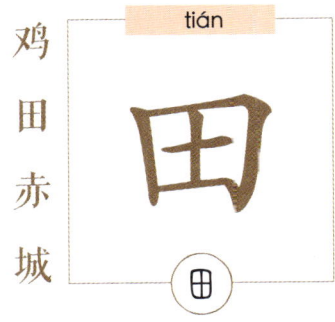

| 甲骨文 | 金文 | 篆文 | 隶书 | 楷书 | 行书 | 草书 | 标准宋体 |
|---|---|---|---|---|---|---|---|
| 田 | 田 | 田 | 田 | 田 | 田 | 田 | 田 |

## 名言馆

江南可采莲，莲叶何田田。
·汉乐府《江南》

开荒南野际，守拙归园田。
·（晋）陶潜《归园田居五首》其一

四海无闲田，农夫犹饿死。
·（唐）李绅《悯农》

沧海月明珠有泪，蓝田日暖玉生烟。
·（唐）李商隐《锦瑟》

## 解字堂

"田"是象形字。甲骨文、金文、小篆、楷书都像一块方形的大田被纵横的田埂或者田间小路分成几块小田。隶变后写作"田"。《说文解字》中对"田"的描述为"田，陈也。树谷曰田。象四口。十，阡陌之制也。凡田之属皆从田。"意思是："田，陈列（得整整齐齐）。种植稻谷的地方叫田。（口）像田四周的界限；十表示纵横的沟涂。大凡田的部属都从田。"从田的字多与田猎耕种有关。

"田"的本义是农田，就是种庄稼的土地。进而引申为耕种。还可以指狩猎。如"焚林而田，涸泽而渔"，意思是把森林烧了去捕猎野兽，把湖水排干了以获得鱼类。比喻做事情不留余地，只顾眼前利益，不做长远打算。民以食为天，食以田为本。

在远古社会，人类就开始了与土地的抗争，通过种植庄稼，砍伐树木来获取生存的物资，国家出现后，保障农业成为各朝各代治理国家的首要大事，关于土地的政策层出不穷：井田制，形成于西周，瓦解于春秋；商鞅变法承认土地私有；王莽实行王田制；曹操实行屯田制；北魏、隋、唐实行均田制；清实行更名田。所有的土地制度最终目的都是将一定人口控制在土地上生产粮食，为国家发展提供保障。

鸡田赤城

chì

| 甲骨文 | 金文 | 篆文 | 隶书 | 楷书 | 行书 | 草书 | 标准宋体 |
|---|---|---|---|---|---|---|---|
| | | | | | | | 赤 |

## 解字堂

"赤"是会意字。甲骨文从大，从火。赤的本义是火红色。金文将甲骨文的火堆写成 ，篆文将金文的火堆写成 。隶书则误将篆文的"大" 写成"土" ，误将篆文的"火" 写成"四点底" ，至此面目全非。执行火刑为"赤"；将死囚从火刑中放生为"赦"。人在火上，被烤得红红的。所以"赤"可引申为火的颜色，即红色。进而衍生出真诚、忠诚的意思。如赤诚（极其真诚）、赤忱、赤子（纯洁无瑕的初生婴儿，古代亦指百姓）、赤胆忠心。做形容词时有空、一无所有的意思，如赤手空拳、赤地千里。

"赤"所组成的成语常常被用来形容人的脾气秉性，比如赤胆忠心，便是赞扬一个人对祖国和民族的忠诚，来源于一代名将岳飞，而"赤子之心"常常用来形容一个人心地纯洁善良，对某件事情有着单纯的向往，比如我们常说对亲爱的祖国永远怀着一颗赤子之心。再比如"赤心相待"，这里的赤心是"赤心"之心的简称，一片真心地对待别人，以真诚结交朋友是我们每一个人都应该抱有的处世态度。

## 名言馆

当流赤足蹋涧石，水声激激风吹衣。
· （唐）韩愈《山石》

天姥连天向天横，势拔五岳掩赤城。
· （唐）李白《梦留天姥吟留别》

故垒西边，人道是，三国周郎赤壁。
· （宋）苏轼《念奴娇·赤壁怀古》

赤橙黄绿青蓝紫，谁持彩练当空舞？
· 毛泽东《菩萨蛮·大柏地》

## 城 chéng

鸡田赤城

| 甲骨文 | 金文 | 篆文 | 隶书 | 楷书 | 行书 | 草书 | 标准宋体 |
|---|---|---|---|---|---|---|---|
| | 城 | 城 | 城 | 城 | 城 | 城 | 城 |

### 名言馆

城阙辅三秦，风烟望五津。
· （唐）王勃《送杜少府之任蜀州》

谁家玉笛暗飞声，散入春风满洛城。
· （唐）李白《春夜洛城闻笛》

红酥手，黄縢酒，满城春色宫墙柳。
· （宋）陆游《钗头凤》

城中桃李愁风雨，春在溪头荠菜花。
· （宋）辛弃疾《鹧鸪天·代人赋》

### 解字堂

"城"是形声字。从土，成声。许慎在《说文解字》中说道："城，以盛民也。"也就是说，城最早是用来容纳民众的。人们生活和居住在城里。由此，有很多和"城"有关的词语，例如城墙、城池。在《穀梁传·隐公七年》中说："城为保民为之也。"《左传·庄公二十八年》中说：'邑曰筑，都曰城。"在规模上，城的规模比邑要大很多，至少要有城墙等防御设施。慢慢地，当一个人心里也有一堵厚厚的"城墙"时，我们便说这个人有"城府"，意思就是自我保护意识很重，心机深沉，不容易被人看穿。这是"城"字的引申义。

中国古代有很多名城。1982年2月，为了保护那些曾经是古代政治、经济、文化中心或近代革命运动和重大历史事件发生地的重要城市及其文物古迹免受破坏，"历史文化名城"的概念被正式提出。截至2015年6月1日，我国已宣布126座中国历史文化名城，并对其重点保护起来。第一批中国历史文化名城于1982年2月8日公布，总共24座，其中有北京、西安、南京、洛阳、开封等历史上的著名古都，也有广州这样的历史悠久的、占有重要地位的城市。然而，我们看到，很多城市虽然是历史文化名城，它的历史文化的遗迹却在渐渐减少，因此，我们要齐心协力，保护这些历史文化名城，保护我们的历史和精神家园。

## 温故知新

 **四字通解**

鸡田赤城，鸡田（在今宁夏境内）是古代西北塞外的地名，那里有中国最著名的也是最偏僻的古驿站。古时通讯不发达，中央政府发布的政令、地方报给中央的文书都要靠人马一站一站地送，驿站就是传递文书的信使中途换马和休息的地方。唐代诗人刘宪有"凉风过雁苑，杀气下鸡田"的诗句。

赤城是山名，是著名的浙江天台山奇峰之一。赤城山因土色皆赤，形如城堡而得名，每当晨曦高照，满山紫气氤氲，霞光笼罩，所以"赤城栖霞"是天台山八大景之一。赤城山高三百四十余米，在近郊四面青山中独树一帜，历来被看作天台山的南门和标志。天台又是佛教圣地，著名的智者大师就是天台宗的祖师。

 **故事厅**

### 闻鸡起舞

祖逖和刘琨是晋代著名将领。24岁那年，祖逖担任司州主簿，主管文书簿籍。刘琨是汉朝宗室中山靖王刘胜的后代。他们志同道合，都希望为国家出力，干一番事业。

当时，西晋皇族内部互相倾轧，争权夺利，各少数民族首领乘机起兵作乱，国家安全受到严重威胁。祖逖和刘琨对此很是焦虑。他们白天一起在衙门里供职，晚上回家一起谈论国家大事，谈如何建功立业，报效国家，一谈就是大半夜，累了才合盖一床被子睡下。

有一天，他们谈得很晚，刚入睡，刘琨就鼾声如雷。刚睡了一会儿，祖逖猛然听到鸡的叫声，于是叫醒刘琨说："你听，这不是荒鸡的叫声吗？恐怕天下要大乱了，我们还能安稳地睡觉吗？"刘琨揉揉眼，说："对！应该居安思危！"于是两人穿衣起床来到院中，拔剑对舞起来，直到曙光初露才去歇息。

后来，祖逖和刘琨为收复北方竭尽全力，而他们早年闻鸡起舞的故事更是成为美谈，家喻户晓。

勤奋与坚持不懈，使平凡的祖逖和刘琨成为威名远扬的将军。每个人都渴望成功，都希望好运降临到自己身上。事实上，成功的大门也永远为勤奋者敞开着，幸运女神也总是垂青于坚持不懈的人。不要抱怨机会与自己擦肩而过，在机会来临之前，先问自己：我足够勤奋吗？有时候，牺牲一点安逸的享受，换之以奋发向上，人生便会多一分积极与动力，成功的曙光便会在不远处向你招手。

### 猜谜语

匹马衔枚又向前。（打一字）

雀儿栖树间。（打一字）

树中栖鸟闻叨声。（打一字）

喜鹊登上东南枝。（打一字）

鸿江别后又重逢。（打一字）

##  知识角

### 世界濒危遗产——鸡鸣驿

鸡鸣驿城位于河北省怀来县鸡鸣驿乡鸡鸣驿村,是一处建于明代的驿站遗存。

鸡鸣驿位于沙城西20公里处,公路的南侧。鸡鸣驿距北京约150公里,是目前国内保存最好、规模最大、最富有特色的邮驿建筑群,具有重要的历史、艺术、科学价值,被称为邮政考古、机要考古的一座"活化石"。1982年被河北省政府公布为省级文物保护单位。2001年被国务院公布为第五批全国重点文物保护单位。2005年被建设部、国家文物局列入第二批中国历史文化名村。2003年、2005年,鸡鸣驿两次被世界文化遗产基金会列入100处世界濒危遗产名单。1996年8月,国家邮电部为纪念中国邮政创办100周年,发行了纪念邮票《古代驿站》一套两枚,其中一枚就是鸡鸣驿。

鸡鸣驿,因背靠鸡鸣山而得名。

鸡鸣山,《水经注》里说,"赵襄子杀代王于夏屋而并其土,襄子迎其姊于代。其姊代之夫人,至比曰,代已亡矣,吾将归乎,遂磨笄于山而自杀。代人怜之,为立祠焉,因名其地为磨笄山,每夜有野鸡鸣于祠屋上,故亦谓之鸡鸣山。"《明一统志》里则说,唐太宗北伐至山闻鸡鸣,因名鸡鸣山。

驿城占地22000平方米,平面近方形,城墙周长1891.8米。城墙表层是砖砌的,里层是夯土。墙体底宽8—11米,上宽3—5米,高11米,城墙四周均匀分布着4个角台。东西各开一城门,建有城楼,城外有烟墩。城内的5条道路纵横交错,将城区分成大小不等的12个区域。城内建筑分布有序,驿署区在城中心,西北区有马号,东北区为驿仓,城南的傍城有驿道东西向通过。城内还有古代遗留的商店和民居。城内明清建筑庙宇达17处之多,大多保存完好,其独特的历史人文景观和邮驿价值吸引了国内外大批参观考察者和影视剧作家。鸡鸣驿城是中国邮传、军驿的宝贵遗存,具有很高的文物价值。

驿站在中国历史上曾起着重要作用,可以说是一个国家的生命线,古代时传递消息和发放官文都用快马,后因马的体力和奔跑的距离都很有限,要完成数百公里的传递不得不中途换马,所以就在沿途建立许多马站,后来这种马站又演变成接待过往官员、商人的临时驿站,同时完成传递信息和邮件,也起着军事城堡的功能。可以说驿站在古代起着现代邮局和军事基地的作用。

##  成语窗

**杀鸡儆猴**
杀鸡给猴子看。比喻用惩罚一个人的办法来警告别的人。

**杀鸡取卵**
卵:蛋。为了要得到鸡蛋,不惜把鸡杀了。比喻贪图眼前的好处而不顾长远利益。

**鹤立鸡群**
像鹤站在鸡群中一样。比喻一个人的仪表或才能在周围一群人里显得很突出。

**沧海桑田**
桑田:农田。大海变成桑田,桑田变成大海。比喻世事变化很大。

**解甲归田**
脱下军装,回家种地。指战士退伍还乡。

**赤手空拳**
赤手:空手。两手空空。比喻没有任何依靠。

**赤子之心**
赤子:初生的婴儿。比喻人心地纯洁善良。出自《孟子·离娄下》:"大人者,不失其赤子之心者也。"

昆池碣石

kūn

| 甲骨文 | 金文 | 篆文 | 隶书 | 楷书 | 行书 | 草书 | 标准宋体 |
|---|---|---|---|---|---|---|---|
|  | 昆 | 昆 | 昆 | 昆 | 昆 | 昆 | 昆 |

## 解字堂

昆，象形字。初文像昆虫之形，后期讹变为"日"，其两足讹变为"比"，隶变后楷书写作"昆"。《说文解字》中对"昆"的解释为"昆，同也。从日，从比。""昆"字的本义为昆虫，引申为一起，共同。如《太玄》："天下之理得之谓德也，理生昆群兼爱之谓仁也。"兄弟同生并长，故引申指哥哥、胞兄。如《诗经》："终远兄弟，谓他人昆。"又指昆山，古代传说中的产玉之山。如《尚书》："火炎昆冈，玉石俱焚。"也是现在江苏省的一个地级市的名称。"昆"字现在还有子孙、后嗣的意思，如昆裔（子孙后代）、后昆。

我国传统文化博大精深，五千年的漫长历史积累了许多惊艳世界的文化瑰宝，其中包括口口相传的非物质文化遗产——百戏之祖昆曲。昆曲约在元末明初形成于江苏昆山一带，又称"昆山腔"。明代嘉靖时期杰出的戏曲音乐家魏良辅，对昆山腔进行了重大改革，创造出了"水磨腔"。剧作家梁辰鱼专为昆山腔编写了《浣纱记》一剧，演出后轰动江南，并迅速流行全国。明末清初，昆曲一度繁荣，在艺术上更加精致完美，影响扩展至全国。乾隆时期，昆曲艺术被统治阶级所掠夺，内容趋向宫廷化，以致脱离人民群众而渐衰落。新中国成立后人们对昆曲进行改革，力求通俗易懂。昆曲这个古老的剧种，又焕发出艺术的青春。现在最广为流传的作品是汤显祖的《牡丹亭》。

## 名言馆

昆明池水汉时功，武帝旌旗在眼中。
·（唐）杜甫《秋兴八首》其七

昆山玉碎凤凰叫，芙蓉泣露香兰笑。
·（唐）李贺《李凭箜篌引》

我自横刀向天笑，去留肝胆两昆仑。
·（清）谭嗣同《狱中题壁》

横空出世，莽昆仑，阅尽人间春色。
·毛泽东《念奴娇·昆仑》

谜语答案　鸡　鸡　鸡　鸡　鸡

昆池碣石

chí
池

| 甲骨文 | 金文 | 篆文 | 隶书 | 楷书 | 行书 | 草书 | 标准宋体 |
|---|---|---|---|---|---|---|---|
|  |  |  | 池 | 池 | 池 | 池 | 池 |

### 名言馆

池塘生春草，园柳变鸣禽。
· （南朝）谢灵运《登池上楼》

春寒赐浴华清池，温泉水滑洗凝脂。
· （唐）白居易《长恨歌》

君问归期未有期，巴山夜雨涨秋池。
· （唐）李商隐《夜雨寄北》

鸟宿池边树，僧敲月下门。
· （唐）贾岛《题李凝幽居》

### 解字堂

池，形声字。"池"的本义是积水的大坑。现在多指水塘，积水的大坑，如池塘、鱼塘。有时引申为旁边高、中间洼的地方，如花池、舞池。在古代，城市没有好的防御手段，常常在城墙外挖一条河保护城市不被侵犯，因此，城市也被称为城池，"金城汤池"中的"池"也是护城河的意思。蛰居在池塘中的一般都是很渺小的生物，人们常常用"非池中物"来形容有远大抱负的人终究要做大事。这个成语与三国时的一个故事有关。

在长江赤壁，打败了不可一世的曹操后，周瑜马上过江进击南郡。

在战斗中，周瑜不幸中箭，但他仍然指挥，最后拿下了南郡，被孙权封为南郡太守。这时孙权又让刘备以左将军领荆州牧，周瑜提醒孙权说："刘备是天下枭雄，关羽、张飞是熊虎之将，不是久屈人下的人。今天把荆州给了他们，恐怕蛟龙得到了云雨，（他们）终非池中物啊。"周瑜又为孙权筹划说："今曹操失败，没有能力和将军相抗了。请让我和张奋将军一起进取蜀地，得蜀地而并汉中，让张奋将军固守蜀、汉，好与马超结援。我回来再和将军攻取襄阳来对付曹操，北方可图也。"孙权答应了。可惜准备出发时，周瑜病逝，这年他才36岁。

051

昆池碣石

jié

| 甲骨文 | 金文 | 篆文 | 隶书 | 楷书 | 行书 | 草书 | 标准宋体 |
|---|---|---|---|---|---|---|---|
|  |  | 碣 | 碣 | 碣 | 碣 | 碣 | 碣 |

### 解字堂

"碣"是形声字，从石，曷声。"碣"的本义是高耸的独立的石头。碣后来又可指墓碑，即圆顶的石碑，如墓碣、残碑断碣。与"碣"有关的最著名的诗句莫过于曹操的《观沧海》："东临碣石，以观沧海。"这首诗表现了曹操的伟大志向，由于戏曲小说等对曹操的戏说，人们对曹操的评价有些偏颇。

曹操不仅是中国历史上一位杰出的政治家、军事家，还是一位杰出的文学家。他与其子曹丕、曹植在中国文学史上并称为"三曹"。曹操"外定武功，内兴文学"，又是建安文学新局面的开拓者。他一方面凭借政治上的领导地位，广泛地搜罗文士，造成了"彬彬之盛"的建安文学之局面；另一方面用自己富有创造性的作品开创文学上的新风气。曹操的文学创作以诗歌最为著名，内容多为描写亲身经历的战争生活。《观沧海》，通过作者亲临东海观潮的感受，表现了其暮年的壮阔胸怀。诗中描写了山海间万物的繁茂和萧瑟秋风中呈现出的大海洪波，那天水相连，波澜壮阔的大海，"日月之行，若出其中。星汉灿烂，若出其里"，吞含日月，孕育星辰的伟大气势；浩浩荡荡，无边无际的伟大场面，真是壮观极了。日月星辰都在他的怀抱之中，如此恢宏、壮丽的意境实在是令人赞叹。

### 名言馆

东临碣石，以观沧海。

·（汉）曹操《观沧海》

斜月沉沉藏海雾，碣石潇湘无限路。

·（唐）张若虚《春江花月夜》

骨朽空名垂断简，冢荒残碣卧苍苔。

·（宋）陆游《遣兴》

魏武挥鞭，东临碣石有遗篇。

·毛泽东《浪淘沙·北戴河》

昆池碣石

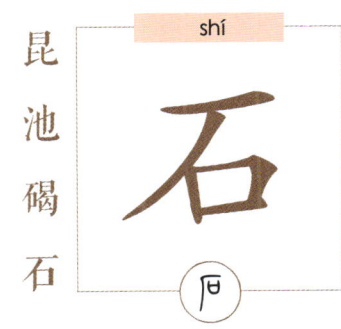

| 甲骨文 | 金文 | 篆文 | 隶书 | 楷书 | 行书 | 草书 | 标准宋体 |
|---|---|---|---|---|---|---|---|
| | | | | | | | 石 |

### 名言馆

它山之石，可以攻玉。
· 《诗·小雅·鹤鸣》

江流石不转，遗恨失吞吴。
· （唐）杜甫《八阵图》

平明寻白羽，没在石棱中。
· （唐）卢纶《塞下曲》

乱石穿空，惊涛拍岸，卷起千堆雪。
· （宋）苏轼《念奴娇·赤壁怀古》

### 解字堂

"石"是象形字。甲骨文左边像岩角，右下角的"口"形表示石块。金文中，岩角之形省为"厂"。小篆与金文相同。隶变后写作"石"。《说文解字》对"石"的解释为："石，山石也。在厂之下，口象形。"意思是："石，山上的石头。好像石头在山崖之下；口，是石块的象形。"所有与石相关的字，都采用"石"作边旁。"石"的本义就是石头。比喻坚固、坚硬。如"石心"，指坚定的心志。又引申为碑石。"石"还可以做重量单位，一百二十市斤为一石。此时应该读为dàn，这个意义一般只出现在古文中。

据传《红楼梦》的作者曹雪芹是位石头迷，他画过石头画，写过石头诗。书中的主人翁贾宝玉是"通灵宝玉"幻化成的，那块"大如雀卵，灿若明霞，莹润如酥，五色花纹缠护"的"通灵宝玉"一直佩戴在宝玉胸前。小说开卷就说此书是"自譬石头所记之事"，这块石头是女娲补天剩下的一块顽石，被丢弃在青埂峰下，后来经一僧一道大展幻术，变成了一块美玉。这块美玉一直佩在贾宝玉胸前，随同贾宝玉一起生活。这美玉（即石头）也有了同样的一番"历尽离合悲欢，炎凉世态"的经历，直到顽石归天，全书结束。因此，《红楼梦》又名《石头记》。

## 温故知新

 **四字通解**

昆池碣石，"昆池"就是云南昆明的滇池，位于云南省昆明市的西南，是我国第六大淡水湖。滇池古称滇南泽、昆明湖，因其水似倒流，故称为滇（颠）。滇池的外形似一弯新月，湖面的海拔高度为1886米，高原之湖更是难得一见的风景。

古滇池有五百里方圆，清朝的孙髯称其"五百里滇池，奔来眼底"，四周群山环绕，湖滨土地肥沃，气候温和，是云南著名的鱼米之乡。战国时期的楚将庄蹻曾率兵进驻滇池，以后变服从俗建立了滇国。滇池风光秀丽，碧波万顷，湖光山色，气象万千，是看池水的绝好去处。

"碣石"是河北的碣石山，位于河北省内秦皇岛市昌黎县城北，距避暑胜地北戴河约30公里，自古就是观海的胜地。碣石山主峰为仙台顶，海拔695米，上有古刹水岩寺，峭壁上仍有古代镌刻的"碣石"两字。

登临仙台顶，山海奇观尽入眼帘，几公里外的大海上，有两块突出海面的巨石，人称孟姜女坟。在这里出土了草云纹瓦当，经鉴定是秦汉时期的观海建筑的遗址，秦始皇曾在此入海求仙，汉武帝曾"行自泰山，复东巡海上，至碣石"。曹操曾在征伐乌桓回军的路上东临碣石，写下千古名篇《观沧海》，诗曰："东临碣石，以观沧海。"李世民出临榆关（今山海关）征辽时也曾几次临碣石观沧海，并有诗篇传世。

 **故事厅**

### 秦始皇派卢生求仙的传说

"东临碣石，以观沧海"，留下一代枭雄曹操千古绝唱的碣石山位于秦皇岛市昌黎县城北。在这里有一个关于秦始皇派卢生下海求仙的传说。据说，燕人卢生一直隐居在碣石山中，苦心修行。他有两个忘年之交，一个是羡门，一个是高誓。他俩是燕国有名的方士，被人称为"圣贤"。后来，"圣贤"两字被传成了"神仙"，说是他俩已经得到长生不老之药，秦始皇听到这个消息后急忙摆驾碣石山，以求长生不死。

但他一直找不到这两位"神仙"，十分着急，有人告诉他卢生认识这两位"神仙"。秦始皇便找来卢生。卢生知道两位先贤已经过世了，可是他又无法违抗皇帝命令，为了拖延时间，他说，蓬莱仙岛藏在大海深处，需要造大船，并带去一千童男、一千童女。大船很快建好了。卢生本想带着一千童男、一千童女找一个远离秦始皇的荒淫统治的地方住下来。没想到，秦始皇派了很多军士紧紧地看着他。卢生始终也没找到蓬莱岛，于是在一个稍能落脚的小岛上，摆坛设祭，然后说他得到了"神仙"给他的录图书，同时假借神仙之口表达了不想再回去的意愿。卢生在那录图书上写下了"亡秦者胡也"这五个字，因为他知道当时秦始皇的一个最大的心病是"胡人"，也就是匈奴人。秦始皇看了这个录图书，就顾不得再追究求仙的事儿了，一定会到边境巡视军事防务去。

此事之后卢生躲到碣石山深处一个不知名的山洞里度过了馀生。他没想到，自己编造的这句谎话，竟一语成谶。几年后秦王朝毁在了秦始皇的继承人秦二世胡亥手中。

##  知识角

### 盲人骑瞎马，夜半临深池

东晋时期，桓玄掌握大权，家中常常是宾客满座，饮宴至深夜。有一天，在宴席上行酒令。规定每个人讲两句诗，表达一个非常危险的境界。一人说："月黑杀人夜，风高放火天。"大家说："不错，是挺吓人的。"又一人说："昼日则鬼见，暮卧则梦闻。"大家说："不错，也吓人。"一人道："大虫口中夺脆骨，骊龙项下夺明珠。"大家说："不错，这也是很吓人的事。"轮到一个参军时，他脱口说道："盲人骑瞎马，夜半临深池。"可大家竟默不做声。原来桓玄瞎了一只眼睛，最忌讳别人说什么瞎子、盲人。良久，桓玄涩声说道："你怎么当面讥刺我是盲人呢？"于是酒宴不欢而散，第二天，参军就被免了职。

"盲人骑瞎马，夜半临深池"出自《世说新语》，后来，这个典故用以比喻盲目行动，后果十分危险。《世说新语》是中国南朝宋时期（420—581）产生的一部主要记述魏晋人物言谈逸事的笔记小说，是由南朝刘宋宗室临川王刘义庆（403—444）组织一批文人编写的，梁代刘峻作注。全书原八卷，刘峻注本分为十卷，今传本皆作三卷，分为德行、言语、政事、文学、方正、雅量等三十六门，全书共一千多则，记述自汉末到刘宋时名士贵族的遗闻逸事，主要为有关人物评论、清谈玄言和机智应对的故事。

##  成语窗

**玉友金昆**
友、昆：兄弟。对他人兄弟的美称。

**垂裕后昆**
裕：富足。后昆：子孙，后代，后嗣。为后世子孙留下功业或财产。

**池鱼之殃**
比喻因牵连而无端遭到的祸害。

**渑池之功**
渑池：古城名，在今河南渑池县南。本指战国时赵国蔺相如在渑池会上不畏秦王，为赵国立下功勋。后泛指为国立下巨大功勋。

**残碑断碣**
断成几段的残缺的石碑。多用来描写荒凉破败的景象。

**滴水穿石**
水不断下滴，可以滴穿石头。比喻只要有恒心，不断努力，事情一定成功。

**点石成金**
比喻修改文章时稍稍改动文字，就使它变得很出色。

### 猜谜语

一块石头，两块石头。
（打一字）

山山有石。
（打一字）

搬掉石头，给人方便。
（打一字）

## 钜野洞庭

| 甲骨文 | 金文 | 篆文 | 隶书 | 楷书 | 行书 | 草书 | 标准宋体 |
|---|---|---|---|---|---|---|---|
| | | 鉅 | 鉅 | 鉅 | 鉅 | 钜 | 钜 |

### 解字堂

《说文解字》中说："钜，其吕切，大刚也。从金巨声。"这是一个形声字。金为形旁，巨为声旁。大刚，就是坚硬的钢铁。

《荀子·议兵》："宛钜铁鉈，惨如蜂虿。"意思是说，宛地（今河南南阳治下）的钢铁制作的铁矛，锋利无比，好像毒蜂的刺一样。后来，"钜"也同"巨"，表示巨大的意思。《史记·礼书》中说："宜钜者钜，宜小者小。"国家的最高统治者——皇帝，也被称为"钜公"。《汉书·郊祀志》曰："吾欲见钜公。"张晏注："天子为天下父，故曰钜公。"后来引申为对人的尊称。古代墨家学派的首脑就被称为"钜子"。

一些制作优良的武器产品也被冠以"钜"的称号。《荀子·性恶》："繁弱、钜黍，古之良弓也。"春秋战国时期铸剑大师欧冶子铸造的宝剑名"钜阙"，也作"巨阙"。钜，也有钩子的意思。潘岳《西征赋》："于是弛青鲲于网钜，解赪鲤于黏徽。""网钜"指带铁钩的渔网，"黏徽"指相黏的渔网。

钜，通"巨"，意思是大。如钜野，其实就是一片大沼泽。远古时期山东的兖州，是鲁民活动中心，因黄土高原来水挟带的泥沙淤积，形成了一片广袤的平地，鲁人西出群山见此连绵平野，谓之大野。大野河流汇入东北部的一片洼地，形成湖泽，得名大野泽。隋唐以前，大野泽南北三百余里，东西一百余里。五代以后，由于黄河屡次决口冲击，湖面被淤积，由南向北逐渐干涸，淤积成平地（现在巨野、郓城、嘉祥及梁山南部），北部则成了梁山泊。现在湖面已退缩到梁山县城（后集）以北二十多公里处，即东平湖。

### 名言馆

钜鹿师欲老，常山险犹恃。
· （唐）韩愈《送石洪处士赴河阳幕得起字》

---

钜公步辇迎句芒，复道扫尘燕彗长。
· （唐）温庭筠《汉皇迎春词》

---

哀丝豪竹助剧饮，如钜野受黄河倾。
· （宋）陆游《长歌行》

---

不见项羽酣呼钜鹿战，刘秀雷震昆阳鼓。
· （清）秋瑾《失题》

谜语答案 磊 础 硬

钜野洞庭

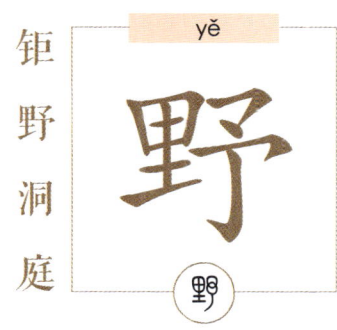

| 甲骨文 | 金文 | 篆文 | 隶书 | 楷书 | 行书 | 草书 | 标准宋体 |
|---|---|---|---|---|---|---|---|
| 𣐲 | 埜 | 野 | 野 | 野 | 野 | 野 | 野 |

## 名言馆

山随平野尽，江入大荒流。
· （唐）李白《渡荆门送别》

星垂平野阔，月涌大江流。
· （唐）杜甫《旅夜书怀》

朱雀桥边野草花，乌衣巷口夕阳斜。
· （唐）刘禹锡《乌衣巷》

日高人渴漫思茶，敲门试问野人家。
· （宋）苏轼《浣溪沙》

## 解字堂

野，形声字。从田，从土，予声。甲骨文为会意字，从林，从土，后来增加了声旁"予"，后来衍生出了从田，从土，予声的结构。野的本义是郊外。古人称城市到乡村之间的过渡带为"郊"；称乡村田园到山林之间的过渡带为"野"。《说文解字》解释为："野，郊外也。从里，予声。"意思是："野，城郊到山林之间的地带。字形采用'土'作边旁，'予'是声旁。""野"引申义为界限、范围，如分野、视野。也指不当政的地位，与"朝"相对：朝野。如下野、在野、野史。可作形容词，意为不讲情理，没有礼貌，如野蛮、粗野。也可指巨大而非分的欲望，如野心。或指不受约束，如心玩儿野了。引申为不是人工驯养或栽培的（动物或植物），如野生、野兽、野味、野花、野菜。

有许多描写田野风光非常出色的诗歌，比如"天苍苍，野茫茫。风吹草低见牛羊。"出自《敕勒歌》。"野芳发而幽香"，出自欧阳修《醉翁亭记》，意思是野花开了，有一股清幽的香味。

钜野洞庭

dòng

| 甲骨文 | 金文 | 篆文 | 隶书 | 楷书 | 行书 | 草书 | 标准宋体 |
|---|---|---|---|---|---|---|---|
|  |  | 洞 | 洞 | 洞 | 洞 | 洞 | 洞 |

## 解字堂

"洞"是形声字。小篆从水，同声。隶变后楷书写作"洞"。《说文解字》中对"洞"解释为："洞，疾流也。从水同声。"意思是："洞，迅疾的流水。字形采用'水'作边旁，'同'是声旁。"同，既是声旁也是形旁，表示一齐发出声音，在这里表示回音。因此"洞"的造字本义为有水流、会发出回音的巨大岩穴。如溶洞、岩洞。可引申为窟窿、孔穴，如墙洞、门洞。"洞房"本来指如孔穴般幽深的内室，后来多用来指新婚夫妇的新房。"洞"也可作动词，意为穿透，串通。如洞彻、洞穿。引申为副词，彻底地，穿透性地。如洞察、洞见。

《游褒禅山记》是北宋的政治家、思想家、文学家王安石在辞职回家的途中游览了褒禅山后，以追忆形式写下的一篇游记。该篇游记特别记载了他们探索花山前洞的所见所感，"入之愈深，其进愈难，而其见愈奇"激发了作者与同游者的极大兴趣。然而他们没有将这种探索精神坚持到底"既其出，则或咎其欲出者，而余亦悔其随之而不得极夫游之乐也。"作者因为随众出洞而没有穷尽美景，感到十分可惜，进而以事喻理生发出感慨"世之奇伟、瑰怪、非常之观，常在险远"，此后这句便成了鼓励世人勇敢探索未知领域的醒世名言。

## 名言馆

洞天石扉，訇然中开。

· （唐）李白《梦游天姥吟留别》

遥望洞庭山水翠，白银盘里一青螺。

· （唐）刘禹锡《望洞庭》

淮南一叶下，自觉洞庭波。

· （唐）许浑《早秋》

天生一个仙人洞，无限风光在险峰。

· 毛泽东《为李进同志题所摄庐山仙人洞照》

钜野洞庭

tíng
庭

| 甲骨文 | 金文 | 篆文 | 隶书 | 楷书 | 行书 | 草书 | 标准宋体 |
|---|---|---|---|---|---|---|---|
| | | 庭 | 建 | 庭 | 庭 | 庭 | 庭 |

## 名言馆

户庭无尘杂，虚室有余闲。
  ·（晋）陶潜《归园田居五首》其一

昔闻洞庭水，今上岳阳楼。
  ·（唐）杜甫《登岳阳楼》

庭院深深深几许，杨柳堆烟，帘幕无重数。
  ·（宋）欧阳修《蝶恋花》

洞庭青草、近中秋，更无一点风色。
  ·（宋）张孝祥《念奴娇·过洞庭》

## 解字堂

"庭"是形声字。从广（yǎn），廷声。广，意为就山岩架成的屋。所以"庭"的造字本义是厅堂。小篆中"廷"表示臣相朝拜国君的地方。后来加"广"：宫中宽阔的大殿。《说文解字》解释为："庭，宫中也。从广，廷声。"意思是："庭，宫室的中央。字形采用'广'作边旁，采用'廷'作声旁。""庭"还可以指堂阶前宽阔的坪地。如：庭院、庭园、大庭广众、大相径庭。引申为名词，指代开阔的部位。如："边庭流血如海水，武皇开边意未已。"中的"庭"就是指边境地区。

《满庭芳》是词牌名，因柳宗元有"偶此即安居，满庭芳草积"的诗句而得。又名《锁阳台》《满庭霜》《潇湘夜雨》《话桐乡》《满庭花》等。《清真集》入"中吕调"，《太平乐府》注"中吕宫"，高拭词注"中吕调"。双调九十五字，前片四平韵，后片五平韵。过片二字，亦有不叶韵连下为五言句者，另有仄韵词，仄韵者，《乐府雅词》中名《转调满庭芳》。以《满庭芳》为词牌名的词非常多，流传甚广的有宋代秦观《满庭芳·山抹微云》、北宋苏轼《满庭芳·蜗角虚名》、李清照《满庭芳·小阁藏春》、清代纳兰性德《满庭芳·堠雪翻鸦》、王国维《满庭芳·水抱孤城》，大家有兴趣的话可以找来读一读，体会一下古人的词调情怀。

## 温故知新

钜野洞庭，钜野在山东的巨野县，是著名的水泽，其中水草丛生，鱼虫很多。山东是古代的齐鲁之地，古时有很多这样的水泽、港汊、沼泽之地，像梁山水泊、巨野水泽都在山东。今天的山东巨野却旱得很，不用说泽，水都没有了。这里说的巨野之泽早已干涸，成为历史典故了。

洞庭是指洞庭湖，跨湘鄂两省，号称"八百里洞庭"。范仲淹描述为"衔远山、吞长江，浩浩汤汤，横无际涯，朝晖夕阴，气象万千"。与古代相比，洞庭湖的面积虽然缩小了近一半，但还是全国第二大湖，有"洞庭天下水，岳阳天下楼"的说法。

洞庭湖古称"云梦泽"，是三国都督鲁肃训练水师的地方。湖中有岛名洞庭山，因舜帝的二妃在此泣血染竹，故又名君山。上有二妃墓、秦始皇的封山印、柳毅井和传书亭、吕洞宾的朗吟亭、汉武帝的酒香亭等多处古迹。

### 柳毅与洞庭龙女的故事

柳毅传书是中国历史上流传最久的汉族民间传说之一。

唐高宗仪凤年间，苏州城书生柳毅进京赶考，但名落孙山，打点行装返回吴地前，去泾阳看望同乡朋友。途中看到一位年轻女子在牧羊，但形容憔悴，蛾眉颦蹙，却又不失大家闺秀的气质。柳毅心动，几经询问，才知道该女子乃太湖洞庭龙君的三公主，她受尽丈夫泾河龙王二儿子的欺凌虐待，最后被贬到草原放羊；但身在异乡客地，无法让数千里外的父母了解其受迫害的苦情。得知柳毅来自家乡太湖之滨的苏州，便托他传书；柳毅表示定当竭尽全力去送信。龙女也密传到洞庭东山如何入太湖和仙界传递书信的方法，随后便和羊群一起消失了。

柳毅回到苏州城后，第二天便雇了一匹白马西行，到洞庭东山投书。柳毅到了太湖边，雇船载人载马抵达洞庭东山岛。几经问讯，找到了龙女所说的"古桔社"石碑坊和一棵枝叶茂密的大橘树，便取出龙女所赠的绢带在树上擦拭了三下，大橘树竟然摇曳起来，一会儿，湖底龙宫侍者带了虾兵蟹将出来迎接。问清缘由，侍者便引导柳毅由井入水，进入龙宫。

见到龙王洞庭君后，柳毅便将三公主受泾河小龙迫害，被逼牧羊饱受折磨的情况简要说明，并呈上书信。龙王阅后悲愁万分，懊悔不已。此事被洞庭君的胞弟钱塘君知道后，便统率太湖洞庭水兵和钱塘江水兵西征泾河龙王，生擒泾河小龙，救出了侄女。

洞庭君大摆筵席宴请柳毅，龙母娘娘接见柳毅，深表谢意。钱塘君做媒，欲把侄女三公主嫁给柳毅，却遭拒绝。翌日，柳毅辞行，回到城里家中。

后来几年间，柳毅几经波折，先是被"摊官"诬陷受到牢狱之灾，接着妻子重病身亡，续弦妻子又难产去世。就在此时，龙女装扮成良家小姐，托媒提亲，最后两人喜结良缘。龙女十月怀胎，生下一子。

柳毅和龙女后来迁居苏州阊门达四十年。有一年江南大旱，太湖几乎见底，柳毅见状于心不忍，就到丈人洞庭君和叔丈钱塘君处去求雨，竟然借得雨水，使太湖水涨三尺。吴地百姓感恩于柳毅，在苏州城内和四乡造水神庙祭祀，如水仙庙、柳仙庙、白马庙等。柳毅逝世后，墓葬在苏州阊门内的太伯庙东侧，至明代划入五峰园内；百姓还在墓南造柳毅桥，一为纪念，二为便利瞻仰其墓。

 **知识角**

### 中国五大淡水湖

中国五大淡水湖,分别是鄱阳湖、洞庭湖、太湖、洪泽湖以及巢湖。

鄱阳湖古称彭泽,面积达3914平方公里,是中国的第一大淡水湖,它上承赣、抚、信、饶、修五江之水,下通长江,它南宽北窄,像一个巨大的葫芦系在长江的腰上,它每年流入长江的水超过了黄河、淮河和海河三河的总流量,是长江水流的调节器。

洞庭湖是中国的第二大淡水湖,跨湖南、湖北两省,它北连长江,南接湘、资、沅、澧四水,号称"八百里洞庭湖"。洞庭意即神仙洞府,可见其风光之秀丽迷人。其最大的特点便是湖外有湖,湖中有山。洞庭湖是著名的鱼米之乡,其物产极为丰富。

太湖,位于江苏和浙江两省的交界处,是中国东部近海区域最大的湖泊,也是中国的第三大淡水湖。面积2400平方公里,流域面积36895平方公里,是上海和苏锡常、杭嘉湖地区最重要的水源。一曲《太湖美》让太湖扬名天下。

洪泽湖位于江苏北部,是一个浅水型湖泊,水深一般在4米以内,最大水深5.5米。上承淮水,南泄长江,东注黄海,湖长65公里,平均湖宽24.26公里,水域面积达1576.9平方公里,是我国平原水库型湖泊中面积最大的一个。

巢湖位于安徽省中部,地处长江与淮河两大河流之间,属长江下游左岸水系,为我国五大淡水湖之一。因其状如鸟巢而得名。其东西长54.5公里,南北宽21公里,水域面积约769.5平方公里,为安徽境内最大的湖泊,沿岸为合肥市、巢湖市、庐江县所包围。

 **成语窗**

**鸿篇巨制**
杰作。敬称他人的作品。或指规模宏大的著作。

**老奸巨猾**
形容世故深而手段极其奸诈狡猾的人。

**鸣野食苹**
比喻诚心待人,同甘共苦。

**稗官野史**
稗官:古代的一种小官,专给帝王搜集街谈巷语,道听途说,以供省览,后称小说或小说家为稗官。指旧时的小说和私人编撰的史书。

**坚壁清野**
对付强敌入侵的一种方法。使敌人既攻不下据点,又抢不到物资。

**洞察秋毫**
洞察:看得很清楚;秋毫:鸟兽秋天身上新生的细毛,比喻极其细小的事物。形容人目光敏锐,任何细小的事物都能看得很清楚。

**洞若观火**
洞:透彻。形容观察事物非常清楚,好像看火一样。

**大相径庭**
径:小路;庭:院子;径庭:悬殊,偏激。比喻相差很远,大不相同。

**大庭广众**
大庭:宽大的场地;广众:为数很多的人群。指聚集很多人的公开场合。

旷远绵邈

kuàng

旷

曠

| 甲骨文 | 金文 | 篆文 | 隶书 | 楷书 | 行书 | 草书 | 标准宋体 |
|---|---|---|---|---|---|---|---|
|  |  | 曠 | 曠 | 曠 | 曠 | 曠 | 旷 |

## 解字堂

"旷"是形声字。广，既是声旁也是形旁，表示空阔。旷，篆文为"日"（光亮）加"广"（空阔），造字本义是空阔而明亮。如：旷达、旷荡、旷野、空旷、平旷、心旷神怡等。"广"强调内部结构高远；"日"强调视野的开阔明亮。《说文解字》将"旷"解释为："旷，明也。从日广声。"意思是："旷，开阔明亮。字形采用'日'作边旁，'广'是声旁。"旷，还可用作动词，表空缺、空耗。如：旷代、旷工、旷日持久。

传说春秋时期晋平公让人做了一张琴，琴上的弦精细一样，没有大弦、小弦的区别。琴做好后，他让乐官师旷来调音。师旷调了一整天，也没调出个曲调来。晋平公很不满意，怪怨师旷不会调琴。

师旷回答说："一张琴，大弦为主，小弦为辅，大弦小弦各有各的用途。它们彼此配合，才能合成音律；它们有条不紊，才能奏出和谐悦耳的音乐。您现在把琴弦搞得一模一样，破坏了它们应有的系统。这样的琴让我怎么调呢！"

"师旷调琴"这个典故说明：人们要进行正常的生活和有秩序的生产，就必须以一定的方式组织起来，分工协作。

## 名言馆

土地平旷，屋舍俨然。
· （晋）陶潜《桃花源记》

野旷天低树，江清月近人。
· （唐）孟浩然《宿建德江》

野旷天清无战声，四万义军同日死。
· （唐）杜甫《悲陈陶》

吾道率旷野，绕树空徬徨。
· （宋）文天祥《壬午》

谜语答案　洞洞洞

旷远绵邈

| 甲骨文 | 金文 | 篆文 | 隶书 | 楷书 | 行书 | 草书 | 标准宋体 |
|---|---|---|---|---|---|---|---|
| 𢓊 | 𨒙 | 遠 | 逺 | 遠 | 遠 | 远 | 远 |

## 名言馆

人无远虑，必有近忧。
　　　　　·《论语·卫灵公》

行远自迩，登高自卑。
　　　　　·《礼记·中庸》

远上寒山石径斜，白云生处有人家。
　　　　　·（唐）杜牧《山行》

满目山河空念远，落花风雨更伤春。
　　　　　·（宋）晏殊《浣溪沙》

## 解字堂

远，形声字。繁体字写作"遠"，从辶，袁声。从辶，说明与路程、距离有关。"远"的本义为"遥远、距离长"。简化后改为从"元"得声。现在多作动词，表示保持较大距离。如敬而远之。作副词，表示长距离地。如远行、远征、远足、远交近攻、深谋远虑等。还可作形容词，表示距离特别长的。如远程、远道、远大、远近。或是表达过去或将来距今时间特别长的。如远古、远祖、远景、远见卓识。

"好高骛远"中"好"是喜欢；"骛"是从事，追求。比喻不切实际地追求过高过远的目标。好高骛远是一种非常不讨人喜欢的品格，它蕴含着好大喜功、急功近利等意义。出自《宋史·道学传一·程颢》："病学者厌卑近而骛高远，卒无成焉。"大家在平时的工作学习中一定要脚踏实地，不要追求过高过远的目标。

旷远绵邈

mián

| 甲骨文 | 金文 | 篆文 | 隶书 | 楷书 | 行书 | 草书 | 标准宋体 |
|---|---|---|---|---|---|---|---|
|  | 帛 | 綿 | 綿 | 綿 | 绵 | 绵 | 绵 |

## 解字堂

绵，会意字。在金文中是"帛"（高级织品）加"糸"（丝）组成，表示制帛的丝材。所以"绵"的造字本义为制帛的生丝。篆文承续金文字形。俗体楷书调整正体楷书的左右结构顺序，现写作"绵"。《说文解字》对"绵"的解释为："绵，联微也。从系，从帛。"意思是："绵，将微小的丝连续起来。字形采用'系、帛'会意。"

在其本义上可组词绵绸、绵里藏针、丝绵等。《资治通鉴》中"身衣布衣，木绵皂帐"一句指的就是绵做的衣服。可引申作动词，意为连续不断。如绵亘、绵延、绵远、绵延不断。由于"绵"的特质，现在还可以作形容词，意为柔软的，单薄的。如绵薄、绵力、绵绵细雨、软绵绵等。

在这里特别向大家介绍一个成语"缠绵缱绻"，四个字全是绞丝旁，很容易写错，"缠绵"意为心绪郁结，"缱绻"意为难舍难分。这个成语形容感情深厚，难舍难分。在曹雪芹的《红楼梦》中第九十三回就说到了："以后对饮对唱，缠绵缱绻。"

在汉语中，有一种词叫联绵词，指两个音节连缀成义而不能拆开的词。由于联绵词能够加强语言的音乐性，对联中常常使用，比如："独抱琵琶寻旧曲；数教鹦鹉念新词。"联中"琵琶"对"鹦鹉"，此联属联绵对。再如："入室饮茶，直步可登麒麟阁；临池染翰，何年得到凤凰台。"联中以"麒麟"对"凤凰"，视为联绵对。

## 名言馆

青青河畔草，绵绵思远道。
· 《古诗十九首·青青河畔草》

天长地久有时尽，此恨绵绵无绝期。
· （唐）白居易《长恨歌》

枝上柳绵吹又少，天涯何处无芳草。
· （宋）苏轼《蝶恋花·春景》

隋堤上，曾见几番，拂水飘绵送行色。
· （宋）周邦彦《兰陵王》

旷远绵邈

miǎo
邈

| 甲骨文 | 金文 | 篆文 | 隶书 | 楷书 | 行书 | 草书 | 标准宋体 |
|---|---|---|---|---|---|---|---|
|  |  | 邈 | 邈 | 邈 | 邈 | 邈 | 邈 |

## 名言馆

抑志而弭节兮，神高驰之邈邈。
·《楚辞·离骚》

人生若尘露，天道邈悠悠。
·（三国）阮籍《咏怀》

不忍登高临远，望故乡渺邈，归思难收。
·（宋）柳永《八声甘州》

中原邈邈路何长，文物衣冠天一方。
·（宋）刘过《夜思中原》

## 解字堂

"邈"是形声字，从辵，貌声。本义为遥远。邈既指空间上的遥远，又指时间上的久远。意指遥远，如：邈远、邈邈、邈若山河。引申指渺茫，模糊不清。如：邈如（虚无缥缈的样子）；邈思（遐想）；邈渺（渺茫的样子）。又可作形容词，表示高远，超卓。如：邈行（高远超卓的行为）；邈绝（高远）；邈志（远大的志向）。此外，在古文中是"藐"的通假字，意为轻视，小看，如《孟子》中的"说大人则藐之"。又作动词，意为超越，胜过。如：邈古（超越古人）；邈俗（超越世俗）；邈逾（超越）；邈群（超群）；邈世（超脱世俗）。有时用法同"貌"，意为描绘，摹写。如：邈真（描绘图像；描摹）；邈掠（犹描摹）；邈影（绘画）。

我国古代神医孙思邈开创的六字长寿术是一套以呼吸锻炼为主的养生方法。它通过用口呼气的同时配合默念"嘘、呵、呼、呬、吹、嘻"六字，分别排泄祛除六字各对应的脏腑的致病邪气；用鼻吸气补养五脏六腑的虚损不足，因而既能防病治病，又能健身延年。方法简便，收效显著。它是孙思邈享年141岁的主要养生方法，被后世养生家称为《太上玉轴养生六字气诀》《祛病延年六字法》《六字延寿诀》。

## 温故知新

旷远绵邈，与下面四个字"岩岫杳冥"一起，是对上文山川风光的总结。"旷"的意思是辽阔，"远"的意思是距离长，"绵"的意思是连绵不绝，"邈"的意思是历史悠久，空间辽远。总的来看，这四个字指的是我国土地广袤，山河雄伟，连绵不绝。

我国自古以来就是屹立在亚欧大陆东方，太平洋西岸的大国。从西边走来，昆仑山、祁连山、阿尔泰山"三山夹两盆"的壮丽，青藏高原、横断山脉的雄伟壮阔，再到中部的黄土高原、长江中下游平原、黄淮海平原的表里山河，再到东部三江平原、长江三角洲、珠江三角洲，丰富繁多的自然景观让身为中华儿女的我们感到无比骄傲。

### 不远千里

"不远千里"一词出自《孟子·梁惠王上》孟子见梁惠王。王曰："叟！不远千里而来，亦将有以利吾国乎？""不远千里而来"，表示不以千里为远来到某地，比喻不畏路途遥远。

梁惠王见了孟子，热情地说："先生，您不以千里为远来到我们魏国，一定是给我的国家带来利益了吧？"

孟子回答："大王您何必一开口就讲利？有仁义就行了。如果君王说怎样有利于我的国家，大夫说怎样有利于我的封地，士和老百姓说怎样有利于自身，这样上上下下都追逐私利，那么就危险了。"接着孟子说道："在能出动一万辆兵车的国家，谋杀他们国君的必定是能出动一千辆兵车的大夫之家；在能出动一千辆兵车的二等国家，谋杀他们国君的，必定是能出动一百辆兵车的大夫之家。大国的大夫能从万辆兵车的国家中获得兵车千辆，二等国家的大夫能从千辆兵车的国家中获得兵车百辆。这些大夫的产业不能说不多了，但是，他仍永远不会满足。所以您不能再宣扬私利了。"

梁惠王听了很受触动，焦急地问："那先生以为该怎么办呢？"孟子说："从来没有讲仁的人会遗弃他的双亲，也没有讲义的人会不尊重他的君主。所以，大王您只要讲仁义就够了，何必再讲利呢？"

### 中国的壮美山河

用"旷远绵邈"四字来形容我国的壮美山河再为合适不过。我国960万平方公里的土地，有许许多多的名山大川，有广袤肥沃的大平原，有雄伟壮阔的大高原，有绵延万里的大江大河，也有璀璨如明珠般星罗棋布的岛屿。下面就简单给大家介绍几处我国著名的景观。

中国最大的平原——东北平原。

东北平原位于大、小兴安岭和长白山地之间，南北长约1000公里，东西宽约400公里，面积达35万平方公里，是中国最大的平原。东北平原可分为3个部分，东北部主要是由黑龙江、松花江和乌苏里江冲积而成的三江平原；南部主要是由辽河冲积而成的辽河平原；中部则为松花江和嫩江冲积而成的松嫩平原。东北平原是一个山环水绕、沃野千里的平原。新中国成立后，大批转业军人、知识青年和干部响应国家的号召，怀着保卫边疆、建设边疆的豪情壮志奔向"北大荒",排干沼泽,开垦荒原。如今这里已发展成为中国主要的粮食基地之一。

世界上黄土覆盖面积最大的高原——黄土高原。

黄土高原是世界上黄土覆盖面积最大的高原,又称为乌金高原,位于中国中部偏北。黄土高原在800万年前曾是一片湖泊,经过千万年的风沙堆积,湖水干枯,黄土渐渐地累积成了高原。

黄土颗粒细,土质松软,含有丰富的矿物质养分,利于耕种,盆地和河谷农垦历史悠久。但由于缺乏植被保护,加上夏雨集中,且多暴雨,在长期流水侵蚀下地面被分割得非常破碎,形成沟壑交错其间的塬、梁、峁、川。用"千沟万壑"来形容一点也不过分。然而,就是在这片黄土地上,发源了中华文明。历朝历代,这片高原一直是中华民族的重要居住地。在它上面承载了数不清的文明。

### 中国最大岛屿——台湾

台湾位于中国大陆东南沿海的大陆架上,东临太平洋,东北邻琉球群岛,南界巴士海峡与菲律宾群岛相对,西隔台湾海峡与福建省相望,总面积约3.6万平方千米,包括台湾岛及兰屿、绿岛、钓鱼岛等21个附属岛屿和澎湖列岛64个岛屿。台湾岛是中国第一大岛,主要是山地与丘陵,平原主要集中于西部沿海,地形海拔变化大。由于地处热带及亚热带气候之交界,自然景观与生态资源丰富多元。人口约2350万,逾七成集中于西部五大都会区,其中以首要都市台北为中心的台北都会区最大。台湾是我国领土不可分割的一部分。

## 成语窗

**邈如旷世**

仿佛隔了久远的年代。出自清朝冯桂芬《致李伯相书》:"距今只二十余年,惟以工员四散,军兴多故,遂邈如旷世,知之者绝少。"

**旷古未闻**

自古以来没有听说过。出自明朝冯梦龙《警世通言·王娇鸾百年长恨》:"吴江阙大尹接到南阳卫文书,拆开看时,深以为奇。此事旷古未闻。"

**好高骛远**

好:喜欢;骛:从事,追求。比喻不切实际地追求过高过远的目标。

**道远日暮**

暮:太阳落山。道路很遥远,而且太阳西沉了。比喻还有很多事要做,可时间不多了。

**绵里藏针**

绵:丝绵。丝绵里面藏着针。形容柔中有刚。也比喻外貌和善,内心歹毒。

**邈处欿视**

处世淡泊,视事谦逊。

## 猜谜语

小舟初渡如明时。
（打一字）

沅水缥缈去不还。
（打一字）

岩岫杳冥

yán

| 甲骨文 | 金文 | 篆文 | 隶书 | 楷书 | 行书 | 草书 | 标准宋体 |
|---|---|---|---|---|---|---|---|
| | | 巖 | 巖 | 巖 | 巖 | 岩 | 岩 |

### 解字堂

岩（巖），形声字。从山，嚴声。《说文解字》对其解释为："巖（岩），岸也。从山嚴（严）声。"汉代隶书中，产生了新的异体"岩"（会意字）。今以"岩"作为简化正体字。本义为山高，引申为险要。《说文解字》对其解释为："巖，岸也。从山，嚴声。"宋代沈括的《梦溪笔谈》中用"高岩峭壁"来表现山势的高耸。

柳宗元于唐顺宗永贞元年因拥护王叔文的改革，被贬为永州司马，王叔文被害。政治上的失意，使他寄情于山水，柳宗元贬官之后，为排解内心的愤懑之情，常常不避幽远，伐竹取道，探山访水，并通过对景物的具体描写，抒发自己的不幸遭遇，此间共写了八篇山水游记，后称《永州八记》。其中的《小石潭记》流传最广。全文193字，用移步换景、特写、变焦等手法，有形、有声、有色地刻画出小石潭的动态美，写出了小石潭环境的幽美和静穆，抒发了作者贬官失意后的孤凄之情。其中描写石头状态的话只有一句："近岸，卷石底以出，为坻，为屿，为嵁，为岩。"就将石头的奇形怪状呈现眼前。

### 名言馆

岩扉松径长寂寥，惟有幽人自来去。
·（唐）孟浩然《夜归鹿门歌》

千岩万转路不定，迷花倚石忽已暝。
·（唐）李白《梦游天姥吟留别》

回看天际下中流，岩上无心云相逐。
·（唐）柳宗元《渔翁》

咬定青山不放松，立根原在破岩中。
·（清）郑燮《竹石》

谜语答案　远　远

# 岩岫杳冥

## 岫 xiù

| 甲骨文 | 金文 | 篆文 | 隶书 | 楷书 | 行书 | 草书 | 标准宋体 |
|---|---|---|---|---|---|---|---|
|  |  | 岫 | 岫 | 岫 | 岫 | 岫 | 岫 |

## 名言馆

云无心以出岫，鸟倦飞而知还。
· （晋）陶潜《归去来兮辞》

横云时平凝，点点露数岫。
· （唐）韩愈《南山诗》

烟中列岫青无数，雁背夕阳红欲暮。
· （宋）周邦彦《玉楼春》

山上朝来云出岫，随风一去未曾回。
· （宋）辛弃疾《添字浣溪沙》

## 解字堂

"岫"是形声字。（由的本义是缶。）本义是山洞，转指峰峦，山或山脉的顶峰。作山洞义，如：白云出岫；作峰峦义，如：岫色、远岫、岚岫。

陶渊明41岁时，最后一次出仕，做了85天的彭泽令。据《宋书·陶潜传》和萧统《陶渊明传》云，陶渊明归隐是出于对腐朽现实的不满。当时郡里一位督邮来彭泽巡视，官员要他束带迎接以示敬意。他气愤地说："我不愿为五斗米折腰向乡里小儿！"即日挂冠去职，并赋《归去来兮辞》，以明心志。宋朝的大文学家欧阳修甚至说，"晋无文章，惟陶渊明《归去来兮辞》而已。"这样的推崇未必恰当，这只是说明这篇文章之所以受人推崇，是因为作者在当时不愿与社会同流合污，蔑视和厌恶官场的卑鄙生活，感情真挚，写得富于诗情画意，思想内容和写作技巧都有独到的地方。其中"云无心以出岫，鸟倦飞而知还"一句意为云烟自然而然地从山洞飘出，鸟儿飞倦了也知道回还。写出了陶渊明回归田园的志向之坚定。

## 岩岫杳冥

yǎo

| 甲骨文 | 金文 | 篆文 | 隶书 | 楷书 | 行书 | 草书 | 标准宋体 |
|---|---|---|---|---|---|---|---|
|  | 杳 | 杳 | 杳 | 杳 | 杳 | 杳 | 杳 |

### 解字堂

杳，会意字。金文写作"木"（树林）加"日"（太阳），造字本义为夕阳坠入丛林，光线暗淡。篆文承续金文字形。隶书将篆文字形中的"木"写成木。（早，从日，棗声。）日在树上为"杲"，表示天色大亮；日在草中为"莫"，通"暮"，表示太阳下山；日在树下为"杳"，表示天色已昏暗。

《说文解字》解释为："杳，冥也。从日在木下。"意思是：杳，即"冥"，天黑。字形采用"日"作边旁，像太阳落在树丛下方。

"杳"本义只见于古文，如杳渺、杳乎如入渊。又可作形容词，表示不见踪影的，茫然的。如杳然、杳如黄鹤、杳无音信、杳无踪影。

《阿房宫赋》是晚唐著名诗人杜牧创作的一篇散文，遣词用字无比华美，思想深刻见骨，是脍炙人口的经典古文之一。杜牧在《阿房宫赋》中，通过描写阿房宫的兴建及其毁灭，总结了秦朝统治者因为骄奢而亡国的历史教训，向唐朝统治者发出了警告，表现出一个封建时代正直的文人忧国忧民、匡世济俗的情怀。文中的"辘辘远听，杳不知所之也"，表现了阿房宫的宫女们为了秦始皇的一朝临幸，苦苦等待而不可得的悲凉。

### 名言馆

杳冥冥兮羌昼晦，东风飘兮神灵雨。
  ·《楚辞·九章·涉江》

苍苍竹林寺，杳杳钟声晚。
  ·（唐）刘长卿《送灵澈上人》

目送征鸿飞杳杳，思随流水去茫茫。
  ·（宋）孙光宪《浣溪沙》

杳杳天低鹘没处，青山一发是中原。
  ·（宋）苏轼《澄迈驿通潮阁二首》

岩岫杳冥

| 甲骨文 | 金文 | 篆文 | 隶书 | 楷书 | 行书 | 草书 | 标准宋体 |
|---|---|---|---|---|---|---|---|

míng
冥

## 名言馆

青冥浩荡不见底，日月照耀金银台。
· （唐）李白《梦游天姥吟留别》

同穴窅冥何所望，他生缘会更难期。
· （唐）元稹《遣悲怀三首》其三

高低冥迷，不知西东。
· （唐）杜牧《阿房宫赋》

淮南皓月冷千山，冥冥归去无人管。
· （宋）姜夔《踏莎行》

## 解字堂

"冥"是会意兼形声字。甲骨文字形由双手形、屋顶形（表示蒙覆），还有里面的日形，表示太阳被蒙蔽住，会昏暗、幽暗之含义。诅楚文的"冥"，则像一个正立的人头上的太阳被蒙蔽了，所以"冥"的本义就是昏暗。《说文解字》对其解释为："冥，幽也。从日，从六，一声。日数十。十六日而月始亏幽也。凡冥之属皆从冥。"

"冥"可作形容词，意为阴深而幽暗的，不见光的。如冥暗、晦冥、幽冥。还可引申为迷糊的，愚昧的，不明智的。如冥昧、冥顽、顽冥不化。又可作副词，表示迷惑地，毫无目标地。如冥思、冥想、冥思苦想。

庄子《逍遥游》第一句"北冥有鱼，其名为鲲"中的'冥'是通假字，同"溟"，意思是大海。

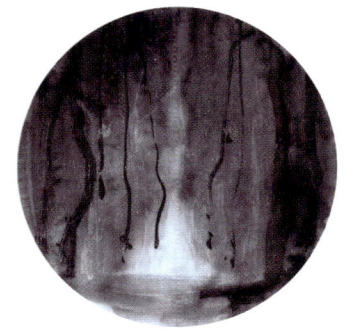

071

## 温故知新

### 四字通解

"岩岫杳冥"与上面的四个字构成一个完整的意思。其中,"岩"是岩石,代表高山,"岫"是岩洞、山穴,代表山谷。"杳冥"是昏暗幽深,不可知不可测,神秘又令人向往。

"旷远绵邈,岩岫杳冥"又和上面描绘祖国山川景物以及历史人物的句子联系在一起,构成了一个完整的部分。这一部分首先讲述了与上层建筑、统治阶层,即与国家、政权、政治、政令等有关的内容,介绍了为国家做出杰出贡献的文臣武将和他们的事迹。最后用六句话赞美了祖国辽阔的疆域,壮丽的山河和秀美的景观。这一部分内容,语句流畅、文辞优美、气势磅礴,读来不禁激发出对祖国的热爱,对志士仁人的崇敬,实在是一种真善美的教育和享受。

我国自古以来就不缺少壮美的山川,风流的人物。从古至今,中华民族的血液中始终流淌着这样的优秀品质:忠诚、守礼、勇敢、勤劳。为了祖国的大好河山,无数仁人志士为民请命,前仆后继。毛泽东说:"数风流人物,还看今朝。"当今的我们,也应该学习古人,为建设我们的国家努力奋斗,才能对得起这大好河山。

### 故事厅

#### 刘邦与紫气岩

《史记·高祖本纪》中记载了一个刘邦与紫气岩的故事。

芒砀山上经常有紫气升腾,秦始皇感到很惶恐,为保住大秦朝万世基业,他决定去芒砀山镇压"天子之气"。于是带领丞相李斯及朝中大臣浩浩荡荡从咸阳出发前往芒砀山。只见芒砀山前有深20米、长800余米的断崖,岩石呈紫红色,上面紫气环绕,一会儿化作五彩祥云围绕芒砀山盘旋。秦始皇曰:"此乃天子气也!"于是问丞相李斯如何镇压。李斯道:"吾皇可用青石镇之。"乃命人找来青石,由秦始皇在青石上刻上16个篆字:"吾大秦皇帝已登天子之位,紫气可息矣。"把青石立毕,秦始皇及随行百官对青石拜了三拜,紫气消失了。

刘邦斩蛇起义后,逃到芒砀山隐藏起来,看到紫气岩前立有一块石碑,十分气愤,来到青石碑前,猛喝一下把青石碑推倒在地,顿时,岩前又有了紫气升腾。

秦朝官兵到处捉拿刘邦,刘邦躲在山洞中也不敢回家。沛县县令下令把吕雉母子押在大牢,萧何从中周旋,放了吕雉母子去寻找刘邦。

吕雉带着孩子在崎岖的山路上而行,她忽然发现芒砀山上腾起一朵五色祥云,祥云如车盖,又如云霓忽而消失。吕雉快步前走,发现那朵五色祥云再一次升腾,出现在前面。吕雉飞奔过去,发现有一山洞。吕雉顺着洞口往里一看,终于找到了刘邦。刘邦见到吕雉说:"你是如何找到这里来的?"吕雉道:"你无论走到哪里,上空总有五彩云气,如同车盖,自然一找一个准。"刘邦和吕雉在芒砀山呆了几天后又返回沛县,杀了县令,被拥立为沛公。

### 知识角

#### 青芝岫

在北京颐和园乐寿堂前的庭院里,一个雕刻海浪纹的石座上,横卧着一块海青色的漂亮的大石头,上有乾隆皇帝的题字"青芝岫"。这块山石长8米,宽2米,高4米,就像立在当院的一面屏风。

这块山石原来在北京远郊房山县的深山里。明朝的米万钟爱石成癖，在他的海淀勺园里，陈列着许多怪石。他发现这块大青石后，非常喜欢，决心运回勺园。可是石头太大太重了，人抬不起，马拉不动。有人给他献策：秦始皇修长城时，不是用修水道的办法搬运山石的吗？米万钟于是雇了很多民工，先修起一条大路，又在路旁每隔三里打一眼小井，五里打一眼大井。到了冬天，就提水泼路，冻成了一条冰水道。大道一直修到了房山大石窝。石头运到良乡，米万钟的财力也耗尽了，只好丢弃路旁。所以，当时人们就把这块大青石叫作"败家石"。到了清朝，乾隆皇帝到西陵祭祖回来，走到良乡看到了这块奇异的大青石，就问大臣刘墉："这块大青石，为何弃置路旁？"刘罗锅子很会揣度皇帝的心思，见他看上了这块山石，就说："这是明朝米万钟在房山大石窝发现的一块灵石，他想运回海淀，但是这块灵石嫌到米家去是大材小用，就蹲在良乡不走了。"乾隆听说山石有灵，只有皇家才配享用，就下圣旨，叫文官下轿，武将下马，参拜灵石；还限期把它运到清漪园。那时候，乐寿堂的院墙已经修好，败家石太大，只好拆门运进院里。皇太后听说了，以为败家石本来就是不祥之物，要是再"破门"而入，那更不吉利了，她就出面劝阻。皇太后发了话，乾隆也不敢违拗。后来，还是刘罗锅子给他出了主意，说这块大青石形似灵芝，会给皇家增添瑞气，象征着人寿年丰，皇基永固！只有放置在乐寿堂前，才最为适宜；如果弃置荒野，那倒是很不吉利的。乾隆把这番道理向皇太后一讲，太后转忧为喜，让快点把大青石运进乐寿堂来。乾隆称心如意，就赐名"青芝岫"，又挥笔题写了"神瑛""玉秀"四个大字，还命大臣们写诗题字，都刻在大青石上。从此，这块青芝岫就名扬天下了。

## 成语窗

**重岩叠嶂**
形容山岭重重叠叠，连绵不断。出自北魏郦道元《水经注·江水二》："自三峡七百里中，两岸连山，略无阙处，重岩叠嶂，隐天蔽日。"

**千岩竞秀**
岩：山崖；竞：竞赛。重山叠岭的风景好像互相比美。形容山景秀丽。

**楚岫秦云**
泛指秦楚云山。出自宋陈与义《邓州城楼》诗："邓州城楼高百尺，楚岫秦云不相隔。"

**杳如黄鹤**
杳：无影无声；黄鹤：传说中仙人所乘的鹤。原指传说中仙人骑着黄鹤飞去，从此不再回来。现比喻无影无踪或下落不明。

**杳不可闻**
再也听不到。形容声音断绝。

**冥顽不灵**
冥顽：愚钝无知；不灵：不聪明。形容愚昧无知。出自唐朝韩愈《祭鳄鱼文》："不然，则是鳄鱼冥顽不灵，刺史虽有言，不闻不知也。"

**苦思冥想**
绞尽脑汁，深沉地思索。

## 猜谜语

山下一块石头，
石下一座山。
（打一字）

两山并耸一朝曦。
（打一字）

治本于农

## 治 zhì

| 甲骨文 | 金文 | 篆文 | 隶书 | 楷书 | 行书 | 草书 | 标准宋体 |
|---|---|---|---|---|---|---|---|
|  |  | 治 | 治 | 治 | 治 | 治 | 治 |

### 解字堂

治，形声字。从水，台声。本义：水名。引申义：治水；整治；修治。

治，一般解释为它的引申义，治水、整治的意思。如郦道元《水经注》：昔禹治洪水。郦道元《水经注》，又如《西门豹治邺》："民治渠。"还有如：治酒（置办酒食）；治步（修整仪容，举止合乎法度）；治任（整理行装）；治行（治严。整理行装）；治缮（修缮）；治葺（修缮）。

治，还可以解释为治理、管理、统治。如"治国无法则乱。"以及《庄子·马蹄》："伯乐善治马。"中的"治"都是管理的意思。又如：天下大治；法治；人治；自治、根治；治公（治理公务；办公）；治戎（治军，用兵）。这些词语都是含治的常见词语。治，还可以解释为办理；处理的意思。如《后汉书·廉范传》："后频历武威二郡太守，随俗化导，各得治宜。"以及《汉书·酷吏传·尹赏》："皆尚威严，有治办名。"中的"治"。又如：治办（善于办理事物）；治剧（办理繁杂的工作）；治事（办理公事）；治数（处理各种事务）；治宜（处理事务合宜）；治干（处理政务的才干）。

### 名言馆

治国之道，必先富民。
　　　　　　·《管子·治国》

劳心者治人，劳力者治于人。
　　　　　　·《孟子·滕文公上》

清心为治本，直道是身谋。
　　　　　　·（宋）包拯《题郡斋壁》

持家但有四立壁，治病不蕲三折肱。
　　　　　　·（宋）黄庭坚《寄黄几复》

谜语答案　岩　岫

治本于农

ben
本

| 甲骨文 | 金文 | 篆文 | 隶书 | 楷书 | 行书 | 草书 | 标准宋体 |
|---|---|---|---|---|---|---|---|
|  | 𣎳 | 𣏂 | 本 | 本 | 本 | 本 | 本 |

## 名言馆

草木有本心，何求美人折！
· （唐）张九龄《感遇》

我本楚狂人，凤歌笑孔丘。
· （唐）李白《庐山谣寄卢侍御虚舟》

自言本是京城女，家在虾蟆陵下住。
· （唐）白居易《琵琶行》

本以高难饱，徒劳恨费声。
· （唐）李商隐《蝉》

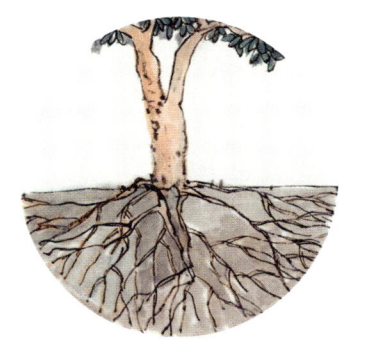

## 解字堂

《说文》："本，木下曰本"，指事，小篆字形，从木，木字下面的一横是加上的符号，指明树根之所在。所以它的本义是草木的根或靠根的茎干。《诗·大雅·荡》："本实先拨。"《国语·晋语》："伐木不自其本，必复生。"由此引申出事物的根基或主体义，这也是它最主要的一个意思。《论语·学而》："君子务本。"汉朝贾谊《论积贮疏》："今背本而趋末。"；《礼记·大学》："物有本末，事有始终。"《史记·屈原贾生列传》："人穷则反本。"又如：治本、根本、本源、本根、本缘、本由。在古代，"本"还特指农业生产，如汉朝贾谊《论积贮疏》："今殴民而归之农，皆著于本。"本，还有本金义。如：亏本（损失本钱）、本钿（方言，本钱）、本银（本钱）。本，还可表示稿本、脚本或话本、刷本。以上都是它作名词的用法，它还有形容词这一词性，表示原来的，本来的。《孟子》："此之谓失其本心。"本，也可表示基础的，基本的意思。如：本纪（根本纲纪）、本根（根本）。

治本于农

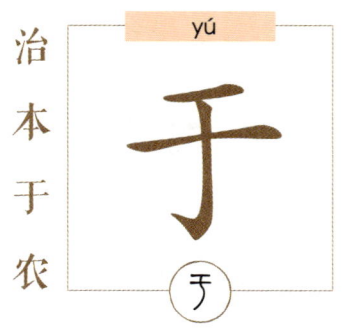

yú

| 甲骨文 | 金文 | 篆文 | 隶书 | 楷书 | 行书 | 草书 | 标准宋体 |
|---|---|---|---|---|---|---|---|
| 亐 | 丂 | 于 | 于 | 于 | 于 | 于 | 于 |

### 解字堂

于，象形字，本义不确知，学者或以为像一种吹奏乐器"竽"，《说文解字》："于，於也。象气之舒。"感叹的意思。其实是假借义，音xū。《诗经·周南·麟之趾》："于嗟麟兮。""于"的其他虚词义也是其假借用法，今音读yú。可用作介词、连词、助词和语气词。介词"于"早在甲骨文中就已大量出现，西周以后，随着介词"於"的出现，"于"的一些用法逐渐被"於"所代替；魏晋以后，除了在引用古籍或固定格式中，"于"就很少出现了。"于"的连词、助词和语气词的用法只出现在先秦汉语中，汉代以后逐渐消失了。"于"字现在主要作为虚词，也就是它没有词汇意义，而在古代它也可做实词。首先是它作为介词的时候，表示"在"之意。西汉司马迁《报任安书》："身直为闺阁之臣，宁得自引深藏于岩穴邪。"表示"从"之意。《信陵君窃符救赵》："公子自度终不能得之于王，计不独生而令赵亡。"它还有到、向、给、对于、比、为之意。"于"作为连词时，表示并列关系。《尚书·康诰》："告汝德之说于罚之行。"意思是告诉你施与恩德的说法和施行惩罚的道理。作为助词时，通常没有意义。

古代"于"也可作为实词，表示气出受阻而仍越过。另一个较多用的意思就是去、往。《书·大诰》："予惟以尔庶邦于伐殷，逋播臣"。除此，于也是一个姓氏，我们熟悉的有诗人于谦等。

### 名言馆

蜀道之难，难于上青天！

·（唐）李白《蜀道难》

停车坐爱枫林晚，霜叶红于二月花。

·（唐）杜牧《山行》

于今腐草无萤火，终古垂杨有暮鸦。

·（唐）李商隐《隋宫》

春水碧于天，画船听雨眠。

·（唐）韦庄《菩萨蛮》

治本于农

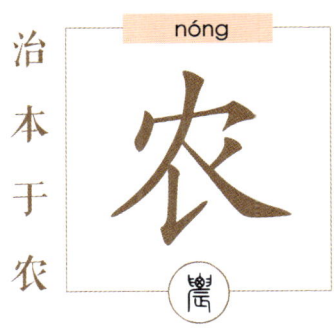

| 甲骨文 | 金文 | 篆文 | 隶书 | 楷书 | 行书 | 草书 | 标准宋体 |
|---|---|---|---|---|---|---|---|
| | | | | | | | 农 |

## 名言馆

今我何功德，曾不事农桑。
· （唐）白居易《观刈麦》

四海无闲田，农夫犹饿死。
· （唐）李绅《悯农》

莫笑农家腊酒浑，丰年留客足鸡豚。
· （宋）陆游《游山西村》

百万工农齐踊跃，席卷江西直捣湘和鄂。
· 毛泽东《蝶恋花·从汀州向长沙》

## 解字堂

农，会意字。甲骨文"农"字像手持"辰"这种农具除草，因为上古时代，杂草丛生，耕种的第一部，就是开荒除草。金文的"农"有的省去了下面的"手"形，在上部的杂草形状之中，增加了部件"田"，更加凸显了开垦种田的意思。后来"艸"形又讹变为双手形，所以小篆的"农"字从"臼"，而所从的"囟"，其实是"田"的讹变。

## 温故知新

###  四字通解

治本于农,意思是把农业作为国家的根本。

中国地大物博,可是中国拥有世界上最多的人口也是基本国情。从古至今,民以食为天,是不可能发生改变的。而要发展,首先解决的就是农业问题。从商鞅变法开始,中国一直实施的都是重农轻商的措施,农业被提高到各个行业的首位。在封建社会的上升阶段,重农主义为社会的发展提供了充足的动力,无论是气势恢宏的大汉王朝,还是包罗万象的盛唐气象,都是在农业高度发达的基础上建立起来的。到了封建社会末期,毁灭中国前进道路的并不是重农主义,对商业的压制确实要承担一些责任。

即便到了如今的科技社会,中国依旧把农业看得极其重要,每年在农业的投入和关注并未随着时间而降低。只有农业发达了,国家才能稳定发展。这就是农业被称为根本的原因。

###  故事厅

**不忘本的故事**

庾信是南北朝时期有名的文学家。在544年,梁元帝派他出使西魏。可没多久,梁朝被西魏灭掉。西魏王非常赏识庾信,就留他在西魏的国都长安做官。庾信不愿意,可是又走不了。他在长安一直住了近30年,心里非常思念故土。他曾在《徵调曲》中写道:"落其实者思其树,饮其流者怀其源。"表达了他对故土的思念之情。这句话后来就演变成"饮水思源"这个成语。

**半部《论语》治天下**

"半部《论语》治天下"一语出自《宋史》。北宋时期著名政治家赵普为太祖出谋划策,发动兵变,拥立太祖赵匡胤,被任命为宰相。宋太祖死后,赵匡义当皇帝,别人认为赵普一生只读《论语》,不学无术,当宰相不恰当。赵普说他是以半部《论语》帮助治天下的。

当时宋朝开国丞相赵普每遇政事不能解决,便于归家后查阅一柜之书,次日则问题迎刃而解,久之家人好奇,偷偷打开一看,原来里面只有半部《论语》。于是时人便说赵普以半部《论语》治天下。后人引用这句话的意思是指《论语》博大精深,只需要它的一半就足以治理天下。然而,审视历史真正依靠《论语》治理天下的能找出几个呢?似乎少之又少。这也从另一个方面说明,不靠《论语》同样可以治天下。事实上,在中国的春秋战国时期涌现出的各种人文理论,以及千百年来形成的中华文化的整个体系中的任何一部分,甚至一句经典的格言,都可以用来治天下,绝非只有《论语》一部书。

### 猜谜语

以农为主。
（打一俗语）

人生为农最可愿。
（打一中国地名）

含远山,吞长江。
（打一字）

十月湖光伴远山。
（打一字）

既来之,则安之。
（打一山西地名）

 **知识角**

 **成语窗**

### 于姓来源

1. 出自姬姓,为周武王姬发的后代,以国名为氏。据《新唐书·宰相世系表》所载,西周初年,周武王克商后,大举分封诸侯,其第二个儿子邘叔被封在邘国。后来,邘叔的子孙就以国名为氏,有的姓邘,有的则去邑旁姓于,是为河南于氏。春秋战国混乱时期,邘叔有后裔迁山东郯城,为山东于氏。

2. 出自古炎帝姜姓齐国公子、文学家淳于髡的后裔淳于氏,在唐代时避讳宪宗李纯改单姓于氏。据《古今姓氏书辩证》所载,淳于公子孙,以国名为姓,称为淳于氏。唐贞观年间所定皇族七姓,有淳于氏。至唐宪宗李纯时,为避讳("纯""淳"同音),复姓淳于氏改为单姓于氏。到了宋代,又有部分于姓恢复淳于姓,也有一部沿袭未改的,形成此支于氏。

3. 出自北魏前期中原于氏避三国之乱于平城而改姓的万忸于氏,在孝文帝汉化改革时,恢复本姓于。据《路史》所载,鲜卑族的万忸于氏原为山东于姓人,后随鲜卑族改之,孝文帝汉化改革,又复于姓。实际上,他们是汉朝于公的后代,在三国战乱时,随拓跋邻部离开中原,并为了适存于鲜卑族而改姓为万忸于氏。到后来鲜卑族的拓跋珪在我国北方建立了北魏,才又重回中原,复姓为于而已。居住在北方的于姓之人乃至播迁全国的于氏族人很多都是此支。

4. 出自赐姓或少数民族改于姓而来。
①明朝时赐元人巴延达哩姓于名忠,清朝时,南方的部分尼玛哈氏改于姓。
②又有达斡尔、鄂伦春、土、回、高丽等少数民族有改于姓者。

### 励精图治
振奋精神,想办法治理好国家。出自《宋史·神宗纪赞》:"厉精图治,将大有为。"

### 无为而治
无为:无所作为;治:治理。自己无所作为而使天下得到治理。原指舜当政的时候,沿袭尧的主张,不做丝毫改变。后泛指以德化民。

### 照本宣科
死板地照现成文章或稿子宣读。比喻不能灵活运用。出自元朝关汉卿《西蜀梦》:"也不用僧人持咒,道士宣科。"

### 变本加厉
厉:猛烈。指比原来更加发展。现指情况变得比本来更加严重。出自南朝梁萧统《文选·序》:"盖踵其事而增华,变其本而加厉,物既有之,文亦宜然。"

### 急于求成
急着取得成功。

### 同归于尽
尽:完。一起死亡或一同毁灭。出自《列子·天瑞》:"天地终乎?与我偕终。"卢重玄解:"大小虽殊,同归于尽耳。"

### 牛衣对泣
睡在牛衣里,相对哭泣。形容夫妻共同过着穷困的生活。

### 司农仰屋
主管钱粮的官员一筹莫展,无计可施。形容国库空虚,财政拮据。

务兹稼穑

| 甲骨文 | 金文 | 篆文 | 隶书 | 楷书 | 行书 | 草书 | 标准宋体 |
|---|---|---|---|---|---|---|---|
|  | 敄 | 務 | 務 | 務 | 務 | 務 | 务 |

### 解字堂

　　务，形声字。"务"的繁体字是"務"，容易让人误以为是一个从"矛"取义的字，但实际上在战国金文中，"务"的字形是"敄"，从攴，矛声。秦代文字在此基础上累增偏旁"力"。务的本义是专力从事，致力追求。《战国策·秦策一》："欲富国者，务广其地。"我们生活中所讲的"务农""务工""务本（专心致力于根本）""务外（谓研究学问，只致力于表面，不求深入）"等词语也都是这个意思。东汉许慎在《说文解字》中写道："務，趣也。从力敄（mù）声。"

　　"务"作动词、名词、副词。当"务"作动词时，有谋求，追求的意思。白居易《寄唐生》："不务文字奇。"意思是：不谋求文字奇特。成语"贪多务得"中的"务"就是追求的意思。"务"还可以作通假字，通"侮"。《诗经·小雅·常棣》："兄弟阋（xì）于墙，外御其务。"意思是：兄弟们虽然在家里争吵，但一致抵御外人的欺侮。比喻内部虽有分歧，但能一致对外。"务"可以作名词，表示事务，事情。汉晁错《论贵粟疏》："粟者，王者大用，政之本务。"我们生活中说的"私务""家务""税务"中的"务"也是这个意思。《孟子·告天下》："君子之事君也。务引其君以当道。"其中的"务"作副词，表示一定，务必。

### 名言馆

识时务者为俊杰，通机变者为英豪。
　　·《晏子春秋·霸业因时而生》

---

运移汉祚难恢复，志决身歼军务劳。
　　·（唐）杜甫《咏怀古迹五首》其五

---

心心复心心，结爱务在深。
　　·（唐）孟郊《结爱》

---

少壮务贪得，锐意力争前。
　　·（宋）欧阳修《偶书》

谜语答案　种田皇帝　怀安，于田　治　治　长治

务兹稼穑

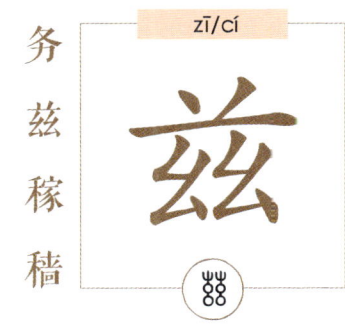

zī/cí

兹

| 甲骨文 | 金文 | 篆文 | 隶书 | 楷书 | 行书 | 草书 | 标准宋体 |
|---|---|---|---|---|---|---|---|
| 88 | 88 | 茲 | 兹 | 兹 | 兹 | 兹 | 兹 |

## 名言馆

念兹在兹，释兹在兹。
・《尚书・大禹谟》

为乐当及时，何能待来兹？
・《古诗十九首・生年不满百》

挥手自兹去，萧萧班马鸣。
・（唐）李白《送友人》

挥手从兹去。更那堪凄然相向，苦情重诉。
・毛泽东《贺新郎・别友》

## 解字堂

《说文》："兹，黑也。从二玄。"《说文》读兹如玄（xuán），乃承自兹之古音，其义亦源自兹字古表幽玄之色的用法。表示"草木茂盛"的"兹"乃"茲"之异文。简化后都写作"兹"。该字为多音字，有zī、cí两个读音。

兹，读zī的意义词性比较丰富。该字作动词，意为草木渐生渐长。如：兹兹（增加繁殖）。《素问・五藏生成论》："五藏之气，故色见青如草兹者死。"意思是：如果面色出现青如死草，枯暗无华的，为死症。这讲述的是如何从面色看五脏的状态。该字作名词，意为日子累积成的年月，人生。该义只用于古代。《吕氏春秋》："如今兹美禾，来兹美麦。"这是说今年丰收了美禾，接着又种麦，来年又丰收了美麦。在勉县周家山镇的108国道与老川陕公路交会处，修建了一座主题广场——美禾广场。"为乐当及时，何能待来兹。"出自《古诗十九首・生年不满百》。意思是：人生应当及时行乐才对啊！何必总要等到来年呢？后来借代引申，意为此刻，现在。如：兹立约如下，兹有专员前往贵处。《广雅・释言》解释："兹，今也。"该字作代词，意思是此地，这里，这个。如：兹事体大（此事牵连甚广，关系重大）。南朝梁丘迟《与陈伯之书》："总兹戎重。"意为：主持这次北伐的军机重任。

兹，又可读作cí。如：龟兹，即"龟（qiū）兹国"，是中国古代西域大国之一，唐代安西四镇之一。又称丘慈、邱兹、丘兹，为古代西域出产铁器之地。旧址在今新疆库东县一带。

务兹稼穑

jià

| 甲骨文 | 金文 | 篆文 | 隶书 | 楷书 | 行书 | 草书 | 标准宋体 |
|---|---|---|---|---|---|---|---|
|  |  | 稼 | 稼 | 稼 | 稼 | 稼 | 稼 |

### 解字堂

稼，形声字。从禾，家声。本义：种植五谷。亦泛指农业劳动。如：稼穑、耕稼。又有谷物义。如：庄稼。

稼，一般有两种词性，动词和名词。作动词时，一般是指它的本义，即种植五谷的意思。在《诗·魏风·伐檀》中有诗句："不稼不穑。"在《山海经·大荒南经》中记载："巫载民不稼不穑食也。"都是指种植的意思。在《仪礼·少牢礼》中说道："宜稼于田。"意思是，宜于在田里种植。《孟子·滕文公上》："后稷教民稼穑，树艺五谷。"讲述的是后稷教百姓种植五谷的故事。在如今的农业活动中也有带稼字的词语。如：稼桑（栽种桑树的一种方法，即斩下桑的枝叶而加以种植）；稼事（农田耕种的事务）；稼政（修封疆、开沟洫、教民种植五谷等事）；稼器（农具）。稼，还可以解释为从事农业生产。

稼，作名词，指的是禾所结的果实。在《说文解字》中这样解释道："稼，禾之秀实为稼，茎节为禾。"朱骏声曰："在野曰稼。"在《诗·豳风·七月》中有诗句曰："九月筑场圃，十月纳禾稼。"说的就是十月份开始收割庄稼。稼，还可以解释为谷物、庄稼的意思。在沈括《梦溪笔谈》中有："一亩之稼。"清代郑燮《喜雨》："共说今年秋稼好，碧湖红稻鲤鱼肥。"都是指庄稼的意思。

### 名言馆

稼生于野，而藏于仓。
· 《吕氏春秋·审己》

---

少回卿士爱花心，同似吾君忧稼穑。
· （唐）白居易《牡丹芳》

---

须晴去，访稼轩未晚，且此徘徊。
· （宋）刘过《沁园春·寄辛承旨。时承旨招，不赴》

---

五行作甘惟稼穑，三农艰辛在耘耔。
· （明）周永年《又和题（一首）》

| 甲骨文 | 金文 | 篆文 | 隶书 | 楷书 | 行书 | 草书 | 标准术体 |
|---|---|---|---|---|---|---|---|
|  |  | 穡 | 穡 | 穡 | 穡 | 穡 | 穡 |

## 名言馆

稼穑分诗兴，柴荆学土宜。
· （唐）杜甫《偶题》

顿疏万物焦枯意，定看秋郊稼穑丰。
· （唐）白居易《喜雨》

稼穑艰难总不知，五帝三皇是何物。
· （唐）贯休《杂曲歌辞·少年行三首》其一

且将穑事传童稚，未插秧时正好耕。
· （宋）陆游《雨》

## 解字堂

穡，形声字，从禾，啬声。《说文》："穡，谷可收曰穡。按，穡即啬之后出字。"该字的偏旁是禾，说明它与农作物有关，本义是收割谷物。《书·洪范》中记载："土爰稼穑。"王肃注："种之曰稼，敛之曰穡。"《诗经·魏风·伐檀》："不稼不穡，胡取禾三百廛兮？"

上述是"穡"字在古文里的用法，经常用的词组有穡民（农民）；穡地（农田）；穡臣（古代称管理农事的大臣）；穡督（谓督导农事）；穡养（谓退隐务农），意义均与其本义有关。此外，观察"穡"字，可以发现其声旁就是吝啬的"啬"。所以该字在古代还通"啬"，表示节俭；爱惜。《左传·昭公元年》："大国省穡而用之。"《墨子·兼爱中》："不为大国侮小国，不为众庶侮鳏寡，不为暴势夺穡人黍稷狗彘。"当它通"啬"时，也有互相勾连的意思。《管子·度地》："树以荆棘，上相穡著者，所以为固也。"以上是它作为动词的用法。

穡，还可作名词，表示收获的谷物。《诗·小雅·信南山》："曾孙之穡，以为酒食。"明代陈继儒《大司马节寰袁公（袁可立）家庙记》："古人食稻而祭先穡。"还可以表示谷类植物的穗。《徐霞客游记·粤西游日记》："所艺禾穡特大。"

## 温故知新

###  四字通解

务兹稼穑，"务"是从事、致力于的意思，"兹"是代词，即此，一定要从事于此，"此"是指"稼穑"。"稼"的本义是禾苗的穗和果实，《诗·豳风·七月》里面有"十月纳禾稼"。"穑"的本义是收割庄稼，后世把春耕叫稼，秋收叫穑。稼穑两个字就代表了农业，泛指"春生夏长，秋收冬藏"整个农业生产过程。

首先说明，治国的根本在于发展农业。中国自古就是以农业立国，直至今天还是农本国家，农民问题、农业议题仍然是国家的头等大事。

中国文化起源于黄河流域。黄河冲积平原的黄土纤细，土质疏松不板结，便于原始农业的耕作。且黄土中有无数垂直的细管，能保证地下水不断地向上浸润，即使短期不下雨也没有关系。这是发展农业绝好的自然条件，所以自夏朝开始，中国的基本国策就是农本，连毛泽东都提出"土肥水种密保管工"的农业八字方针。

### 猜谜语

匆匆上任。
（打一成语）

扎根务农。
（打一字）

挥手自兹去。
（打一字）

###  故事厅

#### 后稷稼穑

后稷，是上古时代的一位能人。"后稷稼穑"是说后稷懂得农业，教授老百姓种庄稼的故事。在神话传说里，后稷是天帝的儿子，父子都是神仙。父亲到人间当了部族首领，后稷也投胎来到人间。《史记·周本纪》记载了这个神话，说周代的先民后稷，名字叫弃，他的母亲叫姜原。姜原在野外发现一个巨人的脚印，就踩了上去，因此而怀孕，过了一年才生下个男孩。她认为不吉利，要把孩子抛弃到山林里，赶巧那里人多，她又换个地方，把孩子扔在河沟的冰面上。可是被空中的鸟儿看见了，立刻飞下来用翅膀垫在孩子身下。姜原感到儿子很神奇，就抱回家把他养大了。因为最初想抛弃，所以取名弃儿。

《史记》里还说，后稷自幼就有抱负，游戏的时候也喜欢栽麻种豆，麻和豆子都长得很好。后稷长大了，更爱好农耕，教百姓干农活。这使周代先民脱离逐水草而居的游牧生活，进入了定居耕作的农业时代。后稷懂得土壤的性能和庄稼的习性，百姓都向他学习。部族联盟的首领帝尧听说了，就推举他当掌管农业的负责人。后稷对当时社会进步做出了很大贡献。古书《山海经》和《尚书》也记载了这个神话，说后稷从天上拿来百谷的种子播撒人间，结出丰硕的果实，繁荣了农业。后稷死后被安葬在山水环绕的地方。那里有三百里良田，五谷丰登，象征着后稷和他领导的先民，用智慧和勤劳创造了人间乐土。

"后稷稼穑"的神话，寄托了中国古代先民歌颂劳动、创造，向往和平幸福的理想。

 ## 知识角

### 何谓五谷

五谷,即五种谷物。古代有多种不同说法,最主要的有两种:一种是指稻(俗称水稻、大米)、黍(shū,俗称黄米)、稷(jì,又称粟,俗称小米)、麦(俗称小麦,制作面粉用)、菽(俗称大豆)。另一种指麻、黍、稷、麦、菽。两者的区别是:前者有稻无麻,后者有麻无稻。古代经济文化中心在黄河流域,稻的主要产地在南方,而北方种稻有限,所以"五谷"中最初无稻。

稻:一般指需要在水田种植的庄稼的总称,即水稻。我国南方的水田大多数都种稻。它本身有些黏,可以用来酿酒,酿出的酒口感绵软,不像北方的酒那样烈。也可以做成米糕,还可以炒着吃,味道都很好。稻的种类很多。

黍:去壳,就是黄米,其子实煮熟后有黏性,可以酿酒、做糕。由于不利于消化,现在也基本上不用黍作为主食了。

麦:一年生或二年生草本植物,有小麦、大麦、燕麦、黑麦等。子实主要作粮食或作精饲料、酿酒、制饴糖。秆可作编织或造纸原料。

稷:又称粟,生长耐旱,品种繁多,俗称"粟有五彩",有白、红、黄、黑、橙、紫各种颜色的小米,也有黏性小米。中国最早的酒也是用小米酿造的。粟适合在干旱而缺乏灌溉的地区生长。其茎、叶较坚硬,可以作饲料,一般只有牛能消化。现在主食基本上不用稷了。

麻:主要是用来农作生产的,其茎皮经沤制可以做绳子、麻衣、麻纸等,很耐用。去皮后的茎,可以当柴烧,可以盖房子,有点木质的感觉,目前皮与秆经提炼纤维,可以做宣纸等各种高档纸。

菽:豆类的总称,古语云:"菽者稼最强。古谓之未,汉谓之豆,今字作菽。菽者,众豆之总名。然大豆曰菽,豆苗曰藿,小豆则曰荅。"豆类制品也是中国百姓们喜欢的食物之一。

有句俗语:"四体不勤,五谷不分。"四体就是四肢,就是怕走路,怕动手干活。这句话的意思是说一个不参加劳动的人就没有分辨事物的能力了,变相说一个人懒。因为古时大多数人都是农业劳作,不去劳动的人,到了农田也就不认识五谷了,尤其幼苗小时候样子有点相似。

 ## 成语窗

**贪多务得**

贪:求多;务:务必。原指学习上务求尽多地获得知识。后泛指对其他事物贪多并务求取得。

**不务空名**

务:追求。切实地工作,不追求虚名。

**不晓世务**

不知晓当前重要的事态和时代的潮流。现也指待人接物不知趣。

**兹事体大**

这件事性质重要,关系重大。

**念兹在兹**

念:思念;兹:此,这个。泛指念念不忘某一件事情。

**不稼不穑**

稼:播种;穑:收获谷物。泛指不参加农业生产劳动。

**稼穑艰难**

指农事劳苦。出自《尚书·无逸》:"先知稼穑之艰难,乃逸。"

**服田力穑**

服:从事;穑:收获谷物。指努力从事农业生产。

俶载南亩

## chù 俶

| 甲骨文 | 金文 | 篆文 | 隶书 | 楷书 | 行书 | 草书 | 标准宋体 |
|---|---|---|---|---|---|---|---|
|  |  | 俶 | 俶 | 俶 |  | 俶 | 俶 |

### 解字堂

"俶"是形声字。从字形上看，左边是一个"人"字，右边是一个"叔"字。《说文解字》中对"人"的解释是："人，是天地间品性最高贵的生物。"而对"叔"解释是，古代手持神杖祭祀神的人。在上古商朝巫文化时代，人们敬鬼事神，祭祀神的人被称为最接近神的人，因此必须要品行淑良，受到大家的敬重。因此"俶"的本义就是善良的，美好的，和"淑"是一个意思，有时也能互用。"俶灵""俶辰"都是和"俶"的本义相关的。"俶"还可以解释为奇异的意思，在司马相如的《子虚赋》中有一句"俶傥瑰玮"，就可以把"俶"解释为奇异。

"俶"还有动词和副词的意义。"俶"作为动词是建造的意思，《诗·大雅·崧高》中有一句"有俶其城"，就是建造了一座城池的意思。引申出来的意思是整理。如：俶装、出门远行前，整理准备行装）。"俶"作副词可以解释为开始，忽然。"俶扰"就是开始扰乱的意思，"俶尔远逝"中的"俶"就解释成忽然的意思了。

### 名言馆

占既吉而无悔兮，简元辰而俶装。
· 《后汉书·张衡传》

东都已俶载，言归望绿畴。
· （南朝）谢朓《和徐都曹出新亭渚诗》

俶装逐徒旅，达曙凌险涩。
· （唐）杜甫《早发射洪县南途中作》

俶尔远逝；往来翕忽，似与游者相乐。
· （唐）柳宗元《小石潭记》

谜语答案　当务之急　思军

## zài 载

| 甲骨文 | 金文 | 篆文 | 隶书 | 楷书 | 行书 | 草书 | 标准宋体 |
|---|---|---|---|---|---|---|---|
|  |  | 載 | 載 | 載 | 載 | 载 | 载 |

## 名言馆

黄鹤一去不复返，白云千载空悠悠。
　　·（唐）崔颢《黄鹤楼》

何当载酒来，共醉重阳节。
　　·（唐）孟浩然《秋登兰山寄张五》

落魄江湖载酒行，楚腰纤细掌中轻。
　　·（唐）杜牧《遣怀》

只恐双溪舴艋舟，载不动、许多愁。
　　·（宋）李清照《武陵春》

## 解字堂

　　载，形声字。《说文解字》："载，乘也。从车，𢦔声。"本义是用车运载，《周易·大有》："大车以载，有攸往，无咎。"引申为"充满"，如"怨声载道"，又引申为"记载"，如《荀子》："皆使人载其事，而各得其宜。"

　　白话版《说文解字》：载，搭乘车辆。这也是我们所常见的，是装运、运输的意思。《荀子》："水则载舟，水则覆舟。"以上的"载"是用作动词的，还有一个常见的词性就是名词。《史记·文帝本纪》："汉兴，至孝文四十有余载。"其中的"载"就是年的意思。

傲载南亩

| 甲骨文 | 金文 | 篆文 | 隶书 | 楷书 | 行书 | 草书 | 标准宋体 |
|---|---|---|---|---|---|---|---|
| 冎 | 南 | 南 | 南 | 南 | 南 | 芍 | 南 |

### 解字堂

南，象形字。乍一看"南"这个字，像不像古时候用来奏乐的编钟呢？上方像是牵引编钟的绳子，而内部的"半"像击打编钟的小锤子。其实，"南"字的本义是一种打击乐器。东汉许慎在《说文解字》中写道："南，草木至南方有枝任也。"意思是：草木到了南方，则花繁叶茂，枝茎可任。另外，"南"还有方位名词的意思。这是大家所熟悉的。

"南"可以作名词、动词、副词。作名词时除了上面介绍的两个义项，"南"还可以表示南部地区，南方。我们平时生活中所说的"南货""南味"中的"南"正是这个意思。此外，"南"还可以作动词用。"南"作动词时表示向南移动。汉贾谊《过秦论》："因遗策，南取汉中，西举巴蜀，东割膏腴之地，北收要害之郡。"意思是：沿袭前代的策略，向南攻取汉中，向西吞并巴、蜀，向东割取肥沃的地盘，向北占领要害的郡邑。"南"还可以引申为向南，作副词用。曹操《短歌行》："月明星稀，乌鹊南飞。"这里的"南飞"就是向南飞的意思。

"南"还有一个特殊的读音"nā"，佛教常用语"南无（nā mó）"表示对佛祖的尊重。

通过以上的介绍，相信大家对"南"这个字有了详细的了解。大家发现了吗？"南"这个字的本义和它的其他意思没有关联，其实很多字的字义都是随着时代的更迭和人们生活的需要演变而成的。大家不妨去找一些汉字以及它的本义，从而发现其中的奥妙。

### 名言馆

南国有佳人，容华若桃李。
· （三国）曹植《杂诗七首》其四

南风知我意，吹梦到西洲。
· 南朝乐府《西洲曲》

红豆生南国，春来发几枝。
· （唐）王维《相思》

春风又绿江南岸，明月何时照我还。
· （宋）王安石《泊船瓜洲》

## 俶载南亩 亩 mǔ

| 甲骨文 | 金文 | 篆文 | 隶书 | 楷书 | 行书 | 草书 | 标准字体 |
|---|---|---|---|---|---|---|---|
|  |  | 畮 | 畂 | 畝 | 畝 | 畝 | 亩 |

### 名言馆

余既滋兰之九畹兮，又树蕙之百亩。
　　·《楚辞·离骚》

百亩庭中半是苔，桃花净尽菜花开。
　　·（唐）刘禹锡《再游玄都观》

半亩方塘一鉴开，天光云影共徘徊。
　　·（宋）朱熹《观书有感二首》其一

身无半亩，心忧天下。
　　·（清）左宗棠

### 解字堂

亩，形声字。从田，每声。本义：中国土地面积市亩的通称。亩同音同义的异体字有畆、畝、畂、畮。

做量词，中国市制土地面积单位，一亩等于六十平方丈。一亩约等于667平方米。十五亩等于一公顷。《说文》："畮，六尺为步，百步为畮。秦田二百四十步为畮。畮或从十久。"如：亩制，意思是以亩为单位划分、计算土地面积的制度。亩级，意为田地土壤质量好坏的等级。亩积，意思是每一亩田的面积。也指田中高处，垄。如：居于畎亩之中 孟子曰："舜发于畎亩之中。"意思是舜从田野中发迹。

作名词，田垄之义。如：亩丘，意思是有垄界的丘地。亩道，意思是古代以国都为中心的大道。《诗·小雅·信南山》："我疆我理，南东其亩。"我划定疆界，治理沟垄，朝南朝东修起田埂。"也泛指农田，田地。如：畎亩，泛指田地，田间。析言之，垄上叫亩，垄中叫畎，即田中垄沟。亩垄，意思是田野，农田。亩畹，意为园圃。《韩非子·说疑》："又亲操耒耨以修畎亩。"意思是：还亲自拿着农具来整治田地。

"亩"字来源于中国夏商周的井田模型，而夏、商两代的井田模型与周朝的井田模型存在一定的差异，所以，"亩"字实际起源于夏、商两代的井田模型。在先秦一些重要文献中，"亩"往往是对"私田"的称呼；"田"往往是对"公田"的称呼。

## 温故知新

### 四字通解

俶载南亩，"俶"是开始，"载"是从事，"南"是向阳的方向，"亩"是土地。"俶载南亩"就是说要在向阳的土地上开始从事农作。由此来说，开始从事某种工作叫俶载。南亩是指向阳的耕地，《诗经"豳风"七月》里面有"七月流火，九月授衣。同我妇子，馌彼南亩"的诗句。

亩是土地测量单位的量词，时代不同，亩的数量单位大小也不一样。上古时代（先秦）宽一步，长百步为一亩，六尺为一步，如《孟子》书中说："五亩之宅，树之以桑。"按秦制，240步为一亩，现代的一亩为60平方丈，合667平方米。十分地为一亩，一百亩为一顷。古今时代不同，度量衡的单位也有所变化。

周朝的农业，全国耕地的管理采取"井田制"，大约100亩耕地为一井，平分为九块，形如井字，为八户人家所有。井字中间的一块为公田，属诸侯所有；其余的八块为私田，每户各一块。干活的时候，先公后私，干完了公事再做私事，所以"大公无私"是非常可敬的。

### 故事厅

#### 南柯一梦

淳于棼是唐朝人。有一次，因为他喝醉酒，忍不住在庭院的槐树下休息起来，没想到他因此就睡着了。在梦里，他看到槐安国的国王派人接他到槐安国去，随后把自己心爱的公主嫁给了他，并且派他担任南柯郡的太守。在这段时间里，淳于棼把南柯治理得很好，国王也很欣赏他。他五个儿子都有爵位，两个女儿也嫁给王侯，所以，他在槐安国的地位非常高。后来，檀萝国攻打南柯郡，淳于棼的军队输了，他的妻子也因重病死了。这一切的不幸，让淳于棼不想在南柯郡继续住下去，就回到京城。可是，在京城里，有人在国王面前说淳于棼的坏话，国王没有查证，就把他的孩子抓起来，还把他送回家乡。一离开槐安国，淳于棼就醒了，才知道原来这是一场梦。不久，淳于棼发现庭院里的槐树下有一个蚂蚁洞，洞里有泥土堆成的宫殿、汉城池等等，他才恍然大悟，梦中所见到的槐安国，应该就是这个蚂蚁洞。而槐树最高的树枝，可能就是他当太守的南柯郡。淳于棼想起梦里南柯的一切，觉得人世无常，所谓的富贵功名实在很容易就消失，于是，他最后就归隐道门了。

"南柯一梦"形容一场大梦，或比喻一场空欢喜，也比喻梦幻的事。

### 猜谜语

白云千载空悠悠。
（打一俗语）

小船载走相思意。
（打一俗语）

二十八亩田。
（打一字）

亮躬耕陇亩。
（打一成语）

 知识角

### 摊丁入亩

摊丁入亩是清朝政府将历代相沿的丁银并入田赋征收的一种赋税制度。

清朝统治者为了招抚流亡，恢复和发展社会经济，缓和阶级矛盾，稳定社会秩序，巩固政权，毅然抛弃了关外的赋役制度，看上了前朝曾经小试过的"摊丁入亩"制度。清初，明代原有的户部税役册簿大量地毁于兵火，清政府便以仅存的《万历条鞭册》为依据，进行赋役的征发。在其征发的过程中，清朝统治者逐渐体会到了《万历条鞭册》中某些"摊丁入亩"措施的合理性，加之在康熙后期，国内土地兼并严重，他们主张，"丈地计赋，丁随田定"，即实行"摊丁入亩"，以期通过采用赋役合一的办法来消除前弊。土地确实是完整的、稳定的，而人口却是变动的。因此，按田定役或摊丁入亩的制度就比按人丁定役的里甲制度要稳妥和适用。清朝也是顺应晚明的这种趋势，即本着明朝役法改革的精神，更为广泛地推行"摊丁入亩"，以用田编役之法逐渐代替了里甲编审制度。清康熙年间，"丁随粮派"或以田摊役的地区，在全国全面颁行了摊丁入亩之制，这样，将丁役银负担从人口方面全面转向土地方面，以减轻贫民疾苦、稳定社会秩序、稳定财政收入的役法改革就势在必行了。

该政策在一定程度上促进了当时社会经济的发展，但清朝政府把许多本来与田地无关的课税也并入田赋，造成了更深的阶级矛盾。

 成语窗

### 傲倪不羁
傲倪：洒脱，不拘束；羁：马笼头，比喻束缚、拘束。形容洒脱豪放，不受拘束。同"傲倪不羁"。

### 令终有俶
善终自然当善始。

### 载沉载浮
在水中上下沉浮。

### 载鬼一车
载：装载。装了一车鬼。形容十分荒诞离奇。

### 载欢载笑
形容尽情地欢笑。

### 南腔北调
原指戏曲的南北腔调。现形容说话口音不纯，掺杂着方言。

### 南辕北辙
想往南而车子却向北行。比喻行动和目的正好相反。

### 斗南一人
斗南：北斗星以南。指天下，海内。指天下绝无仅有的人才。形容品德或才识独一无二。

## 我 艺 黍 稷

wǒ

| 甲骨文 | 金文 | 篆文 | 隶书 | 楷书 | 行书 | 草书 | 标准宋体 |
|---|---|---|---|---|---|---|---|
| 我 | 我 | 我 | 我 | 我 | 我 | 我 | 我 |

### 解字堂

我，象形字。甲骨文字形像一种特殊的斧钺形兵器。后来假借为第一人称代词。在许慎的《说文解字》里的解释是："我，施身自谓也。"

我，一般有三种词性：代词、形容词和动词。其中最常见的是代词。在《孟子·尽心上》中有："万物皆备于我矣。"这里的"我"就是指自己本身。又如日常生活中我们常说的词语：我行（我这里）；我身（我自己；我这个人）；我咱（我自）、我见犹怜（形容女子容貌姿态美丽动人）；我家（自己）；我侬（方言。我）。上古时代，"吾"和"我"在语法上有分别。在《庄子》篇中有，"今者吾丧我。"都是代词的用法，比较简单。第二种词性是形容词。解释为自己的。如：我生（我之行为）；我仪（我的匹配）。还表示亲密的意思。如：我丈（对老人的亲切称呼）；我老彭；我老叶。有亲昵的语气。还可以说成向一边倾斜的，扭歪的意思。在《说文》中解释是："我，顷顿也。"段玉裁注："谓倾侧也。顷，头不正也。顿，下首也。故引申为顷侧之意。"这就是"我"作形容词时的一些用法。

最后解释的是作动词现象。这种用法不是很常见。我，作动词的解释是杀。在《书·泰誓中》中有："我伐用张。"《说文》也有解释："我，古杀字。"

### 名言馆

天生我材必有用，千金散尽还复来。

·（唐）李白《将进酒》

---

桃花潭水深千尺，不及汪伦送我情。

·（唐）李白《赠汪伦》

---

感我此言良久立，却坐促弦弦转急。

·（唐）白居易《琵琶行》

---

海到无边天作岸，山登绝顶我为峰。

·（清）林则徐

谜语答案　说话老是不算数　刀下留人　黄　日出而作

我艺黍稷

| 甲骨文 | 金文 | 篆文 | 隶书 | 楷书 | 行书 | 草书 | 标准宋体 |
|---|---|---|---|---|---|---|---|
| | | | 藝 | 藝 | 藝 | 蓺 | 艺 |

## 名言馆

桑竹垂余荫，菽稷随时艺。
　　·（晋）陶潜《桃花源诗》

从臣才艺咸第一，拣选撰刻留山阿。
　　·（唐）韩愈《石鼓歌》

刘生绝艺难对曹，客为歌其能，请从中央起。
　　·（唐）韦应物《弹棋歌》

小圃艺花竹，春末已繁秀。
　　·（宋）曹勋《山居杂诗九十首》其六

## 解字堂

　　艺，会意字。甲骨文、金文像跽跪的人双手捧持禾苗或树苗栽种之形。《说文》："艺，种也。"说的正是其本义。用作动词。《诗·齐风·南山》："艺麻之如何？衡从其亩。"，《诗·唐风·鸨羽》："不能艺稷黍。"《孟子·滕文公上》："树艺五谷。"《左传·昭公十六年》："艺山林也。"现在用的词组有艺植（耕种；栽植）；艺人（耕种的人）；艺圃（种植花卉园圃）。当它作名词时，有以下几个意思：技能、才能，《论语·雍也》："求也艺。"宋代王谠《唐语林·雅量》："艺天下无双。"，明黄道周《节寰袁公传》："公（袁可立）多才艺，善持论。"放到现在我们经常见到的词组有：球艺；艺业（学术技艺）；艺高人胆大（指人才技高超，故能不惧险阻，勇往直前）。六艺，指礼、乐、射、御、书、数六种古代教学科目。《后汉书·张衡传》："遂通五经，贯六艺。"另一种说法是指经籍，称《诗》《书》《礼》《乐》《易》《春秋》六经为六艺，如班固《汉书》："能通一艺以上，补文学掌故缺。"

　　艺，还有一个意思是我们现在经常用到的，就是艺术之意，在艺术学院中设立的"艺术系"的"艺"字是指在文学、绘画、雕塑、建筑、音乐、舞蹈、戏剧、电影、曲艺等方面的技能。比较熟悉的是，我们称之为明星的人，他们还有另一个称号就是"艺人"。

## 我艺黍稷

shǔ

| 甲骨文 | 金文 | 篆文 | 隶书 | 楷书 | 行书 | 草书 | 标准宋体 |
|---|---|---|---|---|---|---|---|
| | | | | | | | 黍 |

### 解字堂

黍，象形字，本义是糜子的一种。从"黍"的甲骨文字形上看，是 (禾，穗子，谷物) + (水，酒)，表示"黍"是一种可以用来酿酒的粮食。有的甲骨文为了更加形象，给"黍"字加了禾穗下垂的形象，写成了，是为了表明成熟的黍才能用来酿酒。因为"黍"是在大暑时节播种的，所以和"暑"谐音"黍"，给这种谷物命名。古文或者古诗词中经常会出现用黍来款待客人，可见那时黍是人们主要的食物，而不像现在南方吃米北方吃面。《诗·魏风·硕鼠》说道："硕鼠硕鼠，无食我黍。"到现在，黍主要作为一种杂粮用来调剂人们的口味，很少会作为主食出现在人们的食谱上了。"黍"的意思基本上都和它的本义相关。"黍离"寓意覆没，但是它是古人看到原来的地方现在长满了野黍，所以寄托了兴废的感慨。"黍"除了作为粮食外，还可以引申作为古时建立度量衡的依据，现在已经用不到了，《核舟记》提到："舟首尾长约八分有奇，高可二黍许。"

### 名言馆

彼黍离离，彼稷之苗。
· 《诗·王风·黍离》

积雨空林烟火迟，蒸藜炊黍饷东菑。
· （唐）王维《积雨辋川庄作》

故人具鸡黍，邀我至田家。
· （唐）孟浩然《过故人庄》

麦行千里不见土，连山没云皆种黍。
· （宋）王安石《后元丰行》

我艺黍稷

| 甲骨文 | 金文 | 篆文 | 隶书 | 楷书 | 行书 | 草书 | 标准宋体 |
|---|---|---|---|---|---|---|---|
|  | 禝 | 稷 | 稷 | 稷 | 稷 | 稷 | 稷 |

### 解字堂

稷，形声字。金文从示，畟声。小篆改为从"禾"。本义是一种谷物。

白话版《说文解字》："稷，斋黍。五谷之首。"这就是我们现在所知道的稷为一种粮食作物的意思。《庄子·庚桑楚》："子胡不相与尸而祝之，社而稷之乎？"《尚书·舜典》："弃，黎民阻饥，汝后稷，播时百谷。"这其中的"稷"字都是作动词。除此之外，就是我们常见的农作物的意思。《穀梁传·定公九年》："戊午，日下稷，乃克葬。"陶潜《桃花源诗》"桑竹垂余荫，菽稷时时艺。"这两句话中的"稷"字都是作名词的。"稷"还有一个比较重要的意思，就是五谷之神，农神的意思。我们常听的"江山社稷"中的"稷"就是农神的意思。

### 名言馆

彼黍离离，彼稷之穗。
· 《诗·王风·黍离》

——

四坐楚囚悲，不忧社稷倾。
· （唐）李白《金陵新亭》

——

许身一何愚，窃比稷与契。
· （唐）杜甫《自京赴奉先县咏怀五百字》

——

风尘三尺剑，社稷一戎衣。
· （唐）杜甫《重经昭陵》

095

 ## 温故知新

### 四字通解

我艺黍稷，"我"指的是自己，"艺"是种植的意思。我们常说的"园艺"一词，其中的"艺"不是说园林艺术，而是种植、栽培的意思。

黍稷是古人最主要的两种粮食作物，黄米（黏米）叫黍，谷子（小米）叫稷。黍稷在此地就代表了五谷，中国人讲究五谷丰登。《三字经》里提到六谷："稻粱菽，麦黍稷"，为什么又出来六谷了呢？讲五谷不包括稻米，中国在上古时代没有稻子，稻子是后来从南方引进的，中国北方早期没有稻子，只有粱、菽、麦、黍、稷五谷。

中国浙江省余姚县的河姆渡遗址，出土有此五谷的种子。黄帝距离现在有5000年，但种植五谷，从事农业活动并不是从黄帝时代开始的，而是从神农氏时代开始的。从伏羲氏开始至今有12000年，黄帝到现在是5000年，伏羲氏到黄帝是7000年，中间还有神农氏，神农氏再到黄帝也有几千的时间，所以河姆渡遗址推测是7000年以前的遗迹，是可信的。这也证明了，中国以农业立国的历史太悠久了，至少有7000年。

### 猜谜语

独自邀明月，对影成三人。
（打一字）

黍米做黄酒。
（打一俗语）

千里人归函谷中。
（打一字）

故人具鸡黍，邀我至田家。
（打一古文句）

 ### 故事厅

#### 屠龙之技的故事

《列御寇》里记载了一个故事：有一个叫朱泙漫的青年，想学会一门特殊技艺，便卖光了所有的家产，凑足了一千两银子，到很远的地方去拜师学艺。后来，他拜支离益做老师学习杀龙的技艺。朱泙漫学习肯下苦功夫，花了整整三年的时间，才把杀龙的技艺学到手。学成后，他高兴地回到家乡，人们关心地问他究竟学了什么，他兴致勃勃地讲开了自己杀龙的本事：杀龙应该用什么刀，怎样按住龙头，踩住龙尾，如何开膛剖肚……可是，当人们问他龙是什么样子，在什么地方时，他却回答不上来。于是人们忍不住笑起来，告诉他："学本领是为了有用处，如果学的东西毫无用处，学得再精通，也是一文不值。"

朱泙漫这才恍然大悟，原来世界上根本没有龙这种东西，他花费那么多的时间和精力学的本领都是白学了，根本没有地方使用。后来人们用"屠龙之技"比喻无实用价值的技术，就是再高超，也是徒有虚名，学了无用。

 ### 知识角

#### 中国古代四大农书

汉族劳动人民积累了数千年的耕作经验，留下了丰富的农学著作。先秦诸书中多含有农学篇章，四大农书基本反映了中国古代各个时期农耕社会的发展状况。《氾胜之书》一般认为是我国最早的一部农书。《齐民要术》堪称中国古代农业百科全书，是中国现存的第一部完整的农书。《农书》是一部对整个农业进行系统研究的巨著，特别是在介绍农业生产工具方面具有特色。

《农政全书》在书中贯穿着治国治民的"农政"基本思想。

《氾胜之书》是西汉晚期氾胜之的一部重要农学著作，一般认为是中国最早的一部农书。该书是对西汉黄河流域的农业生产经验和操作技术的总结。

《齐民要术》是北魏时期的中国杰出农学家贾思勰所著的一部综合性农书，也是世界农学史上最早的专著之一，是中国现存的最完整的农书。书名中的"齐民"，指平民百姓；"要术"指某生方法。大约成书于北魏末年（533—534），系统地总结了6世纪以前黄河中下游地区农牧业生产经验、食品的加工与贮藏、野生植物的利用等，对中国古代农学的发展产生过重大影响。《齐民要术》由序、杂说和正文三大部分组成。书中内容相当丰富，涉及面极广。

《农书》是元代王祯总结中国农业生产经验的一部农学著作，是一部从全国范围内对整个农业进行系统研究的巨著。《农书》能兼论南北农业技术，对土地利用方式和农田水利叙述颇详，并广泛介绍各种农具，是一本很有价值的书籍。将农具列为综合性整体农书的重要组成部分是从《农书》开始的，也是本书一大特点。《氾胜之书》中提到的农具只有10多种，《齐民要术》谈到的农具也只有30多种，而《农器图谱》收录的却有100多种，绘图306幅。"授时指掌活法之图"和"全国农业情况图"也是《农书》的首创。

《农政全书》基本上囊括了中国古代汉族农业生产和人民生活的各个方面，而其中又贯穿着一个基本思想，即徐光启的治国治民的"农政"思想。贯彻这一思想正是《农政全书》不同于其他大型农书的特色之所在。

 **成语窗**

**依然故我**
形容自己一切跟从前一样，没有变得更好。

**德艺双馨**
形容一个人的德行和艺术（技艺）都具有良好的声誉。一般指从事艺术的人。

**耕耘树艺**
耘：锄草；树：栽植；艺：播种。耕田、锄草、植树、播种。泛指各种农业生产劳动。

**不差累黍**
累黍：古代两种很小的重量单位，形容数量极少。形容丝毫不差。

**故宫离黍**
故宫：从前的宫殿；黍：指粮食作物。比喻怀念故国的情思。

**鸡黍深盟**
鸡黍：招待客人的饭菜；深盟：深厚的交情。指朋友之间交情深厚。

**禾黍之悲**
禾、黍：都是可以食用的谷物，泛指庄稼。比喻亡国的悲伤。

**宗庙社稷**
宗庙：祭祀祖先的场所；社稷：古代帝王诸侯所祭的土神和谷神。代表封建统治者掌握的最高权力。也借指国家。

**社稷生民**
社稷：古代帝王所祭的土神和谷神，代指国家。指国家与人民。

税熟贡新

shuì

| 甲骨文 | 金文 | 篆文 | 隶书 | 楷书 | 行书 | 草书 | 标准宋体 |
|---|---|---|---|---|---|---|---|
|  |  | 税 | 税 | 税 | 税 | 税 | 税 |

## 解字堂

税，形声字。从禾，兑声。"禾"代表禾苗、谷物等农作物。这就不难理解"税"字的本义为田赋，征收的农产品了。东汉许慎在《说文解字》中写道："税，租也。从禾，兑声。"《汉书·刑法志》："有税有赋，税以足食，赋以足兵。"这里的"税"就是田税的意思。在这个义项上能引申为其他税收。《盐铁论·非鞅》："收山泽之税。"同时，在"田赋"这个义项还能引申为征收赋税，作动词用。《韩非子·外储说右下》："赵简主出税者，吏请轻重。"

"税"可以作名词和动词。"税"作名词时，除了上面已经介绍过的义项，还可以作姓氏用。当"税"作动词时除了上面介绍过的征收赋税，还有其他三个义项。《礼记·植弓上》："未仕者不敢税人。"这里的"税"是赠送财物。税还有释放的意思。《吕氏春秋·慎大》："乃税马于华山，说收于桃林。"意思是：于是把马放到华山，把牛放到桃林。《孟子·告子下》："不税冕而行。"这里的"税"读作tuō，与"脱"为通假字，意思是脱掉。

我们在生活中对于"税"这个字的认识仅局限于税务、税收等。但是经过这一番的介绍，相信大家对"税"字的意义和用法，有了更加全面的认识。

## 名言馆

县官急索租，租税从何出。
· （唐）杜甫《兵车行》

家田输税尽，拾此充饥肠。
· （唐）白居易《观刈麦》

桑柘废来犹纳税，田园荒后尚征苗。
· （唐）杜荀鹤《山中寡妇》

井税无馀负，川原已饱犁。
· （宋）陆游《即事》

谜语答案　我　后劲大　黍　尽是他乡之客

## 熟 shú

税熟贡新

| 甲骨文 | 金文 | 篆文 | 隶书 | 楷书 | 行书 | 草书 | 标准宋体 |
|---|---|---|---|---|---|---|---|
| 𦥑 | 𦥑 | 孰 | 熟 | 熟 | 熟 | 熟 | 熟 |

### 名言馆

白酒新熟山中归，黄鸡啄黍秋正肥。
· （唐）李白《南陵别儿童入京》

更待菊黄家酿熟，共君一醉一陶然。
· （唐）白居易《与梦得沽酒闲饮且约后期》

我亦无他，唯手熟尔。
· （宋）欧阳修《卖油翁》

旧书不厌百回读，熟读深思子自知。
· （宋）苏轼《送安惇秀才失解西归》

### 解字堂

熟，形声字，从火，孰声。凡是"四点底"的字，绝大多数表示以"火"为形旁。甲骨文的"孰"，从亯从丮，表示在祭享建筑前有所进献的意思，后来加上形旁"火"，分化出"熟"字，就成了我们今天用来表示"烹饪、加热食物"的"熟"字。

熟，读shóu的音，多用于口语，义同"熟"（shú）。

熟，读shú的音字义较多。作动词，意为食物烧煮到可吃的程度。熟末，指煮得烂熟的食物。熟切店，卖熟肉的店铺。熟水，即开水。《左传·宣公二年》："宰夫胹熊蹯不熟。"意思是：厨师没有把熊掌炖烂。也指谷物、水果或微生物等成熟。《书·金縢》："秋，大熟，未收。"意思是：秋天，百谷成熟，还没有收获。《孟子·滕文公上》："五谷熟而民人育。"意为谷物成熟就可养活人民。

该字可作形容词。表示经过加工或处理过的。如：熟麻，煮熟的麻。熟药，经过加工炮制的药材。熟衣，煮炼过的丝制品制成的衣服。也指有收成；丰收。如：熟年，丰年。熟岁，丰年。也表示因常见、常用而知道得清楚。如：熟人，熟悉。也表示做工作时间长了，有经验。如：熟练、娴熟。也可作副词，表示程度深。如：睡得很熟，深思熟虑。

此外还可作量词。表示在一年内农田作物成熟的次数。如：两熟。也指结果、开花或生出其他产品的活动或事实。如：一年三熟。

税熟贡新

| 甲骨文 | 金文 | 篆文 | 隶书 | 楷书 | 行书 | 草书 | 标准宋体 |
|---|---|---|---|---|---|---|---|
|  | 貢 | 貢 | 貢 | 貢 | 貢 | 贡 | 贡 |

## 解字堂

贡，形声字。从贝，工声。本义指进贡，把物品进献给朝廷。《说文》解释为："贡，献功也。"把东西献给上级，古代臣下或属国把物品进献给帝王就称为进贡。在古代科举制度里，封建时代给朝廷荐举人才称为贡生（指经科举考试升入京师国子监读书的人）。当然，贡，还可以作姓氏。

贡，一般有两种词性：动词和形容词。当贡作动词时，就是指进贡、进献的意思。例如在《左传·僖公四年》中有："尔贡包茅不入。"就是说，进贡的包茅（古时候祭祀用的东西）不够用了。在《聊斋志异·促织》中说道："举天下所贡蝴蝶、螳螂、油利挞、青丝额一切异状遍试之，无出其右者。"这里的"贡"也是指进贡的意思。当然，贡作动词时意义非常丰富。还可以解释为赏赐的意思。在《尔雅·释诂》中这样解释："贡，赐也。"《史记·仲尼弟子传》："端木赐，字子贡。""贡"就是赏赐的意思。前面说到的，贡，还有举荐、推荐的意思。例如"尝勤苦学文，迨今十年，始获一贡。"就是指古代的贡生。

贡，第二个词性就是作名词。解释为贡品，即贡献的物品。在《礼记·曲礼》中有："五官致贡曰享。"注："功也。"就是指贡品的含义。贡，作名词时还可以解释为夏代的田赋名称。《孟子·滕文公上》："夏后氏五十而贡，殷人七十而助，周人百亩而彻，其实皆什一也。"

## 名言馆

时迁道革天下平，白环入贡沧海清。
· （唐）贾至《燕歌行》

寸地尺天皆入贡，奇祥异瑞争来送。
· （唐）杜甫《洗车马》

春风三月贡茶时，尽逐红旌到山里。
· （唐）李郢《茶山贡焙歌》

玉座金盘。不贡奇葩四百年。
· （宋）苏轼《减字木兰花·闽溪珍献》

## 新 xīn

税熟贡新

| 甲骨文 | 金文 | 篆文 | 隶书 | 楷书 | 行书 | 草书 | 标准宋体 |
|---|---|---|---|---|---|---|---|
| 𣂑 | 新 | 新 | 新 | 新 | 新 | 新 | 新 |

### 名言馆

空山新雨后，天气晚来秋。
· （唐）王维《山居秋暝》

新年都未有芳华，二月初惊见草芽。
· （唐）韩愈《春雪》

千门万户曈曈日，总把新桃换旧符。
· （宋）王安石《元日》

新竹高于旧竹枝，全凭老干为扶持。
· （清）郑燮《新竹》

### 解字堂

《说文》："新，取木也。"新，形声字。从斤、从木，辛声。据甲骨文，左边是木，右边是斧子，指用斧子砍伐木材。"新"是"薪"的本字。本义：用斧子砍伐木材。它作动词时还有另一个意思，就是更新，使之新。《书·胤征》："旧染污俗，咸与唯新。"又如：新民（使民更新）、新美（刷新使之美好）、新醮（改嫁）、新梢（新长出的树梢）。"新"最主要的意思是初次出现，与"旧"相对。汉代佚名《古艳歌》："衣不如新，人不如故。"《诗·小雅·采芑》："于彼新田。"《诗·邶风·谷风》："宴尔新昏。"唐代白居易《钱塘湖春行》："谁家新燕啄春泥。"对于这一词义，我们最熟悉的"新闻"一词就是它的固定用法。"新"还有新洁、新鲜、清新之意。唐代王维《送元二使安西》："客舍青青柳色新。"明代袁宏道《满井游记》："如镜之新。"固定词组。如：新鲜衣服（新鲜洁净的衣服）；新莺出谷（形容鸟鸣悦耳）；新切（清新而贴切）；新句（诗文中清新优美的语句）；新光（新鲜的光彩）；新米（指新一年收获的米）。小朋友都喜欢过新年，这里的"新"就是开始的意思，我们常常在婚礼上听到"新人"这个词，"新"还有结婚或结婚不久之意。唐代杜甫《佳人》："但见新人笑，哪闻旧人哭。"又如：新郎、新妇、新娘子、新婚燕尔（极言新婚欢乐。燕：安乐的样子）。

## 温故知新

 四字通解

税熟贡新，意思是庄稼熟了，把新收获的庄稼交给国家叫作纳税，所以税是禾旁。《说文解字》中写道："敛财曰赋，敛谷曰税。"因此赋和税是两个概念。缴现金的为纳赋，赋字是贝字旁。上古人类主要活动于黄河流域，见不到大海，贝壳很稀少。"故此用来做流通的货币，像今天的铜板、纸币一样。贝壳上打洞，用绳子串起来，五个一串叫一系，二系十贝叫一朋。老友来了，在脖子上挂两串贝壳去喝酒，就叫"朋"友，所以汉字中的财、贵、贱、赛等与钱财有关的字都是贝字旁。缴纳现金的叫赋，缴纳谷物的叫税，二者完全不一样。

庄稼收割下来了，要把打下来的新粮食作为税交给国家就是"税熟贡新"。税和贡两个字又不一样，由下位献上叫作贡，由上位向下面收叫税。缴税要贡新粮，国库的存粮一般都要存三年。粮仓的大敌是水火和老鼠。每屯藏粮都要用红笔标明因老鼠造成的自然耗损，写成"耗子多少"，因此老鼠又叫耗子。

### 猜谜语

出国演出，回国纳税。
（打一成语）

桑柘废来犹纳税，田园荒后尚征苗。
（打一成语）

瓜熟蒂落。
（打一字）

卞和献璧。
（打一地名）

好曲献君王。
（打一酒名）

 故事厅

### 吴山贡鹅

吴山贡鹅是我国有名的美食，它源于一个非常美丽的传说。

吴山贡鹅来自合肥民间传说《丽友桥》。隋唐年间，合肥白水坝附近有一户人家，一个勤劳白老汉带着小孙女放鹅过日子，孙女白小玉非常漂亮，又是刺绣纺织的能手，邪恶的蟹仙一直想得到她！（小玉是七仙女中的白衣仙子，因为包庇织女被王母娘娘罚下界，开始蟹仙还有点顾忌。）

小玉每月要过石桥买石胆粉治疗爷爷的病，有一天她遇上来自云南美少年名医段飞，他是慕名来拜会合肥千年道号元林元的。他治疗好了小玉爷爷的病，一家人充满了对他的感激，爱情的火花也在小玉心里点燃。他俩结婚时邪恶的蟹仙把毒药放在杯子里，段飞失去记忆，对白小玉不理不睬，连招呼都不打，一个人回云南老家去了。伤心的白小玉知道后到居巢与蟹仙斗法，大打一仗后坠落云间失去法力……

她千里寻夫，从丽水走到丽江，终于找到段府，可段府上下恶语相加，悲痛欲绝的她只有回乡在吴山隐居牧鹅，后来大白鹅帮助段飞恢复记忆，他痛恨自己的忘情，立即备上马星夜不停赶往合肥，最终团聚的故事。

后人还作了一副对联"合肥肥东肥西肥东西，丽友丽江丽水丽江水"，赞美两人的爱情。这就是吴山贡鹅的美丽传说。

 ## 知识角

### 我国古代重要税制——租庸调制

租庸调制是唐朝前期时实行的赋税制度，以征收谷物、布匹或者为政府服役为主，是以均田制的推行为基础的赋役制度。

租庸调制的基本内容是：每丁每年要向国家交纳粟二石，称作租；交纳绢二丈、绵三两或布二丈五尺、麻三斤，称作调；服徭役二十天，闰年加二日，是为正役，国家若不需要其服役，则每丁可按每天交纳绢三尺或布三尺七寸五分的标准，交足二十天的数额以代役，这称作庸。总体而言，"纳绢代役即为庸"，也叫"输庸代役"。国家若需要其服役，每丁服役二十天外，若加役二十五天，免其调，加役三十天，则租调全免。通常正役不得超过五十日。若出现水旱等严重自然灾害，农作物损失十分之四以上免租，损失十分之六以上免调，损失十分之七以上赋役全免。制度不夺农时，合理解决就业问题，是建立在均田制基础之上的制度。

租庸调制在实行之初，减轻了人民负担，是一个非常好的政策。陆贽称许租庸调制："国朝著令赋役之法有三：一曰租，二曰调，三曰庸。……此三道者，皆宗本前哲之规模，参考历代之利害。其取法也远，其立意也深，其敛财也均，其域人也固，其裁规也简，其备虑也周。"然而，这一切都是建立在均田制的基础之上的。如果均田制被破坏，那么没有土地分给农民，农民却还要负担租庸调，上下不接，必然导致租庸调制失败。所以，到了武周后期，租庸调制已经难以为继，后来在唐德宗年间，被两税法取代。

 ## 成语窗

### 苛捐杂税
指反动统治下苛刻繁重的捐税。

### 衣租食税
租、税：田赋和各种税款的总称。依靠百姓缴纳的租税生活。

### 熟路轻辙
驾轻快的车，走熟悉的路。比喻处世有经验，办起事来很容易。同"熟路轻车"。

### 熟魏生张
魏、张：都是姓，这里泛指人。泛指认识的或不认识的人。

### 王贡弹冠
王：汉代王吉，字子阳。贡：即贡禹。弹冠：拂去冠上的尘埃，喻将出来做官。比喻好朋友进退相随，取舍一致。也指一人得官，同类相庆。

### 革旧鼎新
旧指朝政变革或改朝换代。现泛指除去旧的，建立新的。同"革故鼎新"。

### 纳新吐故
原指人呼吸时，吐出浊气，吸进新鲜空气。现多用来比喻扬弃旧的、不好的，吸收新的、好的。

### 亘古新闻
亘古：从古代到现代。从古到今很少的事情。

### 染旧作新
指改头换面，以旧充新。

劝赏黜陟

| 甲骨文 | 金文 | 篆文 | 隶书 | 楷书 | 行书 | 草书 | 标准宋体 |
|---|---|---|---|---|---|---|---|
|  | 勸 | 勸 | 勸 | 勸 | 勸 | 劝 | 劝 |

## 解字堂

劝（勸），形声字。从力，雚（guàn）声。简化字中"又"仅是一个符号。本义是勉励下级。《说文》解释道："劝，勉也。"

该字的主要词性就是动词。意为上级勉励下级努力。如：劝导，劝教，劝诫。也可表示说服，讲明事理使人听从。如，劝进，封建社会劝说实际上已经掌握政权而有意做皇帝的人做皇帝，另可解为劝勉，策进。劝蚕（勉励种桑养蚕）；劝诫（劝勉警戒）；劝督（劝勉督促）；劝奖（劝勉鼓励）；劝农（奖励农事）；劝慕（因受奖勉而有所企慕、向往，多指倾心向善）。唐代王维《送元二使安西》："劝君更尽一杯酒，西出阳关无故人。"意思是：再干一杯吧！朋友，西出阳关之后，再想遇到老朋友就难了。诗中"劝君更尽一杯酒"一句写出了主客依依惜别的心情。两人对饮，一杯又一杯，主人总觉得似未尽意，总是劝客人再饮一杯。这类常情写在此处，读来特别朴实深厚，紧相呼应的下句"西出阳关无故人"，使这杯酒具有极重的分量。

在古文中的应用，均表示"劝诫，勉励"之义。《周礼·丧祝》："劝防之事。"《战国策·秦策》："则楚之应之也，必劝。"《左传·宣公四年》："子文无后，何以劝善？"《左传·成公二年》："我戮之不祥，赦之以劝事君者。"《庄子·天地》："昔尧治天下，不赏而民劝。"《史记·货殖列传》："各劝其业。"作名词时，表示姓氏。

## 名言馆

劝君更尽一杯酒，西出阳关无故人。
· （唐）王维《送元二使安西》

北斗酌美酒，劝龙各一觞。
· （唐）李白《短歌行》

劝君莫惜金缕衣，劝君须惜少年时。
· （唐）杜秋娘《金缕衣》

我劝天公重抖擞，不拘一格降人才。
· （清）龚自珍《己亥杂诗》

谜语答案　秀外慧中　穷于应付　爪　呈贡　贡酒

# 劝赏黜陟

## shǎng 赏

| 甲骨文 | 金文 | 篆文 | 隶书 | 楷书 | 行书 | 草书 | 标准宋体 |
|---|---|---|---|---|---|---|---|
|  | 賞 | 賞 | 賞 | 賞 | 賞 | 赏 | 赏 |

## 名言馆

欲取鸣琴弹，恨无知音赏。
·（唐）孟浩然《夏日南亭怀辛大》

传语风光共流转，暂时相赏莫相违。
·（唐）杜甫《曲江二首其二》

知音如不赏，归卧故山秋。
·（唐）贾岛《题诗后》

杜郎俊赏，算而今、重到须惊。
·（宋）姜夔《扬州慢》

## 解字堂

赏，形声字。从尚，贝声。"赏"字下半部分的字形看起来像一个贝壳，贝壳在很早以前也是作为一种货币流通在市场上的，所以这里的贝壳字形有物质奖励的意思。两部分结合起来就有了上级将财产官爵奖励给有功劳的下级的意思。《说文解字》中："赏，赐有功也。"也是说这个意思。到了小篆，"赏"字下半部分的贝壳样字形写为"貝"字形。到了隶书将"赏"字上半部分的尚字两边缩短，两个直角字形变为两个点，这时已经变成我们现在知道的"赏"的繁体字形"賞"。"貝"字有了简体写法"贝"，"赏"字就成了我们现在的这个字形。

"赏"字常作动词。《礼记·祭法》："尧能赏均刑法。"《史记·项羽本纪》："未有封侯之赏。"诸葛亮《出师表》："宜付有司论其刑赏。"这几句中的"赏"字都是作动词，赏赐，奖给的意思。"赏"还有玩赏，欣赏的意思。陶渊明《移居》："奇文共欣赏，疑义相与析。"还有我们常说的"赞赏"等其中的"赏"都是称颂，赞扬的意思。

"赏"字还作名词。《战国策·齐策》："群臣吏民能面刺寡人之过者，受上赏。"其中的"赏"就是名词，赐予或奖给的东西的意思。看了对"赏"字的介绍，大家了解这个字了吗？

劝赏黜陟

chù

| 甲骨文 | 金文 | 篆文 | 隶书 | 楷书 | 行书 | 草书 | 标准宋体 |
|---|---|---|---|---|---|---|---|
|  |  | 黜 | 黜 | 黜 | 黜 | 黜 | 黜 |

## 解字堂

　　黜，形声字。"黜"的本义是贬退。东汉许慎在《说文解字》中写道："黜，贬下也。从黑出声。"《玉篇》："黜，贬也，下也。"此中"黜"的意思是降职或罢免，废。高适《书博鸡者事》："台臣惭，追受其牒，为复太守官而黜臧使者。"韩愈《送李愿归盘谷序》："理乱不知，黜陟不闻。"在这个意思上"黜"可以组成词语黜落（罢免，除名）、黜升（官吏的罢免与升迁）、黜放（革职放逐）等。

　　"黜"只可以作动词用。当"黜"作动词时，除了上面介绍的革职或罢免，废的意思之外，还可以表示消除，去掉。《三国志·魏书·武帝纪》记载："克黜其难。"意思是能够消除困难。这里的"克"意思是能够。《旧唐书·礼仪志六》："当圣上严禋敬事之时，会相公尚古黜华之日。"同样，这里的"黜"也是能够的意思。"禋"是升烟祭天的意思。"华"指浮华。"黜"在这个意思上可以组成词语黜华（摈除文饰，不事虚华）等。另外，"黜"还有减少的意思。《左传·襄公十年》："将御诸侯之师而黜其车。"

　　以上就是对"黜"的用法和意义的介绍。"黜"在我们的生活中并不常用。希望经过这样系统的介绍，大家可以掌握"黜"字的意义，从而增加自己的词汇量。

## 名言馆

理乱不知，黜陟不闻。
· （唐）韩愈《送李愿归盘谷序》

一黜鹤辞轩，七年鱼在沼。
· （唐）白居易《和〈我年〉三首》其三

恬淡轻黜陟，优游邈千载。
· （唐）储光羲《奉和韦判官献侍郎叔除河东采访使》

有道不妨三见黜，当时人恨以为多。
· （宋）张九成《论语绝句一百首》其一

劝赏黜陟

| 甲骨文 | 金文 | 篆文 | 隶书 | 楷书 | 行书 | 草书 | 标准宋体 |
|---|---|---|---|---|---|---|---|
| 陟 | 陟 | 陟 | 陟 | 陟 | 陟 | 陟 | 陟 |

## 名言馆

陟彼高冈，我马玄黄。
　　·《诗·周南·卷耳》

陟升皇之赫戏兮，忽临睨夫旧乡。
　　·《楚辞·离骚》

陟罚臧否，不宜异同。
　　·（三国）诸葛亮《出师表》

平生养气心不动，黜陟虽闻了如梦。
　　·（宋）陆游《病起游近村》

## 解字堂

陟，会意字。从阜，从步。"阜"指土丘。"步"指行走。"阜"与"步"联合起来表示往土丘高处走。"陟"的本义是往土丘高处走。引申义为登高，上升。

该词作动词，意为登高上升，与"降"相对。如"陟岵陟屺"（zhì hù zhì qǐ），陟：登、升；岵：有草木的山；屺：无草木的山。指久役在外的人想念父母。《说文》解释道：陟，登也。《尔雅》解释：陟，升也。《诗·周颂·闵予小子》："陟降庭止。"陟降，意为升降上下。也指登程，上路。如陟遐，陟卓，都是远行之义。陟涉、跋涉之义。《书·太甲下》：若升高，必自下；若陟遐，必自迩。意思是：登上高处才会感受到自己的（眼界的）低下，行到远处才觉得自己（活动范围）的狭小。也指晋升。陟罚，提拔与惩罚。陟黜，进用与贬黜。陟劝，提升与奖励。陟明，进用贤明。《出师表》诸葛亮中有名句：宫中府中，俱为一体，陟罚臧否，不宜异同。意思是：宫里身边的近臣和丞相府统领的官吏，本都是一个整体，升赏惩罚，扬善除恶，不应标准不同。《出师表》是为了实现全国统一，诸葛亮在平息南方叛乱之后，于227年决定北上伐魏，拟夺取魏的长安，临行之前上书后主，以恳切委婉的言辞劝勉后主要广开言路、严明赏罚、亲贤远佞，以此兴复汉室。同时也表达自己以身许国、忠贞不贰的思想。

该字也可表示姓氏。也可表示地名，河南省武陟县。

## 温故知新

 **四字通解**

劝赏黜陟,"劝"是勉励,"赏"是奖赏,"黜"是惩罚,"陟"是晋升。"劝赏"是对农户的奖惩制度,"黜陟"是对政府官员的撤职、升迁制度。诸葛亮《出师表》中提到"陟罚臧否",该成语可作主语、宾语;用于书面语。陟:提升;罚:处罚;臧:表扬,褒奖;否:批评。泛指对下级的奖罚或提拔,处分。"陟罚臧否,不宜异同"是诸葛亮对刘禅的建议,告诫其对臣子提升、处罚、表扬、批评,不应该有所区别对待。

劝赏黜陟,指要客观地按照务农的成果和纳税的情况,对农户予以奖励或惩罚,对有关的官吏也要据此予以职务的下降或升迁。"税熟贡新,劝赏黜陟"的意思就是:庄稼一成熟就要纳税,把新谷献给国家。官府要按照贡献对农户予以奖惩,国家将对有关官吏予以下降或升迁。

### 猜谜语

摩肩接踵共赏灯。
（打一俗语）

独自赏景紫金山。
（打一成语）

父兄喜爱赏桃花。
（打一成语）

劝君更尽一杯酒。
（打一古人名）

 **故事厅**

### 神农教民种五谷

在古时候,没有五谷,人类只能依靠野果和野兽为食。但是到了冬季,不仅没有野果,就连野兽也是少得可怜。因此,冬季是人类挨饿的季节。不仅仅是冬季,如果碰到了长期的干旱,野果、野兽也是少得可怜,饿死的人数不胜数。如果碰到了雨季,出生的人口越来越多,食用野兽与野果越来越少,饥饿威胁着人们的生存。神农虽年幼,但也已经是神农部落的首领。看到部落中饿死的人类,神农内心绞痛。

有一天,天空忽然出现一只五彩神鸟,嘴里衔着一棵五彩九穗谷,掠过神农的头顶时,九穗谷掉在地上,神农氏见了,拾起来埋在土壤里,后来竟长成一片。神农把谷穗放在手里揉搓后放进嘴里,感到很好吃。于是他教人砍倒树木,割掉野草,用斧头、锄头、耒耜等生产工具,开垦土地,种起了谷子。

谷子可年年种植,若能有更多种类的粮食可以种植,大家的吃饭问题不就是解决了吗?那时,五谷和杂草长在一起,草药和百花开在一起,哪些可以吃,哪些不可以吃,谁也分不清。神农氏就一样一样地尝,一样一样地试种,最后从中筛选出粱、菽、麦、稷、稻五谷和各种杂粮,终于解决了人们的温饱问题。

除了种粮食外,神农还特地对种粮食的土地作了详尽的观察,发明了开垦土地和耕种粮食的方法。

数年后,种粮食的方法传遍神农部落。神农部落从此不仅没有挨饿过,而且不断地壮大。神农教民种粮食,可谓是人类历史上的一个重大的进步!

 ## 知识角

### 罢黜百家，独尊儒术

"罢黜百家，独尊儒术"是西汉武帝实行的封建思想统治政策，也是儒学在中国文化中居于统治地位的标志。

西汉建元元年（前140），董仲舒在举贤良对策中提出建议：凡是不在六艺之科、孔子之术的各家学说，都要从博士官学中排除出去。汉武帝对董仲舒的这种大一统思想非常赏识。武帝又采纳丞相卫绾之议，罢黜商鞅、韩非、苏秦、张仪之言的贤良。汉武帝此举受到推崇黄老思想的祖母窦太后的强烈反对，她于次年借故把鼓吹儒学的御史大夫赵绾和郎中令王减系狱。儒家势力虽暂时受到打击，但武帝在建元五年（前136）又置《五经》博士，使儒家经学在官府中更加完备了。建元六年（前135），窦太后死，儒家势力再度崛起。元光元年（前134），他将不治儒家《五经》的太常博士一律罢黜，排斥黄老别名百家之言于官学之外，提拔布衣出身的儒生公孙弘为丞相，优礼延揽儒生数百人，还批准为博士官置弟子五十人，根据成绩高下补郎中文学掌故等。这就是历史上有名的"罢黜百家，独尊儒术"。独尊儒术以后，官吏主要出自儒生，儒家逐步发展，成为此后两千年间统治人民的正统思想。虽然这样做不利于学术文化的发展，但在当时却有益于专制制度的加强和国家的统一。

 ## 成语窗

**劝善黜恶**
鼓励贤能，斥退邪恶。

**赏一劝众**
奖励一个人的先进事迹而鼓励好多人。

**赏罚不当**
奖赏或惩罚与功过不相当。

**赏不遗贱**
奖赏时不要遗留地位低下的人。

**赏罚分明**
该赏的赏，该罚的罚。形容处理事情严格而公正。

**崇雅黜浮**
在文风上崇尚雅正，摈弃浮华。

**进贤黜佞**
进用贤良，黜退奸佞。

**黜衣缩食**
节衣缩食，指在生活上省穿省吃，力求节约。

**登山陟岭**
陟：蹈、踏。即翻山越岭。形容旅途艰辛劳累。

孟轲敦素

mèng

| 甲骨文 | 金文 | 篆文 | 隶书 | 楷书 | 行书 | 草书 | 标准宋体 |
|---|---|---|---|---|---|---|---|
| | | | 孟 | 孟 | 孟 | 孟 | 孟 |

### 解字堂

孟，形声字。从子，皿声。妾媵生的长子称"孟"，正妻生的长子称"伯"，后来统称长子。在《说文》中解释说："孟，长也。"即最大、长兄的意思。孟，一般可以作形容词和名词。其中比较常见的就是形容词性的用法，名词用法不是很常见。

作名词时，"孟"通"氓"，是民众的意思。在《荀子·解蔽》中有："昔宾孟之蔽者，乱家是也。"就是指百姓、民众的意思。还可以作姓氏。如：孟尝（齐国贵族，姓田名文；春申，楚国人，姓黄名歇。他们同赵国的平原君和魏国的信陵君都是当时仅次于国君的当政者，被称为"战国四君子"）。如今的姓氏里也可以见到孟姓。

作形容词的用法比较常见。在《诗·郑风·有女同车》中有："彼美孟姜。"毛传："齐之长女。"就是指第一子的概念。《方言十二》："孟，姊也。""孟"是姐姐的意思。又如常说的孟兄、孟孙、孟仲叔季（兄弟姐妹的长幼顺序）。孟，始也，也指四季中每季的第一个月。如"孟春之月"，就是指春天的第一个月。曹操《步出夏门行》："孟冬十月，北风徘徊。"指的是冬天的第一个月。又如：孟月（四季的第一个月，即农历正月、四月、七月、十月）、孟享（帝王宗庙祭礼。因于每年的孟春、孟夏、孟秋、孟冬举行，故称）。

### 名言馆

摄提贞于孟陬兮，惟庚寅吾以降。
·《楚辞·离骚》

孟夏草木长，绕屋树扶疏。
·（晋）陶潜《读〈山海经〉十三首》其一

吾爱孟夫子，风流天下闻。
·（唐）李白《赠孟浩然》

李陵苏武是吾师，孟子论文更不疑。
·（唐）杜甫《解闷十二首》

谜语答案　群众观点　一见钟情　伯乐相马　灌夫

## 孟轲敦素

**轲** kē

| 甲骨文 | 金文 | 篆文 | 隶书 | 楷书 | 行书 | 草书 | 标准宋体 |
|---|---|---|---|---|---|---|---|
|  |  | 軻 | 軻 | 軻 | 轲 | 轲 | 轲 |

### 名言馆

荆轲饮燕市，酒酣气益震。
· (晋)左思《咏史》

方今太平日无事，柄任儒术崇丘轲。
· (唐)韩愈《石鼓歌》

穷似丘轲休叹息，达如周召亦尘埃。
· (唐)罗隐《水边偶题》

陶潜诗喜说荆轲，想见停云发浩歌。
· (清)龚自珍《己亥杂诗》

### 解字堂

《说文》："轲，接轴车也。"形声字，从车，可声。从车，说明与车有关，"轲"的本义就是接轴车，即具有两木相接的车轴的车。现在这个意思不多用，我们经常看到的是它作为名字出现。在古代专指孟子。《史记正义》："轲字子舆……"《石鼓歌》："方今太平日无事，柄任儒术崇丘轲。"此外我们比较熟悉的还有刺客荆轲。

还有我们经常听到的几个词语：

轗轲：犹坎坷。谓境遇不顺。康有为《大同书》甲部第五章："其为人形体同，才志同，而境之得失荣枯相悬相反若是，则不得不怨运命，悲不遇，叹老嗟穷，轗轲侘傺，甚者忧能伤人，不复永年。"

轲峨：高耸貌。唐刘禹锡《插田歌》："省门高轲峨，依入无度数。"宋陆游《估客乐》诗："轲峨大舶望如豆，骇视未定已至前。"

尼轲：孔子与孟子的并称。孔子字仲尼，孟子名轲。唐马总《意林》卷三引崔元始《正论》："世主莫不愿得尼轲以辅佐，及得之，未必珍也。"

轲机：指孟子母亲的织机。语本汉刘向《列女传·邹孟轲母》。孟母以刀断其织，教育孟子曰："子之废学若吾断斯织也。"明李东阳《和萧封君凤仪遗诗四十韵》："轲机忍复断，路米谁为担。"

轲愈：孟轲与韩愈的并称。宋曾巩《送欧阳员外归觐滁州舍人》诗："子生何其祥，家庭坐轲愈。"

孟轲敦素

| 甲骨文 | 金文 | 篆文 | 隶书 | 楷书 | 行书 | 草书 | 标准宋体 |
|---|---|---|---|---|---|---|---|
|  | 斆 | 敦 | 敦 | 敦 | 敦 | 敦 | 敦 |

## 解字堂

敦，形声字。从攴，表示与以手持械的动作有关。本义与击打有关。敦，有三个词性，可以作名词、形容词和动词。

敦，作名词时，是指古代食器。青铜制，盖和器身都作半圆球形，各有三足或圈足，上下合成球形，盖可倒置。流行于战国时期。在《礼记·明堂位》中有："有虞氏之两敦。"指的就是器皿。敦，作形容词时，一般解释为厚道的意思。在《左传》中有："说礼乐而敦诗书。""乞言，从求善言，可以为政者，敦使受之。"这里的敦，都是指品行敦厚的意思。还可以解释为厚实的意思。如在《尔雅·释丘》中有："丘一成为敦丘，再成为陶丘。"又如：敦实的身材；敦密（厚实密致）；敦敦实实（身体壮实）。也有勤勉，专心且刻苦地完成任务的意思。如在《荀子·荣辱》篇中有："鞠录疾力，以敦比其事业，而不敢怠傲。"就是指勤勉地完成学业、事业，不敢有一丝的倦怠。

敦，作动词时，可以解释为督促、管理的意思。如：敦逼（催促逼迫）；敦率（遵守，恪守）；敦比（治理；办理）；敦世厉俗（促使世俗风尚纯朴起来）。还有注重的意思。如：敦教（注重礼教）；敦友（重视友情）。还有推崇，崇尚之意。如：敦乐（崇尚音乐）；敦奖（推崇褒扬）；敦礼（尊崇礼教）；敦本务实（崇尚根本，注重实际）。

## 名言馆

见之而不知，虽识不妄；知之而不行，虽敦必困。
·《荀子·儒效》

学问欲博，而行己欲敦。
·（唐）魏征

位重任亦重，时危志弥敦。
·（唐）王昌龄《咏史》

读书业虽异，敦本志亦同。
·（唐）孟郊《蓝溪元居士草堂》

孟轲敦素

| 甲骨文 | 金文 | 篆文 | 隶书 | 楷书 | 行书 | 草书 | 标准宋体 |
|---|---|---|---|---|---|---|---|
|  | 素 | 素 | 素 | 素 | 素 | 素 | 素 |

## 名言馆

彼君子兮，不素飧兮。
·《诗·魏风·伐檀》

可以调素琴，阅金经。无丝竹之乱耳，无案牍之劳形。
·（唐）刘禹锡《陋室铭》

欲寄彩笺兼尺素，山长水阔知何处。
·（宋）晏殊《蝶恋花》

驿寄梅花，鱼传尺素，砌成此恨无重数。
·（宋）秦观《踏莎行》

## 解字堂

素，会意字。甲骨文、金文都像丝线在架上之形，小篆讹变为丝线和巫形的组合。《说文》："素，白緻缯也。"本义是白色的丝织品。

《古诗为焦仲卿妻作》："十三能织素，十四学裁衣。"《战国策·魏策》："若士必奴，伏尸二人，流血五步，天下缟素，今日是也。"这两句话中的"素"字都是这个意思，在句中都是作名词的。"素"字作名词时还有"时常，往常"的意思，如我们常说的"素不相识、素昧平生"等都是这个意思。"素"字在句中除了作名词以外，主要是作形容词的，如古文中常见的"素服，素手"等都是纯净的，白色的意思。我们常说的"素菜、素食"中的"素"也是形容词，是"低蛋白的，无油脂的"意思。"素"字介绍了这么多，大家应该对"素"字更加了解了吧。

## 温故知新

 **四字通解**

孟轲敦素，孟子，名轲，山东省邹县人，是儒家的亚圣。古时候读书不敢直呼圣人的名讳，因此碰到圣人的名字，要读"某"，所以这里就要读"孟某敦素"。读《论语》也是一样，如读到"丘也不敏"（我孔丘并不聪明）这一句时，不敢读丘，不能直呼其名，要读"某也不敏"。当然现在不太注重这个，但是规矩要懂，传统要明白。

敦是推崇、崇尚，没有染过色的丝是生丝，叫素。"墨悲丝染"，白色的生丝就是素，无字的石碑叫素碑，引申义就是质朴、纯真、不加装饰的意思。"孟轲敦素"的第一重意思是说，孟子崇尚质朴的本色。第二重意思是要我们恪守伦常之理，素位做人。素位就是你的本位，是你做人的本分，我们应该是在什么位置行什么道，在什么山上唱什么歌。越位而行，劳而无功，为智者所不取。

### 猜谜语

对"老庄"素无研究。
（打一俗语）

上等素面。
（打一俗语）

卷帘千秋数不尽，徐妃素履任君猜。
（打一成语）

盖因好脂粉。
（打一女子名）

三春去后诸芳尽。
（打一陶渊明诗句）

 **故事厅**

### 孟母三迁

孟子，名轲。战国时期鲁国人（现在的山东省境内）。三岁时父亲去世，由母亲一手抚养长大。孟子小时候很贪玩，模仿性很强。他家原来住在坟地附近，他常常玩筑坟墓或学别人哭拜的游戏。母亲认为这样不好，就把家搬到集市附近，孟子又模仿别人做生意和杀猪的游戏。孟母认为这个环境也不好，就把家搬到学堂旁边。孟子就跟着学生们学习礼节和知识。孟母认为这才是孩子应该学习的，心里很高兴，就不再搬家了。这就是历史上著名的"孟母三迁"的故事。

对于孟子的教育，孟母更是重视。除了送他上学外，还督促他学习。有一天，孟子从老师子思那里逃学回家，孟母正在织布，看见孟子逃学，非常生气，拿起一把剪刀就把织布机上的布匹割断了。孟子看了很惶恐，跪在地上请问原因。孟母责备他说："你读书就像我织布一样。织布要一线一线地连成一寸，再连成一尺，再连成一丈、一匹，织完后才是有用的东西。学问也必须靠日积月累，不分昼夜勤求而来的。你如果偷懒，不好好读书，半途而废，就像这段被割断的布匹一样变成了没有用的东西。"

孟子听了母亲的教诲，深感惭愧。从此以后专心读书，发愤用功，身体力行，实践圣人的教诲，终于成为一代大儒，被后人称为"亚圣"。

 **知识角**

### 白色在中国传统文化中的意义

中国文化博大精深，有着深厚的文化底蕴。颜色词的使用为汉语词汇增添丰富的意义，有着独特的魅力。

白色在汉民族文化中与死亡、丧事联系在一起。在中国古代的五方说中，西方为白虎，西方是刑天杀神，主肃杀之秋，古代常在秋季征伐不义、处死犯人。所以白色是枯竭而无血色、无生命的表现，象征死亡、凶兆。如自古以来亲人死后家属要披麻戴孝（穿白色孝服）办"白事"，死者的亲属朋友通常还挽着黑纱，胸襟上别着白色的小花，以此来表示自己对逝者的敬意和哀悼。要设白色灵堂，出殡时要打白幡；旧时还把白虎视为凶神，所以现在称带给男人厄运的女人为"白虎星"。白色的心理功能在其发展过程中由于受到政治功能的影响，又象征腐朽、反动、落后，如视为"白专道路"；它也象征失败、愚蠢、无利可得，如在战争中失败的一方总是打着"白旗"表示投降，称智力低下的人为"白痴"，把出力而得不到好处或没有效果叫作"白忙""白费力""白干"等；它还象征奸邪、阴险，如"唱白脸""白脸"；最后，它还象征知识浅薄、没有功名，如称平民百姓为"白丁""白衣""白身"，把缺乏锻炼、阅历不深的文人称作"白面书生"等。如果受到别人的冷落或是讽刺则会说："遭到某人的白眼。"白色世界也象征纯洁与清高。

 **成语窗**

**梁孟相敬**
原指东汉时期梁鸿与妻子孟光相互敬爱。后泛指夫妇相敬。

**季孟之间**
这里指春秋时鲁国三家大贵族中势力最大的季氏和势力最弱的孟氏。指在季、孟两者之间，比上不足，比下有余。

**梦里南柯**
形容一场大梦，或比喻一场空欢喜。

**敦世厉俗**
敦：促成；厉：激励。促使社会风俗纯朴起来。

**温柔敦厚**
温柔：温和柔顺；敦厚：厚道。原指态度温和，朴实厚道。后也泛指待人温和宽厚。

**素不相能**
能：亲善。指一向不和睦。

**素车朴马**
素车：古代用白土涂饰的车子。旧时办丧事用的车马，后用作送葬的语词。

**素餐尸禄**
素餐：白吃饭；尸禄：空领俸禄，不尽职守。光拿钱而不做事。

史鱼秉直

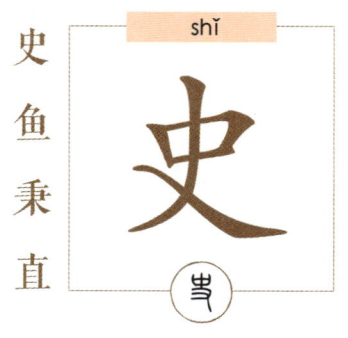

| 甲骨文 | 金文 | 篆文 | 隶书 | 楷书 | 行书 | 草书 | 标准宋体 |
|---|---|---|---|---|---|---|---|
| 𠭴 | 𠭴 | 𠭴 | 史 | 史 | 史 | 史 | 史 |

## 解字堂

　　史，会意字。仔细观察"史"甲骨文字形，上面部分像不像是放简策的容器呢？下面则代表手。合起来表示掌管文书记录。那么，由谁来掌管文书记录呢？这样一来就能联系到"史"字的本义"史官"。东汉许慎《说文解字》："史，记事者也。从又持中。中，正也。凡史之属皆从史。"意思是：宫中负责记录重大事件的史官，所记录的事实必须客观、公正。《礼记·玉藻》："动则左史书之，言则右史书之。"

　　"史"字大多数作名词，但也有作形容词的情况。在我们的生活用得最多的关于"史"字的词语就是"历史"了吧。"历史"中的"史"字是指过去的事实、事迹。"史"还有记载历史的书的意思，就是通常我们说的史书的意思。古代称"经，史，子，集"，其中的"史"是指史书，正史。《史记》是由汉代的司马迁编写的中国历史上第一部纪传体通史，记载了从黄帝到汉武帝太初年间三千多年的历史。另外，"史"还可以作姓氏用，姓史的著名人物有明朝的民族英雄史可法，现代作家史铁生等。"史"字还可以作为形容词。《论语》："质胜文则野，文胜质则史。"意思是：品格质朴而不重视礼节仪表，人就会显得粗野；但是只注重礼节仪表，缺乏质朴的品格，就会显得虚浮。这里的"史"就是文辞复杂，虚浮的意思。

## 名言馆

质胜文则野，文胜质则史。

· 《论语·雍也》

古来青史谁不见，今见功名胜古人。

· （唐）岑参《轮台歌奉送封大夫出师西征》

我觉其间，雄深雅健，如对文章太史公。

· （宋）辛弃疾《沁园春》

青史几番春梦，黄泉多少奇才。

· （宋）朱敦儒《西江月》

谜语答案　不知道　好白相　不拘一格　孟姜女　孟夏草木长

史鱼秉直

yú
鱼

| 甲骨文 | 金文 | 篆文 | 隶书 | 楷书 | 行书 | 草书 | 标准宋体 |
|---|---|---|---|---|---|---|---|
| 𩵋 | 𩵋 | 𩵋 | 魚 | 魚 | 鱼 | 鱼 | 鱼 |

## 名言馆

鱼不可脱于渊，国之利器不可以示人。
·《老子》

水至清则无鱼，人至察则无徒。
·《汉书·东方朔传》

鸿雁长飞光不度，鱼龙潜跃水成文。
·（唐）张若虚《春江花月夜》

鹰击长空，鱼翔浅底，万类霜天竞自由。
·毛泽东《沁园春·长沙》

## 解字堂

鱼，象形字。甲骨文字形，像鱼形。本义是一种水生脊椎动物，生活在水中，体温随外界温度变化而变化，一般身体侧扁，有鳞和鳍，用鳃呼吸。包括圆口类、板鳃类和具有软骨或硬骨骨骼的高等有鳃水生脊椎动物。鱼类属于脊索动物门中的脊椎动物亚门，一般把脊椎动物分为鱼类（53%）、鸟类（18%）、爬虫类（12%）、哺乳类（9%）、两生类（8%）五大类。鱼类大部分可供食用。

该字作名词，表示水生脊椎动物。《说文》："鱼，水虫也。象形。鱼尾与燕尾相似。"鱼白：鱼的精液，或鱼肚白。鱼翅：鲨鱼的鳍经过加工后，其软骨条叫作鱼翅，是珍贵的食品。鱼市：批售鱼类的市场。鱼质龙文：外貌似龙，而实质为鱼。比喻虚有其表。鱼米：鱼类和米粮。鱼秧：比鱼苗稍大的小鱼。《史记·周本纪》："白鱼跃入王舟中。"白鱼入舟，意为白鲦跳入船内，本义指殷亡周兴之兆，比喻用兵必胜的征兆，也形容好兆头。唐代作为符信用的铜鱼符。鱼契：鱼形的符信。鱼符：意同鱼契。也指古代木制成鱼形的信函。鱼素：鱼幅、鱼封、鱼书，都表示书信。鱼沉雁杳：比喻音信断绝。鱼肠尺素：指书信。鱼鸿：代指送信人。

该字作动词，"鱼"的古字意为打鱼，捕鱼。如：鱼户（捕鱼之家）、鱼船（钓鱼或捕鱼的船只）、鱼钓（钓鱼）、鱼罩（捕鱼竹罩）。《左传·隐公五年》："公将如棠观鱼者。"意思是：鲁隐公打算到棠邑去观赏捕鱼。

此外该字还可作姓。

史鱼秉直

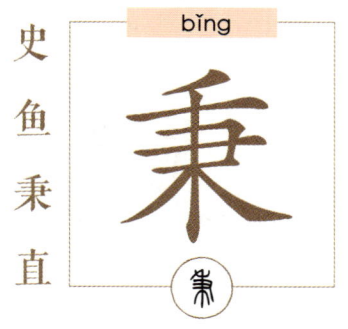

bǐng

| 甲骨文 | 金文 | 篆文 | 隶书 | 楷书 | 行书 | 草书 | 标准宋体 |
|---|---|---|---|---|---|---|---|
| 秉 | 秉 | 秉 | 秉 | 秉 | 秉 | 秉 | 秉 |

## 解字堂

秉，会意字。从又，从禾，"又"篆体像一只手，表示以手持禾。会"禾束"和"秉持"之意。在《说文》中解释说："秉，禾束也。"

秉，有三种词性，动词、量词和名词。第一种，当秉作名词时，一般是指本义。在《诗·小雅·大田》中有："彼有遗秉。"在《左传·昭公二十七年》中有："或取一秉秆焉。"说的就是禾束的意思。又如我们常说的秉穗（收稻时遗留在田中的禾把与禾实）；秉握（一握稻把。言数量少）等词语。秉，还可以作量词。即十六斛。如：秉刍（十庾数量的草把）。秉，还可以作通假字。通"柄"，解释为权力，权柄。"治国不失秉。"就是说治理国家不能丢了权力。

最后就是作动词。秉，作动词时，第一个意思可以解释为拿着、持。如我们常说的：秉烛。在《尔雅》中也有解释："秉，执也。"就是指握着的意思。在《诗·商颂·长发》中有："武王载旆，有虔秉钺。"意思是拿着兵器。又有著名的诗句："右手秉遗穗，左臂悬敝筐。"这里的秉，也是指右手拿着遗落的稻穗。秉，第二个解释由第一个意思引申而来，解释为主持，掌握的意思。如我们常说的秉公灭私（主持公道，灭除私念）、秉正无私（主持正义，没有私念）等这些词语里都是其引申义的用法。

## 名言馆

寄言酣中客，日没烛当秉。
· （晋）陶潜《饮酒二十首》其十三

夜阑更秉烛，相对如梦寐。
· （唐）杜甫《羌村三首》其一

大贤秉高鉴，公烛无私光。
· （唐）孟郊《上达奚舍人》

闲处直须行乐，良夜更教秉烛，高曾惜分阴。
· （宋）辛弃疾《水调歌头》

史鱼秉直

| 甲骨文 | 金文 | 篆文 | 隶书 | 楷书 | 行书 | 草书 | 标准宋体 |
|---|---|---|---|---|---|---|---|
| 山 | 山 | 直 | 直 | 直 | 直 | 㞢 | 直 |

## 名言馆

蓬生麻中，不扶而直。
　　　　·《荀子·劝学》

大漠孤烟直，长河落日圆。
　　　　·（唐）王维《使至塞上》

长风破浪会有时，直挂云帆济沧海。
　　　　·（唐）李白《行路难》

花开堪折直须折，莫待无花空折枝。
　　　　·（唐）杜秋娘《金缕衣》

## 解字堂

《说文》："直，正见也。"直，会意字，小篆字形，从乚，从十，从目。徐锴："乚，隐也，今十目所见是直也。"本义：眼睛向前面看，与"枉""曲"相对，就是面对、正视、不回避的意思，这个意思只用于古文。《仪礼·士冠礼》："立阼阶下，直东序西面。"《史记·天官书》："前列直斗口三星。"，《史记·樗里子甘茂传》："武库正直其墓。"宋代司马光《训俭示康》："直道而行。"房玄龄《晋书》："王民为侍中，直于省内。"第二个意思是作为形容词而用，表示线形正的，不弯曲的，不迂回的，不间断的。《荀子·劝学》："木直中绳，輮以为轮，其曲中规。"《左传·襄公七年》："正直为正，正曲为直。"《书》："木曰曲直。"《易·说卦》："巽为绳直。"宋代周敦颐《爱莲说》："中通外直。"吴均《与朱元思书》："争高直指。"现在我们用的词组有直角、直径、直线、直肠、直根、直溜溜、直挺挺、直系亲属、笔直、拉直、挺直、简直、平直等。作为形容词还有另一个意思：公正的，正义的，无邪念的。《左传·僖公二十八年》："师直为壮，曲为老。"《韩非子·五蠹》："夫君之直臣，父之暴子也。"现在我们熟悉的词组有直率、直性子、正直、理直气壮、心直口快等。它还有副词这一词性，是不弯曲地，不迂回地，没有中间环节的意思。《孟子·梁惠王上》："不可，直不百步耳。"现在我们比较熟悉的词组有直播、直达、直到、直至、直观、直辖、直呼其名、直言不讳、直抒胸臆等。

## 温故知新

###  四字通解

史鱼秉直，史鱼是与孔子同时代的人，是卫国的大夫，也是著名的史官。史鱼为人正直，看不得朝中的丑恶现象，这也正和他史官的职位相称。史鱼以正直敢谏闻名，他的君主卫灵公并不是一个贤明的君王，且信用宠臣。当时卫国朝中的群臣都不敢讲真话，怕受打击迫害。史鱼就不这样，即便是卫灵公有毛病，他也照说不误。直至临终前，史鱼还是在讲直话，给卫灵公提建议，罢黜佞臣，任用贤士。所以孔子在《论语》里称赞说："直哉！史鱼。邦有道如矢，邦无道如矢。"不管环境如何，无论社会动乱还是安定，他的言行永远都像箭一样，尖锐而正直。"秉"字的本义是赋予、给予，引申义才是秉受、天生的意思，所以"史鱼秉直"就是说：史鱼有坚持正直的品德。

我们不要曲解孔子的话，"直哉"是说一个人做人要心地方正、端直，不可以圆滑，但处世办事要圆融，要注意方式方法。说话办事也直来直去，别人就接受不了。

###  故事厅

#### 史可法力保扬州

弘光元年（清顺治二年，1645年），河南总兵许定国私通清朝，巡按陈潜夫和参政分巡睢阳道袁枢请四镇之一的高杰北上。弘光元年正月十二日夜，高杰在睢州故袁可立府第内被许定国害死，清军乘机南下。史可法闻讯长叹无法克复中原。同年四月，左良玉率数十万兵力，由武汉举兵东下，要清君侧，"除马阮"，马士英竟命史可法尽撤江防之兵以防左良玉。史可法只得兼程入援，抵燕子矶，以致淮防空虚。左良玉为黄得功所败，呕血而死，子左梦庚率全军投降清朝；史可法奉命北返，此时盱眙降清，泗州城陷。史可法遂至扬州，继续抵抗清军的进攻。

五月，多铎兵围扬州，史可法传檄诸镇发兵援救，刘泽清北遁淮安降清，仅刘肇基等少数兵至，防守见绌。此时多尔衮劝降，史可法致《复多尔衮书》拒绝投降。二十四日清军以红衣大炮攻城。入夜扬州城破，史可法自刎，被众将拦住。众人拥下城楼，大呼曰："我史督师也！"被擒住后，史可法拒绝投降而被杀。

攻城的清军因遭到很大伤亡，心里恼恨，在攻破扬州后，下令屠杀扬州百姓。屠杀延续了十天，死亡逾八十万人，史称"扬州十日"。

### 猜谜语

归帆半卧八千里。
（打一字）

风中秉烛相继灭。
（打一字）

 知识角

### 秉烛夜谈

晋平公向师旷问道:"我年七十岁了,很想再学习,恐怕已经晚了。"师旷说:"为什么不把蜡烛点着呢?"平公说:"怎么会有做臣子的对他的国君开玩笑的呀?"师旷回答:"我这个瞎子哪有胆量同他的国君开玩笑呀!我是听说,年少又能好学,如同升起的太阳,阳光泽明。年壮又能好学,如同中午的太阳,光芒四射。年老又能好学,如同点燃的火炬,火光明亮。点燃火炬和暗中走路哪个好呢?(学好之后)对事物能清晰明理(秉烛之明)怎能与瞎摸瞎闯同样对待呢?"平公听了说:"你讲得很对。"

再有,《古诗十九首》有"人生不满百,常怀千年忧。昼短苦夜长,何不秉烛游"之句。曹丕为魏王世子时,与吴质交好。建安二十二年大疫,一时文人如徐干、刘桢、陈琳、王粲等均痌疾死亡,曹丕作书与吴质,劝其惜时自娱。书中有"古人思秉烛夜游,良有以也"之句,后人遂以"秉烛夜游"喻及时行乐。李白《春夜宴桃李园序》中即用曹丕原语,只省一"思"字。以后又引申出秉烛看花。如唐白居易《惜牡丹花》"明朝风起应吹尽,夜惜衰红把火看",李商隐《花下醉》"客散酒醒深夜后,更持红烛赏残花",宋苏轼《海棠》"只恐夜深花睡去,故烧高烛照红妆"均袭此意。

 成语窗

### 秉笔直书
秉:持,握住。写史书根据事实记录,不隐讳。

### 秉公办事
秉:掌握、主持。秉持公正之心做事,公事公办。

### 蓬生麻中,不扶而直
而:表示修饰。蓬草长在大麻田里,不用扶持,自然挺直。比喻生活在好的环境里,得到健康成长。

### 单刀直入
佛教语,用短柄刀直接刺入。比喻认定目标,勇猛精进。后比喻说话直截了当,不绕弯子。

### 缘木求鱼
缘木:爬树。爬到树上去找鱼。比喻方向或办法不对头,不可能达到目的。

### 鱼目混珠
鱼目:鱼眼睛;混:混同,冒充。把鱼眼珠杂混在珍珠中,比喻以假乱真,以次充好。

### 沉鱼落雁
鱼见之沉入水底,雁见之降落沙洲。多用于形容女子容貌美丽。

### 青史留芳
青史:史书。在历史上留下好名声。

## 庶几中庸

### shù

| 甲骨文 | 金文 | 篆文 | 隶书 | 楷书 | 行书 | 草书 | 标准宋体 |
|---|---|---|---|---|---|---|---|
| | | 庶 | 庶 | 庶 | 庶 | 庶 | 庶 |

### 解字堂

　　庶，会意兼形声字，甲骨文从石，从火，表示用火在石头上加热食物，是"煮"的本字。金文之后"石"字从"口"，"石"的上半部分讹变为"广"，"口"形又与"火"形相接，就形成了说文的"庶"字。本义为加热食物。后来"庶"又被假借来表示"众多"的意思，《周易·晋卦》："康侯用锡马蕃庶，昼日三接。"又从"众多"引申为家族的旁系，相对于"嫡系"而言，如《左传·文公十年》："杀敌立庶。"又引申为"平民百姓"，《左传·昭公三十二年》："三后之姓，于今为庶。"又假借为"差不多"的意思，如《论语·先进》："回也其庶乎。"又引申为表示希望、或许的副词，常常"庶几"连用，如"庶几中庸"。

### 名言馆

后稷肇祀，庶无罪悔，以迄于今。
　　·《诗经·大雅·生民》

将军魏武之子孙，于今为庶为清门。
　　·（唐）杜甫《丹青引赠曹将军霸》

离形得似，庶几斯人。
　　·（唐）司空图《二十四诗品》

而今而后，庶几无愧。
　　·《宋史·文天祥传》

谜语答案　秉　xī熄

# 庶几中庸

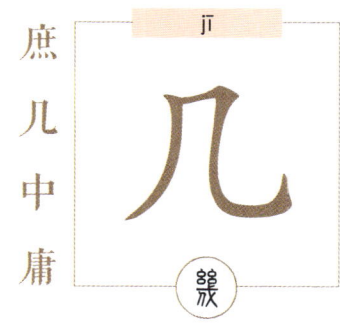

| 甲骨文 | 金文 | 篆文 | 隶书 | 楷书 | 行书 | 草书 | 标准宋体 |
|---|---|---|---|---|---|---|---|
|  | 𢆶 | 幾 | 幾 | 幾 | 幾 | 几 | 几 |

## 名言馆

河汉清且浅，相去复几许。
　　•《古诗十九首·迢迢牵牛星》

岐王宅里寻常见，崔九堂前几度闻。
　　•（唐）杜甫《江南逢李龟年》

问君能有几多愁？恰似一江春水向东流。
　　•（南唐）李煜《虞美人》

明月几时有，把酒问青天。
　　•（宋）苏轼《水调歌头》

## 解字堂

　　"庶几中庸"的"几"字，古人《千字文》写作"幾"。"幾"是会意字。《说文解字》："幾，微也，殆也。"隶化后楷书写作"幾"。简化后，"幾"与"几"合并，同写作"几"。

　　"几"这一字形最早见于金文，用作人名，对其字形和本义的解释众说纷纭，目前比较可信的本义是"隐微、细微"，如《易·系辞上》："夫易，圣人之所以极深而研几也。"后由细微义引申为事情的苗头、细微的迹象等义。"几"作副词时表示"将近、相去不远"，如"几乎""庶几"等。"庶几"是文言文中的常用词，可以表示'差不多，近似"，如《孟子·梁惠王下》："王之好乐甚，则齐其庶几乎！"也可以表示"希望、但愿"，如《孟子·公孙丑下》："王庶几改之，予日望之！"以上这些义项中，"几"都读为jī。

　　当"几"表示数量、时间的疑问词或表示不定的数目时，读音为jǐ。如"几个人""几点钟""他才十几岁"等。

　　合并字"几"的本义是"几案"，象形字，上古时代"几"是用来倚靠身体休息的用具。

## 庶几中庸

| 甲骨文 | 金文 | 篆文 | 隶书 | 楷书 | 行书 | 草书 | 标准宋体 |
|---|---|---|---|---|---|---|---|
| | | 中 | 中 | 中 | 中 | 中 | 中 |

### 解字堂

中，象形字。请大家仔细观察"中"字的金文字形。中像旗杆，上下有旌旗和飘带，旗杆正中竖立。这就不禁想到了"中"的本义"中心，当中，指一定范围内部适中的位置"。《新书·属远》："古者天子地方千里，中之而为都。"东汉许慎《说文解字》中写道："中，内也。从口。"大家有时会在文言文中看到"中国"这个词，如《孟子·滕文公上》："兽蹄鸟迹之道，交于中国。"这里的"中国"是指中原一带，并不是我们现在说的"中国"。

"中"有两个读音，当"中"读"zhōng"时，作名词或形容词。当"中"作动词时，读"zhòng"，可以表示射中目标。我们说的"百发百中"的"中"就是这个意思。后引申为符合，适合的意思。荀子《劝学》："木直中绳，輮以为轮。"意思是：木材直得可以符合拉直的墨线，用煣的工艺把它弯曲成车轮。"中"作动词时，还可以表示中伤，污蔑别人使受损害。《汉书·何武传》："显怒，欲以吏事中伤。"（显、商是人名。）

除了用作动词，"中"还可以作名词和形容词。当"中"作名词时，除了上面讲的两个义项，"中"还可以作姓氏用。"中"也可以作形容词，有半，一半的意思。《战国策·魏策四》："中道而反。""反"是返回的意思。《史记·游侠列传》中写道："状貌不及中人。"这里的"中"是不高不下，中等的意思，也用作形容词。

### 名言馆

只在此山中，云深不知处。

· （唐）贾岛《寻隐者不遇》

---

小楼昨夜又东风，故国不堪回首月明中！

· （南唐）李煜《虞美人》

---

王师北定中原日，家祭无忘告乃翁。

· （宋）陆游《示儿》

---

富贵本无根，尽从勤中得。

· （明）冯梦龙《醒世恒言》

## 庶几中庸

### 名言馆

帝高阳之苗裔兮，朕皇考曰伯庸。
· 《楚辞·离骚》

君子之中庸，君子而时中；小人之中庸也，小人而无忌惮也。
· 《礼记·中庸》

天眼何时开？古剑庸一吼。
· （唐）李贺《赠陈商》

莫嫌举世无知己，未有庸人不忌才。
· （清）查慎行《三闾祠》

### 解字堂

庸，形声字。从庚，用声。金文中"庚"像钟类，因比"庸"也是一种乐器"镛"，镛是奏乐时表示节拍的大钟。《说文解字》："用也，从用从庚，庚，更事也。""庸"后来假借为"用"字，表示"用、需要"之义。

该字作动词，有用，需要之义。常与否定副词"无""勿""弗"连用。如：毋庸讳言、毋庸置疑。《诗·王风·兔爰》："我生之初，尚无庸。"意思是我刚生下来的时候还没什么用处。"无稽之言勿听，弗询之谋勿庸。"出自《书·大禹谟》。意思是：没有根据未经考查的话不要听，没有征询过意见的谋划不能采用。

该词作形容词，平常之义。《尔雅》解释："庸，常也。"庸行之谨，庸言之言。意思是平常的行为要谨慎，平常说话要讲信用。指平凡、不高明之义。庸德：常德，一般的道德规范。庸人：常人。庸众：常人，一般的人。庸情：俗虑，常人的心志。庸音：常音，喻指平庸的文辞和言论。庸民：平民，普通的人。庸庸碌碌：形容人平庸，没有志气。庸涩：平庸晦涩。庸下：平庸低下。庸医杀人：医生的医术低劣，致误投药物而使人丧命。庸奴：见识浅陋之人，含有鄙夷之意。

该词作名词，功勋之义。庸功：功勋、功绩之义。可表示姓氏。该词作副词，或许，大概之义。《汉书》："虽王之国，庸独利乎？"怎么，表示反问。庸安：何以，怎么。庸何：何，什么，表示反问，可译为"难道""岂""哪里"。唐代韩愈《师说》："庸知其年之先后？"意思是：哪里知道谁年长年少呢？

## 温故知新

 **四字通解**

庶几中庸，说的是修身养性的目标——做人要尽可能合乎中庸的标准。中庸，指的是儒家的一种处世态度。儒家强调运用中庸之道调节君臣、父子、夫妻、兄弟、朋友等五种人际关系。如何调节呢？就要靠人们善良、诚实的品德来培植、成就和加固智、仁、勇这三德。有了智仁勇这三点，也就可以修养自己、管理他人、治理国家了。

如何才能拥有中庸之道呢？一是"慎独自修"，强调一个人独处时，更应该谨慎地自我反省、自我约束和自我教育。二是"忠恕宽容"，就是用爱自己的心去爱他人，用责备他人的心来责备自己，用自己的真诚忠恕去感化他人。三是"至诚尽性"，就是要坚持至诚的原则，才能充分发挥自己善良的天性、才能感化他人，如此便能达到至仁至善的境界。这就达到了中庸之道的最高境界。

一个人要有孟子推崇的质朴本色，又有像史鱼一样方正秉直的品德，就差不多达到"中庸"的标准了。"庶几"是差不多、大概的意思。"庶几中庸"：就近乎中庸之道的标准了。

 **故事厅**

### 中姓起源

在"解字堂"这个环节中，给大家介绍了"中"字作名词时可以作姓氏用。大家听说过姓"中"的人吗？

中姓的来源主要有两支：其中较为重要的一支相传与春秋战国时期中山国有关，是由国名而来的姓氏。据传中山国原在今河北正定一带，至战国时被魏国侵占，用以分封公子年的儿子尚。后来尚受封于此而被称为中尚，其后代因此而姓中。另外，相传周朝还有一个叫中旄父的人，他的后代也姓中。中姓得姓后，在历史上形成了太原等郡望。当代则主要分布在云南、河北、河南、山东、安徽、江西、台湾、北京等省市。历史人物主要有周朝秦国人中期、汉代少府中京等。

其实像"中"这样的生僻姓氏还有许多，大家不妨去找一找，还有哪些奇怪的姓氏。

##  知识角

### 王子犯法，庶民同罪

卫鞅原是卫国的一个没落贵族。卫鞅正在郁郁不得志的时候，忽然听到秦孝公招聘人才，他决心离开魏国到秦国去。卫鞅到了秦国，见到了孝公，卫鞅把他的一套富国强兵的道理和办法给孝公讲了一遍。最后，孝公决定变法，改革旧的制度，推行卫鞅提出的新法令。

新的法令刚刚开始推行，就遇到很大阻力。那些贵族宗室不去打仗立功，就不能做官受爵，只能享受平民待遇，失去了许多特权；实行连坐法以后，他们也不能为所欲为了。因此，都疯狂地攻击新的法令，更不要说保守势力的代表甘龙他们了。在他们的唆使下，就连太子也出来反对。卫鞅把甘龙罢了官，可是，太子是国君的继承人，不便处分，卫鞅去找秦孝公，对他说："新法令所以推行不开，主要是上头有人反对。"孝公说："谁反对，就惩办谁。"卫鞅把太子反对、故意犯法的事一说，孝公既生气又为难，没有言语。卫鞅说："太子当然不能治罪，但是新法令如果可以随便违犯，今后就更不能推行了。"孝公问："那怎么办呢？"卫鞅说："太子犯法，都是他的老师唆使的，应该惩治他们。"孝公表示同意。这样，太子的老师公子虔就被割了鼻子，公孙贾就被刺了面。大伙看到孝公和卫鞅这样坚决，都不敢反对新法令了。

##  成语窗

**黎庶涂炭**
形容人民处于水深火热的痛苦境地。

**庶女叫天**
指春秋时齐国一民女负冤莫申，仰天呼号的事情。

**几次三番**
番：次。一次又一次。形容次数之多。

**净几明窗**
净：干净；几：小桌子。形容房间干净明亮。

**一言中的**
的：箭靶的中心。一句话正好射中箭靶。比喻一句话就说到关键的地方。

**怒火中烧**
怒气像火一样在心中燃烧。形容怀着极大的愤怒。

**天下本无事，庸人自扰之**
庸人：平庸的人；扰之：自己扰乱自己。指本来没有事，自己瞎着急或自找麻烦。

### 猜谜语

二十四点，新春伊始。
（打一字）

芝麻地里的老鼠。
（打一俗语）

四面城墙空一面，
调皮小孩躲中间。
（打一字）

劳谦谨敕

| 甲骨文 | 金文 | 篆文 | 隶书 | 楷书 | 行书 | 草书 | 标准宋体 |
|---|---|---|---|---|---|---|---|
|  | 燚 | 勞 | 勞 | 劳 | 劳 | 劳 | 劳 |

## 解字堂

劳，会意字。"劳"的本义是"费力、劳苦"。金文从二火，从衣，是在灯火下缝缀衣服，十分辛劳的意思。小篆"劳"字从力，表示体力操劳的意思。

劳，词性有动词、形容词和名词。劳，作动词时，可以解释为辛苦、辛劳的意思。如在《孟子·滕文公上》中有："或劳心，或劳力；劳心者治人，劳力者治于人。"又如我们常见的一些词语：劳心焦思（苦思苦想）；劳民（劳役人民）；劳民动众（动用众多民力去做某件事）等。劳，作动词还可以解释为麻烦、劳烦的意思。如我们常说的"劳各位久等了"。劳，还有慰劳的意思。"公劳之日。"在《诗经·魏风·硕鼠》中有："莫我肯劳。"

劳，作形容词时，可以解释为劳累，疲劳的意思。如我们熟悉的唐代刘禹锡《陋室铭》中的句子："无案牍之劳形。"在《孟子·告子下》中有："劳其筋骨。"说的就是让身体劳累，疲乏。还可以解释为：辛苦；费力。如在宋濂《送东阳马生序》中："自谓少时用心于学甚劳。"劳，还有一个词性是作名词，解释为：劳绩，小功。《史记·廉颇蔺相如列传》："又口舌为劳。"又如：劳伐（功劳，功绩）；劳效（功效；功绩）；劳烈（劳绩；功业）等词语。

## 名言馆

忧劳可以兴国，逸豫可以亡身。
·《新五代史·伶官传序》

劳谦虚己，则附之者众；骄慢倨傲，则去之者多。
·（晋）葛洪《抱朴子外篇》

无丝竹之乱耳，无案牍之劳形。
·（唐）刘禹锡《陋室铭》

习勤忘劳，习逸成惰。
·（清）李惺《西沤外集》

谜语答案　庶　吃香　匹

# 谦 qiān

劳谦谨敕

| 甲骨文 | 金文 | 篆文 | 隶书 | 楷书 | 行书 | 草书 | 标准宋体 |
|---|---|---|---|---|---|---|---|
|  |  | 謙 | 謙 | 謙 | 謙 | 谦 | 谦 |

## 名言馆

谦谦君子，卑以自牧。
·《易·谦》

满招损，谦受益。
·《书·大禹谟》

周公恐惧流言后，王莽谦恭未篡时。
·（唐）李商隐《放言六首》

谦柔卑退者，德之余；强暴奸诈者，祸之始。
·（宋）林逋《省心录》

## 解字堂

《说文》："谦，敬也。"表达对他人的恭敬，形声，从言，兼声。大家看它的字形，从言，说明与语言或者行为有关，"谦"的本义就是：谦虚，谦逊，我们经常说的"谦虚"就是此意，是它作为形容词的用法，如《玉篇》："谦，逊让也。"《易·系辞》："谦也者，致恭以存其位者也。又，谦者，德之柄也。"《易·谦》："谦谦君子，用涉大川。"，《史记·魏公子列传》："皆谦而礼交之。"宋代欧阳修《新五代史·伶官传（序）》："谦得益。"可见古文里经常用到这个字，但都是以一个字出现，现在，它都是以词组出现，如：谦虚、谦洽（谦虚和蔼）、谦冲（谦虚）、谦克（谦逊自制）、谦厚（谦逊温厚）。它还有动词的词性：通"嫌"，表示"嫌疑"。《荀子·仲尼》："贵而不为夸，信而不处谦。"它还通"慊"，意为满足。《礼记·大学》："此之谓自谦。"表示丧失。《逸周书·武称》："爵位不谦，田宅不亏。"它作为动词的意思我们知道即可，最重要的是它表示谦虚的意思，而且谦虚作为一种美德，是我们从小就应该学习的！

此外，我们在看书看电视总有一些神仙，他们总会掐指一算，然后就什么都知道了，我们说他们在算卦，谦，是《周易》六十四卦中第十五卦。

129

劳谦谨敕

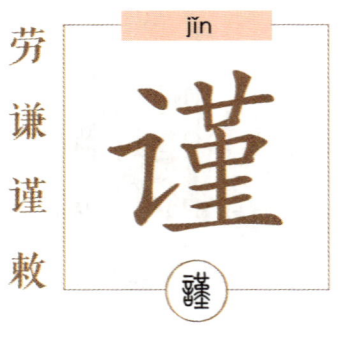

jǐn

| 甲骨文 | 金文 | 篆文 | 隶书 | 楷书 | 行书 | 草书 | 标准宋体 |
|---|---|---|---|---|---|---|---|
|  |  | 謹 | 謹 | 謹 | 謹 | 谨 | 谨 |

## 解字堂

谨，形声字。仔细观察"谨"繁体字"謹"，由"言"与"堇"组成。"言"表示说话，所谓祸从口出。"堇"与"谨"读音相似。是不是想到了成语"谨言慎行"？这就不难理解"谨"的本义谨慎，小心了。东汉许慎《说文解字》："谨，慎也。从言，堇声。"唐柳宗元《捕蛇者说》："谨食之。"意思是要谨慎地喂食，这里的"食"读是sì，喂食的意思。在这个意思上可以组成很多词语，如谨畏（小心谨慎）、谨肃（严谨认真）、谨言（谨慎说话）、谨厚（谨慎忠厚）、谨介（谨慎耿介）。

"谨"可以作动词和形容词。当"谨"作形容词时除了上面介绍到的意思，还有恭敬的意思。《战国策·燕策》："谨斩樊於期头。"在这个意思上还可以组成词语谨呈（敬呈）、谨恪（谨慎恭敬）、谨白（敬告，敬启）、谨禀（禀告）、谨媚（恭顺柔媚）等。词语"谨细"中的"谨"引申为谨严，严格的意思。《荀子·宥坐》："嫚令谨诛，贼也。"意思是：法令松弛而刑罚甚严，是残害的行为。"谨"在这个意思上也可以组成词语谨急（谨严急刻）、谨细（谨严细密）、谨质（谨严质朴）等。"谨"还可以作动词。有严防，严禁的意思。我们说的"谨风""谨盗"就是"防风""防盗"的意思。我们熟悉的"谨慎"一词有同义词"谨饬"，《南史·程文季传》："临事谨饬，御下严整。"

## 名言馆

弟子入则孝，出则弟，谨而信，泛爱众而亲仁。行有馀力，则以学文。

· 《论语·学而》

---

力能胜贫，谨能胜祸。

· （北魏）贾思勰《齐民要术》序

---

君子防微谨，嫌疑远未然。

· （宋）刘克庄《竹溪直院盛称起予草堂诗之善暇日览之多有可》

---

人能谨察之，岂有仓卒虞。

· （宋）陆游《杂感》

劳谦谨敕

| 甲骨文 | 金文 | 篆文 | 隶书 | 楷书 | 行书 | 草书 | 标准宋体 |
|---|---|---|---|---|---|---|---|
|  | 敕 | 敕 | 敕 | 敕 | 敕 | 敕 | 敕 |

## 名言馆

敕勒川，阴山下。天似穹庐，笼盖四野。
·北朝乐府《敕勒歌》

手把文书口称敕，回车叱牛牵向北。
·（唐）白居易《卖炭翁》

敕法以峻刑，诛一以儆百。
·（宋）苏轼《论河北京东盗贼状》

蹉跎已失邯郸步，悲壮空传敕勒歌。
·（宋）陆游《忆昔》

## 解字堂

敕，形声字。从攴，束声。形旁攴在古文字中是一只手拿着一根棍子的样子，表示"鞭策、告诫"的意思。

"敕"字在句中常作动词。《说文解字》："敕，诫也。"《虞书》："敕天之命。"其中的"敕"字都是和本义差不多的。"敕谕天下"是朝廷告谕全国的意思，这个"敕"也是告诫的意思。"敕"字还同"饬"，有整治，整饬的意思。《易·噬嗑》："君子以明罚敕法。"《后汉书·张衡传》："惧余身之未敕。"这两句中的"敕"都有整治的意思。"敕"字在作名词时有一个很重要的意思是：皇帝，帝王自上命下之词。如："敕书"就是皇帝行文给臣僚的文书。"敕命"是皇帝颁赐爵位或物品的诏命。"敕令"是指帝王所发布的命令、法令或立法。

看了对"敕"字的介绍，大家应该对"敕"字有所了解了吧。

## 温故知新

 **四字通解**

　　劳谦谨敕，"劳"是勤劳、勤勉；"谦"是谦虚、谦逊；"谨"是严谨、慎重；"敕"是告诫、规劝自己。这句话告诉我们作为一个秉持中庸之道的"君子"应该有的为人处世态度，以勤劳不懒惰为立身之本，始终保持谦恭的态度，不骄傲自大，做事严谨认真，并时刻规范自己的一言一行，提高自我修养。

　　作为中庸创始人，孔子都不敢说自己达到了中庸的境界，他认为只有尧、舜和颜回三个人有这种境界。孔子认为舜是个有大智慧的人，他喜欢向人请教问题并能够分析别人浅近话语里的深刻含义，不说别人的坏处，专门宣扬好处，他能够认识到两个极端，采纳适中的方式对待民众，这样就做到了中庸。

　　"孟轲敦素，史鱼秉直，庶几中庸，劳谦谨敕"说明：如果我们能像孟子和史鱼那样，保持本性的质朴、内心的方正，再加上勤勉、谦逊、谨慎、检点，这才是合格的"中庸"标准。

 **故事厅**

### 不劳而获

　　相传在战国时代的宋国，有一个农民，日出而作，日入而息，遇到好年景，也不过刚刚吃饱穿暖；一遇灾荒，可就要忍饥挨饿了。他想改善生活，但他太懒，胆子又特小，总想碰到送上门来的意外之财。奇迹终于发生了。深秋的一天，他正在田里耕地，周围有人在打猎。吆喝之声四处起伏，受惊的小野兽没命地奔跑。突然，有一只兔子，不偏不倚，一头撞死在他田边的树墩子上。农民走过去一看：兔子死了。因为它奔跑的速度太快，把脖子都撞折了。农民高兴极了，他一点力气没花，就白捡了一只又肥又大的野兔。他心想：要是天天都能捡到野兔，日子就好过了。从此，他再也不肯出力气种地了。每天，他把锄头放在身边，就躺在树墩子跟前，等待着第二只、第三只野兔自己撞到这树墩子上来。世上哪有那么多便宜事啊。农民不但没有再捡到撞死的野兔，就连他的田地也荒芜了。后来这个成语也被叫作"守株待兔"，比喻妄想不劳而得，或死守狭隘的经验，不知变通。

　　这则故事告诉我们，什么东西都要自己劳动，那才是真实的。意外之财往往预示着不幸。

### 猜谜语

草桥叠拥飞云动。
（打一字）

得来全未费工夫。
（打一成语）

口衔枚。
（打一字）

 **知识角**

 **成语窗**

### 谦让六尺巷

清代文华殿大学士兼礼部尚书张英的老家人与邻居吴家在宅基的问题上发生了争执，两家大院的宅地都是祖上的产业，时间久远了。本来六尺巷牌坊就是一笔糊涂账。两家的争执顿起，公说公有理，婆说婆有理，谁也不肯相让一丝一毫。张家人只好把这件事告诉张英。家人飞书京城，让张英打招呼"摆平"吴家。张英大人阅过来信，只是释然一笑，一首诗一挥而就。诗曰："千里传书只为墙，让人三尺又何妨。万里长城今犹在，不见当年秦始皇。"信交给来人，命快速带回老家。家里人一见书信回来，喜不自禁，以为张英一定有一个强硬的办法，或者有一条锦囊妙计，但家人看到的是一首打油诗，败兴得很。后来一合计，确实也只有"让"这唯一的办法，房地产是很可贵的家产，但争之不来，不如让三尺看看。于是立即动员将垣墙拆让三尺，大家交口称赞张英和他家人的旷达态度。他家宰相肚里能撑船，咱们也不能太落后。宰相一家的忍让行为，感动得邻居一家人热泪盈眶，全家一致同意也把围墙向后退三尺。两家人的争端很快平息了，两家之间，空了一条巷子，有六尺宽，有张家的一半，也有吴家的一半，这条几十丈长的巷子虽短，留给人们的思索却很长。于是两家的院墙之间有一条宽六尺的巷子。六尺巷由此而来。

**一劳永逸**

逸：安逸。辛苦一次，把事情办好，以后就可以不再费力了。

**劳燕分飞**

劳：伯劳。伯劳、燕子各飞东西。比喻夫妻、情侣别离。

**满招损，谦受益**

自满会招致损失，谦虚可以得到益处。

**谨毛失貌**

原指绘画时小心地画出了细微而无关紧要之处，却忽略了整体面貌。后用以比喻注意了小处而忽略了大处。

**谨本详始**

事情一开始就要谨慎严格。

**明罚敕法**

罚：刑罚；敕：整饬。严明刑罚，整顿法度。

**墨敕斜封**

用斜封下达的墨敕。唐中宗时权宠用事，任命宫吏不遵制度，常由皇帝直接颁下敕书，用斜封付中书执行，时人称为"斜封官"。

## 聆音察理

| 甲骨文 | 金文 | 篆文 | 隶书 | 楷书 | 行书 | 草书 | 标准宋体 |
|---|---|---|---|---|---|---|---|
|  |  | 聆 | 耳令 | 聆 | 聆 | 聆 | 聆 |

### 解字堂

聆，形声字。"聆"由"耳"字和"令"字组成。"令"与"聆"读音相似。大家把"令"想象成一个人，这个人托住了耳朵，有没有想到"附耳倾听"这个词语呢？这就不难理解"聆"的本义：细听。东汉许慎在《说文解字》中写道："聆，听也。从耳，令声。"那么，"聆"和"听"有区别吗？虽然"聆"和"听"是一对同义词，但是也有细微的区别。"听"是一般的听，而"聆"是倾耳细听。曹雪芹在《红楼梦》中写道："宝玉接过来，一面目视其文，耳聆其歌。"意思是：仔细听歌声。宋苏轼在《石钟山记》中写道："扣而聆之。"意思是：轻敲石头仔细听。在这个意思上，"聆"字还可以组成很多词语，如：聆讯（聆听审讯）、俯聆（俯首而听）、伫聆（肃立倾听）、聆玩（聆听玩味）。

"聆"可以作动词和形容词。当"聆"作动词时，如上文所介绍的表示仔细听。当"聆"作形容词时则表示明了，清楚。汉朝王充在《论衡》中写道："观读之者，晓然若盲之开目，聆然若聋之通耳。"意思是：看那些读书的人，明白的样子像盲人看到了东西，明了的样子像聋子听见了声音。在这个意思上，"聆"可以组成词语：聆聆（明了，清楚）。

以上就是对"聆"字的用法与含义的介绍。我们在生活中较为熟悉的是"聆"字的动词用法，而对"聆"的形容词含义"明了，清楚"并不知晓。经过这一番的介绍希望大家更加全面地掌握关于"聆"字的知识。

### 名言馆

弦急悲声发，聆我慷慨言。
· （三国）曹植《杂诗七首》其六

餐胜如归，聆善若始。
· （晋）陶潜《酬丁柴桑》

聆风相悦者四十年，会面交欢者十九年。
· （唐）刘禹锡《彭阳唱和集后引》

月中有孤芳，天下聆薰风。
· （唐）贾岛《投孟郊》

谜语答案　劳　不劳而获　教

| 甲骨文 | 金文 | 篆文 | 隶书 | 楷书 | 行书 | 草书 | 标准宋体 |
|---|---|---|---|---|---|---|---|
|  | 音 | 音 | 音 | 音 | 音 | 音 | 音 |

## 名言馆

琴之在音，荡涤邪心。虽有正性，其感亦深。
· （汉）李尤《琴铭》

欲取鸣琴弹，恨无知音赏。
· （唐）孟浩然《夏日南亭怀辛大》

映阶碧草自春色，隔叶黄鹂空好音。
· （唐）杜甫《蜀相》

万籁此俱寂，但余钟磬音。
· （唐）常建《题破山寺后禅院》

## 解字堂

音，指事字。从言含一。"言""音"意义联系密切，金文、小篆在"言"中加一横，表示所发之音。本义：声音，由于物体的振动而产生的。《说文》："音，声也。生于心，有节于外，谓之音。从言含一，凡音之属皆从音。"即声音，一切发音物体如声带、琴弦、簧片等经过物理振动、共鸣以后产生的结果都称为"音"，音有四个基本性质，即音的高低、长短、强弱及音色。由于发音体的形制及振动形态的不同，所有的音又可划分为三类：纯音、乐音和噪音。

该字作名词，表示声音。如音强，指声音的强弱。也叫响度或音势。音的强弱，因发音体振动时之振幅大小而异，振幅大者则音强，振幅小者则音弱。《礼记·乐记》："凡音之起，由人心生也。"《庄子》："鸡狗之音相闻。"意思是：可以互相听见鸡鸣狗叫的声音。表示音律，音调，声音。在自然界中能为人的听觉所感受的音是非常多的，但并不是所有的音都可以作为音乐的材料。在音乐中所使用的音，是人们在长期的生产斗争和阶级斗争中为了表现自己的生活和思想感情而特意挑选出来的。这些音被组成为一个固定的体系，用来表现音乐思想和塑造音乐形象。《庄子·养生主》："莫不中音。"意思是没有不符合音乐的。《史记·廉颇蔺相如列传》："赵王好音。"意思是赵王喜欢音乐。泛指语言、消息、讯息等。如：佳音、音讯。也表示字的音读。唐代贺知章《回乡偶书》中提到："乡音无改鬓毛衰。"就体现了乡音对一个人的影响是比较深远的。

聆音察理

| 甲骨文 | 金文 | 篆文 | 隶书 | 楷书 | 行书 | 草书 | 标准宋体 |
|---|---|---|---|---|---|---|---|
|  |  | 察 | 察 | 察 | 察 | 察 | 察 |

## 解字堂

　　察，形声字。从宀（mián），祭声。本义指的是：观察；仔细看。在许慎《说文》中解释道："察，复审也。"察，一般可以作动词和形容词。动词的用法比较常见，形容词用法比较少。下面将对这两种词性用法及现象做具体的解释。

　　察，作动词时意义丰富。不同语境里可以有不同的解释。察，首先可以解释为仔细看。如在《史记·魏公子列传》中有："微察公子，公子颜色愈和。"说的就是仔细观察公子的脸色变化。宋代苏轼《石钟山记》："徐而察之，则山下皆石穴罅。"又如我们常说的词：观察。指的是仔细察看客观事物或现象。察，还可以解释为明察，知晓的意思。如我们所熟悉的《左传·庄公十年》："小大之狱，虽不能察，必以情。"《吕氏春秋·察今》："故察己则可以人。"这里的"察"都是指明白、明察的意思。还有调查；考察的意思。《吕氏春秋·察传》："夫传言不可以不察。"说的就是对传言不可以不考察。又如：察勘（实地调查）；察访（详细调查）等我们常见的词语都是这个意思。察，还可以说成分辨的意思。如在《礼记·礼器》中有："观物弗之察矣。"注："犹分辨也。"就是说仔细地分辨器物。

　　察，作形容词时，解释为明显；精明的意思。如在东方朔《答客难》中有："水至清则无鱼，人至察则无徒。"就是指人如果太精明就没有朋友了。

## 名言馆

怨灵修之浩荡兮，终不察夫民心。
　　　　　　　　·《楚辞·离骚》

察己则可以知人，察今则可以知古。
　　　　　　　　·《吕氏春秋·察今》

陛下亦宜自谋，以咨诹善道，察纳雅言。
　　　　　　·（三国）诸葛亮《出师表》

寄意寒星荃不察，我以我血荐轩辕。
　　　　　　　　·鲁迅《自题小像》

聆音察理

| 甲骨文 | 金文 | 篆文 | 隶书 | 楷书 | 行书 | 草书 | 标准宋体 |
|---|---|---|---|---|---|---|---|
|  |  | 理 | 理 | 理 | 理 | 理 | 理 |

## 名言馆

晨兴理荒秽，带月荷锄归。
· （晋）陶潜《归园田居五首》其三

在天愿作比翼鸟，在地愿为连理枝。
· （唐）白居易《长恨歌》

剪不断，理还乱，是离愁。
· （南唐）李煜《相见欢》

有理走遍天下，无理寸步难行。
· 俗语

## 解字堂

《说文》："理，治玉也。顺玉之文而剖析之。"理，形声字，从玉，从里，里亦声。大家可能会奇怪了，明明是王字旁，为什么是从玉？这里大家需要注意的是现在很多王字旁的字，都是先秦时期从玉的字，楷化后"玉"作为偏旁与"王"字同形。"理"的本义是加工玉石，顺着玉石内部的纹路切割玉石。《韩非子·解老》："理者，成物之文也。长短大小、方圆坚脆、轻重白黑之谓理。"《韩非子·和氏》："王乃使玉人理其璞而得宝焉，遂命曰：'和氏之璧。'"《战国策·秦策三》："郑人谓玉未理者璞。"引申为：顺着事物的内部道理做事，顺势而为。所以它作为动词，意思就是顺着事物的内部道理做事，即治理，管理。《战国策·秦策一》："不可胜理。"诸葛亮《出师表》：'以昭陛下平明之理。"王安石《答司马谏议书》："为天下理财。"黄宗羲《柳敬亭传》："贫困如故时，始复上街头理其故业。"现在用的词组有：当家理事；理官（治理狱讼的官员）；理民（治理人民）；理国（治理国家）。作为动词，还有一个与上面接近的一个意思：整理，使有条理、有秩序。《晋书·左芬传》："分茧理丝。"《木兰诗》："当户理红妆。"

大家熟悉"理"这个字了吗？

## 温故知新

###  四字通解

聆音察理，是对上面"庶几中庸，劳谦谨敕"的补充，是告诉我们通过观察辨识对方的容色来判断其内心的活动。

"聆"是聆听。听别人讲话时要仔细地分辨、细心地了解各方面的信息，这就是"聆音"。"察"是审察、考察，"理"是话里面的道理、深一层的含义。"察理"就是仔细地琢磨事物的道理，研究别人话语的言外之意或潜台词。有些人说话很含蓄，表达问题的方式也很婉转，所以别人说的话要表达的真正含义是什么，我们一定要辨别清楚，才能准确地了解他人的心事，对事情的发展趋势做出预测。在古代社会，要想成就一番事业，不仅要能聆音，还要会鉴貌，也就是要会"鉴貌辨色"。孔子说："夫达也者，质直而好义，察言而观色，虑以下人。"意思是说，贤达之人具备三项标准：一是内心正直，做事仗义；二是有眼光，能根据形势做出正确判断；三是时刻保持谦虚谨慎的态度。

###  故事厅

#### 高山流水觅知音

春秋时期，楚国有一位著名的音乐家名叫俞伯牙。俞伯牙从小非常聪明，天赋极高，又很喜欢音乐，他拜当时很有名气的琴师成连为老师。后来，俞伯牙成了一代杰出的琴师，但真心能听懂他的曲子的人却不多。有一次，俞伯牙乘船沿江旅游。船行到一座高山旁时，突然下起了大雨，船停在山边避雨。伯牙耳听淅沥的雨声，眼望雨打江面的生动景象，琴兴大发。伯牙正弹到兴头上，突然感到琴弦上有异样的颤抖，这是琴师的心灵感应，说明附近有人在听琴。伯牙走出船外，果然看见岸上树林边坐着一个叫钟子期的打柴人。伯牙把子期请到船上，两人互通了姓名，伯牙说："我为你弹一首曲子听好吗？"子期立即表示洗耳恭听。伯牙即兴弹了一曲《高山》，子期赞叹道："多么巍峨的高山啊！"伯牙又弹了一曲《流水》，子期称赞道："多么浩荡的江水啊！"伯牙又佩服又激动，对子期说："这个世界上只有你才懂得我的心声，你真是我的知音啊！"于是两个人结拜为生死之交。伯牙与子期约定，待周游完毕要去拜访他。

一日，伯牙如约前来拜访子期，但是子期已经不幸因病去世了。伯牙悲痛欲绝，奔到子期墓前为他弹奏了一首充满怀念和悲伤的曲子，然后将琴砸碎于子期的墓前。从此，伯牙与琴绝缘，再也没有弹过琴。

 **知识角**

### 明察秋毫

齐桓公小白、晋文公重耳曾在春秋时先后称霸，统领诸侯，是霸主中的代表。几百年后，战国时的齐宣王田辟强也想称霸，因此他向孟子请教。齐宣王对孟子说："您能把有关齐桓公、晋文公的事迹讲给我听听吗？"孟子答道："对不起，我们孔夫子的门徒向来不讲霸主的事。我们只讲王道，用道德的力量来统一天下。"齐宣王问道："那要有怎样的道德才能统一天下呢？"孟子说："我听说，有一次新钟铸成，准备杀牛祭钟，您看见好好一头牛，无罪而被杀，心中感到不忍。凭您这种好心，就可以行王道，施仁政，统一天下。问题不在于您能不能，而在于您干不干罢了！比方有人说：'我的力气能举重三千斤，但举不起一根羽毛；眼力能看清秋天鸟兽毫毛那样细微的东西，却看不见满车的木柴。'您相信这种话吗？"齐宣王说："当然不相信！"孟子紧接着说："是呀，不能相信。如今您的好心能用来对待动物，却不能用来爱护老百姓，这也同样难于叫人相信。老百姓之所以不能够安居乐业，是您根本不去关心的缘故。显然，这都是干与不干的问题，而不是能与不能的问题。您问能不能行王道、统一天下，问题也是如此，是不去干，而不是不能干！"

 **成语窗**

### 聆音察理
听到声音就能明察事理。指善于分析。

### 空谷足音
在寂静的山谷里听到脚步声。比喻极难得到音信、言论或来访。

### 鹿死不择音
比喻只求能够安身，并不选择地方。

### 明察暗访
从明里细心察看，从暗里询问了解。指用各种方法调查研究。

### 词穷理极
穷：完，尽；极：终，到头。把话说完，把理讲透。

### 洞彻事理
洞彻：透彻，深远；理：道理，规律。深入透彻了解事物规律。

## 猜谜语

黯然失色。
（打一字）

立向最高处。
（打一字）

三子弹琴，用手聆听声音，
你的心思，我都知情。
（打一医学用语）

鉴貌辨色

## 鉴 jiàn

| 甲骨文 | 金文 | 篆文 | 隶书 | 楷书 | 行书 | 草书 | 标准宋体 |
|---|---|---|---|---|---|---|---|
|  | 鑑 | 鑑 | 鑒 | 鑒 | 鑒 | 鑒 | 鉴 |

### 解字堂

鉴，形声字。鑒（鉴），古作監（监）。"監（监）"字的上半部分是一个"人"字形和一个"目"字形，是人在用眼睛看的意思；"監"字的下半部分是一个"皿"字形，有水盆的意思，所以两部分结合起来就是一个人在看水盆。看水盆是要看什么呢？这个大家肯定知道了，就是要看水中的自己。这也就是"監"字造字本身的意思：人俯首在一盆静止的水面上反观自己的影像。这也是告诉我们要不断地反观自己，这样才会看清自己，对自己更加了解。当"監"的"以水为镜反观自己"本义消失后，有的金文再加"金"另造"鑑"代替"監"，表示用铜镜来观照影像。那么"鉴"字是怎么变成现在的字形呢？篆文"鑑"写成左右结构。到隶书时，把"鑑"字左边的"金"写在了"监"字的下边，同时去掉了"监"字下部的"皿"字，这就成了我们现在所知道的"鉴"字的繁体字形"鑒"。楷体出现"鉴"字的简化，就成了我们现在的"鉴"字。《广韵》："鉴，同鑑。鑑，大盆也。"这里也是本义。"鉴"字在句中主要作动词，宋代朱熹《观书有感》："半亩方塘一鉴开，天光云影共徘徊。""水清可鉴，油光可鉴"等其中的"鉴"字都是动词，都是用水盆或铜镜观照影像的意思。我们平常说的"鉴定、鉴别、鉴赏"等都是动词，看清，明察的意思。"鉴"字也常作名词，我们所说的"借鉴，以史为鉴"等都是名词，记录，参考的意思。

### 名言馆

薄帷鉴明月，清风吹我襟。
· （三国）阮籍《咏怀诗》

前车之覆轨，后车之明鉴。
· 《晋书·载记》

半亩方塘一鉴开，天光云影共徘徊。
· （宋）朱熹《观书有感》

白发萧萧卧泽中，只凭天地鉴孤忠。
· （宋）陆游《书愤》

鉴貌辨色

| 甲骨文 | 金文 | 篆文 | 隶书 | 楷书 | 行书 | 草书 | 标准宋体 |
|---|---|---|---|---|---|---|---|
| 兒 | 兒 | 貌 | 貌 | 貌 | 貌 | 貌 | 貌 |

## 名言馆

貌言华也，至言实也，苦言药也，甘言疾也。
· 《史记·商君列传》

中有一人字太真，雪肤花貌参差是。
· （唐）白居易《长恨歌》

承恩不在貌，教妾若为容。
· （唐）杜荀鹤《春宫怨》

君貌不长红，我鬓无重绿。
· （宋）晏几道《生查子》

## 解字堂

"貌"字甲骨、金文写作"兒"，字从人，上半部分的"白"像人面，本义为"容颜、长相"，《说文解字》："兒，颂仪也。从儿，白象面形。貌，籀文兒从豸。"《说文》中小篆作"兒"，籀文作"貌"，从豸省声，是形声字。隶定后写作"貌"，后来也一直保持这个字形，"兒"只用作偏旁。"貌"字在句中一般都是名词，如《说苑·脩文》："貌若男子所以恭敬，妇人之所以姣好也。"唐代柳宗元《捕蛇者说》："貌若甚戚者。"这两句中的"貌"字都是名词，表示穿着外形，脸部的形态。我们平常所说的"貌似、礼貌"等都是名词，是形式，样子的意思。

看了对"貌"字的介绍，大家应该对"貌"字有了更深的了解了吧。

鉴貌辨色

biàn

辨

| 甲骨文 | 金文 | 篆文 | 隶书 | 楷书 | 行书 | 草书 | 标准宋体 |
|---|---|---|---|---|---|---|---|
|  | 𨐅 | 辨 | 辨 | 辨 | 辨 | 辨 | 辨 |

## 解字堂

辨，形声字。乍一看"辨"这个字，其中有一个"辡（biàn）"字，与"辨"读音相同，这个字代表涉及刑事的双方，原告与被告。"辨"字中间的部分像不像一个法官拿着一把刀，在判别两人谁对谁错呢？这就不难理解东汉许慎《说文解字》："辨，判也。从刀辡声。""辨"的本义是判别，区分。《木兰诗》中写道："双兔傍地走，安能辨我是雄雌。"其中的"辨"正是这个意思。

"辨"除了上面介绍的本义以外，其他的义项都作通假字，用于古代，大都作动词用，但有时也可以例外地用作副词。当"辨"用作动词时，有辩论的意思，这时通"辩"这个字。《商君书·更法》："曲学多辨。"意思是：学识片面的人常辩论。在这个义项上可以引申为言词动听。《吕氏春秋·荡兵》："故说虽强，谈虽辨。"其中的"辨"说的就是这个意思。"辨"还可以通"办"，表示治理，办理。《盐铁论·世务》中写道："事不豫辨，不可以应卒。"意思是：事情不预先办理，就不能应付突发事故。《史记·礼书》："万民和喜，瑞应辨至。"其中的"辨"作副词，有普遍的意思，这时"辨"通"遍"。

## 名言馆

此中有真意，欲辨已忘言。
·（晋）陶潜《饮酒二十首》其五

焦遂五斗方卓然，高谈雄辨惊四筵。
·（唐）杜甫《饮中八仙歌》

试玉要烧三日满，辨材须待七年期。
·（唐）白居易《放言五首》其三

欲知自下升高处，真伪先须辨古今。
·（宋）陆九渊《鹅湖和教授兄韵》

鉴貌辨色

| 甲骨文 | 金文 | 篆文 | 隶书 | 楷书 | 行书 | 草书 | 标准宋体 |
|---|---|---|---|---|---|---|---|
| | | | | | | | |

## 名言馆

以财交者，财尽则交绝。以色交者，华落而爱渝。
·《战国策·楚策》

江天一色无纤尘，皎皎空中孤月轮。
·（唐）张若虚《春江花月夜》

汉皇重色思倾国，御宇多年求不得。
·（唐）白居易《长恨歌》

色能荒人之心，酒能败人之德。
·（宋）陈亮《箴铭赞》

## 解字堂

色，会意字，造字缘由暂不明确。有人认为是"印"字的假借分化字，有人认为"色"字从"刀"，本义是"断绝"，有人认为"色"是一个站立的人和一个跪坐的人的形象，表示训诫时怒形于色。《说文解字》："色，颜气也。"虽然我们暂时还不能确定"色"这个字的来源，但是色的本义是"脸色"。该字为多音字，有sè和shǎi两个读音。

色，读sè的音意义比较多。该字作名词，意为脸上表现的神情，神色。如面色，脸上的气色。色喜，脸上显出欢喜之色。色沮，脸色露出沮丧的样子。色变振恐，恐惧得脸上变色。也表示由物体发射、反射的光通过视觉而产生的印象。如颜色，是通过眼、脑和我们的生活经验所产生的一种对光的视觉效应，我们肉眼所见到的光线，是由波长范围很窄的电磁波产生的，不同波长的电磁波表现为不同的颜色。对色彩的辨认是肉眼受到电磁波辐射能刺激后所引起的一种视觉神经的感觉。色丝，彩色绸缎。色彩，彩色绸缎。也指姿色，容颜（多就女子而言）。如色阵，指冶艳女子聚集之所。国色，一国内容貌最美的女子。色中饿鬼，比喻极其贪色的人。《孟子·梁惠王下》："寡人有疾，寡人好色。"意思是：本人（齐宣王）有个毛病，那就是爱好女色！唐代白居易《琵琶行（并序）》："年长色衰，委身为贾人妇。"意思是：年纪大了容颜衰老，就嫁作了商人妇。也表示佛家语。指一切物质的存在空色皆寂灭。如色身，佛家语。色，指有形、色、相的一切物，即所谓物质。色即是空，佛家语，指世间一切色法（物质）的本性（内在真实性）都是空无所有。

## 温故知新

### 四字通解

鉴貌辨色，"鉴"是观察、鉴别的意思。"貌"是一个人的容貌和外表，包括了言谈举止、动作表情。"辨"有分析、判别、明察的意思。"色"指颜色、脸上的神气等。"鉴貌辨色"是说，通过观察人的容貌及其言谈举止，来辨别他的内心活动。因为"有诸内，必行诸外"，所以在一般情况下，人外在的言谈举止，往往是其内在及性格的最直接体现，即使有意掩饰，也可从外貌的蛛丝马迹中发觉其内心的思想。"聆音察理"即察言，"鉴貌辨色"为观色。"聆音察理，鉴貌辨色"正是具备了孔子所说的贤达之人的标准之一。而另外两项，则是前面我们学习过的："孟轲敦素，史鱼秉直"说的就是"质直而好义"，"庶几中庸，劳谦谨敕"说的就是"虑以下人"。这句话的意思就是说：听别人说话，要仔细审察其中的道理是否合理；看别人的容貌，要小心辨析他的脸色、看出他的心情。

### 猜谜语

凭鉴支取。
（打一成语）

承恩不在貌。
（打一成语）

### 故事厅

**郗鉴选婿**

王羲之13岁那年，偶然发现他父亲藏有一本《说笔》的书法书，便偷来阅读。他父亲担心他年幼不能保密家传，答应待他长大之后再传授。没料到，王羲之竟跪下请求父亲允许他现在阅读，他父亲很受感动，终于答应了他的要求。

王羲之的叔父王导是东晋的宰相，与当朝太傅郗鉴是好朋友，郗鉴有一位如花似玉、才貌出众的女儿。一日，郗鉴对王导说，他想在他的儿子和侄儿中选一位满意的女婿。王导当即表示同意。王导回到家中将此事告诉了诸位儿侄，儿侄们久闻郗家小姐德贤貌美，都想得到她。郗家来人选婿时，诸侄儿都忙着更冠易服精心打扮。只有王羲之不问此事，仍躺在东厢房床上专心琢磨书法艺术。郗家来人看过王导诸儿侄之后，回去向郗鉴回禀说："王家诸儿郎都不错，只是知道是选婿有些拘谨不自然。只有东厢房那位公子躺在床上毫不介意，只顾用手在席上比画什么。"

郗鉴听后，高兴地说："东床那位公子，必定是在书法上学有成就的王羲之。此子内含不露，潜心学业，正是我意中的女婿。"于是，把女儿嫁给了王羲之。王导的其他子侄十分羡慕，称他为"东床快婿"，从此"东床"也就成了女婿的美称了。

 **知识角**

### 不辨菽麦

573年，晋国的栾书、中行偃派程滑杀死了晋厉公。随后，士鲂（fáng）等人在京师迎接年仅14岁的周子为国君。当时，晋国的一些贵族为了自己把持朝政，很愿意侍奉这位14岁的小国君。周子有个哥哥，本应立为国君，但晋贵族们说周子的哥哥是个白痴，连什么是豆子，什么是麦子都分不清，不能立为国君。这位只有14岁的国君一即位，他就对大夫们说："我开始的愿望并没有到这个地步，现在虽然到了，这全是上天的意志。人们要求有国君，是为了让他发布命令。立了以后不听他的号令，那立他干什么？你们几位用得着我才立我为君，恭敬而听从国君，这是神灵所保佑的。"大夫们听了，回答："这正是下臣们的愿望，岂敢不唯命是从！"

### 屯毛不辨

在馆陶县，至今有一条南北走向的旧河道，系汉武帝时候黄河在馆陶北决的屯氏河。《水经》载："大河故渎北出为屯氏河，经馆陶县（即今东古城）东，东北出。"屯氏河在馆陶县流淌了七八百年后，隋朝建立，重新制定行政区划，分析州县。朝中有官吏欲在馆陶置州，于是查遍古书和地图，见到屯氏河这一名称，却误把"屯"字认作"毛"字，竟然就以"毛州"作了州名，给后人留下了笑柄。"屯毛不分"亦作"屯毛不辨"，比喻不辨相似事物。

 **成语窗**

### 洞鉴古今
洞鉴：明察。深入透彻地了解历史与现实世事。

### 鉴机识变
察看时机，了解动向。

### 貌合神离
貌：外表；神：内心。表面上关系很密切，实际上是两条心。

### 道貌岸然
道貌：正经严肃的容貌；岸然：高傲的样子。指神态严肃，一本正经的样子。

### 莫辨楮叶
莫：不；辨：分辨。不能分辨楮叶的真假。比喻模仿逼真或以假乱真。

### 辨物居方
居：在，安置；方：方位，地方。辨别众物的性质、条件等因素，使之各得其所。

### 面如土色
脸色呈灰白色。形容一个人因为惊恐而神情木然。

### 义形于色
义：正义；形：表现；色：脸色。伸张正义的神态在脸上流露出来。

贻厥嘉猷

yí

| 甲骨文 | 金文 | 篆文 | 隶书 | 楷书 | 行书 | 草书 | 标准宋体 |
|---|---|---|---|---|---|---|---|
|  |  | 貽 | 貽 | 貽 | 貽 | 𢍆 | 贻 |

### 解字堂

贻，形声字。从贝，台声。从贝，说明与财富有关。本义指的是：赠送。后来又有遗留，留下的意思。贻，一般来说有两种词性：动词和名词。下面就这两种词性做具体的分析。

贻，作动词时，意义较为丰富些。一般用的是本义，即赠送之意。如在《诗·邶风·静女》中有："贻我彤管。"就是说赠送给我彤管（古代女史用以记事的杆身漆朱的笔）。"美人之贻。"意思差不多，说的都是别人赠送、给予的。如在我们熟知的韩愈《师说》中有："余嘉其能行古道，作《师说》以贻之。"还有《核舟记》中："尝贻余核舟一，盖大苏泛赤壁云。"古文中，"诒"与"贻"互用。清代郑珍说"贻"字皆汉后所改。我们在学习过程中也可以看到这样的词语，如：贻饷（留赠）；贻赠（馈赠，赠送）等。贻，还可以解释为遗留的意思。如在《诗·周颂·思文》中的："贻我来牟。"唐代李朝威《柳毅传》："坐贻聋聩。"又如：贻累（连累）；贻笑（被人讥笑）；贻谋（留下的主意）；贻厥（贻：留；厥：其）；贻燕（给后世子孙留下安定的根基）等词语。

贻，作名词时，通常是指贻贝。贻贝属或有关属的海产双壳类软体动物，通常有一个卵形或长形贝壳，具一黑色角质层并依动物分泌的细丝状足丝附着在基层。

### 名言馆

君家有贻训，清白遗子孙。
　　　　·（唐）白居易《赠内》

史册有遗训，毋贻来者羞。
　　　　·（宋）包拯《书端州郡斋壁》

一事不谨，即贻四海之忧；一念不慎，即贻百年之患。
　　　　·（清）爱新觉罗·玄烨

善人种德，降祥于天。恶人种祸，贻殃于后。
　　　　·（清）曾国藩

谜语答案　有章可循　吴下阿蒙

# 贻厥嘉猷

jué

厥

| 甲骨文 | 金文 | 篆文 | 隶书 | 楷书 | 行书 | 草书 | 标准术体 |
|---|---|---|---|---|---|---|---|
|  |  | 厥 | 厥 | 厥 | 厥 | 厥 | 厥 |

## 名言馆

惟兹佩之可贵兮，委厥美而历兹。
· 《楚辞·离骚》

下流不可处，君子慎厥初。
· （三国）应璩《百一诗三首》其一

忠贞如不替，贻厥后昆芳。
· （唐）李隆基《端午》

诗以示儿曹，其无迷厥初。
· （唐）韩愈《示儿》

## 解字堂

《说文》："厥，发石也。"厥，形声字，从厂（hǎn），从欮（jué），欮亦声。本义是发射石块。作为名词还有（花费大力采来的）石块的意思。作为名词，是一种病名，指突然昏倒、手足逆冷等症。《素问·六节藏象论》："凝于足者为厥。"注："谓足逆冷也。"又如：厥冷（指突然晕倒或手足逆冷）；厥逆（指突然晕倒或手足厥冷；久久的头痛）；作为代词，是"其；他的；她的"的意思。宋代苏洵《六国论》："思厥先祖父。"明代顾炎武《复庵记》："将尽厥职焉。"《诗·商颂·玄鸟》："方命厥后。"作为连词，是"因而，因此，于是"之意。《史记》："左丘失明，厥有《国语》。"此外，它是"蹶"的古字，表示摔倒；挫败。如：厥弛（摇动的样子）。

贻厥嘉猷

| 甲骨文 | 金文 | 篆文 | 隶书 | 楷书 | 行书 | 草书 | 标准宋体 |
|---|---|---|---|---|---|---|---|
| 嘉 | 嘉 | 嘉 | 嘉 | 嘉 | 嘉 | 嘉 | 嘉 |

## 解字堂

嘉，从壴，加声，形声字。《说文解字》："嘉，美也。""嘉"的本义是"美好、欢乐"。《书·无逸》："嘉靖殷邦。"《周礼·大宗伯》："以嘉视亲万民。"《诗·豳风·东山》："其新孔嘉，其旧如之何？"引申而来的意思就是：齐心协力，结局完美，这个是我们现在用得较多的一个用法，如：嘉羞（美味的食品）、嘉况（丰厚的赏赐）、嘉言（善美的言辞）、嘉祉（美善幸福）；与它相近的意思有幸福；吉祥。《汉书·宣帝纪》："蒙获嘉瑞，赐兹祉福。"现在用的词组有：嘉祥（吉兆）、嘉娱（幸福快乐）、嘉气（瑞气）、嘉福（幸福美好）。作为形容词还有一个意思是：乐；欢娱。如：嘉庆（值得庆贺的吉祥事）、嘉虞（欢乐）、嘉慰（欣慰）、嘉容（喜悦的神色）。当它作为动词时，表示"赞美、称道、颂扬事物的美好"。《国语·晋语》："嘉吾子之赐。"《汉书·李广苏建传》："武帝嘉其义。"《聊斋志异·促织》："上大嘉悦。"我们比较熟悉的有：嘉纳（赞许并采纳），嘉与（奖励厚待）。在古代它还可作名词，表示嘉礼，古代五礼（饮食、婚冠、宾射、飨宴、贺庆）之一。

## 名言馆

皇览揆余初度兮，肇锡余以嘉名。

·《楚辞·离骚》

后皇嘉树，橘徕服兮。

·《楚辞·九章·橘颂》

我有嘉宾，鼓瑟吹笙。

·（三国）曹操《短歌行》

嘉树下成蹊，东园桃与李。

·（三国）阮籍《咏怀》

贻厥嘉猷

| 甲骨文 | 金文 | 篆文 | 隶书 | 楷书 | 行书 | 草书 | 标准宋体 |
|---|---|---|---|---|---|---|---|
|  | 猷 | 猷 | 猷 | 猷 | 猷 | 猷 | 猷 |

## 名言馆

若昔大猷，制治于未乱，保宝邦于未危。
·《尚书·周官》

昨夜吴中雪，子猷佳兴发。
·（唐）李白《答王十二寒夜独酌有怀》

图以奉至尊，凤以垂鸿猷。
·（唐）杜甫《凤凰台》

公云不有尔，安得此嘉猷。
·（唐）元稹《阳城驿》

## 解字堂

猷，形声字，从犬，酋声，本义是猿类动物。东汉许慎在《说文解字》写道："猷，玃属。从犬，酋声。一曰陇西谓犬子爲猷。"其中说：陇西这个地方把幼犬称作"猷"。段玉裁《说文解字注·犬部》："今字分猷谋字犬在右，语助字犬在左，经典绝无此例。"

"猷"大都作名词。"猷"有计划，谋划的意思。《尔雅·释诂》："猷，谋也。"《书·盘庚上》："各长于厥居，勉出乃力，听予一人之作猷。"在这个意思上，"猷"还可以组成词语"鸿猷"等，意思是宏伟的计划。另外，"猷"还有道，法则的意思。《尔雅·释宫》："猷，道也。"《诗·小雅》："秩秩大猷，圣人莫之。"其中的"猷"就是道德的意思，这里引申为治国之道。可以组成词语"猷裕"，指道，治国之本。"猷"还有功绩的意思。词语"猷绩"是功绩的意思。

"猷"这个字在生活中并不常用，也比较复杂，希望经过以上的介绍，大家会对"猷"这个字有所了解。

## 温故知新

 ### 四字通解

贻厥嘉猷,"贻"的本义是赠送,引申义为遗留、留给。"厥"是代词,有其的意思。"嘉"是美好。"猷"是谋的意思。"贻厥嘉猷"就是将美好的谋略遗留下来,指的是祖先要把自己的经验、忠告遗留给子孙后代。历代先贤都有宝贵的家书、家语遗留下来,如《了凡四训》《曾国藩家书》等等。这些家书、家语已经成为中国传统文化的一部分。

每个做父母的,都希望通过自己的努力给孩子们留下些什么。有的是留下了堆积如山的钱财,有的却是留下了字字千金的嘉猷、忠告。相比之下,哪一样更有益、更利于子孙后代的成长呢?钱财再多,若我们不懂得珍惜、努力,满足于祖辈留下的财物而不求上进,最后只会是坐吃山空、一无所得。相反,祖辈们的经验与训告,会是一笔宝贵的财富,它会让我们在富有时不癫狂、在贫穷时不失志、在顺利时不骄傲、在坎坷时不气馁,它会让我们的德行日益增上,让我们更好地处世立身。所以,祖辈们的经验、嘉猷,是留给我们的最好礼物。

### 猜谜语

既急又贪一念。
(打一字)

倍加相思。
(打一字)

 ### 故事厅

#### 子猷要驴

王子猷是清代进士,小时候在张埝私塾读书,吃住都在舅父家里。舅父有头小黑驴,舅父骑着小黑驴赶集上店,走亲访友,小黑驴四蹄蹚开,小铜铃响个不停。小子猷真想把舅父的小黑驴要来,他眉头一皱计上心来。

到了二麦成熟的季节,舅父不再赶集外出,忙着收麦子。王子猷一见机会来了,手提鞭子,来到小黑驴跟前,先作揖施礼,然后举起鞭子狠狠地抽打小黑驴。小黑驴疼得乱踢乱蹦。一连数日,王子猷把小黑驴训得一见有人作揖就踢蹦起来。收了麦,垛好垛,舅父又骑上小黑驴赶集上店。小黑驴只要见有人作揖,就像疯了似的乱踢乱蹦。舅父再也不敢骑小黑驴了,只好步行。王子猷就与舅父打赌,若是自己能调教好驴,这小驴就归自己。

打那天开始,王子猷拿着豆面饼子,来到小黑驴跟前,先作个揖,没等小黑驴踢蹦就把豆面饼子塞到小黑驴嘴里。小黑驴吃着又香又可口的豆面饼子,一点也不踢了。这样一连数日,小黑驴巴不得有人作揖,好饱餐一顿,又踢又蹦的怪毛病也就好得一干二净。于是,王子猷骑上小黑驴,让舅父当场试验。舅父上前作个揖就想跑,谁知小黑驴不踢不蹦,可老实了。王子猷一抖缰绳,嘴里"驾"的一声,小黑驴撒开四蹄就跑开了。

 ## 知识角

### 嘉陵江简介

嘉陵江，长江上游支流，因流经陕西凤县东北嘉陵谷而得名。〔一说来源于《水经注》二十（漾水）载："汉水南入嘉陵道而为嘉陵水"〕发源于秦岭北麓的陕西省凤县代王山。干流流经陕西省、甘肃省、四川省、重庆市，在重庆市朝天门汇入长江。主要支流有八渡河、西汉水、白龙江、渠江、涪江等。全长1345千米，干流流域面积3.92万平方千米，流域面积16万平方千米，是长江支流中流域面积最大、长度仅次于汉江、流量仅次于岷江的大河。

### 古今城市大观

古时候有的城市现在已经不复存在，如猷州。猷州，相当于今省辖市行政区划，始设于唐高祖李渊武德三年（620），终于武德八年（625），存续5年，管辖区域相当于今泾县、旌德县，黄山市黄山区，池州市的东至县、青阳县、石台县部分地区。历史来源：清嘉庆《宁国府志·舆地志·古迹上》泾县：猷州城，在泾县西三十里，今大宁也（《舆地纪胜》）。隋大业末，邑人左难当据县。唐武德三年归唐，寻授猷州刺史，八年州废，仍属宣州（《大清一统志》）。

 ## 成语窗

### 贻笑大方
大方，原指懂得大道理的人，后泛指见识广博或有专长的人。贻笑大方，指让内行人笑话，含贬义。

### 养痈遗患
痈：毒疮；患：祸害。留着毒疮不去医治，就会成为后患。比喻纵容姑息坏人坏事，结果自己遭殃。

### 大放厥词
厥：其，他的；词：文辞，言辞。原指铺张辞藻或畅所欲言。现用来指大发议论。

### 绳厥祖武
绳：继续；武：足迹。踏着祖先的足迹继续前进。比喻继承祖业。

### 亨嘉之会
亨嘉：美好的事物聚会在一起。比喻优秀人物济济一堂。

### 嘉言懿行
有教育意义的好言语和好行为。

### 谠言嘉论
公正、正直而有说服力的言论。

### 深猷远计
指计划得很周密，考虑得很长远。同"深谋远虑"。

勉其祗植

| 甲骨文 | 金文 | 篆文 | 隶书 | 楷书 | 行书 | 草书 | 标准宋体 |
|---|---|---|---|---|---|---|---|
|  |  | 勉 | 勉 | 勉 | 勉 | 勉 | 勉 |

### 解字堂

勉，从力，免声。本义为勉励、激励。从古代开始，中国人就特别注重教育，提拔后生。有些大学问家碰到有志青年都会勉励他们好好读书学习的，像唐代文学家韩愈写过《师说》，勉励他的学生李蟠多多向有学问的人请教，不要认为自己的知识够用了。明代的文学家宋濂写过《送东阳马生序》，以自己以往的求学经历，勉励同乡马生克服一切困难专注于学业。从本义引申出来的意思是激励对方，就是平常我们所说的勉强的意思，就是说要对方做自己不能做的或者不愿意的事，就像我们小时候被家长勉强做作业还不能出去玩，当然家长是为我们好。"勉"的两个意思就出现在我们和家长身上，家长是勉励我们学习，而我们是勉强地去学习的。

### 名言馆

父勉其子，兄勉其弟，妇勉其夫。
· 《国语·越语》

力耕可以得谷，勉贸可以得货。
· （汉）王充《论衡·答佞》

及时当勉励，岁月不待人。
· （晋）陶潜《杂诗十二首》其一

老稚各自力，勉蹈思无邪。
· （宋）陆游《杂感》

谜语答案　贻　嘉

勉其袛植

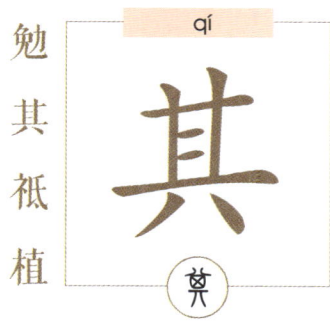

| 甲骨文 | 金文 | 篆文 | 隶书 | 楷书 | 行书 | 草书 | 标准宋体 |
|---|---|---|---|---|---|---|---|
| | | | | 其 | 其 | | 其 |

## 名言馆

北风其凉，雨雪其雱。
　　　　・《诗·邶风·北风》

日月忽其不淹兮，春与秋其代序。
　　　　・《楚辞·离骚》

古来圣贤皆寂寞，惟有饮者留其名。
　　　　・（唐）李白《将进酒》

楼阁玲珑五云起，其中绰约多仙子。
　　　　・（唐）白居易《长恨歌》

## 解字堂

　　其，象形字。"其"的初文象簸箕形。"其"字其实是"箕"的本字就是竹篾编织成的开口簸箕。《说文解字》中有："其，箕簸。"在殷商后期，"其"的象形字底部就有了加一横画饰笔的写法，从西周时代起，箕形顶端左右两个平平的小短画逐渐向左右两侧折转倾斜，并且在底部横画下又平加了断开的两个短横，后来这两个短横斜立起来成"八"字形。再后来隶变之后，就逐渐成为了我们现在所见的"其"字。"其"字被借用作为代词之后，又造了"箕"字来表示"簸箕"的含义。

　　"其"字发展到了现在主要有两个读音，在读jī时，是周年的意思。《管子·轻重戊》："左右伯受沐涂树之枝阔，其年，民被白布。"另一个读音是我们所常见的qí，这个读音在句中词性比较多，一般为第三人称代词，如：三缄其口，这个"其"就是代表他或她。

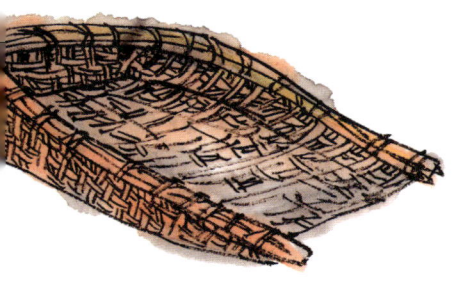

勉其祇植

| 甲骨文 | 金文 | 篆文 | 隶书 | 楷书 | 行书 | 草书 | 标准宋体 |
|---|---|---|---|---|---|---|---|
|  |  | 祇 | 祗 | 祇 | 祇 | 祇 | 祇 |

### 解字堂

祇，形声字。刚看到这个字大家会感到陌生，因为"祇"字在我们现在的生活中不常被用到。"有礼在前不低人。"这样一说是不是十分形象呢？马上就能想到这个字了吧。"祇"字的本义为恭敬，作动词用。东汉许慎在《说文解字》中写道："祇，敬也。从示氐（dī）声。"此中的"氐"是根本的意思。《尔雅·释诂》中也记载道："敬也。"《荀子·非十二子》："案饰其辞而祇敬之。"意思是：修饰自己的言辞，并且十分尊敬它。"祇"在"恭敬"这个含义上也经常与其他字组成新的词语，让我们来看一下这些词语，从而更加直观地理解"祇"字的意思。"祇若"这个词出自《书·说命上》："畴敢不祇若王之休命。"意思是敬顺。孔传注："言王如此，谁敢不敬顺王之美命而谏者乎？"我们现在所说的表示仰慕意思的"敬仰"一词也可以用"祇仰"代替。此词出自《北史·胡叟传》："密云左右皆祇仰其德。"而"民祇"一词为名词，指人民所敬畏者。出自《尚书·周书·多士》："罔顾于天显民祇，惟时上帝不保，降若兹大丧。"意思是：不顾天意和民困，因此，上帝不保佑了，降下这样的大丧乱。"祇"字所组成的词语有的作动词，有的作名词。

"祇"字不仅有"恭敬"的意思，它还可以表示"仅仅，只"。不过，当"祇"字为此义时，读作zhǐ。柳宗元《敌戒》："废备自盈，祇益为愈。"意思是：解除戒备，自满自足，这只会造成更大的祸患。

### 名言馆

父不慈，子不祇，兄不友，弟不共，不相及也。
· 《左传·僖公三十三年》

兴来祇自得，佳气莫能传。
· （唐）张九龄《春江晚景》

不堪祇老病，何得尚浮名。
· （唐）杜甫《水槛遣心二首》其二

祇恐牡丹留不住，与春约束分明。
· （宋）辛弃疾《临江仙》

## zhí 植

| 甲骨文 | 金文 | 篆文 | 隶书 | 楷书 | 行书 | 草书 | 标准宋体 |
|---|---|---|---|---|---|---|---|
|  |  | 植 | 植 | 植 | 植 | 植 | 植 |

## 名言馆

植之三年馀，今年初试花。
·（唐）张籍《新桃行》

植物半蹉跎，嘉生将已矣。
·（唐）杜甫《种莴苣》

秦妃卷帘北窗晓，窗前植桐青凤小。
·（唐）李贺《天上谣》

万卷有时用，植杖且耘耔。
·（宋）辛弃疾《水调歌头》

## 解字堂

植，形声字，从木，直声。本义是立，树立，竖立。引申指关闭门户用的直木。现代用该字一般是作为词组"植物"而用。植物，谷类、花草、树木等的统称，是生命的主要形态之一。植物不仅给我们人类提供生存必需的氧气，还给我们提供食物和能量，是我们的好朋友。

植字可作动词，有栽和，种植之意。如植树，移植。《广雅·释地》："植，种也。"《古诗为焦仲卿妻作》："东西植松柏，左右种梧桐。枝枝相覆盖，叶叶相交通。"诗中用松柏、梧桐的枝叶覆盖相交，象征了刘兰芝和焦仲卿忠贞爱情的忠贞不渝。还有"立住，将珠子竖立起来"之义。宋代周敦颐《爱莲说》中写到莲花："亭亭净植。"

该字也可作名词。指草木，含叶绿素，进行光合作用的生物。如植被、植物、植株。还有立柱、立桩之义。出自《论语·微子》："植其杖而芸。"许慎《说文》中解释：'植，户植也。"

该字还有一个特殊意思是表示姓氏，植姓来源有两个，一是出自妫姓，据《通志·氏族略》和《元和姓纂》等资料所载，越王之后有植氏；二是天竺（古印度）胡人之姓，均为信奉佛教者，入中原后，以植为氏。植氏族谱历史人物：五代十国时北汉将领植廷晓，明代有文昌知县植轩，清代有顺治举人植敏槐等。

## 温故知新

###  四字通解

勉其祗植，"勉"是勉励，"其"是代词，指代子孙后辈，"勉其"就是勉励子孙后代。"祗"是恭敬，"植"是树立，树立什么？子孙们要立身、立命。在古代长辈尤其重视对子孙后代的教育，"勉其祗植"就是勉励子孙们要谨慎小心地立身处世。勉，就是古代长辈劝诫与激励后生自我完善，大家一定听说过孟母勉子的故事，就是孟母对孩子的劝诫与激励。其，一般为第三人称代词，如：三缄其口，这个"其"就是代表他或她，在现在也经常用到；"祗"字在我们现在的生活中不常被用到，这个字把它的各部分分解开来，可以这样解释，"有礼在前不低人。"是恭敬的意思；植，我们比较熟悉的是它作为名词的意思，如：植物，谷类、花草、树木等的统称，是生命的主要形态之一。该字还可作动词，有树立、栽种、种植之意。

###  故事厅

#### 孟母勉子

伟大的儒学大师孟子小的时候，也和我们一样贪玩。有一次孟子放学回家，他的母亲正在织布，看到他回来，就问他："最近学习怎么样了？"孟子漫不经心地回答说："跟过去一样呗，还能怎么样。"孟母看到他一副无所谓的样子，十分恼火，就用剪刀把刚刚织好的布剪断。孟子见到母亲忽然发脾气，害怕极了，赶紧跪在地上问他母亲为什么把刚刚织好的布剪断。孟母语重心长地说："你荒废学业，如同我剪断这布一样。有德行的人学习是为了树立名声，增长知识，提高学问，所以平时能平安无事，做起事来就可以避开祸害。如果现在荒废了学业，将来就不免于做下贱的劳役，而且难于避免祸患。这样的话，你学习还有什么用呢？不如早早退学，还不用再花钱了。"孟子听后吓了一跳，自此，从早到晚勤学不止，再不敢偷懒贪玩。后来孟子拜了孔子的孙子子思做老师，继承了儒家的衣钵，使儒家发扬光大，他也被尊称为"亚圣"，成为儒家仅次于孔子的圣人。

### 猜谜语

免得前功尽弃，
还宜多加鼓励。
（打一字）

全力相帮挽手行。
（打一字）

 **知识角**

### 祗、衹、祇（袛、秖）分不清楚

祗（zhī）本义为"恭敬"。

祇（qí），古代称地神。很多人都会把"神祇"误写、误读为"神祗"。"神祇"泛指神，是宗教观念之一，作为一种民间信仰。它象征着吉祥、威力和正义，寄托着人们的愿望、幸福和慰藉。《史记·孝武本纪》："古者祀天地皆有乐，而神祇可得而礼。""祇"字的意思为地神。《论语·述而》："祷尔于上下神祇。"

衹（zhǐ，袛、秖）表示"适、恰好、只"。《后汉书·寇恂传》："不贤则衹更生乱。"六朝以后"衹"被写作"袛""秖"。

### 植物故事

含羞草，风吹或手碰（包括其他东西碰）后羽状叶片马上合拢、下垂。

合欢，羽状叶片夜晚会合拢，白天再张开。

睡莲，花朵夜晚闭合，白天开放。

苍耳，种子浑身长刺，动物走过就被刺挂在身上带到其他地方繁殖。

蒲公英，种子上长有许多绒毛，像把小伞随风把种子播向远方。

生石花，形似卵石，长在沙砾地，以假乱真。

 **成语窗**

### 有则改之，无则加勉
则：就；加：加以。对别人给自己指出的缺点错误，如果有，就改正，如果没有，就用来勉励自己。

### 困知勉行
困知：遇困而求知；勉行：尽力实行。在不断克服困难中求得知识，有了知识就勉力实行。

### 勉为其难
勉：勉强；为：做。勉强去做能力所不及或不愿去做的事。

### 尽其在我
尽：全部。竭尽自己的力量做好应做的事情。

### 听其自便
听：听任。听任它自然发展与行动。

### 徒有其名
徒：空，白白地；名：名声。光有它的名。指有名无实。

### 植善倾恶
培植善者，倾覆恶类。

### 植发冲冠
头发直竖，顶起帽子。形容盛怒或踊跃之状。

省躬讥诫

| 甲骨文 | 金文 | 篆文 | 隶书 | 楷书 | 行书 | 草书 | 标准宋体 |
|---|---|---|---|---|---|---|---|
| | | | | | | | 省 |

## 解字堂

省，会意字。甲骨文中从目，从中（或从木），表示观察草木的意思，引申为视察。"省"和"相"的来源是相同的，都表示用眼睛观察草木。"省"表示比较近的查看，引申出"省视、反省、省察"等微观查看的意思，"相"表示的是比较远的观看。西周金文中，"省"的上半部分"中（木）"形添加了圆点，又逐渐变成了横，于是变成了一个声符"生"。为了与表示灾病的"眚"区分，又将下横笔打斜，分化出我们今天的"省"字。

《说文解字》中道："省，视也。"意思是"视察、察看"，又可以引申为"反省"。《论语》中："吾日三省吾身。"就是说我们每天反省三次，不久我们的品性也会得到提升。从这里我们也可以看"省"这个字对我们的积极意义。说到这里，我想大家对"省"字的变化也有所了解了吧。

"省"字在读xǐng时，基本作动词，《书·洪范》中的"王省惟岁"，《易·观》中的"先王以省方观民设教"都是视察的意思。

## 名言馆

凡为人子之礼，冬温而夏清，昏定而晨省。
·《礼记·曲礼》

画图省识春风面，环佩空归月夜魂。
·（唐）杜甫《咏怀古迹五首》其三

临晚镜。伤流景。往事后期空记省。
·（宋）张先《天仙子》

惊起却回头，有恨无人省。
·（宋）苏轼《卜算子·黄州定慧院寓居作》

谜语答案　勉　勉

省躬讥诚

| 甲骨文 | 金文 | 篆文 | 隶书 | 楷书 | 行书 | 草书 | 标准宋体 |
|---|---|---|---|---|---|---|---|
|  |  | 躬 | 躬 | 躬 | 躬 | 躬 | 躬 |

## 名言馆

躬自厚而薄责于人，则远怨矣。
・《论语・卫灵公》

且务由己者，省躬谅非难。
・（唐）白居易《咏怀》

行之以躬，不言而信。
・（宋）欧阳修《连处士墓表》

纸上得来终觉浅，绝知此事要躬行。
・（宋）陆游《冬夜读书示子聿》

## 解字堂

躬，形声字。从身，弓声。从"身"的字多与身体有关。例如，躯、躲等字。躬的本义为整个身体。《说文解字》解释："躬，身也。"

躬有多种用法，可以用作名词、代词、形容词、副词、动词等。其中最常用和最常见的就是名词、代词、副词的用法。这里简单介绍这三种。躬作名词时，主要意为身体。《论语》说："吾觉有直躬者。"（孔颖达注："直身而行。"）也就是挺直身体行走的人。躬也有生命的意思。《晏子春秋・内篇谏下》："歌终，顾而流涕，张躬而舞。""躬"也可通"肱"，手臂从肘到腕的部分。泛指手臂。《晏子春秋・内篇谏下》："歌终，顾而流涕，张躬而舞。"第二个常见的用法就是做代词。此时躬的意思为自身、自己之意。《诗经・卫风・氓》："静言思之，躬自悼之。"在这里"躬自"是自己的意思。也有代词用法的词语，如躬化，指的是以自身的德行感化别人。第三个常用法为副词，意思是亲身、亲自。诸葛亮《出师表》中曾说："臣本布衣，躬耕于南阳。"唐代王勃《滕王阁序》里提到的"童子何知，躬逢胜饯"。躬还可以作动词，本身具有。如：躬上将之姿（本身具有上将的风姿）。稍微向前弯身，以表尊敬。如：躬身下拜；躬敛（屈身敛衽。古代妇女行礼时的动作）；躬身（俯屈身体，以示恭敬）。

省躬讥诫

| 甲骨文 | 金文 | 篆文 | 隶书 | 楷书 | 行书 | 草书 | 标准宋体 |
|---|---|---|---|---|---|---|---|
|  |  | 譏 | 譏 | 譏 | 譏 | 讥 | 讥 |

## 解字堂

讥，繁体写作"譏"。《说文》："讥，诽也。"就是毁谤的意思。

讥，形声字。从言，几声。属于言部，发的是"几"声。我们应该学会一个方法，根据它的部首大致判断它的意思，首先看它的部首，是言部（言，指事。甲骨文字形，下面是"舌"字，上面一横表示言从舌出。"言"是张口伸舌讲话的象形。从"言"的字与说话有关。本义：说，说话。），所以，它的意思就和说话有关。本义：旁敲侧击地批评。

"讥"字主要有三个意思，一个意思就是非难，指责。在《后汉书·孟光传》："光好公羊春秋而讥呵左氏。"意思就是孟光不赞同《春秋左氏传》，这个意思主要用于古文；另一个意思是现在用得较多的，就是讥讽，讥笑的意思。《左传·隐公三年》："称郑伯，讥失教也。"还有一个意思是进谏；规劝。《楚辞·天问》："殷有惑妇，何所讥？"意思就是商朝有迷惑人的妇人，还进谏什么呢？这三个现在用得最多的就是第二个意思，以前"讥"以单字出现，现在和其他字组成一个新词，如讥讽（以轻蔑或憎恶口气尖刻嘲笑或指责），讥笑（冷言冷语地嘲笑），讥嘲（嘲笑讽刺）等等，都是表示挖苦别人的意思。现在多带有贬义色彩，讥讽嘲笑别人是不对的，我们从小就不应该有这个坏习惯，同时当我们面对别人的嘲笑和讥笑时，应微笑理智面对，用合适的行动维护我们的尊严。

## 名言馆

秀色一如此，多为众女讥。
· （唐）李白《赠裴司马》

不惧权豪怒，亦任亲朋讥。
· （唐）白居易《寄唐生》

好之每自讥，不谓子亦颇。
· （宋）苏轼《和子由论书》

人讥作诗瘦，自悯著书穷。
· （宋）陆游《自嘲用前韵》

## 省躬讥诫

### 诫 jiè

| 甲骨文 | 金文 | 篆文 | 隶书 | 楷书 | 行书 | 草书 | 标准宋体 |
|---|---|---|---|---|---|---|---|
|  |  | 誡 | 誡 | 誡 | 誡 | 诫 | 诫 |

### 名言馆

前车覆，后车诫。
・（汉）贾谊《治安策》

柔弱生之徒，老氏诫刚强。行行鄙夫志，悠悠故难量。
・（汉）崔瑗《座右铭》

对泉能自诫，如镜静相临。
・（唐）崔颢《澄水如鉴》

默然有所感，可以从兹诫。
・（唐）白居易《秋池二首》其一

### 解字堂

诫，篆文誡是由言（言，说）+戒（戒，警惕）组成。戒，既是声旁也是形旁，表示警惕。诫的造字本义：警告，使觉察。诫将篆文的言简写成讠。从字形上可以看得出"诫"的意思就是发出声音达到让别人警戒的效果，既可以是让别人警戒潜在身边的危险，也可以是警戒知识落后于人的精神上的危险。人们在生活中，会碰到各种各样的诱惑和危险，意志不够坚定的人会很容易迷失自己，找不到方向。这个时候就需要有人来告诫自己，或者是父母朋友，或者是自己，时时刻刻在心里提醒自己。

古代有《周公诫子书》，就是周公用自己的亲身实践来告诫儿子立国的道理，不要因为有了封地就得意忘形，怠慢轻视人才。三国时期诸葛亮的《诫子书》也是流传很广的名篇。那是诸葛亮54岁临终前写给8岁儿子诸葛瞻的一封家书，成为后世历代学子修身立志的名篇。它可以看作是诸葛亮对其一生的总结。诸葛亮是一位品格高洁、才学渊博的父亲，对儿子的殷殷教诲与无限期望尽在言中。通过这些智慧理性、简练谨严的文字，将普天下为人父者的爱子之情和对孩子的殷切希望溢于言表。谆谆告诫幼子修身养德。现在我们有时候都会有座右铭，也是为了告诫自己牢牢记住自己要做的事，不被社会现实蒙住双眼，以至于失去了最本真的自我。

## 温故知新

 **四字通解**

省躬讥诫，"省"是反省，"躬"是自己的身体，引申义为自己、自身。《论语·尧典》里有两句话，"朕躬有罪，无以万方；万方有罪，罪在朕躬"，常被后世帝王引用，用来激励自己，大家一定记得唐太宗李世民的"以人为镜，可以明得失"，强调我们应该经常反省自己。"讥"是批评、规劝，"诫"是告诫、劝慰。听到别人的规劝批评要好好地自我反省，有则改之，无则加勉，不要急赤白脸地分辨，就是"省躬讥诫"的意思。

《论语》中曾子说："吾日三省吾身。"就是说我们每天反省三次，不久我们的品性也会得到提升；"躬"作名词说时，主要意思为身体。也就是挺直身体行走的人；"诫"的意思就是发出声音达到让别人警戒的效果，既可以是让别人警戒潜在身边的危险，也可以是警戒知识落后于人的精神上的危险。

 **故事厅**

### 鞠躬尽瘁

鞠躬尽瘁，指恭敬谨慎，竭尽心力去效劳。鞠躬：表示小心，谨慎。瘁：劳累。尽瘁：竭尽心力。鞠躬尽瘁的同义词有：竭尽全力、殚精竭虑。

三国时期，刘备去世，刘备的儿子刘禅袭位为"后主"。诸葛亮继续任丞相，并受封为"武乡侯"。蜀国一切军政大权，都操在他手里，由他裁决。诸葛亮是一贯主张联吴伐魏。第一次北伐没有完成，诸葛亮又发动了第二次北伐，当时蜀国臣子官员中，颇有反对兴师动众的，诸葛亮因此又上一表，分析当时局势，说明蜀汉与曹魏势不两立，必须北伐。这就是后来和《前出师表》同样流传的《后出师表》。诸葛亮的前后两次出师表，所表现的忠贞气节，使文章被人千古传颂。《后出师表》的最后有一句道："臣鞠躬尽瘁，死而后已。"这就是人们常引用的一句成语，用来形容贡献自己的全部力量，死了方休。

### 猜谜语

桥头佳人相道别。
（打一字）

一计定干戈。
（打一字）

##  知识角

### 马援的《诫兄子严敦书》白话版

我兄长的儿子马严和马敦,都喜欢讥讽议论别人的事,而且爱与侠士结交。我在前往交趾的途中,写信告诫他们:"我希望你们听说了别人的过失,像听见了父母的名字:耳朵可以听见,但嘴中不可以议论。喜欢议论别人的长处和短处,胡乱评论朝廷的法度,这些都是我深恶痛绝的。我宁可死,也不希望自己的子孙有这种行为。你们知道我非常厌恶这种行径,这是我一再强调的原因。就像女儿在出嫁前,父母一再告诫的一样,我希望你们不要忘记啊。"

"龙伯高这个人敦厚诚实,说的话没有什么可以让人指责的。谦约节俭,又不失威严。我爱护他,敬重他,希望你们向他学习。杜季良这个人是个豪侠,很有正义感,把别人的忧愁作为自己的忧愁,把别人的快乐作为自己的快乐,无论好的人坏的人都结交。他的父亲去世时,来了很多人。我爱护他,敬重他,但不希望你们向他学习。因为学习龙伯高不成功,还可以成为谨慎谦虚的人。正所谓雕刻鸿鹄不成可以像一只鹜哩。一旦你们学习杜季良不成功,那就成了纨绔子弟。正所谓"画虎不成反类犬"。到现今杜季良还不知晓,州郡内的百姓对他的意见很大。我时常替他寒心,这就是我不希望子孙向他学习的原因。"

##  成语窗

**卑躬屈膝**
卑躬:低头弯腰;屈膝:下跪。形容没有骨气,低声下气地讨好奉承。

**必躬必亲**
指凡事都要自己经手。出处《诗·小雅·节南山》:"弗躬弗亲,庶民弗信。"后转为"必躬必亲"。

**小惩大诫**
惩:惩罚;诫:警告,劝告。有小过失就惩戒,使受到教训而不致犯大错误。

**断织之诫**
孟子的母亲用割断织布机上的纱,使机上的纱不能成布的损失来告诫中途放弃学业的儿子。后用这个故事告诫中途辍学的人。

**谆谆告诫**
谆谆:教诲不倦的样子;告诫:规劝。恳切耐心地劝告。

**发人深省**
发:启发;省:醒悟。启发人深刻思考,有所醒悟。

**忧谗畏讥**
担忧被谗言中伤。

宠增抗极

chǒng

| 甲骨文 | 金文 | 篆文 | 隶书 | 楷书 | 行书 | 草书 | 标准宋体 |
|---|---|---|---|---|---|---|---|
|  | 寵 | 寵 | 寵 | 寵 | 寵 | 宠 | 宠 |

## 解字堂

　　形声字，从宀，从龙，龙亦声。许慎在《说文解字》中解释道："宠，尊居也。从宀，龙声。""尊居"就是"尊贵，供养"的意思。引申出动词"宠爱、宠幸"和名词"荣誉、荣光"。

　　该字可作名词。《左传·襄公三十年》中谈到："宠名皆弃。"意思是：荣誉和名利都可以放弃。如宋代范仲淹《岳阳楼记》中的名句："心旷神怡，宠辱偕忘。"意思是心境开阔，精神愉悦，受宠受辱都可以忘记。又如：宠辱，意思是荣耀与耻辱；宠借，意为给予荣宠和奖励。该字还可作形容词。《左传·隐公元年》："蔓草犹不可除，况君之宠弟乎？""宠弟"即"尊贵的弟弟"之义。该字还可作动词。"宠辱若惊"出自《老子》，宠爱，宠幸之义。

## 名言馆

宠辱若惊，贵大患若身。
　　　　　　　　·《老子》

不傲才以骄人，不以宠而作威。
　　　　　　·（三国）诸葛亮《将诫》

恩疏宠不及，桃李伤春风。
　　　　　　　·（唐）李白《上之回》

后宫佳丽三千人，三千宠爱在一身。
　　　　　　·（唐）白居易《长恨歌》

谜语答案　躬诚

宠增抗极

zēng
增

| 甲骨文 | 金文 | 篆文 | 隶书 | 楷书 | 行书 | 草书 | 标准宋体 |
|---|---|---|---|---|---|---|---|
|  |  | 增 | 增 | 增 | 增 | 增 | 增 |

## 名言馆

增之一分则太长，减之一分则太短。
· （战国）宋玉《登徒子好色赋》

勤学如春起之苗，不见其增，日有所长；辍学如磨刀之石，不见其损，日有所亏。
· （晋）陶潜

林表明霁色，城中增暮寒。
· （唐）祖咏《终南望馀雪》

与余问答既有以，感时抚事增惋伤。
· （唐）杜甫《观公孙大娘弟子舞剑器行并序》

## 解字堂

增，形声字。金文用"曾"表示"增加"的含义，睡虎地秦简开始出现增加"土"为意符的"增"字，本义是"增多，增加"。《说文解字》："增，益也。"就是添加的意思。字形采用"土"作义旁，"曾"是声旁。

"增"字在句中的词性基本都是动词，《列子·汤问》"而山不加增"句中的"增"就是本义添加泥土的意思。"增"字我们普遍所知道的是动词"扩大，添加"的意思。"进学不诚则学杂，处事不诚则事败，自谋不诚则欺心而弃己，与人不诚则丧德而增怨。"这句话是程颢、程颐的名言，是要告诉我们为学不能死读书，而要博览群书，博采众长；处事不能简单草率，否则会导致事情失败；自己不诚实地面对自己，就是自欺欺人并且放弃自己的行为；对待别人不诚实，就会丧失道德从而增加别人对自己的怨恨。所以我们要以诚待人，不能丧失我们的道德底线，否则只会增加彼此之间的矛盾。

宠增抗极

**kàng**

| 甲骨文 | 金文 | 篆文 | 隶书 | 楷书 | 行书 | 草书 | 标准宋体 |
|---|---|---|---|---|---|---|---|
|  |  | 抗 | 抗 | 抗 | 抗 | 抗 | 抗 |

## 解字堂

《说文》："抗，扞也。"形声字，从手，从亢（kàng），亢亦声。从手，因此与手的动作有关，"抗"的本义是抵抗，抵御。我们现在经常听到的"抗日战争"，就是抵抗抵御日本的意思。"抗"主要是作为动词。《资治通鉴》："安能抗此难乎。"宋代文天祥《指南录后序》："抗辞慷慨。"宋代王安石《答司马谏议书》："欲出力助上以抗之。"这里"抗"的意思是抗拒，拒绝；与此相近的一个意思还有匹敌，抗衡。《徐霞客游记·游黄山记》："独莲花与抗耳。"它还可作形容词，表示刚正不阿、高尚。萧统《文选序》："若贤人之美辞，忠臣之抗直。"现在的词组有抗迈，抗行，抗直，抗词等。

"抗"字是一个姓氏，亢氏、抗氏、伉氏、杭氏实际上是一个多源流的姓氏群体，在古代，其姓氏字互用，但在今中国大陆的姓氏排行榜上皆未列入百家姓前五百位，在台湾省没有抗氏与伉氏，杭氏则名列第418位、亢氏则名列第574位，多以丹阳为郡望，主要分布在江苏、浙江、福建、台湾等省。

## 名言馆

抗兵相加，哀者胜矣。

·《老子》

---

邻曲时时来，抗言谈在昔。

·（晋）陶潜《移居二首》其一

---

匡衡抗疏功名薄，刘向传经心事违。

·（唐）杜甫《秋兴八首》其五

---

弄文罹文网，抗世违世情。

·鲁迅《题〈呐喊〉》

## jí 极

宠增抗极

| 甲骨文 | 金文 | 篆文 | 隶书 | 楷书 | 行书 | 草书 | 标准字体 |
|---|---|---|---|---|---|---|---|
|  |  | 極 | 極 | 極 | 極 | 极 | 极 |

### 名言馆

飞梯绿云中，极目散我忧。
- （唐）李白《登锦城散花楼》

人生有情泪沾臆，江水江花岂终极。
- （唐）杜甫《哀江头》

伫倚危楼风细细，望极春愁，黯黯生天际。
- （宋）柳永《蝶恋花》

极目烟横山数点，孤舟月淡人千里。
- （宋）辛弃疾《满江红》

### 解字堂

极，形声字，从木，亟声。本义是房屋的正梁。许慎《说文解字》解释道："极，栋也。"意思是：在屋之正中至高处。

该字可作名词，意为端点，顶点，终端。如极巅，南极，北极，正极，负极都表示这个意思。登峰造极，意思是：攀登山峰到了顶点，比喻学问、技艺等已达到最高的境界。清代方苞《狱中杂记》写道："屋极有窗。"意为屋的顶端有窗户。在古代该字还特指君主，"登极"即登上君位。

该字也可作形容词。表示"最高的，最远的，最大限度的"。如极塞，意为"遥远荒僻的边塞地区"。极路即"非常遥远的路"。王勃《滕王阁序》："地势极而南溟深。"句中的"极"就表示"最大限度的"，极言地势的严峻险恶。

该字也可作动词，"穷尽，竭尽，最大限度的发挥"之义。如极言，尽言无余。极目，穷尽目力，眺望远方。宋代范仲淹《岳阳楼记》："南极潇湘。"意思是：南面直到潇江和湘江。

该字还可作副词。表示最，非常，很。如：大极了，棒极了，极好。现在常用于称赞、鼓励别人。晋代陶渊明《桃花源记》："初极狭。"意思是：刚开始很狭窄。

该字也可作量词，表示端，维，向。如：多极化。

## 温故知新

 四字通解

宠增抗极,接下来一句是殆辱近耻。大致意思就是宠到了极点就会变成耻辱。"宠"就是宠爱,光荣之意;"增"是添加、加层的意思;"抗"是抗衡,"极"是最高点,也可以理解为至尊,荣宠增加到可以和最尊贵的人抗衡的地步,那么就接近耻辱了。乾隆的宠臣和珅还不是宠增抗极吗?乾隆对他的荣宠无以复加,人称他"二皇帝",结果是乾隆死后第三天就开始清算他,第十一天他就被赐死了。在《周易》中也有相同含义,比如物极必反,否极泰来,意思是事物发展到极点,会向相反方向转化,这和老子的中庸精神也很类似。

 故事厅

### 物极必反

武曌是唐高宗时的皇后,她在高宗死后临朝听政,不久,她废了中宗,改立国号叫周,还自称为则天皇帝,就是我们一般称的武则天。当她临朝听政的时候,太子中宗已经长大了,可以处理国家的大事了,但是则天皇帝还是不肯放手。当时,许多的大臣都很不满,纷纷上书劝止;其中有一位叫作苏安恒的大臣,也上了一本奏疏,劝谏则天皇帝。奏疏上说:"太子现在的年纪已经很大了,才德也不错,你却还贪恋着皇帝的宝座,而忘了母子的情分,时间已不能让你拖延下去,我以为上天和百姓们,都是倾向李家的,你现在虽然还平安地坐在皇上的位子,总要知道物极必反、器满则倾的道理吧!"《鹖冠子》一书曾有"物极必反,命曰环流"这句话,就是说一件事情到了极端的时候,一定会产生变化,而造成全然不同的结果。

"物极必反"含有适可而止,不要过分的意思,和"器满则倾"是同一个意思。一个人如果太贪心,对于地位和财富毫不知足地攫取,人家就会说他"物极必反"。

### 猜谜语

汲水去植树。
　　(打一字)

乞丐变魔术。
　　(打一成语)

 **知识角**

### 乐极生悲

战国时,齐威王经常通宵饮酒作乐,不理朝政。楚国乘机出兵进攻齐国。齐王派淳于髡去赵国请来救兵,才解了齐国之围。

在庆贺淳于髡搬兵有功的宴会上,齐王问淳于髡喝多少酒才会醉。淳于髡回答说:"我喝一斗也醉,喝一石也醉。"齐威王不解其意,又问道:"先生喝一斗酒就醉了,怎么能喝得了一石呢?"淳于髡想借此机会规劝齐威王不要通宵饮酒,于是就委婉地说:"道理是这样的:如果大王赏给我酒,在喝酒的时候,大王坐在我面前,法官站在我旁边,御史站在我后边,我就感到恐惧,喝上一斗也就醉了;若是在民间,不分男女坐在一起,一边饮酒,一边游戏,喝上八斗也不会醉;假如到了夜里,主人把我留下,无拘无束地坐在一起,这时喝上一石,也不会醉。所以古人说,酒喝到了极点,就不能遵守礼节,人快乐到了极点,就会发生悲哀的事情。"

齐威王听出淳于髡是在讽谏自己,从那以后就不再通宵饮酒了。

 **成语窗**

### 踵事增华
踵:追随。继续前人的事业,并使更加完善美好。

### 有增无损
损:损害,减少。仍在增加,不见减少。指事物向着某个方面不断深化。

### 日增月盛
一天天一月月地增加、兴盛。

### 与日俱增
与:跟着;日:时间;俱:一起。随着时间的增长而增长。

### 宠辱不惊
受宠受辱都不在乎。指不因个人得失而动心。

### 受宠若惊
因为得到宠爱或赏识而又高兴,又不安。

### 位极人臣
君主时代指大臣中地位最高的人,泛指身为重臣,官位很高。

### 尽态极妍
女子容貌姿态美丽娇艳到极点。

殆辱近耻

| 甲骨文 | 金文 | 篆文 | 隶书 | 楷书 | 行书 | 草书 | 标准宋体 |
|---|---|---|---|---|---|---|---|
|  |  | 殆 | 殆 | 殆 | 殆 | 殆 | 殆 |

### 解字堂

殆，形声字。从歹（è），台声。本义解释为：危险。《说文解字》释为："殆，危也。""知足不辱，知止不殆。"意思是懂得满足不贪心就不会受辱，懂得适可而止就不会遭到危险。在成语中用作大概、几乎的意思，如：伤亡殆尽。

殆，可作形容词和副词。当作形容词时，可以解释为危险的。《诗·小雅·正月》："民今方殆，视民梦梦。"《书·秦誓》："亦曰殆哉。"《孙子·谋攻》："知己知彼，百战不殆。"《韩非子·扬权》："备危恐殆，急置太子，祸乃无从起。"《韩非子·忠孝》："此二者，殆物也。"还有词语：殆危（危险）。还可以解释为困乏、疲惫的意思。《庄子·养生主》："以有涯随无涯，殆已。"（向注："疲困之谓也。"）《聊斋志异》："日将暮，步履颇殆，休于路侧。"当"殆"作副词讲时，表示推测，相当于"大概""几乎"。例如大家熟知的宋代沈括的《梦溪笔谈》里说："游历殆遍。"宋代文天祥《指南录后序》："扬州城下，进退不由，殆例送死。"又如：敌人伤亡殆尽。这些都是作为副词的用法。作副词还可以表示范围，相当于"仅仅""只"。如《汉书·赵充国传》："此殆空言，非至计也。"

### 名言馆

学而不思则罔，思而不学则殆。
  ·《论语·为政》

吾生也有涯，而知也无涯。以有涯随无涯，殆矣。
  ·《庄子·养生主》

日既西倾，车殆马烦。
  ·（三国）曹植《洛神赋》

玄元亦有训，知止则不殆。
  ·（唐）白居易《高仆射》

谜语答案　极　穷极思变

殆辱近耻

rǔ
辱

| 甲骨文 | 金文 | 篆文 | 隶书 | 楷书 | 行书 | 草书 | 标准宋体 |
|---|---|---|---|---|---|---|---|
|  |  | 辱 | 辱 | 辱 | 辱 | 辱 | 辱 |

## 名言馆

言行，君子之枢机，枢机之发，荣辱之主也。
·《易·系辞上》

诚无垢，思无辱。
·（汉）刘向《说苑·敬慎》

辱，莫大于不知耻。
·（隋）王通《文中子·关朗》

与君论心握君手，荣辱于余亦何有。
·（唐）李白《答王十二寒夜独酌有怀》

## 解字堂

《说文》："辱，耻也。"辱，会意字。甲骨文字形，是"辰"下加手（又、寸）的形象，是手持辰（蜃）去除杂草的意思，古代以蜃为农具进行耕作。这个意义后来写作"耨"（nòu）。引申义：耻辱。本义只见于古文。如：持钮下地，艰辛劳作。《左传·襄公三十年》："使吾子辱在泥涂久矣，武之罪也。"现在主要用的就是它的引申义"耻辱"，分为动词使受辱和名词耻辱。

它作为动词的意思是折磨，污侮，使蒙受打击羞耻。经常的词组有辱骂，辱命，辱没，污辱，侮辱等，这个意思上我们熟悉的有《唐雎不辱使命》，写了唐雎如何机智地应对对方，最终顺利完成自己使命的故事；还有我们熟悉的廉颇蔺相如的故事，在《史记》中这样记载：廉颇对蔺相如存在误会时，这样说道："我见相如，必辱之。"后来两人解开误会，成为刎颈之交。作为名词，表示羞耻。词组有屈辱，耻辱。《论语·学而》："恭近于礼，远耻辱也。"在著名的《岳阳楼记》里有："心旷神怡，宠辱皆忘。"可见"辱"和"宠"是一对反义词，还有一句我们经常听到的"衣食足而知荣辱"。我们从小就被教育要知荣辱，这对我们价值观、人生观的形成有重要意义。唐代韩愈《马说》："故虽有名马，只辱于奴隶人之手，骈死于槽枥之间，不以千里称也。""辱"是埋没的意思。比较少见的还有它作为谦词的用法。《左传·僖公四年》："辱收寡君，寡君之愿也。"

殆辱近耻

| 甲骨文 | 金文 | 篆文 | 隶书 | 楷书 | 行书 | 草书 | 标准宋体 |
|---|---|---|---|---|---|---|---|
|  |  | 近 | 近 | 近 | 近 | 近 | 近 |

### 解字堂

　　近，形声字。"近"的本义为"走近，接近"，作动词用。东汉许慎在《说文解字》中写道："近，附也。字从辵（chuò），斤声。"唐代柳宗元《黔之驴》中写道："稍出近之，慭（yìn）慭然，莫相知。"意思是：（老虎）渐渐地靠近驴子，态度更加亲切而不庄重。这里的"近"就表示接近，靠近。

　　"近"字看似简单，但还有许多意思。这个字可以作为动词、形容词、副词等。《易·系辞》中写道："无有远近幽深。"这里的"近"字是形容词，可以表示空间或时间距离短，与"远"相对。同样是形容词，"近"字还有亲密的意思。李密在《陈情表》中写道："外无期功强近之亲。"意思是在外面没有比较亲近的亲戚。"浅显"也是"近"字的一个意义。《孟子·尽心下》中写道："言近而指远者，善言也。"意思是语言浅近而意义深远的话，这属于善言。同时"近"字还可以作副词，有差别小，差不多的含义。《资治通鉴·唐纪》中记载："应者近万人。"意思为响应的人将近万人。《易·说卦传》中写道："为近利市三倍。"这其中的"近"字的意思为追求，希求。

### 名言馆

人无远虑，必有近忧。
　　　　　·《论语·卫灵公》

近朱者赤，近墨者黑。
　　　　　·（晋）傅玄《太子少傅箴》

近乡情更怯，不敢问来人。
　　　　　·（唐）宋之问《渡汉江》

野旷天低树，江清月近人。
　　　　　·（唐）孟浩然《宿建德江》

殆辱近耻

chǐ

耻

| 甲骨文 | 金文 | 篆文 | 隶书 | 楷书 | 行书 | 草书 | 标准宋体 |
|---|---|---|---|---|---|---|---|
|  | 䏄 | 耻 | 耻 | 耻 | 耻 | 耻 | 耻 |

## 名言馆

人不可以无耻，无耻之耻，无耻矣。
· 《孟子·尽心上》

欲济无舟楫，端居耻圣明。
· （唐）孟浩然《望洞庭湖赠张丞相》

胜败兵家事不期，包羞忍耻是男儿。
· （唐）杜牧《题乌江亭》

靖康耻，犹未雪；臣子恨，何时灭！
· （宋）岳飞《满江红》

## 解字堂

耻，形声字。从心，耳声。本义解释为耻辱，可耻的事情。因声誉受损害而致内心羞愧，这是它做名词的意义。东汉许慎《说文解字》里这样解释："耻，辱也。"《论语》里曰："行己有耻。"意思是：一个人行事，凡自己认为可耻的事情就不去做。这里的"耻"字就做名词。耻，做动词时解释为羞辱，侮辱的意思。《诗·小雅·宾之初筵》说："不醉反耻。"《论语·公冶长》："左丘明耻之，丘亦耻之。"

在生活里，"耻"的意义用得很广泛，例如，我国的"社会主义荣辱观"简称为"八荣八耻"。这里，耻就是以……为耻的意思。《论语》里有句名言："敏而好学，不耻下问。"意思是天资聪明却好学习，并且不以向别人请教他们认为很低端、很简单的问题为耻。（耻：以……为耻。问：请教。指人好学。）这是一种难能可贵的学习精神。

"耻"字在很多文学作品里都有它独特的意思，在特殊的语言环境里也要应时而看。例如，在《三国演义》里就有一句这样说道："欲收兵回，又恐被蜀兵耻笑。"这里的"耻"，就应该是耻笑的意思，或理解为轻视讥笑的意思。

## 温故知新

 **四字通解**

殆辱近耻,意思是困难和危险是让人感到可耻的,这句话表面上是说耻辱,实际上是在劝人知道进退,远离耻辱。殆,危险的意思。老子的《道德经》说:"知足不辱,知止不殆。"意思是懂得满足不贪心就不会受辱,懂得适可而止就不会遭到危险;辱的意思是折磨,污侮,使蒙受打击羞耻。"殆"和"辱"都是贬义,不好之意,"近"的本义为"走近,接近","耻"的含义同"辱",也是耻辱的意思。这句话劝我们要适时而退,如果不想经受危险困辱,就要知足知止,才能活得长久,知足常乐,不是有句俗语"人心不足蛇吞象"吗?每个朝代都会有一部分从政者可以意识到这一点,在困难没降临之前急流勇退,远离政坛。历史上范蠡因为他的功成身退,从事商业,获得陶朱公的美誉,相反,文仲因为放不下功名,最终落得兔死狗烹的下场。

 **故事厅**

### 韩信忍受胯下之辱

韩信幼年之时,因为贫穷没有官做,也不能通过买卖养活自己,经常受到别人欺负,许多人就嘲笑他。淮阴有个屠户就对他说:"你看似很强壮,喜欢佩刀带剑,其实是个胆小鬼。"又当众侮辱他说:"你要不怕死,就拿刀杀了我,如果怕死,就从我胯下爬过去。"韩信仔细打量了他一番,自知形只影单,自己一个人硬拼肯定吃亏。于是,当着许多围观人的面,低下身去,趴在地上,从那个屠夫的裤裆下钻了过去。满街的人都笑话韩信,认为他胆小,但是韩信没有忘记这次耻辱,他牢牢地记在了心里。后来他跟随汉高祖刘邦,建功立业,打败项羽,战胜了一次又一次的战役。最终刘邦建立了大汉王朝,他也被封为楚王,荣耀至极。最后,他召来那个让他受辱的屠户,不但不杀他,反而还任命他为楚国中尉,很多人不解,他对将领说:"当年他侮辱我时,我难道真的不敢杀他吗?不是的,杀了他,我就不能成名,不能实现自己的抱负了,所以我忍辱达到了现在的境地,我真的应该谢谢他啊!他磨炼了我的意志。"所以说耻辱尽管不堪忍受,但是知辱却能造就一个伟人,好多时候我们都需要韩信这样的忍耐力,不要为了一时的利益而失掉大局。

### 猜谜语

远看像头牛,
近看没有头。
(打一字)

忘路之远近。
(打一成语)

 ## 知识角

### 远水不救近火

战国时期,齐国、晋国、楚国都很强大。鲁国和强国齐国相邻。鲁国的国君鲁穆公害怕齐国侵略鲁国,便想结交晋、楚两个强国,希望以后鲁国遭受侵略的时候,能够得到他们两国的援助。为了实现这个目的,鲁穆公把自己的公子派到晋国和楚国去做官。一大臣认为这种做法并不能解决问题,就对鲁穆公说:"越国是水乡之国,人们都善于游泳。可是,如果我们这里有人掉进水里,去请越国的人来抢救,那么不等人家赶来,溺水的人早就淹死了。又比如,如果着了火,到千里之外去取海水,海水虽然很多,但是大火也一定扑不灭。这道理很简单:远水不救近火。同样的道理,晋国与楚国虽很强大,但是毕竟距离鲁国较远,而齐国距离鲁国较近。一旦齐国侵略鲁国,这种祸患靠晋楚两国恐怕救不了吧!"这个故事比喻慢的办法救不了急。

 ## 成语窗

**百战不殆**
经历许多次战役,都没有遭到危险。形容善于用兵。

**知止不殆**
殆:危险。知道适可而止的人就不会遇到危险。旧劝人行事不要过分。

**宠辱不惊**
受宠受辱都不在乎。指不因个人得失而动心。

**胯下之辱**
胯下:两条腿之间。从胯下爬过的耻辱。

**急功近利**
急于求成,贪图眼前的成效和利益。

**平易近人**
对人和蔼可亲,没有架子,使人容易接近。也指文字浅显,容易了解。

**不耻下问**
乐于向学问或地位比自己低的人学习,而不觉得不好意思。

**寡廉鲜耻**
寡、鲜:少。旧指不廉洁,不知耻。现指不知羞耻。

林皋幸即

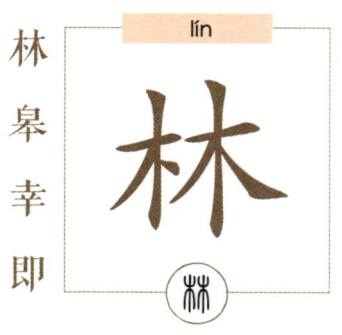

lín

| 甲骨文 | 金文 | 篆文 | 隶书 | 楷书 | 行书 | 草书 | 标准宋体 |
|---|---|---|---|---|---|---|---|
| ˇˇ | 林 | 林 | 林 | 林 | 林 | 林 | 林 |

## 解字堂

"林"为会意字，从二木，表示树木丛生。大家可以由此联想，两个木在一起是不是就表示一片树林呢？因此"林"的本义就是：丛聚的树木或竹子。《说文》："林，平土有丛林曰林。"意思就是，平野上有一片丛林就称为林。

现在我们主要用的有两个意思，一个意思如上所说，就是长在一片土地上的许多树木或竹子，比如树林、森林、竹林。在这个意思上经常是具有画面感的，一看到这个字，似乎眼前就可以浮现出一片绿的景象，因为林的颜色通常都是绿色的，大家比较熟悉的就是，大熊猫在一片绿色的竹林里憨态可掬的样子。这个字在这个意义上一般用于写景的文章或诗歌中，如欧阳修《醉翁亭记》中的"日出而林霏开，云归而岩穴暝"，还有诗歌里杜牧的"停车坐爱枫林晚，霜叶红于二月花"，王维的"深林人不知，明月来相照"等等。

另一个意思就是作为姓氏，中华姓氏之一，现代百家大姓之一，在中国南方林氏人口排在第四位，福建省林姓排在第一位。金庸小说《笑傲江湖》里林平之一家就出自福建，林姓在以前的百家姓中排名第147位，在最新的百家姓中排名第16位。我们熟悉的人物有虎门销烟的林则徐，四大名著之一《水浒传》里的八十万禁军教头豹子头林冲，《红楼梦》里多愁善感的林黛玉。

## 名言馆

独木不成林，独店不成市。
· （汉）崔骃《达旨》

返景入深林，复照青苔上。
· （唐）王维《鹿柴》

莫听穿林打叶声，何妨吟啸且徐行。
· （宋）苏轼《定风波》

旧时茅店社林边，路转溪桥忽见。
· （宋）辛弃疾《西江月》

谜语答案　午　施行无计

林皋幸即

gāo
皋

| 甲骨文 | 金文 | 篆文 | 隶书 | 楷书 | 行书 | 草书 | 标准字体 |
|---|---|---|---|---|---|---|---|
|  |  | 皋 | 皋 | 皋 | 皋 | 皋 | 皋 |

### 名言馆

步余马于兰皋兮，驰椒丘且焉止息。
·《楚辞·离骚》

东皋薄暮望，徙倚欲何依？
·（唐）王绩《野望》

江南云叶暗随车，临皋烟景世间无。
·（宋）苏轼《浣溪沙》

碧云冉冉蘅皋暮，彩笔新题断肠句。
·（宋）贺铸《青玉案》

### 解字堂

皋，形声字。从白，夲(tāo)声。本义为泽边之地。如陶渊明《归去来兮辞》："登东皋以舒啸，临清流而赋诗。"《诗经·小雅》："鹤鸣于九皋，声闻于野。""皋"还可以是姓氏，远古时期舜帝掌管刑法的贤臣叫作皋陶。也可以用作名字，夏朝第十五代君主就叫做皋。"皋"也可以是农历五月的别称。古代有钱人喜欢驾车出游，往高的地方走，才能看得远，看到更多的美景，陶冶情操。屈原《离骚》："步余马于兰皋兮，驰椒丘且焉止息。"不过屈原是因为心中抑郁才驾车出游。因此"皋"也同"高"，与"下"和"卑"相对。皋还有讲席的意思。皋比，就是虎皮，古人坐虎皮讲学。明代《卖柑者言》："今夫佩虎符、坐皋比者、洸洸乎干城之具也，果能授孙、吴之略耶？""皋"有时也通"咎"，是罪过的意思，《左传·哀公二十一年》："鲁人之皋，数年不觉，使我高踣。"

林皋幸即

| 甲骨文 | 金文 | 篆文 | 隶书 | 楷书 | 行书 | 草书 | 标准宋体 |
|---|---|---|---|---|---|---|---|
|  |  | 幸 | 幸 | 幸 | 幸 | 幸 | 幸 |

## 解字堂

"幸"是会意字。《说文解字》曰："幸，吉而免凶也。吉而免凶也。从屰从夭。夭，死之事。故死谓之不夯。"就是说"幸"是吉祥而免去灾祸。由屰、夭会意。夭，表示灾祸，屰像头朝下的人，表逆反之义；全字会灾祸相反之意，意即免于凶难。

"幸"的本义为幸运地免去灾祸，引申为侥幸、幸亏，如"幸存""侥幸""幸好"等，"死"又作"不幸"。侥幸获得的幸运，常会使人庆幸、快乐，故"幸"有快乐、高兴之意，如"庆幸""三生有幸""幸灾乐祸"等，曹操的诗歌里常出现"幸甚至哉，歌以咏志"，可见他是很高兴的。

"幸"还指希望、宠爱。如"幸勿推却"就是希望你不要推辞，"宠幸"就是宠爱。"幸"字在旧时还常与帝王有关，如帝王到达某地称为"巡幸"，还有帝王宠幸的臣子叫"幸臣"（含贬义）。

"幸"现在最常见的是与福相连为"幸福"。幸福就是人们对物质和精神生活的满足感。

## 名言馆

幸甚至哉，歌以咏志。
· （汉）曹操《观沧海》

卫青不败由天幸，李广无功缘数奇。
· （唐）王维《老将行》

蜀主窥吴幸三峡，崩年亦在永安宫。
· （唐）杜甫《咏怀古迹五首》其四

十年一觉扬州梦，赢得青楼薄幸名。
· （唐）杜牧《遣兴》

林皋幸即

| 甲骨文 | 金文 | 篆文 | 隶书 | 楷书 | 行书 | 草书 | 标准宋体 |
|---|---|---|---|---|---|---|---|
| 皀卩 | 即 | 皀卩 | 即 | 即 | 即 | 孑 | 即 |

## 名言馆

即从巴峡穿巫峡，便下襄阳向洛阳。
·（唐）杜甫《闻官军收河南河北》

北风卷地白草折，胡天八月即飞雪。
·（唐）岑参《白雪歌送武判官归京》

浩荡离愁白日斜，吟鞭东指即天涯。
·（清）龚自珍《己亥杂诗》

投身革命即为家，血雨腥风应有涯。
·陈毅《梅岭三章》

## 解字堂

即，会意字。在甲骨文中，"即"字左边的部分看起来像一个里面装满食物的器皿，右边部分看起来像一个人跪坐在盛有食物的器皿前面。所以，我相信大家看到"即"字的第一眼一定会觉"即"字是一个人坐在锅旁边吃东西。没错，大家的感觉都对了，"即"字造字本身的意思就是：靠近食物，就餐。这与"既"字的意思是相反的。"既"字的字形像是一个人打着饱嗝，望着空空的器皿，转过头去，是餐毕离席的意思。

白话版《说文解字》中说："即，入席就餐。"《仪礼·公食礼》中："席末取粮即稻"。《易·鼎》中："鼎有实，我仇有疾，不我能即。"这两句话里面的"即"都是靠近食物，就餐的意思。我们现在所看到的这个"即"字，是从篆文开始慢慢变化成这样的。发展到金文时仍然承续甲骨文字形。到了篆文略有变形，把"即"字右边装满食物的器皿的底座给去掉了，变为两只脚的器皿。到了隶书就把"即"字的左边写得比较规整。将"即"字右半部分的跪坐的人写成了单耳旁的"卩"。随后就一直这样写下去，就成了我们今天所见到的"即"字。

"即"字在句子中大部分是作动词的，本义我们上面的介绍中已经说过了，是就餐的意思。它还有"接近，就位"的意思。如：公即位。也有"是，就是"的意思，这个意思比较罕见，"非彼即此"就是我们常说的。

## 温故知新

 **四字通解**

林皋幸即,出自《庄子·知北游》:"山林欤!皋址欤!使我欣欣然而乐欤!"林是山林,皋是水边之地,是沼泽的意思。《诗经·小雅》:"鹤鸣于九皋,声鸣于野。"幸就是庆幸、吉而免灾,即是接近、靠近的意思。"林皋幸即"就是,赶快退隐山林,辞官归隐。汲汲于名利,只会落得像春秋战国时文仲的下场,他不懂得功成身退,在这一点上,范蠡就聪明得多,追求内心的平静而不是外在的功名利禄,泛舟五湖,做得陶朱公。古代做官,官场如战场,伴君如伴虎,事事处处都得临深履薄,一个不检点,自己受辱事小,家族、老师都要跟着受牵连,责任就大了,所以一见势头不对,就要准备辞官下野,退归林泉,做隐士去了。东晋的陶渊明,他的"采菊东篱下,悠然见南山"岂不是一种美好的境界?

 **故事厅**

### 林则徐

清朝年间,鸦片走私越来越严重,鸦片类似于一种毒品,让人上瘾,从而精神颓废,萎靡不振,深深危害了百姓健康。这时林则徐受命为钦差大臣,进入广州禁烟。他开始弄清广州受鸦片毒害情况,亲自走访各个地方,查找各家烟馆,掌握大量有效资料,之后他通过其他人告诉外国人,命令外国鸦片贩子在规定时间上交鸦片,并让他们保证今后永不夹带鸦片,他还严正声明:"若鸦片一日不绝,本大人一日不回,誓与此事相始终,断无中止之理。"但外国商人拒绝交出,经过坚决的斗争,最终他挫败鸦片贩子,收缴全部鸦片近2万箱,237万余斤,在虎门海滩上当众销毁。他在侵略者面前表现出大无畏的英雄气概,英勇地捍卫国家主权和民族尊严,是当之无愧的民族英雄,我国的人民英雄纪念碑上第一幅就是虎门销烟的故事。

### 猜谜语

皋。
(打一成语)

安定中原,纵横天下。
(打一字)

画中一人是谪仙。
(打一字)

##  知识角

这是一个关于林字来历的小故事

林字本是树林之义,其来源相传也与树林有关。据谱籍记载,商朝末年,商纣王时,有叔父比干,与箕子、微子同在朝中供职。纣王嗜杀成性,荒淫无道,百姓苦不堪言。比干等人劝他改过自新,他概不听从,结果微子辞官而去,箕子也假装发疯罢官,只有比干一人留了下来。他认为:"人主有过失不去劝他纠正,不是忠的表现;因为怕死不敢说话,也不是勇敢之举。如果进谏了人主不听,那是他的事情,作为人臣则应尽职。"由于他抱定了这一想法,后来便不顾生死入宫强谏,接连三天三夜不离宫廷。纣王见他如此,便起了杀人的念头,说:"我听说圣人的心都有七个孔,不知道你是否如此。"说完便让人把他的心挖了出来。噩耗传到比干家中,夫人陈氏正怀孕在身,知道纣王一定会前来追杀,便连夜出逃,在牧野(今河南卫辉、淇县一带)郊外树林的石室隐藏下来,直到平安地把孩子生下。因为生的是男孩,便为他取名坚,字长恩。此后不久,纣王被周武王杀掉,商朝灭亡。比干夫人及遗腹子坚都作为商朝名臣之后得到周武王的礼遇。周武王因坚是在树林中所生,特别为他赐姓林。这样,便有了林姓。一句话,林氏子孙乃比干王叔的后代!

##  成语窗

**林寒涧肃**

指秋冬间林木凋零、涧水枯落的景象。出自北朝·后魏·郦道元《水经注·江水》:"每晴初霜旦,林寒涧肃,常有高猿长啸,属引凄异。"

**穷猿投林**

穷猿:被猎人紧追的猿猴。出自《晋书·李充传》:"穷猿投林,岂暇择木。"比喻在穷困中急于找一个栖身的地方。

**林下风范**

林下:幽僻之境;风范:风度。指女子态度娴雅、举止大方。

**幸反为祸**

幸:幸运,幸福;祸:灾祸,灾难。在一定条件下,幸福可以转为灾难。

**幸灾乐祸**

幸:高兴。指人缺乏善意,在别人遇到灾祸时感到高兴。

**即景生情**

指由眼前景象触发某种情绪、感想。

**一拍即合**

合:合调;符合曲调。一打拍就合于曲调的节奏。比喻双方意见很快取得一致。

**鹤鸣九皋**

九皋:深泽。鹤鸣于湖泽的深处,它的声音很远都能听见。比喻贤士身隐名著。成语出处《诗经·小雅·鹤鸣》:"鹤鸣于九皋,声闻于野。"

## 两疏见机

liǎng

两

| 甲骨文 | 金文 | 篆文 | 隶书 | 楷书 | 行书 | 草书 | 标准宋体 |
|---|---|---|---|---|---|---|---|
|  | 兩 | 兩 | 兩 | 兩 | 兩 | 兩 | 两 |

### 解字堂

两，会意字。仔细观察"两"字的繁体"兩"，上面有一个"一"字，下面是一个"兩"字，这个字的意思是两个相同的东西并在一起，后来被借用为重量单位。东汉许慎在《说文解字》写道："兩，二十四铢为一兩。从一，兩，平分。""两"是东亚传统的质量单位，起源于中国的汉代，之后才传到日本、朝鲜、越南等地，实际质量历代不同，传到各地后亦各自有所变化。旧制一斤等于十六两，所以就有了"半斤八两"这个成语。

"两"字除了以上的基本含义，还有其他的意思。我们最熟悉不过的就是数词"二"这个意思，我们另一个熟悉的"两"的用法就是用作量词了。宋代辛弃疾在《西江月》中写道："两三点雨山前。"这里的"两"字表示不定的数目，和"几"差不多，多与"一"或"三"连用，义为少量。另外，"两"还有一些较为生僻的意思，都常用于文言文中。《荀子·劝学》："目不能两视而明，耳不能两听而聪。"意思是眼睛不能同时看两样东西而看得清楚，耳朵不能同时听两件事而分辨清楚。这里的"两"表示双方施行或遭受同一行为，作副词用。成语"两全其美""两败俱伤"中的"两"都是这个含义。"两"字在古代还有一个量词用法"用于车辆"。《汉书·赵充国传》中写道："卤马牛羊十万余头，车四千余两。"这里的"两"读作"liàng"，后来写作"辆"，所以在"用于车辆"这个意思上"两"与"辆"是古今字。

### 名言馆

同居长干里，两小无嫌猜。
·（唐）李白《长干行二首》其一

两个黄鹂鸣翠柳，一行白鹭上青天。
·（唐）杜甫《绝句》

湖光秋月两相和，潭面无风镜未磨。
·（唐）刘禹锡《望洞庭》

潮平两岸阔，风正一帆悬。
·（唐）王湾《次北固山下》

谜语答案　正大光明　皋皋

# 疏 shū

两疏见机

| 甲骨文 | 金文 | 篆文 | 隶书 | 楷书 | 行书 | 草书 | 标准宋体 |
|---|---|---|---|---|---|---|---|
|  |  | 疏 | 疏 | 疏 | 疏 | 疏 | 疏 |

## 名言馆

不才明主弃，多病故人疏。
· （唐）孟浩然《岁暮归南山》

匡衡抗疏功名薄，刘向传经心事违。
· （唐）杜甫《秋兴八首》其三

五更疏欲断，一树碧无情。
· （唐）李商隐《蝉》

昨夜雨疏风骤，浓睡不消残酒。
· （宋）李清照《如梦令》

## 解字堂

疏，形声字，从㐬，疋声。

"疏"作动词，意为去掉阻塞，使通畅。如疏源，疏通水源。疏治，疏通治理。疏凿，打通阻塞，使流畅无阻。《说文》说："疏，通也。"《孟子·滕文公上》："禹疏九河。"禹花了十几年的时间，疏通、开凿了许多条河床渠道，把洪水引入大河，消除了当时的水患。这就是传说中的"禹疏九河"。又有"分散，使密变稀"之义。如疏散，使分散。仗义疏财，旧指讲义气，拿出自己的钱财来帮助别人。还有"注释，解释"之义。它属于古籍注释体例之一，其他的还有传、注、笺、正义、诠、义疏、义训。

该字可作形容词，表示稀疏，稀少。如疏细，意思是稀疏而纤细。疏网，意思是稀疏的网。比喻宽大的法律。《玉篇》："疏，阔也。"表示"疏忽，粗略，不周密"之义。如疏漏、疏失。也表示事物间距离远，空隙大，与"密"相对。如疏林，稀疏。还表示关系远，不亲近，与"亲"相对。如疏远，亲疏。

该字也可作名词，远亲，泛指关系疏远的人。如疏宗，意为远房宗族。疏客，意思是关系疏远的客人。"疏"在古代还表示奏章，指古代臣子向君主陈述事情的文字。如上疏，奏疏。此外，疏还是一个姓氏。

两疏见机

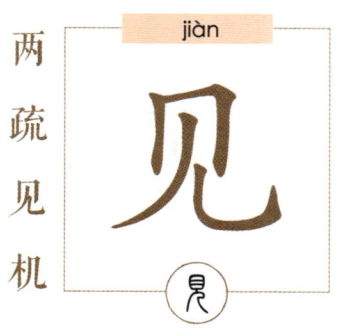

jiàn

见

| 甲骨文 | 金文 | 篆文 | 隶书 | 楷书 | 行书 | 草书 | 标准宋体 |
|---|---|---|---|---|---|---|---|
| 𦣻 | 𦣻 | 見 | 見 | 見 | 見 | 见 | 见 |

## 解字堂

见，会意字。甲骨文字形，上面是"目"，下面是"人"。在人的头上加只眼睛，就是为了突出眼睛的作用。本义解释为：看见，看到。

见，首先可以解释为看到、看见。如：见微知著、见义勇为、见异思迁。也有接触，遇到的意思。这个意义常在口语中出现，例如我们常说的"怕见风""见习"就是这个意义。见字的意义用法十分广泛，还可以解释为：看得出，显得出。例如常见词语：见效、相形见绌。在古代作品中也有，唐代贺知章《回乡偶书》："儿童相见不相识。"唐代杜甫《江南逢李龟年》："岐王宅里寻常见。"常见的见字说法，如：见雌雄（看到结果）；见人（见证人）；见喜（出痘疹的忌讳说法）；见不过（看不惯；见不得）；见头知尾（比喻聪明透顶）。见，在文言文中有时还会读作xiàn，同"现"，出现、显露。还可以作助词，例如，《汉书·李广苏建传》："见犯乃死。"还有成语运用，如：见笑于人；见重于当时；见执（被捉拿）；见罔（被诬陷枉屈）；见害（被害）；见款（承蒙款待）。用在动词前面，表示对我怎么样。唐代李朝威《柳毅传》："见辱问于长者。"又如：见告；见示；见教。用在动词后表示结果。如：碰见；闻见；听见。

见字在古代汉语中用法就非常广泛。当"见"作动词用，解释为看见的时候就有很多出处。例如：《礼记·大学》："视而不见，听而不闻。"《韩非子·主道》："见而不见，闻而不闻。"作名词时可以解释为看法、见解。例如《晋书·王浑传》："敢陈愚见。"

## 名言馆

读书百遍，其义自见。
·《三国志·魏书·王肃传》

采菊东篱下，悠然见南山。
·（晋）陶潜《饮酒二十首》其五

君不见黄河之水天上来，奔流到海不复回。
·（唐）李白《将进酒》

相见时难别亦难，东风无力百花残。
·（唐）李商隐《无题》

两疏见机

| 甲骨文 | 金文 | 篆文 | 隶书 | 楷书 | 行书 | 草书 | 标准宋体 |
|---|---|---|---|---|---|---|---|
|  |  | 機 | 樱 | 機 | 械 | 搽 | 机 |

## 名言馆

有机智之巧，必有机智之败。
·（汉）刘向《说苑·反质》

机不可失，时不再来。
·（五代）安重荣《上石敬瑭表》

来而不可失者时也，蹈而不可失者机也。
·（宋）苏轼《代侯公说项羽辞》

机关算尽太聪明，反算了卿卿性命。
·（清）曹雪芹《红楼梦》

## 解字堂

繁体字：機。机，形声字，从木，几声。本义指弩机，就是弓弩上的发动机关。《说文解字》："机，主发谓之机。"分为名词和形容词两个词性。作为名词，现在通用的几个意思有：发射机关；和这个意思相近的还有机器，机械的意思，《战国策·宋策》中这样记载："公输班为楚设机。"现在我们依旧这么说，比如，电视机、发电机等；还有织机的意思，我们比较熟悉的有《木兰诗》："不闻机杼声，惟闻女叹息。"写的就是听不到织机织布的声音，只能听到木兰在叹息。现在常用的是它作为时机，机会的意思，南朝梁丘迟《与陈伯之书》中"因机变化"就是这个意思。还有机密，机要的意思，多指军国大事，比如我们经常用"日理万机"这个词形容这个人很忙。下面这几个意思也是我们经常用的，比如计策，计谋，常见的词组有机见、机略；又可解释为心计，心意。它作为一种树木名称的意思，除了第一个和最后一个意思用得少，其他意思都是我们现在经常用的。作为形容词，以下两个意思最常用：巧诈、智巧，如果一个人很聪明，我们就会夸奖他很机智；重要的、秘密，如：军事机密。

名字中也常常出现"机"字，比如在金庸小说《射雕英雄传》和《神雕侠侣》中，丘处机被描述为一位豪迈奔放、武艺高强的道士，以及抗金护民的英雄人物，为大众所知。

## 温故知新

###  四字通解

两疏见机,是一个典故,两疏是汉宣帝时候的疏广、疏受叔侄两个人,此二人曾为太子太傅与太子少傅,是皇帝的两位老师,位高名显。二人怕树大招风,只干了五年就主动告老还乡,荣归故里,人皆高之。机是机兆、先兆,是事机萌动,但还尚未发出之时的微小状态,《易经》里就有"几者,动之微,吉之先见者也。君子见几而作"的话,即看到适当时机立即行动。古代,伴君如伴虎,稍有不慎,满盘皆输,不仅自己,连同同族甚至有关系的人也会受到牵连,所以古代当官的人事事小心,必须要有敏锐的洞察力以及淡泊名利的心,前面说到的疏广、疏受位高权重,让人羡慕,但是他们没有被现实迷惑了眼睛,对于自己的身份地位很清楚,于是有一点动静时,他们便辞官归隐,不再过问政事,与其羡慕他们的位高权重,不如学习他们的处世哲学,确实值得人称赞。

###  故事厅

**两袖清风**

于谦是明朝著名的民族英雄和诗人。他曾先后担任过监察御史、巡抚、兵部尚书等职。于谦作风廉洁,为人耿直。于谦生活的那个时代,朝政腐败,贪污成风,贿赂公行。当时各地官僚进京朝见皇帝,都要从本地老百姓那里搜刮许多的土特产品,诸如绢帕、蘑菇、线香等献给皇上和朝中权贵。明朝正统年间,宦官王振以权谋私,每逢朝会,各地官僚为了讨好他,多献以珠宝白银,巡抚于谦每次进京奏事,总是不带任何礼品。他的同僚劝他说:"你虽然不献金宝、不攀求权贵,也应该带一些著名的土特产如线香、蘑菇、手帕等物,送点人情呀!"于谦笑着举起两袖风趣地说:"带有清风!"以示对那些阿谀奉承之贪官的嘲弄。从此便流传下来。

### 猜谜语

两人同在土山上,
一个左来一个右。
(打一字)

飞行员上班。
(打一成语)

 **知识角**

### 两面派

元朝末年,元军和朱元璋领导的义军在黄河以北展开了拉锯战,老百姓苦不堪言,谁来了都要欢迎,都要在门板上贴上红红绿绿的欢迎标语,来得勤换得也快。豫北怀庆府人生活节俭,于是想出了个一劳永逸的办法:用一块薄薄的木板,一面写着欢迎元军的"保境安民"的标语,另一面写上欢迎义军的"驱除鞑虏"的标语,哪方来了,就翻出欢迎哪方的标语,既省钱又方便。但想不到这个方法后来竟惹出大祸。

一次,朱元璋的大将常遇春率军进驻怀庆府,进城见家家门口五颜六色的木牌上满是欢迎标语,心里高兴。可是突然一阵狂风刮来,木牌翻转,反面全是欢迎元军的标语。常遇春气极之余,下令将凡是挂两面牌的人都满门抄斩。

常说的"两面派",就是从怀庆府"两面牌"演变而来,殊不知这里面还有一段血泪史。

 **成语窗**

### 模棱两可
模棱:含糊,不明确;两可:可以这样,也可以那样。指不表示明确的态度,或没有明确的主张。

### 颠斤播两
较量轻重。常用以比喻品评优劣或形容计较微细之事。

### 才疏学浅
才:才能;疏:空虚、浅薄。才能不高,学问不深。多用来表示自谦。

### 天网恢恢疏而不漏
天道公平,作恶就要受惩罚,它看起来似乎很不周密,但最终不会放过一个坏人。比喻作恶的人逃脱不了国法的惩处。

### 重义疏财
以财物分人。讲义气,轻视钱财。多指出钱帮助遭难的人。

### 见微知著
见到事情的苗头,就能知道它的实质和发展趋势。出自宋代苏洵《辨奸论》:"惟天下之静者乃能见微而知著。"

### 殚见洽闻
殚:尽,完全;洽:广博。该见的都见过了,该听的都听过了。形容见多识广,知识渊博。

### 机关用尽
机关:周密、巧妙的计谋。比喻用尽心思。

### 妙算神机
形容智谋无穷,善于洞察形势,计策得当。

解组谁逼

jiě

| 甲骨文 | 金文 | 篆文 | 隶书 | 楷书 | 行书 | 草书 | 标准宋体 |
|---|---|---|---|---|---|---|---|
| 🔣 | 🔣 | 解 | 解 | 解 | 解 | 解 | 解 |

## 解字堂

解，甲骨文=（双手）+（角）+（牛），字形像屠夫双手从牛的头上剖取牛角，牛角上的两点指事符号，表示血滴。取牛角，是剖牛过程中技术最复杂、最具代表性的步骤，因此用取牛角代表剖牛。造字本义：剖牛，取牛角。金文承续甲骨文字形。篆文省去金文的两手，另加"刀"（切割），强调剖宰，字形结构有所调整。隶书将篆文的"牛"写成牛，就再也没有牛角的意象了。中国的文字是从甲骨文开始正式成型，在这之前古人也都是图画记事，到了甲骨文也还保有图画的原型。我们可以从甲骨文和金文中很容易看出它原本要表达的意思。庄子有一篇《庖丁解牛》，说的是庖丁解牛，游刃有余。从解牛引申出来打开的意思，既可以是打开具体的事物，比如解开鞋带、解开绳子，或者是打开抽象的思维，解答疑惑。从打开又引申出解救的意思，如：解围、解馋。思考一下，为什么"解"字的构型由双手变成了"刀"？

当工具不够先进的时候，双手还是主要的劳动工具，古代有很多字都是和手相关的，随着工具使用越来越广泛，双手的作用会越来越小，最多起到使用工具的作用。手会渐渐退到幕后进行操控，当然消失是没有可能的。如果我们在大街上看到全部都是没有手的人，想想都觉得奇怪。当刀越来越锋利，解牛越来越便利时，自然双手就变成"刀"了。

## 名言馆

解落三秋叶，能开二月花。
· （唐）李峤《风》

松风吹解带，山月照弹琴。
· （唐）王维《酬张少府》

解释春风无限恨，沉香亭北倚阑干。
· （唐）李白《清平调》

遥怜小儿女，未解忆长安。
· （唐）杜甫《月夜》

谜语答案　坐　见机行事

| 甲骨文 | 金文 | 篆文 | 隶书 | 楷书 | 行书 | 草书 | 标准宋体 |
|---|---|---|---|---|---|---|---|
|  | 組 | 組 | 組 | 組 | 組 | 组 | 组 |

## 名言馆

有力如虎，执辔如组。
　　　　·《诗·邶风·简兮》

久为簪组累，幸此南夷谪。
　　　　·（唐）柳宗元《溪居》

解组径归应更乐，偷闲犹足傲羲皇。
　　　　·（宋）陆游《晚晴》

三千组练挥银刀，四川崖壁齐动摇。
　　　　·（清）袁枚《到石梁观瀑布》

## 解字堂

　　组，形声字。从糸，且声。《说文解字》："组，绶属。其小者，以为冕缨。"组的本义是丝带，窄小的可以做"冕缨"，即帽子上的丝带。

　　"组"字的词性比较多，它的本义是名词。"仓皇展转，竟就死于尺组之下"，"体象卓然，殊今异古。落落珠玉，飘飘缨组。""系颈以组"这几句中的"组"都是"丝带"的意思。《诗·邶风》中"有力如虎，执辔如组，两骖如舞。"这里面的"组"是一个动词，是编织的意思。我们平常所说的"组装、组建"等词里面的"组"都是作动词的，是"构织，结合"的意思。"组"还有一个常用的词性就是量词，如"一组诗"等。以上这些介绍，大家对"组"字字形的演变和词性的延伸都有所了解了吧。

## 解组谁逼

| 甲骨文 | 金文 | 篆文 | 隶书 | 楷书 | 行书 | 草书 | 标准宋体 |
|---|---|---|---|---|---|---|---|
|  | 誰 | 誰 | 誰 | 誰 | 誰 | 谁 | 谁 |

### 解字堂

谁，形声字。读作shuí又shéi。仔细观察"谁"这个字，它的部首为言字旁，右边部分是一个"隹（zhuī）"字，"谁"字的读音与"隹"相近。"隹"表示短尾巴的鸟。"谁"字的本义是"什么"。东汉许慎在《说文解字》中写道："谁，何也。从言隹声。"如词语"谁生"意思是"什么"，生，后缀。

"谁"字多数为代词。"谁"可以作疑问代词，表示哪个人或哪些人。如唐高适《别董大》："莫愁前路无知己，天下谁人不识君。""谁"还可以任指，表示任何人。在这个意义上有三个用法，首先"谁"可以表示所说的范围之内没有例外，用在"也"或"都"前面。如这件事谁也不知道。另外，"谁"可以表示彼此一样，如"咱俩谁也说不过谁"。两个"谁"字前后照应，指相同的人。"谁"还可以用在反问句中表示没有一个人。但是大家要注意的是反问句中用"谁知道"有时候是"不料"的意思。

"谁"还可以组成一些词语。如"谁边"，意思是何处、哪里。如毛泽东《浪淘沙北戴河》："一片汪洋都不见，知向谁边。""谁何"表示稽察诘问，喝问。出自汉贾谊《过秦论》："信臣精卒陈利而谁何。"意思是：可靠的官员、精锐的士卒拿着锋利的兵器，盘问过往行人。"谁"还可以组成许多词语，大家不妨找一找。

### 名言馆

莫愁前路无知己，天下谁人不识君。

·（唐）高适《别董大》

竹杖芒鞋轻胜马，谁怕？一蓑烟雨任平生。

·（宋）苏轼《定风波》

云中谁寄锦书来？雁字回时，月满西楼。

·（宋）李清照《一剪梅》

人生自古谁无死，留取丹心照汗青。

·（宋）文天祥《过零丁洋》

解组谁逼

| 甲骨文 | 金文 | 篆文 | 隶书 | 楷书 | 行书 | 草书 | 标准宋体 |
|---|---|---|---|---|---|---|---|
|  |  | 逼 | 逼 | 逼 | 逼 | 逼 | 逼 |

## 名言馆

白发催年老，青阳逼岁除。
· （唐）孟浩然《岁暮归南山》

---

水从天汉落，山逼画屏新。
· （唐）李白《赠崔秋浦其三》

---

一年三百六十日，风刀霜剑严相逼。
· （清）曹雪芹《红楼梦·葬花吟》

---

枪林逼，飞将军自重霄入。
· 毛泽东《渔家傲·反第二次大"围剿"》

## 解字堂

逼，形声字，从辵（chuò），畐（fú）声。"辵"部后来写作"辶"。

该字可作动词，意思是：逼迫，给人以威胁。如威逼，寒气逼人，形势逼人，为生活所逼等都表示这个意思。逼人太甚意思是：过分逼迫人而不留余地。也有"强迫索取"之义。如逼租，逼债。作为动词还有"靠近，接近"之义。指空间距离上的接近，靠近。如：逼视（向前靠近目标，紧紧盯着）；逼近（接近，靠近）；逼肖（很相似）。《淮南子·兵略》中写道："是故入小而不逼。"《说文新附》中也提到："逼，近也。"《资治通鉴》中："秦兵逼淝水而陈。"（陈：布阵）意思是：前秦的军队紧逼淝水而布阵。

该字作形容词，狭窄之义。如逼仄，意为（地方）狭窄。"逼真"这个词组经过演变有两个意思。第一个意思是：极像真的。如情节逼真，这个老虎画的十分逼真。第二个意思是：真切。如看得真切。曹植《七启》中："人稠网密，地逼势胁。"意思是：人口稠密，土地狭窄，地势险恶。

该字作副词，表示非常，很，极端。如：逼冷（极冷）；逼似（很相似）。《水经注·沔水》："山石似马，望之逼真。"。这句话的意思是：山石很像马，远远望去很像真的。

"逼"字作为动词较为常用，形容词和副词用法较少。

## 温故知新

###  四字通解

　　解组谁逼，解是解除，组是组绶的简称。组绶是一种丝质有刺绣的缎带，窄的叫组，宽的叫绶。古代常用来拴在印纽上，或用来拴勋章。后世有受勋，用不同颜色的绶带挂在胸肩等部位，以示自己的官阶、品级，如袁世凯的大元帅服，绶带颜色挂得快开染坊了。"解组"是将组绶解下来，表示辞官不干了。"谁逼"是有谁逼你了吗？没有，是自己辞官不做的。这句话的意思就是没有人逼迫自己，自己主动辞官不做。上节说到的疏广、疏受叔侄见到事情苗头不对，就见机归隐，辞官不做，当然是没有人逼迫他们这样做。除了他们，像古代的著名隐士陶渊明、林逋，都是主动解甲归田，归隐山林。陶渊明的"晨兴理荒秽，带月荷锄归"，多么恬淡的生活。林逋隐居西湖孤山，终生不仕不娶，唯喜植梅养鹤，自谓"以梅为妻，以鹤为子"，人称"梅妻鹤子"。古代隐士的情操是需要后人终身学习的。

###  故事厅

#### 解手的由来

　　官兵强迫百姓登记后，为防止逃跑，把他们反绑起来，然后用一根长绳联结成一串，押解着百姓上路。在押解过程中，由于长途跋涉，路上就经常有人要小便，只好向官兵报告："老爷，请解手，我要小便。"次数多了，这种口头的请求也趋于简单化，只要说声："老爷，解手"，就都明白是要小便。此后，"解手"便成了小便的代名词。

　　据说顾颉刚20世纪40年代在重庆时，与友人闲聊时谈及"解手"时是这样解释的：当地人说小便叫"解手"，刚开始不知道什么意思。等到了四川，和人交谈，才知道明朝末年，四川人只有约十分之一的人没有被张献忠杀戮，丰腴的土地全部变成荒地。因此清朝初期政府强迫百姓搬迁，让湖南湖北的人搬到四川。搬迁的时候，全部绑起手，由官吏带着走，就像今天拉壮丁。搬迁的人内急，就请求押解的人说"解手！"于是解手传承了下来，流传开来。就像学童参加考试，去厕所必须领出恭牌，所以说称去厕所为"出恭"。

### 猜谜语

寄语催人下山去。
　　　　（打一字）

南京北京都有我，
谁的衣裳都穿过。
　　　　（打一物）

 **知识角**

### 舍我其谁

战国时期的孟子想到齐国施展自己的雄图大志，也很希望齐国君王能像历史上的商汤和周武王那样有作为。他到齐国后，齐王很高兴，并且任用了他。但孟子总感到不理想，于是决定离开齐国。但他在离开时，心里又是矛盾着的，很想齐王能亲自出面来挽留他。后来，尽管齐王也亲自到孟子住处见了面，但只是寒暄寒暄而已，并没有表示要真正留他。孟子出京城临淄到齐国西南部的昼地后，住了3天才走。途中有人问孟子为什么这样慢腾腾地，孟子说："我自认为还是太快了呢。我想齐王也许能最终改变态度，把我召回去。齐王如果用我，何止齐国的老百姓得到太平，全天下的老百姓都能够得到太平。"

在回归的路上，又有一个名叫充虞的人问孟子，说："老夫子现在好像很不愉快的样子，从前我听您说过：'君子不怨天，不尤人。'"

孟子回答道："彼一时，此一时嘛。每过五百年必定有位圣君出现，而这当中也必定会有命世之才出来。从周朝到现在，已经过去七百余年了。论年头，早超过五百年了；而以时势的发展来考察，则现在正该是出圣君贤臣的时候了。老天爷如果想使天下太平，那么当今之世，除了我，还有谁呢？我有何不愉快的呢？"

 **成语窗**

### 鹿死谁手
原比喻不知政权会落在谁的手里。现在也泛指在竞赛中不知谁会取得最后的胜利。

### 吐珠于泽，谁能不含
含，衔在嘴里。明珠出于水泽，则人人都会取来衔在嘴里。比喻君权旁落，则人人都要谋。

### 解组归田
解组：去官。指辞官返乡务农。

### 传圭袭组
圭：古代帝王、诸侯举行隆重仪式时所用的玉制礼器；组：古代官员系印的丝带，转指官印。指取得功名。

### 以索续组
用粗绳去连接丝带。比喻后继者的才学远逊前人。

### 逼上梁山
比喻被迫起来反抗。现也比喻被迫采取某种行动。出自明代施耐庵《水浒传》第十一回林冲雪夜上梁山。

### 咄咄逼人
咄咄：表示惊奇的声音。气势汹汹，盛气凌人，出口伤人。形容本领赶上或超过前人，令人赞叹。

## 索居闲处

suǒ

| 甲骨文 | 金文 | 篆文 | 隶书 | 楷书 | 行书 | 草书 | 标准宋体 |
|---|---|---|---|---|---|---|---|
| | | | | | | | 索 |

### 解字堂

索，象形字。本义为大绳子。后泛指各种绳索。《说文解字》里解释是："索，草有茎叶可作绳索。"

索，在现代和古代汉语中都有非常丰富的用法。它可以用作名词、动词、形容词以及量词。其中最常用和最常见的用法就是名词和动词的用法。作名词时，索解释为绳索之意。例如，《列子·天瑞》中："鹿裘带索，鼓琴而歌。"《诗经》中所说："昼尔于茅，宵而索綯。"作动词时，索解释为搜索、寻求的意思。例如，《汉书·韩安国传》："举国大索。"索，作动词时也可以解释为求取、讨取之意。例如，唐代杜甫《兵车行》："县官急索租，租税从何出？"当然，索作动词时还有其他的解释，有兴趣的可以去查阅。

索，作形容词时解释为孤单、独自的意思。如陶渊明《和刘柴桑》中有："直为亲旧故，未忍言索居。"索，作形容词还可以解释为尽、空的意思。《左传·襄公八年》："悉索敝赋，以讨于蔡。"最后一个用法就是作量词，此时有三种用法：

1. 古时民间计量单位，十丈为一索。
2. 古用绳计量长度，因以为计量单位。如：种粟千百索。
3. 古代以绳索穿铜钱，每千文为一索，或称一贯。如：受贿三千索。

### 名言馆

路漫漫其修远兮，吾将上下而求索。

· 《楚辞·离骚》

---

黄埃散漫风萧索，云栈萦纡登剑阁。

· （唐）白居易《长恨歌》

---

一怀愁绪，几年离索。错、错、错。

· （宋）陆游《钗头凤》

---

金沙水拍云崖暖，大渡桥横铁索寒。

· 毛泽东《长征》

谜语答案　谁　针

索居闲处

| 甲骨文 | 金文 | 篆文 | 隶书 | 楷书 | 行书 | 草书 | 标准宋体 |
|---|---|---|---|---|---|---|---|
|  |  |  |  |  |  |  | 居 |

### 名言馆

居高声自远，非是藉秋风。
· （唐）虞世南《蝉》

同居长干里，两小无嫌猜。
· （唐）李白《长干行二首》其一

绝代有佳人，幽居在空谷。
· （唐）杜甫《佳人》

居庙堂之高，则忧其民。
· （宋）范仲淹《岳阳楼记》

### 解字堂

居，形声字，从尸，古声。"尸"在古文字里即人形。"居"可能有两个来源，一个是来自"处"，居处的意思；另一个来自"蹲"，是"踞"的初文。从词性的角度划分，可以分为形容词、动词和名词。作形容词时，主要用于古文，现在很少用，了解即可。如：静止。《灵枢·周痹》："此各在其处，更发更止，更居更起。"意思就是：病邪分布在人体的各处，有时发作，有时又不发作，此伏彼起。又解作健旺。《灵枢·平人绝谷》："五脏安定，血脉和利，精神乃居。"

动词：住，这个是我们现在最常用的一个意思，常见的词组有居住，隐居，同居等等；引申为处于的意思，如居首，居高临下等，我们打字排版常常看到"居中"这个词，就是这个用法；安着，怀着也是我们现在经常用的一个意思，如"居心"，带有贬义色彩，电视里出现坏人时，就会用"居心叵测"。古文里常用的意思：坐。《仲尼燕居》："孔子闲居"，意思是孔子闲坐；还有休息的意思，如：居五日。

名词：最普遍的用法，解作居所，住宅。《左传·宣公二年》："问其名居，不告而退。"现在习惯用的"民居"等词，在古装电视剧里或许经常可以听到，指的是可以吃到茶点、饮料或饭菜的店铺，如六朝居、同和居、金陵居、砂锅居，给人很雅的感觉。

居也是一个姓氏，在《百家姓》中排第346位。目前总体人数约5000人，主要生活在沿海城市。居姓出自杜姓。古代名人有汉朝的居股、明朝的居节等。

## 索居闲处

| 甲骨文 | 金文 | 篆文 | 隶书 | 楷书 | 行书 | 草书 | 标准宋体 |
|---|---|---|---|---|---|---|---|
|  | 閒 | 閒 | 閒 | 閒 | 閒 | 闲 | 闲 |

### 解字堂

闲，会意字。《说文》："闲，阑也。从门中有木。"本义指木栅栏。

"闲"现在常用的表达空闲之类的含义其实都是由"閒"字的本身含义引申而来的。"闲"在发展中合并了"閒"字。"閒"本和"间"同源，还有空间、空隙的意思。金文字形中"閒"的字形为⿱，是由代表由昼入夜的⿱和代表家居的⿱构成，本义是指由白天的外出奔波，转入夜晚的家居休闲。而因为古时在夜晚没有足够的照明设施来供应正常的劳动，所以便包含有无所事事、空闲的意思。而这空闲的意思在时间上便表现为充足的时间，在状态上就表现为无目的的，未派上用场的等等，如：闲聊、闲杂。后来演化有名词的含义则表示"可自由支配的时间"，如：忙里偷闲。

现在我们很难从"闲"这个字上找出闲适的含义，但知道是由"閒"引申过来后，这意思便变得易于理解了。虽然古时生产力落后，但是这种根据太阳的变化，日落而息的生活难道不令现在过着黑白颠倒的生活的我们羡慕吗？

### 名言馆

莫等闲白了少年头，空悲切。

· （宋）岳飞《满江红》

---

等闲识得东风面，万紫千红总是春。

· （宋）朱熹《春日》

---

千锤万凿出深山，烈火焚烧若等闲。

· （明）于谦《石灰吟》

---

红军不怕远征难，万水千山只等闲。

· 毛泽东《长征》

索居闲处

| 甲骨文 | 金文 | 篆文 | 隶书 | 楷书 | 行书 | 草书 | 标准宋体 |
|---|---|---|---|---|---|---|---|
|  |  |  |  |  |  |  | 处 |

### 名言馆

人生处一世，去若朝露晞。
- （三国）曹植《赠白马王彪》

借问酒家何处有，牧童遥指杏花村。
- （唐）杜牧《清明》

今宵酒醒何处？杨柳岸，晓风残月。
- （宋）柳永《雨霖铃》

处江湖之远，则忧其君。
- （宋）范仲淹《岳阳楼记》

### 解字堂

处，形声字，金文从人从止，从几，虍（虎）声。本义为居住。

白话版《说文解字》中："处，停止，坐几而歇。"就是说"处"字后来是止息的意思。现在"处"字基本用作动词，如"何以处我"中"处"就是对待的意思。现在也用作名词，如《易·系辞上》中"君子之道，或出或处"的"处"就是居住的意思。

## 温故知新

 **四字通解**

首先,"索居闲处"可以理解为孤独地散处一方,孤独地生活。《礼记·檀弓上》中曾记载:"吾离群而索居,亦已久矣。"这里的"索"有离散,孤独的意思。在很多的作品中都可以看到"索居"这个词语。晋陶潜《祭程氏妹文》:"兄弟索居,乖隔楚越。"《四溟诗话》卷四引明李之茂诗:"索居无岁事,骑马入禅林。"另外,这个词语也经常在现代文作品中出现。郁达夫在《大风圈外》中写道:"在故乡索居独学的生活开始了。"而"闲处"可以理解为安静的地方。其次,"索居"还有鳏居的意思。根据清李调元《卍斋琐录》卷九"丈夫无妇曰索",可知索居还可以理解为鳏居。清李渔《比目鱼·发端》中写道:"索居无偶,虚度好年华。"这里的"索居"便是此意。

 **故事厅**

### 按图索骥

春秋时候,秦国有个叫孙阳的人,擅长相马,无论什么样的马,他一眼就能分出优劣。他常常被人请去识马、选马,人们都称他为伯乐("伯乐"本是天上的星名,据说负责管理天马)。

为了让更多的人学会相马,使千里马不再被埋没,也为了自己一身绝技不至于失传,孙阳把自己多年积累的相马经验和知识写成了一本书,配上各种马的形态图,书名叫《相马经》。

孙阳有个儿子,看了父亲写的《相马经》,以为相马很容易,就拿着这本书到处找好马。他按照书上所绘的图形去找,一无所获。又按书中所写的特征去找,最后发现有一只癞蛤蟆很像书中写的千里马的特征,便高兴地把癞蛤蟆带回家,对父亲说:"爸爸,我找到一匹千里马,只是蹄子稍差些。"父亲一看,哭笑不得,没想到儿子竟如此愚笨,便幽默地说:"可惜这马太喜欢跳了,不能用来拉车。"接着感叹道:"所谓按图索骥也。"

上面故事出自明代杨慎的《艺林伐山》。成语"按图索骥",比喻机械地照老办法办事,不知变通;也比喻按照某种线索去寻找事物。

### 猜谜语

上天下地求之遍。
（打一首都）

方得浮生一日闲。
（打一成语）

索居闲处

## 知识角

### "居士"

我国古代一些文学家、书画家，往往以"居士"自称。居士在古代有多种含义，可以指有才学却隐而不仕的人，可以指不出家的信佛之人，也可以用作自命清高的人的自称。现将古代一些文人墨客的"居士"别号归纳如下：青莲居士：李白，唐代诗人；香山居士：白居易，唐代诗人；耐辱居士：司空图，晚唐诗人；莲峰居士：李煜，南唐词人。还有许多这样的"居士"，大家不妨找找。

### 诗词鉴赏

#### 木兰花
（南唐）李煜

晓妆初了明肌雪，春殿嫔娥鱼贯列。
笙箫吹断水云间，重按霓裳歌遍彻。
临春谁更飘香屑？醉拍阑干情味切。
归时休放烛光红，待踏马蹄清夜月。

这是南唐后主李煜的诗作。描写春宫夜宴歌舞享乐的盛况，是李煜在南唐全盛时期创作的代表作之一。他从个人宫廷生活场面出发，虽然带有较为浓郁的富贵脂粉气，未能表现出深刻的思想内容，但短短一篇就把一次盛大欢宴的情形淋漓尽致地表现出来，艺术描绘生动逼真，情景刻画细腻动人，由喻象中见情思，于浅白处见悠远，充分显示了他高妙的艺术功力。

## 成语窗

### 处之泰然
形容对待困难或紧急情况沉着镇定的样子。同"处之泰然"。

### 游手好闲
游手：闲着手不干事；好闲：喜欢安逸。游荡懒散；不愿意参加劳动。

### 囤积居奇
把奇货储存起来，待机高价出售。

### 辞尊居卑
辞：推却。不受尊位，甘居卑下。

### 不假思索
假：假借，依靠。形容做事答话敏捷、熟练，用不着考虑。

### 索然寡味
寡：少，缺少。毫无意味或毫无兴致的样子。

沉默寂寥

| 甲骨文 | 金文 | 篆文 | 隶书 | 楷书 | 行书 | 草书 | 标准宋体 |
|---|---|---|---|---|---|---|---|
| | | | 沈 | 沉 | 沉 | 沉 | 沉 |

### 解字堂

　　沉，形声字。古代写作"沈（chén）"，仔细观察"沉"字的甲骨文字形，不难发现其中间是牛，两边是水。本义为沉祭（古代祭水神的仪式，因向水中投祭品而得名）。引申为沉没等义。这个意思与"浮"相对，作动词用。《诗·小雅·菁菁者莪》："泛泛杨舟，载沉载浮。"这里的"沉"就是此义。东汉许慎在《说文解字》中写道："沈（chén），陵上滈水也。从水冘（yín）声。""陵上滈水"的意思是山岭上凹处的积水，用作名词。如《汉书·刑法志》："除山川沉斥。"

　　"沉"字可作名词、动词、形容词、副词等。除了上述的"没在水中"的动词用法，"沉"字作动词时还有另一个含义"陷入，入迷"。如《战国策·赵策二》记载："学者沉于所闻。""沉"也可表示程度深，作副词用。萧统在《文选序》中写道："事出沉思。"这里的"沉"正是此义。"沉"字作为形容词有三个意思。我们比较熟悉的是"分量沉"，这个意思是在我们生活中经常用到的。"沉"还可以表示感觉沉重，我们平常说的"头沉"中的"沉"就是这个意思。而《汉书·赵充国传》"为人沉勇有大略"中的"沉"是沉着的意思，这句话的意思则是：做人沉着勇敢有谋略。

　　经过这么多的介绍，大家是不是发现了"沉"字竟然有那么多的词性和意义呢，其实大家要善于发现，生活中常用的一些汉字，看似平常其实并不平常。

### 名言馆

斜月沉沉藏海雾，碣石潇湘无限路。
·（唐）张若虚《春江花月夜》

沉吟放拨插弦中，整顿衣裳起敛容。
·（唐）白居易《琵琶行》

念去去，千里烟波，暮霭沉沉楚天阔。
·（宋）柳永《雨霖铃》

山河破碎风飘絮，身世浮沉雨打萍。
·（宋）文天祥《过零丁洋》

谜语答案　罗嗦　空前未有

| 甲骨文 | 金文 | 篆文 | 隶书 | 楷书 | 行书 | 草书 | 标准宋体 |
|---|---|---|---|---|---|---|---|
|  | 默 | 默 | 默 | 默 | 默 | 默 | 默 |

## 名言馆

默而识之，学而不厌，诲人不倦。
　　　　　　　　·《论语·述而》

贪以败官为默，杀人不忌为贼。
　　　　　　　·《孔子家语·正论》

阿女默无声，手巾掩口啼，泪落便如泻。
　　　·汉乐府《古诗为焦仲卿妻作》

素处以默，妙机其微。
　　　　·（唐）司空图《二十四诗品》

## 解字堂

　　默，形声字。从犬，黑声。本义指犬暗中追赶人。《说文解字》解释道："默，犬暂逐人也。从犬，黑声。"本义只见于古义。

　　该字可作形容词，表示无声的，无语的，悄然的。如默剧、默片，是20世纪在欧洲、美国出现的一种无声电影。《三字通》释："默，不语也。"《论语·述而》："默而识之，学而不厌，诲人不倦。何有于我哉？""默而识之"意为默默地记住所学的知识。"默坐低双眉"出自白居易《移家入新宅》，描写出主人公默默地低着头坐着，一副安静的样子。"默"字还表示无形的，无法辨识的。该义项只用于古文。"默无所睹"出自唐郑还古《博异志·小张遵言》，意思是：一片漆黑，无法辨识，什么都看不到。

　　该字作副词，意为无形地，无声地，悄悄地。如：默契（不经言传而心意暗相投合）。朱弁《曲洧旧闻》："能默契如此。"

　　关于"默"字常用的还有俗语"沉默是金"，很多人简单地将它理解为祸从口出，少说话，是保全自己的好方法。其实，沉默，显示了冷静和清醒；沉默，闪烁着智慧和胆识；沉默，常常具有深沉的理性和强大的精神力量。沉默并不是教人缄口不语，而是希望人们能深思熟虑，三思而后说。让我们的生活中多一些高质量的谈话，少一些无目的和平庸的闲语。让思考的火花在沉默中放出光彩，让语言的艺术在思考中得到升华！

沉默寂寥

| 甲骨文 | 金文 | 篆文 | 隶书 | 楷书 | 行书 | 草书 | 标准宋体 |
|---|---|---|---|---|---|---|---|
|  |  | 𡧍 | 寂 | 寂 | 寂 | 亇 | 寂 |

## 解字堂

寂，形声字。从宀（mián），未声。本义是静悄悄，没有声音的意思。许慎《说文解字》解释为："寂，无人声。"寂字可以用作形容词和动词。作形容词时，它的意思是安静、没有声音的。例如柳宗元《小石潭记》："四面竹树环合，寂寥无人。"这里的"寂"就是很安静，没有一丝声响的意思，用来形容环境的清幽宁静。寂，用作形容词时，还可以解释为：安详闲静，心志淡泊的意思。嵇康《养生论》："旷然无忧患，寂然无思虑。"这里寂不是指外部环境的静谧，而是指心性的淡泊宁静。还有常用词语，如：寂泊（恬静淡泊，不追求名利）；寂漠（清静；恬淡）。还可以解释为：寂寞；孤单；冷落。如严忌《哀时命》："廓落寂而无友兮，谁可与玩此遗芳。"又如：寂处（寂寞独处）；寂漠（冷落；凄凉）；寂淹（孤寂滞留）。

寂，第二种用法是用作动词。一般是佛教的用语。佛教称僧尼死为"涅槃"，或叫"寂""宴寂""圆寂""寂灭"。如：寂灭虚无（佛教语，指佛家的教义或道理。寂灭：指人死后身体寂静，灵魂超脱，永无生死。虚无：指宇宙间的万事万物都是虚无的）。

在一些古诗词中，常会出现"寂寂"这样的词语。例如，《古诗为焦仲卿妻作》："寂寂人定初。"明代归有光《项脊轩志》："庭院寂寂。"又如"寂寂荒山"等。在这里，寂寂二字是用来形容环境寂静，没有声响。

## 名言馆

寂兮寥兮，独立而不改，周行而不殆，可以为天地母。

·《老子》

古来圣贤皆寂寞，惟有饮者留其名。

·（唐）李白《将进酒》

山围故国周遭在，潮打空城寂寞回。

·（唐）刘禹锡《石头城》

玉容寂寞泪阑干，梨花一枝春带雨。

·（唐）白居易《长恨歌》

# 沉默寂寥

| 甲骨文 | 金文 | 篆文 | 隶书 | 楷书 | 行书 | 草书 | 标准字体 |
|---|---|---|---|---|---|---|---|
|  |  | 寥 | 寥 | 寥 | 寥 | 寥 | 寥 |

## 名言馆

卧龙跃马终黄土，人事音书漫寂寥。

· （唐）杜甫《阁夜》

自古逢秋悲寂寥，我言秋日胜春朝。

· （唐）刘禹锡《秋词》

寥落古行宫，宫花寂寞红。

· （唐）元稹《行宫》

怅寥廓，问苍茫大地，谁主沉浮？

· 毛泽东《沁园春·长沙》

## 解字堂

寥，本作廫。形声字。《说文》："廫，空虚也。"《广雅》：寥，深也。本义为空虚，寂静。现在我们用的大多是它的形容词这一意思，其实在古代它还有动词这一词性，我们知道即可，并不常用，我们主要探究的是它作为形容词的意思及用法。作形容词，同本义，空虚，寂静的意思；古人似乎很喜欢用这个词，在诗词和描写景的散文中常常用到它。如《庄子·大宗师》："乃入于寥天。"《老子》："寂兮寥兮，独立而不改。"大家看这个句式，可以猜一猜寥字的意思，它与寂属于并列结构，因此意思也是相似的，即寂静之意；在这个意思上经常见到的词组有：寥朗（空虚明朗）；寥寥（空寂；孤单）等。根据本义引申而来的还有冷清，冷落，寂寞的意思，也是现在惯用意思。如唐代戴叔伦《除夜宿石头驿》："寥落悲前事，支离笑此生。""稀少，稀稀拉拉"这个意思也是现在常用的，如谢元晖《京路夜友诗》："晓星正寥落。"

下面两个意思都是古文里经常看到的：深远，如：寥邈（高远、遥远），大家还记得爱国诗人文天祥的名句"人生自古谁无死，留取丹心照汗青"吗？它出自《过零丁洋》，在这首诗中的寥就是"深远"这个意思，如："辛苦遭逢起一经，干戈寥落四周星。"另外"寥"还有辽阔；空旷的意思，大家记住寥廓这个词即可。

## 温故知新

###  四字通解

沉默寂寥，沉默是沉静、不多讲话，寂和寥都是安静的意思，换句话说就是心中空空洞洞、没有杂念。离群独居，悠闲度日，不谈是非，何等清静。这是人常说的"享清福"。但世间的洪福好享，清福不好享。整天高朋满座，胜友如云，车水马龙，儿孙绕膝，忙不完的事，待不完的客，这是洪福。一旦退下来，"结庐在人境，而无车马喧"，到了屋内形影相吊，屋外叶落鸟鸣的时候，大多数人都受不了，"享清福"享死的人不在少数。为什么呢？你的修养不够，定力不够。内心追逐外物习惯了，又没有修心的训练，内心守不住，没有定力。能耐得住寂寞的人才能成大事，能够享受孤独的人才有真享受。当然，这与一个人的性格有很大的关系。

###  故事厅

#### 江采萍作"何必珍珠慰寂寥"

江采萍被高力士选入宫中后，曾深受玄宗宠幸。因癖爱梅花，所居之处遍植梅树，每当梅花盛开时，赏花恋花，流连忘返，唐玄宗昵称她梅妃。唐玄宗曾宠爱她至极，后宫其他妃子都视而不见。江采萍性情孤高自许，目下无尘，却又出淤泥而不染，不去为红颜之事争风吃醋，并擅长于书文，常以东晋才女谢道韫自比。只是杨玉环的到来使得清高孤傲的梅妃渐渐失宠。杨贵妃设法贬梅妃入冷宫上阳东宫。梅妃得宠时，各地争相进献梅花。有一次，她听到外面有驿马快跑的声音，讯问侍儿可是送梅花来的？但如今，大家都是忙着给杨贵妃送荔枝，谁还记得曾经专宠一时的梅妃江采萍呢？梅妃江采萍不禁泪流满面，想起了汉代长门宫陈阿娇的故事，陈阿娇千金买司马相如一赋，便拿出千金请高力士找人写赋呈给皇上。高力士正在拼命讨好杨贵妃，因此加以推脱。江采萍就自己写了一首《楼东赋》给唐玄宗看。可唐玄宗看完这篇赋后，虽然也略微有所触动，但也只是派人悄悄赏了梅妃一斛珍珠，梅妃见了，伤透了心，写下来一篇《谢赐珍珠》，并将诗与珍珠一起送还给唐玄宗。唐玄宗读后怅然不乐，令乐府为诗谱上新曲，曲名叫《一斛珠》。"柳叶双眉久不描，残妆和泪污红绡。长门自是无梳洗，何必珍珠慰寂寥。"

### 猜谜语

精卫泄愤。
（打一成语）

秋色静无声。
（打一俗语）

##  知识角

### 廖姓源流

寥与廖这两个字很相似,"寥"是二声,"廖"是四声。廖主要是作为姓氏,现在给大家讲讲这个姓氏吧!

廖姓是现今中国姓氏排行第58位的大姓,廖姓为台湾省第18大姓,就是俗称的清廖。人口较多,约有487万,约占全国汉族人口的0.37%。

廖姓源流较多,一是出自己姓,为上古时期廖叔安之后裔,以国名为氏;二是出自姬姓,为周文王之子伯廖之后裔,以封邑名为氏;三是出自偃姓,尧、舜的贤臣皋陶的后裔,以国名为氏;四是出自躲避殷纣暴政,为缪、颜二姓所改;五是出自张姓,入赘廖家而改姓;六是出自赐姓。人口较多,以江西、湖南、四川、广西、广东、台湾等省居多。廖姓也是董姓等姓氏的来源。姓廖的名人有廖湛、廖化。

### 诗词鉴赏

#### 酬乐天扬州初逢席上见赠
(唐)刘禹锡

巴山楚水凄凉地,二十三年弃置身。
怀旧空吟闻笛赋,到乡翻似烂柯人。
沉舟侧畔千帆过,病树前头万木春。
今日听君歌一曲,暂凭杯酒长精神。

《酬乐天扬州初逢席上见赠》是显示自己对世事变迁和仕宦升沉的豁达襟怀,同时又暗含哲理,表明新事物必将取代旧事物,至今被人引用。

##  成语窗

### 寥若晨星
寥:稀少或疏少;若:像。稀疏得像早晨的星星一样。形容非常稀少或罕见。

### 恭默守静
默:沉默;守:遵守,保持。恭恭敬敬地沉默,不讲话,保持肃静。

### 雁默先烹
比喻无才者先被淘汰。

### 破釜沉舟
比喻下决心不顾一切地干到底。

### 寂天寞地
比喻人没有能力或没有什么作为。出自王守仁《传习录》下卷:"未扣时原是惊天动地,既扣时也只是寂天寞地。"

### 潜移默化
潜:暗中的,不见形迹;默:不说话,没有声音。指人的思想、性格和习惯,因受各种因素的影响,无形中起了变化。

## 求古寻论

qiú

| 甲骨文 | 金文 | 篆文 | 隶书 | 楷书 | 行书 | 草书 | 标准宋体 |
|---|---|---|---|---|---|---|---|
| 𠂇 | 求 | 求 | 求 | 求 | 求 | 求 | 求 |

### 解字堂

求，象形字，是"蛷"的本字，本义是多足虫，是一种害虫，由此也引申为名词"灾害"，动词"危害"。如《诗经·大雅·江汉》："匪安匪游，淮夷来求。"后来"求"字被假借用于表示"求索、追求"的意思，这是"求"比较常见的含义。"求"的意思却随着使用越来越扩大了，之前是追逮野兽，现在是可以追逐一切事物了，追求爱情叫作求爱，找人帮忙叫作求助，读书上学叫作求学，赚钱叫作求利。我们最初接触"求"的本义是寻找，探索，屈原就说过，吾将上下而求索。"求"也有努力实现的意思，"求仁得仁"就是这个意思。求的东西不同，自然有不同的"求"，求别人帮忙是请求，直接要就是索取，低声下去的求是乞求，过多要求就是贪求。从"求"的本义引申出来责备的意思，孔子说过，"君子求诸己，小人求诸人"说的是具有君子品行的人，遇到问题先从自身找原因，而那些小人，出现麻烦总是想方设法推卸责任，撇清自己，从不会去反思自己，从自身找原因。

### 名言馆

君子求诸己，小人求诸人。
　　　　　　·《论语·卫灵公》

路漫漫其修远兮，吾将上下而求索。
　　　　　　·《楚辞·离骚》

苟全性命于乱世，不求闻达于诸侯。
　　　　　　·（三国）诸葛亮《出师表》

运交华盖欲何求？未敢翻身已碰头。
　　　　　　·鲁迅《自嘲》

谜语答案　石沉大海　沉默是金

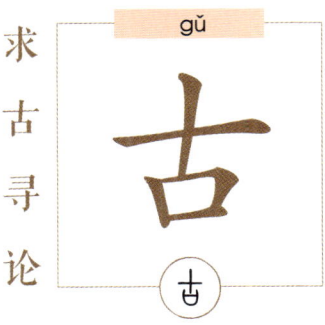

| 甲骨文 | 金文 | 篆文 | 隶书 | 楷书 | 行书 | 草书 | 标准宋体 |
|---|---|---|---|---|---|---|---|
| 甴 | 甴 | 古 | 古 | 古 | 古 | 古 | 古 |

## 名言馆

察己则可以知人，察今则可以知古。
·《吕氏春秋·察今》

呼儿将出换美酒，与尔同销万古愁。
·（唐）李白《将进酒》

大江东去，浪淘尽，千古风流人物。
·（宋）苏轼《念奴娇·赤壁怀古》

古道西风瘦马，夕阳西下，断肠人在天涯。
·（元）马致远《天净沙·秋思》

## 解字堂

古，指事字。甲骨文"古"的字形，上半部象盾牌，下半部的"口"是指事符号，古文字中的区别性意符"口"形，有把具体事物的抽象概念提取出来的意思，所以古人在"盾牌"的形状下加了一个"口"形，表示盾牌"坚固"的性质，因此"古"的本义是"坚固"。《说文解字》："古，故也。从十口。识前言者也。"认为"古"是指过去久远年代的事物，但这个含义是假借义。

现在的"古"常用来表示"时代久远的，过去的"这个意思，与"今"相对，如杜甫《登楼》"玉垒浮云变古今"。"古稀"用来代指七十岁，出自杜甫《曲江》"人生七十古来稀"。"古"还是古体诗的简称，如"五古"（五言古诗），"七古"（七言古诗）。古还是一个著名的姓氏。

求古寻论

| 甲骨文 | 金文 | 篆文 | 隶书 | 楷书 | 行书 | 草书 | 标准宋体 |
|---|---|---|---|---|---|---|---|
|  |  |  |  |  |  |  |  |

## 解字堂

寻，会意字。金文字形像人伸直两臂之形。人伸直两臂，大概跟身高等长，大约是八尺。所以在古人眼中，一"寻"等于双臂伸直的距离，即八尺，"寻"成为一个长度单位。由此引申出"测量""探求"等义。之后因为字形的讹变，就变成了小篆从又、从寸、从工、从口，从彡声的"寻"字。

"寻"这个字，大家对它的义项中最为熟悉的就是"寻找"了吧。其实，"寻"字不仅可以作动词和名词，它还可以作副词。《三国志·吴书·吴主传》："更寻盟好。"这句话中的"寻"作动词用，是重温的意思。"寻"作动词时还有使用的意思。"寻"还可以作副词用。晋陶渊明《桃花源记》："未果，寻病终。"这句话的意思是：没有实现，不久因病去世了。可见其中的"寻"是随即、不久的意思。这里介绍的"寻"字的副词、名词和一部分动词用法用在文言文中。

## 名言馆

丞相祠堂何处寻，锦官城外柏森森。

· （唐）杜甫《蜀相》

---

寻声暗问弹者谁，琵琶声停欲语迟。

· （唐）白居易《琵琶行》

---

寻寻觅觅，冷冷清清，凄凄惨惨戚戚。

· （宋）李清照《声声慢》

---

众里寻他千百度，蓦然回首，那人却在，灯火阑珊处。

· （宋）辛弃疾《青玉案·元夕》

# 求古寻论

## 名言馆

何时一樽酒，重与细论文。
· （唐）杜甫《春日忆李白》

千载琵琶作胡语，分明怨恨曲中论。
· （唐）杜甫《咏怀古迹五首》其三

少小虽非投笔吏，论功还欲请长缨。
· （唐）祖咏《望蓟门》

不论平地与山尖，无限风光尽被占。
· （唐）罗隐《蜂》

## 解字堂

论，形声字，从言，仑（lún）声。"仑"意思是条理、伦次。该字的意思是：用言语使得事物变得有条理。本义是：评论，研究。引申为"议论"。许慎《说文》："论，议也。"该字是多音字，有两个读音。

读lún音的"论"古同"伦"，条理。作名词。如《论语》，中国古书名，是儒家学派的经典著作之一，由孔子的弟子及其再传弟子编撰而成。它以语录体和对话文体为主，记录了孔子及其弟子言行，集中体现了孔子的政治主张、论理思想、道德观念及教育原则等。与《大学》《中庸》《孟子》《诗经》《尚书》《礼记》《易经》《春秋》并称"四书五经"。

读lùn的"论"字义较复杂。该字可作动词，意为分析和说明事理。如议论，讨论，就事论事。《周礼·考工记》："坐而论道。"意思是：坐着空谈大道理，指口头说说，不见行动。诸葛亮《出师表》："每与臣论此事。"意为：每次与我谈论起这件事。也表示有系统的主张，如系统论。也有说、陈述，看待之义。如相提并论，一概而论。《资治通鉴》："论天下事。"意思是陈述天下之事。晋陶渊明《桃花源记》："无论魏晋。"意思是：更不必说魏晋。还有衡量，评定的意思。如论罪，论功行赏。该字作名词，意为学说，主张。如进化论，论著，论文（讨论或研究某种问题的文章）。该字还表示姓氏。

# 温故知新

##  四字通解

求古寻论，这一句话我们可以逐字来理解。首先，这句话里的"求"字是象形字，引申为寻求，探求。而"古"则是作名词用，表示世世代代口头流传下来的古老故事，古人古事。"寻"字的意思与"求"的字义相近，有寻找的意思，此中的"论"表示至理名言。这样一来这一句话就很好理解了，"求古寻论"的意思是探求古人古事，找点至理名言来读。那么"求古寻论"的目的又是什么呢？想想古人的话，读读古人的书就可以排除杂念，自在逍遥了。这又是为什么呢？因为正所谓"鸟随鸾凤飞腾远，人伴贤良品自高。"更何况，"德能养性，理能养心。"如果能坚持用圣贤之言来洗涤自己的心灵，当然可以排除杂念，逍遥自在。这也是为什么我们现在要学习古人的文章的原因，我们不仅能学习知识，也能够修身养性。

## 猜谜语

倾古雄才爱华夏。
（打一成语）

永远以古为鉴。
（打一职务）

##  故事厅

### 陶弘景菜园求学

古代的时候，对自然界产生很多误区，人们相信螟蛉是将蜾蠃变成自己的儿子这个荒唐的传说，还把领来的儿子叫作"螟蛉子"。陶弘景对此表示怀疑。他在村边的菜园子里找到一窝蜾蠃，蹲在菜地里聚精会神地整天观察。陶弘景发觉它们有雄也有雌，经过许多天细致的观察，陶弘景终于揭穿了蜾蠃衔螟蛉的秘密：原来蜾蠃也有自己的后代，螟蛉是被衔到窝里给幼虫当食物的，根本不存在"螟蛉义子"这回事！从此，陶弘景更感到，凡事最好亲自观察，绝不能人云亦云。

### 宋濂冒雪求学

明朝著名散文家、学者宋濂自幼好学，不仅学识渊博，而且写得一手好文章，被明太祖朱元璋赞誉为"开国文臣之首"。宋濂很爱读书，遇到不明白的地方总要刨根问底。这次，宋濂为了搞清楚一个问题，冒雪行走数十里，去请教已经不收学生的梦吉老师，但老师并不在家。

宋濂并不气馁，而是在几天后再次拜访老师，但老师并没有接见他。因为天冷，宋濂和同伴都被冻得够呛，宋濂的脚趾都被冻伤了。当宋濂第三次独自拜访的时候，掉入了雪坑中，幸被人救起。当宋濂几乎晕倒在老师家门口的时候，老师被他的诚心所感动，耐心解答了宋濂的问题。后来，宋濂为了求得更多的学问，不畏艰辛困苦，拜访了很多老师，最终成为闻名遐迩的散文家！

 **知识角**

### 此"寻常"非彼"寻常"

在"解字堂"这个环节中我们介绍了"寻"这个字的本义"中国古代的一种长度单位,八尺为寻",其实"常"这个字也可以代表中国古代的一种长度单位,十八尺为一常。所以"寻常"这个词语在古代代表长度单位。《韩非子·五蠹》中写道:"布帛寻常,庸人不释。"这里的"寻常"一词就是度量单位的意思。可见这与刘禹锡《乌衣巷》"旧时王谢堂前燕,飞入寻常百姓家"中的"寻常"大不相同,此中的"寻常"是平常的意思。

有时两个词看起来一模一样,但是古今含义不一样,大家不妨找一找这样的词语。

### 神奇的上古时代

上古时代:文字记载出现以前的历史时代。对世界各地上古时代的定义也因此不同。在中国上古时代一般指夏以前的时代。在两河流域和埃及一般指公元前5000年以前的历史时代。因为上古时代没有当时直接的文字记载,那个时候发生的事件或人物一般无法直接考证。这些事件和人物也往往带有神话色彩。史界定义:夏朝建立之前的历史时期,统称为"上古时代"或称"远古时代""三皇五帝时代""神话时代"。

 **成语窗**

### 古貌古心
形容外表和内心具有古人的风度。

### 相提并论
把不同的事物不加区别地混在一起来谈论或对待。

### 崇论宏议
崇:高;宏:大。指高明宏大的议论或见解。

### 吊古寻幽
吊:凭吊;幽:幽境。凭吊古迹,寻找幽境,感怀旧事。

### 实事求是
实事:客观事物;求:研究;是:事物内部的规律性。指客观存在的一切事物。

### 缘木求鱼
缘:顺着;木:树。沿着树干爬上树去捉鱼。比喻方法不对,徒劳无功。

## 散虑逍遥

### sàn

| 甲骨文 | 金文 | 篆文 | 隶书 | 楷书 | 行书 | 草书 | 标准宋体 |
|---|---|---|---|---|---|---|---|
| | | | 散 | 散 | 散 | 散 | 散 |

### 解字堂

散，会意字，甲骨文写作从攴、击、林（麻），小点象被打散掉落的散落物。本义是芟除草木，引申为分散之意。散，首先可以作形容词，意思是逍遥、懒散。例如，《荀子·修身》中有这样一句："庸众驽散。"（注："散，不拘检者也。"）也就是懒散之人的意思。散，作形容词时意义非常广泛，还可以解释为杂乱、错杂的意思。在唐代岑参《白雪歌送武判官归京》中："散入珠帘湿罗幕，狐裘不暖锦衾薄。"这里就是指珠帘杂乱的样子。散，还可以说成零碎、不集中的意义。宋代欧阳修《醉翁亭记》中说道："已而夕阳在山，人影散乱，太守归而宾客从也。"此时，散指黄昏时分，人影零碎的样子。散，是生活中很常见常用的字，用在众多的语境中，因而也就具备了非常丰富的含义。

散，还可以读作sǎn，此时作名词用。第一种可以作药粉的意思。在《后汉书·华佗传》中有："与散两钱服之。"在日常生活中，一些带散字的药名也是很常见的，例如，平胃散；麻沸散；散子（药面儿）。除此以外，散读上声的时候，还有其他的词语意义。如我们常说的散架、散兵游勇、散工、散文等。

散，还可以作动词。读作去声。如宋代欧阳修《新五代史·伶官传序》："未及见贼而士卒离散。"这里的散，就是分散、离散的意思。

### 名言馆

天生我材必有用，千金散尽还复来。
·（唐）李白《将进酒》

人生在世不称意，明朝散发弄扁舟。
·（唐）李白《宣州谢朓楼饯别校书叔云》

有弟皆分散，无家问死生。
·（唐）杜甫《月夜忆舍弟》

散入珠帘湿罗幕，狐裘不暖锦衾薄。
·（唐）岑参《白雪歌送武判官归京》

谜语答案　叶公好龙　历史老师

# 散虑逍遥

| 甲骨文 | 金文 | 篆文 | 隶书 | 楷书 | 行书 | 草书 | 标准宋体 |
|---|---|---|---|---|---|---|---|
| ᚡ | 𢖜 | 慮 | 慮 | 慮 | 慮 | 慮 | 虑 |

## 名言馆

智者千虑，必有一失，愚者千虑，必有一得。
· 《史记·淮阴侯列传》

应尽便须尽，无复独多虑。
· （晋）陶潜《形影神三首》其三

杨柳散和风，青山澹吾虑。
· （唐）韦应物《东郊》

沧海横流安足虑，世事纷纭何足理。
· 毛泽东《送纵宇一郎东行》

## 解字堂

《说文》：虑，谋思也。形声。从思，从虍（hū），虍亦声。本义：谋划。虑主要有两个词性，动词和名词，其中动词最为常见。

动词：同本义，谋思，古文和现在经常见到这个用法，如汉代贾谊《过秦论》："深谋远虑。"《史记·淮阴侯列传》："臣闻智者千虑，必有一失；愚者千虑，必有一得。"大家知道，淮阴侯是韩信，之前我们已经讲过他忍受胯下之辱的故事，这句话来自于他与广武君的对话，意思就是聪明的人在上千次考虑中，总会有一次失误；愚蠢的人在上千次考虑中，总会有一次收获。包含了一种朴素的辩证法思想，说明任何事物都是一分为二的，聪明之人不可能永远聪明；看似愚笨的人，他也有聪明的时候。作为忧虑的意思，现在"虑"字和"忧"连用，如清代袁枚《祭妹文》："虑戚吾心。"《资治通鉴》："将军勿虑。"现在常见的词组有：不足为虑；虑恐（忧虑）；虑难（忧虑灾难）；下面这个义项不常见，也不常用，了解即可：用绳结缀的意思。《庄子·逍遥游》："今子有五石之瓠，何不虑以为大樽，而浮於江湖。"名词：思想；意念。如诸葛亮《出师表》："此皆良实，志虑忠纯。"大家可以看这个句式，"忠纯"修饰前面的"志虑"，"志"显然是名词，所以"虑"也为名词，思想的意思。

## 散虑逍遥

xiāo

| 甲骨文 | 金文 | 篆文 | 隶书 | 楷书 | 行书 | 草书 | 标准宋体 |
|---|---|---|---|---|---|---|---|
|  |  | 逍 | 逍 | 逍 | 逍 | 逍 | 逍 |

### 解字堂

　　逍，形声字，从辵，肖声。逍，就是逍遥，亦作"逍摇"。"逍遥"，是道家的哲学术语，是道家的一种至高无上的精神状态，无拘无束，悠然自得，肉体上是不受羁绊束缚，精神上就是自由放逸。人生不要被物质的世界现实环境所困扰，假如是被物质世界现实环境所困惑了，那么人生的见解就不够了，而具备了高远的见解以后，那就不会被物质的世界所困扰，不会被人生的痛苦的环境困扰了，自然就会超越，达到逍遥的状态。在汉语中，逍遥是联绵叠韵词，表示一种自由自在的生活态度。"逍遥"一词最早出现在《庄子·逍遥游》中，开章明义，忘却物我的界限达到无所依凭逍遥无为上求天道的境界。汉武帝罢黜百家，独尊儒术，知识掌握在官方手中，知识分子被权术操纵，身心被功名利禄所累，犹如傀儡，失去自我，哪里敢去追求逍遥。只有一些被政治边缘化的人，追求功名没有了希望，物质基础得到保证，闲着无聊，游山玩水，才能达到身体上无拘无束的逍遥境界。而我们现代人被日常生活束缚，只有走出房间，走向自然，才能有逍遥的感觉。逍遥法外是从逍遥引申出来的意思，没有了自然的趣味。逍遥还有彷徨的意思，是一种犹豫不决的状态，屈原说过"欲远集而无所止兮，聊浮游以逍遥"。逍遥还引申出来斟酌，玩味的意思，《南史·张充传》："时复引轴以自娱，逍遥乎前史。"

### 名言馆

欲远集而无所止兮，聊浮游以逍遥。
　　　　　　　　·《楚辞·离骚》

---

来去赤城中，逍遥白云外。
　　·（唐）孟浩然《越中逢天台太一子》

---

海上风雨至，逍遥池阁凉。
　　·（唐）韦应物《郡斋雨中与诸文士燕集》

---

志气终犹在，逍遥任自然。
　　·（唐）张籍《赠殷山人》

## 散虑逍遥

### 遥 yáo

| 甲骨文 | 金文 | 篆文 | 隶书 | 楷书 | 行书 | 草书 | 标准宋体 |
|---|---|---|---|---|---|---|---|
|  |  | 遙 | 遙 | 遙 | 遙 | 遙 | 遥 |

### 名言馆

舟遥遥以轻飏，风飘飘而吹衣。
· （晋）陶潜《归去来兮辞》

日照香炉生紫烟，遥看瀑布挂前川。
· （唐）李白《望庐山瀑布》

遥知兄弟登高处，遍插茱萸少一人。
· （唐）王维《九月九日忆山东兄弟》

借问酒家何处有，牧童遥指杏花村。
· （唐）杜牧《清明》

### 解字堂

遥，形声字，从辵，䍃声。遥从辵，说明与路程、行走有关，遥的本义就是距离遥远。

《说文解字》有"遥，逍遥也"，也就是说，遥是辽远的意思。《楚辞·大招》"魂魄归徕，无远遥只"中的"遥"也是远行跋涉的意思。"遥"字演变到隶书时，隶书将"遥"左边的字形写为了"辶"，就成了我们今天所看到"遥"字。

"遥"字除了本义是动词外，在我们平常的理解中，'遥'字都是形容词，如三毛的一句话："我们一生复杂，一生追求，总觉得幸福遥不可企及。不知那朵花啊，那粒小小的沙子，便在你的窗台上。"这里面的"幸福遥不可及"就是幸福很遥远的意思，这里的"遥"就是形容词。我们常说的"路遥知马力"、"千里之遥"等里面的"遥"字都是形容词。

## 温故知新

### 四字通解

散虑逍遥，散是驱散、放逐的意思，虑是心中的忧虑、杂念。逍遥是自由自在、无拘无束、优游自得的样子。庄子最善于"逍遥游"，所谓逍遥于六合之外，游戏乎太虚之间。上下左右前后为六合，到宇宙之外去逍遥，到形而上的太虚去做神仙，那才是真逍遥、真自在。这句话的意思就是：排除忧虑，自在逍遥。而要达到这个目的前提就是"寻古求论"。主要描写的是隐者之乐。从喧嚣的官场中回到宁静的大自然里，感受大自然的天真无邪。在清脆的鸟鸣中体会大自然的乐趣。放下举世的烦忧，放下官场中的明争暗斗。这样一来就有了刘禹锡《陋室铭》"无丝竹之乱耳，无案牍之劳形"的歌唱。表达了文人乐于贫困而远离官场的欢快心情。归隐之后，不会再有伴君如伴虎的忧虑，也不会有逢场作戏的应酬。

### 故事厅

**千虑一得**

一天，晏婴正要吃午饭，刘景公派了一个人来见他。晏婴因为对方是君王派来的而特殊款待，当场把自己的饭菜分成两份，请来人共进午餐。当然，他这顿饭没有吃饱。景公知道这件事后，感叹道："相国家里竟然如此贫困，我一直不知道。这是我的过错！"

说罢，景公命人给晏婴送去千金，不料，晏婴不愿接受，叫来人带回。景公命人再送，他仍然不肯收下。当景公命人第三次送来时，晏婴拒绝且前去见了景公，感谢他对自己的厚爱，并表达作为一个臣子，能吃饱穿暖就可以了，不能有过多的财富，请求他不要勉强让自己接受额外的赏赐。

景公听了这番话，对晏婴更敬重了，但还是要把千金赐给他。景公还举了一个例子：齐国以前的贤相管仲，为齐桓公成为当时各诸侯国第一个盟主立了大功。桓公赏给他许多封地，管仲没有推辞就接受了。你晏婴为什么要推辞？晏婴说："我听到过这样的说法：圣人千百次考虑，总有一次失误；笨人千百次考虑，总有一次正确。也许管仲考虑这件事有失误；而我虽然笨，这件事处理得可能正确。"景公听他说到如此地步，只好作罢。

### 猜谜语

当头明月满行舟。
（打一字）

遥知兄弟登高处。
（打一成语）

散虑逍遥

 知识角

### 关于《逍遥游》

《逍遥游》是《庄子》的首篇，其主题是追求一种绝对自由的人生，作者认为，只有忘却物我的界限，达到无己、无功、无名的境界，无所依凭而游于无穷，才是真正的"逍遥游"。文章先是通过大鹏与蜩、学鸠等小动物的对比，阐述了"小"与"大"的区别；在此基础上作者指出，无论是不善飞翔的蜩与学鸠，还是能借风力飞到九万里高空的大鹏，甚至是可以御风而行的列子，它们都是"有所待"而不自由的，从而引出并阐述了"至人无己，神人无功，圣人无名"的道理。文章最后通过惠子与庄子的"有用"与"无用"之辩，说明不为世所用才能"逍遥"。全文想象丰富，构思新颖，雄奇怪诞，汪洋恣肆，字里行间里洋溢着浪漫主义精神。

《逍遥游》的深刻内涵："逍遥"在庄子这里是指，人超越了世俗观念及其价值的限制而达到的最大的精神自由。逍遥游并不是指形体之游，更重要的是指精神之游，形体上的束缚被消解后，自然就可以悠游于世。理解真正的逍遥游，需要理解逍遥游所描述的是一个经过深刻批判而进入"与道合一"的高境界的动态过程。

 成语窗

### 逍遥物外
指不受外界事物的拘束，自由自在。

### 遥亘千里
亘：横贯。指远隔千里。

### 遥以心照
遥：远。彼此相隔遥远而心相通。

### 殚精竭虑
殚：竭尽；虑：思虑。形容用尽心思。

### 冰消雾散
比喻事物消失瓦解。

### 云屯鸟散
如云聚集，如鸟飞散。形容众多的人忽聚忽散。

欣奏累遣

| 甲骨文 | 金文 | 篆文 | 隶书 | 楷书 | 行书 | 草书 | 标准宋体 |
|---|---|---|---|---|---|---|---|
|  |  | 訢 | 欣 | 欣 | 欣 | 欣 | 欣 |

## 解字堂

欣，形声字，从欠，斤声。欠，像人张口出气之形。"欣"的本义是喜悦。东汉许慎《说文解字》："欣，笑喜也。"段玉裁注："言部訢下曰：'喜也。'"《尔雅》："欣，乐也。"《左传·哀公二十年》："诸夏之人，莫不欣喜。"意思是：中原地区的人，没有不高兴的。

"欣"可以作形容词、动词和名词。当"欣"作形容词时，只有"喜悦"这一个意思。我们经常用"欣"组词，"欣欣"是我们生活中常用的词语。我们熟悉的成语"欣欣向荣"中的"欣欣"是草木旺盛的样子。另外"欣欣"还可以表示高兴的样子。屈原《九歌·东皇太一》："君欣欣兮乐康。""欣"还可以作动词，有爱戴的意思。《国语·晋语二》："百姓欣而奉之，国可以固。"在这个意思上，可以组成词语欣戴（欣悦拥戴）等。《国语·晋语一》："是以民能欣之。"这里的"欣"字是悦服的意思。在这个意思上还可以组成词语欣佩（欢欣，敬佩）、欣服（悦服）等。"欣"还可以作名词用，这时，"欣"作姓氏用。

以上就是对"欣"字的介绍，其中有一些是大家生活中不常用的，经过此番介绍希望大家对"欣"的用法与意义掌握得更好。

## 名言馆

木欣欣以向荣，泉涓涓而始流。
· （晋）陶潜《归去来兮辞》

众鸟欣有托，吾亦爱吾庐。
· （晋）陶潜《读〈山海经十三首〉其一》

欣欣此生意，自尔为佳节。
· （唐）张九龄《感遇》

胜固欣然，败亦可喜。
· （宋）苏轼《观棋》

谜语答案　逍　节一行

| 甲骨文 | 金文 | 篆文 | 隶书 | 楷书 | 行书 | 草书 | 标准宋体 |

## 名言馆

请君莫奏前朝曲，听唱新翻杨柳枝。
·（唐）刘禹锡《杨柳枝》

含愁更奏绿绮琴，调高弦绝无知音。
·（唐）卢仝《有所思》

功成奏凯乐，战罢策归勋。
·（唐）韩休《奉和御制平胡》

绿章夜奏通明殿，乞借春阴护海棠。
·（宋）陆游《花时遍游诸家园》

## 解字堂

奏，会意字，小篆字形。上为"屮"（chè），初生的草，有上进义；中为双手形；下为"夲"（tāo），行趋之义。意思是双手托着东西向某人走去，即奉献、送上之义。许慎《说文》解释道："奏，进也。"

该词作动词，有奉献、送上之义。如奏舞，意思是行舞、献舞。奏歌，意思是行歌、献歌。"相如奉璧奏秦王。"（《史记·廉颇蔺相如列传》）意思是：蔺相如捧着和氏璧奉献给秦王。古代特指臣子向帝王进言或上书。如启奏，奏议。《论衡·对作》："上书谓之奏。"该字也表示作乐（yuè），依照曲调吹弹乐器、演奏、吹奏之义。"皆奏鸣凤。"出自清代侯方域《壮悔堂文集》。意思是：都奏"鸣凤"曲。"鸣凤"指《鸣凤记》，传奇剧本，为明代王世贞门客作，写杨继盛与严嵩斗争被害惨死的故事。还表示取得、产生。如奏效，发生预期的效果。大奏奇功，取得异常的功劳、功勋。奏绩，取得成绩、建立功绩。奏凯，胜利。

该字作名词，指臣子上书给帝王的文书。如奏稿，奏章的草稿。奏札，臣下上殿奏对时呈给皇帝的文书。奏牍，书写奏章的简牍。奏案，批阅奏本的几桌。《后汉书·赵充国传》："汉定礼仪，则有四品：一曰章，二曰奏，三曰表，四曰议。章以谢恩，奏以按劾，表以陈情，议以执异。"《文心雕龙》就很好地区分了章、奏、表、议四种文体。

此外该字还可作姓氏。

欣奏累遣

| 甲骨文 | 金文 | 篆文 | 隶书 | 楷书 | 行书 | 草书 | 标准宋体 |
|---|---|---|---|---|---|---|---|
|  |  | 纍 | 纍 | 纍 | 累 | 累 | 累 |

## 解字堂

累，形声字。从糸（mì），表示与线丝有关，畾（雷）声。会堆积，重叠之意。《说文解字》解释："累，一曰大索也。"也就是大绳索的意思。引申为缠绕。

累，是一个多音字。有三个读音，而且读音不同，它的词性和意义也是不同的。读léi的时候可以作动词和名词。作名词时就是绳子的意思，例如，《左传·成公三年》："两释累囚。"当作动词时，累有重叠；接连成串的意思。如我们常说的成语：果实累累。作动词时意义丰富，还可以解释为拘系；捆绑的意思。《史记》："系累其老弱妇女。"这里就是指捆绑的意思。还有拖累、麻烦的意思，常说的"累赘"，就是这个意思。累的第二个读音读作lěi，上声。此时，"累"可以作动词、形容词和量词。作动词的意思是连续；多次。例如，《后汉书·张衡传》中有"累召不应"，意思就是指多次征召都没有回应。作量词时是指重量单位。如：累黍（古代用黍粒作为计量的基准，十黍为累）。作名词读上声时，一般是指姓氏。

累，还可以读lèi。这是我们最常用常见的读法。此时，可以作名词和动词。作名词时意义有：劳累；操劳。如：乏累（疲劳）；不怕苦，不怕累。也可以形容文字繁复或语言啰嗦。如：累坠（文字、语言繁赘）。还可以解释为：烦劳；托付。如：累烦（麻烦）。作名词时，有家庭负担；忧患；祸害；罪行、过失的意思。

## 名言馆

九层之台，起于累土。
·《老子》

黄金白璧买歌笑，一醉累月轻王侯。
·（唐）李白《忆旧游寄谯郡元参军》

主称会面难，一举累十觞。
·（唐）杜甫《赠卫八处士》

平生文字为吾累，此去声名不厌低。
·（宋）苏轼《出狱次前韵二首》其一

| 甲骨文 | 金文 | 篆文 | 隶书 | 楷书 | 行书 | 草书 | 标准宋体 |
|---|---|---|---|---|---|---|---|
| | | | 遣 | 遣 | 遣 | 遣 | 遣 |

## 名言馆

春风知别苦，不遣柳条青。
　　·（唐）李白《劳劳亭》

今日龙钟人共老，愧君犹遣慎风波。
　　·（唐）刘长卿《江州重别薛六柳八二员外》

未谙姑食性，先遣小姑尝。
　　·（唐）王建《新嫁娘》

愿教青帝常为主，莫遣纷纷点翠苔。
　　·（宋）朱淑真《落花》

## 解字堂

遣，形声字。从辵，𠳮声。古文字不从辵，构形表义不明。初为派遣、释放的意思。

《礼记·杂记》中记载："遣车视牢具。"指的是送葬载牲体之车。现在常用的词组有：遣俘（遣还俘虏）；遣还（犹遣返）。引申为派，派去的意思。《桃花源记》："太守即遣人随其往。"于是太守派人跟着他一起去。这个意思上现在用得最多，常见的词组有：调遣（调派；差遣）；差遣（分派到外面去工作）等。还有贬谪；放逐的意思。《左传·僖公二十三年》："姜氏与子犯谋醉而遣之。"意思是：姜氏与子犯因为喝醉酒被贬谪；现在常用的词组有：遣归（贬谪、释放或休弃而令归）；遣谪（流放边远地区）等。作为发送；打发的意思。宋代欧阳修《归田录》："笑而遣之。"现在的词组：遣日（打发时光，消遣）；遣书（发信）；遣发（打发，排遣）；遣闲（打发闲暇）；遣嫁（出嫁）；自遣（排遣愁闷，安慰自己）。古时指丈夫休弃妻子，也用此字。如：遣行（谓妻子被丈夫休弃离去）。

以上都是"遣"声调是三声时的意思，我们最熟悉的一个词，遣词造句，就是它的第二个意思，此外，当它是四声时，作为名词，指随葬的东西。

## 温故知新

 四字通解

欣奏累遣，戚谢欢招。意思是喜悦一增添，牵挂就排除了。欣是欢欣、喜悦。奏者进也，奏的本义为送上、奉献，臣子呈给皇帝的本章称奏章。累是心中的牵挂、剪不断理还乱的烦心事。遣是排遣、排除。戚是心中的忧虑、悲哀。谢是分离开、拒绝的意思，花开败了不是叫谢了吗？招是招致、招募、聚集的意思，如《易经》里的话"满招损，谦受益"。

排除了牵挂，心中自然就清净了。在生活和学习中把负能量传感进来，让我们心里阴沉、寒冷，时间久了就会生病，不如多多吸取正能量，处处找别人的好处、闪光之处，事事发现别人的优点，就能聚阳光，就可以暖心，就能解冻你那颗"冷酷的心"，你也就能享受"欣奏累遣"。这句话要常常地读，最好当作座右铭。

 故事厅

**危如累卵**

晋灵公命人为他花费千金，建造一座供游赏的九层高台，并对左右下令说："谁敢谏阻，定斩不饶！"

荀息上书求见，灵公让卫士们张弓搭箭，然后召见了荀息。荀息故意说："大王，我不敢来劝说您，我是来为您消愁解闷的，我能把十二枚棋子垒起来，上面再加置九颗鸡蛋。"灵公一听高兴地说："那你就为我演示一下吧！"荀息一本正经，专心致志地表演起来。先把十二枚棋子垒在下边，再把九颗鸡蛋垒在上面。灵公左右的人都很担心，屏住了呼吸，灵公自己也紧张得喘不过气来，连声说："好险哪！好险哪！"

这时荀息说："这不算什么，还有比这更危险的呢！"灵公便说："那就快让我见识见识。"荀息这才严肃地说："大王要筑九层高台，没有三年不成。三年之中，百姓来服役，男人不耕田，女人不织布，弄得钱财耗尽，国库空虚。邻国将乘机侵略，我们就会山河破碎，国破家亡。到那时候，您站在九层高台之上，又能观望到什么呢？"灵公听了说："筑台的后果如此不堪设想，这是我的过错！"于是下令停止筑台。

### 猜谜语

分量不足。
（打一字）

奏——春。
（打一成语）

春日变天。
（打一字）

 **知识角**

### 遣唐使的故事

从七世纪初至九世纪末约264年里，日本为了学习中国文化，先后向唐朝派出十几次学生团，这些学生被称为遣唐使。其次数之多、规模之大、时间之久、内容之丰富，可谓中日文化交流史上的空前盛举。遣唐使对推动日本社会的发展和促进中日友好交流做出了巨大贡献。

遣唐使团在中国受到盛情接待。唐朝有关州府得到使团抵达的报告后，马上迎进馆舍，安排食宿，一面飞奏朝廷。地方政府派专差护送获准进京的使团主要成员去长安，路途一切费用均由中国政府负担。遣唐使抵长安后有唐廷内使引马出迎，奉酒肉慰劳，随后上马由内使导入京城，住进四方馆，由监使负责接待。接着遣唐使呈上贡物，唐皇下诏嘉奖，接见日本使臣，并在内殿赐宴，还给使臣授爵赏赐。

遣唐使臣在长安和内地一般要逗留一年左右，可以到处参观访问和买书购物，充分领略唐朝风土人情。遣唐使归国前照例有饯别仪式，设宴畅饮，赠赐礼物，珍重惜别。唐朝政府除优待使臣外还给日本朝廷赠送大量礼物，表现了泱泱大国的风度。最后遣唐使一行由内使监送至沿海，满载而归。

 **成语窗**

### 情恕理遣
恕：原谅；遣：排遣。以情相恕，以理排遣。指待人接物宽厚和平，遇事不加计较。

### 神差鬼遣
好像有鬼神在支使着一样，不自觉地做了原先没想到要做的事。同"神差鬼使"。

### 欣然自得
心情舒适、自觉得意貌。

### 欣喜若狂
欣喜：快乐；若：好像；狂：失去控制。形容高兴到了极点。

### 连篇累牍
累：重叠；牍：古代写字的木片。形容篇幅过多，文辞冗长。

### 先斩后奏
原指臣子先把人处决了，然后再报告帝王。现比喻未经请示就先做了某事，造成既成事实，然后再向上级报告。

戚谢欢招

| 甲骨文 | 金文 | 篆文 | 隶书 | 楷书 | 行书 | 草书 | 标准宋体 |
|---|---|---|---|---|---|---|---|
| | | | | | | | |

### 解字堂

戚，甲骨文像长柄有牙状突出物的戉形兵器，常做礼器。《礼记·明堂位》："朱干玉戚，冕而舞大武。"其后牙状物线条化，变成了声符"尗"，戚就从象形字变成了形声字。后来假借为"亲戚"的意思。"慼"简化后，也写作"戚"，意思是悲伤、哀痛。《左传》："有三年之丧，而无一日之戚。"

### 名言馆

君子坦荡荡，小人长戚戚。
·《论语·述而》

刑天舞干戚，猛志固常在。
·（晋）陶潜《读〈山海经〉十三首》其十

亲戚或余悲，他人亦已歌。
·（晋）陶潜《拟挽歌辞三首》其三

寻寻觅觅，凄凄惨惨戚戚。
·（宋）李清照《声声慢》

谜语答案　欣　偷天换日　奏

## 谢 xiè

感谢欢招

| 甲骨文 | 金文 | 篆文 | 隶书 | 楷书 | 行书 | 草书 | 标准宋体 |
|---|---|---|---|---|---|---|---|
|  | 謝 | 謝 | 謝 | 謝 | 謝 | 谢 | 谢 |

### 名言馆

多谢后世人，戒之慎勿忘！
· 汉乐府《古诗为焦仲卿妻作》

脚着谢公屐，身登青云梯。
· （唐）李白《梦游天姥吟留别》

旧时王谢堂前燕，飞入寻常百姓家。
· （唐）刘禹锡《乌衣巷》

含情凝睇谢君王，一别音容两渺茫。
· （唐）白居易《长恨歌》

### 解字堂

谢，形声字，从言，射声。《说文解字》："谢，辞云也。"谢的本义是辞去。如《礼记·曲礼上》："大夫七十而致事，若不得谢，则必赐之几杖。"引申为拒绝；免去；道歉、认错等意思。

"谢"也是一个姓氏。"旧时王谢堂前燕，飞入寻常百姓家"这句诗中的"谢"字就指的是谢安为代表的谢家人。这两句诗的意思是过去的燕子停留在王导、谢安等豪华宅第人家，而如今却已飞到了普通的百姓家中。这两句诗借燕子的栖巢，表达作者对世事沧桑、盛衰变化的慨叹。"谢"字基本用作动词，除了本义以外，"谢"字还有"推辞，谢绝"的意思，这也是在古文中常见的意思，如闭门谢客、敬谢不敏等都是谢绝的意思。今天我们所说的"谢"字基本都是"感恩，感激"的意思。看了上面这些介绍，大家应该对"谢"字有不少的了解了吧。

戚谢欢招

huān

| 甲骨文 | 金文 | 篆文 | 隶书 | 楷书 | 行书 | 草书 | 标准宋体 |
|---|---|---|---|---|---|---|---|
|  |  | 歡 | 歡 | 歡 | 歡 | 欢 | 欢 |

## 解字堂

欢，形声字。给大家猜个字谜"又见炊烟升起"，没错谜底就是"欢"字。仔细观察"欢"的繁体字"歡"。"歡"的右边是"藿（guàn）"，"藿"与"欢"读音相近。"欢"的本义为喜悦，高兴。东汉许慎在《说文解字》中写道："歡，喜乐也。从欠，藿声。"《汉书·高帝纪下》："沛父老诸母故人日乐饮极欢。"

"欢"可以作名词、动词、形容词。当"欢"作动词时可以表示欢迎，殷勤地或诚挚地迎接。《史记·游侠列传》："闻其声，争交欢解。""欢"经常用在方言里，表示起劲，活跃。我们在生活中经常说：大家玩得挺欢。当"欢"作名词时的含义比较特殊，可以指古时男女相爱，女子对情人的称呼。刘禹锡《踏歌词》："唱尽新词欢不见，红霞映树鹧鸪鸣。"

以上就是对"欢"的用法以及意义的介绍。"欢"在我们生活中经常被使用。但是上文提到一些我们不常用的"欢"的意思，大家是不是对"欢"这个字的理解更加深刻了呢？

## 名言馆

共欢新故岁，迎送一宵中。

· （唐）李世民《守岁》

人生得意须尽欢，莫使金樽空对月。

· （唐）李白《将进酒》

醉不成欢惨将别，别时茫茫江浸月。

· （唐）白居易《琵琶行》

人有悲欢离合，月有阴晴圆缺，此事古难全。

· （宋）苏轼《水调歌头》

感谢欢招

zhāo
招

| 甲骨文 | 金文 | 篆文 | 隶书 | 楷书 | 行书 | 草书 | 标准字体 |
|---|---|---|---|---|---|---|---|
|  |  | 招 | 招 | 招 | 招 | 招 | 招 |

## 名言馆

山泽久见招，胡事乃踌躇？
　　·（晋）陶潜《和刘柴桑》

---

我有迷魂招不得，雄鸡一声天下白。
　　·（唐）李贺《致酒行》

---

路人借问遥招手，怕得鱼惊不应人。
　　·（唐）胡令能《小儿垂钓》

---

只有安仁能作诔，何曾宋玉解招魂。
　　·（唐）李商隐《哭刘蕡》

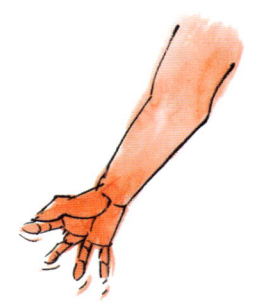

## 解字堂

形声字，采用"手"作边旁，采用"召"作声旁。"召"意为"引导""呼唤"。

该字主要用作动词，首先有举手上下挥动并呼唤之义。如招手，招唤，招之即来挥之即去。许慎《说文》解释道："招，手呼也。"《荀子·劝学》篇中提到："登高而招，臂非加长也，而见者远"意思是登到高处挥手呼喊，手臂并没有变长，但视线、范围远远扩大了。其次从字的本义来看，有打酒舔食，款待客人之义。如招待，意思是对宾客或顾客表示欢迎并给予相应的待遇。还表示吸引，吸纳，导致（不好的结果）。如招引意思是用动作、声响或声、色、味等特点吸引。招聘意思是用公告的方式聘请。招商意为用广告，展览等方式吸引商家投资经营。招灾即引来灾祸。《汉书·晁错传》："上招贤良。"此外也有大声喊叫之义。如招供，招领。

该字词性引申后可作名词，手法手段之义。如招数，奇招，我没招儿了。还有目标之义。如《吕氏春秋·本生》"万人操弓，共射一招，招无不中。"意思是很多人一起拿弓箭射一个目标，一定会射中。该句谚语用在民族关系中其实我们要加强民族团结，增强民族凝聚力。

该字还引申为量词。如一招一式，有一招。

该字还用作姓氏。

## 温故知新

###  四字通解

　　戚谢欢招，"戚"是忧愁，悲伤的意思，通"慽"。柳宗元在《捕蛇者说》中写道："貌若甚戚者。"意思是样子很悲伤。"谢"是分离开、拒绝的意思，花开败了不是叫谢了吗？"招"是招致、招募、聚集的意思，如《易经》里的话"满招损，谦受益"。那么"戚谢欢招"这句话的意思是消除不尽的烦恼，得来无限的快乐。把烦恼丢在一边，杜绝忧愁，欢乐不就到来了吗？

　　我们之所以有"戚"，还不都是我们自己找寻的，能怨天尤人么？人的五官是我们的信息寻感器，神经系统是传感器，大脑是存储器，但是我们每天都在搜寻、传导、存储些什么呢？都是别人的不对、社会的不好、家人的不是，永远是社会的黑暗面，让自己不快乐的东西。那么，我们为什么不吸收正能量的东西，忘记烦恼，让自己以及自己的生活更加愉悦呢？

###  故事厅

#### 《定风波》背后的故事

　　初谪黄州的苏轼，虽有过"惊起却回头，有恨无人省"的落寞，也有过"世事一场大梦，人生几度秋凉"的无奈。但"休将白发唱黄鸡"的竞进之音，使苏轼从人生的苦难中获得跨越时间的乐观精神，奏响昂扬进取的人生赞歌。苏轼在这个时候的思想是极为矛盾与复杂的，一方面他不能忘掉自己的理想，想辅佐国君为国出力，但戴罪之身是不可能建功立业的，理想实现不了；另一方面，他追求生命的自由，生命的价值，希望摆脱束缚，找回因新旧党争而失落的自我，实现生命的价值。当他怀着疑惑，向因受牵连被贬至岭南而今北归的王定国问道："广南风土，应是不好？"随定国毅然赴岭南的歌妓柔奴却从容地答道："此心安处，便是吾乡。"苏轼找到了共鸣。他明白了为何定国和柔奴"万里归来颜愈少"，那笑时犹带的岭梅香便已做出了最好的诠释。曾被"蜗角虚名，蝇头小利"而羁绊的心解脱了，他找到了自己苦苦追寻的心安之处。他赞美歌颂柔奴随缘自适的旷达与乐观，更寄寓着自己的人生态度和处世哲学。苏轼完成了他在黄州时期复杂而艰难的心境的转变，而这一心境的转变历程，贯穿于他整个黄州词的创作之中：从失落、无奈到说服自己，再逐渐趋于随缘自适。《定风波》也为这一转变做了很好的诠释。

### 猜谜语

悲剧演完。
（打一成语）

元稹作诗遣悲怀。
（打一人名）

##  知识角

### 谢姓来源

谢姓主要有两个来源：任姓和姜姓。传说中任姓谢氏至少已有3500年的历史了，在"夏商周"三代之际几乎湮灭。姜姓谢氏已有2800年的历史了，发源于河南省南阳市宛城区金华东西谢营村，尊奉炎帝（姜姓）第六十三世申伯（西周末年）为得姓始祖。

谢姓最早活跃于河南南部。楚人灭申并迁谢姓族人于淮河上游，从此，谢姓族人开始了南迁的历程，春秋时期，谢姓已经迁到山东、湖北、湖南等地。战国时，扩展到四川和贵州并汇容到当地的少数民族。汉晋时谢姓已播迁到陕西、云南、贵州、江西、浙江等地。三国至南北朝时，谢姓家族成了天下最著名的家族之一。唐朝时，谢姓始入福建。到明朝开始进入广东，并且发展到台湾，成为东南地区的名氏大姓。

历史上谢氏的主要聚集地有唐河、南阳、永昌、会稽、下邳、九江、章陵、陈郡、阳夏、康乐、东山、梅县区、大埔等。

根据2013年百家姓排名，谢姓的人口已达到1000余万，大约占全国人口的0.79%。在全国的分布主要集中于广东、江西、湖南三省，大约占谢姓总人口的36%，其次分布于河南、四川、福建、安徽、湖北、广西、台湾七省区，又集中了37%的谢姓人口。

##  成语窗

**敬谢不敏**
谢：推辞；不敏：不聪明，没有才能。恭敬地表示自己能力不足，不能够接受做某事。多作推辞做某事的婉辞。

**自诒伊戚**
自寻烦恼；自招灾殃。

**无涯之戚**
涯：边际。戚：忧伤。无尽的忧伤。

**相得甚欢**
得：投合。形容双方相处融洽，非常快乐。

**菽水承欢**
指供养父母，使父母欢乐。

**招兵买马**
组织或扩充武装力量，也比喻扩大组织或扩充人员。

## 渠荷的历

| 甲骨文 | 金文 | 篆文 | 隶书 | 楷书 | 行书 | 草书 | 标准宋体 |
|---|---|---|---|---|---|---|---|
|  |  | 蘆 | 渠 | 渠 | 渠 | 渠 | 渠 |

### 解字堂

渠，形声字。从水，榘（qú）省声。本义：水停积处，也指人工开凿。水道。《说文》解释："渠，水所居。"渠，可以作名词、动词、代词以及形容词。下面就具体介绍。

渠，作名词时，一般指的是它的本义。在《礼记·曲礼》中有："门间沟渠必步。"疏："渠，沟也。"又如：干渠（从水源引水的渠道）；支渠；毛渠；渠堑（沟渠）；灌溉渠；渠田（水田）；渠长（古官名。掌管河川的官；盗贼的首领）；渠水（引水的沟；沟渠中的水）。当然，也有其他意思。比如可以指濠沟。《国语》："景霍以为城，而汾、洓、涂以为渠。"还可以指古代车轮的外圈。如：渠冲（古代攻城的大车）；渠碗（用车渠壳做的碗）。亦指水名，如：渠江，在四川省境内；渠水，在湖南省靖县境内。一名渠河。渠，作形容词时，意思是大。此时，通"钜"。如：渠凶（大恶人，元凶）；渠首（渠魁）。也指深广的样子。如：渠渠（深广的样子）另外，还通"遽"，疾速、快速。《管子·地数》："夫水激而流渠。"

渠，作代词。指第三人称他。在一些口语和方言中应用比较广。如：渠人（他人；其他人）；渠伊（方言。他，他们）；渠辈（他们）；渠侬（方言。他，她）。渠作动词时，有开凿沟渠的意思。在《吕氏春秋》中有："量力不足，不敢渠地而耕。"作动词还有开凿沟渠的意思。《吕氏春秋》："量力不足，不敢渠地而耕。"又如：渠堰（拦水或巩固堤防的建筑物）。

### 名言馆

世乱怜渠小，家贫仰母慈。
· （唐）杜甫《遣兴》

---

红渠绿蘋芳意多，玉灵荡漾凌清波。
· （唐）韦应物《鼋头山神女歌》

---

问渠那得清如许，为有源头活水来。
· （宋）朱熹《观书有感》

---

我本将心向明月，奈何明月照沟渠。
· （元）高明《琵琶记》

谜语答案　不欢而散　戚夫人

# 荷 hé

| 甲骨文 | 金文 | 篆文 | 隶书 | 楷书 | 行书 | 草书 | 标准宋体 |
|---|---|---|---|---|---|---|---|
|  |  | 荷 | 荷 | 荷 | 荷 | 荷 | 荷 |

## 名言馆

制芰荷以为衣兮，集芙蓉以为裳。
·《楚辞·离骚》

晨兴理荒秽，带月荷锄归。
·（晋）陶潜《归园田居五首》其三

荷叶罗裙一色裁，芙蓉向脸两边开。
·（唐）王昌龄《采莲曲》

叶上初阳干宿雨、水面清圆，一一风荷举。
·（宋）周邦彦《苏幕遮》

## 解字堂

《说文》："荷，芙蕖叶。从艸，何声。胡哥切。"即芙蕖的叶。本义：芙蕖叶。形声字，芙蕖，亦作"芙渠"，荷花的别名。因此说起这个字，我们首先想到的就是它作为荷花、荷叶的意思，眼前似乎浮现这样一片景象，嫩绿的荷叶，粉红的荷花，是不是特别美好呢？"荷"字除了这个意思，还有其他意思，让我们一起来学习吧！

应该注意的是荷字有两个读音，当它是二声的时候，就是上面所说的意思，如《诗·郑风·山有扶苏》："隰有荷华。"《诗·陈风·泽陂》："有蒲与荷。"明代李渔《闲情偶寄·种植部》："荷叶之清香。"这些说的是它作为"荷花"的意思，它还有荷叶的意思，如：荷钱（初生的荷叶。因其形似小钱，故称）；荷衣（用荷叶编成的衣服）；荷杯（荷叶做的杯子）；荷裳（用荷叶做的衣服）；当它是四声时，有两个词性，分别是名词和动词。

当名词时，表示担子，又可引申为道德上、法律上或精神上的责任，如：肩负重荷；可以作为电荷的简称。如：荷质比；当它作为动词的意思时，是背负肩担的意思，《列子·汤问》："荷担者三夫。"意思就是：担着担子的三个人；《论语·微子》："以杖荷蓧"。即用拐杖挑着农具。

渠荷的历

| 甲骨文 | 金文 | 篆文 | 隶书 | 楷书 | 行书 | 草书 | 标准宋体 |
|---|---|---|---|---|---|---|---|
|  | 昐 | 昐 | 的 | 的 | 的 | 的 | 的 |

## 解字堂

的，形声字。的字最初是读作dì的，古作"昐"。从它的篆文字形来看左半部分是"日"，是阳光的意思。它的造字本义是：日光强烈醒目。如今，"的"的本义已经消亡，只出现在古文献中，《礼记·中庸》中说，小人之道，的然而日亡。就是说小人的道显露无遗而日益消亡。"的"的应用才逐渐扩大，本义消亡，但引申义渐渐扩大。现在"的"主要是作为结构助词出现的，用在定语和中心语之间构成定中短语，如：我的家，蔚蓝的天空。"的话"是"的"的特殊用法，用在表示假设的分句后面，引起下文，比如：他不去的话，就不必勉强了。

思考一下，上古时期，"的"字并没有助词的意思，也基本没有"的"作助词的现象，那么古人如何表达出助词的意思？

古人的书面表达严谨并且简练，往往可以用很少的话表达出现在很多的意思。当古人需要表达助词的意思的时候，部分情况下会使用"之"来作为助词，如"缓兵之计、赤子之心"，有些情况下，干脆直接省略"之"字。

白话版《说文解字》：的（昐），光线明亮。字形采用"日"作边旁，"勺"是声旁。这也是和本义没有多少出入的。

到这里，大家对我们常说的"的"字有没有深入了解呢？

## 名言馆

情言正的的，春物宛迟迟。
·（唐）苏颋《陈仓别陇州司户李维深》

铿铿冰有韵，的皪玉无瑕。
·（唐）刘叉《冰柱》

岂君心的的，嗟我泪涓涓。
·（唐）杜牧《春思》

稍促高高燕，微疏的的萤。
·（唐）李商隐《细雨》

## 渠荷的历

| 甲骨文 | 金文 | 篆文 | 隶书 | 楷书 | 行书 | 草书 | 标准宋体 |
|---|---|---|---|---|---|---|---|
| | | | | | | | 历 |

### 名言馆

晴川历历汉阳树，芳草萋萋鹦鹉洲。
· （唐）崔颢《黄鹤楼》

扪参历井仰胁息，以手抚膺坐长叹。
· （唐）李白《蜀道难》

历览前贤国与家，成由勤俭破由奢。
· （唐）李商隐《咏史》

山中无历日，寒尽不知年。
· （唐）太上隐者《答人》

### 解字堂

历，会意兼形声字，繁体字写为"歷"。甲骨文中从止，从秝，秝亦声，像一个人踏田巡视禾苗，引申为"行走，路过，越过，经历，历年"等意思。如《尚书·毕命》："既历三纪，世变风移。""秝"，《说文》训"稀疏适也"，这个字像稀疏均匀的禾苗，所以"历"作为形容词也有"稀疏，清晰"的意思。表示"天象，历法"的"历"，繁体字写作"曆"，是从"歷"分化出来的。

## 温故知新

 **四字通解**

渠荷的历,渠,水所居也,水停之处为渠,此处指水塘。的历是花开得光彩灿烂的样子。三月的桃花,六月的荷花,池塘中六月的荷花开得那么鲜艳,光彩照人。

荷花又称莲花,是植物中最特殊的一种,东方文化将其视为吉祥物,佛教特别将其作为标志。儒家也推崇荷花出污泥而不染的品德,宋儒周敦颐专门写了《爱莲说》,称赞"莲,花之君子者也"。古人也有"留得残荷听雨声"的诗句。

莲花的可贵之处,一是处染不染。泥水越污浊莲花开得越美,象征着世道越乱,越能造就一个人。古今中外的圣贤,没有一个不是生于乱世。孟子也说"人是生于忧患,死于安乐",一点也不假。

莲花的可贵之二是花果同时。荷花开了,花心即是莲蓬,花蕊就是莲子,象征着宇宙间因果同生,祸福与共。老子说,我们这个世界是相对的世界,既然是相对,一切事物、一切现象就都是两两成双,共生共存。没有坏就没有好,没有恶也就没有善,没有祸也就没有福。所以老子才说:"善人者不善人之师,不善人者善人之资。不贵其师,不爱其资。虽知亦迷。"善人是恶人的老师,恶人是善人的资源。没有恶人,善人从何而来?没有善人,恶人如何才能改恶从善呢?不放弃世间的恶人,能够帮助他们站起来的就是佛。

 **故事厅**

### 佛教与莲花

莲花与佛教的密切关系,还表现在佛教将许多美好圣洁的事物,以莲花作比喻,以莲花为代表。在佛教故事中,佛祖释迦牟尼的母亲,长着一双莲花般的美丽清亮的大眼睛。佛祖降生时,皇宫御苑中出现了八种瑞相,其中最主要的一种瑞相,便是池中突然长出大如车轮的白莲花。佛祖降生时,在他的舌根上放射出千道金光,每一道金光化作一朵千叶白莲,每朵莲花之中坐着一位盘足交叉,足心向上的小菩萨。

佛教以莲为喻的词语,更是数不胜数。佛座称为"莲花座"或"莲台";结跏趺坐的姿势,即两腿交叉、双脚放在相对的大腿上,足心向上的姿势,称为莲花坐势;佛教宣传的西方极乐世界,比作清净不染的莲花境界,故称"莲邦";念佛之人称为"莲胎",比喻住在莲花之内,如在母胎之中;释迦牟尼的手称为"莲花手";僧尼受戒称为"莲花戒";僧尼之袈裟称为"莲花衣",谓清净无杂之义;五智中的妙观察智称为"莲花智";称善于说法者为"舌上生莲";谓苦行而得乐为"归宅生莲";东晋东林寺慧远大师创立的我国最早的佛教结社称为"莲社";佛教净土宗主张以修行来达到西方的莲花净土,故又称"莲宗"。总之,莲与佛教结了不解之缘,佛教在很多地方都是以莲为代表,可以说莲即是佛,佛即是莲。

 **知识角**

### 生辰花传说

六月的荷花神是中国古代有名的美女西施。这一年,西施的国家越国被吴国打败了,越王卧薪尝胆,派人四处搜寻美女,准备送给吴王,以涣散他的斗志。西施被万里挑一地选中了,三年后,她被训练成一名非常出色的美女。越王把西施送给吴王,吴王被西施的美艳惊倒,整日与西施吃喝玩乐,不管国家大事,吴国越来越衰弱,最后被越国打败。被俘的吴王后悔至极,拔剑自杀了。越王把西施接回越国,但王后十分嫉妒西施的美貌,把西施抓到江边绑上巨石沉入江底。老百姓都不相信西施会死,传说她做了荷花神,住在一个小岛上,每年采莲节,就能在湖边采莲的女孩当中看到她。

### "的、地、得"快板

的地得、的地得,用作助词都读de。
作文写话用不准,朗读往往会念错。
有趣的活动、绿的树,活动是事,树是物。
事物前面用的字,小朋友们都记着。
认真地想、快快地跑,想跑看摸是动作。
动作前面用地字,位置千万不要挪。
看得清,记得准,唱得好,飞得高。
动作后面用得字,补充说明要记牢。

 **成语窗**

### 菊老荷枯
菊花老了,荷花枯了。以菊花、荷花由新鲜到枯老,比喻女子容貌衰老。

### 历阶而上
历:依次。沿着台阶,依次登上。

### 历历可辨
可以清晰地辨别清楚。

### 历尽沧桑
历:经历;沧桑:沧海桑田,指变化很大。形容饱经忧患,经历了许多变故。

### 水到渠成
渠:水道。水流到的地方自然形成一条水道。比喻条件成熟,事情自然会成功。

### 夏屋渠渠
夏:通"厦";渠渠:高大的样子。形容房屋高大而深广。

## 猜谜语

山中历日弹指过。
(打一交通运输词语)

大树临波。
(打一字)

园莽抽条

| 甲骨文 | 金文 | 篆文 | 隶书 | 楷书 | 行书 | 草书 | 标准宋体 |
|---|---|---|---|---|---|---|---|
|  | 園 | 園 | 園 | 園 | 園 | 園 | 园 |

## 解字堂

　　园，形声字。仔细观察"园"的繁体字形"園"，由"囗"和"袁"组成。从囗，袁声。"园"的本义是种蔬菜、花果、树木的地方。东汉许慎在《说文解字》中写道："園，所以树果也。从囗，袁声。"晋陶渊明《归去来兮辞》："田园将芜。"意思是：田地、菜园、果园即将荒芜。

　　园大都作为名词用。除了上文所介绍的义项，园还可以表示庭园；供人憩息、游乐或观赏的地方。《隶释》："白菟素鸠，游君园庭。"其中的园便是这个意思。我们平常说的"公园""游乐园"等中的"园"也都是这个意思。另外，"园"还可以表示帝王、后妃的墓地。《史记·叔孙通传》中写道："先帝园陵寝庙，群臣莫能习。"这里的"园"指的就是帝王的墓地，寝表示宗庙中的后殿，放置祖先衣冠的地方。此外，"园"还能作姓氏用。秦末汉初一位著名隐士东园公，姓唐（一说姓庾、园），是"商山四皓"之一，居园中，因以东园公为号。

　　经过上文对"园"字的介绍，相信大家对这个字有了更多的理解。上文"园"的大多数含义都是大家比较了解的。唯一特殊的是"园"字可以作姓氏使用。

## 名言馆

开荒南野际，守拙归园田。
·（晋）陶潜《归园田居五首》其一

此夜曲中闻折柳，何人不起故园情！
·（唐）李白《春夜洛城闻笛》

丛菊两开他日泪，孤舟一系故园心。
·（唐）杜甫《秋兴八首》其一

春色满园关不住，一枝红杏出墙来。
·（宋）叶绍翁《游园不值》

谜语答案　尖峰时刻　渠

园莽抽条

| 甲骨文 | 金文 | 篆文 | 隶书 | 楷书 | 行书 | 草书 | 标准宋体 |
|---|---|---|---|---|---|---|---|
| 𣏟 |  | 茻 | 莽 | 莽 | 莽 | 莽 | 莽 |

## 名言馆

夕揽洲之宿莽，日月忽其不淹兮。
·《楚辞·离骚》

莽莽天涯雨，江边独立时。
·（唐）杜甫《对雨》

望长城内外，惟馀莽莽；大河上下，顿失滔滔。
·毛泽东《沁园春·雪》

烟雨莽苍苍，龟蛇锁大江。
·毛泽东《菩萨蛮·黄鹤楼》

## 解字堂

莽，会意兼形声字。从犬，从茻，茻亦声。"茻"意思是众草，草丛，该字的意思是狗在茂密草地追逐奔跑，故本义为滋生百兽，可供狩猎的深山丛林。清代陈昌治刻本《说文解字》："南昌谓犬善逐菟艸中为莽。注：逐兔。"意思是犬跑到草丛中逐兔，假借为茻，即草丛。此外"莽"还存在字音字义相同字形不同的异体字：莽。

该字作名词，意为茂密丛生的大片野草。如莽原，草长得很茂盛的原野。草莽，草木丛生的荒原。《小尔雅》中解释道："莽，草也。"在古代还专指王莽。王莽，字巨君，中国历史上新朝的建立者。王莽出身于西汉末年的王氏外戚，于公元9年，代汉而立，国号"新"，建元"始建国"。公元23年，起义军推翻新朝，王莽被杀，死时69岁。而新朝也成为中国历史上最短命的朝代之一。王莽同时也是一位在历史上备受争议的人物，古代史学家以"正统"的观念，认为其是篡位的"巨奸"，但很多现代史学家却誉之为"中国历史上第一位社会改革家"。

该字可作形容词，表示林野茫茫，荒无人烟。如莽莽，形容草木茂盛。莽苍，指（原野）景色迷茫。《庄子逍遥游》："适莽苍者，三餐而反。"意思是到荒无人烟的近郊，一天就返回来了。有狂野不羁之义。如：莽汉（粗鲁冒失的男子）；鲁莽（粗疏，莽撞，做事轻率不加考虑）。也可表示大，猛烈之义。如：莽壮（形容粗壮有力）；蟒蛇（一种体形较大的无毒蛇）。

该字做副词，意为狂野地，草率地。如莽干，莽撞。

该字还可作姓氏。

园莽抽条

chōu

| 甲骨文 | 金文 | 篆文 | 隶书 | 楷书 | 行书 | 草书 | 标准宋体 |
|---|---|---|---|---|---|---|---|
|  |  | 㩅 | 抽 | 抽 | 抽 | 抽 | 抽 |

## 解字堂

抽，形声字。从手，由声。本义是引出，引。引申为拔出，抽出。还可以说拔出，把夹在中间的东西取出。《广雅》："抽，拔也。"抽字的意义丰富，可以解释为下列意思。从事物中提出一部分：抽签、抽调、抽查、抽头、抽薪止沸；吸：抽烟、抽水。抽泣、抽咽。概括：抽象、抽演；减缩：抽缩；引出、长出：抽青、抽芽、抽穗、抽纱；用细长的、软的东西打：用鞭子抽；痉挛：抽搐、抽风。抽，一般作动词使用。《左传·宣公十二年》："每射，抽矢菆。"《庄子·天地》："挈水若抽。"李注："引也。"《诗经》中有："左旋右抽。"李白《宣州谢朓楼饯别校书叔云》诗中也有应用，"抽刀断水水更流。"又如：抽简禄马（算命）；抽匣（抽剑出匣）；抽毫（抽笔出套）；抽宝剑；抽刀。

抽字在口语中时常出现，下面就举一些常见的例子。抽签：在神前掣签卜吉凶的迷信行为或者掣签来决定先后次序、输赢等。抽青：发芽变绿。造句可以是：老树抽了青；草木抽青。抽球：打乒乓球、网球等时，用球拍带提拉动作地猛烈击球。抽取：从中收取或取出。例句有：抽取部分资金。抽纱：根据图案，将布料所绘花纹部分的经线或纬线抽出，连缀成透空的花纹。也指用这种方式制成的台布、服饰等工艺品。抽绎：理其端绪；阐述；引导。《汉书·谷永传》："又下明诏，帅举直言，燕见紬绎，以求咎愆。"

## 名言馆

抽刀断水水更流，举杯消愁愁更愁。

· （唐）李白《宣州谢朓楼饯别校书叔云》

更容一夜抽千尺，别却池园数寸埃。

· （唐）李贺《昌谷北园新笋四首》

抽弦促柱听秦筝，无限秦人悲怨声。

· （唐）柳中庸《听筝》

床头正可著周易，架上何妨抽汉书。

· （宋）陆游《读书》

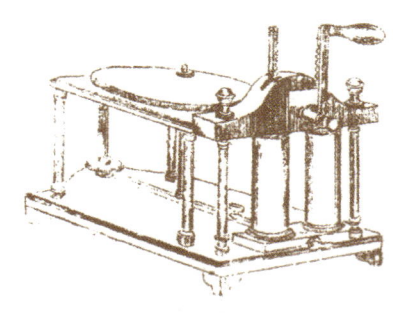

# 条 tiáo

园荄抽条

| 甲骨文 | 金文 | 篆文 | 隶书 | 楷书 | 行书 | 草书 | 标准宋体 |
|---|---|---|---|---|---|---|---|
|  |  | 蓧 | 䕩 | 條 | 條 | 條 | 条 |

## 名言馆

春风知别苦，不遣柳条青。
　　·（唐）李白《劳劳亭》

碧玉妆成一树高，万条垂下绿丝绦。
　　·（唐）贺知章《咏柳》

陌上柔条初破芽。东邻蚕种已生些。
　　·（宋）辛弃疾《鹧鸪天》

春风杨柳万千条，六亿神州尽舜尧。
　　·毛泽东《送瘟神二首》其二

## 解字堂

《说文》："条，小枝也。"形声字。从木，攸声。从木，说明它与木有关，因此它的本义是小枝。

大家首先应该了解的是它的本义，就是它作为小枝的意思，吴均《与朱元思书》："疏条交映。"明代袁宏道《满井游记》："柳条将舒。"下面几个词都是作为小枝意思的词组：条枚（枝干）；条枝（树枝）；条柯（枝条）；条修叶贯（枝长叶连。比喻有条理、有系统）；条叶（枝叶。比喻分支；支派）；条蔓（枝蔓）；条干（枝干）。根据这个意思引申出下面这个含义：泛指一般长条形的物体，北周庾信《七夕赋》："缕条紧而贯矩，针鼻细而穿中。"如长条巨幅；发条；苗条；炉条；毡条；通条；辐条；布条等都是此意。"条约"里的"条"就是它作为条款；项目的意思。如：《战国策·秦策》："科条既备，民多伪态。"又如：条会（条目大纲）；条领（条目要领）；条汇（条目类别）；条秩（条目次第）。小朋友做事情应该有序，那么这个就是它的下一个意思：条理；次序。《书·盘庚上》："若网在纲，有条而不紊。"它也可以作姓。

## 温故知新

 **四字通解**

园莽抽条,园是园林、园圃;莽是草木茂盛、莽莽苍苍的样子;抽条是草木的拔枝、长出新枝嫩芽。园林里的草木抽出了新的枝条就是"园莽抽条"。有植物学常识的人都知道,木本植物春天会抽条长叶,草本植物会拔节,尤其是在农村呆过的人都有体会,庄稼有拔节追肥期,拔节之后就要秀穗了。老农民最幸福的时刻一是秋收,二就是听稼禾拔节的声音。在明亮的夜晚蹲在地头,抽上一袋烟,聆听麦子、水稻"咔咔"的拔节声,像听孙儿哭笑一样,享受之极。竹子拔节也"咔咔"响,竹笋更是猛然间破土而出,吓人一跳。老人们都不让小孩子去竹林里玩,特别是不许在竹林里大便,说是有蛇。哪里是有什么蛇,是怕破土而出的尖笋刺了小孩子的屁股,说有蛇他就害怕,不敢去了。

### 猜谜语

甫入葡园枝累累,
正临华苑草萋萋。
（打一花名）

白云出岫挂两边。
（打一字）

 **故事厅**

### 三年不窥园

一代儒学大师董仲舒,自幼天资聪颖,少年时酷爱学习,读起书来常常忘记吃饭和睡觉。其父董太公看在眼里急在心上,为了让孩子能歇歇,他决定在宅后修筑一个花园,让孩子能有机会到花园散散心歇歇脑子。

第一年,董太公一边派人到南方学习,看人家的花园是怎样建的,一边准备砖瓦木料。头一年动工,园里阳光明媚、绿草如茵、鸟语花香、蜂飞蝶舞。姐姐多次邀请董仲舒到园中玩。他手捧竹简,只是摇头,继续看竹简,学孔子的《春秋》,背先生布置的诗经。

第二年,小花园建起了假山。邻居、亲戚的孩子纷纷爬到假山上玩。小伙伴们叫他,他动也不动低着头,在竹简上刻写诗文,头都顾不上抬一抬。

第三年,后花园建成了。亲戚朋友携儿带女前来观看,都夸董家花园建得精致。父母叫仲舒去玩,他只是点点头,仍埋头学习。中秋节晚上,董仲舒全家在花园中边吃月饼边赏月,可就是不见董仲舒的踪影。原来董仲舒趁家人在赏月之机,又找先生研讨诗文去了。

随着年龄的增长,董仲舒的求知欲愈见强烈,遍读了儒家、道家、阴阳家、法家等各家书籍,终于成为令人敬仰的儒学大师。

这个故事比喻专心苦学,不受外界干扰。

##  知识角

### 草莽英雄

陈胜,字涉,阳城(今河南省商水县西南)人,早年为人佣耕。陈胜年轻时就是个有志气的人。他出身雇农,从小就给地主做长工。

秦二世元年(前209)七月,朝廷大举征兵去戍守渔阳(今北京市密云西南),陈胜也在征发之列,并被任命为带队的屯长。他和其他900名穷苦农民在两名秦吏押送下,日夜兼程赶往渔阳。当行至蕲县大泽乡(今安徽宿州西寺坡乡)时,遇到连天大雨,道路被洪水阻断,无法通行。按照秦的酷律规定,凡所征戍边兵丁,不按时到达指定地点者,是要处斩的。在生死存亡的危急关头,陈胜说服另一位屯长吴广之后率众起义。陈胜自立为将军,以吴广为都尉,一举攻下大泽乡,接着又迅速攻下蕲县县城。中国历史上第一次大规模的农民起义战争就这样爆发了。

陈胜、吴广"举大计"的壮举,得到了附近饱受秦苦的老百姓的积极响应,纷纷"斩木为兵,揭竿为旗",加入起义队伍。在陈胜、吴广率领下,起义军节节胜利。在打下陈县后,陈胜思虑再三,做出了称王立国的决定,就以陈县为都城,国号为"张楚"(即张大楚国之意),建立了中国历史上第一个农民革命政权。最终,他虽然没有反秦成功,但他点燃的反秦烈火烧红了大半个中国。三年后,刘邦领导的农民起义军杀入咸阳,推翻了暴秦统治,中国历史上第一次大规模农民战争最终取得了胜利。

##  成语窗

**抱瓮灌园**
比喻安于拙陋的淳朴生活。

**羊踏菜园**
比喻惯吃蔬菜的人偶食荤腥美食。

**杖策窥园**
杖策:拄杖。扶着拐杖,也要去园中看看。指不读死书,而是要观察、了解社会。

**吕武操莽**
吕雉、武则天、曹操、王莽的合称。旧时都被认为是以阴谋手段篡夺君位的野心家。因以之指窃取政权的国贼。

**草莽英雄**
草莽:草丛,草野。旧时指在山林出没的农民起义或强盗们中的著名人物。

**鲁莽灭裂**
形容行动粗鲁莽撞,做事草率,不负责任。

**抽拔幽陋**
抽拔:提拔。指提拔出身微贱不为人知却很有才能的人。

**抽茧剥丝**
剥:去掉外层。比喻根据顺序寻求事物的发生发展过程。

**慢条斯礼**
原指说话做事有条有理,不慌不忙。现也形容说话做事慢腾腾,不慌不忙。同"慢条斯理"。

**有条不紊**
紊:乱。形容有条有理,一点不乱。

枇杷晚翠

pí

| 甲骨文 | 金文 | 篆文 | 隶书 | 楷书 | 行书 | 草书 | 标准宋体 |
|---|---|---|---|---|---|---|---|
|  |  | 枇 |  | 枇 | 枇 | 枇 | 枇 |

## 解字堂

"枇"为形声字，《说文解字》中解释为"枇杷，木也"。常组词"枇杷"，为一种植物，它的特性为叶大，长椭圆形，果实球形，黄色，味甜，叶和核可入药。我们称这种植物的果实也为枇杷，果实可食用，多生长在亚热带与热带。它的中文古名芦橘，又名金丸、芦枝，是蔷薇科中的苹果亚科的一个属，为常绿小乔木。枇杷树冠呈圆状，树干颇短，一般树高3至4米。叶厚，深绿色，背面有绒毛，边缘成锯齿状。枇杷原产中国东南部，因果子形状似琵琶乐器而名。

枇，木也。从木比声，我们将"枇"字拆分来看，"比"意为"等列""个个相同"的意思。"木"与"比"联合起来从字形上看，就是用木头制作的"木梳子"。所以它的本义是木梳子，引申为梳头的意思。在古文中有通假"蓖"，梳头的意思，《后汉书·济北惠王寿传》有文："头不枇沐，体生疮肿。"为什么"枇杷"的"枇"会有木梳子的意思？

古人梳头，大部分人也许是用手随意抓几下就算了，或者干脆不闻不问。有些喜欢干净的自然就受不了了，就找什么东西看能不能梳头。她大概是像鲁班大师一样聪明吧，摘枇杷的时候被枇杷叶子的锯齿伤到手了，就突发奇想，用这个来梳头也挺好的吧，就让家里人用木头做了一个锯齿状的不会伤到人的木梳子出来，叫作"枇"。

## 名言馆

榉柳枝枝弱，枇杷树树香。

· （唐）杜甫《田舍》

万里桥边女校书，枇杷花下闭门居。

· （唐）王建《寄蜀中薛涛校书》

满寺枇杷冬著花，老僧相见具袈裟。

· （唐）岑参《赴嘉州过城固县，寻永安超禅师房》

枇杷已熟粲金珠，桑落初尝滟玉蛆。

· （宋）苏轼《二月十九日携白酒鲈鱼过詹使君食槐叶冷淘》

谜语答案　菊花　抽

枇杷晚翠

pá
杷

| 甲骨文 | 金文 | 篆文 | 隶书 | 楷书 | 行书 | 草书 | 标准宋体 |
|---|---|---|---|---|---|---|---|
|  |  | 杷 |  | 杷 |  |  | 杷 |

## 名言馆

深山老去惜年华，况对东溪野枇杷。
· （唐）白居易《山枇杷》

斑竹冈连山雨暗，枇杷门向楚天秋。
· （唐）韩翃《送故人赴江陵寻庾牧》

东园载酒西园醉，摘尽枇杷一树金。
· （宋）戴复古《初夏游张园》

五月枇杷实，青青味尚酸。
· （宋）梅尧臣《隐静遗枇杷》

## 解字堂

杷，形声字。从木，表示树木。"杷"字的右半部分是一个"巴"字形，"巴"是声旁，"杷"字表示一种树木——枇杷。《说文解字》中解释为"枇杷，木也"。常组词"枇杷"，为一种植物，它的特性为叶大，长椭圆形，果实球形，黄色，味甜，叶和核可入药。我们称这种植物的果实也为枇杷，果实可食用，多生长在亚热带与热带。枇杷树冠呈匝状，树干颇短，因果子形状似琵琶乐器而名。

苏轼的诗中亦曾提及这种水果："罗浮山下四时春，卢橘杨梅次第新。日啖荔枝三百颗，不辞长作岭南人。"'客来茶罢空无有，卢橘杨梅尚带酸"。有人问他：卢橘是什么果子？他说"枇杷是也"。后来有些书里也跟着说"枇杷，一名卢橘。"我想，这多半是苏轼自己想的。因为，在司马相如的《上林赋》里说"卢橘夏熟，黄甘橙楱，枇杷橪柿，亭柰厚朴"。这几样东西是并列陈述的，可见卢橘是卢橘，枇杷是枇杷，中间是不能画等号的。李时珍《本草纲目》说："注《文选》者，以枇杷为卢橘，误矣。"

枇杷晚翠

wǎn

| 甲骨文 | 金文 | 篆文 | 隶书 | 楷书 | 行书 | 草书 | 标准宋体 |
|---|---|---|---|---|---|---|---|
|  |  | 晚 | 晚 | 晚 | 晚 | 晚 | 晚 |

## 解字堂

晚，形声字。东汉许慎在《说文解字》中写道："晚，莫也。从日免声。"这里的"莫"通"暮"。"晚"的本义是"傍晚、黄昏"。《聊斋志异·狼三则》："一屠晚归。"意思是：一个屠夫傍晚回来了。

"晚"可以作形容词和名词。当"晚"作名词时，除了上面提到过的傍晚、黄昏，还有夜晚的意思。这也是我们所熟悉的。另外，比较特殊地，当"晚"作名词时，还可以作姓氏用，山西省社会科学院家谱研究中心专家表示："晚姓具体来源不详。只知道北京、台湾台北、云南镇云、辽宁沈阳、成都等地有此姓氏，但人数不多。"当"晚"作形容词时，可以表示迟，在规定的、通常的或恰当的时间以后来的或做的。这个词义在我们的生活中是常用的。"晚"还可以表示接近终了，一个时期的最后一段。比如我们常说的"晚年"中的"晚"就是这个意思。"晚"还可以作谦辞表示晚辈对前辈的自称。

以上就是对"晚"字的解释，"晚"是我们生活中的常用词。大家对"晚"的意思一定也非常熟悉吧，经过这样一番系统的整理，相信大家一定对"晚"的理解更加深刻了。

## 名言馆

晚来天欲雪，能饮一杯无？
·（唐）白居易《问刘十九》

寂寞空庭春欲晚，梨花满地不开门。
·（唐）刘方平《春怨》

寒蝉凄切，对长亭晚，骤雨初歇。
·（宋）柳永《雨霖铃》

兴尽晚回舟，误入藕花深处。
·（宋）李清照《如梦令》

## 枇杷晚翠 cuì 翠

| 甲骨文 | 金文 | 篆文 | 隶书 | 楷书 | 行书 | 草书 | 标准宋体 |
|---|---|---|---|---|---|---|---|
|  |  | 翠 | 翠 | 翠 | 翠 | 翠 | 翠 |

### 名言馆

两个黄鹂鸣翠柳，一行白鹭上青天。
· （唐）杜甫《绝句》

天寒翠袖薄，日暮倚修竹。
· （唐）杜甫《佳人》

遥望洞庭山水翠；白银盘里一青螺。
· （唐）刘禹锡《望洞庭》

翠华摇摇行复止，西出都门百余里。
· （唐）白居易《长恨歌》

### 解字堂

翠，形声字，从羽，从卒，卒亦声。"羽"指鸟羽。"羽"和"卒"联合起来表示"一种羽色极端蓝绿的鸟"。本义是翠鸟。

该字作名词，表示一种鸟名，翠鸟，又专指雌性的翠鸟。翠禽即翠鸟。如：翠以羽自残，意思是翡翠鸟因羽色之美而被残杀，比喻人因有才而遭嫉害。翠毛，翠鸟的羽毛。翠羽，翠鸟的羽毛，古代多用作饰物。同时翠鸟的羽毛可作装饰品。如：翠翘，古时女子首饰名，形似翠鸟尾上的长羽。翠华，指皇家仪仗中用翠鸟羽毛装饰而成的旗帜。又指青、绿、碧色的玉石，指翡翠。如：点翠，指用翡翠鸟的羽毛来做装饰的手工工艺。翠冠，翠玉所饰之冠。翠佩，翠玉的佩饰，亦借指美女。

该字可作形容词。指青、绿、碧之类的颜色。如：翠蓝，鲜亮的蓝色。翠绿，像翡翠那样的绿色。翠筠，绿竹。翠微，青葱的山色。翠屏，山名，亦指山色苍翠如屏。翠羽，青绿色的鸟羽。杜甫《绝句（其三）》中的名句："两个黄鹂鸣翠柳，一行白鹭上青天。"柳宗元《至小丘西小石潭记》："青树翠蔓。"意为：青葱的树木，翠绿的藤蔓。也表示与美人有关的，一般为美丽的意思。如：翠眉，意为用黛螺画的眉，比喻美人的眉毛。翠蛾，意为用黛点色的蛾属，指美人的眉毛，也指美人。还表示色调鲜明。如：翠旎，色泽鲜明的曲柄旗翠旜。翠灿，鲜明的样子。翠生生，形容植物青翠鲜嫩。

翠字还可作姓氏。

## 温故知新

###  四字通解

枇杷晚翠，枇杷是枇杷树，植物学上属蔷薇科常绿的小乔木。枇杷果甘酸润肺、止渴、下气。枇杷叶可以清肺和胃、降气化痰，是枇杷膏与青草茶的主要原料。古代隐居的人，没有条件喝茶叶水，就用枇杷叶煮青草茶、烧焦枣茶、炒大麦煮麦香茶，味道更淳朴、更自然。宋代宋祁诗句："有果实西蜀，作花凌早寒。树繁碧玉叶，柯叠黄金丸。土都不可寄，味咀独长叹。"这是对枇杷树的花、叶、果的写实，非常确切。唐代羊士谔诗句："珍树寒始花，氤氲九秋月。佳期若有待，芳意常无绝。鳠鳠碧海风，蒙蒙绿枝雪。急景有余妍，春禽自流悦。"描绘了枇杷树如亭亭玉立少女，不与人争春，而在万花凋零、秋叶飘落的晚秋季节里，才开始孕育花蕾到寒冬开放，迎来雾雪，独显高洁，留下金丸，给人们留下深刻的印象。

枇杷树的叶子一年四季都是绿油油的，不会凋谢，所以说"枇杷晚翠"。到了冬天晚景了，枇杷叶子还是那么苍翠欲滴。

### 猜谜语

早不说晚不说。
（打一字）

昨晚、今晚、明晚、后晚。
（打一字）

###  故事厅

#### 枇杷非琵琶

明朝文人沈石田有一次收到友人送来的一盒礼物，并附有一信。信中说："敬奉琵琶，望祈笑纳。"他打开盒子一看，却是一盒新鲜枇杷。沈石田不禁失笑，回信给友人说："承惠琵琶，开奁视之：听之无声，食之有味。"友人见信，十分羞愧，便作了一首打油诗自讽："枇杷不是此琵琶，只怨当年识字差。若是琵琶能结果，满城箫管尽开花。"枇杷、琵琶同音不同义，沈石田的友人张冠李戴，闹了笑话。从前有个公子哥，自幼好吃懒做，不好好学习，常常念白字，写错字，笑话出了一大堆。有一天他的妻子病了，想吃枇杷果。他打发仆人去买，那个仆人是个哑巴，他就写了个纸条，比画着叫仆人去水果摊买吃的东西。哑巴不识字，出了门，到了水果摊前，把条子往上一递。卖水果的认识字，一看就笑了，指着对面的乐器店，叫他上那儿去买。哑巴进了乐器店，店主一看也乐了，在纸条上又写了一句："这东西没有整三斤的，所以没法卖。"哑巴拿着纸条回来了，公子哥一看他空着手就火了。哑巴把纸条递了过去，公子哥更火了："怎么没法卖，真是胡说！"他妻子拿过纸条一看，扑哧一下笑出声来。原来公子哥把枇杷写成了琵琶。她就提起笔来写了一首诗：

枇杷并非此琵琶，
只怪当年识字差。
倘若琵琶能结果，
满城箫鼓尽飞花。

 ## 知识角

### 大器晚成

东汉末年，有个名叫崔琰的人，剑法很好，他特别喜欢交朋友。可是，有些人却认为他不学无术，除了舞刀弄棒，学问上一窍不通。一次，他去拜访一个很有学问的人，管家出来告诉他说："主人正在潜心读书，无暇闲谈。"崔琰知道人家是嫌他没知识，感到无比羞愧，暗自下了决心，一定要好好读书，成为一个能文能武的人。从此，崔琰虚心拜师求学，学问逐渐增多起来；当时独霸北方的袁绍就把他招为谋士。袁绍被曹操所灭后，曹操久闻崔琰才干，劝崔琰归顺自己。在曹操的大本营邺城中，崔琰出了不少主意，很受曹操器重。

有一次，曹操和崔琰商量，想立小儿子曹植为太子。崔琰说："自古以来，都是立长不立幼，您立曹植，曹丕心里不服，大臣们也不服，这就种下了祸根。纵观古今，因为废长立幼引起的骨肉相残还少吗？请主公三思而行！"其实曹植还是崔琰的侄女婿，但尽管是亲属，崔琰也不偏袒。

崔琰有个堂弟叫崔林。崔林年轻时一事无成，亲友们都看不起他，可是崔琰却很器重他，他凭自己的经历常对人说："才能大的人需要长时间才能成器，崔林将来一定会成器的。"后来，崔林果然成才当上了大官。

"大器晚成"这个成语原意为大才需经过长期磨炼方有成就。现指成名较晚的人。

 ## 成语窗

**枇杷门巷**
旧时指妓女居住的地方。

**晚食当肉**
饿了再吃，味道就像吃肉一样。后泛指不热衷名利。

**黄花晚节**
指菊花能傲霜开放，比喻人到晚年能保持高尚的节操。

**相见恨晚**
只恨相见得太晚。形容一见如故，意气极其相投。

**苍翠欲滴**
苍翠：深绿。形容草木等绿色植物仿佛饱含水分一样。

**翠袖红裙**
泛指妇女的服装。亦用为妇女的代称。

**匀红点翠**
谓涂脂画眉。

**夏树苍翠**
夏天的树木长得很青翠。

梧桐早凋

| 甲骨文 | 金文 | 篆文 | 隶书 | 楷书 | 行书 | 草书 | 标准宋体 |
|---|---|---|---|---|---|---|---|
|  |  | 梧 |  | 梧 |  |  | 梧 |

### 解字堂

梧,本义即指梧桐树。一种落叶乔木。长柄叶呈掌状分裂,开黄绿色单性花。木质轻而坚韧,可制乐器和各种器具,种子可食,亦可榨油。在古代诗句中常用为意象,如《古诗为焦仲卿妻作》:"左右种梧桐。"

梧,词性一般有三种。可以作名词、动词以及形容词。比较常见的词性是名词。动词和形容词的用法都不太常见。首先,作名词时,可以解释为梧桐。如:梧凤之鸣(梧桐树上凤凰的鸣叫。比喻太平盛世)。还指:屋梁上两头起支架作用的斜柱。《营造法式》:"斜柱,其名有五:一曰斜柱,二曰梧,三曰迕,四曰枝樘,五曰叉手。"也借指古地名,在今河南省荥阳县附近。如《左传》:"晋师城梧及制。"在今江苏省徐州西部。《汉书》:"楚国,县七……梧。"。梧,还可以作动词。此时的意思是:支撑。例如,在《后汉书》中有:"炳乃故升茅屋,梧鼎而爨。"在古代文言文中,还是异体字。同"迕",指的是违背;抵触的意思。例如《汉书·司马迁传》:"甚多疏略,或有抵梧。"颜师古云:梧,相支柱不安也。

梧,最后一种词性就是作形容词。在文言文中是通假字,通"俣"。俣俣,魁伟貌。意思也就是,身材魁梧高大的样子。《史记·留侯世家》:"余以为其人计魁梧奇伟。"

### 名言馆

香稻啄馀鹦鹉粒,碧梧栖老凤凰枝。
· (唐)杜甫《秋兴八首》其八

寂寞梧桐深院,锁清秋。
· (南唐)李煜《相见欢》

炙手无人傍屋头,萧萧晚雨脱梧楸。
· (宋)苏轼《浣溪沙》

梧桐更兼细雨,到黄昏、点点滴滴。
· (宋)李清照《声声慢》

谜语答案　许　罗

梧桐早凋

梧桐早凋

| 甲骨文 | 金文 | 篆文 | 隶书 | 楷书 | 行书 | 草书 | 标准宋体 |
|---|---|---|---|---|---|---|---|
|  | 桐 | 桐 | 桐 | 桐 | 桐 | 桐 | 桐 |

## 名言馆

垂绥饮清露，流响出疏桐。
·（唐）虞世南《蝉》

春风桃李花开日，秋雨梧桐叶落时。
·（唐）白居易《长恨歌》

桐花万里丹山路，雏凤清于老凤声。
·（唐）李商隐《韩冬郎即席为诗，相送一座尽惊，他日余方追》

缺月挂疏桐，漏断人初静。
·（宋）苏轼《卜算子·黄州定慧院寓居作》

## 解字堂

《说文》："桐，荣也。"形声，从木，同声。从木，说明它与木有关，它的意思是荣，荣的意思是什么呢？《尔雅》："荣，桐木。按，与梧同类而异，皮青而泽，荚边缀子如乳者为梧，亦谓之青桐。皮白，材中琴瑟，有华无实者为桐，亦谓之梧桐。"我们现在看到的都是"梧桐"两个字连用，下面我们一起学习它吧！

桐最主要的意思就是它作为树木的意思，比如《诗·小雅·湛露》："其桐其椅。"《礼记·月令》："桐始华。"意思是白桐花开放，是用来推算时间的；还有经常看到的词组：桐子（梧桐树的果实；油桐的果实）；桐木人（桐木作的人形）；桐花烟（桐华烟。桐油烧的烟）。它还有琴的意思，如：桐丝（琴弦），桐竹（泛指管弦乐器），桐音（琴音）。比较有意思的是，这个字在古文中经常作为地名来用，一说故址在今山西万荣县西，一说在今河北临漳；还有桐城，指的是安徽省西南部的县。此外春秋时作为国名用：《左传·定公二年》："桐叛楚。"它还有一个意思就是儿童，如《法言·学行》："学则正，否则邪，师哉师哉，桐子之命也。"

梧桐早凋

zǎo

| 甲骨文 | 金文 | 篆文 | 隶书 | 楷书 | 行书 | 草书 | 标准宋体 |
|---|---|---|---|---|---|---|---|
| 𩆨 | 早 | 早 | 早 | 早 | 早 | 早 | 早 |

### 解字堂

"早"是会意字，《说文解字》曰："早，晨也。从日在甲上。"甲骨文写作"𩆨"，金文写为早，上部表示日，下部表示小草，意即太阳初升照在小草上。篆文早将金文字形中对"屮"简写的"十"写成"甲"，导致本义线索消失。

"早"的造字本义是名词，意即日照草地的清晨，如《诗·召南·小星》疏义有"晨初为早。"早与夜相对，如韩愈《原毁》有"早夜以思"。后来词义引申为形容词，表示一天之中靠近天亮时段的，如"早茶""早班""早课""莫道君行早，更有早行人"等；或者一个时段或过程中靠前的，如"早春""早年"。又可作为副词，表示在清晨，在初期，初始时，提前等，如俗语常说的"早起的鸟儿有虫吃"。

"早"字词意古今变化不大。在现有的《千字文》帖中，有些书法家将"早"写为跳蚤的"蚤"，这是通假字，"蚤"的意思也是早。关于"早"最有名、也为大家所熟知的故事是鲁迅小时候因为迟到被老师批评，在课桌上刻了一个"早"字来激励自己。

### 名言馆

几处早莺争暖树，谁家新燕啄春泥。
· （唐）白居易《钱塘湖春行》

早知潮有信，嫁与弄潮儿。
· （唐）李益《江南曲》

少孤为客早，多难识君迟。
· （唐）卢纶《送李端》

东方欲晓，莫道君行早。
· 毛泽东《清平乐·会昌》

梧桐早凋

## 梧桐早凋 凋 diāo

| 甲骨文 | 金文 | 篆文 | 隶书 | 楷书 | 行书 | 草书 | 标准宋体 |
|---|---|---|---|---|---|---|---|
|  |  | 凋 |  | 凋 |  |  | 凋 |

### 名言馆

岁寒，然后知松柏之后凋也。
・《论语・子罕》

雪暗凋旗画，风多杂鼓声。
・（唐）杨炯《从军行》

玉露凋伤枫树林，巫山巫峡气萧森。
・（唐）杜甫《秋兴八首》其一

昨夜西风凋碧树，独上高楼，望尽天涯路。
・（宋）晏殊《蝶恋花》

### 解字堂

凋，形声字，从仌，周声。有"冻"的意思。从"凋"字的篆文字形来看，"凋"字左半部分是一个"仌"字形，这看起来像是水凝固的样子，是"冰"的本字。凋的本义是"草木衰落"。《说文解字》中："凋，半伤也。"《战国策・秦策》："为其凋荣也。"《思元赋》："卉既凋而已育。"这些句子里面的"凋"字都是同本义的"草木衰落"的意思。

《说文解字》："仌，冻也。象水凝之形。"《玉篇・冫部》中："冫，冬寒水结也。"清代的文字学家段玉裁说："象水初凝之文理也。"说通俗一点，"仌"就像冰的花纹，人们称之为冰花。"仌"在隶书中作为偏旁才变为"冫"，这在文字学上称为"隶变"，也就是说到了"凋"字在发展到隶书时偏旁才变为"冫"。"凋"字有两种词性，一种是动词，一种是形容词，上面已经说过了凋的本义是动词，"凋"字作形容词时有零落分散的意思，还有贫穷困苦的意思。如我们常说的"凋落、凋困"等词。看了上面对"凋"字的介绍，大家对这个字的认识应该更进一步了吧。

## 温故知新

 **四字通解**

梧桐早凋，梧桐树是应秋的树，对应着立秋的节气。立秋一到，梧桐树的叶子准有一片先落地。成语中"落叶知秋"就是指梧桐树说的。立秋是在阴历的八月，天气还很热，立秋后面还有一个节气叫处暑。俗话说：晚立秋，热死牛。夏天还没过完，梧桐树就落叶了，所以说它早凋。中国梧桐能"知闰""知秋"。说它每条枝上，平年生12叶，一边有6叶，而在闰年则生13叶。这是偶然巧合演绎出来的，实际没有这种自然规律。至于"知秋"却是一种物候和规律，"梧桐一叶落，天下皆知秋。"既富科学，又有诗意。

梧桐树开花也很奇特，其他树都是先长叶后开花，梧桐树却是先开花后长叶，花开喇叭状，内有两条长蕊。法国梧桐是世界知名树种，树冠大，用作人行道两侧的遮阴树最适宜。光绪十三年，清政府曾拨银1000两从法国购买梧桐树苗。现在上海静安公园的梧桐树群就植于1897年，是中国少有的古梧桐树群。

### 猜谜语

落叶凋花置观中。
（打一影视用语）

秋尽江南草未凋。
（打一中药名）

 **故事厅**

### 《梧桐雨》的故事

《梧桐雨》，全名《唐明皇秋夜梧桐雨》，汉族戏曲，中国十大古典悲剧之一，白朴杂剧代表作。取材于唐人陈鸿《长恨歌传》，取自白居易《长恨歌》"秋雨梧桐叶落时"诗句。

这个故事主要描写了安史之乱前后，唐明皇与杨贵妃爱情的悲欢离合。大致内容就是：安禄山有一次未能完成军令，幽州节度使张守珪本欲将他斩首，因为爱惜他英勇善战，将他押至京城问罪。丞相张九龄奏请明皇杀掉安禄山，明皇不从，反而召见授官。此时贵妃正受宠幸，奉明皇命收安禄山为义子，赐洗儿钱。后来安禄山因与杨国忠不和，出京任范阳节度使。七月七日，贵妃与明皇在长生殿欢宴。明皇将金钗钿盒赐给贵妃，酒酣之际，二人深慕牛郎织女的坚贞，对星盟誓，愿生生世世为夫妇。好景不长，天宝十四年，贵妃正在品尝她喜爱的荔枝，安禄山谋反的消息传到，明皇携贵妃仓皇入蜀。驻扎马嵬驿时，军队起了骚乱。龙武将军陈玄礼请明皇诛杀祸国殃民的杨国忠，明皇依言而行。但军队仍不肯前进，陈玄礼又请诛媚惑君王的杨贵妃。明皇无奈，令高力士将杨贵妃带到佛堂中，由她自尽。这样，军队得到了安抚，保护明皇逃亡。肃宗收复京都后，太上皇（明皇）闲居西宫，悬挂贵妃像，与之朝夕相对，追念不已。一夜，明皇正在梦中与贵妃相见，却被梧桐雨惊醒。他追思往日与贵妃欢爱情景，惆怅万分。

 ## 知识角

### 梧鼠技穷

惠施在梁国做了宰相，庄子想去见见这位好朋友。有人急忙报告惠子，道："庄子来，是想取代您的相位哩。"惠子很惶恐，想阻止庄子，派人在国中搜了三日三夜。哪料庄子从容而来拜见他道："南方有只鸟，其名为凤凰，您可听说过？这凤凰展翅而起。从南海飞向北海，非梧桐不栖，非练实不食；非醴泉不饮。这时，有只猫头鹰正津津有味地吃着一只腐烂的老鼠，恰好凤凰从头顶飞过。猫头鹰急忙护住腐鼠。仰头视之道：'吓！'现在您也想用您的梁国来吓我吗？"鹓鶵（凤凰）的故事里，鹓鶵比喻志向高洁之士。鸱比喻醉心利禄猜忌君子的小人。庄子将自己比作鹓鶵，将惠子比作鸱，把功名利禄比作腐鼠，既表明了自己的立场和志趣，又极其辛辣地讥讽了惠子。庄子没有直言痛斥惠子，而用讲故事的方式来使惠子自己觉得愧疚，收到既尖锐痛快又余味不尽的效果。表明自己鄙弃功名利禄的立场和志趣，讽刺惠子醉心于功名利禄且无端猜忌别人的丑态，表现庄子天道无为而自然的哲学思想。

 ## 成语窗

**早朝晏退**

谓早出视事，及晚才退。谓勤于政事。

**急景凋年**

景：通"影"，光阴；凋：凋零。形容光阴迅速，一年将尽。也指年终的时候。

**松柏后凋**

寒冬腊月，方知松柏常青。比喻有志之士在艰险的环境中奋斗到最后。

**百业凋敝**

百业：一切行业。指各行各业都很萧条，不兴旺。形容社会的衰败。

**破桐之叶**

比喻已分不可复合的事物。

**梧桐断角**

指梧桐虽是柔木而可以断坚硬之角。比喻柔能胜刚。

**梧桐半死**

比喻丧失配偶。

陈根委翳

| 甲骨文 | 金文 | 篆文 | 隶书 | 楷书 | 行书 | 草书 | 标准宋体 |
|---|---|---|---|---|---|---|---|
| 坴 | 陼 | 陳 | 陳 | 陳 | 陳 | 陈 | 陈 |

### 解字堂

　　陈，形声字。本义为陈列。东汉许慎在《说文解字》中写道："陈，宛丘，舜后妫满之所封。从阜从木，申声。"《左传·昭公八年》："陈，颛顼之族也。"其中的"陈"指地名，族名。

　　"陈"这个字可以作名词、动词、形容词。当"陈"字作名词时，除了上文提到的这个字的本义，以及引申义"陈姓"。"陈"还有两个义项。"陈"可以代表一个朝代，南朝之一。557年陈霸先代梁称帝，国号陈。建都建康（今江苏南京），后被隋所灭。《史记·李将军列传》："前未到匈奴陈二里所。"其中的"陈"的意思是交战时的战斗队列。当"陈"表示这个意思时读zhèn。在"交战时的战斗队列"这个意思上，"陈"与"阵"是一对异体字。另外，"陈"还可以作动词用。汉贾谊《过秦论》："信臣精卒陈利兵而谁何。"意思是：忠心的官员、精锐的士卒拿着锋利的兵器，盘问过往行人。"陈"原意是陈列、陈设，这里是拿着的意思。当"陈"用作动词时，还可以表示述说。我们生活常用到的表示详细述说"详陈"，表示陈述的"陈言"等词语中的"陈"都是述说的意思。"陈"字的形容词用法大家应该较为熟悉，当"陈"用作形容词时，意思是旧，与新相对。

### 名言馆

今夜良宴会，欢乐难具陈。
·《古诗十九首·今日良宴会》

陈王昔时宴平乐，斗酒十千恣欢谑。
·（唐）李白《将进酒》

地下若逢陈后主，岂宜重问后庭花。
·（唐）李商隐《隋宫》

文情不厌新，交情不厌陈。能存先昔友，留示后来人。
·（明）汤显祖《得吉水刘年侄同升书喟然》

谜语答案　谢谢收看　冬青

| 甲骨文 | 金文 | 篆文 | 隶书 | 楷书 | 行书 | 草书 | 标准字体 |
|---|---|---|---|---|---|---|---|
|  | 根 | 根 | 根 | 根 | 根 | 根 | 根 |

## 名言馆

本是同根生，相煎何太急。
　　·（魏）曹植《七步诗》

人生无根蒂，飘如陌上尘。
　　·（晋）陶潜《杂诗十二首》其一

过桥分野色，移石动云根。
　　·（唐）贾岛《题李凝幽居》

望门投止思张俭，忍死须臾待杜根。
　　·（清）谭嗣同《狱中题壁》

## 解字堂

　　根，形声字，从木，艮声。根，根的小篆字体，故该字的本义为：草木之根，比喻草木长在地上，使树木牢牢树立的营养器官。

　　该字作名词，意为：高等植物的营养器官，能够把植物固定在土地上，吸收土壤里的水分和溶解在水中的养分，有的根贮藏养料。根毛，意思是密生在根的尖端的细毛，是根吸收水分和养料的主要部分。根苗，意思是植物的根和最初破土长出的部分。《说文》解释道："根，木株也。""株"意为露出地面的树根。后比喻引申为物体的基部或下部。如耳根，墙根。"墙根满庭田地湿，荠叶生墙根。"出自唐代白居易《早春》。意思是：整个院庭田地湿润，荠菜的叶子生长在墙根部。还引申为事物的本源。根本，意思是事物的根源或最重要的部分。根据，意思是作为论断的前提或言行基础的事物。根深叶茂，树根扎得深，意思是树叶就长得茂盛。比喻事物根基深厚就能兴旺发达。《广雅·释诂》中谈到　"根，始也。"还表示方根，一元方程的解。如平方根，根号，根式。

　　该字作副词，表示从本源上，彻底地。如根除，彻底铲除。根究，彻底追究。根治，从根本上治理。

　　该字作量词，表示长形的事物，枝，枚，条。如一根甘蔗，一根棍子，一根绳子。

　　此外"根"还可以作姓氏。

陈根委翳

| 甲骨文 | 金文 | 篆文 | 隶书 | 楷书 | 行书 | 草书 | 标准宋体 |
|---|---|---|---|---|---|---|---|
| | | 委 | 委 | 委 | 委 | 委 | 委 |

### 解字堂

委，会意字。从女，从禾。"女"表顺随，"禾"表委曲。本义：顺从。《说文解字》里解释为："委，委随也。"按，委随犹委蛇。

委，可以作形容词。意思是曲，委曲的意思。如《楚辞·九叹·远游》："委两馆于咸唐。"还作动词用。例如，《史记·天官书》："若至委曲小变，不可胜道。"中的"委"。又如：委折（曲折）；委注（曲折流往）；委宛（委曲婉转）；委纡（曲折）；委延（曲折蜿蜒）；委坠（曲折，遥远）。还可以解释为：堆积，存放的意思。如《庄子·养生主》："牛不知其死也，如土委地。"还有委托的意思。例句如：愿委之于子。（《战国策·齐策一》）又如：委计（托付以国家大计）；委付（委托；嘱咐）；委冰（托媒人）；委政（付以政柄）；委勘（交付审查）；委权（授以权柄）；委属（托付）；委遇（信任）。委的意义丰富，又作丢弃，抛弃讲。如《广雅》："委，弃也。"

委，还可以作名词，指的是水的下流。例如："三王之祭川也，皆先河而后海，或源也，或委也，此之谓务本。"（《礼记》）后称事情的本末为原委或源委。又可以指帽檐，冠檐。例如："委武玄缟而后蕤。"（《礼记》），作副词用时，意思是确实。如：委知（确实知道）；委的（的确）；委是（确实）；委果（果然；确实）；委的（确实）；委系（确实是）。

### 名言馆

若不委穷达，素抱深可惜。
· （晋）陶潜《饮酒二十首》其十五

花钿委地无人收，翠翘金雀玉搔头。
· （唐）白居易《长恨歌》

岁华一任委西风，独有春红留醉脸。
· （宋）秦观《木兰花》

几曾随逝水？岂必委芳尘？
· （清）曹雪芹《红楼梦》

陈根委翳

yì
翳

| 甲骨文 | 金文 | 篆文 | 隶书 | 楷书 | 行书 | 草书 | 标准字体 |
|---|---|---|---|---|---|---|---|
| | | 翳 | 翳 | 翳 | 翳 | 翳 | 翳 |

## 名言馆

谗邪害公正，浮云翳白日。
· (汉) 孔融《临终诗》

凄凄岁暮风，翳翳经日雪。
· (晋) 陶潜《癸卯岁十二月作与从弟敬远》

此心生不背朝阳，肯信众草能翳之。
· (宋) 梅尧臣《葵花》

扫尽长空纤翳，散乱疏林清影，风露迫人愁。
· (宋) 张元干《水调歌头》

## 解字堂

《说文》："翳，华盖也。"形声字。从羽，殹（yī）声。从羽，说明它与羽毛有关，它的本义是有羽毛装饰的车伞。朱骏声《说文通训定声》："以羽覆车盖，所谓羽葆幢也。"它有三个词性，名词、动词和形容词。作为名词时，根据它的本义引申的意思还有：起障蔽作用的东西，如：云翳；氛翳。鸟名，如：翳鸟（五彩神鸟。相传飞行时其翼可蔽一乡）。大家可以看它的字形，有"医"，因此它应该与医学、病症有关，如：指引起黑睛（角膜）混浊或溃陷的外障眼病以及病变愈后遗留于黑睛的疤痕；凡眼内、外障眼病所生遮蔽视线，影响视力的症状皆可称翳。当它作动词时，首先也与它的本义密不可分，比如：遮蔽，掩盖，《庄子·山水》："一蝉方得美荫而忘其身，螳螂执翳而搏之。"《离骚》："百神翳其备降兮。"宋代欧阳修《醉翁亭记》："树林阴翳。"它作为"隐藏，藏匿"的意思时，如《韩非子》："意者堂下其有翳憎臣者乎？"它作为形容词是什么意思呢？比如：翳昧，就是隐晦不明的样子。晋代陶渊明《归去来兮辞》："景翳翳以将入"，形容昏暗的样子；暗淡。《西游记》："紫芝翳翳，白石苍苍"，指隐约；晦暗不明；不明显的样子。

这个字比较难写，注意要正确书写哦！

## 温故知新

###  四字通解

陈根委翳，意思是人不能总在书房里求古寻论啊，出来看看四季的风景，低下头看看：陈根委翳。陈根是老树陈根，委是枯萎、衰败的意思。翳是荒芜、暗昧，枝叶遮盖的意思。陈的本义是部队在林野行军作战时的阵形的意思，我们通常看到的"陈兵列阵"等都是这个意思。陈字的意思大多是排列，布置，列举，也有详细述说的意思。但是这里的陈是老旧的意思，我们常说的"陈年、推陈出新"等的陈就是老的意思。根的本义就是树木长在地下的营养器官。我们常用根来表示一个物体的基部，也可以说是事物的本源。这里的根就是树木的根部，表示的是树木，陈根就是老树。委的意思很多，但是在这里与树木有关，所以委只能是枯萎，凋落的意思。委翳也就是树荫消失的意思。所以陈根委翳就是陈根老树枯萎倒伏的意思。

###  故事厅

#### 虚与委蛇

战国时期，列子是壶子的学生，学习老庄之道，后来他遇到郑国的神巫季咸，就把他介绍给壶子。他们在一起开始斗法比高低，壶子跟季咸虚以委蛇，让他感到难以捉摸，就落荒而逃。列子刻苦学习，修炼老庄之道，终于达到忘我的境界。后来指对人虚情假意，敷衍应酬。

可这委蛇从何而来呢？明代冯梦龙编的《东周列国志》，里面有这么一段，说是齐桓公在一个大泽边打猎时碰鬼了，回来后一蹶不振，长卧不起，他的丞相管仲到处寻找高人，希望能知道他的主人遇到的是一个什么鬼。结果有一个荷笠悬鹑的人说他知道。荷笠悬鹑是什么意思？荷就是背着锄头，笠就是戴着斗笠，悬鹑就是穿着破烂衣裳。真是人不可貌相，就是这样一个人，对着桓公侃侃而谈。桓公曰："然而有鬼否？"对曰："有之。水有'罔象'，丘有'峷'，山有'夔'，野有'彷徨'，泽有'委蛇'。"桓公曰："汝试言委蛇之状。"对曰："夫委蛇者，其大如毂，其长如辕，紫衣而朱冠。其为物也，恶闻轰车之声，闻则捧其首而立。此不轻见，见之者必霸天下。"桓公辗然而笑，不觉起立曰："此正寡人所见也！"于是顿觉精神开爽，不知病之何往矣。既然历史上有这么个大泽之鬼，名叫"委蛇"，那么成语"虚与委蛇"的解释就容易多了。用虚幻的鬼神去应付你，跟你漫天胡扯。那不是假意敷衍是什么？

### 猜谜语

要一不要二，
要三不要四，
要东不要西。
（打一字）

斩草除根。
（打一字）

 **知识角**

### 陈姓起源

陈姓是中国的大姓之一,自古以来陈姓出现过许多名人,例如:发动第一次农民起义的陈胜,十大元帅之一的陈毅,现今歌神陈奕迅等。那么大家一定很好奇"陈"这个姓的起源吧。陈姓出自妫(guī)姓,其始祖为妫满,也为虞舜之后裔。据《通志·氏族略》所载,周武王灭商以后,追封前代圣王的后人妫满于陈,妫满为陈侯,称胡公满,胡公满传至十世孙妫完,陈国内乱,厉公的儿子出奔到齐国,以国为氏,称陈氏。

出于陈国公族后裔。陈国在妫满死后,其子孙有以国为氏,就是陈氏。除胡公满的子孙陈完这一支主系外,还有三支。一是陈哀公之子留,避居陈留。二是陈湣公之长子陈衍。避居阳武户牍乡。三是陈湣公次子全温之后陈孟琏,居于固始,其后因无子,便以颍川陈寔为嗣子,遂融入颍川陈氏。

出自白永贵之后。隋初有白永贵改姓陈,其后裔也多改陈姓,是为万年之陈氏。

刘矫的后裔也有改陈姓的。

南北朝时,鲜卑族一支三字姓侯莫陈氏随北魏孝文帝南迁洛阳后,实行汉化政策,改复姓为汉字单姓,称陈氏。

 **成语窗**

### 推陈出新
指对旧的文化进行批判地继承,剔除其糟粕,吸取其精华,创造出新的文化。

### 陈陈相因
陈:旧;因:沿袭。原指皇仓之粮逐年增加,陈粮压陈粮。后多比喻沿袭老一套,无创造革新。

### 水陆毕陈
水陆:指水陆所产的珍贵食物。各种山珍海味全都陈列出来。形容菜肴丰富。

### 刨根问底
比喻追究底细。形容钻研的精神。

### 根深蒂固
蒂:瓜、果和茎、枝相连的部分;固:牢固。比喻基础深厚,不容易动摇。

### 斩草除根
除草时要连根除掉,使草不能再长。比喻除去祸根,以免后患。

### 无根之木,无源之水
比喻没有根据的事物。

### 根椽片瓦
指一根椽,一片瓦。也指简陋的房舍。

### 浮云翳日
浮云:飘浮在空中的云;翳:遮蔽。浮云遮住太阳。比喻奸佞之徒蒙蔽君主的光明,但时间不会太长。

## 落叶飘飘

luò

| 甲骨文 | 金文 | 篆文 | 隶书 | 楷书 | 行书 | 草书 | 标准宋体 |
|---|---|---|---|---|---|---|---|
|  |  | 蘭 | 落 | 落 | 落 | 茗 | 落 |

### 解字堂

　　落是形声字，从艹（草），洛声，本义是指树叶脱落。随着词语应用的扩大，"落"字引申出很多相关的意思，花儿盛开之后飘零而下叫做落英缤纷，剪掉头发叫作落发，太阳西下叫作落日，犯罪被捉叫作落网，人由富贵到穷困无依叫作落魄，这些都是我们常见的意思。古人说："盛而不落者，未之有也。"落魄之后自然而然得消极处事，哀叹家道衰落，就开始自甘堕落。树木凋零，落叶归根，叶子全部落在地上，而树上就显得光秃秃空荡荡的，不知道树木是不是也和人一样会感到孤独落寞呢？

　　白话版《说文解字》：落，凡草掉叶叫"零"，凡树木掉叶叫"落"。这也与"落"字本义相近。看了对"落"字的介绍，大家应该对"落"字更了解了吧。

### 名言馆

落霞与孤鹜齐飞，秋水共长天一色。
·（唐）王勃《滕王阁序》

大漠孤烟直，长河落日圆。
·（唐）王维《使至塞上》

浮云游子意，落日故人情。
·（唐）李白《送友人》

无边落木萧萧下，不尽长江滚滚来。
·（唐）杜甫《登高》

谜语答案　陈　日

落叶飘飘

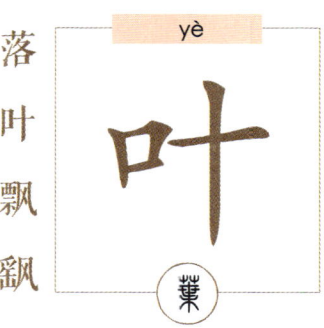

| 甲骨文 | 金文 | 篆文 | 隶书 | 楷书 | 行书 | 草书 | 标准宋体 |
|---|---|---|---|---|---|---|---|
|  |  | 蘗 | 葉 | 葉 | 葉 | 葉 | 叶 |

## 名言馆

春风桃李花开日，秋雨梧桐叶落时。
· （唐）白居易《长恨歌》

停车坐爱枫林晚，霜叶红于二月花。
· （唐）杜牧《山行》

黄叶仍风雨，青楼自管弦。
· （唐）李商隐《风雨》

莫听穿林打叶声，何妨吟啸且徐行。
· （宋）苏轼《定风波》

## 解字堂

叶，繁体字为"葉"，形声字，从艹，枼声，本义是指植物的叶子。《说文解字》："叶，草木之叶也。"《诗·小雅·苕之华》："其叶青青。"也可以引申为像叶子一样的东西，如"百叶窗""一叶扁舟"。或引申为较长历史时间的分段，如"世纪中叶"。

落叶飘飖

piāo

| 甲骨文 | 金文 | 篆文 | 隶书 | 楷书 | 行书 | 草书 | 标准宋体 |
|---|---|---|---|---|---|---|---|
| | | 飘 | 飘 | 飘 | 飘 | 飘 | 飘 |

## 解字堂

飘，形声字。"飘"由"票"和"风"组成。"飘"的本义为旋风，暴风。东汉许慎在《说文解字》中写道："飘，回风也。从风票声。"《尔雅》中也载："回风为飘。""飘"常与"风"连用组成词语"飘风"。《老子》："飘风不终朝。"另外在这个意思上还可以组成词语飘骤（疾风骤雨，比喻事物突然骤起。）等。

"飘"可以作名词、动词、形容词。当"飘"作名词时，只有上文提到的旋风，暴风的意思。当"飘"作动词时，除了我们平时比较熟悉的飘动，飞扬的意思，还有"吹"的意思。《九歌·山鬼》："东风飘兮，神灵雨。"此中的"飘"正是吹的意思。除此之外，"飘"作动词时还有落的意思。《庄子·达生》："虽有忮（zhì）心者，不怨飘瓦。"意思是：虽然忌恨心极重的人，也不怨恨风吹落砸了自己的瓦片。"飘"还可以作形容词用。当"飘"用作形容词时有迅疾的意思。如：词语"飘迅"就是快速，短促的意思。另外，"飘"还有洒脱的意思。如：飘然出世（形容洒脱出俗的样子）、飘举（形容才情风发超逸）。"飘"还可以表示杳渺。如：飘邈（形容声音清长悠远。同"缥缈"）等。

以上就是对"飘"字用法以及意思的介绍。"飘"是我们生活中的常用字，大家也没有想到"飘"还有那么多意思和用法吧，希望大家对"飘"这个字可以多加了解。

## 名言馆

惊风飘白日，光景驰西流。
·（三国）曹植《箜篌引》

人生无根蒂，飘如陌上尘。
·（晋）陶潜《杂诗十二首》其一

飘若浮云，矫若惊龙。
·《晋书·王羲之传》

山河破碎风飘絮，身世浮沉雨打萍。
·（宋）文天祥《过零丁洋》

落叶飘飖

yáo
飖

| 甲骨文 | 金文 | 篆文 | 隶书 | 楷书 | 行书 | 草书 | 标准宋体 |
|---|---|---|---|---|---|---|---|
|  |  | 飖 | 飖 | 飖 | 飖 | 飖 | 飖 |

## 名言馆

仿佛兮若轻云之蔽月，飘飖兮若流风之回雪。
· （三国）曹植《洛神赋》

与尔共飘飖，云天各飞翻。
· （唐）李白《赠别从甥高五》

风吹仙袂飘飖举，犹似霓裳羽衣舞。
· （唐）白居易《长恨歌》

镜海见纤悉，冰天步飘飖。
· （唐）孟郊《晚雪吟》

## 解字堂

"飖"是形声字，从䍃从风，风表其义，本义是向上飘的风。所以《玉篇》说："飘飖，上行风也，又风动物。"就是说，飘飖除了表示风，也可以指代风吹动的物体。"飖"字本来是名词，后来成为动词或形容词，表示随风飘动，如"飖飖"指的是摇扬不定的样子，"飖飏"指的是徐飘拂而来的风吹动枝叶。古代"香袖风飖轻举。"

"飖"字通常也写作"摇"。一些书写《千字文》的书法家也会写作"摇"，现在"飖"字一般作为"摇"的异体字。《说文解字》曰："摇，动也。从手䍃声。"摇字从手，本义指的是与手相关的摆动。后来也指代所有的摇动等。如《庄子·逍遥游》："鹏之徙于南冥也，水击三千里，抟扶摇而上者九万里。""扶摇"就是指盘旋而上、腾飞，比喻仕途得意。

## 温故知新

###  四字通解

落叶飘飘,意思是落下的叶子在空中随风飘荡。落的本义就是植物叶子不堪风霜打击而飘零,往下降的意思。还有一个重要的意思就是衰败。没落,堕落等都是衰败的意思。但是落字最主要的意思还是降下,掉下的意思。落水,落草,落空等都是这个意思,这里的落也就是掉落的意思。落叶就是掉落的叶子,落叶归根,叶子落下,回到它本来的地方,落到树根旁。比喻事物有一定的归宿。多指客居异乡的人,最终还是要回归本乡本土。飘的本义就是物体在空中飘荡。飘浮,飘飞等都是这个意思。飘飘指的是在风中飘荡,也有动荡不安的意思。所以落叶飘飘就是掉落的叶子在空中飘荡的意思。

###  故事厅

#### 沉鱼落雁闭月羞花

"沉鱼",讲的是西施浣纱时的故事。春秋战国时期,越国有一个叫西施的浣纱的女子,五官端正,粉面桃花,相貌过人。她在河边浣纱时,清澈的河水映照她俊俏的身影,使她显得更加美丽,这时,鱼儿看见她的倒影,忘记了游水,渐渐地沉到河底。从此,西施这个"沉鱼"的代称,在附近流传开来。

"落雁",就是昭君出塞的故事。汉元帝在位期间,南北交兵,边界不得安静。汉元帝为安抚北匈奴,选昭君与单于结成姻缘,以保两国永远和好。在一个秋高气爽的日子里,昭君告别了故土,登程北去。一路上,马嘶雁鸣,撕裂她的心肝;悲切之感,使她心绪难平。她在坐骑之上,拨动琴弦,奏起悲壮的离别之曲。南飞的大雁听到这悦耳的琴声,看到骑在马上的这个美丽女子,忘记摆动翅膀,跌落地下。从此,昭君就得来"落雁"的代称。

"闭月",是述说貂蝉拜月的故事。三国时汉献帝的大臣司徒王允的歌姬貂蝉在后花园拜月时,忽然轻风吹来,一块浮云将那皎洁的明月遮住。这时正好王允瞧见。王允为宣扬他的养女长得如何漂亮,逢人就说,我的女儿和月亮比美,月亮比不过,赶紧躲在云彩后面,因此,貂蝉也就被人们称为"闭月"了。

"羞花",说的是杨贵妃观花的故事。唐朝开元年间,有一美貌女儿叫杨玉环,被选进宫去。杨玉环进宫后,思念家乡。一天,她到花园赏花散心,看见盛开的牡丹、月季……想自己被关在宫内,虚度青春,不胜叹息,对着盛开的花说:"花呀,花呀!你年年岁岁还有盛开之时,我什么时候才有出头之日?"声泪俱下,她刚一摸花,花瓣立即收缩,绿叶卷起低下。哪想到,她摸的是含羞草。这时,被一宫娥看见。宫娥到处说,杨玉环和花比美,花儿都含羞低下了头。"羞花"称号由此得来。所以"沉鱼落雁,闭月羞花"成为了美女的代名词。

### 猜谜语

斜月如钩叶参差。
（打一字）

日照京都彩带飘。
（打一字）

 **知识角**

### 叶公好龙

春秋的时候,楚国叶县有一个名叫沈储梁的县令,大家都叫他叶公。叶公非常喜欢有关龙的东西,不管是装饰品、梁柱、门窗、碗盘、衣服,上面都有龙的图案,连他家里的墙壁上也画着一条好大好大的龙,大家走进叶公的家还以为走进了龙宫,到处都可以看到龙的图案!"我最喜欢的就是龙!"叶公得意地对大家说。有一天,叶公喜欢龙的事被天上真的龙知道了,真龙说:"难得有人这么喜欢龙,我得去他家里拜访拜访呀!"真龙就从天上飞来叶公的家,把头伸进窗户口大喊说:"叶公在家吗?"叶公一看到真正的龙,吓得大叫:"哇!怪物呀!"真龙觉得很奇怪,说:"你怎么说我是怪物呢?我是你最喜欢的龙呀!"叶公害怕的直发抖,说:"我喜欢的是像龙的假龙,不是真的龙呀,救命呀。"叶公话没说完,就连忙往外逃走了!留下真龙一脸懊恼地说:"哼,叶公说喜欢龙这件事是假的,他根本是怕龙嘛!害我还飞来拜访他!"

叶公好龙用很生动的比喻,辛辣地讽刺了叶公式的人物,深刻地揭露了他们只唱高调、不务实际的坏思想、坏作风。后以"叶公好龙"比喻自称爱好某种事物,实际上并不是真正爱好,甚至是害怕。所以我们做事要实事求是,不能表里不一。

 **成语窗**

**不落窠臼**
比喻老框框。不为陈旧格式所束缚,具有独创性。

**落落大方**
常用以形容人的气质举止潇洒自然。形容言谈举止自然大方、不拘谨。

**落井下石**
指看见人要掉进陷阱里,不伸手救他,反而推他下去,又扔下石头。比喻乘人有危难时加以陷害。

**叶落归根**
树叶从树根生发出来,凋落后最终还是回到树根。比喻事物总有一定的归宿。多指作客他乡的人最终要回到本乡。

**叶瘦花残**
比喻女人的衰老。

**凤泊鸾漂**
比喻有才之人不得志,漂泊无定。

**漂蓬断梗**
飘飞的蓬草和随波逐流的断树枝。比喻到处漂泊,行踪无定。

**招摇撞骗**
撞骗:寻机骗人。假借名义,进行蒙骗欺诈。

游鹍独运

yóu

| 甲骨文 | 金文 | 篆文 | 隶书 | 楷书 | 行书 | 草书 | 标准宋体 |
|---|---|---|---|---|---|---|---|
| 𠂤 | 斿 | 㳺 | 㳺 | 游 | 游 | 游 | 游 |

## 解字堂

　　游，形声字。《说文》中解释道："游，旌旗之流也。"游，一般有三个词性，即名词、动词和形容词。

　　游，第一个词性是作名词，指它的本义，即《说文》中说到的意思。如在《诗·长发》中有"鼛厉游缨，昭其数也"，指的都是旌旗飘扬。作名词时还指江河的一段，即河流的上游、中游、下游。在《诗·秦风》中有："溯游从之，宛在水中央。"意思是顺着河流往上走。游，第二个词性是作形容词，指虚浮不实。常见的词语有：游嘴（油腔滑调，善于狡辩）；游言（浮夸不实的言论）；游财（浮财）；游词（浮夸轻薄的言辞）；游滑（油滑）。"游"用作动词，最后一个词性就是用法广泛的动词用法。可以解释为：人或动物在水里浮行或潜泳。如《吕氏春秋·察今》中有说："其父善游。"还可以说流动，不固定的意思。如《小石潭记》里的"皆若空游无所依"。

　　又如我们常说的：游荡；游乐等词语。还有遨游；游览；游玩，优游逍遥的意思。如"游人虽未盛。"指的是游览的意思。还有"余游巴黎"，意思是我游览巴黎。

## 名言馆

贫游不可忘，久交念敦敬。
　　·（南朝）鲍照《与伍侍郎别》

---

与君离别意，同是宦游人。
　　·（唐）王勃《送杜少府之任蜀川》

---

凤凰台上凤凰游，凤去台空江自流。
　　·（唐）李白《登金陵凤凰台》

---

暖风熏得游人醉，直把杭州作汴州。
　　·（宋）林升《题临安邸》

谜语答案　乱影

游鹍独运

kūn
鹍

| 甲骨文 | 金文 | 篆文 | 隶书 | 楷书 | 行书 | 草书 | 标准宋体 |
|---|---|---|---|---|---|---|---|
|  |  | 鵾 |  | 鵾 |  |  | 鹍 |

## 名言馆

抱琴出深竹，为我弹鹍鸡。
·（唐）李白《夜泛洞庭寻裴侍御清酌》

竹高鸣翡翠，沙僻舞鹍鸡。
·（唐）杜甫《绝句六首》其一

冷冷鹍弦哀，悄悄冬夜闲。
·（唐）韦应物《送郑长源》

谁怜龟鹤千年语，空负鹏鹍万里心。
·（宋）文天祥《隆兴府》

## 解字堂

鹍，部首为鸟，本义就是中国古代汉族民间传说中像鹤的一种鸟。比较多见的几个词组：鹍鸡：第一种解释是鸟名，似鹤。《楚辞·九辩》："雁廱廱而南游兮，鹍鸡啁哳而悲鸣。"洪兴祖补注："鹍鸡似鹤，黄白色。"亦作"鶤鸡"。还有一种说法是凤凰的别名。《淮南子·览冥训》："过归雁于碣石，轶鶤鸡於姑馀。"高诱注："鶤鸡，凤皇之别名。"也有人说是一种大鸡。明李时珍《本草纲目·禽二·鸡》："蜀中一种鶤鸡，楚中一种伧鸡，并高三四尺。"此外还是古曲名：《文选·张衡〈南都赋〉》："《寡妇》悲吟，《鹍鸡》哀鸣。"李善注："《寡妇》曲未详，古相和歌有《鹍鸡》之曲。"

鹍弦：指用鹍鸡筋经加工后制作的琵琶弦，光润晶莹，呈淡金色，且极坚韧，余音清脆。唐代音乐家段安节《乐府杂录》记载："开元中，梨园则有骆供奉、贺怀智、雷清。其乐器，或以石为槽，鹍鸡筋作弦，用铁拨弹之。"宋代苏轼《古缠头曲》："鹍弦铁拨世无有，乐府旧工惟尚叟。"宋代王安中《临江仙》："凤拨鹍弦鸣夜永，直疑人在浔阳。"

游鹍独运

dú

| 甲骨文 | 金文 | 篆文 | 隶书 | 楷书 | 行书 | 草书 | 标准宋体 |
|---|---|---|---|---|---|---|---|
|  |  | 獨 | 獨 | 獨 | 獨 | 独 | 独 |

## 解字堂

独是形声字。从"独"字的篆书字形来看，"独"是由"犬"字和"蜀"字构成。隶书字形里只是把"犬"和"蜀"左右调换了位置，之后的行书、楷书、草书等都将"独"字左半部分的"犬"变成了现在的"犭"，而右半部分或简写或繁写了。所以就成了我们现在的这个"独"字。

现在对"独"这个字的构字解释有很多观点。《说文解字》里记载了两种观点：一种认为是形声字，从"犬"，"蜀"声。因为狗的个性倾向于独处（独，犬相得而斗也）。一种认为本义是指北嚻山的一种叫"独"的野兽（一曰北嚻山有独兽，如虎，白身，豕鬣，尾如马）。还有观点认为"独"就是"蜀"，因为方言的缘故，"蜀"在南楚叫作"独"，可能是因为古蜀国被崇山峻岭包围难以到达的缘故，给了它"独"现在的含义。读到这里大家有没有对"独"字有更深入理解呢？

"独"本义应该是名词词性，后来则引申有了形容词词性，表示单一的，无呼应的，孤立的意思，如：孤独，独特。又有了副词词性，表示单一地，孤立地意思，如：独当一面，独具匠心。

"独"引申出形容词和副词的意思很早就出现了，《礼记》中有"君子慎其独也"一句，《楚辞》中有"哀吾生之无乐兮，幽独处乎山中"一句，或许这也正说明了，"独"这种状态已经伴随人类很久了。

## 名言馆

独有宦游人，偏惊物候新。
·（唐）杜审言《和晋陵陆丞早春游望》

---

万里悲秋常作客，百年多病独登台。
·（唐）杜甫《登高》

---

红藕香残玉簟秋。轻解罗裳，独上兰舟。
·（宋）李清照《一剪梅》

---

已是黄昏独自愁，更著风和雨。
·（宋）陆游《卜算子·咏梅》

游鹖独运

yùn
运

| 甲骨文 | 金文 | 篆文 | 隶书 | 楷书 | 行书 | 草书 | 标准宋体 |
|---|---|---|---|---|---|---|---|
|  |  | 諢 | 運 | 運 | 運 | 乭 | 运 |

## 名言馆

运命惟所遇，循环不可寻。
　　　　·（唐）张九龄《感遇》

万事须已运，他得非我贤。青春须早为，岂能长少年。
　　　　·（唐）孟郊《劝学》

弦上深知流水意，鼻端不怯运斤风。
　　　　·（宋）黄庭坚《和答王世弼》

运交华盖欲何求？未敢翻身已碰头。
　　　　·鲁迅《自嘲》

## 解字堂

运，形声字。从"运"字的篆文来看，"运"字左半部分是一个"辵"字形，是行进的意思，"軍"既是声旁也是形旁，表示部队，兼表部队行进之意，所以"运"的本义是物体移徙、移动。那么"运"字是怎么变成今天我们所看到的这个"运"呢？在演变到隶书时，隶书将篆文"运"的左半部分"辵"字形写成"辶"字形。到了俗体楷书的时候，另造形声字，用作为声旁的"云"字形代替正体楷书的"軍"字形，就变成了我们今天所看到的"运"字。

白话版《说文解字》：运，徙迁转移。字形采用"辵"作边旁，"軍"作声旁。"云"字的这个徙迁转移的意思就是我们现在所常说的意思。"运"字在我们的使用中大部分做的是动词，除了它的本义以外，"运"字还有策动，转动，进行的意思，如《庄子·逍遥游》："是鸟也海运则将徙于南冥。"《后汉书》："夫宰相运动枢极。"其中的"运"都是进行的意思。"运"字作动词是比较常见的，"运"字也做名词，如我们平常所说的"运气、走运、好运"中的"运"字都是作名词的，都是变化发展的轨迹的意思。以上对"运"字的介绍，大家看了之后应该对"运"字有所了解了吧。

## 温故知新

###  四字通解

游鹍独运，常常有人用《庄子·逍遥游》里面"鲲鹏南徙"的寓言来解释这里的鹍字，但是在这里是不合适的。庄子的气魄更加庞大恢宏，他说的鲲是一种大鱼，"北溟有鱼，其名为鲲。鲲之大，不知其几千里也。化而为鸟，其名为鹏。鹏之背，不知其几千里也。""游"通常的意思也就是人或动物在水里行动。这个叫"鲲"的鱼大得很，不知道有多长，鲲一变成为大鹏鸟，鸟的背也不知道有多大。而这里的鹍字是鸟字旁，是长得像鹤一样的一种大鸟，不是大鹏。所以说在这里用庄子的寓言来解释这个"鹍"是不合适的。

鹍和鹤都喜欢独居，性情孤傲，没有一群鹍在一块的。鹍可以飞得很高，所以这里说游鹍独运，是用来衬托出君子和而不同、群而不党、处污而不染的操守的。

###  故事厅

#### 范蠡游五湖

范蠡，字少伯，春秋战国末期的政治家、军事家和经济学家。他出身贫寒，但聪敏睿智、胸藏韬略，年轻时就学富五车，上晓天文、下识地理，满腹经纶，文韬武略，无所不精。然纵有圣人之资，在当时贵胄专权、政治紊乱的楚国，范蠡却不为世人所识。

春秋时期，吴越争霸，范蠡帮助越王勾践灭吴以后，做了上将军。他感到自己的地位已到顶点，难以长久保全，加之勾践其人心胸狭窄，于是便向勾践告辞说："主上受辱，臣下应该为主上而死。如今越国的耻辱已经洗刷，如果大王赦免我没有为主上受辱而死的罪行，请让我辞去官职，到江湖上养老吧。"勾践挽留说："我正想和你分享富贵，如果你不依从，那我就要杀你了。"范蠡笑着说："大王按照你的意愿出令，小臣可得按照自己的想法行事了。"

第二天，范蠡就收拾行李、带着家人，悄悄乘船走了。范蠡出走后，寄信给文种说："鸟尽弓藏，兔死狗烹。越王这人可以共患难，不能与他共享荣华。"

文种没有听范蠡的劝告。不久，有人在勾践面前说文种要谋反，勾践就给文种一把剑，逼他自杀了。范蠡离开越国，乘着小船往来于大江五湖之间，以经商为业。他经常变换姓名，到了齐国更名为鸱夷子皮，到了陶邑称朱公，因此谁也不知这位商人就是大名鼎鼎的越国谋臣范蠡。他很会做生意，积聚了成千上万的资财，成了历史上有名的大商人。

### 猜谜语

独臂老人。
（打一常言俗语）

送别云长迎子龙。
（打一字）

 **知识角**

 **成语窗**

### 运斤成风

这个成语见于《庄子·徐无鬼》："郢人垩漫其鼻端，若蝇翼，使匠石斫之。匠石运斤成风，听而斫之，尽垩而鼻不伤，郢人立而不失容。"庄子说的这几句话的大意是：楚国的郢都有个勇敢沉着的人，他的朋友石是个支艺高明的匠人。有一次，他们表演了这样一套绝活：郢人在鼻尖涂上像苍蝇翅膀一样薄的白粉，让石用斧子把这层白粉削去。只见匠人不慌不忙地挥动斧头，呼的一声，白粉完全被削掉了，而郢人的鼻尖却丝毫没有受到损伤，郢人也仍旧面不改色，若无其事地站在那里。这件事被宋国的匡君知道了，他非常佩服石的绝技和郢人的胆量，很想亲眼看一看这个表演。于是，国君就恭恭敬敬地把匠人石请来，让他再表演一次，石说："我的好友已经去世，我失去了唯一的搭档，再也没法表演了。"根据这个故事，后人将"运斤成风"引为成语，比喻手法熟练，技艺高超，也可以形容有自信。

这个故事告诉我们知音对我们的重要性，我们的国家经济建设，既需要千里马，更需要伯乐。所以，有了伯乐的慧眼，有了捣石灰的人配合，千里马才能各尽其才，匠石才能运斤成风。企业才能兴旺，国家才能富强。即使有再大的本领，缺少了知音的配合，也施展不出来，所以在生活和工作中也要做到慧眼识真，个人的本领和才华才能尽情地施展。

### 散兵游勇

勇：清代指战争期间临时招募的士兵。原指没有统帅的逃散士兵。现指没有组织的集体队伍里独自行动的人。

### 游刃有余

刀刃运转于骨节空隙中，还有回旋的余地。比喻工作熟练，有实际经验，解决问题毫不费事。

### 鲲鹏得志

鲲鹏：传说中的极大的鱼和鸟。比喻有大志的人得到施展的机会。

### 独出机杼

独：独特，特别；机杼：织布机和织布梭，引申为织布方法。比喻文章的命题和构思独特新颖，与众不同。

### 独夫民贼

独夫：暴虐无道，众叛亲离的统治者；民贼：残害人民的坏家伙。指对国家人民有严重罪行的、残暴的统治者。

### 独具慧眼

能看到别人看不到的东西，形容眼光敏锐，见解高超，能作出精细判断。

### 独木难支

一根木头支不住高大的房子。比喻一个人的力量单薄，维持不住全局。

### 运筹帷幄

指在后方决定作战策略。

凌摩绛霄

| 甲骨文 | 金文 | 篆文 | 隶书 | 楷书 | 行书 | 草书 | 标准宋体 |
|---|---|---|---|---|---|---|---|
|  |  | 夌 | 凌 | 凌 | 凌 | 凌 | 凌 |

### 解字堂

凌，形声字。"凌"的右边是"夌"，与"凌"读音相同。"凌"的偏旁是三点水，与水有关，本义是水名。东汉许慎在《说文解字》中写道："凌，水。在临淮。从水夌声。"凌水，古河名（并不是今天辽宁省的大凌河），即今京杭大运河泗阳段。传说远古帝王伏羲氏就诞生在凌这个地方。秦置凌县（今江苏泗阳西北部），故治在今江苏泗阳县众兴镇凌城村，属泗水郡。汉字简化后，"淩"与"凌"合并，同写作"凌"。

"凌"可以作名词和动词。当"凌"作名词时，除了上面说的意思，还可以作姓氏。当"凌"作动词时，主要有四个义项。表示乘、登，如《楚辞·九章·哀郢》："凌阳侯之泛滥兮，忽翱翔之焉薄。"引申为逾越，如《吕氏春秋·论威》："虽有江河之险则凌之。"又引申为欺侮，如三国魏刘劭《人物志·材理》："故善难者，征之使还；不善难者，凌而激之。"还可以表示冒着，如晋孙绰《登天台山赋》："八桂森挺以凌霜，五芝含秀而晨敷。"

汉字简化前，原来的"淩"字表示冰、积聚的冰，如《楚辞·大招》："冥凌浃行，魂无逃只。"现在有词语冰凌、凌锥。

### 名言馆

凌波微步，罗袜生尘。
· （三国）曹植《洛神赋》

会当凌绝顶，一览众山小。
· （唐）杜甫《望岳》

墙角数枝梅，凌寒独自开。
· （宋）王安石《梅花》

洛浦凌波矜绝态，缑山骑鹤想前身。
· （宋）陆游《南园观梅》

谜语答案　空有一手绝活　运

| 甲骨文 | 金文 | 篆文 | 隶书 | 楷书 | 行书 | 草书 | 标准字体 |
|---|---|---|---|---|---|---|---|
|  |  | 摩 | 摩 | 摩 | 摩 | 摩 | 摩 |

## 名言馆

飞飞摩苍天，来下谢少年。
· （三国）曹植《黄雀少年行》

---

四角碍白日，七层摩苍穹。
· （唐）岑参《与高适薛据同登慈恩寺浮图》

---

蛟龙无定窟，黄鹄摩苍天。
· （唐）杜甫《寄题江外草堂》

---

三万里河东入海，五千仞岳上摩天。
· （宋）陆游《秋夜将晓出篱门迎凉有感》

## 解字堂

摩，形声字，从手，麻声。"手"意为手掌。故该字的本义是用手摩擦，比喻以掌代磨，略施暗力搓转。该字为多音字，有mó、mā两个读音。

读音mó的词组意思运用比较多。有摩擦，接触之义。如摩崖，意思是山崖上刻的文字、佛像等。还有抚摸之义。如按摩，用手或器械来回摩擦、揉捏或敲打身体的表面部分的行为，用于治疗目的。按摩是以中医的脏腑、经络学说为理论基础，并结合西医的解剖和病理诊断，而用手法作用于人体体表的特定部位以调节机体生理、病理状况，达到理疗目的的方法，从性质上来说，它是一种物理的治疗方法。也有研究切磋之义。如观摩，意思是观看成绩，交流经验，互相学习。摩切，切磋琢磨。摩研，切磋研究。摩拟，比拟研究。摩托车，意为装有内燃发动机的两轮车或三轮车。古代该字还通"磨"，磨炼之义。"反己而不穷，循古而不摩。"出自《庄子·徐无鬼》。通"磨"，也有磨灭之义。《汉书·司马迁传》："古者富贵而名摩灭，不可胜记。"意思是：古时候家世富贵但是逐渐消亡，被后人所遗忘的事情，数不胜数。还可作量词，摩尔的简称。表示物质的量，符号为mol。每1摩尔任何物质含有阿伏伽德罗常数约$6.02 \times 10^{23}$个微粒。

读音mā的用法比较少，用手将物体搓平整。如：摩平。摩挲，既可读mó suō，也可读mā sā。

"摩"也可作姓氏。

凌摩绛霄

| 甲骨文 | 金文 | 篆文 | 隶书 | 楷书 | 行书 | 草书 | 标准宋体 |
|---|---|---|---|---|---|---|---|
|  |  | 絳 | 絳 | 絳 | 绛 | 绛 | 绛 |

## 解字堂

绛，形声字。从糸（mì）。本义：大红色。《说文解字》中解释为："绛，大赤也。"

绛，一般来说有三种词性。它可以作形容词、动词以及名词。下面就这三种词性做具体的解释。请结合具体的语境，细心体会绛字在不同语境中不同词性的用法。首先，绛，可以作形容词。此时为本义，指大红色。如左思《吴都赋》："纶组紫绛"。还有《广雅》："纁谓之绛。凡九旗之帛皆用绛。"在《淮南子·地形》中有是说："绛树在其南。"以及姚鼐《登泰山记》："绛皓驳色。"又如：绛帐（绛帏。红色帷帐；对师长之尊称）；绛脂（大红胭脂）；绛纱（红色的纱帐）；绛帻（大红色头巾，代指宫中侍卫人员）；绛节（红色符节）。绛，还可以作动词，意思是染为绛色。如：绛天（把天空染为绛色）。绛，最后一种词性可以作名词。一般指的是古都名，春秋晋地。在古代文献中有涉及，如《国语·晋语》："绛人也。"注："晋国都，在今山西绛县。"又如：绛人（绛县的老人）；绛侯（指汉高祖刘邦的大臣周勃，他以功封绛侯，在铲除诸吕中起了重大作用）；绛老（本指春秋晋国绛县的老人，后泛指高寿的老年人）。

绛，本义指的是大红色。也有其他衍生的色彩。如绛紫，指的是紫中略带红的颜色。以上就是绛字的三种用法的总结。

## 名言馆

绛帻鸡人送晓筹，尚衣方进翠云裘。

·（唐）王维《和贾至舍人早朝大明宫之作》

绛唇珠袖两寂寞，晚有弟子传芬芳。

·（唐）杜甫《观公孙大娘弟子舞剑器行并序》

青山满眼泪堪碧，绛帐无人花自红。

·（唐）司空图《敷溪桥院有感》

翠袖倚风萦柳絮，绛唇得酒烂樱珠。

·（宋）苏轼《浣溪沙》

# 凌摩绛霄

## xiāo 霄

| 甲骨文 | 金文 | 篆文 | 隶书 | 楷书 | 行书 | 草书 | 标准字体 |
|---|---|---|---|---|---|---|---|
|  | 霄 | 霄 | 霄 | 霄 | 霄 | 霄 | 霄 |

## 名言馆

感此怀故人，中霄劳梦想。
· （唐）孟浩然《夏日南亭怀辛大》

---

三分割据纡筹策，万古云霄一羽毛。
· （唐）杜甫《咏怀古迹五首》其五

---

晴空一鹤排云上，便引诗情到碧霄。
· （唐）刘禹锡《秋词》

---

凌霄不屈己，得地本虚心。
· （宋）王安石《孤桐》

## 解字堂

《说文》："霄，雨䨘为霄。"形声，从雨，肖声。本义天下小雪粒。

《和吴冲卿雪诗》："风助霄仍汹。"《国语·齐语》："雨䨘为霄雪。"

《汉书·扬雄传》："霄，日旁气也。"《后汉书·仲长统传》："霄，摩天赤气也。"郭璞《江赋》："腾虹拔霄。"这说的是它作为"高空稀薄游动的云"的意思。它还有天空、云际的意思，如：《淮南子·原道》："乘云陵霄。"，宋代沈括《梦溪笔谈》："森然干霄。"现在用的词组有：凌霄之志；九霄；霄外（云霄之外，天外）；霄衢（天路）等。它作名词的最后一个意思是：通"宵"，夜晚。现在我们很少用，大多出现在古文里，《吕氏春秋·明理》："有众日并出，有昼盲，有霄见。"《左传》："霄涉颍与楚人盟。"以上都是它作名词的意思，它还有一个词性是动词，通"消"，消灭，消失，如曹植《洛神赋》："忽不悟其所舍，怅神霄而蔽光。"

## 温故知新

 四字通解

凌摩绛霄，意思是直冲布满彩霞的云霄。

凌是向上升高，摩是迫近、接近，如摩天大楼。绛是紫红色，绛霄是紫红色的云气，又叫紫霄。

紫霄宫是传说中神仙所居之地，是九霄中的第八层。九霄分为神霄、青霄、碧霄、丹霄、景霄、玉霄、振霄、紫霄、太霄。越往上，神仙的功力和道行越高。九霄之上还有九天，层层递进，《神仙传》里对此描述得很具体，也很热闹。

这里说的是鲲鹏，喜欢独居，性情孤傲。鲲鹏身体庞大，但是借助大风扶摇而上九万里，飞上很高的天空，飞跃九霄之上，也不会停止自己的飞翔，就像是倒挂在天边的云彩一样。没人知道鲲鹏为什么要飞那么高那么远，那是因为我们都没有鲲鹏那样的雄心壮志，我们宁可安于现状，而不是去欣赏最上面的风景。

### 猜谜语

飞将军自重霄入。
（打一职务）

奉旨灵霄殿。
（打一成语）

奴为绛珠曾卷帘。
（打一中国电影）

 故事厅

### 凌霄花的故事

相传，闽西一个叫龙地的山村住着一户姓董的财主，他家有个可爱美丽又能吟诗作画的女儿——凌霄。

凌霄渐渐到了出嫁的年纪，她悄悄爱上了勤劳善良、高大英俊的长工柳明全。凌霄偷偷为柳明全缝制新衣裳，还经常把好吃的拿给他，俩人山盟海誓生死都要在一起。财主和他老婆正在四处择婿，希望凌霄嫁个门当户对的人家，凌霄和柳明全相恋的事终究被他们知道了，财主怒气冲天，命令丁把柳明全毒打了一顿，然后丢到了荒郊野外。柳明全在深夜就离开了人世，第二天，善良的乡亲们把他埋在了村外的小河边。过了几日，一棵大柳树很神奇地从柳明全的坟地上长出来，它枝叶繁茂，细长的柳条随风摇曳，好像在呜咽着诉说自己的悲伤。

因触犯家规被董财主关起来的凌霄，日夜思念柳明全，不吃不喝，面容憔悴。一天，凌霄从丫环那得知柳明全已去世的消息，她像疯了一样冲出家门扑到柳明全的坟前。凌霄姑娘拜了三拜，就一头撞死在柳树上，霎时变成一棵木质藤，缠绕着树干执着地向上爬，很快就和柳树依偎生长在一起，藤上开满了红色的花朵。

后来，人们发现凌霄姑娘变成的花，可以活血化瘀、解毒消肿，能医治风湿性关节炎、跌打损伤等疾病。为了纪念凌霄姑娘，人们就把这味中药起名叫"凌霄花"，并一直沿用至今。

 **知识角**

### 凌姓起源

百家姓里的凌和淩姓，非常特殊。从汉字来讲，二点和三点之分，就差一点；从实际姓氏来说，两个姓氏，泾渭分明；从历史发展看，分之于淩，一统于凌。

清代经学大师凌廷堪在作品《宁国凌氏家谱序》中，考证了凌姓的来历。凌姓得姓于周朝官名凌人，始从冰（冫）；后因笔误（广韵），凌统支开始用淩姓，始从水。另外，古泗水国有淩县、淩水。

事实上，在凌姓家族中，一直有关于淩姓一点的传说：某皇帝在写凌姓官员时，笔误多写了一点，于是金口玉言，赐姓淩。有传说是康熙帝，当时姑且信之。现在看来，在浙江馀杭淩统的故乡，也有这样的传说。因此，淩作为姓氏的使用，应该是从淩统开始，而赐姓的皇帝，应该指吴国的孙权。

 **成语窝**

### 摩肩击毂
肩膀和肩膀相摩，车轮和车轮相撞。形容行人车辆往来拥挤。

### 摩肩接踵
肩碰着肩，脚碰着脚。形容人多拥挤。

### 神霄绛阙
原指仙境。亦用以形容帝王高深华美的宫殿。

### 清都绛阙
亦作清都紫微，神话传说中天帝所居之宫阙。

### 干霄凌云
高高地耸起，直逼云霄。比喻前程远大，能够迅速成才。

### 九霄云外
在九重天的外面。比喻无限远的地方或远得无影无踪。

耽读翫市

dān

| 甲骨文 | 金文 | 篆文 | 隶书 | 楷书 | 行书 | 草书 | 标准宋体 |
|---|---|---|---|---|---|---|---|
|  |  | 耽 | 耽 | 耽 | 耽 | 耽 | 耽 |

### 解字堂

耽为形声字，从耳，尤声。《说文解字》："耽，耳大垂也。"本义指耳垂于肩上，由此引申出"担负、承受"之义。又引申为"沉迷、迷恋"。人都是有一颗爱美之心，美好的音乐当然可以很轻易打动人的内心，但是当一个人安静坐着，侧耳倾听，一旦沉迷于靡靡之音或甜言蜜语，人就会渐渐迷失自我，不知道自己想要的是什么，忘记了自己该去做什么了。古人造"耽"这个字是为了警示后人，不是不要别人听音乐，更不是不要别人听人说话。造字的古人还不至于这样迂腐呢。人长着一双耳朵，就是为了听清世间形形色色的声音，而没有听觉的人是多么可怜。"耽"字只是为了警示后人要多多用耳倾听，但是不能沉溺于美妙的声音。男人要成就大事不能沉溺于声色犬马，而女孩儿家就不能沉溺于男人的甜言蜜语的爱情。《诗》曰："于嗟女兮，无与士耽。士之耽兮，犹可脱也。女之耽兮，不可脱也。"无论男女，一旦沉迷，就会耽搁自己美好的青春。

### 名言馆

日耽田园趣，自谓羲皇人。
· （唐）孟浩然《仲夏归汉南园寄京邑旧游》

为人性僻耽佳句，语不惊人死不休。
· （唐）杜甫《江上值水如海势聊短述》

无奈被些名利缚！无奈被它情耽阁！
· （宋）王安石《千秋岁令》

生涯落魄惟耽酒，客路苍茫自咏诗。
· （宋）陆游《晚泊松滋渡口》

谜语答案　高师　听天由命　草原女儿

## 耽读翫市

dú
读

| 甲骨文 | 金文 | 篆文 | 隶书 | 楷书 | 行书 | 草书 | 标准字体 |
|---|---|---|---|---|---|---|---|
|  | 讀 | 讀 | 讀 | 讀 | 讀 | 读 | 读 |

### 名言馆

羊公碑字在，读罢泪沾襟。
·（唐）孟浩然《与诸子登岘山》

黑发不知勤学早，白首方悔读书迟。
·（唐）颜真卿《劝学》

辞严义密读难晓，字体不类隶与蝌。
·（唐）韩愈《石鼓歌》

坑灰未冷山东乱，刘项原来不读书。
·（唐）章碣《焚书坑》

### 解字堂

读，形声字。从言，表示说话。从"读"的篆文字形来看，"读"字左半部分是一个"言"字形，是言论、言说的意思；右半部分是一个"賣"字形，"賣"是声旁，读yù。

白话版《说文解字》中："读，朗读诗书经文。"这也就是"读"字造字本身的意思：将书籍、文书上的文字念出声来。我们都知道，古书上没有提供停顿的明确标点，读书的人判断作者的表达意图，在完整地表达了一个意思后在结束处略作停顿，这叫作"断句"。以句子为单位的语法停顿也叫"句"，句子中的语气停顿叫"读"。韩愈的名作《师说》中有这么一句："句读之不知，惑之不解，或师焉，或不焉，小学而大遗，吾未见其明也。"这里面的"句读"就是上面所说的"断句"。《公羊传·定公元年》中有一句："主人习其读而问其传。"其中的"读"是dòu音，也表示停顿的意思。"读"字在我们平常生活中基本作动词，如《庄子·则阳》中："今计物之数，不止于万，而期曰万物者，以数之多者号而读之也。"其中的"读"音为dú，在句中作动词，是念出来的意思。上面对"读"字的介绍，大家看后应该会有不少收获吧。

耽读翫市

wán

| 甲骨文 | 金文 | 篆文 | 隶书 | 楷书 | 行书 | 草书 | 标准宋体 |
|---|---|---|---|---|---|---|---|
|  |  | 翫 | 翫 | 翫 | 翫 | 翫 | 翫 |

### 解字堂

"翫"为形声字，《说文解字》曰："翫，习厌也。从习，元声。"意思就是用不严肃的态度来对待，轻视。《春秋传》曰："翫岁而愒日。"意思就是贪图安逸，虚度岁月。今通常做"玩"，但"玩"的本义是以手玩弄玉。《说文》道："玩，弄也。从玉元声。"意思就是玩耍、玩弄。如《国语·吴语》："将还玩吾国于股掌之上。""翫（玩）"的本义是轻视、疏忽。比如"玩忽职守"，指的是不认真、不负责地对待本职工作。"玩世不恭"，指的是指因对现实不满而采取的一种不严肃、不认真的生活态度。现代社会的"玩"则更多指的是玩耍、玩乐。"玩"字可以作动词和名词。"玩"作动词时，还有琢磨、研究的意思。如玩索（体味探索）、玩习（玩味研习）、玩思（研究，探索）、玩味（细细体会其中意味）。《列子·黄帝》："玩其文也久矣。"意思是研究他的文章很久了。此外，"玩"还有使用（不正当的方法手段等）的意思。如"玩花招儿""玩心思"等。另外，"玩"还表示欣赏。《聊斋志异·促织》："展玩不可晓。"在这个义项上还可以引申为供赏玩的东西。我们所说的"古玩"中的"玩"就是这个意思。可见"玩"用在正道上可以促进学习、研究，但要警惕"玩物丧志"，就是沉迷于玩赏所喜好的东西而消磨掉志气。

### 名言馆

玩人丧德，玩物丧志。
·《书·旅獒》

---

玩天地于掌握之中。
·《淮南子·精神》

---

为乘阳气行时令，不是宸游玩物华。
·（唐）王维《奉和圣制从蓬莱向兴庆阁道中留春雨中春望之》

---

香远益清，亭亭净植，可远观而不可亵玩焉。
·（宋）周敦颐《爱莲说》

耽读靓市

# 市 shì

| 甲骨文 | 金文 | 篆文 | 隶书 | 楷书 | 行书 | 草书 | 标准宋体 |
|---|---|---|---|---|---|---|---|
| | 岸 | 市 | 市 | 市 | 市 | あ | 市 |

## 名言馆

愿为市鞍马，从此替爷征。
　　·北朝乐府《木兰辞》

忽过新丰市，还归细柳营。
　　·（唐）王维《观猎》

牛困人饥日已高，市南门外泥中歇。
　　·（唐）白居易《卖炭翁》

昨日入城市，归来泪满巾。
　　·（宋）张俞《蚕妇》

## 解字堂

市，形声字。金文从之，从兮，兮为何意，难以知晓。清代陈昌治刻本《说文解字》："市买卖所之也。市有垣，从冂从乁，乁，古文及，象物相及也。"意思是：市，买卖时前往的交易场所。

该字作动词，意为到集市上叫唤，做买卖。如：市场，商品交易的场所或商品行销的区域。市侩，旧指买卖的中间人、唯利是图的奸商，现泛指贪图私利的人。市官，管理买卖市集的官吏。市交，市肆交易。《木兰诗》："愿为市鞍马，从此替爷征。"宋代张俞《蚕妇》："昨日入城市，归来泪满巾。"

该字作名词，表示交易场所，集贸地。市面，街上商店或摊点多的地方。市征，市场的税征。市曹，市中商店聚集的地方，即市场，引申为买卖官爵。市声，街市中的喧闹声。市人，集市或城中街道上的人官员。《说文》解释："市，买卖之所也。"《战国策·齐策》："能谤讥于市朝，闻寡人之耳者，受下赏。"意思是：能够在公共场所批评议论我的过失，并能传到我的耳朵里的，受下等奖赏。也有城镇之义，人口密集的行政中心或工商业、文化发达的地方。如市区，城市，市镇。还表示行政区划单位，如北京市，南京市，市县，地市，市长。

该字也可作形容词，表示商业标准化的，度量衡单位。如市斤。市制重量的主单位，单位制的一种，以米制为基础。

## 温故知新

 四字通解

耽读玩市，耽是沉浸、沉恋、入迷了，以至别人叫也听不见，所以耽是耳字旁。玩市是热闹的集市、游玩的场所，相当于现代的购物中心。"耽读玩市"是在嘈杂的市场里还能潜心读书，对外面的一切境界充耳不闻，这个典故说的是东汉学者王充。"寓目囊箱"也是说，在王充眼里只有书囊和书箱，除此而外，视而不见，听而不闻。

王充是东汉著名的唯物论思想家，字仲任，会稽上虞（今浙江上虞）人。早年曾入太学受业，师事班彪，博通百家言。年轻时游学洛阳，因家境不富，买不起书，便经常到书肆站立着读书，可以过目成诵。他曾做过小官，但不久就辞官回乡，一面教书，一面著书立说。他以毕生心血写下四部哲学巨著：《讥俗》《政务》《养生》《论衡》，但保留下来的只有《论衡》一部。

 故事厅

### 车胤囊萤照读

车胤，东晋时南平郡人。车胤从小家里一贫如洗，但他读书却非常用功，车胤囊萤照读的故事，在历史上被传为美谈，激励着一代又一代的读书人。囊萤照读到底是怎么回事呢？

车胤青少年时家境很穷，父亲车育虽在南平太守王胡之面前当一名主簿，但因官职不高，俸薪也不多，每月收入仅能糊口，生活并不优裕。车胤的母亲是位勤劳贤惠的妇人，每天除忙于家务外，还要纺纱织麻，补贴家用。车胤从小好学不倦，但因家境贫困，没有多余的钱买灯油供他晚上读书。为此，他只能利用这个时间背诵诗文。

夏天的一个晚上，他正在院子里背一篇文章，忽然见许多萤火虫在低空中飞舞。一闪一闪的光点，在黑暗中显得有些耀眼。他想，如果把许多萤火虫集中在一起，不就成为一盏灯了吗？于是，他去找了一只白绢口袋，随即抓了几十只萤火虫放在里面，再扎住袋口，把它吊起来。虽然不怎么明亮，但可勉强用来看书了。从此，只要有萤火虫，他就去抓一把来当作灯用。由于他勤学苦读，后来终于学有所成，还做了职位很高的官。

车胤囊萤照读的故事告诉我们成功是来之不易的，要想成功就必须勤奋，再聪明的人，如果他不勤奋用功，那他最终也成不了大事；一个人即使不聪明，只要他勤奋用功，也能成就大事。

### 猜谜语

平生有癖耽佳句，
语不惊人死不休。
（打一探骊格）

擅长开玩笑。
（打一成语）

门庭若市。
（打一字）

 ## 知识角

### 苏轼的读书方法

苏轼是宋朝著名的文学家，他在诗、词、散文、书法、绘画等艺术领域开风气之先而且成就卓著，即便在读书方法上也有值得大书特书的一笔。在《又答王庠书》中答侄女婿王庠"问学"，介绍了他首创并实践的一种读书方法，从古到今，影响深远。

苏轼在信中说："少年为学者，每一书，皆作数过尽之。书富如入海，百货皆有之，人之精力，不能兼收并取，但得其所欲求者尔。故愿学者，每次作一意求之。"意思是说，年轻人读书，每一本好书都读它几遍。好书内容丰富就像知识的海洋，读书时人的意识指向一个方面，就像打开了一扇窗口，不能使各个方面的知识进入视野，读一遍书只是获取了意识指向的那个方面的信息而已。所以希望读者每读一遍都只带着一个目标去读。

这种定向专一、反复整取的阅读模式，我姑且命名定位为"模式阅读"。因为它是一个模式：带着甲目标读第一遍，带着乙目标读第二遍，带着丙目标读第三遍，带着丁目标读第四遍……苏轼就是这样来读《汉书》的：第一遍学习"治世之道"，第二遍学习"用兵之法"，第三遍研究人物和官制。数遍之后，他对《汉书》多方面的内容便熟识了。运用此法去读一篇文章，比读一本书就容易多了。

信末说："甚非速化之术，可笑可笑。"意思是，远不是速成的方法，是十分可笑的。有人恐怕会把苏轼的谦虚当作浅陋，自以为能眼观六路、耳听八方，何必一意求之、勿生余念呢？殊不知贪多求快乃生性浮躁，涉猎虽广却是过眼烟云。

 ## 成语窗

**耽惊受怕**
担受惊吓。

**读书得间**
间：间隙。比喻窍门。读书得了窍门。形容读书能寻究窍门，心领神会。

**玩世不恭**
玩世：以消极、玩弄的态度对待生活；不恭：不严肃。因对现实不满而采取的一种不严肃、不认真的生活态度。

**千金市骨**
用重价购买千里马的骨头，比喻重视人才，渴望求得人才的愿望。

**玩故习常**
因循守旧，安于现状。

**门庭若市**
门前和院子里人很多，像市场一样。原形容进谏的人很多。现形容来的人很多，非常热闹。

寓目囊箱

### 解字堂

寓，形声字。从宀，禺声。宀，表示房屋。本义：寄居，寄住。《说文解字》中解释："寓，寄也。"原指寄居，后泛指居住：寓公（古代指寄居他国的官僚贵族；后泛指失势寄居他乡的地主绅士等人）。寓，可以作动词和形容词。下面就两种词性进行具体的介绍。

当寓作动词时，一般是指它的本义。如柳宗元《小石潭记》："径造袁所寓。"还有明代宋濂《送东阳马生序》中写到的"寓逆旅主人。"关于带寓字的词也有很多的说法。如：寄寓（寄居）；寓士（寄居之人）；寓泊（寄住）；寓食（寄食。寄居在别人家里生活）；寓客（寄居他乡的人；外来暂住的旅客）。当寓作动词时，还有寄托的意义。例如《左传·僖公二十八年》："得臣与寓目焉。"陶渊明《归去来兮辞》："寓形宇内。"宋欧阳修《醉翁亭记》："寓之酒。"又如：寓形（寄托其形体）；寓物（托物；寄于物）；寓性（不用本姓，改用有寄托或隐含某种意义的姓氏）；寓情（寄托情志）还有观看的意思。如：寓视（注视）；寓赏（观赏）以及寄递；投寄之意。例如，《左传·襄公二十四年》："子产寓书于子西。"寓，第二种用作名词。表示住所的意思。如梁启超《谭嗣同传》："方访君寓。"又如：有几间草房作寓；寓屋（住所）。还指丧葬用品。

### 名言馆

日月不恒处，人生忽若寓。
· （三国）曹植《浮萍篇》

---

岩壑寓耳目，欢爱隔音容。
· （南朝）谢灵运《酬从弟惠连》

---

寓身化世一尘沙。笑看潮来潮去、了生涯。
· （宋）苏轼《南歌子》

---

寓世无求犹役役，杜门不病亦厌厌。
· （宋）陆游《春日》

谜语答案　唐诗人·杜审言　拿手好戏　闹

寓目囊箱

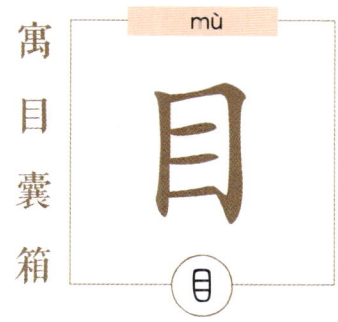

| 甲骨文 | 金文 | 篆文 | 隶书 | 楷书 | 行书 | 草书 | 标准宋体 |

## 名言馆

欲穷千里目，更上一层楼。
·（唐）王之涣《登鹳雀楼》

跨马出郊时极目，不堪人事日萧条。
·（唐）杜甫《野望》

岭树重遮千里目，江流曲似九回肠。
·（唐）柳宗元《登柳州城楼寄漳汀封连四州》

满目河山空念远，落花风雨更伤春。
·（宋）晏殊《浣溪沙》

## 解字堂

《说文》："目，人眼，象形。"甲骨文和小篆字形，象形说明这个字是根据它的形状造出来的，大家可以看这个字，像眼睛形，外边轮廓像眼眶，里面像瞳孔。小篆处理为线条。先秦时期多用"目"，两汉以后，用眼逐渐多起来。"目"具有书面语色彩。

本义：眼睛。如《礼记·郊特牲》："目者，气之清明者也。"宋代范仲淹《岳阳楼记》："满目萧然。"我们现在经常用的词组：目不斜视（眼睛不向旁边看，形容为人正派）；目见耳闻（亲眼看见，亲耳听到）；目治手营（亲眼观察，亲手试验）；目空一世（什么都不放在眼里。形容骄傲自大）；目眩神摇（眼花缭乱，心神摇荡）；目无下尘（眼睛不朝下看，形容态度高傲。目耗（眼睛昏花）；目指（用眼睛示意指点）；目眦（眼眶）；目珠（眼球）；目睛（眼珠）；目精（眼珠；眼睛）。根据"眼睛"这个意思引申而来的还有"目光，眼力"的意思，如《晋书·孙惠传》："四海注目。"目色（视力）；目波（水波似的目光，谓目光流盼如水波）；目逆（以目光相迎）；目极（用尽目力远望）。它作条目，要目之意时，如：目次（书刊上的目录。表示内容的篇目次序）；小朋友是不是比较喜欢看节目呢？节目的目就是它的"目录"之意，此外它还有首领，头目之意，如：目把，指的就是西南少数民族中的小首领。

285

寓目囊箱

náng

| 甲骨文 | 金文 | 篆文 | 隶书 | 楷书 | 行书 | 草书 | 标准宋体 |
|---|---|---|---|---|---|---|---|
|  |  | 囊 | 囊 | 囊 | 囊 | 囊 | 囊 |

## 解字堂

　　囊是形声字，本义是口袋，从橐（"橐"的初文），襄省声。古人交通极为不便，且没有先进的交通工具，有地位的人才能乘车骑马，没钱的穷人只能靠两条腿。因此，不出门则以，一出门肯定就是长久打算，带着大堆大堆的东西，吃的，穿的，用的，都要随身携带，出一趟远门，和搬家没什么两样。古人也没有我们现在的行李箱，只能取一块大一点的布料，像古装剧中的人一样，做成包袱，背在身上，就是行囊。"囊"字的意思全部都是从行囊的意思引申出来的。用布袋装东西的动作基本都会和"囊"相关。布袋里的东西叫作囊中物，布袋里没有了东西，空空如也叫作囊空如洗，从布袋里取出东西叫作探囊取物，从布袋里取东西还是很简单的，手伸进去，摸到就可以拿出来了。像囊的物品，也都可以称作囊，胆囊胶囊都是像囊，却不是布袋子。现在大家对"囊"字有没有什么新的认识呢？

　　白话版《说文解字》中：囊，袋子。"囊"字的意思发展到现在并没有多大的变化。

## 名言馆

使遂蚤得处囊中，乃颖脱而出。
・《史记·平原君虞卿列传》

囊括四海之意，并吞八荒之心。
・（汉）贾谊《过秦论》

当此际，香囊暗解，罗带轻分。
・（宋）秦观《满庭芳》

纵然生得好皮囊，腹内原来草莽。
・（清）曹雪芹《红楼梦》

寓目囊箱

| 甲骨文 | 金文 | 篆文 | 隶书 | 楷书 | 行书 | 草书 | 标准字体 |
|---|---|---|---|---|---|---|---|
|  |  | 箱 | 箱 | 箱 | 箱 | 箱 | 箱 |

## 名言馆

不信比来长下泪，开箱验取石榴裙。
・（唐）武则天《如意娘》

一日读十纸，一月读一箱。
・（唐）杜牧《冬至日寄小侄阿宜诗》

衣褐唯粗帛，筐箱只素书。
・（唐）贾岛《孟融逸人》

小儿可付巾箱业，未用逢人叹不遭。
・（宋）陆游《冬夜读书》

## 解字堂

"箱"，形声字。从竹，相声。本义为车厢。"箱"字常用作名词，如杜甫《村雨》："开箱睹黑裘"，这里的"箱"字就是名词，是装衣服的盒状竹笼的意思。这也是我们常用的意思，装东西的箱子。

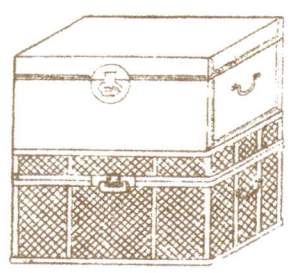

## 温故知新

###  四字通解

寓目囊箱，意思是眼睛注视的全是书袋和书籍。

《论衡》八十五篇，是王充用了三十年心血才完成的，被称为奇书。189年蔡邕来到浙江，看到《论衡》一书如获至宝，密藏而归。蔡邕的友人发现他自浙江回来以后，学问突有大进，猜想他可能得了奇书，便去寻找。果然在他帐间隐蔽处发现了《论衡》一书，抢了几卷就走。蔡邕急忙叮嘱："此书只能你我共读，千万不要外传。"友人读后亦称，真乃奇书也。

###  故事厅

#### 专心致志

从前有一个下棋能手名叫秋，他的棋艺非常高超。秋有两个学生，一起跟他学习下棋，其中一个学生非常专心集中精力跟老师学习。另一个却不这样，他认为学下棋很容易，用不着认真。老师讲解的时候，他虽然坐在那里，眼睛也好像在看着棋子可心里却想着："要是现在到野外射下一只鸿雁，美餐一顿该多好。"因为他总是胡思乱想心不在焉，老师的讲解一点也没听进去。结果，虽然两个学生同是一个名师传授，但是，一个进步很快，成了棋艺高强的名手，另一个却没学到一点本事。

#### 一叶障目

从前，楚国有个书呆子，家里很穷。一天，他正在看书，忽然看到书上写着："如果得到螳螂捕捉知了时用来遮身的那片叶子，就可以把自己的身体隐蔽起来，谁也看不见。"于是他想："如果我能得到那片叶子，那该多好呀！"

从这天起，他整天在树林里转来转去，寻找螳螂捉知了时藏身的叶子。终于有一天，他看到一只螳螂隐身在一片树叶下捕捉知了，他兴奋极了，猛一下扑上去摘下那片叶子，可是，他太激动了，一不小心那叶子掉在地上，与满地的落叶混在一起。他呆了一会儿，拿来一只簸箕，把地上的落叶全都收拾起来，带回家去。回到家里他想：怎样从这么多叶子中拣出可以隐身的叶子呢？

他决心一片一片试验。于是，他举起一片树叶，问他的妻子说："你能看得见我吗？""看得见。"他妻子回答。"你能看得见吗？"他又举起一片树叶说。"看得见。"妻子耐心地回答。

他一次次地问，妻子一次次地回答。到后来，他妻子厌烦了，随口答道："看不见啦！"

书呆子一听乐坏了。他拿了树叶，来到街上，用树叶挡住自己，当着店主的面，伸手取了店里东西就走。

店主惊奇极了，把他抓住，送到官府去。县官觉得很奇怪，居然有人敢在光天化日之下偷东西，便问他究竟是怎么回事，书呆子说了原委，县官不由哈哈大笑，把他放回了家。

### 猜谜语

二姑娘的包袱。
（打一成语）

打虎将尽忠，没羽箭囊空。
（打一人名）

刚想放下心，毛笔又丢了。
（打一字）

 ## 知识角

### 古代线装书装订方式

线装是书籍装订的一种技术。它是我国传统书籍艺术演进的最后形式，出现于明代口叶，通称"线装书"。实际上在装订时，纸叶折好后需先用纸捻订书身，上下裁切整齐后再扎眼装封面。线装书一般只打四孔，称为"四眼装"。较大的书，在上下两角各多打一眼，就成为六眼装了。讲究的线装，除封面用绫绢外，还用绫绢包起上下两角，以资保护。线装书装订完成后，多在封面上另贴书笺，显得雅致不凡，格调很高。

线装书有简装和精装两种形式。简装书采用纸封面，订法简单，不包角，不勒口，不裱面，不用函套或用简单的函套。精装书采用布面或用绫子、绸等织物被在纸上作封面，订法也较复杂，订口的上下切角用织物包上（称为包角），有勒口、复口（封面的三个勒口边或前口边被衬页粘住），以增加封面的挺括和牢度。最后用函套或书夹把书册包扎或包装起来。

线装书的订联形式有很多种，即四目骑线式、太和式、坚角四目式、龟甲式、唐本式、麻叶式、四目式。

### 明清的科举"教材"

关于明清的科举"教材"，当时的政府也自有其考量。明代的科举考试主要继承了元朝的制度，真正让科举绽放异彩的还是明清时代。特别是永乐年间，政府编修了《四书五经性理大全》，进一步明确了《礼记》采用元人陈澔的《礼记集说》。从此科举考试中四书、五经的版本完全固定下来了。这些版本的选定也为清朝所继承。

 ## 成语窗

### 寓情于景
作者的喜怒哀乐同写景状物结合在一起，通过对景物的描写来表现作者的感情。

### 寄兴寓情
寄：寄托；寓：含；兴：兴致。指作品中寄托饱含了作者的兴致与情怀。

### 过目不忘
看过就不忘记。形容记忆力非常强。出自《晋书·苻融载记》："苻融下笔成章，耳闻则育，过目不忘。"

### 眉清目秀
眉：眉毛；清：清新；目：眼睛；秀：秀丽。形容人容貌清秀俊美。出自元代李直夫《合同文学》第一折："有个孩儿唤做安住，今年三岁，生得眉清目秀，是好一个孩儿也。"

### 括囊不言
括囊：扎束袋口。扎紧袋口不讲话。比喻闭口不言。

### 饭囊酒瓮
比喻只会吃饭喝酒，不会做事的人。

### 充箱盈架
充、盈：满。盛满书箱，摆满书架。形容藏书丰富。

### 仓箱可期
仓箱：盛粮食的工具。粮仓有望装满。比喻丰收大有希望。

易辀攸畏

## 解字堂

易，会意字。甲骨文字形是两手拿着两个酒器，互相倾倒承接酒水，意思是"变易""赐给"。之后逐渐省略两手形，又省略一个酒器，最后则截取酒器的一部分，变成了⻂形。

"易"可以作动词、形容词、名词。当"易"作动词时，有我们很熟悉的换的意思，我们说的"交易"中的"易"就是这个意思。当然，当"易"作动词时，还可以表示改变。成语"移风易俗"中的"易"正是此义，这也是我们有所了解的。另外"易"作动词用法时还有大家不是很熟悉的义项。《礼记·乐记》："易慢之心入之矣。"这里的"易"是轻视的意思。"易"还有治，整治的意思。《孟子》："易其田畴，薄其税敛，民可使富也。""易"也用作形容词。除了大家熟悉"容易"的意思，当"易"作形容时，还有平坦的意思。枚乘《七发》："羁坚辔，附易路。""易"也可以作名词。这时，"易"可以作通假字通"埸（yì）"，表示边界。另外"易"还可以表示《周易》的简称。"易"作名词时，还可以作姓氏用。

以上就是对"易"的用法和意思的介绍。"易"是常用字，但是它也有不为大家所了解的意思，希望经过系统地介绍，大家对"易"这个字有更加全面的理解。

## 名言馆

时缤纷其变易兮，又何可以淹留？

·《楚辞·离骚》

---

独自莫凭栏，无限江山，别时容易见时难。

·（南唐）李煜《浪淘沙》

---

绿杨芳草长亭路。年少抛人容易去。

·（宋）晏殊《玉楼春》

---

人生易老天难老，岁岁重阳。

·毛泽东《采桑子·重阳》

谜语答案　窝窝囊囊　李少石　箱

# 辀 yóu

易辀攸畏

| 甲骨文 | 金文 | 篆文 | 隶书 | 楷书 | 行书 | 草书 | 标准宋体 |
|---|---|---|---|---|---|---|---|
|  |  | 輶 | 輶 | 輶 | 輶 | 辀 | 辀 |

## 名言馆

仁道不遐，德辀如羽。
- （晋）张华《励志诗四首》其三

辀轩凤凰使，林薮鹖鸡冠。
- （唐）陈子昂《秋日遇荆州府崔兵曹使宴》

君乃辀轩佐，予叨翰墨林。
- （唐）李白《赠崔侍郎》

老伴辕南并辀北，小孙膝上或车中。
- （宋）刘克庄《四和》

## 解字堂

辀，形声字，从车，酋（qiú）声。左边是"车"，右边是"酋"。"酋"本身是一个会意字。《说文》解释："酋，水半见于上。""酋"像一个酒坛的形状。因为是陈酒，酒与酒糟下沉，上面"八"像水形。它的本义应为：厚酒、醇酒，酒味浓厚的酒。由此引申为：（酒）有劲儿，强有力。故辀字的本义是强有力的能够承载重物的车辆，指古代一种轻便车。《说文》解释："轻车也。从车酋声。"《诗》曰："辀车鸾镳。"意为銮驾。銮驾，又名銮舆，指皇帝的车驾。后来逐渐演化，由古代帝王出巡的仪仗队伍简化而成。

该字作名词，古代一种交通工具，轻车。如：辀车，意思是轻快的车子。辀轩，意为古代天子的使臣所乘用的轻便车子。

该字作形容词，表示轻便，轻微之义。如：辀亵，意思是不庄重，冒失，亵渎。辀蔽，意为轻微卑贱。辀薄，表示轻微。

有一本著作为《辀轩语》，是清代洋务派代表人物张之洞所撰，全书分上篇语行、中篇语学、下篇语文三部分。语行篇从德行、人品等方面对学子提出要求；语学篇从通经、读史等方面论述为学之道；语文篇分时文、诗赋等，强调读书宜求善本。

易辖攸畏

| 甲骨文 | 金文 | 篆文 | 隶书 | 楷书 | 行书 | 草书 | 标准宋体 |
|---|---|---|---|---|---|---|---|
| 攸 | 攸 | 攸 | 攸 | 攸 | 攸 | 攸 | 攸 |

### 解字堂

攸，会意字，甲骨文从攴，从人，像拿着手杖击打人的样子。《说文》解释为"攸，行水也"，即流水，盖假借义，引申指居处，处所。

攸，一般有两种词性。作形容词和名词。做形容词时一般解释为水流的样子。例如，"水行攸攸也。"（《六书故》引唐本说文）也可以解释为安闲的意思。例句有："主人攸尔而笑曰。"（《汉书·叙传》）又如：攸游（安闲从容，自得其乐的样子）；攸乐（闲适安乐）；攸心（心性弛放）。还有长远的意思。如汉《冀州从事张表碑》："令德攸兮宣重光。"《司农刘夫人碑》："极攸远索。"又如：攸长（长远）；攸隔（远隔）；攸远（遥远，辽远）也可以解释为迅疾。例如《孟子·万章上》："攸然而失。"又如：攸然（迅疾的样子）；攸攸（迅疾的样子；急速的样子）。攸，第二种词性是名词。放在动词之前，构成名词性词组，相当于"所"。如《尔雅》："攸，所也。"以及《易·坤》："君子有所攸往。"《诗·大雅·皇矣》："攸馘安安。"又为县名，攸县，汉置。故治在今湖南攸县东。

### 名言馆

君子有攸往。

·《易·坤》

---

临穴罔惟疑，投义志攸希。

·（晋）陶潜《咏三良》

---

天地与立，神化攸同。

·（唐）司空图《二十四诗品》

---

邓攸无子寻知命，潘岳悼亡犹费辞。

·（唐）元稹《遣悲怀三首》其三

易辖攸畏

| 甲骨文 | 金文 | 篆文 | 隶书 | 楷书 | 行书 | 草书 | 标准宋体 |
|---|---|---|---|---|---|---|---|
| 甲 | 甲 | 畏 | 畏 | 畏 | 畏 | 畏 | 畏 |

## 名言馆

今人嗤点流传赋，不觉前贤畏后生。
· （唐）杜甫《戏为六绝句》其一

羁旅长堪醉，相留畏晓钟。
· （唐）戴叔伦《江乡故人偶集客舍》

猿鸟犹疑畏简书，风云常为护储胥。
· （唐）李商隐《筹笔驿》

不畏浮云遮望眼，自缘身在最高层。
· （宋）王安石《登飞来峰》

## 解字堂

《说文》：畏，惧也。会意。据甲骨文像鬼手拿杖打人，使人害怕。本义：害怕。当它作本义时，如《列子·黄帝》："不畏不怒。"《孟子·梁惠王下》："以小事大者，畏天者也。"《史记·魏公子列传》："公子畏死邪？何泣也？"《战国策·齐策》："妾之美我者，畏我也。"宋代范仲淹《岳阳楼记》："忧谗畏讥。"现在常用的词组：畏威（畏惧权势）；畏威怀德（害怕他的威严，怀念他的恩德）；畏之如虎（像怕老虎那样害怕）；畏天知命（谓知天命，识时务）；畏死贪生（害怕死亡，贪恋生存）；畏戒（畏惧戒惕）；畏附（畏惧依附）。除了"恐惧"之外，还有敬服之意，明代宗臣《报刘一丈书》："心畏相公。"畏天恤民（敬畏上天，爱怜下民）；畏天悯人（敬畏天命，悯惜世人的困苦）；畏伏（敬服）；畏俯（犹敬服）；畏敬（尊敬；敬重）；畏钦（尊敬钦佩）；畏爱（敬佩爱戴）。唐代王建《寒食行》："畏有家人来洒扫。"这里的"畏"是担心的意思，还有"避开，憎恶"，"怨恨"之意，如《广雅》："畏，恶也。"《史记·魏公子列传》："是后魏王畏公子之贤能。"古代被兵器杀死，也用这个字表示，后面这几个意思用得较少，最多的就是它的"害怕""敬服"的意思，大家经常听的"大无畏"精神就是此意。

## 温故知新

### 四字通解

易輶攸畏，意思是换了轻便的车子要注意危险。

易是轻易、疏忽；輶是一种很轻巧的车子，有轻忽、轻率的意思。对一些小事很容易轻视、疏忽叫"易輶"。"攸畏"是所畏，有所畏惧。不要轻视小事，不要疏忽很容易的事情，人往往是在阴沟里翻船，一定要重视，这就是"易輶攸畏"。

生活中也是这样，我们做人做事要性行恭谨，保持一种谦虚谨慎的态度，不要太过于张扬，我们所拥有的并不是留给我们炫耀的。我们不知道生活中会遇到什么样的灾祸，但是我们千万不能因为自己的性格引来可以避免的灾祸。老子就教导我们要清虚以自守，卑弱以自持。生活中与人摩擦，主动道歉，就是一种良好的修为之举。能够让人而退步，说明你的道德境界比对手显然要高得多。古人讲，天下之主，首尚为"德"。你的道德修为高，代表你的外扬力强，你的圈子也必然大，你的未来事业也必然大。

官商量要先下手为强，就杀了吕伯奢全家八人。当二人发现厨房绑着一只猪的时候，方才明白误杀了好人。随即两人匆匆离去，怕被吕伯奢撞见尴尬。在离去的途中，两人恰好遇见了买酒归来的吕伯奢，吕伯奢说他已经吩咐家人杀一只猪款待两人，为什么两人要匆匆离开。曹操解释说有急事，来不及告辞，只好先行离开。随后，曹操突然大呼："来者何人？"吕伯奢惊慌失措回头看到底是什么人的时候，曹操趁其不备挥剑将其砍杀。陈宫质问曹操，既然误杀了他家人，为什么连吕伯奢也不放过？曹操说吕伯奢如果发现家人被杀肯定要告官，并抛出了"宁教我负天下人，莫叫天下人负我"这句话。

曹操因为自己的多疑杀害了吕伯奢一家，更是残酷无情地说出了那句人尽皆知的话，虽说后来建立了不世功业，但是这却是曹操身上一个很大的污点。与曹操同时代的人物评论家许劭对曹操的评价最为精确："治世之能臣，乱世之奸雄。"

### 故事厅

#### 曹操误杀吕伯奢

当时曹操刺杀董卓失败，被董察觉后下令通缉曹操。后来曹操结识陈宫，陈宫以为曹操是明主，就义释曹操，并且舍命跟随，要在乱世中建立一番功业。

两人在逃亡途中遇见了吕伯奢，而吕伯奢是曹操父亲曹嵩的挚友，于是吕伯奢便邀请曹陈二人留宿在自己家。到吕伯奢家后，吕伯奢出门买酒款待二人，此时，曹操便起了疑心。后来，他听见有人在厨房磨刀，听见有人商量"绑而杀之"。曹操以为家里的仆人要对付自己，便和陈

### 知识角

#### 易姓起源

来自姜姓，以易为氏。武王伐纣时，姜尚担任统兵的军师，协助武王取得了胜利，赢得了武王的信任。封他于齐。后来又封他的子孙于易地，这一部分姜尚的后代于是以地名作为姓氏，为易姓。这就是河北易氏的由来。

出自齐大夫易牙之后，以先人的名字作为姓氏。春秋时有齐王的宠臣雍巫，字牙，因采食于易邑，也叫易牙。此人精于烹调技术，但性善逢迎，存有野心。管仲死时曾说易牙"杀子适君"，违反人情，不可重用，但齐王不听。管仲

死后，易牙与竖刁、开方共同专权，齐三病了以后，他们趁机作乱，杀掉大批官吏，并将太子赶出皇宫，立公子无亏为国君。无亏后来被其他的大臣所杀。易牙的子孙以易为姓称易氏。是为山东易氏。

### 周易

《周易》即《易经》，《三易》之一（汉初刘向校书时《三易》仍存，汉后下落不明），是传统经典之一，相传系周文王姬昌所作，内容包括《经》和《传》两个部分。《经》主要是六十四卦和三百八十四爻，卦和爻各有说明（卦辞、爻辞），作为占卜之用。《周易》没有提出阴阳与太极等概念，讲阴阳与太极的是被道家与阴阳家所影响的《易传》。《传》包含解释卦辞和爻辞的七种文辞共十篇，统称《十翼》。

春秋时期，官学开始逐渐演变为民间私学。易学前后相因，递变发展，百家之学兴，易学乃随之发生分化。自孔子赞易以后，《周易》被儒门奉为儒门圣典，六经之首，而儒门之外，有两支易学，与儒门易并列发展：一为旧势力仍存在的筮术易；另一为老子的道家易。所以自孔子赞易起，中国易学开始分为三支。

《四库全书总目》将易学历史的源流变迁，分为"两派六宗"。两派，就是象数学派和义理学派；六宗，一为占卜宗，二为禨祥宗，三为造化宗，四为老庄宗，五为儒理宗，六为史事宗。

《周易》是中国传统思想文化中自然哲学与人文实践的理论根源，是古代人民思想、智慧的结晶，被誉为"大道之源"。内容极其丰富，对中国几千年来的政治、经济、文化等各个领域都产生了极其深刻的影响。先秦有专门讲解易经的经师。

《易经》为群经之首，设教之书。

## 成语窗

**峣峣易缺**
峣峣：高直的样子；缺：损坏。比喻刚直不阿的人不容于世。

**江山易改，本性难移**
人的本性的改变，比江山的变迁还要难。形容人的本性难以改变。

**德輶如羽**
德轻得像羽毛一样。指施行仁德并不困难，而在于其志向有否。也叫德輶如毛。

**轩輶之使**
轩輶：轻车，多由使臣乘坐。指出使的大臣。

**生死攸关**
攸：所。关系到生和死。指生死存亡的关键。

**众望攸归**
众人所期望和敬仰的。形容在群众中威望很高。

**畏首畏尾**
畏：怕，惧。前也怕，后也怕。形容胆子小，疑虑重重。

**人言可畏**
出自《诗经·郑风·将仲子》："人之多言，亦可畏也。"言：指流言蜚语；畏：怕。人们的流言蜚语是很可怕的。

## 猜谜语

有一种牛皮最容易被戳穿，
那是什么牛皮？
（打一俗语）

土黄外皮包白果，
岭南佳果易上火。
（打一水果）

## 属耳垣墙

zhǔ

| 甲骨文 | 金文 | 篆文 | 隶书 | 楷书 | 行书 | 草书 | 标准宋体 |
|---|---|---|---|---|---|---|---|
|  |  | 屬 | 屬 | 屬 | 屬 | 屬 | 属 |

### 解字堂

属，形声字。在甲骨文和金文中未见，本义不详。《说文解字》："属，连也。从尾，蜀声。"段玉裁注："从尾，取尾之连于体也。"认为是从尾巴连在身体上，而得到的"连续"含义。或疑为动物交配接尾，引申为"连续"之含义。

"属"字是怎么简化为现在这个样子的呢？在隶书是"属"字变形较大，"尾"形消失。而"属"的本义也逐渐消失，衍变出来其他的引申义。"属"的引申义有些和本义相关，有些就一点关系都没有了。尾巴与躯干相连接的地方就叫作"属"，或者"属"引申出连接的意思。"属"古代引申出嘱托的意思，通假"嘱"。范仲淹《岳阳楼记》："属予作文以记之"。"属"的意思在现代汉语差不多已经消失了，只有在古文中还可以解释出来。白居易《琵琶行》："十三学得琵琶成，名属教坊第一部。"现在都改变声音，虽然意思没有改变。

### 名言馆

况属高风晚，山山黄叶飞。
· （唐）王勃《山中》

单车欲问边，属国过居延。
· （唐）王维《使至塞上》

沙平水息声影绝，一杯相属君当歌。
· （唐）韩愈《八月十五夜赠张功曹》

十三学得琵琶成，名属教坊第一部。
· （唐）白居易《琵琶行》

谜语答案　吹牛皮　龙眼

属耳垣墙

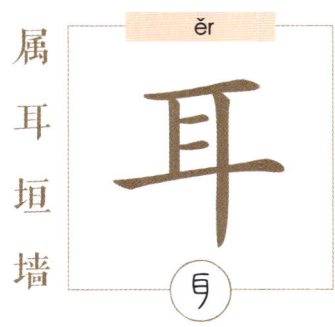

| 甲骨文 | 金文 | 篆文 | 隶书 | 楷书 | 行书 | 草书 | 标准宋体 |
|---|---|---|---|---|---|---|---|
| | | | | | | | 耳 |

### 名言馆

与君歌一曲，请君为我倾耳听。
· （唐）李白《将进酒》

世人闻此皆掉头，有如东风射马耳。
· （唐）李白《答王十二寒夜独酌有怀》

无丝竹之乱耳，无案牍之劳形。
· （唐）刘禹锡《陋室铭》

今夜闻君琵琶语，如听仙乐耳暂明。
· （唐）白居易《琵琶行》

### 解字堂

耳，象形字。我们看了"耳"字的甲骨文字形，一定会认出这是我们一侧的耳朵，是一个最外边的轮廓。"耳"字的甲骨文字形是非常直观的。"耳"字造字本身的意思是：长在人体头部侧边的听觉器官。

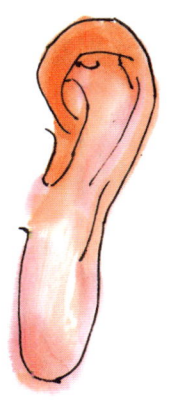

## 属耳垣墙

yuán

垣

| 甲骨文 | 金文 | 篆文 | 隶书 | 楷书 | 行书 | 草书 | 标准宋体 |
|---|---|---|---|---|---|---|---|
|  | 垣 | 垣 | 垣 | 垣 | 垣 | 垣 | 垣 |

### 解字堂

垣，形声字。从土，亘声。本义是墙，矮墙。东汉许慎《说文解字》："垣，墙也。从土亘声。"《墨子·备城门》："周垣之高八尺。"其中的"周垣"是围墙的意思。在墙这个意思上，垣还可以组成许多词语。如：垣衣（生在墙垣上的苔）；垣堵（墙）；垣屋（有围墙的房室；围墙和房屋）。成语"颓垣断壁"意思是犹颓垣废井，形容荒凉破败的景象。这里的"垣"就是墙的意思。

"垣"大都作名词用。除了上文已经讲过的含义之外，还可以表示城市。词语"省垣"表示省城，指省行政机关所在地。清姚鼐《饮郑前村寓舍追感往昔》诗之二："省垣羁宦迹相亲，再世论交况有神。"另外"垣"还可以作姓氏用。《史记·魏世家》："（魏武侯）二年，城安邑，王垣。""王垣"亦称"垣""新垣"，在今黄河北岸、小浪底水库岸边山西省垣曲县境内。史载垣氏即此地初民以地为姓而起源。"垣"还能表示官署的代称。白居易《张十八》诗："谏垣几见迁遗补。""垣"也有作动词的情况。归有光在《项脊轩志》写道："前辟四窗，垣墙周庭，以当南日。"这里的垣是砌墙的意思。

### 名言馆

无言蕙草歇，留垣芳可搴。
· （南朝）谢朓《游山诗》

花隐掖垣暮，啾啾栖鸟过。
· （唐）杜甫《春宿左省》

细雨春芜上林苑，颓垣夜月洛阳宫。
· （宋）陆游《书愤》

奔霆飞熛歼人子，败井残垣剩饿鸠。
· 鲁迅《题三义塔》

属耳垣墙

| 甲骨文 | 金文 | 篆文 | 隶书 | 楷书 | 行书 | 草书 | 标准宋体 |

### 名言馆

淮水东边旧时月，夜深还过女墙来。
· （唐）刘禹锡《石头城》

墙角数枝梅，凌寒独自开。
· （宋）王安石《梅花》

墙里秋千墙外道。墙外行人，墙里佳人笑。
· （宋）苏轼《蝶恋花·春景》

春色满园关不住，一枝红杏出墙来。
· （宋）叶绍翁《游园不值》

### 解字堂

墙，形声字，繁体字写为"牆"。从啬，爿声。啬在古文字中从二禾，是谷仓的意思，所以"墙"的本义是仓廪的围墙，引申为一切砖、土砌成的屏障。随着字形的发展，"牆"从爿声逐渐被人遗忘，因为"墙"主要是土建成的，就改换偏旁为"土"，所以我们现在见到的"墙"字，是左边为"土"，右边为"啬"。

该字只有一个词性，作名词，意为砖、石或土等筑成的屏障或外围。如墙根，意思是墙的下端跟地面接近的地方，也叫墙角，也比喻根本、根据、基本原则、事物赖以建立的基础。墙阙，意思是院落，门庭。墙宇，房舍，住宅之义，喻指人的气度。墙篱，意为藩篱，篱笆。墙东，比喻隐居不仕，以避乱世。墙茨，墙上生长蒺藜，意欲清除，又恐墙坏家毁。比喻阃门淫乱，家丑难除。墙里开花墙外香：比喻自己人做出了成绩，内部还不知道，外面的人倒先知道了。也比喻成绩不受本部门重视，却为其他部门赏识。《论语·公冶长》："粪土之墙不可污也。"意思是：粪土垒的墙壁无法粉刷。唐代杜甫《石壕吏》诗："老翁逾墙走。"意为老翁越墙而逃。还表示器物上像墙或起隔断作用的部分。该意是现代发展演变来的，许多商店如今都用墙纸等装饰店面。墙报：一种常用手写或打字机打的单张报纸，通常贴在布告栏内或墙上。在每个工厂、机关和农场都有墙报。墙纸，即壁纸，用于裱糊房间内墙面的装饰性纸张。

该字比较简单，词性及意思都较少，希望大家能够牢记哦！

## 温故知新

 四字通解

属耳垣墙，意思是说说话要防止隔墙有耳。

属的本义是连接，有关联。耳是耳朵，耳朵与墙是连着，什么意思呢？隔墙有耳，讲话要小心，要有所畏惧，不要旁若无人。垣是用土坯垒的矮墙，这两句话语出《诗经·小雅》"君子无易由言，耳属于垣"一句。

中国人的劣根性之一就是爱打探别人的隐私。扒窗台、听墙根是常有的事，尤其古代是土坯墙，挖个洞就可以属耳，更方便。老人们常说："屋里说话外边有人听，树下说话树上有人听，大道上说话草棵里有人听"，现代观念叫"保密"，所谓"君不密则失臣，臣不密则失身，事不密则失之于人"，不能不小心、不谨慎。虽说"君子坦荡荡"，但是我们并不是要什么事都要告诉别人，或者我们自己觉得没有什么，但是在有心人耳中，就不会是那么简单了。

### 猜谜语

名属教坊第一部。
（打一音乐词语）

属予作文以记之。
（打一字）

请君为我倾耳听。
（打一包装用语）

耳听门外鸟又飞。
（打一成语）

大师维垣。
（打一成语）

断壁残垣乱点鸦。
（打一成语）

 故事厅

### 曾子杀人

有一次，孔子的弟子曾子别了老母，离开了家乡，到费国去。不久，费国有个和曾子同姓同名的人杀了人。有人听到这个消息，也没有弄清情况，就去告诉曾子的母亲："听说你的儿子在费国杀死人了。"这时，曾子的母正在织布，听了这个消息，头也不抬地回答说："我的儿子是决不会杀人的！"她照样安心地坐着织布。过了一会，又有人来说"曾子杀人了！"曾子的母亲仍不睬，还是织她的布。过了不久又跑来一个人，同样地说："曾子杀人了！"听了第三个人的报告，曾子的母亲害怕了，立即丢下手中的梭子，急急忙忙地跳墙跑了。

### 三人成虎

庞葱要陪太子到邯郸去做人质，庞葱对魏王说："现在，如果有一个人说大街上有老虎，您相信吗？""魏王说："不相信。"庞葱说："如果是两个人说呢？"魏王说："那我就要疑惑了。"庞葱又说："如果增加到三个人呢，大王相信吗？"魏王说："我相信了。"庞葱说："大街上不会有老虎那是很清楚的，但是三个人说有老虎，就像真有老虎了。如今邯郸离大梁，比我们到街市远得多，而毁谤我的人超过了三个。希望您能明察秋毫。"魏王说："我知道该怎么办。"于是庞葱告辞而去，而毁谤他的话很快传到魏王那里。后来太子结束了人质的生活，庞葱果真不能再见魏王了。

 ## 知识角

### 三垣——古代的星座

三垣即紫微垣、太微垣、天市垣，与黄道带上之二十八宿合称三垣二十八宿。

相较于现代天文学的星座，星官的各自范围较小、数量较多，因此古代的天文学家又将星官划分为三垣二十八宿等较大的区域。中国古代为了认识星辰和观测天象，把天上的恒星几个一组，每组合定一个名称，这样的恒星纪合称为星官。各个星官所包含的星数多寡不等，少到一个，多到几十个，所占的天区范围也各不相同。在众多的星官中，有31个占有很重要的地位，这就是三垣二十八宿。在唐代，三垣二十八宿发展成为古代的星空划分体系，类似现代天文学中的星座。

### 品一品

横吹曲辞·关山月（卢照邻）
塞垣通碣石，虏障抵祁连。
相思在万里，明月正孤悬。
影移金岫北，光断玉门前。
寄书谢中妇，时看鸿雁天。

 ## 成语窗

**属词比事**
连缀文辞，排比史事。后亦泛指撰文记事。

**属纩含饭**
属纩：用棉花放在人鼻孔前，看看是否有气；含饭：入殓时把米粒放在死人口中。指人死亡和入殓。

**耳边之风**
耳旁之风，一吹而过。比喻不重视，听了不放在心上的话。

**耳不旁听**
两耳不往旁边听。形容神情十分专注的样子。

**重垣叠锁**
重复的垣墙，重叠的锁钥。指深宫内苑，防护严密。

**短垣自逾**
垣：短墙；逾：越过。自己越过短墙。旧比喻亲身违背礼制法度。

**祸起萧墙**
萧墙：古代宫室内当门的小墙。指祸乱发生在家里。比喻内部发生祸乱。

**墙倒众人推**
旧时比喻在一个人受挫折的时候，大家乘机打击他。

谜语答案　指挥棒　这　开口向上　闻鸡起舞　众志成城　一塌糊涂

# 千字文字课 ⑤

主　编　顾作义

副主编　吴小星　阮清钰

南方出版传媒　广东人民出版社

·广州·

图书在版编目（CIP）数据

千字文字课/顾作义主编.—广州：广东人民出版社，2021.5
ISBN 978-7-218-14413-9

Ⅰ.①千… Ⅱ.①顾… Ⅲ.①古汉语—启蒙读物 ②《千字文》—注释 Ⅳ.①H194.1

中国版本图书馆CIP数据核字（2020）第140203号

QIANZIWEN ZIKE

千字文字课
顾作义 主编　　　　　　　版权所有　翻印必究

出 版 人：肖风华

责任编辑：王俊辉
特约编辑：叶益彪
责任技编：吴彦斌
装帧设计：赵焜森　张雪烽　苏　钺

出版发行：广东人民出版社
地　　址：广州市海珠区新港西路204号2号楼（邮政编码：510300）
电　　话：（020）85716809（总编室）
传　　真：（020）85716872
网　　址：http://www.gdpph.com
印　　刷：广州市人杰彩印厂
开　　本：787mm×1092mm　1/16
印　　张：97.5　字　数：1500千
版　　次：2021年5月第1版
印　　次：2021年5月第1次印刷
定　　价：499.00元（全五册）

如发现印装质量问题，影响阅读，请与出版社（020-85716849）联系调换。

千字文字课

# 序

相传北宋文学家苏东坡幼时聪颖异常，有"神童"的美誉。他为此很自傲，飘飘然地写了一副对联来自我标榜："识遍天下字，读尽人间书"。后来有个老翁拿了一本书上门求教，小苏轼发现书上的字竟然都不认识，很是惶愧，便将那副对联改为"发愤识遍天下字，立志读尽人间书"，从此虚心向学，终成一代大文豪。

识字是读书、学习的基础。但识字并不是认字那么简单。汉字是形音义的统一体，其字形、字音、字义之间是相互关联、有机结合的。认字只是简单地认得字形、记住字音，识字则要吃透其字义字理，乃至相关的文化常识等。据不完全统计，中国的汉字大约有十万之巨，如果真要想"识遍"，难于上青天。所幸现在的常用汉字其实也就三五千字，如果能真正娴熟地驾驭一千个汉字，供其笔下驰骋，也已经应付裕如了。

《千字文》，顾名思义，就是一千字，其特出之处就在于这篇"文"中没有一字重复。它作为儿童识字课本已经有一千多年的历史了，是我国传统蒙学经典之一，与《三字经》《百家姓》《千家诗》并称为"三百千千"。

据说南朝梁大同元年(公元535年)，梁武帝萧衍极为重视皇家子嗣的启蒙教育，命人从王羲之书法作品中挑选了一千个不重复的字，以供他们临习。但是这一千个字零散而不成系统，非常不好记忆。梁武帝便召来才思敏捷的散骑

侍郎周兴嗣,嘱他"卿有才思,为我韵之"。周兴嗣用了一晚上把这一千个汉字以四字韵语的形式连缀成篇,这就是"天下第一字书"《千字文》的由来。它不仅流传至今,还传布到海外,被日本、朝鲜等国家作为启蒙教材使用,如今更被译成英文版、法文版、拉丁文版、意大利文版等。

《千字文》是四言长诗,全篇250句,用了8个韵,条理清晰,对仗工整,音韵优美,内涵丰富,很适于记诵。但为什么称为"文",而不是"诗"?那是因为在其时"文"指的是押韵的文字,不同于现在所谓的"文章",而在当时不押韵、不对仗的文字,被称为"笔"。它用一千个不同的汉字,简洁而生动地勾勒出中国传统文化史的轮廓,涵盖了天文、地理、自然、历史、人物掌故、典章制度、道德伦理等诸多方面,可以说是一部袖珍百科全书。

但时至今日,原本作为儿童启蒙读物的《千字文》,在现代人读来,也显得有些艰深了,其中有些字词已不常见常用,更不用说其背后蕴藏的典故、哲理等。所以有人放言:"除中文本科生或专业研究古文的人外,还真鲜有人能读懂《千字文》!"

《千字文字课》的编撰正是基于这样的文化断层"尴尬",期以这个文化旧瓶,装入时代的新酒。"字课"分为5册,以传统的《千字文》文本为基础,每册收录200字,每个汉字都立纲、建档,并进行现代性讲解、演绎,一字一课，一课多识，希望读者能够读一字，有十得，读千字文，如读万卷书。

首先，它是一本非常适合于亲子共阅的开蒙读物。对于学龄前的孩子而言，父母可以通过本书给孩子念诵讲解，每天一字，让孩子从中认字、识字、习字，知道其读音、字形，更了解字理、字义及其应用。在本书中，我们对每个汉字"单独建档"，设立了"书法墙""解字堂""名言馆"等栏目。"书法墙"重在展示字形演变，列出了甲骨文、金文、小篆、隶书、楷书、草书、行书等不同写法，让读者更多了解字形的演变；"解字堂"则重在字义演变，通过两三百字对单字的原义、引申义及其文化内涵、组词应用等进行讲解；"名言馆"则是该汉字的经典运用，重点选录为人所熟知的诗词、名言等，可适用于时兴的"飞花令"。

其次，它是一本有助于青少年增长见识的百科全书。《千字文》本身包含丰富的文学典故、文化常识。本书在对每个汉字"单独建档"之后，又合四字为一对页，进行"集中归档"，设立"四字通解"，对其句意进行贯通讲解，使其统分结合，纲举目张。同时又设立了"故事厅""知识角""成语窗""猜谜语"等栏目："故事厅"重点搜罗与该字相关的趣味典故、故事，让读者通过故事加深对字句的了解；"猜谜语"则通过一些字词的谜语，以趣味的形式引起读者思考，使读者得

到启迪;"知识角"则增加更多相关常识或科普知识等;"成语窗"列举关于该句汉字的相关成语,并进行简单释义。青少年学生可以通过阅读,对相关历史典故、文学常识、科普知识、成语故事等融会贯通,活学活用。

再次,它是一本有益于立德树人的传统德育读本。本书的解读融入了关于孝悌、改过、言语、交友、慕才、念贤、性情等道德修养的故事和箴言。同时,它也是一本可以了解书体演变进而识得规范汉字书写的入门书籍。从古至今,众多书家如智永、欧阳询、怀素、赵孟頫、于右任、启功等都曾留下《千字文》的经典帖本,大家在读本书之余可以加以临习,进一步领略汉字书法之美。

为了增加全书内容的生动性,我们还插入了部分图片,使其更为形象活泼,以增加读者对该字或典故的了解。总之,希望读者能够通过本书的阅读使用,达到识字、解意、明理、知典的效果,最终通晓汉字之真义,领略文化之大美。这就是编者的心愿所在。

由于编者学识水平有限,加之汉字文化博大精深,全书虽经多次校勘,舛误仍然在所难免,敬祈读者方家指正。

是为序。

千字文字课 **目 录**

| | |
|---|---|
| 具膳餐饭 | 002 |
| 适口充肠 | 008 |
| 饱饫烹宰 | 014 |
| 饥厌糟糠 | 020 |
| 亲戚故旧 | 026 |
| 老少异粮 | 032 |
| 妾御绩纺 | 038 |
| 侍巾帷房 | 044 |
| 纨扇圆洁 | 050 |
| 银烛炜煌 | 056 |
| 昼眠夕寐 | 062 |
| 蓝笋象床 | 068 |
| 弦歌酒宴 | 074 |
| 接杯举觞 | 080 |
| 矫手顿足 | 086 |
| 悦豫且康 | 092 |
| 嫡后嗣续 | 098 |
| 祭祀烝尝 | 104 |
| 稽颡再拜 | 110 |
| 悚惧恐惶 | 116 |
| 笺牒简要 | 122 |
| 顾答审详 | 128 |
| 骸垢想浴 | 134 |

| | |
|---|---|
| 执热愿凉 | 140 |
| 驴骡犊特 | 146 |
| 骇跃超骧 | 152 |
| 诛斩贼盗 | 158 |
| 捕获叛亡 | 164 |
| 布射僚丸 | 170 |
| 嵇琴阮啸 | 176 |
| 恬笔伦纸 | 182 |
| 钧巧任钓 | 188 |
| 释纷利俗 | 194 |
| 并皆佳妙 | 200 |
| 毛施淑姿 | 206 |
| 工颦妍笑 | 212 |
| 年矢每催 | 218 |
| 羲晖朗曜 | 224 |
| 璇玑悬斡 | 230 |
| 晦魄环照 | 236 |
| 指薪修祜 | 242 |
| 永绥吉劭 | 248 |
| 矩步引领 | 254 |
| 俯仰廊庙 | 260 |
| 束带矜庄 | 266 |
| 徘徊瞻眺 | 272 |
| 孤陋寡闻 | 278 |
| 愚蒙等诮 | 284 |
| 谓语助者 | 290 |
| 焉哉乎也 | 296 |

千字文字课

具膳餐饭

| 甲骨文 | 金文 | 篆文 | 隶书 | 楷书 | 行书 | 草书 | 标准宋体 |
|---|---|---|---|---|---|---|---|
| 𤰞 | 𤰞 | 𤰞 | 具 | 具 | 具 | 𠂉 | 具 |

## 解字堂

"具"是会意字。甲骨文像是两只手举一只鼎，我们从中可以明显看出，上部分用两个耳朵形状表明这是鼎，而鼎在古代是用来烹饪和盛饭的器具，下部分则是左右相对的两只手。到金文时，误将"鼎"的甲骨文中的两个标志性的耳朵形状省去，写成了"贝"的甲骨文。篆文又将金文的"贝"写成了"目"，两只手的形状也渐渐简省为两点，从而演变为如今的"具"字。许慎《说文解字》中认为具字"从廾，从贝省"，可见，他是将表示鼎的部分看作贝，但如果从甲骨文字形出发，具字上部分应指鼎，只不过因为字体的演变，让后来的人误以为是贝。

根据"具"字的甲骨文字形，我们可以推断该字的本义为动词，表示"拿出饮食器具鼎器，供设酒食"，泛指"准备、备办"，如《仪礼·士冠礼》中的"具馔于西塾"，又如《史记》中的"今有贵客，为具召之"。由此引申为"具有、拥有"的意思；由"鼎器"引申出"器具、用具"的意思；又引申出副词词性，表示"全、都"，如《诗·小雅·楚茨》中的"莫怨具庆"；又引申出量词词性，如一具尸体。

随着时代的演变，"具"字的本义渐渐不用了，多用"持有、拥有"之意，如具有、具备等。此外，"具"的名词意义也很常见，如文具、工具。

## 名言馆

今日良宴会，欢乐难具陈。
  ·《古诗十九首·今日良宴会》

四美具，二难并。
  ·（唐）王勃《滕王阁序》

故人具鸡黍，邀我过田家。
  ·（唐）孟浩然《过故人庄》

政通人和，百废具兴。
  ·（宋）范仲淹《岳阳楼记》

具膳餐饭

shàn
膳

| 甲骨文 | 金文 | 篆文 | 隶书 | 楷书 | 行书 | 草书 | 标准宋体 |
|---|---|---|---|---|---|---|---|
|  | 膳 | 膳 | 膳 | 膳 | 膳 | 膳 | 膳 |

## 名言馆

寇盗尚凭陵，为君减膳时。
· （唐）杜甫《病橘》

养无晨昏膳，隐无伏腊资。
· （唐）白居易《思归》

野蔬充膳甘长藿，落叶添薪仰古槐。
· （唐）元稹《遣悲怀三首》其一

八珍罗膳府，五采斗筐床。
· （唐）韦庄《和郑拾遗秋日感事一百韵》

## 解字堂

"膳"是形声字。准备饭食谓之"膳"，两周时字只作"善"，东周开始追加"肉"旁而成为形声字"膳"。《说文解字》说："膳，具食也。从肉，善声。"意思是说："膳，备置食物。以肉为偏旁，以善为声旁。"

"膳"字本义为动词词性，即"烹制美食招待客人"，如《左传》中的"公膳，日双鸡"，又如《周礼·天官·庖人》中的"春行羔豚，膳膏香"。后来引申为名词，表示"高级的食物、饭食"，如《周礼·膳夫》中的"掌王之食饮、膳羞"，又如《庄子》中的"具太牢以为膳"。由于"膳"字一般指高级饮食，而能达到这个标准的一般为达官显贵或皇室，因此我们看到贵族与皇家常用膳字，而平民则不常用，便以为膳字成为贵族和皇室专用的了，其实不然，膳字这种使用上的特点是由其意思所决定的，并没有特指含义，哪怕是平民，如果能达到高级饮食的标准也可称膳食。

膳字常用于皇室贵族的生活中，如：古代膳府，指宫中贮藏食物的仓库；膳部员外郎，唐代礼部专管膳食的长官；等等。

## 具膳餐饭

cān

| 甲骨文 | 金文 | 篆文 | 隶书 | 楷书 | 行书 | 草书 | 标准宋体 |
|---|---|---|---|---|---|---|---|
|  |  | 餐 | 餐 | 餐 | 餐 | 餐 | 餐 |

### 解字堂

"餐"是形声字。《说文解字》说:"餐,吞也。从食,奴声。湌,餐或从水。"意为"餐,吞食。以食为偏旁,以奴为声旁,湌是它的异体字,从水字旁"。"餐"的本义为动词,意为"吞吃、食用",如《方言》中的"相谒而食",又如《诗·魏风·伐檀》中的"彼君子兮,不素餐兮";引申出名词义,意为"食物、正式的饭食",如《战国策·中山策》中的"以一壶餐得士二人",又如《汉书·韩信传》中的"令其裨将传餐";进而引申出量词词性,意为"一顿、一次"。

在古代,食物有饭、食、餐、享之分,用手直接抓取粗食称饭,有汤有肉的称为食,有山珍海味的高级食物称为餐,供给神灵享用的贡品称享。在指一般的饭食时,古代使用食的频率大大超出其他三个字,如《战国策·齐策》"孟尝君使人给其食用,无使乏";《孟子·梁惠王上》"狗彘之畜,无失其时,七十者可以食肉矣";《老子》"甘其食,美其服"等等。

### 名言馆

朝饮木兰之坠露兮,夕餐秋菊之落英。

·《楚辞·离骚》

---

弃捐勿复道,努力加餐饭。

·《古诗十九首·行行重行行》

---

谁知盘中餐,粒粒皆辛苦。

·(唐)李绅《悯农》

---

壮志饥餐胡虏肉,笑谈渴饮匈奴血。

·(宋)岳飞《满江红》

具膳餐饭

fàn

饭

| 甲骨文 | 金文 | 篆文 | 隶书 | 楷书 | 行书 | 草书 | 标准宋体 |
|---|---|---|---|---|---|---|---|
|  | 飯 | 飰 | 飯 | 飯 | 飯 | 饭 | 饭 |

## 名言馆

饭疏食饮水，曲肱而枕之，乐亦在其中矣。
·《论语·述而》

古庙枫林江水边，寒鸦接饭雁横天。
·（唐）顾况《小孤山》

徒用千金酬一饭，不知明哲重防身。
·（唐）李绅《却过淮阴吊韩信庙》

酒熟铺糟学渔父，饭来开口似神鸦。
·（唐）元稹《放言五首》其二

## 解字堂

"飯"是形声字，《说文解字》说："飯，食也。从食，反声。"意为"飯，食用的意思。以食为部首，以反为声旁"。简化后写作"饭"。

飯字的本义是动词，表示吃饭，如《礼记·玉藻》中的"饭飧者三饭也"，又如《韩非子·十过》中的"饭于土簋，饮于土铏"。后来引申出名词义，指"饭食"，有时特指谷类煮熟的食物，有时指一般的饭食，如《礼记·曲礼上》中"毋抟饭"，又如《列女传》中"父时为将，身所奉饭者以十数"。饭字有时会译为"使……食，给……喂饭"，但这是饭字的使动用法，另当别论，饭字为动词时，只指"用手抓饭进食，吃饭"之意。

在同样表示进食的意思时，"饭"与"食"两者有细微差别，先秦时期多用食而较少用饭，如《左传·隐公元年》中"食舍肉"、《战国策·齐策四》中"长铗归来乎，食无鱼"等都用食字，而饭字表示进食的用法至汉代变得更加常见。

## 温故知新

### 四字通解

具膳餐饭，意思是准备的饭食、每日吃的饭菜。该句可将其分为两组来理解，即具膳、餐饭，每组的第一个字是动词，分别指准备、吃，每组第二个字为名词，分别指膳食、饭菜。虽然膳和餐的本义有特指意义，但是这里应当看作泛指的，即普通的饭菜的意义来理解。古人吃饭有一系列的礼仪，包括席位的安排、就座的姿势、上菜的顺序、动筷的先后、吃相等等，古人还有一套专门的食器，如簋（guǐ）、簠（fǔ）、皿等。一些贵族和皇室更是有着专门的膳食机构，对于食材、食物的烹制等都有严格要求，甚至涉及等级制度。中国古代也涌现出了诸多名满天下的菜品，如我们熟知的东坡肉、麻婆豆腐、西湖醋鱼等。而且我们要注意，古人很少用筷子，一般都是直接用手抓取，到魏晋时期出现简易的筷子，但还不是现代意义上的筷子，而类似于我们说的"公筷"的用法，只用于夹取大锅中的食物，每个人吃饭还是用手抓取。

### 故事厅

#### 司母戊鼎的耳朵

在我国古代，鼎最初是作为食器出现的，通常为三足两耳深腹的形象，在腹下三足间架火烹饪食物，到后来，鼎渐渐成为国家重器，成为国家的象征。春秋时期有楚王"问鼎中原"的典故。相传大禹也曾铸九鼎。然而，我国目前出土的鼎器中，最大的就是司母戊鼎。司母戊鼎是由吴培文于河南安阳发掘出土的，当时正值抗日战争时期，吴为了将其卖掉，打算将鼎肢解，但是却只锯下来两只耳朵，后来由于日军搜寻，吴将其再次埋入地下。司母戊鼎后来被挖掘后，送往南京作为蒋介石的寿礼。解放战争后蒋介石想将其带到台湾，由于鼎过重未能成功。新中国成立后，司母戊鼎被送往南京博物院。遗失的耳朵后来也只找到一只，南京博物院委派潘承琳对鼎进行了修复，至此，司母戊鼎终于找回了自己的"耳朵"。

#### 廉颇老矣，尚能饭否

"廉颇老矣，尚能饭否"一句出自《史记·廉颇蔺相如列传》，记载说，廉颇被免职后，跑到魏国，赵王想重新起用他，便派使者去探望他，使者看到廉颇可食米饭一斗肉十斤，披甲上马，以示尚可用。但使者被廉颇仇人郭开所贿赂，回复赵王说："廉颇将军虽老，尚善饭，然与臣坐，顷之三遗矢矣。"意思是说，廉颇将军虽然已老，但是仍然饭量很大，但是与他坐在一起时，不一会儿就上了三次厕所。赵王听后，认为廉颇已老，遂不复用。辛弃疾曾在《永遇乐·京口北固亭怀古》中用过此典故，表达自己犹有满腔热血想要报效国家却不受重用的苦闷。

### 猜谜语

且将一生共交心。
（打一字）

燕归来。
（打一字）

下月有善举。
（打一字）

## 知识角

### 饭来开口似神鸦

乌鸦因不需出外觅食,只需守在祭台上吃祭品就可度日,有人认为其沾染了灵性,称之为神鸦。与如今的乌鸦总与厄运、晦气相关不同,上古图腾崇拜时期乌鸦是作为一种神的形象出现的。在已发掘的上古文物中,我们会看到一种长着三足的乌鸦,这就是所谓的三足乌,也称三足金乌。它在上古神话"金乌负日"中是驾驭日车的神,我国曾出土过一枚"太阳神鸟"金饰,这就是关于金乌的文物。在后羿射日的神话中,后羿射落的九个太阳其实是九个驾驭日车的三足金乌。

### 古代食器

甗(yǎn):蒸食器,到汉代都有出现。下半部是鬲(lí),上半部是甑(zèng),甑下有带孔的箅(bì)子,用来通水蒸气。

簋(guǐ):盛黍稷的礼器,从商代出现,一直流行到东周,形制也有诸多变化。和鼎一样,簋的使用数量表明了贵族身份的级别。一般使用时是九鼎配八簋,七鼎配六簋,五鼎配四簋,三鼎配两簋。

盨(xū):盛食黍稷的器物,形体一般接近长方体。出现于西周中期,春秋以后不再使用。

簠(fǔ):祭祀和宴飨时盛放黍、稷、稻、粱之器。基本形制为对扣着的一对梯形台状盛器。出现于西周早期后段,盛行于西周末春秋初。

敦(duì):盛放黍、稷、稻、粱等饭食的器皿,由簋发展变化而来,产生于春秋中期,盛行于春秋晚期和战国。

豆(dòu):盛肉酱一类的器皿,出现于商晚期,盛行于春秋晚期至战国中期,作为礼器时常以偶数组合使用,成对出现。

## 成语窗

**具体而微**
整体的各个部分都已具备,只不过形状和规模还比较小。

**问安视膳**
每日必向父母问安,并亲自侍奉父母进膳食,这是古代诸侯、王室子弟侍奉父母的孝礼。

**餐风宿露**
以风为食,露天歇息。形容野外生活或旅途的艰苦。

**一饭千金**
出自《史记·淮阴侯列传》,韩信少贫,时常挨饿,有一个漂母见他饥饿便给他食物。后来韩信为将之后,给当年救过自己的漂母千金以报赐饭之恩。这个成语也用来比喻知恩图报的美德。

**晨炊星饭**
清晨烧早饭,星夜才做晚饭。形容早出晚归,劳作辛苦。

**尸位素餐**
尸位:指生着代替死者受祭的人。比喻空占着职位不做事。

**具食与乐**
准备食物与音乐。

## 适口充肠

| 甲骨文 | 金文 | 篆文 | 隶书 | 楷书 | 行书 | 草书 | 标准宋体 |
|---|---|---|---|---|---|---|---|
| | | | 適 | 適 | 適 | 適 | 适 |

### ～解字堂～

"适口充肠"的"适"字古人写作"適",汉字简化时作"适"。其实古时也有"适"字形,其本义为疾速,读kuò,但今天的"适"字只作"適"的简化字,不再保留本义的用法。"適"是形声字,甲骨文中从止,帝声,金文编里写作"",即为"啻",到后来加上了辵(chuò)字旁,"啻"也隶定为"商",然后演变至如今。

许慎《说文解字》里说:"适,之也。从辵,啻声。适,宋鲁语。"意思是说,"适,到的意思。以辵为偏旁,以啻为声旁。适,是春秋战国时期宋鲁之地的用语"。

"适"的本义我们无法确定,但是我们可以确定,适字最初使用的意思就是"去、到"。《尔雅》中说"适,往也",与许慎之释意差不多。又如《诗·魏风·硕鼠》中"逝将去汝,适彼乐国";《礼记·内则》中"以适父母舅姑之所"。从中引申出"适合、适宜"的意思,如《诗经·魏风·野有蔓草》中"适我愿兮",又如《吕氏春秋·大乐》中的"寒暑适"。又引申出形容词词性,意为"闲适、舒适",如苏辙《武昌九曲亭记》中"意适忘返,往往留于山上"。又引申出副词词性,意为"正好地、恰当地",如沈括《梦溪笔谈》中"从上观之适与地平"。

在古代,"适"也可专指女子出嫁,如《玉篇》中说"适,女子出嫁"。

### ～名言馆～

贫贱有此女,始适还家门。
·汉乐府《古诗为焦仲卿妻作》

少无适俗韵,性本爱丘山。
·(晋)陶潜《归园田居五首》其一

试望家田还自适,满畦秋水稻苗平。
·(唐)韦庄《虢州涧东村居作》

适与野情惬,千山高复低。
·(宋)梅尧臣《鲁山山行》

谜语答案 具 饭 膳

适口充肠

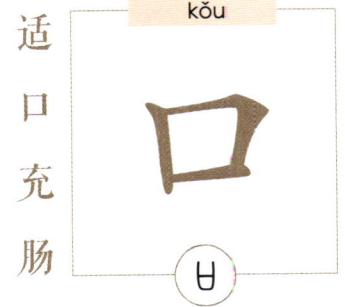

| 甲骨文 | 金文 | 篆文 | 隶书 | 楷书 | 行书 | 草书 | 标准宋体 |
|---|---|---|---|---|---|---|---|
| ᄇ | ᄇ | ᄇ | 口 | 口 | 口 | 口 | 口 |

## 名言馆

故众口其铄金兮，初若是而逢殆。
· 《楚辞·九章·惜诵》

指如削葱根，口如含朱丹。
· 汉乐府《古诗为焦仲卿妻作》

唇焦口燥呼不得，归来倚杖自叹息。
· （唐）杜甫《茅屋为秋风所破歌》

京口瓜洲一水间，钟山只隔数重山。
· （宋）王安石《泊船瓜洲》

牧童归去横牛背，短笛无腔信口吹。
· （宋）雷震《村晚》

## 解字堂

"口"是象形字，甲骨文像张开的人口的形状，《金文编》里的字甚至画出了嘴唇的形状。后来的字体演变中形体基本不变。

许慎《说文解字》中说："口，人所以言食也。象形。凡口之属皆从口。"意思是，"口，是人用来说话进食的器官。是象形字。只要是口从属的字都以口为偏旁"。如吃、喝、吐等与口有关的字都是以"口"为偏旁的。

"口"最初的造字意义指口、嘴巴，是名词，如《春秋元命苞》中"口之为言达也"；又如《鬼谷子·捭阖》中"口者心之门户"。后来引申出另一个名词意义表示人口、人员，如丁口、口粮。再引申出名词，指出入、流通的位置，如陶渊明《桃花源记》中"山有小口"；又如苏轼《石钟山记》中"彭蠡之口有石钟山焉"；又引申出量词义，指呼吸一次，如一口气，或指家庭人数，如四口之家。

"口"和"嘴"在使用上存在区别。从使用场合来说，口多用于书面语，嘴多用于口语，因此在古文中口要比嘴常见；从产生前后来看，嘴晚于口字出现，至少到汉朝时，嘴字还未广泛使用，这从许慎的《说文解字》没有收录嘴字可以显现，这也是古文中嘴字不常见的原因。到后来，嘴字才开始广泛使用，嘴字和口字也不再区分，有些情况下，可用嘴也可用口，甚至嘴字比口字更能适应现代汉语语境，但是在涉及一些古时候保留下来的用语时，我们依然用口而不用嘴，如古代流传下来的成语口诛笔伐、众口铄金等中，口字是绝对不能被嘴字置换的。

## 适口充肠

chōng

| 甲骨文 | 金文 | 篆文 | 隶书 | 楷书 | 行书 | 草书 | 标准宋体 |
|---|---|---|---|---|---|---|---|
|  |  | 㐬 | 充 | 充 | 充 | 充 | 充 |

### 解字堂

"充"是会意字。《说文解字》中的字形像是一个大肚子的人，《六书通》中字形也与《说文解字》中类似，其本义或许与填充人的肚子有关，但也仅是推测。

《说文解字》云："长也，高也。从儿，育省声。"意思是，"充字，指生长、长高。以儿为边旁；以育为声旁，但对育的笔画作了省略。"

关于"充"字的本义，《说文解字》并没有提到，只说"长也，高也"。《说文解字注》中说："《广韵》曰：美也。塞也。行也。满也。"因此"充"可以指塞，如《周礼·天官冢宰·大府》中"以充府库"，《淮南子·说山》中"近之则钟音充"；可以指满，如《战国策·齐策》中"狗马实外厩，美人充下陈"，《仪礼·特牲礼》中"宗人视牲告充"。除去这些形容词性的词义外，又引申出动词词性，意为"归入、加入、当作"，如充军、滥竽充数等。唐诗中常见充军、充任这种用法，如钱起的《送屈突司马充安西书记》，岑参的《送杨录事充潼关判官》，刘禹锡的《送源中丞充新罗册立使》等等。

古文中常用填充、塞满的意义。按《广韵》的说法，充也可以表示美和行的意思，但是例子较少见。

### 名言馆

攀北极而一息兮，吸沆瀣以充虚。
· （汉）贾谊《惜誓》

家田输税尽，拾此充饥肠。
· （唐）白居易《观刈麦》

半匹红绡一丈绫，系向牛头充炭直。
· （唐）白居易《卖炭翁》

适口充肠

cháng

肠

| 甲骨文 | 金文 | 篆文 | 隶书 | 楷书 | 行书 | 草书 | 标准字体 |
|---|---|---|---|---|---|---|---|
|  |  | 腸 | 腸 | 腸 | 腸 | 肠 | 肠 |

## 解字堂

"肠"的繁体字写作"腸"。它是形声字。《说文解字》曰:"肠,大小肠也。从肉,昜(yáng)声。"意思是:"肠,就是大小肠。以肉作为边旁,以昜作为声旁。"段玉裁《说文解字注》说:"《白虎通》曰:大肠小肠,心之府也。心者,主礼。礼者,有分理。肠之大小相承受也。肠为胃纪。胃为脾府。心为肢体主。故有两府。素问曰:大肠者,传道之官,变化出焉。小肠者,受盛(chéng)之官,化物出焉。按所引白虎通,从颜氏《急就篇》注所引也。藏、府古通偁(chēng),如《周礼》注五藏并胃、旁光、大肠、小肠为九藏是也。"这段对肠这个器官做了大体的介绍,并概括了人体的几个重要器官,特别说明了大肠和小肠的不同功用,一个是传递流通的部分,一个是装盛的部分。这里还提到了五藏、九藏的说法,就是五脏和九脏。

"肠"的本义就是指人体内似管道的器官,如《尚书·盘庚下》中"今予其敷,心腹肾肠",又如曹操《蒿里行》中"生民百遗一,念之断人肠";这个意义一直沿用至今。

## 名言馆

日暮征帆何处泊,天涯一望断人肠。
· (唐) 孟浩然《送杜十四之江南》

酒入愁肠,化作相思泪。
· (宋) 范仲淹《苏幕遮·怀旧》

肠已断,泪难收,相思重上小红楼。
· (宋) 辛弃疾《鹧鸪天·晚日寒鸦一片愁》

夕阳西下,断肠人在天涯。
· (元) 马致远《天净沙·秋思》

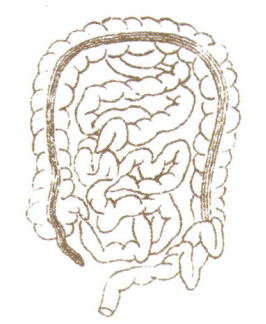

## 温故知新

 四字通解

　　适口充肠，适就是合适，充肠指填满肚子，即吃饱。这句话的意思是说，适合个人的口味，能够吃饱，就足够了。联系前一句"具膳餐饭"，这两句意在告诉我们，平常吃的饮食，不必太过丰盛华丽，只要适合个人的口味，能够吃饱就很好了，告诫人们不要贪婪，知足为乐。

　　这一句从人类最基本的饮食出发，向我们阐释了最朴实无华的生活方式。饮食越简单，人越健康；不浪费，不奢侈，便是节俭。这里也含有知足的道理。《老子》中说："知足不辱，知止不殆。"知道满足就不会受到屈辱，知道停止就不会陷入危险。连我们日常的饮食都尚且如此，更何况其他事情。不过分追求，懂得知足的人，就算没有建树，却也是幸福的。每天粗茶淡饭，就是最真实的人生。一花一世界，就是最美好的生活，又何必去追求那些虚无的名利，只可惜有些人穷尽一生追求，却终究不能满足，无法快乐，只将美好年华尽付与蝇营狗苟，倒不如将眼界放宽一些，人生不应只有追逐，偶尔也该停下来，看看自己所拥有的。

### 猜谜语

迁入京中。
（打一字）

清白上天知。
（打一人体器官）

常念月下扬手别。
（打一字）

 故事厅

### 吴隐之的节俭

　　吴隐之是东晋时期一个非常清廉的官员。他幼年丧父，跟母亲艰难度日，养成了勤俭朴素的好习惯。少年时，吴隐之家境贫寒，却很有骨气，即使每天只能喝粥，也不受外来之财。母亲去世时，他悲痛万分，每天早晨以泪洗面，邻居都被他的品行所感动。当时，有个叫康伯的人是他的邻居，康伯的母亲常对康伯说："你若当官，就可以推荐像吴隐之那样的人去做官。"后来康伯成了吏部尚书，便推荐吴隐之当了官。

　　做官后，吴隐之依然保持着朴素的生活作风，不肯搬进朝廷为他准备的官府，只住在几间茅草房里，过得像平民一样。后来，他的女儿要出嫁，人们想他一定会好好操办一番，没想到，到了结婚那天，吴隐之家里仍冷冷清清。大将军谢石的管家前来贺喜，看到仆人牵着一条狗走出来，便好奇地问道："你们家小姐今天出嫁，怎么到现在什么都没有准备呢？"仆人皱着眉说："小姐今天出嫁，吴大人昨天晚上才吩咐准备。主人叫我今天到集市上去把这条狗卖掉，用卖狗的钱再去置办一些东西。"那位管家感叹道："人人都说吴大人两袖清风、生活朴素，看来真是名不虚传啊。"

## 知识角

### 八大菜系

我国传统菜系共分为八大菜系，分别是川菜、鲁菜、粤菜、苏菜、浙菜、闽菜、湘菜、徽菜。

不同菜系的形成与当地的气候、地理、物产还有当地人民的饮食习惯有着密切的关系，经过漫长的演变而形成一整套自成体系的烹饪技艺和风味。

在各自的口味上，川菜麻辣鲜香，鲁菜咸、鲜、重浓油撩酱，粤菜原汁原味、甜、鲜、清淡，闽菜咸甜（南部）、香辣（北部），徽菜重油味、重盐，湘菜重油、重盐、重辣、多腌制腊味，浙菜酱香味浓，苏菜甜、有黄酒味。

各大菜系形成的原因很多：如食材，北方以面为主食，南方以稻米为主食；北方多牛羊，南方多水产、家禽。如气候，北方寒冷，菜肴以浓厚、咸味为主；华东地区气候温和，菜肴以甜味和咸味为主；西南地区多雨潮湿，菜肴多用麻辣浓味；如烹饪方法，山东菜、北京菜擅长爆、炒、烤、熘等；安徽、江苏菜擅长炖、蒸、烧等；四川菜擅长烤、煸、炒等；广东菜擅长烤、焗、炒、炖、蒸等。

八大菜系中以川菜最为著名，也是民间最大的菜系。川菜素来享有"一菜一格，百菜百味"的声誉。川菜在烹调方法上，有炒、煎、干烧、炸、熏、泡、炖、焖、烩、爆等38种之多。在口味上讲究色、香、味、形，兼有南北之长，以味的多、广、厚著称，历来有"七味""八滋"之说。平时食欲不好的人非常适合吃一些川菜，微辣的复合味有助于促进唾液分泌，增进食欲。著名的菜式有鱼香肉丝、怪味鸡、宫保鸡丁、粉蒸牛肉、麻婆豆腐、毛肚火锅、干煸牛肉丝、夫妻肺片、灯影牛肉、担担面、赖汤圆、龙抄手等。

## 成语窗

**安适如常**
安静舒适，像往常一样。

**削足适履**
削掉自己的脚来适应鞋子的大小。比喻勉强迁就，拘泥旧例而不知变通。

**交口称誉**
异口同声地称赞。

**三缄其口**
在嘴上多次贴了封条。形容说话谨慎，也用来形容不肯或不敢开口。

**汗牛充栋**
用牛运书，牛累得流汗。用屋子放书，要放满整个屋子。形容藏书很多。

**袖手充耳**
手藏于袖中，塞住耳朵。比喻不闻不问，漠然置之。

**荡气回肠**
使肝肠回旋，使心气激荡。形容文章、乐曲十分婉转动人。

**饱饫烹宰**

bǎo

| 甲骨文 | 金文 | 篆文 | 隶书 | 楷书 | 行书 | 草书 | 标准宋体 |
|---|---|---|---|---|---|---|---|
|  |  | 飽 | 飽 | 飽 | 飽 | 飽 | 饱 |

## 解字堂

"饱"的繁体字写作"飽"。它是形声字。《说文解字》中说："饱，厌也。从食，包声。"饱就是厌、满足的意思。以食为偏旁，以包为声旁。《广雅》中说"饱，满也"，与许慎所说意义相近。"饱"的本义是指吃饱，与"饥"相对。最初的"饱"字指人在饮食方面达到满、足的状态，如韩愈《杂说·马说》中"食不饱，力不足"；《诗经·小雅·执竞》中"既醉既饱"；《孟子·梁惠王上》中"乐岁终身饱"。后来词义引申，也可用于形容事物达到满、足的状态，如粮食颗粒饱满、颜色饱和；又如《文心雕龙·事类》中"有学饱而才馁，有才富而学贫"。后又引申出动词词性，意为"满足"，如《诗经·大雅·既醉》中"既醉以酒，既饱以德"。又引申出副词词性，意为"足足地、充分地"，如饱览风光、饱食终日、饱餐一顿等。

我国传统养生之道中提倡七分饱，即吃饭每餐只吃七分饱，饥饱适中即可。这一观念已得到现代医学的认可，适当的饮食能让人更长寿，身体更健康。

## 名言馆

君子食无求饱，居无求安。
　　·《论语·学而》

清谈可以饱，梦想接无由。
　　·（唐）韩愈《洞庭湖阻风赠张十一署》

归来饱饭黄昏后，不脱蓑衣卧月明。
　　·（唐）吕岩《牧童》

细读离骚还痛饮，饱看修竹何妨肉。
　　·（宋）辛弃疾《满江红·山居即事》

饱饫烹宰

## 饫 yù

| 甲骨文 | 金文 | 篆文 | 隶书 | 楷书 | 行书 | 草书 | 标准宋体 |
|---|---|---|---|---|---|---|---|
|  |  | 馕 | 飫 | 飫 | 飯 | 饫 | 饫 |

### 名言馆

傧尔笾豆，饮酒之饫。
·《诗·小雅·常棣》

犀箸厌饫久未下，鸾刀缕切空纷纶。
·（唐）杜甫《丽人行》

豪人饫鲜肥，鲁山饭蒿蓬。
·（唐）孟郊《吊元鲁山》

今来从军乐，跃马饫膏粱。
·（唐）刘禹锡《武夫词》

### 解字堂

"饫"的繁体字写作"飫"。它是形声字。《说文解字》中"飫"作"饇"。

《说文解字》中说："饇，燕食也。从食，芙声。《诗》曰：'饮酒之饇。'"这就是说："饫指燕食，以食为偏旁，以芙为声旁"。段玉裁《说文解字注》做了解释："燕司宴。安也。安食者，无事之食也。无事食则充腹而已。故语曰谓厌饫。《释言》曰：饫，私也。私即安食之谓。"这段中说到，燕指宴，也就是安，安食就是无事食，无事食就是只为吃饱肚子的食物。饫，也可以指古代家庭私宴。《说文解字注》又说："跣而上座谓之宴。'跣即光足，说明在古代宴会时，需要光脚坐在座位上，这是最基本的礼仪要求。

"饫"的本义是动词词性，指吃饱，如《玉篇》中说"饫，食过多也"；又如《广雅》中"饫，饱也，厌也"。"饫"也表示赏赐，如《广韵》中"饫，赐也"；也表示一种礼仪，称饫礼，这种礼仪需站立行礼，《国语·周语下》中说"夫礼之立成者为饫，昭明大节而已"；也可以表示行饫礼时所唱的饫歌，周武王克殷时，就曾唱饫歌。

饱饫烹宰

pēng

# 烹

| 甲骨文 | 金文 | 篆文 | 隶书 | 楷书 | 行书 | 草书 | 标准宋体 |

## 解字堂

"烹"以今日的构形看来是一个形声字,该字形《说文》无,但其字形的来源与"亯"字形有关。

"亯"是象形字,甲骨金文的字形基本都是象高台上建有殿堂,代表祭祀进献之所,这也大致表示了它的造字义。《说文解字》中解释该字说:"献也,从高省,曰象进孰物形。"意思是说:"亯是献上的意思,以省略了一部分的高字为偏旁,像是进献熟物之形。""从高省"的释形在今天看来是未尽科学的,此处略之不述;而"象进孰物形"所释的应该是"亯"造字义的引申意义,同时它也是古书中的常用义,即表示向鬼神祖先祭献食物。围绕着"献祭"这一意义范畴,"亯"分化出"亨""享""烹"的字形,经过各自的字义发展,"亨""享""烹"各有表义,而"亯"只用作偏旁了。

"烹"的本义与它的来源"亯"字进献食物的意义是相关的,表示烧煮食物,如《集韵》中说"烹,煮也",又如《老子》中的"治大国若烹小鲜",又如《墨子·耕柱》中的"鼎成三足而方,不炊而自烹";又引申出"冶炼"之意,如烹炼、烹锻等;今亦指一种烹饪方法,先用热油略炒,然后加入酱油等迅速搅拌,随即盛出,如烹对虾。

## 名言馆

狡兔死,良狗烹。高鸟尽,良弓藏。敌国破,谋臣亡。
· 《史记·淮阴侯列传》

烹羊宰牛且为乐,会须一饮三百杯。
· (唐)李白《将进酒》

呼童烹鸡酌白酒,儿女嬉笑牵人衣。
· (唐)李白《南陵别儿童入京》

待羔儿、酒罢又烹茶,扬州鹤。
· (宋)辛弃疾《满江红·和范先之雪》

# 饱饫烹宰

zǎi

## 宰

| 甲骨文 | 金文 | 篆文 | 隶书 | 楷书 | 行书 | 草书 | 标准宋体 |
|---|---|---|---|---|---|---|---|
| 甲 | 甲 | 宰 | 宰 | 宰 | 宰 | 宰 | 宰 |

## 名言馆

诸宰君妇，废彻不迟。
·《诗·小雅·楚茨》

中厨办丰膳，烹羊宰肥牛。
·（汉）曹操《野田黄雀行》

家君作宰，路出名区；童子何知，躬逢胜饯。
·（唐）王勃《滕王阁序》

且欲近寻彭泽宰，陶然共醉菊花杯。
·（唐）崔曙《九日登望仙台呈刘明府容》

## 解字堂

"宰"是会意字。《说文解字》中的字形像是一个人在房子下，《六书通》中的字形各有不同，与《说文解字》差别甚大，但后世的字形基本与《说文解字》一脉相承。

《说文解字》中说，"辠（zuì）人在屋下执事者，从宀（miǎn）从辛。辛，辠也。"辠人，即罪人，辛也指有罪的人。以宀和辛为偏旁。《说文解字注》说："辠人在屋下执事者。此宰之本义也。引伸为宰制。从宀。从辛。辛，辠也。辛即辠之省。"由段玉裁注可知，"辠人在屋下执事者"，这是宰的本义，引申为宰制。辛是辠的省略。

"宰"的本义是充当家奴的罪人，后来也指古代贵族家中的管家或奴隶总管，如《仪礼》中"宰右执镫，左执盖"；也用来指手工业奴隶。后来词义扩大，作古代官吏的通称，如《周礼·序官》中"乃立天官冢宰"；后来也用来指屠宰者、厨工；也指冢、坟墓，如《公羊传》中"若尔之年者，宰上之木拱矣"。后来引申出动词词性，指宰杀牲畜，如《唐书·邓处纳传》中"宰肉不平而斗"；又指分割疆土，如贾谊《过秦论》中"因利乘便，宰割天下"，《汉书·陈平传》中"使平得宰天下，亦如此肉矣"；也可指做宰相等。

我国古代有许多与宰有关的官职，如大宰、宰夫、里宰等。我们应当注意的是宰相这一词出现的时期是较晚的，因此上古时期的宰指代官职时一般不表示宰相之意，只是普通的官职。

## 温故知新

### 四字通解

饱饫烹宰，意思是吃饱以后就会厌烦杀鸡宰羊准备肉食了。饫在这里是过多、厌的意思，即吃饱了而厌烦，烹指烹饪、制作美食，宰是宰杀牲畜。烹宰指的是准备肉食。都已经吃饱了，那还烹羊宰牛做什么呢！当人吃饱以后，再好的东西也不想品尝了。

这句话告诫我们要懂得适时而止，尊重身体的自然反应，追求一个健康的生活态度。饮食是人必不可少的部分，但是过分的口腹之欲也会给自己招来祸患，这一句是古人从饮食出发，阐释生活的真谛。

现代社会有很多人都患有肥胖症或脂肪肝之类的疾病，这些大多数都是由于饮食不知节制或者饮食油腻造成的。肉类食品虽美味，但是人体每日所需的肉类是有限的，如果超过了一定的量，就会成为身体的负担。不仅仅是肉类，每日的饮食量是固定的，不管是哪种食物，过量反而会带来负面效果，我国传统养生之道追求每餐七分饱就是这句话的体现，以七分饱为准则，不要过量。

### 故事厅

#### 东坡肉的由来

苏东坡在任杭州刺史时，治理了西湖，替老百姓做了一件好事。那时的西湖已被葑（fēng）草湮没了大半。他上任后，发动数万民工除葑草，疏湖港，把挖起来的泥堆筑成了长堤（这便是有名的苏堤），并建桥用以畅通湖水，使西湖的秀容重现，又可蓄水灌田。西湖治理后，四周的田地就不怕涝也不愁旱了，这一年风调雨顺，杭州四乡的庄稼得了个大丰收。老百姓为感谢苏东坡治理西湖的功劳，到过年时候，大家都抬猪担酒来给他拜年。苏东坡收下很多猪肉，叫人把它切成方块，烧得红红的，然后再按治理西湖的民工花名册，每家一块，将肉分送给他们过年。大家很高兴，夸苏东坡是个贤明的父母官，把他送来的猪肉叫作"东坡肉"。由于"东坡肉"味道肥美，一时被各大菜馆效仿，成为杭州有名的菜品。后来，经过同行公认，把"东坡肉"定为杭州的第一道名菜。

 **知识角**

### 三寒两倒七分饱

"三寒",指的是"倒春寒""五月寒"和"秋寒"。在三寒季节里要注意增减衣裳。3月下旬至4月上旬出现连续三天或三天以上日平均气温低于或等于12℃的低温阴雨天气称"倒春寒"。"倒春寒"出现时常常造成农业上的烂秧烂种现象。5月下旬至6月上旬出现连续三天或三天以上日平均气温低于或等于20℃的天气称为"五月寒"。"五月寒"天气主要影响早稻孕穗扬花,造成减产。秋季受冷空气影响,首次出现连续3天或3天以上日平均气温低于20℃的天气称"20型秋寒";日平均气温低于或等于23℃的天气称"23型秋寒"。"秋寒"主要影响晚稻的扬花灌浆。

"两倒",就是指要睡好"子午觉",要求在每天的子时、午时按时入睡,其主要原则是"子时大睡,午时小憩"。引自《黄帝内经》的睡眠理论,子时是晚11时至凌晨1时,是阴气最盛,阳气衰弱之时。中医认为"阳气尽则卧",这个时刻休息睡眠效果最好,睡眠质量也最高,可以起到事半功倍的效果。午时是中午11时到下午1时,此时阳气最盛,阴气衰弱,"阴气尽则寐",所以午时也应睡觉。不过,阳气盛时通常工作效率最高,所以午休以"小憩"为主,只要半个小时即可。因为午睡时间太长,会扰乱人体生物钟,影响晚上睡眠。

"七分饱"是指进食宜饥饱适中。人体对食物的消化、吸收、输送,主要靠脾胃来完成。进食定量,饥饱适中,恰到好处,则脾胃足以承受。消化、吸收功能运转正常,人便可及时得到营养供应,从而保证各种生理功能活动。反之,过饥或过饱,都对人体健康不利。

 **成语窗**

**饱经风霜**
形容历经许多艰辛困苦。

**中饱私囊**
侵吞经手的公款使自己得利。

**饫甘餍肥**
饱食肥美的食品,形容生活优越、富裕。

**炮凤烹龙**
形容豪奢珍奇的肴馔。

**牛鼎烹鸡**
用煮牛的锅煮鸡,形容大材小用。

**敲牛宰马**
指宰杀牲畜。

**宰鸡教猴**
用杀鸡来警告猴子,比喻严惩一个来警告其他的。

### 猜谜语

吃不了兜着走。
（打一字）

炮火刚停先进食。
（打一字）

大亨不大献余热。
（打一字）

六十一载塞北居。
（打一字）

饥厌糟糠

| 甲骨文 | 金文 | 篆文 | 隶书 | 楷书 | 行书 | 草书 | 标准宋体 |
|---|---|---|---|---|---|---|---|
|  | 飢 | 飢 | 飢 | 飢 | 飢 | 饥 | 饥 |

## 解字堂

由于汉字简化方案将"飢"与"饑"合并为"饥",因此我们分别进行解释。

飢是会意字,左边指食物,右边像是一个小几,我们现在用的饥字就是基于此而来的。《说文解字》中说:"飢,饿也。从食,几声。"因此飢的本义指饿、吃不饱,如《论积贮疏》中"或受之飢",又如《资治通鉴》中"操军兼以饥疫"。飢也可以指国名,如《史记·殷本纪》中"西伯伐飢国,灭之"。

饑是形声字。《说文解字》中说:"饑,谷不熟为饑。从食,幾声。"因此饑指谷物不成熟,即荒年,如《墨子·七患》中"五谷不熟谓之饑",又如《诗·小雅·雨无止》中"降丧饑馑"。饑也常用来指饥荒。

飢与饑的区别在于:飢指肚子饿,饑指饥荒,谷物不成熟。至少在先秦时,这两字还没有混用。段玉裁《说文解字注》中解释飢字时说:"与饑分别,盖本古训。诸书通用者多有,转写错乱者亦有之。"由此可以推断,饥与饑有先后出现的区别,而且到清代段玉裁作注时,这两个字已经混用了。在古籍中也多见飢与饑互相通假的现象,但是我们在探寻其本义时应将其仔细区分开来。

饥与饿的区别在于:饥与饿都表示吃不饱,但是程度不一样,饥相对于饿的吃不饱的程度小,饿字多指饿得快要死了,已经威胁到了生命,而饥则没有性命之忧。

## 名言馆

忧心烈烈,载饥载渴。我戍未定,靡使归聘。
·《诗·小雅·采薇》

百亩之田,勿夺其时,数口之家,可以无饥矣。
·《孟子·梁惠王上》

渴饮月窟冰,饥餐天上雪。
·(唐)李白《苏武》

壮志饥餐胡虏肉,笑谈渴饮匈奴血。
·(宋)岳飞《满江红》

谜语答案 饱 饱 烹 宰

## 饥厌糟糠

厌 yàn

| 甲骨文 | 金文 | 篆文 | 隶书 | 楷书 | 行书 | 草书 | 标准宋体 |
|---|---|---|---|---|---|---|---|
|  | 𤠔 | 厭 | 厭 | 厭 | 厭 | 厭 | 厌 |

### 名言馆

山不厌高，海不厌深。
· （汉）曹操《短歌行》

厌见千门万户，经过北里南邻。
· （唐）王维《田园乐七首》其一

相看两不厌，只有敬亭山。
· （唐）李白《独坐敬亭山》

然则诸侯之地有限，暴秦之欲无厌，奉之弥繁，侵之愈急。
· （宋）苏洵《六国论》

### 解字堂

"厌的繁体字写作"厭。它是形声字。厂字头表示山岩，猒字表示声旁。汉字简化后只余下犬字部分。

《说文解字》中说："厭，笮也。一曰合也。"《说文解字注》说："笮，迫也。"迫就是压迫的意思，因此厌的本义指压着。《说文解字注》又说："此义今人字作压，乃古今之殊也。"压字在汉字简化前就是作"壓"，于"厭"下加"土"表意，因此"厌"与"压"在古代是一对古今字，厌是压的本字。"一曰合也"说明，厌字也可以用来表示"相合"的意思，段玉裁注中解释说："《周语》：克厌天心。韦注：厌，和也。"但是要注意，表示合的意思的用法是少数。

"厌"的本义指一物压在一物上，如《汉书·五行志上之下》中"地震陇西，厌四百余家"，又如《荀子·疆国》中"如墙厌之"。后来由此引申出压制、压抑的意思，如《汉书·翼奉传》中"东厌诸侯之权，西远羌胡之难"。又表示堵塞的意思，如《荀子·修身》中"厌其源，开其渎"。当表示以上意思时，应读作yā。当读为yàn时，其本义指吃饱、满足，这一意义是来自"猒"字的，它的金文字形是一个从口从肰的会意字，会饱食狗肉之意。后来"猒"用作偏旁，便借"厭"来表示此义，后来也加上"食"作"饜"，汉字简化后作"厌"，如《论语》中"学而不厌，诲人不倦"，又如《六国论》中"秦之欲无厌"；由此引申出厌恶、嫌弃的意思，如姜夔《扬州慢》中"犹厌言兵"，又如宗臣《报刘一丈书》中"无厌其为迂"。厌字也可以表示噩梦，这个意义后来用魇字代替，也与厌构成一对古今字。

饥厌糟糠

| 甲骨文 | 金文 | 篆文 | 隶书 | 楷书 | 行书 | 草书 | 标准宋体 |
|---|---|---|---|---|---|---|---|
|  |  | 糟 | 糟 | 糟 | 糟 | 糟 | 糟 |

## 解字堂

"糟"是形声字。《说文解字》中说："酒滓也。从米，曹声。醩，籀文从酉。"意思是："酿酒的渣滓。以米为边旁，以曹为声旁。醩，籀文，以酉为边旁。"糟的异体字有醩、蒩、醩等等。段玉裁注中说："《内则》曰：重醴，稻醴清糟，黍醴清糟，粱醴清糟。注云：重，陪也。糟，醇也。清，汫也。"汫（jǐ）指过滤，这句话说明，用稻、黍、粱酿造的都要过滤。糟，也可以形容酒味厚。

糟字本义为酿酒时滤下来的渣滓，如《礼记·内则》中"稻醴清糟"，又如《周礼·酒正》中"共后之致饮于宾客之礼，医（yī）酏（yí）糟"。也用来指粗劣的食物，如糟食。引申出动词词性，表示以酒或酒糟渍物，如《晋书·孔群传》中"公不见肉糟淹更堪久邪？"后来也用来指糟蹋，如糟趾、糟扰。又引申出形容词词性，指事物败坏，如糟糕，我们常说的"某事糟了"等；也用来指腐烂、腐坏，如木头糟了。也可用于姓。

"稻醴清糟"具体来说各指什么呢？古人在酿酒时，酒桶里往往会留下一些残渣，这些残渣称为糟。酒在酿好后要进行过滤，滤掉残渣，过滤了的称"清"（段玉裁注"古则未汫带滓之酒谓之糟"），未过滤的称"糟"。稻醴指的是用稻子酿造的甜酒；醴指的是味道不浓烈的酒。

## 名言馆

众人皆醉，何不哺其糟而啜其醨？何故怀瑾握瑜，而自令见放为？

·《史记·屈原贾生列传》

贫贱之知不可忘，糟糠之妻不下堂。

·《后汉书·宋弘传》

竹叶连糟翠，蒲萄带曲红。
·（唐）王绩《过酒家五首》其三

此江若变作春酒，垒曲便筑糟丘台。
·（唐）李白《襄阳歌》

饥厌糟糠

kāng
糠

| 甲骨文 | 金文 | 篆文 | 隶书 | 楷书 | 行书 | 草书 | 标准宋体 |
|---|---|---|---|---|---|---|---|
|  |  | 穅 | 康 | 糠 | 糠 | 糠 | 糠 |

### 名言馆

舍其粱肉，邻有糠糟而欲窃之。
· 《墨子·公输》

戍卒厌糠核，降胡饱衣食。
·（唐）高适《蓟门行五首》其二

马厌谷兮，士不厌糠籺。
·（唐）韩愈《马厌谷》

则为你书剑功能，因此上甘受这糟糠气息。
·（元）佚名《孟德耀举案齐眉》

### 解字堂

"糠"是形声字。《说文解字》中的糠字本字为"穅"，与之构成一对异体字。《说文解字》中说："穅，谷皮也。从禾从米，庚声。康，穅或省。"因此糠的本义是谷皮，以禾或米为偏旁，以庚为声旁。

糠的本义为谷皮，这一意义也一直沿用至今，如我们所说的糠麸，又如《墨子·公输》中"邻有糠糟而欲窃之"。后来也可以指萝卜因失了水分中间呈蜂窝状的样子。

有些地方糠字也可以省略写为康。康，米皮，也称之为蛊，《左传·昭公元年》中说"谷之飞亦为蛊是也"。糠也可以指山名，如《交州记》中"合浦海口有糠头山"。也指星名，如《石氏·星经》曰"箕前亦名糠"。

糟糠往往连用，如《东坡志林》中"居富贵者不易糟糠"。原指穷人用来充饥的酒糟、米糠等粗劣的食物，后来借指共过患难的妻子，如《后汉书·宋弘传》中"臣闻贫贱之交不可忘，糟糠之妻不下堂"；也比喻废弃无用之物，如《魏书·释老志》中"乃释氏之糟糠，法中之社鼠，内戒所不容，王典所应弃"。

## 温故知新

 **四字通解**

　　饥厌糟糠，意思是饿的时候哪怕是糟糠这样粗劣的食物也能满足。厌在这里是满足的意思，糟糠连用，比喻粗劣的食物。俗语说，饿了吃糖甜如蜜，饱了吃蜜也不甜。这是一条最朴实的自然规律。人类是几千年来进化而成的智能生物，但是在饮食方面却保持着如动物一样的天性。有的野兽在打猎饱餐之后，会将剩余的食物贮藏起来，留待饿了的时候再吃。动物的饮食习惯可以说比我们要自觉得多，就像一些野外生存的动物，当猎物充足的时候，它们不会大嚼大咽，哪怕猎物再大，吃饱了的时候都会停下来休息，将剩余的食物保存起来。而当猎物稀少的时候，它们也会选择吃树叶和草之类的食物，这大概也算是我们所说的饥厌糟糠了吧。

　　儒家提倡安贫乐道，哪怕贫穷，饮食粗疏，依然津津乐道，这更是一种豁达，一种高妙的生活态度。再肥美丰盛的食物，当你吃够了量时，它与糟糠也便没什么区别了。

 **故事厅**

### 糟糠之妻不下堂

　　"糟糠之妻不下堂"一句出自《后汉书》，史书记载，汉代曾发生过王郎赶刘秀的故事。当时，刘秀力量薄弱，被王郎一路追杀，由北向南日夜奔逃。战斗中，刘秀手下有个叫宋弘的大将不幸负伤。当逃到饶阳境内时，宋弘实在走不动了，而后面追兵又紧，怎么办呢？刘秀没办法，只好将宋弘托付给郑庄一户姓郑的人家养伤。

　　姓郑的这户人家很同情宋弘，而且非常善良，待宋弘亲如家人，端茶送水，好吃好喝，很是周到。特别是郑家的女儿，长得虽不很漂亮，但为人正派，聪明大方，待宋弘像自己的亲兄弟，煎汤熬药，嘘寒问暖，关怀备至。宋弘非常感动。日子一长，两人建立了深厚的感情。宋弘伤好后，两人便结为夫妻。

　　后来宋弘跟随刘秀南征北战，屡立战功，终于帮刘秀得了天下。

　　刘秀当了皇帝后，万事如意，只有一件事使他放心不下：刘秀有个姐姐湖阳公主，早年丧夫，整日闷闷不乐；刘秀多次派人给她提亲，说一个又一个，姐姐就是不满意。后来，刘秀得知：姐姐看上了宋弘。他想，我是皇帝，这点事还不好办？再说，宋弘的妻子郑氏年龄大且不说，那模样和姐姐一比就差多了，便派人向宋弘提亲。谁知宋弘听后却说："糟糠之妻不下堂。"来人将宋弘的话向刘秀禀报后，刘秀深为宋弘的为人所感动，不仅没有责怪他，反而对他更加看重。从此，"糟糠之妻不下堂"的故事便流传开来。糟糠之妻便用来比喻和自己共过患难的妻子。

 ## 知识角

### 古代制酒工艺

原料：高粱是中国制酒的主要原料。驰名中外的几种名酒多是用高粱做主料或做佐料酿制而成的。用高粱酿造的是蒸馏酒，一般又称为白酒或烧酒。明朝李时珍曾说："烧酒并非古法，自元时始创其法。"但是，唐代诗人白居易诗云："荔枝新热鸡冠色，烧酒初开琥珀香"。北宋田锡所著《曲本草》、南宋吴悮（wù）所著《丹房须知》、张世南所著《游宦纪闻》中都有关于蒸馏器和蒸馏技术的记载，可见中国制造蒸馏酒的历史应始于唐朝中期以前。至于用高粱酿酒，胡锡文认为"粱醴清糟"（出自《礼记·内则》），当是中国高粱酿酒的最早记载。据此，中国是最早用高粱制造蒸馏酒的国家。

制酒工艺：酿制高粱酒大都采用固体发酵法。中国高粱酿酒的传统工艺，因用曲方式不同可分为大曲法和小曲法两大类。

大曲法是以小麦及豌豆等谷物作为制曲原料，依靠野生菌种的自然繁殖进行发酵。曲块中主要含有根霉、毛霉、曲霉、酵母菌、醋酸菌及乳酸菌等。此法制成的白酒有特殊的曲香，酒味醇厚，产品质量较好，多种名酒采用此法。不过大曲制酒生产周期长，资金周转慢，用曲量大，出酒率较低，生产成本较高。在高粱酒的总产量中，此法生产的酒量所占比重较小，但因风味较好，仍有发展的趋势。

小曲制酒法古时就有。所用曲常配以药材，故又称为"药曲""酒药""酒饼"。药曲中主要微生物为根霉、毛霉和酵母菌等。四川和贵州多采用固体发酵。江苏和浙江则多采用液体发酵。近来，已从自然繁育菌种过渡到纯种培养。用小曲生产的高粱酒虽然所占比重很大，但产品香气较差，口味淡薄，此法有日益减少的趋势。

 ## 成语窗

**饥不暇食**
肚子饿了也没空吃饭，形容全神贯注地忙于事务。

**乐道忘饥**
指醉心于圣道。

**折冲厌难**
指能压服困难，御敌制胜。

**不厌其详**
不嫌过于详细，指越详细越好。

**乱七八糟**
形容毫无秩序和条理，乱糟糟的样子。

**燃糠自照**
比喻勤奋好学。

**尘垢秕糠**
比喻卑微无用之物。

## 猜谜语

几度进食仍未饱。
（打一字）

几度饮散又尽欢。
（打一字）

厂里养狗招人烦。
（打一字）

有点变化才可庆。
（打一字）

亲戚故旧

| 甲骨文 | 金文 | 篆文 | 隶书 | 楷书 | 行书 | 草书 | 标准宋体 |
|---|---|---|---|---|---|---|---|
| | 𣂑 | 親 | 親 | 親 | 親 | 祝 | 亲 |

### 解字堂

其实"亲"一开始并不是这样孤零零抽象的模样，它是形声字，金文字形是由"辛"和"见"组成，从见，辛声，篆文改以亲作声符。隶化后写作"親"。简化后写作"亲"。

《说文》说："亲，至也。"本义为关系密切，感情深厚。

当它作名词，首先指父母，也可以指有血缘关系的家人，比如说杜甫的《登岳阳楼》："亲朋无一字，老病有孤舟。"而我们现在常用的"亲戚""亲人"，也是表示了这个名词含义。从这个名词含义中，可以进一步引申出它现在最常用的形容词含义，指有血缘的、亲密无间的，日常生活中所用到的"亲情"，"亲密"便是这个含义。又引申出副词的用法，表示亲自、躬亲。

"亲"常用的动词含义，可以解释为接近，如《出师表》中的"亲贤臣，远小人，此先汉所以兴隆也"，这里面的"亲"便是接近的意思。而接近的含义再推进一步，便有了一个很常用的含义，例如：亲吻，便是从动作上表示愿意接近，彼此的关系很亲密，如亲吻。

### 名言馆

外举不弃仇，内举不失亲。

　　·《左传·襄公二十一年》

---

树欲静而风不止，子欲养而亲不待也。

　　·（汉）韩婴《韩诗外传》

---

人生所贵在知己，四海相逢骨肉亲。

　　·（元）萨都剌《留别同年索士岩经历》

谜语答案　饥饥厌厌

## 戚 qī

| 甲骨文 | 金文 | 篆文 | 隶书 | 楷书 | 行书 | 草书 | 标准宋本 |
|---|---|---|---|---|---|---|---|
| 𢨋 | 𢨋 | 戚 | 戚 | 戚 | 戚 | 戚 | 戚 |

### 名言馆

君子坦荡荡，小人长戚戚。
· 《论语·述而》

谤来不戚，誉至不喜。
· （晋）葛洪《抱扑子·塞难》

刑天舞干戚，猛志固常在。
· （晋）陶潜《读〈山海经〉十三首》其十

一生休戚与穷通，处处相随事事同。
· （唐）白居易《醉封诗筒寄微之》

### 解字堂

"戚"是象形字。甲骨文中它的字形为一个双刃带着利齿的钺（钺是古代的一种兵器，但因其体形笨重，不宜战场使用，商周时用作礼兵器），本义为"带着利刃的钺"，但它的本义只保留在古文中，现在并不使用了，如《诗·大雅·公刘》中的"弓矢斯张，干戈戚扬"。在金文中戚的字形变为"从戈，尗声"，这也是《说文》篆文所本的字形。

"戚"引申出一个常用的名词含义，指亲属，如"外戚"（指帝王的母族、妻族）。

"戚"有两个形容词含义，一个代表担忧的、悲伤的，如出自《晋书·王导传》中的成语"休戚与共"（忧喜、祸福彼此共同承担，形容关系密切，利害相同），《诗·小雅·小明》中的"心之忧矣，自始伊戚"，大概这个含义的出现与它代表战争与杀伤是分不开的。另一个形容词含义为亲近的，如"戚疏"（意为亲疏），这个形容词含义应该是从名词亲属含义那里引申而来。

"戚"也是一个姓，如我们熟知的抗倭英雄戚继光。

亲戚故旧

gù

| 甲骨文 | 金文 | 篆文 | 隶书 | 楷书 | 行书 | 草书 | 标准宋体 |
|---|---|---|---|---|---|---|---|
|  | 故 | 故 | 故 | 故 | 故 | 故 | 故 |

## 解字堂

"故"是形声字。从攴（pū），古声。从攴，取役使之意。"役使"即使唤某人做某事，那么"役使"这一动作即为所做之事的动因，因此，《说文解字》释义为："故，使为之也。"这是以原因、原故为本义。我们学过的《史记·陈涉世家》中的"扶苏以数谏故，上使外将兵"中的"故"便是这一含义。"故"作名词时还可表示为意外的事变，例如《左传·昭公二十五年》中的"昭伯问家故，尽对"，以及我们现在仍在使用的"变故""事故"等等。"故"还可表示旧识、旧交，如我们熟知的《史记·项羽本纪》中便有"君安与项伯有故"，意思是你怎么和项伯有交情。

根据"故"的本义，又可引申出它的形容词和副词含义，分别为"过去的，旧的"和"有意地，存心地"。《广韵》中解释说："故，旧也。"如"故事"一词中，"故"便是运用了其形容词的含义。《史记·陈涉世家》中还有一句为"广故数言欲亡"，便是运用了它的副词含义，而我们现在常用的"故意"也是用其副词"有意地"的含义。

"故"还有副词词义为"仍然，还是"，如我们所学的《孔雀东南飞》中便有一句为"三日断五匹，大人故嫌迟"。

"故"的动词含义为"死亡"，如"病故""亡故"。

此外，"故"还可作连词，表示"所以，因此"，例如《史记·留侯世家》中的"夫秦无道，故沛公得至此"。

## 名言馆

温故而知新，可以为师矣。
·《论语·为政》

衣莫若新，人莫若故。
·《晏子春秋·内篇杂上》

变化齐一，不主故常。
·《庄子·天运》

诚者，物之终始，不诚无物；是故君子诚之为贵。
·《礼记·中庸》

## 亲戚故旧

旧 jiù

| 甲骨文 | 金文 | 篆文 | 隶书 | 楷书 | 行书 | 草书 | 标准宋体 |
|---|---|---|---|---|---|---|---|
| 𦫳 | 𦫳 | 舊 | 舊 | 舊 | 舊 | 舊 | 旧 |

### 名言馆

人情贱恩旧，世议逐衰兴。
· （南朝）鲍照《代白头吟》

但添新战骨，不返旧征魂。
· （唐）杜甫《东楼》

取其一，不责其二；即其新，不究其旧。
· （唐）韩愈《原毁》

笑破不笑补，穿旧不算丑。
· 谚语

### 解字堂

"旧"原本的模样并没有现在看到的这么简单，我们现在还可以从它的繁体字写法"舊"中鲜明地看出它的构造，它是由"萑"和"臼"组成，为形声字，从萑（huán），臼声。本义是指一种鸟，而这本义现在已经消失不用了。

我们现在常用它作为形容词时的两个含义，一个是表示过时的、陈旧的，与"新"相对，如我们现在常用的"旧衣服""旧式样"，便是这个含义。还有一个表示以前的、原有的，如"旧友""旧居"，以及白居易的《忆江南》中"风景旧曾谙"都是运用了"旧"的这一形容词含义。它另有一不常用的形容词含义与"久"的含义通用，表示长久的，例如《书·无逸》中有"旧劳于外"，可解释为"长久在外劳累"。

"旧"还可作名词，现在常用的意思为"故交，有交情的人"，如"念旧""故旧"（指老朋友）；南朝梁丘迟的《与陈伯之书》中有一句为"待之若旧"。此外，它作名词还可表示原有的典章制度，例如《淮南子·泛论》中有"不必循旧"，意思是不一定要遵循旧的典章制度。它还可指世族，如"旧家"（世家望族），"旧家子"（世家子弟）。

"旧"有时可作通假字，通"丘"，表示丘冢、坟墓。例如《大戴礼记·保傅》中有一句为"越王不颓旧冢，而吴人服"。

## 温故知新

 四字通解

亲戚故旧，意思是亲戚旧友之间当不忘情义，相见应热情以待。这里，"亲"和"戚"代表了两个不同的意思："亲"是指同一氏族内的人，也就是我们通常意义上理解的父亲那一支的人；而"戚"是指同一氏族外的人，可以理解为母亲或妻子那一支的人。"故"和"旧"意思相近，可以理解为旧友。其实这句话更根本是教导人们要仁义，友善对人。我们现在对待亲戚的态度已经大不同于古人了，古时有嫌弃亲戚的故事，而现在我们与亲戚之间的关系就更淡了。亲戚是以血缘为纽带连接起来的，这是一个我们无法改变的事实，而正是这一看似无理的联系，可以教会我们去理解这世上不同的人，去关爱不同的人。人们往往赞叹时间的力量，经历过时间考验的友情更弥足珍贵。对待在我们成长中出现过的朋友，我们应该怀着一颗感恩的心，不应该因为一时的新知或者短期的不理解便冷淡了彼此的关系。亲戚故旧，其实不仅仅是对他人的仁义，也是为了自己能得到友善的对待。

### 猜谜语

八一六十载。
（打一字）

匠心独具出新意。
（打一字）

但悲已无后来人。
（打一人名）

死后设疑冢。
（打一成语）

 故事厅

### 兄弟争死

东汉末年，宦官把持着朝政，政治十分腐败。孔融15岁的时候，有个叫张俭的官员，揭发了当权者所犯的罪恶，却反遭陷害，官府要抓捕他治罪。张俭是孔融的哥哥孔褒的好友，急迫之中，他逃到孔家，请求掩护。不巧孔褒外出不在家，孔融就出来接待并留了他。张俭在孔融家里躲藏了好几天，找了个机会，终于安全地逃走。不料有人知道了这件事情，就去向官府告发。官府抓不到张俭十分生气，就把孔融和他的哥哥孔褒抓了起来。审官对孔融和孔褒说："你们兄弟到底是谁放走了张俭？你们知道不知道，张俭是朝廷的要犯，放走了他就是犯了杀头之罪！"听了审官的话，孔融知道哥哥和张俭是好朋友，朝廷是不会轻易放过他的，只有自己主动承担罪责，才能保全哥哥的性命。于是，他对审官说："留藏张俭的是我，你要治罪的话，就请治我的罪吧！"听了弟弟把罪责承担在自己身上，孔褒忙说："张俭是来投奔我的，这不关我弟弟的事！要杀就杀我吧！"孔融、孔褒兄弟在堂上争了起来，都说是自己放走了张俭。审官见兄弟俩争罪，怎么也拿不定主意。最后，只好如实上报。后来，皇帝定了孔褒的罪，下令杀死了他。孔融虽然没能救哥哥，但是他友爱兄长、凛然争死的事迹却流传了下来。

 ## 知识角

### 三亲

三亲六戚，三亲即指宗亲、外亲、妻亲。"宗亲"：父系的亲属。就是与自己同一亲属的亲人，以及他们的配偶，如父母、祖父母、叔伯以及婶婶、兄弟姐妹，这是与自己同一姓氏最亲近的血缘关系。"外亲"：母系的亲属。就是指母亲家里的父母、兄弟姐妹，他们虽然与自己不同姓氏，但与自己结成血缘关系，所以是第二重要的亲族。"妻亲"：妻系的亲属。就是妻子的直系亲属，这种亲缘关系是后天的，是由于婚姻的关系组成的，所以最远。

### 戚姓的发源

戚姓的发源有三种：

一、出自姬姓。据《万姓统谱》《姓氏考略》及《古今姓氏书辨证》所载，春秋时卫大夫孙林父食采于戚（故城在今河南濮阳北戚城），其支庶以邑为氏。孙林父即孙文子，春秋时卫国公族，武公子惠孙之七世孙，孙良夫之子。卫定公五年（前584）冬，时任大夫的孙林父因得罪定公，而出奔晋。十二年，依仗晋国支持，定公不得已而复其职。献公时与宁殖同列，献公曾借口与二人同进午餐，而使二人空腹从上午一直等到日落西山。遭到戏弄的孙林父遂与宁殖合力驱逐献公，迫献公出奔齐。立定公弟，定公弟因孙林父为自己继君位立下大功，遂封孙林父食邑于戚。后孙林父与宁喜争权，定公使宁喜攻之，他出奔晋，并借晋之力量使献公复位。孙林父左右逢源，得以保全封邑，其支庶以封邑为氏，称戚姓，并尊孙林父为其始祖。

二、出自子姓。春秋时宋公族之后有戚姓。

三、出自他族或他族改姓而来。

 ## 成语窗

**攀亲道故**
故：故旧，老朋友。拉亲戚论故交。指跟地位高的人拉关系。

**疏不谋亲**
疏：疏远。谋：图谋，营求。关系疏远者不会去离间关系亲近的。

**意气相亲**
意气：志趣和性格。指志趣和性格相同的人，彼此投合。

**无涯之戚**
涯：边际。戚：忧伤。指无尽的忧伤。韩愈《祭十二郎文》："吾不可去，汝不肯来，恐旦暮死，而汝抱无涯之戚也。"

**休戚相关**
休：欢乐，吉庆。戚：悲哀，忧愁。忧喜、福祸彼此相关联。形容关系密切，利害相关。

**袭人故智**
袭：因袭，套用。智：指计谋。套用别人使用过的计策。

**故弄玄虚**
指故意玩弄花招，迷惑人，欺骗人。

**旧瓶装新酒**
比喻用旧的形式表现新的内容。

**旧地重游**
重新来到曾经居住过或游览过的地方。

老少异粮

lǎo

| 甲骨文 | 金文 | 篆文 | 隶书 | 楷书 | 行书 | 草书 | 标准宋体 |
|---|---|---|---|---|---|---|---|
| 𦫵 | 𦫵 | 𦫵 | 老 | 老 | 老 | 老 | 老 |

## 解字堂

"老"是一个会意字,从"人"从"毛"从"匕"。它可以分成三部分,分别是中间的𠆢,上边的㞢和左边的𠂇。中间像是一个驼背的人;上边特意突出了其乱而长的头发(因为古人认为须发是父母所予,不能随意剪剃,因此,年龄越大,头发越长);左边更为形象,像是一个突出的手,拄着木棍。这三个部分生动地会出老人之意。"老"的本义是指五十到七十岁高龄的人。《说文解字》中解释说:"老,考也。七十曰老。从人、毛、匕。"

从"老"的本义,可以引申出它的动词含义:敬老、养老。如我们所学的《孟子·梁惠王上》中有"老吾老,以及人之老"。它还有动词含义为告老、辞退职务。如《史记·白起王翦列传》中有一句为"王翦言不用,因谢病,归老于频阳"。当表现向高龄人迈进时,它有衰老的动词含义,甚至还可以隐晦地表示去世、死亡。比如说《荀子·成相》中的"治之道,美不老",这里的"老"是指衰老,而《五人墓碑记》"老于户牖之下"中的"老"则是代指死。

"老"作名词可以表达对他人的尊称,如您老、老太、老先生。而对自己这一方用"老"时,则可以作为谦称,如老媳妇(老妇人的谦称)。

当"老"作形容词时,可以表示年长的,时间长久的,原来的,有经验的,分别如:老年,老化,老地方,少年老成。作副词时,可以表示程度深,相当于"很""极",如老早、老是。

## 名言馆

穷当益坚,老当益壮。
· 《后汉书·马援列传》

老骥伏枥,志在千里。烈士暮年,壮心不已。
· (汉)曹操《龟虽寿》

衰兰送客咸阳道;天若有情天亦老。
· (唐)李贺《金铜仙人辞汉歌》

谜语答案  亲 亲  戚继光  故弄玄虚

老少异粮

shào

少

| 甲骨文 | 金文 | 篆文 | 隶书 | 楷书 | 行书 | 草书 | 标准宋体 |

## 名言馆

不出户，知天下；不窥牖，见天道。其出弥远，其知弥少。是以圣人不行而知，不见而明，不为而成。

· 《老子》

绝顶人来少，高松鹤不群。

· （唐）刘禹锡《宿山寺》

欲将心事付瑶琴，知音少，弦断有谁听？

· （宋）岳飞《小重山》

少年不识愁滋味，爱上层楼。爱上层楼，为赋新词强说愁。

· （宋）辛弃疾《丑奴儿·书博山道中壁》

## 解字堂

如果我们仔细留意的话，就会发现（少）和（小）在甲骨文中很像。其实，"少"在造字的开始便和"小"有很大的渊源。一般认为"少"和"小"本同源，后分化得来。"少"是象形字，甲骨文字形像尘沙小物状，引申指微小，故古时"少""小"通用，到了金文中为分化字义才将字形稍变，后来隶定作"少"。因此，"少"有部分含义和"小"是相通的，比如说当"少"读为shào时，通常表示年龄大，而"小"也可表示年龄小。

"少"本义为不多，是形容词词性。《说文》中解释说："少，不多也。"我们所熟知的王安石的《游褒禅山记》中有："险以远，则至者少。"它的引申形容词含义更为抽象些，并不仅限于指数量上的不多，还可指程度上的少，比如少可（稍好，稍愈）；还有指时间上的短，比如少一时（少时，过一会儿）；力量上的薄弱，比如《韩非子》中有一句为"力少而不畏强"；等等。

"少"作副词时一般有两个含义：一个表示稍稍、稍微，如我们所学的《荆轲刺秦王》中有一句为"愿大王少假借之，使毕使于前"。还有一个含义表示一会儿，如我们所熟知的苏轼的《前赤壁赋》中有一句为"少焉，月出于东山之上，徘徊于斗牛之间"。

"少"作动词时有三个含义。一个是指短缺，如现在常用的"少个人""少不了"等等；一个是指削弱，如贾谊的《治安策》中有这样一句"欲天下之治安，莫若众建诸侯而少其力"；还有一个含义是指轻视，如王充的《论衡》中有一句为"儒生之徒亦自相少"。

老少异粮

| 甲骨文 | 金文 | 篆文 | 隶书 | 楷书 | 行书 | 草书 | 标准宋体 |
|---|---|---|---|---|---|---|---|
| 畀 | 異 | 異 | 異 | 異 | 異 | 异 | 异 |

## 解字堂

古人的《千字文》中，"异"写作"異"。"異"是一个会意字，像是一个人在面对意外之事时，双手上举用某物戴于头部。所以"異"是"戴"字之初文，它们本为一字，后来分化，各自表意思。简化时，以"异"作为"異"的简体字。"异"是一个形声字。《说文》："异，举也。从廾（gǒng），吕声。"所以，"异"的本义是推举。这个含义现在已经不用了。《书·尧典》："岳曰：'异哉，试可乃已。'"这里面的"异"在伪孔传里被解释为"退"的意思，与《说文》不同，蔡沈推测大概是"已废而后强举之"之意。另外，"异"是"異"的古字。如《列子·杨朱》："重囚累梏，何以异哉。"

现在的"异"为我们熟知的是它的形容词词性，通常有两个含义，一个是奇怪的、奇异的，如柳宗元《捕蛇者说》中有"产异蛇"。它的另一个含义表示不同的，如范仲淹的《岳阳楼记》中有一句话为"得无异乎"，再如我们现在用的词汇：异俗（风俗异于汉族的少数民族）、异世（不同时代）。

"异"作为动词，表示有分别、不相同，如异口同声、大同小异。表示惊奇、奇怪，如惊异、深以为异。表示分开，如离异、异爨。

## 名言馆

百川异源，而皆归于海。
·《淮南子·泛论》

人固有一死，或重于泰山，或轻于鸿毛，用之所趋异也。
·（汉）司马迁《报任安书》

学贵有常，又贵日新。日新若异于有常，然有常日新之本也。
·（明）祝允明《读书笔记》

人之所以异于禽者，唯志而已矣！
·（明）王夫之《思问录》

# 老少异粮

| 甲骨文 | 金文 | 篆文 | 隶书 | 楷书 | 行书 | 草书 | 标准宋体 |
|---|---|---|---|---|---|---|---|
|  |  | 粮 | 粮 | 粮 | 粮 | 粮 | 粮 |

## 名言馆

粮收万石，也要粗茶淡饭。
　　　　　　　　　　·谚语

竹子榨不出粮水，可是筑篱笆却不能没有它。
　　　　　　　　　　·谚语

家有余粮鸡犬饱，户多书籍子孙贤。
　　　　　　　　　　·谚语

无农不稳，无粮则乱。
　　　　　　　　　　·谚语

## 解字堂

"粮"为形声字，汉字简化时，"粮"与异体字"糧"合并，写作"粮"。

"粮"的本义是指谷物、粮食，如《史记》中有句为"韩绝其粮道"，再如《论语·卫灵公》中有句为"在陈绝粮"。

"粮"另一个引申的名词含义是指田赋。如《宋史·高宗纪》中有一句为"戒州县加收耗粮"。再如一些词汇：钱粮（田赋）、完粮（交纳钱粮）、粮户（缴纳田赋之民户，方言亦指地主）。

我们常说"粮食"，大家知道"粮"和"食"有什么不同之处吗？《周礼·地官·廪人》中有一句："凡邦有会同师役之事，则治其粮与其食。"这里，"粮"和"食"都出现了。东汉末年的儒家学者郑玄的注解上说："行道粮，谓糒（bèi）也；止居曰食，谓米也。"糒是指干粮。也就是说，"粮"是指行军或旅行中所带的干粮，而"食"是指日常家中所食的谷物。

## 温故知新

 **四字通解**

老少异粮，意思是招待老人和小孩的食物应注意有所不同。"老"在这里是指老人；"少"指年龄小的人；"异"是不同的意思；"粮"在这里应该是粮食、谷物的含义。一般来说，老人的牙口不好，消化功能会比较弱，所以应该给他们一些软的、暖的、易于咀嚼的食物；而小孩，比如说一到三岁的幼儿，则应该提供一些易于咀嚼吞咽的食物。这句话是指宴请不同人时应该注意其受宴请人的特点而差异对待，这样才能够让客人感到愉悦。如果扩展一下这句话所表达的思想，我们便可以说这句话是希望我们能够设身处地为他人着想。对待我们爱的人，我们尊敬的人，当我们表达我们对他们的感情和尊敬时，如果只是根据自己的喜好来，则可能对方并不能感受到我们的感情，这是因为我们每个人的喜好都并不是完全相同的。所以，我们应该用对方所需要、所喜欢的方式去对待他们。

 **故事厅**

### 量体裁衣

量体裁衣，这个成语本义是指按照身材裁剪衣服。后来比喻按照实际情况办事。关于这个成语还有一个小故事呢。

据说明朝嘉靖年间，北京城中有位裁缝名气很响，他裁制的衣服，长短肥瘦，无不合体。有一次，一个御史大夫请他去裁制一件朝服。裁缝量好了他的身腰尺寸以后，又问："请教老爷，您当官多少年了？"御史大夫对这个感觉毫无关系的问题感到很奇怪，说："你按照身腰尺寸，量体裁衣不就够了，还要问这些干什么？"裁缝回答说："我这其实也是在量体裁衣啊！年青相公初任高职，意高气盛，走路时挺胸凸肚，裁衣要后短前长；而做官有了一定年资的，则意气微平，衣服应前后一般长短；当官年久而将迁退，内心往往会悒郁不振，走路时低头弯腰，做的衣服就应前短后长。所以，我如果不问明做官的年资，怎么能裁出称心合体的衣服来呢？"

御史大夫对这个裁缝的裁剪技术很是赞叹，认为这个裁缝的高明之处不仅在于他会按照成衣法量尺寸，定式样，而且还善于把握对象的特点，从中悟出"短长之理"来，做到真正的量体裁衣。

### 猜谜语

长子失利。
（打一成语）

长相随。
（打一称谓）

初一。
（打一成语）

精米。
（打一字）

 知识角

### 老人和小孩不同年龄的别称

老人：

五十岁称天命之年、知非之年。《淮南子·原道训》："伯玉年五十，而有四十九年非。"说春秋卫国有个伯玉，不断反省自己，到五十岁时知道了以前四十九年中的错误，后世因而用"知非"代称五十岁。六十岁称耳顺、花甲之年。我国自古以来用天干地支互相错综相合纪年，可组成六十对干支，因而称作"六一干支"或"六十花甲子"，所以六十岁又称作"花甲之年"。七十岁称古稀之年。杜甫《曲江二首》其二："酒债寻常行处有，人生七十古来稀。"八十岁称杖朝之年，出自《礼记·王制》："五十杖于家，六十杖于乡，七十杖于国，八十杖于朝。"意思是年过八十就可以允许撑着拐杖入朝，所以八十岁也称杖朝之年。八十至九十岁称耄耋之年。《礼记·曲礼》："八十九十曰耄。"人们根据这解释，把耄耋两字连用代称八九十岁。一百岁称期颐之年。《礼记·曲礼》："百年曰期颐。"意思是人生以百年为期，所以称百岁为"期颐之年"。元人陈浩解释说："人寿以百年为期，故曰期；饮食起居动人无不待于养，故曰颐。"

小孩：

人初生叫婴儿，不满周岁称襁褓，二至三岁称孩提。女孩七岁称髫年；男孩八岁称龆年。幼年泛称总角；儿童称垂髫（古代小孩头发下垂，引申以指未成年的人）；十岁以下称黄口；十三至十五岁称舞勺之年；十五至二十岁称舞象之年。

女孩十二岁称金钗之年；十三岁称豆蔻年华；十五岁称及笄之年；十六岁称碧玉年华、破瓜之年（旧时文人拆"瓜"字为二八纪年，谓十六岁，多用于女子）。

 成语窗

### 民疲师老

民：民众。疲：疲乏。师：军队。老：衰竭。指部队士气衰落，百姓疲惫不堪。形容连年征战造成士兵、人民极其疲劳。

### 老吏断狱

吏：司法官。狱：案件。老司法官判断案件。形容有丰富经验的人，判断是非又快又准。

### 少安毋躁

少：稍微，暂时。安：徐缓，不急。毋：不要。躁：急躁。指暂且安心等一会儿，不要急躁。

### 齿少气锐

指年轻气盛，锐意进取。王禹偁《答丁谓书》："夫刚直之名，吾诚有之。盖嫉恶过当，而贤、不肖太分，亦天性然也。而又齿少气锐，勇于立事，今四十有三矣。"

### 标同伐异

标：标榜。伐：声讨。指帮助意见相同的人，排斥意见不同的人。

### 俯仰异观

俯仰：低头，抬头。异观：不同的表现。一低头，一抬头，都有不同的表现。指霎时间出现的多种多样的姿态。

### 粮尽援绝

粮食用尽，援兵断绝。比喻战斗处于十分艰难的境地。

### 添粮不如减口

家穷人多，添粮食不如疏散人口。比喻解决困难须从根本入手。

妾御绩纺

qiè

| 甲骨文 | 金文 | 篆文 | 隶书 | 楷书 | 行书 | 草书 | 标准宋体 |
|---|---|---|---|---|---|---|---|
| | | | 妾 | 妾 | 妾 | 妾 | 妾 |

## 解字堂

"妾"为会意字，从辛从女。"辛"本义是指古代的刑刀，所以"辛"与"女"结合便构成了"妾"的本义：有罪的，被迫侍御君王并做工的女奴。如《说文》中的解释："妾，有罪女子，给事之得接于君者。"《国语·晋语》中有一句为："纳女工妾三十人。"其中的"妾"便是用其本义。

之后，"妾"引申为妻子之外另娶的女人。这个含义应该是我们所熟知的，如《礼记·曲礼》中有一句为："有妻有妾。"

从"妾"的本义，我们可以感觉到妾的地位是多么卑贱。妾在先秦是以一种女奴的身份存在的，没有人生自由。妾在家庭中的地位居妻和媵之后，不仅要在家中做工，而且要服侍主人和妻媵们。就算之后妾逐渐代替媵而存在，她们的地位仍然很低。妾死后不能入祖坟，没有资格参加祭祖，她们所生的孩子在理论上没有继承权，甚至有时在男主人死后，她们还会被杀陪葬。妾的存在是男权主义的体现，是古代在男性至上的角度上建立起来的一个悲哀的社会现象。

"妾"除了有上述的含义外，也有谦辞的作用。通常是旧时妇女自称的谦辞。如我们所熟知的《孔雀东南飞》中有一句话为："妾不堪驱使，徒留无所施。"文中的女主人公刘兰芝并不是妾的身份，这里自降身份是一种自谦的用法。再如《续列女传·王陵母》中有一句话为："为老妾语陵，善事汉王。汉王长者，毋以老妾故持二心。"这里的老妾，是王陵的母亲自指，也是一种自谦。

## 名言馆

君当作磐石，妾当作蒲苇。蒲苇纫如丝，磐石无转移。

· 汉乐府《古诗为焦仲卿妻作》

---

君心匣镜中，一破不复全。妾心藕中丝，虽断犹牵连。

· （唐）孟郊《去妇》

---

妾拟将身嫁与，一生休。纵被无情弃，不能羞。

· （唐）韦庄《思帝乡·春日游》

---

欲寄君衣君不还，不寄君衣君又寒。寄与不寄间，妾身千万难！

· （元）姚燧《凭栏人·寄征衣》

谜语答案　老大无成　老伴　日新月异　粮

妾御绩纺

yù
御

| 甲骨文 | 金文 | 篆文 | 隶书 | 楷书 | 行书 | 草书 | 标准宋体 |
|---|---|---|---|---|---|---|---|
| | | 御 | 御 | 御 | 御 | 御 | 御 |

## 名言馆

执古之道，以御今之有。
·《老子》

吾任天下之智力，以道御之，无所不可。
·《三国志·魏书·武帝纪》

有正无奇，虽整不烈，无以致胜也；有奇无正，虽锐无恃，难以控御也。
·（明）何良臣《阵纪》

朴能镇浮，静能御躁。
·（清）申居郧《西岩赘语》

## 解字堂

"御"字构形尚无定说。汉字简化时，"御"与"禦"合并，写作"御"。

"御"的本义为驾驶车马。《说文》中解释说："御，使马也。从彳从卸。驭，古文御从又从马。"再如古代的"六艺"中有御，也是驾驶车马的意思。

"御"作动词，还表示统治、治理，如我们熟知的《过秦论》中有"振长策而御宇内，吞二周而亡诸侯"。还表示统率、率领，如《旧唐书》中有一句为"皇帝亲御六师，即离三蜀，霜戈万队，铁马千群"。除此之外，"御"的动词含义还可指皇帝驾临，如《三国演义》中有一句话为"帝御温德殿"。还可表示违逆，如《新书》中有"天下服而无御，四境静而无虞"。

除动词词性外，"御"还可作名词，大致有四个含义。一个指驾驶马车的人，如《史记》中有一句为"腊月，陈王之汝阴，还至下城父，其御庄贾杀以降秦"，其中的"御"就是指驾驶马车的人，也就是庄贾。一个是专指帝王所做的事和所用的物，如：御膳（皇帝的饮食）、御笔（皇帝亲笔书写）、御酒（专供皇帝、宫廷饮用的酒）等等。一个是指侍从、仆役，如李白有一句词为"宾御如浮云，从风各消散"。最后还可做官名，是指宫中的女官，如《国语》中有"王御不参一族"，其中的"御"便是指女官。

合并字"禦"，本义是祭祀。后引申表示抗拒、抵挡，如御敌。还表示禁止，如禁御。

妾御绩纺

jī

| 甲骨文 | 金文 | 篆文 | 隶书 | 楷书 | 行书 | 草书 | 标准宋体 |
|---|---|---|---|---|---|---|---|
|  | 績 | 績 | 績 | 績 | 績 | 绩 | 绩 |

## 解字堂

"績"是形声字，从糸（mì），責声。简化后写作"绩"。本义是动词词性，指把麻纤维分成细缕后捻接成长纤维。如《说文》中解释说："绩，缉也。从糸，責声。"《诗·豳风·七月》中有一句为"八月载绩"。其中，"载绩"便是指开始通过绩处理麻纤维。

"绩"的本义和我们了解的"纺"有些类似，其实，在古时，"绩"和"纺"常常连用，组成"绩纺"一词。绩和纺都是我们古人处理麻，进行纺织工作所必须经历的步骤，而绩先于纺进行。绩是指将麻纤维小心地分成细缕，然后再依次捻接成较长的纤维。绩的过程费时费工，难度很大。进行过绩后，再将多根纤维捻合成纱的过程便称为纺。绩纺之后才制作出了纱。

"绩"的本义我们现在多不使用了，而更常用它所引申出的一个名词含义，指成就、功业。《左传·庄公十一年》中有"大奔曰败绩"。其中的"败绩"便是打了败仗的的意思。这个含义和我们现在的生活也息息相关，如我们作为学生，常把"成绩"挂在嘴边，这个词里面的"绩"便是成就的含义。再比如说绩用（绩效、功用）、绩谋（功勋与智谋）等等。

"绩"还有一个已不用的名词含义，下裳。"下裳"其实就是我们现在所说的裙子。东汉以来妇女的服饰形制通常为上衣下裳制，衣是指上身穿的，而裳便是下身穿的裙子。如《汉书》中有一句为"赐皮弁（biàn）素绩"。其中的"素绩"便是指素裳，指白色的下衣。

## 名言馆

凡欲显勋绩扬光烈者，莫良于学矣。
·（汉）王符《潜夫论》

---

编蓬还作室，绩草更为裳。
·（唐）王绩《赠李徵君大寿》

---

昼出耘田夜绩麻，村庄儿女各当家。
·（宋）范成大《四时田园杂兴六十首》其三十一

---

妾御绩纺

fǎng
纺

| 甲骨文 | 金文 | 篆文 | 隶书 | 楷书 | 行书 | 草书 | 标准宋体 |
|---|---|---|---|---|---|---|---|
|  |  | 紡 | 紡 | 紡 | 纺 | 纺 | 纺 |

## 名言馆

含情纺织孤灯尽，拭泪相思寒漏长。
·（唐）钱起《效古秋夜长》

村南村北纺车鸣，打豆家家趁快晴。
·（宋）陆游《冬晴与子坦子聿游湖上》

接挲玉箸光夺雪，纺络冰丝细如发。
·（宋）艾性夫《木绵布歌》

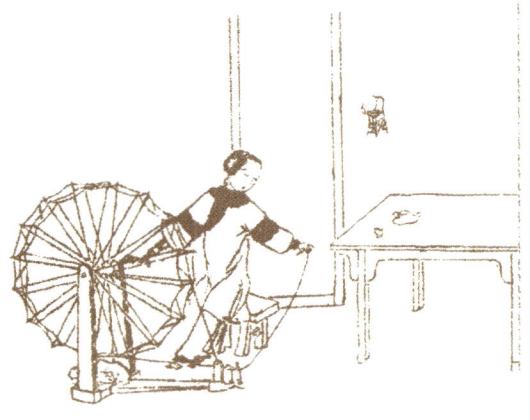

## 解字堂

"纺"为形声字，从糸（mì），方声。简化后写作"纺"。本义是动词词忆，指将丝麻纤维捻合成纱。《说文》中解释说："纺，网丝也。从糸，方声。"《左传·昭公十九年》中有一句话为"纺焉以度而去之"。意思为用纺线搓绳量出了城墙的高度后离去。在有些词里，"纺"也解释为其本义，比如说：纺手（指纺纱、纺线的人）、绩纺（绩是指将麻纤维小心地分成细缕，然后再依次捻接成较长的纤维。绩的过程费时费工，难度很大。进行过绩后，再将多根纤维捻合成纱的过程便称为纺）。

之后，"纺"逐渐引申出其名词含义。大致有两个。一个指素纱，也就是古时的素色纱绢，属于绸类。如《仪礼·聘之》中有句为："宾褐，迎。大夫贿用束纺。"意思是说在大夫奉主国国君命送还璋玉时，主宾需露出褐衣，迎接大夫，同时大夫把一束纺丝送给主宾。另一个名词含义是指平纹丝绸织物。又如我们熟知的纺绸。纺绸是一种丝织物，旧时以浙江杭州产品最佳，称杭纺，其质薄而轻，亦称素绸，常作衣里，适宜做夏季服装。

"纺"还可作通假字使用，通"绷"，是捆绑、悬挂、束缚的含义。如《国语·晋语》中有"献子执而纺于庭之槐"。这句话的意思是：范献子把董叔抓来绑在庭院口的槐树上。其中的"纺"便是捆绑的含义。三国时期的著名史学家韦昭注说："纺，悬也。"

## 温故知新

 **四字通解**

妾御绩纺,意思是妾要负责缉麻纺线一类的女红。其中,"妾"本指妻子之外另娶的女人,此处泛指妻妾;"御"是指治理、控制;"绩"和"纺"都是用其本义,"绩"是指把麻纤维分成细缕后捻接成长纤维;"纺"是指将丝麻纤维捻合成纱。"绩""纺"通常连用,组成词语"绩纺"。这四个字主要是说作为古时普通家庭中女性家庭成员所应该做的事情。古人有妻有妾,但妻妾有别,妻子只有一个,而妾却会有很多。像帝王的后宫有许多妃子,但作为妻的皇后只有一个,其他都是皇帝的妾。《礼记·内则篇》中说:"聘则为妻,奔则为妾。"也就是说明媒正娶的为妻,而不依礼法,私自结合的叫妾。

妾地位十分低贱。她们既要做仆人所做的一些工作,担当女仆的身份,又要服侍男主人的起居,为男主人传承香火。妾所生的孩子称为"庶子",在理论上没有继承权;而妾死后不能入祖坟,没有资格参加祭祖,甚至有时男主人死后她们还会被杀陪葬。妾没有人身自由,她们更像是一种奴隶一样的存在。她们的存在是古代男权社会下男女地位不平等的体现。

### 猜谜语

前线有责任。
（打一字谜）

姑娘真辛苦,晚上还织布。
天色蒙蒙亮,机声才停住。
（打一昆虫）

江畔红消芳草疏。
（打一字）

 **故事厅**

### 黄道婆

黄道婆又称黄婆婆,是我国元代杰出的女纺织家。

黄道婆出身于贫苦农民家庭,在生活的重压下,十二三岁就被卖给人家当童养媳。她的童养媳生活充满了艰辛,但也磨炼了她的意志。有一次,黄道婆又被虐待之后,她决定要逃出去另寻生路。半夜,她在房顶上掏洞逃了出来,悄悄地躲在一条即将远航的海船上,随船到了海南岛的崖州。

在崖州,黄道婆很幸运地得到了淳朴热情的黎族同胞的接纳和帮助,并从黎族同胞那里学到了他们的纺织技术。黄道婆融合黎汉两族人民的纺织技术的长处,逐渐成为一个出色的纺织能手。她在当地大受欢迎,和黎族人民结下了深厚的情谊。在黎族地区生活了将近三十年。

元朝元贞年间,年过半百的黄道婆因思念而返回了故乡乌泥泾。她回去后,就致力于改革家乡落后的棉纺织生产工具,着手改革出一套赶、弹、纺、织的工具,创造出了操作省力,纺纱效率又可提高两三倍的新式纺车。

黄道婆向人们传授了一套比较先进的织造技术:错纱、配色、综线、絜花。因此,当时乌泥泾出产的棉织物上有各种美丽的图案,鲜艳如画。很快淞江一带就成为全国的棉织业中心,历几百年之久而不衰。

为了纪念黄道婆,人们世代流传着一个歌谣:"黄婆婆,黄婆婆,教我纱,教我布,两只筒子两匹布。"

 **知识角**

## 六艺

六艺是中国周朝的贵族教育体系,周王官学要求学生掌握的六种基本才能,即礼、乐、射、御、书、数。出自《周礼·保氏》:"养国子以道,乃教之六艺:一曰五礼,二曰六乐,三曰五射,四曰五御,五曰六书,六曰九数。"这就是所说的"通五经贯六艺"的"六艺"。

礼:礼节。五礼指吉礼、凶礼、军礼、宾礼、嘉礼。

乐:六乐。即《云门大卷》《咸池》《大韶》《大夏》《大濩》《大武》六套乐舞。尧时有《咸池》,舜时有《大韶》,禹时有《大夏》,商时有《大濩》,周时有《大武》。《云门大卷》用于祭祀天神;《咸池》祭地神;《大韶》祭四望,即四方;《大夏》祭山川;《大濩》祭周始祖姜嫄;《大武》祭祀周代祖先。六乐流传到汉代,只有《大韶》《大武》二乐。

射:射箭技术。五射指白矢、参连、剡注、襄尺、井仪。白矢,箭穿靶子而箭头发白,表明发矢准确而有力;参连,前放一矢,后三矢连续而去,矢矢相属,若连珠之相衔;剡注,谓矢行之疾;襄尺,臣与君射,臣与君并立,让君一尺而退;井仪,四矢连贯,皆正中目标。

御:驾驭马车的技术。五御指鸣和鸾、逐水曲、过君表、舞交衢、逐禽左。谓行车时和鸾之声相应;车随曲岸疾驰而不坠水;经过天子的表位有礼仪;过通道而驱驰自如;行猎时追逐禽兽从左面射获。

书:书法(书写、识字、文字)和六书(象形、指事、会意、形声、转注、假借)。

数:数术又称术数,是中国传统文化中五术的命、卜、相三术。

 **成语窗**

**妾妇之道**
妾妇:指妇女。指对上司或同僚绝对服从的卑劣作风。《孟子·滕文公下》:"以顺为正者,妾妇之道也。"

**长辔远御**
放长缰绳,驾马远行。既可用来比喻帝王用某种政策、手段笼络控制边远地区,又可比喻驾驭创作手段很从容,达到了写作的理想境界。

**以简御繁**
御:治理,统治。指以简便的办法去对付复杂繁多的事情。

**种学绩文**
种:栽种,引申为培养。指培养学识,积累文才。韩愈《蓝田县丞厅壁记》:"博陵崔斯立种学绩文,以蕃其有。"

**绩学之士**
指学问渊博的人;学者。胡应麟《少室山房笔丛·华阳博议下》:"古今绩学之士,磨弗以勤政者。"

**考绩幽明**
考绩:考核官吏政绩。幽:昏暗。明:清白。

侍巾帷房

| 甲骨文 | 金文 | 篆文 | 隶书 | 楷书 | 行书 | 草书 | 标准宋体 |
|---|---|---|---|---|---|---|---|
| | | 腊 | 侍 | 侍 | 侍 | 侍 | 侍 |

### 解字堂

根据《说文解字》的解释"侍，承也。从人，寺声"，"侍"应该为形声字，从人，寺声，本义指敬恭承奉。但有人认为，"寺"作为声旁，不只有表示读音的作用，它与"侍"所代表的含义也有所关联。有人认为，"寺"为"持"的本字，表示"持之不动"（拿着东西不动）。所以，"侍"简单来说是指拿着东西不动的人。而通常这样的人处于谦恭和相对卑微的地位，所以也便有了表示出恭敬的人的相关含义。

当"侍"作动词时，指这一类人动作所表达的意思。表示"在尊者面前侍奉、服侍"。如我们所熟知的《论语·先进》中有一句话为"子路、曾皙、冉有、公西华侍坐"，这里的"侍"便是指孔子的弟子恭敬地，以接近于侍奉的态度坐在孔子身边。再如《汉书·文帝纪》中有一句话为"遂即天子位，群臣以次侍"，这句话是指文帝登上天子之位，群臣各依职位的次序侍列在下。君相对于臣自然是尊者，所以臣对君为侍。"侍"在一些词汇中也表达了这个含义，如：侍箕帚（服侍洒扫，即做婢妾的意思），侍御（在天子左右侍奉车驾的人），侍臣（侍奉帝王的廷臣），等等。"侍"所表达的恭敬态度是一样的，只是侍奉的人不同罢了。如："侍妾"是对夫，"侍女"是对主人，"侍臣""侍从""侍卫"是对君王，"侍养"是对长辈，等等。

有时"侍"做名词时被人解释为"进言、进献"。如《史记·赵世家》中有一句为"荀欣侍以选练举贤，任官使能"。意思是荀欣建议精选起用贤才，任命官吏要使用能干的人。这里的"侍"便是进言的含义。

### 名言馆

侍于君子有三愆：言未及之而言，谓之躁；言及之而不言，谓之隐；未见颜色而言，谓之瞽。
·《论语·季氏》

闲居草木侍，虚室鬼神怜。
·（唐）张说《闻雨》

侍人要丰，自奉要约，责己要厚，责人要薄。
·（清）陈弘谋《养正遗规》

侍于亲长，声容易肃，勿因琐事，大声呼叱。
·周秉清《养蒙便读·言语》

侍巾帷房

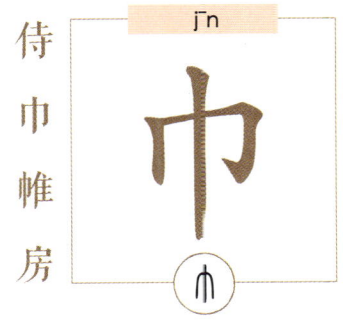

| 甲骨文 | 金文 | 篆文 | 隶书 | 楷书 | 行书 | 草书 | 标准宋体 |
|---|---|---|---|---|---|---|---|
| 巾 | 巾 | 巾 | 巾 | 巾 | 巾 | 巾 | 巾 |

## 名言馆

忽闻歌古调，归思欲沾巾。

·（唐）杜审言《和晋陵陆丞早春游望》

无为在歧路，儿女共沾巾。

·（唐）王勃《送杜少府之任蜀州》

丈夫不作儿女别，临歧涕泪沾衣巾。

·（唐）高适《别韦参军》

出师未捷身先死，长使英雄泪满巾。

·（唐）杜甫《蜀相》

## 解字堂

"巾"为象形字，字形很简单，从古到今的字形变化并不大，因其像布巾下垂的样子，故本义为佩巾。如《说文》中解释说："巾，佩巾也。从冂，丨象糸也。凡巾之属皆从巾。"我们所熟知的张俞的《蚕妇》中有一句为："归来泪满巾"，其中的巾便是指佩巾，也近似于我们现在用的手帕。再如林觉民《与妻书》中有："巾短情长。"晋朝有一种舞蹈称为巾舞，便需舞者执巾而舞。后来，"巾"扩大了其使用的范围，可用来指头巾，如《玉篇》中解释道："巾，本以拭物，后人著之于头。"我们所熟知的苏轼的《赤壁怀古》中描写周瑜："遥想公瑾当年，小乔初嫁了，雄姿英发。羽扇纶巾，谈笑间、樯橹灰飞烟灭。"古代男子二十岁时需加冠，借指成年，其中的"冠"便是指巾冠。而古代的妇女也常戴一种头巾，称为巾帼，现在巾帼已经成为妇女的代称了。"巾"还可泛指覆盖用的织物，如苏轼的《浣溪沙》中有"簌簌衣巾落枣花"。再如我们现在常用的领巾、围巾，都是这个意思。"巾"作名词时还可指巾箱（古人放置头巾的小箱子），如《文选·皇太子释奠会诗》中有"巾卷充街"。

"巾"还可用作动词，指包裹、覆盖。毕竟像头巾、覆盖用的织物这些名词含义都和包裹、覆盖脱不了关系。如《庄子》中有："巾以文绣。"这其中的"巾"便是覆盖的意思。

侍巾帷房

wéi

| 甲骨文 | 金文 | 篆文 | 隶书 | 楷书 | 行书 | 草书 | 标准宋体 |
|---|---|---|---|---|---|---|---|
|  |  | 幃 | 帷 | 帷 | 帷 | 㡵 | 帷 |

## 解字堂

"帷"为形声字，从巾，隹（zhuī）声。因为从巾，所以"帷"与丝织品有关，本义指围在四周的布。如《说文》中解释说："帷，在旁曰帷。"这个含义是我们从古到今最常用的。如我们所熟知的《诗·卫风·氓》中有一句为："淇水汤汤，渐车帷裳。"意思是马车涉过淇水，水花打湿了车上围着的布幔。再如《史记·滑稽列传》中有"即将女出帷中"，指巫婆们将新娘从帐子里扶出，其中的"帷"便是布帐的含义。还有一些词汇，如：帷盖（车上的帷幕和顶盖），帷堂（丧礼所用的帷幕，设在堂上，以分隔内外），帷幕，等等。

我们常将"帷"与"幕"合用，它们之间确实有一部分含义可以合用，甚至有些从"帷"引申出的含义都被"幕"取代了。就比如说"帷幕"在表示舞台上在前遮挡的幕布时用"帷布"更为恰当一些，原因可从它俩最初所代表的意思上看出来。《说文通训定声》中说："在旁曰帷，在上曰幕"。也就是说，"帷"是指围在四周的布，而"幕"是指覆盖在顶上的布。舞台上的幕布很显然是在前遮挡的，所以，用"帷布"较为合适，只是我们现在几乎不用"帷"这个字了。

"帷"还可作动词使用，指用幕布遮挡。如《新书·连语》中有一句为："周武王乃使人帷而守之。"意思是，于是周武王派人支起幕布守卫在这。

## 名言馆

夫运筹帷幄之中，决胜千里之外，吾不如子房。
·《史记·高祖本纪》

卷帷望月空长叹，美人如花隔云端。
·（唐）李白《长相思》

去者如弊帷，来者如新衣。
·（唐）王建《喻时》

一点残红欲尽时。乍凉秋气满屏帏。
·（宋）周紫芝《鹧鸪天》

# 房 fáng

| 甲骨文 | 金文 | 篆文 | 隶书 | 楷书 | 行书 | 草书 | 标准宋体 |
|---|---|---|---|---|---|---|---|
|  |  | 房 | 房 | 房 | 房 | 房 | 房 |

## 解字堂

按照《说文解字》的解释："房，室在旁也。从户，方声。""房"应该为形声字，从户，方声。"户"本义为单扇门，与门户有关，所以"房"的含义也与门户有关，指正室左右的住室。不过，有观点认为"方"也不只起到声符的作用，也有表达意思的功能，因为"方"也有边、侧的含义。对于"房"的本义，《左传·宣公十七年》中有例句为："郤子登，妇人笑于房。"

"房"在慢慢的发展中，其名词含义越来越丰富。它已经不仅局限于正室左右的住室，而泛指所有房屋，甚至并不是通常意义上的住所，而是办公用所，如现在仍使用的住房、私房、房宇，还有房省（宫室，官署）、房考（亦称"房官"，即明清时乡会试时分房阅卷的考官）、药房等等。它还可缩小指一间房间，如厨房、卧房。甚至它已经不局限于人类的住所，而扩大到指动物的住所和植物的子房，如《淮南子·泛论》中有"蜂房不容鹄卵"，杜甫的《秋兴》中有"露冷莲房坠粉红"。"房"还可用来指房族，近氏宗亲，如房亲（指家族近支宗亲）、房分（家族的分支）、房长（家族内各房的掌管人）。有时，"房"可用来代指妻室，如《红楼梦》中有"本房的丫鬟忙捧上茶子"。从"房"可用来指办公用所，引申出它也可以指从事某种职业的人，如茶房、门房、账房。除上述的含义，"房"也可用来指祭器，如《清史稿》中有"神来饷，房俎陈"。它还可用于指星名，如房宿（星宿名。二十八宿之一，苍龙七宿之第四宿）。其实，除了这些，"房"也是一个姓氏。

当"房"做量词时通常用于两个方面，一个用于植物的果实等物，相当于"串""个"，如《封氏闻见记》中有："今有马乳蒲萄，一房长二尺余。"另一方面用于妻妾，相当于"个"，如《古今小说》中有："只我家相公要讨一房侧室。"

## 名言馆

愁人夜独伤，灭烛卧兰房。
· （唐）田娥《夜夜曲》

今朝却得君王顾，重入椒房拭泪痕。
· （唐）柳公权《应制为宫嫔咏》

寻僧已寂寞，林下锁山房。
· （唐）崔道融《访僧不遇》

曲径通幽处，禅房花木深。
· （唐）常建《题破山寺后禅院》

## 温故知新

###  四字通解

侍巾帷房，和前面的"妾御绩纺"是相连的，都是指作为妻妾所应该尽的义务。"侍巾帷房"是指帮助、服侍好家人的起居穿戴。"侍"是指服侍；"巾"是指头巾，这里泛指衣冠；"帷房"是指寝房内室。

这四个字作为妻妾日常义务的描述已经无法带给我们多少有价值的现实意义了，但我们可以从这一描述中联想到每个人对所应尽的义务的遵守。我们每个人都不是独立存在的，我们的行为总是无时无刻不在对他人起着或小或大的影响。所以，我们也在无形中扮演着各种各样的角色，比如说，我们在家时是父母的孩子；在学校时是同学的同学，是老师的学生；在朋友身边我们则是他们的朋友等等。为了能够让大家扮演这些角色时带给别人与自己都是正面的影响，从古到今的许多人都，总结过一些行为准则，以期帮助人们形成友善的关系，而这其中，有些总结出的应遵循的行为便称为义务。遵循这些义务或许有时会让我们一时不适，但从长远来看大多都是利己利人的。

### 猜谜语

诗人之言不足凭。
（打一字）

红艳艳，飘胸前。像火苗，暖心间。
（打一小学生用品）

一朝选在君王侧。
（打一《红楼梦》人名）

###  故事厅

#### 曾子避席

曾子是孔子的弟子，有一次他在孔子身边侍坐，孔子就问他："以前的圣贤之王有至高无上的德行，精要奥妙的理论，用来教导天下之人，人们就能和睦相处，君王和臣下之间也没有不满，你知道它们是什么吗？"曾子听了，明白老师孔子是要指点他最深刻的道理，于是立刻从坐着的席子上站起来，走到席子外面，恭恭敬敬地回答道："我不够聪明，哪里能知道，还请老师把这些道理教给我。"在这里，"避席"是一种非常礼貌的行为，当曾子听到老师要向他传授道理时，他站起身来，走到席子外向老师请教，是为了表示他对老师的尊重。曾子懂礼貌的故事被后人传诵，很多人都向他学习。

#### 子贡让钱

孔子的学生子贡从事商业活动，赚了很多钱。鲁国规定谁能花钱把在外国当奴婢的鲁国人赎回来，可以到政府那里领取赔偿金。子贡赎了一些人回来，因为他自己钱多，就不去政府那里领取赔偿金。事后，子贡受到孔子的批评，孔子说，"不能因为你有钱，就不去领取赔偿金。做事情，要考虑如何合适，才能作为别人的榜样。你这么做，今后鲁国人在外国当奴隶，再没有人去赎了。在这里，不拿钱是不义，拿钱才是义。"

 **知识角**

### 房姓的由来

"房"姓诞生于距今4300—4700年前,起源于祁姓,出自陶唐氏,是尧的后代,以国名为氏。尧的儿子开始被封于丹水,尧没有把帝位交给丹朱继承,而是禅让给了立有大功的舜。这是禅让制的肇初,也是"公天下"的开始。舜继位以后,改封丹朱于房(今河南省遂平县),为房邑侯。其子陵,袭封后以封地为姓,史称房陵,后代遂以房为姓。其裔孙雅为清河太守(今河北省清河县东),房氏家族开始定居于此,并成为一个望族,后又因唐朝开国宰相房玄龄也曾任清河郡守,故此清河郡成为房姓人最重要的郡望,并有"天下房氏,无出清河"之说。

另外,"房"姓由少数民族改姓而来。南北朝时,北魏鲜卑族有屋引氏,入中原后改为房氏。

### 房姓历史名人

房玄龄:名乔,字玄龄。唐代河南道齐州临淄(今山东淄博东北)人。唐代初年名相。房玄龄18岁时本州举进士,授羽骑尉。房玄龄在渭北投李世民后,为秦王参谋划策,典管书记,是秦王最得力的谋士。唐武德九年(626)他参与玄武门之变,与杜如晦、长孙无忌、尉迟敬德、侯君集五人并功第一。唐太宗李世民即位,玄龄为中书令。贞观三年(629)二月为尚书左仆射。十一年(656)封梁国公。至十六年(642)七月进位司空,仍综理朝政。贞观二十二年(648)病逝。后世以他和杜如晦为良相的典范,合称"房杜"。房玄龄著有《晋书》。

 **成语窗**

### 垂手侍立
两手放下来,在旁边陪着。形容恭敬地站在旁边,准备随时听从吩咐。

### 方巾阔服
方巾:古代秀才戴的方形软帽。方形帽子,宽松的衣服。古代儒生的装束。指儒生。

### 柴车幅巾
柴车:粗劣的车。幅巾:用一幅绢束头发。坐着柴车,不戴帽子,用绢束着头发。形容生活俭朴。

### 帷灯匣剑
以帷罩灯,以匣藏剑。比喻真相难明,令人猜疑。

### 帷天席地
把天作帷幕,把地当席。原形容心胸开阔。现形容在野外作业的艰苦生活。

### 花烛洞房
花烛:彩色蜡烛。洞房:深邃的房,指新婚夫妇的卧室。深室里点燃有龙凤图案装饰的蜡烛。形容结婚的欢乐景象。

### 蜂房不容鹄卵
鹄:天鹅。蜂房装不下天鹅蛋。比喻小容器装不下体积大的东西。

## 纨扇圆洁

### wán

纨

| 甲骨文 | 金文 | 篆文 | 隶书 | 楷书 | 行书 | 草书 | 标准宋体 |
|---|---|---|---|---|---|---|---|
| | | 紈 | 紈 | 紈 | 纨 | 纨 | 纨 |

### 解字堂

"紈"是形声字，从糸，丸声。简化后写作"纨"。本义解释为：细绢。《说文解字》释义说："从系，丸声，谓白致缯，今之细生绢也。"《西游记》："两路绿杨藏乳燕，行人避暑扇摇纨。"意思是：雏燕藏在路旁葱绿的杨树中间，行人摇着细绢做的扇子驱逐暑意。"纨"的意义很少，主要意义一直都是细绢，引申的意义都是和本义关系相近的。

纨，主要用作名词，极少部分意义是形容词。当名词讲的时候，就是细的丝织品。例如，唐朝杜甫的《园官送菜》中："点染不易虞，丝麻杂罗纨。"《战国策·齐策四》中："下宫糅罗纨，曳绮縠，而士不得以为缘。"这两句中"纨"都是细致洁白的薄绢的意思。再如，人们所熟知的《孔雀东南飞》中所说的"腰若流纨素，耳著明月珰"。又如《淮南子·齐俗训》："有诡文繁绣，弱緆罗纨。"还有词语冰纨，是指一种细致洁白像冰一样的薄绢，出自《汉书·地理志》："织作冰纨绮绣纯丽之物。"在《红楼梦》中有一句"寄言纨袴与膏粱，莫效此儿形状"。"纨绔"，在今天生活中也能碰到，哪家小孩贪玩不争气，就会被称作纨绔子弟。"纨绔"是说旧时富贵人家子弟穿的细绢做成的裤子，所以纨绔也就泛指富家子弟了。纨当作形容词时意义是"幼小的"。"纨纨"，是联绵词的用法，意思是幼小的样子。有时称小牛为"纨牛"。

### 名言馆

纨袴不饿死，儒冠多误身。
· （唐）杜甫《奉赠韦左丞丈二十二韵》

尽与诗书癖，勿令纨绮攀。
· （宋）叶适《致政通直钱公挽歌词》

十三学经并学史，生在江南长纨绮。
· （清）吴伟业《悲歌赠吴季子》

谜语答案　侍　红领巾　杨侍郎

纨扇圆洁

shàn

扇

| 甲骨文 | 金文 | 篆文 | 隶书 | 楷书 | 行书 | 草书 | 标准字体 |
|---|---|---|---|---|---|---|---|
|  |  | 扇 | 扇 | 扇 | 扇 | 扇 | 扇 |

## 名言馆

摇扇无定响，折干时闻落。
· （宋）梅尧臣《春风》

夕照留歌扇，余辉上桂丛。
· （宋）欧阳修《夕照》

静待微风停素扇，旋消残酒漱寒泉。
· （宋）陆游《夜意》

## 解字堂

"扇"是会意字，从户，从羽。本义为门扇、门扉。《说文解字》释义说："扇，扉也。门两旁如羽翼也。"《吕氏春秋·仲春》中："是月也，耕者少舍，乃修阖扇，寝庙必备。"意思是：这个月，耕作的农夫稍事休息，整治一下门户。祭祀先祖的寝庙一定要完整齐备而没有毁坏。本义后来逐渐模糊，很少使用，转化为如今常用的量词的意义。

"扇"有名词和量词两种词性用法。当名词讲的时候，就是夏天摇动生风取凉的一种用具，扇子。例如宋代苏轼《朝云诗》："经卷药炉新活计，舞衫歌扇旧因缘。"《戏赠孙公素》："披扇当年笑温峤，握刀晚岁战刘郎。"这两句中"扇"都是扇子的意思。再如人们所熟知的唐代杜牧的《秋夕》中所说的"银烛秋光冷画屏，轻罗小扇扑流萤"。还有词语"扇形"，是扇子一样的图形。"扇贝"，是像扇子一样形状的一种贝壳。中国扇文化有着深厚的文化底蕴，是民族文化的一个组成部分，它与竹文化、佛教文化有着密切关系。中国历来有"制扇王国"之称。据了解，扇子种类很多，有名的芭蕉扇是将芭蕉叶稍作加工制成的扇子。"扇"还可以作为量词使用，用于门、窗等扁形器物。明朝魏学洢《核舟记》："旁开小窗，左右各四，共八扇。"日常生活中我们也会说"一扇门，一扇窗"。

纨扇圆洁

yuán

| 甲骨文 | 金文 | 篆文 | 隶书 | 楷书 | 行书 | 草书 | 标准宋体 |
|---|---|---|---|---|---|---|---|
| | | | 圆 | 圆 | 圆 | 圆 | 圆 |

## 解字堂

"圆"是形声字，从囗（wéi），员声。简化后写作"圆"。本义是圆形。《说文解字》释义说："圜，全也。从囗，员声，读若员。"唐朝王维的《使至塞上》："大漠孤烟直，长河落日圆。"意思是："浩瀚无垠的大沙漠上，但见孤零零的一股浓烟拔地而起，笔直地冲上云霄；地平线上，横贯千里的黄河上空，一轮孤悬欲坠的红日显得格外浑圆。"

"圆"主要有名词、动词和形容词三种用法。当名词讲的时候，可以是圆周的意思。《韩非子》："左手画圆，右手画方。""圆"也可以指天，《淮南子》里有"载圆履方"的记载。"圆"也作"元"，指圆形的货币。当动词使用时，"圆"的意思是圆满，完备。例如：圆谎、圆备。如果是用于人，就是团圆的意思，例如清朝林觉民的《与妻书》："试问古来几曾见破镜能重圆？"当形容词使用的时候，"圆"的意思是圆形，其余都是引申而来的，例如：圆通（灵活的），圆妙（佛家用语，表示圆满通明），圆湛（饱满的样子）。"圆"还有圆满的意思，例如《易·系辞上》："蓍之德，圆而神。""圆"也可以解释为丰满，《吕氏春秋·审时》中有"其粟圆而薄糠"。

## 名言馆

吟断章而离离若间，引妙啭而一一皆圆。

· （唐）元稹《善歌如贯珠赋》

---

众知圆媚难论报，自顾穷愁敢角才。

· （宋）王安石《次韵答彦珍》

---

况屈指中秋，十分好月，不照人圆。

· （宋）辛弃疾《木兰花慢·滁州送范倅》

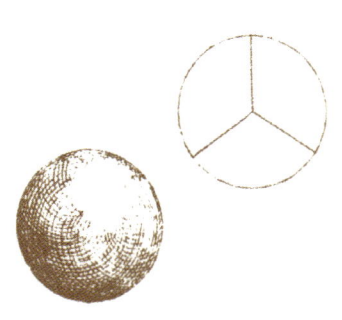

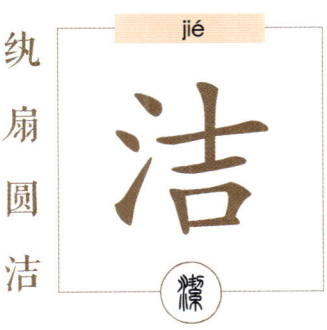

团扇圆洁

| 甲骨文 | 金文 | 篆文 | 隶书 | 楷书 | 行书 | 草书 | 标准宋体 |
|---|---|---|---|---|---|---|---|
| | | 𤉢 | 潔 | 潔 | 潔 | 潔 | 洁 |

## 名言馆

与其进也，不与其退也，唯何甚？人洁己以进，与其洁也，不保其往也。
·《论语·述而》

姑洗所以修洁百物。
·《国语·周语》

嗟！伯夷，以汝为秩宗，夙夜维敬，直哉维静洁。
·《史记·五帝本纪》

## 解字堂

《千字文》中本作"潔"。"潔"是形声字，从水絜声。简化后写作"洁"。造字本义是清洁、洁净。《说文解字》释义说："洁，净也。从水，絜声。"宋代欧阳修的《醉翁亭记》："风霜高洁，水落而石出者，山间之四时也。"（天气高爽，霜色洁白，水位低落，石头显露，这是山里的四季景色。）"洁"的本义一直使用到现在，只是衍化词性。

"洁"有名词、动词和形容词三种意义。名词的含义极少，元代民间戏称和尚为"洁郎"，省称"洁"，如王实甫的《西厢记》中有："净扮洁上：'老僧法本，在这普救寺内做长老。'""洁"主要还是用作动词和形容词，都是与清洁相关的词义。例如：洁斋（清洁其居室，静肃其心灵），洁樽（清洗酒樽）。当"洁"用作动词时是作为使动用法，是使人品质高洁的意思。《论语·微子》："欲洁其身而乱大伦。"又例如《史记·魏公子列传》："臣修身洁行数十年，终不以监门困故而受公子财。""洁"还有分清的含义，例如罗贯中的《三国演义》："夫际会之间，请命乞身，何哉？欲洁去就之分也。""洁"用作形容词的时候，是形容人清白正派的意思。例如"纯洁"和"高洁"，都是说人的品质。如《管子·水地》："鲜而不垢，洁也。"又如汉乐府《陌上桑》："为人洁白皙，鬑鬑颇有须。"屈原的《楚辞·招魂》："朕幼清以廉洁兮，身服义而未沫。"这几句中的"洁"就是用以形容自己高洁的品质。

## 温故知新

### 四字通解

纨扇圆洁，意思是圆圆的绢扇洁白素雅。

白色生丝织成帛叫作绢，齐地（齐国）出产的绢最有名，叫作纨。古语有称"纨绔子弟"的话，就是说穿着用绢做的裤子，泛指富家子弟衣着华美。纨扇是女孩子用的白而圆的绢扇，可以在纨扇上面题字、作画。

绢、绸、缎，统称为帛，我们现代人认为是一样的东西，实际上是完全不同的三种丝织品。绢是厚而疏的生丝织物，绢都是白的，没有染色的，故此女子多用绢（娟）取名以示女子的贞洁。原始的绢就是帛，帛者白巾也，有钱人可以把帛当成纸来书写，秦汉时期就有帛书。那时还没有后世先进的造纸术，帛就是纸的替代品。

用熟丝（染色丝）密织的帛叫作"锦帛"，其中薄者为绸，厚者为缎，不要搞混。

### 故事厅

**诸葛亮的羽扇**

诸葛亮摇着羽扇风流倜傥、妙计连串，可以说无人不晓。可这羽扇从哪儿来的，就鲜为人知了。

黄月英，三国时荆州沔南白水（今湖北襄阳）人，沔阳名士黄承彦之女，诸葛亮之妻，诸葛瞻之母。相传黄月英黄头发、黑皮肤，但知识广博。但也有一说指黄月英本人极美，因此遭到乡里其他年轻女性的嫉妒而诋毁她的容貌。

诸葛亮第一次上门求亲时，黄头发、黑皮肤的黄月英送他一把羽扇，并问诸葛亮："诸葛先生，可知道送你羽扇的用意？"诸葛亮说："是礼轻情义重吧。"黄月英说："可知还有其二？"诸葛亮百思不得其解。黄月英便说："诸葛先生，你刚才跟家父畅谈天下大事，讲到你的胸怀大计，气宇轩昂、眉飞色舞；但是，我发现你讲到曹操、孙权时，眉头深锁、忧心于中，我送你的这把扇子是用来给你遮面的。"聪明的黄月英姑娘知道，大丈夫做事要沉得住气，不能情绪波动，感情用事，更不能让人家发现，以致被轻视、被鄙视，而成不了大事。

诸葛亮娶了黄月英后，羽扇从不离手。无论是六出祁山，还是草船借箭，空城计……生死存亡之际，他总是轻摇羽扇，波澜不兴，胸有成竹，胜算在握。诸葛亮功绩显赫，黄月英的功劳卓著。

### 猜谜语

拧丝成丸。
（打一字）

家奉关公。
（打一字）

赛后归来得团聚。
（打一字）

江湖十载结同心。
（打一字）

 **知识角**

### 扇子的来源

扇子起源于中国,在中国已有3000多年历史。最早出现在殷代,用五光十色的野鸡毛制成,称之为"障扇"。当时,扇子不是用来扇风取凉,而是作为帝王外出巡视时遮阳挡风避沙之用。西汉以后,扇子开始用来取凉。三国时诸葛亮轻摇鹅毛扇,妙计横生,运筹帷幄。羽扇出风缓软,不入腠理。东汉时,大都改羽扇为丝、绢、绫罗之类织品,以便点缀绣画。一轮明月形的扇子称之为"纨扇"或"团扇",也叫"合欢扇"。当时扇子有长圆、葵花、梅花、六角、匾圆之形;亦有木、竹、骨等材之柄;还有翠坠、流苏、玉器之饰。扇面上常绣以山水花卉,款式争奇斗艳,闺阁仕女手摇团扇,清风徐来,不但可以平添主人娴雅文静的仪态,又能体现女性天真活泼的个性。

史传扇子最初称为"五明扇"。相传舜为广开视听求贤自辅,曾制作五明扇。殷周时期已出现了一种"翟扇",那是用五光十色的野鸡尾羽做成的,故有"羽扇"之说。《尔雅》中谈道:"以木曰扉,以苇曰扇。"从这可推测,早期的扇子可能是长方形的苇编物。早期的扇子并非用来纳凉,而是用作统治者礼仪之具,所以又叫"仪仗扇"。我国秦汉以后,扇子的形制主要有方、圆、六角等形,扇子的面料采用丝织的绢素,由于宫中用得多,故又称"宫扇"。隋唐两代,盛行于世的主要是纨扇和羽扇,以及少量的纸扇。宋以后,折扇渐渐流行。明清时期,浙江、苏州、四川等地盛产折扇,题字作画亦兴于此。这一精湛的技艺从明代开始传入欧洲,然后风行世界。

 **成语窗**

### 纨绔子弟
纨绔:细绢裤。衣着华美的年轻人。旧时指官僚、地主等有钱有势人家成天吃喝玩乐、不务正业的子弟。

### 秋风纨扇
秋日凉风至,扇子遂弃置不用。常以比喻女子色衰失宠。

### 羽扇纶巾
拿着羽毛扇子,戴着青丝绣的头巾。形容态度从容。

### 夏炉冬扇
夏天生火炉,冬天扇扇子。比喻做事不符合当时的需要,费了力气而得不到好处。

### 外方内圆
外方:外表有棱角,刚直。内圆:内心无棱角,圆滑。指人的外表正直,而内心圆滑。

### 玉润珠圆
润:细腻光滑。像珠子一样圆,像玉石一样光润。比喻歌声宛转优美,或文字流畅明快。

### 源清流洁
源头的水清,下游的水也清。原比喻身居高位的人好,在下面的人也好。也比喻事物的因果关系。

### 洁身自爱
保持自己纯洁,不同流合污。也指怕招惹是非,只顾自己好,不关心公众事情。

## 银烛炜煌

yín

| 甲骨文 | 金文 | 篆文 | 隶书 | 楷书 | 行书 | 草书 | 标准宋体 |
|---|---|---|---|---|---|---|---|
| | | 銀 | 銀 | 銀 | 銀 | 银 | 银 |

### 解字堂

"银"是形声字，从金，艮声。简化后写作"银"。造字本义是一种仅次于黄金的贵重金属。《说文解字》释义说："白金也。从金，艮声。"字形采用"金"作边旁，"艮"作声旁。在化学上，银是一种化学元素，是一种银白色的过渡金属。纯银是一种美丽的银白色的金属，除了贵重之外，它耀眼的颜色也是吸引人珍视的原因之一。

"银"有形容词和名词两种词性用法。当形容词讲的时候，意思是白色的，例如常用词语：银白色、银河。徐霞客的《游黄山记》中有"没为银海"。又如宋代陆游的《月夕》诗："天如玻璃钟，倒覆湿银海。素壁行其间，草木尽光彩。""银"当名词讲的时候，有两种含义。从古至今，银都是财富的象征。在中国古代，银子是作为货币的，例如：银锭、银子、银行。银的另一个名词意义就是它的本义，一种贵重金属。司马光《训俭示康》："吾性不喜华靡，自为乳儿，长者加以金银华美之服，辄羞赧弃去之。"又例如白居易的《琵琶行》中有"银瓶乍破水浆迸，铁骑突出刀枪鸣"的诗句。

在古代，人类就对银有了认识。银和黄金一样，是一种应用历史悠久的贵金属，至今已有4000多年的历史。由于银独有的优良特性，人们曾赋予它货币和装饰双重价值。我国古代常把银与金、铜并列，称为"唯金三品"。

### 名言馆

飞流直下三千尺，疑是银河落九天。
· （唐）李白《望庐山瀑布》

---

冻合玉楼寒起粟，光摇银海眩生花。
· （宋）苏轼《雪后书北台壁》

---

纤云弄巧，飞星传恨，银汉迢迢暗度。
· （宋）秦观《鹊桥仙》

谜语答案　纨扇圆洁

## 银烛炜煌

zhú
# 烛

| 甲骨文 | 金文 | 篆文 | 隶书 | 楷书 | 行书 | 草书 | 标准宋体 |
|---|---|---|---|---|---|---|---|
|  |  | 燭 | 燭 | 燭 | 燭 | 烛 | 烛 |

### 解字堂

"燭"是形声字，从火，蜀声。简化后写作"烛"。本义是庭燎，即古代照明用的火炬、火把。《说文解字》释义说："庭燎，火烛也。从火，蜀声。"《周礼》《仪礼》《礼记》中已出现"烛"字，此烛非灯烛，而是一种火把、火炬而已。未燃的火把通称为燋，用于把持的火为烛，置于地上的为燎。

"烛"主要有名词和动词两种词性用法。当名词使用的时候，是其本义，用线绳或苇子做中心，周围包上蜡油，点着取亮的东西。《古诗十九首·生年不满百》："昼短苦夜长，何不秉烛游？"李白已有类似的散文，《春夜宴桃李园序》："古人秉烛夜游，良有以也。"又例如《韩非子·外储说左上》有"举烛者，尚明也"的描述。"烛"当动词使用的时候，是照亮、照见的意思。例如成语"洞烛其奸"。司马迁的《史记·鲁仲连邹阳列传》中有"名高天下而光烛邻国"。还有吴敬梓的《儒林外史》中有"望见青枫城里火光烛天"。除此之外，"烛"还可以作为姓氏。烛氏是春秋时郑国大夫烛之武的后代。烛之武开始没有姓，因为他居住在烛地，所以人们称他为烛之武。他的后代便用"烛"作为自己的姓氏。

### 名言馆

智术之士，必远见而明察，不明察，不能烛私。
· 《韩非子·孤愤》

淮阳多病偶求欢，客袖侵霜与烛盘。
· （唐）杜牧《初冬夜饮》

连称手起剑落，头离枕畔，举火烛之，年少无须。
· （明）冯梦龙《东周列国志》

## 银烛炜煌 wěi

| 甲骨文 | 金文 | 篆文 | 隶书 | 楷书 | 行书 | 草书 | 标准宋体 |
|---|---|---|---|---|---|---|---|
|  |  | 煒 | 煒 | 煒 | 炜 | 炜 | 炜 |

### 解字堂

"煒"是形声字，从火，韦声。简化后写作"炜"。炜一般用作褒义词，本义为光明。《说文解字》释义说："盛赤也。从火，韦声。《诗》曰：'彤管有炜。'"《诗·邶风·静女》："静女其娈，贻我彤管。彤管有炜，说怿女美。"（姑娘漂亮又静雅，送我一束红管草。红管草色光灿灿，更爱姑娘比草美。）

"炜"作形容词，只有一个含义，光明。例如词语"卉炜"，形容女子丰美明丽的样子。明朝的刘伯温《送龙门子入仙华山辞》："梧桐萋萋兮竹实蕤蕤，凤凰翔鸣兮五色卉炜。"词语"炜然"，是事物有光彩的样子，例如明朝的唐顺之在《赠蔡年兄道卿序》："其貌炜然，其气充然。""炜发"，是火光迸发的意思，又有发难起事的意义，在南朝梁江淹的《齐太祖诔》中有："袁刘二庚，焱羲炜发。联谋制外，储兵袭内。"词语"炜煌"，有辉煌的意思，宋代沈括的《梦溪笔谈·杂志二》："时见有帘帏，灯烛炜煌，皆莫知何处。"还有明朝何景明的《荷花赋》："呈红颜以流眸兮，丽繁星之炜煌。""炜煌"还可以是繁华盛大的样子，例如唐朝温庭筠的《鸿胪寺四十韵》："锡宴得佳致，车从真炜煌。"还有明朝杨慎《庭中有奇树》诗："春风一披拂，花叶何炜煌。"

### 名言馆

长揖而坐，神气清朗，满座风生，顾盼炜如也。
· 《太平广记·虬髯客》

汉之循吏当可拟，元龟护印曳其尾，穹石序功文煜炜。
· （明）宋濂《元故翰林待制雷府君墓志铭》

未学后生皆心惟而口诵，以其文采之炜燿也。
· （明）杨慎《周官音诂序》

银烛炜煌

huáng
煌

| 甲骨文 | 金文 | 篆文 | 隶书 | 楷书 | 行书 | 草书 | 标准宋体 |
|---|---|---|---|---|---|---|---|
|  |  | 煌 | 煌 | 煌 | 煌 | 煌 | 煌 |

## 名言馆

皓皓旰旰，丹彩煌煌。
· （三国）何晏《景福殿赋》

煌煌全盛时，冠盖充里门。
· （宋）沈遘《五言沈沔天隐楼》

孔壁既彰，蝌斗煌煌。
· （清）龚自珍《古史钩沉论二》

## 解字堂

"煌"是形声字，从火，皇声。《说文解字》释义说："煌，煌煌，辉也。从火，皇声。"本义为火光，也引申表光亮。成语"金碧辉煌"，意指金光碧色，彩辉夺目，可比喻陈设华丽，形容建筑物装饰华丽，光彩夺目。语出《西游记》第四回："绛纱衣，星辰灿烂；芙蓉冠，金碧辉煌。"

"煌"现今只有形容词一种用法。可以表示鲜明。如姚华《论文后编》中有"煌然而成篇谓之篇"。词语"煌熠"是辉耀的意思，出自三国魏的阮籍的《东平赋》："欣煌熠之朝显兮，喜太阳之炎精。"词语"煌扈"，出自明朝王夫之的《九昭》："捐盛年之煌扈兮，殉奄息于既耄。辱干将以劀石兮，夫唯灵修之悼也。"王夫之自己注释句中"煌"字为壮盛的样子。"煌煌"作为叠音词使用是光彩夺目的样子。在《诗·陈风·东门之杨》中："昏以为期，明星煌煌。"又例如郭沫若的《万引》中："（他）坐上电车一直坐到书店门口，店里已经是灯光煌煌的了。""煌煌"还可以释义为显耀。例如《汉书·扬雄传下》："明哲煌煌，旁烛之疆；逊于不虞，以保天命。"煌还可以释义为有火光的，闪耀的。例如《广韵·唐韵》中说"煌，火状"。

## 温故知新

###  四字通解

银烛炜煌,意思是烛火辉煌。"银烛"就是银白色的蜡烛,"炜煌"是火光炫耀的样子。

在古代,人们就已经知道开采银矿,由于当时人们取得的银的量很少,使得它的价值比金还贵。银,永远闪耀着月亮般的光辉,银的原意,也就是"明亮"的意思。我国也常用银字来形容白而有光泽的东西,如银河、银杏、银鱼、银耳、银幕等。上古时代没有蜡,所谓的"烛"是照明用的火炬、火把,不是蜡烛。唐以后才有了由动物、植物或矿物油质制作的蜡烛,如有石蜡、蜂蜡、密蜡等。宁夏海原出现的插入室内墙壁的油楢树枝,江西瑞昌发现的用竹签燃照以及周代的火炬照明,为最早的"烛",为灯的产生奠定了基础。马家窑文化出品叶纹彩陶灯烛引素蜡就是白色的蜡烛,形容人的脸色不好称为"蜡白"。

###  故事厅

**此地无银三百两**

从前有个人叫张三,喜欢自作聪明。他积攒了三百两银子,心里很高兴,但是他也很苦恼,怕这么多钱被别人偷走,不知道存放在哪里才安全。他终于想出了自认为最好的方法。张三趁黑夜,在自家房后的墙角下挖了一个坑,悄悄把银子埋在里面。埋好后,他还是不放心,害怕别人怀疑这里埋了银子。

他又想了想,终于又想出了一个办法。他回屋,在一张白纸上写上"此地无银三百两"七个大字。然后,出去贴在坑边的墙上。他感到这样是很安全的了,便回屋睡觉了。张三一整天心神不定的样子,早已经被邻居王二注意到了,晚上又听到屋外有挖坑的声音,感到十分奇怪。

就在张三回屋睡觉时,王二去了屋后,借月光,看到墙角上贴着纸条,写着"此地无银三百两"七个大字。王二一切都明白了。他轻手轻脚把银子挖出来后,再把坑填好。王二回到自己的家里,见到眼前的白花花的银子高兴极了,但又害怕了起来。他一想,如果明天张三发现银子丢了,怀疑是我怎么办?于是,他也灵机一动,自作聪明地拿起笔,在纸上写了"隔壁王二不曾偷"七个大字,也贴在坑边的墙角上。

后来人们根据这个民间故事,把"此地无银三百两,隔壁王二不曾偷"当作一个成语,用来比喻自作聪明,想要隐瞒、掩饰所干的事情,结果反而更加暴露明显了。这句成语,被简化为"此地无银"。

### 猜谜语

八卦山前秋色波。
（打一字）

千人出门去,应是赶秋闱。
（打一字）

烛泪。
（打一成语）

 **知识角**

### 烛台的知识

古人燃烛都有烛台，用以扦插蜡烛和承接滴淌的蜡油。简单的，就是一个设有尖针的承盘，考究的，会铸造成各种工艺造型。大小也各不同，小者乃放置于几案桌上，可以手持着移动行走，大者贴地放置，形如落地灯，有多个承盘可以同时燃烧数支蜡烛。亦不乏多层的烛台，点满蜡烛后，犹如银花火树，光芒灿烂。材质有银、铜、铁、锡、木、瓷、瓦等多种。

烛台上面或锻造，或雕镂，或彩绘，或以倒模工艺铸造出各种纹饰，是一种集实用性、工艺性、观赏性、装饰性为一体的生活用具。其中多有历代工艺名家的作品，在设计和制作工艺上时有巧思和创新，既能陈设观赏，又可摩挲把玩。

三国时期有青瓷卧羊形烛台，西晋流行卧狮形烛台。南朝时烛台式样较为丰富，有狮形、单管、双管、四管、荷花形等，其中管状烛台在福建地区流行，上有弦纹长柄，柄上端是敞口碗形，碗中有烛座。隋唐时期的烛台底座常刻有精美的花纹。明代烛台造型丰富，并具有很高的艺术欣赏价值，其中永乐、宣德时景德镇窑烧制的烛台，器口和台座呈八角形，颈部为圆柱形。北京故宫博物院藏明正德官窑款青花阿拉伯文烛台，为一管状圆柱立于高台盘，清代以后的烛台形制基本承袭此式。

烛台的使用早见于春秋时代，《楚辞》中引"室中之观，多珍怪些。兰膏明烛，华容备些"战国时已有各式精制的铜烛台，至三国、两晋时，青瓷烛台便已出现，造型颇多。唐三彩烛台造型实用古朴，施釉均匀，色彩深沉雅致，又在三彩中点以蓝彩，更增添了器物的华贵韵致，是三彩器的上乘之作。

 **成语窗**

### 银样镴枪头
样子像银子，实际是焊锡做的枪头。比喻外表很好看，实际上不中用。

### 火树银花
比喻灿烂的焰火或灯火。

### 洞房花烛
形容结婚的景象，现多指新婚。

### 洞幽烛微
洞：洞察。幽：深远。烛：照亮。微：微末，精细处。形容目光锐利，能洞察事物幽深细微之处。

### 金碧辉煌
金碧：金黄青绿的颜色。形容建筑物装饰华丽，光彩夺目。

### 灯火辉煌
形容夜晚灯光明亮的繁华景象。

昼眠夕寐

zhòu

| 甲骨文 | 金文 | 篆文 | 隶书 | 楷书 | 行书 | 草书 | 标准宋体 |
|---|---|---|---|---|---|---|---|
| 晝 | 書 | 晝 | 書 | 晝 | 畫 | 壴 | 昼 |

## 解字堂

"昼"的繁体作"晝"，按《说文》为会意字。造字本义是白天，与"夜"相对。《说文解字》释义说："晝，日之出入，与夜为界。从畫省，从日。"也有认为是从日，聿声的形容词。简化后写作"昼"。《论语·子罕》中有"子在川上曰：'逝者如斯夫，不舍昼夜。'"（孔子在河边，说道："过去的就像这下面的流水一样，白天黑夜地不停流逝。"）。

"昼"仅有一个名词用法可用作地名，例如《孟子》："孟子去齐，宿于昼。"可表示白天例如词语"昼日昼夜"就是日日夜夜的意思，"昼锦"是衣锦昼行的省称，称富贵还乡。《周髀算经》中释义："昼者，阳。"《易·系辞》："刚柔者，昼夜之象也。"昼在这里也指八卦的乾卦。我们所学过的吴均的《与朱元思书》："横柯上蔽，在昼犹昏。"昼光是经漫射或反射后的太阳光和天空光，与太阳光和人造光有区别。极昼是极圈以内的地区，每年总有一段时期太阳终日不落的现象。汉代王充的《论衡·订鬼篇》中有"昼日则见鬼"。《墨子·明鬼下》："昔者郑穆公尝昼日中处乎庙，有神入门而左。"昼日就可以指代太阳。在《韩诗外传》卷九中有："虚之与虚，如薄冰之见昼日。"

## 名言馆

其血气与雷霆风雨比类，其喜怒与昼宵寒暑并明。

·《淮南子·要略》

---

月华连昼色，灯影杂星光。

·（唐）沈佺期《夜游》

---

昼阴殊众木，斜影下危楼。

·（唐）王维《赋得秋日悬清光》

谜语答案　银　炜　油然而生

昼眠夕寐

| 甲骨文 | 金文 | 篆文 | 隶书 | 楷书 | 行书 | 草书 | 标准宋体 |
|---|---|---|---|---|---|---|---|
| | 瞑 | 瞑 | 眠 | 眠 | 眠 | 眠 | 眠 |

## 名言馆

有兽焉，其状如菟而鸟喙，鸱目蛇尾，见人则眠。
· 《山海经·东山经》

不眠忧战伐，无力正乾坤。
· （唐）杜甫《宿江边阁》

风雨朝朝荡画船，吴中春尽昼慵眠。
· （清）孙枝蔚《东亭春暮忆旧游》

## 解字堂

"眠"是形声兼会意字。《说文解字》释义说："瞑，翕目也。从目、冥，冥亦声。""眠"是"瞑"的俗体字，改用"民"表声，民也兼表目盲之意。今"瞑""眠"二字各有分工。"眠"按《说文》本义为闭眼，引申指睡觉。我们从小就熟读成诵的孟浩然的《春晓》中有："春眠不觉晓"（春天的夜晚一直甜甜地睡，不知不觉就到天亮。）

"眠"只有动词一种用法，主要释义为其本义的引申义睡觉。《后汉书·第五伦传》："吾子有疾，虽不能省视，而竟夕不眠。"又例如《楚辞·招魂》："致命于帝，然后得眠些。"我们所熟知的蒲松龄的《聊斋志异·狼》中使用的是"瞑"字形，"久之，目似瞑，意暇甚。""眠"还可以解释为平卧横放的意思。司空图《诗品》中提到"眠琴绿阴，上有飞瀑"。也用于指动物的一种生理状态，在一段时间内不食不动，例如冬眠，这是某些动物对不利生活条件的一种适应，如蛇冬天是要冬眠的。

昼眠夕寐

xī

| 甲骨文 | 金文 | 篆文 | 隶书 | 楷书 | 行书 | 草书 | 标准宋体 |
|---|---|---|---|---|---|---|---|
| ᗡ | D | ᗝ | ⁓ | 夕 | 夕 | 夕 | 夕 |

### 解字堂

"夕"是象形字,甲骨文与"月"字同形,皆是象初月形。造字本义是月亮初显的黄昏。"夕"与"月"同源,后来分化。日初出为"朝";月初出为"夕";月高人静为"夜"。《说文解字》释义说:"莫(暮)也。从月半见。凡夕之属皆从夕。"意思是:"夕,太阳下山。字形依据'月'字变形,像月亮半隐半现。所有与夕相关的字,都采用'夕'作边旁。"我们学过的苏轼的《水调歌头》中有"不知天上宫阙,今夕是何年"。

"夕"有名词和动词两种用法。当作名词讲的时候,有几种含义,基本的含义就是本义傍晚。例如范仲淹的《岳阳楼记》"朝晖夕阴,气象万千"。例如词语夕阳,就是指傍晚的太阳,在欧阳修的《醉翁亭记》中有"已而夕阳在山,人影散乱,太守归而宾客从也"的记载。"夕"可以指夜晚。例如苏轼《超然台记》:"雨雪之朝,风月之夕,予未尝不在"。又如《易·乾》:"君子终日乾乾,夕惕若厉,无咎。""夕"还可以指一年的最后一季或一个月的下旬。在《洪范·五行传》注中记载:"晡时至黄昏为日之夕;下旬为月之夕;自九月尽至十二月为岁之夕。""夕"当动词讲的时候是傍晚朝见君主。例如柳宗元《朝日说》:"古者旦见曰朝,暮见曰夕。"《左传·成公十二年》:"百官承事,朝而不夕。"偶尔可以见到"夕"通"汐",即潮汐的意思。例如《管子·国蓄》中记载"官赋轨符,乘四时之朝夕"。

### 名言馆

日之夕矣,羊牛下来。君子于役,如之何勿思!

·《诗·王风·君子于役》

---

夕市,夕时而市,贩夫贩妇为主。

·《周礼·地官·司市》

---

瘦影写微月,疏枝横夕烟。

·(宋)陆游《置酒梅花下作短歌》

昼眠夕寐

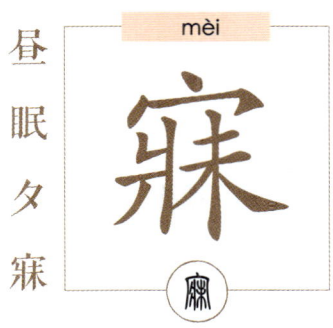

| 甲骨文 | 金文 | 篆文 | 隶书 | 楷书 | 行书 | 草书 | 标准宋体 |

## 名言馆

钟毓兄弟小时，值父昼寝，因共偷服药酒。其父时觉，且托寐以观之。
· （南朝）刘义庆《世说新语·言语》

---

长寐无觉期，谁知逝者穷。
· （南朝）鲍照《松柏篇》

---

壮士临阵，不死带伤，理之自然也。何故以梦寐之事疑心乎？
· （明）罗贯中《三国演义》

## 解字堂

"寐"是形声字。造字本义是躺在床上，睡而未眠，引申义为睡觉。《说文解字》释义说："卧也。从㝱省，未声。"宋代范仲淹的《渔家傲》："人不寐，将军白发征夫泪。"意为在外征战的人不能入睡，将军与士兵头发花白洒下眼泪。

"寐"只有动词一种用法，有睡觉的意义。古人不用"睡"字，而多用"寐"。例如《诗·卫风·氓》："三岁为妇，靡室劳矣；夙兴夜寐，靡有朝矣。"蒲松龄的《聊斋志异·狼三则》："乃悟前狼假寐，盖以诱敌。"和"寐"相关的有很多词语，例如"寐语"，是梦话的意思，宋代梅尧臣的《和元之述梦见寄》："始知端正心，寐语尚不诳。"词语"寐魇"是中邪的意思，例如明代无名氏的《云间杂志》卷上记载："成化甲辰夏秋间，讹言有物入人家，遭之者如寐魇，或能伤人。""寐"还可以解释为死亡，例如在《古诗十九首》中有："潜寐黄泉下，千载永不寤。"例如词语"靖寐"，出自晋朝陆机的《吊魏武帝文》："违率土以靖寐，戢弥天乎一棺。"睡着之后，万籁俱寂，因而"寐"还可以释义为静默无声，用作叠音词"寐寐"，例如汉朝焦赣的《易林·咸之六过》："泛泛柏舟，流行不休。耿耿寐寐，公怀大忧。"

## 温故知新

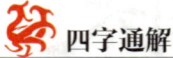 **四字通解**

昼眠夕寐，意思是白日小憩，晚上就寝。

"昼眠夕寐"是白天午休，晚上睡觉的意思。眠者寐也，二者都是睡觉的意思。眠是很随便地闭目小憩一下，寐可就是正规地躺在床上大睡。寐字用得很正规，如梦寐以求、夜不能寐。眠就用得很随便了，如春眠、冬眠。

这句说的是南朝士人的一种悠闲自得的生活状态。社会底层的平常百姓该是春耕夏种，秋收冬藏，一年四季不得片刻安闲，一刻安闲也就意味着下一刻没有饭吃。而处于社会上层的士族安然自得地享受着朝廷的俸禄，即便没有任何功绩，也可以窃据高位。当时"上品无寒门，下品无士族"的局面，导致士族没有任何努力的欲望，只知享受。

### 猜谜语

离人一夕肠堪断。
（打一字）

一阴一阳，一短一长，
一昼一夜，一热一凉。
（打一字）

 **故事厅**

### 南柯一梦

相传唐代有个姓淳于名梦的人，嗜酒任性，不拘小节。一天适逢生日，他在门前大槐树下摆宴和朋友饮酒作乐，喝得烂醉，被友人扶到廊下小睡，迷迷糊糊仿佛有两个紫衣使者请他上车，马车朝大槐树下一个树洞驰去。但见洞中晴天丽日，另有世界。车行数十里，行人不绝于途，景色繁华，前方朱门悬着金匾，上书"大槐安国"，有丞相出门相迎，告称国君愿将公主许配，招他为驸马。淳于梦十分惶恐，不觉已成婚礼，与金枝公主结亲，并被委任"南柯郡太守"。淳于梦到任后勤政爱民，把南柯郡治理得井井有条，前后二十年，上获君王器重，下得百姓拥戴。这时他已有五子二女，官位显赫，家庭美满，万分得意。

不料檀萝国突然入侵，淳于梦率兵拒敌，屡战屡败；金枝公主又不幸病故。淳于梦连遭不测，辞去太守职务，扶柩回京，从此失去国君宠信。他心中悒悒不乐，君王准他回故里探亲，仍由两名紫衣使者送行。车出洞穴，家乡山川依旧。淳于梦返回家中，只见自己身子睡在廊下，不由吓了一跳，惊醒过来，眼前仆人正在打扫院子，两位友人在一旁洗脚，落日余晖还留在墙上，而梦中经历好像已经整整过了一辈子。

淳于梦把梦境告诉众人，大家感到十分惊奇，一齐寻到大槐树下，果然掘出个很大的蚂蚁洞，旁有孔道通向南枝，另有小蚁穴一个。梦中"南柯郡""槐安国"，其实原来如此！

##  知识角

### 古人的作息时间

农民：农人每天的时间表，是从日出到日落都在田里工作。仅有在中午家人给他送饭时才停歇，这是自古以来的习惯。

商人：从汉代到唐代中叶，政府在城市中指定市场的地区，商人集中在那里营业。同一种行业的人住在同一行里，而政府对他们施以广泛的控制和监督。依照古来的习惯，要到中午才开市。在唐代，中午击鼓二百下开市，到日落前的七刻钟击钲三百下而散。这个规定自9世纪起逐渐松弛。到了12世纪，一般大城市里从清晨到深夜都有商业活动。商人不再受地区或时间的限制了。和政府减少对市场控制同时并进的，是郊区市场的发展，这种市场称为"草市"，从一开始就很少受到控制。当然，在宋代及宋代以后，仍然像从前一样，在市镇和乡村里有定期的市集。这种市集大致上只在当天的一段时间内开市，因为没有延长时间的必要。

工匠：工匠的工作时间表就像农人一样，包括整个白天。在唐代，政府规定三月和七月的时期为"长功"；十、十一、十二、一月时期为"短功"；其他月份为"中功"。大致是政府规定在不同的月份里有不同的工作分量。在较近的时代，大约从宋代开始，城市里的工匠通常变成在晚上也和白天一样地工作。这个发展显然和商人时间表的改变类似，但是施行的范围没有那么广。只有室内的手艺才需要晚间的工作，而且大约只有半年（譬如，自九月起，至三月止），用来补偿一年之中这段时间较短的白天。这似乎反映了手工业发展要比商业发展落后。

##  成语窗

### 衣锦昼行
穿了锦绣衣裳在白天出行。旧时形容在本乡做官，或在外地做官告老回乡，荣耀异常。同"衣绣昼行"。

### 昼伏夜行
伏：躲藏。行：赶路。白天躲藏，夜间赶路。指为避免被敌人发现所采取的秘密活动。

### 抵足而眠
脚对着脚，同榻而睡。形容关系亲密，情意深厚。

### 眠花宿柳
比喻狎妓。

### 朝不虑夕
早晨不能知道晚上会变成什么样子或发生什么情况。形容形势危急，难以预料。

### 危在旦夕
旦夕：早晨和晚上，形容时间短。形容危险就在眼前。

### 寤寐求之
比喻迫切地希望得到某种事物。

### 夙兴夜寐
夙：早。兴：起来。寐：睡。早起晚睡。形容勤奋。

蓝笋象床

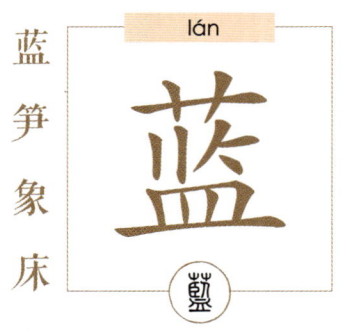

| 甲骨文 | 金文 | 篆文 | 隶书 | 楷书 | 行书 | 草书 | 标准宋体 |
|---|---|---|---|---|---|---|---|
|  |  | 藍 | 藍 | 藍 | 蓝 | 蓝 | 蓝 |

### 解字堂

"蓝"是形声字，从艸（草），监声。简化后写作"蓝"。本义解释为可提取靛青染料的蓼草。《说文解字》释义说："染青草也。从草，监声。"如《荀子·劝学》："青，取之于蓝而青于蓝。"（靛青是从蓝草里提取的，可是比蓝草的颜色更深。后用以比喻学生超过老师或后人胜过前人。）

"蓝"有作名词和形容词两种用法。当名词讲的时候，解释为提取靛青染料的蓼草。例如《诗·小雅·采绿》："终朝采蓝，不盈一襜。五日为期，六日不詹。"唐朝白居易的《忆江南》："日出江花红胜火，春来江水绿如蓝，能不忆江南？"这两句中"蓝"都是蓝草的意思。"蓝"作形容词时指一种颜色，像晴天天空的颜色。例如杜甫的《冬到金华山观》："上有蔚蓝天，垂光抱琼台。""蓝"还可以解释为佛寺，是梵语伽蓝的简称。南北朝杨炫之创作的《洛阳伽蓝记》记述北魏时期洛阳佛寺兴衰的历史和人物故事类笔记，属散文体著作，在学界有着极高的文献价值。清朝阮元的《小沧浪笔谈》记载："宝刹名蓝之外，又家供养佛堂。""蓝"还可以假借为"褴"，形容衣服破烂的样子。例如《左传·宣公十二年》记载："训之以若敖、蚡冒，筚路蓝缕以启山林。"还有常见地名"蓝田"，蓝田是一个盛产美玉的地方，例如成语"蓝田出玉"用以形容名门出贤子弟，《宋书·谢庄传》："太祖见而异之，谓尚书仆射殷景仁、领军将军刘湛曰：'蓝田出玉，岂虚也哉！'"

### 名言馆

李牧制儋蓝，遗风岂寂寥。
·（唐）高适《睢阳酬别畅大判官》

沧海月明珠有泪，蓝田日暖玉生烟。
·（唐）李商隐《锦瑟》

其所著书乃如此，若《原说》者，则可谓青过于蓝矣。
·（宋）朱熹《答吕季克书》

谜语答案　殇　明

蓝笋象床

| 甲骨文 | 金文 | 篆文 | 隶书 | 楷书 | 行书 | 草书 | 标准字体 |
|---|---|---|---|---|---|---|---|
|  |  | 筍 | 笋 | 笋 | 笋 | 笋 | 笋 |

## 名言馆

敷重笋席。
· 《书·顾命》

泥笋苞初荻，沙茸出小蒲。
·（唐）杜甫《大历三年春白帝城放船出瞿塘峡久居夔府将适江陵漂泊有诗凡四十韵》

日穿银笋透，风琢玉山欹。
·（宋）杨万里《雪后十日日暖雪犹未融》

## 解字堂

"笋"是形声字，从竹，尹声。简化后，"笋"与异体字"筍"合并，以"笋"为正体。造字本义为竹子初从土里长出的嫩芽。《说文解字》释义说："竹胎也。从竹，旬声。"笋也称"竹笋"，味鲜美，可以做菜。竹为禾本科多年生木质化植物，食用部分为初生、嫩肥、短壮的芽或鞭。竹笋是竹的幼芽。顾名思义，春天破土而出的是"春笋"；夏秋时节收获的叫"夏笋"；冬季收藏在土中的便是"冬笋"。中医认为笋味甘、微寒、无毒。在药用上具有清热化痰、益气和胃、治消渴、利水道、利膈爽胃等功效。养生学家认为，竹林丛生之地的人们多长寿，且极少患高血压，这与经常吃笋有一定关系。

"笋"只有名词和形容词两种用法，当名词使用时即为其本义竹笋的意思。例如《诗·大雅·韩奕》："其肴维何？炰鳖鲜鱼。其蔌维何？维笋及蒲。"汉代枚乘的《七发》记载："客曰：'犓牛之腴，菜以笋蒲。'"又例如左思的《吴都赋》有"苞笋抽节'。宋代沈括在《梦溪笔谈》中记载："如笙竹笋，有二月生者，有三四月生者，有五月方生者谓之晚笙。""笋"也可以作形容词使用，解释为"像笋一样的"。例如笋玉（形容女人的手指像玉和新生的笋一样洁白），笋剥（像剥笋似地脱掉），笋席（用篾青所编的竹席），笋鞋（以竹皮或笋壳做成的鞋）。"笋"当作形容词使用的时候也可释义为鲜嫩的，例如笋鸡、笋鸭。

蓝笋象床

xiàng

象

| 甲骨文 | 金文 | 篆文 | 隶书 | 楷书 | 行书 | 草书 | 标准宋体 |
|---|---|---|---|---|---|---|---|
| | | 象 | 象 | 象 | 象 | 象 | 象 |

## 解字堂

"象"是象形字。造字本义就是指生物里的大象。《说文解字》释义说："长鼻牙，南越大兽，三年一乳，象耳牙四足之形。凡象之属皆从象。"象因形体庞大优美，鼻子曲长动感，富于视觉震撼力，古人遂以象借代万物之形。《老子》有言："大方无隅，大器晚成。大音希声，大象无形。"（最方正的没有棱角，最大的器具最后完成，最大的音乐没有声响，最大的象没有形象。）

"象"有名词和动词两种用法。当用作名词时，可以释义为其本义大象的含义，或者代指象牙。例如《左传·襄公二十四年》："象有齿以焚其身，贿也。"《诗·鲁颂·泮水》记载："元龟象齿，大赂南金。""象"还可以释义为事物的客观外形。"象"，就是以"象"类物，是古人的一种分类和分析事物的方法，是一种认识世界的手段和方法。例如《周易·系辞传》："在天成象，在地成形。"《列子·汤问》记有："伯牙乃舍琴而叹曰：'善哉，善哉，子之听夫志，想象犹吾心也。'""象"作为动词使用时，是摹拟之意。例如魏学洢的《核舟记》："罔不因势象形，各具情态。"还有《鲁灵光殿赋》记载："千变万化，事各缪形，随色象类，曲得其情。""象"有时假借为"像"，后来字体简化，虽然它们的读音完全一样，但意思不同，各有各的用法。

### 名言馆

其民乘象以战。
· 《汉书·张骞传》

---

上瞻兮遗象，下临兮泉壤。
· （晋）潘岳《寡妇赋》

---

白者西方之色，刑戮之象也。
· （唐）韩愈《为宰相贺白龟状》

蓝笋象床

| 甲骨文 | 金文 | 篆文 | 隶书 | 楷书 | 行书 | 草书 | 标准宋体 |
|---|---|---|---|---|---|---|---|

## 名言馆

阿母得闻之，槌床便大怒。
· 汉乐府《古诗为焦仲卿妻作》

赖知禾黍收，已觉糟床注。
· （唐）杜甫《羌村三首》其二

雨脚半收檐断线，雪床初下瓦跳珠。
· （宋）苏轼《浣溪沙·十二月二日雨后微雪》

## 解字堂

"床"的异体字写作"牀"。"牀"是象形字。造字本义是供坐卧的木制台式家具。《说文解字》释义说："牀，安身之坐也。从木，爿（pán）声。"汉字简化后，以"床"为正体。古闲居坐于牀，隐于几，不垂足，夜则寝，晨兴则敛枕簟。如"床头屋漏无干处，雨脚如麻未断绝。"（一下雨屋顶漏水，屋内没有一点儿干燥的地方，房顶的雨水像麻线一样不停地往下漏。）在古代，床是供人坐卧的器具，与今天只用作睡卧不同。唐代出现桌椅后，人们生活饮食等都是坐椅就桌，不再在床上活动。床由一种多功能的家具，退而成为专供睡卧的用品。

"床"有名词和量词两种词性用法。当名词使用的时候，就是坐卧的家具。例如李白的《静夜思》："床前明月光，疑似地上霜。"句中的"床"是一种简易的坐具，这里的"床"有一种孤独萧索的意境，表达了作者的思乡之情。李商隐《端居》："远书归梦两悠悠，只有空床敌素秋。"《孔雀东南飞》："媒人下床去，诺诺复尔尔。"宋代晁补之的《朝奉郎致仕陈君墓志铭》记有："少贫贱，刻意于学，夜不寝床，置足水中以警寐。"还有唐朝张籍的《祭退之》诗："出则连辔驰，寝则对榻床。"这里的"床"就是指睡卧的用具了。"床"当作量词使用的时候，用于被子等，如两床被、一床铺盖。

## 温故知新

###  四字通解

蓝笋象床,意思是青篾编成的竹席和象牙装饰的床榻。

"蓝笋象床"说的是卧具,由青篾编成的竹席和象牙装饰的床榻。蓝是古代用于染青之草,从中可以提取出青颜色,荀子在《劝学篇》说过"青取之于蓝而青于蓝"的话。笋是嫩竹子,用嫩竹篾编的席子既柔软又凉爽,再用蓝草染成青色,是很贵重的。《尚书·顾命》里就有"敷重笋席"的话。象床指的是用象牙装饰的床,床架用硬木雕花镂空,中间镶有象牙和贝壳等装饰品。这些东西全部都是珍贵的物品,高门大户才能享受得到。

纨扇圆洁,银烛炜煌,昼眠夕寐,蓝笋象床。

上面四句话描写了南朝金陵士大夫阶层奢靡侈富的生活:

圆圆的绢扇洁白素雅,
银白的蜡烛明亮辉煌。
白天小憩,晚间安寝,
象牙装饰的床榻铺着软软的竹席。

### 猜谜语

竹篮装草。
（打一字）

一山空横竹径斜。
（打一字）

参天大树。
（打一字）

###  故事厅

**《聊斋志异·象》**

广东有个猎人,带着弓箭进山打猎。他偶尔躺在地上休息,不觉睡过去了,被一头大象用鼻子卷了去。自己想,这次肯定遭象残害。

不一会儿,大象把他放在一棵树下,点了点头。又叫了一声,一群象便纷纷来到,四面围绕着他,似乎对他有什么企求。刚才卷他的那只大象趴在树下,仰头看看树,又看看猎人,好像让他上树。猎人领会了它的意思,就踏着象背爬到了大树上。虽然爬到了大树顶,却不知大象要他干什么。

不一会儿,一只狮子来了,大象都趴伏在地上。狮子在群象中挑了一只肥的,看样想把它撕着吃掉。群象害怕地颤抖着,没有一只敢逃跑的,只是都抬起头来仰望着树上,好似哀求猎人可怜搭救。猎人会意,就朝着狮子射了一箭,狮子中箭立刻断了气。群象仰头看着天空,意思是向猎人拜舞。猎人爬下树,象又趴在地上,用鼻子牵动猎人的衣服,好像让他骑在自己背上。猎人跨到大象背上,大象驮着他走了。到了一个地方,大象用蹄子挖地,挖出无数象牙。猎人从大象背上下来,把象牙捆绑起来,放在象背上。大象驮着他送出大山,才返了回去。

 知识角

### 象牙

非洲象无论雌雄都有象牙，而亚洲象只有公象才有象牙。正因象牙自古以来被视为珍贵之物，收藏者众多，致使大象数量急剧下降，虽国际上已多次立法禁止象牙交易，并且公开焚毁过象牙制品，但为利益驱使，盗猎行为仍屡禁不绝。至于传说中大象墓地是否真正存在，目前并无确凿证据。

### 蓝

凡可制取靛青（即靛蓝）的植物，均可统称为"蓝"。蓝草一般在小暑前后、白露前后两期采集。取净叶二十八斤，石灰十二斤拌成一料，四料便可做成一担蓝靛，因形如淤土，故又称"土靛"。十字花科的菘蓝为二年生栽培植物。主产于河北安国、江苏南通、浙江等地。爵床科的马蓝则为灌木状多年生草木，主产于四川、云南、贵州、湖南等地，现江浙地区也有引种。靛蓝的粗制浮沫即中药青黛，蓝草的根即著名中药板蓝根，其果为中药蓝实。它们皆有杀菌消炎、清热解毒之药效，可用于防治流脑、流感及肝炎等传染疾病。

 成语窗

### 筚路蓝缕

筚路：柴车。蓝缕：破衣服。驾着简陋的车，穿着破烂的衣服去开辟山林。形容创业的艰苦。

### 染蓝涅皂

涅：染。皂：黑色。指胡乱涂抹。

### 春笋怒发

春天的竹笋迅速茂盛地生长。比喻好事层出不穷地产生。

### 雨后春笋

指春天下雨后，竹笋一下子就长出来很多。比喻事物迅速大量地涌现出来。

### 遗风余象

前代遗留下来的风俗和法式。

### 众盲摸象

许多瞎子摸象，摸到象腿的说像一根柱子，摸到象身的说像一堵墙，摸到象尾的说像一条蛇，互相争论不休。比喻看问题以偏概全。

### 东床快婿

指为人豁达，才能出众的女婿。是女婿的美称。

### 同床异梦

异：不同。原指夫妇生活在一起，但感情不和。比喻同做一件事而心里各有各的打算。

弦歌酒宴

xián

| 甲骨文 | 金文 | 篆文 | 隶书 | 楷书 | 行书 | 草书 | 标准宋体 |
|---|---|---|---|---|---|---|---|
|  |  | 弦 | 弦 | 弦 | 弦 | 弦 | 弦 |

## 解字堂

按《说文》小篆，"弦"是会意字。造字本义是紧绷在弓的两端、以其弹力射箭的牛筋。《说文解字》释义为："弓弦也。从弓，象丝轸之形。凡弦之属皆从弦。"意思是：弦，系在弓弩两端的弦。字形采用"弓"作边旁，像弦丝系绑在弓子两端的样子。"弦"指弓弦，"韦"是兽皮，弦紧皮软，喻性子急缓不同；古人佩弦来警戒自己的性缓，佩韦以警戒自己的性急；后遂用"弦韦"喻朋友的规劝。

"弦"只有名词一种用法，但是可以释义为多重意义。当"弦"作为本义时，就是弓弦的意义。例如《淮南子·人间训》有："引弦而战。"成语"应弦而倒"出自《史记·李将军列传》："其射，见敌急，非在数十步之内，度不中不发，发即应弦而倒。""弦"还可以指代乐器上发声的线，如琴弦。例如"续弦"，是指古人以琴瑟喻夫妻，故又以"断弦"喻丧妻，以"续弦"喻再娶。再例如"弦外之音"，出自南朝宋范晔的《狱中与诸甥侄书》："弦外之意，虚响之音，不知所从而来。""弦"还可以指月亮，《论衡·四讳》有"月中分谓之弦"。因农历每月初七、八或二十二、二十三，月亮半圆，形似弓弦，故名弦月。

## 名言馆

转轴拨弦三两声，未成曲调先有情。
· （唐）白居易《琵琶行》

妃嫔媵嫱，王子皇孙，辞楼下殿，辇来于秦。朝歌夜弦，为秦宫人。
· （唐）杜牧《阿房宫赋》

吾虽不及师旷之聪，闻弦歌而知雅意。
· （明）罗贯中《三国演义》

谜语答案　蓝笋床

弦歌酒宴

| 甲骨文 | 金文 | 篆文 | 隶书 | 楷书 | 行书 | 草书 | 标准宋体 |
|---|---|---|---|---|---|---|---|
| 訶 | 謌 | 歌 | 歌 | 歌 | 歌 | 歌 | 歌 |

## 名言馆

乃歌夫"长铗归来"者也。
·《战国策·齐策》

---

因为长句，歌以赠之，凡六百一十六言，命曰《琵琶行》。
·（唐）白居易《琵琶行》

---

鸟歌花舞太守醉，明日酒醒春已归。
·（宋）欧阳修《丰乐亭游春三首》其一

## 解字堂

"歌"是形声字。从欠，哥声。造字本义是按一定的乐曲或节拍咏唱。《说文解字》释义说："咏也。从欠，哥声。謌，歌或从言。"歌是歌词在文艺学分类上的名称。入乐与否，是歌和诗的根本区别。古人称拼出字音为"读"；称自言自语为"念"；和曲念词为"歌"；称无曲伴奏的高声诵念为"唱"；称背书为"诵"；称节奏和缓地诵读为"咏"。在汉语中常"诗歌"并称，但"诗"与"歌"有明显不同："诗"将浪漫、神秘的心与灵外化为文字，但阅读欣赏者限于少数知识阶层；"歌"将诗句咏叹为便于传播的曲子，任何不识字的百姓都可以唱。"岂无山歌与村笛，呕哑嘲哳难为听。"（难道这里就没有山歌和村笛吗？只是那音调嘶哑粗涩实在难听。）

"歌"有名词和动词两种用法。当名词使用时，是歌曲的意义。例如《书·舜典》有："诗言志，歌咏言。"当动词使用时，可以是歌唱的含义，例如《韩非子·外储说左上》记有："昔者，舜鼓五弦，歌《南风》之诗而天下治。"或者可以引申为歌颂的意义，例如《荀子·儒效》有："故近者歌讴而乐之，远者竟竭蹶而趋之。"或者引申为伴奏，例如宋代王谠《唐语林·雅量》有："往往令倚嫔御歌，必为奇巧声动上，由是得幸。"又例如《礼记》有："歌于斯，哭于斯。"

## 弦歌酒宴

jiǔ

| 甲骨文 | 金文 | 篆文 | 隶书 | 楷书 | 行书 | 草书 | 标准宋体 |
|---|---|---|---|---|---|---|---|
| | | | | | | | 酒 |

### 解字堂

"酒"是形声字。从水从酉，酉亦声。造字本义是用粮食或水果等含淀粉或糖的物质发酵制成的香甜兴奋饮料。《说文解字》释义说："就也，所以就人性之善恶。从水从酉，酉亦声。一曰造也，吉凶所造也。古者仪狄作酒醪，禹尝之而美，遂疏仪狄。杜康作秫酒。"我国是酒的故乡，也是酒文化的发源地，是世界上酿酒最早的国家之一。酒的酿造，在我国已有相当悠久的历史。在中国数千年的文明发展史中，酒与文化的发展基本上是同步进行的。"花间一壶酒，独酌无相亲。举杯邀明月，对影成三人。"（花丛中摆下一壶好酒，无相知作陪独自酌饮。举杯邀请明月来共饮，加自己身影正好三人。）

"酒"有名词和动词两种用法。当名词使用时，即为酒，例如《礼记·射义》有："酒者所以养老也，所以养病也。"《汉书·食货志》记载："酒，百乐之长。又，酒者，天下之美禄。"在古代祭祀活动中，酒作为美好的东西，首先要奉献给上天、神明和祖先享用。战争决定一个部落或国家的生死存亡，出征的勇士，在出发之前，更要用酒来激励斗志。所以就可以引申为以酒荐祖庙，罗振玉的《殷虚文字类编》记载："卜辞所载之酒字为祭名。考古者酒熟而荐祖庙，然后天子与群臣饮之于朝。"

### 名言馆

劝君更尽一杯酒，西出阳关无故人。

· （唐）王维《渭城曲》

---

三杯通大道，一斗合自然。但得酒中趣，勿为醒者传。

· （唐）李白《月下独酌四首》其二

---

被酒莫惊春睡重，赌书消得泼茶香，当时只道是寻常。

· （清）纳兰性德《浣溪沙》

## 宴 yàn

| 甲骨文 | 金文 | 篆文 | 隶书 | 楷书 | 行书 | 草书 | 标准宋体 |
|---|---|---|---|---|---|---|---|
| 宀 | 宴 | 宴 | 宴 | 宴 | 宴 | 宴 | 宴 |

### 名言馆

宴尔新昏，如兄如弟。
·《诗·邶风·谷风》

极宴娱心意，戚戚何所迫！
·《古诗十九首·青青陵上柏》

用是以知真宗非宴安鸩毒而有所畏者，故寇公易以进言。
·（宋）洪迈《容斋三笔·真宗北征》

### 解字堂

"宴"是形声字。从宀（mián），晏（yàn）声。造字本义为安闲、安逸。《说文解字》释义为："安也。从宀，晏声。"

"宴"可作名词，如《琵琶行》："移船相近邀相见，添酒回灯重开宴。"（我们移船靠近邀请她出来相见；叫下人添酒回灯重新摆起酒宴。）此处的"宴"用的是引申义"酒宴"。

"宴"有动词用法，且有多种解释。最常见的意义为用美食、娱乐招待客人。例如《汉书·陈汤传》记有："吉甫宴喜。"《易·需》有"君子以饮食宴乐"。"宴"还可以释义为由丰盛美食和社交娱乐组成的聚会，即是开宴会。例如《口技》有："会宾客大宴，于厅事之东北角，施八尺屏障，口技人坐屏障中，一桌、一椅、一扇、一抚尺而已。""宴"的形容词用法，释义为安闲欢乐。例如《左传·闵公元年》记有："宴安鸩毒，不可怀也。"《诗·卫风·氓》有："总角之宴，言笑晏晏。"或者引申为安定，例如《辽史》有："今军旅甫罢，三边宴然。"即是指没有战事或动乱。又例如成语"河清海晏"出自吴承恩《西游记》第九十回："诚所谓河清海晏，太平之世界也。"是指黄河的水清了，大海也平静了，比喻天下太平。

## 温故知新

### 四字通解

弦歌酒宴,意思是奏着乐,唱着歌,摆酒开宴。

歌舞弹唱伴随着盛大的宴会,人们高擎酒杯,开怀畅饮。弦歌是"鼓弦而歌"的简称,《论语·阳货篇》里有:"子之武城,闻弦歌之声。夫子莞尔而笑曰:'割鸡焉用牛刀?'"孔子的学生子游在武城理政,孔子到了那里,听到有弦歌之声。孔子笑着说:"这个子游,用高级的礼乐文化教育普通百姓,是杀鸡用牛刀,小题大作了!"

酒宴中迎客、落座、点菜、斟酒、开场白、吃,都是有讲究的。中国自古注重礼仪,类似酒宴这种庄重的场合,既是表现个人地位,也是体现修养的最佳场合,就像西方的舞会。

### 故事厅

**刘伶病酒**

刘伶因饮酒过度而导致身体不适,感到异常口渴,就向妻子讨酒喝。他妻子把酒倒掉,把酒器毁坏,哭着劝道:"你喝酒过量,这不是养生的办法,必须要把酒戒掉!"刘伶说:"很好。但我不能自己禁,只能向鬼神祷告,自己发誓来戒掉酒瘾。你就准备祭祝用的酒肉吧。"妻子说:"我按照你交代的去办。"于是把酒肉供在神前,请刘伶去祷告发誓。刘伶跪着说:"天生我刘伶,酒是我的命。一次喝一斛,五斗消酒病。妇人之言辞,千万不能听。"说完拿起酒肉就吃喝起来,颓然醉倒了。

### 猜谜语

木兰无长兄。
(打一字)

留一半清醒。
(打一字)

安心度日。
(打一字)

 ## 知识角

### 七弦琴的来历

七弦琴是在孔子时代就已盛行的乐器,到现在至少也有3000年的历史了。本世纪初才被称作"古琴"。琴的创制者有"伏羲作琴""神农作琴"和"舜作五弦之琴以歌南风"等传说,作为追记的传说,可不必尽信,但却可看出琴在中国有着悠久的历史。

七弦琴属于典型的独奏乐器,较少用于合奏。古时也常作为文人吟唱时的伴奏乐器。七弦琴是中国最古老的弹拨乐器,是中国古代地位最崇高的乐器,被誉为哲学性的艺术或艺术性的哲学,被列为"琴棋书画"四艺之首,是古代每个文人的必修之器,历史上的著名琴家有孔子、蔡邕、蔡文姬、嵇康、李白、杜甫、宋徽宗等。古琴也是孔子办学重要的六艺之一。《诗经》中就记载着"窈窕淑女,琴瑟友之","我有嘉宾,鼓瑟鼓琴"等。七弦琴的乐器本身就充满着象征色彩,比如,它长3尺6寸5分,代表一年有365天,琴面是弧形,代表着天,琴底为平,象征着地,又为"天圆地方"之说。七弦琴有13个徽位,代表着一年有12个月及闰月。古琴最初有五根弦,象征着金、木、水、火、土。周文王为了悼念他死去的儿子伯邑考,增加了一根弦,武王伐纣时,为了增加士气,又增添了一根弦,所以古琴又称"文武七弦琴"。七弦琴有100多个泛音,这大概是世界上拥有泛音最多的乐器。七弦琴有自己的记谱方法(减字谱),至少有1500多年的历史。七弦琴现存有150多部古琴谱,包含着流传下来的3000多首古琴曲。

 ## 成语窗

### 矢在弦上,不得不发
箭已搭在弦上。比喻为形势所迫,不得不采取某种行动。

### 朝歌暮弦
形容整天沉迷于歌舞,逸乐无度。

### 能歌善舞
擅长歌舞。

### 舞榭歌台
榭:建筑在高土台上的敞屋。指歌舞场所。

### 牵羊担酒
牵着羊,挑着酒。表示向人慰劳或庆贺。

### 酒池肉林
古代传说,殷纣以酒为池,以肉为林,为长夜之饮。原指荒淫腐化、极端奢侈的生活,后也形容酒肉极多。

### 宴尔新婚
原为弃妇诉说原夫再娶与新欢作乐,后反其意,用作庆贺新婚之辞。形容新婚时的欢乐。"宴"也作"燕"。

### 河清海宴
比喻天下太平。

接杯举觞

| 甲骨文 | 金文 | 篆文 | 隶书 | 楷书 | 行书 | 草书 | 标准宋体 |
|---|---|---|---|---|---|---|---|
| 𢯱 | 撗 | 揬 | 接 | 接 | 接 | 接 | 接 |

### ◆ 解字堂 ◆

"接"是形声字，从手，妾声。本义为两手相触交会。《说文解字》释义说："接，交也。从手，妾声。"例如杨万里《晓出净慈送林子方二首》其二"接天莲叶无穷碧，映日荷花别样红。"（满眼里一片碧绿的，是一望无际的荷叶，仿佛延伸到遥远的天空，红艳艳的荷花，在阳光的映射下格外光艳迷人。）

"接"有动词和名词两种用法。当动词使用的时候，可以解释为会合，例如《楚辞·国殇》有："操吴戈兮被犀甲，车错毂兮短兵接。"《吕氏春秋·爱士》有："敌皆以走为利，则刃无与接。"或者"接"释义为迎接，例如《宣和遗事》记载："笙箫细乐，却安排接驾。""接"还可以释义为连接，例如成语"首尾相接"。有时可以解释为继续的意义，例如《楚辞·九章·哀郢》记载："心不怡之长久兮，忧与愁其相接。"又如《史记·平准书》："汉兴，接秦之敝。"当"接"用作名词的时候，释义为交情，例如《礼记·表记》有"君子之接如水"。"接"还可以作为姓氏使用，例如春秋末年有狂士楚国接舆，后世流传接姓，属于以先祖名字为氏。

### ◆ 名言馆 ◆

圣人食足以接气。

·《淮南子·精神》

---

太乙近天都，连山接海隅。

·（唐）王维《终南山》

---

士之来者，至接屋以居而不倦；太学之盛，盖极於此矣。

·（宋）陈亮《变文法策》

谜语答案  歌 酒 宴

## 杯 bēi

接杯举觞

| 甲骨文 | 金文 | 篆文 | 隶书 | 楷书 | 行书 | 草书 | 标准宋体 |
|---|---|---|---|---|---|---|---|
|  |  | 桮 | 桮 | 杯 | 杯 | 杯 | 杯 |

### 名言馆

吾翁即若翁，必欲烹而翁，则幸分我一杯羹。
· 《史记·项羽本纪》

浊酒一杯家万里，燕然未勒归无计。
· （宋）范仲淹《渔家傲》

三杯两盏淡酒，怎敌他、晚来风急？
· （宋）李清照《声声慢》

### 解字堂

"桮"是"杯"的异体字。"桮"是形声字。篆文从木，否声。隶定作"桮"，俗作"杯"今则以"杯"为正体。造字本义是盛酒、茶或其他饮料的器皿，多为圆筒状或喇叭状。最初创造之时，应该是模仿自然界之中的坑坑洼洼天然形成的杯状物，对木材进行改造加工而成的，因而"从木"，之后随着冶炼陶瓷技术的发展，就制造了更为精美的水杯或者酒杯，现代之后更多就是玻璃杯了。例如李白《行路难》："停杯投箸不能食，拔剑四顾心茫然。"（胸中郁闷啊，我停杯投箸吃不下；拔剑环顾四周，我心里委实茫然。）古时的饮酒器很多，造型不同，名称各异。有爵、觯、觚、觞、杯等。其中杯是饮酒器的通称。

"杯"有名词和动词两种用法。当名词使用的时候，意思即其本义一种器皿。例如《大戴礼记·曾子事父母》记有："执觞觚杯豆而不醉。"《史记·滑稽列传》："男女同席，履舄交错，杯盘狼藉。"我们熟悉的苏轼的《前赤壁赋》也有类似的记载："肴核既尽，杯盘狼藉。相与枕藉乎舟中，不知东方之既白。'"杯"还可以用为量词，相当于'罐''盏'。例如成语"杯水车薪"（用一杯水去救一车着了火的柴。比喻无济于事）出自《孟子·告子上》："犹以一杯水，救一车薪之火也。"还有例如王维的《送元二使安西》著名的送别诗句："劝君更尽一杯酒，西出阳关无故人。"有些杯状物，也可以称为杯，例如奖杯，是比赛中发给胜利者的杯状奖品。

接杯举觞

| 甲骨文 | 金文 | 篆文 | 隶书 | 楷书 | 行书 | 草书 | 标准宋体 |
|---|---|---|---|---|---|---|---|
| | | 舉 | 舉 | 舉 | 舉 | 专 | 举 |

### 解字堂

"舉"是形声字。从手，舆声。简化后写作"举"。本义为以手托物使之向上。《说文解字》释义说："对举也。从手，舆声。"例如屈原《渔夫》："举世皆浊我独清，众人皆醉我独醒。"（世界上的人都是污浊的，唯独我干净、清白；众人都已醉倒，唯独我一人清醒。）这里"举"用作形容词。

"举"有四种词性。当名词使用的时候，可以解释为举动、举止，例如《后汉书·冯异传》记载："观其言语举止，非庸人也。"还有成语"一举一动"。当副词使用时，释义为全、都。例如《史记·项羽本纪》有："杀人如不能举，刑人如恐不胜。"当形容词使用时，和副词用法类似，也释义为全，例如词语"举家""举世"等。"举"用作动词时，可以释义为本义托举，例如《史记·项羽本纪》记有："举所佩玉玦以示之者三。"苏洵的《六国论》有："子孙视之不甚惜，举以予人，如弃草芥。"或者释义为提出，例如韩愈《原道》有："不惟举之于其口，而又笔之于其书。""举"还可以释义为推荐的意义，例如我们所熟悉的《论语·卫灵公》有："君子不以言举人，不以人废言。""举"还有发动的意义，例如《史记·陈涉世家》："今亡亦死，举大计亦死，等死，死国可乎？"

### 名言馆

舜发于畎亩之中，傅说举于版筑之间。
·《孟子·告子下》

---

其称文小而其指极大，举类迩而见义远。
·《史记·屈原贾生列传》

---

举头望明月，低头思故乡。
·（唐）李白《静夜思》

## 接杯举觞

shāng
**觞**

| 甲骨文 | 金文 | 篆文 | 隶书 | 楷书 | 行书 | 草书 | 标准宋体 |
|---|---|---|---|---|---|---|---|
|  |  | 觴 | 觴 | 觴 | 觴 | 觴 | 觞 |

### 名言馆

举觞白眼望青天，皎如玉树临风前。
・（唐）杜甫《饮中八仙歌》

称觞彼此情何异，对景东西事有殊。
・（唐）元稹《酬乐天雪中见寄》

持觞望江山，路永悲身衰。
・（宋）陈与义《同左通老用陶潜还旧居韵》

飘零湖海频看剑，蹭蹬风尘祇举觞。
・（清）黄景仁《题萍乡旅店》

### 解字堂

"觞"是形声字。《说文解字》："觯，实曰觞，虚曰觯。从角，𥬇省声。"简化后写作"觞"。觯是汉族古代饮酒用的器皿。根据《说文》的解释，觞就是觯，盛满酒的叫觞，不盛酒的叫觯。段玉裁《说文解字注》补充说："《韩诗》说爵、觚、觯、角、散五者总名曰爵。"此五者为古代常用酒器。

"觞"本义为盛满酒的酒杯，常泛指酒杯。当它作名词时，即用本义，表示酒杯。例如韩愈《送穷文》中有"子饭一盂，子啜一觞"，陶渊明《归去来兮辞》中有"引壶觞以自酌，眄庭柯以怡颜"。

"觞"也常常用为动词，既可以指以酒饮人，也可以指自饮。表示以酒饮人，即向人敬酒时，例子有《庄子·至乐》中的"鲁侯御而觞之于庙"，《战国策·秦策五》中的"将军战胜，王觞将军"等。当"觞"表示自饮，或者普通的饮酒时，有例子如王羲之《兰亭集序》中的"虽无丝竹管弦之盛，一觞一咏，亦足以畅叙幽情"。

## 温故知新

 **四字通解**

接杯举觞,意思是接过酒杯,开怀畅饮。

古代的酒具分承酒器和饮酒器,尊、觥、壶是承酒器,杯、觞、爵则是饮酒的器具。杯是战国以后才有的,最初是木质的,椭圆形,两侧有耳,又称耳杯、羽觞。觞是兽角雕刻的,爵则是古代饮酒具的通称,爵作专用名称时是指三条腿的青铜器,下面可以点火,用来温酒、热酒。

古时的饮酒器很多,造型不同,名称各异。有爵、觯、觚、觞、杯等。杯是饮酒器的通称。耳杯多用木制,通髹红、黑色漆,间有彩绘。容量有大有小,杯身有深有浅。深者用以盛酒,而浅者用以盛羹(肉汁等),这是较为特殊的。

 **故事厅**

### 杯弓蛇影

有一年夏天,县令应郴请主簿(办理文书事务的官员)杜宣饮酒。酒席设在厅堂里,北墙上悬挂着一张红色的弓。由于光线折射,酒杯中映入了弓的影子。杜宣看了,以为是一条蛇在酒杯中蠕动,顿时冷汗涔涔。但县令是他的上司,又是特地请他来饮酒的,不敢不饮,所以硬着头皮喝了几口。仆人再斟时,他借故推却,起身告辞走了。

回到家里,杜宣越来越疑心刚才饮下的是有蛇的酒,又感到随酒入口的蛇在肚中蠕动,觉得胸腹部疼痛异常,难以忍受,吃饭、喝水都非常困难。家里人赶紧请大夫来诊治。但他服了许多药,病情还是不见好转。

过了几天,应郴有事到杜宣家中,问他怎么会闹病的。杜宣便讲了那天饮酒时酒杯中有蛇的事。应郴安慰他几句,就回家了。他坐在厅堂里反复回忆和思考,弄不明白杜宣酒杯里怎么会有蛇的。

突然,北墙上的那张红色的弓引起了他的注意。他立即坐在那天杜宣坐的位置上,取来一杯酒,也放在原来的位置上。结果发现,酒杯中有弓的影子,不细细观看,确实像是一条蛇在蠕动。

应郴马上命人用马车把杜宣接来,让他坐在原位上,叫他仔细观看酒杯里的影子,并说:"你说的杯中的蛇,不过是墙上那张弓的倒影罢了,没有其他什么怪东西。现在你可以放心了!"杜宣弄清原委后,疑虑立即消失,病也很快痊愈了。

### 猜谜语

拉她也不来。
(打一字)

干得突出兴头来。
(打一字)

毁誉一言须用心。
(打一字)

##  知识角

### 曲水流觞

曲水流觞,是中国古代汉族民间的一种传统习俗,后来发展成为文人墨客诗酒唱酬的一种雅事。夏历的三月上巳日人们举行祓禊仪式之后,大家坐在河渠两旁,在上流放置酒杯,酒杯顺流而下,停在谁的面前,谁就取杯饮酒,意为除去灾祸不吉。

上巳,是指夏历三月的第一个巳日。它是我国古代一个祓除祸灾,祈降吉福的节日。远在秦汉以前的周代,已有水滨祓禊之俗。朝廷指定专职的女巫掌管此事。祓,是祓除病气和不祥;禊,是修洁、净身。祓禊是通过洗濯身体,达到除去凶疾的一种祭祀仪式。在《诗·郑风·溱洧》一篇中,就具体记载了春秋时的郑国,每逢阳春三月秉执兰草,招魂续魄,祓除不祥的生动情景。

到了汉时,三月上巳才确定为节。每逢该日,官民都去水边洗濯。不仅民间风行,连帝王后妃也去临水除垢,祓除不祥。后来,此俗又进一步演变为临水宴饮。魏晋以后,才将上巳节正式改定为夏历三月初三为春禊,作为岁时节令中的重要节日。所有临水祓禊及水滨宴会活动都在这天进行。

永和九年(353年)三月初三上巳日,晋代贵族、会稽内史王羲之偕亲朋谢安、孙绰等42位全国军政高官,在兰亭修禊后,举行饮酒赋诗的"曲水流觞"活动,引为千古佳话。王羲之《兰亭集序》一文即作于此时。

##  成语窗

**摩肩接踵**
肩挨肩,脚碰脚。形容人多,拥挤不堪。

**踵趾相接**
谓脚迹相连。形容人数众多,接连不断。

**杯弓蛇影**
错误地认为映在酒杯中的弓影是蛇。比喻疑神疑鬼,自相惊扰。

**残杯冷炙**
残:剩余。杯:指酒。炙:烤肉。指吃剩的饭菜。也比喻别人施舍的东西。

**举眼无亲**
抬头看,看不见一个亲人。比喻孤单无依,人地生疏。

**举纲持领**
举:提出。纲:网的总绳。领:衣领。提起网的总绳,网眼就张开了;提起衣领一抖,衣服就顺了。比喻办事要抓住关键。

**举案齐眉**
送饭时把托盘举得跟眉毛一样高。后形容夫妻互相尊敬。

矫手顿足

jiǎo

| 甲骨文 | 金文 | 篆文 | 隶书 | 楷书 | 行书 | 草书 | 标准宋体 |
|---|---|---|---|---|---|---|---|
|  |  | 撟 | 矯 | 矯 | 矯 | 矯 | 矫 |

## 解字堂

"矯"简化作"矫"。"矫"是形声字，从矢，乔声。按《说文》本义为用手揉压箭杆使之变直。《说文解字》释义说："揉箭箝（同'钳'）也。从矢，乔声。"指揉压弯曲的箭杆，使之恢复平直。《广雅》释义曰："矫，直也。"本义只见于古文，例如《汉书·严安传》有："今天下锻甲磨剑，矫箭控弦，转输军粮，未见休时，此天下所共忧也。"（如今各地制造甲胄打磨剑器，使弯箭变直，拉紧弓弦，转运储存军粮，没有停歇的时候，这是天下同样担忧的事情。）

"矫"有形容词和动词两种用法。当形容词使用时，用作叠音词"矫矫"，释义为勇武的样子，例如《诗·鲁颂·泮水》记有："矫矫虎臣，在泮献馘（guó）。""矫"主要还是用作动词，释义为匡正、纠正。例如《荀子·性恶》记载："以矫饰人之情性而正之。"又如《后汉书·王允传》："王允矫情曲意，每相承附。"或者释义为假托，例如《公羊传·僖公三十三年》有："（弦高）遇之敫，矫以郑伯之命而犒师焉。""矫"还有飞的意义，例如宋代苏轼《人日猎城南》诗："放弓一长啸，目送孤鸿矫。"

## 名言馆

矫兹媚以私处兮，愿曾思而远身。
·《楚辞·九章·惜诵》

策扶老以流憩，时矫首而遐观。
·（晋）陶潜《归去来兮辞》

王羲之尤善隶书，为古今之冠，论者称其笔势，以为飘若浮云，矫若惊龙。
·《晋书·王羲之传》

谜语答案　接举举

矫手顿足

shǒu

# 手

| 甲骨文 | 金文 | 篆文 | 隶书 | 楷书 | 行书 | 草书 | 标准宋体 |

## 名言馆

死生契阔，与子成说。执子之手，与子偕老。
　　·《诗·邶风·击鼓》

---

却笑英雄无好手，一篙春水走曹瞒。
　　·（宋）姜夔《满江红》

---

今存其本不忍废，道中手自钞录。
　　·（宋）文天祥《指南录后序》

## 解字堂

　　"手"是象形字。造字本义是人体上肢前端能拿东西的部分。常见的造字部件"又"也是象手形的。《说文解字》释义说："拳也。象形。凡手之属皆从手。"

　　"手"有四种词性。当用作名词时，主要解释为本义，例如《素问·阴阳别论》记载："三阳在头，三阴在手。"或者解释为专司某事或擅长某种技艺的人，例如词语"国手"，指精通某种技能如棋艺等在所处时代达到国内该领域的最高水平的人；又如《宋书·黄回传》有"得快射手八百"。有时可以解释为笔迹，例如《汉书·郊祀志上》记有："天子识其手，问之，果为书。"当"手"用作副词时，主要释义为亲手，例如《诗·大雅·抑》："匪手携之，言示之事。"又如归有光《项脊轩记》："庭有枇杷树，吾妻死之年所手植也，今已亭亭如盖矣。"（庭院里有枇杷树，是我的妻子去世那年亲自种的，现在已经亭亭玉立像一把伞一样了。）此外"手"指"亲手"。"手"还可以用作动词，解释为用手做什么事情，有拿着的意义，例如《公羊传·庄公十三年》有："庄公升坛，曹子手剑而从之。"还有是用手击杀，例如司马相如《上林赋》："搏豺狼，手熊罴。""手"用作量词时，用以修饰技能，例如鲁迅《南腔北调集·作文秘诀》："我们常常听到：拳师教徒弟是留一手的，怕他学会了要打死自己，好让他称雄。"

矫手顿足

dùn

顿

| 甲骨文 | 金文 | 篆文 | 隶书 | 楷书 | 行书 | 草书 | 标准宋体 |
|---|---|---|---|---|---|---|---|
|  |  | 頓 | 頓 | 頓 | 頓 | 顿 | 顿 |

### 解字堂

"頓"简化作"顿"。"顿"是形声字,从页(xié),屯声。造字本义是比喻把头垂到地上,叩响头。《说文解字》释义说:"下首也。从页,屯声。"

"顿"有四种词性。主要是用作动词,用作本义时是叩首的意义,例如《周礼·大祝》有:"一曰稽首,二曰顿首。"或者释义为用脚底或用脚使劲往下踩,例如《聊斋志异·促织》有:"成仓猝莫如所救,顿足失色。"又如杜甫《兵车行》:"牵衣顿足拦道哭,哭声直上干云霄。"(拦在路上牵着士兵衣服顿脚哭,哭声直上天空冲入云霄。)此处"顿"也作动词,表示"踩"。"顿"还可以释义为倒下,例如《孙子兵法·谋攻》有:"故兵不顿而利可全。"现在的意义主要是停顿,古时也用,主要用于形容行军屯驻,例如《晋书·卢志传》:"今公扫清群难,南土以宁,振旅而旋,顿军关外,文服入朝,此霸王者之事也。""顿"当作形容词使用时,可以释义为劳累疲惫,例如《韩非子·初见秦》有:"兵甲顿,士民病。"柳宗元《捕蛇者说》:"号呼而转徙,饥渴而顿踣。""顿"用作副词时,释义为立刻,例如黄宗羲《柳敬亭传》:"亡国之恨顿生,檀板之声无色。""顿"还可以用作名词,在中国书法上指起笔落笔时用力使笔着纸而暂不移动,写字在折画处,用笔轻按,称顿笔。

### 名言馆

家人习奢已久,不能顿俭,必致失所。
· (宋)司马光《训俭示康》

数十年之后,甲兵顿弊,而人民日以安于佚乐。
· (宋)苏轼《教战守策》

先生之言,顿开茅塞,使备如拨云雾而睹青天。
· (明)罗贯中《三国演义》

矫手顿足

zú

足

| 甲骨文 | 金文 | 篆文 | 隶书 | 楷书 | 行书 | 草书 | 标准宋本 |
|---|---|---|---|---|---|---|---|
| | | | 足 | 足 | 足 | 足 | 足 |

## 名言馆

为天下谷，常德乃足，复归于朴。
　　　　　　　　·《老子》

假舆马者，非利足也，而致千里。
　　　　　　　·《荀子·劝学》

今南方已定，兵甲已足，当奖率三军，北定中原。
　　　·（三国）诸葛亮《出师表》

## 解字堂

　　"足"是象形字，甲骨文字形中象连腿带脚的整个下肢。后也有从口从止的字形，是由下肢之形讹变而来。《说文》从之。其本义有众说，或指脚，或指膝盖以下，或指脚加上大腿小腿。《说文解字》释义说："人之足也。在下。从止、口。凡足之属皆从足。"例如《韩非子·外储说左上》："郑人有欲买履者，先自度其足而置之其坐。"（有个郑国人想买双鞋子，他先量好自己的脚的尺寸，然后就把尺码放在他的座位上。）

　　"足"有四种词性。当名词使用时，即为其本义，例如我们所熟悉的魏学洢《核舟记》有："东坡现右足，鲁直现左足，各微侧。"有些支撑器物的脚也称作"足"，例如司马光的《资治通鉴》记载："如此则荆、吴之势强，鼎足之形成矣。""足"用作形容词，释义为足够，例如王安石《游褒禅山记》有："方是时，余之力尚足以入，火尚足以明也。""足"可以引申为富裕的，金钱粮食足够自然就是富裕了，例如贾谊《论积贮疏》的"民不足而可治者自古及今未之尝闻"。"足"用作动词时引申为完成，例如《左传》有："言以足志，文以足言。"用作副词时，"足"释义为值得，例如陶渊明《桃花源记》有："不足为外人道也。"

## 温故知新

 **四字通解**

矫手顿足，意思是情不自禁地手舞足蹈。

人们手舞足蹈，快乐安康。矫是高举的样子，举手、抬头都可以用。"矫手顿足"形容体健。陶渊明在《归去来兮辞》里有"策扶老以流憩，时矫首而遐观。云无心以出岫，鸟倦飞而知还"的诗句。

舞蹈是人类最古老的艺术形式之一，可以说，中国有多少年的文明，就有多少年的舞蹈史。从最蒙昧的上古时代开始，中国传统舞蹈经过了多个阶段的发展和演变，逐渐形成了具中国独特形态和神韵的东方舞蹈艺术。

舞蹈，是通过有节奏的、经过提炼和组织的人体动作和造型，来表达一定的思想感情的艺术。舞是生命情调最直接、最实质、最强烈、最尖锐、最单纯而又最充足的表现。舞蹈总是与人类最热烈的感情联系在一起的。

### 猜谜语

拿下。
（打一字）

频得逸步到古村。
（打一字）

吴头楚尾。
（打一字）

 **故事厅**

### 上下其手

春秋楚襄王二十六年，楚国出兵侵略郑国。以当时楚国那么强大，弱小的郑国实在没有能力抵抗，结果，郑国战败，连郑将皇颉也被楚将穿封戍俘虏了。战事结束后，楚军中有楚王弟公子围，想冒认俘获皇颉的功劳，说皇颉是由他俘获的，于是穿封戍和公子围二人便发生争执，彼此都不肯让步，一时没有办法解决得来。后来，他们便请伯州犁作公正人，判定这是谁的功劳。

伯州犁的解纷办法本是很公正的，他主张要知道这是谁的功劳，最好是问问被俘的皇颉。于是命人带了皇颉来，伯州犁便向他说明原委，接着手伸二指，用上手指代表楚王弟公子围，用下手指代表楚将穿封戍，然后问他是被谁俘获的。皇颉因被穿封戍俘虏，很是恨他，便指着上手指，表示是被公子围所俘虏。于是，伯州犁便判定这是公子围的功劳。

"上下其手"这句成语便是出于这个故事，是表示玩法作弊，颠倒是非的意思。在现在的社会中，这种情形是常常会发生的。譬如有人做了不法的事情，知道自己难逃被惩处的厄运；于是暗地里进行贿赂，或请托亲友奔走求情，求予包庇，结果大事化小，小事化无，仍得逍遥法外。像这种参与其事的人，从中枉法舞弊，便可以说是"上下其手"了。

## 知识角

### 明清时代的舞蹈

明清时期的舞蹈,大致可分为3类:宫廷队舞、戏曲舞蹈和民间舞蹈。下文介绍前两类。

明代宫廷舞,大祀庆成大宴用《万国来朝队舞》《缨鞭得胜队舞》。万寿圣节大宴用《九夷进宝队舞》《寿星队舞》。冬至大宴用《赞圣喜队舞》《百花朝圣队舞》。正旦大宴用《百戏莲花盆队舞》《胜鼓采莲队舞》。

清代宫廷宴乐队舞的总名为《庆隆舞》,其中包括介胄骑射的《扬烈舞》和大臣灰舞的《喜起舞》。舞的内容是有寓意的,开始乐队站两翼,歌者13人,奏《庆隆》乐章,表演《扬烈舞》,有穿黄画布套者16人,穿黑羊皮套者16人,各戴面具,跳跃扑跌,像奇异的野兽。又上骑竹马的8人,周旋驰逐,像八旗兵。一人射中一兽,群兽随而慑服。这时,《喜起舞》舞队上场,大臣朝服18人,对舞欢庆。

明、清的戏曲舞蹈,是戏曲中的重要组成部分,可分为5类:一是插入性的舞蹈,如明刊本《目莲救母》剧中的《跳和合》《跳钟馗》《哑子背风》。二是程式化的舞蹈段子,如"起霸""趟马""走边"。三是程式化的舞蹈动作,如水袖、翎子、甩发、髯口、扇子、手绢、长绸等多种。四是刀枪把子。五是跟斗。戏曲舞蹈是在中国古代舞蹈的基础上,又根据剧情和人物的需要发展而形成的。它不仅具有中国古典舞蹈的特色,并且保存了中国古代舞蹈的精粹,这对打开中国古典舞蹈的宝库,研究古代舞蹈的发展规律,有着启示性的作用。

## 成语窗

**矫枉过正**

矫:扭转。枉:弯曲。把弯的东西扳正,又歪到了另一边。比喻纠正错误超过了应有的限度。

**矫揉造作**

矫:使弯的变成直的。揉:使直的变成弯的。比喻故意做作,不自然。

**握手言欢**

握手谈笑。多形容发生不和,以后又和好。

**手到拈来**

比喻事情很容易办到。

**舟车劳顿**

舟车:船与车,泛指一切水陆交通工具。劳顿:劳累疲倦。形容旅途疲劳困顿。

**沉郁顿挫**

郁:低沉郁积。指诗文的风格深沉蕴藉,语势有停顿转折。

**知足不殆**

殆:危险。知道满足就不会遭受危险。

**死不足惜**

足:值得。惜:吝惜或可惜。形容不怕死或死得没有价值。

悦豫且康

yuè

| 甲骨文 | 金文 | 篆文 | 隶书 | 楷书 | 行书 | 草书 | 标准宋体 |
|---|---|---|---|---|---|---|---|
|  |  | 悅 | 悅 | 悦 | 悦 | 悦 | 悦 |

## 解字堂

"悦"是"说"的后起字，从心，兑声，兑或也表意。《说文》无"悦"，载"说"，解释为"说释也"，段玉裁注说："说释即悦怿。"造字本义是高兴、愉快。《尔雅·释诂上》释义为："悦，乐也。"另《广雅·释诂一》释义为："悦，喜也。"例如陶渊明《归去来兮辞》："悦亲戚之情话，乐琴书以消忧。"（跟亲戚朋友谈心使我愉悦，弹琴读书能使我忘记忧愁。）

"悦"有形容词和动词两种用法。当"悦"用作形容词时，多用作本义快乐，例如《说文系传统论》有："悦，犹说也，拭也，解脱也。若人心有郁结能解释之也。"古代"悦"和"说"是古今字，很多情况下使用的"说"就是"悦"，《论语·学而》第一篇记载的就是我们所熟悉的："有朋自远方来，不亦说乎？"使用的是"说"，但是翻译时是通假为"悦"。还例如枚乘《七发》中的"客见太子有悦色也"也是类似的情况。当"悦"用作动词时，可以释义为悦服，例如《孟子·告子上》有："理义之悦我心，犹刍豢之悦我口。""悦"还可以解释为喜欢，例如《越人歌》："山有木兮木有枝（知），心悦君兮君不知。"张九龄的《感遇》诗："谁知林栖者，闻风坐相悦。""悦"还有乐于的意义，例如词语"悦附"，出自《明史·张玉传赞》："惠帝承太祖遗威余烈，国势初张，仁闻昭宣，众心悦附。"

## 名言馆

静女其娈，贻我彤管。彤管有炜，说怿女美。

·《诗·邶风·静女》

士为知己者用，女为悦己者容。

·（汉）司马迁《报任安书》

山光悦鸟性，潭影空人心。

·（唐）常建《题破山寺后禅院》

谜语答案　手舞足蹈

悦豫且康

yù
豫

| 甲骨文 | 金文 | 篆文 | 隶书 | 楷书 | 行书 | 草书 | 标准宋体 |
|---|---|---|---|---|---|---|---|
|  |  | 豫 | 豫 | 豫 | 豫 | 豫 | 豫 |

## 名言馆

欲从灵氛之吉占兮,心犹豫而狐疑。

·《楚辞·离骚》

---

豫章故郡,洪都新府。星分翼轸,地接衡庐。

·（唐）王勃《滕王阁序》

---

忧劳可以兴国,逸豫可以亡身,自然之理也。

·（宋）欧阳修《新五代史·伶官传序》

## 解字堂

"豫"是形声字,从象,予声。本义为形体较大的象。《说文解字》释义为:"象之大者。贾侍中说：'不害于物。'从象,予声。"《尔雅》释义为:"豫,乐也。"是由本义假借为安乐、喜乐之义。《孟子·公孙丑下》中:"夫子若有不豫色然。"（先生似有不开心的神色。）

"豫"有三种词性。当用作名词时,即为其本义,一种性多疑的野兽的名称,《说文》已经提到,以及《老子·第十五章》有记载:"豫兮其若冬涉川；犹兮其若畏四邻。"这里就是说,那种野兽冬天过河谨慎多疑的样子。"豫"在古代是指地名,九州之一,豫州,其地包括今河南省和湖北省北部。因而今天河南省省称豫,也是因为其地在古豫州,例如《列子·汤问》有"指通豫南,达于汉阴"的记载。"豫"用作形容词时,假借为"娱",是快乐的意思,例如《孟子·公孙丑下》记载:"夫子若有不豫色然。"引申为安乐,例如《汉书·成帝纪》:"或乃奢侈逸豫,务广第宅。"用作动词时,是游玩的意义,可见于张衡《东京赋》:"度秋豫以收成。"有时和"与"相通,释义为参与。例如《后汉书·乐夷传》:"楚灵会申,亦来豫盟。"

悦豫且康

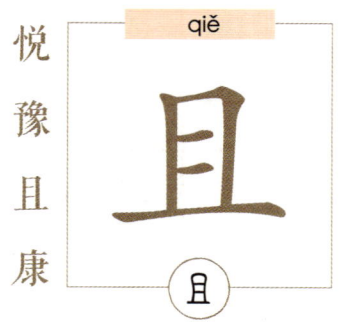

qiě

| 甲骨文 | 金文 | 篆文 | 隶书 | 楷书 | 行书 | 草书 | 标准宋体 |
|---|---|---|---|---|---|---|---|
| 且 | 且 | 且 | 且 | 且 | 且 | 且 | 且 |

## 解字堂

"且"是象形字。《说文》释为"荐也，从几，足有二横，一其下地也"，此释义不可信。根据甲骨金文材料，"且"是男性生殖器的象形，也象模仿生殖器的神主牌位之形，是"祖"之初文。

"且"有四种用法，本义已经消失，主要是虚词用法居多，实词意义只有代词一种用法，表示"此，这"的意义，例如《诗·周颂·载芟》："匪且有且，匪今斯今。"毛传："且，此也。"这个意义现在也很少见，基本已经消失。常见的都是虚词用法，可以作为助词使用，用在句末，相当于"啊"，例如《诗·郑风·褰裳》："狂童之狂也且！"这种用法基本上也已经消亡。用作副词时，可以解释为将近，例如《资治通鉴》："上晚年多内宠，小王且二十人。"或者解释为将要，例如《史记·项羽本纪》："且为之奈何？"当"且"用为连词时，可以用以表并列，表递进，表选择，还可以表假设，用法很多，经常可以见到，例如《诗·小雅·有丽》有："君子有酒，旨且多。"就是表并列的用法，意思为主人有酒宴宾客，那酒甘美又盛多。又如《老子》："今舍慈且勇；舍俭且广；舍后且先；死矣！"（现在丢弃了柔慈而追求勇武；丢弃了啬俭而追求大方；舍弃退让而求争先，结果是走向死亡。）此处"且"是用了常用义"而且"。

## 名言馆

故天之且风，草木未动而鸟已翔矣。

·《淮南子·泰族》

且庸人尚羞之，况于将相乎？

·《史记·廉颇蔺相如列传》

臣死且不避，卮酒安足辞。

·《史记·项羽本纪》

## kāng 康

| 甲骨文 | 金文 | 篆文 | 隶书 | 楷书 | 行书 | 草书 | 标准宋体 |
|---|---|---|---|---|---|---|---|
| 🌾 | 🌾 | 蘭 | 康 | 康 | 康 | 康 | 康 |

### 名言馆

日康娱而自忘兮，厥首用夫颠陨。
·《楚辞·离骚》

斡弃周鼎兮宝康瓠，腾驾罢牛兮骖蹇驴，骥垂两耳兮服盐车。
·《史记·屈原贾生列传》

命如南山石，四体康且直。
·汉乐府《古诗为焦仲卿妻作》

### 解字堂

"康"甲骨文字形从"庚"，象悬钟之形，下从小点，表示振动悬钟，释为指事字。后来下面的小点讹为"米"形，或又添"禾"为"穅"字，"康"当为"穅"初文；《说文》无"糠"，以"康"为"穅"之省形，未尽准确。"康"的造字本义有人说为"摇动铃或钟"，今无文献可证之，多以"康乐"为常用义。

"康"有名词、动词和形容词三种用法。"康"用作名词时可用同"糠"，例如《墨子·备城门》有："灰、康、秕、杯、马矢，皆谨收藏之。"或者引申为五路通达的大路，例如《尔雅》："五达谓之康，六达谓之庄。"平常我们所说的康庄大道就是由此而来。"康"用作动词时，释义为褒扬，例如《礼记》有："康周公，故以赐鲁也"或者释义为安定，例如《荀子·王制》记载有："文王康之。""康"用作形容词时，意义很多，都是和安乐的意义相关，身体无恙是谓健康，百姓生活富足是谓康乐，国家安宁是谓康时。"康"释义为空是一个例外，例如《诗·小雅·宾之初筵》有："酌彼康爵，以奏尔时。"词语"康瓠"就是空酒器，用以比喻腹中空空的庸才。

## 温故知新

 **四字通解**

悦豫且康，意思是真是健康又快乐。结合上一句，"矫手顿足，悦豫且康"整句翻译为情不自禁地手舞足蹈，真是又快乐又安康。

"矫手顿足"形容体健，"悦豫且康"形容心悦，身心快乐康泰，才是悦豫且康。"弦歌酒宴，接杯举觞。矫手顿足，悦豫且康"联起来的意思就是：歌舞升平，盛排筵宴。人们接杯举觞，开怀畅饮。随着音乐的旋律手舞足蹈，身心既快乐又康泰。

健康是快乐的源泉，快乐是健康的基石。

健康是人生第一快乐，是无形的节约，是家庭欢乐的基础，拥有健康就是拥有欢乐。拥有健康的快乐才是真实的快乐。健康可以带来快乐，快乐也能挽回健康，一个心态良好的人往往长寿，看得开的人往往癌症不治而愈。

 **故事厅**

### 忧劳可以兴国，逸豫可以亡身

李克用临死时，拿出三支箭，交给儿子李存勖，郑重地嘱咐他说："梁朝是我的仇家，这你知道。燕王刘仁恭、刘守光父子是靠我的推荐担任卢龙军节度使据有幽州的，契丹的耶律阿保机曾经和我相约结为兄弟，他们却都背弃了我，前去归顺梁朝，跟我作对。这三件事，都是我遗留下来的恨事。如今给你三支箭，你千万别忘记你父亲未了的心愿！"

李存勖接过了箭，答应一定给父亲报仇。李克用一死，李存勖就继承他的爵位，做了晋王。他继位以后，下令把这三支箭供奉在宗庙里。以后每次出兵作战，他就派人去拿出这三支箭，放在一个锦囊里，让人背着，走在队伍的前面，等到作战回来，再放回宗庙。

李存勖报了父亲的三个大仇，当了皇帝，志满意得。他认为天下都是靠他的武力得来的，不再考虑治理天下的事，只顾享乐。他生平最喜爱三件事：打仗、打猎、演戏。灭掉后梁后，不打仗了，他就把大部分精力用在打猎和演戏上。

后唐庄宗李存勖只当了四年皇帝。他在位期间，猜忌大将，杀害功臣，因此闹得众叛亲离。926年，魏州发生兵变，李克用的养子李嗣源利用这个机会，夺取了汴州。李存勖的禁卫军指挥使郭从谦曾认大将郭崇韬为叔父。后来，郭崇韬遭陷害被杀，郭从谦一直怀恨在心，这时也在京城中发动叛乱。叛乱的人四方响应，李存勖慌张东逃，还没等见到敌人，官兵们就离散了，只剩下群臣互相瞧着，不知投奔哪里是好，以至于剪断头发，对天发誓，眼泪沾湿了衣裳。乱兵人多势众，李存勖抵挡不住，中箭死了。

### 猜谜语

有心欲说却无言。
（打一字）

俎前空空忘祖先。
（打一字）

腾飞大庆山水新。
（打一字）

 **知识角**

### 河南为何简称"豫"

河南简称"豫",源于夏禹。大禹治水成功后划天下为九州,称中原地区为豫州,这便是河南简称"豫"的来历。据《周礼·职方》:"河南曰豫州,豫州在九州之中,言常安逸。又云:禀中和之气,性理安舒,故云豫也"。因豫州位于九州之中,历史上河南又有"中州"、"中原"之称。

对"豫"字的得名由来,迄今史学界、地理学家有不同的解释。其一,竺可桢先生认为:"河南省原来称为豫州,这个豫字就是一个人牵了大象的标志,这是有意义的。"其二,张汉沽先生说:"豫"字左旁为"予",予者我也,豫的右旁为象。"豫"即表示一个人,手牵一头大象。其三,秦文生先生也认为:黄河流域至迟在殷代尚有较多的大象,河南古称"豫州",是因为产象而得名。

### 喜悦和健康的关系

喜悦是在盼望的目的达到后,紧张状态随之解除时的情绪体验。

笑是喜悦心情的面部表现,由于笑可以增加心脏血搏输出量,促进血液循环,因而使面色红润、呼吸加强,使人精神面貌焕然一新。中国俗话"笑一笑,十年少"是很有道理的。但是,笑不可过分,那些老年高血压病、心脏病、脑动脉硬化患者,尤其要控制自己,不然会"乐极生悲"。

 **成语窗**

### 心悦诚服
悦:愉快,高兴。诚:真心,真诚。由衷地高兴,真心地服气。指真心地服气或服从。

### 赏心悦目
指看到美好的景色而心情愉快。

### 毫不犹豫
毫:一点儿。犹豫:迟疑,拿不定主意。一点儿也不迟疑。

### 犹豫不决
犹豫:迟疑。拿不定主意。

### 穷且益坚
穷:穷困。益:更加。处境越穷困,意志应当越坚定。

### 苟且偷生
苟且:得过且过。偷生:苟且地活着。得过且过,勉强活着。

### 民康物阜
阜:多。人民平安,物产丰富。形容社会安定,经济繁荣的景象。

### 康庄大道
康庄:平坦,通达。宽阔平坦,四通八达的大路。比喻美好的前途。

## 嫡后嗣续

dí

| 甲骨文 | 金文 | 篆文 | 隶书 | 楷书 | 行书 | 草书 | 标准宋体 |
|---|---|---|---|---|---|---|---|
| | | 嫡 | 嫡 | 嫡 | 嫡 | 嫡 | 嫡 |

### 解字堂

"嫡"是形声字,从女,商声。"商"与"啻"本为一字,甲骨文金文和篆文皆从口从帝,隶定后作"商"。古用"適"为"嫡"。造字本义是在封建大家庭的妻妾群中地位最高的合法妻子。《说文解字》释义说:"孎(zhú)也。从女,啻声。"其中"孎"是谨慎的意思。段玉裁注说:"俗以此为嫡庶字,而许书不尔。盖嫡庶字古只作適。"例如《列子·力命》:"齐公族多宠,嫡庶并行。"(当时齐国公族的公子被宠幸的很多,嫡子和庶子没有区别。)

"嫡"有名词和形容词两种词性用法。当"嫡"用作名词时,用作本义正妻,例如《后汉书·清河孝王庆传》:"贵人兄窦,袭封牟平侯。帝以窦嫡舅,宠遇甚渥,位至大将军。"嫡舅就是嫡母的兄弟。从本义引申而来的是正妻生的长子称嫡子,省称"嫡"。例如周代奉行的嫡长子继承制也是这个意思。古代社会子凭母贵,讲究的是门当户对,高门望族的婚姻可以说是政治联姻。因而母亲的地位决定了儿子的地位。"嫡"用作形容词时可以释义为血统最近的,例如嫡父就是生身父亲,出自宋代张舜民的《画墁录》:"田登弟,嫡父自陈,升卿大怒。"还有正宗的意义,嫡传就是嫡派相传,表示正统,例如戴复古《石屏集》诗曰:"君家名父子,为晦翁嫡传。"嫡系就是一线相传的派系,或是政治集团的各派系中由首脑人物直接控制的派系。

### 名言馆

先主数丧嫡室,常摄内事。随先主于荆州,产后主。
· 《三国志·蜀书·先主甘后传》

---

初,帝爱琅玡王裒,将有夺嫡之议。
· 《晋书·王导传》

---

庚戌,诏诸道节度使男及亲嫡骨肉未沾恩命者,特许上闻。
· 《旧五代史·明宗纪四》

谜语答案 悦 且 康

## 嫡后嗣续

hòu

后

| 甲骨文 | 金文 | 篆文 | 隶书 | 楷书 | 行书 | 草书 | 标准宋体 |
|---|---|---|---|---|---|---|---|
| 後 | 後 | 復 | 後 | 後 | 後 | 后 | 后 |

### 名言馆

天下初发难时，假立诸侯，后以代秦。
·《史记·项羽本纪》

臣之辛苦，非独蜀之人士及二州牧伯所见明知，皇天后土，实所共鉴。
·（晋）李密《陈情表》

方欲行，转视积薪后，一狼洞其中，意将隧入以攻其后也。
·（清）蒲松龄《聊斋志异·狼三则》

### 解字堂

"嫡后嗣续"的"后"本当作"後"，会意字，从彳，从幺，从夊。在甲骨文字形中，"幺"是丝束之形，"夊"是倒止（脚）之形，"彳"表示与行走有关，可知其会意为足有所系，所以行走迟缓而落在后面。造字本义为行走迟后，见《说文》："迟也。""後"与"后"本是不同的字，"后"本义指君王，见《说文》："继体君也。"汉字简化时，"后"与"後"混同，皆用"后"表示。

表示"後"的"后"，可作动词、名词、副词。作动词时用为本义，表示行走迟缓而落在后面，例如《论语·雍也》："非敢后也，马不进也。"又如《韩非子·喻老》："赵襄主学御于王子期，俄而与于期逐，三易马而三后。"作名词时意义丰富，从本义直接引申而来指在时间或空间上的与"前"相对的时间或位置，例如《礼记·曲礼下》："君子将营宫室，宗庙为先，厩库为次，居室为后。"这里"后"是空间上的"后"。又如陈子昂《登幽州台歌》："前不见古人，后不见来者。"这里"后"是时间上的"后"。作名词时还可以表示子孙后代和后世，例如《诗·大雅·瞻卬》"式救尔后"，这个"后"指子孙；又例如韩愈《柳子厚墓志铭》"其文学辞章，必不能自力，以致必传于后如今，无疑也"，这个"后"指后代。作副词时，可以理解为迟到的、晚的，例如词语"后来居上"。

## 嫡后嗣续

sì

| 甲骨文 | 金文 | 篆文 | 隶书 | 楷书 | 行书 | 草书 | 标准宋体 |
|---|---|---|---|---|---|---|---|
| | | 嗣 | 嗣 | 嗣 | 嗣 | 嗣 | 嗣 |

### 解字堂

"嗣"是会意兼形声字。根据隶定字形解释，从册，从口，司声。《说文解字》释义为："诸侯嗣国也。从册从口，司声。孠（sì），古文嗣从子。"徐锴曰："册必于庙。史读其册，故从口。"《书·舜典》有："舜让于德，弗嗣。"（舜帝禅让给有德行的大禹，而不是自己的子嗣。）

"嗣"有四种用法。当"嗣"用作动词时，表示继承，例如《左传·襄公二十五年》有："太史书曰：'崔杼弑其君。'崔子杀之。其弟嗣书，而死者二人。""嗣"用作名词时，是由本义引申而来的，是继承人的意义，《汉书·淳于长传》有："及长当就国也，（王）立嗣子融从长请车骑。"或者"嗣"可以解释为后代，例如王世贞《与俞仲蔚书》记有："此君婆娑，政坐宦薄，著书未成，嗣息中绝。""嗣"用作形容词时，解释为第二的，例如《诗·大雅·生民》："载燔载烈，以兴嗣岁。""嗣岁"就是第二年的意义。"嗣"还可以用作副词，释义为随后的，如：嗣后（自此以后）。古时"嗣"还可通"司"，释义为掌管，例如《国语·晋语四》记载："阳人有夏商之嗣典，有周室之师旅。"

### 名言馆

夫晋侯非嗣也，而得其位。

·《国语·周语上》

---

若天之嗣，其事不可识，百姓浅然不识其邻。

·《荀子·哀公》

---

今吾嗣为之十二年，几死者数矣。

·（唐）柳宗元《捕蛇者说》

# 嫡后嗣续 xù 续

| 甲骨文 | 金文 | 篆文 | 隶书 | 楷书 | 行书 | 草书 | 标准宋体 |
|---|---|---|---|---|---|---|---|
|  |  | 續 | 續 | 續 | 續 | 续 | 续 |

## 名言馆

谗言繁兴，延及寡君之绍续昆裔。
· 《国语·晋语》

及至秦王，续六世之余烈，振长策而御宇内。
· 《史记·秦始皇本纪》

一时人急智生，把自己头发拔下一绺，登时把弓弦续好。
· （清）吴敬梓《儒林外史》

## 解字堂

"續"简化作"续"。"续"是形声字，从糸（mì），卖（yù）声。造字本义是连接起来、接上。《说文解字》释义为："连也。从糸，卖声。赓，古文续从庚贝。"《尔雅》释义为："续，继也。"例如《三国志·魏书·钟会传》："及壮，有才数技艺，而博学精练名理，以夜续昼，由是获声誉。"（长大之后，有才能术数等技艺，又广泛学习精通辨析事物名和理的是非同异，从早到晚学习，因而获得声誉。）

"续"只有动词一种用法，但是意义很多，大多是本义引申而来的。当用作本义时即为连接，例如成语"狗尾续貂"，出自《晋书·赵王伦传》："貂不足，狗尾续。"又例如《韩非子·用人》有："是断手而续以玉也。"有时释义为继续，《史记·扁仓传》记载："刑者不可复续。"《史记·项羽本纪》有："亡秦之续。"或者续可以解释为继承，例如《史记·太史公自序》有："汝复为太史，则续吾祖矣。""续"还有添加的意义，例如生活中用到的词语续水，就是加水的意思，还有续柴等。"续"还有传递的意义，但很少见，例如《淮南子·修务》记载："教顺施续，而知能流通，由此观之，学不可已明矣。"当"续"用作叠音词有"续续"，出自白居易的《琵琶行》："低眉信手续续弹，说尽心中无限事。"可以解释为连续地。

## 温故知新

 **四字通解**

嫡后嗣续,意思是嫡子继承、传续祖业与家族。

妻所生之子为嫡,妾所生之子为庶,庶是众多的意思。先秦礼制,嫡长子只有一人,是妻所生的长子,嫡长子有继位之权。嫡庶之争,历来都是家族动乱的根源。直到现代社会,培养和任用自己的嫡系,也是当权者上台后要做的第一件大事。

后是能够承祖之宗的后代,宗的本义为宗庙、祖庙,后世多指血缘关系。嗣是子嗣,也就是后代子孙的意思,其本义是诸侯传位给嫡长子。续是继承、接续的意思。

古代一直信奉的是"不孝有三,无后为大"。子孙继承了祖先的血脉,就同时肩负了要把这份血脉延续下去的责任。一个人不仅仅代表了自己而且是代表了整个家族的希望和未来。

 **故事厅**

### 九子夺嫡

所谓"九子夺嫡"是指清朝康熙皇帝的九个儿子争夺皇位的事件。这九个儿子分别是:大阿哥胤禔、二阿哥胤礽(原太子)、三阿哥胤祉、四阿哥胤禛(即后来继位的雍正皇帝)、八阿哥胤禩、九阿哥胤禟、十阿哥胤䄉、十三阿哥胤祥、十四阿哥胤禵。

康熙四十七年,胤礽首次被废太子之位,引起众位阿哥对太子位置的觊觎。当时在世的十二位成年阿哥都有谋求储位的愿望(包括已被废黜的胤礽)。只不过有些人野心小,有的只觉自己没戏,就打消了这个念头。真正要争夺皇位的只有老大胤禔、老二胤礽、老三胤祉、老四胤禛、老八胤禩和老十四胤禵,老九、老十是老八同党,助老八争位,他们自己并无野心;老十三助老四,他自己也无意争位。而五阿哥胤祺、七阿哥胤祐、十二阿哥胤祹深知皇位轮不到自己,也无此奢望,便只安稳地当着亲王。

后来,老大因野心太过暴露,遭康熙帝终生圈禁;原太子老二被康熙帝两次废黜,第二次废黜后将其终生圈禁并昭告天下,说不再立他,也不许任何人再举荐他为太子;老三看到老大老二的前车之鉴,不敢再搅这蹚浑水,主动退出。实际的竞争者只剩老四、老八和老十四。最后,老四胜出,即雍正皇帝。

### 猜谜语

石上树影斜。
(打一字)

疏篱掩映梧桐残。
(打一字)

买卖情意在,藕断丝相连。
(打一字)

嫡后嗣续

 ## 知识角

### "后"的来源

"后"与"後"是不同的,"後"是"前後""先後"之"後","后"为"皇天后土"之"后",汉字简化后,两字合并用"后"。"后"在《说文》中被释为"继君体也。"至于"后"的来源,有这样一个说法:

夏启即位后,认为自己的头衔必须比大禹的低一级,于是把本族名称"夏司氏"中的"司"反转180度,创造出了新的帝号"后"。夏后氏原名"夏司氏",见宋代出土的齐国青铜器"叔夷钟"铭文,文中有"剢伐夏司"字样。"后"字继承了"司"的本义,是"父子相继为帝王"的意思,以适应"家天下"的新政治制度。夏桀被推翻后,商汤改用"王"字作为新的自贬一级的帝号(商汤认为自己不能和三皇五帝比肩等列,也不能沿袭夏后的头衔),一直沿用到周朝末年。商王元配很可能使用"毓"字作为头衔(徐中舒主编《甲骨文字典》第997页:"卜辞用毓为后。"第998页:甲骨文则正反无别,皆为司字。后字则假毓字为之。)。后世王朝将"后"字转用为帝王正妻的头衔,这是因为"后"有"专职生育太子,子承父业相继为帝"的意思。《尚书》里的"群后"就是"群司","多后"就是"多司"。"群司"或"多司"是指"司空""司徒""司马""司稷"这些官职,这些官职也是世袭的。《竹书纪年》把帝舜正妻娥皇称为"后育",其实那是"司育",就是"专司生育太子"之义。娥皇的正式头衔恐怕就是"娥"。夏初的摄政王是后羿,"后羿"就是"司羿",即世袭的射师。

 ## 成语窗

### 树元立嫡
指立嫡长子为储君。

### 瞻顾前后
瞻:向前望。顾:回头看。兼顾前后。形容做事之前考虑周密慎重。

### 羞以牛后
牛后:牛的肛门,比喻从属的地位。指不愿处在从属地位,为人压制。

### 克嗣良裘
比喻能继承父祖的事业。

### 狗尾续貂
比喻拿不好的东西补接在好的东西后面,前后两部分非常不相称。

### 东观续史
东观:汉代官家藏书的地方。原指汉代女史学家班昭奉诏就东观续成其兄班固没有完成的《汉书》。后用以指女子才学高深。

祭祀烝尝

| 甲骨文 | 金文 | 篆文 | 隶书 | 楷书 | 行书 | 草书 | 标准宋体 |
|---|---|---|---|---|---|---|---|
| 𥙊 | 祭 | 祭 | 祭 | 祭 | 祭 | 祭 | 祭 |

### 解字堂

"祭"是会意字，从肉，从又（手），从示。甲骨文字形，左边是牲肉，右边是"又"（手），中间像祭桌。表示以手持肉祭祀神灵。古人杀牲，一是为自己吃，再就是常把牲肉放在祭台上，"祭"字就是有酒肉的祭祀，即牲祭。造字本义是祭祀。《说文解字》释义说："祭祀也。从示，以手持肉。"例如《论语·子罕》："祭于公，不宿肉。祭肉不出三日。出三日，不食之矣。"（参与国家祭祀典礼，不把祭肉留到第二天。别的祭肉留存不超过三天。若是存放过了三天，便不吃了。）

"祭"造字以来就没有多大变化，也可见古人对祭祀此事的看重。古代无论是祭神还是祭祖，都是一件极为庄重的事情，一家或者一国之人都要花费大量时间精力做准备工作的，例如鲁迅《祝福》里祥林嫂被认为是不洁之人是不允许碰祭祀用品的。"祭"现在只有两种用法，一种是祭祀神明或者先祖，旧俗在一定时节备供品向神明或先祖致祭，表示崇敬、纪念并求保佑。例如《谷梁传·成公十七年》有："祭者，荐其时也，荐其敬也，荐其美也，非享味也。"《礼记·祭统》记载："祭者，所以追养继孝也。"另一种就是为死去的人举行仪式，表示追念。明代陈继儒《大司马节寰袁公家庙记》祭祀袁可立的文章："朝于斯夕于斯，岁时伏腊祭于斯。"陶渊明亦有《自祭文》。

### 名言馆

无牲而祭曰荐，荐而加牲曰祭。
·《公羊传·桓公八年》

以灵鼓鼓社祭。
·《周礼·地官》

祭之为言索也。
·（汉）刘向《说苑·权谋》

谜语答案　石嗣续

## sì 祀

祭祀烝尝

| 甲骨文 | 金文 | 篆文 | 隶书 | 楷书 | 行书 | 草书 | 标准字体 |
|---|---|---|---|---|---|---|---|
| 𥝢 | 祀 | 祀 | 祀 | 祀 | 祀 | 祀 | 祀 |

### 名言馆

以雷鼓鼓神祀。
　　　　　　·《周礼·地官》

已行，非弗思也，祭祀必祝之，祝曰："必勿使反。"
　　　　　　·《战国策·赵策》

瑞抚吴甫半岁，小民闻当去，号泣载道，家绘像祀之。
　　　　　　·《明史·海瑞传》

### 解字堂

"祀"是形声字，从示，巳声。"示"常与祭祀有关。造字本义是祭祀天神。《说文解字》释义说："祀，祭无已也。从示，巳声。禩（祀的繁体），祀或从異（异）。"如《周礼注疏》："天神称祀，地祇称祭，宗庙称享。"（祭祀天神时称作祀，祭祀大地称作祭，祭祀宗庙称作享。）可见在古时各种各样的祭祀都会有专门的名称，应该也会有相应的祭品和仪式。

"祀"有动词和名词两种用法，大多都是由本义引申而来的意义。当"祀"用作动词时，多为本义祭祀。例如《左传·文公二年》："祀，国之大事也。"祭祀本就是一国每年必须做的大事，祭祀天神和先祖，祈祷新的一年风调雨顺。在《左传·成公十三年》也有类似的说法："国之大事，在祀与戎。""祀"有时会认为是祭祀天神，但也有人认为是专门祭祀地神，例如唐代玄应《一切经音义》释义："祠，祭也，天祭也。祀，地祭也。"总之到现在，是没有区分的必要了，一切都是使用"祭祀"。当"祀"用作名词时，可以指祭祀神的地方，例如《礼记》有规定：'过墓则式，过祀则下。"又大概因为商代祭祀和时间有关系，也就以一祀代表一年，例如《书·洪范》记载："惟十有三祀。"或者"祀"直接就指代世代，例如柳宗元《与友人论为文书》："固有文不传于后祀，声遂绝于天下者矣。""后祀"就是指后代。

## 祭祀烝尝

zhēng

烝

| 甲骨文 | 金文 | 篆文 | 隶书 | 楷书 | 行书 | 草书 | 标准宋体 |
|---|---|---|---|---|---|---|---|
|  |  |  |  |  |  |  |  |

### 解字堂

"烝"是形声字，从火，丞声。造字本义是火气上行。《说文解字》释义说："火气上行也。从火，丞声。"像蒸笼里火气上升的样子。《集韵·证韵》释义说："烝，气之上达也。或作蒸。"例如《荀子·性恶篇》："故枸木必将待檃（yǐn）栝烝矫然后直，钝金必将待砻厉然后利。"（所以弯曲的木料一定要依靠整形器进行薰蒸、矫正，然后才能挺直；不锋利的金属器具一定要依靠磨砺，然后才能锋利。）

"烝"有动词、形容词和名词三种用法。当"烝"用作动词时，多是用作其本义火气上行，或者引申为用火烘烤。例如《诗·大雅·生民》："释之叟叟，烝之浮浮。"《韩非子·难一》记载："易牙烝其子首而进之。""烝"还可以指以下淫上，即与庶母通奸，如《左传·桓公十六年》"卫宣公烝于夷姜"，杜预注说："夷姜，宣公之庶母也。上淫曰烝。"当"烝"用作形容词时，可以释义为众多，例如《列子·仲尼》："立我烝民，莫匪尔极。"《孟子·告子》也有类似的记载："天生烝民。""烝"还可以指美好的，《诗·大雅·文王有声》有："文王烝哉！"烝用作名词时，有祭祀的意思，专指冬祭，《礼记·王制》："天子诸侯宗庙之祭，春曰礿，夏曰禘，秋曰尝，冬曰烝。"

### 名言馆

夫天覆于上，地偃于下，下气烝上，上气降下，万物自生其中间矣。

· （汉）王充《论衡·自然》

---

吾始取面而起肥之，和之以薑液，烝之使十裂。

· （宋）苏轼《酒经》

祭祀烝尝

cháng
尝

| 甲骨文 | 金文 | 篆文 | 隶书 | 楷书 | 行书 | 草书 | 标准宋体 |
|---|---|---|---|---|---|---|---|
|  | 𩣡 | 𩣡 | 嘗 | 嘗 | 嘗 | 尝 | 尝 |

## 名言馆

小人有母，皆尝小人之食矣，未尝君之羹，请以遗之。
· 《左传·隐公元年》

每与臣论此事，未尝不叹息痛恨于桓灵也。
· （三国）诸葛亮《出师表》

予尝求古仁人之心，或异二者之为，何哉？
· （宋）范仲淹《岳阳楼记》

## 解字堂

"嘗"是形声字，从旨，尚省声。简化后写作"尝"。造字本义是用口舌辨别滋味，引申为吃、食用、尝试。《说文解字》释义说："口味之也。从旨，尚声。"《小尔雅》释义为："尝，试也。"《论语·乡党》记载有："康子馈药，拜而受之。曰：'丘未达，不敢尝。'"（季康子送药给孔子，孔子拜谢之后接受了，说："我还不了解这药的药性，不敢尝。"）成语"尝鼎一脔"意思是，尝尝鼎里的一块肉，可以知道全鼎内的肉味，比喻根据部分得知全体。

现代的"尝"只有动词一种词性，三种意义。一种意义是本义品尝，例如《礼记·月令》有"天子乃以雏尝黍"。《诗·小雅·甫田》有："攘其左右，尝其旨否。禾易长亩，终善且有。曾孙不怒，农夫克敏。"当一个人经历无数艰苦，是一种身心上的品尝，"尝"因此引申为"经历、身受、尝受"的意义，例如《左传·僖公十八年》记载有："险阻艰难，备尝之矣。"另一个意义是尝试，例如《左传·襄公十八年》有："诸侯方睦于晋，臣请尝之。"古时"尝"多用作副词，是曾经的意义，例如我们所熟悉的王安石的《伤仲永》就有："仲永生五年，未尝识书具，忽啼求之。"

## 温故知新

 **四字通解**

祭祀烝尝,意思是四时祭祀不能懈怠。

祭祀是以食物祭奠天、地、祖先的一种大礼。祭天称为祭,祭地叫作祀,祭祖叫作享。古代有五祭:祭天、祭地、祭祖、祭神、祭灶。祭祀时要杀牲,把牲肉放在祭台上,根据祭祀的等级有三牲祭(羊豕犬)、五牲祭(马牛羊豕犬)。

烝尝是礿禘尝烝,四时之祭祀的简称。《礼记·王制》规定:"天子诸侯宗庙之祭,春曰礿,夏曰禘,秋曰尝,冬曰烝。"这是夏商两朝的祭祀,在一年中有春分、秋分、夏至、冬至,四个正时的祭祀。周则春曰祠,夏曰礿。这里仅用"烝尝"两个字,代指四时祭祀。这句话语出自《诗经·小雅·天宝》:"礿祀烝尝,于公先王。君曰卜尔,万寿无疆。"普通人家则是初一、十五给祖先上供。

### 猜谜语

学会一半。
（打一字）

室内祭祀。
（打一字）

 **故事厅**

### 河伯娶亲

邺县有一个习俗,就是每年要为河伯娶亲,这是让一个美丽的少女,坐在一条装饰漂亮的船上,送入漳河之上,船开始是浮在水面上,漂了数十里之后,船就会慢慢地沉了,这代表河伯收纳了。

新任的邺县县令西门豹察访民情,知道邺县人民的困苦源于河伯娶亲的习俗及其导致的贫穷。并且知道是巫婆、官吏与教导者的串通为害。西门豹知道这一迷信恶习背后是有经济诱因的——若有交不出钱的民众,女儿就要送给河伯为妻。后来西门豹没有新官上任三把火,胡乱改革一通,打草惊蛇。他反而愿意参观河伯娶妻祭典还嫌新娘不好看,他回过头来对巫婆说:"不行,这个姑娘不漂亮,河伯不会满意的。麻烦你去跟河伯说一声,说我要选个漂亮的,过几天就送去。"说完,他叫卫士抱起巫婆,把她投进了漳河。巫婆沉入水底了。西门豹还说:"怎么巫婆去了那么久还没回来,让她的弟子去催催她吧。"又把巫婆的女弟子一个一个地投入水中,西门豹只怪这些女弟子步伐缓慢,最好请男的去,又把那些骗人学者教师丢入水中。西门豹一直恭敬地守候在河边,看派去水中的人有没有回报河伯的吩咐。不久西门豹又喃喃自语:"他们还不回来,怎么办呢?"这时,那些官绅一个个吓得面如土色,跪下来磕头求饶,把头都磕破了,直淌血。西门豹说:"好吧,再等一会儿。"过了一会儿,他才说:"起来吧。看样子是河伯把他们留下了。你们都回去吧。"

老百姓都明白了,巫婆和官绅都是骗钱害人的。从此,谁也不敢再提给河伯娶媳妇,漳河也没有发大水。

 **知识角**

### 祭祀的知识

古代祭祀活动中最核心的是所谓的"三献礼","献"指"献爵","爵"是古代的一种三足饮酒器皿,因此,"献爵"就是向受祭者敬献酒的仪式。"三献礼"分为"初献礼",即第一次向受祭者献酒;"亚献礼",即第二次向受祭者献酒;"终献礼",即第三次向受祭者献酒。在进行初献礼之前,有一项"奠帛"的程式,"帛"指织物,古代又称"币帛",向受祭者敬献帛是传统祭祀中一种特有的礼仪;在初献礼行完后,还有一项"读祝"的礼节,"祝"即"祝文",也就是祭词之意,祝文一般是依照一定的腔调旋律吟(唱)出。而亚献、终献均无奠帛与读祝。

在三献礼之前与之后还有一些程序,可以称之为祭祀的"序幕"与"尾声"部分。

"序幕"主要是"迎神",祭祀时一般是向牌位行礼,但古人认为牌位仅仅具有一种象征意义,因此要进行一种礼节将受祭者的魂灵迎来,使其"依附"于牌位之上接受祭祀。"尾声"主要有"饮福受胙""送神""祝帛诣燎所""望燎"等程式。"饮福受胙"指祭祀者饮用牌位前供奉的酒,食用供奉的肉食,以此来祈求神灵赐福。"送神"指祭祀完毕后,需将迎来的受祭者神灵再送走,以孔庙的释奠礼举例,祭祀者在乐舞中行礼完成"送神"。"祝帛诣燎所"是将在牌位前供奉的帛和祝文送至燎炉内焚化。"望燎",指祭祀者在燎炉前观看帛和祝文的焚化过程,古人认为焚化时所产生的烟雾飘上空中,完成与神灵的沟通。

 **成语窗**

### 祭神如神在

祭:祀。如:好像。在:存在。祭祀神灵时就像神灵真的在面前。形容用心虔诚。

### 覆宗灭祀

宗:祖庙。祀:祭祀。覆宗:推翻祖庙。灭祀:灭了香火,引申为绝了后代。毁坏宗庙,断绝后代。亦作"覆宗绝嗣"。

### 上烝下报

烝:晚辈男子和长辈女子通奸。报:长辈男子与晚辈女子通奸。泛指男女乱伦。

### 卧薪尝胆

薪:柴草。睡觉睡在柴草上,吃饭睡觉都尝一尝苦胆。形容人刻苦自励,发奋图强。

### 尝鼎一脔

鼎:古代炊具,三足两耳。脔:切成块的肉。尝鼎里一片肉,就可以知道整个鼎里的肉味。

### 浅尝辄止

辄:就。略微尝试一下就停下来。指不深入钻研。

### 半生尝胆

半生:半辈子。胆:苦胆。半辈子尝苦胆。指受了半辈子的劳苦。

### 佐雍得尝

比喻助人为善,自己也分享光荣。

稽颡再拜

| 甲骨文 | 金文 | 篆文 | 隶书 | 楷书 | 行书 | 草书 | 标准宋体 |
|---|---|---|---|---|---|---|---|
| | | 稽 | 稽 | 稽 | 稽 | 稽 | 稽 |

## 解字堂

"稽"是会意兼形声字。《说文解字》说:"留止也。从禾从尤,旨声。"按《说文》本义为停留、延迟,"稽"作此义时诗作jī。

"稽"又借去表示"䭫","䭫"字形则废而不用,读作qǐ,即稽首,是古代的一种跪拜礼,为九拜中最隆重最尊敬的一种。行礼时,施礼者屈膝跪地,左手按右手(掌心向内),拱手于地,头也缓缓至于地。头至地需停留一段时间,手在膝前,头在手后。因为其是九拜中最隆重的拜礼,所以常为臣子拜见君王时所用。后来,子拜父,拜天拜神,新婚夫妇拜天地父母,拜祖拜庙,拜师,拜墓等,也都用此大礼。《周礼·春官·大祝》这样规定:"一曰稽首,二曰顿首,三曰空首,四曰振动……"《史记·赵世家》也有:"公子成再拜稽首曰:'臣固闻王之胡服也。'"

稽首还指赔罪的意义。郭沫若在《奴隶制时代·殷代是奴隶制》中提出的一种看法:"匽西稽首于召,用五田,用众一夫曰益,用臣曰霍,曰肶,曰奠,曰:'用兹四夫,稽首'……'稽首',在这儿是赔罪的意思。"

稽首还可以是出家人见面时所行的常礼,可以是道士举一手向人行礼。例如元代马致远的《陈抟高卧》中有道士行礼"只打个稽首,权充拜礼"。《水浒传》第十回:"那先生看了道:'保正休怪,贫道稽首。'"或者可以指道士或道徒对天尊神灵行跪拜礼时,双手交抱成拳上不过眉,下不过膝。

## 名言馆

灵公望见赵盾,愬而再拜;赵盾逡巡北面再拜稽首,趋而出。
· 《公羊传·宣公六年》

于是关公恍然大悟,稽首皈依而去。
· (明)罗贯中《三国演义》

神仙见西门庆,长揖稽首就坐。
· (明)兰陵笑笑生《金瓶梅》

谜语答案 尝察

稽颡再拜

sǎng
颡

| 甲骨文 | 金文 | 篆文 | 隶书 | 楷书 | 行书 | 草书 | 标准宋体 |
|---|---|---|---|---|---|---|---|
|  |  | 顙 | 桑頁 | 額 | 頮 | 扎 | 颡 |

## 名言馆

三日五臭熏鼻，困惾中颡。
　　　　　　·《庄子·天地》

其余释甲稽颡，乞为囚奴，犹数十万。
　　　　　　·《梁书·韦叡传》

卢颖稽颡曰："兄既得道，如何乞一言而教授？"
　　　　·（唐）裴铏《传奇·裴航》

## 解字堂

"颡"是形声字，从页，桑声。简化后写作"颡"。造字本义为额头、脑门儿。《说文解字》释义说："额也。从页，桑声。"《方计》中又说："中夏谓之额，东齐谓之颡。"（在中夏这个地方称作额，在东齐那个地方就被叫作颡。）

当"颡"用作名词时，多和它本义额头相关。有时用作额头的意义，有时干脆就用作头。例如《孔子家语·困誓》有"河目龙颡"。《孟子》中有"可使过颡"。这两句都是指额头。杜甫《义鹘》："修鳞脱远枝，巨颡拆老拳。"在这里就是指头。

"颡"的常见词组有"稽颡"，是古代一种跪拜礼仪，屈膝下跪，以额触地。指怀着十分沉痛的心情向前来致哀的宾客哭拜并致以谢忱，或指极度虔诚或诚恳，出自《仪礼·士丧礼》："吊者致命，主人哭拜，稽颡成踊。"在《汉书·李广传》也有："若乃免冠徒跣，稽颡请罪，岂朕之指哉！"

稽颡再拜

| 甲骨文 | 金文 | 篆文 | 隶书 | 楷书 | 行书 | 草书 | 标准宋体 |
|---|---|---|---|---|---|---|---|
| 𠀆 | 𠕎 | 再 | 再 | 再 | 再 | 再 | 再 |

## ❦ 解字堂 ❦

"再"是会意字。小篆字形从一，冓（gòu）省。造字本义是第二次。《说文解字》释义说："一举而二也。从冓省。"清朝段玉裁注解说："凡言二者，对偶之词。凡言再者，重复之词。一而又有加也。"王勃的《滕王阁序》中有："胜地不常，盛筵难再；兰亭已矣，梓泽丘墟。"（名胜之地不能常存，盛大的宴会难以再逢。兰亭宴集已为陈迹，石崇的梓泽也变成了废墟。）

"再"有数词和副词两种词性。"再"的本义是第二次，因而可以直接引申为又一次，或者就是两次的意义。例如《左传·庄公十年》："一鼓作气，再而衰，三而竭。"《礼记·儒行》："过言不再，流言不极。"这都是第二次的意思。在苏洵的《六国论》中："后秦击赵者再，李牧连却之。"这里就是用作两次的意义。当"再"用作副词时，是从其本义引申而来的重新的意思，例如《汉书·李广苏建传》有"勿复再言"。《徐霞客游记·游黄山记》有"再眺山下"。"再"还有更的意义，例如词语更好。或者用于让步，例如在《赶车传》有："水再深脚也能过，山再高手也能攀。""再"还可以表示两种行为或情状并举、并存，相当于"且……且"，例如在《全唐文纪事》中："其词旨乃典乃文，再恳再切，实可警策未悟。"

## ❦ 名言馆 ❦

司刺掌三刺三宥三赦之法，以赞司寇听狱讼。

·《周礼·秋官·司刺》

时飘忽其不再，老晼晼其将及。

·（晋）陆机《叹逝赋》

桑林椹黑蚕再眠，妇姑采桑不向田。

·（唐）张籍《江村行》

稽颡再拜

## bài 拜

| 甲骨文 | 金文 | 篆文 | 隶书 | 楷书 | 行书 | 草书 | 标准宋体 |
|---|---|---|---|---|---|---|---|
|  | 𢪙 | 𢫶 | 拜 | 拜 | 拜 | 拜 | 拜 |

### 名言馆

臣不胜犬马怖惧之情，谨拜表以闻。
·（晋）李密《陈情表》

肃拜蒙母，结友而别。
·（宋）司马光《资治通鉴》

于是辞相印不拜。
·（宋）文天祥《指南录后序》

### 解字堂

"拜"是会意字，从两手，从下。《说文》古文上像两手。《说文》引扬雄说："拜从两手下。"表示双手作揖，或下拜。隶化后写作"拜"。造字本义是古代表示敬意的一种礼节。两手合于胸前，头低到手。《说文解字》释义说："拜，手至地也。"《史记·廉颇蔺相如列传》中有："便臣奉璧，拜送书于庭。"（任命蔺相如为出使秦国的使者，并在朝堂上交给他国书。）"拜"在成语中有感谢的意思，例如"拜恩私室"，指感谢有权势的人的推荐提拔，比喻只知权贵的私人恩德而置国家利益于不顾。

"拜"有动词和副词两种词性，主要是用作动词。当"拜"用作动词时，可以是其本义下拜，例如王傥《唐语林·雅量》有："乐工等罗列上前，连拜且泣。"或者就是专指下跪叩头，后又作为行礼的通称。宗臣在《报刘一丈书》记载："则又再拜，又故迟不起，起则五六揖，始出。""拜"还有拜谒的意义，《论语·阳货》中就有："孔子时其亡也，而往拜之。""拜"还可以释义为授予官职，例如《史记·廉颇蔺相如列传》中的"拜相如为上大夫"。《后汉书·张衡传》的"公车特征拜郎中"。"拜"可用作敬辞，用于动词之前，例如拜读，指阅读作品或书信。

## 温故知新

### 四字通解

稽颡再拜,意思是跪着磕头,拜了又拜。

稽颡是屈膝下跪,以额触地的一种跪拜礼。稽是叩头至地的意思,颡是额头,额头触地叫稽颡。拜在古代是两手合于胸前,头低到手的一种礼节,后世发展为两手着地的大礼。

"稽颡再拜"一句出自《礼记·射义》,其中有"再拜稽首"。再是二次,古文里有"一而再,再而三"的说法。一次又一次地行跪拜礼,叫作"稽颡再拜"。拜多少次是个标准呢?按古制,一拜是三叩首,最多是三拜共九次叩首,故此三拜九叩是大礼,是最高的礼节。

三拜九叩指封建社会晋见帝王及祭拜祖先的大礼。传统的礼德文化里面,有"三拜九叩"的庄严礼仪。实际上,古代的"三拜九叩"各有其含义。自祭其身,把自己这一百多斤的身体祭献出来,这是"拜"的古代的解释。现代,可以作其他的解释,就是把这个身向天地祭献,愿舍其身。"叩"指顶礼恭敬。

### 故事厅

**稽首天中天**

苏东坡在黄州任职时,和庐山归宗寺的住持佛印禅师,相交莫逆,经常一起参禅论道。一日,苏东坡静坐之后,若有所悟,便撰诗一首,遣书童送给佛印禅师印证:

稽首天中天,毫光照大千。

八风吹不动,端坐紫金莲。

禅师从书童手中接过诗作,莞尔一笑,拿笔批了两个大字,叫书童带了回去。苏东坡打开信封,抽出诗笺,看到那首诗的下端,批着"放屁"两个大字时,不禁无明火升起三千丈,勃然大怒起来,连喊"岂有此理?"他再仔细地推敲自己的诗,尽找也找不出那首诗的毛病;他自言自语地责怪佛印禅师道:"我这首好诗,你不懂得欣赏也罢,竟把它当作放屁,你真是太糊涂了!"于是,他决定亲自去跟佛印禅师评理,马上雇船过江,上庐山归宗寺去。

苏东坡的船向南进,他坐在船上,虽然这时江上的清风习习地吹来,可是他这时的心,好像热锅上的蚂蚁,再也没有上次游赤壁时的心情,吟出"清风徐来,水波不兴"的名句了。

苏东坡赶上庐山归宗寺,气呼呼地要找佛印禅师算账,哪知禅师早已吩咐客堂的知客师说:"今天不见客。"苏东坡听了,火上加油,再也忍受不住了!他不管三七二十一,三步做两步地一直奔到佛印禅师的方丈室来,他看方丈室的门掩着,正要举手敲门进去时,忽然发现门扉上贴着一张字条,端正地写着:

八风吹不动,

一屁过江来。

苏东坡看到这两句,立刻就警觉了,心里暗暗叫道:"我错了!"

### 猜谜语

一片残花尤溢香。
　　　　(打一字)

与君同心去合作。
　　　　(打一字)

双手一同拱作揖。
　　　　(打一字)

##  知识角

### 三拜九叩的做法

一、走进庙观后，进入大殿，面对神像，首先两手放于两腿侧，两脚并拢，离跪垫三尺远，肢体放松，嘴里舌搅华池甘液自生。

二、头脑清静后，下颌内收，舌顶龈交，含胸顶背，虚心下气，手掐子午诀通阴阳。子午诀就是左手在上，右手在下，左手拇指掐中指尖，右手拇指掐左手无名指根。

三、迈出左脚，跨出右脚。举步轻灵，沉住气，三步走到跪垫前，两脚站定，弯腰鞠躬同时拱手，此时手型是左右相合的太极诀。

四、在右手划分半圆的同时身体下蹲，右手五指分开，掌心向下，按在跪垫前沿上，左手揸入右手，左手拇指接于右手劳宫穴位，左手其余四指盖在右手背上。

五、起身，左手护心，引导督脉之气下降十二重楼，落入丹田。右手再起，合成太极手于腹部气海或丹田前，脚踏实地，力量分配到脚跟与脚尖，足底涌泉穴成涵空状态。此有利于真气上升和下降，两脚前后虚实分明，双手合住向前向上拱起，沉肩坠肘，到嘴前上下处，丙手降于胸前，左手护胸，右手从中分出来，向右下划半圆时身体下蹲，左手揸入右手，腰部命门向外突出，尾骨处长强穴内收，两脚跟顶住长强穴，防体内真气过泄，此是二跪六叩。

六、再起身，左手护心，右手再起，合成太极手于腹部气海或丹田前，脚踏实地。膝盖跪上垫子，脑门印堂穴，向两手合谷处靠近，头轻轻叩三下。此是三拜九叩。

七、接着起身打拱鞠躬，左脚先退一步到位，两脚靠拢立正，弯腰打鞠躬退出大殿。

##  成语窗

### 泣血稽颡

稽颡：古代一种跪拜礼仪，屈膝下跪，以额触地。指不着十分沉痛的心情向前来致哀的宾客哭拜并致以谢忱。

### 机不可失，时不再来

指时机难得，必需抓紧，不可错过。

### 恩同再造

再造：再生。使人再生的恩惠。比喻恩情极大，像救了自己的性命一样。

### 盛筵难再

筵：酒席。盛大的宴会难再遇到。比喻美好的光景不可多得。

### 望尘而拜

指迎候有权势的人，看见车扬起的尘土就下拜。形容卑躬屈膝的丑态。

### 顿首再拜

顿首：以头叩地而拜。再拜：拜两次。古代的一种跪拜礼。亦指旧时信札中常用作向对方表示敬意的客套语。

### 甘拜下风

表示真心佩服，自认不如。

### 顶礼膜拜

顶礼：佛教拜佛时的最敬礼，人跪下，两手伏地，以头顶着受礼人的脚。膜拜：佛教徒的另一种敬礼，两手加额，跪下叩头。虔诚地跪拜。

## 悚

悚惧恐惶

| 甲骨文 | 金文 | 篆文 | 隶书 | 楷书 | 行书 | 草书 | 标准宋体 |
|---|---|---|---|---|---|---|---|
|  |  | 㦞 | 悚 | 悚 | 悚 | 悚 | 悚 |

### 解字堂

"悚"是形声字，从心，束声。造字本义是恐惧。

《说文》无此字，有"愯"（sǒng），用同"悚"。

当"悚"表示恐惧时，有词语"悚然"，成语"毛骨悚然"。鲁迅先生在《祝福》中这样描述"我"见到落魄之后的祥林嫂的感觉："我很悚然，一见她的眼钉着我，背上也就遭了芒刺一般。"这里的"悚"就是恐惧的意思。又如词语"悚怯"，就是因恐惧而胆怯，蒲松龄的《聊斋志异·武孝廉》里这样记叙："因念妇腊已高，终非良偶，因以百金聘王氏女为继室。心中悚怯，恐妇闻知，遂避德州道，迂途履任。""悚"还有欢悦的意思，"悚跃"就是因欢悦而跳跃，白居易在《为宰相贺赦表》中说："欢欣悚跃，倍万常情，无任鼓舞庆幸之至。"当"悚"组词为"悚动"时，释义为震动，例如在《北齐书·杨愔传》中记载："愔辞气温辩，神仪秀发，百僚观听，莫不悚动。"

### 名言馆

明发修荐享，矜悚不遑止。

·（南朝）孔欣《祠太庙》

---

瞻衢路而踯躅，望阙庭而悚跃。

·（唐）李峤《为孔祯等上献食表》

谜语答案　稽再拜

悚惧恐惶

| 甲骨文 | 金文 | 篆文 | 隶书 | 楷书 | 行书 | 草书 | 标准宋体 |
|---|---|---|---|---|---|---|---|
|  | 🧿 | 瞿 | 愳 | 懼 | 懼 | 惧 | 惧 |

### 名言馆

子曰："父母之年，不可不知也，一则以喜，一则以惧。"
·《论语·里仁》

夫大国，难测也，惧有伏焉。
·《左传·庄公十年》

是以举天下之人，皆恐惧振动惕栗，不敢为淫暴。
·《墨子·尚同中》

### 解字堂

"懼"是形声字，从心，瞿声。造字本义是害怕、恐惧。简化后写作"惧"。《说文解字》释义说："恐也。从心，瞿声。"孔夫子在《论语·子罕》中曾经这样说过："知者不惑，仁者不忧，勇者不惧。"（聪明人不会感到迷惑，有仁义的人不会有忧愁，勇敢的人不会畏惧。）

"惧"只有动词一种词性，其他意义大多从本义恐惧引申而来。当"惧"用作本义时，就是我们所说的人的一种本能，出自《礼记·礼运》："何谓人情？喜怒哀惧爱恶欲七者，弗学而能。"又如"惧内"，古时称妻子为内人，因而丈夫惧怕妻子便叫惧内。"惧"还可以解释为惊慌失措的样子，因为内心恐惧，所以在行为上表现为惊慌失措，在《汉书·惠帝纪赞》有这样的记载："闻叔孙通之谏则惧然，纳曹相国之对而心说。"当"惧"用作使动用法时，解释为使人恐惧，《易》有言："危以动，则民不与也；惧以语，则民不应也。"又例如《老子》里说："民不畏死，奈何以死惧之。"

悚惧恐惶

kǒng

| 甲骨文 | 金文 | 篆文 | 隶书 | 楷书 | 行书 | 草书 | 标准宋体 |
|---|---|---|---|---|---|---|---|
| | | 恐 | 恐 | 恐 | 恐 | 乙 | 恐 |

## 解字堂

"恐"是形声字，从心，巩声。造字本义是严重害怕、惊恐。金文与《说文》古文皆从心，工声，后才改作巩声。《说文解字》释义说："惧也。从心，巩声。"蒲松龄在《聊斋志异·狼三则》中这样表现屠夫在面对两条狼时的内心恐惧："屠大窘，恐前后受其敌。"（屠户的处境很危急，担心前后受到狼的攻击。）

当"恐"可用作形容词，指人内心恐惧，例如在《史记·魏公子列传》记载："魏王恐，使人止晋鄙，留军壁邺扎营驻守。"这里是魏王内心恐惧。可以活用作动词，表示使别人恐惧。又例如在《史记·高祖本纪》中有："李斯因说秦王，请先取韩以恐他国。"在这里"恐"的意思就是使其他国家恐惧。当"恐"也可以用作副词用法。例如在《触龙说赵太后》中触龙有言："窃自恕，而恐太后玉体之有所郄也，故愿望见太后。"这里是用作动词，解释为恐怕担心。而例如在《史记·廉颇蔺相如列传》中："秦贪，负其强，以空言求璧，偿城恐不可得。"

## 名言馆

常恐秋节至，焜黄华叶衰。百川东到海，何时复西归？

·汉乐府《长歌行》

我有亲父兄，性行暴如雷，恐不任我意，逆以煎我怀。

·汉乐府《古诗为焦仲卿妻作》

受命以来，夙夜忧叹，恐托付不效，以伤先帝之明。

·（三国）诸葛亮《出师表》

悚惧恐惶

huáng

| 甲骨文 | 金文 | 篆文 | 隶书 | 楷书 | 行书 | 草书 | 标准宋体 |
|---|---|---|---|---|---|---|---|
|  |  | 惶 | 惶 | 惶 | 惶 | 惶 | 惶 |

## 解字堂

"惶"是形声字，从心，皇声。造字本义为惊慌、恐惧。《说文解字》释义说："恐也。从心，皇声。"《广雅》释义为："惶，惧也。"《史记·刺客列传》中这样描绘秦王政被荆轲追逐时的惊慌失措："秦王方环柱走，卒惶急，不知所为。"（秦王正绕柱跑，仓猝间恐惧慌忙不知所措。）

"惶"只有形容词一种用法，即为其本义惊慌或是恐惧。例如在王符《潜夫论·卜列》有："孟贲狎猛虎而不惶。"民国梁秉锟《莱阳县志》："征调繁兴，所在惊惶，（袁）可立筹划镇定之。"这里都是惊慌的意思。又例如在梦觉道人的《三刻拍案惊奇》中有："多官惶惶，只得散去。"这里"惶"是用作叠音词，，是形容非常惊恐，连一天都过不下去又例如"惶惶不可终日"。

## 名言馆

臣不胜欣庆，谨拜表因便宜上闻。臣繇诚惶诚恐，顿首顿首、死罪死罪。
· （三国）钟繇《贺捷表》

惶恐滩头说惶恐，零丁洋里叹零丁。
· （宋）文天祥《过零丁洋》

每日带铁甲马军入城，横行街市，百姓惶惶不安。
· （明）罗贯中《三国演义》

## 温故知新

 **四字通解**

悚惧恐惶，意思是心情要敬畏虔诚。

"悚惧恐惶"描述敬畏、畏惧、战战兢兢的心理，是一个人诚敬到极点时的心理反应。我们要注意这里描写不同心理层次的四个用词，程度一层比一层严重。

悚是浑身一抖，汗毛乍起，起了一身的鸡皮疙瘩，如毛骨悚然。惧是轻微的害怕，内心有一点惴惴不安。惧为心之志，在人体脏腑中对应的是心脏。恐是严重的害怕，为肾之志，对应的是肾脏。人害怕厉害了会大小便失禁的，因为恐伤肾，所谓吓得人屁滚尿流。惧和恐一个伤的是心，一个伤的是肾，且轻重程度有所不同。现代汉语里恐惧连用了，但在古文里要区别开。惶是惊慌失措，指人的心里七上八下、坐卧不安、烦躁，如有"惶惶不可终日"的说法。

### 猜谜语

半江帆影波底月。
（打一字）

安心平凡工作。
（打一字）

与君同心偕白头。
（打一字）

 **故事厅**

### 惶恐滩的故事

话说到了宋绍圣元年，宋朝大诗人苏东坡逆水而上，来到万安，和儿子苏过一起过滩，当他们乘舟来到滩头，只见激流奔涌，暗礁险恶，浊浪排空，声如雷鸣，问船家此为何滩，船家告诉他脚下就是黄公滩。苏东坡听说是惶恐滩，顿时触景生情，心潮激荡，感到惶恐。不是吗？他高中进士，远离家乡眉山，本想干一番事业，但屡遭打击，贬官坐牢，不感到惶恐吗？作为贬逐岭南的孤老之臣，不知命运如何，前景渺茫，不感到惶恐吗？于是他写下了《八月七日初入赣过惶恐滩》诗一首，留下了"山忆喜欢劳远梦，地名惶恐泣孤臣"和"便合与官充水手，此生何止略知津"的千古名句。随着这首诗的广泛传诵，人们只知道万安赣江有个惶恐滩，而不记得黄公滩了。正如《王阮诗序》云："赣石三百里，有大小黄公滩，与万安对，无甚险恶。坡公误听，以为是惶恐滩，遂对喜欢。"于是赋诗一首："水溯安流舟不难，人心自畏石头顽。黄公误听作惶恐，玉局先生盖谓滩。"

到了宋德佑元年，文天祥率领勤王抗元义军顺江而下，经过十八滩，来到这里，滩师随船引渡，飞舟轻疾如箭，忽然一条大鱼跳入船头，只见那鱼银鳞闪闪，双目朱红，形如厥状。众人惊呼，船工齐贺："好兆头，好兆头！这是赣江神龙所化，入舟大吉大利，过滩吉祥平安，大人可祈祷以勤王大事，有求必应，收复失地，屡战屡胜。"但文天祥只是淡淡一笑，叫人依俗微剪鱼尾，投入江中，并正色言到："三穗寺里，天意难测，我不畏苍天，我不畏人言。"船过险滩，鸥翔鹭飞，文天祥正在静静地思索救国大计。

惊惧恐惶

 **知识角**

### 惶恐滩的来历

说起惶恐滩，也许很多人还很陌生。其实，它是历史上著名的赣江十八滩的最后一个锁口大险滩，自古以来就和长江三峡、黄河三门峡并列为历史上闻名的三大险滩。如果你读了苏东坡的"七千里外二毛人，十八滩头一叶身。山忆喜欢劳远梦，地名惶恐泣孤臣"，就不能不感到它的神奇。而文天祥的一首"惶恐滩头说惶恐，零丁洋里叹零丁。人生自古谁无死，留取丹心照汗青"的千古绝唱，更把它推向了海内外。

湾弓滩后来又叫黄公滩。说起来还有许多传说故事。据说古代的时候，有一次风高浪急翻了船，船员和乘客危在旦夕，一位姓黄的船工为抢救人民的生命财产牺牲了生命。后人为纪念他，便把湾弓滩改名为黄公滩。又传说有一天，宋朝大诗人王阮宿于滩下，梦见一个"降衣素冠，不愿人畏"的人，是管理赣石三百里的河滩之神，是一位半人半神的传说人物。因为他姓黄，叫他黄公，故此滩为黄公滩。又据说宋代观察使黄又元在滩下漏湖坪建台，台有亭，亭有碑，碑名为黄公台。这里地处黄公台附近，因此叫作黄公滩。不管人也好，神也好，台也好，似乎称为黄公滩有充分的理由。

至于黄公滩又为何叫惶恐滩，也有许多说法。据说过去这里有个身材魁梧、体貌惊人、形态丑陋、武艺高强的汉子叫王巩。王巩经常在这里拦截过往船只，抢劫民财，强奸民女。所以，人们一到滩头就提心吊胆，胆战心惊，一讲到黄公就想到王巩，一想到王巩就感到惶恐，人们干脆把这个滩叫作惶恐滩。

 **成语窗**

### 毛发悚然
毛发竖起。极言惊骇、恐惧。亦作"毛发耸然"。

### 毛骨悚然
悚然：害怕的样子。汗毛竖起，脊梁骨发冷。形容十分恐惧。

### 临难不惧
临：到。难：灾难。惧：恐惧。遇到危难，一点也不惧怕。

### 甄心动惧
敬慎而保持警惕。

### 惊天地，泣鬼神
惊：震惊。使天地为之震惊，使鬼神为之哭泣。

### 惊鸿一瞥
鸿：鸿雁，也叫大雁。惊鸿：轻捷飞起的鸿雁。后来就用"惊鸿"形容女性轻盈如雁之身姿。形容女子轻盈艳丽的身影给人留下强烈深刻的印象。

### 张惶失措
慌乱失常，不知所措。同"张皇失措"。

### 诚惶诚恐
诚：实在，的确。惶：害怕。恐：畏惧。非常小心谨慎以至达到害怕不安的程度。

## 笺牒简要

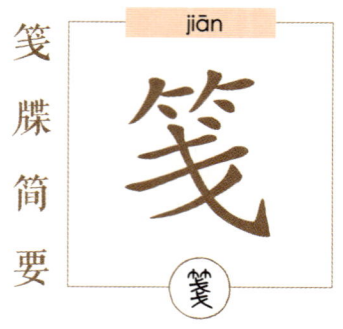

jiān

| 甲骨文 | 金文 | 篆文 | 隶书 | 楷书 | 行书 | 草书 | 标准宋体 |
|---|---|---|---|---|---|---|---|
|  |  |  | 笺 | 牋 | 笺 | 笺 | 笺 | 笺 |

### 解字堂

古人《千字文》中写作"牋"。"牋"与"笺"是异体字。汉字简化后，同写作"笺"。"笺"是形声字，从竹，戋（jiān）声。造字本义是刻写文字的竹片，即简中简，古代夹在竹简里对竹简中某些文字进行注释的小竹签，因上古时期还没有纸，记录文字使用时，有时使用昂贵的帛，更多的还是使用竹简。例如惠施所谓"学富五车"就是五车竹简。而笺更像是现代的书签，只不过是竹子所做的夹在竹简中间作为该竹简的标识。《说文解字》释义说："表识书也。从竹，戋声。"《广雅》释义说："笺，书也。"韩愈在《施先生墓铭》这样说："古圣人言，其旨密微，笺注纷罗，颠倒是非。"（古代圣人的言语，他们的宗旨都很精微，但是注释的文字都很纷乱，把对的说成错的，错的说对了。）

"笺"只有动词和名词两种用法。当动词使用时，是注释的意思，例如孔颖达《毛诗正义》有言："郑子诸经皆谓之'注'，此言笺者……记识其事，故称为'笺'。"当"笺"用作名词时，可以指注释的文字，称作笺注，也是给古书作的注释。给帝王上书也要称作笺，例如陈琳的《答东阿王笺》。"笺"还有一个意思，更像是现代的名片，例如明代田汝成的《熙朝乐事》有："亲友投笺互拜。""投笺"就是指寄送信或笺牒。叠音词"笺笺"用以喻见识浅狭。例如明代许自昌的《水浒记·火并》有："费千金马骨有余香，子是那笺笺株守，边幅小难开广。"

### 名言馆

这封书不是笺纹，摺宫纱夹在斑筠。

· （清）孔尚任《桃花扇·逢舟》

余因胡心耘得交季言，笺札常通，终未一面。

· （清）叶廷琯《吹网录·胡注失收考异》

牒牒简要

| 甲骨文 | 金文 | 篆文 | 隶书 | 楷书 | 行书 | 草书 | 标准宋体 |
|---|---|---|---|---|---|---|---|
|  |  | 牒 | 牒 | 牒 | 牒 | 牒 | 牒 |

## 名言馆

铃索声沉讼牒稀，优游大可养疏拙。
· （宋）韩琦《答孙植太博后园宴射》

此月奉计牒当渡江南，十一日尽室行。
· （宋）王安石《与孙子高书》

又道是祖训曾贻，牒谱经刊，永不娶倾城色。
· （清）李渔《慎鸾交·待旦》

## 解字堂

"牒"是形声字，从片，枼声。造字本义是指造纸术发明以前的竹书或木书。《说文解字》释义说："札也。从片，枼声。"段玉裁注曰："按厚者为牍。薄者为牒。"《续资治通鉴·宋神宗元丰二年》中有言："及罢轼湖州，差职员追摄。既而帝批令御史台，选牒朝臣一员乘驿马追摄。"（等到罢免苏轼去湖州，派遣官员去追回来。又让御史台任命一人骑乘驿站的马去追回来。）

"牒"只有名词一种用法。用作本义时，是古代书写用的木片或竹片。例如《左传·昭公二十五年》："右师不敢对，受牒而退。""牒"还可以特指谱籍，白居易《新丰折臂翁》诗有："是时翁年二十四，兵部牒中有名字。""牒"又通常指由官方颁发的证明某事的文件，例如在《西游记》中，唐王给三藏一份通关文牒，我们可以理解为当时的出国护照、国内的介绍信，同时也是唐僧西去的记录和向皇上交差的证书。李商隐有诗《行次西郊作》："昨夜军牒来，电兵万五千。""牒"还可以是书籍、簿册，例如王安石《送江宁彭给事赴阙》说："壮志异时开史牒。"《后汉书·质帝纪》有："其高第者上名牒。""牒"有时可以指讼辞、状子，如讼谍。

笺牒简要

| 甲骨文 | 金文 | 篆文 | 隶书 | 楷书 | 行书 | 草书 | 标准宋体 |
|---|---|---|---|---|---|---|---|
|  | 䇞 | 簡 | 簡 | 蕑 | 简 | 苦 | 简 |

## 解字堂

"簡"简化作"简"。"简"是形声字，从竹，间声。造字本义是竹简，即古代书写了文字的狭长竹片。战国至魏晋时代的书写材料，削制成狭长竹片或木片，竹片称"简"，木片称"札"或"牍"，统称为"简"。若干简编缀在一起的叫"策"（册）。《说文解字》释义说："牒也。从竹，间声。"《左传·襄公二十五年》记载有："南史氏闻太史尽死，执简以往，闻既书矣，乃还。"（南史氏听闻太史已经死光了，拿着竹简过去，听说已经记录下来了，才回去。）

"简"有名词、动词和形容词三种用法。当"简"用作名词时，即其本义竹简，例如《韩非子·外储说左下》有："昭王读法十余简而睡卧矣。"或者以简指书信，例如《盐铁论·大论》中记载："呻吟槁简，诵死人之语。"当"简"用作动词时，多是用于通假，例如通"拣"，魏学洢《核舟记》有言："盖简桃核修狭者为之。"这里是挑选的意思。或者用为使动意义，表示使其简单，例如词语"精简"，意思是留下必要的，去掉不需要的。"简"用作形容词时，主要是我们现在所说的简单的意思，《礼记·乐记》："繁文简节之音作，而民康乐。""简"还可以引申指粗率、放荡，例如《论语》中有："吾党之小子狂简，斐然成章，不知所以裁之。"

## 名言馆

猿鸟犹疑畏简书，风云常为护储胥。

· （唐）李商隐《筹笔驿》

余是以记之，盖叹郦元之简而笑李勃之陋也。

· （宋）苏轼《石钟山记》

自摈弃以来，尤自刻励，深居简出，几不与世人相通。

· （宋）秦观《谢王学士书》

## 名言馆

故其治国也，察要而已矣。
·《商君书·农战》

事在四方，要在中央，圣人执要，四方来效。
·《韩非子·扬权》

粉骨碎身浑不怕，要留清白在人间。
·（明）于谦《石灰吟》

## 解字堂

"要"是会意字。《说文》以之为"腰"字之初文，从甲骨文、金文、形看来，从女，从臼（象两手），会叉腰的腰部之意。《说文解字》释义说："身中也。象人要（yāo）自臼之形。"

"要"的意义很多，有形容词、名词和动词三种用法。当"要"用作形容词时，主要意义是重要的，其他都从这个意义引申。例如方苞《狱中杂记》有："增减要语。"而在贾谊的《过秦论》中的"北收要害之郡"，就是指地位显要。因其重要，也就可以引申为纲要、要领，例如《荀子》有言："故明主好要，而暗主好详。"当"要"用作名词时，多是和形容词有关，解释为重要的内容，或是重要的地位。当"要"用作动词时，表示一种内心的企盼，可以解释为让别人做什么，或者是自己想做什么。例如陆机的《吊魏武帝文》记载："扫云物以贞观，要万涂而来归。"袁枚的《祭妹文》有："亦尚有几许心中言要汝知闻、共汝筹画也。"白居易《北楼送客归上都》有："不独别君须强饮，穷愁自要醉如泥。"（不仅仅和你告别要勉强喝酒，只是因为穷困愁苦才要烂醉如泥。）

## 温故知新

 **四字通解**

笺牒是书信的代称，笺是信纸，如便笺、手笺等。牒是古代书写用的木片或竹简，小的曰牒，大的曰册；薄者曰牒，厚者曰牍。笺牒两个字连用代表了书信。

"笺牒简要"的意思是说：写给他人的书信要简明扼要，不要啰唆。有些人写信就喜欢洋洋洒洒，写上一大篇，真正想说的东西反而被淡化了。朱元璋当了皇帝以后怀念起当年的小伙伴，想请他们到皇宫来玩玩，就让手下的学士们给写一封信。信写完了，有好几大张纸。朱元璋一看"之乎者也"的就火了，说："哪里用得着说这么多废话，他们也看不懂啊！就两行字，我想你们了，来看看我吧！不就完了嘛！"

 **故事厅**

### 执简直书

齐庄公是一个昏庸淫逸、寡廉鲜耻的国君，他不操心国家大事，反而只知道到处拈花惹草，看上了崔杼的老婆。

鲁襄公二十五年春五月十七日，齐庄公去探望崔杼，又和姜氏鬼混起来。崔杼的手下甲士群起攻杀庄公。

然而不管怎么说，按照当时的伦理道德和是非标准，君主即使再有过错，做臣下的也不能杀君，否则就是"弑君"。因此齐国太史公如实记载了这件事，崔杼大怒，杀了太史。太史的两个弟弟太史仲和太史叔也如实记载，都被崔杼杀了。崔杼告诉太史第三个弟弟太史季说："你三个哥哥都死了啊，你难道不怕死吗？你还是按我的要求把庄公之死写成得暴病而死吧。"太史季正色回答："据事直书，是史官的职责，失职求生，不如去死。你做的这件事，迟早会被大家知道的，我即使不写，也掩盖不了你的罪责，反而成为千古笑柄。"崔杼无话可说，只得放了他。作为"南史"的史官因为消息不是很灵通，就听传闻说正直的"太史"史官一家都已经遇害，于是拿上自己已经写好的史书去接替赴死。太史季走出来，正遇到南史氏执简而来，南史氏以为他也被杀了，是来继续实写这事的。南史氏得知史官已经如实记录了"崔杼弑其君"的事实后，他才满意地返回。

### 猜谜语

门前竹蔽日。
（打一字）

人人都后门。
（打一字）

千金上位纳佳宾。
（打一成语）

##  知识角

### 薛涛笺

薛涛设计的笺纸，是一种便于写诗，长宽适度的笺。此笺原用作写诗，后来逐渐用作写信，甚至官方国札也用此笺，流传至今。

薛涛笺产生于唐代。唐代著名笺纸，又名"浣花笺""松花笺""减样笺""红笺"。唐代诗人李商隐有诗云："浣花笺纸桃花色，好好题词咏玉钩。"北宋苏易简《文房四谱》云："元和之初（九世纪初叶），薛涛尚斯色，而好制小诗，惜其幅大，不欲长，乃命匠人狭小为之。蜀中才子既以为便，后裁诸笺亦如是，特名曰薛涛笺。"又说："府城（指成都）之南五里有百花潭，支流为一，皆有桥焉。其一王溪，其一薛涛，以纸为业者家其旁。……以浣花潭水造纸故佳，其亦水之宜也。"从这些记载中可知，"薛涛笺"的形制是红色小幅诗笺，九世纪初造于成都郊外浣花溪的百花潭。这种红色小笺曾被薛涛用以写诗与元稹、白居易、杜牧、刘禹锡等人相唱和，因而名著于文坛。薛涛笺虽只深红一色，但颜色、花纹甚精巧鲜丽。薛涛笺在我国制笺发展史上，占有重要地位，后历代均有仿制。宋代发展出的胭脂版纸笺也称薛涛笺，用产于嘉州（今四川乐山县）的胭脂树花染色。宋人诗曰："名得只从嘉郡树，样传仍自薛涛时。"明宋应星《天工开物》认为："其美在色。"

相传薛涛笺是由"浣花溪的水，木芙蓉的皮，芙蓉花的汁"制作而成。

##  成语窗

**蛮笺象管**
高丽或蜀地所产的纸与象牙管的笔。泛指名贵的纸笔。

**鱼笺雁书**
泛指书信。

**言简意赅**
赅：完备。话不多，但意思都有了。形容说话写文章简明扼要。

**深居简出**
简：少。原指野兽藏在深密的地方，很少出现。后指常呆在家里，很少出门。

**简明扼要**
指说话、写文章简单明了，能抓住要点。

**提要钩玄**
提要：指出纲要。钩玄：探索精微。精辟而简明地指明主要内容。

**举要删芜**
要：主要部分。芜：杂乱。选取重要的，删除杂乱的、没有条理的。多指写文章时应抓住重点。

**动中窾要**
动：常常，动不动。中：切中，打中。窾：空处、中空。要：引申为要害、关键。常常切中要害或抓住问题的关键。

顾 答 审 详

| 甲骨文 | 金文 | 篆文 | 隶书 | 楷书 | 行书 | 草书 | 标准宋体 |
|---|---|---|---|---|---|---|---|
|  |  | 顧 | 顧 | 顧 | 顧 | 砍 | 顾 |

## 解字堂

"顧"是形声字，从页，雇声。頁即是头，表示与头有关。简化后写作"顾"。造字本义是回头看。《说文解字》释义说："顾，还视也。从页，雇声。"《庄子·秋水》中这样说："庄子持竿不顾。"（庄子拿着鱼竿不回头看他们。）

"顾"有动词、副词和名词三种用法。当"顾"用作动词时，意义大多由本义引申而来，不回头也可以去看，泛指看，例如《聊斋志异·促织》有："徘徊四顾，见虫伏壁上。"也正是因为内心眷恋，才会一直回头看，因此可能眷念，例如《史记·屈原贾生列传》记载："屈平既嫉之，虽流放，眷顾楚国，系心怀王。""顾"还有考虑的意思，例如《史记·项羽本纪》中有樊哙所说的："大行不顾细谨，大礼不辞小让。"今天使用的大多是照顾的意思，例如《诗·魏风·硕鼠》中的"三岁贯汝，莫我肯顾"。当"顾"用作副词时，表转折，相当于"而""但是"，例如《战国策·燕策》中的："吾每念，常痛于骨髓，顾计不知所出耳！""顾"用作名词可用于商店称来买货的人，例如词语"顾客"。

## 名言馆

世溷浊而莫余知兮，吾方高驰而不顾。

·《楚辞·九章·涉江》

未及见贼而士卒离散，君臣相顾，不知所归。

·《新五代史·伶官传序》

谜语答案　简 简 要

顾答审详

| 甲骨文 | 金文 | 篆文 | 隶书 | 楷书 | 行书 | 草书 | 标准宋体 |
|---|---|---|---|---|---|---|---|
|  |  | 荅 | 荅 | 答 | 答 | 答 | 答 |

## 名言馆

凡百君子，莫肯用讯。听言则答，谮言则退。

·《诗·小雅·雨无正》

又蒙赦其罪累，授以方州，德重恩弘，身微命贱，无阶答谢，惟积惭惶。

·（唐）韩愈《袁州刺史谢上表》

而或长烟一空，皓月千里，浮光跃金，静影沉璧，渔歌互答，此乐何极！

·（宋）范仲淹《岳阳楼记》

## 解字堂

"答"是形声字，从竹，合声。《说文》无"答"字形，只有"荅"，从艸，合声。本义为小豆。古时"答""荅"字形混用。"答"本义今已难考，最常用的意义是"应对、回答"。明代《正字通》："答，对也，应辞也。"现代的《新华字典》中释义说："回话，回复，回答。"陶渊明在《桃花源记》中这样记载："见渔人，乃大惊，问所从来，具答之。"（桃花源里的人见到了渔人非常吃惊，问他是从哪里来的，他一一回答了。）

"答"主要是动词用法，形容词用法很少使用。当"答"用作动词时，多是回答的意思，例如《孔雀东南飞》中有："兰芝仰头答：'理实如兄言。'"在纪昀的《阅微草堂笔记》中也有："皆缄口不答。""答"还可以有回报的意思，例如《仪礼·五行志》"适不答兹谓不次"、《汉书·李广苏建传》"因厚赂单于，答其善意"。例如词语答谢，是受了别人的好处或招待，表示感谢。当"答"用作形容词时，只有粗厚的意思，答布就是粗布的意思。这个意义在生活中已很少碰到。

"答"还有另一个读音dā，使用的意义是一样的，但是只专用于"答应""答理"等词中。

顾答审详

| 甲骨文 | 金文 | 篆文 | 隶书 | 楷书 | 行书 | 草书 | 标准宋体 |
|---|---|---|---|---|---|---|---|

### 解字堂

"審"是会意字，从宀（mián），从番。其字形构意不明。金文中从宀从米从口，后讹为从番。简化后，"宷"与"審"合并，同写作"审"。《说文解字》："宷，悉也，知宷谛也。从宀，从釆。審，篆文宷从番。"段玉裁《说文解字注》解释说："然则宷，古文籀文也。不先篆文者，从部首也。"按《说文》则"审"本义为"了解得详尽周密。"《吕氏春秋·察今》有言："故审堂下之阴，而知日月之行，阴阳之变。"意思是所以察看屋堂前的影子，就知道日月在运转，阴阳在变化。

"审"有动词、副词和形容词三种用法。"审"的动词用法是其主要用法，都和其本义细察相关，例如审核的意思，在贾谊的《过秦论》中记载："为人主计者，莫如先审取舍。"还有审问的意思，例如方苞《狱中杂记》中有："余经秋审，皆减等发配。"又可以引申为知道的意思，例如司马迁的《报任安书》中记有："审矣，何足怪乎？"当"审"用作副词时，可以解释为详细地，例如我们所熟知的《荀子》中的名句："博学之，审问之，慎思之，明辨之，笃行之。"当"审"用作形容词时，可以用作小心谨慎的意思，王充《论衡》中有："言审莫过圣人。"

### 名言馆

故水之守土也审，影之守人也审，物之守物也审。

· 《庄子·徐无鬼》

---

倚南窗以寄傲，审容膝之易安。

· （晋）陶潜《归去来兮辞》

---

直以不能内审诸己，外受流言，沉迷猖獗，以至于此。

· （南朝）丘迟《与陈伯之书》

| 甲骨文 | 金文 | 篆文 | 隶书 | 楷书 | 行书 | 草书 | 标准宋体 |
|---|---|---|---|---|---|---|---|
|  | 詳 | 詳 | 詳 | 詳 | 詳 | 详 | 详 |

## 名言馆

详以事神，义以建利。
· 《左传·成公十六年》

聊布往怀，君其详之。
· （南朝）丘迟《与陈伯之书》

郦元之所见闻，殆与余同，而言之不详。
· （宋）苏轼《石钟山记》

## 解字堂

"详"是形声字，从言，羊声。造字本义是审察、审理。《说文解字》释义说："审议也。从言，羊声。"《孔雀东南飞》中刘兰芝对焦仲卿说："自君别我后，人事不可量。果不如先愿，又非君所详。"（自从你离开我以后，人事的变化真料想不到啊！果然没有像以前想象的那么好，有很多的事情你又不了解。）

"详"有动词、形容词和名词三种用法。当"详"用作动词时，主要和它的本义相关，《三国演义》中有："愿明上详之。"也可引申为知道的意思，例如我们所熟知的陶渊明的《五柳先生传》中记载："先生不知何许人也，亦不详其姓字。"当"详"用作形容词时，多是详细的意思，例如在韩愈的《原道》中有："荀与杨也，择焉而不精，语焉而不详。""详"还有安详的意思，例如陶渊明的《闲情赋》有："神仪妩媚，举止详妍。"当"详"用作名词时，意义是细节，例如在元代陈天祥《论卢世荣奸邪状》中有："讫其根因来历，往往能道本末之详。"

## 温故知新

###  四字通解

"顾答审详"就是回答别人的问题要审慎周详。上一句"笺牒简要"说的是文书奏报要简明扼要,而这一句则提醒我们回答别人问题要经过缜密的思考,审慎而详备。清宫皇史宬里面保留有全部的清宫档案,我们看到无论是康熙、雍正还是乾隆,批复大臣的奏章,朱砂御笔的批字比原奏章的字数还要多上好几倍,尤其是雍正动辄批上数百字,真是苦口婆心,反复叮嘱。可有的批复就三个字"知道了",显然是嫌奏报啰唆。从此处我们可以看出,与他人进行交流,既要"笺牒简要"也得"顾答审详"。

我们在生活中也是如此,遇到别人问问题,要抓住主干,回答给别人想要的答案,不要让别人陷入迷糊的状态,让别人丈二和尚摸不着头脑。因此我们要学会聆听,才能组织恰当的语言让别人了解想要的答案。

### 猜谜语

个个同心助他人。
（打一字）

人人都合适。
（打一字）

上海帽。
（打一字）

###  故事厅

**错失战机误大事**

1930年4月,阎锡山与冯玉祥结成反蒋联盟,发动了讨蒋中原大战。阎锡山和冯玉祥召开了联席军事作战会议,会上决定,阎锡山和冯玉祥各派一支精锐部队在河南省的沁阳县会师,聚歼驻守在河南省的蒋介石军队。

沁阳在河南省的北部,北靠山西,对阎锡山来说,进可攻,退可守,非常有利。散会后,冯玉祥的作战参谋很快就拟定了一份调动部队的紧急命令:"命令某某部,昼夜兼程,直插沁阳,与阎锡山部会师……"谁知这个撰写命令的作战参谋官,地理知识甚少,把沁阳听成了泌阳。偏偏河南省真的有"泌阳"这地名,冯玉祥这支奉调集结参战的部队长官,接到调动军令后非常惊讶,怎么到泌阳与阎锡山部会师?这是靠近蒋介石势力范围的地方啊!但是军令如山,他没向总部询问,立即带部队星夜赶赴离真正会师地点相隔200多公里的泌阳。

再说阎锡山部队按预定时间赶到沁阳,左等右等,看不到冯玉祥部队的影子。阎锡山部队因人数少,不敢单独作战,眼看不妙,立即打电报询问冯玉祥,冯玉祥向参谋部一查,才知道奉调的部队已经奉命挥师南下,背道而驰,赶去泌阳了,而蒋介石的部队已经在湖北集结,这里离泌阳很近,眼看就要被蒋介石部队重兵包围。冯玉祥大惊,急令撤退,联合作战计划失败。这位参谋受到军法处置,被枪决了。

这个故事告诉我们沟通的重要性,如果作战参谋拟定计划后能够向冯玉祥复述或进行书面汇报请示;如果奉调部队长官感觉到调令不妥,及时向上级沟通询问,也许历史将会被改写。

 **知识角**

**8种提高倾听技巧的行为诀窍**

1. 目光接触：

当你说话时对方却不看你，你的感觉如何？虽然你只是用耳朵在倾听，但是别人可以通过观察你的眼睛来判断你是否真的在听。

2. 要适时地点头表示赞许，还要配合恰当的面部表情：

利用一些非语言的信号，例如表示同意的点头、恰当的面部表情，与积极的目光接触相配合，可以让说话的人知道你在认真地倾听。

3. 不要做出分心的举动和手势：

尽量避免做出让人感觉你的思想在游走的举动，这样说话者就知道你确实是在认真地倾听。

4. 带有批判性的倾听者会分析自己所听到的内容，并提出问题。这样做可以确保对倾听内容的有效理解。

5. 有效重复：

用你自己的话把说话者要表达的信息重新再叙述一遍。有些人在倾听时会这样说："你的意思是不是……"或者"我觉得你说的是……"。

6. 不要在倾听中途打断说话者：

在你表达自己的意见和态度之前，先听完说话者的想法。在别人说话时不要试图去猜测别人的意思，等到他讲完，你自然就一切都明白了。

7. 少说为妙：

尽管说的乐趣可能要远大于听的，但是一个好的听众懂得我们不可能同时做到听和说这个道理。

8. 顺利转换听者与说者的角色：

有效的倾听者在听者与说者之间的角色转换十分流畅。从倾听的角度而言，这代表着听者正全神贯注于说者的谈话内容中。

 **成语窗**

**统筹兼顾**

统筹：通盘筹划。兼：同时进行几桩事情或占有几样东西。顾：照顾。统一筹划，全面照顾。

**三顾草庐**

刘备为请诸葛亮出山，三次到草庐中去拜访他。后用此典故表示帝王对臣下的知遇之恩。也比喻诚心诚意地邀请或过访。

**对答如流**

对答：回答。回答问话像流水一样快。形容口才好，反应快。

**答非所问**

回答的不是所问的内容。

**审己度人**

审：审查。度：估量。先审查自己，再估量别人。

**审时度势**

审：仔细研究。时：时局。度：估计。势：发展趋势。观察分析时势，估计情况的变化。

**语焉不详**

指虽然提到了，但说得不详细。

**耳熟能详**

指听得多了，能够说得很清楚、很详细。

骸垢想浴

hái

| 甲骨文 | 金文 | 篆文 | 隶书 | 楷书 | 行书 | 草书 | 标准宋体 |
|---|---|---|---|---|---|---|---|
| | | 骸 | 骸 | 骸 | 骸 | 骸 | 骸 |

### 解字堂

"骸"是形声字，从骨，亥声。造字本义是胫骨、小腿骨。《说文解字》释义说："胫骨也。从骨，亥声。"段玉裁注释说："《骨空论》曰：'膝解为骸关，侠膝之骨为连骸。'然则正谓胫骨为骸矣。"《公羊传·宣公十五年》记载有："易子而食之，析骸而炊之。"（交换孩子杀了吃，拆下尸骨烧火做饭。）

"骸"只有名词一种词性。本义只出现在古文中，例如在《素问》中记载："骸下为辅，辅上为腘。"现在只有两种基本用法，第一种是表示骨头或是尸骨的意思，例如全祖望《梅花岭记》中有："即如忠烈遗骸，不可问矣。"又例如《灵枢·天年》："百岁，五脏皆虚，神气皆去，形骸独居而终矣。"古人有个固定的说法"乞骸骨"，是自请退职，意为请求使骸骨归葬故乡，回老家安度晚年。《后汉书·张衡传》有："上书乞骸骨，征拜尚书。"《汉书·赵充国传》："充国乞骸骨，赐安车驷马。""骸"的另一个意思是身体，《列子·黄帝》记载："有七尺之骸，手足之异，戴发含齿，倚有趣者，谓之人。"

### 名言馆

故辞之待骨，如体之树骸；情之含风，犹形之包气。
- （南朝）刘勰《文心雕龙·风骨》

嗟子学虽劳，徒自苦骸筋。
- （宋）欧阳修《酬学诗僧惟晤》

肢骸杂乱相撑拄，知汝或为雌与雄，或为壮士或老翁？
- （清）孙枝蔚《蒿里曲》

骸垢想浴

| 甲骨文 | 金文 | 篆文 | 隶书 | 楷书 | 行书 | 草书 | 标准宋体 |
|---|---|---|---|---|---|---|---|
|  |  | 垢 | 垢 | 垢 | 垢 | 垢 | 垢 |

## 名言馆

国君含垢，天之道也。
· 《左传·宣公十五年》

释子身心无垢纷，独将衣钵去人群。
·（唐）皇甫冉《同李万晚望南岳寺怀普门上人》

虚明见深底，净绿无纤垢。
·（唐）白居易《游坊口悬泉偶题石上》

## 解字堂

"垢"是形声字，从土，后声。《说文解字》释义说："浊也。从土，后声。"司马迁在《史记·屈原贾生列传》中这样夸赞屈原的品质："不获世之滋垢，皭然泥而不滓者也。"（不受浊世的玷辱，保持皎洁的品质，出污泥而不染。）

"垢"有名词和形容词两种词性。作名词时可表示污浊、肮脏的东西，例如《韩非子·大体》中就有："不吹毛而求小疵，不洗垢而察难知。"又例如在《庄子·大宗师》中有："茫然彷徨乎尘垢之外，逍遥乎无事之业。"而用作形容词时就是不洁的意思，例如《礼记》中有"衣裳垢，和灰请浣。""垢"还可用于表示"耻辱"，在这一引申义上用同"诟"之本义"耻辱"，作名词用，例如《庄子·让王》中有"强力忍垢，吾不知其他也"。

骸垢想浴

| 甲骨文 | 金文 | 篆文 | 隶书 | 楷书 | 行书 | 草书 | 标准宋体 |
|---|---|---|---|---|---|---|---|
| | 想 | 想 | 想 | 想 | 想 | 乜 | 想 |

## 解字堂

"想"是形声字，从心，相声。《说文解字》释义说："冀思也。从心，相声。"按《说文》之解，则造字本义当为"因希望得到而思念"。苏轼在《念奴娇·赤壁怀古》中这样说："遥想公瑾当年，小乔初嫁了，雄姿英发。"（遥遥想见当年的周瑜春风得意，绝代佳人小乔刚嫁给他，他英姿奋发豪气满怀。）

"想"只有动词一种词性，多项词义都是从本义引申而来的。当用作本义时，表示想念，例如杜甫的《客居》中曰："览物想故国，十年别荒村。"想念从前就是怀念了，例如辛弃疾《永遇乐·京口北固亭怀古》有："想当年，金戈铁马，气吞万里如虎。""想"还有思考的意思，《楚辞·九章·悲回风》："入景响之无应兮，闻省想而不可得。"对于没有见过的事情进行思索就是猜想，例如司马迁在《史记·孔子世家论》中这样说："余读孔氏书，想见其本人。"对于未来的考虑就是一种企图，吴敬梓的《儒林外史》中就有："周进跟到贡院门口，想挨进去看。""想"还有想象的意思，例如王充《论衡》中说："思念存想，自见异物也。"

## 名言馆

人希见生象也，而得死象之骨，案其图以想其生也。

·《韩非子·解老》

---

结思想伊人，沉忧怀明发。

·（南朝）刘铄《拟明月何皎皎》

---

云想衣裳花想容，春风拂槛露华浓。

·（唐）李白《清平调三首》其一

骸垢想浴

yù

浴

| 甲骨文 | 金文 | 篆文 | 隶书 | 楷书 | 行书 | 草书 | 标准宋体 |
|---|---|---|---|---|---|---|---|
|  | 浴 | 浴 | 浴 | 浴 | 浴 | 浴 | 浴 |

## 名言馆

阙之东北有浴池，方四十许步，池中有钓台。

· （北魏）郦道元《水经注·泗水》

---

寄语澡浴人，且共肉身游戏。但洗，但洗，俯为人间一切。

· （宋）苏轼《如梦令》

## 解字堂

"浴"是形声字，从水，谷（yù）声。《说文解字》释义说："浴，洒（同"洗"）身也。从水，谷声。"在《论语·先进》有："浴乎沂，风乎舞雩，咏而归。"（在沂水里沐浴，到舞雩台上吹风，然后唱着歌儿回家。）

"浴"只有动词一种词性。本义是洗澡，一直使用，例如《楚辞·渔父》中说："新浴者必振衣。"另外《左传·文公十八年》里也说："二人浴于池。"现在引申用法，不仅仅用于洗澡，而且比喻受润泽，或是沉浸在某种环境中，例如段成式《酉阳杂俎·语资》中有："火过，浴血而立，英公大奇之。"鲁迅先生在《坟·文化偏至论》中也谈到："久浴文化，则渐悟人类之尊严。""浴"还有鸟飞忽上忽下的意思，很独特。《大戴礼记》中记载："黑鸟浴，黑鸟者何也？乌也。浴也者，飞乍高乍下也。"

## 温故知新

###  四字通解

骸垢想浴，意思是身上脏了就想洗个澡。

骸是骨骼，人体有骨有骸，大的骨头叫骨，小的叫骸。现代解剖学证明，人身有骸骨206块，人体骨骼的主要成分是碳酸钙和胶质，碳酸钙是大自然固化的二氧化碳，与山石的碳酸钙没有什么不同，如果人体骨骼的胶质不足，特别是老年人骨胶质流失过多，就容易发生粉碎性骨折，与山石自然风化的道理一样。所以补钙并不重要，补充骨胶质才是最重要的。古人辞官不做，称"乞骸骨"，意思是请求使骸骨归葬故乡，回家安度晚年。这里的骸是"四肢百骸"的缩略语，代指人的整个身体。

在古代，"浴"字只表示"洗澡"的意思，不包括洗头、洗脚、洗手，但在今天，洗澡时顺便就将头、手、脚都洗干净了。在古代，"洗脚"称为"洗"，"洗澡"称为"浴"，"洗手"称为"盥"，"洗发"称为"沐"，它们之间各自的用字是有明确分工的。

###  故事厅

#### 洗浴笑话两则

**一**

清代游戏主人纂辑的《笑林广记》卷五有一则《混堂漱口》云：有人在澡堂洗浴，掬水入口而漱之。众各攒眉相向，恶其不洁。此人贮水于手曰："诸公不要愁，待我漱完之后，吐出外面去。"

用浴池中那浑浊泛白的垢汤水漱口，确实令人恶心，郎瑛曾说澡堂之水"使去薪沃釜，与沟渎之水何殊焉"。然而此人却说出一番令人喷饭的话来，可笑正在此。

**二**

明人陈眉公纂辑的《时兴笑话》卷上有一则笑话云：有留客吃茶，苦无茶叶，往邻家借之，久而不至，汤滚，则加以冷水，加之以久，锅都添满了，妻谓夫曰："茶是吃不成了，留他洗了浴去罢。"

烧水泡茶，家贫无茶叶，借茶又未借到，烧满了大锅热水，客人茶吃不成，澡倒可洗一洗。看来明清待客亦有留客洗澡之俗。

### 猜谜语

后土。
（打一字）

水进谷来。
（打一字）

 ## 知识角

### 先秦沐浴礼制

到了西周时期,沐浴礼仪逐渐形成定制。由于沐浴已经深入到社会方方面面,人们对沐浴有了深层次的理解,并不单纯地把沐浴看作一个洁身净体、润肤养身的生活习惯,而是将之视为一道隆重的礼仪。祀神祭祖之前都要沐浴净身,这已是个定法,表示内心洁净虔诚,称之戒,亦称斋戒。斋戒之礼始于殷商,至西周已成定制,西周的戒礼十分隆重和考究,每逢重大的祭祀活动前要进行两次斋戒,第一次在祭前十日或三日举行,叫戒,第二次在祭前三日或一日进行,叫宿,均由专职官员主持一定的仪式,要求与祭者禁食荤腥,并沐浴净身,以示对神灵的虔敬。斋戒沐浴已是西周朝廷祭祀礼仪的重要组成部分,由专职官员执掌。这在《周礼》中均有记载。

周制,诸侯朝见天子,天子赐的王畿以内的供沐浴的封邑,叫作"汤沐邑"。《礼仪·王制》云:"方伯为朝天子,皆又汤沐之邑于天子之县内。"诸侯要在专供沐浴的封邑先洗头洗澡,然后才能去朝见天子,沐浴洁身以示对天子的尊重。一生以克己复礼为己任的孔子,对沐浴之礼身体力行,"孔子沐浴而朝",早已为世人所熟知。

先秦沐浴礼仪的形成与臻于完备,正是沐浴深入到社会、生活的方方面面的体现,沐浴礼仪作为定制为世人所遵循,这在世界沐浴史上也是独一无二的,注重沐浴也是中国人的古老传统。

 ## 成语窗

**放浪形骸**
放浪:放荡。形骸:人的形体。指行动不受世俗礼节的束缚。

**土木形骸**
形骸:指人的形体。形体像土木一样。比喻人的本来面目,不加修饰。

**藏污纳垢**
纳:容纳。垢:污秽。比喻包容坏人坏事。

**蓬首垢面**
头发很乱,脸上很脏。旧时形容贫苦人生活条件很不好的样子。也泛指没有修饰。

**妙想天开**
形容想法奇特、乖谬。

**朝思暮想**
形容时时刻刻都在想念。

**补天浴日**
这是指女娲炼五色石补天和羲和给太阳洗澡两个神话故事。后用来比喻人有战胜自然的能力。也形容伟大的功业。

**浴血奋战**
形容顽强地拼死战斗。

执热愿凉

| 甲骨文 | 金文 | 篆文 | 隶书 | 楷书 | 行书 | 草书 | 标准宋体 |
|---|---|---|---|---|---|---|---|
| 𡈼 | 𡈼 | 𡈼 | 執 | 執 | 執 | 执 | 执 |

## 解字堂

"執"是会意字。古文字字形从丮，象跪坐伸出双手的人之形；从𠦄，象手铐之形。隶定后作"執"。简化作"执"。造字本义为拘捕罪人。《说文解字》释义为："执，捕罪人也。"

"执"有动词、名词、介词三种词性。用作动词时，有"拿、持、握"等意思。例如《聊斋志异·促织》："乃强起扶杖，执图诣寺后。"其中"执"就有"拿着"的意思。又如我们平常熟知的一句出自《诗经·邶风·击鼓》的经典话语："死生契阔，与子成说。执子之手，与子偕老。"（生生死死离离合合，我与你立下誓言。与你的双手交相执握，伴着你一起垂垂老去。）《汉书·叔孙通传》："御史执法，举不如仪者。"句中的"执"意为"操持、执行"。"执"还可以有持执某种主张的意思，例如在《礼记·乐记》中有："请诵其所闻，而吾子自执也。"而作名词时，其意义为"至交，好友"，例如在杜甫《赠卫八处士》："怡然敬父执，问我来何方。"又表示"凭单，如：执凭文帖（有官府印信的公文）；执结（具结证明）；执证（凭证）；回执；收执。用作介词时，意义为"用""凭"。例如在《云笈七签》："执古可以御今，证今可以知古。"意思是，凭借古时候的经验可以用来掌控今朝，印证今世可以看到古时候的情景。

## 名言馆

郑人游于乡校，以论执政。
·《左传·襄公三十一年》

假令晏子而在，余虽为之执鞭，所忻慕焉。
·《史记·管晏列传赞》

执手分道去，各各还家门。生人作死别，恨恨那可论？念与世间辞，千万不复全！
·汉乐府《古诗为焦仲卿妻作》

谜语答案　垢　浴

执热愿凉

rè
热

| 甲骨文 | 金文 | 篆文 | 隶书 | 楷书 | 行书 | 草书 | 标准宋体 |
|---|---|---|---|---|---|---|---|
|  | 埶 | 爇 | 熱 | 热 | 热 | 热 | 热 |

## 名言馆

谁能持热，逝不以濯。
· 《诗·大雅·桑柔》

此不为近者热而远者凉乎。
· 《列子·汤问》

天收其声，地藏其热。
· （汉）扬雄《解嘲》

## 解字堂

"熱"简化作"热"。"热"为形声字，《说文解字》口解释说："热，温也。从火，埶声。"本义指温度高。如《素问·五常变大论》中有："肺甚畏热。"《孟子·梁惠三下》中有："如水益深，如火益热。"这些都是在说温度高的意思，和"冷"相对。

"热"通常有形容词、动词和名词三种用法。

它的形容词用法是我们最为熟悉的，从本义的"温度高"，我们可以联想到当形容一个人的性格时，可以解释为热心肠的，例如：热莽（热蟒。感情狂热得不能自制）、热气换冷气（好心没好报）、热合（热心）。当形容两个人之间的感情程度时，可以解释为亲热的，如：热火（亲热；热烈）、热熟（亲热）、热络（亲热；热和）。当形容一个人的情感时，可以解释为情意深厚的，如：热腹（热心肠）、热语（热情、亲昵的话语）。当形容某个物品的受欢迎程度时，可以解释为受人关注的，受人欢迎的，甚至当说一个人在地位方面时，可以解释为有权势的、权势显赫的，如：热门货、热门、热官（权势显赫的官吏）、热势（显赫的权势）。

当"热"作动词时，则变为了"加热"的引申意义，例如热饭、热菜等。

它的名词用法有"热的物体"的意思，例如《韩非子·扬权》："亏之若月，靡之若热。"句中的"热"就是名词"滚热的物体"的意思。还有刘基《苦斋记》中有"能已积热"，可以解释为"治疗'热'这种病。"

执热愿凉

| 甲骨文 | 金文 | 篆文 | 隶书 | 楷书 | 行书 | 草书 | 标准宋体 |
|---|---|---|---|---|---|---|---|
|  |  | 願 | 顤 | 願 | 頾 | 讠 | 愿 |

## 解字堂

古人《千字文》中，"执热愿凉"之"愿"写作"願"。"願"是形声字，从页，原声。《说文》释其本义为"大头也"，段玉裁注释说："本义如此，故从页，今则本义废矣。"这一本义未见文献使用，但"願"多用为愿望之义，见《释诂》："思也。"而"愿"字形战国古文字中已有，《说文》："愿，谨也。""願"与"愿"本是不同的二字，"愿"的恭谨之义到后来也不用了，汉字简化时"愿"被拿去作"願"的简化字了。

"愿"有动词和名词两种用法。

当用作动词时，表示"情愿"。例如在我们所熟知的《木兰诗》"愿为市鞍马，从此替爷征"中"愿"的意思是情愿、愿意、自愿。指木兰自愿替父从军。《荀子·王制》中有"名声日闻，天下愿"，其中的"愿"便解释为仰慕的意思，指名声越来越大，为天下人所仰慕。它的常用动词含义还可指希望，例如在我们所熟知的《史记·项羽本纪》中有"愿伯具言臣之不敢倍德也"，其中的"愿"便可解释为希望的意思。再如林觉民《与妻书》中的名句"愿天下有情人都成眷属"。我们现在也常在祝福别人时用到"愿"这个字，表达我们希望的意思。

"愿"的常用名词含义可指心愿、愿望，例如在我们熟知的陶渊明的《归去来兮辞》中有"富贵非吾愿，帝乡不可期"，其中的"愿"便可解释为心愿，整句解释为：富贵不是我的愿望，神仙的境界也是不能期望得到的。在李朝威的《柳毅传》中有"又乖恳愿"，意思是，又违背了你恳切的愿望。

## 名言馆

管仲，曾西之所不为也，而子为我愿之乎？

·《孟子·公孙丑上》

自君别我后，人事不可量。果不如先愿，又非君所详。

·汉乐府《古诗为焦仲卿妻作》

偶然宴坐百千劫，神力悲愿俱无穷。

·（宋）范成大《岁旱邑人祷第五罗汉得雨乐先生有诗次韵》

执热愿凉

| 甲骨文 | 金文 | 篆文 | 隶书 | 楷书 | 行书 | 草书 | 标准宋体 |
|---|---|---|---|---|---|---|---|
|  |  | 凉 | 凉 | 凉 | 凉 | 凉 | 凉 |

### 名言馆

嗟温凉之异气，或脱故而服新。
· （晋）陶潜《闲情赋》

凉风起天末，君子意如何？
· （唐）杜甫《天末怀李白》

新霁乘轻屐，初凉换熟衣。
· （唐）白居易《西风》

### 解字堂

"凉"是形声字，从水，京声。简化后写作"凉"。造字本义是薄。《说文解字》释义说："薄也。"段玉裁注说："许云'薄也'，盖'薄'下夺一'酒'字，以水和酒，故为薄酒。"引申为形容一切薄的东西，又从中引申出寒、清凉等义，这也是"凉"最常用的意义。杜牧在《七夕》一诗中这样说秋日夜晚的凉爽："天街夜色凉如水，卧看牵牛织女星。"（天街上的夜色，有如井水般地清凉；卧榻仰望星空，牵牛星正对织女星。）

"凉"有形容词和名词两种词性。当"凉"用作形容词的时候，最常表示寒凉之义。例如《诗·邶风·北风》中就有："北风其凉，雨雪其雱。惠而好我，携手同行。"这里是说天气寒冷，温度低。又例如《列子·汤问》中说："日初出，沧沧凉凉。"有时，也用其本义表示浅薄，《左传·庄公三十二年》有"虢多凉德"的记载，"凉德"即是德行浅薄之义。"凉"也可以引申形容凄凉愁苦，例如元稹《酬乐天书怀见寄》说道："仍云得诗夜，梦我魂凄凉。"当"凉"用作名词时，可以表示秋季，因为秋季天气开始转凉，能觉察到寒气。《书》的注疏中这样说："凉是冷之始，寒是冷之极。"因而凉天就是秋天。

## 温故知新

### 四字通解

执热愿凉，意思是捧着热东西就希望有风把它吹凉。

无论是人还是动物，都会有一种趋利避害的本性，天气炎热了，会自己去找凉爽的地方避暑，如果天气变凉了，也会想方设法取暖。我们在家里吃饭的时候，家长都会告诫我们，趁热吃，别凉了，喝水的时候也不喜欢看到我们喝凉水，因为吃凉的食物对胃不好，会导致拉肚子。一般来说，少量进食温度低的食物对人体无害，但不能过多，不然会产生不良反应，这对男女都一样。但是我们也应该知道，吃太热的食物也并不好，因为吃太烫的食物，不仅会伤害消化道，还会刺激食道黏膜，引起口腔溃疡和创伤性炎症，对舌头、食道也会形成创伤，是诱发急慢性咽喉炎的原因。

所以我们吃东西不能太任性，要有合理的安排。

### 猜谜语

烈日当头照，
热却不流汗。
（打一字）

原本自有心。
（打一字）

冯京丢马。
（打一字）

### 故事厅

**黄香温席**

在中国的古书上，有"香九龄，能温席"的记载，讲的是我国古代"黄香温席"的故事。

黄香小时候，家中生活很艰苦。在他9岁时，母亲就去世了。黄香非常悲伤。他本就非常孝敬父母，在母亲生病期间，小黄香一直不离左右，守护在母亲的病床前，母亲去世后，他对父亲更加关心、照顾，尽量让父亲少操心。

冬夜里，天气特别寒冷。那时，农户家里又没有任何取暖的设备，确实很难入睡。一天，黄香晚上读书时，感到特别冷，捧着书卷的手一会就冰凉冰凉的了。他想，这么冷的天气，爸爸一定很冷，他老人家白天干了一天的活，晚上还不能好好地睡觉。想到这里，小黄香心里很不安。为让父亲少挨冷受冻，他读完书便悄悄走进父亲的房里，给他铺好被，然后脱了衣服，钻进父亲的被窝里，用自己的体温温暖了冰冷的被窝之后，才招呼父亲睡下。黄香用自己的孝敬之心，暖了父亲的心。黄香温席的故事，就这样传开了，街坊邻居人人夸奖黄香。

以后，黄香为了让父亲休息好，晚饭后，都会帮父亲温暖冰凉的被窝，使劳累了一天的父亲能早些入睡。9岁的小黄香就是这样孝敬父亲，人称温席的黄香，天下无双。

人们说，能孝敬父母的人，也一定懂得爱百姓，爱自己的国家。事情正是这样，黄香后来做了地方官，果然不负众望，为当地老百姓做了不少好事，他孝敬父母的故事，也千古流传。

 **知识角**

### 热病

热病在广义上泛指一切外感热病与内伤发热两大类疾病。由于外感热病具有发病急、病情重等特点，且中医药治疗外感热病疗效较好，故此处主要讨论外感热病。外感热病是指感受六淫之邪或温热疫毒之气，导致营卫失和，脏腑阴阳失调，出现病理性体温升高，伴有恶寒、面赤、烦躁、脉数等主要临床表现的一类外感病证，是中医内科六大急症之一。属于中医伤寒、温病、瘟疫、四时感冒或时行感冒范畴，外感热病包括了现代医学的大部分感染性疾病。

外感热病其中属中医温病范畴者，常见于现代医学的流行性感冒、急性化脓性扁桃体炎、急性上呼吸道感染，其重症包括流脑、乙脑、流行性出血热、中毒性肺炎、败血症等。其临床表现为高热，面红目赤，口渴引饮，心烦不安，便秘尿赤，舌红苔黄，脉数等火热炎上亢奋症状，在病程中易化火伤阴或内陷生变，出现动风、动血、窍闭等危逆证候。

对于外感热病，要注重瘥后调治，即疾病恢复后余邪未尽、隐患尚存之时的调治。可根据患者体质辨证施补，其中重在补养阴液，可用麦冬、生地、丹皮、北沙参、西洋参、鲜石斛、梨汁、蔗汁、竹沥、茅根等补阴清热。并宜调护脾胃，以五谷、五菜之品充养脾胃，但忌食肥甘厚味，以免助湿生痰，恋邪碍胃。

除药物饮食调治，以下禁忌也应注意：一则忌口，如酒肴、甘脆、肥鲜、生冷等物不宜食；二则忌劳心劳力，不可费心费力，过喜过怒，多言多动，以防再伤正气，病证迁延不愈。

 **成语窗**

**仗义执言**
为了正义说公道话。指能伸张正义。

**各执一词**
各人坚持各人的说法。形容意见不一致。

**炙手可热**
比喻权势大，气焰盛，使人不敢接近。

**冷嘲热讽**
用尖刻辛辣的语言进行讥笑和讽刺。

**心甘情愿**
心里完全愿意，没有一点勉强。多指自愿做出某种牺牲。

**两厢情愿**
两方面都愿意。

**世态炎凉**
世态：人情世故。炎：热，亲热。凉：冷淡。指一些人在别人得势时百般奉承，别人失势时就十分冷淡。

**满目凄凉**
所见的全是凄惨冷落的景象。

驴骡犊特

| 甲骨文 | 金文 | 篆文 | 隶书 | 楷书 | 行书 | 草书 | 标准宋体 |
|---|---|---|---|---|---|---|---|
|  |  | 驢 | 驢 | 驢 | 驢 | 驴 | 驴 |

## 解字堂

"驢"是形声字,从馬,盧声。简化后,写作"驴"。造字本义是驴子。《说文解字》释义说:"驴,似马,长耳。"段玉裁注释说:"按,'驴、骡、駃騠'太史公皆谓为匈奴奇畜,本中国所不用,故字皆不见经传,盖秦人造之耳。"贾谊在《吊屈原赋》中发出愤懑之音:"腾驾罢牛,骖蹇驴兮。骥垂两耳,服盐车兮。"(乘坐、驾驶疲牛,使跛驴作骖啊,反让骏马吃力地去拖盐车啊。)

"驴"自古至今只有名词一种用法,就是它的本义驴子,例如《史记·日者列传》这样说:"骐骥不能与罢驴为驷。"柳宗元也在《三戒·黔之驴》中记载:"黔无驴,有好事者船载以入。"这里有我们所熟悉的一个成语"黔驴技穷",用以比喻有限的一点本领也已经用完了。到了今天我们有很多和驴有关的俗语。例如"驴头不对马嘴",也说"驴唇不对马嘴",用以比喻答非所问或事物上下不相吻合,出自《儒林外史》:"陈正公听了这些话,驴头不对马嘴,急了一身的臭汗。"还有我们有时会说"驴脸",就是形容一个人的脸像驴一样长,三国时的诸葛瑾传说就被称为驴脸。还有说"驴心狗肺",比喻贪婪凶狠的心肠,例如凌蒙初《二刻拍案惊奇》中有:"不知驴心狗肺怎么生的!"

## 名言馆

他日,驴一鸣,虎大骇,远遁;以为且噬己也,甚恐。
· (唐)柳宗元《三戒·黔之驴》

泾州之乱,有使走驴东去,甚急。
· (唐)李肇《唐国史补》

崔承宠少从军,善驴鞠,逗脱杖捷如胶焉。
· (唐)段成式《酉阳杂俎·黥》

谜语答案  执  愿  凉

## 驴骡犊特

luó
# 骡

| 甲骨文 | 金文 | 篆文 | 隶书 | 楷书 | 行书 | 草书 | 标准宋体 |
|---|---|---|---|---|---|---|---|
|  |  | 羸 | 骡 | 骡 | 骡 | 骡 | 骡 |

## 名言馆

乘白马而不前，策青骡而转碍。
  ·（北周）庾信《哀江南赋》

又骡驴、骆驼，是北国所出，今遣送。
  ·（清）郝懿行《宋琐言·言诠》

自雇骡驮十一只到黄梅，用钱五十贯。
  ·《林则徐日记·道光十八年十二月十二日》

## 解字堂

"骡"，《说文》小篆写作"羸"，从马，羸省声。古人《千字文》中写作"骡"。简化后，"羸"与"骡"同写作"骡"。《说文解字》释义说："羸，驴父马母。"在《楚辞·九叹·忧苦》也有："同驽骡与乘驵兮。"李贺的《马诗》之二十二记载："少君骑海上，人见是青骡。"（少君死后百余天，有人看到少君骑着青骡走过水边。）

"骡"只有名词一种用法，就是它的本义骡子。例如吴敏树的《杂说》记载："余曩归自都下，雇骡以行。"我们平常有很多关于驴子的说法。北方有一句方言："是骡子是马，拉出来遛遛。"就是说骡子长得像马，但个头要比马小得多。也有说："驴骑后，马骑前，骡子骑在腰中间。"是说驴比较瘦所以骑后面会比较舒服，马跑得快骑在前面不颠屁股，骡子比较稳当所以骑在腰中间。例如词语"骡纲"，是结队而行驮载货物的骡群。米芾在《画史·唐画》中说："世俗以蜀中画《骡纲图》《剑门关图》为王维甚众。"唐代有骡子军，是骑骡子作战的军队，例如白居易的《题裴晋公女几山刻石诗后》记有："骡军成牛户，鬼火变人烟。"《旧唐书·刘沔传》也有："沔骁锐善骑射，每与骡军接战，必冒刃陷坚，俘馘而还。"

驴骡犊特

dú

| 甲骨文 | 金文 | 篆文 | 隶书 | 楷书 | 行书 | 草书 | 标准宋体 |
|---|---|---|---|---|---|---|---|
|  |  | 犢 | 犢 | 犢 | 犢 | 犊 | 犊 |

### 解字堂

"犢"简化作"犊"。"犊"是形声字,从牛,卖省声。造字本义是刚出生的小牛。《说文解字》释义说:"牛子也。从牛,卖省声。"我们生活中说的成语"舐犊情深",出自《后汉书·杨彪传》:"愧无日磾先见之明,犹怀老牛舐犊之爱。"(我恨自己没有金日磾那样的先见之明,但心中还是怀有对孩子的疼爱之情。)

"犊"只有名词一种用法,就是其本义小牛。在古代,犊是可以作为祭祀神明的祭品,表达人们对于祖先的恭敬之意。在《礼记·礼器》中就有记载:"天子适诸侯,诸侯膳以犊。"而在《礼记·郊特牲》也有这样的记载:"用犊贵诚也。"多了一头牛犊,只要健康长大,将来就有更多的劳动力,因而牛犊是为人所看重的,贾思勰在《齐民要术·养羊》中记载:"因留之以为种,恶者还卖,不失本价,坐嬴驹犊。"有时犊还可以指牛,例如人们称牛衣叫作犊衣,清代的阎尔梅有诗《春日寄怀王似鹤》曰:"鱼服是龙谁肯信,犊衣多虱不堪扪。"谦称自己的房子叫作犊庐,宋代的胡继宗在《书言故事·第宅》说:"自称己居曰蜗舍、蜗庐、犊庐。"

### 名言馆

疲牛舐犊心犹切,阴鹤鸣雏力已衰。
· (唐)罗隐《感别元帅尚父》

牧童牧犊畏虎欺,挽弓逻之不敢离。
· (明)何景明《牧犊行》

此痛自关门户计,岂徒舐犊爱难捐。
· (清)赵翼《哭亡儿耆瑞》

驴骡犊特

| 甲骨文 | 金文 | 篆文 | 隶书 | 楷书 | 行书 | 草书 | 标准宋体 |
|---|---|---|---|---|---|---|---|
|  | 特 | 特 | 特 | 特 | 特 | 特 | 特 |

## 名言馆

臣超区区，特蒙神灵。
　　　　·《后汉书·班超传》

士之特立独行，适于义而已。
　　　　·（宋）韩愈《伯夷颂》

特与此翁挥匹楮，不为彼相作横枝。
　　　　·（宋）刘克庄《再题信庵墨梅》

## 解字堂

"特"是形声字，从牛，寺声。造字本义是雄性的牛马。《说文解字》释义说："特，朴特，牛父也。从牛，寺声。""朴特"意思是未经阉割的牛。《玉篇》中这样注释："特，牡牛也。"

"特"有名词、副词和形容词三种词性用法。"特"的名词形式在古代指代的事物，现代基本消失不用。樊绰《蛮书》中记有："高辛氏人家生一犬，初如小特。"这里的"特"，就泛用为牛了。在《诗·魏风·伐檀》有这样的说法："不狩不猎，胡瞻尔庭有县特兮？"（不冬狩来不夜猎，为何见你庭院兽悬挂啊？）这里的"特"就是专门指代三岁的小兽。"特"的形容词意义就是我们平常使用的意思——特别的。例如柳宗元在《始得西山宴游记》中这样说："然后知是山之特立，不与培娄为类。"《庄子·齐物论》中说："何其无特操与？"例如词语"特出"，就是特别出众的意思，曾巩在《回傅权书》中说："足下之枕，可谓特出。""特"作为副词使用时，可以解释为单单的意思，班固的《汉书·张良传》中有："使韩信特将北击之。"《庄子·逍遥游》中也有："而彭祖乃今以久特闻。"在范晔的《后汉书·班超传》也有："且姑墨、温宿二王特为龟兹所置。""特"还有仅仅的意思，在司马迁的《史记·蔺相如廉颇列传》中这样说道："相如度秦王特以诈佯为予赵城。"

## 温故知新

### 四字通解

驴骡犊特，意思是四种牲畜，在这里泛指家里的大小牲口。

驴的形象似马，多为灰褐色，不威武雄壮，它的头大耳长，胸部稍窄，四肢瘦弱，躯干较短，因而体高和身长大体相等，呈正方形。颈项皮薄，蹄小坚实，体质健壮，抵抗能力很强。驴很结实，耐粗放，不易生病，并有性情温驯，刻苦耐劳、听从使役等优点。

骡子是一种动物，有雌雄之分，但是只有极弱的生育能力，它是马和驴交配产下的后代，分为驴骡和马骡。公驴和母马交配，生下的叫"驴骡"，公马和母驴交配，生下的叫"马骡"。马骡个大，具有驴的负重能力和抵抗能力，有马的灵活性和奔跑能力，是非常好的役畜，但不能生育。驴骡个小，一般不如马骡好，只有很少的有生育记录，多数生育能力极弱。

### 故事厅

#### 诸葛恪得驴

诸葛恪字元逊，诸葛亮的哥哥诸葛瑾的长子。诸葛恪的父亲诸葛瑾面孔狭长像驴的面孔。因而众人都喜欢拿这件事开玩笑。有一天宴会，孙权召集大臣们，差人牵一头驴来，在驴的脸上挂一个长标签，写上：诸葛子瑜。诸葛瑾尴尬而不知所措。而诸葛恪却跪下来说："乞求给我一只笔增加两个字。"于是孙权让人给他笔。诸葛恪接下去写了："之驴。"在场的人都笑了。孙权也很高兴，就把这头驴赐给了诸葛恪。

#### 黔驴技穷

贵州这个地方本来没有驴，有一个喜欢驴子的人用船运来一头驴进入这个地方。运到后却没有什么用处，就把它放置在山脚下。老虎看到它，把它当为神，躲在树林里偷偷看它。渐渐地老虎小心翼翼地出来接近它，不知道它是什么东西。

有一天，驴叫了一声，老虎认为驴要咬自己，非常害怕，远远地逃走了。但是老虎来来回回地观察它，觉得它并没有什么特殊的本领。老虎渐渐地熟悉了驴的叫声，又前前后后地靠近它，但始终不与它搏斗。老虎渐渐地靠近驴子，态度更加不庄重，碰倚靠撞冒犯它。驴禁不住生气起来，用蹄子踢老虎。老虎于是很高兴，盘算这件事说："驴的技艺仅仅只是这样罢了！"于是跳起来大吼一声，咬断了驴的喉咙，吃光了它的肉才离开。

唉！驴如果不暴露出它的可怜的伎俩，老虎即使凶猛，但却疑虑畏惧，最终不敢进攻攫取。像如今这样的下场，可悲啊！

### 猜谜语

马到芦边草不生。
（打一字）

拉牛去卖。
（打一字）

系牛寺前。
（打一字）

## 知识角

### 初生牛犊不怕虎的来历

东汉末年，刘备从曹操手中夺取了汉中，并在此称王，下令关羽北取襄阳，进兵樊城。关羽部将廖化、关平率军攻打襄阳，曹操部将曹仁领兵抵抗，结果大败，退守樊城。曹操派大将于禁为征南将军，以勇将庞德为先锋，领兵前往樊城救援。

庞德率领先锋部队来到樊城，让兵士们抬着一口棺材，走在队伍的前面，表示誓与关羽决一死战。庞德耀武扬威，指名要关羽与他决战。关羽出战，两人大战百余回合，不分胜负，两军各自鸣金收兵。关羽回到营寨，对关平说："庞德的刀法非常娴熟，真不愧为曹营勇将啊。"关平说："俗话说：'刚生下来的小牛犊连老虎都不害怕。'对他不能轻视啊！"

关羽觉得靠武力一时难以战胜庞德，于是想出一条计谋。当时正值秋雨连绵，汉水猛涨，魏军营寨却扎在低洼之处，关羽掘开汉水大堤，水淹于禁七军，俘虏了于禁、庞德。于禁投降，而庞德却立而不跪，不肯屈服。关羽劝他投降，庞德反而出口大骂。于是，关羽下令杀了庞德。

这就是"初生牛犊不怕虎"的由来，其实在故事中我们可以看到，这句话其实早就存在了，要不然关平不能说"俗云"，但是在这之前是谁说的已经无从考证，关平是第一个有史料可查的说这话的人，于是这句话就被认为是这句成语的出处了。

## 成语窗

**骑驴觅驴**
骑着驴去找别的驴。原比喻一面占着一个位置，一面去另找更称心的工作。现多比喻东西就在自己这里，还到处去找。

**卸磨杀驴**
把拉完磨的驴卸下来杀掉。比喻把曾经为自己出过力的人一脚踢开。

**舐犊情深**
比喻对子女的慈爱。

**卖剑买犊**
原指放下武器，从事耕种。后比喻改业务农或坏人改恶从善。

**孤犊触乳**
原意是独生子因溺爱，助长了娇气，父母反受其害。后比喻无依无靠的人请求别人的援助。

**特立独行**
特：独特。立：立身。形容人的志行高洁，不同流俗。

**大错特错**
强调错误到极点。

**大书特书**
书：写。大写特写。指对意义重大的事情特别郑重地加以记载。

骇跃超骧

hài

骇

| 甲骨文 | 金文 | 篆文 | 隶书 | 楷书 | 行书 | 草书 | 标准宋体 |
|---|---|---|---|---|---|---|---|
|  |  | 駭 | 駭 | 駭 | 駭 | 骇 | 骇 |

## 解字堂

"駭"简化作"骇"。"骇"是形声字,从马,亥声。许慎《说文解字》说:"骇,惊也。从马,亥声。"说明"骇"就是马受惊的意思;以马字旁为边旁,以亥为读音。在古文中,"骇"字也多写作"駴",是骇的异体字,这点应当注意。

《说文解字》对"骇"字做了基本的解释,我们基本可以断定,"骇"的本义就是指马受惊,《汉书·梅乘传》里也说"马方骇,鼓而惊之"。后来引申出"使惊诧、使惊骇"的意思,如《庄子·外物》中"圣人所以骇天下,神人未尝过而问焉"。之后又引申出"震动"的意思,如《战国策·宋策》中"国人大骇"。《荀子·王制》中"庶人骇政"。又引申出"突发、兴起"之意,如《广雅·释言》中说"骇,起也"。又引申有"惊扰、骚动"之意,如《吕氏春秋》中"凡鸟之举也,去骇从不骇",《新唐书》中"三军万夫,环旋翔佯,晃骇之间,虏骑乘之"。又有"擂打、击打"之意,如张衡《西京赋》中"燎京薪,骇雷鼓"。又有"播散"之意,如曹植《洛神赋》中"于是精移神骇,忽焉思散"。不同的语境中,骇字意义不同,当以实际语境为准进行理解。

## 名言馆

天宇骇,地庐惊。
·(晋)左思《三都赋》

---

山原旷其盈视,川泽纡其骇瞩。
·(唐)王勃《滕王阁序》

---

潜鳞输骇浪,归翼会高风。
·(唐)杜甫《秋野五首》其四

---

秋江上,看惊弦雁避,骇浪船回。
·(宋)辛弃疾《沁园春·带湖新居将成》

谜语答案 驴 犊 特

# yuè 跃

骇跃超骧

| 甲骨文 | 金文 | 篆文 | 隶书 | 楷书 | 行书 | 草书 | 标准宋体 |
|---|---|---|---|---|---|---|---|
|  |  | 躍 | 躍 | 躍 | 躍 | 躍 | 跃 |

## 名言馆

骐骥一跃，不能十步；驽马十驾，功在不舍。
·《荀子·劝学》

鸿雁长飞光不度，鱼龙潜跃水成文。
·（唐）张若虚《春江花月夜》

卧龙跃马终黄土，人事音书漫寂寥。
·（唐）杜甫《阁夜》

而或长烟一空，皓月千里，浮光跃金，静影沉璧，渔歌互答，此乐何极！
·（宋）范仲淹《岳阳楼记》

## 解字堂

"跃"的繁体字写作"躍"。"躍"是形声字。从足，翟声。《说文解字》说："跃，迅也。从足，翟声。"《说文解字注》解释说："迅，疾也。"因此许慎理解的"跃"字，就是"迅速、快"的意思。但《广雅》中说："跃，跳也。"这一意义是我们广泛使用的，如邵长蘅《青门剩稿》中"跃起持之"。后来引申为副词，意为"迅速地、迅捷地"。

《六书故》说："大为跃，小为踊。跃去其所，踊不离其所。"可见"跃"与"踊"区别在于动作幅度的大小。动作幅度大，且离开了原来的地方称为"跃"，反之为"踊"。现在我们常常踊跃连用，表示做事很积极。

"跳"与"跃"：《说文解字》说："跳……一曰跃也。"可以看出，许慎认为"跳"与"跃"一定程度上是可以替换的。实际上，古文中很多地方这两个字是差不多的，只在细微之处加以分别。但是我们应当注意，除了在表示"跳跃的动作"的这种意义上，二者是差不多的，"跳"字的其他义项都是不同于"跃"的，此时二者也不能进行互换，应当特别注意。

骇跃超骧

| 甲骨文 | 金文 | 篆文 | 隶书 | 楷书 | 行书 | 草书 | 标准宋体 |
|---|---|---|---|---|---|---|---|
|  |  | 超 | 超 | 超 | 超 | 超 | 超 |

## 解字堂

"超"是形声字。从走，召声。召字本是形符，但是很多以召字为偏旁的字，读音基本相近，例如招、昭、诏（语音是变化发展的，上古的很多字读音是一样的，后来不断发展，成了不同的读音），此时召字的形符作用大大降低，声符的作用渐渐明显。

《说文解字》说："超，跳也。"《说文解字注》解释说："跳，一曰跃也。跃，迅也。迅，疾也。然则超与趣同义。"按照此说法，超与跳、跃、迅、疾意义相同，但是，超也与趣意义相同，《说文解字》即说"趣，疾也"，因此，超与跳、跃、迅、疾、趣意义相差无几。

"超"的本义是"跳过、跃过"，如《吕氏春秋·悔过》中"超乘者五百乘"，又如《史记·白起王翦传》中"方投石超距"。此外，超又有"提拔、擢升"之意，如《管子·法禁》中"故莫敢超等逾官"。又引申出"超过、胜过"之意，如《韩非子·五蠹（dù）》中"超五帝侔三王者，必此法也"。后来词性变化，有"超脱、超凡"之意，如《老子》中"虽有荣观燕处超然"。又有"惆怅、若有所失"之意，如司马相如《上林赋》中"于是二子愀然改容，超若自失，逡巡避席"。

## 名言馆

出不入兮往不反，平原忽兮路超远。
· 《楚辞·九歌·国殇》

---

超长吟以永慕兮，声哀厉而弥长。
· （三国）曹植《洛神赋》

---

英风截云霓。超世发奇声。
· （三国）阮籍《咏怀八十二首》其四十七

骇跃超骧

xiāng
骧

| 甲骨文 | 金文 | 篆文 | 隶书 | 楷书 | 行书 | 草书 | 标准宋体 |
|---|---|---|---|---|---|---|---|
| | | | 驤 | 驤 | 骧 | 骧 | 骧 |

## 名言馆

我见楼船壮心目，颇似龙骧下三蜀。
· （唐）李白《司马将军歌》

君看帝子浮江日，何似龙骧出峡来。
· （唐）李白《永王东巡歌十一首》其八

万马自腾骧，八骏按辔行。
· （唐）韦应物《酬郑户曹骊山感怀》

不学龙骧画山水，醉乡无迹似闲云。
· （唐）温庭筠《赠李将军》

## 解字堂

"驤"简化作"骧"。"骧"是形声字。从马，襄声。《说文解字》中说："骧，马之低仰也。"《说文解字注》解释说："低当作氐，马之或俯或仰谓之骧。《吴都赋》：'四骐龙骧。'古多假襄为骧。"因此，按许慎的说法，骧指的是马低伏仰头的样子。《六书故》中也说"马行迅疾，首腾骧也"，也就是马奔跑的时候，头常常会低伏昂首有规律地运动，这种状态就是骧。古文中常将襄字假借为骧字，这一点需多加注意。

"骧"字最开始广泛使用的意思是"腾跃、昂首奔驰"，如张衡《西京赋》中"乃奋翅而腾骧"，又如曹植《离友》中"载车奔兮马繁骧"。后来引申出"仰、上举"的意思，如彭定求《周端孝先生传》中"臣父骧眉扼腕，恨不从杨涟诸臣后"；又如"骧首"，即抬头的意思。后来词性变化为名词，可泛指马，如司马贞索隐《史记》中说"《诗》云：'两服上骧'。注云：'骧，马。'是也"、《字汇补》"故马名"。也可专指后右足呈白色的马，如《尔雅·释畜》中说"后右足白骧"。也可用于官名，如汉武帝曾封王濬（jùn）为龙骧将军。

## 温故知新

 **四字通解**

骇跃超骧，与"驴骡犊特"构成完整的一句。驴骡犊特泛指家中的牲畜，骇指骇然，受到惊吓，超骧是奔腾的样子，因此这一句是说，家中的牲畜，虽然温顺，但是受到惊吓的时候，也会撒蹄儿奔跑。古代农耕社会，家畜是人们很重要的资产，这一句意在提醒人们在饲养家畜时，也要注意安全，也提醒人们居家要注意安全，谨慎小心。

这一句也含有特殊条件下潜能被激发的含义。每个人身体中都蕴含着巨大的潜能，也许平时我们并不会注意到，但是一旦发生紧急情况，人的潜能往往会被极大地激发出来。之前媒体曾经报道过的杭州"最美妈妈"，就是典型的例子，她在救下小孩的时候奔跑的速度远远超过了她平时的极限。因此，每个人都应该相信自己，无论何时都不要放弃，相信自己的潜能，相信自己的能力，坚持不懈，保持前进，才能有成就。

### 猜谜语

六畜只有两头存。
（打一字）

白龙在前八戒在后。
（打一字）

招手不见走来。
（打一字）

刀口下走来。
（打一字）

 **故事厅**

#### 刘皇叔跃马过檀溪

当时刘备投奔于刘表，在荆州领职，二人意趣相投，时常一起喝酒谈论。有一次刘表长叹息一声，刘备问其原因。原来刘表有两个儿子，大子为妻子所生，但是才能平庸，无法担当大任，二子为后妻蔡氏所生，很有才干，刘表想要传位于第二个儿子，却碍于立嫡立长的宗法制度不能实现，但若是传位于第一个儿子，虽然遵从了礼法制度，但是蔡氏及其兄长蔡瑁执掌军中事务，到时恐怕会发生内乱。刘备便劝说刘表说，自古以来，废长立幼都是一切祸乱的根源，如果担心蔡家人权力过大，慢慢削弱他们的权力就是了。当时蔡夫人在屏风后面偷听，听到这话以后，对刘备甚为憎恨。之后蔡夫人找来兄长蔡瑁，说了此事，两人便密谋在刘备暂时居住的驿馆除掉刘备。当时刘备与刘表军中的伊籍关系较好，伊籍听说蔡瑁的阴谋后，便赶来驿馆告知刘备，让他赶紧逃命，刘备听说后，星夜离开荆州。蔡瑁便又与蔡夫人密谋，让刘表请刘备来代替自己接待当时荆州治下的官员们述职，赵云便点了三百军随行。蔡瑁布下宴席，在帐外埋伏甲兵，荆州东、南、北三门各有重兵把守，西门外临近檀溪，没有布置兵力。酒过半酣之时，伊籍入帐，以目示意刘备，刘备明白了他的意思，借口上厕所跑到后院，解下的卢马，朝西门方向逃跑。蔡瑁知道后率领军队来追。刘备骑着马狂奔，到了檀溪边，檀溪宽好几丈，水流湍急，刘备无奈下马过溪，马陷入泥潭中，刘备看见后有追兵，心中焦急，说："的卢马啊的卢马，你可不要害了我啊！"的卢马听了这话，忽然一跃从泥潭中跳出，驮着刘备一跃三丈，跃上西岸。

## 知识角

### 卧龙跃马终黄土

卧龙，指诸葛亮，语出《三国志·蜀书·诸葛亮传》："徐庶……谓先主曰：'诸葛孔明者，卧龙也'。"诸葛亮，字孔明，号卧龙，三国时期蜀汉丞相，杰出的政治家、军事家、散文家、书法家、发明家。在世时被封为武乡侯，死后追谥忠武侯，东晋政权因其军事才能特追封他为武兴王。其散文代表作有《出师表》《诫子书》等。曾发明木牛流马、孔明灯等，并改造连弩，叫作"诸葛连弩"，可一弩十矢俱发。一生"鞠躬尽瘁，死而后已"，是中国传统文化中忠臣与智者的代表人物。《三国演义》中描绘他的主要事迹有赤壁之战、智取荆州、三气周瑜、六出祁山、七擒孟获等。

跃马，指公孙述，语出左思《蜀都赋》："公孙跃马而称帝"。公孙述，字子阳，新莽末年、东汉初年割据势力。初以父官荫为郎，补任清水县长。公孙述熟练吏事，治下奸盗绝迹，由是闻名。王莽篡位夺取汉政权，公孙述受任为导江卒正（蜀郡太守）。王莽末年，天下纷扰，群雄竞起，公孙述遂自称辅汉将军兼领益州牧。建武元年，公孙述称帝于蜀，国号成家（一作大成或成），年号龙兴。建武十一年，汉廷乃派兵征讨，被公孙述所拒。次年，复命大司马吴汉举兵来伐，攻破成都，纵兵大掠，尽诛公孙氏，"成家"为东汉所亡。公孙述割据益州称帝，共在位十二年。

## 成语窗

**骇龙走蛇**
龙蛇被掠走，形容声势浩大。

**惊世骇俗**
使一般人感到惊骇。

**跃然纸上**
活跃地呈现在纸上，形容文学作品叙述描写真实生动。

**跃跃欲试**
形容急切地想要试试。

**超尘逐电**
腾空而行，追逐电光。形容奔驰之速。

**超然独处**
指超出世俗离群独居。

**虎跃龙骧**
形容威武雄壮。

诛斩贼盗

| 甲骨文 | 金文 | 篆文 | 隶书 | 楷书 | 行书 | 草书 | 标准宋体 |
|---|---|---|---|---|---|---|---|
| 杀 | 誅 | 誅 | 誅 | 誅 | 诛 | 诛 | 诛 |

## 解字堂

"诛"是形声字。从言，朱声。简化后写作"诛"。造字本义是声讨、谴责。根据字形来看，"诛"字左半部分是个言字，说明与说话有关，右半部分朱字表声，所以字义与言语行为有关。可以确定谴责为其本义，其余的则是引申义，如后来引申出的"杀伐"之意。"诛"字，在古书里有时表示谴责，如《论语·公冶长》："于予与何诛？"有时表示责求，如《左传·庄公八年》："诛屡于徒人费，弗得。"如成语"口诛笔伐"。又如：诛放，是责斥其罪并予以放逐的意思；诛远，有斥退疏远之意；诛惩，有声讨惩处的意义；诛心，有揭露、指责人的用心之意。后表示诛杀，如在《尚书·泰誓》有："商罪贯盈，天命诛之。"意思就是商纣王罪恶太多，诛杀他是上天的旨意。《说文解字》释义说："讨也。从言，朱声。"段玉裁注释说："凡杀戮、纠责皆是。"

"诛"只有动词一种词性用法，本义之外的其他意义大多从"声讨、谴责"引申而来的。"诛"字还有要求、索取的意义。在《左传·庄公八年》中有这样一句："诛屡于徒人费，弗得。"这里"诛"为索取之意。又如《资治通鉴》："人人自制，是以贪财诛利，不畏死亡。"此外，《墨子》中也有记载："吾以为古之善者则诛之，今之善者则作之，欲善之益多也。"在这里"诛"的动词词义表示记述。

## 名言馆

得志于诸侯，而诛无理，曹其首也。
·《左传·僖公二十三年》

---

甚悖逆不轨，宜诛讨之日久矣。
·（汉）桓宽《盐铁论·本议》

---

能诛戮清流之朋，莫如唐昭宗之世。
·（宋）欧阳修《朋党论》

---

谜语答案　骇骇超超

## 斩 zhǎn

| 甲骨文 | 金文 | 篆文 | 隶书 | 楷书 | 行书 | 草书 | 标准宋体 |
|---|---|---|---|---|---|---|---|
|  |  | 斬 | 斬 | 斬 | 斬 | 斩 | 斩 |

### 名言馆

忧心如惔，不敢戏谈。国既卒斩，何用不监！
·《诗·小雅·节南山》

或说处杀虎斩蛟，实冀三横唯余其一。
·（南朝）刘义庆《世说新语·自新》

思厥先祖父，暴霜露，斩荆棘，以有尺寸之地。
·（宋）苏洵《六国论》

### 解字堂

"斬"简化后写作"斩"。"斩"是会意字。从车，从斤。本义是古代死刑的一种，指斩首或腰斩，后引申泛指一切杀死。《说文解字》："斩，截也。"段玉裁注说："截者，断也。"《说文解字》："斩法，车裂也。"段玉裁注说："此说从车之意，盖古用车裂，后人乃法车裂之意而用鈇钺，故字亦从车。斤者，鈇钺之类也。"意即"斩"是拦腰砍断的酷刑，字形采用"车、斤"会意。"斩"刑是效法车裂而来的。《史记·陈涉世家》："失期，法皆斩。"即"不按期抵达，按照秦法就会全部被杀掉"。

"斩"有动词和副词两种词性。当为动词时，除了有本义斩首或腰斩和杀之外，还有一些引申义。可以表示砍、砍断。如宋代苏轼《教战守》有"斩刈杀伐之际"。"斩"具有砍断的意义。又如：斩伐（砍伐）；斩祀（砍伐神祠近旁的树）；斩关（砍断门闩，泛指攻破城门）。《三国演义》中："汉祀不斩，皆出将军之赐也。"这里的"斩"引申为断绝之意。《左传·襄公十七年》中有一句："齐晏桓子卒，晏婴粗缞，斩。"在这里，斩字是剪裁，特指丧服不缉下边。此外，"斩"还同"眨"，眼睛一睁一闭。可见于吴承恩《西游记》中"还斩眼动鳞"。当"斩"用作副词时，有非常、特别之意。如《老残游记》："老远地便见有多少洋枪队，由教习打着外国口号，一斩齐地走了上来。"

诛斩贼盗

| 甲骨文 | 金文 | 篆文 | 隶书 | 楷书 | 行书 | 草书 | 标准宋体 |
|---|---|---|---|---|---|---|---|
| 戚 | 賊 | 賊 | 賊 | 賊 | 賊 | 賊 | 贼 |

## 解字堂

"賊"简化作"贼"。"贼"是形声字。从戈，则声。《说文》篆文中"刀"在"戈"下，后来"刀"的部分讹变为如今"贼"中的"十"部件。本义是残害、破坏。《说文解字注》："败也。败者，毁也。毁者，缺也。"《左传·文公十八年》中有："毁则为贼。今字从戎作贼。"

"贼"词性有动词、名词、形容词和副词四种。作为动词时同本义。如《说文》："贼，败也。"此时同本义。《左传·昭公十四年》："杀人不忌，为贼。"这里特指杀害。先秦两汉时期，"贼"指作乱叛国危害人民的人，这是作为名词的用法，例如《史记·商君列传》："商君，秦之贼。秦强而贼入魏，弗归，不可。"诸葛亮《出师表》有："讨贼复兴之效。"又可用作骂人的字眼，梁启超《谭嗣同传》："贼臣忌益甚。"此外还有敌人、仇敌之意。如贾谊《论积贮疏》说："淫侈之欲日日以长，是天下之大贼也。"为形容词性时有邪恶、不正派的意思。如《史记·龟策列传》中说："寒暑不和，贼气相奸。"有残暴、狠毒的意思。如《汲黯列传》记载："内怀诈以御主心，外挟贼吏以为威重。"用作副词主要出现在方言口语中，有很、非常的意思，多用于令人不满的或不正常的情况。如"贼亮"就是光亮之极的意思。

## 名言馆

寒暑弗能害，禽兽弗能贼。

·《庄子·秋水》

大索天下，求贼甚急，为张良故也。

·《史记·留侯世家》

大盗积贼，杀人重囚，气杰旺，染此者，十不一二。

·（清）方苞《狱中杂记》

诛斩贼盗

dào
# 盗

诛斩贼盗

## 名言馆

君子不为盗，贤人不为窃。
·《庄子·山木》

如姬果盗兵符与公子。
·《史记·魏公子列传》

三月，盗杀韩相侠累。
·《资治通鉴》

## 解字堂

"盗"是会意字。其甲骨文字形表示，看到人家的器皿就会贪婪地流口涎，存心不善。造字本义是盗窃、偷东西。《说文解字》："私利物也。从次，次欲皿者。"简化后，"盜"与异体字"盗"合并，同写作"盗"。

"盗"的词性有动词，又引申出名词和副词。作动词时司本义。在《左传·僖公二十四年》有这样一句："窃人之财犹谓之盗。""盗"就是盗窃义。又如：偷盗（偷窃）；盗跖下惠（跖和柳下惠，两人虽是兄弟，但跖被诬为大盗，而柳下惠却被视为圣人）。引申为抢掠、劫持。例如《列子·说符》："遂共盗而残之。"表示窃据、篡夺，即用不正当的手段营私或谋取。如：盗恩（冒取他人的功勋和奖赏）；盗篡（盗窃夺取。特指臣子取代君位）；盗据（割据；强占）。表示诈骗、骗取。如：欺世盗名（欺骗世人，窃取名誉）；盗言（巧诈甜美的言辞）；盗铸（私自铸钱）。表示侵犯，如盗边（侵犯边境）。表示私通。如《汉书·陈平传》记有："闻平居家时，盗其嫂。"表示逃避，如盗税（逃避纳税）。作名词指偷到财物的人。例如《世说新吾·或溺》："乃托言有盗，令人修墙。"还可以指抢劫财物的人，强盗。如《史记·项羽本纪》："所以遣将守关者，备他盗之出入与非常也。"作为副词讲，主要指偷偷地、暗中地。例如《史记·平准书》"民亦间盗铸钱"。

## 温故知新

### 四字通解

诛斩贼盗，意思是官府诛杀盗贼。

秦汉以前，贼指叛国作乱、危害人民的人，有如乱臣贼子，故有讨贼一称。窃货曰盗，偷人家东西的叫盗。盗字的甲骨文字形表示：看着别人的器皿流口水，存心不善。秦汉前，把偷窃者叫盗，抢劫财物的叫贼。"偷"字在古文里的意思是苟且、没皮没脸。比如成语"苟且偷生"，不是偷偷地活着，而是该死没死，凑合活着的意思。另外，做人不厚道，刻薄也叫偷，如《论语·泰伯》一篇中"故旧不遗，则民不偷"的话。

诛字的本义是声讨、谴责，所以字形从言，所谓"口诛笔伐"是也。引申义为诛灭、翦除，但偏于诛心（揭露、指责人的用心），让你自己窝囊死，古人说："千夫所指，无疾而终。"斩在六书里属于会意字，从车，从斤。古有"车裂"之刑，故从车。斤是斧子，是斩首或腰斩的工具，所以诛斩二字要分清，一个诛心、一个杀身，是完全不一样的。

### 猜谜语

旦。
（打一成语）

夺冠军，运匠心。
（打一字）

亮窃以为不可。
（打一动物名）

### 故事厅

#### 侠盗的故事

唐代杜光庭所著《虬髯客传》讲了一个仗义疏财、劫富济贫的侠盗的故事。

隋朝末年，隋炀帝只顾东巡享乐，朝政由大臣杨素把持。有一天，布衣李靖求见。杨素的一个侍妾爱慕李靖的才华，连夜投奔李靖。这个侍妾姓张，因为手持红色的拂尘，所以称为红拂。在他们逃出京城的路上，认识了一个长着络腮胡子（虬髯）的客人，他始终没有说自己的名字，只说也姓张，排行第三。张是我国第一大姓，叫"张三"的不知道有多少人。但是这个张三非同寻常。他喝酒的时候用人心当下酒菜，并且说，这是天下负心人的心，我追了他十年了，今天终于砍下他的头，摘下他的心，消除了我的遗憾。当时天下大乱，群雄纷起，张三本来有问鼎中原的野心，后来看到秦王李世民胜过自己，是真命天子，就把自己积攒的大量金银珠宝全部送给李靖，让他辅佐李世民建功立业。从张三的行径和他的家财来看，他原先应该是个江洋大盗，否则不可能积攒这么多财富。后来李靖靠着这些财富，果然帮助李世民推翻了隋朝，建立了唐朝。天下太平以后，张三决心在海外建立一个自己的世界，于是率领海船千艘，甲兵十万，入扶余国，杀其主自立。看起来，这个虬髯客张三，真是一个盗亦有道的侠盗典型。虬髯客和李靖、红拂后来被称为"风尘三侠"。

##  知识角

### 盗亦有道

春秋时期,最有名的大盗叫盗跖。盗跖的部下问盗跖说:"做大盗也有法则吗?"盗跖回答说:"无论做什么事情都有法则。做大盗怎能没有法则呢?凭空能猜出屋里储藏着多少财物,这就是圣;带头先进入屋里,就是勇;最后退出屋子,就是义;酌情判断能否动手,就是智;分赃均匀,就是仁。不具备这五种素质而成为大盗是不可能的。"

盗跖这一套说教,和儒家宣扬的"圣人之道"如出一辙,由此讽刺了儒家的虚伪。看来"圣人之道"如果用来教育君子,君子就能被培养成圣人;如果被坏人利用,坏人就能成为大盗。可是天下圣人少而大盗多,可见"圣人之道"给天下带来的利益少,带来的祸患多。所以说:圣人不死,大盗不止。只有打击虚伪的"圣人之道",让人民一切顺乎自然,天下才能太平。

值得指出的是,跖是奴隶起义的领袖,由于代表了被压迫者的利益,所以被历代统治者诬蔑为"盗跖"。庄子对盗跖是有同情心的,曾多次指出这个社会是"窃钩者诛,窃国者为诸侯",并且说,"圣人之道"教大家追名逐利,圣人的危害其实超过大盗。与其把跖叫作盗跖,不如把孔子(孔丘)叫作盗丘。认为虚伪的"圣人之道"才是造成天下混乱的原因。

民间传统文化中对侠义的大盗历来都是推崇的。《史记·游侠列传》里讲了很多侠客的故事,这些侠客大多数是大盗,由于他们虽然是大盗但却很讲道义,所以司马迁为他们列传,使他们的英名千古流传。

##  成语窗

### 口诛笔伐
诛:痛斥,责罚。伐:声讨,攻打。从口头和书面上对坏人坏事进行揭露和声讨。

### 不教而诛
教:教育。诛:处罚,杀死。不警告就处死。指事先不教育人,一犯错误就加以惩罚。

### 先斩后奏
原指臣子先把人处决了,然后再报告帝王。现比喻未经请示就先做了某事,造成既成事实,然后再向上级报告。

### 斩头沥血
形容为匡扶正义而不顾生死。

### 贼眉鼠眼
形容神情鬼鬼祟祟。

### 民贼独夫
民贼:残害人民的坏家伙。独夫:暴虐无道、众叛亲离的统治者。指残害人民众叛亲离的反动统治者。

### 诲盗诲淫
原意是财物不予细保管,招致别人来偷盗;女子打扮得十分妖艳,也是引诱别人来调戏。现指引诱人做奸淫盗窃的事。

### 掩耳盗铃
掩:遮蔽,遮盖。盗:偷。偷铃铛怕别人听见而捂住自己的耳朵。比喻自己欺骗自己,明明掩盖不住的事情偏要想法子掩盖。

捕获叛亡

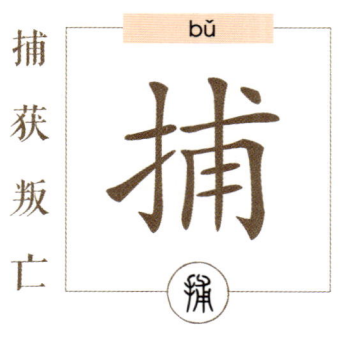

bǔ

| 甲骨文 | 金文 | 篆文 | 隶书 | 楷书 | 行书 | 草书 | 标准宋体 |
|---|---|---|---|---|---|---|---|
|  |  | 捕 | 捕 | 捕 | 捕 | 捕 | 捕 |

### 解字堂

"捕"是形声字。从手，甫声。造字本义是捉、取。《说文》："捕，取也。从手，甫声。"《广韵》："捕，捉也。""捕"字发展到隶书时将篆文的"手"形简化，失去五指的形象，就成了现在我们看到的这个字形。

"捕"字只可以做动词，唐朝著名文人柳宗元的《捕蛇者说》中"而吾以捕蛇独存"，晋陶渊明的《桃花源记》中"武陵人捕鱼为业"，其中的"捕"都是指捉捕动物。除此以外，还有缉拿、抓逮的意思。《史记·吴王濞列传》："他郡国吏欲来捕亡人者，讼共禁弗予。"《汉书·李广苏建传》："诏使孺卿逐捕。"文天祥《指南录·后序》："至高邮，制府檄下，几以捕系死。"其中的"捕"字都是动词，表示"缉拿、抓"的意思。我们平常说的"捕风弄月、捕捉"等都是在说这个意思。

### 名言馆

我愿生两翅，捕逐出八荒。
· （唐）韩愈《调张籍》

少时志功名，痴绝如捕影。
· （宋）陆游《夜坐》

有修有证，何异捕风捉月。
· （宋）释祖钦《偈颂一百二十三首》

谜语答案　斩草除根　斩　乌贼

捕获叛亡

huò
获
獲

| 甲骨文 | 金文 | 篆文 | 隶书 | 楷书 | 行书 | 草书 | 标准字体 |
|---|---|---|---|---|---|---|---|
| | | | | | | | 获 |

## 名言馆

八月其获，十月陨萚。
·《诗·豳风·七月》

日月掷人去，有志不获骋。
·（晋）陶潜《杂诗十二首》其二

朝眠每恨妨书课，秋获先令入酒罇。
·（宋）陆游《秋兴》

## 解字堂

"獲"是形声字。"獲"字起初写作"蒦"，这是"獲"的本字。"蒦"字的甲骨文写作"隻"，从它的甲骨文字形上来看，它的上半部分是个"隹"字形，是鸟雀的意思；而它的下半部分是"又"字形，有抓持的意思。我们能想象一下这个场景，一只猎人的手抓着一只鸟，这表示猎获了鸟雀。由此我们可以想到它的造字本义就是猎人获得鸟雀。"蒦"字在发展到金文的时候，在"隹"的头上加"艹"字形，表示鸟雀突出的眼毛。这是将猎物的特征更加的凸显了。当"蒦"字发展到篆文时，给它的左边加上了"犬"字形，成为"獲"，强调了"猎获"含义。这时造字的本义是猎人猎得猎物。它还有另一种写法"穫"，它的左边是"禾"字形，是谷物的意思，表示农夫得到谷物，这个字形的造字本义是：收割庄稼，得到谷物。汉字简化后，收获猎物的"獲"和收获庄稼的"穫"合并，同写作"获"。

"获"字只有动词词性。我们平常所说的"获得、获取、获悉、获奖"等都是动词词性，都是"取得、得到"的意思。看了上面的介绍，大家对"获"字熟悉了吗？

捕获叛亡

pàn

| 甲骨文 | 金文 | 篆文 | 隶书 | 楷书 | 行书 | 草书 | 标准宋体 |
|---|---|---|---|---|---|---|---|
|  |  | 叛 | 叛 | 叛 | 叛 | 叛 | 叛 |

## 解字堂

"叛"是形声字。《说文解字》释义说："半也。从半，反声。"徐灏《段注笺》："叛之言半也，分也，离去之谓也。"可见许慎、徐灏认为"叛"当是"从半"表示分离的形声字。然而，也有人认为"叛"是"从反"表示背叛、叛乱的形声字，见朱骏声《说文通训定声》："反也。从反，半声。"在《广雅》中也这样释义："叛，乱也。"在我们所熟知的司马迁的《史记·项羽本纪》中樊哙说出了秦王朝二世而崩的原因："夫秦王有虎狼之心，杀人如不能举，刑人如恐不胜，天下皆叛之。"（秦王有虎狼一样的心肠，杀人唯恐不能杀尽，惩罚人惟恐不能用尽酷刑，所以天下人都背叛他。）

"叛"有动词和形容词两种用法。当作动词使用时，"叛"多表示背叛。例如《汉书·五行志》中说："侯不朝，兹谓叛。"《公羊传·定公八年》记载："叛者五人。"叛亡，是背叛逃亡的意思，出自《汉书·韩王信传》："陛下宽仁，诸侯虽有叛亡，而后归，辄复故位号，不诛也。"又如叛服，就是背叛或顺服，苏轼在《司马温公神道碑》说："惟西羌夏人，叛服不常。""叛"在古代和"畔"是可以通用的，《孟子·公孙丑下》中记载："寡助之至，亲戚畔之。"可见"畔"是可以代表"叛"的。当"叛"用作形容词时，意义是凌乱的，在刘勰的《文心雕龙》有"约则义孤，博则辞叛"的说法。

## 名言馆

叛陆离其上下兮，游惊雾之流波。
　　　　　　　　　·《楚辞·远游》

潸即白首叛，秋亦红泪滋。
　　　　　　　·（唐）杜牧《秋娘诗》

获复以沪叛，坏势如败棋。
　　　　　　　·（宋）刘克庄《杂兴》

| 甲骨文 | 金文 | 篆文 | 隶书 | 楷书 | 行书 | 草书 | 标准宋体 |
|---|---|---|---|---|---|---|---|
| | | | | | | | 亡 |

### 名言馆

巡守何寂寥，有虞今则亡。
· （唐）杜甫《望岳》

东野亡来无丽句，于君去后少交亲。
· （宋）晏几道《临江仙》

经未尽亡君更考，古无不死我何悲。
· （宋）陆游《即事》

### 解字堂

"亡"是指事字。"亡"字的甲骨文字形，从刀并在刀刃部位加上了短短一竖的笔画，表示刀刃锋芒，当为今"芒"字初文。后来字形讹变，不可识原来的刀形与指事符号，在《说文》中据讹变了的篆文字形被释为"从入从乚"。造字本义当为锋芒，以音同音近之故被假借为逃亡。见《说文》："亡，逃也。"又引申为死亡、灭亡。

"亡"字大多数情况下是做动词的。《史记·项羽本纪》中"是时桓楚亡在泽中"与"亡去不义"，《国语》中的"子牟有罪而亡"等都是逃跑的意思，也是我们在古文中常见的意思。《资治通鉴》："刘表新亡，二子不协。"《世说新语·言语》："羊秉为抚军参军，少亡。"其中的"亡"都是死亡的意思。我们平常说的"亡故、亡灵、死亡"等都是这个意思。"亡"还有消亡的意思，我们常说的"亡国"就是消亡的意思。

## 温故知新

 **四字通解**

捕获叛亡，"捕"就是追捕、逮捕的意思。"获"就是抓获、得到。"叛亡"在这里主要指的是自己家里的奴仆，古代大宅门家里都有很多下人，院工仆妇、厨子老妈、门房马夫一大堆，都是有契约关系的非自由人。一旦犯了错误、受了处罚，对主人不满，背叛逃亡而去，就非同小可。这些人因为没有自由身，在外面很难活下去，所以不是跑到官府去诬告主人，就是跑去做强盗，勾结匪类来捣乱破坏。古典小说里这种仆害主的故事太多了，所以说要"捕获叛亡"，要追捕叛乱分子和亡命之徒。这些人对国家的危害是非常大的，这些人在没有了正常生存环境后，只能铤而走险去做一些杀人放火的勾当来维持自己的生存。国家的叛亡分子自然由国家负责，我们读古文，不能脱离当时的那个时间与空间。

 **故事厅**

### 众叛亲离

公元前719年，卫国公子州吁杀死了自己的哥哥卫桓公，自己做了国君。这件事引起了国人的强烈不满。州吁为了转移国内的矛盾，借口替先君报仇而前去攻打郑国。他为了得到宋国的支持，派人对宋殇公说，如果联合起来攻打郑国，就会消灭宋国在郑国的祸根，何况在这次战争中，宋国充当主帅，卫国出军费，如果再联系陈国和蔡国，一定会取得成功的。

宋殇公当然愿意那样做，于是宋国和卫国联合陈国、蔡国一起攻打郑国，在把郑国的东城门包围了五天后，才胜利撤兵回去。

鲁国的国君对此非常担心，他询问自己手下的人，州吁是否能够成功。手下的人回答说只听说做国君的用恩德取得百姓的爱戴，没有听说靠胡作非为赢得人心的。州吁仗恃他拥有重兵，到处发动战争，把灾难带给了人民，这样就会失去人民，国内的民众都会反叛他，亲信也都远离他，他要想成就事业，是不可能办到的。果然没过多久，州吁就被石厚设计杀害了。后来，人们用"众叛亲离"表示某人失去民心，非常孤立。

### 猜谜语

擒贼擒王。
（打一古称谓）

丛间双犬卧。
（打一字）

##  知识角

### 古代如何抓捕逃犯

首先古代要当逃犯很难。春秋战国时期中国就有法家思想。到商鞅那开始有了户口登记和连坐制。没有户口,跑到哪都待不住;再说连坐,一个人犯罪跑了,家里人乃至周围十户邻居都要受罚,因此,一人犯事立马就会有人告发。

靠画像当然是抓不到人的,但这种追缉告示更重要的是文字信息:名字、籍贯、长相特征、犯了什么事。这些信息对查捕肯定是有作用的。逃犯不管跑到哪里,总还是要和人打交道;物以类聚、人以群分,歹人跑到外地也还是会和类似的人为伍,时间长了难免透露自己的真实信息;又或者周围的朋友犯了事,也难免被牵连。

户籍和连坐制是秦法,臭名昭著,极其严苛,这种制度下逃犯没有生存空间。别说逃犯,商鞅本人想逃出秦国都做不到,最后落了个五马分尸。秦法过于严酷,黎民百姓深以为恶,后来的朝代吸取教训,在律法上各有改进。

逃犯为何不能逃到山里去做野人呢?猿人就是不愿意在山里做野人才进化成人。人之所以为人,本身就是以失去长期在野外独自生活能力为代价的。别说豺狼虎豹,就是蛇虫鼠蚁人也受不了,古代医疗水平有限,稍有个头疼脑热就死路一条。

##  成语窗

**系风捕影**
拴住风,捉住影子。比喻无法办到的事。也比喻说话做事以不可靠的传闻或表面现象作根据。

**捕风捉影**
风和影子都是抓不着的。比喻说话做事丝毫没有事实根据。

**辞不获命**
指辞谢而未蒙允许。

**一树百获**
种一次收获一百次。比喻培植人才能长期获益。

**招亡纳叛**
招引接纳敌方叛逃的人。

**众叛亲离**
众人反对,亲人背离。形容完全孤立。

**唇亡齿寒**
嘴唇没有了,牙齿就会感到寒冷。比喻利害密切相关。

**三户亡秦**
虽只几户人家,也能灭掉秦国。比喻正义而暂时弱小的力量,对暴力的必胜信心。

布射僚丸

| 甲骨文 | 金文 | 篆文 | 隶书 | 楷书 | 行书 | 草书 | 标准宋体 |
|---|---|---|---|---|---|---|---|
| 𠂇 | 𰀀 | 㓝 | 布 | 布 | 布 | 布 | 布 |

### 解字堂

"布"是形声字。从巾，父声。本义是麻布。

"布"主要有两个词性。首先是它作为名词，表示麻布，如《易·说卦》："坤为布。"《诗·卫风·氓》："抱布贸丝。"《孟子》："女有余布。"还有一个意思大家可能比较熟悉，大家可能都听过布衣这个词，它是指平民、老百姓。为什么会有这个称呼呢？古时老百姓穿麻布衣服，所以称为"布衣"，如：布褐（粗布衣服。又指平民）；布总（古代丧服，以麻布束发）。

作为动词，有铺开的意思，贾思勰《齐民要术·种葱》："收葱子，必薄布阴干。"这句话意思是收葱子，一定要铺开晾干。《山海经·海内经》："禹鲧是始布土。"意为舜鲧区分规划疆土。引申为散开、分布之义，《三国志·吴书·吴主权传》："天下英豪布在州郡。"唐代柳宗元《至小丘西小石潭记》："影布石上。"现在常组的词有：布陈，意为敷布陈设；布锦，是铺展锦绣的意思。"布"还有颁布、布施等意思，大家只要记住前面几个常用的意思就可以了。

### 名言馆

拂潮云布色，穿浪日舒光。
· （唐）李世民《春日望海》

尺布不掩体，皮肤剧枯桑。
· （唐）李白《北上行》

我李百万叶，柯条布中州。
· （唐）李白《赠清漳明府侄聿》

谜语答案　捕头　获

布射僚丸

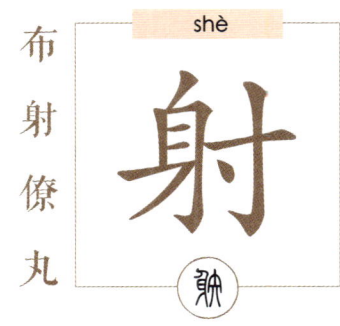

shè
射

| 甲骨文 | 金文 | 篆文 | 隶书 | 楷书 | 行书 | 草书 | 标准宋体 |
|---|---|---|---|---|---|---|---|
| | | | 射 | 射 | 射 | 射 | 射 |

## 名言馆

巨灵咆哮掰两山，洪波喷流射东海。
· (唐) 李白《西岳云台歌送丹丘子》

莫遣只轮归海窟，仍留一箭射天山。
· (唐) 李益《塞下曲》

安得夫差水犀手，三千强弩射潮低。
· (宋) 苏轼《八月十五日看潮五绝》其五

## 解字堂

"射"是会意字。《说文》中以从身从矢的"躲"为本字。《说文》："躲，弓弩发于身而中于远也。从矢从身。射，篆文躲。从寸，寸，法度也，亦手也。"这是《说文》的解读。实际上，我们可以看到甲骨文"射"是张弓射箭之形，金文则加上一只拉弓的手。到后来，弓形讹为"身"，箭矢分离出来则成了"躲"，而从手形的则成了"射"，"寸"实为手之形"又"的讹变。"射"的造字本义即为射箭。

这个字主要有两个词性，首先作为动词，第一个意思就是它的本义，《诗·齐风·猗嗟》："巧趋跄兮，射则臧兮。"《论语·述而》："子钓而不纲，弋不射宿。"大家一定听过后羿射日吧，就是用弓箭射中太阳。"射"也从本义射箭引申出"借助推力或弹力发出"的意思，常见词汇有射弹、射击等。此外还有打赌的意思，如汉代枚乘《七发》："于是使射千镒之重，争千里之逐。"清晨我们常常会说"一缕阳光射进来"，它还有照射、放射之意，如《闽典史传》："有红光一缕起土桥，直射城内。"

作为名词，第一个意思是指放箭的人，如《孟子》："羿不为拙射变其彀率。"此外指射法，古代六艺之一，六艺是礼、乐、射、御、书、数。

布射僚丸

liáo

| 甲骨文 | 金文 | 篆文 | 隶书 | 楷书 | 行书 | 草书 | 标准宋体 |
|---|---|---|---|---|---|---|---|
|  |  | 僚 | 僚 | 僚 | 僚 | 僚 | 僚 |

## 解字堂

"僚"是形声字。从人，尞声。《说文》："僚，好貌。从人，尞声。"本义是长得美好。

作为名词，表示官吏。如《诗·小雅·大东》："百僚是试。"这句话的意思就是百官都在衙门当差。左思《咏史》："世胄蹑高位，英俊沉下僚。"现在我们也经常用到这个词，比如：僚吏（僚属，属官部下）；僚佐（僚属，部下）；僚侍（侍臣）；僚俊（才能杰出的属官）。在古代，它特指一种服苦役的官奴，如《左传·昭公七年》："隶臣僚，僚臣仆。"此意现在我们已不用。大家看古装电视剧时会听到一个词，"同僚"，就是指一起做官的人，如《后汉书·郑玄传》："显誉成于僚友。"

作为形容词，《说文》："僚，好貌。"有美好之意。如《诗·陈风》："皎人僚兮。"就是说那个女子美好动人的样子。现在此意已逐渐消失。

经过以上的学习后，我们总结一下，"僚"在古代有官员、官奴、同僚、美好之意。现在它常用的是官员、同僚之意。

## 名言馆

月出皎兮，佼人僚兮。舒窈纠兮，劳心悄兮。
· 《诗·陈风·月出》

显誉成于僚友，德行立于有志。
· （南朝）范晔《诫子书》

忧勤承圣绪，开泰喜时康。
· （唐）李适《麟德殿宴百僚》

**wán 丸**

布射僚丸

| 甲骨文 | 金文 | 篆文 | 隶书 | 楷书 | 行书 | 草书 | 标准宋体 |
|---|---|---|---|---|---|---|---|
|  |  | 爪 | 丸 | 丸 | 丸 | 丸 | 丸 |

## 名言馆

金丸落飞鸟，夜入琼楼卧。
·（唐）李白《少年子》

空留三尺剑，不用一丸泥。
·（唐）李贺《奉和二兄罢使遣马归延州》

若纳水輨，如转丸珠，夫其可道，假体如愚。
·（唐）司空图《二十四诗品》

## 解字堂

"丸"构形未明。《说文》："圜也，倾侧而转者，从反仄。"此说未尽可信。也有人认为是"夗"字变体。本文为较小的球形物体。

这个字大家不陌生，我们吃饭时经常会吃鱼丸、肉丸，吃药时会吃药丸，一提到这个词，我们脑海里就会浮现出圆形的球状物品。它的本义就是小而圆的物体，如《庄子·达生》："五六月累丸，二不坠。"《庄子·徐无鬼》："市南宜僚弄丸。"《后汉书·张衡传》："首衔铜丸。"现在常见的词汇有：肉丸；丸丹（圆粒状丹药）；丸熊（用熊胆和制的药丸）；丸散膏丹（中药各种型剂的总称）。在古代，它有特指的含义，是弹丸之意，如唐代李白《少年子》："金丸落飞鸟，夜入琼楼卧。"在《吕氏春秋·本味》里，"流沙之西，丹山之南，有凤之丸，沃民所食。"在这里它指鸟卵。

以上是它作为名词的含义，此外它还可作为量词，"三次，三丸俱吞了"，出自大家喜爱的《西游记》，吃药时医生往往会说：一次吃三丸或此药每服两丸。

## 温故知新

###  四字通解

布射僚丸，布是指吕布，三国时候的武将在小说《三国演义》中，吕布持方天画戟，骑赤兔马，头戴金冠，是骁勇善战的汉末诸侯，先后跟随丁原、董卓作战，并最终杀死了丁原和董卓。成为独立势力后，吕布与曹操为敌，和刘备、袁术等诸侯时敌时友，最终不敌曹操和刘备的联军，兵败人亡。僚是指宜僚，春秋时楚之勇士，姓熊，居于市南，因号曰"市南子"。射和丸是动词，射指射箭，丸指玩弹弓，这句话的意思就是吕布精于射箭，宜僚善玩弹弓。宜僚"善于弄丸为戏，可敌五百人"。据《丸经·序》载："昔者，楚庄王偃兵宋都，得市南勇士熊宜僚者，工于丸，士众称之。"楚军包围了宋国都城，久攻不下。熊宜僚两军阵前表演抛丸绝技，使宋军将士都看傻了。突然，楚军掩杀过来，宋军大败。

###  故事厅

#### 后羿射日

天空曾一齐出现十个太阳。十个太阳每天一换，轮流穿越天空，给大地万物带去光明和热量。那时候，人们在大地上生活得非常幸福和睦。人们感恩于太阳给他们带来了时辰、光明和欢乐。可是，有一天，这十个太阳想到要是他们一起周游天空，肯定很有趣。于是，当黎明来临时，十个太阳一起出现，这一下，大地上的人们和万物就遭殃了。十个太阳像十个火团，烤焦了大地。人们在火海里挣扎着生存。这时，有个年轻英俊的英雄叫作后羿，他是个神箭手，箭法超群，百发百中。他看到人们生活在苦难中，便决心帮助人们脱离苦海，射掉那多余的九个太阳。于是，后羿爬过了九十九座高山，迈过了九十九条大河，他登上了一座大山，拉开了万斤力弓弩，搭上千斤重利箭，瞄准天上火辣辣的太阳，嗖地一箭射去，第一个太阳被射落了。后羿又拉开弓弩，同时射落了两个太阳。一个接一个地死去。他们的羽毛纷纷落在地上，他们的光和热一个接一个地消失了。大地越来越暗，直到最后只剩下一个太阳的光。从此，这个太阳每天从东方的海边升起，挂在天上，温暖着人间，禾苗得生长，万物得生存。后羿因为射杀太阳，拯救了万物，功劳盖世，被天帝赐封为天将。

### 猜谜语

布和纸怕什么？
（打一俗语）

什么布剪不断？
（打一地质学名词）

九星会聚
（打一字）

 **知识角**

### 三英战吕布的故事

话说虎牢关下，诸侯云集。天下豪杰，奉先神威。两军阵前，吕布身着红锦百花袍，身披兽面吞头连环铠。手持方天画戟，坐下嘶风赤兔马。真是人中吕布，马中赤兔。吕布大喝一声："吕布在此，谁人前来送死！"话音未落，幽州公孙瓒，舞动铁槊直取吕布，吕布挥戟，战不三合，公孙招架不住，拨马败退。吕布纵马直追，危急关头。忽闻一声怒吼，"三姓家奴吕布休要猖狂，燕人张翼德在此！"诸侯军阵之中，一将飞出，圆睁环眼，怒声如雷，手持丈八蛇矛，正是张飞张翼德！二将大战八十余合，风起云涌，势震八方。当时恼了虎将关云长，瞪起丹凤眼，竖起卧蚕眉。手提八十二斤青龙偃月刀，催马上前，夹击吕布。刹那间，刀若闪电，矛似流星，三将酣战五十回合，犹然战不倒吕布。三人战得难分难解之时，诸侯军中，奋起一将，手持雌雄双剑。刘备刘玄德，一马当先，前来助战。三英合力攻杀，意欲将吕布斩于军前！虽吕布雄勇无双，无奈独力难支，十余回合之后，已然招架不住。画戟带风，急取刘备，玄德急忙闪躲，再凝神看时，奉先已然纵马杀出。三英战吕布，共成就一段千古佳话。

 **成语窗**

### 星罗棋布
罗：罗列。布：分布。像天空的星星和棋盘上的棋子那样分布着。形容数量很多；分布很广。

### 彤云密布
彤云：彤是红色的意思，有时指红霞；有时指下雪前均匀密布的阴云。很厚的云层布满天空，预示着大雪即将来。

### 青鞋布袜
原指平民的服装。旧时比喻隐士的生活。

### 羿氏舛射
羿氏：夏代东夷族有穷氏之首领，善于射箭。舛：差错。羿射箭出了差错。指有才华的人也会有失误。

### 挽弩自射
弩：强弓。拉弓自射。比喻自己做事害自己。

### 三日仆射
仆射：古代官名。旧指沉缅于饮酒的人。

### 官僚主义
指只发号施令而不考虑实际问题的工作作风，即当官做老爷的工作作风和领导作风。

### 日月跳丸
跳丸：跳动的弹丸。形容时间过得极快。

嵇琴阮啸

| 甲骨文 | 金文 | 篆文 | 隶书 | 楷书 | 行书 | 草书 | 标准宋体 |
|---|---|---|---|---|---|---|---|
|  |  | 嵇 | 嵇 | 嵇 | 嵇 | 嵇 | 嵇 |

## 解字堂

"嵇"是形声字。从山，稽省声。从山，表示它和山有关系。

"嵇"第一个意思是嵇山，山名。目前在我国有两个嵇山，一个在安徽省宿县西南。相传三国魏嵇康居此。北魏郦道元《水经注·淮水》："又东迳嵇山北，嵇氏故居。嵇康本姓奚，会稽人也。先人自会迁于谯之铚县，故为嵇氏，取'稽'字以上以为姓，盖志本也。嵇氏谱曰：'谯有嵇山，家于其侧，遂以为氏。'"另一个在河南省修武县西北。亦以嵇康曾居此而得名。这两个嵇山都是因为嵇康得名。"嵇"除了作为嵇山这个意思，它还是一个姓氏，源出于姒姓。会稽曾是夏禹召集天下诸侯开大会的地方，禹死后也葬在会稽山。夏帝少康即位后，封庶子无余在会稽主持禹庙的祭祀，称会稽氏。会稽氏在西汉初年被迁往嵇山（今安徽涡阳县北），并改称为嵇氏。无锡嵇氏源流有两支，一支为嵇廷用，字觐南，号晋楠，原籍常熟，居金陵白下区。育有八子。晚年携仲子永隽以下诸子，迁无锡定居，为无锡廷用支派始迁祖，卒后归葬金陵雨花台嵇氏世墓。另一支由湖州转辗先期迁锡，居西城前西溪荷花荡。顺治十二年，进士嵇永福，字尔遐，号漪园，即出此支。永福与秦松龄同榜齐名。

## 名言馆

嵇康殊寡识，张翰独知终。
· （唐）王昌龄《赵十四兄见访》

古有焕辉句，嵇康闲婆娑。
· （唐）孟郊《访疾》

篇咏陶谢辈，风流嵇阮徒。
· （唐）白居易《哭王质夫》

谜语答案　布（不）怕万一，纸（只）怕一万　瀑布　九

嵇琴阮啸

| 甲骨文 | 金文 | 篆文 | 隶书 | 楷书 | 行书 | 草书 | 标准宋体 |
|---|---|---|---|---|---|---|---|
|  |  | 琴 | 琴 | 琴 | 琴 | 琴 | 琴 |

## 名言馆

花县弹琴暇，樵风载酒时。
- （唐）刘长卿《陪王明府泛舟》

暝助岚阴重，春添水色深。不如陶省事，犹抱有弦琴。
- （唐）白居易《履道春居》

池晚莲芳谢，窗秋竹意深。更无人作伴，唯对一张琴。
- （唐）白居易《池窗》

## 解字堂

"琴"是形声字。战国文字及《说文》古文里是"从珡，金声"的形声字，《说文》小篆有讹，隶变作"琴"。许慎析形认为"琴"是象形字，误。"琴"造字本义即为乐器名。《说文》："神农所作，洞越，练朱，五弦。周加二弦。""琴"为拨弦乐器，俗称古琴，是一种梧桐木制作的带空腔的五弦或七弦弹拨乐器。这个词大家肯定不陌生，它是一种具体的事物，小朋友们见过电子琴、钢琴、小提琴，这些和古代的琴是不同的，古代的琴是一种乐器，而现在则是乐器的通称了。

此外，"琴"还是一种姓氏。琴姓在大陆和台湾都没有列入百家姓前一百位。琴姓源出有五：一、出自古代琴师的后代，以职业乐器名为氏。二、出自春秋卫国琴牢的后氏，以祖名为氏。三、源于芈姓，出自春秋时期楚国琴人之后，属于以官职称谓为氏。四、源于蒙古族，属于汉化改姓为氏。五、源于朝鲜族，属于汉化改姓为氏。著名的人物有琴彭、琴高、琴牢。

嵇琴阮啸

ruǎn

| 甲骨文 | 金文 | 篆文 | 隶书 | 楷书 | 行书 | 草书 | 标准宋体 |
|---|---|---|---|---|---|---|---|
|  |  | 阮 | 阮 | 阮 | 阮 | 阮 | 阮 |

## 解字堂

"阮"是形声字。从阜（fù），元声。《说文》："阮，代郡五阮关也。"本义为古关名五阮关。《汉书·成帝纪》："流民欲入五阮关者，勿苛留。"《地理志·五原郡》："秦九原郡，武帝元朔二年更名。"它的第二个含义是国的名称，如《诗·大雅·皇矣》："侵阮徂共。"这里的阮就是国名。此外，它在古代还是一种乐器，古琵琶的一种，四弦有柱，形似月琴。相传西晋阮咸善弹此乐器，因而得名。现也有三弦的阮。

"阮"还是一个姓氏。当代阮姓的人口约有81万，排在全国第一百六十二位，大约占全国人口的0.065%。就人口分布而言，阮姓目前主要集中于浙江、湖北、广东、福建，这四省大约占阮姓总人口的50%，其次分布于河南、陕西、江西、山东、江苏，这五省大约占阮姓总人口的26%。浙江为当代阮姓第一大省，居住了阮姓总人口的15%，全国形成东南、南部沿海地区和鄂豫的两大块阮姓分布区。

## 名言馆

阮籍为太守，乘驴上东平。

·（唐）李白《赠闾丘宿松》

阮咸别曲四座愁，赖是春风不是秋。

·（唐）皎然《康造录事宅送太祝任之虔吉访兄弟》

莫怪逢君泪每盈，仲由多感有深情。陆家幼女托良婿，阮氏诸房无外生。

·（唐）元稹《赠咸阳少府萧郎》

嵇琴阮啸

xiào

啸

| 甲骨文 | 金文 | 篆文 | 隶书 | 楷书 | 行书 | 草书 | 标准宋体 |
|---|---|---|---|---|---|---|---|
| | | 嘯 | 嘯 | 嘯 | 嘯 | 啸 | 啸 |

## 名言馆

独坐幽篁里，弹琴复长啸。
・王维《竹里馆》

兴酣落笔摇五岳，诗成笑傲凌沧洲。
・李白《江上吟》

怒发冲冠，凭栏处，潇潇雨歇，抬望眼，仰天长啸。
・岳飞《满江红》

## 解字堂

啸（嘯），为形声字。《说文解字》："啸，吹声也。从口肃声。歗，籀文啸从欠。"意思就是，啸，吹口哨。"口"作形旁，"肃"作声旁，籀文写为"歗"，采用"欠"作边旁，"欠"是"欸"的省略，表示咏叹。《诗・召南》有"其啸也歌"、《小雅》"啸歌伤怀"有的诗句。

"啸"的本义是吹口哨，主要是指撮口发出长而清脆的声音。如"登高长啸"是古人常做的事，东晋陶渊明《归去来兮辞》也有"登东皋以舒啸，临清流而赋诗"的句子。王嘉《拾遗记》曾记载，西方有个因霄之国，人都擅长"啸"，男的啸声可以传百里，女的啸声传五十里。《世说新语》记载，"竹林七贤"之一的阮籍也很擅长作啸。"啸"字也引申为禽兽拉长声音叫，如虎啸、猿啸。唐代大诗人杜甫那首被誉为"七律第一"的《登高》第一句就是"风急天高猿啸哀"。

"啸"现在泛指发出长而尖利的声音，如"风啸""飞机尖啸"等。啸的常用组词有"呼啸"，指风发出高而长的声音，《呼啸山庄》是世界名著。"啸傲"多指隐士逍遥自在，不受拘束。"啸聚"则指互相招呼聚合起来，通常指聚众闹事。所以"啸傲林泉"和"啸聚山林"其实意思差很多，要注意辨别才行。

## 温故知新

 **四字通解**

嵇琴阮啸，意思是嵇康擅长弹琴，阮籍善于长啸。嵇指嵇康，是三国曹魏时著名思想家、音乐家、文学家。正始末年与阮籍等竹林名士共倡玄学新风，主张"越名教而任自然""审贵贱而通物情"，为"竹林七贤"的精神领袖。嵇康为曹魏宗室的女婿，曾娶曹操曾孙女，官曹魏中散大夫，世称嵇中散。后因得罪钟会，为其诬陷，而被司马昭处死，年仅39岁。嵇康通晓音律，尤爱弹琴，擅长书法，工于草书，同时善于绘画，在文学方面也有很高的成就。阮指阮籍，出生于汉建安十五年，三岁丧父，由母亲抚养长大。父亲死后，家境清苦，阮籍勤学而成才，天赋异秉，八岁就能写文章，在他少年时期好学不倦，酷爱研习儒家的诗书，同时也表现为不慕荣利富贵，以道德高尚、乐天安贫的品质为古代贤者效法的榜样。阮籍在习文的同时还兼习武，他对魏晋玄学，五言诗的发展做出了重要贡献。

 **故事厅**

### 阮籍小故事

阮籍他天性至孝，母亲去世时，他正与人下围棋，对方听说阮母去世，要求中止对弈，阮籍却表示既然开了局，一定要决出胜负才可结束。棋局结束之后，阮籍要来二斗酒饮在肚内，这才放声大哭，吐出鲜血数升之多。在母亲下葬的时候，又饮下二斗酒，吃下一个蒸猪腿，然后与母亲的遗体告别，放声一哭，又吐出鲜血数升。由于哀伤过度，瘦得仅剩一副骨架撑起皮肤。裴楷去吊唁阮母，阮籍披散头发，两腿张开坐在地下，睁着醺醺醉眼直勾勾地，什么话也不说。裴楷行完吊唁的礼数就转身离开。有人问裴楷："凡是去吊丧的，主人放声痛哭，客人才开始行礼。阮籍这厮自己都不哭，你哭什么哭？"裴楷说："阮籍是方外的高人，所以不在乎俗礼，我却是俗世中人，所以要礼节周全才行。"当时的人对此大发感叹，说裴、阮二人真是一对能够相知相得的人！阮籍又有一项古怪的技术：会翻白眼。一旦见到遵循礼节的俗人，就翻出白眼相对。嵇喜来吊唁他的母亲，阮籍便翻出白眼，嵇喜很没面子地跑回家去。嵇喜的弟弟嵇康听说这件事，买了美酒，带上琴去拜访阮籍，阮籍见到琴、酒，喜出望外，立刻收起白眼，露出黑黑的角膜。自此之后，维护礼法的人将阮籍看作仇敌。

### 猜谜语

班前班后心挂念。
（打一物品）

二王至今被拘国外。
（打一物品）

八声甘州。
（打一字）

##  知识角

### 嵇康与《广陵散》

说起嵇康，就不得不提《广陵散》，那么它讲了一个什么故事呢？《广陵散》又名《广陵止息》。它是中国古代一首大型琴曲，中国音乐史上非常著名的古琴曲，著名十大古琴曲之一，即古时的《聂政刺韩王曲》，魏晋琴家嵇康以善弹此曲著称，刑前仍从容不迫，索琴弹奏此曲，并慨然长叹："《广陵散》于今绝矣！"

《广陵散》全曲共有45个乐段，描写的是勇士聂政刺杀韩王的故事。当年聂政的父亲给韩王铸剑，违了期限，为韩王所杀。聂政听说韩王喜欢听琴，就想扮作琴师接近韩王。在山里，他请了位老师教他弹琴。为了通过关卡不让人认出，他用漆涂脸颊，用石头砸掉牙齿；为了改变声音，他吞火炭把嗓子弄哑，年深月久他终于弹得一手好琴。一天，他在京城门楼下弹琴，"观者如堵，马牛止听"，韩国人都被他琴艺征服了。韩王得知有这样一位弹琴高手，就派人把他带进宫里献艺。进宫时，聂政把匕首藏在琴腹。他弹的琴曲博得韩王和群臣的赞扬。就在这时，聂政突然拔出匕首，把韩王刺死。然后他割下自己的眼皮、嘴唇、鼻子、耳朵，彻底毁坏了面容，自刎而死。韩人将他暴尸于街头，悬千金，征闻这名刺客的姓氏和籍贯。

##  成语窗

**羊体嵇心**

羊：南朝宋羊盖。嵇：南朝宋嵇元荣。指精于琴艺，深得琴师心法和技巧。

**瑟调琴弄**

比喻夫妇感情融洽。

**琴瑟之好**

比喻夫妻间感情和谐。

**剑胆琴心**

比喻既有情致，又有胆识（旧小说多用来形容能文能武的才子）。

**对牛弹琴**

讥笑听话的人不懂对方说的是什么。用以讥笑说话的人不看对象。

**阮囊羞涩**

阮囊：晋代阮孚的钱袋。羞涩：难为情。比喻经济困难。

恬笔伦纸

tián

| 甲骨文 | 金文 | 篆文 | 隶书 | 楷书 | 行书 | 草书 | 标准宋体 |
|---|---|---|---|---|---|---|---|
|  | 恬 | 恬 | 恬 | 恬 | 恬 | 恬 | 恬 |

### 解字堂

"恬"是形声字。从心，甜省声。《说文》："恬，安也。"本义是安静。

它主要有两个词性。首先是作为形容词，和它的本义一样，表示心境的安静、平静，如《广雅》："恬，静也。"曹丕《与吴质书》："恬淡寡欲。"白居易《琵琶行（并序）》："恬然自安。"现在我们也常常用到此义，词汇有恬愉、恬泰、恬逸、恬熙、恬适、恬乐等。

除了形容词，它也可以作副词。表示泰然自若，如《荀子·富国》："轻非誉而恬失民。"这句话的意思就是不顾名声变坏，安于丧失民心。大家一定听过"恬不知耻"这个成语吧，它的意思是做了坏事满不在乎，一点儿也不感到羞耻。这样的做法是不对的，人要有羞耻之心，我们从小就应该知道廉耻。

### 名言馆

灵神闭气昔登攀，恬然但觉心绪闲。
- （唐）李白《下途归石门旧居》

---

直木有恬翼，静流无躁麟。
- （唐）孟郊《长安羁旅行》

---

曲江冰欲尽，风日已恬和。
- （唐）张籍《酬白二十二舍人早春曲江见招》

谜语答案 琴 口琴 萧

## 恬笔伦纸

bǐ
# 笔

| 甲骨文 | 金文 | 篆文 | 隶书 | 楷书 | 行书 | 草书 | 标准字体 |
|---|---|---|---|---|---|---|---|
| 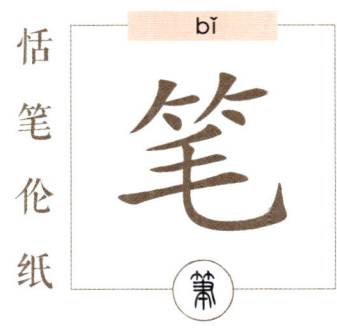 | | | | | | | |

### 名言馆

共有笔端誉，皆为席上珍。
　　·（南朝）江总《赠贺左丞萧舍人诗》

---

山中猿鹤时为侣，笔下龙蛇似有神。
　　·（明）郭谏臣《赠陈雨泉方伯》

---

耕凿惟诗笔，经营是钓矶。
　　·（明）屈大均《白首》

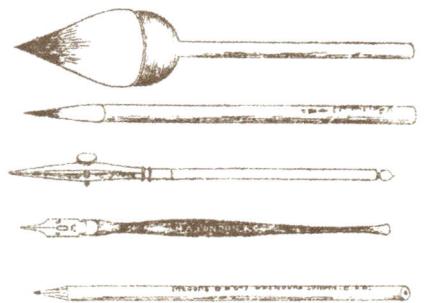

### 解字堂

　　"筆"是会意字。从聿（yù），从竹。"聿"是"笔"的本字，小篆像以手执笔。古时毛笔笔杆都是以竹制成，故从竹，写作"筆"。异体字"笔"，"从竹从毛"会意，指旧时用的毛笔。此字最早见于北齐隽修罗碑，是六朝时的俗字；也见于《集韵》。简化后，以"笔"为正体。《说文》："笔，秦谓之笔。从聿，从竹。"本义是毛笔。

　　这个字大家再熟悉不过了，它是我们学习的必备品，种类丰富，有钢笔、圆珠笔、铅笔、蜡笔等等，但是大家需要注意的是古代的笔和我们现在所说的笔是不一样的，它在古代特指毛笔。除了特指毛笔，它还可以指散文，相对诗而言，如：笔文（书面文辞）；笔述（文字记述）。现在很少用这个意思了。大家数一数自己的名字有几笔？这里的笔是笔迹的意思，指组成汉字的点、横、直、钩、撇、捺等。

　　这个字比较简单，大家要牢记下面几个常见词汇哦！笔杆子：比喻擅长写文章的人。笔记：用笔所做的记录。笔力：写字、画画、写文章用笔行文的力量；文章的气势。笔试：用书面回答问题的方式进行考试。笔直：非常直，没有曲折、弯弧或棱角的笔直的木材；径直的。

恬笔伦纸

lún

| 甲骨文 | 金文 | 篆文 | 隶书 | 楷书 | 行书 | 草书 | 标准宋体 |
|---|---|---|---|---|---|---|---|
|  |  | 倫 | 倫 | 倫 | 倫 | 伦 | 伦 |

### 解字堂

"倫"简化后写作"伦"。"伦"是形声字。从人，仑声。《说文》："伦，辈也。"本义是辈、类。

"伦"有两个词性。首先是作为名词，第一个意思是它的本义，辈、类。如《荀子·富国》："人伦并处。"汉代贾谊《过秦论》："廉颇赵奢之伦。"这句话意思是，廉颇赵奢这类人。这两个人我们不陌生，他们都是古代英勇善战的武将，所以他们是一类的。在《逸周书》："悌乃知序，序乃伦；伦不腾上，上乃不崩。"这句话中，伦的意思是条理、顺序；整句话的意思就是：兄弟友善就知次序，有次序才有条理；条理不错乱，在上者就不会低下。现在我们常用的是它的人伦这一含义，指的是人与人之间的道德关系。"伦"可以表示伦常、纲纪，封建礼教规定的人与人之间正常关系，特指尊卑长幼之间的关系，如在《论语》中所说，"欲洁其身，而乱大伦。"就特别强调人之间的尊卑关系。常见的词汇有：天伦（古代指父子、兄弟等关系）；伦物（人伦物理）。

"伦"也可以作动词。《周礼》："析开必伦。""伦"是顺其纹理之意。康有为《大同书》："暴殄天物之罪，岂有伦哉！""伦"是类比、匹敌的含义。

此外，"伦"还是一种姓氏。历史名人有伦次陆、伦文叙等。和之前我们见到的琴字一样，伦也是一个比较罕见的姓氏。

### 名言馆

炙手可热势绝伦，慎莫近前丞相嗔。

·（唐）杜甫《丽人行》

此禽轻巧少同伦，我听长疑舌满身。

·（唐）严郧《赋百舌鸟》

罗素先生云，真正的伦理原则是把人人同等看待。

·王小波

恬笔伦纸

| 甲骨文 | 金文 | 篆文 | 隶书 | 楷书 | 行书 | 草书 | 标准宋体 |
|---|---|---|---|---|---|---|---|
|  | 纵 | 紙 | 紙 | 紙 | 紙 | 纸 | 纸 |

## 名言馆

脱帽露顶王公前，挥毫落纸如云烟。
·（唐）杜甫《饮中八仙歌》

纸上得来终觉浅，绝知此事要躬行。
·（宋）陆游《冬夜读书示子聿》

冻蝇触纸飞还落，仰面翻身起不来。
·（宋）杨万里《上巳》

## 解字堂

"纸"是形声字。从糸，氏声。"糸"指植物纤维。简化后写作"纸"。本义是在平底板上摊晒压平形成的纤维浆液硬结层。《说文》："纸，絮一苫也。从糸，氏声。"

了解"纸"字，和"琴"字一样，因为它们都是形象的物品，所以我们重点了解它的用途等方面。造纸术与指南针、火药、印刷术一起，构成了我国的四大发明。纸的发明，极大地方便了信息的储存和交流，对于推动世界文明的发展具有划时代的意义。在造纸术发明以前，人们把字刻写在龟甲、兽骨、竹片、木片和绢帛上。甲骨、木片很笨重，用起来不方便；绢帛太贵，一般人用不起。大约在西汉初期，人们用大麻和苎麻造出了纸。这种早期的纸比较粗糙，不太适合写字。到了1800多年前的东汉时期，在朝廷做官的蔡伦，经过长期的试验，改进了造纸方法。他用树皮、破布、破渔网等多种植物纤维作原料，加水蒸煮，捣烂成浆，再均匀地摊在细帘子上晾干，造成了一种薄薄的纸。这种纸便于写字，而且便宜，受到了人们的欢迎。蔡伦在造纸术方面的贡献是巨大的。现在尽管用纸方便了，但是我们不应该浪费，从小养成节约的好习惯。

## 温故知新

 四字通解

恬笔伦纸，恬指的是蒙恬，伦指的是蔡伦，这句话的意思就是蒙恬造笔，蔡伦造纸。蒙恬，秦朝著名将领。出身名将世家，其祖父蒙骜、父亲蒙武均为秦国名将，深受家庭环境的熏陶，自幼胸怀大志。曾领兵驻边，督造修筑万里长城，征战北疆十多年，威震匈奴。开始用兔毫竹管造毛笔。

蔡伦出身于东汉初年大凑山下从事冶铸的一个铁匠世家。当时的书信或写在竹简上，或写在锦帛上，前者很不方便，后者又太昂贵了，根本用不起。其时民间已有用麻纤维造的纸，但还是成本高、原料受限制，不能普及使用。蔡伦经过深入观察、研究，用树皮、麻头、破布、旧渔网为原料来造纸，105年蔡伦造出第一批纸，人称"蔡侯纸"。

这两位古人所具有的创新精神值得我们学习，我们也应该像他们一样，勇于开拓，勇于创新。

 故事厅

### 神笔马良

从前，有个叫马良的穷孩子，他天生聪敏，从小喜欢画画。可是由于家里穷困潦倒，他连买一支笔的钱也没有。他常常想，如果自己能有一支画笔那该有多好呀！一个晚上，马良恍惚中感到屋子里亮起了一阵五彩的光芒，这时出现了一个白胡子老人，老人送给他一支金光灿灿的神笔。马良高兴地惊醒过来，原来是个梦！可他自己手里确实有一支笔。他马上用笔画了一只鸟，鸟竟活了过来；他又画了一条鱼，鱼也活了起来。马良有了这支神笔，天天替村子里穷苦善良的人家画画，谁家缺什么，马良就给他们画什么。邻村的一个贪婪的大财主逼他为自己画画。可是他就是不肯画。财主把他关到了马厩里，马良用笔画了炉子、饼子。财主很生气，打算把马良杀死，夺下他的神笔。这时马良攀上一架梯子，翻墙走了。财主骑着马，带着人，追了上来。眼看就要追着了，马良用神笔画了一张弓、一支箭。马良搭弓射箭，一箭射中了财主的咽喉，财主顿时气绝身亡。马良后来到底去了什么地方，人们不得而知。有人说，他回到了自己的家乡，和那些种地的伙伴在一起。也有人说，他到处流浪，专门给穷苦的人们画画。

### 猜谜语

种竹千根养虚心。
（打一字）

转体勾手上篮。
（打一字）

新乡落日昏。
（打一字）

 ## 知识角

### 纸上谈兵的故事

秦国对赵国大举进攻，赵国派了年龄很大的将军廉颇率军迎敌。开始，赵军连连失利。在这样的情况下，廉颇改变战略方针，他下令让军队坚守城池，以逸待劳，不要主动出击，保存实力扼住阵地从而拖垮秦军。秦军由于远道而来，经不住廉颇的拖延，粮草渐渐接不上，快要支撑不下去了，秦军十分恐慌。于是秦军也施展计谋，派人悄悄潜入赵国散布流言说："秦军谁都不怕，就怕赵括担任大将。"赵王便派赵括为大将来统帅军队。赵括一到前线，便开始胡乱指挥起来。他完全改变了廉颇的策略，大量撤换将官，一时间弄得人心惶惶，军心涣散。一天深夜，秦军派一支队伍偷袭赵营，刚一交战，便佯装败走。同时，秦军又派兵乘机切断了赵军的粮道。赵括不知实情，还以为秦军真的是败逃。他得意地想，取胜即在眼前，这正是表现自己的时候。于是他命令部队紧紧追击。结果，赵军追了一段后即被秦军伏兵将追兵拦腰截断，使赵军首尾不能相顾。然后，秦军一齐杀出，将赵军各个击破，团团围住。结果赵括被乱箭射死，四十万赵军也全军覆没。从此以后赵国就一蹶不振。赵括纸上谈兵并无真才实学，而赵王还对他委以重任，结果招致惨痛失败。

 ## 成语窗

### 笔底生花
形容文采特异，作品华丽。

### 秉笔直书
秉：持，握住。写史书根据事实记录，不隐讳。

### 走笔疾书
走笔：笔行得很快。疾书：快速地写。形容写字熟练、快速。也形容文思敏捷，文章写起来很快。

### 笔削褒贬
笔：记载。削：删改。原指孔子作《春秋》，用文字来评论人物的好坏。也指用文字褒扬、贬斥人或事。

### 纸贵洛城
形容著作风行一时，流传甚广。

### 纸醉金迷
原意是让闪光的金纸把人弄迷糊了。形容叫人沉迷的奢侈繁华环境。

### 绝世超伦
绝世：当世所没有，指冠绝当世。超伦：超过同辈的人。冠绝当世，超过同辈。

### 无与比伦
指事物非常完美，没有能跟它相比的。

### 风恬月朗
恬：平静，安适。朗：明亮。风静月明。形容夜色宁静幽美。比喻清白高洁。

## 钧巧任钧

jūn

| 甲骨文 | 金文 | 篆文 | 隶书 | 楷书 | 行书 | 草书 | 标准宋体 |
|---|---|---|---|---|---|---|---|
|  | 匀 | 鈞 | 鈞 | 鈞 | 鈞 | 鈞 | 钧 |

### 解字堂

"鈞"是形声字。从金，匀声。简化为"钧"。《说文》："鈞，三十斤也。"本义是古代重量单位，三十斤为一鈞。

"钧"有两个词性，首先作为名词，它的本义是三十斤。如《周礼·大司寇》："入钧金。"即交纳三十斤铜之意。《礼记·月令》："钧衡石。"衡石泛指称重量的器物。《左传·定公八年》："颜高之弓六钧。"这句话是说，颜高的弓重一百八十斤。当然古代的计量单位和我们现在是有差异的，我们说的"千钧一发"就是指一根头发悬挂着三万斤重的东西，比喻极其危险。这个是"钧"字的主要用法。此外它还可以指制陶器所用的转轮、调节乐音的标准，用来比喻国政。

作为形容词，第一个用法我们比较陌生，它主要用于古代。"钧"是"你的，你们的，或与你、你们有关的"之意，是旧时的敬称，对尊长或上级用。如钧座：（书函公文中对行政尊长的敬称）。钧旨：（尊称上司的命令）。除此，它还可通"均"，意为相同、相等、均衡、均匀。如《书·吕刑》："其罪惟钧。"意思是他们的罪是相同的。《孟子·告子上》："钧是人也。"说的是他们同样是人。

### 名言馆

恻怆竟何道，存亡任大钧。
· （唐）李白《门有车马客行》

琴鸣酒乐两相得，一杯不啻千钧金。
· （唐）李白《悲歌行》

五月符天数，五音调夏钧。
· （唐）李隆基《端午三殿宴群臣探得神字》

谜语答案 笔 笔 纸

| 甲骨文 | 金文 | 篆文 | 隶书 | 楷书 | 行书 | 草书 | 标准宋体 |
|---|---|---|---|---|---|---|---|
| 卜 | 丂 | 丂 | 巧 | 巧 | 巧 | 巧 | 巧 |

## 名言馆

谁工此松唯拂墨，巧思丹青营不得。
· （唐）皎然《观裴秀才松石障歌》

巧者为我拙，智者为我愚。
· （唐）柳宗元《读书》

巧画蛾眉独出群，当时人道便承恩。
· （唐）罗隐《宫词》

## 解字堂

"巧"是形声字。从工，丂（kǎo）声。"工"有精密、灵巧义。《说文》："巧，技也。"本义是技艺高明、精巧。

"巧"是个形容词，《墨子·贵义》："利于人，谓之巧。"《庄子·天道》："刻雕众形，而不为巧。"明代魏学洢《核舟记》："明有奇巧人曰王叔远。"这三句中的"巧"字用的都是它的本义，指技艺高超。又如巧思（精巧的构思、设计）；巧工（技艺高超的工匠）；小巧（小而灵巧）；手巧（手灵巧，手艺高）。由此引申出巧妙、精妙的意思，如《史记·货殖列传》："巧者有余。"《后汉书·张衡传》："牙机巧制。""巧"也有美好、美丽之意，如《诗·小雅·雨无止》："巧言如流。"郑玄笺："犹善也。"宋代王谠《唐语林·雅量》："为奇巧声。"以上几个含义都是褒义的。形容词往往有一定的感情色彩，分褒贬，褒就是好，贬就是不好，比如善良就是褒义词，而狡猾就是贬义词。

接下来这个含义带有贬义色彩。"巧"有虚浮不实、伪诈的意思，如《老子》："绝巧弃利。"河上何公注："诈伪乱真也。"王实甫《西厢记》："对人前巧语花言。"《离骚》："余犹恶其佻巧"。我们现在也常常说巧语虚言、投机取巧。这些都是贬义的。

钧巧任钓

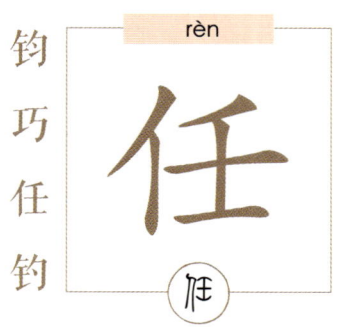

| 甲骨文 | 金文 | 篆文 | 隶书 | 楷书 | 行书 | 草书 | 标准宋体 |
|---|---|---|---|---|---|---|---|
| 𨈼 | 𨈼 | 𨈼 | 任 | 任 | 任 | 任 | 任 |

### 解字堂

"任"是形声字。从人，壬声。本义为抱在怀里。如郭璞《江赋》："悲灵均之任石。"灵均指的是屈原，这句话是悲叹怀石自投汨罗，任石是怀揣石头。"任"从"抱"引申出"堪、承当、禁受"之意，如《史记·白起传》："病不任行。"又引申指任用、委派人员担任职务，例如词语任贤、任用、任命。陆游《卜算子·咏梅》："无意苦争春，一任群芳妒。"这里的任是听凭、任凭之意。此外它还有放纵、无拘束的含义，如任达，意思就是任性放纵，不受礼法拘束；前面我们讲过阮籍的故事，这个词来形容他最贴切不过了吧！

它还可以作连词，表示让步关系，相当于"即使"，如唐代杜荀鹤《山中寡妇》："任是深山最深处，也应无计避征徭。"

在以上这些意义中，"任"都读第四声。接下来我们了解一下它读第二声的用法。在古代，它是一种专称，指的是汉王莽时女子爵位名，用以称公主；也可指古代中国南方少数民族的一种乐曲。除此以外，任也是一种姓氏。

### 名言馆

山中日暖春鸠鸣，逐水看花任意行。
· （唐）张籍《山中酬人》

病身坚固道情深，宴坐清香思自任。
· （南唐）李煜《病中书事》

以天下为己任。
· （宋）欧阳修《新五代史》

钓巧任钓

diào
钓巧任钓

| 甲骨文 | 金文 | 篆文 | 隶书 | 楷书 | 行书 | 草书 | 标准宋体 |
|---|---|---|---|---|---|---|---|
|  |  | 釣 | 釣 | 釣 | 釣 | 钓 | 钓 |

## 名言馆

钓名之人，无贤士焉。
· 《管子·法法》

织可承香汗，裁堪钓锦鳞。
·（唐）李贺《竹》

勿屈己而徇人，勿沽名而钓誉。
· 詹天佑

## 解字堂

"釣"是形声字。从金，勺声。"金"指"金属制品"。《说文》："钓，钩鱼也。"本义是用钩具钓获。

"钓"作为动词，表示用饵诱鱼上钩。如唐代李白《行路难》："闲来垂钓碧溪上。"唐代柳宗元《江雪》："孤舟蓑笠翁，独钓寒江雪。"俗语有"姜太公钓鱼——愿者上钩"。太公指的是姜子牙。太公常溪旁垂钓。一般人钓鱼，都是用弯钩，上面接着有香味的饵食，然后把它沉在水里，诱骗鱼儿上钩。但太公的钓钩是直的，上面不挂鱼饵，也不沉到水里，并且离水面三尺高。他一边高高举起钓竿，一边自言自语道："不想活的鱼儿呀，你们愿意的话，就自己上钩吧！"

根据它的本义引申为诱取，如《淮南子·主术》："而晋献以璧马钓之。"又如《汉书·公孙弘传》："以三公为布被，诚饰诈欲以钓名。"《银雀山汉墓竹简》："隐匿谋诈，所以钓战也。"我们现在常说的沽名钓誉这个成语就是指，施用手段取得名誉。

## 温故知新

 **四字通解**

钧巧任钓,"钧巧"是名巧马钧的故事,"任钓"是任公子钓鱼的故事。钧指的是马钧,马钧是三国时期的发明家,他性巧又善于动脑筋,曾改进织绫机,使丝织效率提高了五倍。他发明了龙骨水车,可以连续提水灌溉,直到今天仍然在使用。他还通过想象力复原了黄帝时代的指南车,并利用水力推动齿轮制造了多种玩具,他制作的木头人能跳舞,奇妙无比,被誉为天下名巧。

任指的是任公子,任国公子做了个大鱼钩系上粗大的黑绳,用五十头牛牲做钓饵,蹲在会稽山上,把钓竿投向东海,每天都这样钓鱼,整整一年一条鱼也没钓到。不久大鱼食吞鱼饵,牵着巨大的钓钩,急速沉没海底,又迅急地扬起脊背腾身而起,掀起如山的白浪,海水剧烈震荡,吼声犹如鬼神,震惊千里之外。任公子钓得这样一条大鱼,将它剖开制成鱼干,从浙江以东,到苍梧以北,没有谁不饱食此鱼。

### 猜谜语

平分秋色。
（打一字）

前功不朽举杯尽。
（打一字）

人不下一千。
（打一字）

 **故事厅**

### 千钧一发

西汉时期有个著名的文学家名叫枚乘,他擅长写辞赋。开始他在吴王刘濞那里做郎中,刘濞想要反叛朝廷,枚乘就劝阻他说:"用一缕头发系上千钧重的东西,上面悬在没有尽头的高处,下边是无底的深渊,这种情景就是再愚蠢的人也知道是极其危险的。如果在上边断了,那是接不上的;如果坠入深渊也就不能取上来了。所以,你反叛汉朝,就如这缕头发一样危险啊!"枚乘的忠告并没有得到刘濞的采纳,他只好离开吴国,去梁国做梁孝王的门客。到了汉景帝时,吴王纠合其他六个诸侯国谋反,结果被平灭。"千钧一发"这个成语就是从这里来的。"钧",是古代的重量单位,三十斤为一钧。

唐朝的韩愈,很反对佛教,当唐宪宗派使者迎接佛骨入朝的时候,他上表谏阻,得罪了皇帝,被贬到潮州去当刺史。到了潮州,韩愈结识了一个老和尚,两人很谈得来,外面的人都传说韩愈也相信佛教了,他的朋友孟郊听到传闻,有点疑惑,特地写了封信去问韩愈。韩愈接到信后,知道因为他和和尚的往来密切,才引起别人的误会,马上就回信向孟郊解释。同时,他对大臣们信奉佛教,一味的拿迷信来蛊惑皇帝的事,严厉地抨击了一番。他在信中说道:"百孔千疮,随乱随失,其危如一发引千钧"。

 **知识角**

### 詹何钓鱼

楚国有位钓鱼高手名叫詹何，他的钓鱼与众不同：钓鱼线只是一根单股的蚕丝绳，钓鱼钩是用如芒的细针弯曲而成，而钓鱼竿则是楚地出产的一种细竹。凭着这一套钓具，再用破成两半的小米粒作钓饵，用不了多少时间，詹何从湍急的百丈深渊激流之中钓出的鱼便能装满一辆大车！回头您再去看他的钓具——钓鱼线没有断，钓鱼钩也没有直，甚至连钓鱼竿也没有弯！楚王听说了詹何竟有如此高超的钓技后，十分称奇，便派人将他召进宫来，询问其垂钓的诀窍。詹何答道："每当我来到河边持竿钓鱼时，总是全身心地只关注钓鱼这一件事，其他什么都不想，全神贯注，排除杂念，在抛出钓鱼线、沉下钓鱼钩时，做到手上的用力不轻不重，丝毫不受外界环境的干扰。这样，鱼儿见到我鱼钩上的钛饵，便以为是水中的沉渣和泡沫，于是毫不犹豫地吞食下去。因此，我在钓鱼时就能做到以弱制强、以轻取重了。"

詹何钓鱼的故事说明了一个道理，那就是无论做什么事情，都需要专心致志，一丝不苟，用心去发现和运用其客观的规律性。只有这样，才能做到事半功倍，取得显著的成效。

 **成语窗**

### 广乐钧天
形容优美雄壮的乐曲。

### 一字千钧
钧：古代重量单位，一钧为三十斤。形容文字有分量。

### 蝉翼为重，千钧为轻
把蝉的翅膀看成是重的，三万斤的重量看成是轻的。喻指是非颠倒，真伪混淆。

### 能言巧辩
形容能说会道，善于言辩。

### 神工天巧
形容建筑、布置的奇妙，非人力所能为。

### 秉公任直
持心公正，处事正直。

### 知人善任
知：了解，知道。任：任用，使用。善于认识人的品德和才能，最合理地使用。

### 钓誉沽名
指用某种不正当的手段捞取名誉。

释纷利俗

| 甲骨文 | 金文 | 篆文 | 隶书 | 楷书 | 行书 | 草书 | 标准宋体 |
|---|---|---|---|---|---|---|---|
|  |  | 釋 | 釋 | 釋 | 釋 | 𨤲 | 释 |

## 解字堂

"释"的繁体字写作"釋"是形声字。《说文》:"释,解也。从釆。釆,取其分别物也。睪声。""释"的本义是分解。

"释"有消除、解脱之义,如《左传·僖公三十三年》:"释左骖,以公命赠孟明。"《谷梁传·昭公二十九年》:"昭公出奔,民如释重负。"下面这两个词语大家需要了解一下:释绶(解下印绶,指致仕罢官);释褐(除去平民的衣服,换上官服,即做官)。老师们经常会说,先读课文,然后解释生词,这里的"释"是解释之意。《史记·屈原贾生列传》:"怀王竟听郑袖,复释去张仪。"此处"释"为释放、赦免的意思,这个意思现在也是比较常用的;以上几个含义是"释"的基本含义,同时也是比较重要的意思,下面几个意思大家稍作了解即可。

"释"可指舍弃、抛弃,如《国语·晋语》:"君其释申生也。"也可指放下、放开,如《庄子·养生主》:"庖丁释刀对曰:'臣之所好者,道也。'"此外它还有"消失;融化;射出;解除;淘米"之意。

"释"还是中国佛教中释迦牟尼的简称,是佛陀的姓氏。自东晋以后,佛教出家人自称释子,对外人而言称释氏。

## 名言馆

吾从释迦久,无上师涅槃。
·(唐)沈佺期《绍隆寺》

永念难消释,孤怀痛自嗟。
·(南唐)李煜《悼诗》

命运并不是中国人的事前指导,乃是事后的一种不费心思的解释。
·鲁迅《运命》

谜语答案  钧  巧  任

# 释纷利俗

## fēn 纷

| 甲骨文 | 金文 | 篆文 | 隶书 | 楷书 | 行书 | 草书 | 标准宋体 |
|---|---|---|---|---|---|---|---|
|  |  | 紛 | 紛 | 紛 | 纷 | 纷 | 纷 |

## 名言馆

看朱成碧思纷纷，憔悴支离为忆君。
· （唐）武则天《如意娘》

秦城啼楚乌，远思更纷纷。
· （唐）张籍《和周赞善闻子规》

清明时节雨纷纷，路上行人欲断魂。借问酒家何处有？牧童遥指杏花村。
· （唐）杜牧《清明》

## 解字堂

"纷"是形声字。从糸（mì），分声。简化后写作"纷"。《说文》："纷，马尾韬也。"本义是包藏马尾以防止其打结的兜套。

"纷"在古代，特指旗上的飘带，如汉代扬雄《羽猎赋》："青云为纷，虹霓为缳。"它也有花边的意思，如张衡《东京赋》："次席纷纯，左右玉几。"这两个意思比较接近。

"纷"作为名词，可以表示祸乱、灾难，如《汉书》："唯天轨之不辟兮，何纯絜而离纷！"可以表示争执、纠纷，如《史记·滑稽列传》："谈言微中，亦可以解纷。""纷"作为形容词，表示纷乱，如《楚辞·九章·涉江》："霰雪纷其无垠兮，云霏霏其承宇。"写作文时，描写花朵时，我们会写到五彩缤纷，这里的"纷"是盛多，各种各样之意。"纷"作为副词，表现乱。如明代张溥《五人墓碑记》："且矫诏纷出，钩党之捕遍于天下。"

## 释纷利俗

| 甲骨文 | 金文 | 篆文 | 隶书 | 楷书 | 行书 | 草书 | 标准宋体 |
|---|---|---|---|---|---|---|---|
| 𥝢 | 利 | 利 | 利 | 利 | 利 | 利 | 利 |

### 解字堂

"利"是会意字。从刀，从禾。表示以刀断禾、收获谷物的意思。本义为收获谷物、得到好处，又从以刀断禾这一层意义上引申出刀刃锋利之义，见《说文》："利，铦也。"

"利"表锋利的用法是很常见的，如《易·系辞》："其利断金。"《老子》："国之利器，不可以示人。"《荀子·劝学》："木受绳则直，金就砺则利。"大家对自相矛盾这个故事很熟悉，在这个小故事中，有这样一句话："吾矛之利，于物无不陷也。""利"在此指锐利。它也有快、敏捷的含义，如《荀子·劝学》："假舆马者，非利足也，而致千里。"它作为形容词，还可表示有利的，如《资治通鉴》："善战者因其势而利导之。"这句话的意思是，善于用兵作战的人要顺着时势的发展趋势从有利的方面去引导它。

以上是它作为形容词的用法，它还有名词这个词性。首先是利益、好处之意，如《韩非子·五蠹》："上下之利，若是其异也。"唐代柳宗元《捕蛇者说》："有蒋氏者，专其利三世矣。"现在词汇有"福利"。在白居易《琵琶行》中："商人重利轻别离。""利"为赢利、利息。此外它也有胜利之意，如《孙子》："必以全争于天下，故兵不顿而利可全。"

### 名言馆

不知名利险，辛苦滞皇州。
· （唐）卢照邻《过东山谷口》

---

济人不利己，立俗无嫌猜。
· （唐）李白《陪族叔当涂宰游化城寺升公清风亭》

---

兵民是胜利之本。
· 毛泽东《论持久战》

释纷利俗

| 甲骨文 | 金文 | 篆文 | 隶书 | 楷书 | 行书 | 草书 | 标准字体 |
|---|---|---|---|---|---|---|---|
|  | 俗 | 俗 | 俗 | 俗 | 俗 | 俗 | 俗 |

### 名言馆

至人光俗，大孝通神。
· （唐）武则天《唐明堂乐章·皇嗣出入升降》

西狩观同俗，南山历汉宫。
· （唐）李隆基《幸凤泉汤》

风俗弊坏，由于无教。
· 康有为《公车上书》

### 解字堂

"俗"是形声字。从人，谷（gǔ）声。习俗是人的行为，所以从人。《说文》："俗，习也。"本义是风俗。

"俗"可表示风俗之意，如《礼记·曲礼》："入国而问俗。"《荀子·乐论》："移风易俗，天下皆宁。"汉代贾谊《论积贮疏》："淫侈之俗日日以长，是天下之贼也。"现在常见的词汇有：风俗（风，指一时普遍流行的风气；俗，指长期形成的礼节、习惯）；习俗（习惯和风俗）；民俗（人民群众的风俗习惯等）。

前面我们通过"释"这个字对佛教知识有了初步了解，佛教称尘世间为俗，与出家相对，如《宋书·徐堪之传》："世祖命使还俗。"词汇有：俗计（尘世间的生计）；俗缘（尘缘，指佛门信徒与世俗的人际关系）。据此引申出它下一个意思，表示一般人、百姓，如《史记·管晏列传》："俗之所欲，因而予之。"这里有一个小知识需要大家了解一下："俗"字左边一个"人"字，右边一个"谷"字，人吃谷即为俗。人与人在生理层面上并无差异，都是俗人。本无尊卑贵贱之分。但人吃饭是为了活着，活着却不是为了吃饭。人与人的差别在精神层面上，所谓"超凡脱俗"，即指超脱了物欲的束缚，达到了格物致知的境界。因此便有高尚的人与俗人之别。

## 温故知新

 **四字通解**

释纷利俗，释是解除，纷为纠纷，利是使便利，俗是百姓。所以这句话意思就是解除纠纷，为百姓提供便利。这样看来，似乎有些难理解，需要大家联系前面的故事。前面我们讲了"布射僚丸、嵇琴阮啸、恬笔伦纸、钧巧任钓"的故事，吕布善于射箭，宜僚抛丸技术高超，嵇康善于弹琴，阮籍吹箫很出色，蒙恬发明了毛笔，蔡伦改进了造纸术，马钧被誉为"天下明巧"，任公子因为钓鱼技法高超被人们称颂。这八个人都有自己独特的本领，他们的本领或是为人解除纷争，或是为百姓谋福利。这样结合起来，这句话就不难理解了。

但是，技艺都是有益的吗？技术的革新当然会给我们生活带来重大变化，这些变化通常是有利的，比如我们现在用的智能手机，很大程度上方便了人与人之间的交流。但是科学技术的提高，小偷会有更高超的手法偷盗，给我们生活带来了很大危险。所以，我们应该积极利用好的一面，对于它的弊端，尽量避免。

 **故事厅**

### 腊八粥与释迦牟尼

腊八节最终得以形成和确定在"腊月初八"这个日期，是佛教进入中国以后的事情。南朝梁宗懔《荆楚岁时记》中"十二月八日为腊日"，是最早的关于腊日为某一固定日期的记载。南北朝时期佛教因受官方提倡而日益兴盛，而在传说中佛祖成道之日的十二月初八，佛家会举行纪念活动。于是，作为君王祭祀节日的腊日，便与佛教中的"佛成道节"合流，腊八节也借此扩大了它在官方和民间社会的影响，成为了一个民俗节日。

食腊八粥是后世腊八节里最重要的习俗。佛家对此有其自己的解释。传说中，释迦牟尼未成道前在深山苦行六年，每日仅食一麻一米，日复一日，骨瘦如柴。这时候恰遇一位牧女，送他乳糜，他食罢盘腿坐于菩提树下，于十二月初八悟道成佛。乳糜即乳粥，是用牛、马的乳汁和米粟煮成的。后来佛门僧众很看重这种给了佛祖力量的粥，于是在佛成道日举行诵经活动，并且仿效牧女煮粥给俗众食用，广结法缘。之后民间依照佛家，也在这一天煮腊八粥食用，并且在人与人之间互相馈赠。

### 猜谜语

快刀斩乱麻。
（打一字）

秋前别后再相聚。
（打一字）

种一半，割一半。
（打一字）

 ## 知识角

**中国传统节日习俗**

春节：春节是我国最盛大、最热闹的一个古老的传统节日。北方地区在此时有吃饺子的习俗，取"更岁交子"之意。而南方有吃年糕的习惯，象征生活步步高。

元宵节：农历正月十五夜，是我国民间传统的元宵节，又称上元节。元宵之夜，大街小巷张灯结彩，人们赏灯，猜灯谜，吃元宵，成为世代相沿的习俗。

清明节：清明既是二十四节气之一，又是一个历史悠久的传统节日。清明寒食期间，民间有禁火寒食、祭祖扫墓、踏青郊游等习俗。

端午节：又称端阳、重五、端五。这一天，家家户户都要吃粽子，南方各地举行龙舟大赛，都与悼念屈原有关。

七夕节：每年七月初七，天下的喜鹊在银河上搭成一座鹊桥，牛郎和织女才能相见。这一天，民间有向织女乞巧的习俗。一般是比赛穿针引线，看谁更心灵手巧。

中秋节：农历八月十五，是一年秋季的中间，因此称中秋节。中秋之夜，赏月、祭月、吃月饼，有些地方还有舞草龙、砌宝塔等活动。

重阳节：农历九月初九的重阳佳节活动极为丰富，有登高、赏菊、喝菊花酒。

冬至节：北方地区冬至有宰羊、吃饺子的习俗，南方的传统食品有冬至米团、冬至长线面等等。

 ## 成语窗

**手不释卷**

释：放下。卷：指书籍。书本不离手。形容勤奋好学。

**爱不释手**

释：放下。喜爱得舍不得放手。

**消释前嫌**

消释：消除，解除。嫌：嫌怨，怨恨。消解了过去的仇怨。

**众口纷纭**

纷纭：多而杂乱。人多嘴杂，议论纷纷。

**五彩缤纷**

五彩：各种颜色。缤纷：繁多交错的样子。指颜色繁多，非常好看。

**自私自利**

私心很重，只为个人利益打算。

**唯利是从**

唯：只有。一心求利，别的什么都不顾。

**流风遗俗**

流传下来的风尚习俗。形容人物虽逝，风范犹存。

并皆佳妙

bìng

并

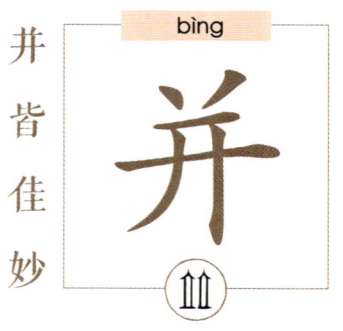

| 甲骨文 | 金文 | 篆文 | 隶书 | 楷书 | 行书 | 草书 | 标准宋体 |
|---|---|---|---|---|---|---|---|
| | | | | | | | 并 |

### 解字堂

古人《千字文》中，"并"写作"並"。"並"，《说文》作"竝"。《说文》曰："竝，併也。从二立。"字形像二人并立之形。简化后，"並"及其异体字"竝"，与"併"合并，同写作"并"。"并"、"並（竝）"与"併"的区别是："兼并"作"并"；"併肩"作"併"；副词一般写作"並"，如"並包""並出"。但这些区别并不严格。

"并（併）"作动词时，表示合在一起，如归并，合并，把三个组并成两个。又如《史记·秦本纪》："周室微，诸侯力政，争相并。"

"并（並、竝）"作动词时，表示两种或两种以上的事物并排着，如并蒂莲，我们肩并着肩站着。又如《左传·昭公二十六年》："礼之可以为国也久矣，与天地并。"

"并（並、竝）"作副词时，表示不同的事物同时存在，不同的事情同时进行，如两说并存、相提并论。又如。还可以用在否定词前面加强否定语气，强调说明事实不是对方所说的或一般所认为的那样。如：这件事你并没有告诉过我。

"并（並、竝）"作连词时，表示并且。如：我完全同意并拥护你。

"并（並、竝）"作介词时，用法跟"连"相同（常跟"而"或"亦"呼应）。如：并此而不知；并此浅理亦不能明。

### 名言馆

经过燕太子，结托并州儿。
· （唐）李白《少年行二首》其一

---

千里失所依，复将落叶并。
· （唐）李白《邺中赠王大》

---

京城在处闲人少，唯共君行并马蹄。
· （唐）张籍《赠别王侍御赴任陕州司马》

谜语答案 纷 利 利

并皆佳妙

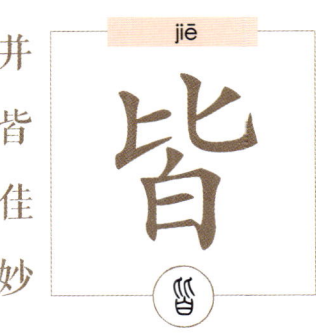

| 甲骨文 | 金文 | 篆文 | 隶书 | 楷书 | 行书 | 草书 | 标准宋体 |
|---|---|---|---|---|---|---|---|
| | | 皆 | 皆 | 皆 | 皆 | | 皆 |

## 名言馆

四海之内，皆兄弟也。
·《论语·颜渊》

四方皆石壁，五位配金天。
·〔唐〕李隆基《途经华岳》

浅深皆有态，次第暗相催。
·〔唐〕裴度《蔷薇花联句》

## 解字堂

"皆"是会意字。金文字形从从从曰，会二人言行相从之意，《说文》篆文中"曰"讹为"白"。《说文》："皆，俱词也。"本义是都、全。

"皆"的第一个含义也就是它的本义，是全、都之意，在这个意思上和前面的"并"是同义词，在《战国策·齐策》："燕、赵、韩、魏闻之，皆朝于齐。"《左传·隐公元年》："小人有母，皆尝小人之食。"《战国策·齐策》："皆以美于徐公。"这句话出自《邹忌讽秦王纳谏》，这个故事讲邹忌的妻因为偏爱邹忌、妾因为害怕邹忌、客因为有求于邹忌，都说邹忌比城北徐公美。邹忌从口悟出自己受到了蒙蔽，从而想到齐威王受到了宫妇左右、大臣、百姓的蒙蔽，比自己更严重，于是建议齐威王广开言路，最终使得齐国在政治上战胜别国。"皆"的本义古代现在都通用，所以在古代文献里常常可以见到。

此外，"皆"还可表示偕、一同之意，如唐代柳宗元《答三中立论师道书》："廷中皆大笑。"《吕氏春秋·离谓》："亡国之主不自以为惑。故与桀、纣、幽、厉皆也。"

并皆佳妙

jiā

| 甲骨文 | 金文 | 篆文 | 隶书 | 楷书 | 行书 | 草书 | 标准宋体 |
|---|---|---|---|---|---|---|---|
| | 佳 | 佳 | 佳 | 佳 | 佳 | 佳 | 佳 |

## 解字堂

"佳"是形声字。从人，圭声。《说文》："佳，善也。"本义是美好。如"北方有佳人。绝世而独立。一顾倾人城。再顾倾人国。"

"佳"作为形容词，意为美丽、美好，如《淮南子·说林》："佳人不同体，美人不同面，而皆说于目。"又如晋代陶渊明《饮酒》："山气日夕佳。"宋代欧阳修《醉翁亭记》："佳木秀而繁阴。"蒋防《霍小玉传》："每自矜风调，思得佳偶。"佳偶，即好的配偶。大家一定听说过"上好佳"这个品牌吧，是不是很喜欢吃？大家看它的名字，"上"是上等，"好"是优秀，这三个字是并列的，那么"佳"自然也是善好之意了。

根据好这一意思，又可以引申为吉祥的含义，如：佳语，就是吉祥的话、好话。

## 名言馆

佳期旷何许，望望空伫立。
·（唐）孟浩然《秋宵月下有怀》

惬心应在此，佳句向谁传。
·（唐）张继《江上送客游庐山》

水纹珍簟思悠悠，千里佳期一夕休。
·（唐）李益《写情》

并皆佳妙

| 甲骨文 | 金文 | 篆文 | 隶书 | 楷书 | 行书 | 草书 | 标准宋体 |
|---|---|---|---|---|---|---|---|
|  |  | 玅 | 妙 | 妙 | 妙 | 妙 | 妙 |

## 名言馆

远迹谢群动，高情符众妙。
· （唐）卢照邻《七日登乐游故墓》

南昌仙人赵夫子，妙年历落青云士。
· （唐）李白《当涂赵炎少府粉图山水歌》

自然成妙用，孰知其指的。
· （唐）李白《草创大还赠柳官迪》

## 解字堂

"妙"是会意兼形声。本作"玅"，见篆文之形。从玄省，少声，少亦兼表小之意。"妙"为俗体，汉字规范化时用"妙"为正体。《说文》释其本义为"急戾也"。

最常用的意义为美、好，如宋代陆游《过小孤山大孤山》："得尽所历妙。"词组有：妙巧（美妙奇巧）；妙香（特好的香气）；妙丽（容貌美好）。当我们看到一些神奇的事物时，我们会不经意地赞叹道："真奇妙啊！这里的妙是神妙。"如《世说新语·文学》："其当是其妙处不传。"我们可以称前面介绍的马良为妙笔，即神妙之笔，形容他是画画的高手。它有精妙、精微之意，如《老子》："常无欲以观其妙。"《吕氏春秋·审分》："所知者妙矣。"现在常见的词汇有：妙旨（精微幽深的旨意）；妙言要道（精到的言论，中肯的道理）；妙绪（精妙的思绪、思想）。除此，它还有巧妙、高明的含义，如《后汉书·张衡传》："皆服其妙。"大家对地动仪不陌生吧，地动仪是中国东汉科学家张衡创造的一传世杰作。张衡所处的东汉时代，地震比较频繁。张衡对地震有不少亲身体验，为了掌握全国地震动态，他经过长年研究，发明了地动仪，这也是世界上的第一架地动仪，"皆服其妙"便是人们对地动仪巧妙、高明之处的赞叹。

## 温故知新

###  四字通解

并皆佳妙，并、皆意为都，佳为好，妙为高明。这句话的意思就是"这些都是高明巧妙的"。联系上文，我们知道，它说的是前面古人的高超技艺，指的是"布射僚丸、嵇琴阮啸、恬笔伦纸、钧巧任钓"的故事，吕布善于射箭，宜僚抛丸技术高超，嵇康善于弹琴，阮籍长啸很出色，蒙恬发明了毛笔，蔡伦改进了造纸术，马钧被誉为"天下名巧"，任公子因为钓鱼技法高超被人们称颂。这八个人都有自己独特的本领，他们的本领或是为人解除纷争，或是为百姓谋福利，他们的本领都是高明巧妙的。

古人用他们的技艺为后人造福，前人栽树后人乘凉，我们也应该学习他们的创新精神，奉献精神。在学习中我们应该多动脑筋，遇到问题时，不要急于求助他人或者是看参考书，而是要开动脑筋，实在想不出来再去问别人，脑子是越用越灵的，如果长期不用，它就会像铁一样，慢慢生锈。我们要敢于质疑，不要迷信权威，书上也会有错误；此外我们要学会奉献。

###  故事厅

#### 北方有佳人

话说有一天，大汉天子武帝刘彻在宫中置酒摆宴，由平阳公主和宫庭乐师李延年侍宴。待到酒酣微醉时，武帝请李延年起舞欢歌。李延年边舞边蹈，欣然高歌一曲。歌中唱的就是上面这曲《北方有佳人》。一句"倾城倾国""佳人难再得"，使得这位多情天子思绪万千，李夫人不仅有着倾城倾国的美貌，而且和他的哥哥一样，精通音律、能歌善舞。因刘彻自幼喜爱音乐与歌舞，对于这样一位脾性相投、深谙其好的妃子，自然深深喜爱。自从有了李夫人，武帝对宫中上千佳丽再无兴趣，终日相伴左右，对李夫人宠冠后宫。一天，武帝去李夫人宫中巡幸，忽然觉得头痒，遂摘下夫人头上的玉簪搔头。这件事在当下夫妻之间绝对算不上什么大事。但在那个等级森严、尊卑有别的封建时代，皇帝能够与一个妃子这样亲近无隙，实在令宫中嫔妃羡慕得要命。其后，宫中女人们都学着李夫人的样子，在头上插了一把玉簪，以致一时间长安城内玉价倍增无数。东晋葛洪在《西京杂记》中记载："武帝过李夫人，就取玉簪搔头。自此后，宫人搔头皆用玉，玉价倍贵焉。"可以说是，先有汉代因李夫人玉簪导致"长安玉贵"，后有晋时因左思《三都赋》造成"洛阳纸贵"。两者均被后人传为佳话。

### 猜谜语

闺中人侧立。
（打一字）

男人世界。
（打一字）

小姑娘。
（打一字）

并皆佳妙

##  知识角

### 小时了了，大未必佳

"小时了了，大未必佳"出自南朝宋刘义庆《世说新·言语第二》。文中记叙了孔融幼时的一件趣事，生动地表现了孔融的早慧、机敏与博学，读来读去不禁击节赞赏，意兴盎然。

孔融十岁的时候，跟随父亲到洛阳。那时李膺名气很大，担任司隶校尉的职务。到他家去的人，都是些才智出众的人、有名誉的人以及自己的亲戚才去通报。孔融到了他家门前，对看门的官吏说："我是李膺的亲戚。"通报了以后，上前坐下来。李膺问："您和我有什么亲戚关系？"孔融回答说："从前我的祖先孔子曾经拜您的祖先老子为师，所以我和您是世代通好。"李膺和他的那些宾客没有不对他的话感到惊奇的。太中大夫陈韪后来才到，别人就把孔融说的话告诉给他听，陈韪说："小的时候很聪明，长大了未必很有才华。"孔融说："我猜想您小的时候一定很聪明吧。"陈韪听了感到局促不安。

##  成语窗

**齐足并驱**
指齐头并进，不分高下。

**兼容并蓄**
把不同内容、不同性质的东西收下来，保存起来。

**比肩并起**
比：并。肩挨肩地一齐起来。比喻同时相随而起。

**满盘皆输**
下棋时走错一步，整个棋就输掉。比喻因受某一局部的影响而使全局归于失败。

**前功皆弃**
功：功绩。皆：全部。弃：丢掉。以前取得的功劳全部丢掉了。

**佳肴美馔**
馔：食物。指上等的、第一流的食品，精致可口的饭菜或味道鲜美的食品。

**乘龙佳婿**
佳婿：称意的女婿。旧时指才貌双全的女婿。也用作誉称别人的女婿。

**穷理尽妙**
指系统深入地研究事物的原理，以达到精深奥妙的境地。

毛施淑姿

| 甲骨文 | 金文 | 篆文 | 隶书 | 楷书 | 行书 | 草书 | 标准宋体 |
|---|---|---|---|---|---|---|---|
|  | 毛 | 毛 | 毛 | 毛 | 毛 | 毛 | 毛 |

## 解字堂

"毛"是象形字。金文字形象兽毛。《说文》："毛，眉发之属及兽毛也。"本义指眉毛、头发、兽毛等。

这个字也是一个具体的物体，形象可感，比如，动物身上的皮毛、我们的眉毛等。"毛"的第一个意思是它的本义，也是它最主要的意思，古代和现在都用，如《左传·僖公十四年》："皮之不存，毛将焉附？"《汉书·苏武传》："与旃毛并咽。"贺知章《回乡偶书》："少小离家老大回，乡音无改鬓毛衰。"常见的一些词汇有：毫毛（人或鸟兽身上的细毛）；毛笔（以兽毛制成的笔）；毛羽（兽毛和鸟羽）；毛耸（毛发竖立）；毛类（兽类）；毛扇（羽毛扇）；毛翎（翎毛，借指羽翼）。大家知道"一角钱"还可以怎么说吗？我们往往不说一角钱，说的比较多的是一毛钱，这里的"毛"指的是中国货币单位，"角"的俗称，一角等于一元的十分之一。

"毛"除了名词外，还可以作动词，意为发火、发怒，比如我们说"你把他惹毛了"，就是你把他惹火了的意思。

此外，"毛"也是一种姓氏，是一个典型的多民族姓氏，主要源自姬姓及少数民族改姓。毛姓在宋版《百家姓》中排名第106位。至2007年，按人口排序，毛姓总人口约250万，占全国总人口的0.2%。在中国大陆排名第87位，在台湾未列入前一百名。

## 名言馆

人生会有死，得处如鸿毛。
·（南朝）王僧儒《古意》

---

皮干剥落杂泥滓，毛暗萧条连雪霜。
·（唐）杜甫《瘦马行》

---

景舆留不得，毛节去应闲。
·（唐）罗隐《题玄同先生草堂三首》其一

谜语答案　佳　妙　妙

毛施淑姿

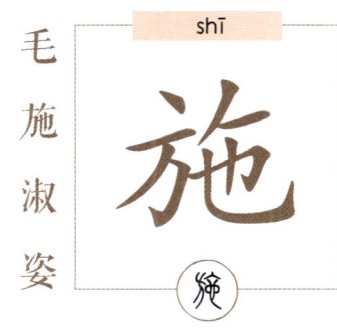

shī
施

| 甲骨文 | 金文 | 篆文 | 隶书 | 楷书 | 行书 | 草书 | 标准宋体 |
|---|---|---|---|---|---|---|---|
|  |  | 施 | 施 | 施 | 施 | 施 | 施 |

## 名言馆

都上礼白足，施者散金钱。
- （唐）刘禹锡《海门潮别浩初师》

平生赏心事，施展十未一。
- （唐）白居易《和寄乐天》

衣裳已施行看尽，针线犹存未忍开。
- （唐）元稹《遣悲怀三首》其二

## 解字堂

"施"是形声字。从㫃（yǎn），也声。《说文》："施，旗貌。"本指旗帜。

它的本义是旗帜，这一含义古代用得多，现在已逐渐不用。现在通用的意思，第一个是给、给予，引申为施舍。古代文献有《左传·宣公十二年》："旅有施舍。"《左传·昭公十九年》："王施舍不倦。"现在的词汇有：施予（给，给别人恩惠、财物）；施生（施惠于人，给人生路）；乐善好施等。它也有施行、实行、推行的含义，如汉代贾谊《过秦论》："仁义不施而攻守之势异也。"《孟子·梁惠王上》："今王发政施仁，使天下仕者皆立于王之朝。"用此义的词汇有：施为（施展、作为）；施巧（施展巧技）。

此外，"施"也是一个姓氏。百家姓排列第二十三位，是一个具有悠久历史的古老姓氏，据《姓氏纪略》的记载，早在4000多年以前的夏朝，就有一个以施为名的诸侯国，后来亡国，子孙就以国为氏，统统姓了施。不过，这一支施氏后来的活动，古籍缺少记载，所以对于他们的发展和繁衍情形，迄今仍无资料可稽。施氏是一个多民族、多源流的姓氏，在当今姓氏排行榜上名列第九十七位，属于大姓系列，人口约二百五十八万四千，占全国人口总数的0.16%左右。施氏族人发祥于周王朝时期的鲁国，即今山东西南部一带。

毛施淑姿

shū

淑

| 甲骨文 | 金文 | 篆文 | 隶书 | 楷书 | 行书 | 草书 | 标准宋体 |
|---|---|---|---|---|---|---|---|

### 解字堂

"淑"是形声字。从水，从叔，叔亦声。《说文》："淑，清湛也。"根据这个解释，淑是清净、明朗、清纯之意。大家一定都听过"窈窕淑女，君子好逑"这句话，这句话的意思是：内外兼有，外在美丽，内在美好的女子，是君子好的配偶。女孩小的时候，家里人就会告诉你要坐有坐相，行为举止端庄得体，做一个淑女。所以"淑"的意思就是善良、美好的意思，如《尔雅》："淑，善也。"《孟子》："有私淑艾者。"《楚辞·招魂》："九侯淑女。"诸葛亮《出师表》："将军向宠，性行淑均。"现在常用的词汇有：淑艾（美好、善良）；淑人（心地善良之人；明清对三品官之妻的封号）；淑慎（美善而敬慎）；淑景（美景）；淑媛（美好善良的女子）；淑女（悠闲洁净的女子）；淑化（良善的风尚）。

这个词是一个褒义词，而且多用来形容女性，在我们历史上，有很多女子可以用"淑"来形容，比如唐朝的长孙皇后、唐朝的文成公主、清朝的孝庄皇后等。

### 名言馆

终温且惠，淑慎其身。

·《诗·邶风·燕燕》

---

淑气催黄鸟，晴光转绿蘋。

·（唐）杜审言《和晋陵陆丞早春游望》

---

态浓意远淑且真，肌理细腻骨肉匀。

·（唐）杜甫《丽人行》

| 甲骨文 | 金文 | 篆文 | 隶书 | 楷书 | 行书 | 草书 | 标准字体 |
|---|---|---|---|---|---|---|---|
|  |  | 姿 | 姿 | 姿 | 姿 | 姿 | 姿 |

## 名言馆

以龙虎之姿，遭风云之时。
· 《后汉书·任李万邳刘耿列传》

伫闻明主用，岂负青云姿。
·（唐）岑参《送颜评事入京》

十年梦不到丘壑，清坐喜看寒瘦姿。
·（宋）刘应时《石菖蒲》

## 解字堂

"姿"是形声字。从女，次声。《说文》："姿，态也。"本义是姿态。

首先是它的本义，指姿态，如《世说新语·容止》："嵇康身长七尺八寸，风姿特秀。"宋代苏轼《念奴娇·赤壁怀古》："雄姿英发。"宋代陆游《过小孤山大孤山》："姿态万变。"明代李渔《闲情偶寄·种植部》："无风亦呈袅娜之姿。"它也可指容貌，如《世说新语·贤媛》："既婚，果有令姿淑德。"现在常见的词汇有：姿年（容貌年龄）；姿形（容貌体态）；姿神（容貌、神态）；姿致（容貌举止）；姿仪（容貌、仪表）。

《汉书·谷永传》里："姿，材也。"这里的姿指的是资质、天资。马融《长笛赋》："唯笛因其天姿"。

大家看它的字形，从女，说明它与女有关，所以它作为形容词意思就是美好、妩媚，如《资治通鉴·魏纪》："简选其有姿首者内之掖庭。"现在常用的词汇有：姿调（美好的风度）；姿望（优美的丰度）；姿慧（美貌才智）。

## 温故知新

 **四字通解**

　　毛施淑姿，毛是毛嫱，施是西施，这句话是形容女子姿容如毛嫱、西施般美丽。毛嫱，中国春秋时期越国的美女之一，大体与西施同时，相传为越王勾践的爱姬。西施，姓施，名夷光，春秋时期越国人，出生于浙江诸暨苎萝山村。西施是中国古代四大美人之一，又称西子，天生丽质。当时越国称臣于吴国，越王勾践卧薪尝胆，谋复国。在国难当头之际，西施忍辱负重，以身救国，与郑旦一起被越王勾践献给吴王夫差，成为吴王最宠爱的妃子，乱吴宫，以霸越。

 **故事厅**

### 西施的故事

　　七夕节前夕浙江绍兴地区的妇女有用荆树叶浸水洗头发的习俗，传说可以使头发滑润乌黑。相传春秋时期，吴国打败越国，越王勾践被俘作了人质，得赦回国后，选范蠡为相，卧薪尝胆，图谋报仇，复兴大业。范蠡深思熟虑之后，准备选取一才色兼备的女子送给吴王，使其溺情于声色，不理朝政，以便越国报灭国之恨。一天，范蠡遇见了西施。西施自幼聪慧，天姿国色，平常喜欢用荆叶浸水梳洗。越灭亡以后，她常在浣沙溪边自吟："春色年年有，年年不见春，浣沙水清清，难洗亡国恨。"范蠡见西施不但貌美，而且为亡国而哀痛，是个难得的好女子。在禀告越王勾践之后，范蠡带了印符护送西施到了吴国。西施委曲求全入吴，令吴差昏聩亡国。吴国灭亡后，范蠡便带了西施于七月七日隐姓埋名，泛舟于五湖之间。老百姓为了表示对西施的敬爱，于七月七日用荆树叶浸水洗发，以示纪念。西施与王昭君、貂蝉、杨玉环并称为中国古代四大美女，其中西施居首，是美的化身和代名词。

### 猜谜语

芳草游人碍马驰。
　　（打一字）

蔎无杂草水边生。
　　（打一字）

二女儿。
　　（打一字）

 ## 知识角

### 施姓小知识

施姓主要有两个源流，源流一，源于姬姓，为春秋时期鲁惠公之子姬尾生之后，属于以先祖名字为氏。据史籍《通志·氏族略》《元和姓纂》等记载，春秋时期，鲁惠公姬弗涅之子中有个姬尾生，字施父，史称施父尾。在鲁桓公姬轨（姬允）执政时期（前711—前694），姬尾生成为鲁国的大夫。据说，姬尾生精通音律，曾视来访的曹国太子赏乐姿态之变化，断言其父曹伯将不久于人世，后来果然应验。鲁桓公深敬姬尾生之才，委以重用，施父后成为春秋名臣。后传到其五世孙姬孝叔之时，干脆以先祖名字为姓氏，称少施氏，亦称施父氏，以示与别的家族不同，后省文简化为单姓施氏，世代相传至今，史称施氏正宗。

源流二，源于妘姓，出自夏王朝时期诸侯国施国，属于以国名为氏。据史籍《姓氏考略》记载，夏王朝时期诸侯中有施氏，建施氏国，其故址在今湖北省恩施县一带。商汤灭夏桀之后，施氏国亦随之灭亡，其后，施氏国的公族子孙就以故国名为姓氏，称施氏，世代相传至今，是非常古老的姓氏之一。

此外还有其他几个源流，施氏是一个多民族、多源流的姓氏，在当今姓氏排行榜上名列第九十七位，属于大姓，人口约二百五十八万四千，占全国人口总数的0.16%左右。

 ## 成语窗

**一毛不拔**
连一根汗毛也不肯拔出来。原指杨朱的极端为我主义。后形容为人非常吝啬自私。

**鸡毛蒜皮**
比喻无关紧要的琐碎小事或毫无价值的东西。

**千里鹅毛**
常用来比喻礼物虽然微薄，却含有深厚的情谊。

**乐善好施**
乐：好，喜欢。喜欢做善事和施舍，指乐于行善，施舍。

**计无所施**
计：计策。施：施展。再也没有可施展的计谋了。

**淑性茂质**
淑：和善。茂：美好。形容性情和善，品质美好。

**淑质贞亮**
淑：善良。贞：坚贞。亮：诚信质直。品质善良，为人诚信质直。

**顾影弄姿**
顾影：看着自己的身影。弄姿：做出各种姿态。对着自己的身影，做出各种姿态。形容卖弄身形，自我欣赏。

工颦妍笑

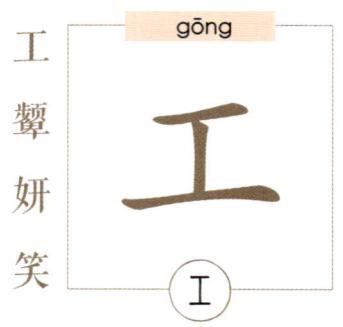

gōng

| 甲骨文 | 金文 | 篆文 | 隶书 | 楷书 | 行书 | 草书 | 标准宋体 |
|---|---|---|---|---|---|---|---|
| 占 | 舌 | 工 | 工 | 工 | 工 | 工 | 工 |

## 解字堂

"工"是象形字。甲骨文字形象工具形，有人推断其为画直角或方形的工具曲尺，因此在字形的一端有方框形。"工""巨"（矩）古同字。《说文》："工，巧饰也。象人有规榘也。"所释为引申义。本义是工匠的曲尺。

大家对这个字都不陌生，我们经常听到由这个字组成的词语，比如工人、工业等。下面我们一起来了解一下这个字吧！它的本义是工匠的曲尺，现在它的意思多由它搭配的词决定。当它组词为工人、工农、工人阶级时，它表示个人不占有生产资料，依靠工资收入为生的劳动者、当它组词为工业、工业革命时，它的意思是制造生产资料和生活资料的生产事业、它表示从事体力或脑力劳动时，词汇有工作、工厂、它也有细致、精巧之意，词汇有工巧、工整、工还是中国古代一种记谱符号体系中的一种，这个体系有十个字：合、四、一、上、尺、工、凡、六、五、乙，相当于简谱的5671234567。除此，它作为动词时，意为善于、长于，如明代顾彦夫《村落嫁娶图记》："工丹青。"我们也常常说工书善画、工于心计。

## 名言馆

吾观谈天客，工言丧其精。
· （唐）皎然《杂兴六首》其一

贵与宾客游，工者夜不宁。
· （唐）王建《主人故亭》

工商彻屋去，牛马登山避。
· （唐）白居易《大水》

谜语答案　施　淑　姿

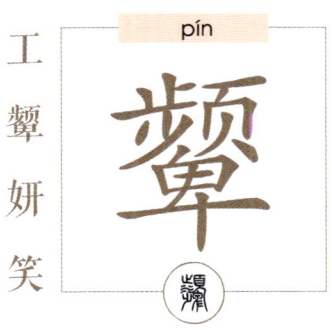

工颦妍笑

| 甲骨文 | 金文 | 篆文 | 隶书 | 楷书 | 行书 | 草书 | 标准宋体 |
|---|---|---|---|---|---|---|---|
|  |  | 顰 | 顰 | 顰 | 顰 | 顰 | 颦 |

### 名言馆

美人卷珠帘，深坐颦蛾眉。但见泪痕湿，不知心恨谁？
·（唐）李白《怨情》

飒飒先飞梁上尘，朱唇不动翠眉颦。
·（唐）李涉《听歌》

黄金谁买长门赋，黛笔难描满额颦。惟有所欢知此意，共烧高烛赏余春。
·（明）唐寅《漫兴十首》其六

### 解字堂

"顰"简化后写作"颦"。"颦"是形声字。从频，卑声。它的本义是皱眉，如唐代李群玉《黄陵庙》："犹如含颦望巡狩，九疑如黛隔湘川。"现在常见的词汇有：颦眉、一颦一笑、颦笑。根据此意思引申出忧愁之意，如颦呻（忧愁叹息）。这个字的字义比较简单，但是字形很复杂。

"颦"也是《红楼梦》里林黛玉的别称。出自《红楼梦》第三回贾宝玉与林黛玉初次见面时的描写，原文中是这样写的："宝玉笑道：'我送妹妹一妙字，莫若"颦颦"二字极妙。'探春便问何出。宝玉道：'《古今人物通考》上说："西方有石名黛，可代画眉之墨。"况这林妹妹眉尖若蹙，用取这两个字，岂不两妙！'探春笑道：'只恐又是你的杜撰。'宝玉笑道：'除《四书》外，杜撰的太多，偏只我是杜撰不成？'"后来《红楼梦》中诸儿女皆称林黛玉为颦儿。

"颦"字在佛经里也是一个重要字眼，并且对这个字作了专门解释。《大宝积经》认为"颦眉"媒女应当快受乐："汝今面目如青莲，云何颦眉不畅适，今此媒女甚殊特，微妙清净等诸天，各各善解诸伎术，歌舞音乐悉能通，汝应与此相娱乐，云何忧愁如毒箭？汝今应当快受乐，非是忧愁苦恼时。"

工颦妍笑

| 甲骨文 | 金文 | 篆文 | 隶书 | 楷书 | 行书 | 草书 | 标准宋体 |
|---|---|---|---|---|---|---|---|
|  |  | 妍 | 妍 | 妍 | 妍 | 妍 | 妍 |

### 解字堂

"妍"是形声字。从女，开（jiān）声。《说文》："技也。一曰：不省录事。一曰：难侵也。一曰：慧也。一曰：安也。"本义是巧慧。

大家看它的字形，从女，说明与女子有关，我们之前学过"姿""妙"等，它们都有表示女子容貌美丽之意，"妍"也可表示女子容貌美丽，如江淹《杂体诗》："浪迹无蚩妍。"这句话的意思是放浪的事迹没有美丑。陆机《文赋序》："妍蚩好恶，可得而言。"清代李渔《闲情偶寄·种植部》："日高日上，日上日妍。"我们现在常见的词汇有：妍花（娇美的花）；妍森（美丽茂盛）；妍倩（美丽）；妍影（美丽的影像）。据此引申出美好之意，如唐代韩愈《送穷文》："面丑心妍，利居众后，责在人先。"意思是：长得丑但心灵美丽，利益让别人先得到，担负责任的时候，总在别人前头。我们常见的词汇有：妍好（美好）；妍妙（美好）；妍和（美好和煦）；妍姿（美好的姿容）。

我们从小就听过心灵美才是真的美，也许外表我们无法决定，但是我们可以通过内在的修养让自己变成一个漂亮的孩子，爱美之心人皆有之，但是相比较于外表，我们更应该注重的是我们的内在品质！

### 名言馆

物情恶衰贱，新宠方妍好。

·（唐）李白《去妇词》

妍姿结宵态，寝臂幽梦长。

·（唐）张籍《宛转行》

共约重芳日，还忧不盛妍。

·（南唐）李煜《梅花》

| 甲骨文 | 金文 | 篆文 | 隶书 | 楷书 | 行书 | 草书 | 标准宋体 |
|---|---|---|---|---|---|---|---|
|  |  | 笑 | 笑 | 笑 | 笑 | 笑 | 笑 |

## 名言馆

偶然值林叟，谈笑无还期。
·（唐）王维《终南别业》

但见新人笑，那闻旧人哭。
·（唐）杜甫《佳人》

回眸一笑百媚生，六宫粉黛无颜色。
·（唐）白居易《长恨歌》

## 解字堂

"笑"构形不明。在战国文字中是从艹从犬的，小篆讹为从竹从夭。大徐本《说文》："此字本阙，臣铉等案：孙愐《唐韵》引《说文》云'喜也。从竹从犬'，而不述其义。今俗皆从犬。又案：李阳冰刊定《说文》'从竹从夭，竹得风其体夭屈，如人之笑。'"本义是因喜悦开颜或出声。

这个字大家很熟悉，我们每个人都会笑，这是一种生理反应，"笑"这一汉字本义是因喜悦开颜或出声，如《易·萃》："一握为笑。"《列子·汤问》："两小儿笑曰。"《诗·卫风·氓》"载笑载言，言笑晏晏。"《论语·宪问》："乐然后笑，人不厌其笑。"《聊斋志异·狼三则》："止增笑耳。""笑"分很多种，除了喜悦的笑之外，还有讥笑、嘲笑，如《孟子·梁惠王上》："以五十步笑百步，则何如？"除此，"笑"也可比喻花朵开放，这是它的一个特别用法，如唐太宗《赋得残菊花》："露浓晞晚笑，风劲浅残香。""笑"的种类有：最优美的笑是自然的笑；最诚挚的笑是发自内心的笑；最幸福的笑是甜蜜的笑；最高兴的笑是眉开眼笑；最巧妙的笑是会意而笑；最愉快的笑是又说又笑；最得意的笑是点头而笑；最害羞的笑是低头含笑；最动人的笑是含泪而笑；最顽强的笑是苦笑；最使人摸不透的笑是假笑；最难听的笑是狂笑；最可怕的笑是嘲笑；最残酷的笑是冷笑。

## 温故知新

### 四字通解

工颦妍笑，工是善于，颦是蹙眉，妍是美丽，笑是喜悦的笑。这句话需要联系上下文理解，上文中有"毛施淑姿"，合起来意思是：毛嫱、西施，她们都有美丽的容颜，皱起眉头都俏丽无比，笑起来更是格外动人。中国古代"四大美女"是西施、貂蝉、王昭君、杨贵妃。四大美女享有"闭月羞花之貌，沉鱼落雁之容"的美誉。"闭月、羞花、沉鱼、落雁"是由精彩故事组成的历史典故。"闭月"，是述说貂蝉拜月的故事。"羞花"，谈的是杨贵妃观花时的故事。"沉鱼"，讲的是西施浣纱时的故事。"落雁"，指的就是昭君出塞的故事。

### 故事厅

#### 东施效颦

春秋时代，越国有一位美女叫西施，无论举手投足，还是笑容神态，样样都惹人喜爱。西施略用淡妆，衣着朴素，走到哪里，哪里就有很多人向她行"注目礼"，没有人不惊叹她的美貌。西施患有心口疼的毛病。有一天，她的病又犯了，只见她手捂胸口，双眉皱起，流露出一种娇媚柔弱的女性美。当她从乡间走过的时候，乡里人无不睁大眼睛注视。乡下有一个丑女子，名叫东施，相貌一般，没有修养。她平时动作粗俗，说话大声大气，却一天到晚做着当美女的梦。今天穿这样的衣服，明天梳那样的发式，却仍然没有一个人说她漂亮。这一天，她看到西施捂着胸口、皱着双眉的样子竟博得这么多人的青睐，因此回去以后，她也学着西施的样子，手捂胸口，紧皱眉头，在村里走来走去。哪知这丑女的矫揉造作使她样子更难看了。结果，乡间的富人看见丑女的怪模样，马上把门紧紧关上；乡间的穷人看见丑女走过来，马上拉着妻，带着孩子远远地躲开。人们见了这个怪模怪样模仿西施心口疼，在村里走来走去的丑女人，简直像见了瘟神一般。她只知道西施皱眉的样子很美，却不知道她为什么很美，而去简单模仿她的样子，结果反被人讥笑。每个人都要根据自己的特点，扬长避短，寻找适合自己的形象，盲目模仿别人的做法是愚蠢的。

### 猜谜语

江头潮已平。
（打一字）

一人喝干江边水。
（打一字）

断案前后弄清是非。
（打一字）

短命二郎。
（打一字）

 **知识角**

### 鲁仲连笑却千金

"鲁连卖谈笑,岂是顾千金"出自李白《留别王司马嵩》,评价的是"鲁仲连义不帝秦",受平原君赏识并赐千金,而笑拒之。

话说齐国人鲁仲连游历到赵,适逢秦国围赵之邯郸,鲁仲连坚持正义,力主抗秦,反对投降,并和魏国派到赵国的"亲秦派"辛垣衍展开一场激烈的论争。他引喻设比,层层铺垫,直陈要害,最终使辛垣衍心服口服。辛垣衍站起来,向鲁仲连连拜两次谢罪说:"当初认为先生是个普通的人,我今天才知道先生是天下杰出的高士。我将离开赵国,再不敢谈秦王称帝的事了。"秦军主将听到这个消息,为此把军队后撤了五十里。恰好魏公子无忌夺得了军权率领军队来援救赵国,攻击秦军,秦军也就撤离邯郸回去了。

于是平原君要封赏鲁仲连,鲁仲连再三辞让,最终也不肯接受。平原君就设宴招待他,喝到酒酣耳热时,平原君起身向前,献上千金酬谢鲁仲连。鲁仲连笑着说:"杰出之士之所以被天下人崇尚,是因为他们能替人排除祸患,消释灾难,解决纠纷而不取报酬。如果收取酬劳,那就成了生意人的行为,我鲁仲连是不忍心那样做的。"于是辞别平原君走了,终身不再相见。

 **成语窗**

### 同工异曲
工:细致,巧妙。异:不同的。不同的曲调演得同样好。比喻话的说法不一而用意相同,或一件事情的做法不同而都巧妙地达到目的。

### 穷而后工
旧时认为文人越是穷困不得志,诗文就写得越好。

### 偷工减料
原指商人为了牟取暴利而暗中降低产品质量,削减工料。现也指做事图省事,马虎敷衍。

### 效颦学步
比喻盲目模仿而弄巧成拙。

### 桃李争妍
桃花、李花竞相开放。形容春光艳丽。

### 尽态极妍
使仪态和丽质最充分地显示出来。

### 笑逐颜开
逐:追随。颜:脸面,面容。开:舒展开来。笑得使面容舒展开来,形容满脸笑容,十分高兴的样子。

### 不苟言笑
苟:苟且,随便。不随便说笑。形容态度庄重严肃。

年 矢 每 催

| 甲骨文 | 金文 | 篆文 | 隶书 | 楷书 | 行书 | 草书 | 标准宋体 |

## 解字堂

"年"是会意兼形声字。甲骨文字形，上面是"禾"，下面是"人"，表示禾谷成熟，人在负禾。小篆字形，从禾，千声。《说文》："秊，谷熟也。"简化后，"年"与异体字"秊"同写作"年"。

"年"本义是五谷的成熟，如《谷梁传·桓公三年》："五谷皆熟为有年也。"《谷梁传·宣公十六年》："五谷大熟为大有年。"《诗·周颂·丰年》："丰年多黍多年。"引申为一年的收成，如《孟子·梁惠王上》："凶年免于死亡。"我们现在常见的词汇有：年登（谷物丰收）；年荒（谷物歉收）；年灾（自然灾害）。"年"还可以表示时间单位，指的是地球环绕太阳公转一次所需的周期，如《孟子·滕文公上》："禹八年于外，三过其门而不入。"《战国策·齐策》："期年之后，虽欲言，无可进者。""过年"这一词语中它的含义是年节，如《儒林外史》："新年正月，公子回家拜祖父、母亲的年回来。"它也可表示年纪、岁数，如《列子·汤问》："年且九十。"《世说新语·方正》："时年七岁。"宋代王安石《伤仲永》："永生五年。"

除此，"年"还是一个姓氏。年氏是一个多民族、多源流的古老姓氏群体，但人口总数在中国大陆未列入百家姓前一百位，在台湾则名列第六百一十二位，在宋版《百家姓》中排名第498位。名人有年羹尧、年玉发等。

## 名言馆

十年磨一剑，霜刃未曾试。
　　·（唐）贾岛《剑客》

一年好景君须记，最是橙黄橘绿时。
　　·（宋）苏轼《赠刘景文》

十年窗下无人问，一举成名天下知。
　　·（元）高明《琵琶记》

谜语答案　工　工　妍笑

| 甲骨文 | 金文 | 篆文 | 隶书 | 楷书 | 行书 | 草书 | 标准宋体 |
|---|---|---|---|---|---|---|---|
|  |  |  | 矢 | 矢 | 矢 | 矢 | 矢 |

## 名言馆

高秋马肥健，挟矢射汉月。
　　·（唐）杜甫《留花门》

相顾笑声冲庭燎，桃弧射矢时独叫。
　　·（唐）孟郊《弦歌行》

公乃署其地，为民先矢谟。
　　·（唐）元稹《后湖》

## 解字堂

　　"矢"是象形字。甲骨文金文字形象箭之形，篆文字形发生讹变，箭的形状已不可识。本义为箭。《说文》："矢，弓弩矢也。"

　　它的本义是箭，古代以竹为箭，以木为矢，两者很相似，如《释名》："矢又谓之箭。"《周礼·司弓矢》："掌六弓、四弩、八矢法。"《广雅》："矢，箭也。"《战国策·齐策》："疾如锥矢。"汉代贾谊《过秦论》："秦无亡矢遗镞之费，而天下诸侯已困矣。"现在常见的词汇有：飞矢；矢人（造箭的工匠）；矢如雨下（箭像雨一样射来，极言其多）；矢房（箭袋）。它可以指古代投壶用的筹码，如《礼记·投壶》："主人奉矢。"

　　作为动词，它通"誓"，意为发誓，如《诗·卫风·考槃》："永矢弗谖。"

　　作为形容词，它有直、正直、端正的含义。如成语"矢志不渝"就是立誓决不改变自己的志向的意思。

年矢每催

| 甲骨文 | 金文 | 篆文 | 隶书 | 楷书 | 行书 | 草书 | 标准宋体 |
|---|---|---|---|---|---|---|---|
| | | | 每 | 每 | 每 | | 每 |

### 解字堂

"每"是象形字。甲骨文字形象女子头上笄饰，此形到了隶书中已不可识，文献中也不可见用此义的。多假借去表草木茂盛之义，见《说文》："每，草盛上出也。"

它的本义我们现在已基本不用，用得最多的是它作为副词的含义，表示常常、经常，如明代归有光《项脊轩志》："妪每次谓余曰。"宗臣《报刘一丈书》："每大言曰。"引申出每一次的含义，如《史记·廉颇蔺相如列传》："相如每朝。"诸葛亮《出师表》："每与臣论。"明代袁宏道《满井游记》："每冒风驰行，未百步辄返。"

它可作为代词，表示各个，如宋代沈括《梦溪笔谈·活板》："每韵为一帖，木格贮之。"意思是，把字按韵分类，分别放在木格里。清代薛福成《观巴黎油画记》："每一巨弹。"它还可用在人称代词或名词后，相当于"们"，表示复数，如《儒林外史》："我每且去寻房子，再来会这些人。"

### 名言馆

谢公离别处，风景每生愁。
　　·（唐）李白《谢公亭》

巡边使客行应早，每待平安火到来。
　　·（唐）张籍《凉州词》

每占有仙相，然后传此方。
　　·（唐）张籍《学仙》

| 甲骨文 | 金文 | 篆文 | 隶书 | 楷书 | 行书 | 草书 | 标准宋体 |
|---|---|---|---|---|---|---|---|
|  |  | 催 | 催 | 催 | 催 | 催 | 催 |

## 名言馆

葡萄美酒夜光杯，欲饮琵琶马上催。
·（唐）王翰《凉州词》

重重土坚试行锥，军吏执鞭催作迟。
·（唐）张籍《筑城词》

都门帐饮无绪，留恋处兰舟催发。
·（宋）柳永《雨霖铃》

## 解字堂

"催"是形声字。从人，崔声。本义是催促、促使。

它的含义比较单一，最主要的就是催促之意，如《侯成碑》："鸿仪催零金。"柳永《雨霖铃》："都门帐饮无绪，留恋处兰舟催发。"意思为：在京都城外设帐钱别，却没有畅饮的心绪，正在依依不舍的时候，船上的人已催着出发。王翰《凉州词》："葡萄美酒夜光杯，欲饮琵琶马上催。"意思是说：美酒倒满了华贵的酒杯，我正要畅饮的时候，马上琵琶就会不停地响起，仿佛在催促我快点上前作战。现在我们也常常会说：家里来信，催你回去呢。

除此，它也指使事物的产生和变化加快。如：催化剂（在化学反应中能改变其反应速度，而本身的质量和化学性质在反应前后都没有改变的物质，又称触媒）；催化作用［催化剂改变化学反应速度的作用。催化剂改变了反应的机理，降低（或增加）了反应的活化能，因而能加快（或减慢）反应速度］；催泪弹（内装化学药品的特种弹，爆炸后产生的气体能使人流泪、头痛、呕吐等）；催眠（用刺激视觉、听觉或触觉来诱发人或动物进入睡眠状态；催眠曲（催婴儿入睡时轻轻唱的歌）；催熟（园艺上对具有后熟作用的作物，使其未熟果实加速成熟，提早上市的一种方法）。

## 温故知新

 **四字通解**

年矢每催，年是时光，矢是箭，每是常常，催是催促，合起来意思就是：时光像箭一般流逝，每每催人向老。朱自清先生曾说过："花儿谢了，有再开的时候；杨柳暗了，有再绿的时候；燕子走了，有再来的时候；可是亲爱的，你告诉我，我们的日子为什么一去不复返呢？"一寸光阴一寸金，寸金难买寸光阴。我们处在人生中的黄金时期，更应该好好珍惜时间。古今中外，有很多惜时的例子，巴尔扎克在二十年的写作生涯中，写出了九十多部作品，塑造了两千多个不同类型的人物形象，他的许多作品成了世界名著。他的创作时间表是：从半夜到中午工作，就是说，在圆椅里坐十二个小时，努力修改和创作，然后从中午到四点校对校样，五点钟用餐，五点半才上床，而到半夜又起床工作。我国伟大的思想家和文学家鲁迅，非常珍惜时间。他有一句至理名言："时间就是生命，无端地空耗别人的时间，其实无异于谋财害命。"

 **故事厅**

### 催化剂的故事

有一天，瑞典化学家贝采里乌斯在化学实验室忙碌地进行着实验，傍晚，他的妻子玛利亚准备了酒菜宴请亲友，祝贺她的生日。贝采里乌斯沉浸在实验中，把这件事全忘了，直到玛利亚把他从实验室拉出来，他才恍然大悟，匆忙地赶回家。一进屋，客人们纷纷举杯向他祝贺，他顾不上洗手就接过一杯蜜桃酒一饮而尽。当他自己斟满第二杯酒干杯时，却皱起眉头喊道："玛利亚，你怎么把醋拿给我喝！"玛利亚和客人都愣住了。玛利亚仔细瞧着那瓶子，还倒出一杯来品尝，一点儿都没错，确实是香醇的蜜桃酒啊！贝采里乌斯随手把自己倒的那杯酒递过去，玛利亚喝了一口，几乎全吐了出来，说："甜酒怎么一下子变成醋酸啦？"客人们纷纷凑近来，观察着，猜测着这"神杯"发生的怪事。

贝采里乌斯发现，原来酒杯里有少量黑色粉末。他瞧瞧自己的手，发现手上沾满了在实验室研磨白金时给沾上的铂黑。他兴奋地把那杯酸酒一饮而尽。原来，把酒变成醋酸的魔力是来源于白金粉末，是它加快了乙醇（酒精）和空气中的氧气发生化学反应，生成了醋酸。后来，人们把这一作用叫作触媒作用或催化作用。

### 猜谜语

一字无点又无捺。
　　　　（打一字）

斜飞雁阵降东南。
　　　　（打一字）

仙山高处雁迹稀。
　　　　（打一字）

 **知识角**

### 年的来历

传说,中国古时候有一种名叫"年"的怪兽,头长尖角,凶猛异常。"年"兽长年深居海底,每到除夕,爬上岸来吞食牲畜伤害人命。因此每到除夕,村村寨寨的人们扶老携幼,逃往深山,以躲避"年"的伤害。

又到了一年的除夕,乡亲们像往年一样,都忙着收拾东西准备逃往深山。这时候村东头来了一个白发老人,白发老人对一户老婆婆说只要让他在她家住一晚,他定能将"年"兽驱赶走。众人不信,老婆婆劝其还是上山躲避的好,但老人坚持留下,众人见劝他不住,便纷纷上山躲避去了。

当"年"兽像往年一样准备闯进村肆虐的时候,突然传来爆竹声。"年"兽浑身颤栗,再也不敢向前凑了。原来"年"兽最怕红色、火光和炸响。这时大门大开,只见院内一位身披红袍的老人哈哈大笑,"年"兽大惊失色,仓皇而逃。

第二天,当人们从深山回到村里时,发现村里竟安然无恙,这才恍然大悟,原来白发老人是帮助大家驱逐"年"兽的神仙。人们同时还发现了白发老人驱逐"年"兽的三件法宝。从此,每年的除夕,家家都贴红对联,燃放爆竹,户户灯火通明,守更待岁。这风俗越传越广,就成了中国汉族民间最隆重的传统节日"过年"。

春节是我国人民的佳节,它象征着团结、兴旺,人们对新的一年寄托着希望。

 **成语窗**

**穷年累世**
形容时间长久。

**十年寒窗**
寒窗:冬天在寒冷的窗前读书。形容长年刻苦读书。

**少年老成**
老成:经历多。指人年轻稳重,像阅历深的长者。现在也指年轻人缺乏朝气。

**身当矢石**
形容亲自抵挡敌人进攻。

**集矢之的**
集矢:指箭射中目标。比喻众人所指责的对象。

**每况愈下**
越往下越明显。表示情况越来越坏。

**每饭不忘**
指时刻不忘。

**催人泪下**
催:促使。形容事迹十分感人,使人不禁流下眼泪。

## 羲晖朗曜

xī

| 甲骨文 | 金文 | 篆文 | 隶书 | 楷书 | 行书 | 草书 | 标准宋体 |
|---|---|---|---|---|---|---|---|
| | | 羲 | 羲 | 羲 | 羲 | 羲 | 曦 |

### 解字堂

"羲"是形声字。从兮，义声。《说文》："羲，气也。从兮，义声。"

"羲"可指古代传说三皇之一伏羲氏的略称。如《文选·张衡〈东京赋〉》："龙图授羲。"薛综注引《尚书传》："伏羲氏王天下，龙马出河，遂则其文，以画八卦，谓之河图。"

"羲"可用为羲和的略称。指太阳。如《文选·谢惠连〈秋怀〉诗》："颓魄不再圆，倾羲无两旦。"李善注："魄，月魄也；羲，羲和，谓日也。"

"羲"还是古姓氏。如《书·尧典》有羲仲、羲叔。羲，氏名，为重黎氏之后。其后人因以为姓。

### 名言馆

羲农去我久，举世少复真。
· （晋）陶潜《饮酒二十首》其二十

看君用幽意，白日到羲皇。
· （唐）杜甫《重过何氏五首》其四

此身真佛祖，何处不羲轩。
· （宋）苏轼《和蒋发运》

谜语答案　年年催

羲晖朗曜

| 甲骨文 | 金文 | 篆文 | 隶书 | 楷书 | 行书 | 草书 | 标准宋体 |
|---|---|---|---|---|---|---|---|
|  |  | 暉 | 暉 | 暉 | 暉 | 暉 | 晖 |

## 名言馆

洁野凝晨曜，装墀带夕晖。
· （唐）李世民《咏雪》

吴刀剪彩缝舞衣，明妆丽服夺春晖。
· （唐）李白《白纻辞三首》其三

西汜驰晖过，东园别路长。
· （唐）包佶《昭德皇后挽歌词》

## 解字堂

"暉"简化后写作"晖"。"晖"是形声字。从日，军声。《说文》："晖，光也。"

这个字从日，所以也与太阳有关，它的本义是日色、阳光。如《战国策·赵策四》："故日月晖于外，其贼在于内。"宋代范仲淹《岳阳楼记》："朝晖夕阴。"陆机《拟明月何皎皎诗》："照之有余晖，揽之不盈手。"我们现在说的"斜晖"也是这个用法。

第二个意思是用同"辉"，意思是光辉，如《易·未济卦》："君子之光，其晖吉也。"《荀子·天论》："故日月不高，则光晖不赫。"《淮南子·览冥》："名声被后世，光晖重万物。"《文选·古乐府·长歌行》："阳春布德泽，万物生光晖。"常见的词汇有：晖光（光彩、光辉）；晖如（形容光辉闪耀）。

它作为动词的意思是显明，如《庄子·天下》："不侈于后世，不靡于万物，不晖于数度。"意思是：让后世不奢侈，使万物不浪费，不使各种等级差别突出显明。也可指照耀、辉映，例如南朝梁元帝《与萧挹书》："唯昆与季，文藻相晖。"

羲暉朗曜

lǎng

| 甲骨文 | 金文 | 篆文 | 隶书 | 楷书 | 行书 | 草书 | 标准宋体 |
|---|---|---|---|---|---|---|---|
|  |  | 朗 | 朗 | 朗 | 朗 | 朗 | 朗 |

## 解字堂

"朗"是形声字。从月，良声。东汉许慎《说文》："朗，明也。"意思是，朗指明亮。

它的本义是明亮，如《诗经·大雅·既醉》："高朗令终。"意思是，高超美善可得善终。《国语·楚语下》："其圣能光远宣朗。"《淮南子·原道》："新而不朗。"嵇康《琴赋》："朗月垂光。"陶渊明《桃花源记》："复行数十步，豁然开朗。"王羲之《兰亭集序》："天朗气清。"我们现在常见的词汇有：朗白（明亮发白）；朗亮（雪亮）；朗明（明亮）；朗净（明净）；朗烈（明亮）；朗朗烈烈（大大方方，理直气壮）。它也指声音清晰响亮，如李白《劳劳亭歌》："朗咏清川飞夜霜。"词汇有：朗言（响亮的话）；朗然（形容声音响亮）；朗吟（高声的吟诵）；朗弹（大声弹奏）；朗畅（声音响亮流畅）。我们经常说的"朗朗的读书声"就是此用法。它还有一个意思是明察，如袁宏《三国名臣序赞》："公达潜朗。"

此外，它还有高洁、清早、清澈、爽朗之意，我们只做了解即可。

## 名言馆

朝见裴叔则，朗如行玉山。黄河落天走东海，万里写入胸怀间。
·（唐）李白《赠裴十四》

更深不假烛，月朗自明船。
·（唐）杜甫《舟月对驿近寺》

秋月朗朗关山上，山中行人马蹄响。
·（唐）张籍《关山月》

義晖朗曜

| 甲骨文 | 金文 | 篆文 | 隶书 | 楷书 | 行书 | 草书 | 标准宋体 |
|---|---|---|---|---|---|---|---|
|  |  | 曜 | 曜 | 曜 | 曜 | 曜 | 曜 |

## 名言馆

门有车马客，金鞍曜朱轮。
·（唐）李白《门有车马客行》

浮云隔两曜，万象昏阴霏。
·（唐）李白《古风》

两曜无停驭，蓬壶应有墓。
·（唐）刘驾《效陶》

## 解字堂

"曜"是形声字。从日，翟（dí）声。《说文》作"燿"。按《广韵》："日光也。"

与晖一样，它的形旁也是日。它的意思是日光，如《诗·桧风·羔裘》："日出有曜。"现在的词汇有光曜、曜煜、曜仪等。七曜又称七政、七纬、七耀，是中国古代对日（太阳）、月（太阴）与金（太白）、木（岁星）、水（辰星）、火（荧惑）、土（填星、镇星）七大行星的一种总称，源于人民对远古的星辰自然崇拜。旧时分别用来称一个星期的七天，很多地域以"七曜"代表一个星期的七日。月神主管星期一，所以星期一称"月曜日"；火神主管星期二，即称"火曜日"；水神主管星期三，即称"水曜日"；木神主管星期四，即称"木曜日"；金神主管星期五，即称"金曜日"；土神主管星期六，即称"土曜日"；太阳神主管星期日，即称"日曜日"。此外，"七曜"在武术中还有特殊含义，形意拳中称头、手、肩、肘、胯、膝、足七个部位为七曜。

"曜"也有照耀之意。如《释名·释天》："曜，耀也，光明照耀也。"王粲《羽猎赋》："扬晖吐火，曜野蔽泽。"此外，它表示炫耀，如：曜甲（炫耀武力）；曜名（显耀名声）；曜兵；曜武（炫耀武力）；曜威（整饬军旅，炫耀武力）。

## 温故知新

### 四字通解

　　羲晖朗曜，意思是太阳的光辉永远明朗地照耀在空中。羲、晖皆为日光，羲为晨光，早晨的阳光叫晨羲；晖是阳光外面的那层晕晕的光圈。朗是明朗，曜是照耀。这句话是说太阳的光辉，其实人的善行也会像太阳的光辉，永远照耀。

　　说到善行，人们总是会想到"为人民服务"的雷锋。运输班有一块菜地靠近一位老大娘的菜园。一天下了大雨之后，雷锋到地里去看菜，见大娘在自己的菜地里排水。雷锋走过去，一边帮她放水，一边和她唠起家常来。雷锋知道了这位大娘姓张，在旧社会也是个受苦的人，解放以后才翻了身，而且还是个光荣的烈属。他从心眼里热爱和尊敬这位老妈妈。以后，他总是把大娘的菜园收拾得干干净净，天旱了就帮她担水浇菜，还把拣来的大粪上在大娘的地里。十月一日，人们欢度国庆节。雷锋为了使大娘在这个节日里过得更快乐，吃过晚饭后就带上连队发给他的苹果送给大娘。雷锋总是先人后己，他的善行就像太阳永远照耀。

### 猜谜语

坦腹东床沐日光。
（打一字）

马良赏月。
（打一字）

复习要先易后难。
（打一字）

### 故事厅

#### "钢琴天才"朗朗

　　1991年，一位来自辽宁沈阳的父亲带着9岁的儿子，来到北京寻找他们的音乐梦。儿子突然中途放弃，看着不争气的儿子，父亲心里一阵难过："这些年，爸爸辞职、卖房子，背井离乡，到处求人，不都是为了你能学好钢琴，将来上中央音乐学院吗？你现在却成了这个样子！"儿子的倔劲又上来了："爸，我再也不学琴了，我想回沈阳！"经过又一场争执之后，父亲由失望变成绝望，决定带儿子离开北京。可是小朋友们你一言我一语地帮着劝开了："弹吧，我们都喜欢听你弹琴！""在我们心中，你的钢琴是弹得最棒的！"……那天晚上，儿子流着泪，以从未有过的激情，弹奏了几支中外名曲。台下的听众们如痴如醉，掌声四起，久久没有停下。儿子站起身来，一遍又一遍向着鼓励他的人们鞠躬，在那些连绵不绝的掌声中，儿子做出了一个改变一生的决定："我要学钢琴！我一定要学好！"凭着过人的自信加努力，两年后，儿子以第一名的成绩考入中央音乐学院附小；10年之后，他成了中央音乐学院最年轻的客座教授，并且凭着一系列成功的演出技惊中外。他，就是被誉为"百年不遇的钢琴天才"朗朗。成名之后，很多人问起朗朗成功的秘诀，朗朗无一例外都会提及小学时那场特殊的晚会，提及激励自己上路的掌声。后来，一位记者在专访中动情地写道："这些掌声，是对草根艺术的肯定。尽管它们不是出自名人大腕，但却在关键时刻，以恰到好处的声音，拯救了一位音乐天才。"这些善意的掌声，也像太阳的光辉一样，给人温暖与力量。

 **知识角**

### 羲和

羲和，传说是中国的太阳神，东夷人祖先帝俊的妻子，生了十个太阳，每天羲和在大海中的甘渊为十个太阳洗澡。《山海经》《尚书》《离骚》中都有关于羲和的描述。相传，太阳女神羲和每天驾驭流金溢彩的华丽太阳神车，托举着翱翔天宇的太阳鸟，掌握着时间的节奏，每天由东向西驾驭着太阳为人们带来光明。到了三皇五帝的尧帝时期，光彩照人的太阳之母羲和，被任命为制定历法的人。尧帝指示羲和密切注视时间循环，测定日月星辰的运行规律，制定出计算时间的历法。这部中国最古老的历法，后来被夏王朝确立为国家历法，称为夏历。沿用到今天的中国农历，仍然称夏历。

传说中的羲和家族，是中国古代掌管天文的传奇世家。羲和家族的羲仲、羲叔、和仲、和叔四个人，被尧帝派往东、南、西、北四方，观测天象，确定春分、秋分、夏至、冬至的具体时间，从而安排历法，预测农耕节气。在辽阔的中国大地上，太阳崇拜与土地崇拜就这样自然浑成，天衣无缝。其后，羲和成为官职，作为中国第一个朝代——夏王朝的国家级天文官。万代羲和被委以重任，负责观察天文，预言天象祸福。太阳女神羲和，驾驶着那光芒四射的太阳神车，托举着翱翔天宇的太阳鸟，把幽深的华夏历史，照耀得辉煌明亮，光艳夺人。

 **成语窗**

### 羲皇上人
羲皇：传说中的古帝王伏羲氏。伏羲氏以前的人，即太古的人。比喻无忧无虑，生活闲适的人。

### 晖光日新
进德修业不懈，日日更新。

### 寸草春晖
寸草：形容儿女的心力像小草那样微弱。春晖：象征母亲的慈爱。小草微薄的心意报答不了春日阳光的深情。比喻父母的恩情沉重，难以报答。

### 跗萼连晖
比喻兄弟均贵显荣耀。

### 月朗风清
月光明朗，微风清爽，形容宁静美好的月夜。

### 豁然开朗
原是形容从狭窄幽暗突然变得宽敞。后形容一下子明白了某种道理，心情十分舒畅。

### 耀武扬威
炫耀武力，显示威风。

## 旋玑悬斡

xuán

| 甲骨文 | 金文 | 篆文 | 隶书 | 楷书 | 行书 | 草书 | 标准宋体 |
|---|---|---|---|---|---|---|---|
| | | | | | | | |

### 解字堂

古人《千字文》中，"羲晖朗曜"下句一般写作"旋玑悬斡"。"旋"是会意字。甲骨文从队，从足。《说文》："旋，周旋，旌旗之指麾也。从队，从疋。""疋"即"足"。意思是，人足随旗帜而周旋。

"旋"可以表示回转、旋转。如《庄子·秋水》："于是焉河伯始旋其面目，望洋向若而叹。"又如：旋绕、盘旋、回旋。

"旋"可以表示回還、歸來。如《诗·小雅·黄鸟》："言旋言归，复我邦族。"又如：旋里、凯旋。

"旋"作为名词，可以表示圈，如旋涡。可以表示毛发呈旋涡状的地方，如头顶上有两个旋。

"旋"作为副词，可以表示不久、很快地，如《天演论·察变》："憔悴孤虚，旋生旋灭。"又如：旋日（一日之间）；旋而（顷刻，不久）；旋葬（随即安葬）；旋得旋失（很快地得与失）。

### 名言馆

周旋小字挑灯读，重迭遥山隔雾看。
· （唐）李白《代佳人寄翁参枢先辈》

久客宜旋旆，兴王未息戈。
· （唐）杜甫《散愁二首》其一

乡思旋生芳草见，客愁何限夕阳知。
· （唐）吴融《赴职西川过便桥书怀寄同年》

谜语答案　曦　朗　曜

旋玑悬斡

| 甲骨文 | 金文 | 篆文 | 隶书 | 楷书 | 行书 | 草书 | 标准宋体 |
|---|---|---|---|---|---|---|---|
|  |  | 璣 | 璣 | 璣 | 玑 | 玑 | 玑 |

### 名言馆

无为宇宙清，有美璇玑正。
· （唐）李世民《执契静三边》

百草巧求花下斗，只赌珠玑满斗。
· （唐）李白《清平乐》

莫辩亭毒意，仰诉璇与玑。
· （唐）柳宗元《夏夜苦热登西楼》

### 解字堂

"璣"是形声字。从王，幾声。本义是指不圆的珠。《说文》："玑，珠不圆者也。"简化后写作"玑"。

我们之前说过，从玉的汉字一般都与玉有关。"玑"的部首是玉，所以它的本义与玉有关，它的本义是不圆的珠子。如《史记·李斯传》："傅玑之珥。"《吕氏春秋·重己》："爱己之一苍璧小玑。"左思《吴都赋》："赪丹明玑。"《虞书》："在璇玑玉衡。"《北堂书钞》引《书大传》："玑为转运。"现在常见的词汇有：玑镜（以有光的大珠制成的镜子；也指明镜；用以赞美他人的鉴识能力）；玑贝（珍珠宝贝，比喻佳作）；玑璇（北斗七星中的星名，璇是其中第二星，玑是其中第三星，今称"天玑"，合称"璇玑"）；玑衡（星名，指北斗七星中的天玑与玉衡，也用以称观测天文的仪器）。如李康《运命论》："天动星回，而辰极犹居其所；玑旋轮转，而衡轴犹执其中。"《史记·五帝本纪》："于是帝尧老，命舜摄行天子之政，以观天命。舜乃在璇玑玉衡，以齐七政。"这句话的意思是：这时，尧年事已高，让舜代理天子之政事，借以观察他做天子是否合天意。舜于是通过观测北斗星，来考察日、月及金、木、水、火、土五星的运行是否有异常。

旋玑悬斡

xuán

| 甲骨文 | 金文 | 篆文 | 隶书 | 楷书 | 行书 | 草书 | 标准宋体 |
|---|---|---|---|---|---|---|---|

## 解字堂

"縣"是"懸"的本字。"縣"是会意字，金文字形从木从系从䝞（倒首），会悬首示众之意，当"縣"被固定用作行政单位，"悬挂"意加心底写作"懸"表示。简化后写作"悬"。

"悬"的本义是吊挂，如《徐霞客游记·游黄山记》："悬者植梯接之。"清代薛福成《观巴黎油画记》："以巨幅悬之。"清代张廷玉《明史》："倒悬之。"在成语"悬丝诊脉"中，这是传说古代中医诊脉法之一，指不见面将丝线系于病人腕上诊脉治病，这是根据它的本义引申而来的。再有"悬壁"，这是相学术语，指脸部接近耳垂下端处的部位。

"悬"也有牵挂、挂念的含义，如：悬结（悬念、惦记）；悬悬（挂念）；悬肠挂肚（担心、挂念）。"悬"也可指凭空设想、揣测，如《梼杌闲评·明珠缘》："你们做的事，须自己承认。怎么悬定得罪？"现在常见的词汇有：悬度（无根据地揣测、估计）；悬料（凭空臆测）；悬猜（揣测，猜想）。此外，"悬"有揭示、公布、关联等含义，如《管子》："吏者，民之所悬命也。"《史记·平原君虞卿列传》："王之命悬于遂手。"这里面的"悬"就是关联的含义。

"悬"作形容词，可以表示久延不决；孤立，无所依傍；空虚，匮乏；形容高耸，陡峭。它也可表示数量、质量、规模或力量上相差较大，如"悬殊"。

## 名言馆

相思在万里，明月正孤悬。
· （唐）卢照邻《关山月》

悬知花叶意，朝夕望中新。
· （唐）李隆基《同刘晃喜雨》

争潆海水飞凌喧，山瀑无声玉虹悬。
· （唐）李贺《北中寒》

旋玑悬斡

wò
斡

| 甲骨文 | 金文 | 篆文 | 隶书 | 楷书 | 行书 | 草书 | 标准宋体 |
|---|---|---|---|---|---|---|---|
|  |  | 斡 | 斡 | 斡 | 斡 | 斡 | 斡 |

## 名言馆

斗水正回斡，倒流安可禁。
· （唐）孟郊《连州吟》

旧与杨郎在帝城，搜天斡地觅诗情。
· （唐）元稹《和乐天赠杨秘书》

蓬莱顶上斡海水，水尽到底看海空。
· （唐）杜牧《池州送孟迟先辈》

## 解字堂

这个字大家可能比较陌生，不太熟悉它的读音，读为wò。"斡"是形声字。从斗，㪍声。意思为旋转，如《广雅·释诂四》："斡，转也。"《史记·屈原贾生列传》："斡弃周鼎。"现在常见的词汇有：斡旋天地（转变世界）；斡流（流转）；斡运（旋转运行）；斡维（运转的枢纽）。它也有挑、负之意，如元代杨显之《酷寒亭》："也虽如提关列窖，也强如斡扫挑筹。"

它的含义比较单一，我们见到最多的和它相关的词汇是"斡旋"，有两个意思，第一个是扭转，《三国演义》第三七回："将军欲使孔明斡旋天地，补缀乾坤，恐不易为，徒费心力耳。"《儿女英雄传》第三三回："公子极力要斡旋这句话，便道：'人有不为也而后可以有为。'"第二个意思是调解争端，在这一意义上常用于外交事务，是指和平解决国际争端的方法之一，即由第三方为争端当事国提供有利于他们接触和谈判的便利条件，提出自己的建议或转达各方的意见，从而促使当事国开始谈判或者重开已停止的谈判。但斡旋者不参加当事国的谈判。在外交实践中和国际公约中，从事斡旋的三方，一般都是国家，也可以是组织或个人。其程序有时是争端当事国一方委托第三方，有时是第三方自愿进行斡旋。任何国家都没有委托第三方进行斡旋的权利，而第三方也不负有为他国进行斡旋的义务。斡旋的作用是进行劝告，不具有法律拘束力。

## 温故知新

###  四字通解

旋玑悬斡，"旋玑"也写作"旋机""璇玑"，分别指北斗七星中的第二星、第三星，亦泛指北斗。悬是悬挂、悬吊起来的意思。斡是旋转、斡旋。高悬的北斗七星不断地转动着斗柄，就是"旋玑悬斡"。

北斗七星的第一颗是天枢、第二颗是天璇，二者连线的五倍距离就是北极星所在的位置。北斗七星的勺柄总是围绕着北极星转的，所谓"斗柄指东天下皆春，斗柄指南天下皆夏，斗柄指西天下皆秋，斗柄指北天下皆冬"。北斗七星不停地转动，就代表了一年四季不断地推移交替。要找北斗七星，先要找天上最亮的两颗星，招摇二星，它们在北斗斗柄的正前方。古人告诫我们不要太招摇，就是借用这两颗星的名字，因为这二位太亮、太抢眼，一眼就可以看到。所以做人不可以太招摇，以免成为众矢之的。

###  故事厅

**头悬梁锥刺股**

孙敬读书时，随时记笔记，常常一直看到后半夜，时间长了，有时不免打起瞌睡来。一觉醒来，又懊悔不已。有一天，他抬头苦思的时候，目光停留在房梁上，顿时眼睛一亮。随即找来一根绳子，绳子的一头拴在房梁上，下边这头就跟自己的头发拴在一起。这样，每当他累了困了想打瞌睡时，只要头一低，绳子就会猛地拽一下他的头发，一疼就会惊醒而赶走睡意。从这以后，他每天晚上读书时，都用这种办法，发奋苦读。

年复一年地刻苦学习，使孙敬饱读诗书，博学多才，成为一名通晓古今的大学问家，在当时江淮以北颇有名气，常有不远千里的学子，负笈担书来向他求学解疑、讨论学问。

战国时期，有一个人名叫苏秦，也是出名的政治家。在年轻时，由于学问不多不深，曾到好多地方做事，都不受重视。回家后，家人对他也很冷淡，瞧不起他。这对他的刺激很大。所以，他下定决心，发奋读书。他常常读书到深夜，很疲倦，常打盹，直想睡觉。于是他想出了一个方法，准备一把锥子，一打瞌睡，就用锥子往自己的大腿上刺一下。这样，猛然间感到疼痛，使自己清醒起来，再坚持读书。

### 猜谜语

高唱凯歌还。
（打一字）

且请放心来云南。
（打一字）

心挂清虚古刹中。
（打一山西名胜）

 **知识角**

### 北斗星的小知识

北斗七星属大熊座的一部分，从图形上看，北斗七星位于大熊的尾巴。这七颗星中有六颗是二等星，一颗是三等星。通过斗口的两颗星连线，朝斗口方向延长约五倍远，就找到了北极星。认星歌有："认星先从北斗来，由北往西再展开。"初学认星者也就可以从北斗七星依次来找其他星座了。古人很重视北斗，因为可以利用它来辨别方向，定季节。

"天枢""天璇""天玑""天权"四星为魁，组成北斗七星的"斗"，柄状三星分别是——"玉衡""开阳""摇光"。勺柄中央的星名叫"开阳"，不远处有一颗四等伴星，名"辅"，开阳星和辅星组成光学双星，肉眼即能识辨。开阳与辅星也是全天唯一一对肉眼可见的物理双星。季节不同，北斗七星在前半夜夜空中的位置也不尽相同。因此，我国古代人民就根据它的位置变化来确定季节。

北斗七星中，"玉衡"最亮，亮度几乎接近一等星。"天权"最暗，是一颗三等星。其他五颗都是二等星。在"开阳"附近有一颗很小的伴星，叫"辅"，它一向以美丽、清晰的外貌引起人们的注意。据说，古代阿拉伯人征兵时，把它当作测验士兵视力的"试验星"。

 **成语窗**

### 旋踵即逝
踵：脚后跟。旋踵：旋脚之间，形容极短的时间。逝：过去。转身就不见了。形容消失得非常快。

### 口吐珠玑
珠、玑：都是珠宝，圆的叫珠，不圆的叫玑。形容说话有文采。

### 碎玉零玑
比喻精美简短的诗文。

### 字字珠玑
比喻说话、文章的词句十分优美。有时也延伸指说话或写文章言简意深，凝炼有力。

### 天悬地隔
悬、隔：距离远。比喻两者相差极大。

### 悬心吊胆
形容十分担心或害怕。

### 掀天斡地
形容声势非常浩大，或巨大而彻底的变化。

## 晦魄环照

huì

| 甲骨文 | 金文 | 篆文 | 隶书 | 楷书 | 行书 | 草书 | 标准宋体 |
|---|---|---|---|---|---|---|---|
|  |  | 晦 | 晦 | 晦 | 晦 | 晦 | 晦 |

### 解字堂

"晦"是形声字。从日，从每，每亦声。《说文》："晦，月尽也。"意思是，晦指阴历每月的最后一天。

"晦"的本义是阴历每月最后一天，如《论衡·四讳》："三十日日月合宿，谓之晦。"《左传·成公十七年》："陈不违晦。"《庄子·逍遥游》："朝菌不知晦朔。"清代姚鼐《登泰山记》："戊申晦。"现在常见到的词汇有：晦望（农历每月末一日与十五日）；晦景（晦日，晦节）；晦日（阴历每月最后的一天）。它也有夜、晚之意，如：晦明（从黑夜到天明，即昼夜）；晦晓（夜晚与天明）。

它作为形容词，意为昏暗，如《汉书·高帝纪》："是时雷电晦冥。"《楚辞·屈原·涉江》："山峻高以蔽日兮，下幽晦以多雨。"唐代李朝威《柳毅传》："道途显晦。"宋代欧阳修《醉翁亭记》："晦明变化。"引申为义理深微，意思是隐晦、含蓄，如《左传·成公十四年》："志而晦。"常见的词汇有：晦伏（隐晦不显）；晦昧（隐晦不明）；晦室（晦涩不通）；晦塞（晦涩不畅）。还指草木凋零，如江淹《诗》："寂历百草晦。"我们现在经常听到的"晦气"一词，意思是坏运气，倒霉。

### 名言馆

晦魄移中律，凝暄起丽城。
· (唐) 李世民《月晦》

晦日同携手，临流一望春。
· (唐) 李端《晦日同苗员外游曲江》

晦赏念前岁，京国结良俦。
· (唐) 韦应物《月晦忆去年与亲友曲水游宴》

谜语答案　旋　悬　悬空寺

# 魄 pò

晦魄环照

| 甲骨文 | 金文 | 篆文 | 隶书 | 楷书 | 行书 | 草书 | 标准宋体 |
|---|---|---|---|---|---|---|---|
|  |  | 魄 | 魄 | 魄 | 魄 | 况 | 魄 |

## 名言馆

桂魄初生秋露微，轻罗已薄未更衣。
·（唐）王涯《秋夜曲》

绕墓招魂魄，镌岩记姓名。
·（唐）张籍《哭山中友人》

落魄三月罢，寻花去东家。
·（唐）李贺《铜驼悲》

## 解字堂

"魄"是形声字。从鬼，白声。从鬼的字，常与灵魂、鬼怪有关。《说文》："魄，阴神也。"

"魄"的本义是阴神，迷信的人指依附于人的身体而存在的精神。如《左传·昭公七年》："人生始化曰魄。"《国语·晋语》："其魄兆于民矣。"唐代李白《梦游天姥吟留别》："忽魂悸以魄动。"它的本义我们现在用得比较多，如："魂魄"，迷信者指附在人体内可以游离出去的精神；"魄荡魂飞""魄散魂消""魄散魂飞"等都形容惊恐万状。它也指精神、气质、神气，或指精力、胆识。

下面用法不常见，了解即可。

通"霸"，指月出月没的微光。在周代金文月相术语中，"魄"指月亮躯壳。具体指所有肉眼可见的月相，如"峨眉月""上弦月""渐盈凸月""满月""渐亏凸月""下弦月""残月"等。也通"粕"，指糟粕、酒滓。"粕"即"空米"，即米糠、米壳，是谷物去掉精华（米、米仁）后的糠壳，与"魄"为人体去掉精华（灵魂）之后成为躯壳的意思相近，故"魄""粕"二字可以彼此替代。

晦魄环照

## huán 环 (環)

| 甲骨文 | 金文 | 篆文 | 隶书 | 楷书 | 行书 | 草书 | 标准宋体 |
|---|---|---|---|---|---|---|---|
| | 瑗 | 環 | 環 | 環 | 環 | 珎 | 环 |

### 解字堂

"環"是形声字。从玉，睘（huán）声。简化后写作"环"。《说文》："环，璧也。"

它从玉，所以含义与玉有关，它的本义是圆形而中间有孔的玉器。如《礼记·经解》："行步则有环佩之声。"《礼记·玉藻》："孔子佩象环五寸。"柳宗元《小石潭记》："闻水声，如鸣佩环。"宋濂《送东阳马生序》："腰白玉之环。"现在常见的词汇有：环佩（古人衣带上所系的佩玉）；环玦（玉环和玉玦）；环琨（环与琨，并为玉佩）。也泛指圆圈形的物品，如《仪礼·士丧礼》："布巾环幅。"

作为动词，它的含义是环绕、围绕，如《国语·越语上》："三江环之。"《文选·张衡·西京赋》："譬众星之环极。"唐代柳宗元《小石潭记》："竹树环合。"唐代柳宗元《游黄溪记》："环永之治百里。"唐代柳宗元《小石城山记》："环之可上，望甚远，无土壤而生嘉树美箭。"也有旋转的含义，如《周礼·乐师》："环拜以钟鼓为节。"《战国策·齐策》："环山者三。"《山海经·大荒北经》："九首蛇身自环。"

### 名言馆

笛奏梅花曲，刀开明月环。

· （唐）李白《从军行》

---

环是妾之心，玉是君之德。

· （唐）卢仝《自君之出矣》

---

直到他生亦相觅，不能空记树中环。

· （唐）元稹《寄乐天》

## 照 zhào

| 甲骨文 | 金文 | 篆文 | 隶书 | 楷书 | 行书 | 草书 | 标准字体 |
|---|---|---|---|---|---|---|---|
|  | 昭 | 照 | 照 | 照 | 照 | 昭 | 照 |

### 名言馆

铅粉坐相误，照来空凄然。
· （唐）李白《代美人愁镜二首》其一

满园深浅色，照在绿波中。
· （唐）王涯《春游曲二首》其一

至宝不自宝，照古还照今。
· （唐）贯休《古镜词上刘侍郎》

### 解字堂

"照"是形声字。从火，昭声。字亦作炤。《说文》："照，明也。"

它的本义是明亮，这一含义我们现在用得比较少，古代经常用，如《诗·陈风·月出》："月出照兮。"《庄子》："昔者十日并出，万物皆照。"

我们现在用得较多的是它作为动词的含义，表示照射、照耀。

光线射着：照射、照耀；对着镜子或其他反光的东西看：照镜子，对着池水照一照；拍摄，又指或相片：照相、照片；依据，按着：照样、照例、依照、按照；凭证：执照、护照、车照；关心，看顾：照看、照料、照应、照顾、关照；对比，察看：对照、查照；通告，通知：知照；知晓，明白：心照不宣；对着，向着：照侵略者开炮，照着这条大道走。

此外，"照"在方言中，原为"罩得住"之意，后逐渐演变为"行""可以"的意思。现主要在安徽江淮地区合肥、六安等地流行。也表示"接受""可以"之意。

## 温故知新

### 四字通解

晦魄环照，阴历每个月的最后一天叫作晦，每个月的第一天叫朔。阴历每月初始见的月光叫魄，也就是初三的新月。环照就表示月亮由朔、望、晦完成一个回环，周而复始，没有穷尽。明亮的月光永远遍洒人间四海，所以总是能激起人类无限的遐想。苏东坡就把酒问明月，"不知天上宫阙，今夕是何年"？晦魄是指月亮而说的，前一句"羲辉朗曜"说的是太阳的光芒，此处再以月亮的光辉与之相对应，修辞上叫作对仗。李白的"床前明月光，疑是地上霜。举头望明月，低头思故乡"，王维的"深林人不知，明月来相照"，杜甫的"露从今夜白，月是故乡明"，陶渊明的"晨兴理荒秽，带月荷锄归"，白居易的"可怜九月初三夜，露似珍珠月似弓"，李商隐的"晓镜但愁云鬓改，夜吟应觉月光寒"，这些都是咏月的千古名句，月在我们中国有着特殊的含义。

### 故事厅

#### 嫦娥奔月

远古的时候，天上曾有十个太阳，晒得大地冒烟，海水枯竭，老百姓苦得活不下去。有个叫羿的英雄力大无比，他用宝弓神箭，一口气射下九个太阳。最后那个太阳一看大势不妙，连忙认罪求饶，羿才息怒收弓，命令这个太阳今后按时起落，好好造福老百姓。

羿的妻子名叫嫦娥，美丽贤惠，心地善良，大家都非常喜欢她。一个老道人十分钦佩羿的神力和为人，赠他一包药，吃了可以升天，长生不老。羿舍不得心爱的妻子和乡亲，不愿自己一人升天，就把长生不老药交给嫦娥收藏起来。羿有个徒弟叫蓬蒙，是个奸诈小人，一心想偷吃羿的长生不老药，好自己升天成仙。这一年的八月十五，羿带着徒弟们出门打猎去了。天近傍晚，找借口未去打猎的蓬蒙闯进嫦娥的住所，威逼嫦娥交出可以升天的长生不老药。嫦娥迫不得已，仓促间把药全部吞下肚里。马上，她便身轻如燕，飘出窗口，直上云霄。由于嫦娥深爱自己的丈夫，最后她就在离地球最近的月亮上停了下来。听到消息，羿心如刀绞，拼命朝月亮追去。可是，他进月亮也进，他退月亮也退，永远也追不上。羿思念嫦娥，只能望着月亮出神。此时月亮也格外圆格外亮，就像心爱的妻子在望着自己。

第二年八月十五晚上，嫦娥走出月宫，默默地遥望下界，思念丈夫和乡亲们。她那美丽的面孔，使得月亮也变得格外圆格外亮。羿和乡亲们都在月光下祭月，寄托对嫦娥的思念。从此年年如此，代代相传。由于八月十五正值中秋，就定为中秋节。

### 猜谜语

水底召来东方红。
（打一字）

青莲碧水两相映。
（打一词人）

 ## 知识角

### 月亮的称呼

月亮在我国古代诗文中有许多有趣的美称：

玉兔：着意登楼瞻玉兔，何人张幕遮银阙——辛弃疾；

夜光：夜光何德，死则又育——屈原；

素娥：素娥惟与月，青女不饶霜——李商隐；

冰轮：玉钩定谁挂，冰轮了无辙——陆游；

玉轮：玉轮轧露湿团光，鸾佩相逢桂香陌——李贺；

玉蟾：凉宵烟霭外，三五玉蟾秋——方干；

桂魄：桂魄飞来光射处，冷浸一天秋碧——苏轼；

蟾蜍：闽国扬帆去，蟾蜍亏复团——贾岛；

顾兔：阳乌未出谷，顾兔半藏身——李白；

婵娟：但愿人长久，千里共婵娟——苏轼；

此外，月亮还有许多别致的雅号，如玉弓、玉桂、玉盘、玉钩、玉镜、冰镜、广寒宫、嫦娥、玉羊等。

外国人对月亮的称呼：

古叙利亚人称月亮为"阿斯泰罗"女神；古罗马人称月亮为"狄安娜"女神；古希腊人称月亮为"阿尔忒弥斯"女神。

还有其他分类：

（1）因初月如钩，故称银钩、玉钩；

（2）因弦月如弓，故称玉弓、弓月；

（3）因满月如轮如盘如镜，故称金轮、玉轮、银盘、玉盘、金镜、玉镜；

（4）因传说月中有兔和蟾蜍，故称银兔、玉兔、金蟾、银蟾、蟾宫；

（5）因传说月中有桂树，故称桂月、桂轮、桂宫、桂魄。

 ## 成语窗

**养晦韬光**
隐藏行迹和才能，不露锋芒。

**风雨如晦，鸡鸣不已**
晦：黑暗。已：止。风雨交加天色昏暗的早晨，雄鸡啼叫不止。比喻在黑暗的社会里不乏有识之士。

**寒酸落魄**
落魄：沮丧失意。形容不得志时穷困、狼狈颓丧的样子。

**惊魂夺魄**
形容使人感受很深，震动很大。

**燕瘦环肥**
燕：汉成帝皇后赵飞燕。环：唐玄宗贵妃杨玉环。形容女子体态不同，各有各好看地方。也借喻艺文作品风格不同，而各有所长。

**结草衔环**
比喻感恩报德，至死不忘。

**照萤映雪**
利用萤火虫的光和白雪的映照读书，形容刻苦地读书。

**心照不宣**
指彼此心里明白，而不公开说出来。也指互相之间明白或共同认可一件事物，做出相同的判断。同时，对方心中所想所希望的予以回应，而无需对方提醒。

## 指薪修祜

zhǐ

| 甲骨文 | 金文 | 篆文 | 隶书 | 楷书 | 行书 | 草书 | 标准宋体 |
|---|---|---|---|---|---|---|---|
|  |  | 榴 | 拾 | 指 | 指 | 指 | 指 |

### 解字堂

"指"是形声字。从手，旨声。本义是手指，手掌的五个终端部分，东汉许慎《说文》："指，手指也。"

这个字我们很熟悉，现在我们翻书就是用手指，手指对我们的作用不言而喻。"指"的本义就是手指，在这一含义上古今没有什么差别，《庄子·骈拇》："骈拇枝指。"《孔雀东南飞》："指如削葱根。"唐代白居易《卖炭翁》："两鬓苍苍十指黑。"明代归有光《项脊轩志》："以指叩门。"《虞初新志·秋声诗自序》："虽人有百手，手有百指，不能指其一端。"《荀子·儒效》："是犹伛伸而好升高也，指其顶者愈众。"这句话的意思是：这就好像是驼背却喜欢升高一样，指着他的头顶而笑话他的人就会更多。现在我们常见的词汇有：指下（手指按下，比喻诊脉看病）；指爪（指纹痕迹）；指尺（古时以中指的中节为一寸）；指掌（手指和手掌）；指语（哑语的一种，以手指形状、姿势表示拼音字母）。

作为动词，它的含义是指向、指着，宋代王安石《伤仲永》："自是指物作诗立就。"明代魏学洢《核舟记》："右手指卷。"明代张潮《虞初新志·秋声诗自序》："不能指其一端。"明代顾彦夫《村落嫁娶图记》："一童子稍长，携其幼，指而语之。"它还有指定、指示、指点、指责等含义。

作为形容词，它通"旨"，是美好之意，《荀子》："不时宜，不敬交，虽指，非礼也。"

### 名言馆

不通姓字粗豪甚，指点银瓶索酒尝。
·（唐）杜甫《少年行》

谁家女儿楼上头，指挥婢子挂帘钩。
·（唐）卢仝《楼上女儿曲》

欲芟荆棘种交梨，指画城中日恐迟。
·（唐）罗隐《寄聂尊师》

谜语答案　照　李清照

## 指薪修祜

## 薪 xīn

| 甲骨文 | 金文 | 篆文 | 隶书 | 楷书 | 行书 | 草书 | 标准宋体 |
|---|---|---|---|---|---|---|---|
|  |  | 薪 | 薪 | 薪 | 薪 | 薪 | 薪 |

### 名言馆

十犹八九负薪归，卖薪得钱应供给。
· （唐）杜甫《负薪行》

乱蓬为鬓布为巾，晓蹋寒山自负薪。
· （唐）白居易《代卖薪女赠诸妓》

忍耻坐薪亦几年，生聚教训亦纤悉。
· （宋）杜范《汉中行》

### 解字堂

"薪"是形声字。从艸，新声。本义为作燃料的木材。《说文》："薪，荛也。"荛即木柴。

"薪"的本义就是木柴，如《礼记·月令》："收秩薪柴。"注："大者可析谓之薪。"《周礼·委人》："薪蒸材木。"注："粗者曰薪，细者曰蒸。"《诗·小雅·无羊》："以薪以蒸。"《管子·轻重甲》："农夫得居装而卖其薪荛。"《礼记·曲礼》："某有负薪之忧。"《孟子》："毁伤其薪木。"《聊斋志异·狼三则》："顾野有麦场，场主积薪其中。"现在我们经常见到的词汇有：薪火（柴火）；薪桂（薪贵于桂，形容柴火昂贵）。它的本义我们现在用得比较少，现在"薪"主要是薪水、薪金的省称，如加薪、薪工、薪津、薪金。

它作为动词，意为取以为薪、打柴，如南朝梁萧统《陶渊明传》："今遣此力，助汝薪水之劳。"

243

## 指薪修祜

xiū

| 甲骨文 | 金文 | 篆文 | 隶书 | 楷书 | 行书 | 草书 | 标准宋体 |
|---|---|---|---|---|---|---|---|
|  |  | 脩 | 脩 | 脩 | 脩 | 修 | 修 |

### 解字堂

古人《千字文》中，"晦魄环照"下句写作"指薪脩祜"。"脩"是形声字。从肉，攸声。"脩"的本义是干肉。《说文》："脩，脯也。从肉，攸声。" 简化后，"脩"与"修"同写作"修"。"脩"和"修"的区别是，"脩"是肉脯，"修"是修饰。汉隶以后，修饰的"修"多混作"脩"，但肉脯的"脩"决不作"修"。

"修"的本义是干肉，如《论语·述而》："自行束修以上，吾未尝无诲焉。"可以泛指干枯，如《诗·王风·中谷有蓷》："中谷有蓷，暵其修矣。"可以表示善、美，屈原《离骚》："冉冉其将至兮，恐修名之不立。"也指使完好、完美，如《诗·秦风·无衣》："王于兴师，修我戈矛，与子同仇。"可以表示高、长，如《战国策·齐策一》："邹忌修八尺有余。"可以表示学习、研究，如《史记·老子韩非列传》："老子修道德。"可以表示撰写，如《汉书·楚元王刘交传》："及春秋，左氏丘明所修，皆古文旧书。"

### 名言馆

修我戈矛，与子同仇。
··《诗·秦风·无衣》

俦物终始殊，修短各异方。
··（三国）阮籍《咏怀八十二首》其二十一

玉桃偷得怜方朔，金屋修成贮阿娇。
··（唐）李商隐《茂陵》

指薪修祜

| 甲骨文 | 金文 | 篆文 | 隶书 | 楷书 | 行书 | 草书 | 标准宋体 |
|---|---|---|---|---|---|---|---|
|  |  | 祜 | 祜 | 祜 | 祜 | 祜 | 祜 |

## 名言馆

调腾绛霄兮垂景祜，翘丹恳兮荷休征。
· （唐）武则天《唐大飨拜洛乐章·归和》

祠曹讳羊祜，此驿何不俦。
· （唐）元稹《阳城驿》

一曰：劝君不用登岘首山，读羊祜碑，男儿事业须自奇。
· （唐）贯休《送卢舍人三首》其一

## 解字堂

"祜"是形声字。从示，古声。本义是福、大福。

这个字的字义很简单，意为福。它的部首是示，一般从示的字都与祭祀有关，比如福、礼等，祜也是这样。它常见的词汇有：祜休，意思是吉庆，幸福美善。它的含义单一，我们来了解一下诗人张祜吧！

张祜，字承吉，唐代诗人，清河人。出身清河张氏望族，家世显赫，被人称作张公子。张祜一生创作甚多，他的好友杜牧曾于《登九峰楼寄张祜》诗中说："谁人得似张公子，千首诗轻万户侯。"他的诗歌也是众体兼备，尤以五言律诗成就最高。这些诗长于模写，本色自然而韵味隽永。五言、七言绝句则裁思精利，艳丽俊逸，音调谐美。五言古诗，谏讽怨谲，铺叙游程，章法井然。总之，无论在内容还是风格上，张祜都有其独到的造诣，很难将其划入任何一派，而是在中晚唐诗坛上独树一帜，是为清丽沉雄的一家诗风。

## 温故知新

 **四字通解**

指薪修祜,"指"通"脂","薪"是木柴,指薪指用木柴烧火,木柴有穷尽的时候,而火往下传,却不会灭。"修"是培养,"祜"是福。"指薪修祜"的用典,出自《庄子·养生主》:"指穷于为薪,火传也,不知其尽也。""指"是"脂"字的通假,油脂燃烧的时间,比柴草要长得多,所以古代点油灯多用膏,也就是动物脂肪。《楚辞·招魂》上说:"兰膏明烛",兰膏是加了兰香炼的膏,燃烧起来有香味。烛薪的燃烧是有穷尽的,火却可以一直传下去没有穷尽。譬喻人的肉体会死亡而人类的生命现象是延续无穷的。祜是福德、福禄,修祜就是修福、积德。人的寿命是有限的,只是短短的几十年,上寿百岁不过是三万多天,所以要赶快修你的福德,因为福德是可以一代一代传下去。

 **故事厅**

### 卧薪尝胆

春秋时期,吴王夫差凭着自己国力强大,领兵攻打越国。结果越国战败,越王勾践于是被抓到吴国。吴王为了羞辱越王,派他做看墓与喂马这些奴仆才做的工作。越王心里虽然很不服气,但仍然极力装出忠心顺从的样子。吴王出门时,他走在前面牵着马;吴王生病时,他在床前尽力照顾。吴王看他这样尽心伺候自己,觉得他对自己非常忠心,最后就允许他返回越国。越王回国后,决心洗刷自己在吴国当囚徒的耻辱。为了告诫自己不要忘记复仇雪恨,他每天睡在坚硬的木柴上,还在门上吊一颗苦胆,吃饭和睡觉前都要品尝一下,为的就是要让自己记住教训。除此之外,他还经常到民间视察民情,替百姓解决问题,让人民安居乐业,同时加强军队的训练。经过十年的艰苦奋斗,越国变得国富兵强,于是越王亲自率领军队进攻吴国,并取得胜利,吴王夫差羞愧得在战败后自杀。后来,越国又趁胜进军中原,成为春秋末期的一大强国。

卧薪尝胆后演变为成语,形容人刻苦自励,立志雪耻图强,最后果真可以苦尽甘来。

### 猜谜语

五个兄弟,生在一起,
有骨有肉,长短不齐。
(打一人体器官)

竹影临风心悠然。
(打一字)

湖光水月不见星。
(打一字)

##  知识角

### 修的小学问

"修"是一门重要的学问,它与我们日常生活息息相关。修身养性,由表及里,开启生命无有穷尽的力量。《孟子》曰:"夭寿不贰,修身以俟之,所以立命也。"人生许多丰富的阅历与内涵,无不被一"修"字囊括其中。

古圣先贤克己复礼,诚明合一,留给后人诸多修身要道。《论语》曰:"君子有九思,视思明,听思聪,色思温,貌思恭,言思忠,事思敬,疑思问,忿思难,见得思义。"言简意赅而语意深远,将人生中所应秉持的修为态度,面面俱到地揭示了出来,堪称为立身行事的人生指南。

人生,俨然一条修行路,路漫漫其修远兮,而最终的一切,无不回归到"德"的原点上,因为厚德方可载物,故夫子曰:"德之不修,学之不讲,闻义不能徙,不善不能改,是吾忧也。"这是圣人对人生修学的信念,他一生所担心的不是前途命运,而是有无德行,能否积极向上,能否改过迁善。这在我们修学过程中无疑是盏智慧的明灯,永远指引我们走向光明。

在生命里,有令人欣喜的日丽风清,也有让人无所适从的狂风骤雨。此起彼伏的人生境况下,时时处处都有"修炼"的机会,所以修身是一个长期训练、管理、调适、改变自我内心世界的过程。《礼记·大学》言:"欲修其身者,先正其心。"要修身需先修心,在生活的待人处事中,渐次修正我们的言行举止,闲邪存诚,方能在心地上扎好仁德基础。

##  成语窗

**令人发指**
使人头发都竖起来了。形容使人极度愤怒。一般指别人的行动令某些人厌恶,恐惧。

**指天誓日**
誓:发誓。指着天对着太阳发誓。表示意志坚决或对人表示忠诚。

**绝薪止火**
绝:断绝。薪:柴草。断绝柴草,使火停止燃烧。比喻从根本上彻底解决问题。

**杯水车薪**
用一杯水去救一车着了火的柴草,比喻力量太小,解决不了问题。

**束身自修**
束:约束。修:修养。谓约束自己,不与坏人坏事同流合污。泛指纯洁自身的德行。

**不修小节**
指不注意生活上的小事。形容处世潇洒旷达。

**承天之祜**
承:蒙受。祜:福。蒙受老天的赐福。

永绥吉劭

| 甲骨文 | 金文 | 篆文 | 隶书 | 楷书 | 行书 | 草书 | 标准宋体 |
|---|---|---|---|---|---|---|---|
| | | | | 永 | 永 | 永 | 永 |

## 解字堂

"永"是会意字。甲骨文从人，从水，从彳，会人在水中向前游之意，而这一意义后也由分化字"泳"表示。

"永"的本义指游泳。"永"字，即潜行水中之"泳"字之初文，原从人在水中行，后人借用为长永，久而为借意所专，乃加水旁作"泳"。也指延长，如《书·毕命》："资富能训，惟以永年。"

由人在水中前游的本义引申指水流大，如《诗·周南·汉广》："江之永矣，不可方思。"引申为时间和空间的长，如《易·讼》："不永所事。"《诗·周南·卷耳》："维以不永怀。"，《诗·卫风·考盘》："永矢弗谖。"《诗·唐风·山有枢》："且以永日。"《书·高宗肜日》："降年有永有不永。"《西游记》："斗南当日永，万物显光明。"《礼记·中庸》："以永终誉。"相关词汇有：永昼（长长的白天）；永生（长生）；永言（长言）；永伤（长久忧伤悲痛）；永思（长思、永怀）；永夕（长夜）；永住（长住、长存）。

它作为副词，指永久、永远，是我们最常用的，如《诗·卫风·木瓜》："匪报兮，永以为好也。"清代林觉民《与妻书》："与汝永别。"

## 名言馆

永结无情游，相期邈云汉。
· （唐）李白《月下独酌》

片云共天远，永夜月同孤。
· （唐）杜甫《江汉》

永忆江湖归白发，欲回天地入扁舟。
· （唐）李商隐《安定城楼》

谜语答案　手指　修祜

## 永绥吉劭

**suí 绥**

| 甲骨文 | 金文 | 篆文 | 隶书 | 楷书 | 行书 | 草书 | 标准宋体 |
|---|---|---|---|---|---|---|---|
| 𢂈 | 㚔 | 綏 | 綏 | 綏 | 绥 | 绥 | 绥 |

### 名言馆

乐只君子，福履绥之。
　　　　·《诗·召南·樛木》

汤孙奏假，绥我思成。
　　　　·《诗·商颂·那》

垂绥饮清露，流响出疏桐。居高声自远，非是藉秋风。
　　　　·（唐）虞世南《蝉》

### 解字堂

"绥"是形声字。从糸，妥声。古绥字作妥。甲骨文、金文中一样。简化后写作"绥"。本义是登车时用以拉手的绳索。《说文》："车中把也。从糸从妥。"徐锴《系传》曰："礼：升车必正立执绥，所以安也。当从爪从安省。"

"绥"的本义是登车用的绳索，如《左传·哀公二年》："子良授太子绥。""绥"也是上古五服之一，古代王畿外围，每五百里为一区划，按距离的远近分为五等地带，叫"五服"。其名称为侯服、甸服、绥服、要服、荒服。服意为服事天子。

作为动词，意为安抚人心以保持平静，如《诗·大雅·民劳》："惠此中国，以绥四方。"《后汉书·西域传·序》："时军司马班超留于寘，绥集诸国。"现在这一含义最为常见，如：绥民（安定人民）；绥安（安定）；绥服（安定顺服）；绥宁（安定）。

作为形容词，是舒缓的含义，也有平安、安好、安泰之意，如《荀子·儒效》："绥绥兮其有文章也，熙熙兮其乐人之臧也。"

永绥吉劭

jí

| 甲骨文 | 金文 | 篆文 | 隶书 | 楷书 | 行书 | 草书 | 标准宋体 |

## 解字堂

"吉"是会意字。从士从口。《说文》:"吉,善也。"意思是,吉指美好吉祥。

大家还记得电视剧《还珠格格》里演员们最常说的一句话是什么吗?在皇宫里他们请安通常会说:"皇上吉祥""格格吉祥"。吉在这里的意思就是吉祥、吉利之意。如《周书·武顺》:"礼义顺祥曰吉。"《易·坤》:"安贞吉。"引申而来的意思还有善、美。如《礼记·曲礼》:"吉事先近日。"《仪礼·士冠礼》:"令月、吉日。"《周礼·大宗伯》:"吉礼大祝。三曰吉祝,五曰吉拜。"屈原《东皇太一》:"吉日兮辰良。""吉"也是一个象声词。"吉蹬蹬"是指马蹄声;"吉丁"是金属玉器清脆的碰击声;"吉丢古堆"是形容波涛汹涌澎湃的声音。

"吉"还是吉林省的简称吉林省,省会是长春市,位于中国东北中部,处于日本、俄罗斯、朝鲜、韩国、蒙古与中国东北部组成的东北亚腹心地带。北接黑龙江省,南接辽宁省,西邻内蒙古自治区,东与俄罗斯接壤。

"吉"也是一个姓氏。吉姓名人有吉旼、吉士瞻、吉鸿昌等。

## 名言馆

野有死麋,白茅包之;有女怀春,吉士诱之。
· 《诗·召南·野有死麋》

须凭吉梦为先兆,必恐长才偶盛时。
· (唐)方干《送王霖赴举》

晚来吉语到茅檐,太华诗翁约泛莲。
· (宋)刘克庄《次方寺丞方湖韵》

永绥吉劭

## shào
# 劭

| 甲骨文 | 金文 | 篆文 | 隶书 | 楷书 | 行书 | 草书 | 标准宋体 |
|---|---|---|---|---|---|---|---|
|  |  |  |  | 劭 | 劭 | 劭 | 劭 |

## 名言馆

清风岂孤劭，功遂怀增阿。
- （南朝）谢朓《和王长史卧病》

劭农井田桑，科薅重锄斧。
- （宋）梅尧臣《送刘郎中知广德军》

劭耕好语落西畴，父老逢迎笑点头。
- （宋）洪咨夔《劝农呈丘帅》其一

## 解字堂

"劭"是形声字。从力，召声。《说文》："劭，勉也。"意思是：勉表示大力劝导，鼓动激励。

它的本义是大力劝导，如《汉书·成帝纪》："先帝劭农，薄其租税。"

作为形容词，意为高尚、美好，如《小尔雅》："劭，美也。又高也。"《法言·修身》："董仲舒之才之劭也。"扬雄《法言·孝至》："年弥高而德弥劭。"大家看到这个字，一定会想起一个人，他就是三国时期的许劭，《三国演义》里也有他。许劭，字子将，年轻时便立名声，有节操，喜欢品评人物，赏识不少人，如樊子昭、和洽，都有名于当时。最初任郡里的功曹，太守徐璆很敬重他。府里听说许劭为功曹，没有不改变操守，谨饰言行的。

同郡人袁绍是公族豪侠，自濮阳令离职回家，车马徒众，十分豪华，但等到准备进入汝南境内时，却把宾客等打发走了，说："我这样的车马装束，难道可以让许子将看见吗？"于是就只乘着一辆车子回家。许劭曾经到颍川，与他同游的都是一些有道德学问的长者，只有他不去看望陈寔。而陈蕃的妻子去世后回乡安葬，乡里人都去参加葬礼，只有许劭没有去。有人问他是什么原因，许劭说："太丘（陈寔）道术太广，太广就难以周到；仲举（陈蕃）性情严峻，严峻就不能通达。所以我不去。"他品评人物大都如此。

## 温故知新

###  四字通解

永绥吉劭，永是永远，绥是安定，吉是吉祥，劭是美好。这句话需要联系上一句一起理解，意思是人的一生只有修福积德，才能像薪尽火传那样长存永久，子孙后代永远安定、吉祥、幸福。在这个意义上，类似佛家理论里的因果报应。《吕祖说三世因果经》主要讲：一是人的命是自己造就的；二是怎样为自己造一个好命；三是行善积德与行凶作恶干坏事的因果循环报应规律。因果报应指事物的起因和结果，宗教认为种什么因，结什么果。

因果报应有三种：现报，现作善恶之报，现受苦乐之报；生报，或前生作业今生报，或今生作业来生报；速报，眼前作业，目下受报。永绥吉劭，类似于生报，有的事情或许现在看来没有什么意义，但是日积月累，我们所做的事总会获得相应的结果。我们做了好事，会获得回报，做了坏事，就会获得报应。

###  故事厅

#### 吉祥石

相传，李世民曾与多名随从在一次狩猎中发现远处有只小象，他连喊："象！象！象！"遂催马奔去。走近一看，原来是块象形石头。他又立马改口道："祥！祥！祥！"走到石前下马，摸了一下石头，神色严肃地说："此石乃祥瑞之物。"

很快，李世民坐上了皇帝的宝座。为巩固皇位，他日夜忙忙碌碌，早把当初随口所说的祥瑞之石忘得一干二净了。可当时有个叫蒋西的随从笃信那祥瑞之石了不得——李世民正是摸了那块石头才得了天下的。于是，他把那块石头运到家中，摆放到院子里最显眼的地方，每天上朝时都要摸一下那石头，很快他便官升一级。

蒋西的大儿子是个生意人，小儿子是个浪荡公子。大儿子见老子每日上朝摸一下吉祥石官升了一级，自己便每日摸两下吉祥石，很快，他的生意更加兴隆。

浪荡公子眼见老子、兄长摸吉祥石都得到了好处，他便每天摸三下吉祥石。有一天，浪荡公子仗恃每日摸三下吉祥石之功力，欺侮了一个女子，案发后被捕入狱。

很快，民间便传说：一摸吉祥石是官运，二摸是财运，三摸必犯桃花案。

后来，民间就把奇形怪状的石头摆放在庭院，一为美观，二为吉祥。

### 猜谜语

不渴还口干，口干反着看。
（打一字）

祝福常说它，祥和代代传。
（打一字）

喜在上头，劭在左头，
桔无木头。
（打一字）

 **知识角**

### "吉"姓的源流

"吉"姓的来源,一脉出自姞姓所改。姞姓是中国最古老的姓之一。据《唐书·宰相世系表》所载,远古黄帝有个裔孙叫伯儵,受封于南燕国(在今河南省延津县东北一带),赐姓姞。后来他的子孙省去女旁,遂成吉氏,世代相传姓吉。

一脉出自姬姓,以祖字为氏。据《元和姓纂》所载,上古周宣王有个贤臣叫尹吉甫,他的支庶后代以祖字为姓,世代相传姓吉。

"吉"姓后增的一些来源:

1. 汉族羊舌复姓中有改吉姓者。

2. 300多年前女真族的后裔满人入主中原后,有一些满族旗人改姓吉。如后金天聪年间战功彪炳的大将吉思哈,他本姓乌苏氏,是满洲镶白旗人;清嘉庆年间的两广总督吉庆,他本姓觉罗氏,是满洲正白旗人;等等。

3. 清代青海西宁土司吉保是西番人,其后代也以吉为姓。

4. 原海南琼中、保亭、乐亭三县交界处有72峒黎民本无姓氏,后由大总管统一定为吉姓。

5. 土家族吉桑氏,其汉姓也是吉。

6. 当今蒙古族、彝族、回族、藏族、哈萨克族、朝鲜族、傣族等民族中,也有人以吉为姓。

 **成语窗**

### 永垂不朽
垂:流传后世。朽:腐烂,磨灭。指姓名、事迹、精神等永远流传,不会磨灭。

### 永垂竹帛
竹帛:竹简和绢,古时用来写字,因借指典籍。指人的姓名、事迹、功名记载于史书上,永远传于后世。

### 柔远绥怀
安抚远方归顺者。

### 抚绥万方
抚绥:安定、安抚。万方:万邦,万族。指安定天下。

### 万事大吉
什么事都很圆满顺利。也指一切事情都已办妥。

### 罗钳吉网
用以指酷虐诬陷。

### 吉日良时
吉利的日子,美好的时光。

### 年高德劭
年纪大,品德好。

矩步引领

jǔ

| 甲骨文 | 金文 | 篆文 | 隶书 | 楷书 | 行书 | 草书 | 标准宋体 |
|---|---|---|---|---|---|---|---|
|  | 𠂇 | 㭳 | 矩 | 矩 | 矩 | 矩 | 矩 |

## 解字堂

"矩"是会意字。金文字形里像有一人站立，手握矩尺，与"巨"同一字。《说文》中不载"矩"而载"巨"，但载"矩"的异体字"榘"，曰"巨或从木矢"。后人形讹变为夫，继而变为矢，写作"矩"。简化后，"矩"与"榘"同写作"矩"。

"矩"的本义是画直角或正方形、矩形用的曲尺，如《墨子·法仪》："百工为方以矩，为圆以规。"《离骚》："求矩彟之所同。"《孟子·离娄上》："不以规矩，不能成方圆。"现在我们常见的词汇有：矩墨（曲尺及绳墨，比喻准则、规矩）；矩周规值（形容如规之相周，矩之相袭）；矩度（泛指计量长度和角度的用具）；矩绳（曲尺与墨绳，比喻规矩法则）。由此引申出法度的含义，如《论语·为政》："七十而从心所欲，不逾矩。""矩"还指力和力臂的乘积，如力矩。

## 名言馆

五寸之矩，尽天下之方也。
　　　　　　·《荀子·不苟》

矩不正，不可为方；规不正，不可为圆。
　　　　　　·《淮南子·诠言》

故衡诚悬，不可欺以轻重；绳墨诚陈，不可欺以曲直；规矩诚设，不可欺以方圆。
　　　　　　·《礼记·经解》

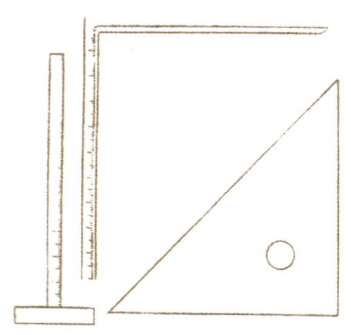

谜语答案　吉　吉　吉

矩步引领

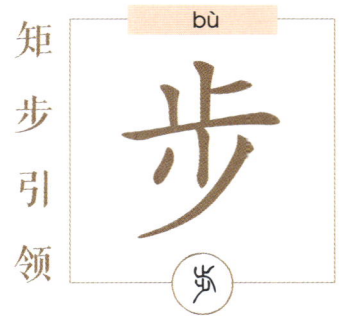

| 甲骨文 | 金文 | 篆文 | 隶书 | 楷书 | 行书 | 草书 | 标准宋体 |
|---|---|---|---|---|---|---|---|
|  |  |  |  |  |  |  |  |

## 名言馆

喘息餐妙气，步虚吟真声。
·（唐）李白《题随州紫阳先生壁》

寻花入幽径，步日下寒阶。
·（唐）张籍《赠太常王建藤杖笋鞋》

阻风开步障，乘月溅寒泉。
·（南唐）李煜《梅花》

## 解字堂

"步"是会意字。从止屮，是象左足与右足之形。甲骨文有的字形还从行，表示在道路上行走。本义为行走。《说文》："步，行也。"象左右脚交替前行。

"步"的本义是前行，古代用得很多，如《礼记·祭义》："跬步而不敢忘，孝也。"《书·召诰》："王朝步自周。"《礼记·曲礼》："步路马必中道。"《左传·襄公二十六年》："见夫人之步马者。"《楚辞·屈原·涉江》："步余马兮山皋。"《战国策·齐策四》："晚食以当肉，安步以当车。"引申指脚步，如：止步；信步（随意走动、散步）；步步虚心（时时虚怀若谷，毫不自满）。在它的本义上引申为以脚步测量远近，如：步一步两房之间的距离；步景（测量日影）；步量（用脚步测量）；步弓（丈量土地用的一种木制器具）。

"步"还有跟着、跟随的含义，如毛泽东《浣溪沙》："柳亚子先生即席赋《浣溪沙》，因步其韵奉和。"又如：步人后尘；步武（追随前人脚步而行）；步趾（犹追随）；步趋（追随，效法）。

相信大家对电视剧《步步惊心》都不陌生，它掀起了穿越剧的热潮。在这里"步"用的是它的本义，意为每次前行都惊心动魄！

## 矩步引领

yǐn

| 甲骨文 | 金文 | 篆文 | 隶书 | 楷书 | 行书 | 草书 | 标准宋体 |
|---|---|---|---|---|---|---|---|
| 引 | 引 | 引 | 引 | 引 | 引 | 引 | 引 |

### 解字堂

"引"是会意字。从弓从丨。丨表示箭。表示箭在弦上，即将射发。许慎《说文》："引，开弓也。"意思是，引指拉开弓。

大家看它的字形就能判断出它与弓箭有关，它的本义是拉开弓。如《孟子》："君子引而不发，跃如也。"《淮南子·说林训》："引弓而射。"《战国策·楚策》："臣为王引弓，虚发而下鸟。"《史记·匈奴列传》："长城以后，引弓之国，受命单于。"据此引申出拉、牵挽之意，如《吕氏春秋·察今》："人方引婴儿而欲投之江中。婴儿啼。"《世说新语·方正》："友人惭，下车引之。元方入门不顾。""引"还有伸着的含义，如马中锡《中山狼传》："引首顾曰。"《新唐书·甄济传》："使者持刀趋前，济引颈待之。"现在常见的词汇有：引首（伸长头颈，抬起头，形容殷切盼望）；引手（伸手）；引颈（伸长颈项）；引臂（伸臂）。

此外，"引"还有带领之意，如《资治通鉴·唐纪》："复夜引兵。"还有引决、自尽的含义，如潘安《寡妇赋》："感三良之殉秦兮，甘捐生而自引。"现在用得最多的是它的援引之意，如诸葛亮《出师表》："不宜妄自菲薄，引喻失义。"清代梁启超《谭嗣同传》："引入上谕中。"

### 名言馆

出门见南山，引领意无限。
·（唐）李白《望终南山寄紫阁隐者》

谁能唤得姮娥下，引向堂前子细看。
·（唐）元稹《八月十四日夜玩月》

侵云收谷粟，引蚁上柑橙。
·（唐）贯休《秋末怀旧山》

# 矩步引领 lǐng 领

| 甲骨文 | 金文 | 篆文 | 隶书 | 楷书 | 行书 | 草书 | 标准宋体 |
|---|---|---|---|---|---|---|---|
|  |  | 領 | 領 | 領 | 领 | 领 | 领 |

## 名言馆

领鹤闲书竹，夸云笑向人。
· (唐) 皎然《劳劳山居寄呈吴处士》

拔蒲来，领郎镜湖边。
· (唐) 张祜《拔蒲歌》

水坛怪殿地含烟，领鹤行吟积翠间。
· (唐) 贯休《寄信州张使君》

## 解字堂

"領"简化后写作"领"。"领"是形声字。从页 (xié)，令声。"页"指人头。《说文》："领，项也。"本义是脖子。

"领"可以表示脖子，如《诗·卫风·硕人》："领如蝤蛴。"其中，"蝤蛴"指蝎虫，借以比喻妇女脖颈之美。又如《国语·楚语上》："缅然引领南望。"

"领"从"脖子"引申为"衣领"，这是由于衣领与脖子关系密切，也由于古代仆人的分工体现在领子的式样和颜色上。比如来访的客人根据衣领的式样和颜色就能知道谁是迎宾员。如今以"蓝领""白领""金领"划分和区别人的工种或职业。

引申指带头、引导，如《三国志·吴书·吴主传》："各领万人，与备俱进。"

## 温故知新

 **四字通解**

矩步引领，指行步合乎规矩，举首延颈，容态庄严。古汉语的"矩步引领"就是现代汉语的"昂首阔步"，代表了一个人心胸坦荡无欺，行为正大光明。这强调了一个人的举止仪态。一个人的外在是其内在的反映，当一个人行事坦荡、光明磊落时，他的神态也是充满自信、俗话说，身正不怕影子斜，当他做了坏事时，自己首先就会感到心虚，不做亏心事，则不怕鬼敲门。我们从小就要注意内在的修养，只有自己真正做到问心无愧，才能有表现于外的超然神态。古代强调礼。一个人的仪容仪表是很关键的，当你仪容仪表不整洁，这是对别人的不尊重，所以我们也应从小注意自己的一举一动，改掉一些不雅的坏习惯。

 **故事厅**

### 飞将军李广引弓射石

公元前140年，汉武帝即位，调李广为未央卫尉。四年后，李广率军出雁门关，被成倍的匈奴大军包围。匈奴单于久仰李广威名，令部下务必生擒之。李广终因寡不敌众而受伤被俘。押解途中，他飞身夺得敌兵马匹，射杀追骑无数，终于回到了汉营。从此，李广在匈奴军中赢得了"汉之飞将军"称号。归朝后，李广被汉帝革除军职，贬为庶人。

相传，汉代右北平一带有老虎出没，时常伤人，民皆惧之。李广在此任太守时，经常出行围猎。一次，李广率众出猎夜归，乘着朦胧月色，从一山庄外经过。这里山谷纵横，草木丛生，正是老虎出没处。李广与随从正在丛林行走，忽见一悬崖旁草丛中卧一个庞然大物，定目视之，正是一只大老虎。李广忙张弓搭箭，双臂使出千钧之力，猛射之，只听"嗖"的一声，正射中那老虎。随从忙跑过去一看，中箭的原来不是老虎，而是一块巨石，横卧草丛，其状类虎。再看那支箭，早已连同羽毛一起，没进坚石。连李广也怀疑自己竟有这般臂力，便复归原处，又张弓搭箭，照此巨石连射三箭。然而，箭触顽石，火星迸溅，箭折羽飞，竟无一支再入坚石。

### 猜谜语

一生正派少缺点。
（打一字）

残月挂壁。
（打一字）

一页命令送上前。
（打一字）

 知识角

### 五十步笑百步的故事

梁惠王好驱使百姓与邻国打仗。有一次梁惠王召见孟子，问道："我在位，对于国家的治理，可以说是尽心尽力的了。河内（今河南省黄河北岸）常年发生灾荒，收成不好，我就把那里的一部分老百姓迁移到收成较好的河东去，并把收成较好的河东地区的一部分粮食运到河内来，让河内发生灾荒地区的老百姓不至于饿死。有时河东遇上灾年，粮食歉收，我也是这样，把其他地方的粮食调运到河东来，解决老百姓的问题。我也看到邻国当政者的做法，没有哪一个像我这样尽心尽力替自己的老百姓着想的。然而，邻国的百姓没有减少，而我的百姓也没有增多，这是什么原因呢？"孟子回答说："大王喜次打仗，我就用打仗来打个比方吧。战场上，两军对垒，战斗一打响，战鼓擂得咚咚地响，作战双方短兵相接，各自向对方奋勇刺杀。经过一场激烈拼杀后，胜方向前穷追猛杀，败方就有人丢盔弃甲，拖着兵器逃跑。那逃跑的士兵中有的跑得快，跑了一百步停下来了；有的跑得慢，跑了五十步停下来了。这时，跑得慢的士兵却为自己只跑了五十步就嘲笑那些跑了一百步的士兵是胆小鬼，您认为这种嘲笑是对的吗？"梁惠王说："不对，他们只不过没有跑到一百步罢了，但是这也是临阵脱逃啊！"孟子说："大王如果明白了这其中的道理，那么就无须再希望您的国家的老百姓比邻国多了。"

这个故事给我们的启示是看事物应当看到事物的本质与全局。

 成语窗

**规矩绳墨**
规矩：画圆、方的工具。绳墨：量平直的工具。指应当遵守的标准、法则。

**循规蹈矩**
蹈：遵循，依照。规、矩是定方圆的标准工具，借指行为的准则。原指遵守规矩，不敢违反。现也指拘守旧准则，不敢稍做变动。

**步人后尘**
指跟在人家后面走。比喻追随模仿，学人家的样子，走上别人走过的老路。没有创造性。

**引风吹火**
引风助火势。喻指煽风点火，加重事态。

**引商刻羽**
指讲究声律、造诣很深的音乐演奏。

**引喻失义**
指说话不恰当，不合道理。

**引经据古**
引用经史古籍中的文句或故事作为根据。

**心领神会**
领：领会、领悟。指对方没有明说，心里已经领会。

## 俯仰廊庙

### 俯 fǔ

| 甲骨文 | 金文 | 篆文 | 隶书 | 楷书 | 行书 | 草书 | 标准宋体 |
|---|---|---|---|---|---|---|---|
|  | 頫 | 頫 | 俯 | 俯 | 俯 | 俯 | 俯 |

### 解字堂

"俯"是后起字，古作"頫"，见《说文》："低头也。从页，逃省。"但"頫"的字形在文献中少有见到，有的会写作《说文》的或体"俛"，后多用"从人，府声"的形声字"俯"。简化后，以"俯"为正体。

"俯"的本义是低头，如《礼记·曲礼上》："俯而纳屦。"这句话的意思是低下头穿上鞋子，"纳"是穿上之意，"屦"是鞋子的含义。晋代王羲之《兰亭集序》："仰观宇宙之大，俯察品类之盛。"现在常见的词汇有：俯擗（低头捶胸，悲伤之极的样子）；俯偻（低头曲背）；俯听（俯首而听）；俯鉴（低头照视）。引申为弯腰屈身的含义，如明代宋濂《送东阳马生序》："余立侍左右，援疑质理，俯身倾耳以请。"现在，我们会说俯步（俯身而行）；俯躬（弯下身子）；俯镜（弯身下视照影）。

它还有一个重要的含义是从上往下看，从高处往下看。如俯瞩、俯览、俯窥、俯眺。古人也这么用。如宋代苏轼《超然台记》："北俯潍水，慨然太息。"此外，它也指蛰伏越冬，如《礼记·月令》："蛰虫咸俯在内，皆墐其户。"最后一个用法古代用得多，现在很少用，我们了解即可，即用于敬辞，如：俯准（敬辞，允准、答应）；俯从（敬辞，听从、允许）。

### 名言馆

重峦俯渭水，碧嶂插遥天。
· （唐）李世民《望终南山》

暮节乘原野，宣游俯崖壁。
· （唐）薛稷《九日幸临渭亭登高应制得历字》

门径俯清溪，茅檐古木齐。
· （唐）裴度《溪居》

谜语答案　步引领

俯仰廊庙

# 仰 yǎng

| 甲骨文 | 金文 | 篆文 | 隶书 | 楷书 | 行书 | 草书 | 标准宋体 |
|---|---|---|---|---|---|---|---|
|  |  | 𦝩 | 仰 | 仰 | 仰 | 仰 | 仰 |

## 名言馆

仰天大笑出门去，我辈岂是蓬蒿人。
· （唐）李白《南陵别儿童入京》

老来自喜常无事，仰面西园得咏诗。
· （唐）张籍《寒食看花》

鸦翎羽箭山桑弓，仰天射落衔芦鸿。
· （唐）李贺《野歌》

## 解字堂

"仰"是会意字。从人，从卬。"卬"的小篆字形，象一个人站着，一个人跪着，跪者抬头看站者，为抬头仰望的"仰"的本字。后借为"我"，遂加"人"新造"仰"。《说文》："仰，举也。"意思是，仰指抬头。

"仰"的本义是抬头看，跟"俯"相对，如《孟子·梁惠王上》："仰足以事父母。"《孔雀东南飞》："仰头相向鸣。"汉代刘向《列女传》："无敢仰视。"三国魏邯郸淳《笑林》："遂于树下仰取叶。"清代薛福成《观巴黎油画记》："仰视天。"现在用的词汇有：仰脸（抬头，脸向上方）；仰瞻（仰望）。在它的本义上引申为敬慕、钦佩或高度敬重，如《资治通鉴》："众士慕仰。"又如：仰从（服从、遵命）；仰服（敬服、钦佩）。

它还有一个比较重要的意思是依赖、依靠，如《后汉书·邓禹传》："前无可仰之积。"《三国演义》："随身所需，悉仰于官，不别治生产。"《墨子·七患》："凡五谷者，民之所仰也。"明冯梦龙《东周列国志》："伏龙山二十余里皆无水泉，必仰汲于濡水。"

## 俯仰廊庙

láng

| 甲骨文 | 金文 | 篆文 | 隶书 | 楷书 | 行书 | 草书 | 标准宋体 |
|---|---|---|---|---|---|---|---|
|  |  | 廊 | 廊 | 廊 | 廊 | 廊 | 廊 |

### 解字堂

"廊"是形声字。从广，郎声。本义为堂屋四周的廊屋。第一个含义是房屋前檐伸出的部分，可避风雨，遮太阳，如廊子。此外就是指有顶的过道，如长廊、走廊、画廊等。

"廊"这个字含义比较单一，而且古今含义几乎没有差别，是指屋檐下的过道、房屋内的通道或独立有顶的通道。包括回廊和游廊，具有遮阳、防雨、小憩等功能。廊是建筑的组成部分，也是构成建筑外观特点和划分空间格局的重要手段。如围合庭院的回廊，对庭院空间的处理、体量的美化十分关键。园林中的游廊则可以划分景区，形成空间的变化，增加景深和引导游人。中国古代建筑中的廊常配有几何纹样的栏杆、坐凳、鹅项椅（即美人靠）、挂落、彩画；隔墙上常饰以什锦灯窗、漏窗、月洞门、瓶门等各种装饰构件。

传统形式廊按横剖面划分可分为双面空廊、单面空廊、复廊、双层廊。

双面空廊：屋顶用两排柱支撑，四面无墙无窗、通透；在廊的柱间常设坐凳，栏杆供游人休息。

单面空廊：一边用柱支撑，另一边沿墙或附属于其他建筑物，形成半封闭的效果。

复廊：在双面空廊的中间隔一道墙，形成两侧单面空廊的形式。

双层廊：廊分上下层。

### 名言馆

廊庙之具裴施州，宿昔一逢无此流。
· （唐）杜甫《寄裴施州》

庭前雪压松桂丛，廊下点点悬纱笼。
· （唐）刘禹锡《更衣曲》

密锁重关掩绿苔，廊深阁迥此徘徊。
· （唐）李商隐《正月崇让宅》

## 俯仰廊庙

miào
庙
廟

| 甲骨文 | 金文 | 篆文 | 隶书 | 楷书 | 行书 | 草书 | 标准宋体 |
|---|---|---|---|---|---|---|---|
|  | 廟 | 廟 | 廟 | 廟 | 廟 | 庙 | 庙 |

### 名言馆

王师既不战，庙略在无竞。
　　·（唐）孟郊《送韩愈从军》

---

有一人兮神之侧，庙森森兮神默默。
　　·（唐）元稹《华之巫》

---

汉惠秦皇事已闻，庙前高木眼前云。
　　·（唐）罗隐《四皓庙》

### 解字堂

"廟"是形声字。从广（yǎn），朝声。"广"与建筑物有关。本义是宗庙，供奉祭祀祖先的处所。《说文》："尊先祖貌也。"简化后写作"庙"。

"庙"和"廊"一样，在古代的含义与我们现在用的几乎没有差别。庙在古代本是供祀祖宗的地方。那时，对庙的规模有严格的等级限制。《礼记》中说："天子七庙，卿五庙，大夫三庙，士一庙。""太庙"是帝王的祖庙，其他凡有官爵的人，也可按制建立"家庙"。汉代以后，庙逐渐与原始的神社（土地庙）混在一起，蜕变为阴曹地府控辖江山河渎、地望城池之神社。"人死曰鬼"，庙作为祭鬼神的场所，还常用来敕封、追谥文人武士，如文庙——孔子庙、武庙——关羽庙。明陈继儒《大司马节寰袁公家庙记》："合通国之欢心，建百世不迁之庙貌。"在日本，佛教各宗宗祖（该宗创立人）被祭祀之处都称为庙，没有任何寺院称为庙的。由于某些原因，庙也有被道士占据的。

随着佛教的传入，后代的佛教寺院也有"庙"字的俗称。奉祀皇族祖先灵位者称为太庙，世家或富豪宅邸内奉祀祖先处称为家庙。后有祭祀圣贤者，如祭祀孔子者称文庙或先师庙，祭祀武人者称为武庙。如山东曲阜的文庙、张家口的关帝武庙等，皆颇著名。另有基于民间信仰而祭祀神灵的庙，如称镇守神祠为城隍庙、富贵神祠为财神庙，天妃庙（后改称天后宫）、娘娘庙等亦属之。

## 温故知新

### 四字通解

俯仰廊庙，俯仰是一低头、一抬头；廊庙是指朝廷，在范仲淹《岳阳楼记》中有"居庙堂之高，则忧其民；处江湖之远，则忧其君"。有一句古话叫"廊庙无才天下求"，就是这个意思。廊在古代指厅堂周围的屋子或有顶的通道，庙是祭祀祖先的宗祠，不是和尚住的地方。"俯仰廊庙"的意思是：你日常的一举一动都要谨慎检点，要像在朝廷上临朝，在祖庙中参加祭祀大典一样，庄严肃穆、恭谨敬畏，不敢有分毫的轻忽之举。古代天子临朝，庄严肃穆，百官手持笏板，站在殿下，眼观鼻，鼻对口，口问心，无奏对不能抬头。没事瞎寻摸，东看看、西瞅瞅，就有仰面视君之罪，属大不敬，所以不敢随便俯仰。这和前面矩步引领要连在一起理解，指人应该注重自己的仪态，做到端庄庄重。

### 故事厅

**九天玄女庙的故事**

九天玄女又叫玄女，是中国古代传说中的女神，是黄帝的师傅。后来被道教所信奉。她身穿九色彩服，骑凤凰，驾彩云，专门扶持英雄，传授兵法。当年宋江回宋家村带父亲上梁山的路上，被官兵追杀，来到还道村，只有一条小路，眼看无处可逃，情急之下，一头扎进一座三间破庙。可是庙太小了，无处藏身，只好掀开神帐钻进神橱里。官兵闯进来，举着火把往神橱里照，眼看宋江性命难保，吓得瑟瑟发抖。突然，神橱里刮出一阵黑风，吹灭了火把，将官兵刮得哭爹喊娘，狼狈逃窜。宋江道："多谢神明保佑，宋江一定重修庙宇，再塑金身。"这时，忽听得有人喊："宋星主，我家娘娘有请。"宋江探出头一看，原来是两个青衣女童，便随她们往殿后走。玄女娘娘端坐在七宝九龙床上，宋江赶紧施礼。玄女娘娘赐酒三杯，又让宋江吃了三枚仙枣，说道："我奉玉帝之命，传你三卷天书，望你替天行道，辅国安民。"宋江再拜退出。走到桥上，女童说："你看桥下有两条龙。"宋江探头往桥下看，果然看到有二龙戏水。女童猛地将宋江往桥下一推，宋江惊叫一声醒来，发现还坐在神橱子里，原来是做了一个梦。可是嘴里却有淡淡的酒香，手里还捏着三枚枣核，再摸摸袖中，果然有三卷兵书。后来，宋江按照梦里的样子重修了庙宇，又把一对九龙玉杯供奉在殿内，殿前的一副石刻对联，还是宋江亲笔题写的。

### 猜谜语

两人结识十分广。
（打一字）

却放扁舟迎归人。
（打一字）

广纳图纸由本人。
（打一字）

 **知识角**

### 庙的演变

佛教寺庙，构成了一种独有的建筑空间，象征了一种特殊的宗教意义。佛教文化圈的形成，是由起源地印度向南（东南亚）、北（中亚、东亚）、中（西藏）外传而形成。佛教建筑，随着佛教的外传而充满佛教圈中的地理空间。这里面有着很多的宗教、哲学、文化课题。我们在这里主要讨论印度、南亚佛教建筑与汉佛建筑。

一、印度佛境，主要是由两种建筑形式来体现的——塔与石窟。这并不是说印度没有佛教寺庙，而是在于：（1）印度的佛寺没有超出石窟的境界；（2）在相同的空间结构中，石窟更能体现出印佛的独特追求，正像印度文化的另一主流——印度教的寺庙最能代表印度教的特殊风采一样；（3）印度佛寺，在演化逻辑上，处于从印度石窟向南亚塔寺演化的中间项段，还未形成自己的风格定位。因此，省去佛寺，仅从塔与石窟的关系来看印度佛境，更能显出佛教在印度与整个文化的有趣关系。

二、汉传佛教寺庙被称为"寺"，源于印佛东来在汉地出现的第一座佛教建筑被取名为"白马寺"。当时，"寺"并非宗教建筑之称，而是政府机构的官署之名。

三、在汉佛寺庙里，建筑实体上从塔中心到殿中心的转移，以及与之相连的观念心理上从塔崇拜到像崇拜的演变是从印佛到汉佛的一个方面，而把佛像崇拜变成汉文化的偶像崇拜是佛寺汉化的另一个方面。佛寺偶像崇拜汉化本现在两个方面，一是佛殿内塑像的变化，二是寺庙中各部分的变化，以及寺院整体布局中的变化。

 **成语窗**

### 俯仰由人
俯仰：低头和抬头，泛指一举一动。比喻一切受人支配。

### 与世俯仰
随波逐流，附和世俗。

### 驷马仰秣
驾车的马驻足仰首，谛听琴声。形容音乐美妙动听。

### 仰人鼻息
仰：依赖。息：呼吸时进出的气。依赖别人的呼吸来生活。比喻依赖别人，不能自主。

### 仰人度日
依靠别人供给衣食来维持生活。

### 仰企俯思
抬头盼望，低头想念。有仰慕之意。

### 神谟庙算
指神奇的谋略和计划。

束带矜庄

| 甲骨文 | 金文 | 篆文 | 隶书 | 楷书 | 行书 | 草书 | 标准宋体 |
|---|---|---|---|---|---|---|---|

## 解字堂

"束"是会意字。从囗（wéi）木。甲骨文字形像是两头用绳索扎住橐。《说文》："束，缚也。"意思是，束表示。捆绑。

"束"作为量词，用于计量捆在一起的东西。如《周礼·司寇》的记载："以两造禁民讼，入束矢于朝，然后听之。"这是说：原告和被告双方都到"法庭"上来，都交纳一束代表"正直"的箭，然后"法官"才开始审理。《论语》："自行束修以上。"唐代学校中仍采用束修之礼并同国家明确规定，不过礼物的轻重，随学校的性质而有差别。教师在接受此项礼物时，还须奉行相当的礼节。束修的致送，表示学生对教师的尊敬。

"束"作为动词，表示捆绑。《诗·鄘风·墙有茨》："墙有茨，不可束也。"《左传·僖公三十三年》："则束载厉兵秣马矣。"清代袁枚《黄生借书说》："若业为吾所有，必高束焉。"现在常见的词汇有：束刃（捆扎兵器）；束刍（捆成一束的干草）；束手（捆绑双手）；束竹（捆成束的竹子）。在这个含义上引申为约束、限制，如《荀子·劝学》："强自取柱，柔自取束。"李白《留别广陵诸公》："空名束壮士。"又如：检束（检点约束）；束累（约束牵累）；束躬（约束自己，检点）；束约（管束；控制）。束也有收拾、整理的含义，如《三国志·蜀书·诸葛亮传》："去者束装以待期，妻子鹤望而计日。"

此外，"束"还是一个姓氏。束姓名人宋代有枢密都承旨束嘉，元代有画家束宗庚，明代有清官万载县令束清等。

## 名言馆

束帛仍赐衣，恩波涨沧流。
·（唐）岑参《送许拾遗恩归江宁拜亲》

----

翳荟生可耻，束缚死无名。
·（唐）元稹《兔丝》

----

束发方读书，谋身苦不早。
·（唐）李贺《春归昌谷》

谜语答案 俯仰庙

束带矜庄

dài
带

| 甲骨文 | 金文 | 篆文 | 隶书 | 楷书 | 行书 | 草书 | 标准宋体 |
|---|---|---|---|---|---|---|---|
| 𢁇 | 𢁇 | 帶 | 帶 | 帶 | 帶 | 带 | 带 |

## 名言馆

愿君看取吴门山，带雪经春依旧绿。
· （唐）张籍《送远曲》

带雾山莺啼尚小，穿沙芦笋叶才分。
· （唐）元稹《早春寻李校书》

麻衣黑肥冲北风，带酒日晚歌田中。
· （唐）李贺《野歌》

## 解字堂

"带"是象形字。小篆字形上面象束在腰间的一根带子和用带的两端打成的结，下面象垂下的须子，有装饰作用。《说文》："绅也。男子鞶带，妇人带丝，象系佩之形。佩必有巾，从巾。"简化后写作"带"。

"带"可以表示束衣的带子。如《仪礼·士虞礼记》："妇人说首经，不说带。"《诗·卫风·有狐》："之子无带。"《世说新语·文学》："王遂披襟解带，留连不能已。"《墨子·公输》："子墨子解带围城。""带"作为名词，还有以下含义：泛指狭长形条状物，如清代姚鼐《登泰山记》："而半山居雾若带然。"根据纬度和温度把地球表面分为五个温度带的任一带，如温带。生物地理区的典型带状区，如：海洋滨岸带、南方生物带。表示轮胎义，如车带、里带、外带。

作为动词，根据它本义引申而来，指佩带，如《史记·项羽本纪》："哙即带剑拥盾入军门。"《楚辞·屈原·涉江》："带长铗之陆离兮。""带"也指携带，如《世说新语·德行》："遗已聚敛得数斗焦饭，未展归家，遂带以从军。"此外，还有以下含义：抚养，如"他是由一位农民大娘带大的"；引导某人或某物，如带领、兼管，又如《世说新语·言语》："谢为太傅长史被弹，王即取作长史，带晋陵郡。"

束带矜庄

| 甲骨文 | 金文 | 篆文 | 隶书 | 楷书 | 行书 | 草书 | 标准宋体 |
|---|---|---|---|---|---|---|---|
|  |  | 矜 | 矜 | 矜 | 矜 | 矜 | 矜 |

### 解字堂

"矜"是形声字。《说文》："矜，矛柄也。从矛，今声。"古时候，"矜"是一种武器，形似矛，但无刃、不可杀伤，宫廷里用作仪仗，用于迎接国之贵宾。

古文献《越绝书·外传·记地传》中记载："勾践伐吴，霸关东，从琅琊起观台，台周七里，以望东海。死士八千人，戈船三百艘。居无几，躬求贤圣。孔子从弟子七十人，奉先王雅琴，治礼往奏。勾践乃身被赐夷之甲，带步光之剑，杖物卢之矛，出死士三百人，为阵关下。孔子有顷到越。"文中提到勾践杖持的"物卢之矛"，就是所谓的"矜"。此处描述了越王勾践在起兵伐吴前，亲迎贵宾孔子的场合——摆出由三百名军士组成的仪仗队，持矜相迎。

"矜"作为动词，表示自夸、自恃，如《广雅》："矜，大也。"《韩非子·说疑》："不敢矜其善。"《战国策·齐策》："矜功不立。"也有怜悯、同情的含义，如《小尔雅》："矜，惜也。"《诗·小雅·巷伯》："矜此劳人。"此外，还有注重、崇尚之意，如贾谊《陈政事疏》："故人矜节行。"

作为形容词，"矜"有以下含义：端庄，如《论语》中有"君子矜而不争"；谨守、慎重，如《汉书·冯参传》中的"参为人矜严，好修容仪"。

### 名言馆

莫学游侠儿，矜夸紫骝好。
·（唐）王昌龄《塞下曲》

丈夫莫矜庄，矜庄不中看。
·（唐）孟郊《严河南》

有鸟夜飞名训狐，矜凶挟狡夸自呼。
·（唐）韩愈《射训狐》

# 庄 zhuāng

束带矜庄

| 甲骨文 | 金文 | 篆文 | 隶书 | 楷书 | 行书 | 草书 | 标准宋体 |
|---|---|---|---|---|---|---|---|
|  | 牆 | 牆 | 莊 | 庄 | 庄 |  | 庄 |

## 名言馆

庄周空说剑，墨翟耻论兵。
- （唐）李白《秋夜独坐怀故山》

庄生晓梦迷蝴蝶，望帝春心托杜鹃。
- （唐）李商隐《锦瑟》

庄叟因先觉，空王有宿因。
- （唐）贯休《刘相公见访》

## 解字堂

"莊"是形声字。从艹，壮（壯）声。简化后写作"庄"。

本义是草盛之貌，如《六书正伪》："庄，草芽之壮也。"《唐韵》："庄，草盛貌。"但它作为谨严持重这个意思我们用得比较多，如《论语·为政》："临之以庄，则敬。"《列子·仲尼》："师之以庄贤于丘也。"《韩非子·外储说左下》："则季孙终身庄而遇贼。"现在常见的词汇有：庄论（庄重严肃的议论或说教）；庄语（庄重正直的言论）；庄士（端正之士、正人君子）；庄色（严肃的神色）。引申为恭敬的含义，如《吕氏春秋》："居处不庄，非孝也。"

作为名词，有以下含义：村庄，也指建在山林田野间的住宅、别墅，如唐代姚合《原上新居》："邻富鸡长住，庄贫客渐稀。"六路通达的大路，如《左传·襄公二十八年》："得庆氏之木百车于庄。"皇室、官僚、地主等在乡下占据的大片土地及其建筑物，如《杜工部草堂诗笺》："万里桥西宅，百花潭北庄。"规模较大的或做批发生意的商店，如：庄款（在钱庄的存款）；庄折（钱庄的存折）；布庄；茶庄；钱庄；饭庄。

此外，"庄"是一个姓。如庄子。

## 温故知新

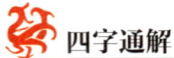 **四字通解**

　　束带矜庄，束带是整好服饰，束紧腰带；矜是庄重。这句话的意思是穿戴整齐，举止端庄，衣冠严整。在前面我们讲过"矩步引领，俯仰廊庙"，那是指一个人的姿态要典雅庄重，在这里我们着重强调的是一个人的外在服饰是否得体。束带指整饰衣服，表示端庄，陶渊明任彭泽令，到任八十一天，碰到浔阳郡督邮，属吏说："当束带迎之。"他叹道："我岂能为五斗米腰向乡里小儿折腰。"遂授印去职。一个人的仪表、仪态，是其修养、文明程度的表现。古人认为，举止庄重，进退有礼，执事谨敬，文质彬彬，不仅能够保持个人的尊严，还有助于进德修业。古代思想家曾经拿禽兽的皮毛与人的仪表仪态相比较，禽兽没有了皮毛，就不能为禽兽；人失去仪礼，也就不成为人了。《弟子规》要求："冠必正，纽必结，袜与履，俱紧切。"这些规范，对现代人来说，仍是必要的。帽正纽结，鞋袜紧切，是仪表类观的基本要求。如果一个人衣冠不整，鞋袜不正，往往会使人产生反感，有谁会亲近这样的人呢。所以我们从小就应该注重仪容仪表。

 **故事厅**

### 庄子的故事

一、魏王召见庄子

　　庄子贫困，靠编草鞋过日，向监河侯借过米，按理来说，贫困本该使他像孔子困于陈蔡苟且就食，而在鲁哀公国宴上才讲究"肉不正不食"一样。但他没有如此，魏王召见庄子，见他一身补丁，问道："先生这么有学问，为什么这么狼狈呢？"他是一针见血地回答："活在这种世道，怎么能够不狼狈呢？"言下之意，世道上昏下乱，衣锦玉食的人统统都是生疮流脓的家伙。

二、楚王聘庄子为相

　　楚王听说庄子很有学问，特意派了两个大夫去聘请他为相。两大夫在水边找到正在钓鱼的庄子，说明来意。庄子听了，头也不回，答道："我听说楚国有个神龟，死了三千年，枯骨龟甲还被楚王珍藏着，你们说这个畜牲多幸运呵！"两大夫还不太懂这个意思，还以为庄子说的是楚王敬贤之意。不料庄子冷笑道："我呢，却宁可拖着尾巴在泥水中爬行，因为至少还活着，活得自由自在，我可不愿意让楚王供奉珍藏。"两个大夫这才又羞又愧退去了。

三、与惠施论鱼

　　庄子与惠施在濠上观鱼。庄子说："鱼游来游去，多么快乐呵。"惠施是逻辑论辩的专家，马上抓住一点："你不是鱼，你怎么知道鱼的快乐呢？"庄子一笑，以同样的逻辑回答："你也不是我，你怎么知道我不懂鱼的快乐呢？"

 ## 知识角

### 庄姓小知识

庄，自古以来是一个代表端严肃敬的字，而以庄为氏的家族，也名实相符，两千多年来备受尊敬。庄氏，《史记》云："楚之先，出自颛顼高阳氏。黄帝生昌意，昌意生颛顼，颛顼生称，称生卷章，卷章生重黎，因其能光融天下，帝喾命曰祝融。重黎死，其弟吴回继为祝融，吴回生陆终，陆终生季连。季连，芈姓，楚乃其后也。周文王时，季连苗裔鬻熊事文王，成王时，封鬻熊之后熊铎于荆蛮之地，建楚。"楚第六位国君庄王后代以谥为氏，始有庄氏。古时男子皆称氏不称姓，姓乃女子之谓也，如：庄周，庄氏，名周，世称庄子。

庄姓在宋版《百家姓》中排名第323位。在2007年全国姓氏人口排名第138位。人口约一百九十六万九千，占全国人口总数的0.12%左右。

 ## 成语窗

**束戈卷甲**
捆起兵器甲胄。谓缴械投降。

**束手束脚**
捆住手脚。形容胆子小，顾虑多。

**布衣韦带**
原是古代贫民的服装，后指没有做官的读书人。

**褒衣博带**
褒、博：形容宽大。着宽袍，系阔带。指古代儒生的装束。

**矜功不立**
矜：自夸。自以为能立大功而大功必不成。

**矜功伐善**
矜、伐：自夸。夸耀自己的功劳和才能。形容极不虚心。

**项庄舞剑，意在沛公**
比喻说话和行动的真实意图别有所指。

**康庄大道**
宽阔平坦，四通八达的大路。比喻美好的前途。

## 猜谜语

个中关系变化大。
（打一字）

柔衾欲盖卸春衣。
（打一字）

土家族去广场。
（打一字）

地域辽阔。
（打一字）

## 徘徊瞻眺

### pái 徘

| 甲骨文 | 金文 | 篆文 | 隶书 | 楷书 | 行书 | 草书 | 标准宋体 |
|---|---|---|---|---|---|---|---|
| | | 徘 | 徘 | 徘 | 徘 | 徘 | 徘 |

### 解字堂

"徘"是形声字。从彳，非声。彳读chì。

很多人看到这个字，会把它念错成"非"，其实它的读音是pái。它往往不是单独使用的，而是和"徊"放在一起。"徘徊"的意思比较多，可以指往返回旋、来回走动，如《荀子·礼论》："今夫大鸟兽则失亡其群匹，越月逾时，则必反铅；过故乡，则必徘徊焉，鸣号焉，踯躅焉，踟蹰焉，然后能去之也。"明冯梦龙《东周列国志》第七十二回："伍员行至历阳山，离昭关约六十里之程，偃息深林，徘徊不进。"《儒林外史》第四十七回："方六老爷行了一回礼，拘束狠了，宽去了纱帽圆领，换了方巾便服，在阁上廊沿间徘徊徘徊。"可以指彷徨，游移不定貌，如《汉书·高后纪》："产不知禄已去北军，入未央宫欲为乱。殿门弗内，徘徊往来。"也指流连、留恋，如《汉书·杜钦传》："仲山父异姓之臣，无亲于宣，就封于齐，犹叹息永怀，宿夜徘徊，不忍远去，况将军之于主上，主上之与将军哉！"三国魏曹植《上责躬诗表》："是以愚臣徘徊于恩泽，而不敢自弃者也。"宋苏舜钦《沧浪亭记》："予爱而徘徊，遂以钱四万得之，构亭北碕，号'沧浪'焉。"《明史·湘王柏传》："遇山水胜境，辄徘徊终日。"此外还指安行貌、徐行貌，如汉班固《西都赋》："大路鸣銮，容与徘徊。"宋苏轼《前赤壁赋》："少焉，月出于东山之上，徘徊于斗牛之间。"

### 名言馆

惟古昔以怀今兮，心徘徊以踌躇。
· （晋）向秀《思旧赋》

可怜楼上月徘徊，应照离人妆镜台。
· （唐）张若虚《春江花月夜》

索寞竟何事，徘徊只自知。
· （唐）柳宗元《南涧中题》

谜语答案　束　矜　庄　庄

徘徊瞻眺

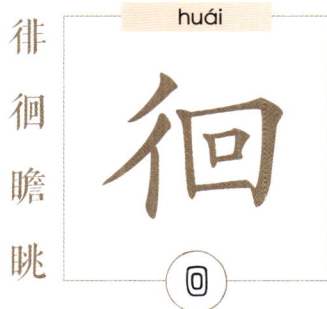

| 甲骨文 | 金文 | 篆文 | 隶书 | 楷书 | 行书 | 草书 | 标准宋体 |
|---|---|---|---|---|---|---|---|
|  |  | 徊 | 徊 | 徊 | 徊 | 徊 | 徊 |

## 名言馆

大路鸣銮，容与徘徊。
· （汉）班固《西都赋》

总万乘兮徘徊，按平路兮来归。
· （汉）张衡《南都赋》

少焉，月出于东山之上，徘徊于斗牛之间。
· （宋）苏轼《前赤壁赋》

## 解字堂

"徊"是形声字。从彳，回声。从彳，表示与行走有关。徊多与徘同用，作联绵词，前面我们对"徘徊"的用法已做了介绍，下面我们来说一说联绵词。

"连绵字"是"联绵词"的别称，双音节语素的一种。联绵词是由两个音节联缀成义而不能分割的词，它有两个字，只有一个语素。联绵词不能拆开使用，少数例子中会因修辞需要而分开（如"天翻地覆慨而慷"），也不能拆开来解释。联绵词不能就字面来进行解释，如"仿佛"不能解释为"模仿佛爷"。此外，双声词语其中一字可独立成义，另一字不能独立成义，也归入联绵词行列，因为这些词也只能是一个语素。如"寂寞"，"寂"可独立成义，"寞"不行，所以"寂寞"也算是联绵词。按类型分，联绵词有三种：

1. 双声词。双声词指两个音节的声母相同的联绵词。如：伶俐——línglì、鸳鸯——yuānyāng、仓猝——cāngcù、荏苒——rěnrǎn。

2. 叠韵词。叠韵词指两个音节的韵母相同的联绵词。如：骆驼——luòtuo、联绵——liánmián、崚嶒——léngcéng、啰嗦——luōsuo。

3. 非双声叠韵词。非双声叠韵词指既非双声又非叠韵的联绵词。如蘑菇、垃圾、囫囵。

徘徊瞻眺

zhān

| 甲骨文 | 金文 | 篆文 | 隶书 | 楷书 | 行书 | 草书 | 标准宋体 |
|---|---|---|---|---|---|---|---|
|  |  | 瞻 | 瞻 | 瞻 | 瞻 | 瞻 | 瞻 |

### 解字堂

"瞻"是形声字。从目，詹声。《说文》："临视也。"意思是，瞻表示向远处或向高处看。

大家看"瞻"的字形，部首是目，所以它肯定与眼睛有关，如"瞧""睽"等，都与目有关。因此"瞻"字也是看的意思，它的含义是向远处或向高处看，如《尔雅》："瞻，视也。"《诗·邶风·燕燕》："瞻望弗及。"《诗·邶风·雄雉》："瞻彼日月。"《诗·魏风·伐檀》："不狩不猎，胡瞻尔庭有县狟兮？"这句话的意思是：不冬狩来不夜猎，为何见你庭院悬挂猪獾啊？《聊斋志异·促织》："细瞻景状。"意思是仔细观看景物状态。现在我们常见的词汇有：观瞻（外观和对外观发生的反应）；瞻略（谋略、智谋）；瞻眄（观看、察看）；瞻相（观察）；瞻视（观看、顾盼）；瞻览（观看、观览）。"瞻"也有仰慕的含义，如《诗·大雅·桑柔》："维此惠君，民人所瞻。"这句话的意思是：这个好君王顺应人心，百姓都爱戴瞻仰他。我们现在也会用词语"瞻仰"，指怀着崇高的敬意、严肃而恭敬地看着某人或某物，比如"瞻仰人民英雄纪念碑"。现在常见的词汇有：瞻谒（瞻仰晋见）；瞻迎（瞻仰欢迎）；瞻奉（恭敬侍奉）。

### 名言馆

瞻前而顾后兮，相观民之计极。
· 《楚辞·离骚》

乃瞻衡宇，载欣载奔。
· （晋）陶潜《归去来兮辞》

双双瞻客上，一一背人飞。
· （唐）杜甫《归雁二首》其一

## 徘徊瞻眺

### 眺 tiào

| 甲骨文 | 金文 | 篆文 | 隶书 | 楷书 | 行书 | 草书 | 标准宋体 |
|---|---|---|---|---|---|---|---|
|  |  | 眺 | 眺 | 眺 | 眺 | 眺 | 眺 |

### 名言馆

倾耳聆波澜，举目眺岖嵚。
·（东晋）谢灵运《登池上楼》

凭轩俯兰阁，眺瞩散灵襟。
·（唐）李世民《初春登楼即目观作述怀》

登高万井出，眺迥二流明。
·（唐）王维《晓行巴峡》

### 解字堂

"眺"是形声字。从目，兆声。《说文》："目不正也。"本义是斜视。

眺可以表示斜视，如晋代潘岳《射雉赋》："袤眺旁剔。"引申为往远处看，如《孔子家语·辨乐》："高望而远眺。"张衡《思玄赋》："流目眺夫衡阿兮。"《徐霞客游记·游黄山记》："眺莲花诸峰。"又如：眺注（犹言凝神远望）；眺瞻（远望）；眺瞩（登高远望）。它还通"跳"，比如明代朱有燉《清河县继母大贤》："老生这两日耳热眼眺，好不放心啊！"

以上是它作为动词的用法，它还可作为名词，意为眼睛，如清代佚名《亡国恨》："这须发倒翻，双眺凶晔。"

古代诗人很喜欢极目远眺，但是对于同一事物，却有不同感情，同样是远眺洞庭湖，杜甫的《登岳阳楼》，诗中的洞庭湖气势磅礴，意境阔大，显得雄浑豪放，虚实（实景与想象）结合，用了对偶、夸张的修辞手法，突出了洞庭湖的壮阔，刘禹锡《望洞庭》诗中的湖面平和静美，清澈明净，显得清新优美，通过比喻来表现洞庭湖的秀美。大家有时间可以找出这两首诗读一读！

## 温故知新

###  四字通解

徘徊瞻眺，徘徊是欲进又止、小心谨慎的样子。古人做人做事十分谨慎。例如，曾子一生谨慎，晚年临终前，手脚都不能动了，才招呼弟子到跟前说："《诗经》里说'战战兢兢，如履薄冰'，我马上要断气了，这回可以放松了，再也不用担心了。"谨慎不同于拘谨，谨慎是将一件事考虑透彻以后再决定做还是不做，一旦决定了就勇往直前。五经之首的《易经》教人"洁净精微"，精微就是谨慎，不是胆小怕事。俗话说："诸葛一生唯谨慎，吕端大事不糊涂。"这种大智慧岂是事事拘谨、处处避嫌，树叶落了都怕砸头的人可以相比的。瞻是仰视，俗称高瞻；眺是远望，即是远眺。一个人没有豁达的胸怀，不能高瞻远眺，就不可能担当重任。换句话说，一个心小量窄、鼠目寸光、斤斤计较的人，一定是事事拘谨、处处避嫌、相貌猥琐。所以说，心地光明坦荡，然后才能昂首阔步；胸怀大志，高瞻远眺，而后才能担负天下重任。这仍然是教会我们要有宽广的心胸，注重内在的修养！

### 猜谜语

两人非法集会。
（打一字）

此二人格外大方。
（打一字）

一万亿只眼。
（打一字）

###  故事厅

#### 孔雀东南飞的故事

"孔雀东南飞，五里一徘徊"，下面我们来了解一下这个凄美的故事吧！

《孔雀东南飞》是我国文学史上第一部长篇叙事诗，与《木兰诗》并称乐府双璧。取材于东汉献帝年间发生在庐江郡（今属安徽省）的一桩婚姻悲剧。原为民间歌曲，可能经过后代文人的加工润色。故事叙述汉末建安年间，一个名叫刘兰芝的少妇，美丽、善良、聪明而勤劳。她与焦仲卿结婚后，夫妻俩互敬互爱，感情深挚，不料偏执顽固的焦母却看她不顺眼，百般挑剔，并威逼焦仲卿将她驱逐。焦仲卿迫于母命，无奈只得劝说兰芝暂避娘家，待日后再设法接她回家。分手时两人盟誓，永不相负。谁知兰芝回到娘家后，趋炎附势的哥哥逼她改嫁太守的儿子。焦仲卿闻讯赶来，两人约定"黄泉下相见"，最后在太守儿子迎亲的那天，双双殉情而死。《孔雀东南飞》通过刘兰芝与焦仲卿这对恩爱夫妇的爱情悲剧，控诉了封建礼教、家长统治和门阀观念的罪恶，表达了青年男女要求婚姻爱情自主的合理愿望。女主人公刘兰芝对爱情忠贞不渝，她对封建势力和封建礼教所作的不妥协的斗争，使她成为文学史上富有叛逆色彩的妇女形象，为后来的青年男女所传颂。

 **知识角**

### 瞻园

瞻园是南京现存历史最久的明代古典园林，是江南四大名园之一，也是夫子庙秦淮风光带组成部分。其历史可追溯至明太祖朱元璋称帝前的吴王府，后赐予中山王徐达的府邸花园，素以假山著称，以欧阳修诗"瞻望玉堂，如在天上"而命名。现为全国重点文物保护单位，国家5A级旅游景区。

瞻园是南京地区保存最为完好的明代古典园林建筑群，也是唯一开放的明代王府，曾是明朝开国功臣徐达府邸的一部分，清朝各任江南布政使办公的地点，太平天国时期为东王杨秀清王府。瞻园迭经明、清、太平天国、民国与当代，和江南多数园林一样，沿革复杂，园貌历经变迁。

瞻园面积约两万平方米，共有大小景点二十余处，布局典雅精致，有宏伟壮观的明清古建筑群，陡峭峻拔的假山，闻名遐迩的北宋太湖石，清幽素雅的楼榭亭台，奇峰叠嶂。瞻园中辟有太平天国历史博物馆，是中国唯一的太平天国专史博物馆。87年版《红楼梦》，赵雅芝版《新白娘子传奇》的白府等便是在瞻园取景的。

 **成语窗**

### 歧路徘徊
歧路：岔路。徘徊：在一个地方来回地走，比喻犹豫。在岔道上走来走去。比喻犹豫观望，主意不定。

### 迟徊不决
犹言迟疑不决。

### 徊肠伤气
肠回转，气伤断。形容内心伤感。

### 拨草瞻风
比喻善于观察事物。

### 马首是瞻
原指作战时士卒看主将的马头行事。后比喻服从指挥或依附某人。

### 高瞻远瞩
瞻：视，望。瞩：注视。站得高，看得远。比喻眼光远大。

### 极目远眺
极：尽。眺：望。尽眼力之所及眺望远方。

### 登高眺远
比喻站在高处向远方张望，一般是用指亲人外出，家人盼望早日归来的意思。

## 孤陋寡闻

gū

| 甲骨文 | 金文 | 篆文 | 隶书 | 楷书 | 行书 | 草书 | 标准宋体 |
|---|---|---|---|---|---|---|---|
|  |  | 孤 | 孤 | 孤 | 孤 | 孤 | 孤 |

### 解字堂

"孤"是形声字。从子,瓜声。东汉许慎《说文》:"孤,无父也。"意思是,孤指没有父亲的孩子。

"孤"本义指幼年丧父。如《国语·周语》:"司民协孤终。"潘岳《寡妇赋》:"少伶俜而偏孤兮。"后指孤儿。如《孟子·梁惠王下》:"老而无子曰独,幼儿无父曰孤。"《左传·昭公十四年》:"救灾患,宥孤寡。"后特指为国事而牺牲者的后代。如孔衍《汉魏春秋》:"备答曰:'刘荆州临亡,托我以遗孤,背信自济,吾所不为,死何面目见刘荆州乎?'"

"孤"在古代,是王侯的自称。如《庄子·盗跖》:"凡人有此一德者,足以南面称孤矣。"《吕氏春秋·君守》:"君名孤寡。"《战国策·齐策》:"虽贵必以贱为本,虽高必以下为基,是以侯王称孤寡不谷。"

作为形容词,意为单独、孤独,如宋代苏洵《六国论》:"且燕赵处秦革灭殆尽之际,可谓智力孤危。"引申为孤高、独特之意,如孤进、孤俊。

"孤"也可作动词,有负、负恩、背弃恩德的含义,如汉代李陵《答苏武书》:"陵虽孤恩,汉亦负德。"《魏书·袁翻传》:"终无纯固之节,必有孤负之心。"

### 名言馆

大漠孤烟直,长河落日圆。
・(唐)王维《使至塞上》

孤怀吐明月,众毁铄黄金。
・(唐)孟郊《连州吟》

清词孤韵有歌响,击触钟磬鸣环珂。
・(唐)李商隐《安平公》

谜语答案 徘 徊 眺

| 甲骨文 | 金文 | 篆文 | 隶书 | 楷书 | 行书 | 草书 | 标准宋体 |
|---|---|---|---|---|---|---|---|
|  |  | 陋 | 陋 | 陋 | 陋 | 陋 | 陋 |

## 名言馆

何陋之有。
· （唐）刘禹锡《陋室铭》

---

陋巷冬将尽，东风细杂篮。
· （唐）贯休《和毛学士舍人早春》

## 解字堂

"陋"是形声字。从阜，匛声。《说文》："陋，阨陕也。"意思是，陋指狭窄、狭小。

"陋"的本义是狭小。如《管子·侈靡》："百盖无筑，千聚无社，谓之陋。"《淮南子·修务》："生于辟陋之国。"《楚辞·七谏》："凌恒山其若陋兮。"《左传》："莒恃其陋，而不修城郭。"《论语》："在陋巷，人不堪其忧，回也不改其乐。"又如：陋巷蓬门（穷苦人的住处）。引申为简陋的含义，如：陋宇（简陋的房屋）；朴陋（朴素简陋）；粗陋（粗糙简陋）；简陋（房屋、设备等简单粗陋）。在古代，还指知识浅薄。如《荀子·修身》："少见曰陋。"《贾子道术》："辞令就得谓之雅，反雅谓之陋。"宋代苏轼《石钟山记》："而陋者乃以斧斤考击而求之。"又如：浅陋（见识贫乏）；固陋（见闻不广）；鄙陋（见识浅薄）；陋儒（学识浅薄的读书人）；陋质末才（学识浅薄）；陋拙（浅陋拙笨，多用于自谦）。

"陋"还有偏僻、边远之意。如《淮南子·修务》："今使人生于辟陋之国。"也指粗劣，如《宋书·孔觊传》："衣裘器服，皆择其陋者。"其中的"陋"就是粗劣的含义。"陋"也可以用来形容不好看、丑，如张昭远《旧唐书》："杞貌陋而色如蓝，人皆鬼视之。"

孤陋寡闻

| 甲骨文 | 金文 | 篆文 | 隶书 | 楷书 | 行书 | 草书 | 标准宋体 |
|---|---|---|---|---|---|---|---|
| | | | 寡 | 寡 | 寡 | 寡 | 寡 |

## 解字堂

"寡"是会意字。金文字形，从宀（mián），从页（xié），是一个人独处屋下的形象。《说文》释义为"少也"，此为引申义。古代妇人丧夫，男子无妻或丧偶，都叫寡。

"寡"也可以指丧失配偶。如《小尔雅·广义》："凡无妻无夫通谓之寡。"《战国策·齐策》："哀鳏寡，恤孤独。"《释名》："无夫曰寡。"《汉书·司马相如传上》："是时，卓王孙有女文君新寡，好音，故相如缪与令相重而以琴心挑之。"常见的词汇有：寡汉（没有配偶的男子）；寡处（无偶独居）；寡鹤（失偶的鹤）；寡鹄（失偶的天鹅）。

"寡"在《说文》里含义是少，如《三国志·蜀书·诸葛亮传》："曹操比于袁绍，则名微而众寡。"引申为弱小，如：寡力（力量弱小）；寡弱（势孤力小）；寡萌（小民）。也指倒霉、不吉利，如《古今小说·沈小霞相会出师表》："今早空肚皮进城，就吃了这一肚寡气。"我们现在说清汤寡水，"寡"是淡而无味的含义。"寡"在古代还有舍弃的意思，如《论衡·书解》："使干将寡刺而更击，蚌舍鹄而射雁，则下射无失矣。"

"寡"在古代还是王侯的谦称，如《孟子·梁惠王下》："寡人非能好先王之乐也，直好世俗之乐耳。"《左传·僖公三十二年》："寡君闻吾子将步师出于敝邑，敢犒从者。"

## 名言馆

不患寡而患不均。

·《论语·季氏》

---

行人驻足听，寡妇起彷徨。

·汉乐府《古诗为焦仲卿妻作》

---

无酒御寒虽寡况，有书供读且资身。

·（唐）杜荀鹤《喜从弟雪中远至有作》

孤陋寡闻

wén
闻
聞

| 甲骨文 | 金文 | 篆文 | 隶书 | 楷书 | 行书 | 草书 | 标准宋体 |
|---|---|---|---|---|---|---|---|
| 𦕓 | 𦕓 | 聞 | 聞 | 聞 | 闻 | 闻 | 闻 |

## 名言馆

群公先正，则不我闻。
·《诗·大雅·云汉》

贺兰山下阵如云，羽檄交驰日夕闻。
·（唐）王维《老将行》

我闻琵琶已叹息，又闻此语重唧唧。
·（唐）白居易《琵琶行》

## 解字堂

"闻"是会意字。甲骨文字形，由人跪着将手放在耳边会听声之意。后另造了从耳门声的形声字，沿用至今。简化后写作"闻"。《说文》："闻，知声也。"意思是，知晓其声。

我们现在说起"闻"，第一想到的是闻到气味的含义，而在古代，是听到的意思，如《墨子经上》："闻耳之聪也。"《礼记·大学》："心不在焉，视而不见，听而不闻。"屈原《九歌·湘夫人》："闻佳人兮召予。"《史记·项羽本纪》："夜闻汉军四面皆楚歌。"《后汉书·列女传》："妾闻志士不饮盗泉之水。"《虞初新志·秋声诗自序》："闻屏障中。"又如：闻声不食（听到动物的叫声就不忍心吃它的肉）；闻所未闻（听到从未听过的事情）。

"闻"也有听说、知道的含义，如《孟子·滕文公上》："闻君行仁政。"唐代韩愈《师说》："闻道有先后。"宋代苏轼《超然台记》："予弟子由，适在济南，闻而赋之。"明董其昌《节寰袁公行状》："想闻风节，望其（袁可立）乘时大展。"清代黄宗羲《柳敬亭传》："不可得闻。""闻"在古代常见的含义还有闻名、出名、驰名，如《史记·魏公子列传》："名闻天下。"《史记·廉颇蔺相如列传》："闻于诸侯。"诸葛亮《出师表》："闻达于诸侯。"明代高启《书博鸡者事》："以义闻于东南。"

现在通用的是嗅、嗅到的意思，如《孔子家语·六本》："与善人居，如入芝兰之室，久而不闻其香，即与之化矣。"《史记·滑稽列传》："罗襦襟解，微闻芗泽。"

# 温故知新

##  四字通解

孤陋寡闻，形容学识浅陋，见闻不广，或对世事了解得不多。在生活中，我们为了避免成为孤陋寡闻的人，就要多读书，不断用知识充实自己。外在固然重要，可是一个人的内在却是多少金钱都买不到的。现在我们正处在人生中的黄金时代，一寸光阴一寸金，抓紧时间，发奋读书。古代有头悬梁，锥刺股，凿壁偷光，囊萤映雪，闻鸡起舞的故事。古人在艰苦的环境仍能坚强奋斗，我们现在处在这么好的环境中，更应该珍惜美好生活，成为社会的有用之才，为祖国的繁荣昌盛做出自己应有的贡献！

##  故事厅

### 闻鸡起舞

祖逖，东晋范阳道县（今河北涞水）人，是个胸怀坦荡、具有远大抱负的人。可他小时候却是个不爱读书的淘气孩子。进入青年时代，他意识到自己知识的贫乏，深感不读书无以报效国家，于是就发奋读起书来。他广泛阅读，认真学习历史，从中汲取了丰富的知识，学问大有长进。他曾几次进出京都洛阳，接触过他的人都说，祖逖是个能辅佐帝王治理国家的人才。祖逖二十四岁的时候，曾有人推荐他去做官，他没有答应，仍然不懈地努力读书。后来，祖逖与刘琨俱为司州主簿，两人关系融洽，共被同寝，而且还有着共同的远大理想：建功立业，复兴晋国，成为国家的栋梁之才。一次，半夜里祖逖在睡梦中听到公鸡的鸣叫声，他一脚把刘琨踢醒，对他说："你听见鸡叫了吗？"刘琨说："半夜听见鸡叫不吉利。"祖逖说："我偏不这样想，咱们干脆以后听见鸡叫就起床练剑如何？"刘琨欣然同意。于是他们每天听到鸡叫后就起床练剑，剑光飞舞，剑声铿锵。春去冬来，寒来暑往，从不间断。功夫不负有心人，经过长期的刻苦学习和训练，他们终于成为能文能武的全才。祖逖被封为镇西将军，实现了他报效国家的愿望；刘琨做了征北中郎将，兼管并、冀、幽三州的军事，也充分发挥了他的文才武略。

## 猜谜语

老鼠拖葫芦。
（打一字）

好女破瓜时。
（打一字）

贴门倾耳听一听。
（打一字）

一听可乐。
（打一地名）

 **知识角**

### 君王称呼

孤、寡都是古代君主的自称,下面我们来学习一些其他称呼吧!

王:先秦以前帝王的称呼。《荀子·王霸》:"百王之法不同。"

万岁:古代臣民对王侯的祝贺之词,秦汉以后演变成皇帝的尊称。

陛下:秦以后专称皇帝为陛下。

孤、寡、孤寡、寡人、不谷:古代王侯的自称的谦辞。《老子》:"贵必以贱为本,高必以下为基,是以侯王自谓孤、寡、不谷。"《左传·僖公二十三年》:"楚王飨之,曰:'公子若反晋国,则何以报不谷?'"

寡君:人臣对别国称自己国家君主的谦辞。《左传·僖公四年》:"齐侯曰:'岂不谷是为?先君之好是继。与不谷同好何如?'对曰:'君惠憿福于鄙邑之社稷,辱收寡君,寡君之愿也。'"

国王:君主或帝王的称呼。亦是最高封爵。自汉至明一直沿用。

国主:国君、国王。李陵《答苏武书》:"故欲如前书之言,报恩于国主耳。"

帝、帝王:古代君主的称号。如:三皇五帝。

后王:古代君主的称呼。《荀子·不苟》:"天地始者,今日是也;百王之道,后王是也。"

 **成语窗**

**苦心孤诣**
指对某件事用心,到了别人所达不到的地步。也指为寻求解决问题的办法而煞费苦心。

**孤掌难鸣**
孤:单独。鸣:叫。一个巴掌难以拍响,比喻力量孤单,难以成事。

**穷巷陋室**
穷巷:偏僻的里巷。陋室:狭小的房屋。指偏僻狭小的住处。

**荣古陋今**
用于对古今的态度,推崇古代,苛责现今。

**曲高和寡**
曲调高深,能跟着唱的人很少。旧指知音难得。现比喻言论或作品不通俗,能了解的人很少。

**沉默寡言**
指人不声不响,很少说话。

**闻风响应**
听到风声,便起而响应。

**闻雷失箸**
比喻假借其他不相关的事来掩饰自己的实情。

愚蒙等诮

yú

| 甲骨文 | 金文 | 篆文 | 隶书 | 楷书 | 行书 | 草书 | 标准宋体 |

### 解字堂

"愚"是形声字。从心，禺声。《说文》："愚，戆（读zhuàng，愚蠢）也。"意思是，愚指愚笨。

"愚"的本义是愚蠢，我们现在也经常用，古代文献里有《荀子·修身》："非是是非谓之愚。"《贾子道术》："深知祸福谓之知，反知为愚。"汉乐府《陌上桑》："使君一何愚。"唐代韩愈《师说》："愚人所为愚。"清代黄宗羲《原君》："愚者亦明。"在古代，"愚"是古人自称之谦辞，如诸葛亮《出师表》："愚以为营中之事。"《资治通鉴》："愚谓大计。"《三国演义》："愚有片言，望丞相察之。"《红楼梦》："愚每有此心。"又如：愚兄（对同辈而年少于己者的自我谦称）；愚老（老人自谦之词）；愚臣（大臣对君主自称的谦辞）；愚意（对自己意见的谦称）；愚怀（谦指己见）。此外，"愚"还有敦厚的含义。

### 名言馆

《诗》之失愚，《书》之失诬。
·《孔子家语·问玉》。

愚谷与谁去，唯将黎子同。
·（唐）王维《愚公谷三首》其一

愚夫同瓦石，有才知卷舒。
·（唐）李白《拟古十二首》其五

谜语答案　孤　孤　闻　闻喜

| 甲骨文 | 金文 | 篆文 | 隶书 | 楷书 | 行书 | 草书 | 标准宋体 |
|---|---|---|---|---|---|---|---|
|  | 蒙 | 蒙 | 蒙 | 蒙 | 蒙 | 蒙 | 蒙 |

## 名言馆

我来自东，零雨其蒙。
　　·《诗·豳风·东山》

过蒙拔擢，岂敢盘桓。
　　·（晋）李密《陈情表》

蒙之所见，及此而已。
　　·（唐）柳宗元《答元饶州论政理书》

## 解字堂

　　"蒙"是形声字。从艸，冡（méng）声。《说文》："蒙，王女也。"意思是，蒙指一种叫作王女的植物，即菟丝。
　　"蒙"作名词时，有下列几个含义：
　　一是作草名，即菟丝。旋花科。一年生缠绕寄生草本。茎很细，呈丝状，黄白色，随处生有吸盘，附着在豆科、菊科、藜科等植物上。叶退化，开白色小花。种子入药。二是指蒙童。三是指云气，清代刘鹗《老残游记》："秋天虽是昼夜停匀时候，究竟日出日入，有蒙气传光，还觉得夜是短的。"
　　作动词时，有遮蔽、覆盖的意思，如《诗·唐风·葛生》："葛生蒙楚。"《左传·昭公十三年》："以幕蒙之。"唐代柳宗元《至小丘西小石潭记》："蒙络摇缀。"清代袁枚《黄生借书说》："时蒙卷轴。"又如：蒙络（掩盖缠绕）；蒙翳（掩蔽、覆盖）；蒙覆（覆盖、掩蔽）；蒙幕（覆盖）；蒙袂（用袖子蒙住脸，谓不愿见人）。也有欺骗、隐瞒的含义，如《左传·僖公二十四年》："上下相蒙。"在韩愈《祭十二郎文》中有："汝之纯明而不克蒙其泽乎？"汉代贾谊《过秦论》："孝公既没，惠文、武、昭襄，蒙故业，因遗策。"这两句话中"蒙"的意思是承继、继承。"蒙"作为动词，还有蒙受、承蒙的含义，如多蒙照顾。"蒙"作为形容词，指昏暗而看不清，也引申为蒙昧无知，如《战国策·韩策》："民非蒙愚也。"

愚蒙等诮

| 甲骨文 | 金文 | 篆文 | 隶书 | 楷书 | 行书 | 草书 | 标准宋体 |
|---|---|---|---|---|---|---|---|
|  |  | 等 | 等 | 等 | 等 | 等 | 等 |

## 解字堂

"等"是会意字。从竹，寺声。《说文》："等，齐简也。"意思是，等指整齐的简册。

"等"的部首从竹，而古代简册都是由竹子做的，所以"等"的本义就是整齐的简册。后来逐渐产生新的含义，指等级、辈分，如《吕氏春秋·召类》："士阶三等。"《史记·留侯世家》："皆陛下故等夷。"《大戴礼记·少间》："同名同食曰同等。"《三国志·蜀书·诸葛亮传》："请自贬三等。"又如：优等；等例（等级差别，地位高低的差别）；等分（等级名分）；等外品（质量差，不列入等级的产品）；等列（等级品位）；等别（等级）。又由等级这一意义引申出衡量之意，如《史记·夏本纪》："等之未有贤于鲧者。"今天常说的"等于"也是用这一意义。还常用于表示待候，如"等待"。虚化为助词时，可表复数，如今天常用"等等"表列举未尽。

古代经常使用"等闲"一词。"等闲"可以表示寻常、平常，如唐贾岛《古意》诗："志士终夜心，良马白日足，俱为不等闲，谁是知音目。"可以表示轻易、随便，如唐白居易《新昌新居》诗："等闲栽树木，随分占风烟。"可以表示无端、平白，如唐刘禹锡《竹枝词》："长恨人心不如水，等闲平地起波澜。"

## 名言馆

等闲相见销长日，也有闲时更学琴。
·（唐）元稹《赠乐天》

等闲不欲开，丑者多不悦。
·（唐）贯休《古镜词》

等闲居岁暮，摇落意无穷。
·（唐）罗隐《红叶》

# 诮 qiào

| 甲骨文 | 金文 | 篆文 | 隶书 | 楷书 | 行书 | 草书 | 标准宋体 |
|---|---|---|---|---|---|---|---|
| | | 誚 | 誚 | 誚 | 誚 | 诮 | 诮 |

## 名言馆

本是疏散人，屡贻褊促诮。
　　·（唐）李白《翰林读书言怀呈集贤诸学士》

向者留遗恨，耻为达人诮。
　　·（唐）杜甫《次空灵岸》

欲同朱轮载，勿惮移文诮。
　　·（唐）韦应物《题从侄成绪西林精舍书斋》

## 解字堂

　　"誚"是形声字。从言，肖声。简化后写作"诮"。《说文》以"譙"为"诮"正体，曰："譙，娆谯也。从言，焦声。诮，古文譙从肖。""诮"之本义为责备。见《玉篇》："诮，责也。"

　　"诮"作为责备这一含义用得比较多，如《吕氏春秋·疑似》："丈人归，酒醒而诮其子。"《史记·万石张叔列传》："岁余不诮呵绾，绾日以谨力。"又如：诮责（责备、谴责）；诮诘（责问）；诮噪（谴责和讥刺）；诮让（责问）；诮斥（斥责）；诮项（指樊哙在鸿门宴上斥责项羽之事）。"诮"也有嘲讽之意，如孔稚圭《北山移文》："列壑争讥，攒峰竦诮。"又如：诮谤（讥诮毁谤）；讥诮（冷言冷语地讥讽）；诮骂（讥笑谩骂）；诮讽（讥笑讽刺）；诮戏（嘲笑逗乐）；诮辱（讥讽侮辱）。

## 温故知新

###  四字通解

愚蒙等诮，意为愚昧无知、顽钝蠢笨。蒙在此处的意思是糊糊涂涂之义。等是等同于。诮是责备、讥讽、嘲笑。这一句的意思要联系上几句来解。"孤陋寡闻，愚蒙等诮"，说的是"前面提到的处身治家之道，孤僻鄙陋地不去了解学习的话则与愚昧无知之人等同而共为人所讥笑了"。

###  故事厅

#### 愚公移山

北山有一位叫愚公的人，年纪将近九十岁，靠着山居住。他苦于大山北面交通不便，进进出出都要绕远路，就召集全家来商量说："我跟你们尽全力铲除险峻的大山，使道路一直通向豫州的南部，到达汉水南岸，可以吗？"大家纷纷表示赞成。他的妻子提出疑问说："凭借您的力气，连魁父这座小山都不能削平，能把太行、王屋这两座山怎么样呢？况且把土石放到哪里去呢？"众人纷纷说："我们可以把它扔到渤海的边上去，隐土的北面。"于是愚公率领子孙中能挑担子的几个人，凿石挖掘泥土用箕畚装了土石运到渤海的边上。邻居京城氏的寡妇有个孤儿，才七八岁，刚刚换牙，也蹦蹦跳跳前去帮助他们。冬夏换季，才往返一次。

河湾上一位聪明的老头讥笑愚公并制止他干这件事，说："你太不聪明了！就凭你衰残的年龄和剩下的力量，连山上的一棵草都不能损坏，又能把这两座大山上的土石怎么样呢？"北山愚公长叹说："你思想顽固，顽固到了不可改变的地步，连孤儿寡妇都比不上。即使我死了，我还有儿子在；儿子又生孙子，孙子又生儿子；儿子又有儿子，儿子又有孙子；子子孙孙没有穷尽，然而山却不会加大增高，愁什么山挖不平？"聪明的老头没有话来回答。

操蛇之神听说了这件事，怕愚公他们不停地挖下去，将这件事告诉了天帝。天帝被他的诚心所感动，命令大力神夸娥氏的两个儿子背负着两座山，一座放在朔东，一座放在雍南。从此，冀州的南部，到汉水南岸，没有山冈高地阻隔了。

### 猜谜语

心头万古念俱灰。
（打一字）

竹下待人人不见。
（打一字）

呼作白玉盘。
（打一字）

 **知识角**

### 蒙古族小知识

蒙古族是主要分布于东亚地区的一个传统游牧民族，是中国的少数民族之一，同时也是蒙古国的主体民族。此外，蒙古族在俄罗斯等亚欧国家也有分布，鄂温克族和土族也有时被认为是蒙古族的分支。

蒙古族始源于古代望建河（今额尔古纳河）东岸一带。13世纪初，以成吉思汗为首的蒙古部统一了蒙古地区诸部，逐渐形成了一个新的民族共同体。

蒙古族人民世居草原，以畜牧为生计。过着"逐水草而居"的游牧生活，尽管这种生存方式在现代社会被弱化，但仍然被视作蒙古族的标志。

蒙古族在科学文化事业上比较发达，而且音乐、舞蹈也在艺术上居于相对显赫的地位。

《蒙古秘史》《蒙古黄金史》《蒙古源流》被称为蒙古族的三大历史巨著，其中《蒙古秘史》被联合国教科文组织确定为世界著名文化遗产。英雄史诗《江格尔》是中国的三大史诗之一。

蒙古族有如下日常生活禁忌：蒙古人骑马、驾车接近蒙古包时忌重骑快行，以免惊动畜群；若门前有火堆或挂有红布条等记号，表示这家有病人或产妇，忌外人进入；客人不能坐西炕，因为西方是供佛的方位；忌食自死动物的肉和驴肉、狗肉、白马肉；办丧事时忌红色和白色，办喜事时忌黑色和黄色；忌在火盆上烘烤脚、鞋、袜和裤子等；禁止在参观寺院经堂、供殿时吸烟、吐痰和乱摸法器、经典、佛像以及高声喧哗，也不得在寺院附近打猎。

 **成语窗**

**愚昧无知**
形容又愚笨又没有知识。

**愚者千虑，或有一得**
指思想比较迟钝的人在许多思虑中总会有一些可取之处。常以谦指己见。

**吴下阿蒙**
指三国吴之名将吕蒙，后亦以讥缺少学识、文才者。

**蒙混过关**
用欺骗等的手段逃避询问或审查。当然，蒙混过关也不全是形容坏人。

**等而下之**
由这一等再往下，指比某一事物更差。

**等量齐观**
对有差别的事物同等看待。

**等夷之志**
等夷：匹敌。指臣下僭越朝廷之心，即夺权篡位之野心。

**见诮大方**
指让内行人笑话。同"见笑大方"。

## 谓语助者

wèi

| 甲骨文 | 金文 | 篆文 | 隶书 | 楷书 | 行书 | 草书 | 标准宋体 |
|---|---|---|---|---|---|---|---|
|  | 謂 | 謂 | 謂 | 謂 | 謂 | 谓 | 谓 |

### 解字堂

"谓"是形声字。从言，胃声。简化后写作"谓"。《说文》："谓，报也。""谓"相当于现代汉语的"告诉"或"对……说道"，如《汉书·霍光传》："人以谓霍氏。"《战国策·赵策》："太后明谓左右。"《战国策·魏策》："谓安陵君曰。"《史记·项羽本纪》："请往谓项伯，言沛公不敢背项王也。""谓"之后接的并非言语的内容，而是言谓的对象。"谓"也有称为之意，如《世说新语·自新》："谓为三横。"此外，"谓"可以指认为、以为，如《三国志·蜀书·诸葛亮传》："谓为信然。""谓"可以通"为"，表示"是"，如宋代欧阳修《醉翁亭记》："太守谓谁。"

### 名言馆

谓天盖高，不敢不局。
·《诗·小雅·正月》

世溷浊莫吾知，人心不可谓兮。
·《楚辞·九章·怀沙》

予谓菊，花之隐逸者也；牡丹，花之富贵者也；莲，花之君子者也。
·（宋）周敦颐《爱莲说》

谜语答案　愚　等　诮

## 名言馆

食不语，寝不言。
·《论语·乡党》

为人性僻耽佳句，语不惊人死不休。
·（唐）杜甫《江上值水如海势聊短述》

舞裙香暖金泥凤，画梁语燕惊残梦。
·（唐）牛峤《菩萨蛮》

## 解字堂

"語"是形声字。从言，吾声。简化后写作"语"。东汉许慎《说文》："语，论也。"本义是谈论、议论、辩论。

大家看"语"的字形，从言，说明它的含义与言语有关，它的本义是交谈、谈论，如《论语·述而》："子不语：怪、力、乱、神。"《礼记·文王世子》："既歌而语。"《诗·陈风·东门之池》："可与晤语。"《诗·小雅·楚茨》："笑语卒获。"《史记·陈涉世家》："旦日，卒中往往语，皆指目陈胜。"《北史》："乃向西北奋飞，喃喃细语。"又如：语涩（说话艰难，不流利）；语薄言轻（语言轻薄，说话轻佻，不稳重）；语吐珠玑（说话、语言像珠玑般优美）；语冰（比喻人的识量受到时、地所拘束，见识不广）。

"语"读yù时，作为动词，意为告诉，如《左传·隐公元年》："公语之故，且告之悔。"《论语·阳货》："吾语女。"《三国志·魏书·方技传》："当引某许，若至，语人。"晋干宝《搜神记》："夫语妻曰：'为王作剑，三年乃成……往必杀我。'"

作为名词，指说的话，如《汉书·李广苏建传》："张胜闻之，恐前语发。"特指谚语、古语或成语。此外，"语"还有下列含义：语言，如《孟子·滕文公下》中的"有楚大夫于此，欲其子之齐语也"；用以示意的动作或信号，如目语、手语、灯语；语法学科用来表示句子成分的术语，如主语、谓语、宾语、表语、状语等。

谓语助者

zhù

| 甲骨文 | 金文 | 篆文 | 隶书 | 楷书 | 行书 | 草书 | 标准宋体 |
|---|---|---|---|---|---|---|---|
|  |  | 助 | 助 | 助 | 助 | 助 | 助 |

### 解字堂

"助"是形声字。从力，且声。《说文》："助，左也。""左"即今之"佐"。本义是帮助。

我们经常在电视上或者生活中听到别人说"天助我也"，大家想过"助"的含义吗？"助"的本义是在物质上或精神上给予协助。那句话意思就是"上天帮助我啊！"又如《小尔雅》："助，佐也。"《论语》："回也非助我者也。"《国语·越语下》："助天为虐者，不祥。"《孟子·公孙丑上》："予助苗长矣。"《列子·汤问》："跳往助之。"《资治通鉴·唐纪》："民争负薪刍助之。"明代魏禧《大铁椎传》："挟矢以助战。"明陈继儒《大司马节寰袁公家庙记》："军兴（袁可立）则捐助千五百金。"蔡元培《图画》："肤觉之助。"现在常见的词汇有：助胆（帮助壮胆）；互助（互相帮助）；扶助（帮助）；资助（用财物帮助）；助力（帮助、援助）。

从这些例子可以看出，"助"在古代和现在的含义没有什么变化，都指的是帮助，我们从小就被教育要互帮互助，要乐于助人，这些都是我们中华民族的传统美德，我们要很好地传承！

### 名言馆

兼云封洞口，助月照天涯。
　　·（唐）韩愈《春雪》

替饮觥筹知户小，助成书屋见家贫。
　　·（唐）王建《书赠旧浑二曹长》

助酌有枯鱼，佐餐兼旨蓄。
　　·（唐）白居易《春寒》

| 甲骨文 | 金文 | 篆文 | 隶书 | 楷书 | 行书 | 草书 | 标准宋体 |
|---|---|---|---|---|---|---|---|
| | | | 者 | 者 | 者 | 者 | 者 |

## 名言馆

臣所以去亲戚而事君者，徒慕君之高义也。
· 《史记·廉颇蔺相如列传》

---

江上往来人，但爱鲈鱼美。
· （宋）范仲淹《江上渔者》

---

当局者迷，旁观者清。
· （清）刘鹗《老残游记》

## 解字堂

"者"是会意字。甲骨文字形，上为有枝干与根的树木，下有饰笔像火的形状，后变为"口""白"。有人认为是木在火上，为着火之"着"初文。《说文》析形作"从白（zì）、米声"。造字本义已难以明确，现多用为"语助之词"。

"者"在文言文中是一个重要的词，了解"者"字用法，可以帮助我们更好地学习文言文。首先，可作代词，用在谓词或谓词性词语之后，表示"……的人或事"，如《论语》中"老者安心"；或用在数词后，表示几种事，如《孟子》中"二者不可得兼"。

再则，可作助词，一可用于名词主语后表停顿，如《列子》中"北山愚公者，年且九十"；二可用于表示"……的原因"，如《战国策》中"吾妻之美我者，私我也"，这种用法里"者"多位于复合句前面分句的句末。

## 四字通解

　　谓语助者，要与后文"焉哉乎也"一起理解，意思是"焉、哉、乎、也四字是助语之辞"。有人认为，这一句话与前面的通篇文字并不相承接，没有多大的联系，是因为作者编写《千字文》已到了尾声，但还需几个字才足一千字，所以才写了这一句。也有人认为，这一句话应该理解为"编写《千字文》乌发皆白，最后剩下焉、哉、乎、也这几个语助词"，这一理解有意译发挥的成分，但也可帮助通解全文大意。

## 故事厅

### 揠苗助长

　　宋国有一个农夫，他担心自己田里的禾苗长不高，就天天到田边去看。可是，一天、两天、三天，禾苗好像一点儿也没有往上长。他在田边焦急地转来转去，自言自语地说："我得想办法帮助它们生长。"一天，他终于想出了办法，急忙奔到田里，把禾苗一棵棵地拔高，从早上一直忙到太阳落山，弄得筋疲力尽。他回到家里，十分疲劳，气喘吁吁地说："今天可把我累坏了，力气总算没白费，我帮禾苗都长高了一大截。"他的儿子听了，急忙跑到田里一看，禾苗全都枯死了。

### 有志者事竟成

　　有一次，刘秀派耿弇（yǎn）去攻打山东青州十二郡的豪强张步。张步兵强马壮，是耿弇的劲敌。张步听说耿弇率兵来攻，就派大将军费邑等分兵把守历下、祝阿、临淄，准备迎击。耿弇先攻下祝阿，以后用计相继攻下历下和临淄。张步着急起来，亲自带兵反攻临淄，于是在临淄城外进行了一场生死搏斗的大血战。在战斗中，耿弇大腿中了一箭，可是他勇敢地用佩刀砍断箭杆，带伤仍坚持战斗。刘秀闻讯，亲自带兵前来支援。在援兵还未到达的时候，部将陈俊认为张步兵力强大，建议暂时休战，等到援兵来后再发动进攻。可是耿弇却认为不能把困难留给别人，经过一场激烈的战斗，耿弇终于把张步打得大败。几天后，刘秀来到临淄，慰劳军队。他在许多将官面前夸奖耿弇说："过去韩信破历下开创基业，现在将军攻克祝阿，连战连捷，两功相仿，从前你在南阳曾建议请求平定张步，我当时以为你口气太大，恐怕难以成功，如今才知道，有志者事竟成啊！"

## 猜谜语

出口五加白。
（打一字）

泉水清溢出地层。
（打一字）

大地披银装。
（打一字）

 **知识角**

### 朋友的称谓

1. 忘年交——打破年龄、辈分的差异而结为好朋友。
2. 忘形交——不拘形迹的缺欠或丑陋，结成不分你我的朋友。
3. 君子交——指道义之交，即在道义上互相支持的朋友。
4. 莫逆交——指彼此心意相通，无所违逆的朋友。
5. 刎颈交——指友谊深挚，可以同生死、共患难的朋友。
6. 贫贱交——贫困潦倒时结交的朋友。
7. 一面之交——仅仅相识，但不甚了解。
8. 市道交——古代以做买卖手段结交的朋友，因其重利忘义，后称小人之交。
9. 布衣之交——老百姓间相互结交的朋友。
10. 车笠之交——有钱人与没钱人结交的朋友。
11. 患难之交——在逆境中结交的朋友。
12. 酒肉之交——吃喝而结交的朋友。
13. 竹马之交——幼年相交的朋友。也称总角之交。
14. 肺腑之交——交情深厚的朋友。
15. 胶漆之交——亲密无间的朋友。
16. 生死之交——生死与共的朋友。
17. 邂逅之交——无意中相遇而结交的朋友。
18. 点头之交——交往中仅点点头打个招呼，感情不深厚的朋友。
19. 泛泛之交——平淡而浮泛交往的朋友。
20. 半面之交——见过面但不熟悉的人。
21. 八拜之交——旧时结为兄弟、姐妹的关系。
22. 杵臼之交——交友不嫌贫贱。
23. 金兰之交——像金石般坚固的交情。

 **成语窗**

**谓予不信**
如果以为我的话不真实。

**一之谓甚**
甚：过分。做了一次，已经过分。比喻错误不能重犯。

**出语成章**
说出话来就成文章。形容文思敏捷，口才好。

**语无伦次**
形容话讲得很乱，没有条理。

**助纣为虐**
纣是商朝的最后一个王，据传是暴君。比喻帮助坏人干坏事。

**爱莫能助**
形容心里愿意帮助，但因力量或条件的限制没有办法做到。

**逝者如斯**
出自《论语·子罕》，意思是：时间就像这奔腾的河水一样，不停地流逝。形容光阴如流水一去不返。

**行百里者半于九十**
走一百里路，走了九十里才算是走了一半。比喻做事愈接近成功愈困难，愈要认真对待。

焉哉乎也

| 甲骨文 | 金文 | 篆文 | 隶书 | 楷书 | 行书 | 草书 | 标准宋体 |
|---|---|---|---|---|---|---|---|
|  | 焉 | 焉 | 焉 | 焉 | 焉 | 焉 | 焉 |

## 解字堂

"焉"是象形字。它的金文字形像鸟的形状。因而造字本义就是焉鸟，是古书上记载的一种黄色的鸟。《说文解字》释义说："焉，焉鸟，黄色，出于江淮。象形。"焉的本义已经消失，古书中也不常见。《禽经》说："黄凤谓之焉。""焉"多作疑问代词。《孟子·告子上》中说到："万钟则不辨礼义而受之，万钟于我何加焉！"（可是有的人见了优厚俸禄却不辨是否合乎礼义就接受了。这样，优厚的俸禄对我有什么好处呢？）

"焉"主要有名词、代词、助词和语气词四种词性。当"焉"作为名词使用时，就是其本义焉鸟，唐代黄滔的《唐城客梦》中记载："旦，北而徂山之曲，乃见苍翠一林，其中则楮烟墨宇，椒枥坎地，群焉胙充，飞而不举。"当"焉"用作代词使用时，可以是指示代词，相当于"之"，例如马中锡《中山狼传》记载："草木无知，叩焉何益？"或者是用作兼词使用，相当于"于之"，例如我们所熟悉的陶渊明的《桃花源记》中说："率妻子邑人来此绝境，不复出焉。""焉"用作助词时，作后缀，表示状态，用于形容词、副词之后，相当于"然""样子"，例如杜牧的《阿房宫赋》中的"盘盘焉，囷囷焉"。"焉"还可以用作语气词，用于句中表示停顿，相当于"啊"；或是用于句尾，表示感叹，相当于"呢""啊"。例如司马迁的《史记》有言："使其中无可欲者，虽无石椁，又何戚焉？"

## 名言馆

子曰："见贤思齐焉，见不贤而内自省也。"

·《论语·里仁》

吾有知乎哉？无知也。有鄙夫问于我，空空如也。我叩其两端而竭焉。

·《论语·子罕》

香远益清，亭亭净植，可远观而不可亵玩焉。

·（宋）周敦颐《爱莲说》

焉哉乎也

| 甲骨文 | 金文 | 篆文 | 隶书 | 楷书 | 行书 | 草书 | 标准宋体 |
|---|---|---|---|---|---|---|---|
| | | | | | | | 哉 |

## 名言馆

子曰："出则事公卿，入则事父兄，丧事不敢不勉，不为酒困，何有于我哉？"
·《论语·子罕》

岂偶然哉，只堪一笑，无庸多语。
·（宋）李曾伯《水龙吟·再和》

人之立志，顾不如蜀鄙之僧哉？
·（清）彭端淑《为学一首示子侄》

## 解字堂

"哉"是形声字。甲骨文借"𢦏"表示，后来另加上口，以强调语气之意，成了从口，𢦏声的形声字。本义即为语气词，表示强烈感叹。《说文解字》释义说："言之间也。从口，𢦏声。"

"哉"基本用作语气词，可以表示感叹的语气，相当于"啊"，例如《世说新语·方正》中客人骂人说："非人哉！"曹操在《步出夏门行》和《龟虽寿》中都以"幸甚至哉，歌以咏志"作结尾。（真是幸运极了，我唱这首歌来表达我的志愿。）或者表示反问的语气，相当于"吗"，例如《史记·陈涉世家》中陈涉的感慨："燕雀安知鸿鹄之志哉？""哉"又可以表示祈使语气，相当于"吧"。在《诗·召南》中有"振振君子，归哉归哉！"的说法。有时表示测度，相当于"吧"，例如《书·尧典》记有："我其试哉！"

焉哉乎也

hū

| 甲骨文 | 金文 | 篆文 | 隶书 | 楷书 | 行书 | 草书 | 标准宋体 |
|---|---|---|---|---|---|---|---|
| 丷 | 丷 | 平 | 乎 | 乎 | 乎 | 乎 | 乎 |

### 解字堂

"乎"是会意字。甲骨文字形，上面的符号表示声音上扬，下面的符号表示舒气。"乎"是"呼"的本字。当"乎"借作语气词、介词用之后，就另造了一个从"口"的形声字"呼"。造字本义是吐气。后多用作语助。《说文解字》释义说："语之余也。从兮，象声上越扬之形也。"《论语·学而》中曾子说："吾日三省吾身，为人谋而不忠乎？与朋友交而不信乎？传而不习乎？"意思是说："我每天都要作多次自我检讨：为主人出谋献计做到忠心不二了吗？与朋友交往合作做到诚信了吗？老师所传授的东西经常温习了吗？""乎"在古代文言文中用得非常广泛，我们那时会称书呆子们说的全是"之乎者也"，由此可见"乎"使用的范围之大。

"乎"有动词、语气词、介词三种词性。"乎"作动词，同"呼"，是吐气的意思，如今已不常见。"乎"更多还是用作语气词，表示疑问或反诘，或者相当于"吗"，例如《论语·学而》开篇就说："学而时习之，不亦说乎！"有时表示感叹语气或呼告，在《史记·平原君虞卿列传》中冯谖唱道："长铗归来乎！食无鱼。"当用作介词时相当于"在""于"，屈原在《离骚》中说："吾独穷困乎此时也！"也可以表示被动，引出动作行为的施行者，可译为"被"。《论语》中子路说："千乘之国，摄乎大国之间，加之以师旅，因之以饥馑。"

### 名言馆

以容取人乎，失之子羽；以言取人乎，失之宰予。
· 《韩非子·显学》

素富贵，行乎富贵；素贫贱，行乎贫贱。
· 《礼记·中庸》

贤人乎，贤人乎！非质有其内，恶能用之哉？
· 《史记·楚元王世家》

## 名言馆

敢问天道乎，抑人故也？
·《国语·周语下》

然则乡之所谓知者，不乃为大盗积者也。
·《庄子·胠箧》

操蛇之神闻之，惧其不已也，告之于帝。
·《列子·汤问》

## 解字堂

"也"是象形字。甲骨文象蛇形，隶变后其形不可识。与"它""匜"同源。《说文解字》说："女阴也。象形。"此解不当。

"也"在现代汉语中用作副词是指同样的意思，而作助词是用在句末表示判断或肯定语气。"也"字的发展过程，在语气、运用上，都是有变化的。它的语气，强烈且果断，用在句尾，当做肯定语气词，主要用于陈述句中，比其他同类词意义更加明显。例如《史记·孙子传》："愿勿斩也。"还有《史记·淮阴侯列传》："用与不用，听与不听也。"《论语·子罕》："三军可夺帅也，匹夫不可夺志也。"语气强烈，都表示肯定之义。有时也用在句尾表示疑问，相当于"呢""吗"，《汉书·陈胜项籍传》："若为佣耕，何富贵也？"如果用在句中，就表示停顿，例如袁枚《黄生借书说》中说："知幸与不幸，则其读书也必专。"还可以用在前半句的末了，表示停顿一下，舒缓语气，后半句将对前半句加以解说，对后半句有强调作用。我们所熟悉的《孟子·告子下》中的一句话："故天降大任于是人也，必先苦其心志。""也"的很重要的一个用法是与"者"连用，是判断句标志，表判断语气，在古文中经常碰到，欧阳修的《醉翁亭记》中大量使用，反而成为了一个特色："泻出于两峰之间者，酿泉也。"

## 温故知新

###  四字通解

焉哉乎也，意思可以理解为编完"千字文"乌发皆白，最后剩下"焉、哉、乎、也"这几个语气助词。

《千字文》是南朝萧梁时期官拜员外散骑侍郎的文学大家周兴嗣奉梁武帝的敕诏编纂的。

周兴嗣，字思纂，陈郡项人。南朝梁武帝时期（502—549），他奉皇命从王羲之书法中选取一千个字，编纂成文，是为《千字文》。

### 猜谜语

四方一统息干戈。
（打一字）

有口便能呼。
（打一字）

池水干涸了。
（打一字）

###  故事厅

#### 怪哉

怪哉是古代神话传说出于狱中的昆虫名。

汉武帝有一次到甘泉宫去，在路上看到一种虫子，是红色的，头、眼睛、牙齿、耳朵、鼻子都有，但随从都不知道那是什么东西。于是汉武帝就把东方朔叫来，叫他辨认这是什么，东方朔回答："这虫名叫'怪哉'。因为从前秦朝时关押无辜，平民百姓都愁怨不已，仰首叹息道：'怪哉！怪哉！'百姓的叹息感动了上天，上天愤怒了，就生出了这种虫子，命名为'怪哉'。此地必定是秦朝的监狱所在的地方。"武帝就叫人查对地图，确实符合他说的。武帝又问："那怎么除去这种虫子呢？"东方朔回答："凡是忧愁得酒就解，所以用酒灌这种虫子，它就会消亡。"因此汉武帝命令人把怪哉虫放在酒中，一会儿虫子全部消失了。

#### 之乎者也的故事

宋朝的开国皇帝赵匡胤在当上皇帝以后，准备拓展外城。

他来到朱雀门前，抬头看见门额上写着"朱雀之门"四个字，觉得别扭，就问身旁的大臣赵普："为什么不写'朱雀门'三个字，偏写'朱雀之门'四个字？多用一个'之'字有什么用呢？"赵普告诉他说："这是把'之'字作为语助词用的。"赵匡胤听后哈哈大笑，说："之乎者也这些虚字，能做得什么事情啊！"

后来，在民间便流传一句谚语："之乎者也已焉哉，用得成章好秀才。"

 ## 知识角

### 文言虚词与断句

文言虚词的主要作用是表示语法关系和语气,往往是明辨句读重要标志。我们在学习中熟悉各类常见虚词的用法,尤其是它们在句中常处的位置有助于断句:

①句首的语气词"其、盖、唯、恚、夫、且夫、若夫"等前面可断句,常用于句首的相对独立的叹词,如"嗟夫、嗟乎、呜呼"等,前后都可断句;

②句末语气词"也、矣、耶、哉、乎、焉、兮、耳、而已"等后面可断句;

③有些常用在句首的关联词,如"苟""纵""是故""于是""向使""然而""无论""至若""是以""继而""纵使""然则"等前面大多可以断句;

④常在句首的时间词,如"顷之""向之""未几""已而""斯须""既而""俄而"等,也可以帮助断句。

例如清人彭端淑的《为学一首示子侄》:"天下事有难易乎?为之,则难者亦易矣;不为,则易者亦难矣。吾资之昏不逮人也,吾材之庸不逮人也;旦旦而学之,久而不怠焉,迄乎成,而亦不知其昏与庸也。吾资之聪倍人也,吾材之敏倍人也;屏弃而不用,其与昏与庸无以异也。然则昏庸聪敏之用,岂有常哉?"

当然,我们在抓虚词标志断句时,也要注意灵活性,如"生乎吾前,其闻道也,固先乎吾,吾从而师之","乎"用在句中,同"于",是介词,词性变了。"也",用在句中舒缓语气,可点断,也可不点断。

 ## 成语窗

### 塞翁失马,焉知非福
比喻一时虽然受到损失,也许反而因此能得到好处。也指坏事在一定条件下可变为好事。同"塞翁失马,安知非福"。

### 不入虎穴,焉得虎子
焉:怎么。不进老虎窝,怎能捉到小老虎。比喻不亲历险境就不能获得成功。

### 悠哉游哉
指悠闲自在。

### 呜呼哀哉
呜呼:叹词。哉:语气助词。原为表示哀痛的感叹语,旧时祭文中常用。现用以指死亡或完蛋。

### 运用之妙,存乎一心
摆好阵势以后出战,这是打仗的常规,但运用得巧妙灵活,全在于善于思考。指高超的指挥作战的艺术。

### 取法乎上,仅得乎中
取上等的为准则,也只能得到中等的。指做事要高标准、严要求。

### 成也萧何,败也萧何
萧何:汉高祖刘邦的丞相。成事由于萧何,败事也由于萧何。比喻事情的成功和失败都是由这一个人造成的。

### 必也正名
指必须按照正统伦理观念和礼仪关系来端正纲纪名分。

谜语答案　哉　者　也